西北大学名师大家学术文库

陈直著作选

（上）

陈 直 著

西北大学出版社
·西安·

《西北大学名师大家学术文库》
编辑出版委员会

主　任　王亚杰　郭立宏
副主任　常　江　赖绍聪
编　委（按姓氏笔画排序）
　　　　　马　来　马　健　马　锋　马朝琦
　　　　　王旭州　王思锋　田明纲　付爱根
　　　　　吕建荣　李　军　杨　涛　杨文力
　　　　　吴振磊　谷鹏飞　宋进喜　张志飞
　　　　　张学广　范代娣　岳田利　周　超
　　　　　赵　钢　胡宗锋　徐哲峰　栾新军
　　　　　郭　琳　郭真华　彭进业　雷晓康

序　言

　　西北大学是一所具有丰厚文化底蕴和卓越学术声望的综合性大学。在近120年的发展历程中，学校始终秉承"公诚勤朴"的校训，形成了"发扬民族精神，融合世界思想，肩负建设西北之重任"的办学理念，致力于传承中华灿烂文明，融汇中外优秀文化，追踪世界科学前沿。学校在人才培养、科学研究、文化传承创新等方面成绩卓著，特别是在中国大陆构造、早期生命起源、西部生物资源、理论物理、中国思想文化、周秦汉唐文明、考古与文化遗产保护、中东历史，以及西部大开发中的经济发展、资源环境与社会管理等专业领域，形成了雄厚的学术积累，产生了中国思想史学派、"地壳波浪状镶嵌构造学说""侯氏变换""王氏定理"等重大理论创新，涌现出了一批蜚声中外的学术巨匠，如民国最大水利模范灌溉区的创建者李仪祉，第一座钢筋混凝土连拱坝的设计者汪胡桢，第一部探讨古代方言音系著作的著者罗常培，中国函数论的主要开拓者熊庆来，五四著名诗人吴芳吉，中国病理学的创立者徐诵明，第一个将数理逻辑及西方数学基础研究引入中国的傅种孙，"曾定理"和"曾层次"的创立者并将我国抽象代数推向国际前沿的曾炯，我国"汉语拼音之父"黎锦熙，丝路考古和我国西北考古的开启者黄文弼，第一部清史著者萧一山，甲骨文概念的提出者陆懋德，我国最早系统和科学地研究"迷信"的民俗学家江绍原，《辩证唯物主义和历史唯物主义》的最早译者、第一部马克思主义哲学辞典编著者沈志远，首部《中国国民经济史》的著者罗章龙，我国现代地理学的奠基者黄国璋，接收南海诸岛和划定十一段海疆国界的郑资约、傅角今，我国古脊椎动物学的开拓者和奠基人杨钟健，我国秦汉史学的开拓者陈直，我国西北民族学的开拓者马长寿，《资本论》的首译者侯外庐，"地壳波浪状镶嵌构造学说"的创立者张伯声,"侯氏变换"的创立者侯伯宇等。这些活跃在西北大学百余年发展历程中的前辈先贤们,深刻彰显着西北大学"艰苦创业、自强不息"的精神光辉和"士以弘道、立德立言"的价值追求,筑铸了学术研究的高度和厚度,为推动人类文明进步、国家发展和民族复兴做出了不可磨灭的贡献。

在长期的发展历程中,西北大学秉持"严谨求实、团结创新"的校风,致力于培养有文化理想、善于融会贯通、敢于创新的综合型人才,构建了文理并重、学科交叉、特色鲜明的专业布局,培养了数十万优秀学子,涌现出大批的精英才俊,赢得了"中华石油英才之母""经济学家的摇篮""作家摇篮"等美誉。

2022年,西北大学甲子逢双,组织编纂出版《西北大学名师大家学术文库》,以汇聚百余年来做出重大贡献、产生重要影响的名师大家的学术力作,充分展示因之构筑的学术面貌与学人精神风骨。这不仅是对学校悠久历史传承的整理和再现,也是对学校深厚文化传统的发掘与弘扬。

文化的未来取决于思想的高度。渐渐远去的学者们留给我们的不只是一叠叠尘封已久的文字、符号或图表,更是弥足珍贵的学术遗产和精神瑰宝。温故才能知新,站在巨人的肩膀上才能领略更美的风景。认真体悟这些学术成果的魅力和价值,进而将其转化成直面现实、走向未来的"新能源""新动力"和"新航向",是我们后辈学人应当肩负的使命和追求。编辑出版《西北大学名师大家学术文库》正是西北大学新一代学人践行"不忘本来、面向未来"的文化价值观,坚定文化自信、铸就新辉煌的具体体现。

编辑出版《西北大学名师大家学术文库》,不仅有助于挖掘历史文化资源、把握学术延展脉动、推动文明交流互动,为西北大学综合改革和"双一流"建设提供强大的精神动力,也必将为推动整个高等教育事业发展提供有益借鉴。

是为序。

《西北大学名师大家学术文库》编辑出版委员会

《陈直著作选》总目录

序　言

汉书新证

自　序 …………………………………………………………… /3
纪 ………………………………………………………………… /11
 高纪第一上 ………………………………………………… /11
 高纪第一下 ………………………………………………… /17
 惠纪第二 …………………………………………………… /20
 高后纪第三 ………………………………………………… /22
 文纪第四 …………………………………………………… /23
 景纪第五 …………………………………………………… /27
 武纪第六 …………………………………………………… /28
 昭纪第七 …………………………………………………… /39
 宣纪第八 …………………………………………………… /42
 元纪第九 …………………………………………………… /45
 成纪第十 …………………………………………………… /46
 哀纪第十一 ………………………………………………… /48
 平纪第十二 ………………………………………………… /49

表 ……/52

- 异姓诸侯王表第一 ……/52
- 诸侯王表第二 ……/53
- 王子侯表第三上 ……/54
- 王子侯表第三下 ……/56
- 高惠高后文功臣表第四 ……/57
- 景武昭宣元成功臣表第五 ……/65
- 外戚恩泽侯表第六 ……/68
- 百官公卿表第七上 ……/70
- 百官公卿表第七下 ……/123
- 古今人表第八 ……/128

志 ……/130

- 律历志第一上 ……/130
- 律历志第一下 ……/131
- 礼乐志第二 ……/132
- 刑法志第三 ……/135
- 食货志第四上 ……/136
- 食货志第四下 ……/139
- 郊祀志第五上 ……/149
- 郊祀志第五下 ……/151
- 天文志第六 ……/152
- 五行志第七上 ……/154
- 五行志第七中之上 ……/154
- 五行志第七中之下 ……/155
- 五行志第七下之上 ……/156
- 五行志第七下之下 ……/156
- 地理志第八上 ……/156
- 地理志第八下 ……/170
- 沟洫志第九 ……/177

艺文志第十 …………………………………………………… /180
传 …………………………………………………………………… /189
　陈胜项籍传第一 …………………………………………… /189
　张耳陈馀传第二 …………………………………………… /193
　魏豹田儋韩信传第三 ……………………………………… /194
　韩彭英卢吴传第四 ………………………………………… /196
　荆燕吴传第五 ……………………………………………… /197
　楚元王传第六 ……………………………………………… /199
　季布栾布田叔传第七 ……………………………………… /202
　高五王传第八 ……………………………………………… /203
　萧何曹参传第九 …………………………………………… /204
　张陈王周传第十 …………………………………………… /206
　樊郦滕灌傅靳周传第十一 ………………………………… /211
　张周赵任申屠传第十二 …………………………………… /213
　郦陆朱刘叔孙传第十三 …………………………………… /213
　淮南衡山济北王传第十四 ………………………………… /216
　蒯伍江息夫传第十五 ……………………………………… /218
　万石卫直周张传第十六 …………………………………… /221
　文三王传第十七 …………………………………………… /221
　贾谊传第十八 ……………………………………………… /224
　爰盎晁错传第十九 ………………………………………… /227
　张冯汲郑传第二十 ………………………………………… /231
　贾邹枚路传第二十一 ……………………………………… /233
　窦田灌韩传第二十二 ……………………………………… /236
　景十三王传第二十三 ……………………………………… /240
　李广苏建传第二十四 ……………………………………… /243
　卫青霍去病传第二十五 …………………………………… /246
　董仲舒传第二十六 ………………………………………… /249
　司马相如传第二十七上 …………………………………… /250

· 3 ·

司马相如传第二十七下 …… /251

公孙弘卜式儿宽传第二十八 …… /252

张汤传第二十九 …… /254

杜周传第三十 …… /257

张骞李广利传第三十一 …… /258

司马迁传第三十二 …… /260

武五子传第三十三 …… /261

严朱吾丘主父徐严终王贾传第三十四上 …… /263

严朱吾丘主父徐严终王贾传第三十四下 …… /266

东方朔传第三十五 …… /269

公孙刘田王杨蔡陈郑传第三十六 …… /274

杨胡朱梅云传第三十七 …… /275

霍光金日䃅传第三十八 …… /277

赵充国辛庆忌传第三十九 …… /280

傅常郑甘陈段传第四十 …… /285

隽疏于薛平彭传第四十一 …… /286

王贡两龚鲍传第四十二 …… /287

韦贤传第四十三 …… /292

魏相丙吉传第四十四 …… /292

眭两夏侯京翼李传第四十五 …… /295

赵尹韩张两王传第四十六 …… /296

盖诸葛刘郑孙毋将何传第四十七 …… /303

萧望之传第四十八 …… /306

冯奉世传第四十九 …… /308

宣元六王传第五十 …… /310

匡张孔马传第五十一 …… /310

王商史丹傅喜传第五十二 …… /312

薛宣朱博传第五十三 …… /313

翟方进传第五十四 …… /315

谷永杜邺传第五十五 /316

何武王嘉师丹传第五十六 /317

扬雄传第五十七上 /318

扬雄传第五十七下 /319

儒林传第五十八 /320

循吏传第五十九 /322

酷吏传第六十 /323

货殖传第六十一 /328

游侠传第六十二 /331

佞幸传第六十三 /333

匈奴传第六十四上 /334

匈奴传第六十四下 /337

西南夷两粤朝鲜传第六十五 /341

西域传第六十六上 /342

西域传第六十六下 /344

外戚传第六十七上 /345

外戚传第六十七下 /349

元后传第六十八 /352

王莽传第六十九上 /353

王莽传第六十九中 /355

王莽传第六十九下 /363

叙传第七十上 /368

叙传第七十下 /369

汉书叙例 /370

史记新证

自　序 /377
本　纪 /380

五帝本纪第一 …… /380
　夏本纪第二 …… /383
　殷本纪第三 …… /383
　周本纪第四 …… /386
　秦本纪第五 …… /387
　秦始皇本纪第六 …… /392
　项羽本纪第七 …… /399
　高祖本纪第八 …… /401
　吕后本纪第九 …… /402
　孝文本纪第十 …… /403
　孝景本纪第十一 …… /405
　孝武本纪第十二 …… /406

表 …… /408
　三代世表第一 …… /408
　十二诸侯年表第二 …… /409
　六国年表第三 …… /409
　秦楚之际月表第四 …… /410
　汉兴以来诸侯王年表第五 …… /410
　高祖功臣侯者年表第六 …… /411
　惠景间侯者年表第七 …… /419
　建元以来侯者年表第八 …… /420
　建元以来王子侯者年表第九 …… /422
　汉兴以来将相名臣年表第十 …… /425

书 …… /428
　礼书第一 …… /428
　乐书第二 …… /428
　律书第三 …… /429
　历书第四 …… /429
　天官书第五 …… /429

封禅书第六 …………………………………… /430
　　河渠书第七 …………………………………… /431
　　平准书第八 …………………………………… /431
世　家 …………………………………………… /440
　　吴太伯世家第一 ……………………………… /440
　　齐太公世家第二 ……………………………… /441
　　鲁周公世家第三 ……………………………… /442
　　燕召公世家第四 ……………………………… /443
　　管蔡世家第五 ………………………………… /444
　　陈杞世家第六 ………………………………… /445
　　卫康叔世家第七 ……………………………… /445
　　宋微子世家第八 ……………………………… /445
　　晋世家第九 …………………………………… /446
　　楚世家第十 …………………………………… /447
　　越王句践世家第十一 ………………………… /449
　　郑世家第十二 ………………………………… /450
　　赵世家第十三 ………………………………… /451
　　魏世家第十四 ………………………………… /452
　　韩世家第十五 ………………………………… /453
　　田敬仲完世家第十六 ………………………… /453
　　孔子世家第十七 ……………………………… /454
　　陈涉世家第十八 ……………………………… /455
　　外戚世家第十九 ……………………………… /456
　　楚元王世家第二十 …………………………… /457
　　荆燕世家第二十一 …………………………… /458
　　齐悼惠王世家第二十二 ……………………… /458
　　萧相国世家第二十三 ………………………… /459
　　曹相国世家第二十四 ………………………… /459
　　留侯世家第二十五 …………………………… /460

陈丞相世家第二十六 .... /461
绛侯周勃世家第二十七 .... /461
梁孝王世家第二十八 .... /462
五宗世家第二十九 .... /463
三王世家第三十 .... /464

列 传 .... /466

伯夷列传第一 .... /466
管晏列传第二 .... /466
老子韩非列传第三 .... /467
司马穰苴列传第四 .... /468
孙子吴起列传第五 .... /468
伍子胥列传第六 .... /468
仲尼弟子列传第七 .... /469
商君列传第八 .... /469
苏秦列传第九 .... /470
张仪列传第十 .... /472
樗里子甘茂列传第十一 .... /475
穰侯列传第十二 .... /475
白起王翦列传第十三 .... /476
孟子荀卿列传第十四 .... /476
孟尝君列传第十五 .... /477
平原君虞卿列传第十六 .... /477
魏公子列传第十七 .... /478
春申君列传第十八 .... /479
范睢蔡泽列传第十九 .... /479
乐毅列传第二十 .... /481
廉颇蔺相如列传第二十一 .... /481
田单列传第二十二 .... /482
鲁仲连邹阳列传第二十三 .... /482

屈原贾生列传第二十四 …… /482

吕不韦列传第二十五 …… /483

刺客列传第二十六 …… /484

李斯列传第二十七 …… /484

蒙恬列传第二十八 …… /486

张耳陈馀列传第二十九 …… /487

魏豹彭越列传第三十 …… /488

黥布列传第三十一 …… /489

淮阴侯列传第三十二 …… /489

韩信卢绾列传第三十三 …… /489

田儋列传第三十四 …… /490

樊郦滕灌列传第三十五 …… /491

张丞相列传第三十六 …… /491

郦生陆贾列传第三十七 …… /492

傅靳蒯成列传第三十八 …… /493

刘敬叔孙通列传第三十九 …… /493

季布栾布列传第四十 …… /494

袁盎晁错列传第四十一 …… /494

张释之冯唐列传第四十二 …… /495

万石张叔列传第四十三 …… /495

田叔列传第四十四 …… /496

扁鹊仓公列传第四十五 …… /497

吴王濞列传第四十六 …… /498

魏其武安侯列传第四十七 …… /499

韩长孺列传第四十八 …… /500

李将军列传第四十九 …… /500

匈奴列传第五十 …… /501

卫将军骠骑列传第五十一 …… /503

平津侯主父偃列传第五十二 …… /505

· 9 ·

南越列传第五十三 …… /506

东越列传第五十四 …… /506

朝鲜列传第五十五 …… /507

西南夷列传第五十六 …… /507

司马相如列传第五十七 …… /508

淮南衡山列传第五十八 …… /509

循吏列传第五十九 …… /512

汲郑列传第六十 …… /512

儒林列传第六十一 …… /513

酷吏列传第六十二 …… /514

大宛列传第六十三 …… /517

游侠列传第六十四 …… /519

佞幸列传第六十五 …… /520

滑稽列传第六十六 …… /520

日者列传第六十七 …… /521

龟策列传第六十八 …… /522

货殖列传第六十九 …… /522

太史公自序第七十 …… /526

两汉经济史料论丛

自　序 …… /529

西汉屯戍研究 …… /530

屯戍的一般情况 …… /531

屯田的制度 …… /564

戍卒的日常生活 …… /575

结束语 …… /584

关于两汉的手工业 …… /586

纺织业 …… /587

漆器业 …… /601

制盐业 …………………………………………………… /613

　　冶铁业 …………………………………………………… /616

　　铸钱业 …………………………………………………… /621

　　铜器业 …………………………………………………… /631

　　兵器制造 ………………………………………………… /643

　　铜镜铸造 ………………………………………………… /648

　　度量衡器制造 …………………………………………… /651

　　玺印制造 ………………………………………………… /654

　　陶器业 …………………………………………………… /658

　　造舟、造车、木器、竹器、编草等业 ………………… /670

　　雕石、琢玉业和画工 …………………………………… /674

　　造纸墨笔砚业 …………………………………………… /680

　　结束语 …………………………………………………… /684

两汉工人的类别 …………………………………………… /689

两汉工人题名表 …………………………………………… /702

盐铁及其他采矿 …………………………………………… /725

　　西汉初期的盐铁业概况 ………………………………… /725

　　金矿 ……………………………………………………… /726

　　银铅矿 …………………………………………………… /727

　　锡矿 ……………………………………………………… /728

　　铜矿 ……………………………………………………… /728

　　石炭矿 …………………………………………………… /731

　　石油矿 …………………………………………………… /732

关于两汉的徒 ……………………………………………… /733

　　徒的刑名及一般概况 …………………………………… /733

　　徒的工作范围 …………………………………………… /741

　　徒的日常生活 …………………………………………… /749

　　徒的性质分析 …………………………………………… /752

　　结束语 …………………………………………………… /754

汉代的米谷价及内郡边郡物价情况 ········ /757
  秦汉米谷价 ········ /757
  汉代内郡的物价情况 ········ /759
  西汉边郡的物价情况 ········ /761

文史考古论丛

原　序 ········ /767
楚辞解要 ········ /768
  自序 ········ /768
  离骚 ········ /769
  九歌 ········ /771
  天问 ········ /772
  九章 ········ /780
  远游 ········ /780
  招魂 ········ /780
  大招 ········ /782
汉诗作品之断代 ········ /784
  一、《东光》（武帝时） ········ /784
  二、《薤露》《蒿里》（西汉） ········ /784
  三、《乌生》（西汉） ········ /785
  四、《妇病》《东门》《孤儿》三行（西汉） ········ /786
  五、辛延年羽林郎（西汉末期） ········ /789
  六、《平陵东》（王莽时） ········ /790
  七、《陌上桑》（东汉初期） ········ /791
  八、宋子侯董娇饶（东汉） ········ /792
  九、《相逢行》与《长安有狭邪行》两诗之相似（东汉） ········ /792
  十、古绝句之隐语（东汉） ········ /794
  十一、古诗十九首中"生年不满百"作者之时代（东汉） ········ /795
  十二、论《江南可采莲》（东汉） ········ /796

十三、《秦女休行》之事迹（东汉末期） …………………………… /796

十四、焦仲卿妻诗（与建安时代正相适应） ………………………… /798

汉诗中之习俗语与古器物之联系 ………………………………………… /800

汉诗之新发现 …………………………………………………………………… /808

汉人手写诗稿木简 ………………………………………………………… /808

汉《费凤别碑》纪事诗 …………………………………………………… /809

汉诗真伪问题 …………………………………………………………………… /811

柏梁台联句诗 ……………………………………………………………… /811

苏李诗 ……………………………………………………………………… /814

《胡笳十八拍》 …………………………………………………………… /815

晋代应亨之诗选家误以为汉诗 …………………………………………… /816

张衡《四愁》、孔融《离合》诗的新解 ………………………………… /818

一、张衡《四愁诗》 ……………………………………………………… /818

二、孔融《离合诗》 ……………………………………………………… /820

《汉铙歌十八曲》新解 ……………………………………………………… /823

一、朱鹭 …………………………………………………………………… /824

二、思悲翁 ………………………………………………………………… /825

三、艾如张 ………………………………………………………………… /826

四、上之回 ………………………………………………………………… /827

五、拥离 …………………………………………………………………… /827

六、战城南 ………………………………………………………………… /828

七、巫山高 ………………………………………………………………… /829

八、上陵 …………………………………………………………………… /829

九、将进酒 ………………………………………………………………… /831

十、君马黄 ………………………………………………………………… /832

十一、芳树 ………………………………………………………………… /833

十二、有所思 ……………………………………………………………… /834

十三、雉子班 ……………………………………………………………… /835

十四、圣人出 ……………………………………………………………… /836

  十五、上邪 …………………………………………………… /837
  十六、临高台 ………………………………………………… /838
  十七、远如期 ………………………………………………… /838
  十八、石留 …………………………………………………… /839
  结束语 ………………………………………………………… /839

汉镜铭文学上潜在的遗产 …………………………………… /841

陈延杰氏《诗品注》中存在的问题 ………………………… /847
  一、未注出人名者 …………………………………………… /847
  二、纠正注文错误或补充重要材料者 ……………………… /850

古籍述闻 ………………………………………………………… /854
  焦氏《易林》东汉人之附益 ………………………………… /854
  《考工记》为战国时齐楚人之作品 ………………………… /855
  《中说》阮逸注本之疏略 …………………………………… /860
  《颜氏家训》赵曦明注本之疏略 …………………………… /863
  《书品》中人物小记 ………………………………………… /866
  《全汉三国晋南北朝诗》诗人爵里订正 …………………… /872
  读《淳化阁帖释文》偶书 …………………………………… /874
  隋进士科开始于炀帝大业元年考 …………………………… /876
  张机、贾思勰、戴凯之、宗懔、裴孝源、王方庆、孙过庭、崔令钦、
    建演、张彦远、张怀瓘、窦臮、李绰等人仕履及事迹之钩沉 ……… /878

读《齐民要术》札记 …………………………………………… /883
  叙言 …………………………………………………………… /883
  种谷第三 ……………………………………………………… /884
  大豆第六 ……………………………………………………… /886
  大麦第十 ……………………………………………………… /886
  种瓠第十五 …………………………………………………… /887
  种芋第十六 …………………………………………………… /887
  蔓菁第十八 …………………………………………………… /887
  杂说第三十 …………………………………………………… /888

栽树第三十二 ……………………………………… /889

种枣第三十三 ……………………………………… /889

种李第三十五 ……………………………………… /890

种梅杏第三十六 …………………………………… /890

种栗第三十八 ……………………………………… /890

柰林檎第三十九 …………………………………… /891

种桑柘第四十五 …………………………………… /891

种榆白杨第四十六 ………………………………… /891

漆第四十九 ………………………………………… /892

养牛马驴骡第五十六 ……………………………… /892

养鹅鸭第六十 ……………………………………… /893

货殖第六十二 ……………………………………… /893

涂瓮第六十三 ……………………………………… /894

造神曲并酒等第六十四 …………………………… /894

白醪酒第六十五 …………………………………… /894

笨曲并酒第六十六 ………………………………… /895

作鱼鲊法第七十四 ………………………………… /895

羹臛法第七十六 …………………………………… /895

蒸缹第七十七 ……………………………………… /896

饼法第八十二 ……………………………………… /896

醴酪第八十五 ……………………………………… /896

素食第八十六 ……………………………………… /897

作菹藏生菜法第八十八 …………………………… /897

煮胶第九十 ………………………………………… /898

笔墨第九十一 ……………………………………… /898

五谷果蓏菜茹非中国物产者 ……………………… /898

读《世说新语》札记 …………………………………… /901

德行 ………………………………………………… /901

言语 ………………………………………………… /902

文学 903
　　方正 904
　　赏誉 904
　　捷悟 904
　　栖逸 905
　　贤媛 905
　　术解 905
　　巧艺 906
　　任诞 906
　　简傲 906
　　排调 907
　　惑溺 907
　　仇隙 908

西汉齐鲁人在学术上的贡献 909
　　一、田何、伏生等的经学 909
　　二、褚少孙的史学 910
　　三、东方朔的文学 911
　　四、仓公的医学 911
　　五、尹都尉的农学 912
　　六、徐伯、延年的水利学 913
　　七、齐人的《九章算术》 913
　　八、宿伯年、霍巨孟的雕绘 914
　　九、无名氏的书学 915
　　小结 916

太史公书名考 917

汉晋人对《史记》的传播及评价 923
　　一、汉晋人对《史记》的传播 923
　　二、汉晋人对《史记》的评价 930
　　小结 942

南北朝谱牒形式的发现和索隐 …… /944
 一、谱牒的起源 …… /944
 二、汉碑文中的谱牒学 …… /945
 三、两晋南北朝谱牒学的突兴 …… /946
 四、谱牒学北朝重于南朝 …… /947
 五、南北朝谱牒形式的发现及索隐 …… /948
 六、《北魏书》是家谱式的史书 …… /952
 七、谱牒补史的作用 …… /953

六十年来我国发现竹木简概述 …… /955
 前言 …… /955
 一、长沙五里牌战国楚墓中的竹简 …… /956
 二、信阳长台关战国楚墓中的竹简 …… /957
 三、罗布淖尔发现的西汉中晚期的木简 …… /958
 四、敦煌发现的汉晋木简 …… /959
 五、居延发现的由西汉中期到东汉初期的木简 …… /960
 六、武威汉墓中的竹木简 …… /961
 小结 …… /962

《关于居延汉简的发现和研究》一文的商榷 …… /963

《墨子·备城门》等篇与居延汉简 …… /967
 一、烽燧 …… /968
 二、兵器 …… /970
 三、守御器 …… /972
 四、符券 …… /974
 五、葆宫 …… /975
 六、秦官制 …… /976
 七、秦法 …… /979
 八、秦汉人公牍语及口头习俗语 …… /980
 小结 …… /984

《汉书·赵充国传》与居延汉简的关系 ……………………………… /986
    一、赵充国湟中屯田与居延屯田异同之点 ……………………… /986
    二、赵充国屯田愿罢骑士留步兵的意义 ………………………… /987
    三、赵充国兼用弛刑、应募及私从者三种人民的作用 ………… /988
    四、赵充国对食粮刍茭精密的计划 ……………………………… /989
    五、汉廷对赵充国与辛武贤初期方略的估价 …………………… /990

《论衡·谢短》等篇疑难问题新解 ………………………………… /992

武威汉简文学弟子题字的解释 ……………………………………… /996

玺印、木简中发现的古代医学史料 ………………………………… /997
    一、殷周药学的研究及医学的昌明 ……………………………… /997
    二、西汉医案的存留及医书的整理 ……………………………… /999
    三、东汉医学的集大成及内外的分科 …………………………… /999
    四、殷代病名的确立及战国药学的分工 ……………………… /1000
    五、西汉医方的发现及丸方的开始 …………………………… /1003
    六、秦汉医官制度 ……………………………………………… /1006
    七、结束语 ……………………………………………………… /1008

武威旱滩坡汉墓出土医药方汇考 ………………………………… /1010
    一、中水侯所奏治男子有七疾方及建威耿将军方 …………… /1010
    二、公孙君方 …………………………………………………… /1012
    三、治㼒人膏药方及马胘方 …………………………………… /1012
    四、药价问题 …………………………………………………… /1013
    五、两汉七字书写的变化 ……………………………………… /1013
    六、∣、▼的符号问题 ………………………………………… /1014
    七、药名所用假借字及别体字 ………………………………… /1014

张仲景事迹新考 …………………………………………………… /1016

秦兵甲之符考 ……………………………………………………… /1018

秦始皇六大统一政策的考古资料 ………………………………… /1019
    一、文字的统一 ………………………………………………… /1019
    二、权量的统一 ………………………………………………… /1021

三、郡县的统一 …………………………………………………… /1023

　　四、货币的统一 …………………………………………………… /1024

　　五、律令的统一 …………………………………………………… /1026

　　六、官制的统一 …………………………………………………… /1027

汉代的马政 …………………………………………………………… /1030

汉代民间简字举例 …………………………………………………… /1034

读容庚氏《鸟书考》书后 …………………………………………… /1042

汉封泥考略 …………………………………………………………… /1045

汉晋少数民族所用印文通考 ………………………………………… /1054

　　一、匈奴 …………………………………………………………… /1054

　　二、越 ……………………………………………………………… /1059

　　三、滇 ……………………………………………………………… /1061

　　四、乌丸 …………………………………………………………… /1062

　　五、鲜卑 …………………………………………………………… /1064

　　六、胡 ……………………………………………………………… /1065

　　七、夷 ……………………………………………………………… /1066

　　八、秽 ……………………………………………………………… /1067

　　九、貊 ……………………………………………………………… /1068

　　十、哀牢 …………………………………………………………… /1068

　　十一、白虎 ………………………………………………………… /1069

　　十二、叟 …………………………………………………………… /1069

　　十三、僰 …………………………………………………………… /1070

　　十四、賨 …………………………………………………………… /1070

　　十五、羌 …………………………………………………………… /1071

　　十六、犛 …………………………………………………………… /1073

　　十七、氐 …………………………………………………………… /1073

　　十八、难兜 ………………………………………………………… /1074

　　十九、金 …………………………………………………………… /1074

　　二十、左庐 ………………………………………………………… /1075

二十一、总称 ………………………………………………………… /1075
　　　小结 …………………………………………………………………… /1075
记西安传世两汉名人之遗物及海城于氏藏印 ……………………… /1077
广州汉墓群西汉前期陶器文字汇考 ………………………………… /1079
　　一、常御陶瓮　常御第十三双耳陶罐　常御第廿双耳陶罐
　　　　常御三千陶壶 ……………………………………………………… /1079
　　二、居室陶罐 ………………………………………………………… /1080
　　三、食官第一陶鼎 …………………………………………………… /1080
　　四、大厨陶瓮　大厨陶罐 …………………………………………… /1081
　　五、众鱼陶罐 ………………………………………………………… /1081
　　结论 …………………………………………………………………… /1081
汉张叔敬朱书陶瓶与张角黄巾教的关系 …………………………… /1083
汉初平四年王氏朱书陶瓶考释 ……………………………………… /1086
洛阳汉墓群陶器文字通释 …………………………………………… /1090
　　一、谷类 ……………………………………………………………… /1090
　　二、豆麻类 …………………………………………………………… /1092
　　三、肉食类 …………………………………………………………… /1092
　　四、酒类 ……………………………………………………………… /1093
　　五、调料类 …………………………………………………………… /1094
　　六、容量类 …………………………………………………………… /1094
　　七、官名人名类 ……………………………………………………… /1095
　　八、吉语类 …………………………………………………………… /1095
　　九、杂类 ……………………………………………………………… /1095
韩城汉扶荔宫遗址新出砖瓦考释 …………………………………… /1096
陕西兴平县茂陵镇霍去病墓新出土左司空石刻题字考释 ………… /1098
关于汉幽州书佐秦君石柱题字的补充意见 ………………………… /1100
　　石柱正面题字 ………………………………………………………… /1100
　　神道阙题字 …………………………………………………………… /1101

汉芎他君石祠堂题字通考 ……………………………………………… /1103
  一、石刻原文 ………………………………………………………… /1103
  二、石刻通考 ………………………………………………………… /1104

西汉铸钱铜材和钱范的发现 …………………………………………… /1107
  一、西汉铸钱铜材最新的发现 ……………………………………… /1107
  二、石渠阁遗址出土的王莽钱背面范 ……………………………… /1108
  三、王莽左作货泉陶片的本末 ……………………………………… /1111
  四、西汉陶钱范纪年著录表 ………………………………………… /1113

汉中私官铜锺考释 ……………………………………………………… /1117

四种铜镜图录释文的校订 ……………………………………………… /1119
  一、陕西省出土铜镜 ………………………………………………… /1119
  二、四川省出土铜镜 ………………………………………………… /1121
  三、浙江出土铜镜选集 ……………………………………………… /1122
  四、湖南出土铜镜 …………………………………………………… /1123
  五、洛阳烧沟汉墓铜镜部分 ………………………………………… /1124

福建崇安城村汉城遗址时代的推测 …………………………………… /1126

长沙马王堆一号汉墓的若干问题考述 ………………………………… /1130
  一、轪侯世系、墓主人姓名的推测及汉代保存尸体的记载 ……… /1130
  二、棺椁制度和衣衾帛画名称 ……………………………………… /1132
  三、列侯食邑制度和家丞掌管封泥 ………………………………… /1134
  四、遣策在汉代与器疏名称相近和葬品中缺少铜器问题 ………… /1136
  五、随葬器物杂考 …………………………………………………… /1137

长沙发掘报告的几点补正 ……………………………………………… /1141

望都汉墓壁画题字通释 ………………………………………………… /1145
  一、人物画像题字 …………………………………………………… /1145
  二、墓主铭赞 ………………………………………………………… /1150
  三、鸟兽画题字 ……………………………………………………… /1150
  四、工匠游戏书字 …………………………………………………… /1151

和林格尔东汉大墓壁画题字考释 ·········· /1153
    一、人马皆食太仓题字 ·········· /1153
    二、属吏题字 ·········· /1153
    三、二桃杀三士等历史故事题字 ·········· /1154
    四、□□少授诸先时舍题字 ·········· /1155
    五、繁阳令官寺题字 ·········· /1155
    结语 ·········· /1156

晋徐美人墓石考释 ·········· /1157

东晋王兴之墓志跋兼论及《兰亭序》问题 ·········· /1162
    一、关于东晋王兴之墓志的补充 ·········· /1162
    二、关于《兰亭序》真伪问题的商榷 ·········· /1163

对《洛阳晋墓的发掘》与《南京近郊六朝墓的清理》两文的意见 ·········· /1166

对于南京西善桥南朝墓砖刻竹林七贤图的管见 ·········· /1168
    一、七贤名次排列的先后 ·········· /1168
    二、嵇、阮、山、王四人的年岁有两说不同 ·········· /1169
    三、向、刘、阮咸三人卒年皆在西晋初中期的考查 ·········· /1169
    四、画砖的艺术及其他问题 ·········· /1170
    五、魏晋人对荣启期之崇拜 ·········· /1171

敦煌石室中魏仓慈手写《佛说五王》经卷的发现 ·········· /1173
    一、经传所写与传世经文的互校 ·········· /1173
    二、仓慈事迹之考索 ·········· /1174
    三、经文多用当时之制度及口头语 ·········· /1175
    四、译经时代之推测 ·········· /1175
    五、经文之意译 ·········· /1176
    六、我国楷书及传世写经当以此经为最古 ·········· /1176

西安出土隋唐泥佛像通考 ·········· /1177
    一、隋仁寿二年兴福寺泥佛像 ·········· /1178
    二、唐永徽比丘法津泥佛像 ·········· /1178
    三、唐永徽比丘法律泥佛像 ·········· /1180

  四、唐苏常侍造印度泥佛像 …………………………………… /1181

  五、唐善业泥佛像 ………………………………………………… /1183

  六、唐清明寺泥佛像 ……………………………………………… /1184

  七、唐元和台州令泥佛像 ………………………………………… /1184

  八、唐大中泥佛像 ………………………………………………… /1185

古器物文字丛考 …………………………………………………………… /1186

  一、西安高窑村出土西汉铜器铭考释 ………………………… /1186

  二、"寺工""无任"两词释义 …………………………………… /1190

  三、于豪亮先生《居延汉简甲编补释》的商榷 ……………… /1192

出土文物丛考 ……………………………………………………………… /1195

  一 ………………………………………………………………… /1195

  二 ………………………………………………………………… /1196

出土文物丛考（续） ……………………………………………………… /1199

  一、酒令铜器（原称为铜骰） …………………………………… /1199

  二、中山内府铜锅 ………………………………………………… /1201

  三、中山祠祀封泥 ………………………………………………… /1201

  四、"窦绾"两面印 ……………………………………………… /1202

  五、御褚饭盘 ……………………………………………………… /1202

  六、陶缸朱书题字 ………………………………………………… /1202

古物三考 …………………………………………………………………… /1203

  一、西安西郊出土西汉铜鉴等二十二器通考 ………………… /1203

  二、北京怀柔城北东汉墓葬发现吾阳成砖文释义 …………… /1210

  三、秦汉咸里陶器通考 …………………………………………… /1213

考古丛录 …………………………………………………………………… /1218

  一、汉昭阳宫铜镜 ………………………………………………… /1218

  二、汉韩王孙子母印 ……………………………………………… /1218

  三、石刻砖文中发现的汉代经学问题 ………………………… /1219

  四、汉代羌族文化的发现 ………………………………………… /1221

  五、东魏北齐三陶砚 ……………………………………………… /1222

  六、兰州所见的隋唐敦煌写经三卷 …………………………………… /1223
  七、隋唐陶版印刷术 ……………………………………………………… /1224
  八、唐代艺术家程修己墓志 …………………………………………… /1225
  九、西北大学校园发现的唐代大量窖钱 …………………………… /1227
  十、《德九存陶》跋 ………………………………………………………… /1228

考古炳烛谈 ……………………………………………………………………… /1229
  一、汉上林荣宫铜方炉考 ……………………………………………… /1229
  二、西汉平都犁斛考 …………………………………………………… /1230
  三、汉雁门太守鲜于璜碑考 …………………………………………… /1231
  四、西汉宫殿名称考佚 ………………………………………………… /1232

编后记 ……………………………………………………………… 黄留珠/1234

目 录（上）

序 言

汉书新证

自 序 ……………………………………………………………… /3

纪 ………………………………………………………………… /11

  高纪第一上 …………………………………………………… /11

  高纪第一下 …………………………………………………… /17

  惠纪第二 ……………………………………………………… /20

  高后纪第三 …………………………………………………… /22

  文纪第四 ……………………………………………………… /23

  景纪第五 ……………………………………………………… /27

  武纪第六 ……………………………………………………… /28

  昭纪第七 ……………………………………………………… /39

  宣纪第八 ……………………………………………………… /42

  元纪第九 ……………………………………………………… /45

  成纪第十 ……………………………………………………… /46

  哀纪第十一 …………………………………………………… /48

  平纪第十二 …………………………………………………… /49

表

- 异姓诸侯王表第一 /52
- 诸侯王表第二 /53
- 王子侯表第三上 /54
- 王子侯表第三下 /56
- 高惠高后文功臣表第四 /57
- 景武昭宣元成功臣表第五 /65
- 外戚恩泽侯表第六 /68
- 百官公卿表第七上 /70
- 百官公卿表第七下 /123
- 古今人表第八 /128

志

- 律历志第一上 /130
- 律历志第一下 /131
- 礼乐志第二 /132
- 刑法志第三 /135
- 食货志第四上 /136
- 食货志第四下 /139
- 郊祀志第五上 /149
- 郊祀志第五下 /151
- 天文志第六 /152
- 五行志第七上 /154
- 五行志第七中之上 /154
- 五行志第七中之下 /155
- 五行志第七下之上 /156
- 五行志第七下之下 /156
- 地理志第八上 /156
- 地理志第八下 /170
- 沟洫志第九 /177

艺文志第十 …… /180

传

  陈胜项籍传第一 …… /189
  张耳陈馀传第二 …… /193
  魏豹田儋韩信传第三 …… /194
  韩彭英卢吴传第四 …… /196
  荆燕吴传第五 …… /197
  楚元王传第六 …… /199
  季布栾布田叔传第七 …… /202
  高五王传第八 …… /203
  萧何曹参传第九 …… /204
  张陈王周传第十 …… /206
  樊郦滕灌傅靳周传第十一 …… /211
  张周赵任申屠传第十二 …… /213
  郦陆朱刘叔孙传第十三 …… /213
  淮南衡山济北王传第十四 …… /216
  蒯伍江息夫传第十五 …… /218
  万石卫直周张传第十六 …… /221
  文三王传第十七 …… /221
  贾谊传第十八 …… /224
  爰盎晁错传第十九 …… /227
  张冯汲郑传第二十 …… /231
  贾邹枚路传第二十一 …… /233
  窦田灌韩传第二十二 …… /236
  景十三王传第二十三 …… /240
  李广苏建传第二十四 …… /243
  卫青霍去病传第二十五 …… /246
  董仲舒传第二十六 …… /249
  司马相如传第二十七上 …… /250

司马相如传第二十七下	/251
公孙弘卜式儿宽传第二十八	/252
张汤传第二十九	/254
杜周传第三十	/257
张骞李广利传第三十一	/258
司马迁传第三十二	/260
武五子传第三十三	/261
严朱吾丘主父徐严终王贾传第三十四上	/263
严朱吾丘主父徐严终王贾传第三十四下	/266
东方朔传第三十五	/269
公孙刘田王杨蔡陈郑传第三十六	/274
杨胡朱梅云传第三十七	/275
霍光金日磾传第三十八	/277
赵充国辛庆忌传第三十九	/280
傅常郑甘陈段传第四十	/285
隽疏于薛平彭传第四十一	/286
王贡两龚鲍传第四十二	/287
韦贤传第四十三	/292
魏相丙吉传第四十四	/292
眭两夏侯京翼李传第四十五	/295
赵尹韩张两王传第四十六	/296
盖诸葛刘郑孙毋将何传第四十七	/303
萧望之传第四十八	/306
冯奉世传第四十九	/308
宣元六王传第五十	/310
匡张孔马传第五十一	/310
王商史丹傅喜传第五十二	/312
薛宣朱博传第五十三	/313
翟方进传第五十四	/315

谷永杜邺传第五十五	/316
何武王嘉师丹传第五十六	/317
扬雄传第五十七上	/318
扬雄传第五十七下	/319
儒林传第五十八	/320
循吏传第五十九	/322
酷吏传第六十	/323
货殖传第六十一	/328
游侠传第六十二	/331
佞幸传第六十三	/333
匈奴传第六十四上	/334
匈奴传第六十四下	/337
西南夷两粤朝鲜传第六十五	/341
西域传第六十六上	/342
西域传第六十六下	/344
外戚传第六十七上	/345
外戚传第六十七下	/349
元后传第六十八	/352
王莽传第六十九上	/353
王莽传第六十九中	/355
王莽传第六十九下	/363
叙传第七十上	/368
叙传第七十下	/369
汉书叙例	/370

史记新证

| 自　序 | /377 |
| 本　纪 | /380 |

五帝本纪第一 ……………………………………………………… /380
夏本纪第二 ………………………………………………………… /383
殷本纪第三 ………………………………………………………… /383
周本纪第四 ………………………………………………………… /386
秦本纪第五 ………………………………………………………… /387
秦始皇本纪第六 …………………………………………………… /392
项羽本纪第七 ……………………………………………………… /399
高祖本纪第八 ……………………………………………………… /401
吕后本纪第九 ……………………………………………………… /402
孝文本纪第十 ……………………………………………………… /403
孝景本纪第十一 …………………………………………………… /405
孝武本纪第十二 …………………………………………………… /406

表 …………………………………………………………………………… /408
三代世表第一 ……………………………………………………… /408
十二诸侯年表第二 ………………………………………………… /409
六国年表第三 ……………………………………………………… /409
秦楚之际月表第四 ………………………………………………… /410
汉兴以来诸侯王年表第五 ………………………………………… /410
高祖功臣侯者年表第六 …………………………………………… /411
惠景间侯者年表第七 ……………………………………………… /419
建元以来侯者年表第八 …………………………………………… /420
建元以来王子侯者年表第九 ……………………………………… /422
汉兴以来将相名臣年表第十 ……………………………………… /425

书 …………………………………………………………………………… /428
礼书第一 …………………………………………………………… /428
乐书第二 …………………………………………………………… /428
律书第三 …………………………………………………………… /429
历书第四 …………………………………………………………… /429
天官书第五 ………………………………………………………… /429

封禅书第六 …… /430
河渠书第七 …… /431
平准书第八 …… /431

世　家

吴太伯世家第一 …… /440
齐太公世家第二 …… /441
鲁周公世家第三 …… /442
燕召公世家第四 …… /443
管蔡世家第五 …… /444
陈杞世家第六 …… /445
卫康叔世家第七 …… /445
宋微子世家第八 …… /445
晋世家第九 …… /446
楚世家第十 …… /447
越王句践世家第十一 …… /449
郑世家第十二 …… /450
赵世家第十三 …… /451
魏世家第十四 …… /452
韩世家第十五 …… /453
田敬仲完世家第十六 …… /453
孔子世家第十七 …… /454
陈涉世家第十八 …… /455
外戚世家第十九 …… /456
楚元王世家第二十 …… /457
荆燕世家第二十一 …… /458
齐悼惠王世家第二十二 …… /458
萧相国世家第二十三 …… /459
曹相国世家第二十四 …… /459
留侯世家第二十五 …… /460

陈丞相世家第二十六 /461

绛侯周勃世家第二十七 /461

梁孝王世家第二十八 /462

五宗世家第二十九 /463

三王世家第三十 /464

列 传 /466

伯夷列传第一 /466

管晏列传第二 /466

老子韩非列传第三 /467

司马穰苴列传第四 /468

孙子吴起列传第五 /468

伍子胥列传第六 /468

仲尼弟子列传第七 /469

商君列传第八 /469

苏秦列传第九 /470

张仪列传第十 /472

樗里子甘茂列传第十一 /475

穰侯列传第十二 /475

白起王翦列传第十三 /476

孟子荀卿列传第十四 /476

孟尝君列传第十五 /477

平原君虞卿列传第十六 /477

魏公子列传第十七 /478

春申君列传第十八 /479

范睢蔡泽列传第十九 /479

乐毅列传第二十 /481

廉颇蔺相如列传第二十一 /481

田单列传第二十二 /482

鲁仲连邹阳列传第二十三 /482

屈原贾生列传第二十四 …… /482

吕不韦列传第二十五 …… /483

刺客列传第二十六 …… /484

李斯列传第二十七 …… /484

蒙恬列传第二十八 …… /486

张耳陈馀列传第二十九 …… /487

魏豹彭越列传第三十 …… /488

黥布列传第三十一 …… /489

淮阴侯列传第三十二 …… /489

韩信卢绾列传第三十三 …… /489

田儋列传第三十四 …… /490

樊郦滕灌列传第三十五 …… /491

张丞相列传第三十六 …… /491

郦生陆贾列传第三十七 …… /492

傅靳蒯成列传第三十八 …… /493

刘敬叔孙通列传第三十九 …… /493

季布栾布列传第四十 …… /494

袁盎晁错列传第四十一 …… /494

张释之冯唐列传第四十二 …… /495

万石张叔列传第四十三 …… /495

田叔列传第四十四 …… /496

扁鹊仓公列传第四十五 …… /497

吴王濞列传第四十六 …… /498

魏其武安侯列传第四十七 …… /499

韩长孺列传第四十八 …… /500

李将军列传第四十九 …… /500

匈奴列传第五十 …… /501

卫将军骠骑列传第五十一 …… /503

平津侯主父偃列传第五十二 …… /505

· 9 ·

南越列传第五十三 …… /506

东越列传第五十四 …… /506

朝鲜列传第五十五 …… /507

西南夷列传第五十六 …… /507

司马相如列传第五十七 …… /508

淮南衡山列传第五十八 …… /509

循吏列传第五十九 …… /512

汲郑列传第六十 …… /512

儒林列传第六十一 …… /513

酷吏列传第六十二 …… /514

大宛列传第六十三 …… /517

游侠列传第六十四 …… /519

佞幸列传第六十五 …… /520

滑稽列传第六十六 …… /520

日者列传第六十七 …… /521

龟策列传第六十八 …… /522

货殖列传第六十九 …… /522

太史公自序第七十 …… /526

汉书新证

自 序

此书曾于一九五九年由天津人民出版社印行。《新证》云者,取别于旧注家之方式,所引用之材料,为居延、敦煌两木简,汉铜器、漆器、陶器,以及封泥、汉印、货币、石刻各种。其体例有时仿裴注,系证闻式,旁搜远绍,故不偏重于音义。嗣后于一九五八年九月,又成《史记新证》二卷。至一九五九年一月,西大历史系接受中华书局标点《汉书》之嘱托,我亦参加工作,因此又将全部《汉书》泛览一过,历四个月之久竣事。温故知新,笺记偶得,于是始有撰写《续证》之计划。迨暑期休假,随读随记。经时半岁,又成《续证》二卷。思及新续二证,各自为书,容有未善。乃于一九六〇年十月,合前后两编,再加订补,汇为一书,即今本也。

《汉书》成书迟于《史记》,古字古训反多于《史记》。其原因《史记》在东汉末期,尚称为谤书,学者传习不多。迨普遍写布时,去西汉已远,所有古字皆用隶体写定。而《汉书》一出之后,马融为当世通儒,且加肄习,络绎流传,故原书面目变化不大。音义之外,而研究者尤多,如边韶、武荣、司马防、苟悦等人尤著。

《汉书》最早之注解,当始于东汉桓帝时之延笃,自司马贞《索隐》后序,谓延笃有《史记音义》一卷,近世鲜有其本。今《汉书·天文志》记昭帝始元中,"流星下燕万载宫极东去"。李奇注引"延笃谓之堂前楯也"。疑延笃所注,在《史记音义》之外另有《汉书音义》。李奇为西晋时人,尚见此本,似为不过江之书,唐人所引只片鳞半爪而已。延笃盖为注《汉书》最早之一人,《风俗通·声音篇》两引《汉书》注,疑即为延笃之注。详见《天文志》证文。

现存东汉人之注解,以应劭、服虔二家为最古。然被颜师古删改者不少。删去者在裴骃《史记集解》中所引二家原注,可以得到证明。改易者去读如之音,变为直接之音,东汉时尚无此例。应、服二家注文精说固多,有时亦有明显之违失。如武帝征和年号,证之居延、敦煌两木简,及延和元年板瓦题字,则确为延和。应劭乃谓"言征伐四夷而天下和平",是因文生训,应氏之疏也。又如《成帝纪》,罢水衡都尉之技巧令,服虔注技巧谓倡技之巧,证之齐鲁所出封泥,有"技巧钱丞"。西安汉城出土五铢钱范,又有"巧二"题字,知技巧掌握刻钱范之技术,决为上林三官之一,与服注大相距离。盖应、服二家,去西汉中期已二百余年,犹之我辈探讨清代初年掌故,缺略自所难免。

颜师古注卓然为一大家,前此后此者,皆不如颜注之集大成,然或有时狃于偏见,有时过于矜慎,今日出土之古器,足以证《汉书》者,如龙渊宫,有铜壶、铜鼎。师古直断龙渊宫为龙渊庙之误,以驳服注,彼时受条件之限制,固不能为颜氏咎也。其注《汉书》方法,采用东汉荀悦至北魏崔浩各家注解,计有二十三人。其中以项昭、伏俨、刘宝三家之说最少,甚或仅有一二条者。而唐时存在之注,如隋萧该之《汉书音义》十二卷,隋包恺之《汉书音》十二卷,隋姚察之《汉书训纂》三十卷,师古一概摒弃不录,未免有偏见存乎其间。萧该之《音义》,见于《史记索隐》所引《绛侯世家》等篇,后来宋祁转引尤多(宋祁之书虽有疑义,所引萧书则为真本)。包恺之《音》,见于《索隐》所引《淮南王传》等篇,姚察之《训纂》,见于《史记正义》所引《霍去病传》等篇。司马贞、张守节二人,皆在师古之后,尚见此三书,师古亦必见此。师古当日如能采取众长,折中诸说,其成果当不止此。

《隋书·经籍志》史部所载晋灼《汉书音义》及应劭《汉书集解音义》,劭书当为臣瓒所纂辑,文与注分。蔡谟又取臣瓒之注,散入《汉书》中,成为《汉书集解》,文与注始合。三书在唐初俱存,师古之注是在蔡书基础上发展的。疑项昭、伏俨、李斐、刘宝诸家之注,在唐时已大半散失,师古多从蔡谟之书转引。而在《叙例》中,反诋蔡谟之《集解》"竟无弘益"。自颜注行而蔡注亡,便无从核对。师古为颜之推之孙,颜游秦之侄。之推在北齐时,号称通儒。在《颜氏家训·书证篇》中,所论《汉书》训诂,如中外禔福、元后父名禁、《贾谊传》之"日中必蕙"、《王莽传》之"紫色𪉹声"等条,见于《家训》其他篇者亦不少,师古一概未引。颜游秦著有《汉书决疑》三十卷,系集注体裁,品衡前哲,加以论定,与师古注形式完全相同。师古不但不引其名,反窃取其说,攘为己有。清代如沈钦韩、钱大昭,近人如杨树达等人,已见及此。其最显著者,如《项羽传》"项羽卒闻楚歌"句,谓楚歌犹吴讴,驳应劭之非鸡鸣歌。《陈胜传》"腊月陈王之汝阴"句,谓腊月为建丑之月,是臣瓒之说。又如《文帝纪》后六年"以中大夫令免为车骑将军"句,以为令是姓免是名。以上三条皆颜游秦之说,而为《史记集解》《索隐》所转引者。游秦之注久已散失,幸而从唐人注文中能探出窃取之线索,其他不能追寻者,当亦有相当之数量。总而言之,师古之博学,我辈不能不加以承认,师古之欺世盗名,我辈亦不能不加以揭发。

清代治朴学者,兼治《汉书》,王先谦先生采集为《汉书补注》。王先生之优点,自己创见并不多,排比校雠之役,且多假手于他人,但以本书引证本书,予初学以极大便利。王先生之缺点,是各注家之精华,如钱大昭、周寿昌诸人,采撷均有未备。且剪裁截合往往与作者本义相违背。

《汉书补注》未收之书,如无名氏之《汉书疏证》,此书当为杭世骏所撰。关于典章制度部分,引用《通志》不少,《通志》是比较疏陋者,例如光禄大夫本无印绶,此书引《通志》独云有印,反疑《百官表》之不确,此其失也。在《汉书补注》之后,最近成注者,则有杨树达先生《汉书窥管》,对于训诂校勘很有参考之价值,在古物方面亦间有征引。《汉书疏证》不能与之相比。

我于一九四〇年来客西安,见汉城出土有"鐘官钱丞""鐘官火丞""宜秋佐弋"等封泥,知《百官表》语焉不详。日积月累,中心藏之,奋笔写作,前后联贯,历三月始就。我之方法,以本文为经,以出土古物材料证明为纬。使考古为历史服务,既非为考古而考古,亦非单独停滞于文献方面。其体例完全仿杨氏《窥管》,其内容除仿裴注外,亦兼仿钱大昭《汉书辨疑》。有百分之八十取证于古器物,其余管见所及一并附入。

我所引用之材料,主要在居延、敦煌两木简,铜器、漆器以至石刻等,已如上述。石刻部分,西汉石刻最少,在东汉碑刻有牵连者,亦加甄录。惟必删除伪品,如《朱博残碑》《王尊诵德碑》、楼君卿假贷刻石是也。又所用以汉碑来证明当时隶体之假借字或通行字。汉碑在宋以前出土者,则采用《隶释》《隶续》。宋以后出土者,则采用《金石萃编》《续编》及《八琼室金石补正》。四十年来,除《赵宽碑》及《鲜于璜碑》以外,发现独少。《隶释》《隶续》方面,多用洪适及清代顾蔼吉二家之说,在证文中,为简便起见,不再一一分引。封泥方面,出于临菑者为西汉初中期物。出于咸阳者为秦代物。出于西安汉城者为西汉全期物。出于洛阳者则为东汉物。取舍之间,易于分别。惟汉印既无年号,著录又杂,我用六项标准来推断时代。一为出土之地区,汉城出土者多为西汉物。二为地名与官名,西汉有而东汉即罢废者。三为钮头形式,三台钮有边阑界格者,皆秦末汉初之物。四为文字读法,如交错文、上下文,皆为西汉之物。五为篆体之演变,例如西汉印字,最末一笔曳带短尾,东汉则无此形式。质料西汉铜精而质薄,东汉铜既微粗而质又加厚。六为王莽之印,在官名地名上,均有特殊之标帜,最易区别。至于人名印中,其取名有其显异之面貌,若延年、延寿、满意、得意、未央、外人、辟兵、利亲、去病、去疾、不识、食其之类,在西汉为习见,在东汉绝稀见,引据比较有力。惟各家谱录分散,以《汉印文字徵》一书罗列具体,故专引此书,以节繁琐。但印之真伪,文字笔画各方面,多就各原书加以覆勘核对,力求无差谬。在古籍方面,卫宏《汉旧仪》就辑本探索,文辞既简,错误亦多。晋以来注家即已引用,现将潜在遗产再加发掘。《西京杂记》成书时代虽晚,其事实多不见于他书,如建筑新丰之巧匠胡宽,河间献王之起日华宫,且与出土古物相符合,知非向壁所能虚造。颜师古在《匡衡传》注中,诋毁甚力,未免矫枉过正。杨氏《窥管》中,引用杜邺一条。我亦引用窦婴宾客许博昌等三条。他如《新唐书·宰相世系表》,择其可信者,并且亦见于他书者,我引用华阴郭氏郭广意等三条,说明原委,以免滥用之讥。

至于《百官公卿表》,每一段皆有新证,故引用《汉书》全文,略变体例。为使面目清朗起见,每条上加以官名以资区别。盖西汉官制,在景帝中二年、武帝太初元年,两大改革。《汉书》所据则为最后官制,对六百石以下之官吏,沿革每漏而不记,令长下之丞,只记有几丞,而不记某丞之名。现在各官名中,并兼载属吏,为求某一条完整起见,已见于王氏《补注》者,仍然并列其中,在全书中以此表为最详,数量约占六分之一。

班固史学之观点最显著者,在《司马迁传》赞有云:"是非颇谬于圣人,论大道则先黄老而后六经,序游侠则退处士而进奸雄,述货殖则崇势利而羞贫贱。"固之此说,本于班彪《后传·略论》,兼受《王命论》之影响。在《汉书》中项羽削去本纪,陈涉削去世家,完全表现儒家正统思想。其云叙游侠则退处士而进奸雄,游侠与处士是根本不相容的。若用列传表彰处士,则当如后代名为《独行传》,不当名为《游侠传》。其云述货殖则崇势利而羞贫贱,太史公叙《货殖传》,记盐铁之发展、记手工业之品类、记商业货物之流通及重要中心之城市,正是千古之卓识。班固既指出太史公之浅见,然固撰《汉书》时,并不另设一套方案,皆因袭直书,毫无更变。《游侠传》仅加入万章、楼护、陈遵、原涉四人,其身份皆非处士,其品格皆是奸雄。固之为此言,岂非以子之矛,陷子之盾。

《汉书》采用太史公以后之材料,由褚少孙到班彪各说,其中多有刘书,与《说苑》《新序》相表里。《史通·正史篇》云:"《史记》所书年止太初。其后刘向,向子歆及诸好事者,若冯商、卫衡、扬雄、史岑、梁审、肆仁、晋冯、段肃、金丹、冯衍、韦融、萧奋、刘恂等,相继撰续,迄于哀平间,犹名《史记》。"冯商见《汉书·艺文志》。史岑见《史通·人物篇》及《文选》史孝山《出师颂》。晋冯、段肃,见《班固传》。刘向父子、冯衍、扬雄,各自有传。卫衡余考出见《华阳国志·汉中士女志》,其余六人无考。而褚少孙补太史公书,《史通》独略而不谈。班固《汉书》之材料,前半皆直用《史记》原文,《张汤传》赞则引冯商之案语,《封禅书》后段则似用扬雄之补作,更名《郊祀志》(见《论衡·须颂篇》)。韦贤、翟方进、元后等传,则直用班彪之《后传》。其余多采用刘氏父子之书,如《艺文志》本于刘歆《七略》,《律历志》《五行志》皆本于向、歆父子,前人言之已详。余最近所发现者,则为《汉书》采用刘向《说苑》《新序》问题。如《说苑》卷六载丙吉事、袁盎侍儿事,卷七载枚乘谏吴王书,卷十一载吾丘寿王谏宝鼎事,卷十三载茂陵徐生上书事,卷二十载杨王孙事。《新序》卷七载苏武事,卷十载沛公从项籍俱受令怀王事、郦食其事、封张良事、刘敬说都关中事、齐悼惠王事、王恢论马邑事、主父偃事。以上各条,纵然刘向原文,有采用《史记》之处,然丙吉、茂陵徐生、杨王孙、苏武等传事,则皆在《史记》之后,决为班固采用之根源。尤其《杨王孙传》与《汉书》本传,大同小异,犹存有蜕化之痕迹。

两汉人解经,名为章句,东汉人注《汉书》,改称为音义。隋以前注家,仍用其名。实则汉人偏重于作音,汉以后人偏重于释义。历时二千年之久,经过数百家之众,已绝少剩义,现惟取资于古器物,为治《汉书》学者,另辟一条新道路。为推陈出新者所赞许,为守旧不化者所睚眦,知我罪我,所不计已。其内容包括有十七种类型,兹略举例,阐明如次:

(一)官名之确定。如《杜周传》之军司空、《谷永传》之护苑使者、《赵皇后传》之宫长是也。各官皆不见于《百官表》,因班固作表时,九卿令丞以下及暂置之官皆不载,倘非二千年以下出土之汉碑、汉印,则不能获得旁证。

(二)州郡县属吏名称之新证。如《萧何传》之主吏,《张敞传》之贼捕掾,《王尊传》之守属、假佐、直符史是也。溧阳强汝珣先生所著《两汉州郡县吏考》,仅取裁于两汉书,实则在东汉碑阴题名中,往往见之。盖东汉州郡县吏之组织,多因袭于西汉,当应、服二家作注时,以为此等官名不须注解。魏晋以来注家亦不甚措意,自唐以后变成多不能解说,其根源在此。

(三)地理名称之误字。如《王子侯表》即裴当为抑裴,左冯翊徵县或为澂县是也。此例多见于封泥、汉印,或传抄之误字,或假借之省文。

(四)姓氏之考证。如《高惠功臣表》之室中同当作室中同,阳城延当为阳成延。《百官表》之马适建,《马宫传》之马矢氏,《王莽传》之司国宪,皆为两汉习见之姓氏,在古籍或一二见,在封泥、汉印中,则数见不鲜。

(五)人名之决定。如《王子侯表》之刘胜容应作刘胜客(王念孙已疑作胜客,惜无证据)。《百官表》之广川相充郎,已佚其姓。郱兄当读如本音,《百官表》之大司农非调,应为姓非名调之类,皆取证于木简、汉印为多。

(六)字句之译释。如《张骞传》之"初天子发书易曰,神马当从西北来",《霍光传》之"将军之广明都属吏耳",《田延年传》之"县官出三千万自乞之何哉"等句,皆出以己意,合于百家争鸣方针。

(七)宫殿名称之解释。如《郊祀志》之八风台,取证于"八风寿存当"。《百官表》之甘泉上林长丞,甘泉上林为一宫之名,取证于河东为甘泉上林造铜镫及"甘泉上林"瓦当之类。或补前人之未解,或正前人之疏失。

(八)人物价值之分析。如《毋将隆传》之官婢价,《昭帝纪》之酒升四钱,《功臣表》任破胡表文之马价之类,皆从古籍及木简方面钩沉史料,作为比较。

(九)典制之疏证。如《韩延寿传》之功曹引车,《师丹传》之伏青蒲,《朱博传》之长吏自系书言府,《匈奴传》之韩昌发过所之类,皆以古器物为权衡,或酌定前人之两说,或纠正前人之误解。

(十)东汉通用隶体字之发挥。如《文帝纪》之"马财遗足",与《孙叔敖碑》相合。《景帝纪》之"傅纳以言",与《孔宙碑》相合。前人称《汉书》多古字,实则为东汉时隶体别书或假借字,与汉碑无一不合,在今日以为艰深,在当时极为通常。

(十一)文献记载之补遗。如《百官表》大司马引班彪上事,《蒯通传》引《楚汉春秋》北郭先生事。关于采撷文献,沈钦韩、周寿昌两家已占大宗,兹编仅选择三五事而已。

(十二)汉代避讳之例证。以两汉金石刻辞而论,如邦、盈、雉等字,有避有不避。彻字避讳,独为严格,兹编有反复之阐述,幸勿为荀悦《汉纪》所蒙蔽。

(十三)习俗语之旁证。如《韦贤传》之"与天毋极",见于汉瓦。《礼乐志》之"奏嘉至",本于玉磬铜钟。此皆西汉人之口头语,至东汉时即已不用。

（十四）地面古迹之搜查。如霍去病墓之象祁连山，《赵广汉传》之平陵方上。非亲见亲访，始知古籍记载之不谬。

（十五）注文之解要。如《晁错传》"为中周虎落"句，苏林注之天田，取证于居延木简。《霍光传》之太医大丸，晋灼注即今之泽兰丸，取证于《本草》。其体例为注中之疏。

（十六）颜注之发伏。如《广陵厉王传》之"徘徊两渠间"，《东方朔传》之馆陶公主"令中府"，《何并传》之"冢间单外"等句，颜注皆望文生训，知其流不探其源，在全书中此例最多。

（十七）叙例之附见。颜师古所列二十三家之名，清代以来所未考出者，如伏俨为伏完之孙，刘德见于《通典》凶丧礼制，文颖见于《文选》王粲《赠文叔良》四言诗。王氏补注皆未涉及，《文选》为通常之书，各家皆遗忘之，最为可异。

以上列举十七种类型，约计有证文二千余条，皆不越出此范围。回忆我在一九四〇年至一九四九年，在金融机关中工作十年，终日忙于簿书，学非所用，文字亦日渐荒芜。解放以后转业西大，始得重理旧闻。在党和伟大领袖毛主席正确领导下，方能获得此区区之成绩。前此写作，有《两汉经济史料论丛》，久付印刷。三年之间穿插其中写作者，又成有《居延汉简解要》一书。日月光华，春晖温暖，心情并不自觉其老也。

一九六一年三月一日

镇江陈直（进宜）撰于西安西大新村

附注：《新证》正编自一九五七年八月一日起开始写稿，至九月十八日完成。十九日起抄稿，至十月廿八日完成，前后共计费时九十日左近。《续证》自一九五九年五月廿七日开始撰述，九月六日开始抄写，十一月二十日清校完竣。正续两编，汇合纂集，自一九六〇年十月一日开始，至一九六一年二月二十四日完工。累计费时十四个月，全书约三十万余字。

纪

高纪第一上

高祖沛丰邑中阳里人也。《四部丛刊》影印景祐本《汉书》一页上

荀悦曰：讳邦字季，邦之字曰国。

直按：两汉邦字，在官名、地名、人名、经籍上，皆改作国字。在诗赋碑铭中，因有叶韵关系而沿用者，亦有不避讳者。如《韦贤传》载韦孟讽谏诗，有"实绝我邦""我邦既绝""邦事是废"，在邹诗有"寁其外邦""于异他邦"等五句，皆用邦字。又按：《隶释》卷五《刘熊碑》云："来臻我邦。"卷六《袁良碑》云："邦畿乂。"《郑固碑》云："邦后珍玮。"《北海相景君铭》云："邻邦归问。"卷九《北军中候郭仲奇碑》云："晋克其邦。"卷十一《圉令赵君碑》云："示万邦。"卷十二《杨震碑》云："功治三邦。"上述各碑，迭用邦字，有因邦字在韵脚而用者，又有邦字用于句中者，并无严格之限制，惟邦字多写作邽，隶体上已略变形。

父太公往视，则见交龙于上。一页上

直按：《史记》作蛟龙。又按：《古镜图录》卷中、二页，有《上太山镜铭》云："驾交龙，乘浮云。"交、蛟二字虽古通，亦为当时流行之简体。

高祖为人，隆准而龙颜。一页下

　　服虔曰：准音拙。

　　直按：东汉时有读如比拟之音，无直接之音，此盖为晋灼、臣瓒、蔡谟集解时所改。本书所引服虔、应劭之音注，皆与此同例。

常从王媪武负贳酒。一页下

　　如淳曰：俗谓老大母为阿负。颜师古曰：武负，武家之母也。

　　直按：汉代妇女称负者甚多，《本纪》之武负，及《陈平传》之张负、《周亚夫传》之许负是也。负当为媍字省文，媍即妇字。《居延汉简释文》卷一、四十九页（本书所引《居延汉简释文》，仅称页数者为劳氏商务版，称卷数兼称页数者，则为重庆版），有简文云："移觚得万岁里郑负，自言夫望之病不幸死（下略）。"以简文断之，郑负亦为女子。又贳即赊欠，为汉人之习俗语，《居延汉简释文》卷一、八十二页，有"终古隧卒，东郡临邑高平里召胜字海翁，贳卖九稷布三匹，匹三百卅三，凡直千"简文。贳必写券，故本纪下文云折券弃责。

高祖每酤留饮酒雠数倍。二页上

　　直按：《隶释》卷七《度尚碑》云："无言不雠。"用《诗·大雅》句，《经典释文》雠亦作售，与如淳"雠亦售也"之注文正合。

岁竟此两家折券弃责。二页上

　　直按：《居延汉简释文》一六九页，有简文云："七月十日觻卒张中功，贳卖皂布章单衣一领，直三百五十二，燧史张君长所，约至十二月尽毕已，旁人临桐史解子房知券。"可证西汉风俗，以十二月岁底收债，与后代亦相仿佛。高祖此事在秦末，则岁竟当指九月而言。又弃责一本作弃负，敦煌、居延两木简，关于债务，皆称为责，不称为负，准此例本传以作弃责为长。

高祖常繇咸阳。二页上

　　颜师古曰：繇读曰徭，古通用字。

　　直按：《隶释》卷一《韩勑礼器碑》云："复颜氏并官氏邑中繇。"卷五《校官潘乾碑》云："省无正繇。"在汉代皆写作繇无作徭者，本文与汉碑正合。

萧何为主吏。二页上

孟康曰：主吏，功曹也。

直按：下文亦云"九月沛公欲以沛应之，掾主吏萧何、曹参"云云，颜师古注"曹参为掾，萧何为主吏"。盖主吏总括功曹、贼曹掾史中之重要职位而言。《汉官仪》云："督邮功曹，郡之极位。"此孟康注文之所本，然主吏包括功曹，主吏当不专指功曹。《隶释》卷一《成阳灵台碑》阴，有"主吏仲浮、主吏仲均、主吏仲耽"等二十六人题名，名次在督邮之下。又《隶释》卷十一《严举碑》阴，有"向主吏讳旻字孝圣，赵主吏讳齐字伯盛"等五人题名。《居延汉简释文》三十三页，有主吏十人之记载。《丙吉传》云："西曹主吏，白欲斥之。"东阿近出瓻他君食堂题字，亦称为主吏，总观主吏同时可多至二十六人，可证为县吏重要掾属之统称，更非别有主吏之官名，孟注实有商榷之必要。

令诸大夫曰，进不满千钱，坐之堂下。二页下

颜师古曰：大夫，客之贵者总称耳。

直按：大夫为秦第五级爵名，《本纪》五年有云："亡爵及不满大夫者，皆赐爵为大夫。"盖秦时在民爵中，大夫即为高爵，故在宴会时，借为客之尊称，后来武帝试贤良策文，亦称对策者为子大夫。

吕公曰，臣少好相人。三页上

直按：汉代大官僚对朝庭称臣，人民对长吏亦称臣。高祖为泗上亭长，与少内相等，故吕公自称为臣。《史记·季布传》"濮阳周氏谓季布曰，迹且至臣家"，因季布曾官将军也。又《韩信传》云："尝过樊将军哙，哙趋拜送迎，言称臣，曰大王乃肯临臣。"足证官资相等者，并不自称臣。汉印中凡称臣某某者，只用于穿带印及子母印。

高祖被酒，夜径泽中。四页下

颜师古曰：径，小道也。

直按：《史记索隐》径旧音经。《太平御览》卷四百九十七引《汉书》正作"夜经泽中"。又按：《隶释》卷十五《徐氏纪产碑》云，"雠直

径营"。雕直人名,径营即经管二字之假借,足证在东汉时二字本可通用,《汉书》作径,疑为班固写简时原本如此。

与秦军战大败之,斩三川守李由。九页上

　　直按:《封泥考略》卷四、二十七页,有"参川尉印"封泥,三川为秦三十六郡之一,但封泥三川作参川。

徙怀王自盱台都彭城。九页下

　　直按:《齐鲁封泥集存》三十九页,有"盱台丞印"封泥,省眙作台,与本文相同,《地理志》临淮郡已作盱眙矣。

与魏将皇欣、武满军合。十一页上

　　直按:齐召南谓《功臣表》"乐平侯卫无择,以队卒从高祖起沛属皇䜣,当即此皇欣"。考䜣、欣二字古通,《昭帝纪》丞相王䜣,颜师古注:"䜣亦欣字。"《隶释》卷一《韩勑礼器碑》云"百姓䜣和",即欣和,知东汉时隶书通假如此。

六月与南阳守齮战犨东。十二页上

　　直按:《隶释》卷十七《秦颉碑》云:"孝廉犨□□。"《广韵》犫与犨同,为当时之或体。

瑕丘申阳下河南。十三页下

　　服虔曰:瑕丘县名,申姓阳名也。文颖曰:姓瑕丘,字申阳。

　　直按:《史记·秦楚之际月表》:"义帝元年,河南王申阳始,故楚将。"所叙其他楚汉诸侯,皆直称名,无连称籍贯者,此条材料,甚为重要,可根据决定姓申名阳,瑕丘人,服说是而文说非也。

吾当王关中,与父老约法三章耳。十四页下

　　直按:近人有以约字为句者,然《韩信传》及《刑法志》,皆有约法三章之语,知约字为句,殆未然也。

沛公不先破关中兵,公巨能入乎。十六页下

　　服虔曰:巨音渠,犹未应得入也。

　　直按:《南越尉佗传》云"何渠不若汉",渠作遽字解。本文巨即渠字省文,《艺文志》将钜子即将渠可证(见《古玉图考》南浔顾氏所

藏鄩将沮惠玉钚）。颜师古训巨为讵,驳服注转失古义。

范增起出谓项庄曰,君王为人不忍。十六页下

  直按:全部《汉书》皆讳庄字,此独不讳,因老严及楚严王、卞严子,一般人皆可以意会为庄,若项庄改为项严,后人即不易知,此班固直书项庄之苦心,故《儒林传》田何字子庄,则改为子装亦此义。

更立沛公为汉王,王巴蜀汉中四十一县,都南郑。十八页上

  直按:高祖在南郑建筑宫殿,现遗址中出土有"佳汉三年,大并天下"及"当王天下"两种瓦当文字(见拙著《关中秦汉陶录》卷二上)。

择乡三老一人为县三老。二十一页下

  直按:沈钦韩谓《仓颉庙碑》阴"衙县三老上官凤""衙县乡三老时勤",此县有三老乡有三老之证。考《金石萃编》汉十四《曹全碑》阴,有"县三老商量""乡三老司马集"题名。近年青海出土《赵宽碑》,宽亦为金城郡浩亹县之乡三老也。

三月汉王自临晋渡河。二十一页下

  颜师古曰:旧县名,其地居河之西滨,东临晋境,本列国时秦所名也。

  直按:合肥龚氏所藏大良造商鞅量,边刻"临""重泉"三字,临疑即临晋之初称,为秦孝公时代之县名。

至洛阳,新城三老董公遮说汉王曰。二十二页上

  直按:董公说汉王一段文字,皆用韵语,昌亡成三字为一韵,服贼力伐德五字又为一韵。

与楚战荥阳南京索间破之。二十四页上

  直按:《御览》卷九百二十一引《风俗通》曰:"俗传高祖与项羽战败于京索,遁丛薄中,羽追求之,时鸠正鸣其上,追者以为鸟在无人,遂得脱,及即位异此鸟,故作鸠杖以赐老者。"应氏之说,颇有可信,证之西安汉城出土有鸠范,边刻"凤皇"二字,又出陶鸠车,腹有"□凤"二字,西汉人尊称鸠为凤皇,为文献所未载,盖有由来。

（汉王问）骑将谁也，曰冯敬。曰，是秦将无择子也，虽贤不能当灌婴。二十五页上

直按：秦汉之际有两冯无择，一为秦将武信侯冯无择，见《史记》二十八年琅玡台石刻题名及《汉书·冯奉世传》。二为汉博成侯冯无择，吕后元年四月封，文帝四年子冯代嗣侯，见《高惠功臣表》。本文之冯敬，即文帝时官御史大夫者（见于《百官表》及《史记·淮南王传》），亦即《贾谊传》所称之张相如、冯敬。贾谊《陈政事疏》所称之"悍如冯敬"，确为秦将冯无择之子。宋祁仅据《功臣表》博成侯冯无释之子名代，因疑冯敬非冯无择之子，实为误解，不知冯敬本为秦将冯无择之子也。冯敬为秦将之子，出于高祖之口，自必灼然可信。冯敬初为魏豹之将，豹败归汉，为史文所略。班固叙事，特标出秦将二字，亦深恐后人误为汉之博成侯也。

步卒将谁也，曰项它。曰，不能当曹参，吾无患矣。二十五页上

直按：项它为项羽之族人，始见于此。《高惠功臣表》仅云"高祖六年，以砀郡长初从"。以本文证之，项它初为魏王豹之将也。

自成皋入关，收兵欲复东，辕生说汉王曰。二十六页下

直按：辕袁二姓与爰袁二姓，在汉代文献上、后代姓书上，皆可相通，但在汉代人士，自己区别很严，并不相混。《汉印文字徵》第十四、六页，有"辕隆""辕猛"两印。第八、十五页，有"袁阜""袁晏""袁顺""袁偃"等印，可以证明用印者对于两姓并不相通（余详《爰盎传》注）。又汉印在辕袁爰三姓之外，又别有榬姓。《字徵》第六、十一页，有"辕子仪""榬让""榬胜""榬敞""榬勉君"等印。《六艺之一录》卷二十三、上平声，又有"榬温舒""榬庆""袁无害"三印。榬字不见于《说文》，其氏族较辕爰尤广，与两姓亦各自为别。《汉书·东越传》榬终古封语儿侯，字正作榬，为本书古字之仅存者，说详《东越传》注。又按：《隶释》卷六《国三老袁良碑》云："袁生独留陈，当秦之乱，隐居河洛，高祖破项，实从其策，天下既定，还宅扶乐。"末叙辕生之归隐扶乐，亦为文献所未详。

乃封侯公为平国君。三十页下

　　直按:《隶释》卷八《金乡长侯成碑》云:"侯公济太上皇于鸿沟,谥曰安国君。"事实与《本纪》均合,惟《本纪》封为平国君,碑文作安国君小异。

高纪第一下

羽夜闻汉军四面皆楚歌。一页下

　　应劭曰:楚歌者,鸡鸣歌也,汉已略得其地,故楚歌者多鸡鸣时歌也。颜师古曰:楚歌者为楚人之歌,犹言吴歈越吟耳。若以鸡鸣为歌曲之名,于理则可,不得云鸡鸣时也。高祖令戚夫人楚舞,自为作楚歌,岂亦鸡鸣时乎。

　　直按:《史记·高祖本纪》项羽卒闻楚歌句,《索隐》引应劭云:"楚歌今鸡鸣歌也。"颜游秦云:"楚歌犹吴讴也,按高祖令戚夫人楚舞,自为楚歌,是楚人之歌声。"与师古之注,主要解释均相同,只有颜游秦之名,易作师古之名。颜游秦为之推之子,师古之叔父,著有《汉书决疑》三十卷,师古不引其名,反窃取其说,幸唐人尚见游秦之书,得以互相印证。此条与《陈涉传》"腊月陈王之汝阴"句注、《文帝纪》后六年"以中大夫令勉为车骑将军"句注,最为窃取明显之例。

昧死再拜言大王陛下。三页上

　　直按:周寿昌曰:《御览》卷五百九十四引《博物志》云,"汉承秦制,群臣上言皆曰昧死言"。考《金石萃编》卷四秦琅玡台石刻云,"丞相臣斯臣去疾,御史大夫臣德昧死言",末句"臣昧死请",泰山石刻亦同。《史记·三王世家》大司马去病奏疏,称昧死再拜,又称昧死上言,本文亦称昧死再拜言,比秦制多再拜二字,略有不同。

高起王陵对曰。五页下

　　直按:《御览》卷四百四十五引《汉书》作王陵对曰,无高起二字,与《汉纪》相同。

上至雒阳,举通侯籍召之,而利几恐反。七页上

  直按:通侯籍谓侯籍簿,入宫者有门籍簿,见《窦婴传》,家属入宫门者,则称属籍,亦称通籍,见元帝永元五年《纪》及《董贤传》。

带河阻山,县隔千里。七页下

  郑氏曰:县音悬。

  直按:《隶释》卷五《校官潘乾碑》云:"钟磬县矣。"以县为悬,与本文同,为东汉时通常隶体之假借。

地势便利,其以下兵于诸侯,譬犹居高屋之上建瓴水也。七页下

  如淳曰:瓴,盛水瓶也,居高屋之上而幡瓴水,言其向下之势易也。

  直按:瓴之形为直筒,一端大,一端略小,似无底之长瓶,西安灞桥镇曾出"灞陵过氏瓴"一具,为吴窓斋所得,见《金泥石屑》卷二、一页,一九四五年又出灞陵某氏瓴一具,中空一格,便于买主补刻自己姓氏,颇见陶工灵活之巧思(见《关中秦汉陶录》卷一)。西汉人称砖为瓴甓,小学家往往解与滴水之瓴相混,近人又有谓过氏瓴,即《说文》瓴字,为鼓风炉旁之用具,说恐失之。

以胶东、胶西、临菑、济北、博阳、城阳郡七十三县,立子肥为齐王。八页下

  直按:此六郡各与上封刘贾之东阳郡、鄣郡、吴郡,封刘交之郯郡,皆不在秦三十六郡之列。钱大昕指为皆秦楚之际,诸侯分王其地,各自立郡,此说最确。悼惠王肥封齐之后,地域既大,亦必自分数郡,故亦为《地理志》所不载。证之《续封泥考略》卷二、十四页,有"临菑守印";十六页,有"济北守印";十七页,有"即墨太守"三封泥是也。至于城阳郡本为秦末之郡,悼惠王肥受封之后,仍因而未改,故《悼惠王传》叙以城阳郡奉为鲁元公主之汤沐邑。又按:《再续封泥考略》卷一、五十四页,有"城阳郡尉"封泥,与本文及《悼惠王传》均合。

自栎阳徙都长安,置宗正官以序九族。十一页上

  直按:《金石萃编》卷二十三,有"宗正官当"瓦。拙著《关中秦汉

陶录》卷三,有"元延元年宗正官瓦"。与本文均合。汲古阁本作置宗正宫,实为误文。

上欲宿心动,问县何名,曰柏人。十一页上

直按:柏人疑为柏仁之假借,其地或以产柏子仁药品而得名。《金匮要略》药方中之杏仁、桃仁,皆作杏人、桃人。东魏李仲璇《修孔子庙碑》(见《金石萃编》卷三十一)、李清《报德像碑》(见《金石续编》卷二),皆正作柏仁,《太平寰宇记》谓柏仁为后魏所改,非也。

(九年)十一月徙齐楚大族,昭氏、屈氏、景氏、怀氏、田氏五姓关中,与利田宅。十二页上

直按:徙关中之屈氏,后人在咸阳一带,多以治陶为业。现出土者,有"咸里屈骄""咸里屈曷"两陶印(见《关中秦汉陶录》卷一),又西安汉城遗址出土有"怀千秋印",盖亦为汉初徙关中怀氏之后。

(十年)夏五月,太上皇后崩,秋七月癸卯,太上皇崩葬万年。十三页下

直按:旧注有以夏五月太上皇后崩八字为衍文,有以为指高祖后母而言。《楚元王传》云"高祖同父弟",是表示同父不同母,可证高祖有后母或庶母,现在二说尚不能决定其孰是,至于太上皇崩于十年,亦见《卢绾传》。家保之兄云:李奇注定为后母,其说是也。

人岁六十三钱,以给献费。十五页上

直按:高祖创献费制度,以常理论,汉廷与诸侯王,应各得一半,每人为六十钱,今定献费为六十三钱,此三钱或为贴补少府,或为补给车马之用。武帝时口赋为每岁每人二十三钱,亦是因袭献费之制度。

遣诣相国府,署行义年。十五页下

苏林曰:行状年纪也。

直按:苏注解释不详,行谓品行,义谓仪表,年谓年龄,汉代留存在居延木简名籍简上所署之行、义、年,形式最多,兹略举一例如下:"候官罢虏隧长簪袅单玄中功五,劳三月,能书、会计、治官民,颇知律令文。年卅岁,长七尺五寸,应令居延中官里,家去官七十五里,属居

延部"(见《居延汉简释文》四七八页)。简文所云能书、会计、治官民,即所谓行。长七尺五寸,即所谓仪。卅岁,即所谓年。其他简尚有在长度下加添"黑色"二字者,兼记皮肤颜色,亦属于义之范围(见同书四七四、四七五、四七六页,此例最多,仅举数条)。

(十二年)发沛中儿,得百二十人,教之歌,酒酣,上击筑自歌曰:大风起兮云飞扬,威加海内兮归故乡,安得猛士兮守四方。十七页上

直按:《艺文志》称高祖歌诗二篇,指《大风》及《鸿鹄》而言。《文选》题云"汉高帝歌一首",皆无《大风歌》之名。《金石萃编》汉十七,沛县歌风台有《大风歌》刻石,标题为"汉高祖皇帝歌",相传为曹喜书,当不可靠,篆体与三体石经相近,虽不能确定时代,然观其标题不称为《大风歌》,而称为《汉高祖皇帝歌》,与《文选》相同,可定为六朝以上之古刻。在文献上称为《大风歌》者,则始于《艺文类聚》。又按:丹阳吉凤池先生云:"高祖《大风歌》,起内士三字为韵,扬乡方三字又为韵。"

五月丙寅葬长陵。二十一页上

直按:现今高祖陵在长陵之东,吕后陵在长陵之西,高祖陵上出土有"长陵东当"瓦当,吕后陵上出土有"长陵西神"瓦当(均见《秦汉瓦当文字》卷一、三十二至三十三页)。又长陵出土花纹瓦筒上,打印有"西神"二字,大如胡桃,文字作龟蛇体,极精。

是以颂高祖云,汉帝本系,出自唐帝。二十二页上

直按:上文称刘向云,疑班固采用刘向补《史记》传纪之文。此颂系帝为韵,周刘、东公,又各为韵,二句一转,与其他颂体不同。

惠纪第二

孝惠皇帝,高祖太子也。一页上

荀悦曰:讳盈之字曰满。

直按:汉代讳盈字,在金石刻辞中并不严格。《隶释》卷一《成阳

灵台碑》云："历纪盈千。"卷十七《州辅碑》云："在宠弗盈。"《隶续》卷二《司农刘夫人碑》云："孙息盁房。"州、刘两碑，盈字中有缺笔，类于避讳。《汉印文字徵》第五、九页，有"庄盈愿""庄盈之"两印，在西汉且有以盈为名者。

宦官尚食比郎中。一页下

应劭曰：尚主也，旧有五尚，尚冠、尚帐、尚衣、尚席亦是。

直按：应注意语意未完，恐有脱文，五尚亦只举四尚之名。劭著《汉官仪》则云："省中有五尚，即尚省、尚冠、尚衣、尚帐、尚席。"又尚食监见于《冯唐传》，尚席见于《周亚夫传》，尚食疑即尚席之初名，在高惠时名尚食，至文景时改名尚席。又按：《汉旧仪》云："大官尚食，用黄金扣器；中官、私官尚食，用白银扣器。"盖汉初大官、中官、私官，或用中人，或用士人，本文谓宦官有尚食之资历者，可与郎中身份相等。又《小校经阁金文》卷十二、十七页，有十三年家官锺，末尾有"第廿二中尚食"字样，据此尚食监且有左、右、中之区别。

爵五大夫，吏六百石以上，及宦皇帝而知名者，有罪当盗械者，皆颂系。二页上

直按：后三句注家众说纷纭，窃以为"及宦皇帝而知名者有罪"为一句，"当盗械者"为一句。宦皇帝者指中都官之官吏，以别于王国之官吏。上句指官犯，下句指民犯，皆字是总括上文。颂系二字，即松系之假借，因西汉时尚无松字，为当时公牍中之术语。《居延汉简甲编》一〇四页，有记西汉初期律令云："年八十及予□朱需颂毂。"《居延汉简释文》五一九页，有残简文云"□得罪孕颂毂更□"，皆谓缓松其刑具也（两系字皆余所释，说详拙著《居延汉简解要》）。颜师古注读颂为容，本于《艺文志》之徐生善为颂，虽合于训诂，究失之迂曲。

令郡诸侯王立高庙。三页上

直按：《薛氏钟鼎款识》卷十八、七页，有高庙鼎文云"高庙（字在盖）"，"都仓定陶庙容十斗，并重九斤二两（字在器）"。此元帝子定陶共王康国内所造之高庙祭器，与本文正合。又按：《武帝纪》"建元

六年春二月乙未,辽东高庙灾"。盖高庙之立,确只限于各郡国及诸侯王国内。

六月发诸侯王列侯徒隶二万人城长安。三页下

直按:西安汉城遗址出土有"雒睦男徒丞"印(现藏西北大学历史系文物陈列室),为王莽时制作,系管理徒隶之官,是列侯家有徒隶之证,汉制当亦相同。

丙子织室灾。四页上

直按:织室虽分为东西两署,在汉史上皆笼统称为织室,《外戚传》"薄姬输织室"是也。

九月长安城成,赐民爵户一级。四页上

直按:一九五七年中国科学院考古研究所发掘汉城遗址,有灞城、西安、直城、宣平等四门,情况与《三辅黄图》记载,大致吻合。

(夏六月)起长安西市,修敖仓。四页下

直按:《史记·汉兴以来将相名臣年表》系此两事于七月,又冬十月齐王肥薨,《年表》亦系于七月,与本文异。

九月辛丑葬安陵。四页下

直按:惠帝安陵上出土有"安邑㻴柱"瓦当,㻴柱即雕柱之假借,未解其义(见《关中秦汉陶录》卷二上)。

高后纪第三

高皇后吕氏。一页上

荀悦曰:讳雉之字曰野鸡。

直按:汉代经传不讳雉字,奏疏中偶有避者,如《杜邺传》之"野鸡著怪"是也。金石刻辞者亦偶有避者,余曩在西安得汉雉范,侧题"野鸡"二字,亦是一例(原物现藏西北大学历史系文物陈列室)。

列侯幸得赐餐钱奉邑。二页上

应劭曰:餐与湌同,诸侯四时,皆得赐餐钱。

直按：《说文》餐或从水作飡。《隶释》卷十《高彪碑》云"饥不及飡"是也。而《水经注》记延熹六年《广野君碑》文略云："辍洗分飡，谘谋帝猷。"与应注飡字从氵相同，为东汉时之隶书俗体。

行八铢钱。二页下

直按：八铢钱为一两三分之一，《古泉汇》利二、二页，有八铢钱，文为半两，今用公分计算，直径三点一厘。

行五分钱。三页下

应劭曰：所谓荚钱者。

直按：五分钱者为一两五分之一，文仍为半两，比八铢为小，比四铢为大。应劭注为荚钱非也。

为吕氏右袒，为刘氏左袒。五页下

直按：凤翔彪角镇曾出秦代大画砖，为两王宴饮图，持杯皆用左手，知秦代尚左，但汉初改为尚右，《周昌传》"左迁"是也。周勃入北军，大呼为刘氏左袒，知仍用秦代习俗。

文纪第四

孝文皇帝，高祖中子也。一页上

荀悦曰：讳恒之字曰常。

直按：汉代金石刻辞不讳恒字。《隶释》卷三《唐公房碑》阴，有"祝恒字仲华"题名。卷四《郙阁颂》云："恒失日晷。"卷五《张纳功德叙》云："谷恒轮沮。"卷十一《樊敏碑》云："恒戢节足。"均是也。

正月有司请蚤建太子。五页上

颜师古曰：蚤，古以为早晚字也。

直按：《隶释》卷六《樊安碑》云："不幸蚤终。"卷十《逢盛碑》云："蚤克岐嶷。"以蚤为早，与本文同，为东汉时通用之隶体。

又赐帛人二匹，絮三斤。七页上

直按：《居延汉简释文》卷三、七页，有简文云："官使婢弃，用布三匹,系絮三斤十二两。"又同卷八页,有简文云:"大婢刘顷二匹十丈,二斤十二两。"此为居延戍所发给官婢布絮之记载,可以缝成冬季衣服一袭。与本文所云,赐帛人二匹,絮三斤数字相近。

二千石遣都吏循行,不称者督之。 七页上

如淳曰:律说都吏今督邮是也,闲惠晓事,即为文无害都吏。

直按:《居延汉简释文》卷一、二页,有残简文云:"各遣都吏督赋课蓄积少不☐。"又同卷十三页,有残简文略云:"选家中书到,遣都吏与县令以下,逐捕搜索部界中,听亡人所隐匿,以必得为最,诏所名捕,还事事当奏闻毋留,如诏书律令。"敦煌、居延两木简所见之都吏名称极多,无督邮之名,如淳注都吏即督邮之说,当然可信。

其令列侯之国,为吏及诏所止者遣太子。 八页上

直按:《居延汉简甲编》一〇四页,有记西汉初律令简文云:"郡兴谒列侯兵卅二。"盖为列侯归国后,郡守进谒所规定之军礼。列侯之子亦称太子,《淮南厉王传》"与棘蒲侯柴武太子奇谋反"是也。

太仆见马遗财足。 八页下

颜师古曰:财与才同。

直按:《杜钦传》云:"乃为小冠,高广财二寸。"师古亦注财与才同。《隶释》卷四李翕《西狭颂》云"财容车骑",以财为才,与本文同,为东汉时通用之假借字。又卷三《孙叔敖碑》阴云:"各遗一子,才八九岁。"即财八九岁,为师古注财与才同之确证。

今法有诽谤訞言之罪。 九页下

颜师古曰:訞与妖同。

直按:《金石萃编》汉十四《曹全碑》云:"訞贼张角。"以訞为妖,与本文同,为东汉时通用之隶体。

初与郡守为铜虎符竹使符。 十页上

应劭曰:铜虎符,第一至第五,国家当发兵,遣使者至郡合符,符合乃听受之。竹使符皆以竹箭五枚,长五寸镌刻篆书,第一至第五。

颜师古曰:与郡守为符者,谓各分其半,右留京师,左以与之。

直按：汉代虎符有两种情形，与诸侯王者，或称"汉与"（阜陵王虎符）或仅称"与"（泗水王虎符），与郡守者皆称"与"。如阮氏《积古斋钟鼎款识》卷十、七页，有"与南郡守为虎符，南郡左二"是也。现出土者左符多，右符较少，记数是二、三为多，一、四、五绝少。西安汉城遗址曾出铜符材一对，亦为罕见之品。又按：《居延汉简释文》卷一、八十一页，有残简文云："从第一始，太守，从第五始，使者，符合乃囗（乃字原误释为字，家保之兄所读句逗如此）。"似第一至第四符，长存太守府，使者所合，为第五符也。

除盗铸钱令，更造四铢钱。 十一页下

直按：文帝所造四铢钱，钱文仍为半两，现在与武帝之半两混杂，不能分别。但各诸侯王国所铸，钱文则为四铢，现仍留存一部分。吴县蒋伯斧曾得"高柳""临菑""阳丘""驹""东阿""宜阳""临朐""姑幕"等四铢，共八品，皆出于齐地（以上各钱，均见丁福保《古泉大辞典》下编《补遗》五七一页四铢条下）。方药雨又藏有"兰陵""安东""高阳""上蔡""高密""市""临"等四铢。又有"丞相三铢""丞相四铢"二种。又按：《善斋吉金录》卷三、八十七至九十一页，著录四铢钱共一百零一个，皆为济南整批出土，有加以"临菑""淳于""丞相"，地名或官名者，余昔年皆考为汉初各王国仿文帝四铢名称自造之货币。各钱或圆或方，书体或篆或古隶，并无定式。有人疑为战国时货币者，一则书体不类，二则地名不合（皆西汉初郡县名称），三则当时无四铢之名也。

除关无用传。 十二页下

张晏曰：传，信也，若今过所也。如淳曰：两行书缯帛，分持其一出入关，合之乃得过，谓之传也。李奇曰：传，棨也。颜师古曰：张说是也，古者或用棨，或用缯帛，棨者刻木为合符也。

直按：汉代人民过关津，用符与传。《居延汉简释文》一六七页，有符文云："始元七年闰月甲辰，居延与金关，为出入符券，齿百，从第一至千，左居官，右移金关，符合以从事，第八。"又同卷一六八页，有

"永光四年正月己酉,橐俺吞胡隧长张彭祖符"。有"永光四年正月己酉,橐佗延寿隧长孙时符"。下均载妻、子、女年龄、颜色甚悉。每符之券齿为一百,长度皆六寸。又同卷一六九页,有"永始五年四月戊午入关传"。又同卷三十五页,有"传从史成",传字写在中央独大,传之文亦非常简单。传与符之区别,符写人名,传或写或不写人名;符写到达地址,或有不写到达地址者与传相同。符有齿,传无齿;符记数,传不记数(记载有家属之符,则不记数)。其形式,符与普通木简相似,传则长方形,宽度比符加一倍,是其大要,余详在"终军弃繻"条下。

公孙臣明服色,新垣平设五庙。十四页下

  直按:新垣平盖为新垣衍之一族。《汉印文字徵》第十三、十页,有"新垣福"印。《六艺之一录》集古印谱,有"新垣重"印,足证汉代此姓尚为习见。

傅纳以言。十四页下

  颜师古曰:傅读曰敷。

  直按:《隶释》卷七《孔宙碑》云:"只敷五教。"与本文义合。

二年夏行幸雍棫阳宫。十五页下

  直按:棫阳为秦宫,地址在扶风,出土有"棫阳"云纹瓦(拓本),殆西汉初当为秦宫汉葺者,与本文正合。

以中大夫令免为车骑将军,屯飞狐。十六页下

  颜师古曰:其人姓令名免耳。

  直按:《史记索隐》:"颜游秦以令是姓,免是名,为中大夫,据《风俗通》,令姓令尹子文之后。"此为颜师古窃取其叔父游秦《汉书决疑》中之说又一证。又按:《汉印文字徵》第九、四页,有"令遂成""令锤"两印,与颜游秦之注正合。

以下,服大红十五日,小红十四日,纤七日,释服。十八页上

  直按:《居延汉简释文》三七五页,有残简文云:"履方四日去以应衣绔,衣不练素舞发履,七日释服。"此亦为西汉某帝王大行之遗诏,

可证七日释服,为当时之丧礼。惟《文帝纪》以"纤七日"为句,"释服"为句,统贯上文,居延简则以七日释服为一句。

尝欲作露台,召匠计之,直百金。 十九页上

直按:《翼奉传》云:"孝文欲作一台,度用百金,重民之财,废而不为,其积土基,至今犹存。"与本文正合。

景纪第五

孝景皇帝,文帝太子也。 一页上

荀悦曰:讳启之字曰开。

直按:景帝之讳有避者,如启母庙、漆雕启、王恬启(山都侯)之类是也。有不避者,如汉印有"启方"之类是也(见《汉印文字徵》第二、二十页)。

郡国诸侯,宜各为孝文皇帝立太宗之庙。 二页上

直按:《小校经阁金文》卷十二、二十二页,有长沙元年文庙铜钫,此诸侯所立之庙。卷十三、五十页,有渔阳郡孝文庙甗铍,此郡国所立之庙,与本文均合。

郡国或硗陿无所农桑毂畜。 二页下

直按:《隶释》卷六《北海相景君铭》云:"或毂颂于管弦。"《居延汉简释文》卷一、八十三页,有"地节三年八月械毂"之简文(仅举一例),以毂为系,与本文同,为两汉时通用隶体之省文。

御史大夫绾奏禁马高五尺九寸以上齿未平,不得出关。 六页上

服虔曰:马十岁,齿下平。

直按:《居延汉简释文》卷二、十四页,有简文云:"諟视马齿长,缓不任驿。"又卷三、三十一页,有简文云:"□牡齿十一岁,高七尺。"又同卷三十二页,有简文云:"用马一匹驿牡齿十岁,高六尺。""马一匹騧牡长九尺,高六尺。""牡马一匹齿七八岁。""駹马一匹齿八岁。"其他各简检查马齿者尚多,与本文正合。上齿未平,不得出关者,以精

令长吏二千石车朱两轓。七页上

应劭曰：车耳反出，所以为藩屏，翳尘泥也，二千石双朱。

直按：《金石索·金索六》四〇四，许氏镜铭云："作吏高迁车生耳，郡举孝廉州博士。"汉代令长二千石车始生耳，与本文及应注均合。

六月匈奴入雁门至武泉，入上郡取苑马。七页下

直按：《百官公卿表》太仆属官，有边郡六牧师苑令各三丞。又《汉印文字类纂》卷十二、三页，有"北地牧师骑丞"印，再以本文证之，西汉边郡六牧师苑，今可考者有北地、上郡、西河三郡，说详《百官表》太仆注及《地理志》灵州注。

渔夺百姓，侵牟万民。八页下

直按：《隶释》卷二《东海庙碑》云："收责侵牟。"以牟为蛑，为东汉时通用之假借字，故应、服二家，皆不加注，可见类此者在当时皆不需要注，唐时去汉已远，文字日繁，故师古特为加注。

今訾算十以上乃得官。九页上

颜师古曰：訾读与赀同。

直按：居延木简各名籍中有称赀家者，皆写作訾。《隶释》卷十五《徐氏纪产碑》云："门承清俭之后，訾业□□。"皆以訾为赀，与本文同，为两汉时之通用隶体假借字，他皆类此。

罔密文峻。十页上

直按：《金石萃编》汉十四《曹全碑》云："续遇禁罔。"以罔为网，与本文同，为东汉时通用之假借字。

武纪第六

孝武皇帝，景帝中子也。一页上

荀悦曰：讳彻之字曰通。

直按：西汉诸帝王之名，以彻字避讳最严，《汉书》叙事在《武帝纪》以前，尚称彻侯，以后即不再用。金石刻辞中亦不见彻字。《论语》《孟子》所论"盍彻乎"及"周人百亩而彻"，因系贡赋专门名词，若改成通字，后代便不易了解，此不得已而保存之彻字也。

母曰王美人。一页上

　　直按：《太平御览》卷三十一引《汉武帝故事》云："王美人以乙酉年七月七日，生帝于猗兰殿。"陈沈炯《奏通天台表》亦云："降德猗兰，纂灵丰谷。"

建元元年。一页上

　　颜师古曰：自古帝王，未有年号，始起于此。

　　直按：《日知录》及《廿二史札记》，皆以武帝建元、元光两年号为追记者，其实不然。《筠清馆金石记》卷五、三十九页，有"高阳右军，建元二年"戈。杭州邹氏藏有建元元年砖。西安南郊曾出土有"建元四年长安高"陶尊（现藏西北大学历史系文物陈列室）。又《小校经阁金文》卷十一、一〇四页，有元光二年尺，其非追记可知。

　　余曾撰有《西汉年号辨证》一文，研究西汉纪年，有今本误写者，有当时别写者，有文献疑莫能定者，有简称者。除建元一条已如上述，征和一条另见下文外，兹摘要略述如次。

　　平帝元寿年号或作元受。余在西安曾得"都元受二年"瓦片，又见有"都元受二"残瓦片。受寿二字同音，盖元寿在当时亦可写作元受。《金文续编》载熹平三年镜铭"延年益受"，即"延年益寿"，是二字通假之明证。

　　孺子婴初始年号之确定。《汉书·平帝纪》居摄三年，改为初始元年，《通鉴》据荀悦《汉纪》又改作始初，在文献上二者疑莫能定。今据《居延汉简释文》卷一、三十四页，有"王路堂免书，初始元年十一月壬子下"简文。又乐浪出土有初始元年金铜扣夹纻漆耳杯二具，与木简相同（见《汉代纪年铭漆器图说》三十九页）。

　　王莽天凤年号，亦有简称繁称之区别。有简称为天凤者，一见于

《汉书·王莽传》，二见于天凤元年鄗郡都尉钱君砖（见《专门名家》第一册）。有繁称为始建国天凤者，一见于始建国天凤三年莱子侯刻石（见《金石续编》卷一），二见于"始建国天凤元年玉门大煎都兵完折伤簿"简（见《敦煌汉简校文》四十八页），三见于"始建国天凤四年保城都司空"瓦片，四见于"始建国天凤五年保城都司空"瓦片（均见《关中秦汉陶录》卷二下）。更有繁称为始建国天凤上戊者，见于居延"甲渠候始建国天凤上戊二年"木简（见《居延汉简释文》五〇三页），及叶梦得《避暑诗话》卷下，共有三种形式。

王莽地皇年号，亦有简称繁称之区别。有简称为地皇者，一见于《汉书·王莽传》，二见于"地皇四年"砖（见《专门名家》第一册）。有繁称为始建国地皇者，见于始建国地皇元年候骑钲（见《贞松堂集古遗文》卷十五、二页）。更有繁称为始建国地皇上戊者，一见于新始建国地皇上戊二年候骑钲（见《小校经阁金文》卷十四、八页），二见于"新始建国地皇上戊四年十二月朔甲申，候虏隧长郭崇"简文，及"新始建国地皇上戊四年六月甲戌"简文，三见于"新始建国地皇上戊元年，敦煌步广尉曲平望塞有秩候长，敦德闲田东武里五士王参"简文（郭崇及六月甲戌两简，见《居延汉简释文》卷一、十七及二十九页。王参简见《敦煌汉简校文》九十七页）。亦共有三种形式。又按：王莽天凤、地皇两年号，疑当日本以繁称为正格，班氏趋从简易，后来遂不复知有原来之繁称。

氐羌徕服。四页上

颜师古曰：徕，古往来之字也。

直按：《礼乐志》云："天马徕。"《尔雅·释言》："格怀徕也。"《经典释文》云："徕今作来。"《隶释》卷三《唐公房碑》云："休谒往徕。"以徕为来。皆与本文相同。

起龙渊宫。五页上

服虔曰：宫在长安西。如淳曰：《三辅黄图》云有龙渊宫，今长安城西有其处。颜师古曰：《黄图》云龙渊庙在茂陵东，不言宫。

直按：《小校经阁金文》卷十一、五十七页，有龙渊宫鼎，元朔三年造。又《善斋吉金录》任器二十四页，有龙渊宫壶，元朔二年造。又《小校经阁金文》卷十一、七十六页，有龙渊宫行壶，元朔二年正月造。龙渊宫起于元光三年，下距元朔二年，共有六年，时代正合。据此服、如二家之说本甚正确，而颜师古驳如注反失之。

县次续食，令与计偕。五页下

直按：《居延汉简释文》三十五页，有简文云："阳朔三年九月癸亥朔，壬午，甲渠不私亭候塞尉顺敢言之，府书移赋钱出入簿与计偕，谨移应书一编敢言之。"又五七二页，有残简文云："请课与计偕。"计偕有两类性质，一为上计簿时所偕之物，如地方产品、地图之类是也；二为上计簿时所偕之人，《儒林传序》"郡国文学，二千石谨察可者，常与计偕"。及本文所徵明当世之务、习先圣之术之儒生是也。颜师古解人与计偕，不知亦有物与计偕也。本诏书为元光五年八月所下，因上计簿用秦制断至九月，上计吏由郡国启程入京师，约在十月也。

元朔元年冬十一月诏曰：公卿大夫所使，……其与中二千石、礼官博士议不举者罪。六页下至七页下

直按：《居延汉简释文》卷一、五页，有"囗儿成风，绍休圣绪，传不云乎，十室之邑，必有忠信，囗子雍于上闻也，二千石长官，纲纪人伦"残简文。劳榦氏《释文考证》，谓此即元朔元年之残诏是也。此简与《汉书》异者，如"传不云乎"，《汉书》作"云夫"；"纲纪人伦"，《汉书》作"纪纲人伦"之类，当以简文为正。又按：诏文云："是化不下究，而积行之君子，雍于上闻也。"《隶释》卷四李翕《西狭颂》云："四方无雍。"以雍为壅，与本文同，为东汉时通用之隶体假借字。

不举孝，不奉诏，当以不敬论，不察廉，不胜任也，当免。八页上

直按：《居延汉简释文》二十二页，有残诏文云："月存视具最，赐肉卅斤，酒二石，长尊宠，太守诸侯相内史所明智也，不奉诏当以不敬论，不智囗。"此亦当为武帝时诏书，并知"不奉诏当以不敬论"，为当时诏书中之警诫语。

今礼坏乐崩，朕甚闵焉。 九页下

　　直按：此诏文二句大义，《艺文志》序及刘歆《让太常博士书》皆引用之。

盖孔子对定公以徕远，哀公以论臣，景公以节用。 十页下

　　直按：《盐铁论·遵道篇》云："孔对三君殊意。"亦本此诏书之大义。

日者淮南、衡山修文学，流货赂。 十一页下

　　直按：《盐铁论·晁错篇》亦云："日者淮南、衡山，修文学，招四方游士，山东儒墨，咸聚于江淮之间。"与本文正合。

南越献驯象，能言鸟。 十二页上

　　直按：茂陵霍去病墓于一九五七年掘出石象一，作卧伏形，长鼻垂在左足之上，去病卒于元狩六年，墓石所刻盖即本文所云之驯象对照写真者。

初算缗钱。 十三页下

　　臣瓒曰：《茂陵书》，诸贾人末作贳贷，置居邑储积诸物，及商以取利者，虽无市籍，各以其物自占，率缗钱二千而一算。

　　直按：臣瓒此注引《茂陵书》，语句与《史记·平准书》基本相同，可证《茂陵书》与《平准书》皆采用当时之同一档案。此注材料，极为重要。

　　直又按：《居延汉简释文》卷三、四十八页，有估计家赀简文云："候长觚得广昌里公乘礼忠年卅，小奴二人直三万，大婢二人二万，轺车一乘直万，用马五匹直二万，牛车二两直四千，服牛二六千，宅一区万，田五顷五万，凡赀直十五万。"又同卷五十二页，有类似简文云："二燧隧长居延两道里公乘徐宗年五十，宅一区直三千，田五十亩直五千，用牛二直五千。"以上两简为西汉算收缗钱最可宝贵之资料。又卷三、五十四页，有简文云："（上缺）□迹第四十一会，阳武县翟陵里□柱字子见，自占（劳氏误释作自言，今订正）。二年一月中赀省。"此简是自报家赀为中人产，自占即自报也，当亦与算收缗钱有关。

直又按:《汉书·武帝纪》:"元狩四年,初算缗钱。"《史记·平准书》云:"率缗钱二千而一算,诸侯有租及铸,率缗钱四千而一算。非吏比者,三老、北边骑士,轺车以一算,商贾人轺车二算,船五丈一算。匿不自占,占不悉,戍边一岁。"又《史记·张汤传》云:"请造白金及五铢钱,笼天下盐铁,排富商大贾,出告缗令。"《史记正义》:"武帝伐四夷国用不足,故税民田宅、船乘、畜产奴婢等,皆平作钱数,每一千钱一算,贾人倍之,一算百二十文也。"《汉书·武帝纪》李斐注:"一贯千钱,出算二十也。"两注算法,基本是有千钱家赀之人,即出一算(《史记》本文,明云率缗钱二千而一算,《正义》不从其说,盖所据为其他古籍之记载)。此为相同之点。而税率则《正义》以一百二十为一算,李斐以二十为一算,相差甚远,此等问题,尚有待于地下发掘材料来解决。现以木简来分析,礼宗之轺车一乘直万,适合于《平准书》所记载之轺车一算,其他家赀比例,有一万即出一算,礼宗之家赀值十五万,即为十五算,换言之,有家产十千即出一算,不是如《正义》及李斐所言,有家产一千即出一算也。而《史记》本文,二千而一算,或是武帝初算缗钱时制度,木简一万而一算,或是武帝末期变更之制度。又《景帝纪》:"其唯廉士寡欲易足,今訾十算以上乃得官。"服虔注:"訾万钱,算百二十钱也。"应劭注:"限訾十算,乃得为吏,十算,十万也。"服、应二家之注,皆以一万为一算,与木简算法相同,一算百二十钱,与《史记正义》之注相同,然所说为景帝时訾算,与武帝时算收缗钱,尚微有区别,兹征引出来,只可当作参考。

直又按:西汉时边郡官吏之考绩,及因烽火台器物之损坏、官吏之罚金,亦以缗钱之算法来计算,此等重要制度,为《汉书》所未详。《居延汉简释文》卷二、十二页,有简文云:"带剑□弩取弦加巨负三算,□辟一箭道不端敝负五算。"又卷三、九页,有简文云:"甲渠候部,大黄力十石弩一右深强一分负一算,八石具弩一右弦□负一算,六石具弩一空上蚕负一算,六石具弩一衣不上负一算,一坞上望丈头三,不见所望负二算,坞上望丈头二,不见所望负二算,□扣弦一脱负二算,凡负十一算。"又卷三、六十一页,有简文云:"万岁候长充,受官钱它课四千,负四算,毋自言堂堭者第一,得七算,相除得三算。"又卷三、七十一页,有简文云:"第四决、决,第四决,不,不,相除相负,百廿四算(此简文字未解)。"又卷三、十页,有简文云:"第十二隧长□长诣官自五月戊子,铺(疑通字假借)负二千二百卌五算,□所负卅六算,寄十三算。"根据上述各简文来看,居延都尉府对于官吏的考绩,皆以缗钱方式来计算,自是当时一般之功令,绝不能是都尉府独创之新法。其计算规律,属于奖励者曰得几算,以算作为奖金。属于惩戒者曰负几算,以算作为罚金。得算与负算,可以相抵。各简记载隧长、候官等,管理守御器物,有损坏及不合标准者,有负一算、二算,至十三算者,积累逋欠最多至二千二百卌五算者。《史记·平准书》《汉书·武帝纪》《张汤传》《食货志》,本文及注解,所记收缗钱之范围,为民田宅、车马、六畜、奴婢等项,并无以缗钱作为官吏奖金与罚金之明文。此数简重要材料,可以补《史》《汉》及《盐铁论》所不及。又卷二、十四页,有简文云:"□长未就持尉功算诣官平,六月己巳早食入。"又卷二、二十一页,有简文云:"入关阑,重行算。"足证此等缗算,名为功算,由官平定,若有未允,尚可再行复算也。

罢半两钱,行五铢钱。十四页上

直按:王先谦谓:"《通鉴》作罢三铢钱,更铸五铢钱。《考异》云,《食货志》前已销半两钱,铸三铢钱,明年以三铢钱轻,更铸五铢钱,本文盖误。"考《武帝纪》建元五年春罢三铢钱,行半两钱,至此(元狩五年)又罢半两钱行五铢钱,叙次前后衔接,与《食货志》不同,现未能定其孰是,王先谦仅据《通鉴考异》以为误文非也。

将百姓所安殊路,而撟虔吏因乘势以侵蒸庶邪。十四页下

颜师古曰:撟与矫同。

直按:《隶释》卷六《平都相蒋君碑》云:"光光撟撟。"以撟为矫,与本文同,为东汉时通用之隶体假借字。

举独行之君子，徵诣行在所。十五页上

　　直按：《王莽传》中云："诏陈留大尹、大尉诣行在所。"与本文同。又《汉铙歌十八曲·雉子斑》云："被王送行所中。"《上之回》云："上之回所中。"则为行在所之简称。

春起柏梁台。十五页下

　　直按：《金石屑》卷三、四页，有"元鼎二年，柏梁四九"砖文，为宋元丰三年吕大防得于汉故城者，四九系陶工制陶之号数，与西汉各瓦片上记数情形相同。

三年冬徙函谷关于新安。十六页上

　　直按：西安马氏藏有"函谷关印"封泥，文字宽博，为武帝时物，盖在徙关后，关都尉署所用之公章。

立常山宪王子商为泗水王。十七页上

　　直按：《恒轩吉金录》一百二十三，有泗水王虎符，文云："与泗水王为虎符，泗水左一。"与本文正合。

归义越侯严，为戈船将军出零陵，下离水。十八页上

　　臣瓒曰：《伍子胥书》有戈船以载干戈，因谓之戈船也。

　　直按：《伍子胥书》见于《吴越春秋》及《艺文志·杂家》，书共八篇。

至左邑桐乡，闻南越破，以为闻喜县。十八页下

　　直按：《金石萃编》汉十三《韩仁铭》，《隶释》卷十一《刘宽碑》阴题名，皆作闻憙，盖通用字。

遂定越地，以为南海、苍梧、郁林、合浦、交阯、九真、日南、珠崖、儋耳郡。十九页上

　　直按：《贾捐之传》云："珠崖、儋耳合十六县。"臣瓒注引《茂陵书》："珠崖郡治瞫都，儋耳郡领县五。"综合考之，则珠崖郡领县当为十一。《列女传》卷五《珠崖二义传》，称为珠崖令，盖泛指珠崖郡之县令而言，非珠崖郡之首县亦名珠崖也。又《元帝纪》云"珠崖郡山南县反"，则珠崖所属十一县之中，可考者有瞫都、山南二县。

定西南夷,以为武都、牂柯、越巂、沈黎、汶山郡。十九页上

  直按:《史记·西南夷传》云:"乃以筰都为沈犁郡。"《汉书·张骞传》则作沈黎郡。《封泥考略》卷四、四十七页,有"沈黎长印"封泥,黎字作犂,与《史》《汉》又不同。

还作甘泉通天台、长安飞廉馆。二十一页下

  直按:西安汉城遗址出土有飞廉画瓦,鸟身鹿头,与《司马相如传》郭璞注正合。

赐云阳都百户牛酒。二十二页上

  直按:西汉未央、长乐二宫规模阔大之外,则数甘泉宫。甘泉在云阳,比其他县为重要,故称以云阳都,与列侯所食曰国、蛮夷杂处曰道相等,但仅有云阳一县称都,故不见于《百官表》。又按:《居延汉简释文》卷一、五页,有丙吉奏改火简文云:"御史大夫吉昧死言,丞相相上大常书言,大史丞定言,元康五年五月二日壬子夏至宜寝兵,大官抒井,更水火,进鸣鸡谒以闻,布当用者。臣谨案比原泉御者水衡抒大官御井,中二千石、二千石、令官各抒。别火官先夏至一日,以除隧取火,授中二千石、二千石官在云阳者,其民皆受,以日至易故火。庚戌寝兵不听事,尽甲寅五日,臣请布,臣昧死以闻。"改火之事,长安与云阳并称,可见云阳县在当时位置之重要性。

以其地为乐浪、临屯、玄菟、真番郡。二十二页下

  直按:《历代符牌录后编》一页,有玄兔太守虎符。《封泥考略》卷四、十五页,有"玄兔太守章"封泥。在两汉金石刻辞中,玄兔与玄菟并用。《隶释》卷五《唐扶颂》云:"白菟素鸠。"《汉印文字徵》第一、二十页,有"良菟"印。菟字虽不见于《说文》,在隶体中则为常用之假借字。又《诗·周南·兔罝》,《经典释文》兔又作菟,《贾谊传》云:"不搏反寇而搏畜菟。"《楚辞·天问》云:"顾菟在腹。"皆用假借字,与本文同。

四年冬十月,行幸雍,祠五畤,通回中道。二十二页下

  直按:《汉铙歌十八曲》有《上之回》篇,盖指本文元封四年事。

舳舻千里,薄枞阳而出。二十三页下

　　直按:《御览》卷三百四十五引《庐江七贤传》云:"汉武帝出淮阳到舒不觅城,问曰此乡名何? 陈翼对曰,乡名不觅。"武帝出巡,路过庐江舒县,当在幸盛唐枞阳之时。

六年冬行幸回中,春作首山宫。二十四页下

　　应劭曰:首山在上郡。文颖曰:在河东蒲坂界。颜师古曰:寻此下诏文及依《地理志》,文说是。

　　直按:《薛氏钟鼎款识》卷二十、一页,有首山宫雁足镫文云:"蒲反首山宫,铜雁足八寸,盖重六斤,永始四年二月工贾庆造。"颜师古以文说为是极确。

三月行幸河东,祠后土。二十四页下

　　直按:汾阴后土祠遗址,在今山西万泉县柏林庙下西林村岩子圪塔,一九三〇年山西图书馆曾试作发掘,得有五铢钱、铁刀、铁钉、骨箸、陶壶、陶釜、陶温器等。又有"千秋万岁"砖,"宫宜子孙""长生无极""长乐未央"等瓦当(见《中国考古学史》一二七页)。

色上黄,数用五。二十五页下

　　直按:汉武帝以后,三公、将军、九卿、太守、国相印章,皆用五字,张晏说是也。太守以下郡都尉亦用五字章,现有琅琊、广汉二都尉章可证(见《齐鲁封泥集存》二十二页)。此为张晏所未言。将军属官之校尉司马,九卿属官之令长丞,以及县令长印,皆用四字,不用五字。

其谨察出入者。二十七页下

　　直按:此句诏文,与《昌邑王传》宣帝赐山阳太守张敞玺书,"其谨备盗贼,察往来过客",大义相同,盖当时公牍中之习俗语如此。

发天下七科谪。二十八页上

　　直按:《流沙坠简·考释·戍役类》二十二页,有简文云:"(上缺)爨缺敬代适卒郭□,今遣署□□。"《敦煌汉简校文》五十九页,有简文云:"□适士吏张博,闰月丁未持致籍诣尹府。"王国维先生考"适

卒为谪戍之卒,秦时戍卒,大半以谪发,太初元年发天下谪戍征大宛,天汉元年发谪戍戍五原,四年发天下七科谪,及勇敢士伐匈奴。盖因正卒及戍卒不足,为一时权宜之计,非定制也。"又按:发天下七科谪,亦见《李广利传》。敦煌简所云谪士吏者,当为管理谪戍卒之官吏,亦疑从谪卒中选任者。

今更黄金为麟趾袅蹄以协瑞焉。二十八页下

直按:《梦溪笔谈》卷二十一《异事门》云:"襄隋之间,故舂陵白水地,发土多得金麟趾袅蹄,麟趾中空,四旁皆有文,刻极工巧。袅蹄作圆饼,四边无模范迹,似于平物上滴成,土人谓之梓子金,一枚重四两余,乃古之一斤金也。色有紫艳,非它金可比,以刀切之,柔甚于铅,虽大块亦可刀切"云云。又《长沙古物闻见记》卷上、五十五页有云:"汉墓出泥饼,径五公分至六公分二公厘,大小不一,泥色黄,或涂朱,或涂黑,面凸作钩勒缭绕线条华文,底平而中凹,余以为麟趾金也。以泥易金,殉葬取其朴质,与泥半两五铢相同。"

行幸东海,获赤雁,作《朱雁之歌》。二十九页上

直按:《礼乐志》郊祀歌第十八有《象载瑜》,一曰《赤雁歌》是也。又《汉铙歌十八曲·上陵》云:"沧海之雀赤翅鸿,白雁随山林,乍开乍合,曾不知日月明。"盖亦咏此事。

征和元年。二十九页下

应劭曰:言征伐四夷而天下和平。

直按:征和当为延和,形近而误,西安汉城遗址中曾出"延和元年"瓦片,笔画很分明。又《居延汉简释文》卷二、七十页,有简文云:"出糜小石十二石,延和三年十月丁酉朔,第二亭长舒,付第七亭长病已,食吏卒四人。"又同页有简文云:"□六石□小石十石,延和四年十月壬辰朔,癸巳,第二亭长舒,受将军从吏德。"见于其他木简者,无不作延和。又按:《高惠功臣表》,按道侯下云:"延和三年侯兴嗣。"《景武昭宣功臣表》:"葛绎侯公孙贺,延和二年以子敬声有罪下狱死。"皆作延和,并不作征和(《功臣表》中,仅举二例)。又按:《隶释》卷六

《袁良碑》叙征和三年反者公孙勇事,可见在东汉中晚期已普遍作征和,故应劭亦就文生训也。

反者公孙勇、胡倩发觉皆伏辜。三十页下

　　直按:公孙勇事亦见《酷吏·田广明传》及《景武昭宣功臣表》。惟《隶释》卷六《国三老袁良碑》作公先勇,与《汉书》不同,当别有依据。

夏六月御史大夫商丘成有罪自杀。三十一页上

　　直按:《汉印文字徵》第三、一页,有"商丘禁"印,足证汉代尚有此姓。

二月行幸盩厔五柞宫。三十一页下

　　直按:《御览》卷一百七十三引《郡国志》云:"武帝游五柞宫,欲广上林,上林令谯隆谏曰:尧舜至治广德,不务苑囿。帝初不悦,后拜为中郎。"又按:《文选》四十九注引《益部耆旧传》云:"落下闳……武帝时友人同县谯隆荐闳待诏太史,更作《太初历》,拜侍中,辞不受。"谯隆为谯玄之父,亦见《华阳国志·谯玄传》。

三月甲申葬茂陵。三十一页下

　　直按:茂陵厚葬见《贡禹传》。又《御览》卷八十六引《汉武帝故事》云:"始元二年,吏告民盗用乘舆御物者,案其题乃茂陵中明器也。"盖茂陵殉葬器物,至昭帝时已有被盗者,不独茂陵玉碗为然也。西汉帝王所用漆器陶器,皆刻有乘舆等字,以现时乐浪、贵州出土各漆器,西安灞桥所出"南陵大泉乘舆水陶"陶瓷及《东方朔传》,皆可证明,与《故事》所记情况恰合。

昭纪第七

共养省中。一页下

　　颜师古曰:共读曰供。

　　直按:《隶释》卷一《史晨奏铭》云:"春秋行祀,以共烟祀。"又汉

铜器如镫鼎之类题名,供府皆作共府,供工皆作共工,与本文相同。

己亥上耕于钩盾弄田。二页上

直按:钩盾令官署,臣瓒注引《西京故事》谓在未央宫中是也。证之《王莽传》卷下云:"殿中(未央殿)钩盾土山仙人掌旁,有白头公青衣,郎吏见者,私谓之国师公。"云云。又《成帝纪》云:"建始三年,虒上小女陈持弓,阑入尚方掖门,至未央宫钩盾中。"皆与臣瓒注相合。

遣水衡都尉吕破胡,募吏民及发犍为、蜀郡犇命,击益州大破之。二页上

直按:犇命为西汉武吏之身份名辞,与《赵充国传》之伉健名称相似。又演变为西汉人之习俗语,与《丙吉传》之奔命书相似。

夏罢天下亭母马及马弩关。三页下

孟康曰:旧马高五尺六寸,齿未平,弩十石以上,皆不得出关,今不禁也。

直按:汉代弩机射击力至多以十石为止,《贞松堂集古遗文续编》有白马所造十石弩机可证。《刑法志》引《荀子·议兵篇》云:"魏氏武卒,衣三属之甲,操十二石之弩。"盖为战国时之利器。孟康十石弩之注极精确,当本于汉代之古籍。

卖酒升四钱。四页下

直按:《九章算术》卷九:"醇酒一斗钱五十,行酒一斗钱一十。"虽为假设之算题,当与实际情况相距不远。据本文昭帝时酒价,每斗则为四十钱,与《九章》醇酒之价格极相近。

三月赐郡国所选有行义者,涿郡韩福等五人帛,人五十匹,遣归。五页上

直按:《儒林·韩婴传》云:"孝宣时涿郡韩生其后也,以《易》徵待诏殿中。"韩生当即韩福。又韩福事迹亦见于《龚胜传》,至于皇甫谧《高士传》中之《韩福传》,系用《胜传》及本文纂成。

武都氐人反,遣执金吾马适建、龙頟侯韩增、大鸿胪广明,将三辅太常徒,皆免刑击之。五页上

直按:马适建自昭帝始元元年起即任执金吾,见《百官公卿表》。

颜师古注姓马适名建是也。又《王莽传》下，有钜鹿人马适求举兵反莽。《汉印文字徵》第二、十一页，有"马适高""马适昭""马适侨""马适定""马适福""马适襃""马适恢"等七印，足证马适为两汉习见之姓。又按：《黄霸传》云："又发骑士诣北军，马不适士，劾乏军兴连贬秩。"孟康注："关西人谓补满为适，马少士不相补满也。"萧该《音义》云："适，僴足也。"马不适士，盖当时之习俗语，疑马适二字复姓，因此而起。《元和姓纂》马矢、马适两姓，现皆有目无文。

毋收四年五年口赋，三年以前逋更赋未入者皆勿收。八页上

直按：两汉口赋、算赋，每年皆在八月征收，《后汉书·皇后纪》序已有记载。《张迁碑》亦云"八月算民，不烦于乡"是也。昭帝时口赋有积欠四五年，过更赋有逋累至三年以上者，可谓特殊情况，亦可见汉代人民贫苦情况。

太常辕阳侯德免为庶人。八页下

直按：辕阳侯，《百官表》及《水经·淇水注》《史记补表》《酷吏·田广明传》，皆作江德，惟《功臣表》作江喜，盖德字汉代或写作惪，与喜字形相似，实为误字。又江德以围啬夫捕公孙勇封侯。《居延汉简释文》卷三、六十页，有"厩啬夫千秋里马敞"。又五十七页，有"昭武厩令史乐成里公乘尹昌"各记载，据此厩啬夫、厩令史，只有县中有之，与《功臣表》极合。

十二月庚戌，丞相訢薨。九页上

颜师古曰：王訢也，訢亦欣字。

直按：《石奋传》："訢訢如也。"晋灼注引许慎云："古欣字也。"盖为《淮南子》许注之文。又《高祖纪》皇欣或作皇訢，与本文亦同。

六月壬申葬平陵。十页下

直按：平陵现在咸阳北原上，西汉诸陵现皆完整，平陵覆斗形尤四角峭厉，层次分明。

宣纪第八

使女徒复作，淮阳赵徵卿、渭城胡组更乳养。一页下

　　直按：旧说称女徒为复作。证之《居延汉简释文》卷三、四十六页，有"复作大男丛市"，同卷十八页，有"居延复作大男王建"各记载，据此男女徒一年刑者，皆可称为复作。又按：《丙吉传》赵徵卿两处皆作郭徵卿，两字字形不类，不应有误，疑为一本姓，一夫家姓。

既壮为取暴室啬夫许广汉女。二页上

　　直按：《百官表》乡有三老、有秩、啬夫、游徼。啬夫掌赋税，疑为稽字省文。九卿各属官中，多借用啬夫、游徼，为佐史之称。见于史者如上林虎圈啬夫（见《张释之传》）、暴室啬夫是也。县吏中有啬夫之名，辽阳侯江德为圂厩啬夫是也。郡国工官中亦有啬夫，乐浪漆器诸题名是也。乐府令有游徼，仅见于《张延寿传》。又汉宫中如掖庭、内者、宦者令各官署中，啬夫之名尤为普遍。如永始三年使者镫（见《小校经阁金文》卷十一、九十三页）、甘泉上林宫行镫（见《薛氏钟鼎款识》卷二十、一页）、内者镫（见《小校经阁金文》卷十一、九十三页）、绥和元年雁足镫、永康元年镫、永康元年雁足镫（见同书同卷九、二十四页）、中宫雁足镫、桂宫雁足镫、建昭行镫（见同书同卷九、十五页）、竟宁雁足镫、建昭雁足镫（见同书同卷九、十六页）等铜器，皆有啬夫之题名，盖亦宫廷佐史中之要职。居延木简另有"关啬夫"之记载，性质当与厩啬夫相等。

孝武皇帝曾孙病已。三页上

　　直按：病已与枚乘《七发》霍然病已之义，与去病、去疾命名之义皆相同。《汉印文字徵》第四、十七页，有"䪏病已"印。第十四、十九页，有"王病已""李病已"二印。《武宣功臣表》桀龙子亦名桀病已。

赐御府衣。三页上

　　直按：《百官表》少府属官有御府令丞，盖主尚衣事。

赐吏二千石诸侯相,下至中都官宦吏六百石,爵各有差。五页上

  颜师古曰:中都官谓在京师诸官也。

  直按:《百官表》谓诸侯王国都官如汉朝。都官犹众官也,是王国称都官,汉廷在中央,故加称为中都官。《汉旧仪》所谓中都官诏狱三十六所,惟导官无狱是也。他皆类此。

其令太官损膳省宰。六页下

  颜师古曰:《汉仪注》太宰令屠者七十二人,宰二百人。

  直按:《百官表》太宰令属太常,太官令属少府,颜注误合二官为一。又按:《汉旧仪》云:"太官主饮酒,皆令丞治,与汤官各奴婢三千人。"

乐府减乐人,使归就农业。七页上

  直按:《百官表》乐府令属少府,乐府之乐人,共有八百二十九人,见《礼乐志》。又《北堂书钞》卷五十五引桓谭《新论》云:"余昔在成帝时为乐府令,凡所典领倡优伎乐,盖有千人。"

长安男子冯殷等,谋为大逆。十一页上

  直按:汉制有爵而黜革者称为士伍,系用秦法,刑徒称为大男(见《居延汉简释文》卷三、十八页及四十六页)。一般人民称为男子。《成帝纪》:"尉氏男子樊并。"元和二年草隶砖"长安男子张□"是也。元和草隶砖与公羊草隶砖同时出土(见《关中秦汉陶录·续录》)。冯殷为霍光家奴,故称为长安男子。而辛延年《羽林郎》诗中,称冯子都有"不意金吾子"及"多谢金吾子"两句,考之《百官表》,冯子都未官执金吾或官执金吾丞及执金吾之属吏,诗中因泛称为金吾子,与《本纪》事实不同。

盐民之食,而贾咸贵,众庶重困,其减天下盐贾。十一页上

  直按:西汉盐价不可考,东汉则为每石百钱。《后汉书·虞诩传》:"诩为武都太守,始到郡,谷石千五百,盐石八千,视事三岁,谷石八十,盐百。"汉代以一百二十斤为一石,则盐价贱时,每斤不足一钱。

今百姓多上书触讳以犯罪者,朕甚怜之。其更讳询。十三页下

  直按:宣帝原名病已,因此二字通常易犯,故改名询。又按:当时人民,即有名病已者,《居延汉简释文》卷三、五十五页,有"魏郡邺东武成里马病已年卅"户籍简文,即在神爵三年左右时间。

其封故昌邑王贺为海昏侯。十四页上

  直按:西汉王国之民不戍边,而居延全部木简中有昌邑、梁、赵三国戍田卒之名籍,《居延汉简释文》卷三、三十八页,有"昌邑国东缗莎里□""昌邑国东邨西安里丁□",又同卷四十二页,有"昌邑国樊郭东里□□",四十三页有"田卒昌邑国砒成里公士昇"各简(砒为橐字省写,说详拙著《居延汉简解要》)。昌邑为废王,至元康三年昌邑改为山阳郡,木简所称之昌邑国,当在废立以后,至元康三年以前一段时间。

幸万岁宫,神爵翔集。十六页上

  直按:服虔注:"东郡平阳有万岁宫。"晋灼注:"汾阴有万岁宫。"又按:《愙斋集古录》卷二十六、二十四页,有万岁宫镫,元延四年造,据此长安亦有万岁宫也。

西羌反,发三辅中都官徒弛刑,及应募佽飞射士、羽林孤儿,胡越骑,三河、颍川、沛郡、淮阳、汝南材官,金城、陇西、天水、安定、北地、上郡骑士羌骑诣金城。十六页下

  直按:《罗布淖尔考古记》木简摹本第三十简文云:"应募士长陵仁里大夫孙尚。"应募士与良家子,皆是一种身份之名称,不是泛举之名词,《赵充国传》有"留弛刑应募及淮阳汝南步兵屯田"等语,与简文正合。又按:《陕西金石志》卷五、十九页,有"佽飞官当"瓦,余所见又有"次蜚官当"瓦,《簠斋藏古目》卷三,有"武卫次飞虎贲将印"。佽飞或作次蜚及次飞者,皆通用假借字。

上帝嘉向,海内承福。十八页上

  颜师古曰:向读曰飨。

  直按:《隶释》卷十九《魏大向飨碑》云:"文王大向之。"以向为

飨，与本文同。为东汉时之通用隶体假借字。

饬躬斋戒。十九页下

　　颜师古曰：饬与敕同。

　　直按：《隶释》卷八《衡方碑》云："退就饬巾。"以饬为敕，与本文同，为东汉时之通用隶体假借字。

上自甘泉宿池阳宫。二十二页上

　　直按：《汉金文录》卷三、十九页，有池阳宫行镫，甘露四年造，与本文时代正合。

至于技巧工匠器械，自元成间，鲜能及之。二十四页上

　　直按：宣帝时之工匠技巧，以现在出土古器物而论，只有陶造钱范确是精美绝伦，至于铜器部分，如黄龙元年李常铜镫、五凤二年林华观镫，远不如建昭雁足镫之精致。

元纪第九

太仆减谷食马，水衡省肉食兽。三页上

　　直按：水衡省肉食兽，指上林苑中所养之诸兽，因水衡都尉官署设在上林苑，故总称为水衡。

媮合苟从，未肯极言。五页下

　　颜师古曰：媮与偷同。

　　直按：《隶释》卷九《繁阳令杨君碑》云："不愉禄求趋。"《楚辞·卜居》云："偷以全吾躯兮。"注偷一作愉，本文媮字与愉同。

其罢甘泉建章宫卫令就农。五页下

　　直按：甘泉卫尉虽见于《百官表》，但未见任者之人。汉宫在长安者，以未央、长乐、建章三宫为最大，在三辅者以甘泉为最大，故甘泉设有卫尉。此次罢减两宫卫士事，亦见《匡衡传》。

赦汾阴徒，赐民爵一级。五页下

　　直按：居延全部木简中刑徒无爵名，称为大男，与纪文正合。

罢孝文太后、孝昭太后寝园。十一页上

　　直按：西安汉城遗址出土有"孝大""后寝"两半瓦，系从整范中，分打印为两块半瓦者。瓦文之"孝大""后寝"，当属于孝文太后或孝昭太后寝园中所用也（此半瓦光绪时已有出土，王廉生曾得两方，《秦汉瓦当文字》中著录"后寝"半瓦，误释为"后深"，便不可通）。

赐单于待诏掖庭王樯为阏氏。十三页下

　　直按：《御览》卷四百六十三引《琴操》曰："王昭君者，齐国王襄之女也。"与文颖注南郡秭归人不同。

元帝多材艺，善史书。十四页上

　　直按：善史书者为当时之古隶书，由篆向隶蜕化时期。元帝书体可能与竟宁、建昭两雁足镫相似，或指为周宣王时之史籀书，非也。

分刌节度，穷极幼眇。十四页上

　　颜师古曰：幼眇读曰要妙。

　　直按：《易》说卦传："妙万物而为言者也。"《经典释文》云："妙，王肃作眇。"《中山靖王传》："忽闻幼眇之声。"《楚辞·九歌》："美要眇兮宜修。"又《隶释》卷六《郑固碑》云："清眇冠乎群伦。"皆以幼眇为要妙，与本文相同。

成纪第十

得绝乃度，还入作室门。一页下

　　直按：《王莽传》下云："烧作室门，斧敬法闼"《三辅黄图》云："作室门谓尚方工作之所者也。"

罢上林诏狱。二页上

　　直按：《伍被传》云："又为左右都司空，上林、中都官诏狱书。"足证上林有诏狱，与本文正合。

是日大风拔甘泉畤中大木十韦以上。三页上

　　颜师古曰：韦与围同。

直按：《十钟山房印举》举六、七页，有"赵不围"玉印，余昔据以考吕不韦即吕不围之省文，与本文正同。

党与寖广。十页下

颜师古曰：寖古浸字。

直按：《隶释》卷二《华山庙碑》云："寖用丘虚。"以寖为浸，与本文同。而在西汉金石刻辞中，寖字皆假借为寝字，如"齐悼惠寖"，见《齐鲁封泥集存》一页。"孝大""后寖"，见西安汉城遗址出土两半瓦当。又按：《说文》："党，党与也。"《居延汉简释文》卷二、十三页，有简文云："有能捕斩严就君阑等渠率一人，购钱十万，党与五万。"党与盖为两汉人之习俗语。

天著变异，以显朕邮。十一页上

颜师古曰：邮与尤同。

直按：在汉代文献上邮与尤通。如班婕妤赋云："哀褒阎之无邮。"与汉官名督邮，皆谓过尤之尤。纬书《春秋考异邮》，谓尤异之尤。在汉碑中如《衡方碑》云："州举尤异。"则不假借作邮字。

前将作大匠(解)万年，知昌陵卑下，不可为万岁居。十一页下

直按：《居延汉简释文》三八九页，有简文云："吞远候史李敖之（当作赦之），负不侵燧卒解万年剑一，直六百五十。负止北燧卒赵忠袭表一，直三百八十。"居延简属于成帝时物最多，解万年当即此人。疑万年以罪徙敦煌，后又罚作至居延为燧卒也。

尉氏男子樊并等十三人谋反，杀陈留太守，劫略吏民，自称将军。十二页下

直按：樊并起义在当时范围虽不大，但一般官吏，皆引为时忌。《谷永传》云"本名并，以尉氏樊并反，更名永"是也。又《儒林传》云："东莱张霸，分析《尚书》为百两篇，霸学受父，父有弟子樊并，后樊并谋反，乃黜其书。"据此，樊并亦通《尚书》之经生也。

哀纪第十一

孝哀皇帝,元帝庶孙,定陶恭王子也。一页上

　　荀悦曰:讳欣之字曰喜。

　　直按:汉代欣字几于不讳。《隶释》卷四《郙阁颂》云:"行人夷欣。"卷五《孔耽神碑》云:"欣所悦于所处。"卷六《北海相景君碑》阴,有"朱虚鞠欣"题名。在文献中,司马欣、皇欣,皆直用本字。

博士弟子父母死,予宁三年。三页下

　　颜师古曰:宁谓处家持丧服。

　　直按:《史记·高祖本纪》云:"高祖为亭长时,常告归之田。"《索隐》云:"延笃以为告归,今之归宁也。"本文之予宁三年,即予告归三年之义,颜注专指宁为处理丧事,转失之狭义。又《居延汉简释文》四八六页,有"第卅八隧长诵母死诣官宁三月"简文。诵为隧长之名,因母死告假三月也。可证汉代官吏,亲丧告假期为三月,本文因博士弟子通经守礼关系,故改为三年也。又四九五页,有"十二月吏宁书"简文,为阳朔三年物,皆作告归告假解,与本文均合。

关东民传行西王母筹。六页下

　　直按:西汉末期已盛行西王母神话。在汉镜铭文中又配以东王公,见于尚方、龙氏、袁氏、盉氏仙人、蔡氏等镜铭(见《历代著录金文目》一千二百七十七页至一千二百九十九页)。又《中国古镜之研究》图版一一,有西王母六博图镜。又绍兴出土有东王公、西王母六博图镜。以上各镜,皆东汉中晚期物,可能与西王母行筹事相沿有关。又西王母行筹事,亦见王嘉、鲍宣及王莽等传。

娄敕公卿,庶几有望。七页上

　　颜师古曰:娄古屡字。

　　直按:《隶释》卷七《张寿碑》云:"娄炳忠謇。"以娄为屡,与本文同,为东汉时通行之隶体假借字。

孝元庙殿门，铜龟蛇铺首鸣。七页下

  直按：《奇觚室金文述》卷十一、二十七至二十八页，有汉金铺二器。又南浔周氏藏有汉铜铺首，中范蜘蛛形（未著录）。本文之铺首，则作龟蛇形，以西汉画瓦例之，当为龟蛇相交之形，为当时通常之图象画。又按：桓谭《新论》云："门户铺首画水上蠡。"（见严可均《全后汉文》卷三十六）汉石刻墓门画像，多画饕餮形，与上述记载又各自不同。

平纪第十二

天下女徒已论归家，顾山钱月三百。四页上

  直按：《急就篇》云："输属诏作豀谷山。"顾山之山，即豀谷山之山。又按：《后汉书·桓谭传》云："其相伤者，加常二等，不得雇山赎罪。"据此在东汉顾山出钱赎罪，兼指男子而言，与西汉顾山专指女徒不同。

置少府海丞、果丞各一人，大司农部丞十三人，人部一州。四页上

  直按：《食货志》云："元封元年弘羊乃请置大农部丞数十人，分部主郡国，各往往置均输盐铁官。"足证大司农部丞之设，在武帝时已开始。又按：《居延汉简释文》七十九页，大司农非调请调钱谷简，有守部丞武之文。又四九七页，有"建诏元年十月尽二年九月，大司农部丞簿录"之簿检。两检简皆成帝时物，又足证大司农部丞之官，从西汉中期即一直设置，此《百官表》之漏记也。

罢安定呼池苑以为安民县。五页上

  颜师古曰：中山之安定也。

  直按：《封泥考略》卷四、五十五页，有"呼沱塞尉"封泥，可证呼沱为边塞之要地，现废苑改为县。

募汝南、南阳勇敢吏士三百人,谕说江湖贼成重等二百余人,皆自出送家在所收事,重徙云阳。五页下

  服虔曰:(成重)作贼长帅,故徙之也。

  直按:云阳有狱,成重当为徙至狱中,服说恐有未安,因西汉云阳在三辅区域,徙流不得在近地也。

男子年八十以上,七岁以下,家非坐不道,诏所名捕,它皆无得系。七页上

  直按:周寿昌谓名捕为诏书所指名令捕者,张晏注于名字义未绎。考名捕二字,见于《王贡两龚鲍传》云:"时名捕陇西辛兴。"见于《游侠传》云:"名捕西河漕中叔。"《居延汉简释文》卷一、十五页,有简文云:"元康元年十二月辛丑朔,壬寅,东部候长长生敢言之,候官官移太守府所移河南都尉书曰,诏所名捕及伪铸钱盗贼,凡未得者,牛延寿(延寿原误释作长寿)、高建等廿四稿,书到满□,候史旁、遂昌。"又同卷八十四页,有简文云:"名捕平陵德明里李蓬字游子,年卅二。"云云。又同卷八十三页,有简文云:"诏所名捕平陵长藿里男子杜光字长孙。"云云。可证诏所名捕,或简称名捕,为汉代公牍之习俗语,与本文正合。

安汉公奏立明堂辟雍。七页上

  直按:《古镜图录》卷中、六页,有王莽时明堂辟雍镜铭云:"新兴辟雍建明堂,然于举土比侯王,子孙复具治中央。"然于者单于也,旧有释作烈于爵土比侯王者,便不可通。又始建国二年镜铭云:"唯始建国二年新家尊,诏书特下大多恩,贾人事市,不财啬田,更作辟雍治校官,五谷成熟天下安,有知之士得蒙恩,宜官秩,葆子孙。"(见《汉三国六朝纪年镜图说》)又扬雄《剧秦美新符命》云:"明堂雍台壮观也。"雍谓辟雍,台谓灵台。可证王莽对于建立明堂辟雍,自夸为闳伟之事业,故两镜铭、扬雄符命皆言及之。

宗师得因邮亭书言宗伯请以闻。八页下

  直按:汉代官书驿递,有三种名称,一曰以邮行,谓由驿递寄发。《居延汉简释文》卷一、六十页,有简文云"肩水候官以邮行"是也。

二曰以亭行,谓由乡亭递寄。同书同卷七十三页,有简文云"甲渠官以亭行"是也(边郡烽燧台亦称为亭燧,因十里一亭,燧亦相似,设燧之处即不再设亭,故燧长或称为亭长)。三曰以次行,谓沿途露布之官示。同书同卷七十一页,有简文云"甲渠官燧次行"是也(以上仅举一例)。本文得因邮亭书言宗伯,谓兼用以邮行、以亭行二种方式封递文书也。

徵天下通知逸经、古记、天文、历算、鐘律、小学、史篇、方术、本草及以五经、《论语》《孝经》《尔雅》教授者,在所为驾一封轺传,遣诣京师。八页下

  直按:方术谓医方,指方技而言,非指方士也。《楼护传》云"诵医经本草方术十余万言"可证。

葬康陵。九页上

  直按:《汉印文字徵》第七、十页,有"康陵园令"印,与本文同,以时考之则为王莽时物。

表

异姓诸侯王表第一

汉元年三月,胶西王田市都即墨。三页上

  直按:《御览》卷一百九十二引《齐地记》云:"即墨城东西百八十里。"虽云夸大,可见即墨为齐国重要之都市,仅次于临菑。观齐地出土即墨刀之多,可想见即墨在战国时交换量之大,商业之繁荣。

汉元年三月,雍王章邯都废丘。三页上

  直按:废丘秦代又名瀍丘,《十钟山房印举》举二、四十五页,有"瀍丘左尉"印可证(此印为潍县陈氏所藏,十五年前咸阳又出一方,同文不同范)。又《小校经阁金文》卷十一、四十六页,有废丘鼎盖。《贞松堂集古遗文》卷十三、九页,有废丘鼎,皆秦汉之际制作。

汉元年十月,汉拔我陇西,十二月汉拔我北地。三页下四页上

  直按:此《史记》根据雍王章邯之国史而记录,因拔我某地句法,与《史记》各世家及《竹书纪年》均相同。章邯立国虽仅十四个月,似应有简单国史之记载,在《异姓诸侯王表》其他国中,不见有同样书法。

诸侯王表第二

于是剖裂疆土,立二等之爵。 二页下

项羽曰:汉封功臣,大者王小者侯也。

直按:此注陈景云谓项羽疑项昭之误字,朱一新谓《史表》《集解》均作韦昭。余以为羽字与昭字形最相近,陈说是也。《汉书》中项昭注存者至少,与《严助传》注,只见二事。

波汉之阳,亘九嶷为长沙。 二页下

郑氏曰:波音陂泽之陂。

直按:《隶释》卷三《孙叔敖碑》云:"波障源潦。"以波为陂,与本文同,为东汉时通用之隶体假借字。又《魏相传》云:"弛山泽波池。"《货殖传》云:"水居千石鱼波。"陂字皆写为波。

宫室百官,同制京师。 三页上

直按:贾谊《新书》云:"天子之与诸侯,臣同,御同,宫墙门卫同。"《百官表》亦云:"王国都官如汉朝。"与本文相同。现临淄出土封泥,为齐悼惠王以后物,公卿完备,尤为具体。

武帝施主父之册,下推恩之令。 三页下

直按:《隶释》卷六《袁良碑》云:"实从其册。"卷十七《州辅碑》云:"乃定册帷幕。"以册为策,与本文同,为东汉时通用之隶体假借字。

元平元年,思王终古嗣。(齐悼惠王后)五页下

直按:西汉名终古者至多,齐孝王子名终古。又有鳌侯终古,赵敬王子柏畅戴侯终古(均见本表),盖取《楚辞·九歌》"长无绝兮终古"之义。在汉印中,皆省写作冬古,无作终古者,如"董冬古""牟冬古""狐冬古""张冬古""贱子冬古"等印皆可证(见《汉印文字徵》第十一、十六页)。

菑川。(齐悼惠王后) 五页下

　　直按:《小校经阁金文》卷十一、七十七页,有菑川太子家壶,又有菑川太子炉,与本文皆可互证。

长沙定王发。 八页下

　　直按:《陶斋吉金录》卷六、十二页,有长沙元年钫。此器为孝文庙造,因知非吴芮后人所造也。

征和二年,王去嗣。(广川王后) 九页上

　　直按:《西京杂记》卷六作广川王名去疾,记述在国内盗废古冢事,其名似以去疾为长。

王子侯表第三上

至于孝武,以诸侯王畺土过制,或替差失轨,而子弟为匹夫。 一页上

　　颜师古曰:畺亦壃字也,替古僭字也。

　　直按:钱大昭谓颜注以替为古僭字,则字当作朁,考《隶释》卷十五《曹腾碑》阴云:"不陷乎群小之譖。"右边亦变从朁为从替,与颜注合,钱氏疑之,殆未达东汉时隶体之变化也。又按:《说文》畺界也,或从彊土作壃。《隶释》卷三《白石神君碑》云:"万寿无畺。"卷三《张公神碑》云:"畺界冢静。"卷十《朱龟碑》云:"绥我土畺。"卷十一《樊敏碑》云:"华南西畺。"壃皆省作畺,与本文同,为东汉时之通用隶体字。

頡羹侯信,七年中封,十三年高后元年,有罪削爵一级为关内侯。 一页上

　　直按:西汉王国自有纪年,侯国亦自有纪年。《金石索·金索三》一百九十,周阳侯甗鋠云:"侯治国五年五月国输。"称为侯治国某年,与赵称二十二年,鲁称三十四年又不同,侯有纪年,为一般学者所未注意。

管共侯罢军。 二页上

　　直按:管为菅字误文,《长安获古编》卷二、十五页,有菅邑家二斗铜销可证。

阜陵侯安。二页下

　　直按：《小校经阁金文》卷十四、九十三页，有汉与阜陵王虎符。汉无阜陵王，疑即阜陵侯进爵为王，其事为《汉书》所略耳。

秣陵终侯缠。（江都易王子）三页下

　　直按：秣陵《史记》侯表作秣阳，秣陵属丹阳郡，武帝时推恩分封，皆瓜分原封之地，其不足者，附益以旁近郡属，准此例当作秣陵是也。

侯胜容嗣。（菑川王后）四页上

　　直按：王念孙谓胜容义无所取，当是胜客之讹。《急就篇》云："薛胜客。"《汉印文字徵》第十三、十五页，有"王胜客""石胜客"，又第七、十七页，有"赵胜客"，第三、九页，有"译胜客"等四印，参稽《急就篇》，王说是也。

釐侯利亲嗣。（菑川王后）四页下

　　直按：菑川王之后，又有孝侯利亲，河间王后有孝侯利亲。《急就篇》云："郝利亲。"居延木简两见张利亲之名，罗布淖尔木简有宋利亲之名（利亲原释作钧亲，今订正）。又《汉印文字徵》第八、二十二页，有"荆利亲"印，利亲盖为西汉人习见之名字。

元鼎三年，哀侯秦客嗣。（济北王子）六页下

　　直按：汲古阁本作秦容。考西汉人多有名郢客（楚元王孙），楚人（本表平康侯后），吴人，区人（见《汉印文字徵》第八、一页，区人即瓯越之人之义），越人者（见《百官表》元鼎二年任越人）。以此类例，本文应作秦客无疑。

土军侯郢客。（代共王子）七页下

　　颜师古曰：土军西河之县也，说者以为洛阳土军里，非也。

　　直按：准以武帝时推恩分封之例，郢客为代王之子，所封为西河之土军县无疑，颜说是也。

建成侯拾，三月乙丑封，元鼎二年，坐使行人奉璧皮荐贺元年十月，不会免。（长沙王子）八页下

　　直按：王国都官如汉朝，侯国只有家丞、门大夫、庶子各一人（见

《百官表》及《续汉书·百官志》）。汉初又有舍人，见《韩信传》。有家监，见《景武功臣表》合阳侯梁喜条下及《史记》褚少孙补任安、田仁传。有侯尉（见《汉印文字徵》第十三、十九页），等于国尉。至于治民者有侯相、国丞、国尉，据本文侯国又有行人，为《汉旧仪》《百官表》等所未详。《齐鲁封泥集存》二十页，有"载国大行"封泥，可证侯国初设大行，后又改为行人也。

今见。八页下

　　直按：今见在本侯表中凡二见，其一见曹参后。今见二字，亦见《昌邑王贺传》及《史记》褚少孙补侯表。

原洛侯敢。十一页下

　　直按：阮元《小沧浪笔谈》卷下，记载有石洛侯金印。阮氏考《汉书》原洛即石洛之误字是也。又见《金石索·金索》五十七页。

彭侯强。十二页上

　　直按：《再续封泥考略》卷二、三十一页，有"彭侯邑丞"封泥，《地理志》无彭县。

掬裴戴侯道。（赵肃王子）十三页下

　　直按：《汉印文字徵》第十二、八页，有"掬裴国尉"印，当即本表刘道之国尉。两汉侯国有侯相当于县令长，有国丞当于县丞，有国尉当于县尉。

王子侯表第三下

高城节侯梁。一页下

　　直按：《汉金文录》卷四、三十五页，有高成侯家铜器，与本表正合。

西梁节侯阚兵。（广川王子）四页上

　　直按：阚兵为辟兵之假借字，《急就篇》云："高辟兵。"歙县黄氏藏有"辟兵龙蛇"玉印，西安汉城遗址出土有"除凶去殃，辟兵莫当"压

胜钱,皆可与本表参考。

侯妾得嗣,薨亡后。（枣侯）五页上

　　直按:苏舆谓《通考》妾作妄,王先谦谓官本作妄,当以妾得为是,犹《律历志》之鲜于妄人。

侯狗嗣免。（桃侯）五页下

　　直按:《汉印文字徵》第十、六页,有"左狗""张厭狗"二印,知汉代多以狗名者,与本表正合。

武安侯慢。十页下

　　直按:《薛氏钟鼎款识》卷十八、六页,有武安侯钫,此器亦可能为田蚡所造。

高惠高后文功臣表第四

生为愍隶,死为转尸。三页上

　　直按:《盐铁论·通有篇》云:"而曹魏梁宋,采棺转尸。"《盐铁论》与本文,同本于《淮南子·主术训》。

平阳懿侯曹参。四页上

　　直按:《陶斋吉金录》卷六、二十页,有平阳子家壶。

汝阴文侯夏侯婴。五页上

　　直按:《汉金文录》卷一、九页,有汝阴侯鼎六年造,为汉代未有纪年时期之物。

阳陵景侯傅宽。五页上

　　直按:有阳陵侯家行镫,甘露四年造(拓本)。又按:《小校经阁金文》卷十四、八十九页,有阳陵虎符文云:"甲兵之符,右在皇帝,左在阳陵。"又《史记·汉兴以来将相名臣年表》景帝六年,有御史大夫阳陵侯岑迈(岑迈之名,仅见于《史记》,不见于《汉书》)。甲兵符似为秦制,盖秦以来即有阳陵县,与景帝所置左冯翊之阳陵,当非一地。

酂文终侯萧何。六页下

直按：酂字诸家解说纷纭，余疑两汉时本有二音。一从班固《十八侯铭》及应劭注读如嵯是也。二从《地理志》沛郡酂县莽改曰赞治及《沛相杨统碑》阴，故吏赞陈俊题名（见《隶释》卷七），读如赞本音是也。

筑阳。六页下

直按：《贞松堂集古遗文》卷十三、二十三页，有筑阳家镫，与本表正合。

元鼎二年侯终根嗣。元始二年诏赐商代后者猛友爵关内侯。（郦商）七页下

直按：《汉印文字徵》第六、五页，有"彭终根"印，终根二字训诂未详。又按：猛友《平帝纪》作明友，明孟二字，古音相通，孟又转变为猛字。当以孟友为本义，一变为猛友，再变为明友，霍光女婿范明友亦其例也。

隆卢克侯周竈。八页下

直按：《贞松堂集古遗文》卷十三、二十页，有隆虑家连钉，钉为镫属，与本表正合。

阳信胡侯吕青。九页上

直按：《陶斋吉金录》卷七、二页，有阳信家铜鉝镂，与本表正合。

都昌严侯朱轸。九页下

直按：汉铜器有"元延四年王政都昌侯"等字，又不知名器，有"元延四年王政"等字（见《古泉汇》贞集三、二页，俗名藕心钱）。都昌侯名王政，与表文朱轸绝异。

武疆严侯严不职。九页下

直按：《史记·功臣表》作庄不识是也。本表不职，或为假借字。《李广传》有程不识，《诸侯王表》梁孝王子有济阴王不识，本表有高不识，《十钟山房印举》举十九、二十八页，有阎不识印。《汉印文字徵》第一、五页，有王不识印，第三、五页，有贾不识、秘不识、阳成不识

等印，可证不识为西汉人习见之名字。

肥如敬侯蔡寅。十页上

  直按：《蔡邕集》有《让乡侯章》云"臣十四世祖肥如侯佐命高祖以受爵赏"与本文同，据此蔡邕为肥如侯蔡寅之裔孙。

曲成圉侯虫达。十页上

  直按：《汉金文录》卷三、三十五页，有曲成家高镫。又《秦汉瓦当文字》卷一、十九页，有"曲成之当"瓦当，皆与本表相合。又《韩勑修孔庙礼器碑》阴，有曲成侯王暠题名，则为东汉封邑，与本表无涉。

芒侯耏跖。十页下

  颜师古曰：耏音而，《左氏传》曰宋耏班。

  直按：细绎颜注，颜所见《汉书》作耏跖，不作耐跖。《汉印文字徵》第二、一页，有"耐分"印。第九、十三页，有"耐段"印。《十六金符斋续百家姓谱》三页，有"耐谭"印，可证汉代耐姓尚为习见，耐为耏字之假借，在姓氏作耐不作耏，颜注尚有商榷之必要。

祁縠侯缯贺。十一页上

  直按：《十六金符斋续百家姓谱》八页，有"缯子卿"印。《汉印文字徵》第十三、三页，有"缯曾"印。缯姓为夏后，见《史记·夏本纪》赞。在金文中曾侯或作鄫侯，《公》《穀》两传今文曾皆作缯，在西汉时曾、缯则分为二姓。

平悼侯工师喜。十一页下

  直按：钱大昭谓《广韵》一东作公师喜。钱氏亦未能定其孰是。考《汉印文字徵》第五、四页，有"工师长孙"印。工师为复姓，足证本表并无误文，《广韵》作公师，未可据也。

河陵顷侯郭亭。十二页上

  直按：《唐书·宰相世系表》："郭亭曾孙广意，光禄大夫。"颜真卿撰《郭家庙碑》，叙述亦同，当出于郭氏家牒。广意武帝时官执金吾，见《百官表》及《燕剌王传》。

辟阳幽侯审食其。十三页下

直按：《齐鲁封泥集存》十四页，有"辟阳侯相"封泥，以本表证之，为孝文以前之物。

中水严侯吕马童。十三年共侯青眉嗣。十五页上

直按：《史记·功臣表》青眉作青肩。马童为童马，或马僮之省文。本表昭涉掉尾之曾孙亦名马童。《汉印文字徵》第三、十页，有"郭马童"印，可证马童为西汉人习见之名。《陶斋吉金录》卷五、十九页，有中水鼎，疑为马童或其嗣侯所造。又按：青眉当从《史表》作青肩，西汉名青肩者极多，如《居延汉简释文》卷二、四十三页，有武成燧长孙青肩领食粮之简文。《汉印文字徵》第四、十三页，有田青肩印，第五、十页，有郑青肩印。又汉印有"田青臂""苏青臂"二印，与青肩名正相仿。

赤泉侯杨喜。孝文十二年定侯敷嗣。十五页上

直按：《封泥考略》卷二、三十九页，有"赤泉邑丞"封泥，《地理志》无此县名。又按：蔡邕《太尉杨秉碑》云"杨喜嗣子业"（见《全后汉文》卷七十五），本文作敷，盖业为敷之弟，杨震一支则为业之后代。《蔡邕集》又有《赤泉侯画像赞》，盖为杨震家而作。《唐书·宰相世系表》华阴杨氏云："喜字幼罗"，当有所本。

元康四年，（林）挚曾孙项围大夫常骊诏复家。十五页下

直按：《汉印文字徵》第十、二页，有"赵常骊""田常骊""董长骊"三印，盖常骊与常乐，为西汉人习用之名字。

深泽齐侯赵将夕。十五页下

直按：《史记·功臣表》作赵将夜。《汉印文字徵》第十四、九页，有"赵将夕印"。疑即深泽侯之遗物，据此《史表》作赵将夜非也（汉人亦有名将夜者，如《王子侯表》中山靖王后，乘丘节侯刘将夜是也）。

清简侯室中同。十六页下

直按：《史记·功臣表》作空中，当脱同字。徐广云："空一作室。"《索隐》："室中姓，见《风俗通》。"卢文弨、严可均二家所辑《风俗通》

佚文,仅据《索隐》,余无他说。又按:《十钟山房印举》举二十六、二十五页,有"窒中宣""窒中宰"二印。《汉印文字徵》第十七、十九页,有"窒中光""窒中遂"二印。据此《史记》之空中,《汉书》之室中,皆为窒中传写之误字,当以《索隐》引《风俗通》为是。在东汉时《汉书》本作窒中,故应劭不须加注。至晋时已作室中,故徐广疑莫能定。至唐时同于今本作室中,故颜师古且不知有误。倘非汉人印章出于二千年之后,更谁能判断其孰是,古物之有裨史学如此。汉印又有窒孙氏,疑亦与窒中氏有关。

彊围侯留肸。十六页下

　　直按:《再续封泥考略》卷二、四十七页,有"彊侯邑丞"封泥,与本表正合,《地理志》无彊县之名。

彭简侯秦同,以卒从起薛,以弩将入汉,以都尉击项羽代侯千户。十六页下

　　直按:秦同与窒中同,皆官弩将,此为秦楚之际官名。西安汉城遗址出土有"发弩"封泥,当为弩将官属之所用(《封泥考略》卷四、五十一页,有"南郡发弩"封泥,当为南郡发弩官所专用,与此不同)。又项羽下疑为定代,表文脱定字,榖阳侯冯谿叙侯功,正作击籍定代。

平严侯张瞻师。十七页下

　　直按:《史记·功臣表》作繁庄侯彊瞻,繁平二字声近,彊张二字声形均相近。平当是蜀郡之繁县,汉封泥有"緐侯相印",盖亦繁之异文,非魏郡之繁阳也。

建元元年,侯买之嗣。(乐说)十八页下

　　直按:《汉印文字徵》第六、十九页,有"展买之""杨买之"二印,与买臣、买得,均为西汉人习见之名。

孝景中五年,侯相夫绍封。(杜恬)十九页上

　　直按:纪通子亦名相夫。《汉印文字徵》第十、十五页,有"梁相夫""臣相夫"二印。汉印又有鲁巷夫印,相巷为同音之假借字。

土军式侯宣义。十九页下

　　直按:《汉金文录》卷三、三十四页,有土军侯烛豆,与本表正合。

此器原为贵池刘之泗所藏,后归卢江刘氏。

汲绍侯公上不害。二十页上

直按:《小校经阁金文》卷十一、一百页,有汲绍家行锭,旧释作汲经侯误,此器亦为贵池刘氏所藏。又按:《十六金符斋续百家姓谱》十三页,有"公上翁叔"印。又《齐鲁封泥集存》七十三页,有"公上登"封泥,与本表均合,公上复姓,不见于姓书。又《吕氏春秋·高义篇》,记公上过为墨子弟子。又《古刻丛钞》卷六,有公上珊造像,则此姓至六朝时犹有存者。

汾阳严侯靳疆。元鼎五年,侯石封嗣,九年,太始四年,坐为太常行幸离宫,道桥苦恶。二十页上

直按:苦恶二字,为西汉人之习俗语。《食货志》云:"县官作铁器多苦恶、贾贵,或彊令民卖买之。"《盐铁论·本议篇》云:"物多苦恶。"《居延汉简释文》卷一、三十四页,有简文云:"将军使者议贷钱,苦恶小萃不为用。"皆与本文相合。臣瓒注《食货志》,谓"作铁器,民患其不好",本甚正确,颜师古注反驳臣瓒,谓指盐味苦,铁器恶而言,是未达汉人之古谊古训也。又按:靳疆之名,亦见于《高祖本纪》。《后汉书·南蛮传》,巴郡、南郡蛮云"汉兴南郡太守靳疆,请一依秦故事"云云,此靳疆受封后事迹之可考者。

戴敬侯秘彭祖。二十页下

颜师古曰:今见有秘姓,读如秘书,而韦昭妄为音读,非也。

直按:《汉印文字徵》第十四、十六页,有"秘子斿"印。二十页,有"秘尊私印"。与本文皆合。又按:《齐鲁封泥集存》二十页,有"载国大行"封泥,今《史记》《汉书》二表并作戴,《史记索隐》音再,则音不误而字误也。大行为大行令之简称,或行人之初称。西汉初期,侯国属官,除见《百官表》有家丞、门大夫、庶子之外,又有舍人、家监、大行等官,盖为西汉初中期制度。大行或改称行人,已见《王子侯表》建成侯拾注。

中牟共侯单右车。二十页下

　　直按：西汉名左车者多，右车者少，李左车见《韩信传》，周左车见本表周昌下，隽左车见《十钟山房印举》举三、五十六页。又《史记·功臣表》作单父左车，疑因为单父人而得姓，吕公亦单父人，右车与高祖微时有故，或有牵连关系。

高后三年，侯弄弓嗣。（王虞人）二十一页上

　　直按：王先谦谓《史记·功臣表》作并弓。考《汉印文字徵》第三、十二页，有"卢弄弓印"，可证《史表》并弓为误字也。

元朔二年侯自为嗣。（刘襄）二十二页上

　　直按：西汉名自为者极多，见于《汉书》者，有徐自为及本文刘自为是也。《十六金符斋续百家姓谱》三页，有"救自为"印。《汉印文字徵》第三、十六页，有"任自为"印。

纪信匡侯陈仓。二十二页上

　　直按：《再续封泥考略》卷二、四十八页，有"纪信邑丞"封泥，与本表正合，《地理志》无此县名。

孝文十一年侯嫖嗣。（王竞）二十二页下

　　直按：《史记·功臣表》王嫖作王嫖是也。《外戚传》陈皇后名嫖。《汉印文字徵》第十二、十五页，有"乐嫖""高嫖"二印。似西汉男女，皆可以嫖为名，嫖字篆形与嫖相近，盖为误文。

梧齐侯阳城延，以军匠从起郑，入汉后为少府，作长乐、未央宫，筑长安城先就侯。二十三页上

　　直按：王先谦谓《史记·功臣表》作阳成，阳城复姓，见《广韵》。考《古玺文字徵》第十三、四页，有阳城饨等五印，在战国时则为阳城。又按《隶续》卷十二《刘宽碑》阴，有"蒲反阳成忠含"题名。《汉印文字徵》第十四、九页，有"杨成终""杨成信""杨成齿"三印。《十六金符斋印谱》有"杨成婴"印。在两汉皆作杨成，无作杨城者，与《史记》表文相同，今本《汉书》，则为后人所更改（城成二字，虽然古通用，在姓氏上自战国到西汉时代，经过演变，区别很严）。又少府为将作少

府简称,即将作大匠之初名。

孝文二年齐侯市人嗣。(齐受) 二十三页下

  直按:樊哙之子亦名市人。《六艺之一录》集古印谱二十三,上平声,有"朱市人"印。《汉印文字徵》第三、三页,有"谈市人"印,足证市人为西汉人习见之名字。

山都贞侯王恬启。孝文四年,宪侯中黄嗣。孝景四年敬侯触龙嗣。元狩五年侯当嗣,八年元封元年,坐阑入甘泉上林免。 二十四页上

  直按:山都侯王恬启或作王恬开及王恬关,互见《史记·彭越传》及《张释之传》。开字为避讳,关字为误字。又按:《小校经阁金文》卷十三、六十八页,有汉山都王长子家桮,长子必为王恬启或其嗣侯某人之字,现不能决定谁属。又按:临辕侯戚鳃之子亦名触龙。《汉印文字徵》第四、十七页,有"张触龙印",皆与本表相同,盖仿名于《史记·赵世家》之左师触龙。又按:甘泉上林四字,各家皆无解释,以余考之,当为一宫之名。《薛氏钟鼎款识》卷二十、一页,有甘泉上林宫行镫,五凤二年造。《八琼室金石补正》卷七、二十四页,有"甘泉上林"瓦及"甘林"瓦两种(此瓦出淳化,知甘泉上林宫在甘泉宫附近,或在甘泉宫内,亦未可知)。《百官表》水衡都尉属官,有甘泉上林长丞,与上林苑令有所区别,皆可证明甘泉上林为一宫之称,与本表所记,无不吻合,从前学者,皆疑为甘泉宫不能与上林苑并称,由于不知有甘泉上林镫与瓦也。此宫当修建于武帝时,行镫则为宣帝时所造。

黎顷侯召奴。 二十五页上

  颜师古曰:召读曰邵。

  直按:召邵两姓,在西汉通用。有作召者,如"召仁""召异""召彭""召瓌"等印是也(见《汉印文字徵》第二、六页)。有作邵者,如"邵彭祖""邵石""邵寿""邵乃始"等印是也(见同书第六、二十三页)。召信臣《汉书》作召,《北海相景君铭》则作"黄朱邵父",皆其明证。

侯敞弓嗣,王莽败绝。(韩隤当)二十五页上

　　直按:王先谦谓本传敞弓作持弓。考《五行志》小女陈持弓九岁阑入宫掖。又《恩泽侯表》王禁之后有王持弓,本传作持弓是也。

景武昭宣元成功臣表第五

中六年侯贲嗣,二十二年元狩六年,坐为太常雍牺牲不如令免。(栾布)二页上

　　直按:谓太常属官雍太宰令,牺牲不如令,归咎于太常也。《汉旧仪》云:"太宰令有屠者七十二人,宰二百人。"与本文可以互证。

平曲侯公孙浑邪。二页上

　　直按:浑邪本为胡人,因居北地久,故改称北地义渠人,服虔注曰中国人是也。

范阳靖侯范代。三页上

　　直按:《小校经阁金文》卷十一、四十页,有"柴氏一斗,范阳侯鼎"。柴是即柴氏,此鼎当即范代所铸,但不知与柴氏有何关系,范字汉印及铜器均写作范,魏卢江太守《范式碑》额亦写作范,犹存古义。

亚谷简侯卢它之。三页上

　　直按:钱大昭谓《史记·功臣表》作它父,本传作它人。考《汉印文字徵》第十三、九页,有"董它人""张它人"二印。第八、四页,有"许佗之""胡佗之"二印。卢它人与卢佗之,二者现疑莫能定,西汉名父者绝少,更无名它父者,知它父则为误字。

翕侯赵信,以匈奴相国降侯。三页下

　　直按:扬州张丹斧藏有"匈奴相邦"玉印,可证匈奴亦有相国,与表文正合。

轵侯李朔。四页上

　　直按:《薛氏钟鼎款识》卷二十、五页,有轵家甗。三十一页,有轵家釜,当为李朔家所铸之器。

众利侯郝贤,元狩二年坐为上谷太守,入戈卒财物计谩免。四页上

直按:钱大昭谓戈卒为戍卒之误字,计为上计之脱文是也。证之《居延汉简释文》卷一、十八页,有简文云:"阳朔三年九月癸亥朔,壬午,甲渠不私亭侯塞尉顺敢言之,将出移赋钱出入簿,与计偕,谨移应书一编,敢言之。"又同卷八页,有简文云:"却省县别课与计偕,谨移应书一编敢言之。"《汉旧仪》《汉官仪》记载郡国每岁遣上计吏诣京师,对于边郡上计情况,未曾叙及。据木简赋钱及考绩书皆与计偕,与本文郝贤以边郡太守入戍卒财物上计正合。又《御览》卷四十六引《范元平记》云:"故老相承云:胡伯始以本县境无山,此阳岐山上计偕簿。"可见两汉计簿,兼列有山川之图。

湿阴定侯昆邪。四页下

直按:《地理志》平原郡漯阴县,《霍去病传》《王莽传》皆作漯阴,《续汉书·郡国志》作湿阴,《隶释》卷一《韩勑修孔庙礼器碑》阴题名亦作湿阴。又按:《齐鲁封泥集存》三十页,有"湿阴丞印"封泥,与本表及《续汉志》等均同,作漯阴者,假借字也。《隶释》卷四《郙阁颂》云:"醳散关之嶄漯。"《广川书跋》云:"漯应作湿。"

龙侯摎广德,父乐以校尉击南越,死事,子侯。五页上

直按:《史记·功臣表》作摎世乐,本表盖经唐人钞写时误删去世字,犹《隋书》称王世充为王充,杨世雄作杨雄也。

侯当千嗣,太始四年,坐卖马一匹,贾钱十五万,过平,臧五百以上免。(任破胡)五页下

直按:苏舆谓"《武纪》元狩五年,天下马少,平牡马二十万。如淳云:贵平其贾,使人竞畜,此贱其直,故以过平罪之,又犯臧五百以上免官也。"考元狩时牡马匹值二十万,至太始时,每匹仅值十万,任当千卖价十五万,过当时平价,故云臧五万以上,本文五百当为五万之误字,汉律臧在十金以上,便得论罪,如仅犯臧五百钱,不得成为罪名也。苏氏将本表一事分解为二事,以致全不符合于事实。又按:《九章算术》卷八,有假设算题云:"马一匹直五千四百五十四。"《居延汉

简释文》卷一、八十五页,有"马直十千"。卷二、五十一页,有"马五千三百"。卷三、四十八页,有"用马五匹二万"各记载。木简最高之马价,每匹十千,即一万钱,在武帝元狩时,每匹值二十万,较木简最高之马价贵二十倍也。又同书卷一、四十一页,有简文云:"(上缺)录者以十月平价,计案戍田卒史官袍衣物,贪利贵卖,贳乃贫困民,不禁止,渲血多,又不以时验问。"此边郡每年在十月平物价之记载。内地当由平准平价,与本文正同。又《周礼·小宰》:"听买卖以质剂。"先郑注云:"质剂谓市中平价,今时月平是也。"此汉时内郡每月平价之可考者。

承父侯续相如。七页上

直按:《流沙坠简·考释·禀给一》,有简文云:"出粟一斗二升,以食莎车续相如上书良家子二人,八月癸卯囗。"本表但云以使西域发外王子弟诛斩扶乐王侯。木简云使莎车事,莎车为西域之一部分,两记载正合。

当涂康侯魏不害。七页上

直按:《霍光传》作魏不圣,为害之误字。不害为两汉人之习俗语,屡见于居延木简。《宣帝纪》作当涂侯平,平为不之误字,又脱去害字。又按:《居延汉简释文》卷二、五十二页,有简文云:"禀魏将军一月用钱十万八千八百五十。"魏将军疑为魏不害。

长罗壮侯常惠。八页上

直按:《流沙坠简·考释·禀给二十五》,有简文云:"出荄一钧七斤半斤,以食长罗侯垒尉史官橐他一匹,三月丁未,发至煎都。"此常惠事迹另一新史料。

驷望忠侯冷广。八页下

颜师古曰:冷音零。

直按:西汉泠与冷为两姓,本表下相侯泠耳则姓泠,此则姓冷。《汉印文字徵》第十一、五页,有"泠平""泠达"等八印,第四、五页,有"冷子翘印"可证。颜师古音冷为零,混泠、冷为一姓,或唐时写本冷广为泠广也。

延乡节侯李谭。八页下

直按:《成帝纪》:"永始三年,李谭以剑格杀尉氏男子反者樊并,同时封侯者五人。"本表仅有李谭、称忠、钟祖、訾顺四人,表少一人,当有漏记。

楼虚侯訾顺。九页上

直按:《汉印文字徵》第三、八页,有"訾贞""訾丑""訾顺之""訾中倩"等印,知訾姓在西汉极为普遍。

外戚恩泽侯表第六

孝景将侯王氏,脩侯犯色。二页上

颜师古曰:脩音条。

直按:《地理志》勃海郡脩县,应劭曰:"音条。"与本表同。疑其初本作蓨字,或体作蓨,《隶释》卷十七《刘衡碑》云:"除蓨令。"《魏高盛碑》云:"勃海蓨人。"皆可证明。后来蓨蓨二字,均不从草,盖用省文也。

吕成侯吕忿。三页下

直按:《再续封泥考略》卷二、四十四页,有"吕成邑丞"封泥,与本表正合,《地理志》无此县名。

建陵侯张释,寺人,以大谒者劝王诸吕侯。三页下

直按:《魏相传》引高祖时奏事,有大谒者襄,余考为桃侯刘襄。襄官大谒者,亦见《高惠功臣表》。据此在西汉初期,大谒者或用中人,或用士人。

南皮侯窦彭祖。四页上

直按:《汉金文录》卷二、十九页,有南皮侯家铜锤,与本表正合。

富平敬侯张安世。五页下

直按:《小校经阁金文》卷十三、六十一页,有富平侯温酒镳,元延三年造,以时代考之,当为张安世之曾孙张临所铸。

阳城侯田延年，八月辛未封，二年坐为大司农，盗都内钱三千万自杀。六页上

  如淳曰：天子钱藏中都内，又曰大内。

  直按：《百官表》都内令属大司农，都内藏钱，屡见于王嘉、张延寿、王莽等传及桓谭《新论》（《御览》六百二十七引）。如淳之说，似有未安。

平恩戴侯许广汉。六页下

  直按：《贞松堂集古遗文》卷十三、十一页，有平恩侯家铜鼎，与本表正合。

乐陵安侯史高。七页上

  直按：阮氏《积古斋钟鼎款识》卷十、十二页，有史侯家铜染桮，史侯当为史高，或高之后裔。

阳平顷侯王禁。七页下

  直按：阮氏《积古斋钟鼎款识》卷九、二十五页，有建昭雁足镫，后补刻有"今阳平家画一至三，阳朔元年赐"等字，以本表考证，知为王凤子王襄之物。

  直按：以《汉书》各侯表分析袭封制度。王子侯与功臣侯、恩泽侯三种性质，其传世本与汉廷相始终。王子侯之后裔，经过王莽时代，贬削殆尽。功臣侯、恩泽侯之裔，皆以骄奢淫逸失侯者俱多。高惠时之侯至武帝时仅余五家，此五家中连同武帝以后之侯，传之东汉初期，仅余"今见"两家，可证东汉时亦承认西汉之封爵。所谓诏复家者，指宣帝元康四年、哀帝元寿二年两次诏封而言。其爵皆为关内侯，列侯称家，故云复家。孟康注谓"世世无所与，得传同产子"似未明确。余由十四卷至十八卷，各《王侯表》所引出土之铜器，不一定是列侯自己所造，或是袭侯所造，故各器有纪年者，特别标出，总起来说，是有参考之价值。

  直又按：汉代侯爵，不见于侯表者甚多。如《贞松堂集古遗文续编》卷下、二十六页，有元成家烛豆。《小校经阁金文》卷十三、五十六

页,有甔縻家鋚,元鼎二年造。又卷十一、九十七页,有橐邑家铜行锭。《汉金文录》卷一、三页,有博邑家鼎,永光五年造。卷二、二十四页,有鄂邑家钫。卷二、十八页,有利成家铜镫。卷三、三十五页,有东昏家铜镫。《愙斋集古录》卷二十五、十五页,有单安侯家㪷。卷二十六、八页,有安成侯家铜鼎,又杭州邹氏藏有"宣昌平胜第三"鹿卢镫。吴兴沈氏藏六舟手拓金石拓本,有"原鹿"铜镫。以上各侯名称,皆不见于《汉表》,知《汉表》佚侯甚多。余选上项各铜器,绝对剔除东汉制作部分,以五项标准来审定:(一)必须西安地区出土;(二)有纪年者;(三)器形西汉时普遍,东汉渐稀少者;(四)无纪年之各器铭文,与其他西汉铜器铭文类型相似者;(五)公主所作铜器,皆称主家,与列侯称家者不同。

百官公卿表第七上

赫作朕虞,育草木鸟兽。二页上

  颜师古曰:赫古益字也。

  直按:《古玺文字徵》第五、二页,有"孙九益钵"。又《古泉汇》利集卷一,有"赜四货""赜六货"。赜字从貝从益,皆与本文益字相似,此为战国流传之古文。

相国丞相皆秦官,金印紫绶,掌丞天子助理万机。秦有左右,高帝即位,置一丞相,十一年更名相国,绿绶。孝惠、高后,置左右丞相,文帝二年复置一丞相。有两长史,秩千石。哀帝元寿二年,更名大司徒。武帝元狩五年初置司直,秩比二千石,掌佐丞相举不法。三页上

  直按:相国在六国及秦时,原名相邦,汉初因避高祖讳,故改为相国。《小校经阁金文》卷十、五十八页,有吕不韦戈云:"五年相邦吕不韦造,诏吏图、丞蕺、工寅、诏吏。"又同书一○二页,有七年相邦剑,有八年相邦剑。同书一○三页,有三年相邦春平侯剑。《周金文存》卷六、九十二页,有郾相邦剑。《贞松堂集古遗文》卷十二、二十二页,有

四年得平相邦鄢剑。其他剑矛文上，有相邦铭文者尤多。忆在一九二一年，扬州张丹斧得"匈奴相邦"玉印，余与家邦福兄皆考为匈奴相国之印，匈奴无须避汉讳，故仍保存六国时相邦名称。后见王国维先生《观堂集林》中亦主此说，彼时兵器，尚未发现如此之多，故家兄有《匈奴相邦印考证》（见《亿年堂金石记》），征引尚未详博。

　　直又按：应劭《汉官仪》云："相国丞相，皆六国时官。"盖相国丞相，皆战国时官，本表云秦官者，包括秦始皇兼并六国以前而言，本表叙事，他皆类此。又卫宏《汉旧仪》云："丞相、列侯、将军，金印紫绸绶。"（《汉官仪》《汉旧仪》两书，皆据孙氏《平津馆丛书》本）《汉旧仪》又云："汉初置相国史，秩五百石，后罢并为丞相史。"又云："丞相府司直一人，秩二千石，武帝初置曰司直官，今省。"与本表均有异同（又张苍官计相，专主上计，为西汉初暂置之官，并不等于丞相）。

　　直又按：丞相府中属吏今可考者，《汉旧仪》云："丞相初置吏员十五人，皆六百石，分为东西曹，东曹九人，出督州为刺史，西曹六人，其五人往来白事。东厢为侍中一人留府，曰西曹领百官奏事。长安给骑亭长七十人，六月一更。"又云："武帝元狩六年，丞相吏员三百八十二人，史二十人，秩四百石，少史八十人，秩三百石。属百人，秩二百石。属史百六十二人，秩百石。"又按：丞相史，见《薛氏钟鼎款识》卷十九、二至三页，丞相府漏壶。其见于《汉书》者，有少史，见《昭帝纪》。有主簿，见《孙宝传》。有徵事，见《功臣表》任宫下。有大车属，见《郑崇传》。有驭吏，见《丙吉传》。盖皆包括在《汉旧仪》所云吏员三百八十二人之内。

太尉，秦官，金印紫绶，掌武事，武帝建元二年省。元狩四年，初置大司马，以冠将军之号。宣帝地节三年，置大司马，不冠将军，亦无印绶官属。成帝绥和元年，初赐大司马金印紫绶，置官属，秩比丞相去将军。哀帝建平二年，复去大司马印绶官属，冠将军如故。元寿二年，复赐大司马印绶，置官属，去将军，位在司徒上。有长史，秩千石。 三页下

　　直按：《汉官典职仪式选用》云："太尉孝文三年置，七年省。武帝

建元二年置，五年复省，更名大司马。"与本表所记不同。又按：《汉旧仪》云："武帝元狩六年，初置大司马。"据《百官表》："元狩四年，以霍去病为大司马，六年薨。"可证《汉旧仪》六年之说不确。又按：《御览》卷二〇九引班彪上事云："元狩六年，罢太尉置司马，时议以为北军中候有千人、司马（当作司马、千人，与西域都护及边郡都尉同例）。故加之为大司马，所以别小司马之官号也。"又按：大司马属吏有主簿，见《楼护传》。

御史大夫，秦官，位上卿，银印青绶，掌副丞相。有两丞，秩千石。一曰中丞，在殿中兰台，掌图籍秘书，外督部刺史，内领侍御史员十五人，受公卿奏事，举劾按章。成帝绥和元年，更名大司空，禄比丞相，置长史如中丞，官职如故。哀帝建平二年，复为御史大夫，元寿二年，复为大司空，御史中丞更名御史长史。侍御史有绣衣直指，出讨奸猾治大狱，武帝所制，不常置。 三页下

直按：《汉旧仪》云："武帝时御史中丞督司隶，司隶督司直，司直督刺史二千石以下至墨绶。"又云："侍御史秩六百石，员五十人。"与本表员十五人不同。

直按：御史大夫与丞相连称者，简称为丞相御史，《高祖纪》所谓制诏丞相御史是也（仅举一例），非指侍御史而言。又按：桑弘羊为御史大夫，可以读到太史公书，为掌图籍秘书之一证，说详拙著《盐铁论解要》。又按：西汉时御史案事郡国，见《盐铁论·刺复篇》及屡见居延木简。

直按：侍御史有绣衣直指，见《江充传》；或称为绣衣御史，见《王䜣传》。侍御史在叙典章制度则用全名（如《王稚子阙》《李业阙》是也），在叙事则简称为御史。王莽时改绣衣为绣衣直法，见《后汉书·伏湛传》。又《十六金符斋印存》《吉金斋古铜印谱》，皆有绣衣执法印，又有绣衣执法大夫印。盖亦王莽时物。

直按：御史属吏有属，见《律历志》。

直按：《封泥考略》卷一、九至十页，有"御史府印"三封泥，盖御史府中所用之公章，并不称为侍御史，是其明证。此等公章，类于后

来公牍上仅以官署出名,在适合情况下用之。若御史大夫章、御史中丞印、御史印,则皆为专用印章,与此性质不同,在封泥文中此例最多,特先为在此发凡。

太傅,古官,高后元年初置,金印紫绶,后省,八年复置,后省,哀帝元寿二年复置,位在三公上。四页上

　　直按:《十钟山房印举》举二、五十五页,有"少傅之印",刻文。

太师、太保,皆古官,平帝元始元年皆初置,金印紫绶,太师位在太傅上,太保次太傅。四页上

　　直按:汉代太师、太保,迄未有出土之印章。

前后左右将军,皆周末官,秦因之,位上卿,金印紫绶,汉不常置。或有前后,或有左右,皆掌兵及四夷,有长史,秩千石。四页下

　　直按:将军属官吏可考者,有票姚校尉,见《霍去病传》。校尉,见《王尊传》。执马校尉、驱马校尉,见《李广利传》。车骑都尉,见《宣帝纪》。彊弩都尉,见《武帝纪》。彊弩司马,见汉印。骑都尉,见《李陵传》。军司马,见《杨敞传》。假司马,见《赵充国传》。鹰击司马,见《霍去病传》。军司空令,见《冯奉世传》。军司空,见《杜延年传》(如淳注,律营军司空,军中司空各二人)。军武库令,见《杜钦传》。军正,见《杨仆传》。军正丞,见《胡建传》。军候丞,见《陈汤传》。军监,见《匈奴传》。军市令,见《丙吉传》。以上略举将军各属官吏,并非每一将军皆有之,因将军名称而异,多有旋置旋废者。

奉常,秦官,掌宗庙礼仪,有丞,景帝中六年,更名太常。属官有太乐、太祝、太宰、太史、太卜、太医六令丞。又均官、都水两长丞。又诸庙寝园食官令长丞,有雍太宰,太祝令丞,五畤各一尉,又博士及诸陵县皆属焉。景帝中六年,更名太祝为祠祀,武帝太初元年,更曰庙祀。初置太卜。四页下

博士,秦官,掌通古今,秩比六百石,员多至数十人。武帝建元五年,初置五经博士,宣帝黄龙元年,稍增员十二人。元帝永光元年,分诸陵邑属三辅,王莽改太常曰秩宗。五页上

　　太常　直按:《汉旧仪》云:"太常有赞飨一人,秩六百石。"不见

于本表,当为太常直辖属官。又按:有方士使者,见《郊祀志》,亦疑属于太常。

太宰 直按:《汉旧仪》云:"太宰令有屠者七十二人,宰二百人。"

太史 直按:《汉官仪》云:"太史令属吏有望郎三十人,掌故三十人。"又按:《律历志》有主历使者及大典星,疑亦属于太史令。至于《汉官》所称太史令属吏,有待诏三十七人,灵台待诏四十一人,虽为东汉制度,亦可能渊源于西汉。

太医 直按:《汉官仪》云:"太医令,周官也。"属官今可考者,有太医监,见《外戚传》。药府(一九五二年,西安白家口早期汉墓中出土,半通式,有界格,三台钮)、药府藏(见《汉印分韵》续集七阳)、药藏府(见同书续集七虞,药府为药府藏省文,药府藏与药藏府,名称有颠倒,或时代略有先后),皆见于汉印。药长,见《居延汉简释文》卷一、五十页。医工长,见《燕刺王传》。侍医,见《贡禹传》及《艺文志序》。本草待诏,见《郊祀志》。医待诏,见《董贤传》。乳医,见《霍光传》。此外有彭城医长(见《汉印分韵》续集四支)、琅玡医长(见《汉印文字徵》卷十四、十九页),皆为郡国之医官。

均官 直按:均官为管理均输之事,因太常所属陵寝诸庙中,隙地甚多,赵过教田三辅时,太常官署为重点之一,均输官简称为均官,与封泥"辽东均长"同例。

诸庙寝园食官 直按:《韦玄成传》云:"祖宗庙在郡国六十八,合百六十七所,连京师并百七十六所,昭君后等人三十所(昭君后即昭灵后,高祖母也)。一岁初上食二万四千四百五十五,用卫士四万五千一百二十九人,祝宰乐人,万二千一百四十七人。"官吏见于《汉书》者,有高庙寝郎,见《田千秋传》。寝中郎,见《冯参传》。园郎,见《金日磾传》。文园令,见《司马相如传》。食官令,见《冯参传》。食官长丞,见《王莽传》。园长丞,见《戾太子传》。又按:《封泥考略》卷一、十四至十九页,有"孝文庙令""孝景园令""孝惠寝丞""頃园长印"四封泥。《齐鲁封泥集存》一页,有"孝昭园令印"封泥。《十钟山房印举》举二、六页,有"灞陵园丞"印。又举二、五十四页,有"卫邑园印"(即《戾太子传》所称之戾园长丞)。又按:《续封泥考略》卷一、八页,有"庙室"封泥,疑亦为汉代寝庙之官吏。又《十钟山房印举》举二、五十六页,有"庙衣府印",当为诸庙陵寝中每月管理游寝时之官。又《汉印文字徵》第五、十一页,有"杜陵飤官□丞"印,亦为杜陵园庙之官。又同书第六、十五页,有"汉氏成园丞"印。则为王莽时为汉代所置守陵之官,王莽称汉为汉氏,见于本传。又按:《御览》卷五百五十九引潘岳《关中记》云:"汉诸陵均高十二丈,方百二十步,唯茂陵高十四丈,方百四十步。守卫令扫除凡五千户,陵令一人,食官令一人,寝庙令一人,园长一人,园门令史三十二人,候四人。"潘岳所记,虽系专指茂陵寝园而言,其他陵寝,未必皆有此人数,但比较完善,可以代表西汉陵寝制度,其余各陵,随陵易名,随事设官,并无定制。

五畤　直按:《十钟山房印举》举二、五十四页,有"泰畤寝上"印(旧释畤字,为左田二字合文,未确)。泰畤为五畤之一,《成帝纪》"永始四年春正月,行幸甘泉郊泰畤,神光降集紫殿"是也。雍五畤尉印,此仅存者。

博士　直按:《汉旧仪》云:"博士祭酒选有道之人有学者,祭酒国子卿大夫之弟子。"此条虽有脱误文字,然博士祭酒之官名,为《百官表》所不载。又《汉官仪》云:"汉置博士祭酒一人,秩六百石。"与《旧仪》相同。《汉旧仪》又云:"太常博士弟子试射策,甲科补郎中,乙科补掌故。"与《儒林传序》略同,《晁错传》以文学为太常掌故是也。应劭注云:"掌故六百石吏,主故事。"

祠祀　直按:《十钟山房印举》举二、五十七页,有"祠厨"半印,盖祠祀令供厨所用。又《汉印文字徵》第一、四页,有"沛祠祀长"印,当为景帝时郡国诸庙陵寝中特设之祠祀令,亦当属于太常。

分诸陵邑属三辅　直按:三辅有陵寝之县,皆属于太常,在元帝以前,公牍中每以太常与三辅并称。《昭帝纪》云:"元凤元年武都氐人反,大鸿胪广明,将三辅太常徒,皆免刑击之。"《赵充国传》云:"时上已发三辅太常弛刑,三河、颍川、沛郡、淮阳、汝南材官,金城、陇西、天水、安定、北地、上郡骑士、羌骑,与武威、张掖、酒泉太守,各屯其郡者,合六万人。"又《居延汉简释文》二十三页,有残简文云"属发□□□事,官移三辅太常,郡太守,诸囗"云云。皆与本表可以互证。至元帝永光元年以诸陵邑属于三辅之后,言三辅陵寝事者,即不涉及太常矣。

郎中令,秦官,掌宫殿掖门户,有丞。武帝太初元年更名光禄勋。属官有大夫、郎、谒者,皆秦官。又期门、羽林皆属焉。大夫掌论议,有太中大夫、中大夫、谏大夫,皆无员,多至数十人。武帝元狩五年,初置谏大夫,秩比八百石。太初元年更名中大夫为光禄大夫,秩比二千石,太中大夫秩比千石如故。郎掌守门户,出充车骑。有议郎、中郎、侍郎、郎中,皆无员,多至千人。议郎、中郎,秩比六百石,侍郎比四百石,郎中比三百石。中郎有五官、左、右三将,秩皆比二千石。郎中有车、户、骑三将,秩皆比千石。五页上下

　　郎中令　　直按:郎中为廊中之省文,秦时殿上不得持兵戟,皆立在檐廊之下,故名。见于《史记·滑稽·优旃传》及《刺客·荆轲传》。属官有礼官大夫,见《儒林传》。

　　光禄大夫　　直按:《汉旧仪》云:"光禄大夫,秩比二千石,不言属光禄勋,光禄勋门外特施行马以旌别之。"其言制度,较本表为详。

　　侍郎、郎中等　　直按:侍郎、郎中,为古代武士之通称,并无严格限制。武梁祠画像《曹子劫桓图》中有二侍郎像。乐浪出土漆箧题字,郑真、魏汤、大里黄公三段,皆有侍郎、使者画像,是其明证。又按:郎中虽无定员而有印章,《封泥考略》卷二、二十页,有"吴郎中印"。《齐鲁封泥集存》七页,有"齐郎中印""齐郎中丞"三封泥(《临菑封泥文字目录》二页,亦有"齐郎中丞"封泥)。汉初王国制度,皆与汉廷相同,郎中有丞,盖即郎中令之丞。其他如中郎、议郎、侍郎等,同为无定员,亦可能皆有印。

　　五官、左、右三中郎将　　直按:西安汉城遗址出土有"左将""右

将"两瓦当,盖为左中郎将及右中郎将二官署中所用。

  郎中有车、户、骑三将　　直按:《双剑誃古器物图录》卷下、四十二页,有"车郎中令"封泥,与表文正合。又按:郎中车、户、骑三将,属吏可考者有车郎,见《艺文志》。辇郎,见《刘向传》。户郎,见《王嘉传》。骑郎,见《张释之传》。歙县鲍氏藏有"郎中户将"封泥,与表文合。

谒者,掌宾赞受事,员七十人,秩比六百石,有仆射,秩比千石。五页下

  谒者　　直按:谒者在西汉名称屡变,中谒者见《灌婴传》。中大谒者,见《吕后本纪》(封中大谒者张释为建陵侯)。大谒者,见《魏相传》(大谒者襄、章)。大谒者之名,至东汉仍沿用之。又按:《沟洫志》有河隄使者王延世、河隄都尉许高,使者即谒者,西安汉城出土有"河隄谒者"印,此为治河暂设之官,身份当与谒者仆射相类。

期门掌执兵送从,武帝建元三年初置,比郎无员,多至千人,有仆射秩比千石。平帝元始元年,更名虎贲郎,置中郎将,秩比二千石。羽林掌送从,次期门,武帝太初元年初置,名曰建章营骑,后更名羽林骑。又取从军死事之子孙,养羽林官教以五兵,号曰羽林孤儿。羽林有令丞,宣帝令中郎将、骑都尉监羽林,秩比二千石。仆射,秦官,自侍中、尚书、博士、郎皆有。古者重武官,有主射以督课之,军屯吏、驺、宰、永巷宫人皆有,取其领事之号。六页上

  期门　　直按:《汉旧仪》云:"期门骑者,陇西工射猎人,及能用兵材力三百人。行出会期门下从猎,无员,秩比郎。"期门之命名,见于《东方朔传》。

  羽林　　直按:《汉旧仪》云:"羽林从官七百人,取三辅良家子,自给鞍马,诸孤儿无数,父死子代,置令一人,名羽骑孤儿。"又按:羽林令属官有郎,见辛延年《羽林郎》乐府诗题(《居延汉简释文》六十六页,有简文略云"坐死良家子自给车马,为私事论,疑它不杀"云云,可证惟良家子自给车马,与《汉旧仪》之说正合)。

  秩比二千石　　直按:《居延汉简释文》有简文云:"比二千石百一

十一人。"此为比二千石人数之统计,是最为可贵材料。

  驹 直按:杭州邹氏藏有汉"驹库"半印,盖为库中驹吏所用。

卫尉,秦官,掌宫门卫屯兵,有丞。景帝初更名中大夫令,后元年复为卫尉。属官有公车司马、卫士、旅贲三令丞。卫士三丞。又诸屯卫候、司马二十二官皆属焉。长乐、建章、甘泉卫尉,皆掌其宫,职略同,不常置。六页下

  卫尉 直按:西安汉城出土有"卫屯"瓦当,与本表卫尉掌宫门卫屯兵之文正合,当为卫尉官署所用之瓦。又按:卫尉属吏可考者有卫候,见《冯奉世传》。《续封泥考略》卷一、十五页,有"卫候之印"封泥。又按:同卷二十四页,有"都候丞印"封泥。《续汉书·百官志》卫尉属官,有"左右都候,本注曰:丞各一人"。此封泥为西汉物,可证西汉时都候丞即有此官。本表所云"又诸屯卫候、司马二十二官皆属焉",疑候即指卫候及都候而言。

  公车司马 直按:《汉旧仪》云:"公车司马令,周官也,秩六百石。"《张释之传》简称为公车令。又按:汉代人民上书,皆由公车司马代递,见《汉旧仪》《汉官仪》及《东方朔传》。又《敦煌汉简校文》六十五页,有简文云:"诣公车司马,元始五年(下缺)。"《居延汉简释文》卷一、六十页,有简文云:"□□平明里大女子充,上书一封,'居延丞印',上公车司马。"尤为明证。又按:公车司马属吏可考者,有大谁卒,见《五行志》,颜注因而推测有大谁长是也。

  卫士 直按:《簠斋吉金录》卷五,有常乐卫士上次士铜饭帻,为王莽地皇二年物。可证卫士令官署设在长乐宫内,与长乐卫尉同为保卫长乐宫垣者,本表所云卫士有三丞,或长乐、建章、甘泉三宫中,各驻一丞。

  长乐、建章、甘泉卫尉 直按:长乐卫尉属官可考者,有长乐司马,见《律历志》。长乐屯卫司马,见《冯野王传》。长乐户将,见《儒林传》。"常乐苍龙曲候",见怀宁柯氏所藏封泥,盖王莽时官。又按:建章卫尉属官,有建章监,见李陵及卫青传。

太仆，秦官。掌舆马，有两丞。属官有大厩、未央、家马三令，各五丞一尉。又车府、路軨、骑马、骏马四令丞。又龙马、闲驹、橐泉、騊駼、承华五监长丞。又边郡六牧师苑令各三丞。又牧橐、昆蹏令丞皆属焉。中太仆掌皇太后舆马，不常置也。武帝太初元年，更名家马为挏马，初置路軨。六页下

  太仆 直按：《双剑誃古器物图录》卷下、四十三页，有"右太仆印"封泥，知西汉初期太仆一度曾分左右。又按：《再续封泥考略》卷一、十页，有"乘舆马府"封泥，怀宁柯氏藏有"中宫厩令"封泥，为西汉初中期官制，疑亦属于太仆。又按：《食货志》"水衡、少府、太仆、大农，各置农官"，为武帝末期事。

  未央 直按：未央令《汉书》称为未央厩令，见《霍光传》及《外戚传》。《续汉书·百官志》亦称未央厩令。本表未央令系简称。《十钟山房印举》举二，有"未央厩丞"印，《十六金符斋印存》有"未央厩监"印，未央厩令丞下有监，亦为本表所未详。又按：西汉九卿属官，有令（或称长）丞尉三级，尉下或有监，监下有啬夫、掾、佐等职，《百官表》仅叙至尉为止，不叙某监（本文所云龙马、闲驹等五监长丞，即龙马监长、龙马监丞。与未央厩监、骏马监等专指官名性质不同）。详见下文及《傅介子传》注。又《铁云藏陶》附封泥十六页，有"未央卫丞"封泥，卫丞盖为五丞之一。

  骑马 直按：严安任骑马令，见本传。又上虞罗氏藏"灵丘骑马"烙印，疑王国骑马令之简称。

  骏马 直按：骏马令丞下有骏马监，见《傅介子传》。此外有平乐监，亦见上传。栘中监，见《苏武传》。皆为本表所未详。

  边郡六牧师苑令各三丞 直按：《汉旧仪》云："太仆牧师诸苑，三十六所，分布北边西边，以郎为苑监官。奴婢三万人，分养马三十万头，择取教习，给六厩牛羊无数，以给牺牲。"钱大昭考边郡六牧师苑，有陇西、天水、安定、北地、上郡、西河六郡，其说是也。详见《地理志》北地郡灵州县注。又按：《汉印文字类纂》卷十二、三页，有"北地牧师骑丞"印。盖北地为边郡六牧师苑之一，骑丞为牧师苑令三丞之一。

其他二丞之名，则不可考（本表凡言有二丞、三丞、五丞者，仅记丞之数名，不记丞之名称，现从考古材料中，往往能看出某某丞名）。又按：有护苑使者，为监护六郡牧师苑临时特置之官，见《谷永传》及《赵宽碑》（谷永由安定太守补营军司马，迁护苑使者，后又官北地太守。《赵宽碑》叙"充国弟字子声为侍中，子君游为云中太守，子字游都朔农都尉，弟次卿高平令，次子游护苑使者，次游卿幽州刺史"。两家皆久官北方者，因知所护之苑，为边郡六牧师苑，而非上林苑）。

  挏马　直按：《齐鲁封泥集存》一页，《再续封泥考略》卷一、八页，均有"挏马农丞"封泥。挏马令有五丞，农丞当为五丞之一，挏马本为治马乳之官，所以有农丞者，因赵过教田太常及三辅，太常有诸陵寝隙地，可以耕种，挏马官署内外，亦必有空地，试学赵过代田法，故设有农丞管理其事。

廷尉，秦官。掌刑辟。有正、左右监，秩皆千石。景帝中六年更名大理，武帝建元四年复为廷尉。宣帝地节三年，初置左右平，秩皆六百石。哀帝元寿二年复为大理，王莽改曰作士。七页上

  廷尉　直按：廷尉属吏今可考者，有文学卒史，见《兒宽传》。苏林注：秩六百石。臣瓒注：秩百石。有奏曹掾，见《路温舒传》。有奏谳掾，见《兒宽传》。有书佐，见《薛宣传》。又有行冤狱使者，见《张敞传》。治狱使者，见《外戚传》，疑属于廷尉，为暂设之官。

  左右平　直按：《御览》卷二百三十二引《三辅决录》注："茂陵何比干，武帝时公孙丞相，举为廷尉右平，狱无冤民，号曰何公。"据此廷尉左右平，武帝时已有此官，与本表异。《后汉书·何敞传》亦同，但仅云比干武帝时为廷尉平，不云右平。

典客，秦官。掌诸侯归义蛮夷，有丞。景帝中六年更名大行令，武帝太初元年更名大鸿胪。属官有行人、译官、别火三令丞，及郡邸长丞。武帝太初元年，更名行人为大行令，初置别火。王莽改大鸿胪曰典乐。初置郡国邸，属少府，中属中尉，后属大鸿胪。七页下

  大行　直按：大行令属吏今可考者，有治礼丞，见平当及萧望之

传。主客,见《金日䃅传》。

别火　直按:《汉旧仪》云:"别火狱令,主治改火之事(如淳注引《旧仪》亦同)。"又按:《居延汉简释文》五页,有简文云:"御史大夫吉昧死言,丞相相上太常书言,太史丞定言,元康五年五月二日壬子夏至,宜寝兵,大官抒井更水火进,鸣鸡谒以闻,布当用者。臣谨案比原泉御者,水衡抒大官御井,中二千石、二千石,令官各抒别火官。先夏至一日,以除燧取火,授中二千石、二千石官在长安、云阳,其民皆受,以日至易故火,庚戌寝兵不听事,尽甲寅五日,臣请布,臣昧死以闻。"别火专司改火之事,与本表同。

郡国邸　直按:《汉旧仪》云:"郡邸狱治天下郡国上计者。"此点为本表所未详。各郡国在京师有邸,亦见季布、朱买臣等传。又按:《封泥考略》卷一、二十九页,有"郡邸长印",知郡国邸设有长丞。又按:西汉时期诸侯王在京师均有邸第,怀宁柯氏与余皆藏有"淮南邸印"封泥。

宗正,秦官。掌亲属,有丞。平帝元始四年更名宗伯。属官有都司空令丞,内官长丞,又诸公主家令门尉皆属焉。王莽并其官于秩宗。初内官属少府,中属主爵,后属宗正。八页上

都司空　直按:都司空之名,始见于《墨子·杂守篇》,余昔考为秦代作品。西汉都司空令,主要在督造砖瓦,署中徒隶众多,故便于烧制。现以出土古物来考证,属于宗正所造者,有"宗正官当"瓦当(见《金石萃编》汉十八),"宗正官瓦,元延元年"瓦片(见《关中秦汉陶录》卷二下)。属于都司空造者,有"都司空瓦"瓦当(见《金石萃编》汉十八),"元延元年,都司空瓦"瓦片,"都建平三年"瓦片,"都元寿二年"瓦片,"都元始五年"瓦片,"居摄二年都司空"瓦片,"始建国四年保城都司空"瓦片,"始建国五年保城都司空"瓦片,"天凤四年保城都司空造官瓦"瓦片,"始建国天凤四年保城都司空"瓦片(以上各瓦片,均见《关中秦汉陶录》卷二下)。瓦片上冠以都字者,皆都司空署简称,不称为都司空令,而称为都司空,与《伍被传》正同。都司空所造之板瓦,不仅用于宗正之总署及都司空官署,现在汉城遗址中随处可见有都司空残瓦当,即此原因。至于各瓦片主要部分,用于修葺宫殿,未央大殿遗址中,常发现始建国保城都司空瓦片。次要用于各城门城楼上,往年科学院考古所在汉城发掘,于霸城门遗址中,掘出"都建平三年"等残片瓦最多。如淳注,谓"律司空主水及罪人",为一般司空之解释。又按:《封泥考略》卷一、五至六页,有"司空之印"封泥,非大司空之印。疑为都司空令最初之简称。

治粟内史,秦官。掌谷货,有两丞。景帝后元年,更名大农令,武帝太初元年,更名大司农。属官有太仓、均输、平准、都内、籍田五令丞。斡官、铁市两长丞。八页上

  大司农 直按:大司农有两丞,一曰中丞,耿寿昌曾任之,见《食货志》。属吏今可考者,有斗食,见《朱博传》。又按:《十钟山房印举》举二,有"帑府"半通式印,文字极古,可能为大司农或少府属吏公用之印。

  均输 直按:《食货志》云:"郡国设均输官。"共设有几处,今不可考,见于《汉书》者,《地理志》有千乘均输官,《黄霸传》有河东均输官。又按:《封泥考略》卷四、四十二页,有"辽东均长"封泥,均长即均输长之简称。可证均输官仅各郡有之,与盐铁官普设于郡县者不同。又按:《汉印文字徵》第三、二页,有"千乘均监"印,则均输官设有长监。大司农之均输令,是总管均输事宜者。

  都内 直按:《史记》景帝中六年纪云:"以大内为二千石,置左右内官,属大内。"大内之名,亦见《严助传》,疑大内罢废后,即改设都内令,降秩为八百石矣。又按:《居延汉简甲编》九十三页,有"出都内第一十稷布廿八"之残简文,盖都内主管贡献方物及货币,故库内有十稷布之存储,其剩余者可以远给边郡,当由大司农互为调配(都内藏钱,见张安世及王嘉传)。又按:都内属吏有主藏官,见《张安世传》。

  籍田 直按:《汉旧仪》云:"帝王亲耕后,大赐三辅二百里孝悌力田三老布帛百谷万斛为立籍田仓,置令丞。"据此籍田初为仓名,因仓

设官。

斡官　直按：斡官长丞，如淳注："斡音筦，或作幹，主均输之事，所谓幹盐铁而榷酒酤也。"晋灼注："此竹箭幹之官长，均输自有令。"颜师古注："如说近是也。"现证之《汉印文字徵》第六、七页，有"斡官泉丞"印（此印见于《十六金符斋印存》，后归于罗振玉），斡字应作斡，本表为久传之误写。以泉丞二字来推断，知所掌为铸钱事。此官初属少府，中属主爵，后属大司农。由高祖时起，至武帝元狩五年上林三官统一铸钱之前，铸造钱货，分三大部分。吴王濞、邓通为一份，郡国豪强为一份，汉廷为一份，可算汉廷只占三分之一，当由少府铜丞及斡官长丞，共理其事。所以斡官初属少府，斡官当日必有两丞（如系一丞，则当称为斡官丞印，不当称为斡官泉丞），一丞管铸钱，另一丞可能管盐铁，兼及竹箭事宜（如淳之注或作幹，晋灼之注谓竹箭幹之官长，似皆有所本。西安汉城出土有"斡蓄不鬻"瓦当，疑作斡官官署中之竹箭，不在鬻卖之列解）。及至武帝设水衡都尉专令上林三官铸钱时，斡官泉丞，即不需要，乃由少府经过主爵都尉改隶大司农，协助管理盐铁等事（右扶风亦有铁官长丞，故斡官中间一度属于主爵都尉），由两丞改为一丞，故本表叙次与铁市长丞相联接。颜师古在唐时受条件之限制，未达真诠，仅泛称为如说近是，固无足怪也。又按：《十钟山房印举》举二、五十六页，有"钱府""泉府"两半通式印，为西汉初期文字，可能为少府铜丞或斡官泉丞官署中所用之公用印。

又郡国诸仓、农监、都水，六十五官长丞皆属焉。骏粟都尉，武帝军官，不常置。王莽改大司农曰羲和，后更为纳言。初斡官属少府，中属主爵，后属大司农。 八页上下

郡国诸仓、农监、都水　直按：都仓今可考者，有阳周仓（见《汉金文录》卷一、二十八页，阳周仓鼎），定陶都仓（见《薛氏钟鼎款识》卷十八、七至八页，定陶鼎），海曲仓（见《十钟山房印举》举二、五十六页，"海曲仓"印，属东海郡），略仓（见同卷同页，"略仓"印，略为略畔县或略阳县省文），廥仓（见同卷五十七页，"廥印"，《广雅·释宫》，

廥,仓也,又《封泥考略》卷四、五十三页,有"田廥"封泥),华仓(见"华仓"瓦,华县出土),甘泉仓长,见《张敞传》。又按:农监今可考者,有"上久农丞""陇前农丞"(见《善斋吉金录》卷中、十五页),"代郡农长""梁菑农长"(见《十钟山房印举》举二、四十五页),司牧官、官田丞(见同卷五十四页),都田(见《再续封泥考略》卷一、六十页),驿马田官(见《居延汉简释文》卷一、一页),北假田官(见《食货志》),稻田使者(见《功臣表》,稻田使者燕仓),稻农左长(见《汉印文字徵》第七、二十一页)。又按:都水今可考者,有蓝田胡监(见《汉印文字徵》第九、十页),蜀都水(西安汉城出土,"蜀都水印"封泥),安定右水长(见《十六金符斋印存》),张掖水长(西安汉城出土,"张掖水长章"印),张掖属国左卢水长(见《金石索·金索》七十七页)。

  骏粟都尉 直按:《食货志》云:"赵过奏平都令光以为丞。"据此骏粟都尉,当有一丞。

  纳言 直按:《居延汉简释文》六十一页,有简文云:"制诏纳言其异官,伐材木,取竹箭。始建国天凤二年十一月戊寅下。"纳言严尤,见《王莽传》,其异官当为纳言之属官,亦不见于《莽传》。

少府,秦官。掌山海池泽之税,以给共养,有六丞。属官有尚书、符节、太医、大官、汤官、导官、乐府、若卢、考工室、左弋、居室、甘泉居室、左右司空、东织、西织、东园匠十二官令丞。八页下

  少府 直按:少府在居延木简中,皆写作小府,古义兼通,但在《汉书》中皆作少府,亦见《文翁传》(仅举一例)。少府六丞之名,今可考者,有铜丞、狱丞。《封泥考略》卷一、四十页,有"少府铜丞"封泥,《百官表》云:"初铸钱属少府。"以余考之,大司农之斡官令丞,初属少府,专管铸钱事宜。少府铜丞则总司其职,此为元狩四年以前制度(详大司农斡官条下)。而水衡都尉之钟官、技巧、辩铜,称为上林三官,则为武帝中期制度。又按:《居延汉简释文》一〇七页,永光四年太医令下少府中常方,简文有"少府余,狱丞延"之记载。此少府六丞之仅可知者。

直又按：少府属官，当为十七令丞，表文十二令丞则为传写之误字。

太医　直按：居延汉简所留存永光四年，太医令遂、丞褒，下少府中常方简，已见上文，与本表正合。太常亦有太医令，太常之太医，是主治百官之病，少府之太医，是主治宫廷之病，但有经验良方，亦可以传布于各郡国。

大官　直按：《汉旧义》云："太官尚食，用黄金扣器，中官私官尚食，用白银扣器，如祠庙器。"又云："太官主饮酒，皆令丞治，汤官奴婢各三千人，置酒，皆缇褠、蔽膝、绿帻。"又略云："上林苑中，佽飞具缯缴以射凫雁，应给祭祀置酒，每射收得万头以上给太官。"又按：《封泥考略》卷一、三十六页，有"大官长丞"封泥。不称为大官令丞，而称为大官长丞，与本表不同。又同卷三十四页，有"大官丞印"封泥，本表大官令有七丞，以封泥印文来推测，大官不称为某丞，而称为大官丞，似大官仅有一丞，或汉初制度。又按：《汉印文字徵》第八、十三页，有"大官监丞"封泥，可证令丞之下有监，监之下有丞，为监之丞，非令之丞。为本表所未载。又按《平帝纪》："元始元年置少府海丞、果丞各一人。"当属于大官令暂置之官，亦为本表所未载。又按：大官，一作泰官。《小校经阁金文》卷十一、四十二页，有泰官鼎可证。又按：大官有七丞，一为大官献丞，见《张安世传》，繁称为大官献食丞。二为大官中丞，见好畤鼎（《薛氏钟鼎款识》卷十八、十一至十二页，好畤鼎云："好畤供厨铜鼎容九升，重九斤，一两山。""文在腹。""长乐饲官二斤十一斤四百三十五，太官中丞今第八百六十，今好畤供厨金一斗，鼎盖重二斤十两，第百卅。""文在盖器。"长乐饲官即长乐食官之异文）。其余五丞，则不可考。上述平帝时增设之海、果二丞，时期较晚，未敢阑入。又按：柏梁台联句，大官令诗云："枇杷橘栗桃李梅。"《御览》果部，"枇杷"引作"樝梨"，可证大官令兼掌四时进献果实，不是如《汉旧仪》所云专主造酒（柏梁台联句诗，始见于《古文苑》，原诗古质，并非伪作。联句之人名，则为后代人所追加，故滋疑义）。又按：大官令官署范围扩大，有一部分设在长乐宫内。《汉代纪年铭漆器图说》图版三十五页，有乐浪古坟出土始建国元年夹纻漆盘铭文云："常乐大官，始建国元年正月，受第千四百五十四至三千。"《王莽传》记改长乐宫为常乐室，以漆盘之总编号计，仅长乐一宫，即有一千五百四十六具之多，与《汉旧仪》所云，大官、汤官奴婢各三千人之记载恰合（上述好畤鼎，叙述大官中丞，兼及长乐饲官，可证太官令署与长乐宫关系之密切）。又按：《贞松堂集古遗文》卷十三、十五页，有大官鼎，乃镐上林华阳为大官所造，可见大官所用饮食器具，由上林苑供给一部分，因上林苑有供工也。

汤官　直按：《汉旧仪》云："汤官供饼饵果实。"属官今可考者，有汤官饮监（见《封泥考略》卷一、三十六页，有"汤官饮监"六字残封泥）。汤官既主饮食，有奴婢三千人，故所用器具必多。现存有汤官鼎文云："汤官，元康元年河东所造铜三斗鼎，重二十六斤六两，第二十五（见《小校经阁金文》卷十一、五十六页）。"又有绥和元年，供工王昌，为汤官造卅炼铜黄涂壶（见《薛氏钟鼎款识》卷十九、三页），可证汤官所用饮食器具，由河东铜官供给一部分（河东铜官，主要在造兵器）。供工王昌，疑为上林苑之供工也。

导官　直按：导官当作䆃官，䆃为本字，导为假借字。颜师古注："导官主择米。"《说文》："䆃，禾也，从禾道声。"司马相如曰："一茎六穗，䆃为瑞禾，取嘉名也。"《封泥考略》卷一、三十六页，有"䆃官䆃丞"封泥。长安胡氏亦藏有"䆃官䆃丞"印，可证导字原来作䆃。又《北堂书钞》卷五十五引《环济帝王要略》云："䆃官令掌诸御米飞麷也。"导官作䆃官，与封泥汉印正合。又晋太康三年赵国高邑导官令中大夫冯恭墓门刻石，写作导官，与《汉书》相同，知为假借字，并非误字。又按：汉代九卿属官之令，仅有一丞者，其印文则称为某某丞印。此作"䆃官䆃丞"，导官必有二丞，与本表不同。然证之《封泥考略》卷一、十三页，有"䆃官丞印"，仅有一丞，又与《百官表》相同。盖封泥时代有先后，官名又屡置屡废也（《唐书·百官志》仍写作䆃官）。

乐府　直按:怀宁柯氏藏有"乐府"封泥,盖为乐府令署公用之章。又《再续封泥考略》卷一、十一页,有"乐府钟官"封泥。《张安世传》有乐府音监及乐府游徼,皆当为乐府令之属官,不见于本表。

若卢　直按:若卢二字,注家未有解释,其职掌为主治库兵及诏狱,疑所铸之兵器快利,若楚国之湛卢剑,因以名官。一九四四年西安汉城遗址曾出"若卢令印"铜印,可证若卢二字,传写并未有误。又按:《王吉传》云:"补若卢右丞。"与《汉旧仪》所称"若卢右丞,主治库兵"之言正合。疑为若卢右丞主库兵,左丞主诏狱,若卢有两丞,为本表所未载。

左弋　直按:《秦汉瓦当文字》十二页,有佐弋瓦,知左弋为省文,与《史记·秦始皇本纪》正同。左弋谓掌助弋射之事,颜师古训为地名非也。又按《居延汉简释文》三七三页,有"左弋弩力六百廿"之记载,可证左弋除掌射弋外,兼造一部分兵器,并且远输至边郡。又按:怀宁柯氏藏有"宜秋佐弋"封泥。宜秋疑为苑名,与"宜春禁圃"印文体例正同。可证佐弋官署,设在宜秋苑内。

居室　直按:居室令官署,现在出土遗物最多。"居室"瓦片,二字大如胡桃,余所见共有八片,皆一范所印。又有"居甲""居丙"二小字瓦片(见《关中秦汉陶录》卷二下)。又有"居室丞印"封泥(见《封泥考略》卷一、三十九页)。吴式芬著录有三品,余在西安,亦见有三品,有一品与吴氏著录之第一品,同为一印打成。又"无极"瓦当,筒上印有"居"一字,亦为居室令官署中之物(现藏陕西省博物馆)。盖皆武帝太初元年以前制作。又广州发现西汉早期墓中,有陶壶打印"居室"二字,当为南越时遗物,知赵佗所设百官,亦有居室令名称,与汉廷相仿。

左右司空　直按:右司空令,当时简称为右空,现存有"右空"瓦当(见《金石萃编》汉十八)及"右空"瓦片(见《关中秦汉陶录》卷二下),与宗正属官之都司空令,皆主要在造陶瓦,盖为两官署中徒隶作品。又一九五八年茂陵霍去病墓,清理出石刻画像,有一石边刻"左司空"三大字篆书,盖左司空兼造石刻工艺(昔年在秦始皇陵采集有左司空瓦片,左司空主造陶瓦,知秦代已然)。

又胞人、都水、均官三长丞。又上林中十池监。八页下

  均官 直按:均官长见于《谷永传》。太常属官,亦有均官,与此性质相同。王先谦《补注》引沈钦韩说,"王莽于长安及五都立五均官"。以五均官当于均官,其说恐误,均官当为均输官省文。《封泥考略》卷四、四十二页,有"辽东均长"封泥。瞿氏印证,有"千乘均监"印(《地理志》千乘郡有均输官,此印明为均输监省文)。皆均输简称为均之证,此均官所掌为少府均输事,与太常之均官,大司农、水衡都尉之均输令,职守相同,名称特有繁简之别。

  上林十池监 直按:颜师古注"引《三辅黄图》云:上林中池上籞五所,而此云十池监,未详其数"。考《外戚·许皇后传》云:"许皇后当娠病,女医淳于衍者,霍氏所爱,尝入宫侍皇后疾,衍夫赏为掖庭户卫,谓衍可过辞霍夫人行,为我求安池监。"又按:《善斋吉金录·玺印录》卷中、一页,有"上林郎池"印,盖安池与郎池,为上林之二池。而《三辅黄图》所记上林十池,有初池、糜池、牛首池、蒯池、积草池、东陂池、西陂池、当路池、犬台池、郎池等名称。颜注所云十池监,未详其数,盖偶忘《黄图》所记耳。《汉旧仪》云"上林苑中,有昆明池、镐池、牟首诸池",所举是池之大者,当不在十池之内。

又中书谒者、黄门、钩盾、尚方、御府、永巷、内者、宦者七官令丞。诸仆射、署长、中黄门皆属焉。九页上

  中书谒者 直按:《宣帝纪》有内谒者郭穰,疑与中书谒者相类。又按:《封泥考略》卷一、二十一页,有"中宫谒丞"封泥。疑为谒者之丞,为西汉初期制度。

  黄门 直按:《小校经阁金文》卷十三、五十六页,有"隃糜家鋬,元鼎二年,中藏冶将王宛之造"。《续汉书·百官志》:"少府有中藏府。"证以此鋬,知西汉亦有中藏府,而本表不载。又按:《地理志》:粤地,有译长,属黄门。又按:黄门属吏,今可考者,有黄门马监,见《金日䃅传》。黄门倡监,见《东方朔传》。黄门书者及黄门书者假史,均见《艺文志》

赋家(黄门画工,亦有署长,见《续汉书·百官志》。制度当因于西汉)。又《李延年传》,官协律都尉,佩二千石印绶,此为武帝时暂置之官,不见于本表。其官位与九卿相平衡,其职掌当与乐府、黄门有联系。

钩盾　直按:钩盾属吏今可考者,有冗从,见《艺文志》赋家。

尚方　直按:《通典》卷三十七《职官九》云:"秦置尚方令,汉因之,汉末分中、左、右三尚方。"(西汉九卿属官,多因秦制。《御览》卷二百三十二引《梁冀别传》云:"太仓令,秦官。"见于《通典》者尤多,现有可考及不可考者,无关于考异者,即不再征引)。现以出土古物考之,知杜氏之说不确。尚方令分为中、左、右三尚方,当开始于武帝时。属于中尚方造者,有太初二年中尚方造駼荡宫壶(见《汉金文录》卷二、二十五页)、元狩元年中尚方造建昭宫鼎(见《汉金文录》卷一、一页)、始建国四年中尚方造铜锤(见《簠斋吉金录》卷五、锤三)。东汉则有建始二年中尚方镳斗(见《陶斋吉金录》卷六、六十一页)、永光二年中尚方造雁足镫(见阮氏《积古斋钟鼎款识》卷九、二十六页)。总括中尚方所造,则为鼎、壶、锤、镫、镳斗用器之属。而弩机则三尚方皆可兼造,属于左尚方造者,则有左尚方兒十四弩机(见阮氏《积古斋钟鼎款识》卷十、二页);属于右尚方造者,则有元康元年弩机(见《金石索·金索二》一百二十六页);属于中尚方造者,则有中尚方弩机(见《贞松堂集古遗文》卷十六、七页)、元初二年中尚方八石弩机(见同书同卷十八页)。此外,左尚方造者,有光和四年左尚方银锭(见《小校经阁金文》卷十三、七十五页)。除弩机外,尚不见其他铜器。盖三尚方皆可造弩机,弩机为军用品,戎事有紧急时,三尚方皆可以随时供应,并无界限之区别,至曹魏时,此制度犹然。如正始二年(见《陶斋吉金录》卷七、二十一页)、正始五年(见《汉金文录》卷六、二十二页)、正始六年(见《簠斋吉金录》兵器下、六十)三种左尚方所造弩机。又正始三年右尚方造弩机(见《金石索·金索二》一百三十三页),皆其明证。至于汉镜铭文,统称为尚方作镜,难确定为某尚方所造,且是一般通用之铭辞,未必尽出于尚方所造。《朱云传》所云请尚方剑斩张禹头,剑是兵器,不是用器,与弩机类型相似,亦当为三尚方所通造。关于尚方令,分为左中右三处,为本表所未详。只在《王莽传》卷下,有黄门、钩盾、藏府、中尚方之记载,仅可略见端倪。后人考者,亦据《通典》之说,模棱解释。兹特由两汉至曹魏三尚方之职守,作为通考,得出结论如上。

御府　直按:御府,《谷永传》作中御府,与本表不同。又按:《史记·仓公传》云:"齐中御府长信病。"与《谷永传》相同,盖西汉初期及末期,皆有此制度。又《汉印文字徵》第八、十六页,有"御府离□"印。当为御府令之属官,其全名已不可考。

永巷　直按:永巷后改为掖庭令,属官有牛官令,见《外戚·赵皇后传》。

内者　直按:《金石索·金索三》二〇三页,有甘泉内者镫,疑内者令官署,有一部分设在甘泉宫中。又按:《汉金文录》卷三、二十五页,有内者乐卧行镫,疑长乐宫内者卧室所用。又同卷二十七页,有温卧内者尚浴府金行烛盘,疑为未央宫内者温室所用(文略云:温卧内者,未央尚浴府乘舆金行烛盘云云)。盖各宫皆有内者,统属于少府内者令丞。又蓝田近出有"将行内者"陶器,知内者令在西汉初期,曾一度属于大长秋。

宦者　直按:《封泥考略》卷一、四十页,有"宦者丞印"封泥。本表宦者令有七丞,此封泥仅有一丞,为武帝太初以前官制。又按:《续封泥考略》卷一、十四页,有"北宫宦者"封泥,盖各宫皆有宦者,因宫殿名称而异,统属于少府宦者令丞。

武帝太初元年,更名考工室为考工,左弋为佽飞,居室为保宫,甘泉居室为昆台,永巷为掖庭。佽飞掌弋射,有九丞两尉,大官七丞,昆台五丞,乐府三丞,掖庭八丞,宦者七丞,钩盾五丞两尉。成帝建始四年,更名中书谒者令为中谒者令。初置尚书员五人,有四丞。河平元年,省东织,更名西织为织室。绥和二年,哀帝省乐府。王莽改少府曰共工。九页上

考工　直按:《再续封泥考略》卷一、十二页,有"左工室印"封

泥。十三页,有"右工室丞"封泥。疑为考工室在汉初亦分左右。又按:《齐鲁封泥集存》十一页,有"齐左工长"封泥。与考工室分左右亦相似,虽为齐国制度,所设百官,都如汉朝也。又按:考工令所造铜器,留存现今者最多,其属吏之可考者,有护、佐、啬夫、掾、右丞(见建昭雁足镫)、护工卒史(见竟宁雁足镫)、般长(见元康镫)、仓丞(见使者镫),大率皆是为内者令所造,因考工与内者,同属于少府也。独元延元年乘舆鼎,是为中私官所造。在各掾佐之中,以乐浪出土全部漆器推测比例,当以护工卒史职位最尊(《居延汉简释文》五页,有"□工卒史禹,库长汤,啬夫□"残简文,亦同此例),题名尚在工官长丞之上,铜器当不例外。又按:考工令室内设有缮作府,见元康镫,盖专为铸造铜器之作所。又按:《说文》:"鲖,鱼名,皮有文,出乐浪东暆,神爵四年,初捕抆输考工。"盖其皮可以为刀剑之饰。又按:《居延汉简释文》附录《敦煌汉简校文》八页,有"盾一完,神爵元年寺工造"简文,疑亦指考工室官寺之工所造。又按:王莽时九卿之名皆改,九卿属官,多仍旧名,如考工见《小校经阁金文》卷十三、三十九页,居摄元年钟。钩盾、尚方,见《王莽传》卷下是也。

欱飞　直按:西安汉城遗址出土有"欱飞官当"及"次蜚官当"瓦文两种。次蜚即欱飞之假借字,与本表正合。

掖庭　直按:《汉旧仪》记载西汉九卿属官,往往加以狱令名称,如若卢令称为若卢狱令、掖庭令称为掖庭诏狱令、寺互令称为寺互狱令、都船令称为都船狱令、别火令称为别火狱令、郡邸长称为郡邸狱长之类。因各令长丞署中,皆有奴婢徒隶,有犯法纪者,即就署入狱,亦有其他官犯,分系于各狱。故《汉旧仪》云:"中都官狱二十六所(一本作三十六所),导官无狱(导官有时系官犯,见《张汤传》)。"此为每官上加狱字之原因。但《百官表》、封泥、汉印上官名皆无狱字。如掖庭令,见《宣帝纪》、霍光、张安世、丙吉、外戚等传及白集武所藏阳朔□年考工为掖庭造铜锤,皆不称为掖庭狱令,是其明证(白氏所藏掖庭令铜锤,未著录,文云:"阳朔□年,考工为掖庭造铜锤,容一石,重四十六斤,考工□谯敞,佐宋,右啬夫临,掾室主,守右丞受,令护省。"附识于此)。又按:掖庭令属吏今可考者,有掖庭户卫,见《外戚·许皇后传》。

　　织室　直按:《封泥考略》卷一、三十九页,有"东织□□"封泥。《续封泥考略》卷一、十四页,有"东织丞印"封泥,盖河平元年以前之物。《十六金符斋印存》,有"织室令印",盖河平元年以后之物。又按:《汉旧仪》云:"凡蚕丝絮,织室以作祭服,祭服者冕服也,天地宗庙群神五时之服,皇帝得以作镂缝衣,皇后得以作巾絮而已。置蚕官令丞,诸天下官下法皆诣蚕室,与妇人从事,故旧有东西织室作治。"据此织室为专作祭服,蚕官令丞,盖西汉初中期之官,本表不载,然必属于少府。属吏有令史,见《黄图》。

　　王莽改少府曰共工　直按:《隶释》卷二,新莽地皇上戊二年铜钲,有掌共工大夫之记载,与本表正合,共工即供工之省文。

中尉,秦官。掌徼循京师,有两丞、候、司马、千人。武帝太初元年,更名执金吾。属官有中垒、寺互、武库、都船四令丞。都船、武库有三丞,中垒两尉。又式道左右中候、候丞及左右京辅都尉、尉丞、兵卒皆属焉。初寺互属少府,中属主爵,后属中尉。自太常至执金吾,秩皆中二千石,丞皆千石。九页下

　　中尉　直按:《续封泥考略》卷一、十一页,有"中骑司马"封泥。疑为中尉骑司马之省文,本表不载,此为西汉初中期官制。又中尉在西汉文帝时,全名称为备盗贼中尉,见《史记·淮南王传》及毛子静所藏"备盗贼尉"封泥。

　　武库　直按:《金石索·金索》六十三页,有"武库中丞"印,中丞当为三丞之一。又郡国武库令,疑有一部分属于中尉,最大者莫如雒阳武库令丞,雒阳武库令见《魏相传》及《小校经阁金文》卷十二、十七页,有雒阳武库钟,元封二年造。《封泥考略》卷四、四十五页,有"雒阳武库"封泥,其他各地之武库,可能属于郡国管理。家保之兄云:"周季木藏有'武库一斤'小铜权。"(拓本)

都船　　直按：西安汉城遗址中出土有"船司空丞"封泥。疑为都船丞之初名，《地理志》京兆尹有船司空县，颜师古注，本主船之官。

　　式道候　　直按：《汉官仪》云：静室令、式道候，秦官也（下文又作静宫令）。静室令官名，为本表所未载。

　　左右京辅都尉　　直按：《封泥考略》卷一、四十四页，有"广左都尉"封泥，盖即左辅都尉之印。吴式芬考云："《史记·平准书》：益广关置左右辅。徐广注：元鼎三年，徙函谷关于新安东界，此左辅都尉之印，所以称为广左都尉也。"又按：《冯唐传》唐为车骑都尉，主中尉及郡国车士，则为西汉中期官制，亦为本表所未详。又按：《百官表》文，自太常至执金吾秩皆中二千石。而《汉旧仪》独云郎中令比二千石，与本表异。

太子太傅、少傅，古官。属官有太子门大夫、庶子、先马、舍人。十页上

　　太子太傅　　直按：《汉旧仪》序太子家官云："率更令秩千石，主庶子舍人更直。家令秩千石，主仓狱。家府比二千石，仆秩千石主马，庶子秩四百石，如中郎无员。卫率秩比千石，丞一人，主门卫。食官令秩六百石，丞一人。中盾秩四百石，主周卫徼循。中尚翼、中涓，如中黄门，皆宦者。洗马职如谒者十六人，庶子舍人四百石，如郎中，秩比二百石无员。"太子属官，以《汉旧仪》所述比本表为详，依次加以摘要。钱大昭补注已略采用，兹因太子属官之整个系统，不便加以割裂，故详为征引，詹事条即不复再叙。

　　太子门大夫　　直按：《再续封泥考略》卷三、九页，有"门浅"封泥，疑为太子门大夫所用。八页，有"使马"封泥，疑即洗马。

将作少府，秦官。掌治宫室，有两丞、左右中候。景帝中六年，更名将作大匠，属官有石库、东园主章、左右前后中校七令丞。又主章长丞。武帝太初元年更名东园主章为木工。成帝阳朔三年，省中候及左右前后中校五丞。十页上

　　将作大匠　　直按：中国科学院考古研究所于一九五七年七月，在西安汉城发掘得有"将作少府"封泥，盖景帝中六年以前之物。又枣

园村阿房宫遗址曾出土有"大匠"瓦片,系西汉中期之物(见《关中秦汉陶录·续录》)。将作大匠,可以简称为大匠。又唐大明宫遗址出土有"将作官瓦"瓦片,是将作大匠,在唐代又可以简称为将作)。又按:《封泥考略》卷一、四十六页,有"大匠丞印"。封泥仅有一丞,不称左右丞,与本表不同。又秦汉人以将作少府、少府、长信少府三官,皆统称为少府。观章邯所言骊山徒隶事,章邯当为官将作少府,而非掌山海池泽之税之少府也。

詹事,秦官。掌皇后、太子家,有丞。属官有太子率更、家令丞、仆、中盾、卫率、厨、厩长丞。又中长秋、私府、永巷、仓、厩、祠祀、食官令长丞,诸宦官皆属焉。成帝鸿嘉三年,省詹事官,并属大长秋。十页上

詹事　直按:詹事即瞻事省文。北魏《郑文公碑》仍写作太子瞻事。又《元固墓志》云:"妻陆氏,父琇,太子瞻事。"皆尚存古义。詹事属吏今可考者,有少内、啬夫,见《丙吉传》。

私府　直按:私府长丞,即私官长丞,其演变程序,推勘如下:最初称中私府,《陶斋吉金录》卷六,有中私府铜锤,文云:"中私府铜锤,容一石,重卅六斤四元(元为两字之误释),十年正月甲寅造(下略)。"当为西汉初期未有纪年时之物。又《汉印文字徵》第七、五页,有"中私府长李封字君游"印,亦称为中私府。其后或改称私官,潍县郭氏藏有"私官丞印"封泥(原物现存北京大学历史系)。《封泥考略》卷一、四十七页,亦有"私官丞印"封泥。又或改称为中私官,潍县郭氏藏有"中私官丞"封泥(《齐鲁封泥集存》著录有同文一品,王国维先生误释作中和官,殆千虑之一失)。又一九五三年五月,茂陵附近出土有中私官铜锤,太初二年造(原物现存陕西省博物馆),足证中私官名称,是西汉中期制度。最后改称私府,《路温舒传》云:"迁广阳私府长。"虽为王国之官,当与汉庭官名相适应,为宣帝时制度(《汉印文字徵》第七、十四页,有"河间私长朱弘"印。亦为私府长省文)。本表所书,是根据最后制度。

食官　直按:食官又可称为飤官。《汉印文字徵》第五、十一页,

有"北海飤长"(此印西安汉城又出一方,与此同文不同范,吴兴沈氏藏)"杜陵飤官□丞""东平飤官长"印。《贡禹传》云:"县次具酒肉食从者及马。"颜师古注:"食读曰飤。"以印文证之,汉代确读食如飤。食官一变为飤官,再变为饲官,见于好畤鼎,有长乐饲官之铭文(见《薛氏钟鼎款识》卷十八、十一至十二页。汉代经传,飤与饲通,说详朱氏《说文通训定声》)。又按:《小校经阁金文》卷十二、十七页,有家官锺,末尾有"尚食"二字,家官疑与太子家令相似,知尚食监不独大官令有之也。

　　直又按:王后属官,统称为中官。《贞松堂集古遗文》补遗卷下、三页,有王后中官鼎,盖宦者为之。

长信詹事,掌皇太后宫。景帝中六年,更名长信少府。平帝元始四年,更名长乐少府。十页下

　　长信少府　直按:西安汉城遗址出土有"长信詹事"封泥。盖景帝中六年以前之物,与表文正合。又按:《居延汉简释文》卷三、六十三页,有"长信少府丞王涉"之记载,长信少府有丞,为本表所未详。又按:詹事掌皇后、太子家事,长信詹事掌皇太后宫事,本为两官,始终未合并。詹事后并大长秋,长信詹事,更名长信少府,吴式芬《封泥考略》误合二官为一官。又按:《召信臣传》之中少府疑即长信少府之暂称。

　　长信属官　直按:长信少府属官,本表独无记载。今考《封泥考略》卷一、四十七页,有"长信私丞"封泥,私丞为私官丞之省文(余在西安曾得"长信私官"残陶片与此亦同)。四十八页,有"长信宦丞"封泥,宦丞为宦者丞之省文。四十九页,有"长信仓印"。《续封泥考略》卷一、十二页,有"信宫车府"封泥,西安汉城遗址出土有"长信永巷"封泥。综合来推断,长信宫当有私官长丞、宦者令丞、车府令丞、永巷令丞、长信仓长丞等官。

将行,秦官。景帝中六年,更名大长秋,或用中人,或用士人。十页下

　　五尚　直按:《汉官仪》云:"省中有五尚(省中即禁中,因元后父名禁,故改称省中)。"即尚省、尚冠、尚衣、尚帐、尚席。不见于本表,

疑属于大长秋。又怀宁柯氏藏有"永乐尚冠"及"尚冠"两封泥（此封泥出土于西安汉城直北之向家巷附近，永乐疑宫殿名称，与东汉之永乐少府无关），文字极精，盖尚冠署所用，非指宣帝微时所居之尚冠里而言。又按：《十钟山房印举》举二、五十六页，有"南宫尚浴"印及"尚浴"印，当与省中五尚相类。又按：《小校经阁金文》卷十一、一〇二页，有未央尚浴府烛盘，则为未央宫尚浴府所用。又按：《汉印文字徵》第八、十六页，有"右褐府印"，疑亦属于尚衣。

典属国，秦官。掌蛮夷降者，武帝元狩三年，昆邪王降，复增属国。置都尉、丞、侯、千人。属官九译令，成帝河平元年，省并大鸿胪。十一页上

　　九译　直按：九译令与大鸿胪之译官令性质相同，故两官需要合并。

水衡都尉，武帝元鼎二年初置，掌上林苑，有五丞。属官有上林、均输、御羞、禁圃、辑濯、锺官、技巧、六厩、辩铜九官令丞。十一页上

　　上林　直按：《汉旧仪》云："上林苑广长三百里，置令丞左右尉。"与本表八丞十二尉之说不合。又云："上林诏狱（《伍被传》亦同）主治苑中宫馆禽兽事。"又按：《封泥考略》卷一、五十至五十一页，有"上林丞印"，仅有一丞，与本表八丞之说亦不同，疑为汉初制度。又按：《古文苑》载扬雄《百官箴》有上林苑令箴，知本表及《张释之传》上林令，皆为简称，《续汉书·百官志》则径称上林苑令矣。又按：上林有农官，出土有"上林农官"瓦当（见《金石萃编》汉十八），与《食货志》所云水衡、少府、太仆、大农各置农官之记载正合。属吏今可考者，有虎圈啬夫，见《张释之传》（传世汉印，亦有虎圈半通印）。杨得意之官狗监，疑亦属于上林令。此外上林苑有供府，见于《汉金文录》卷一、六页，元延乘舆鼎（《十钟山房印举》举二、五十五页，有"共印"，疑亦为上林供府所用）。又有寺工，见于《小校经阁金文》卷十一、九十二页池阳镫及《十钟山房印举》举二、五十五页"寺工"印。又按：上林苑范围广大，上林令职掌繁复，铸造铜器，兼制漆器。《贞松堂集古遗文》卷十三、十五页，有上林为大官造铜鼎。苏联考兹洛

夫《外蒙古调查报告》一二五页，有建平五年漆耳杯，底有上林二字，上述上林之供府、寺工，等于郡国之工官。

均输　直按：大司农有均输令，所管为各郡国之均输官，水衡都尉有均输令，所管仅为上林苑中均输事宜。太常、少府之均官令，则为均输官之简称，亦各执其事。名称相同，职掌地区则不相同。又按：《九章算术》卷六《均输篇》有算题云："今有程传委输空车，日行七十里，重车日行五十里，今载太仓粟输上林，五日三返，问太仓去上林几何。"可证水衡都尉之均输令，专主上林苑内均输之事。

御羞　直按：颜师古解御羞为御宿地名，恐未确，御羞即御馐省文，所管为帝王膳馐之原料，太官、汤官所管为帝王之烹调。《善斋吉金录》卷中、二页，有秦"中行羞府"印，所掌亦为御馐事宜。《地理志》注交阯郡有羞官，南海郡有圃羞官，皆馐字省作羞之明证。

禁圃　直按：《善斋吉金录·玺印录》卷中、一页，有"宜春禁丞"印。又《汉印文字徵》卷一、四页，有"宜春禁印"（引《待时轩印存》，为罗福颐自藏）。禁圃省文，称禁印者为宜春苑禁圃令官署中所用之公章。盖禁圃令设在宜春苑中，故曰宜春禁圃。与宜秋佐弋封泥体例正同。又按：《封泥考略》卷一、五十三页，有"禁圃左丞"封泥，知禁圃令当有两丞，与本表不同。又按：《封泥考略》卷一、五十三页，有"宜春左园"封泥。《三辅黄图》云："宜春下苑，在京城东南隅。"宜春有上苑下苑，当时或亦称左苑右苑。苑亦可称园，御宿苑，《黄图》引《三秦记》作御宿园是也。据此宜春左园，即宜春左苑，指宜春上苑而言，左园必设有长丞或监丞。又按：《十钟山房印举》举二、五十页，有"右苑泉监"印，即宜春苑之下苑，泉监当为主管泉水者，与宜春左园皆当属于上林令，或直接隶属于水衡都尉，为本表所未载。

辑濯　直按：辑濯，颜师古注解为檝櫂假借字是也。《陕西通志》卷九十八、拾遗一，宋政和中同官蒲氏，藏有"辑濯丞印"，此二字写法亦相同。属吏今可考者，有辑濯士，见《刘屈氂传》。黄头郎，见《邓通传》，疑亦属于辑濯令（在文帝时，未有水衡，则属于羽林）。又本年七月陕西省博物馆在韩城扶荔宫遗址,采集有扶荔宫砖及"舡室"瓦当。舡为船字异文,当为收藏行船工具之所。疑为辑濯附属之室(扶荔宫《三辅黄图》云在上林苑中,今遗址在韩城,不在上林苑范围之内,当日盖属于上林苑管理之宫)。

锺官　直按:《再续封泥考略》卷一、二十页,有"鐘官火丞"封泥。西安汉城遗址又出土"鐘官钱丞"封泥(旧为余所藏,现赠与西北大学文物陈列室)。据此鐘官令当有两丞,与本表所记不同。又按:《齐鲁封泥集存》十页,有"齐鐘官长"封泥,盖为西汉初期齐国铸钱之官。封泥锺官皆作鐘官,知《百官表》为传写之误字。但鐘官何以专司铸钱,在名称上尚无确解(或说鐘官其初专铸造铜钟,后来演变为铸钱官署,然水衡都尉无铸钟之必要,此说亦可商)。

技巧　直按:《再续封泥考略》卷一、二十页,有"技巧钱丞"封泥(《齐鲁封泥集存》亦同)。西安汉城向家巷又出土有"巧二"五铢范题字(见《关中秦汉陶录》卷四),据此则技巧令当有二丞,为本表所未详。武帝元狩五年,罢天下郡国毋铸钱,专令上林三官铸造五铢,自来注解《汉书》者,由魏时张晏至清代齐召南等人,三官皆指为水衡都尉属官之锺官、均输、辩铜三令丞。以近日出土封泥、汉印及钱范证之,可决定为鐘官、技巧、辩铜三令丞,盖鐘官主鼓铸,技巧主刻范,辩铜主原料,在职守上很为分明,前人指出均输,是想象之推断。《盐铁论·错币篇》又作水衡二官,不是误字,是指初期鐘官、辨铜而言。又《成帝纪》:"建始二年,罢六厩、技巧官。"技巧在上林三官中罢废独早,服虔注技巧为倡伎之巧,可证在东汉末期,已不能知技巧令之职守矣。

又衡官、水司空、都水农仓,又甘泉上林、都水七官长丞皆属焉。上林有八丞十二尉,均输四丞,御羞两丞,都水三丞,禁圃两尉,甘泉上林四丞。成帝建始二年,省技巧、六厩官,王莽改水衡都尉曰予虞。初御羞、上林、衡官及铸钱皆属少府。 十一页上下

衡官　直按:衡官亦兼管一部分铸钱事。汉武都太守《耿勋碑》

云:"又开故道铜山,铸作钱器,兴利无极。"故李翕《西狭颂》,武都郡有衡官掾及衡官有秩。可以证明衡官在武都是专主铸钱事宜,仍沿用水衡都尉之衡官名称。

　　都水农仓　直按:大司农属官有郡国诸仓农监都水六十五官长丞,所管指郡国农仓而言。水衡都尉属官亦有都水农仓,指上林苑中农仓而言。又《十钟山房印举》举二、五十三页,有"都水温监"印。汉代各官署,有都水者多,未能确定所属,此印为交错文,温监疑为管理温泉部分。又按:《唐六典》都水监原注云:"成帝以都水官多,置左右使者各一人,刘向护左都水使者是也,至哀帝时罢之。"(刘向所上书录序,结衔并同)

　　甘泉上林　直按:甘泉上林长丞,自来注家解释未安。盖为一宫之名,下文都水当为甘泉都水之简称,与上文甘泉上林系连叙。《薛氏钟鼎款识》卷二十、一页,有甘泉上林宫行镫,五凤二年造。又《八琼室金石补正》卷七、二十四页,有"甘泉上林"瓦当,及"甘林"瓦当,甘林为甘泉上林之简称。又《高惠功臣表》,山都侯王恬启曾孙当以元封元年坐阑入甘泉上林免。皆可证明甘泉上林为一宫之名,决非甘泉宫与上林苑二者之联文。

　　直又按:自衡官至都水,当为五官长丞,本表所称之七官,疑为传写之误字。

内史,周官,秦因之。掌治京师,景帝二年,分置左内史、右内史。武帝太初元年,更名京兆尹。属官有长安市、厨两令丞,又都水、铁官两长丞。十一页下

　　内史　直按:《封泥考略》卷一、五十四页,有"内史之印"封泥。不分左右,为景帝二年以前之物。又按:京兆尹属吏今可考者,有贼捕掾、主簿,见《张敞传》。有门下督,见《游侠·万章传》。有督邮,见《孙宝传》。又按:《善斋吉金录·玺印录》卷下、四十二页,有"长安狱丞"印,为本表所载(《居延汉简释文》六页,建平五年简,亦有禄福狱丞之记载)。又按:《封泥考略》卷七、一页,有"长安广尉"封泥。

吴式芬疑为广左都尉属官（即左右京辅都尉），余以为与长安狱丞，皆长安令属官，或直辖于京兆尹，亦未可知。

长安市令　直按：京兆尹、左冯翊，皆有长安市令丞。三辅皆有都水、铁官。京兆尹、右扶风皆有厨令丞。官名虽同，所管之地区不同，如在长安境内之厨，则称为长安厨令。在右扶风境内之厨，则称为雍厨令是也。又按：《陶斋吉金录》卷六、四页，有"南陵大泉铜锺，建平四年十一月，长安市造"，即长安市令所督造。

长安厨令　直按：长安厨令所掌为帝王巡幸境内离宫别馆时之供帐。长安厨留存之铜器，有孝成庙鼎，见《薛氏钟鼎款识》卷十八、十页。又有元延锅，见《两汉金石记》卷四、十一页。铭文皆记载为长安共厨所用，盖共厨属于长安厨令所统辖。属吏今可考者有厨官，见《郊祀志》卷下。此外祠有祠厨，见《汉印文字徵》第一、三页，有"祠厨"印。埠有埠厨，见同书第九、十二页，有"长寿单右厨护"印。狗监有狗厨，见"弄狗厨印"。又有厨车，见《刘屈氂传》。疑皆与厨令有不可分割之联系。

左内史更名左冯翊，属官有廪牺令丞尉。又左都水、铁官、云垒、长安四市四长丞皆属焉。十一页下

左冯翊　直按：左冯翊属吏有计掾，见甘露元年谷口铜甬（见《薛氏钟鼎款识》卷十八、四至六页）。

都水　直按：汉官多有都水名称，三辅亦各有都水令丞，所管地区不同。一九四八年，西安汉城遗址曾出土"都水丞印""郃阳丞印"封泥，两印合打印在一块泥土上，为封泥之创见。此都水丞为左冯翊之都水无疑，但封泥不称为左都水，与本表微有不同。

铁官　直按：三辅皆有铁官，是分区管理冶铁者，不是直接冶铸者，王先谦《补注》征引《地理志》三辅有铁官之地区，分列在左冯翊、右扶风之下，实为误解。

长安四市令　直按：西安汉城遗址中出土"市府"封泥最多，文字最精。又有东西南北四市封泥，皆为半通式，为左冯翊长安四市长所

用者。又按:左冯翊亦当有厨令丞,现存有临晋鼎,为临晋厨所造,见《小校经阁金文》卷十一、六十五页。又左冯翊庞真为少府造寿成室鼎,见《陶斋吉金录》卷五、二十五页。盖左冯翊嘱长安市长所造,与南陵大泉铜锺正同。

主爵中尉,秦官,掌列侯。景帝中六年,更名都尉,武帝太初元年,更名右扶风,治内史右地。属官有掌畜令丞,又有都水、铁官、厩、雍厨四长丞皆属焉。与左冯翊、京兆尹,是为三辅,皆有两丞,列侯更属大鸿胪。元鼎四年,更置三辅都尉,都尉丞各一人。自太子太傅至右扶风,皆秩二千石,丞六百石。十二页上下

列侯更属大鸿胪　直按:主爵都尉原掌列侯及官爵,对于八级以下之民爵,疑亦兼管。自改隶大鸿胪后,鸿胪除掌归义民族之外,管理爵政,亦甚重要,故扬雄《百官箴》云"鸿胪司爵",是其明证。

掌畜　直按:《善斋吉金录·玺印录》卷中、十三页,有"畜官"印,疑为掌畜令之属吏。

雍厨　直按:雍厨之雍字,系三辅之总称,其范围不仅限于雍县。右扶风雍厨长,在各县所设之共厨甚多。有好畤共厨鼎,见阮氏《积古斋钟鼎款识》卷九、八至九页。有汧共厨鼎,见《小校经阁金文》卷十一、四十八页。有美阳共厨鼎,见同卷四十七页。有雍械阳共厨鼎,见同卷五十页。有安邑共厨鼎(安邑即惠帝安陵),见《汉金文录》卷一、二十七页。有美阳厨鼎,见《小校经阁金文》卷十一、五十四页。有美阳高泉宫供厨鼎,见《汉金文录》卷一、三十页。有新成供厨鼎,见同卷同页。有隃糜定陶鼎,见同卷同页(隃糜汧共厨所作)。以上各器地名,皆在右扶风境,由右扶风雍厨长丞统一管理,遇有巡幸时,供给厨食所用。

护军都尉,秦官。武帝元狩四年,属大司马。成帝绥和元年,居大司马府比司直。哀帝元寿元年,更名司寇。平帝元始元年,更名护军。十二页下

护军　直按:护军都尉,见《赵充国传》,当与《陈平传》之护军中尉相似,又《艺文志》有护军射师王贺,疑为护军都尉之属吏。

司隶校尉,周官,武帝征和四年初置。持节从中都官徒千二百人,捕巫蛊,督大奸猾,后罢其兵,察三辅、三河、弘农。元帝初元四年去节,成帝元延四年省,绥和二年,哀帝复置,但为司隶,冠进贤冠,属大司空比司直。十二页下

  司隶 直按:《汉旧仪》云:"司隶校尉,武帝初置,后诸侯王贵戚不服,乃以中都官徒奴千二百人,属为一校尉,督刺史二千石。"与《百官表》所称,武帝征和四年初置不同。又属吏今可考者有假佐,见《王尊传》。又《十钟山房印举》举二、五十六页,有"徒府""武徒府"两半通印,疑为司隶校尉属吏所用。

城门校尉,掌京师城门屯兵,有司马、十二城门候。**中垒校尉**,掌北军垒门内,外掌西域。**屯骑校尉**,掌骑士。**步兵校尉**,掌上林苑门屯兵。**越骑校尉**,掌越骑。**长水校尉**,掌长水宣曲胡骑。又有**胡骑校尉**,掌池阳胡骑,不常置。**射声校尉**,掌待诏射声士。**虎贲校尉**,掌轻车。凡八校尉,皆武帝初置。有丞、司马。自司隶至虎贲校尉,秩皆二千石。十二页下至十三页上

  城门 直按:十二城门候,指长安十二城门而言,其他宫城门候,疑亦属于十二城门候者,如《蔡义传》为覆盎城门候是也。属于城门候者,如《萧望之传》为小苑东门候。西安汉城曾出土有"建春门候"印。《汉印文字徵》第八、十六页,有"昭城门候"印是也。此外汉城遗址曾出土有"章门观监"封泥(本为余藏,现赠存西北大学文物陈列室)。亦当为城门校尉属官,《百官表》不载。

  中垒 直按:中垒校尉掌北军垒门内,外掌西域。颜师古注:掌北军垒门之内,而又外掌西域。王引之以中垒校尉,不应掌西域,因校改为"掌四城",此说有可商榷之处。颜师古所见本及北宋景祐本,皆作掌西域,不作掌四城。荀悦《汉纪》作掌北军垒门内外,无掌西域三字。《太平御览》所引与《汉纪》同。或北宋时各本不同。而《北堂书钞》所引与今本《汉书》同,清代校勘时删去掌西域三字(王引之亦校勘人之一)。考中垒校尉所掌仅为北军之垒门,京师之四城,有执金吾之徼巡,有城门校尉之屯卫,似无须垒床筑屋之职守。若指为北军垒门之四城,则表文反为赘词。《赵充国传》云:"有诏将八校尉,与

骁骑都尉、金城太守,合疏捕山间房。"据此八校尉,皆有从军西域之职责。又刘向曾官中垒校尉,上书讼论陈汤矫制发兵事,亦可为外掌西域之一证。又按:《汉印文字徵》第十三、二页,有"中垒左执奸"印。当为中垒校尉属官,而本表不载。中垒校尉,在后汉初即省废,此官故决定为西汉时制度。

  长水 直按:颜师古注:"长水,胡名。"与表文掌宣曲胡骑正合。《李陵传》云:"卫律者,父本长水胡人。"《苏武传》云:"会缑王与长水虞常等谋反匈奴中。"皆可证。又按:《秦汉瓦当文字》卷一、二十九页,有"长水屯瓦"瓦当(此瓦为西安谢文清所藏),当为长水校尉屯兵处所用之瓦。宣曲为地名,《史记·货殖传》云:"宣曲任氏,秦时为督道仓吏。"又《十钟山房印举》举二、五十一页,有"宣曲丧吏"印皆是也。旧注以宣曲为观名非也。

西域都护,加官,宣帝地节二年初置,以骑都尉、谏大夫,使护西域三十六国,有副校尉,秩比二千石。丞一人,司马、候、千人,各二人。戊己校尉,元帝初元元年置,有丞、司马各一人,候五人,秩比六百石。十三页上下

  都护 直按:《居延汉简释文》二十六页,有简文略云:"元康四年二月己未朔,己亥,使鄯善以西校尉吉、副卫司马富昌"云云(校尉吉即郑吉,富昌当即《赵充国传》之长水校尉富昌)。则西域都护,有时称为西域校尉,副校尉有时亦书兼官。

  戊己 直按:戊己校尉属吏今可考者,有史、有曲候,见《匈奴传》。

奉车都尉,掌御乘舆车。驸马都尉,掌驸马。皆武帝初置,秩比二千石。侍中、左右曹、诸吏、散骑、常侍,皆加官。所加或列侯、将军、卿大夫、将、都尉、尚书、太医、太官令至郎中,无员,多至数十人。侍中、中常侍得入禁中,诸曹受尚书事,诸吏得举法,散骑并乘舆车。给事中亦加官,所加或大夫、博士、议郎,掌顾问应对,位次中常侍。中黄门有给事黄门,位从将、大夫。皆秦制。十三页下至十四页上

  奉车 直按:奉车都尉,掌御乘舆车,亦见《苏武传》。又按:《十

钟山房印举》举二、三十四至三十七页,有奉车都尉、驸马都尉印章多方。侍中、给事中为加官,本无印,故现今未见有出土之印。

  诸吏 直按:诸吏官名,始见于《贾山传》,盖文帝时已有此名称。诸吏加官,可以加宦者令,见《东平思王传》,为本表所未详。

爵一级曰公士,二上造,三簪褭,四不更,五大夫,六官大夫,七公大夫,八公乘,九五大夫,十左庶长,十一右庶长,十二左更,十三中更,十四右更,十五少上造,十六大上造,十七驷车庶长,十八大庶长,十九关内侯,二十彻侯,皆秦制,以赏功劳。彻侯金印紫绶,避武帝讳曰通侯,或曰列侯,改所食国令长名相,又有家丞、门大夫、庶子。十四页上下

  簪褭 直按:《论衡·谢短篇》云:"名曰簪褭上造何语。"可见簪褭二字,在东汉初期,已难解释,后来注家,多属望文生义,不若阙疑为是。

  不更 直按:颜师古注:"不更谓不与更卒之事。"此语系本于《汉旧仪》,其实不然。汉代八级爵以上,始不与徭役,《旧仪》所记,可能为秦制。敦煌、居延木简中,不更爵戍边者多不胜举,是其明证。又按:秦代重爵,往往有爵位,无官位,无爵位者,始称官位,与汉代无官位则称爵位之风气不同。如《史记·商君传》,赐爵右庶长、大良造是也。《琅琊台石刻》亦有五大夫杨樛题名。再证以秦封邑陶券文中,有大良造、庶长、右庶长、不更四爵名。《小校经阁金文》卷十、五十五页,有辂庶长戈。《三代吉金文录》卷五、十八页,有五大夫弩机是也。又按:《高祖纪》五年诏有云:"七大夫、公乘以上皆高爵也。"又曰:"异日秦民爵公大夫以上,令丞与亢礼。"可见秦爵自第七级起,虽在民爵范围之内,但已甚觉光荣(七级曰公大夫,本文七大夫亦指公大夫而言)。

  列侯家丞 直按:现出土列侯家丞印,以王莽时五等封为最多。《十钟山房印举》举二、五页,有"多睦子""章符子""会睦男""康武男""雍睦男"五家丞印。

诸侯王，高帝初置。金玺盩绶，掌治其国。有太傅辅王，内史治国民，中尉掌武职，丞相统众官。群卿大夫都官如汉朝。景帝中五年，令诸侯王不得复治国，天子为置吏。改丞相曰相，省御史大夫、廷尉、少府、宗正、博士、官大夫、谒者、郎诸官长丞，皆损其员。武帝改汉内史为京兆尹，中尉为执金吾，郎中令为光禄勋，故王国如故。损其郎中令，秩千石，改太仆曰仆，秩亦千石。成帝绥和元年，省内史，更令相治民如郡太守，中尉如郡都尉。

十四页下至十五页上

诸侯王玺　直按：诸侯王印，有称玺者，如《封泥考略》卷一、一至三页，有"河间王玺""菑川王玺"是也。《十钟山房印举》举二、一页，有"淮阳王玺"是也。有称印者，如《续封泥考略》卷一、十六页，有"东平王印"。《临菑封泥文字目录》二页，有"城阳王印"是也。玺多为涂金，印多为铜质，称玺为武帝元狩四年以前制度，以后则皆称印，说见《武帝纪》及《郊祀志》张晏注文、《太平御览·职官部》引《汉旧仪》（杭州邹氏所藏"荆王之玺"、道州何氏所藏"梁王之玺"及传世已久之"梁王后玺"，皆恐为伪刻，故不论及）。

王国百官　直按：《汉旧仪》云："帝子为王，王国置太傅、相、中尉各一人，秩二千石以辅王。仆一人秩千石，郎中令秩六百石，置官如汉朝官吏。郎、大夫四百石以下自调除，国中汉置内史一人，秩二千石，治国如郡太守都尉，职事调除吏属。相、中尉、傅，不得与国政，辅王而已。"此条所云，是西汉初中期之王国官制，因改太仆为仆，已在武帝时。原文恐有颠倒残缺（郎中令秩二千石，在王国则秩千石，不应为六百石，故知原文有脱落），但职掌与调除，比本表记载为详。又按：汉初诸侯王设官，都如汉朝，以《史记》《汉书》及出土之封泥、汉印来印证，是完全符合的。汉初各王国中，以齐悼惠王封邑最大，有七十城，临淄一带所出齐封泥亦最多，表现尤为具体（《史记·仓公传》，所载齐百官名最多，在文献中仅存之材料）。兹将齐国百官，排列如下，其他各国附见于后，仅略举一斑，不一定力求完备，其已见于《汉书》各纪传者，则不再罗列。

齐国百官

丞相　临菑丞相　菑川丞相(《齐鲁封泥集存》)

御史大夫　齐御史大夫(《齐鲁封泥集存》)

太傅　齐中傅印(《齐鲁封泥集存》)

内史　齐内史印(《齐鲁封泥集存》)　菑川内史(《封泥考略》)　菑川市丞(《续封泥考略》)　市府　左市　右市　南市　西市(同上)

太常　齐太祝印　齐祠祀印　齐太史印　(《齐鲁封泥集存》)　菑川顷庙(《封泥考略》)　齐悼惠寝　齐悼惠园　齐哀寝印　齐哀园印(《续封泥考略》)　齐典医丞(《汉印分韵》续集十六铣)　守庙　庙室守印(《临菑封泥文字目录》)

郎中令　齐郎中令(《史记·仓公传》)　齐中大夫　齐中郎(同上)　齐郎中印　齐郎中丞(《齐鲁封泥集存》)

卫尉　齐卫士印(《续封泥考略》)

太仆　齐中厩印　齐中厩丞(《齐鲁封泥集存》)　齐大厩印　齐大厩丞(《临菑封泥文字目录》)　齐中左马　齐中右马　菑川厩长(《续封泥考略》)　菑川厩丞(《再续封泥考略》)

大行　齐大行印(《齐鲁封泥集存》)

大司农　齐太仓令(《仓公传》)　齐太仓印(《齐鲁封泥集存》)

少府　齐中御府　侍医(《仓公传》)　齐太医丞(《临菑封泥文字目录》)　齐乐府印　齐大官丞　齐居室丞　齐御府印　齐御府丞　齐永巷丞　齐宦者丞(《齐鲁封泥集存》)　齐都水印(《续封泥考略》)　齐内官丞(《齐鲁封泥集存》)　齐内官印(《续封泥考略》)　齐中谒者(《再续封泥考略》)　司空之印(《临菑封泥文字目录》)

中尉　齐中尉(《仓公传》,又《齐鲁封泥集存》)　城阳中尉(《封泥考略》)　齐武库印　齐武库丞　菑川中尉　齐中尉丞(《续封泥考略》)

将作大匠　大匠(《临菑封泥文字目录》)　齐大匠丞(《齐鲁封

泥集存》)

詹事　齐食官丞(《续封泥考略》)　齐家丞印(《临菑封泥文字目录》)

长秋　齐长秋印　齐长官丞(《齐鲁封泥集存》)　齐秋官丞(《续封泥考略》)

水衡　齐钟官长　齐铁官印(《齐鲁封泥集存》)　齐铸长(《汉印文字徵》第十四)　临菑铁丞　临菑采铁(《续封泥考略》)

此外,如齐北宫司空(《仓公传》)、齐司空长、齐宫司空、齐司空丞、齐左工丞、齐工长印、左工室印(《齐鲁封泥集存》)疑属于少府。齐武士丞(同上)疑属于中尉。菑川郎丞(同上)疑属于郎中令。菑川府丞(同上)疑属于詹事。右炊(《续封泥考略》)疑属于少府或大农令。齐都司马疑属于城门校尉。齐都市长疑属于内史。齐后中府,为齐后之假借字,公主有中府,见《东方朔传》。王国有中府,见《史记·田叔传》。昭邸府印,疑属于少府或詹事(《临菑封泥文字目录》)。齐右宫大夫(《续封泥考略》)疑属于詹事或长秋。以上所述,皆齐国百官,汉初其他各国,排列如下,亦有参考之价值。

吴　吴郎中印(《封泥考略》)　广陵市长(《续封泥考略》)

长沙　长沙相印章　长沙都水(《封泥考略》)　长沙内史(《续封泥考略》)

梁　梁相之印章(《封泥考略》)　梁丞相印《齐鲁封泥集存》) 食官令(梁王食官钟)　梁厩丞印(《十钟山房印举》举二)

鲁　鲁相之印章　鲁厩丞印(《封泥考略》)

赵　赵内史印章(歙县鲍问梅藏印)　赵郡左田(《封泥考略》)　赵千人印(《十六金符斋印存》)

楚　楚中尉丞　楚永巷印(《续封泥考略》)　楚永巷丞(《十钟山房印举》举二,又长安马氏藏封泥)

代　代马丞印(《十六金符斋印存》)

信都　食官(《小校经阁金文》卷十一)

东平　东平㱃官长(《十钟山房印举》举二)

真定　真定内史(《续封泥考略》)

淮阳　淮阳相印章(《齐鲁封泥集存》)　淮阳内史章(《封泥考略》)

清河　清河仆印(《金石索》)　清河少内(清河少内鼎,未著录)

广川　广川相印章(《封泥考略》)

胶东　胶东相印章　胶东中厩(《续封泥考略》)　食官令(胶东食官令金刀)

淮南　淮南中尉(《续封泥考略》)　淮南邸印(封泥,余与怀宁柯莘农各藏一品)

六安　六安相印章　六安仆印　六安内史章(《封泥考略》)六安府印(《齐鲁封泥集存》)

庐江　庐江豫守(《封泥考略》,庐江为国名,豫守为豫章郡守之省文,因印文只限于四字也,吴式芬考为庐江、豫章两郡守之印,恐误,从无二郡守共用一印之例)

衡山　衡山相印(封泥,未著录)

监御史,秦官,掌监郡,汉省。丞相遣史分刺州,不常置。武帝元封五年,初置部刺史,掌奉诏条察州,秩六百石,员十三人,成帝绥和元年更名牧,秩二千石。哀帝建平二年,复为刺史,元寿二年复为牧。十五页上下

刺史　直按:《汉旧仪》云:"武帝元封五年,初分十三州,假印绶,有常治所。奏事各有常会,择所部二千石卒史与从事,传食比二千石所传。"又按:《居延汉简释文》卷一、五十页,有"刺史治所,且断冬狱"之记载。上述两条,可以证明西汉时刺史,有固定治所。而《宋书·百官志》则云:"前汉世刺史,周行郡国,治无适所,后汉世所治,始有定所。"刘昭《续汉书·百官志》注亦云:"传车周流,靡有定镇。"皆非事实也。又按《汉官仪》云:"元帝时丞相于定国,条奏州吏员,有治中、别驾、诸部从事,秩皆百石,同诸郡从事。"此州刺史属吏之可考者。

郡守,秦官,掌治其郡,秩二千石,有丞。边郡又有长史,掌兵马,秩皆六百石,景帝中二年,更名太守。十五页下

大市 直按:西汉初期,在各郡重要大都会设有大市。《史记·汉兴以来将相名臣年表·大事记》:"高祖六年,立大市。"此条材料,甚为重要,一般学者,多不注意。证之《季木藏陶》一○三页,有"曹市""东武市",一○四页,有"都市""代市"等陶片。洛阳王城出土有"河市"陶片(见《考古通讯》创刊号)。余旧藏有"槐里市久"陶瓶(见《关中秦汉陶录》卷一,原物现藏西北大学文物陈列室)。所谓"曹市""代市""河市",皆泛称大范围地区之名词,不是郡国专称之名词,与《史记》高祖六年立大市之记载正合。大市制度,不久即废,故为《汉书》所未详。又按:《续封泥考略》卷二、三十三页,有"广陵市长"封泥,盖为吴王濞所置之市。《汉印文字徵》第五、十四页,有"临菑市丞"封泥,当为齐悼惠王或齐哀王所置之市,似与内史之长安市令有所不同,实际模仿汉廷,建立大市制度,设有市长、市丞等官。《史记·太史公自序》司马迁曾祖无泽,为汉市长,事在西汉初期,亦疑为大市之市长。

郡守 直按:西汉初中期王国,皆得自分割各县,自置郡名。如《续封泥考略》卷二、十四页,有"临菑守印"封泥。十六页,有"济北守印"封泥。十七页,有"即墨太守"封泥。《齐鲁封泥集存》,有"河间太守"封泥。西安汉城遗址出土有"阳翟太守章"封泥(怀宁柯氏拓本)。上述各郡守,汉代皆无此郡,为西汉初中期各藩国自置之郡。《高祖纪》七年,以胶东、胶西、临菑、济北、博阳、城阳七十三县,立子肥为齐王,封泥之临菑、济北皆在其内,即墨亦旁近县邑,当为齐悼惠王或齐哀王自置之郡。后来史家,即据以追记,恐非如王国维先生所言,临菑、济北,本为汉初固有之郡。又河间太守,疑为河间献王,阳翟太守,疑为梁孝王自置之郡。

郡司马 直按:西汉内郡有司马,边郡亦有司马,其系统属于太守,其调遣属于都尉。《严助传》云"廼斩一司马喻意指(会稽司

马)"。《封泥考略》卷四、三十九页,有"豫章司马""琅玡司马""□西司马""广都司马"四封泥。又《续封泥考略》卷二、十九页,有"东郡司马"封泥。合肥龚氏藏有"济南司马"印,疑为西汉初中期之制度,为本表所未详。至于西汉边郡之司马,证之《汉旧仪》云:"当兵行长领置部尉(疑为都尉误字)、千人、司马、候。"(此为叙边郡太守事,《汉官仪》略同)。《冯奉世传》云:"长子谭补天水司马。"《西南夷传》云:"金城司马陈立为牂柯太守。"似边郡之设司马,与西汉相终始,较内郡暂置或间置之性质,尚微有区别。司马及司马以下有千人(《汉旧仪》《汉官仪》叙千人在司马之上,当为传写之误)。亦见《居延汉简释文》四三九页(仅举一例)。司马属吏有令史,见同书二七四页。

郡候　直按:郡守属官有候,与边郡太守都尉之下候官,尚略有不同。见于汉印者,有胶西候、菑川候(见桂氏《缪篆分韵》)、苍梧候等印(见《善斋吉金录·玺印录》卷中、十三页)。见于封泥者,有豫章候(见《封泥考略》卷四、四十一页)、临菑候等封泥(见《续封泥考略》卷二、二十页)。郡有候为本表所不载。

郡库令　直按:郡有库令,见《河间献王传》。又按:《封泥考略》卷四、四十三至四十六页,有"上郡库令""渔阳库令""成都库"三封泥。《居延汉简释文》一页,有"酒泉库令",三页,有"酒泉库啬夫"各记载。又同书四二九页,有"饴五库斤"之简文,库令盖主收藏武库之兵器,饴亦为军用品之一(《居延汉简》列饴在守御器簿中)。成都既有之,知不独边郡为然也。中尉属官有武库令,除京师外,以洛阳武库为最大,故设有武库令,见《史记·外戚世家》及《汉书·魏相传》。上述各郡国库令,当为武库令之简称无疑。又《续封泥考略》卷二、二十五页,有"左库"封泥。杭州邹氏藏"库印"半通式印,盖为库署中公用之印。又按:太守属吏,今可考见者,有督邮,见尹翁归、孙宝传(敦煌、居延两木简,皆有都吏之名,无督邮之名。证以《文帝纪》二年诏书,如淳注引汉律都吏即督邮之说,无一不合)。门下掾,见《朱博传》。决曹掾,见《薛宣传》。集曹掾,见《匡衡传》。议曹掾,见《朱博传》。五官掾,见《王尊传》。决曹史,见《于定国传》。直符史,见《王尊传》(《居延汉简》皆仅称为直符,见《释文》五十五页,仅举一例)。守邸丞,见《朱买臣传》。功曹、主簿,见《王尊传》及《朱博传》。假佐,见《王尊传》,又《居延汉简释文》六页。掾、守属、书佐,见《居延汉简释文》八页(三吏名多为连署,守属或称为属,亦见《王尊传》)。卒史,见同书二页。府佐,见同书七页。郡文学官,见《王尊传》。

郡尉,秦官。掌佐守典武职甲卒,秩比二千石,有丞,秩皆六百石。景帝中二年,更名都尉。 十五页下

  都尉 直按:边郡都尉有烽燧台者,则设有候官,或简称为候。见于《汉书》者,《律历志》有酒泉候宜君,《董贤传》父恭为云中候是也(即扬雄《解潮》"东南一尉,西北一候"之候)。候官之下有候长,候长之下有燧长。候官、候长之属吏,有令史、佐、啬夫等职,敦煌、居延两木简,记载均甚详明。又在烽燧台之外,如遇有险要地区,设有障、塞,大者曰障,小者曰塞(约距离百里左近,可设者则设,并无定例)。并置有障尉、塞尉(两尉之上,皆无令长丞,烽燧台之候官,月俸钱三千,候长月俸一千二百,燧长九百或六百。塞尉则月俸二千,其身份当低于候官,高于候长,《张汤传》所云博士狄山居一鄣,当即障尉也。障塞尉与候官、候长系统不同,易于纠缠夹杂,特论其大要如是)。障尉见《孙宝传》,为敦煌渔泽尉。传世有"高柳塞尉"印,见《汉印文字徵》第五、十三页。有"呼沱塞尉"封泥,见《封泥考略》卷四、五十五页。居延木简尤屡见塞尉之记载(见《居延汉简释文》二九八页,仅举一例)。颜师古注《匈奴传》上卷,引汉律说明西汉塞尉之制度,属吏有士史尉史各二人,与敦煌、居延两木简,无一不合,但颜注之士史,当为士吏之误字。以上所述候官、障尉等两官系统,皆直属于都尉管辖,均为本表所未详。又按:都尉府属吏今可考者有掾、属、书佐。见《居延汉简释文》二十五页。

关都尉,秦官。农都尉、属国都尉,皆武帝初置。 十五页下

  关都尉 直按:《封泥考略》卷四、五十三页,有"关都尉印章",

与表文正合。又按：《汉印文字徵》第十一、八页，有"陕豯关长"印。又《封泥考略》卷四、五十三至五十四页，有"扞关长印""扞关尉印"两封泥。吴式芬考《续汉志》，巴郡扞水有扞关，《公孙述传》云："东守扞关之日。"李贤注："在今峡州巴山县西。"又《汉印文字徵》第七、八页，有"函谷关丞"印。又西安汉城遗址出土有"函谷关印"封泥，则为关都尉官署中公用之印章。综上所述，关有系地名及不系地名者，关都尉之下，有关长、有关尉、有关丞。大关分为左右丞。设关之地，在于扼要，不拘于在郡县治所。又按：《居延汉简释文》一页，有"关啬夫"，二页，有"关佐"之记载，则为关吏之可考者。

关津　直按：汉代关之外有津。《十钟山房印举》举二、五十四页，有"宜阳津印"，交错文，有界格，当为津吏所用，其范围当较关吏为小。

农都尉　直按：农都尉之官，见于《汉书》者，仅有上河农都尉，见《冯奉世传》及《汉书·叙传》。《地理志》注明言农都尉者，仅有张掖郡番和县一处。《居延汉简释文》七十九页，有简文云："守大司农光禄大夫臣调昧死言，守受簿丞处，前以请给使护军屯食，守部丞武，☐以东至西河郡十一农都尉官，官调物，钱谷漕转籴为民困之，启调有余给，☐。"盖边郡都尉涉及屯田事宜者，则皆可称为农都尉，故非调简文所称自☐☐郡以东至西河郡十一都尉，皆泛称为农都尉也（说详拙著《居延汉简解要》七十九页）。又《释文》八十四页，有"张掖太守福，库丞承熹，兼行丞事，敢告张掖农都尉，护田校尉府卒人"。一〇一页，有"☐候官居延农府佐☐"。六十八页，有"宣德将军张掖太守苞，长史丞旗，告督邮掾☐☐☐谒部农都尉官"各记载。青海出土《赵宽碑》云："充国弟字子声为侍中，子君游为云中太守，子字游都朔农都尉。"盖为朔方郡农都尉之省文。《地理志》朔方郡设三都尉，并无农都尉之名。以上各点，皆可以证明边郡都尉，大部分可以兼称为农都尉。惟《释文》四十八页，张掖太守所下公牍，张掖农都尉下，有护田校尉，当为与农都尉类似之官职，亦为本表所未载。

县令长皆秦官,掌治其县,万户以上为令,秩千石至六百石,减万户为长,秩五百石至三百石。皆有丞、尉,秩四百石至二百石,是为长吏。百石以下,有斗食、佐、史之秩,是为少吏。十六页上

  县令长丞 直按:西汉县令长,仅有一丞,惟长安令有左右丞。《居延汉简释文》三十九页云:"九月辛卯长安令(简面)印曰长安右丞(简背)。"又四十页,有简文云:"十一月壬子长安令,守左丞起移过☐。"长安设左右丞,或为特例。又按:县令长属吏今可考者,有五官掾,见建平郫县石刻(原文见《古刻丛钞》)。市吏,见《尹翁归传》。狱吏、决曹史,见《王温舒传》。狱掾、决曹掾、门下掾,见《薛宣传》。边郡则有塞曹史,见居延木简。又按:汉代官吏所用印章,有公用者,有专用者,前已于御史府印,略为发凡。如汉封泥县令长中有某县之印,疑为县令长丞尉所公用者,在某种公牍中适宜于用之。又如某某长印、某某丞印,是专用者,在某种公牍中适宜于用之。不独县令长为然,在九卿属官令丞中,此例亦多(汉代县名印章,仅称之印,不系官名者,如"新丰之印""蓝田之印""下邽之印""武城之印""舞阴之印""东阿之印""虞都之印""夷道之印"皆是也。以上均见《封泥考略》卷七、三十一页至三十四页。此等印形皆正方,与其他县令长印类型相同,且无半通式)。此外如"弩府""冶府""市府"等印,虽为半通式,作用亦同。因弩府有发弩官,冶府有铁官长丞,市府有市长丞,此不称官名,仅称官署之总名,余故断为公用印章。此西汉之制度,东汉已不存在。

  县徒丞 直按:汉代各县往往设有徒丞,是管理徒隶的,其事实不见于文献,仅见于汉印,汇列如下:有"故且兰徒丞"(《汉印文字徵》第一、十页)、"爰得徒丞"(见同书第二、十七页)、"巩县徒丞印"(见同书第三、十四页)、"輚昌县徒丞"(见同书第六、七页)、"雕丘徒丞印"(见《十钟山房印举》举二、五页)、"雏卢徒丞印"(见同书同页)、"浿水徒丞"(见《金石索·金索·玺印之属》八十二页)。

  县马丞 直按:汉代各县又多有马丞印,疑为武帝时郡国养马官

吏所用。与《史记·平准书》所谓"关中不足,及调旁近郡"两语相合。兹将各马丞印,汇列如下:有"济南马丞"(见《陶斋藏印》卷一)、"睢陵马丞""东平陵马丞""上虞马丞""虢县马丞"(以上见《金石索·金索·玺印之属》八十三页)、"代郡马丞"(见《十六金符斋印存》)、"昌县马丞印""赣揄马丞印""圜阳马丞印"(以上见《十钟山房印举》举二、五页)、"下密马丞印"(见《汉印文字徵》第一、二页)、"原都马丞印"(见同书第六、二十页)、"鄚县马丞印"(见同书第六、二十三页)、"寰安马丞印"(见同书第七、十九页)、"洽平马丞印"(见同书第十一、十三页)、"汾阳马丞印"(见同书第十四、九页)、"陕县马丞印"(见同书第十四、十一页)、"马府"(见《十钟山房印举》举二、五十六页)、"厩府"(见同书十五页)。上列各印,除代、济南为两郡名外,其余都是县名,均合于西汉时期之地名。如昌县、寰安、洽平,为《地理志》所不载。原都在东汉时已省废。徒丞与马丞,皆是丞印,知不设令长矣。又按:王莽县宰制度有则丞,《金石索·金索·玺印之属》八十二页,有"长聚则丞印",《十钟山房印举》举二、四十六页,有"丽兹则宰印"。王莽时子男食则,谓户二千五百,土方五十里,则丞等于邑丞。又东汉阳泉使者舍熏铲,亦有"内史属贤造雒阳付守长则丞善"之记载(见阮氏《积古斋钟鼎款识》卷九、十二页)。未知与王莽制度,有无异同。

直又按:西汉各县有因当地情形需要,在原有丞尉之外而加添丞尉者。如"定阳市丞""临菑市丞"(均见《齐鲁封泥集存》四十五页)、"宛邑市丞"(怀宁柯氏所藏封泥)、"南宫平丞"(见《齐鲁封泥集存》四十五页)、"安城陶尉"(见同书四十八页)、"琅玡水丞"(见同书二十三页)、"白水弋丞"(见《十钟山房印举》举二、六页)、"乌伤空丞"(见同书七页)、"东光采空丞"(见《十六金符斋印存》)、"班氏空丞"(见《汉印文字徵》第一、八页)、"涅阳邑空丞"(见同书第十一、九页)、"临菑卒尉"(见《封泥考略》卷四、二十九页)、"北海营陵卒工"(柯氏所藏封泥)、"安台左塈"(见《封泥考略》卷六、六十六页)、"宣曲丧吏"(见《十钟山房印举》举二、五十一页)、"榆畜府"(西安汉城遗址出土铜印)等。市丞是管理市政者,平丞是管理平价者,陶尉是管理治陶手工业者,水丞是管理水利者,弋丞是管理射弋者,空丞是管理工业者,卒尉是管理更、正、戍三种卒者,卒工是盐铁官署中卒徒工匠所用之印,丧吏是主丧葬事者,榆畜府为楺榆或榆次县省文(赣榆作赣揄,与此无关),为养牲畜之吏所用之印。以上各官,旋置旋废,且多为西汉初中期制,并恐夹杂有各王国自置之官,故皆不见于《百官表》,并附论于此。

都乡都亭　直按:西汉初中期各县最重都乡、都亭制度,都乡为各乡之首,都亭为各亭之首。今可考者,如"新息乡""平西乡""南阳乡""朝阳乡""安平乡""利居乡""平望乡""南成乡""宜春乡""白水乡""安国乡""阳夏乡""广陵乡""东闾乡""信安乡""灵都乡"等封泥,均见《续封泥考略》二十八至四十三页。各印皆上冠县名,下仅称乡名,即是都乡,与其他各乡不同。所用之印,完全用方印,不用半通式,盖方印制度,至武帝时区别始严格也(《齐鲁封泥集存》所收乡印,多为半通式,因时代、地区关系,故作风不一致)。又按:陶器中有"咸亭当柳恚器"陶壶盖、"鳌亭"陶瓶、"咸阳亭久"陶瓶(均见《关中秦汉陶录》卷一)。《十钟山房印举》举二、五十七页,有"修故亭印""召亭之印""都亭之印"。修故、召为二县名,皆指每县之都亭而言,与《赵广汉传》所记"召湖都亭长西至界上"一语正合。

少吏　直按:《十钟山房印举》举二、五十一页,有"史印""史左"半通式印,当为佐史所用,而汉印中之"少内"亦可能为斗食、佐、史等所通用者。又按:斗食吏月俸九百(见《居延汉简释文》三一五页),佐史月俸九百(见同书三〇五页),书佐月俸三百六十(见同书二四八页),令史月俸四百八十(见同书二四七页)。佐史为一官之名,书佐亦可简称为佐,令史亦可简称为史,据居延简所记斗食月俸与佐史相等,高于书佐、令史,完全与本表所叙次第相同。

大率十里一亭,亭有长。十亭一乡,乡有三老、有秩、啬夫、游徼。三老掌教化,啬夫职听讼、收赋税,游徼徼循禁贼盗。县大率方百里,其民稠则减,稀则旷,乡亭亦如之,皆秦制也。十六页上

  亭邮 直按:《汉旧仪》云:"设十里一亭,亭长亭候,五里一邮,邮间相去二里半。"此条恐有误字,叙亭下有邮,比本表为详。

  亭长 直按:亭长本为乡亭之专职,但后来演变到太守府守门之卫卒,亦借用亭长之名,或又称为门亭长,东汉乐安太守麃君亭长石人题字是也(见《金石萃编》汉十五)。汉空心墓砖中亦有亭长画像题字(杭州邹氏藏砖)。与《续汉书·百官志》所云"门亭长掌郡正门"正合。又东汉熹平二年张叔敬朱书陶瓶,文有司命魂门亭长之语,盖指魂门之亭长而言,亦借用习俗门亭长之变相。

  三老 直按:三老有印,《十钟山房印举》举二、五十二页,有万岁单三老印。少内有印,见同卷五十五页。惟啬夫、游徼尚无印文之发现(虎圈啬夫曾出土有铜印,但为上林令之属吏,而非乡官)。

  有秩 直按:有秩之名,始见于《张敞传》云:以"乡有秩太守卒史"。《仓颉碑》有"乡有秩"。李翕《西狭颂》有"衡官有秩"之题名是也。《汉旧仪》云:"乡户五千,啬夫即改名有秩。"《居延汉简释文》十六页,有甘露四年西乡有秩简。二十五页,有西安乡有秩简,皆为请移过所事,职掌与啬夫相同。

  啬夫 直按:啬夫掌赋税,当为稽夫省文。除听讼掌赋税以外兼为吏民请移过所,这一点与有秩相同,其手续是由乡到县,经县丞批发。《居延汉简释文》六页,有建平五年十二月简、建平五年八月简。十页,有元康二年正月简。二十七页,有永始五年闰月简,皆为乡啬夫向本县请发过所之公牍。又按:啬夫由乡官之名称,渐转变为内而九卿官署,外而太守关都尉等官署佐史之名称。游徼只有水衡都尉乐府令有乐府游徼名称,见《张安世传》。其他各官署,尚少借用者。

  祭尊 直按:里有祭尊,《十钟山房印举》举二、五十一页,有"安

民里祭尊"印。里有弹,同书五十二页,有"工里弹印",即《周礼》郑注街弹之弹。里有正,同书五十四页,有"安民正印",又同书五十八页,有"菅里""杜昌里印""池上里印""大昌里印",皆为里中里正或里中父老公用之印。

列侯所食县曰国,皇太后、皇后、公主所食曰邑,有蛮夷曰道,凡县道国邑,千五百八十七,乡六千六百二十二,亭二万九千六百三十五。十六页上下

　　食邑　直按:《汉旧仪》云:"皇后、太后各食四十县,曰汤沐邑。"原文太后下疑脱公主二字,所云食四十县,制度为本表所未详。又云:"内郡为县,三边为道,皇后、太子、公主所食为邑。"此条所说汤沐邑,包括太子在内,与本表亦不同。

　　列侯食国　直按:《临菑封泥文字叙目》略云:"列侯食县曰国,其令长改称侯相,县丞曰国丞,县尉曰国尉。"《十钟山房印举》举二、五页,有绥仁、金乡、石山、徼羌四国丞印。歙县黄氏藏有"同心国丞""立解国丞"两印。瞿氏《集古官印考证》,有"揶裴国尉""蔡阳国尉"诸印是也。侯所食邑,亦置丞收税,于邑丞上加侯字以别之,如《临菑封泥文字目录》七页,有"祁侯邑丞""广侯邑丞"诸封泥是也(此条仅略撮原文,仍多参已意)。

　　皇太后、皇后、公主食邑　直按:《百官表》所云汉县,有"列侯所食县曰国,皇太后、皇后、公主所食曰邑,有蛮夷曰道"。细考蛮夷曰道名称,终西汉之世变化不大,列侯曰国名称,已废置不常。而皇太后、皇后、公主所食曰邑之名称,则变动最为剧烈。《齐悼惠王传》云:"内史士曰,太后独有帝与鲁元公主,今王有七十余城,而公主乃食数城,王诚以一郡上太后,为公主汤沐邑,于是齐王献城阳郡以尊公主为王太后。"据此,鲁元公主生时所食城阳各县势必改称为邑,死后又必仍改为县。因此临菑出土封泥中,邑之名称独多。如《齐鲁封泥集存》内,有"阳陵邑丞""卫邑丞印""博阳邑丞""定陵邑丞""乐成邑丞"等,有三十三方之多(见十四至十九页)。不独齐国为然,其他吴楚各国亦然,即汉廷直辖郡县,无不如是。在居延、敦煌两批木简中,

尤为显著，如《居延汉简释文》四四二页，有"汝南西华邑"，四五三页，有"赵国邯郸邑"，四七二页，有"馆陶邑"，四七五页，有"南阳舞阳邑"，四七六页，有"南阳冠军邑"。《敦煌汉简校文》七十四页，有"颍川阳翟邑"等名称。木简名邑之县，在《汉书》皆称为县。更可异者，《居延汉简甲编》三十一页，有"☐☐济陶郡吕都梁安☐（上排）☐安平济陶郡吕都邑梁☐（下排）"简文，同在一简文之中，吕都县或称邑，或不称邑，可证邑名之变化，则在很短时间之内。又按：邑之名称，在《列女传》中尚存许多遗迹，如卷五叙郃阳友娣者，郃阳邑任延寿之女也。卷六叙锺离春者，齐无盐邑之女。刘向著书时，皆是依当时地名加以记录，旋置旋废，史不胜书。故在《汉书》中，看不出此等问题。又按：在汉印封泥中，单名县可以标明县字，双名县则限于四字关系，不能标明县字，故道令长印遇单名者，可以看出为道。遇双名者则看不出，如刚氐道之右尉，印文则为"刚氐右尉"，看不出是道是县，侯邑亦同此例，《汉书·地理志》分别注明道邑侯国之性质，还是有一定作用的。

凡吏秩比二千石以上，皆银印青绶，光禄大夫无。秩比六百石以上，皆铜印黑绶，大夫、博士、御史、谒者、郎无。其仆射、御史治书尚符玺者，有印绶。比二百石以上，皆铜印黄绶。成帝阳朔二年，除八百石、五百石秩。绥和元年，长相皆黑绶，哀帝建平二年复黄绶。吏员自佐史至丞相，十三万二百八十五人。 十六页下

  印绶　直按：《百官表》云："丞相金印紫绶，御史大夫银印青绶。"又云："凡吏秩二千石以上，皆银印青绶，秩比六百石以上，皆铜印黑绶。二百石以上，皆铜印黄绶。"以现时出土汉印证之，汉代不用纯金印，最多用涂金印，御史大夫章西安汉城遗址曾出一方，系铜质并非银质。至于二千石以上之卿官，如奉常、太仆、卫尉、大鸿胪、大司农、水衡都尉、长水校尉、京兆尹等，皆出过铜印，并非银质，亦不涂银。《百官表》所云可能为汉初制度，后来铸印不一定遵照制度。又半通式印，仅见于扬子《法言》及仲长统《昌言》，为低级官吏所用，亦

为本表所未详。又文官及侯印多铸字,武官印多刻字,然文官因仓猝需要,亦有用刻字者。《外戚·赵皇后传》"成帝欲拜左将军孔光为丞相,已刻侯印书赞"是也。

附录一　西汉盐铁工服等官

西汉各郡国盐铁官工官等,散见于《地理志》注。钱大昭《汉书辨疑》始加以汇总收集,虽为郡国官,其系统不属于郡国,与《百官表》有不可分割之关系。兹就钱氏所录,搜罗新材料加以补充注解。《续汉书·百官志》云:"其郡国盐铁官,随事广狭,置令长及丞,职如县道。"知东汉郡国各官制度,仍是因袭西汉也。

盐官　《地理志》有安邑、太原、晋阳、巫、堂阳、章武、千乘郡、都昌、寿光、曲成、东牟、㡉、昌阳、当利、海曲、计斤、长广、海盐、临邛、南安、连然、朐忍、陇西郡、三水、弋居、独乐、龟兹、富昌、沃壄、成宜、楼烦、泉州、海阳、平郭、番禺、高要等三十六郡县,又雁门、沃阳有盐泽长丞。直按:盐官有长(见《王尊传》)。有左右丞(见《封泥考略》卷四、四十八页,有"椠盐左丞"封泥。《十钟山房印举》举二、八页,有"海右盐丞"印。《齐鲁封泥集存》二十三页,有"琅玡左盐"封泥。西安汉城遗址出土有"琅玡左盐"印,李道生藏)。其组织约略可见。属吏今可考者,有盐官有秩,见《隶续》卷十一《严举碑》阴。

铁官　《地理志》有郑、夏阳、雍、漆、恒农、黾池、宜阳、安邑、皮氏、平阳、绛、大陵、隆虑、河南、阳城、西平、宛、皖、山阳郡、沛、武安、都乡、涿郡、千乘郡、东平陵、历城、嬴、临菑、东牟、琅玡郡、下邳、朐、盐渎、堂邑、桂阳郡、泂阳、临邛、武阳、南安、陇西郡、渔阳、夕阳、平郭、北平、郁秩、莒、东平、鲁、彭城、广陵等五十郡县。直按:铁官有长(见《齐鲁封泥集存》十三页,"齐铁官长"封泥),有丞(见同书十一页,"齐铁官丞"封泥),有铸长(见《汉印文字徵》第十四、二页,"齐铸长印"),有采铁(见《续封泥考略》卷三、三十五页,"临菑采铁"封泥),有铁官半印(见《续封泥考略》卷二、二十三页,"铁官"封泥),有冶府（见同书卷三、八页，"冶府"封泥）。又按：郡国盐铁官，由太守任免。《王尊传》云："太守察廉，补辽西盐官长。"《隶释》卷四《汉青衣尉赵孟麟羊竇道碑》云"蜀郡太守召补铁官长"是也。

工官 《地理志》有怀、河南、阳翟、宛、东平陵、泰山郡、奉高、广汉郡、雒、成都等十郡县。直按：河南工官，主要在造兵器，见《汉金文录》卷六、二十九页，河内工官弩机，兼造一部分漆器。广汉郡、成都主要造金银器及漆器，见《贡禹传》及《汉代纪年铭漆器图说》。此外《地理志》所不载者，有蜀郡工官，见《汉代纪年铭漆器图说》十五页及《汉金文录》卷四、二页，蜀西工长儋造酒鋗。有子同郡工官，见《汉代纪年铭漆器图说》四十一页（子同即梓潼，王莽所改）。有武都郡工官，见大村西崖《中国美术史》，武都工官所作乘舆黄耳杯。蜀郡各工官长丞掾佐，今可考者，有护工卒史、工官长、工官丞、右丞、掾、史、令史、佐、啬夫九种名称，职位以护工卒史为最高。

服官 《地理志》有襄邑、临菑两县。直按：西汉中期有济陶郡所出之缣最知名，见《盐铁论·本议篇》。是否有服官之设立，在考古材料上，尚无发现。

圃羞官 《地理志》有南海郡。

羞官 《地理志》有交趾郡、羸䣊两郡县。

直按：羞官与圃羞官，皆主进献海错。

发弩官 《地理志》有南郡。直按：《封泥考略》卷四、五十一页，有"南郡发弩"封泥。《十钟山房印举》举二、五十五页，有"发弩"印。五十四页，有"射官"印。

铜官 《地理志》有丹阳郡。直按：汉镜铭云："汉有嘉铜出丹阳。"《续封泥考略》卷二、二十五页，有采铜封泥。此外河东有铜官，《地理志》未载。现存有元康元年河东为汤官造铜鼎（见《小校经阁金文》卷十一、五十六页），汉镫中河东为内者造的尤多，可证河东必有铜官。东汉有河东铜官所造四石弩机，又可证明东汉铜官，是因西汉设置者。

均输官　《地理志》有千乘郡。直按：均输官《地理志》仅列千乘一郡，此外辽东郡（见《封泥考略》卷四、四十二页，有"辽东均长"封泥）与河东郡（见《黄霸传》，官河东均输长）皆有均输官。盖均设在郡治，不设在县治。官吏可考者，有长、有监（见《封泥考略》"辽东均长"条下，吴式芬考引瞿氏《集古官印考证》，有千乘均监印）。

楼船官　《地理志》有卢江郡。

家马官　《地理志》有太原郡。

陂官　《地理志》有九江郡。

湖官　《地理志》有九江郡。

云梦官　《地理志》有江夏郡、西陵、南郡、编四郡县。

直按：陂、湖、云梦三官，当管水族湖沼之利。《再续封泥考略》卷三、十四页，有"云梦之印"封泥，疑为云梦官官署中公用之印。

橘官　《地理志》有朐忍、鱼复两县。直按：橘官《地理志》不载者有严道县。官吏可考者，有长（见《封泥考略》卷六、五十一页，有"严道橘园"封泥），有丞（见同上三十七页），有监（见《续封泥考略》卷二、二十四页，有"橘监"封泥）。又《续封泥考略》卷四、二十九页，有"橘邑丞印"封泥。亡友刘军山藏有"太后橘园"封泥（交错文），疑太后橘园为太后所食汤沐邑，故设橘邑丞管理，与食汤沐一县者不同，《汉旧仪》谓太后汤沐有四十县，所食种类当然繁多，此等情况为文献所未详。又按：杨孚《交州异物志》云（《太平御览》果部引）："交州有橘官，置长一人，秩三百石，主岁贡御监橘。"知西汉贡橘，取之于严道，东汉则取之于交州。又按：西安汉城遗址中出土严道长、严道之印、严道橘园、严道橘丞、橘监等封泥最多。盖严道县在西汉时为罪人流放之地，《史记》淮南厉王徙蜀郡严道是也。严道有铜矿，《邓通传》所谓赐山铸钱是也。再加以有朱橘之贡献，太后之汤沐俱荟集于此县，故官书往来最为繁密也。

金官　《地理志》有桂阳郡。直按：《地理志》豫章郡之鄱阳县，仅注有黄金采，未言设金官。

木官 《地理志》有严道县。直按:近人因多出"严道橘园"封泥,疑木官即橘之误字。余以为《汉书》原注木官之外,另脱落橘官二字,不然朐忍、鱼复两县之橘官,何以不皆误为木官。又按:西安汉城遗址出土有"常山漆园司马"铜印,有界格,文字极古朴,可证西汉常山有漆官,为《地理志》所未载。

附录二 秦楚之际官名

秦楚之际官名,既不因于秦,亦不同于汉,大率用楚制俱多。名称繁琐,朝更夕变,不能据以补秦官,亦不能据以较《汉表》,几乎自成为一种系统。兹略加收集,编为附录之二。

张楚 上柱国(《项籍传》) 将军、护军、左校尉、右校尉(《张耳陈余传》 楚令尹、都尉、中正、司过、涓人(陈胜传》

西楚 上将军(《始皇本纪》) 司徒、令尹、上将、次将、末将、大司马(《项籍传》) 右司马、连尹(《灌婴传》) 左尹(《项籍传》) 大莫敖(《曹参传》) 郎中(《韩信传》) 骑郎(《灌婴传》) 都尉(《陈平传》) 校尉、候司马(《项籍传》) 郡长、爵卿(《陈平传》)

汉 假左丞相、右丞相(《曹参传》) 御史大夫(《项籍传》) 太仆(《夏侯婴传》) 车骑将军(《靳歙传》) 连敖(功臣表》 御史(《任敖传》) 中尉(《曹参传》) 护军中尉(《陈平传》) 中涓(《曹参传》) 中大夫(《灌婴传》) 骑将、右骑将(《傅宽传》) 都尉(《项籍传》) 骑都尉(《靳歙传》) 骑司马、郎中骑、郎中(《项籍传》) 司马、左司马、右司马(《高纪》) 中司马、郎中骑将、郎中柱下令(《樊哙传》) 河南将军、游击将军、郎骑将军(《功臣表》) 长铍都尉(《功臣表》) 特将(《任敖传》) 弩将、重将、上队将、二队将、三队将、刺客将、城将、卒将(《功臣表》) 西城户将(《樊哙传》) 厩将(《张良传》) 亚将(《陈平传》) 慎将(《樊哙传》) 虎贲令(《周勃传》) 中厩令、执盾、执盾队史、执矛(《功臣表》) 左右校尉(《灌婴传》) 职志(《周昌传》) 门尉(《任敖传》) 十尉(《功臣表》） 户卫(《任敖传》) 塞路、说卫、队卒、队率(《功臣表》) 舍人(《傅宽传》) 谒者、令史(《功臣表》) 骑士、骈邻(《樊哙传》) 执帛(《曹参传》) 执圭(《曹参传》) 国大夫、列大夫、上间(《樊哙传》) 票客(《韩信传》) 客(《陆贾传》) 髳长(《十钟山房印举》举二、四十四页) 锺粟将、左中马将、左马将厩(同书十五页) 童马将厩(拓本) （上述五印，除髳长当属于汉外，其余皆秦楚之际官名，未能确定所属，姑附于此。《说文》髳，汉令有髳长，足证东汉初尚有此官)

齐　相国(《田儋传》) 守相、胶东将军(《曹参传》) 大司马、连尹、亚将、骑将(《灌婴传》)

赵　左丞相、右丞相(《陈余传》) 相国、将军(《曹参传》) 大将军(《陈余传》) 司马、骑将(《靳歙传》) 郎中(《田叔传》) 卫将军、右林羽(《功臣表》)

魏　大将、骑将、步卒将(《高纪》) 太仆(《陈平传》) 五大夫(《傅宽传》)

燕　将军(《功臣表》) 都尉(《栾布传》)

楚(义帝)　将军(《樊哙传》)

代　左相(《灌婴传》) 丞相、大将军、太仆(《樊哙传》) 特将(《灌婴传》) 太卜(《樊哙传》) 守相(《郦商传》) 守(《樊哙传》) 大与(《功臣表》)

九江　丞相(《樊哙传》) 上柱国、左司马、大司马、别将、小将(《灌婴传》)

百官公卿表第七下

高祖十年　中地守宣义为廷尉。一页下

直按:《史记·彭越传》云:"廷尉王恬开奏请族之"，本表不载，仅在高祖五年载王恬开为郎中令。

高祖十一年　卫尉王氏。一页下

　　直按：王卫尉见《萧何传》，注家以为史失其名，不知即姓王名氏也。《汉印文字徵》第十二、十六页，有"蔡氏""丁氏""吕氏""燔氏"诸印可证。又本表文帝二年，有"卫尉足"，足疑即是字之误，氏、是二字古通用，似即王氏复任者。

文帝七年　典客冯敬为御史大夫。三页上

　　直按：《史记·淮南厉王传》，丞相张苍、典客冯敬等议淮南王罪奏疏，有宗正臣逸、廷尉臣贺、中尉臣福三人，皆不见于本表本年。宗正臣逸，疑即景帝三年之德侯刘通，字形相近而误。廷尉臣贺，疑即景帝后元年之郎中令贺。中尉臣福，疑即景帝中元年之廷尉福。

景帝七年　太仆刘舍为御史大夫，三年迁。四页下

　　直按：《史记·汉兴以来将相名臣年表》，景帝六年有御史大夫阳陵侯岑迈，本表不载，又《史表》后元二年六月丁丑，记御史大夫岑迈卒。

景帝中元五年　少府神。四页下

　　直按：汉《赵宽碑》云："文景时有仲况官少府。"本表不载。

武帝建元四年　廷尉迁，廷尉廷。五页下

　　直按：蔡邕《范丹碑》（见《全后汉文》卷七十七）云："汉文景之际，爰自南阳，家于成安，生惠及延，延熹（二字有误）二年，官至司农廷尉，君则其后也。"表文廷尉廷，疑即廷尉延之误字，谓范延也。

武帝天汉元年　济南太守琅邪王卿为御史大夫。八页下

　　直按：钱大昭谓荀悦《汉纪》作王延年，疑延年为正名，王卿为尊称之号。

武帝后元元年　守卫尉不害。九页下

　　直按：疑即天汉四年之左冯翊韩不害。

武帝后元二年　守卫尉遗。九页下

　　直按：疑即征和四年之光禄大夫守少府公孙遗。

后元二年　执金吾郭广意免。九页下

　　直按：《新唐书·宰相世系表》云："华阴郭氏，出自太原，汉有郭亭，亭曾孙光禄大夫广智（智为意之误字），广智生冯翊太守孟儒，子孙徙居冯翊。"又《金石萃编》卷九十二《郭家庙碑》云："代为太原著姓，汉有光禄大夫广意，生孟儒为冯翊太守，子孙始自太原家焉。"《郭家庙碑》为颜真卿撰文，叙述郭氏先世，与《世系表》及本表均合。

昭帝始元五年　军正齐王平子心为廷尉。十页上

　　直按：王平又见于霍光、杜周传，皆作王平。惟《盐铁论·忧边篇》云："故使廷尉评等，问人间所疾苦。"独作王评，与表传不同。

宣帝地节二年　执金吾郑元。十一页上

　　直按：郑元疑即《韩安国传》所举之郑它，为当时名士之一，元它二字，形最相近，此文恐在武帝时，经后人传写，误置于此。

宣帝地节四年　颖川守让为左冯翊。十一页下

　　直按：《列女传》卷五《邰阳友悌传》云："冯翊王让闻之，大其义，复其三子，而表其墓。"当即此人，并可证明让为王让。

宣帝元康二年　执金吾广意。十一页下

　　直按：本表景帝后二年，即见中尉广意，武帝后元二年，又见执金吾郭广意免，前后任官有五十四年之久。郭广意见《燕刺王传》及《元和姓纂》《新唐书·宰相世系表》、颜真卿撰《郭家庙碑》等处。现至宣帝元康二年，再见执金吾广意，又经过二十三年，上溯景帝后二年之初见中尉广意，距离七十七年，似非事实，当为武帝时表文，被后人抄写误移于此。

宣帝元康四年　大中大夫李彊中君守少府。十一页下

　　直按：《王贡两龚鲍传》云："李彊杜陵人。"

宣帝五凤三年　执金吾田听天，三年迁。十二页上

　　直按：《隶释》卷二十《斥彰长田君碑》云："先高祖时，以吏二千石，自齐临菑，徙充关中。（上缺）祖字兴先为执金吾，弟飒渔阳太守。"考西汉田姓为执金吾者，仅田听天一人，碑文之田兴先，当为听

天之字。

宣帝甘露二年　守左冯翊广川相充郎。十二页下

　　直按：元帝初元二年又有大司农充郎，前后系一人。又按：《汉印文字徵》第六、二十五页，有"上官充郎""常充郎"两印，可证本表充郎当为人名，其姓已佚。又《居延汉简释文》一九九页，有"俱起赟王充郎在宜谷"之简文（劳氏误释作充即，今校订）。亦可证充郎之名，在西汉极为普遍。《王莽传》卷上云："公孙戎位在充郎。"谓备充郎位也，则又为命名之取义。

元帝初元二年　守左冯翊延免。十三页上

　　直按：与建昭元年左冯翊郭延疑为一人。

元帝永光元年　侍中中大夫欧阳余为少府。十三页下

　　直按：《居延汉简释文》卷一、五十二页，有"永光四年，太医令下少府中常方，少府余、狱丞延"之记载，与表文正合，惟《儒林传》作欧阳地余。

元帝永光二年　光禄大夫非调为大司农。十三页下

　　直按：《居延汉简释文》卷一、二十一页，有"书到相牛，大司农调，受簿编次"。同卷三十九页，有"守大司农光禄大夫调昧死言，□□以东至西河十一农都尉，官调物钱谷籴"云云各记载。又按：《汉印文字徵》第十一、十九页，有"非当之印"。此两汉非姓之可考者，颜师古注《沟洫志》，谓大司农名非调误也。木简文云"守光禄大夫臣调"，在两汉官牍上，称名不称姓，尤为明注。

成帝建昭三年　七月戊辰，卫尉李延寿为御史大夫，三年卒。十四页上

　　直按：本表有"一姓蘩"三字，盖疑莫能定之辞。《汉印文字徵》第一、十九页，有"蘩延寿印"，疑即此人；蘩与繁通，在汉代繁、番、皮三字音相近，姓相通用。番字篆书作番，李字作李，字形轮廓相似，疑李字为误文。

成帝建始二年　蜀郡太守何寿为廷尉，四年徙。十四页下

　　直按：何寿除见《何武传》外，《后汉书·何敞传》注引《东观汉

纪》云:"何比干生寿,为蜀郡太守。"以下世系极详。

成帝河平二年 北海太守安成范延寿子路为廷尉。八年卒。十四页下

　　直按:范延寿除见《翟方进传》外,《太平御览》卷二百三十一引谢承《后汉书》云:"范延寿宣帝时为廷尉,时燕赵之间,有三男共娶一妻,生四子,长各求离别,争财分子,至闻于县,县不能决断,谳之于廷尉,于是延寿决之。以为诳绝人伦,比之禽兽生子,属其母以子并侍母,尸三男于市,奏免郡太守等,无师化之道,天子可其奏。"此事亦见《风俗通》,惟两书以为宣帝时人,则为误文。

成帝永始二年 信都太守长安宗正子泄为京兆尹。十六页上

　　直按:宗正为姓,子泄为名,《元和姓纂》卷一有宗正氏。子泄为长安人,疑本为刘氏,因官宗正而得姓。

成帝永始三年 河内太守杜陵庞真稺孙为冯翊,三年迁。十六页上

　　直按:《陶斋吉金录》卷五、二十五页,有寿成室鼎文云:"元延二年,少府真为内者造。"少府真当即庞真,与表文正合。据本表元延元年,庞真迁为少府,绥和二年迁为廷尉,又为长信少府。《全后汉文》卷十四桓谭《新论》辑本云"九江太守庞真,栎县令高受祭社鳌生牛肉二十斤"云云。庞真在内调左冯翊之先,盖曾官九江、河内二郡太守,本表与《新论》互有详略。

哀帝建平元年 大司农梁相为廷尉。七页下

　　直按:《金石索・石六》一〇七页,有"建平廷尉书"反文塼,盖梁相亦善书者。

平帝元始三年 尚书令颍川锺元宁君为大理。十九页上

　　直按:元始四年又有京兆尹锺义,两锺虽无考,必为颍川长社人。《后汉书・锺皓传》所谓世为颍川著姓是也。

平帝元始五年 大鸿胪左咸。十九页上

　　直按:左咸见《儒林・颜安乐传》及《后汉书・独行・谯玄传》。

平帝元始五年 太仆恽为光禄勋。十九页上

　　直按:本表元寿二年长乐卫尉王恽子敬为太仆,五年迁,王恽当

为任恽之误字,见《后汉书·独行·谯玄传》。

古今人表第八

柏益(上中)。八页上

　　直按:本表伯字皆作柏,与《汉开母庙石阙铭》伯鲧作柏鲧,武梁祠画像韩伯瑜作柏瑜正同,此沿用战国时之古文,其他汉碑伯仲之伯,甚少作柏者。

楚熊罕(下上)。十六页上

　　直按:王先谦谓罕当为咢,考汉碑书咢字有作罕者,如《隶释》卷十一《杨淮表纪》"举孝廉西鄂长"是也。有作咢者,如同书同卷《绥民校尉熊君碑》"临朝謇鄂"是也。皆为东汉时隶体之变化,固无定式,王氏所云固未谙当时分隶情形也。

老子(中上)。二十八页下

　　直按:周寿昌注:"唐天宝元年诏,《汉书·古今人表》玄元皇帝升入上圣。宋徽宗诏,《史记·老子传》升列传之首,自为一帙。《前汉·古今人表》列于上圣,后来各本俱遵之。惟毛本列第四,犹存《汉书》原式。"王先谦《补注》云:"官本列上上。"杨树达《汉书窥管》云:"宋景祐本列中上。"考《隶释》卷三《老子铭》云:"班固以老子绝圣,弃知礼为乱首,与仲尼道违。述《汉书·古今人表》,检以法度,抑而下之,老子与楚子西同科,材不及孙卿孟轲,二者之论殊矣。"子西在《古今人表》为中上,则老子亦在中上,列于第四等。碑文为边韶所撰,在东汉中叶时,《古今人表》中老子位置如此,与后来景祐本、毛本均同。

番君(中上)。三十八页下

　　直按:番君与尹文子并列,时代在屈原略前,决非如旧说所指之长沙王吴芮,疑即《史记·赵世家》之番吾君。

軵子　聚子(中中)。三十八页下

　　直按:钱大昕谓"疑即治《春秋》之夹氏、邹氏"。盖軵为夹一声之转,汉代軵姓尚多,不见夹姓。现出土者,有"軵少孺""軵舍之"等四印(见《汉印文字徵》第十四、七页)。班固撰书时,易夹为軵,盖从当时通用之姓氏。聚即爝字,为邹字假借,钱说是也。颜师古注聚为古聚字者,因颜涿鄹或作颜涿邹,二字声音相近,颜氏之说,亦未可全非。

志

律历志第一上

故删其伪辞,取正义著于篇。一页下

直按:齐召南曰:"《风俗通义》引刘歆《锺律书》当亦指此。"考《风俗通》引文见《御览》卷六百六十五,与《隋书·牛宏传》引刘歆《锺律书》,完全相同,又散见《风俗通·声音篇》。

其传曰,黄帝之所作也。三页下

直按:传谓书传,王先谦解作古说相传如此似误。

职在内官,廷尉掌之。十页上

直按:内官属宗正,似与廷尉无涉。然廷尉属官,仅有正、监、平,无长丞之官,故职虽在内官,兼因法度所起,而由廷尉掌管之。

职在太仓,大司农掌之。十一页上

直按:《小校经阁金文》卷十二、六页,有建武十一年造大司农平合。又同卷三页,有光和二年大司农斛,与本文均合。然大司农掌量斛,不拘定皆由大司农造量斛。如西汉左冯翊造有谷口铜甬(见《薛氏钟鼎款识》卷十八、四至六页),万年县造有官斗(见《汉金文录》卷三、五页),余道造有官量(见《小校经阁金文》卷十二、二页),雒阳市平造有量器之类是也(见同书卷十三、七十二页)。

遂诏卿、遂、迁,与侍郎尊,大典星射姓等。十六页下

直按:汉代有以射为姓者,《续百家姓谱》五页,有"射望""射閎"两印。有以姓为名者,《汉印文字徵》第十二、十二页,有"刘姓""朱姓""屠免姓"三印可证。

方士唐都,巴郡落下闳与焉。十七页上

直按:《太平御览》卷十六引《益部耆旧传》曰:"巴郡落下闳,汉武帝时改《颛顼历》,更作《太初历》,曰:后八百年,此历差一日,当有圣人定之。"又《御览》卷二引《益部耆旧传》曰:"汉武帝时,落下闳明晓天文,于地中转浑天,定时节。"

诏下主历使者鲜于妄人,诘问寿王不服。十八页上

直按:《外戚传》宣帝之外祖母,亦名王妄人。

寿王言化益为天子代禹。十九页上

直按:周寿昌曰:"伯益称化益,见《易·井卦》,《经典释文》引《世本》及《吕览·求人篇》。"考伯益之伯字,篆书作𦣻,经竹简朽蠹,可能变为化字,因伪为化益,在最初某书中,有此情况,后遂讹误相沿。

律历志第一下

乙巳孟,楚元年。十五页下

直按:此为刘歆原文,楚元年者为高祖少弟楚元王交封国之纪年。西汉王国、侯国,皆各自纪年,如《梁孝王传》之通历十一年,《淮南子》之淮南元年,赵二十二年群臣上寿刻石(见《八琼室金石补正》卷二),五凤二年鲁州四年刻石(见《金石萃编》汉一),鲁六年北陛刻石是也(北京大学历史系藏)。刘歆为楚元王之后裔,故独标楚元王之纪年。

礼乐志第二

与律令同录,臧于理官。 七页下

  直按:《隶释》卷六《武斑碑》云:"勋臧王府。"以臧为藏,与本文同,为东汉时通用之隶体假借字。

太祝迎神于庙门,奏《嘉至》。 十一页下

  直按:《嘉至》及《永至》皆为乐章之篇名,《小校经阁金文》卷十三、三十八页,有建平二年四时嘉至摇钟(《攗古录》石文另著录有四时嘉至摇钟,与此不同文)。《书道》卷三、二至三页,有绥和二年四时嘉至锡壶。《雪堂藏古器物簿》二十八页,有四时嘉至玉磬。综合观之,嘉至为四时嘉至之简称,亦秦汉人之习俗语。

孝武庙奏《盛德》《文始》《四时》《五行》之舞。 十二页上

  直按:《御览》卷五百七十四引《通礼义纂》云:"汉兴拜陵,食举奏《文始》《五行》之舞。"

都荔遂芳,窅窊桂华。 十五页上

  臣瓒曰:《茂陵中书》歌《都姵》《桂英》《美芳》《鼓行》。

  直按:李慈铭以为都姵即都荔是也,桂英、美芳,即下文二篇之标题,鼓行谓鼓乐以歌曲。又臣瓒所引《茂陵书》,或称《茂陵中书》,二者当为一书,或衍中字。

九重开,灵之旂。 十六页下

  直按:以斿为游,与《考工记》龙旂九斿相同。石经《论语》残字,子游作子斿,皆与本文相合。

左仓龙,右白虎。 十六页下

  直按:左仓龙,右白虎,亦见《董贤传》。又按:《澂秋馆吉金图录》六十四页,有尚方镜铭云:"尚方御镜大毋伤,左龙右虎辟不祥,朱鸟玄武顺阴阳。"在汉镜汉瓦中,龙虎朱雀玄武,谓之四灵,最为普遍(上述镜铭,仅举一例)。此歌盖亦用当时之习俗语。

海内安宁,兴文匽武。十七页下

　　直按:《隶释》卷一《韩勑礼器碑》阴有河南匽师题名,以匽为偃,与本文同。

《青阳》三,邹子乐。十八页上

　　直按:邹子乐疑邹忌所传之乐谱。

天马徕,出泉水,虎脊雨,化若鬼。二十一页上

　　直按:《汉铙歌十八曲·君马黄》云:"君马黄,臣马苍,二马同逐臣马良,易之有骓蔡有赭。"与本诗为同一时期歌赞天马之作品。易之作占之解,蔡作卜筮解,骓为浅黑色之马,赭为马汗流沫如赭色。本诗之化若鬼,即《君马黄》"易之有骓"之省文。本诗上句"霑赤汗,沫流赭",即《君马黄》"蔡有赭"之互证。详拙著《汉铙歌十八曲新解》篇中。

大朱涂广,夷石为堂。二十一页下

　　直按:《隶释》卷四《周憬功勋铭》云:"行旅语于涂陆。"以涂为塗,与本文同。

宫童效异,披图案谍。二十三页下

　　直按:宫童,谓汾阴宫中之童也,而《郊祀志》则云为汾阴巫锦所发现者,与此记载不同。又按:《隶释》卷一《尧庙碑》云"刊碑勒谍",即牒之假借字,与本文同。

沈沈四塞,假狄合处。二十三页下

　　直按:《隶释》卷二《西岳华山庙碑》云:"思登假之道。"以假为遐,与本诗同,为东汉时通用之隶体假借字(汉碑中如杨统、武斑、繁阳令杨君碑,皆以假为遐,兹仅举一例)。

神之揄,临坛宇。二十四页上

　　颜师古曰:揄,引也。

　　直按:揄为愉之假借字,谓愉乐也。

殊翁杂,五采文。二十五页下

　　孟康曰:翁,雁颈也。

直按:翁,凫翁也。《急就篇》云:"春草鸡翘凫翁濯。"言赤雁之文采与凫翁杂文有异也。

而内有掖庭材人,外有上林乐府,皆以郑声施于朝廷。二十七页上

　　直按:《艺文志》歌诗类有《诏赐中山靖王子哙及孺子妾冰未央材人歌诗》四篇,与本文掖庭材人正合,乐府令属少府,上林令属水衡都尉,有八丞十二尉,疑有一部分管理音乐事,今不可考。

楚严鼓员一人。二十八页下

　　直按:楚严谓楚声卞急。

兹邡鼓员三人。二十八页下

　　直按:《史记·楚世家》云:"楚肃王四年,蜀伐楚,取兹方。"《正义》引《古今地名》云:"荆州松滋县,古鸠兹地,即兹方是也(《六国表》亦同)。"当即本文之兹邡。王先谦谓兹方即汁邡,兹汁双声,其说甚误,且汁邡从无假借作兹邡者。

长乐鼓员十三人。二十九页上

　　直按:长乐宫有钟室,见《韩信传》,盖有部分音乐,故设鼓员。

诏随常从倡十六人。二十九页下

　　直按:倡属于黄门令,上文有常从倡三十人,此加诏随二字,盖巡幸时之随从。

铫四会员十二人。二十九页下

　　直按:铫疑跳字假借,《说文》:"跳,蹶也。"为舞蹈之乐,前后所叙皆为国名之乐,此为变例。

师学百四十二人,其七十二人,给大官挏马酒。二十九页下

　　直按:师学为学徒之乐人,大官主造酒,挏马主治马乳。

大凡八百二十九人,其三百八十八人不可罢,可领属太乐,其四百四十一人,不应经法,或郑卫之声皆可罢。二十九页下

　　直按:《居延汉简释文》五六三页,有简文云:"丞相、大司空奏可省减罢条。"当即指此事,与本志完全符合。惟本志作丞相孔光、大司马何武,《百官表》元寿元年七月丙午,御史大夫孔光为丞相,汜乡侯

何武为御史大夫,御史大夫在哀帝时改为大司空,孔光、何武奏罢乐府,当即在是年,何武本传亦未言官大司马,居延木简作大司空是也(《哀帝纪》系罢减乐府事,在绥和二年六月,纪、传、志三者各有异同)。

刑法志第三

夫人宵天地之貌。一页上

颜师古曰:貌,古貌字。

直按:《说文》:"皃或作貌。"《隶释》卷三《严䜣碑》云:"棠棠容貌。"与本文同,为东汉时通行之隶体字。

魏氏武卒,衣三属之甲,操十二石之弩。六页上

直按:汉代弩机射击力至多以十石为止。《贞松堂集古遗文续编》有白马十石弩机,其余在居延汉简中皆标明四石至六石不等,《汉书》此段系用《荀子》原文,所谓十二石之弩,盖战国时之利器。

墨者使守门。九页下

颜师古曰:墨,黥也,凿其面以墨涅之也。黥面之人,不妨禁卫也。

直按:《敦煌汉简校文》一一五页,有简文云:"右肩左黔,皆四岁京。"汉代黥刑,本刻字涂墨在面,简文独云右肩左黔,盖在隐藏之处,人不易见,当然比黥面刑为轻,黥后仍须要作苦四岁,故云皆四岁黥,黥刑或在肩,亦为《汉书》所未详。

遂下令曰,制诏御史。十三页上

直按:《汉书》所记制诏丞相御史或制诏御史,皆指御史大夫而言,非指御史大夫属官之御史也。又按:此文帝十三年除肉刑之诏书。《居延汉简释文》卷四、二十页,有简文云:"前三年十二月辛巳下,凡九十一字。"又云:"孝文皇帝五年十一月壬寅下,凡三十八字。"又云:"(制)曰可,孝文皇帝三年,十月庚辰下。凡六十六字。"三诏校

以字数及年月,皆为《刑法志》所未载。律令每条统计字数,恐刀笔之吏,舞文弄法,私自增减,此点亦为汉律所未详。

及罪人欲改行为善,而道亡繇至,于盛德,臣等所不及也。十三页下

  直按:于与乌通,于盛德应读为句,于赫盛德,赞美之词。

满三岁为鬼薪白粲。十四页上

  直按:鬼薪为秦代刑名,汉因之。《史记·秦始皇本纪》云:"九年嫪毐舍人,轻者为鬼薪。"秦二十五年造上郡戈,有"工鬼薪戠"之题名(见《金文续考》四十页)。

食货志第四上

今一夫挟五口,治田百亩,岁收亩一石半,为粟百五十石。除十一之税十五石,余百三十五石。食人月一石半,五人终岁为粟九十石,余有四十五石,石三十,为钱千三百五十,除社闾尝新春秋之祠,用钱三百,余千五十。衣人率用钱三百,五人终岁用千五百,不足四百五十。不幸疾病死丧之费,及上赋敛,又未与此。六页上下

  直按:志文所记,皆是大斗,以食人月一石半,可以知之。汉代小斗一斗,折合大斗六升。居延汉木简记载给发戍卒每月口粮,大率为小斗三石三斗三升少,大斗每月则为二石。《盐铁论·散不足篇》所云"十五斗粟,当丁男半月之食",则指小斗而言。农夫每人每年种田约二十亩与《赵充国传》、敦煌所出魏晋时张金、梁襄木简均相符合(见《流沙坠简·考释》卷二《戍役类》三十一页)。汉代米粟价平均每石百钱左近,志文以每石三十计,是按低价计算。汉代一石仅合现时二斗,志文以每亩一石半计算,则为三斗半,可见产量相当之低(《汉书》本段文字实记汉事,夹叙在李悝事内)。下文晁错奏疏谓"百亩之收不过百石",所说产量则更低。又按:春秋祠费须用钱三百。汉人最重社祭,蔡邕有《陈留东昏库上里社碑》,山东博物馆藏有《汉梧台里社碑》额,《三国志·魏书·董卓传》记载杀戮城阳祭祀时

民众,皆为明证。戍卒在边郡,对于祭社亦照常举行。如《居延汉简释文》卷三、三十五页,有祭社用品简文云:"对祠社,鸡一,黍米一斗,稷米一斗,酒二升,盐少半升。"可以与志文相参证。又按:衣人率用钱三百,汉代一匹布,长四丈,只可做成人一件长袍,每匹布价,通常在三百钱左右,志文是按最低之标准计算(校布一匹,值二百九十,见《居延汉简释文》卷三、七十四页)。

坏井田,开仟伯。七页上

直按:《隶释》卷十七《丁鲂碑》云:"□流畴伯。"以伯为陌,与本文同,与《萧望之传》以闽佰为界,东汉各买地券仟佰字,亦无不相同。

犹未足以澹其欲也。七页下

颜师古曰:澹,古赡字也。

直按:《隶释》卷五《张纳功德叙》云:"恤澹冻馁。"以澹为赡,与本文同,为东汉时通常之隶体假借字。

凡米石五千,人相食,死者过半。七页下

直按:《食货志》下文有"汉兴以为秦钱重难用,更令民铸荚钱,米至石万钱"。本文言米石五千,价只半数,盖米价之贵,一由于年荒,二由于榆荚半两名实不符。

岁恶不入,请卖爵子。九页上

直按:《惠帝纪》云:"民有罪,得买爵三十级以免死罪。"应劭注云:"一级直钱二千,凡为六万,若今赎罪入三十匹缣矣。"应注之一级二千,为买爵赎罪之价。又成帝鸿嘉三年,"令吏民得买爵,爵级千钱"。此入钱官府买爵之价。人民互相买卖之爵,则不知其价。下文晁错疏云:"令民入粟边六百石,爵上造,稍增至四千石为五大夫,万二千石为大庶长。"此入谷官府买爵之价。上造为第二级民爵,即须六百石粟,每石通常以百钱计算,合六万钱,则爵价甚贵,与赎罪之买爵二千,相差有三十倍。人民互相买卖之爵价,似当以《成帝纪》为标准。

今法律贱商人，商人已富贵矣。十一页下

　　直按：《高祖纪》八年云："贾人毋得衣锦绣绮縠絺纻罽，操兵乘骑马。"汉初贱商，法令极严，但在人民思想方面，仍然重视商贾，汉镜铭有"贾人大富长子孙"（见《古镜图录》卷上、一页）。熹平二年镜，有"宜古市"铭文（见《博古图》卷二十八、八页，十二辰镜）。又汉印有"富贵成，泉金盈，贾市利，日将赢"及"巨八千万"各印（拓本），皆为两汉人民重商之表示。

贯朽而不可校。十三页下

　　直按：贯谓以绳穿之，然在汉人墓葬中，或以木条为贯者，非常例也。

居官者以为姓号。十四页上

　　如淳曰：《货殖传》仓氏庾氏是也。

　　直按：《王嘉传》云："孝文时吏民居官者，或长子孙，以官为氏，仓氏库氏，则仓库吏之后也。"王嘉此奏文不啻西汉人为《史记·平准书》之注解，比如淳注为胜。又按：《汉印文字徵》第五、十二页，有"仓嘉私印"，盖即以仓为氏之例。

故其诗曰，或芸或芋。十六页上

　　直按：《诗·小雅》芋作秄，《隶释》卷三《三公山碑》云："或耘或芋。"与本文同。

令命家田，三辅公田，又教边郡及居延城。十六页下

　　直按：赵过代田法推行至居延城，据发现之木简来推断，始于昭帝始元二年，距武帝后元二年相隔两年，还可能时期略早。《居延汉简释文》卷二、七十二页，有简文云："入糜小石十石五斗，始元二年十一月戊戌朔，戊戌，第二亭长舒，受代田仓临，建都丞延寿临。"又同卷六十四页，有简文云："□十五石，始元二年十二月丁卯朔，丁卯，第二亭长舒，受代田仓丞临，建都丞临光。"又同页有简文云："入糜十四石五斗，始元二年正月丁酉朔，丁酉，第二亭长舒，受代田仓临光。"又同卷六十八页，有简文云："入糜十五石，始元三年六月甲子朔，甲子，第

二坞长舒,受代田仓临,建都丞临。"又同卷七十页,有简文云:"始元五年二月甲申朔,丙戌,第二亭长舒,受代田仓临光。"在始元五年以后,即不见有代田仓之简文,其法渐以懈弛。又按:志文所云家田,两汉列侯称家,盖指列侯之田而言。

食货志第四下

卒铸大钱,文曰宝货。二页下

  直按:《古泉汇》利集卷一,有"赒四货""赒六货"等圆钱,即旧称之宝货,实为战国时制作,非周景王所铸之大钱,此文献相承谬误之记载。

汉兴以为秦钱重难用,更令民铸荚钱。三页上

  直按:西汉初期,汉廷只有直辖十五郡,其余皆分封诸王。十五郡之中,仅蜀郡严道是产铜地区。考西汉产铜最丰富者,主要在丹阳郡,属于吴王濞范围。疑汉廷因铜料缺乏而铸荚钱,不得已托辞因秦钱太重而改铸也。现荚钱最大者,直径公分一点二厘,最小者零点八厘,可能有私铸者夹杂其中,荚钱铜范,亦与出土最大者之钱,轮廓相符。

法使天下公得顾租,铸铜锡为钱。三页下

  直按:钱大昭疑锡字为衍文。然《王莽传》叙铸钱"殽以连锡"。铜钱中必用锡为合金之剂,原文锡字,并非衍文。

法钱不立。四页上

  直按:贾谊所谓法钱者,即是权钱,类于后代天平所用之法码。清代中叶以后,西安汉城遗址中屡有法钱出土,从前有认为秦代铸造者,一则咸阳不出土,二则文字多参用古隶书(如第九、逢贤等字)。钱文多圆孔,所以别于当时通用之方孔钱(以钱之形式发展而论,圆孔在先,方孔在后)。故定为文帝时贾谊建议之法钱。此钱文有三种形式:一是第几,二是第几重几两,三是第几重几铢。属于第一类者,有"第一""第四""第七""第九""第十""第十一""第十六""第十

七""第十八""第十九""第二十三""第二十八"等十二品。属于第二类者,有"第一重四两""第五重四两""第九重四两"等三品。属于第三类者,有"重一两十二铢""重一两十三铢""重一两十四铢"等三品(以上各泉,皆分见于《古泉汇》《古泉大辞典》)。以上所述,皆是西汉初期法钱之可考者。志文谓文帝不听贾谊法钱之建议,现出土法钱既如许之多,《史》《汉》记载,或有遗漏。而重一两十二铢之钱,与重一两十四铢之钱,大小轻重均相等,可见法钱制度,并未完善(详见拙著《两汉手工业研究》中铸钱手工业一篇)。

于是大司农陈臧钱经用,赋税既竭,不足以奉战士。七页上

直按:《隶释》卷三《孙叔敖碑》云:"聚臧于山。"以臧为藏,与志文同,为东汉时通常之隶体省文。

请置赏官,名曰武功爵。七页上

直按:《高惠功臣表》灌婴,"元康四年婴曾孙长安官首匿诏复家"。官首为武功爵之第五级。又陆量侯须无,"元康四年无曾孙郦阳秉铎圣诏复家"。秉铎为武功爵之第六级。杨仆官千夫,则为武功爵之第七级,此武功爵受爵人名之可考者。武功爵制度之废除,当在宣帝元康以后。又臣瓒注引《茂陵中书》,十级曰政戾庶长,《史记集解》《汉书音义》以政戾非嘉名,均作左庶长非也。汉二十级侯爵既有左庶长之名,何能混淆不分,政戾者或为政苾之同音假借字也。

而奸或盗摩钱质而取铅。九页下

直按:《隶释》卷十七《州辅碑》云:"所谓摩而不磷。"以摩为磨,与本文同,为东汉时通用之隶体假借字。

又造银锡白金,以为天用莫如龙,地用莫如马,人用莫如龟,故白金三品。其一曰重八两圜之,其文龙,名白撰,直三千。二曰以重差小方之,其文马,直五百。三曰复小椭之,其文龟,直三百。十页上

直按:《古泉汇》卷三、一页,有"良金一铢""良金四铢"钱牌。李佐贤云:"遍体云龙文,疑是汉武帝白金三品之龙文。"但系铜质,制作不合,未能确定。

顾募民自给费,因官器作鬻盐,官与牢盆。十一页上

直按:《隶释》卷三有汉巴官铁盆铭云:"巴官三百五十斤,永平七年,第二十七西。"又卷十四,有汉修官二铁盆款识云:"二十五石,二十年,修官作,二十五石。"洪氏考为建武二十年制作。上述两铁盆,即志文所说之煮盐牢盆。牢盆二字,向无确解,疑为坚实牢固之意,与汉代陶器上之"真上牢",漆器铭文上之"用作牢"相同。

以致富羡,役利细民。十一页上

直按:谓利用人民充役吏。《史记·平准书》《盐铁论》及本文三处皆同,有人以意改作役制细民非也。

敢私铸铁器鬻盐者钛左趾。十一页上

直按:《居延汉简释文》卷一、八十五页,有简文云:"坚年苑(疑太仆所属边郡六牧师苑令三十六苑之一)。髡钳鈇左右止,大奴冯宣,年廿七八岁(下略)。"志文仅云私铸铁器煮盐钛左趾,未言钛左右趾,只有臣瓒注文帝以钛左右趾易刖刑,与简文相合。

非吏比者、三老、北边骑士,轺车一算。十一页下

直按:两汉三老,在政治上名称是吏,实际又不纯属于吏,当时功令称为非吏比者,最为确当(北边骑士,因有乘障守燧之劳苦,故与三老同享有减算缗钱之优待)。余昔撰有《汉代三老在政治上特殊地位》一文,兹摘要于下:汉承秦制,县下有乡,乡下有亭,亭下有里,县有令长,亭有亭长,里有里正,乡独无乡长名称,而以三老、啬夫、游徼三人组成(《百官表》三老下有有秩,乡户五千则设有秩,以代啬夫)。三老是领袖,其职位等于乡长,其身份不类似县长之属官,其职权有时超出县令长之上。在文献中已见有三老不少之权威,在金石刻辞中更显出三老特殊之地位,兹先从《史记》中研究三老权威建立之开始。卷一百二十六《滑稽列传》,褚先生附西门豹事略云:"魏文侯时西门豹为邺令,豹往到邺,会长老问之,民所疾苦,长老曰,苦为河伯娶妇,以故贫,豹问其故,对曰,邺三老、廷掾,常岁赋敛百姓,收取其钱,得钱百万,用其二三十万,为河伯娶妇,与巫祝共分其余钱持归。

……西门豹曰,至为河伯娶妇时,顾三老、巫祝、父兄送女河上,幸来告语之,吾亦往送女,皆曰诺。至其时西门豹往会之河上,三老、官属、豪长者、里父老皆会。……烦三老为入白之,复投三老河中。"从此段完整文字之记载,知三老在一乡,借迷信敛财,牺牲人民,与豪长分赃,可谓十足之恶霸。魏国之三老设于战国初年,秦国之三老,尚不知开始于何时。既然汉承秦制,则秦国在乡官中设立三老,必有一段悠久之历史。乡官中固属以三老为最尊,作恶亦以三老为最甚。如新城三老说高祖为义帝发丧,壶关三老上书讼戾太子之冤,是三老直接参与政治。白马三老上书言王尊在东郡有守堤之功,是三老兼可以干涉河渠水利。外以掌教化为名,上可以闻国政,下可以愚乡曲,或大或小,无施不可,真是两汉突出之政治制度。再看东汉各歌功颂德碑中,大而颂三公者,中而颂刺史太守者,下而颂县令长及处士者,而颂乡官的则专歌颂三老,不闻有歌颂啬夫、游徼者,足证三老的身份,不能与其他乡官并论。第一谈《董三老忌字讳日记》,董三老是董子仪,名见《后汉书·任延传》,石刻中叙三老"德业赫烈"。第二谈阳三老食堂题字,为延平元年所刻,叙"鲁北乡侯阳三老,自思贫居乡里,不在朝廷,又无经学"云云(以上两石,均见《古石抱守录》)。第三谈《三老掾赵宽碑》,为光和三年所刻,石刻中叙"时令兰芳,以宽宿德,谒请端首,优号三老,师而不臣。于是乃听讼理怨,教诲后生,百有余人,皆成俊乂"。根据这三种石刻史料,推断到三老可以管诉讼,掌刑狱,司教育,并且可以封侯食邑,可谓网罗万象,包括巨细了。

复次,《金石萃编》卷十八《曹全碑》阴,第一名是处士岐茂,第二名是县三老商量,第三名是乡三老司马集,以下为博士祭酒等人名,而乡啬夫之题名在第二排,游徼且无题名。碑文中叙三老商量与合阳令曹全复兴县政事,可见三老之身份远在乡啬夫之上。又潍县陈氏藏汉"君车石刻画像",及其他汉石刻画像,均画游徼车,很少画啬夫车,绝无画三老车者,更可证明县令长视游徼为当然属吏,视啬夫已高一等,视三老已如《赵宽碑》所说师而不臣地位了。又按:《金石索》卷五《玺印之属》，有"汉三老信印""万岁单三老"两印文，知道三老且有官印，形式正方，与普通半通之印章不同。啬夫、游徼并未见有出土印文，三种乡官虽平列，其位置不可同日而语。

郡国铸钱，民多奸铸，钱多轻。而公卿请令京师，铸官赤仄，一当五，赋官用非赤仄不得行。十三页下

应劭曰：（赤仄）所谓子绀钱也。如淳曰：以赤铜为其郭也，今钱郭见有赤者，不知作法云何也。

直按：汉代半两五铢各钱，皆完全用红铜铸造。边轮与钱肉，并无区别，注家解赤仄，钱谱家著录赤仄，皆谓以赤铜为郭，是支离其辞。赤仄钱必然有之，是我辈所未解，不能以普通五铢钱，即泛指为赤仄。又《高惠功臣表》虫达之孙皇柔，"元鼎二年，坐为汝南太守知民不用赤侧钱为赋为鬼薪"。颜师古注，"时并令以充赋，而汝南不遵诏令"。似赤侧一当五，专用以充赋税及官用者。又按：《居延汉简释文》二七六页，有残简文云："□□官赤㡭南候长□付二十。"赤下为钱字残文，余昔考为兑付赤仄钱之简文，盖至西汉中晚期，此钱尚有存者。又《释文》二〇页有简文云："元康元年十二月辛丑朔，壬寅，东部候长长生敢言之，候官官移太守府所移河南都尉书曰，诏所名捕，及伪铸盗贼，凡未得者牛延寿、高建等二十四犗。"（下略）此为捕铸伪钱之官书，可以与本文"民多奸铸"参考。可见自武帝元狩五年，上林三官统一铸造五铢钱以后，盗铸之风至宣帝时仍然未息。简文之二十四犗，即二十四豪，人数众多，观其踪迹，不仅是仿铸铜钱，实兼含有农民起义性质。

于是悉禁郡国毋铸钱，专令上林三官铸钱，既多，而令天下非三官钱不得行，诸郡国前所铸钱，皆废销之，输入其铜三官。十三页下

直按：郡国所铸钱，包括各王国所铸钱在内。吴县蒋伯斧曾得"高柳四铢""临菑四铢""阳丘四铢""驪四铢""东阿四铢""宜阳四铢""临朐四铢""姑幕四铢"共八品。皆出于齐地，钱形或方或圆，字型或阴文或阳文，并无定式（以上各钱，见《古泉大辞典》下编补遗、五

一七页，四铢条下）。余昔据《地理志》考证，临菑、临朐皆属齐郡，阳丘、骊县皆属济南郡，东阿属东郡，姑幕属琅玡郡，高柳属代郡，宜阳属弘农郡，地名大多数皆属于齐地，因定为汉初齐国仿用四铢名称自铸之钱。又定海方氏藏有"兰陵四铢""东安四铢""高阳四铢""上蔡四铢""高密四铢""市四铢""临四铢"（市为某大市省文，临为临菑省文）"丞相三铢""丞相四铢"等钱。皆为文景至武帝初期各国所自铸。又《善斋吉金录·泉录》卷三、八十七至九十一页，著录四铢钱共一百零一个，皆为济南整批出土，有仅四铢二字者，有加以临菑、淳于、骊、丞相地名或官名者，余谓亦为齐国自铸之钱，与蒋氏所藏体例完全相同。志文所谓悉禁郡国毋铸钱，及郡国前所铸钱皆废销之，皆指上述四铢等类钱而言。又按：上林三官铸钱，自魏代张晏及清代齐召南，皆指为钟官、均输、辩铜三令丞。余考为钟官、技巧、辩铜三令丞。衡官令可能协助一部分，详见《百官表》水衡都尉条。

初大农幹盐铁官，布多，置水衡欲以主盐铁。 十四页上

直按：《武帝纪》元狩四年初算缗钱，臣瓒注引《茂陵书》一段，与本文完全相同。惟作故置水衡欲以主盐铁，比本文多一故字，文较顺畅（《茂陵书》不知成于何时，本段文字是否为引自《史记·平准书》，还是与《平准书》同据一档案，现在尚不能断定）。又《宣帝纪》本始二年，晋灼注引《食货志》，亦作故置水衡欲以主盐铁，知晋以后《汉书》各本皆脱落故字（《史记·平准书》独无故字）。又官布多，旧注皆解为官府钱布众多，然武帝时无布之名，应作郡国分布盐铁官甚多解。官字属上句，布多为一句。

乃大修昆明池，列馆环之，治楼船高十余丈，旗织加其上，甚壮。 十四页下

直按：昆明池故址在今西安枣园村以南马王村、客省庄一带。虽淤为田亩，低洼之痕迹犹能显见，存有牵牛、织女二石像及石鲸石刻，头部已损缺。西安汉城曾出土有楼船将军印，又《汉印文字徵》第十二、十六页，有"弋船候印"封泥，皆可资参考。《御览》卷六十七引《三辅故事》云："汉武帝作昆明池，崩后于池中养鱼，以给诸陵祠，付

长安市。池有二石人,如牵牛织女像。"

河东守不意行至,不辨自杀。十五页上

　　直按:《项羽传》云:"项梁常为主辨。"《隶释》卷十九《魏大飨碑》云:"戎备素辨。"皆以辨为办,与本文同,为汉魏时通常之隶体假借字。宋祁拟改作不办,是未明汉人假借之义。

及当驰道县,县治宫储设共具。十五页下

　　直按:驰道县亦见《周勃传》,为秦汉人之习俗语,犹今人之称沿铁路线县也。共为供字省文,犹汉铜器之称共厨共府。

乃请置大农部丞数十人,分部主郡国,各往往置均输盐铁官。十七页上

　　直按:均输官今可考者,有千乘、辽东、河东三郡,盖仅郡国有之,详见《百官表》大司农条。西汉设盐官者有三十六郡县,设铁官者有五十郡县,详见《百官表》附录一。关于均输官共有几郡国,尚未敢确定。又按:《越绝书》卷二云:"吴两仓春申君所造,西仓名曰均输。"据此均输之名,在战国末期已有之。

一岁之中,太仓、甘泉仓满边余谷。十七页下

　　直按:甘泉有仓长,见《张敞传》。《九章算术·均输篇》皆为上林运输至太仓算题,可见内郡及边郡调来之谷,及人民入粟补吏、入粟赎罪之粟,皆交纳上林,不直接入太仓。

自孝武元狩五年,三官初铸五铢钱,至平帝元始中,成钱二百八十亿万余云。十九页上

　　直按:以现在出土之五铢钱范,有纪年题字而论,始于昭帝元凤四年,止于成帝永始三年,上不见武帝,下不见哀、平年号,当在未发现之列。余昔著有《西汉陶钱范纪年著录表》(刊载在《西北大学学报》创刊号)。节录大概如下:属于昭帝元凤四年造者有两种,元凤六年造者有四种。宣帝本始元年造者有三种,本始三年造者有三种,本始四年造者有四种。地节二年造者有一种,地节四年造者有一种。元康二年造者有一种,元康三年造者有二种。神爵元年造者有三种,神爵二年造者有三种,神爵四年造者有五种。五凤元年造者有一种,

五凤三年造者有一种。甘露元年造者有二种。元帝永光五年造者有二种。建昭五年造者有二种。成帝永始二年造者有一种。其中以宣帝时铸造为最多。又按：西汉铸钱遗址现今在西安西北未央乡直北五华里之向家巷。

王莽居摄变汉制，以周钱有子母相权，于是更造大钱，径寸二分，重十二铢，文曰大钱五十。又造契刀、错刀。契刀其环如大钱，身形如刀，长二寸，文曰契刀五百。错刀以黄金错其文，曰一刀直五千，与五铢钱凡四品并行。十九页上

直按：上述莽钱，关中地带出土不绝，契刀应作栔刀，一刀直五千，应作一刀平五千，此为《汉书》传写之误字，清代治古泉学者言之已详。大泉五十与五铢大小相等，钱边较五铢为宽，志文所称重十二铢，已合半两，与实际情况不符，殆约略言之。契刀用公分来计算，大者七点三厘，小者七点一厘。错刀均七点三厘。张衡《四愁诗》云"美人赠我金错刀"，即指此刀而言，足证在东汉时已甚珍视。此外还铸有"五铢一泉"一种，大如小泉直一，只见钱范，未见实物（见《关中秦汉陶录》卷四）。其价值当一钱，所以形制特小。又有小五铢一种，亦疑为王莽居摄时所造。又按：大泉五十钱，在东汉时砖文刻石上，往往摹文，并不禁忌。王廉生藏有大侯玉英画像刻石，列有大泉五十钱文，《专门名家》二集有大泉五十及五铢钱文砖。吴兴沈氏藏有大泉五十及五铢钱文酒檽残陶片。一直到陈代天嘉元年砖，尚摹用大泉五十钱文（见《专门名家》二集）。

（王）莽即真，以为书劉字有金刀，乃罢错刀、契刀及五铢钱，而更作金银龟贝钱布之品，名曰宝货。小钱径六分重一铢，文曰小钱直一。次七分三铢，曰幺钱一十。次八分五铢，曰幼钱二十。次九分七铢，曰中钱三十。次一寸九铢，曰壮钱四十。因前大钱五十，是为钱货六品，直各如其文。十九页上下

直按：志文各钱字，皆当作泉字，此后代传写之误。汉代钱泉二字，虽可通假，使用时尚有区别。东汉各碑阴记出钱数字（《张迁碑》

为代表规律),及叙事中涉及钱字者,皆作钱无作泉者。居延木简记载账目,亦皆作钱无作泉者,只有王莽时之几笔账,改写作"泉几百"。盖因莽钱制度很乱,记账者不能不加以区别。

黄金重一斤,直钱万。朱提银重八两为一流,直一千五百八十。它银一流直千,是为银货二品。十九页下

　　直按:黄金一斤直钱万(即十千),每两合六百二十五钱。他银一流直一千,每两合一百二十五钱,金价比银价恰巧贵五倍。

元龟岠冉长尺二寸,直二千一百六十,为大贝十朋。公龟九寸,直五百,为壮贝十朋。侯龟七寸以上直三百,为幺贝十朋。子龟五寸以上直百,为小贝十朋。是为龟宝四品。大贝四寸八分以上,二枚为一朋,直二百一十六。壮贝三寸六分以上,二枚为一朋,直五十。幺贝二寸四分以上,二枚为一朋,直三十。小贝寸二分以上,二枚为一朋,直十。不盈寸二分,漏度不得为朋,率枚直钱三。十九页下至二十页上

　　直按:龟宝类,元龟每枚直二百一十六,公龟每枚直五十,侯龟每枚直三十,子龟每枚直一十。贝货类,大贝每枚直一百零八,壮贝每枚直二十五,幺贝每枚直十五,小贝每枚直五钱。漏度之贝,每枚直三钱。综合言之,贝货二枚为一朋,每枚单价,相当于龟宝每枚单价之一半。贝货一朋,相当于龟宝一枚之全价。同等之龟宝一枚,等于贝货二枚。同等之龟宝一朋,相当于贝货十朋。龟贝两货,恐未发行,不然自宋以来,从未见有出土者(宋以来各钱谱,有以意图绘龟贝货者,不足为据)。又按:龟宝一朋,直二千一百六十。银价半斤,为一千五百八十,一斤则为三千一百六十。与龟宝、贝货奇零尾数,皆为一百六十或一十六,何以取义此奇零数,则未解也。

大布、次布、弟布、壮布、中布、差布、厚布、幼布、幺布、小布。小布长寸五分,重十五铢,文曰小布一百。自小布以上各相长一分,相重一铢,文各为其布名,直各加一百。上至大布,长二寸四分,重一两而直千钱矣,是为布货十品。二十页上

　　直按:王莽十布,均见《古泉汇》利三、十至十二页,现用公分计算

如下:小布一百,直径三点二厘。幺布二百,直径三点八厘。幼布三百,直径三点九五厘。厚布四百,直径四点零厘。差布五百,直径四点零厘。中布六百,直径四点五厘。壮布七百,直径四点六五厘。弟布八百,直径五点一厘。次布九百,直径五点三厘。大布黄千,直径五点五厘。与志文所云,每布各相长一分,相重一铢者,并不完全适合。因厚布与差布,直径二者相同。可能铸造既多,刻范时对于长度,亦不能如规定之准确。定海方氏藏有大布黄千一品,形制绝大,恐非正用品。又按:厚布应为序布,已见于杨树达先生《汉书窥管》。大布黄千,黄为横字省文,读如衡字,衡千谓当千也。

凡宝货,五物,六名,二十八品。二十页下

直按:钱货六品,金货一品,银货二品,龟宝四品,贝货五品,布货十品,凡二十八品。钱、金银、龟、贝、布谓之五物,金银分作二品,谓之六名。

《乐语》有五均。二十一页下

邓展曰:《乐语》,《乐元语》。

直按:马氏《玉函山房辑佚书》,有《乐元经》辑本,多引自《白虎通德论·礼乐篇》。

给工器薪樵之费。二十三页下

直按:殿本作丁器,义虽可通,然汉代工匠或工器二字,皆为连文习俗语,作丁器非也。

百姓俞病。二十三页下

直按:《隶释》卷九《繁阳令杨君碑》云:"名问俞高。"以俞为愈,与本文同。

(天凤元年)罢大小钱,改作货布,长二寸五分,广一寸,首长八分有奇,广八分,其圜好径二分半,足枝长八分,间广二分,其文右曰货,左曰布,重二十五铢,直货泉二十五。货泉径一寸重五铢,文右曰货,左曰泉,枚直一,与货布二品并行。二十四页上下

直按:货布各部分,现用公分计算如下:通常之品,直径五点八

厘,首长二点零厘,首宽一点八厘,圆穿直径零点六五厘,足枝直径三点八厘,足宽零点九厘,间广零点五厘。王莽各钱铸造,以大泉五十、货布、货泉三种最多,以出土之数量,可以证明。在一九三七年左右,西安三桥镇直北五华里好汉庙地方,曾出土王莽陶钱范一大坑。余所见者,有小泉直一、幺泉一十、中泉三十、壮泉四十、大泉五十、契刀五百、一刀平五千、小布一百、壮布七百、弟布八百、次布九百、大布黄千、货泉、货布等范,另出左作货泉等陶片一百余片,余另辑有《左作集拓》一卷。各陶片中亦以左作货泉及左作为多,可证货泉铸造数量之大。又按:西安汉城遗址曾出"新币十一铢"一品,武进陶氏所藏,铸造时期可能在大泉五十之后。又出"国宝金匮直万"铜牌,扬州张丹斧所藏,疑为莽时镇库之钱,非正用品也。

复五铢钱,与天下更始。二十五页下

直按:《簠斋吉金录》范二十四,有建武五铢范,背有文云:"建武十七年三月丙申,太仆监掾苍,考工令通,丞或,令史凤,工周仪造。"建武十六年始铸五铢钱,钱范即成于开铸之次年,在建武十六年以前所用之货币,大宗当为货泉与大泉五十,不过大泉五十当贬价与货泉每枚同值一钱。

郊祀志第五上

湫渊祠朝那。十二页上

直按:《诅楚文》凡三,曰久湫,曰巫咸,曰亚驼。久湫在朝那,因其地有湫渊祠,故刻石于此(《诅楚文》见《金石索·石索一》四十一页)。

木寓龙一驷。十三页下

直按:《史记》作木禺,长沙出土楚简作墨,本文作寓,皆偶字之假借也。李奇注,训寓寄也,盖未达古文假借之字义。

上有故铜器,问少君,少君曰,此器齐桓公十年,陈于柏寝。 十八页下

　　直按:蔡邕《铭论》:"汉获齐侯宝樽于槐里。"疑即指此。

使黄腄史宽舒受其方。 十九页下

　　直按:黄腄二县名连称,为秦汉人之习俗语,即黄腄间人之义。姓史名宽舒,有人解作黄腄之令史非也。汉代无宽姓,只有郑姓(见咸阳所出之咸里郑夫陶器,现藏陕西省博物馆)。西汉人名舒者皆二字,无单名舒者,如董仲舒、吕步舒、王温舒、王后乘舒之类,下至魏时曹仓舒,仍沿用此例。《汉印文字徵》附录、六页,有"黄宽郜印",正取宽舒为名。

天神贵者泰一。 十九页下

　　直按:《秦汉瓦当文字》十六页,有"泰灵嘉神"瓦当,盖泰一祠中之物。

而海上燕齐之间,莫不搤掔,而自言有禁方能神仙矣。 二十四页下

　　直按:《簠斋藏古目》卷二,有"天符地节"印。《十钟山房印举》举二、六十三页,有"天帝神师""天帝使者""黄神使者"印。《封泥考略》卷七、四十四页,有"天间四通"印。《汉印文字徵》第一、一页,有"天地煞鬼"印。汉城遗址出土有"黄神""中黄神"两印,疑皆武帝时或武帝以后,方士所用之印。

以山下户凡三百,封崈高为之奉邑。 三十一页上

　　直按:《隶释》卷六《袁良碑》云:"勉崈协同。"变崇为崈,与本文同。

天子至梁父,礼祠地主。 三十一页下

　　直按:《御览》卷八引《汉武故事》云:"上幸梁父祠地主,其日山上有白云,又闻呼万岁声,封禅之后上肃然,白云为盖。"

礼毕,天子独与侍中奉车子侯上泰山。 三十一页下

　　直按:《御览》卷一百九十四引《汉武故事》云:"上自封禅后,祀高祖于明堂以配天,还作高陵馆。"

郊祀志第五下

粤人勇之,乃言粤人俗鬼。一页上

　　直按:《十钟山房印举》举二、六十三页,有"黄神越章"及"黄神越章,天帝神印"。越与粤通,疑粤方士勇之之徒所用。《抱朴子》载佩黄神符用以入山,未言及越章也。

甘泉则作益寿延寿馆。一页下

　　直按:宋代黄伯思《东观余论》卷二云:"武帝因公孙卿言仙人好楼居,于是令长安作飞廉桂观,甘泉作益寿延寿馆。颜师古注,'益寿延寿二馆也'。《史记》作益延寿观,而近年雍耀间耕夫,有得古瓦,其首作益延寿三字,字画奇古,即此观当时瓦也。"《史记·封禅书》作益延寿观,《索隐》引《汉武故事》云:"作延寿观,高二十丈。"《三辅黄图》并同,以瓦文证之,《史记》原文最正确,《汉书》则衍寿字,《故事》及《黄图》则脱益字。《汉书》之衍寿字,盖自唐时已然。又按:益延寿瓦,乾隆时曾出一面,翁方纲著录于《两汉金石记》。光绪初吴清卿在秦中又得一面,著录于《愙斋砖瓦录》,后归南陵徐氏藏(罗氏《秦汉瓦当文字》卷一、十四页所摹刻者,即为吴藏)。余在西安亦见有两面,一完整,一残缺,与《东观余论》记载均合,各瓦均出一范。又见有"益延寿宫瓦",盖观、馆、宫三字名异实同。又见有益延寿大方砖,旁分四虎画像,亦极雄伟(见《关中秦汉陶录》卷四)。

其令天下尊祠灵星焉。一页下

　　直按:《御览》卷五百三十三引《三辅故事》云:"汉灵星祠,在长安城东十里。"

北至琅玡并海上。二页上

　　直按:《御览》卷一百七十七引伏滔《地记》云:"琅玡台东南十里有郎山,秦始皇二十八年至琅玡,大乐之,留三月,作琅玡台,亦孤山也,汉武帝亦登此台。"又卷四十六引《汉武故事》云"帝斋七日,遣栾宾将男女数十人,至君山,得酒欲服之"云云,栾宾为方士,或栾大之族人。

立神明台、井干楼,高五十丈,辇道相属焉。 三页下

　　直按:《御览》卷一百七十四引《汉宫殿名》,作"神明台高五丈"。本文颜师古注亦引此书,作高五十丈,与《御览》所引不同。

颇作诗歌。 六页上

　　直按:《汉铙歌十八曲·上陵》云:"甘露初二年,芝生铜池中,仙人下来饮,延寿千万岁。"当为宣帝时作品,与本文所叙时代正同。

是岁衡、谭复条奏长安厨官、县官,给祠郡国候神方士使者,所祠凡六百八十三所。 十二页下

　　直按:《百官表》京兆尹属官有长安厨令,或称为长安共厨,见《薛氏钟鼎款识》卷十八、十页,孝成庙鼎。本文称长安厨官,三者名异实同。

候神方士使者,副佐本草待诏七十余人皆归家。 十三页上

　　直按:候神方士使者为一官名,副佐本草待诏又一官名。上文有"是岁衡、谭复条奏长安厨官、县官,给祠郡国候神方士使者,所祠凡六百八十三所"可证。颜师古注直称本草待诏,是隐以副佐二字连读上句,恐误。

又雍大雨,坏平阳宫垣。 十七页上

　　直按:阮氏《积古斋钟鼎款识》卷九、五页,有平阳封宫铜器。与《三辅黄图》《史记·秦本纪》均合,盖秦宫至汉代犹存者。

起八风台于宫中,台成万金。 二十三页上

　　直按:《金石萃编》卷二十二,有"八风寿存当"瓦当,盖即八风台之遗物,至今汉城内犹有出土者。

天文志第六

(太岁)在酉曰作诺。 十四页下

　　直按:《隶释》卷二《殽阮祠碑》云:"作诺之岁。"以作诺假借为作

噩，与本文正同。

讹言诚然。二十一页下

　　直按：以上皆二句为韵，两句一换韵，此又在一句中以言然两字为韵，极为变化。

孝昭始元中，汉宦者梁成恢，及燕王候星者吴莫如。二十八页下

　　直按：梁成复姓，名恢，吴兴沈氏藏有梁成国印可证。又《汉印文字徵》第一、二十二页，有苏莫如、甄莫如、田莫如三印。《儒林传》有毛莫如，知西汉人以莫如为通常之命名。

后流星下燕万载宫极东去。二十九页上

　　李奇曰：极，屋梁也。三辅间名为极。或曰极栋也，三辅间名栋为极，寻栋东去也，延笃谓之堂前阑楯也。

　　直按：全部《汉书》注中引有东汉延笃之说者，计有二条。除本条文外，《酷吏·减宣传》叙"齐有徐勃，燕赵之间，有坚卢范主之属，大群自数千人，擅自号，攻城邑，取库兵，释死罪"云云。邓展注曰："延笃读坚曰甄。"又见于《史记》者有一条，《高祖纪》云："高祖为亭长时，常告归之田。"《索隐》引韦昭注云："告请归乞假也，音告语之告，《战国策》曰，'商君告归'。延笃以为告归今之归宁也（韦昭之注当为《汉书》之注，应见于晋灼之《汉书音义》、臣瓒之《汉书集解音义》、蔡谟之《汉书集解》三书之中，此三书在唐时俱存）。"又按：司马贞《史记索隐》后序云："古今为注者绝省，音义亦希，后汉延笃乃有《音义》一卷，又别有《音隐》五卷，不记作者何人，近代鲜有二家之本。"司马贞谓延笃著《史记音义》在唐时已不见原书，盖亦根据传闻之辞。不知延笃所注在《史记音义》之外，另有《汉书音义》。因《高祖纪》之告归之田，《减宣传》之坚卢，虽亦见于《史记》，而《天文志》之流星下燕万载宫，则为《汉书》记载昭帝时事。足证延笃所注，别有《汉书音义》。转引延笃《汉书》注之三家，邓展为三国魏初人（见《三国志·魏书·文帝纪》裴注引《典论》自序及《汉书·叙例》）。韦昭为三国吴时人，李奇为西晋初人，此后即不见征引。延笃原书之亡佚，当在

西晋末永嘉之乱,所谓不过江之书籍也,司马贞去西晋已远,仅据传闻而已。又按:《后汉书》卷九十四《延笃传》云:"笃字叔坚,南阳犨人(《隶释》卷十七《州辅碑》阴,亦有延笃之题名)。桓帝时以博士徵拜议郎,与朱穆、边韶,共著作东观,后遭党事禁锢,永康元年(公元一六七年)卒。"又云:"笃论解经传,多所驳正,后儒服虔等,以为折中。所著诗、论、铭、书、表、教令,凡二十篇。"延笃著《汉书音义》,不见于本传。笃官于桓帝时,卒于灵帝初年,时代较服虔为早,故本传称为后儒服虔。服虔之注《汉书》,亦可能受延笃之影响。世人但知《汉书》之注,始于服虔、应劭,现在当提前开始于桓帝时之延笃(惠琳《一切经音义》引有胡广《汉书》注,实为《汉官解诂》之胡公注)。

牂柯太守立捕杀歜。三十二页下

直按:立谓陈立也。陈立字少兴,官不韦令、连然长、金城司马、牂柯太守,终于天水太守,见《西南夷传》及《华阳国志》卷十二《士女目录》(世传陈立告夜郎王刻石,则为伪作)。此句自来无注,一般人多误解为牂柯太守立即捕杀夜郎王歜。

五行志第七上

永始四年四月癸未,长乐宫临华殿,及未央宫东司马门灾。十七页下

直按:长乐宫有临华殿,与《三辅黄图》相合。又按:《薛氏钟鼎款识》卷二十、二页,有林华观行镫,五凤二年造。临林同音,疑即本文之临华殿。

五行志第七中之上

不得独异史记。三页上

颜师古曰:此志凡称史记者,皆谓司马迁所撰也。

直按:齐召南谓史记指《国语》,驳颜注是也。司马迁之《史记》

在班固时尚称《太史公书》,至桓灵时始改称《史记》,说详拙著《太史公书名考》。

其封婕妤父丞相少史王禁为阳平侯,位特进。十三页下

　　直按:《汉旧仪》云:"武帝元狩六年,丞相吏员三百八十二人,史二十人,秩四百石。少史八十人,秩三百石。"又按:丞相史见《薛氏钟鼎款识》卷十九、二至三页,丞相府漏壶,此丞相属官史与少史可考者。

天汉元年发适民。二十八页上

　　直按:《流沙坠简·考释·戍役类》二十二页,有残简文云"燧缺敬代适卒郭囗令遣诣署录囗囗(上下俱缺)",王国维先生考为谪戍之卒,与本文正合。盖秦汉时戍卒,大半以谪发,武帝太初元年,发天下谪戍征大宛;天汉元年,发谪戍戍五原,四年发天下七科谪及勇敢士伐匈奴,盖因正卒及戍卒不足,为一时权宜之计,非定制也。

过河阳主作乐。三十页上

　　直按:《外戚传》云:"孝成赵皇后,本长安宫人,属阳阿主家学歌舞,号曰飞燕。"与本文作河阳主不同,注家多以河阳为阳阿之误字,然西安汉城遗址出土有"真河阳"及"河阳第一"陶器残片(见《关中秦汉陶录》卷一)。河阳当为长安附近乡亭之名,在西汉时以善制陶器著名者。河阳主食汤沐于此,亦为近理,现尚不能直断河阳为阳阿之误字。

支断其母戚夫人手足,榱其眼以为人彘。三十二页上

　　直按:榱当为矅字之假借,《史记·刺客传》云:"秦皇帝惜其善击筑,重赦之,乃矅其目。"与本文正合。

五行志第七中之下

泰山山桑谷有戴焚其巢。九页下

　　直按:《左·昭十五年传》云:"以鼓子戴鞮归。"《经典释文》云:

"载本又作鸢。"《梅福传》云:"夫载鹊遭害,则仁鸟增逝。"又按:《隶释》卷三《张公神碑》云:"载鹄勤兮乳徘徊。"皆为鸢字异文。

五行志第七下之上

后迁于蜀,道死雝。 三页下

直按:《汉书》雍字或作雝,与汉铜器写法相同。班固著书时,从材料来源直书,并无定例。如同在《五行志》一卷之中,赵飞燕或作蜚燕是也。又本文亦可作一句读,蜀道谓蜀中严道之省文也。

鼠舞如故,王使夫人以酒脯祠。 七页上

直按:上文作王使吏以酒脯祠,与本文异。是根据材料之来源不同,似不必如王念孙说,夫人二字有误字。

业等收缚考问褒,故公车大谁卒。 二十六页上

直按:大谁卒为公车令之卫士,颜师古注有大谁长,因有卒必有长,盖推测之词。余疑西汉各官署卫士名称不一,公车之有大谁长,等于长乐卫士之有上次士(见《善斋吉金录》卷五,地皇二年铜饭帻)。

五行志第七下之下

君若缀旒,不得举手。 八页上

直按:缀旒即缀斿,盖本于三家诗说。

地理志第八上

随山栞木。 一页上

颜师古曰:栞,古刊字也。

直按:《隶释》卷九《鲁峻碑》云:"博览群书,无物不栞。"以栞为刊,与本文同。

冀州既载,壶口治梁及岐。一页下

直按:《御览》卷四十引《禹贡》云:"既载壶口,治梁及岐。"盖以冀州二字,另为一句,后来陈仁锡等皆依此句读。

长安　王莽曰常安。十一页上

直按:西安汉城遗址出土有"常安鹿氏"瓦,与本文同。又出"常生无极"瓦,知王莽不独长安改作常安,即长生长乐等字,亦在更改之列。

船司空。(京兆)十一页上

直按:《汉印文字徵》第八、十九页,有"船司空丞"封泥(交错文),关于船司空县,在汉代文献记载独少。

蓝田。十一页上

直按:蓝田有鼎湖延寿宫,志文未注。遗址现在蓝田焦岱镇,出土有"鼎胡延寿宫"及"鼎胡延寿保"两种瓦当文字(见《秦汉瓦当文字》卷一、十一页至十三页)。

华阴　(注有)集灵宫,武帝起。十一页上

直按:《隶释》卷二《西岳华山庙碑》云:"武帝修封禅之礼,思登假之道,故立宫其下,宫曰集灵宫,殿曰存仙殿,门曰望仙门。"记载较本志为详。今宫殿遗址在华山下王到村,一九一〇年曾出土有"与华无极""与华相宜"两种瓦当文字。

湖。十一页下

直按:《封泥考略》卷五、一页,有"胡令之印"封泥,省文作胡,与鼎湖作鼎胡正同。

左冯翊。十一页下

直按:《汉印文字徵》第三、十一页,有"左奉翊掾王䜣印"。此私人所用之印,故假奉翊为冯翊。然可推测汉人读冯如奉音。又同书第十、三页,有"左冯翊印章"封泥及"左冯翊丞"印,对于官印,则仍用冯翊字样。

高陵。(左冯翊) 十一页下

  直按：王先谦据《国策》，秦昭王封同母弟显为高陵君，为秦旧县是也。《十钟山房印举》举一，有"高陵车钛"。《善斋吉金录·玺印录》一页，有"高陵司马"秦印均可证。

夏阳。 十二页上

  直按：夏阳有扶荔宫，志文未注。夏阳为今陕西韩城县，扶荔宫遗址在县之芝川镇，本年七月陕西省博物馆在遗址采集砖瓦多种，大方残砖有八品，拼凑成文为"夏阳扶荔宫令壁，与天地无极"十二字。又有"夏阳宫"三字方砖，瓦当有"胅室"二字，余考为水衡都尉属官辑濯令藏行船工具之室。扶荔宫《三辅黄图》云在上林苑中，潘岳《关中记》云在冯翊，皆未知在冯翊之夏阳也。

临晋　故大荔，秦获之更名。 十二页上

  直按：合肥龚氏所藏秦大良造商鞅量，边刻有"临""重泉"两地名，临晋与重泉毗连，疑即临晋之简称。

郃阳。 十二页上

  直按：《列女传》卷五《郃阳友娣传》云："郃阳友娣者，郃阳邑任延寿之女也。"汉代皇后公主所食称邑，旋置旋废，故为本志所未详。又《列女传》同卷称锺离春为齐国无盐邑人，亦同此例。在齐封泥中，所见邑印尤多。

祋祤。 十二页上

  颜师古曰：音丁活反，又音丁外反。

  直按：《居延汉简释文》卷三、四十二页，有简文云："施刑士冯翊带羽掖落里王□。"带羽即祋祤之俗写，可证祋当读为丁外反为是。又按：祤字《说文》所无，《卫青传》作栩，王厚之《集古印谱》，有"祋栩丞印"。《金石录》苍颉庙碑阴，有栎栩候长题名，二字皆写从木，与本文不同（《艺文志》赋家有《别栩阳赋》，庾信《哀江南赋》则称为栩阳亭，疑亭名在祋祤之阳，因而得名）。祤字亦作栩，与汉碑汉印皆同。

襄德。十二页上

直按：《双剑誃吉金图录》卷下、三十二页，有"相邦冉"戟，背有雍、坏、德三字，坏德为怀德之假借字，秦旧县也。

徵。十二页上

直按：《小校经阁金文》卷十一、九十二页，有池阳宫镫云："守属阳，澂邑丞圣，佐博临。"志文作徵，为传写之误字。

槐里　（注）秦更名废丘，有黄山宫。（右扶风）十二页下

直按：《十钟山房印举》举二、四十五页，有"灋丘左尉"印。《攈古录》卷四、四十一页，有"灋丘工同"瓦（花纹瓦当，四字印在瓦筒上）。法与发同音，发为废字之假借（《论语》废中权，郑注发动貌）。盖灋丘即废丘也。潍县陈氏所藏废丘鼎，正作废丘，与志文相合。又按：阮氏《积古斋钟鼎款识》卷九、二十七页，有"黄山第四"镫。《金石萃编》汉十八，有"黄山"宫瓦，皆与志文符合。

鄠。十二页下

直按：杭州邹氏藏有"鄠邑宰从军夜用"甗铍，可证王莽时鄠县未改名，与志文同。

盩厔。十二页下

直按：《小校经阁金文》卷十一、五十页，有盩厔鼎盖，厔字不作厔，王先谦指为俗写作厔非也。

斄。十二页下

直按：斄有车宫，志文未注。见《愙斋集古录》卷二十六、六页，斄车宫鼎。又按：《封泥考略》卷六、十二页，有"斄丞之印"封泥，又杭州邹氏藏有秦代斄小量，斄字均作犛，从牛，与志文不同。

美阳　（注）有高泉宫。十二页下。

直按：《汉金文录》卷一、三十页，有美阳高泉宫鼎。与志文正合。

雍　（注）橐泉宫孝公起，祈年宫惠公起，棫阳宫昭王起。十三页上

直按：《秦汉瓦当文字》卷一、九页，有"橐泉宫当"瓦，凤翔祈年宫遗址出土有"年"字云纹瓦，又传世有"棫阳"云纹瓦，以文字审之，

均为汉物,与志所载秦宫名皆相符合。又《长安获古编》卷二,有汉橐泉宫鼎盖,尤为秦宫汉葺之明证。

漆。十三页上

直按:故宫博物院藏有上郡戈文云:"二十七年上守趞造,漆工师遒,丞恢,工隶臣积。"又《商周金文录遗》,有上郡戈文云:"三年上郡守□造,漆工师□,丞□,工城旦□。"两戈皆为秦物,据此漆县亦为秦之旧县。

栒邑。十三页上

直按:杭州邹氏藏秦八角式权作旬邑,盖省文。但《郊祀志》记张敞所奏鼎文,仍作栒邑。

隃麋。十三页上

直按:《陶斋吉金续录》卷二、三十二页,有隃麋陶陵鼎,先用于隃麋,后用于汧,两县毗连,与本文均合。

陈仓 (注)有羽阳宫,秦武王起也。十三页上

直按:羽阳宫遗址,在今宝鸡东关外火车站对岸,宋时即有羽阳瓦出土,见于《渑水燕谈录》卷八。现出土者有"羽阳临渭""羽阳千岁""羽阳千秋""羽阳万岁"瓦当文四种,均见《秦汉瓦当文字》卷一、二至三页。临渭系偶然出土,发现亦较早,其余三种,皆修筑铁路时一齐出土,将近万片(余在秦中所见有五六十片,各瓦面多不平坦,系大部分为烧废弃置之品)。各瓦以千岁为最多,临渭只出一品,旧说以为秦瓦,实皆汉制,盖秦代遗存宫殿,汉代加以修葺者。羽阳疑雨旸二字之假借,因汉宫飞羽殿,亦作飞雨,是羽雨二字古通之明证。

弘农郡。十三页下

直按:弘农有弘农宫,志文未注。黄县丁氏旧藏有弘农宫铜鼎。未著录(拓本)。

陆浑 春秋迁陆浑戎于此,有关。(弘农)十四页上

直按:《书道》卷二十七、一五〇页,有"陆浑关宰印"。足证王莽时陆浑仍因汉制设关,与志文正合。

安邑。十四页上

　　直按：《汉金文录》卷一、二十七页，有安邑共厨官鼎。

蒲反　（注）有首山祠。十四页上

　　直按：蒲反有首山宫，见于《武纪》及永始四年蒲反首山宫雁足镫，已详上文。此外有迎光宫，志文未注，见于《汉金文录》卷一、十九页，蒲反迎光宫鼎盖。

汾阴。十四页上

　　直按：《薛氏钟鼎款识》卷十八、八至九页，有汾阴宫铜鼎。

闻喜。十四页上

　　直按：汉韩仁铭碑额作闻憙。见《金石萃编》卷十七。

雒阳。（河南）十六页下

　　直按：在西汉时洛阳即作雒阳，从封泥、汉印及《汉书》所存古字中，皆可以得到证明，传说光武时始改洛为雒非也。

荥阳。十六页下

　　直按：《贞松堂集古遗文》卷十三、二十一页，有荥阳宫小锌。又汉代金石刻辞皆作荥阳，无作荥阳者，《汉书》为传写之误字。

平　（注）莽曰治平。十七页上

　　直按：治平当为洽平传抄之误字，见《汉印文字徵》第十一、十一页，又《文物》一九六三年第十一期"洽平马丞印"。

谷成。十七页上

　　直按：《后汉书·郡国志》作谷城，《张迁碑》额亦作谷城，从土之城，盖东汉时所加。《居延汉简释文》一三〇页，有"南书五封"封检，"一封诣谷成、东阿"，简文为王莽时物，亦作谷成，与志文正合（谷成劳氏原误释作教成，今订正）。

开封。十七页上

　　直按：《金石索·金索三》一百九十五，有启封镫，启封盖因避文帝讳改作开封，原名为文献所未详。近出秦云梦简，正作启封。

苑陵。十七页上

　　直按:《续汉书·郡国志》作菀陵,《隶释》卷六《议郎元宾碑》云"考工菀陵",即苑陵隶书之异体。

畔观。(东郡)十七页下

　　直按:《居延汉简释文》卷三、四十三页,有"戍卒东郡畔安成里薪龟"之记载。又《再续封泥考略》卷二、十三页,有"观丞之印"封泥,《地理志》亦无观县,疑其初畔与观各为一县,后合并改称畔观。

聊城。十七页下

　　直按:《隶释》卷十一《刘宽碑》阴题名作聊成。

笵。十七页下

　　直按:王念孙谓"景祐本范字作笵,此古字之仅存者,魏庐江太守《范式碑》额,篆文亦作笵",其说是也。现以出土汉印证之,姓范者皆作笵,姓梁者多作梁,其例不胜枚举。

茌平。十七页下

　　直按:《续汉书·郡国志》作茌平。《隶释》卷六《谒者景君碑》阴,有"济北茌平"。杨叔恭残碑亦作茌平,与志文正合,宋祁谓茌当作茬非也。

襄邑　(注)有服官。十八页上

　　直按:《计然万物录》(马氏《玉函山房辑佚书》本)卷下,有"陈留大匹锦"之记载,盖所称为郡名,其出产地仍为襄邑。左思《魏都赋》所谓"锦绣襄邑,罗绮朝歌"是也。

阳翟。(颍川)十八页下

　　直按:福山王氏藏有"阳翟太守章"封泥,西安汉城亦出同文一方,皆未著录,盖阳翟在武帝时期曾一度置郡。

汝南郡。十九页上

　　直按:《续封泥考略》卷二、二十九页,有"原鹿长印"封泥。又见有"原鹿"镫(六舟拓本,未著录,吴兴沈氏藏,文仅原鹿二字,横列)。《汉书》无原鹿县,《续汉书·郡国志》汝南郡有原鹿侯国,盖仍西汉旧名,而志文未载,当为旋置旋罢之县。

富波。(汝南) 十九页下

　　直按:富波有宛里,见汉城遗址所出铜材题字,文为"汝南富波宛里田戎卖"九字。

女阳。 十九页下

　　直按:《汉袁安碑》作汝南女阳,汝南汝字从水,汝阳汝字不从水,与志文正合。

慎阳。 二十页上

　　直按:西安汉城出土有真阳任氏陶瓮,即慎阳之省文。

新郪。 二十页上

　　应劭曰:秦伐魏取郪丘,汉兴为新郪。

　　直按:王先谦以"《魏策》苏秦说魏,南有新郪,则非汉置之县"。考《小校经阁金文》卷十四、九十页,有秦新郪虎符,据此新郪之名,起于战国时期,王说是也。

雉。(南阳) 二十页下

　　直按:《隶释》卷十七《南阳太守秦颉碑》作雉,盖简字也。

湖阳。 二十一页上

　　直按:《封泥考略》卷六、二十三页,有"胡阳丞印"封泥,省文作胡。

寿春邑。(九江) 二十二页下

　　直按:汉代县国邑道四种名称中,以邑之名,最变化无定。寿春在刘贾及淮南王各传中,从不称邑,本文与庐江郡之湖陵邑,疑皆为元成以来之名。

山阳郡。 二十三页上

　　直按:山阳郡故为昌邑国,所载各县与居延木简所记戍卒山阳郡之籍贯,颇有出入。如《居延汉简释文》卷三、四十二页,有简文云:"昌邑国樊郭东里□。(下缺)"《地理志》樊属东平国。又卷三、四十二页,有简文云:"田卒昌邑国西邭西夜里□。"三十八页,有简文云:

"昌邑国东䣉西安里丁囗。"东䣉、西䣉二县,皆不见于《地理志》。

橐。(山阳) 二十三页上

直按:《居延汉简释文》卷三、四十二页,有两简文云:"田卒昌邑国䂖成里公士公丘异。""田卒昌邑国䂖灵里公士朱广年二十四。"疑䂖即橐字之简写,从石存其声,从邑存其义。

济阴郡 (注)故梁,景帝中六年,别为济阴国。宣帝甘露二年更名。 二十三页下

直按:《居延汉简释文》四五三页,有简文云:"戍卒济陶郡定陶故里贾广年廿五。"居延全部木简戍卒名籍中,称济陶郡者有六简,称济阴郡者有四简。济陶郡当为济阴郡之初名,建置时代当在宣帝甘露二年以前,本志漏注。又按:《盐铁论·本议篇》云:"吏之所入,非独齐陶之缣,蜀汉之布也。"《通典》卷十一、《文献通考》卷二十引此文均作济陶之缣,可证在昭帝始元六年时本名济陶郡,盖济陶以产缣出名,今本《盐铁论》作齐陶则为误字,洪颐煊改为齐阿,是从字形校正,彼时固受条件之限制也(说详拙著《居延汉简解要》)。

酇 (注)莽曰赞治。(沛) 二十四页上

直按:《隶释》卷七《杨统碑》阴,有"故吏赞陈俊"题名。据此赞读本音,与王莽改名相同,与应劭音差异。

即裴。(魏郡) 二十四页下

直按:《说文》作掷裴。《汉印文字徵》第八、十五页,有"掷裴国尉"印,与《说文》相合,知本志为省文。

钜鹿郡。 二十五页上

直按:《尹宙碑》云:"分赵地为钜鏕。"鹿字从金,亦为他碑所罕见。

廮陶。(钜鹿) 二十五页上

直按:《隶释》卷七《孔宙碑》阴题名作瘿陶。

鄡。 二十五页上

直按:《汉印文字徵》第六、二十七页,有"鄡丞之印"封泥(原物见

《泥斋封泥影》)。变从鄢为从杲,盖异体也。

㮍题。(清河) 二十六页上

　　颜师古曰:㮍,古莎字。

　　直按:钱大昕谓《说文》无㮍字,当是芯字之伪,《说文》芯读若璅,与莎音相近。考《汉印文字徵》第一、二十一页,有张芯印,万芯□、赵芯两封泥。《说文》虽无芯字,封泥为西汉中晚期物,知当时确有芯字。似不必如钱氏说芯为㮍字之伪。又按:《居延汉简释文》卷二、四十三页,有简文云:"买芯四十束,束四钱,给社。"芯既称束,当即莎字,与颜说相近。王引之谓芯字从心,不得有莎音,当为楚字之讹,其说亦不可从也。㮍题二字不连系,疑为莎隄之假借。

樊舆　(注)莽曰握符。 二十六页下

　　直按:《封泥考略》卷八、二十七页,有"渥符子夫人"封泥,盖即握符之假借。

益昌　(注)莽曰有秩。(涿郡) 二十六页下

　　直按:钱坫谓秩即袠字,《水经注》作秩。余以为盖取义于汉代乡官有秩之名,宋祁改作有杖,更不可通。

勃海郡。 二十六页下

　　直按:《隶释》卷三《孙叔敖碑》作渤海,其他汉碑皆作勃海,与志文同。

高成。(勃海) 二十七页上

　　直按:《恩泽侯表》作高城。《隶释》卷七《鲁峻碑》作高成,与志文合。

楼虚。 二十七页下

　　直按:《续封泥考略》卷三、十五页,有"杨虚丞印"封泥,楼虚疑即杨虚传写之误字。

狄。 二十八页上

　　直按:《再续封泥考略》卷三、十三页,有"狄城之印"封泥,可证《汉志》为简称。

劇。二十九页下

　　直按：《齐鲁封泥集存》三十六页，有"勮丞之印"及"勮丞"两封泥。又《十钟山房印举》举二、四十六页，有"勮右尉印"，劇字皆从力不从刀。但《孔宙碑》阴题名（见《金石萃编》汉七），籍贯属北海劇县者有五人，劇字皆写作从刀，与今本《汉书》合。可证西汉作勮，东汉作劇，《地理志》作劇者，是就当时之写法。

琅玡郡。三十页上

　　直按：《十钟山房印举》举二、四十一页，有"狼玡令印"。琅字假借为狼，与汉堂琅洗写作堂狼相似。

赣榆。（琅玡）三十页下

　　直按：《封泥考略》卷六、二十七页，有"赣揄丞印"封泥。《十钟山房印举》举二、五页，有"赣揄马丞"印，皆作赣揄，与今本作榆异。近出《鲜于璜碑》，亦正作赣揄。

姑幕。三十页下

　　直按：《功臣表》众利侯郝贤下注作姑莫。又按：《齐鲁封泥集存》三十七页，有"姑幕丞印"封泥，则作姑幕为正体。

丽。（琅邪）三十一页上

　　直按：《王子侯表》高密顷王子刘赐，封丽兹侯。又按：《汉印文字徵》第十、五页，有"丽兹则宰"印，为王莽时物，与《侯表》同，疑即志文之丽县。

朐　（注）**秦始皇立石海上，以为东门阙**。（东海）三十一页下

　　直按：王先谦谓阙字为衍文。考《隶释》卷二《汉东海庙碑》云："阙者秦始皇所立，名之秦东门阙，事见《史记》。"与志文完全相同。王氏阙字衍文之说，决不可信。

祝其。三十一页下

　　直按：《隶释》卷十七鲁相谒孔庙残碑，祝其作况基，盖皆假借字，但其字作基，与居摄坟坛题字亦同。

朵犹。（临淮）三十二页上

　　直按：《说文》作舟犹，犹船字或书作舩。

丹徒。（会稽）三十二页下

　　直按：《御览》卷六十六引刘桢《京口记》云："龙目湖，秦王东游观地势，云此有天子气，使赭衣徒凿湖中长冈使断，因改为丹徒。"

丹阳郡。三十三页上

　　直按：《封泥考略》卷三、四十六页，有"丹杨太守章"封泥，作丹杨。而汉镜铭均作"汉有嘉铜出丹阳"，盖假借字。

曲江。（桂阳）三十四页上

　　直按：《隶释》卷四《周憬功勋铭》题名，曲江皆作曲红。卷十一《绥民校尉熊君碑》云"诏书除补桂阳曲红长"亦同。疑曲江为正字，曲红为假借字。

含洭。三十四页上

　　直按：《书道》卷二十七、四十二页，有"含洭宰之印"，含洭王莽未改名，与志文合。

西城。（汉中）三十五页上

　　直按：《隶释》卷四《石门颂》作西成。

钖。三十五页上

　　应劭曰：音阳。

　　直按：《汉印文字徵》第十四、三页，有"钖丞之印"，与志文合。《续汉书·郡国志》已误作锡字。

梓潼　（注）莽曰子同。（广汉）三十五页下

　　直按：《王莽传》作子同。《汉代纪年铭漆器图说》王莽始建国时梓潼工官所造漆器，皆题作子同，均与志文合。

刚氐道。三十五页下

　　直按：《封泥考略》卷五、二十二页，有"刚氐道长"封泥，《长安获古编》有"刚氐右尉"封泥，知本志刚氐为省文。

广都 （注）莽曰就都亭。（蜀郡）三十六页上

　　直按：歙县黄氏藏有"就都亭宰印"，与志文正合。

严道。三十六页上

　　直按：《御览》一百七十六引《蜀记》云："秦灭楚，徙楚严王之族于此，故谓之严道。"然楚庄王在东汉时因避明帝讳，始改称楚严，严道在秦时即有此名，《蜀记》之说非也。

徙。三十六页上

　　颜师古曰：音斯。

　　直按：《封泥考略》卷七、二十三页，有"徙右尉印"封泥。吴式芬考云："印文作徙甚明，似非徙字，疑今本《汉书》有误。"颜注音斯，亦不读为迁徙之徙。

犍为郡。三十六页上

　　直按：汉代金石刻辞犍为皆作楗为，从木不从牛，盖假借字。自隋仁寿四年犍为权始写作犍为，与文献相同（南陵徐氏藏，拓本）。

郁邬。（犍为）三十六页下

　　直按：王念孙谓："郁当作存，《说文》存邬，犍为县，后人因邬字而误加阝也。"《汉印文字征》第六、二十四页，有"存邬右尉"封泥，正作存邬，王说是也。又按：《居延汉简释文》四三六页，有残简文云："囗阝阝桂阳里公士陈囗"，囗阝阝当即存邬，书邬作阝阝，盖俗体也。

朱提。三十六页下

　　直按：汉洗皆作朱䃅，提字从木。而《封泥考略》卷五、三十二页，有"朱提长印"封泥，提字从手，与志文合。

堂琅。三十六页下

　　直按：东汉洗铭多作堂狼，盖假借字。

三绛。三十七页上

　　直按：《汉印文字征》第十三、五页，有"三绛尉印"封泥，与志文合。《续汉书·郡国志》作三缝，为传写之误字。

青蛉。三十七页上

　　直按:《积古斋钟鼎款识》卷九、十七页,有阳嘉四年朔令洗,陆增祥在《八琼室金石补正》中考朔令为青蛉之误释是也。西安汉城遗址曾出土有"越归义蜻蛉长印",知本志作青蛉者为省文,其地与朱提、堂琅,皆产银铜。先考辅卿府君曾语不肖兄弟云:"青蛉当为蜻蛉之省文,堂琅为螳螂之假借,犹巴郡朐忍县,因出朐忍虫而名县也。"现以蜻蛉印文证之,知其说确不可易。

收靡。(益州) 三十七页上

　　直按:《隶释》卷十七《益州太守无名碑》,有"故吏牧靡孙□",碑阴有"故吏牧靡陈汉","故吏牧靡杨□"各题名,可证志文收靡为牧靡之误字。《续汉书·郡国志》及《说文》亦作牧靡。李奇注:"收靡即升麻。"《本草》卷五"升麻生益州山谷中",与李注合。

不韦。三十七页下

　　直按:不韦在秦汉为蜀地,因吕不韦放逐于此,故以名县。不韦疑为不围之省文,《十钟山房印举》举六、七页,有"赵不围"玉印可证。

建伶。三十七页下

　　直按:宋祁所见本作健伶。《汉印文字徵》第八、七页,有"建伶道宰印"。《隶释》卷十七《益州太守无名碑》,有"故吏建伶李□"题名。《说文》亦作建伶,皆与志文同,无作健伶者。

牂柯郡。三十七页下

　　直按:汉碑书牂牁皆作柯,不作牁,如《刘宽碑》阴、《李翊夫人碑》之类皆是,与志文正合。

故且兰。(牂柯) 三十七页下

　　直按:《汉印文字徵》第一、十页,有"故且兰徒丞印",与志文正合。

谈指。三十八页上

　　直按:王鸣盛谓:"南监本作谈拒,《续汉书·郡国志》仍作谈指。"考《汉印文字徵》第三、三页,有"谈指尉印",足证南监本作谈拒者为传写之误字。

朐忍 （注）有橘官。（巴郡）三十八页下

直按：《御览》卷六百六十五引阳孚《异物志》云："橘为树白华而赤实，皮既馨香，裹有美味，交趾有橘官一人，秩三百石，岁出贡御。"西汉橘官以出土封泥考之，其组织有长、丞、监，以阳孚《异物志》所记秩三百石，当指长或丞之秩而言。交趾贡橘虽为东汉事，其秩奉当与西汉大致相近。

地理志第八下

上邽。（陇西）一页下

直按：《善斋吉金录·玺印录》卷中、二页，有"邽印"，当为秦代制作，盖秦代只称邽县，不称上邽。

枹罕。（金城）二页上

直按：《汉印文字徵》第十二、九页，有"抱罕护军长史印"，借抱为枹，其他尚少见。

休屠。二页下

直按：《善斋吉金录·玺印录》卷中、十五页，有"休箸长印"。又《十六金符斋印存》，有"休箸胡佰长印"。休屠皆假借作休箸，与志文不同。

鸾乌。二页下

直按：《居延汉简释文》卷三、四十八页，有"葆鸾鸟大昌里不更李恽"户籍简文，志文作鸾乌，为传写之误字，殿本作鸟是也。

张掖郡 （注）莽曰设屏。二页下

直按：《居延汉简释文》一三〇页，有"南书五封"封检，其一云："诣设屏大尉府。"（设屏劳氏原释作护屏，今订正）。王莽改都尉为大尉，据木简设屏当设有左右两大尉也。

日勒。（张掖）三页上

　　直按：《居延汉简释文》四三三页，有"日勒骑士万岁里孙守"户籍简文，志文作曰勒，为传写之误字。

禄福。（酒泉）三页上

　　直按：《曹全碑》作禄福长，与志文正同。《续汉书·郡国志》作福禄者，为传写之误字。

敦煌郡　（注）莽曰敦德。三页下

　　直按：《流沙坠简·杂事三》，有简文云："丁丑□□大夫武威男并□张掖酒泉文德□□张掖□太尉，下当用者。"又簿书六十，有简文云："入西蒲书二封，其一封文德大尹章，诣大使五威将军莫府。一封文德长史印，诣大使五威将幕府，始建国元年十月辛未日食时，关啬夫□受戍卒赵彭。"据此王莽在始建国元年改敦煌为文德，继又改文德为敦德也。吴县吴氏藏有敦德压戎虎符，与志文同，其改文德，则志文未注。

敦煌　（注）中部都尉治步广候官。三页下

　　直按：《敦煌汉简校文》九十七页，有"地皇上戊元年，敦德步广尉曲，平望塞有秩候长，敦德亭间田东武里五士王参秩庶士"简之记载。又按：《汉印文字徵》第九、十页，有"敦德步广曲候"封泥（引自《澂秋馆封泥》）。皆与志文相合。据简文步广候官，为步广尉之候官，曲为部曲之统称，简印皆王莽时物，候官制度，仍因汉未改。

广至　（注）宜禾都尉治昆仑障。三页下

　　直按：宜禾都尉亦见《汉李禹墓表》（见《金石续编》卷一）。又按：《敦煌汉简校文》十二页，有简文云："宜禾部烽第，广汉第一，美稷第二，昆仑第三，鱼泽第四，宜禾第五。"此为宜禾都尉置烽之简，广汉至宜禾，皆五障之名。

朝那。（安定）四页上

　　应劭曰：《史记》故戎那邑也。

　　直按：《汉书》应服二家注明引《史记》者，共有二见。应劭《风俗

通义》引《史记》，或称为《太史公记》，或称为《史记》，此注直称为《史记》，为《史记》之名称在桓灵时已经确定之又一有力证据。又按：《说文》那从丹，隶变作邦，今俗作那非是。《隶释》卷四李翕《西狭颂》，有"武都丞吕国"等题名，作安定朝邦。《汉印文字徵》第六、二十四页，有"朝邦右尉"印，皆可证邦字已由隶变作邦。

爱得。 四页上

直按：《汉印文字徵》第二、十七页，有"爱得徒丞印"，与志文正合。

灵州 （注）惠帝四年置，有河奇苑、号非苑。（北地）四页下

直按：《百官表》太仆有边郡六牧师苑令丞，六牧师苑钱大昭谓为陇西、天水、安定、北地、上郡、西河六郡是也。考之《地理志》注苑名者，北地郡灵州县有河奇苑、号非苑，归德县有堵苑、白马苑。西河郡鸿门县有天封苑。又《说文》载有骓苑（《说文》骓，苑名，朱骏声《说文通训定声》谓为西汉三十六苑之一）。居延木简载有坚年苑（《居延汉简释文》一七三页，有"坚年苑髡钳铁右右止大奴冯宣"之简文，余亦考坚年苑应为三十六苑名之一）。综言之，六郡牧师苑今可考者仅有两郡，三十六苑之中今可考者仅有七苑。此外《地理志》注有牧师苑官者，有北地郡郁郅县一处。又辽东襄平县亦有牧师官，疑在六郡之外。牧师令有三丞，今可考者有骑丞，详见太仆条下。牧师苑与牧师苑官，有不可分割之关系，至班固撰书时，牧师苑之制度久废，仅就所知者加以记录，故注文或称苑名，或称牧师官名，即此之故。

略畔道。 四页下

直按：汉城出土有"略畔之丞"印，不称道（此印现藏西北大学历史系）。

义渠道 （注）莽曰义沟。四页下

直按：歙县黄氏藏有"义沟道宰印"，与志文正合。

原都。 五页上

直按：《汉印文字徵》第六、二十页，有"原都马丞"印，与志文

高奴　(注)有洧水可䕻。(上郡)五页上

颜师古曰：䕻，古然火字。

直按：《水经注》卷三云："河水南过上郡高奴县，东有清水，《汉书·地理志》谓之洧水，故言高奴县有洧水肥可䕻（以引文观之，《地理志》原注洧水下当脱肥字）。水上有肥，可接取用之。《博物志》称'酒泉延寿县南山出泉水，大如筥，注地为沟，水有肥如肉汁，取著器中，始黄后黑如凝膏，然极明，与膏无异。膏车及水碓甚佳，彼方人谓之石漆'，水肥亦所在有之，非止高奴县洧水也。"《地理志》所记，《博物志》《水经注》所说，皆我国石油矿最早之记载。《博物志》所称酒泉延寿县南山之水肥，似即指今日之玉门油矿也。

䮷虞。五页上

直按：刘青园藏有"䮷虞峙钱"（见《古泉大辞典》十九画）。疑即文帝时各郡国所铸之钱。

圜阴　(注)惠帝五年置，莽曰方阴。五页下

颜师古曰：圜字本作圁，县在圁水之阴，因以为名也。王莽改为方阴，则是当时已误为圜字，今有银州银水即是旧名犹存，但字变耳。

直按：王念孙谓古无圁字，故借圜为之。《十钟山房印举》举二、五十四页，有"圁水"半通印，以文字审之，当为秦末汉初之物，足证古来本有圁字，王氏谓古无圁字，其说则非，借圜为之，其说较师古为胜。

圜阳。五页下

颜师古曰：此县在圁水之阳，圜字即圁字之误。

直按：《石交录》卷三、三页，有"西河圁阳郭季妃之椁"刻字，与左表墓刻同在山西出土。近年绥德五里店出土有"圁阳西乡榆里郭稚文万岁室宅"石刻题字，为永平十五年作品（现藏陕西省历史博物馆）。又《金石索·金索五》七十三页，有王莽时"圁阳宰之印"，皆作圁阳，不作圜阳（圁阳亦见于嵩山少室石阙铭等刻，不再枚举）。盖王

莽以前作圁为本字，东汉以来作圜，为假借字。

渠搜　（注）**中部都尉治，莽曰沟搜。**（朔方）六页上

　　直按：朔方本部，王莽改曰沟搜，此不得同名。王先谦谓当作沟搜亭，志文夺亭字是也。

安陶。（定襄）六页下

　　直按：近日内蒙古大学历史系发掘东郊西汉城址，出现有"安陶丞印""定襄丞印""平城丞印"等封泥，与志文正合。

高柳。（代郡）七页上

　　直按：吴县蒋氏藏有"高柳四铢"方钱，为文景时王国所自铸。又《汉印文字徵》第六、三页，有"高柳塞尉"印，皆与志文相合。

班氏　（注）**秦地图书班氏。**七页上

　　直按：钱大昕谓《地理志》原注引秦图书者，有代郡班氏与琅玡长广是也。至于汉舆图，《武帝纪》臣瓒注及《匡衡传》皆有之。又按：班壹秦汉间居楼烦，以财雄边，见《汉书·叙传》，疑班氏县即因此得名。

卤城　（注）**有虖池。**七页下

　　直按：《封泥考略》卷四、五十四页，有"呼佗塞尉"封泥，呼佗为虖池之假借字。

路。（渔阳）八页上

　　直按：《续汉书·郡国志》作潞，《隶释》卷十一《刘宽碑》阴，有"渔阳路"题名，不作潞，与志文正合。

訕邯。（乐浪）九页下

　　直按：《书道》卷三、二三二至二三四页，有"訕邯长印""长岭长印""增地长印"三封泥，皆与志文相合。

黏蝉。九页下

　　直按：《书道》卷二、一页，有《黏蝉平山君碑》，与志文正合，《续汉书·郡国志》作占蝉盖省文。

提奚。十页上

　　直按：《世界考古学大系》第七册、九十五页，有"提翼长印"封

泥,知今《地理志》作提奚,为传写之误字。

邪头昧。十页上

直按:《书道》卷三、二三四页,有"邪头眯宰印"封泥,志文作昧,盖传写之误。

交止郡。十页下

直按:交趾在两汉金石刻辞中皆写作交阯。例如交阯釜(见《小校经阁金文》卷十三、六十页)、《平都相蒋君碑》及新丰令沈府君两阙皆可证(见《隶释》卷六及卷十三)。

苟扁。(交止)十一页上

直按:段玉裁谓《广韵》作笱扁,从竹不从艸。考汉人从艸之字,多写作从竹。如范之作笵,荀字作筍,苟之作笱之类,此例见于封泥汉印最多。《广韵》之笱扁,为古字之仅存者。

昌武。(胶东国)十三页下

直按:《善斋吉金录·玺印录》卷中、一页,有"昌武君印",为秦代制作,则昌武亦为秦代旧县。

挺。十三页下

直按:《汉印文字徵》第六、六页,有"梃丞"及"梃县左执奸"印(疑为王莽时制作)。挺字皆从木不从手,当以印文为正。

淮阳国。十四页上

直按:《居延汉简释文》卷三、一页,有简文云:"田卒淮阳郡长平业阳里公士皃尊(原误释作甹尊),年二十七。"(其他有淮阳长平名籍者计八见,兹仅举一例)。志文长平属汝南郡,不属淮阳国。淮阳在景帝四年以后,宣帝元康三年以前期间置郡,木简即彼时之物,知当时淮阳郡范围扩大。至宣帝立子钦为淮阳王,复为国时,将所属多县分割于邻近各郡,《地理志》所记,系哀平时情况。又卷三、二十四页,有"田卒淮阳郡嚣堂邑里上造赵德"名籍,《地理志》亦无嚣县。

砀 (注)莽曰节砀。(梁国)十四页上

直按:西安枣园村王莽九庙遗址,经中国科学院考古研究所发

掘,出现有"官工节碭周君长"刻石,莽改碭县为节碭,与志文正合。

东平国　(注)故梁国,景帝中六年,别为济东国,武帝元鼎元年为大河郡,宣帝甘露二年为东平国。十四页下

直按:《居延汉简释文》卷三、三十八页,有简文云:"田卒大河郡平富西里公士昭遂年三十九。庸举里严德年三十九。"又四十页,有简文云:"田卒大河郡东平北社里公士张福年□。"四十四页,有三简文云:"大河郡瑕丘虞不里阳撜。""田卒大河郡任城□昌里公士庄使年□□□年廿四。""田卒大河郡东平陆常里公士吴虞年二十四。"以《地理志》核之,瑕丘属山阳郡,平富则无考。木简为武昭之际物,至宣帝甘露二年复封国时,其疆域与淮阳国同例减小。

汶阳。(鲁国)十五页上

直按:《隶释》卷一《史晨后碑》《韩勑修孔庙礼器碑》题名,皆作文阳。又《再续封泥考略》卷二、四十三页,有"文阳丞印"封泥,亦简写作文阳。

驺。十五页上

直按:吴县蒋氏藏有"驺四铢"方钱,为西汉物。唐河方氏所编《德九藏陶》有"驺"字陶片,为战国时物。王先谦谓周时作邹,汉时作驺之说,未可信也。又《隶续》卷十二《刘宽碑》阴,有"邹长汝南潘俭"题名。更可证邹驺二字,在两汉时通用并无区别。

其田民饮食以笾豆,都邑颇放效,吏及内郡贾人,往往以杯器食。二十八页下

直按:乐浪王盱王光墓中,所出侧耳杯独多,与志文吏及内郡贾人,以杯器食之记载正合。

有译长属黄门。三十七页下

直按:本文之译长与大鸿胪之译官令不同。又按:《居延汉简释文》卷一、二页,有"女译二人"之记载。边郡长吏,皆得自用译人,未必皆属于黄门令。

令遣使献生犀牛。三十七页下

直按:《古文苑》扬雄《交州箴》云:"南海之宇,圣武是恢,稍稍受

羁,遂臻黄支,杭海三万,来牵其犀。"《西都赋》云:"其中有黄支之犀,条支之鸟。"皆与志文相合。

沟洫志第九

《夏书》:禹堙洪水十三年。一页上

如淳曰:堙,没也。颜师古曰:堙,塞也。洪水泛溢,疏通而止塞之。堙音因。

直按:《隶释》卷二《殽阬碑》云:"阬稍堙塞。"知东汉人训堙为塞,与颜师古注相同,与如淳注异。

其奉邑食鄃,鄃居河北。三页下

直按:钱大昕曰:"鄃与俞同。清河县,俞侯栾布子贲,以景帝中六年嗣侯,元狩六年坐为太常牺牲不如令,国除。"考《隶释》卷二《西岳华山庙碑》云:"甘陵鄃人",与志文同,可证鄃为正字,俞为省文。

后河东守番系言,漕从山东西岁百余万石。四页上

直按:《十六金符斋续百家姓谱》八页,有"番后私印""番广皋印"。《汉印文字徵》第二、三页,有"番忘"印。绍兴出土有番延寿瓦筩(见《越中石刻九种》)。足证番姓为两汉习见之姓氏。

且褒斜材木竹箭之饶,拟于巴蜀。五页上

直按:《公孙贺传》朱安世所谓"斜谷之木,不足为我械也"。

上以为然,拜汤子卬为汉中守。五页上

直按:本文汉中守与上文河东守,皆太守简称,在文法上用太守反为赘辞,似不必绳以景帝中二年改郡守为太守之例也。

于是为发卒万人穿渠,自徵引洛水至商颜下。五页上

直按:徵县属左冯翊,当为澂之误字。《小校经阁金文》卷十一、九十二页,有池阳宫行镫文云:"守属阳,澂邑丞圣,佐博临。"镫为宣帝甘露四年造,称澂为澂邑,知一度澂县改为公主汤沐邑也。

其明年乾封少雨。五页下

  颜师古曰：乾音干。

  直按：乾封二字连文，不是如颜注分割以明年乾为句。唐高宗以乾封为年号，盖取义于此，当时读音，必不读作干封。

是时东郡烧草，以故薪柴少，而下淇园之竹以为楗。五页下

  直按：《史记·河渠书》楗作揵是也。东汉碑刻犍为郡皆假作楗为，竹楗之楗，当亦同此例。

瓠子决兮将奈何，浩浩洋洋虑殚为河。六页上

  直按：《河渠书》作皓皓旰旰，皓浩二字古通用。乐浪彩箧人物画，四皓题作四浩。《隶释》卷三《三公山碑》云"或有恬淡，养皓然兮"可证。又按：虑殚，《河渠书》作闾殚，谓闾阎尽受河害也。本文虑字，亦疑为庐字之误，吴王阖闾或作阖庐，秦公子将闾或作将庐，是其明证，颜师古注《汉书》时，已作虑殚为河矣。

宣防塞兮万福来。六页下

  直按：《盐铁论·申韩篇》云："百姓戴其功，咏其德，歌宣房塞万福来焉。"与志文正合。又按：防乃房字之误，《河渠书》作宣房。《隶释》卷五《校官碑》云："董竝字公房。"及卷三《唐公房碑》，房字皆作防，与防字最相似，故后代传抄，极易致误。

自是之后，用事者争言水利，朔方、西河、河西、酒泉，皆引河及川谷以溉田。七页上

  直按：《居延汉简释文》三页，有简文略云："谨案属丞，始元二年戍田卒千五百人为驿马田官写泾渠。"写泾渠者，谓象仿泾渠也。又《释文》卷三、五十五页，有"河渠卒河东皮氏毋忧里杜建年二十五"之名籍简，盖在戍田卒之外，设有河渠卒专职。又按：《金石索·金索》七十七页，有"张掖属国左卢水章"。西安汉城遗址出土有"张掖水长章"（吴兴沈氏藏）。此西汉边郡争言水利之可考者。

今内史稻田租挈重，不与郡同。七页下

  颜师古曰：租挈，收田租之约令也，音苦计反。

直按：颜注解挈为契字是也。《张汤传》之挈令，为契字假借，谓木刻也。本文之租挈，为契字假借，谓租契也，《隶释》卷一《史晨奏铭》引《孝经援神挈》，正以挈为契字。

复奏穿渠引泾水，首起谷口，尾入栎阳，注渭中袤二百里。七页下

直按：《盐铁论·利议篇》云："故秦王燔去其术而不行，坑之渭中而不用。"渭中二字，为秦汉人之习俗语。

遣大司农非调，调均钱谷，河决所灌之郡。十页上

颜师古曰：大司农名非调也。

直按：《居延汉简释文》卷一、三十九页，有非调请调□□以东至西河郡十一农都官之钱谷简文，与志文正合。简文衔称"守大司农光禄大夫臣调昧死言"，知姓非名调，颜注以非姓少见，遂误以为名非调误也。当为成帝建始四年事，非调之任大司农，已有十四年矣，考证余详见《百官表》。

河隄使者王延世使塞。十页上

直按：两汉治河无专员，临时最高之官有河隄使者及河隄谒者、河隄都尉三种名称。上文有谒者二人发河南以东漕船五百艘。又西安汉城遗址曾出土有"河隄谒者"印（吴兴沈氏藏），《水经注》洛水，阳嘉三年使河隄谒者王诲云云。

卒治河者为著外繇六月。十页下

直按：《汉官仪》云："天下人民皆行三日戍，既到戍所，不可即还，因事留一岁。"戍卒之戍期，功令虽为三日，实际是一年（尚不包括途程在内），著者当作登记簿籍解，因治河有功，可抵半年之戍期，设或著外繇两次，则完全可以免戍边矣。

宜遣焉及将作大匠许商、谏大夫乘马延年杂作。十一页上

直按：《十钟山房印举》举二十六、二十三页，有"乘马元""乘马万""乘马尊"三印。又《汉印文字徵》第二、十六页，有"乘马道人"印，此姓在两汉甚为习见。

败官亭民舍四万余所。 十一页下

　　直按：官亭谓沿河邮亭也，开通褒斜道石刻云：邮亭驿置徒司空可证（见《金石萃编》汉一）。

下丞相孔光、大司农何武，奏请部刺史、三辅、三河、弘农太守，举吏民能者，莫有应书。 十三页上

　　直按：应书名称，亦见于《董仲舒传》。《居延汉简甲编》三八四简，有简文云："阳朔三年九月癸亥朔壬午，甲渠不私亭候塞尉顺敢言之，府书移赋钱出入簿与计偕，谨移应书一编，敢言之。"盖上级对某一专事有所查询，下级复文，称为应书，设无居延简之发现，则不能宣其义蕴。

雍防百川，各以自利。 十三页下

　　颜师古曰：雍读曰壅。

　　直按：《隶释》卷二《修华岳庙碑》云："泰气雍否。"又卷四李翕《西狭颂》云："四方无雍。"皆壅字之假借，东汉时之隶体如此。

艺文志第十

侍医李柱国校方技。 一页下

　　直按：西汉太常、少府皆有太医令，少府太医令为宫禁之医，《外戚·许皇后传》太医作大丸是也。侍医当为少府太医令之属官，《贡禹传》所谓侍医临治是也。又按：《百官表》阳朔二年有史柱国卫公为太仆，以柱国为名，盖取义于楚官。

会向卒，哀帝复使向子侍中奉车都尉歆卒父业。 一页下

　　直按：姚振宗《隋书经籍志考证》云："刘氏父子同校书时，除《艺文志》所叙各人外，有长水校尉杜参，见《艺文志》。五官中郎将房凤、光禄勋王龚，见《儒林传》。又有苏竟，见《后汉书》本传。又有太常属臣望，见刘秀《上山海经表》。又有太中大夫卜圭、臣富参、射声校尉立，见管子书录。"姚氏所罗列，至为详洽。

《服氏》二篇。二页上

颜师古曰：刘向《别录》云：服氏齐人。

直按：王先谦引《会稽先贤传》，淳于长通说宓氏《易经》，宓与服通。考宓子贱之宓，又与伏、服二姓相通，故伏生为子贱之后。刘向《别录》以服氏齐人，知即宓氏也。《淮南子·齐俗训》客有见人于宓子者，《赵策》作服子是也。

《齐后氏传》三十九卷。四页下

直按：《翼奉传》云："《诗》有五际。"孟康注：《诗内传》曰云云。马氏《玉函山房辑佚书》收入《齐诗内传》之内，疑即《齐后氏传》之类说经者。

汉兴鲁高堂生传《士礼》十七篇。六页上

直按：一九五九年七月，武威磨嘴子六号汉墓中出现汉代竹木简所写《仪礼》，包含三部分，甲本是《仪礼·士相见礼》等七篇，乙本是《丧服传》一篇，丙本是《丧服经》。甘肃省博物馆定为是汉代今文经，疑为庆普所传之本。所引《诗经》卷耳作㮧耳，疑为《齐诗》之异字。今本埽字，简本作骚，今本妥字，简本作称之类，异同很多。

周衰俱坏，乐尤微眇。六页下

颜师古曰：眇亦读曰妙。

直按：《中山靖王传》云："忽闻幼眇之声。"《儒林传》云："总五经之眇论。"《隶释》卷六《郑固碑》云："清眇冠乎群伦。"皆以眇为妙，与本文同。

《春秋古经》十二篇，《经》十一卷。七页上

直按：清代学者说三传，皆言在晋以前，经与传分。以余考之，有分有连。经与传分者，熹平石经、正始石经是也。经与传连者，元和公羊草隶砖是也。此砖一九二五年西安西南乡出土，第一行云："元年春王正月。元年者何，君之始年也。"第一句是《春秋经》，以下皆录《公羊传》文（见拙著《关中秦汉陶录续录》），可证分连并无定式。

《铎氏微》三篇。七页上

　　直按：《汉印文字徵》第十四、三页，有"铎广汉"印，可证两汉尚有此姓，盖铎椒之一族也。

《奏事》二十篇　（注）秦时大臣奏事及刻石名山文也。七页下

　　直按：《史记·秦始皇本纪》所录秦代六石刻文，盖采用奏事，独遗峄山刻石，疑本为奏事所不载。

（《孝经》）《长孙氏说》二篇。九页下

　　直按：《汉晋石刻墨影·孟璇碑》云："通《韩诗》，兼《孝经》二卷。"当即《长孙氏说》。

六体者，古文、奇字、篆书、隶书、缪篆、虫书。十一页上

　　直按：《十钟山房印举》举六、八页，有"侯志"玉印，是缪篆书体。《秦汉瓦当文字》卷一、四十三页，有"永受嘉福"瓦，是虫书体。与志文正合。又按：西汉时另盛行一种龟蛇书体。余所见者，有"与天毋极"瓦，毋字作龟蛇体。有"西乡"印，有"西神"瓦筒题字，西字皆作龟蛇体（以上均拓本）。在《艺文志》所云六体之外，类于后代之美术书体。

《苍颉》七章者，秦丞相李斯所作也。十一页下

　　直按：《颜氏家训·书证篇》云："《苍颉篇》李斯所造，而云'汉兼天下，海内并厕，稀黥韩覆，畔讨灭残'，后人所附益也。"任大椿、孙星衍诸人皆有《苍颉篇》辑本，均引采之。现以居延汉简考之，此四句则在第五章末尾（见《居延汉简释文》五六一页。原文写在木觚上，分甲乙丙三面，存有五十四字，劳氏所释，几于全不可通。觚字亦模糊不清，无法校正，故不录原文）。又《苍颉篇》首四句，从各简连缀，应为"苍颉作书，以教后嗣，幼子承诏，谨慎敬戒"。较辑本完整可诵。其见于敦煌木简之散句，不再征引。

元帝时黄门令史游作《急就篇》。十二页上

　　直按：《急就篇》在成书之后即已传播，至东汉尤为盛行。《居延汉简释文》五六〇页，有《急就篇》八简，八简中写开首数句者，占有四

简。《流沙坠简·考释·小学类》三页,有《急就篇》六简。《汉晋西陲木简汇编》二编、三十八至四十页,有《急就篇》三简。又杭州邹氏藏有《急就篇》草隶砖,仅写第一章四句(见《专门名家》第二集)。望都汉墓壁画题字亦写《急就篇》数句。

古之学者耕且养,三年而通一艺,……三十而五经立也。 十二页下

　　直按:《专门名家》第二集,有汉建初墓砖云"□入太学受礼,十六受《诗》,十七受","十九受《春秋》,以建初元年孟夏","□昧爽□□六月二十六日□"此砖虽残缺,然甚关重要。系每年通一经,由《礼经》开始,《春秋》在最后,与班氏三年而通一艺之说不同。砖文所记或系东汉太学之制度(此砖余所见有六七方,同出一范,皆不完整)。

《钩盾冗从李步昌》八篇。 十四页上

　　直按:赋家有李步昌赋二篇,与此当为一人。《百官表》钩盾令属少府,冗从为散员,亦见《枚皋传》。冗从各官署皆有之,有时设冗从仆射管理之。《十钟山房印举》举二,有"冗从仆射"印是也。又《印举》举二十七、四十三页,有"李步昌"穿带印,疑即此人。

《臣君子》二篇。 (注)蜀人。十六页上

　　先考辅卿府君云:"君子为君平之误字,谓严君平之《道德指归论》也。"

　　直按:《道德指归论》共十一篇,此云两篇,或其中之一部分。名次在曹羽、婴齐之后,确与君平在元成时代相当。

《易》之嗛嗛,一谦而四益。 十六页上

　　颜师古曰:嗛字与谦同。

　　直按:《隶释》卷十二冯焕残碑阴,有"汝南过嗛子让"题名,与本文同为东汉时之隶体,不独子夏《易传》初六爻,及《大禹谟》谦受益,皆作嗛为然也。

《将钜子》五篇。 十六页下

　　直按:《古玉图考》一百二十六页,有"鄏将洰惠钛",将钜即将渠之假借字。

《成公生》五篇。十七页下

  颜师古曰：姓成公，刘向云与李斯子由同时，由为三川守，成公生游谈不仕。

  直按：《汉印文字徵》第二、二页，有"成公右乘"印，成公为复姓，师古说是也。晋成公绥有《啸赋》，为东郡白马人，见《晋书·文苑传》。洛阳出土有《隋成公夫人墓志》（拓本），亦云东郡白马人，东郡与三川相近，故成公生与李由往来。

《庄安》一篇。十九页上

  直按：《汉书》对于庄字，有避有不避，本文庄安与庄忽奇皆不改，后人以为史之驳文，其实班固当日就原史料之简文誊写，并无定例。但写庄字隶体，微有不同，如《孙叔敖碑》作㢉，《郭究碑》作𢉖，《严䜣碑》作㽼，皆用变形字体，已隐含有避讳之义。

《大禹》二十七篇。十九页上

  颜师古曰：禹，古禹字。

  先考辅卿府君云：东魏李清《报德像碑》云："备诸禹迹，可略言矣。"志文之大禹，即禹字传写之微误。

  直按：《报德像碑》见《八琼室金石补正》卷二十、九页。

《五子胥》八篇。十九页上

  直按：《隶释》卷二《孙叔敖碑》云："继高阳、重黎、五举、子文之说。"盖以五举作伍举，与本志正同。又按：《离骚》云："五子用失乎家巷。"淮南王《离骚传》解作伍子胥，可证伍子胥当时有省写作五子胥者，否则不能在《五子之歌》外别出新解。又《汉印文字徵》第八、五页，有"伍博""伍永""伍崇"三印，可证伍字在姓氏上，仍以作伍为正写，与伍锋、伍被，体例正同。

《董安国》十六篇　（注）汉代内史，不知何帝时。二十页上

  直按：《百官表》文帝十四年，有内史董赤，疑即此人，安国疑赤之字。

《氾胜之》十八篇。二十页上

直按：氾、范两姓，在两汉区别很严。《金石萃编》卷十四《张迁碑》阴题名，有"故吏氾定国"，又有"范文宗""范世节"题名，同在一碑中，两姓截然不同。又《汉印文字徵》第十一、八页，有"氾寄""氾丁""氾壬""氾建""氾嘉"五私印，与范姓之印不同，并可证氾氏在两汉为习见之姓。

《待诏臣安成未央术》一篇。二十一页上

应劭曰：道家也，好养生事，为未央之术。

直按：长生未央为西汉人之习俗语，不但宫殿瓦当用之，即空心砖、方砖亦多采用，安成既为道家，未央术当为长生术之歇后语。

阳丘侯刘隁赋十九篇。二十二页下

直按：隁即郾字变体，《隶释》卷五《唐扶颂》云："颖川郾人也。"盖与偃字相通，并非误文。

常侍郎庄忽奇赋十一篇。二十二页下

直按：汉遂少言告墓方简，有"骢马四匹"之文，予释为忽奇二字合文，忽奇当为良马之义，字仍应读为骢。晋左棻墓石云"兄子骢奇字骠卿"，足证晋时人尚知忽奇为名马也。《汉书》有作严忽奇者当为误字。

郎中臣婴齐赋十篇。二十三页上

直按：以婴齐为名始于春秋。新郑出土王子婴次卢，又假借作婴次。《经义述闻》卷二十三《春秋名字解诂》，引楚公子婴齐字子重，见宣十一年《左传》注。郑罕婴齐字子龂，见昭十六年《左传》注。王引之谓名字不相比属，未有解诂，余疑为应作婴儿齐齿解，《说文》："龀，男八月生齿，八岁而龀，女七月生齿，七岁而龀。"楚公子字子重，谓重生齿也。郑罕字子龂，谓齿不正也。汉代名婴齐者，除本文外，《史记·仓公传》有齐郎中婴齐，及本志道家有《郎中婴齐》十二篇（疑郎中婴齐，与本文婴齐，并非一人，因郎中最通常之官，婴齐尤为最普遍之名，钱大昭之说，未可尽从）。又按：《汉印文字徵》第十、八

页,有"陈婴齐""张婴齐",九页有"焦婴齐"等印。西安汉城出土有"陈婴齐""臣婴齐"封泥,下至晋代尚有沿用以为名者,见洛阳出土永宁二年士孙松墓志。

魏内史赋二篇。二十三页下

直按:魏内史赋,西汉无封魏之王,次于长沙群臣赋之后,或为魏王豹之内史。以此类推,长沙王则指吴芮而言。

东暆令延年赋七篇。二十三页下

直按:《武帝纪》元封三年,臣瓒注引《茂陵书》"临屯郡治东暆县,去长安六千一百三十八里,十五县"。《茂陵书》所记为武帝开乐浪、临屯、玄菟、真番四郡时情况。临屯郡罢废以后,东暆县即属乐浪郡。西安汉城遗址出土有"□暆□印"残封泥,当即为东暆令印。《地理志》应劭注,暆音移,颜师古注,暆音弋支反,皆甚正确,惟臣瓒注暆字从肉不从日,疑景祐本之误刻。东暆设县在武帝时,则延年之时代,亦不得早于武帝时。王先谦谓延年亦见《沟洫志》(原文为齐人延年上书),延年在西汉为最通常之名,似不应混为一人。

卫士令李忠赋二篇。二十三页下

直按:《百官表》卫士令属卫尉。

雒阳锜华赋九篇。二十三页下

直按:《汉印文字徵》第十四、二页,有"锜隆""锜海""锜缠""锜奉""锜满""锜贤"诸印,足证锜姓为两汉习见之姓。

左冯翊史路恭赋八篇。二十三页下

直按:史谓掾史,路恭为人名,因《百官表》历任左冯翊无史路恭其人。

《诏赐中山靖王子哙及孺子妾冰未央材人歌诗》四篇。二十四页下

直按:《景十三王传》中山靖王有子百二十余人,子哀王昌嗣,靖王支子为侯者共二十人,刘哙独不见于《侯表》。孺子盖王侯庶妾有号位者之称,冰为孺子之名。未央材人,即才人,为妃嫔之号,此诗作者是未央材人,经汉廷赏赐与中山王子哙及其妾冰,上列二人非作家

也。《礼乐志》云："内有掖庭材人，外有上林乐府，皆以郑声施于朝廷。"未央材人当包括在掖庭材人之内。

《邯郸河间歌诗》四篇。二十四页下

　　直按：《急就篇》云："邯郸河间沛巴蜀。"以上四字连文，为西汉人之习俗语。

《黄门倡车忠等歌诗》十五篇。二十四页下

　　直按：黄门倡为倡技之巧，车忠为人姓名，与车郎张丰不同。《召信臣传》，又奏省乐府黄门倡优诸戏，本文简称为黄门倡也，与《礼乐志》称黄门名倡丙疆景武之属并同。

《力牧》十五篇。二十六页下

　　直按：《流沙坠简·考释》释一、五页，有《力牧篇》二残简，其一云："□□已不闻者何也，力墨对曰，官□。"其二云："黄帝问□□□曰官毋门者何也。□□。"此《力牧篇》断句之仅存者。又按：马王堆三号汉墓所出帛书《十大经》，亦有黄帝或高阳问于力黑之文，力黑即力墨之省文，亦即力牧也。

《辟兵威胜方》七十篇。二十六页下

　　直按：《急就篇》云："高辟兵。"汉有"除凶去央，辟兵莫当"压胜泉。又有"辟兵龙蛇玉印"（歙县黄氏藏）。辟兵二字，盖为秦汉人之习俗语。

《魏氏射法》六篇。二十七页上

　　直按：《景武昭宣侯表》有当涂侯魏不害，疑即此人。

《护军射师王贺射书》五篇。二十七页上

　　直按：护军射师当为护军都尉之属官。《居延汉简释文》卷一、十五页，有"除射师茂陵"之残简，与志文正合。又汉代射师之外，又有射工之名。《小校经阁金文》卷十四、二十七页，有"北海国平寿射工徐杨弩一张"之弩机可证。

武帝时军政杨仆。二十八页上

　　直按：刘奉世曰：军政当作正。钱大昭曰：军政即军正也。考《隶

释》卷三《无极山碑》云"前政平可布两大席",以政为正,与本文同。

《南龟书》二十八篇。三十一页上

先考辅卿府君云:疑为《商龟书》之误字。

《周易》三十八卷。三十一页上

直按:王应麟曰:《大宛传》云:"天子发书易之,神马当从西北来。"考《大宛传》,易之当作占之解,非《周易》之易。与《汉铙歌十八曲·君马黄篇》"易之有魏蔡有赭"同一文例,王氏之说似误。

《嚏耳鸣杂占》十六卷。三十一页下

直按:《居延汉简释文》五六三页,有术数二简,其一云:"永通入□之,耳鸣得事,耳鸣望行事,目濡有来事(原释耳濡,今订正)。"其二云:"目𢑥,左目润,右目润,第八。"盖耳鸣杂占类也。

《泰始黄帝扁鹊俞柎方》二十三卷。三十四页下

直按:俞柎又作俞跗。西汉名山柎者,或作山柎、山跗,与本文并同。

《金创瘛瘲方》三十卷。三十四页下

直按:金创方即今日之刀伤药,瘛瘲即今日小儿之脚弓反张病。

故谚曰,有病不治,常得中医。三十四页下

直按:古代语曰、谚曰皆用韵语,本文治读如辞,与医合韵。

传

陈胜项籍传第一

袒右称大楚。二页下

直按：秦代尚左，凤翔彪角镇所出空心大画砖中（见《关中秦汉陶录》卷三）所画两王宴饮图，持杯皆用左手。周勃入北军时，大呼为刘氏者左袒，为吕氏者右袒，仍从秦俗。陈胜起义时，故改秦习惯为袒右。汉高祖在南郑时已改尚右，故韩王信谓高祖为左迁，高祖亦称赵尧为左迁。

攻铚、酂、苦、柘、谯，皆下之。三页上

直按：《十钟山房印举》举二、十五页，有"铚粟将印"，疑为陈胜下铚以后，暂置之官，管理米粟者。与韩信在高祖为汉中王时官治粟都尉相似也。印文方格有边阑，确为秦楚时制作，铚县过了陈胜时代，更无设粟将之必要。

兵车六七百乘，骑千余，卒数万人攻陈，陈守令皆不在，独守丞与战谯门中。三页上

直按：刘攽曰："案秦不以陈为郡，何庸有守乎，疑衍皆字。又守者非正官，权守者耳。"余以为刘说是也，汉代官吏皆试守一岁，然后即真，制度当仿于秦代（见尹翁归等传）。本文之陈守令及陈守丞，皆

试署之官。此例见于《汉书》及碑刻尤多,如《游侠·原涉传》,王游公谓茂陵守令尹公云云,与本文同例。又《隶释》卷四《羊窦道碑》云:"到官六日,即召守铁官长,积四月徙守成都令。"卷八《侯成碑》云:"守金乡长。"卷四《周憬碑》阴,有"浈阳守长"。《隶续》卷一《司马季德碑》,有"山阳府卒史防东守尉"。又同卷新莽候钲文云:"守令嘉。"其他见于两汉铜器、漆器者,更不胜枚举。守既作署解,为两汉之通称,故应服二家,不须加注解,乃后人纷如聚讼,盖未达汉制也。

而封张耳子敖为成都君。四页下

直按:《史记·秦始皇本纪》琅玡台石刻题名有五人,为"列侯武成侯王离、列侯通武侯王贲、伦侯建成侯赵亥、伦侯昌武侯成、伦侯武信侯冯毋择"。因疑五人所封,皆非地名,系用武成二字为封号。当秦楚之际仍沿用不废。以成字为封号者,如陈余封成安君、曹参封建成侯、樊哙封贤成君、郦成封信成君、乐叔封华成君,以及张敖封成都君之类是也。以武字为封号者,如沛公封安武侯,项梁、武臣皆封武信君,陈平、周缧皆封信武君,周勃封威武侯,李左车封广武君,《高祖纪》有刚武侯之类是也。现出土之印文,有安武君印,亦为秦楚之际制作。足证取成武二字为封号者,是沿用秦代之制度,是尊称不是封邑。封君与封侯,在秦楚之际区别并不太大。不用成武二字为封号者比较少数。循例以求,张敖之封成都君,取义于所居一年成邑,三年成都,本系嘉名,注家多以邑名,或迳指为蜀郡成都相附会,盖亦未达秦楚封君之典制也。

腊月胜之汝阴还至下城父。六页下

张晏曰:秦之腊月,夏之九月。臣瓒曰:建丑之月也。颜师古曰:《史记》云:胡亥二年,十月诛陈葛婴,十一月周文死,十二月陈涉死,瓒说是也。

直按:《史记·陈涉世家》腊月陈王之汝阴句,《索隐》引颜游秦说云:"按《史记》表,二世十月诛葛婴,十一月周文死,十二月陈涉死,瓒说是也。"既称瓒说是也,则此条全注,上文必引张晏、臣瓒二家之说,其体例及论断,完全与颜师古本注相同,知师古为窃取其叔父颜游秦之作。

宫门令欲缚之,自辩数乃置。七页上

直按:宫门令相当于汉之公车司马令,是时陈胜初王,宫室与百官皆未有定名,故史家以此相称。

客曰,夥涉之为王沉沉者,楚人谓多为夥,故天下传之。七页下

直按:《史记》作夥颐涉之为王沉沉者,《索隐》颐为语助词。颐疑为医字之转音,与兮、也二义并相通,说详拙著《史记新证》。

项籍字羽,下相人也。八页上

直按:《经义述闻》卷二十三《春秋名字解诂》云:"项籍字羽者,籍为鹊之假借字,故名籍字羽。"

九月会稽假守通。八页下

直按:汉代官制,假有两义,一兼摄,本文是也。一暂摄,项羽为假上将军,韩信假齐王是也。《隶释》卷六《北海相景君铭》云:"假阶司农。"卷八《衡方碑》云:"惟时假阶。"皆兼摄之义,假阶似又成为制度之名辞。

陈婴者故东阳令史,居县素信为长者。东阳少年杀其令,相聚数千人,欲立长,无适用,乃请陈婴,婴谢不能,遂强立之。九页下

晋灼曰:《汉仪注》,令史曰令史,丞史曰丞史。

直按:晋灼注引《汉仪注》令史曰令史云云,注文与原文相同,则不须注解。《史记·项羽本纪》裴骃《集解》引晋灼注,作"令吏曰令史,丞吏曰丞史"。知今本《汉书》注文,实为误字。又按:《汉旧仪》所云令吏曰令史,指县令之属吏,皆可总称令史,然令史实为县吏之一种,与卒史相等。《居延汉简释文》六页,有令史众。八页,有令史得。九页,有令史应。十八页,有令史熹各记载。其他见于铜器、漆器铭文者,尤多不胜举。陈婴官东阳令史,当与汉简之令史相类。又按:王献唐氏藏有汉"县中少年唯印"。此当为秦楚之际,群雄起义之

初,县中诸少年尚未推出盟主时所用之印。《汉书》记述陈婴事,极与之相合。西安西乡亦曾出"少年唯印",四边有界格,亦为秦末少年起义时所刻之印。用少年群众名称,不用个人出名,知当时起义军风气如此。

故南公称曰,楚虽三户,亡秦必楚。十一页上

直按:齐召南谓南公自是姓南。考《汉印文字徵》第六、十四页,有"南延""南成""南错之"三印,足证南氏在秦汉时为习见之姓,齐氏之说是也。

瑕丘公申阳者,张耳嬖臣也。十八页下

孟康曰:瑕丘县之老人也,姓申名阳。

直按:瑕丘公当作瑕丘令解,孟康注释为老人恐非是。

徙齐王田市为胶东王。十八页下

直按:田市及周市疑皆本作市,因两字形近,传写易误。市字转音作福,《史记》徐市,一作徐福是也。

行未至彭城,疽发背死。二十一页上

直按:《御览》卷五百六十引戴延之《述征记》云:"彭城南有亚父范增冢,冢高四十余丈(四字疑衍文)。"

令周苛、枞公、魏豹守荥阳。二十一页下

直按:沈钦韩曰:《元和姓纂》作从公,汉有将军从成公。考《汉印文字徵》第八、十二页,有"从利"印,枞盖从之假借字,沈说是也。

幸分我一杯羹。二十二页下

颜师古曰:古者以杯盛羹,今之侧杯有两耳者是也。

直按:自战国以来即盛行羽觞,或名为杯,可以酌酒,可以盛羹,长沙楚墓、乐浪王盱王光墓中所出最多,颜注之说是也。汉代无耳杯之名,颜注解为侧杯,是以今名释古制也。

斩将艾旗乃后死。二十四页下

颜师古曰:艾音刈。

直按:《汉铙歌十八曲·艾如张》篇,即刈而张罗,颜说是也。

是时杨喜为郎骑追羽。二十五页上

　　直按:《隶释》卷十二《杨震碑》云:"圣汉龙兴,杨熹佐命,克项于垓。"又按:《后汉文》卷七十五蔡邕《太尉杨秉碑》云:"汉兴烈祖杨熹,佐命征伐,封赤泉侯。"杨喜并作杨熹。又按:《金石索·金索五》十二页,有"赤泉侯印"。

张耳陈馀传第二

又说武信君以侯印封范阳令。三页上

　　直按:秦代始改战国之钵称印,现出土有"咸阳令印"(吴兴沈氏藏)、"叁川尉印"两封泥。本文记事,与当时情况适合。

贯高等乃壁人柏人,要之置厕。八页下

　　直按:置谓驿置也,《田横传》之尸乡厩置,褒斜道石刻之邮亭驿置徒司空皆可证。又中国科学院考古研究所在汉城发掘,出土有"蓝田置尉"封泥,《居延汉简释文》四二九页,有"二月壬子置佐迁市姜二斤"之记载,并可知西汉驿置,有多数县份设有尉官,尉之属吏有置佐。

上曰壮士,谁知者以私问之。九页上

　　张晏曰:以和悦问之。臣瓒曰:字多作私,谓以私情相问也。

　　直按:据张晏注,在曹魏时写本有作以和问之者。汉代和、私二字,篆隶形均极相似,私印之私作秈,近年茂陵出土之中私官铜钟则作䊸(陕西省历史博物馆藏),皆与和字相近,本文当以臣瓒之说为长。

上使泄公持节问之箯舆前,印视泄公。九页下

　　直按:武梁祠画像"孝孙""孝孙祖父"题榜,有箯舆图象可以参考。《公羊传·文十五年》云:"胁我而归之,笰将而来也。"何休解诂云:"笰者竹箯,一名编舆,齐鲁以北名之笰将。"

初孝惠时，齐悼惠王献城阳郡，尊鲁元公主为太后。十页上

颜师古曰：为齐太后，以母礼事之。

直按：此段注家纷如聚讼，余以为鲁元公主，齐悼惠王之姊，今称为齐太后以母礼事之者，是依惠帝称之。鲁元公主嫁张敖，亦为惠帝之姊，惠帝娶张后，当为张敖他姬之女，以外戚论，则鲁元公主成为惠帝之妻母，悼惠王为结欢于吕后，故依惠帝尊称之为母。犹昭帝上官皇后为霍光之外孙女，而宣帝霍皇后为霍光之女，霍后叙亲属则为上官皇后之姨母，叙皇属则又变为上官皇后之侄孙妇。故《霍后传》记对上官皇后，尚食起居仍以皇太后之礼尊之。后人不达西汉外戚辈行复杂之情形，以致言人人殊也。

魏豹田儋韩信传第三

汉王遣韩信击豹，遂虏之，传豹诣荥阳。二页上

直按：《群书治要》引桓谭《新论》云："高祖欲攻魏，乃使人窥视其国相及诸将率左右用事者，知其主名，乃曰此皆不如吾萧何、曹参、韩信、樊哙等，亦易与耳，遂往击破之。"此条与《高祖纪》汉二年击魏豹事，微有不同。

乃徙齐王市，更王胶东，治即墨。三页下

直按：齐国即墨县自战国以来当为大都会之一。《战国策·齐策》，齐城之不下者，惟莒与即墨，此田单坚守即墨之意义。又按：《古泉汇》亨三、一至八页，有"节墨之夻化"刀（仅举一例，刀文即墨皆作节墨，知即字为省文）。此刀出土最多，可以证明当时即墨商业之繁荣。又按：《齐鲁封泥集存》二十一页，有"即墨太守"封泥，是齐王自置之郡，亦可证明即墨地区之重要，故齐王田市当秦楚之际以即墨为都城也。

发卒二千，以王者礼葬横，既葬，二客穿其冢旁，皆自刭从之。六页上

直按：崔豹《古今注》云："《薤露》《蒿里》，并哀歌也。本出田横

门人,横自杀,门人伤之,为作悲歌。至孝武帝时李延年乃分为二章二曲,《薤露》送王公贵人,《蒿里》送士大夫庶人,使挽柩者歌之,亦呼为挽歌。"(《御览》卷五百三十二引谯周《法训》及干宝《搜神记》并同)又按:蒿里二字,始见于《汉书》广陵王胥歌云:"蒿里召兮郭门阅。"《隶释》卷八《夏承碑》云:"痛沉蒿里。"张叔敬朱书陶缶云:"地下击牼卿,秏(即蒿字假借)里伍长等。"(此缶山西永济修铁路时出土,文字最为完整可诵,见《西北大学学报》一期,拙著《考古丛录》)今观两歌,各自为韵,本非一首。广陵王歌用《蒿里》不用《薤露》,可证崔豹所云李延年分一歌为二章,及汉代以蒿里送士大夫庶人之说,似皆不可据。

韩王信故韩襄王孽孙也。六页下

　　直按:韩王信《楚汉春秋》作亦名信都,西汉人名信都者极多。汉印中有夏侯信都(扬州经氏藏)、张信都印。《汉书》称为韩王信,盖简称也。

及其蜂东乡,可以争天下。六页下

　　直按:《艺文志》叙诸子蜂出并作,颜师古曰:"蜂与锋同。"借蜂为锋,与本文亦同。

六年春,上以为信壮武,北近巩雒,南迫宛叶,东有淮阳,皆天下劲兵处也。七页下

　　直按:《灌夫传》云:"武帝即位,以为淮阳天下郊劲兵处,故徙夫为淮阳太守。"《赵充国传》云:"愿罢骑士,留弛刑、应募,及淮阳、汝南步兵屯田。"又按:居延木简全部中田戍卒人名籍贯,田卒属于淮阳郡者十六人,戍卒属于淮阳郡者七人,比其他各郡为多,足证淮阳地区在西汉出材武之士,文献记载与出土古物相联系,无一不合。

颓当孽孙嫣贵幸,名显当世。九页下

　　直按:西安汉城遗址出土有韩王孙子母印(吴兴沈氏藏),母印为"韩王孙"三字,子印为"曹承谊"三字,疑王孙夫妇之合印也(出土时两印锈结,后由良工取出子印)。

增世贵幼为忠臣。十页下

　　直按：《史记·郅都传》云："窦太后乃竟中都以汉法，景帝曰，都忠臣，欲释之。窦太后曰，临江王独非忠臣耶？于是遂斩郅都。"周寿昌解忠臣为功臣是也。周氏所引皆东汉事，以本文及《郅都传》证之，忠臣已是当时之习俗语。

韩彭英卢吴传第四

其畴十三人皆已斩。一页下

　　直按：《隶释》卷六《北海相景君碑》云："英彦失畴。"以畴为俦，与本文同，为东汉时通常之隶体假借字。

信再拜贺曰唯。三页下

　　直按：唯为应辞，亦为诺辞，先秦虽常用之，但不如西汉之普遍。《汉印文字徵》第二、六页，有"木里唯""丁氏长幸唯""乐成唯""户阳唯""房里唯""东里唯"等印，皆为然诺之用，为西汉特有之唯印。过此即不经见，与本文情况相合。

刻印刓忍不能予。三页上

　　直按：刻印者谓持印在手，日久印角渐磨损也。

蒯通知天下权在于信，深说以三分天下之计。十一页上

　　直按：《御览》卷六百九十六引《楚汉春秋》曰："北郭先生献带于淮阴侯曰，牛马人任用，力尽犹不置其革。"据此当时说韩信背汉者，不止蒯通一人也。

项王亡将锺离眜，家在伊庐。十一页下

　　直按：《御览》卷四十二引《郡国志》云："羽山有锺离昧城。"

此乃信之为陛下禽也。十二页下

　　直按：《隶释》卷五《校官潘乾碑》云："禽姦戋猾。"省擒为禽，与本文同，为东汉时通用之隶体。

上赦以为庶人,徙蜀青衣。 十五页下

　　直按:秦代罪人有徙盐道者,见《吕不韦传》,有徙房陵者,见《始皇本纪》九年纪。汉初因循未改,又增加青衣一处。中期则有改徙敦煌,见《成帝纪》。徙合浦,见息夫躬及王尊传。徙上庸者,见《梁孝王传》。晚期又改徙辽西,见《外戚·赵皇后传》。

乃与二十人俱,使淮南,至,太宰主之。 十七页下

　　直按:谓随何止宿于太宰家也。《百官表》太常属官有太宰令丞,楚汉之际诸王各设百官,官制亦不画一。在戎马仓皇之中,需要之官则先设置,太宰主酒食,故淮南有之。尽管设太宰不设太常,不能以西汉初王国设官都如汉朝例之。

医家与中大夫贲赫对门。 二十页下

　　颜师古曰:贲音肥,姓贲名赫。

　　直按:《汉印文字徵》第六、十七页,有"贲长孙""贲过"二印,则贲为汉代习见之姓。中大夫为九江国之官,西汉初王国百官都如汉朝。

荆燕吴传第五

高后时齐人田生游乏资,以画奸泽。 二页上

　　服虔曰:以计画干之。

　　直按:服氏所见本作干,干奸二字古通,在东汉隶体中,奸字皆写作姦,无作奸者。《隶释》卷五《校官潘乾碑》之"禽姦戔猾"。卷八《衡方碑》之"陨霸剿姦"。《夏承碑》之"纠姦示恶"皆可证。

令其子求事吕后所幸大谒者张卿。 二页上

　　直按:宋祁曰:"南本、浙本并作张泽卿,或作张释卿,未知孰是。"考西汉人名字,择泽释怿,四字通用。例如王泽之、孟泽之(见《汉印文字徵》第十一、九页)与张释之相同。王择之、张择之(同书第十二、八页)与张释之亦相同。梁毋泽(见同书第十一、九页)与冯毋择相

同。太史公之祖父司马无怿,又作无择,皆其明证。本文张释与张泽相同,张卿则为尊称。

天子不忍致法,废为合阳侯。 四页上

直按:《地理志》郃阳县属左冯翊,汉城遗址出土有"郃阳丞印"与"都水丞印"合印封泥(吴兴沈氏藏),及《曹全碑》皆作郃阳,本文作合阳,盖省文。

已拜受印。 四页上

直按:两汉诸侯王所用之印称玺,《齐鲁封泥集存》一页,有"河间王玺"封泥。《十钟山房印举》举二、一页,有"淮阳王玺"皆可证。本文称印,为一般之记事,不局限于典章制度。

吴有豫章郡铜山。 四页下

韦昭曰:此有豫字,误也。似当言章郡,今故章也。

直按:在文帝时豫章郡属于衡山地区,故《封泥考略》有"庐江豫守"封泥。《地理志》丹阳郡注故鄣郡,有铜官。汉镜铭云:"汉有嘉铜出丹阳。"足证韦说是也。又按:《御览》卷四十八引《豫章图经》云:"南昌山者,为吴王铸钱之山。"又引梁氏《十道记》云:"豫章有铜山。"疑皆沿《汉书》之误文,附会其说。

盗铸钱东煮海水为盐。 四页下

直按:吴王濞铸钱,其钱文应与汉廷相适应,吴王历位四十余年,当高祖之末,可能铸荚钱。吕后时,可能铸八铢及五分钱。文帝时,可能铸四铢钱,现与邓通所铸,皆混杂在汉钱中,不能分辨,而铸钱遗址及钱范迄未有发现。

孝文时,吴太子入见,得侍皇太子饮博,吴太子师傅皆楚人,轻悍又素骄,博争道不恭,皇太子引博局,提吴太子杀之。 四页下

直按:《史记·吴王濞传》,《索隐》引姚氏案《楚汉春秋》:"吴太子名贤字德明。"《西京杂记》云:"博法用六箸,或谓之究,以竹为之,长六寸(原文作分字)或用二箸。"又按:《中国古镜之研究》图版十一,有西王母陆博图。又有东王公、西王母仙人六博图镜,皆绍兴出

土。《四川画像集》第二十六、三十五、七十九页，共有六博图三图，山东省出土汉画像石亦有六博图，博盘下皆有局，疑为木制，故提击可以杀人。

百姓无赋，卒践更辄予平价。五页下

　　直按：吴王国内口赋及赋钱虽已废止，更卒制度仍存在。吴王对应践更之人，辄代雇佣，吴国民皆当践更，则无民可雇，所雇者当为招致亡命之徒。

寡人金钱在天下者往往而有，非必取于吴。十页上

　　直按：与《食货志》"吴邓钱布满天下"一语相合。

至雒阳见劇孟喜曰，七国反，吾乘传至此，不自意全。十页下

　　直按：劇孟当作勮孟，劇为后起之字，如劇辛在战国时，亦当作勮。《汉印文字徵》第十三、十六页，有"勮贾""勮圣"两印可证。又北海郡劇县，在西汉时亦皆作勮。现有"勮右尉印""勮丞""勮里乡"三印可证（见同上）。至《孔庙碑》（见《隶释》卷七）及《韩勑礼器碑》阴（见《隶释》卷一），始作北海劇县。《汉书·地理志》《续汉书·郡国志》均作劇者，已为东汉中晚期之写法。

吴王出劳军，即使人鈹杀吴王。十四页上

　　直按：《史记正义》引《括地志》云："汉吴王濞冢，在润州丹徒县东练壁聚北，今入江。"《吴录》云："丹徒有吴王冢在县北，其处名为相唐"又按：吾乡练壁聚，今讹作谏壁镇，六朝时亦名练壁，宋醴陵侯刘袭墓志（见《古刻丛钞》），亦云"葬丹徒练壁零山"是也。

楚元王传第六

少时尝与鲁穆生、白生、申公，俱受《诗》于浮丘伯。一页上

　　直按：《隋书·经籍志》子部，梁有《浮丘公相鹤书》，亦见《文选·舞鹤赋》注，托言于八公所传。又按：《瘗鹤铭》云："相此胎禽，浮丘著经。"盖即指浮丘子著《相鹤经》而言，据此则汉魏时尚有此姓。

高祖微时常避事，时时与宾客过其丘嫂食。一页下

　　应劭曰：丘，姓也。孟康曰：丘，空也，兄亡空有嫂也。张晏曰：丘，大也，长嫂称也。

　　直按：杭州邹氏藏有"丘齐子里之匋"陶器，又丘齐残陶片五种，丘齐盖大齐之称，本文张晏注丘字训大是也。又《八琼室金石补正》卷四、六页，文叔阳食堂画像题字云"有丘子三人"，与丘嫂同义。

元王立二十三年薨，太子辟非先卒。二页上

　　颜师古曰：辟非者犹辟邪辟兵之类也。

　　直按：《汉印文字徵》第九、五页，有"赵辟非印"，取名与本文同。又六页，有"辟非射魃"印，当与辟邪义同。

乃与吴通谋，二人谏不听，胥靡之。三页上

　　直按：《史记·儒林·申公传》徐广解胥靡为腐刑。《隶释》卷十《朱龟碑》云："胥靡于家。"足证不作腐刑解，晋灼注解为古者相随坐轻刑之名是也。

太夫人薨，赐茔葬灵户。四页下

　　直按：沈钦韩谓灵户为守冢户是也。与《外戚·薄太后传》父母葬会稽名灵文侯园相似。

更生以通达能属文辞，与王褒、张子侨等并进对。六页下

　　颜师古曰：侨字或作蟜，或作乔。

　　直按：《萧望之传》作张子蟜。又《汉印文字类纂》卷九、十三页，有"张子蟜印"，正作子蟜。

讲论五经于石渠。七页上

　　颜师古曰：《三辅旧事》云："石渠阁在未央宫大殿北，以藏秘书。"

　　直按：石渠阁遗址今在西安未央乡、刘家寨未央宫大殿遗址西北（天禄阁遗址则在直北），现存有汉代石渠两具，一完一残，在天禄阁小学内。清代光绪初年曾出"石渠千秋"瓦一片，为王莲生所藏，各书皆未著录，据云原物现藏天津博物馆。又按：石渠阁遗址曾由余采集大泉五十钱背范三十余方，知王莽时石渠阁已改为刻钱范场所，详见

拙著《石渠阁王莽大泉五十钱背范的发现》文中。

时长安令杨兴以材能幸。十八页下

　　直按：朱一新谓杨兴见《贾捐之传》是也。又杨兴官长安令，亦见《匡衡传》。兴官谏议大夫，见《元后传》。兴官中郎将出使吊匈奴丧，见《天文志》。杨兴事迹可考如此。

更生伤之，乃著《疾谗》《摘要》《救危》及《世颂》凡八篇。二十页下

　　直按：刘向所著《疾谗》等篇，皆是篇名，尚未有书名。《世颂》似另为一篇，《高祖本纪》赞引刘向颂高祖云"汉帝本系，出自唐帝，降及于周，在秦作刘"云云，或为《世颂篇》中文字，或为刘向补《史记》纪传之文字。

诏向领校中五经秘书。二十页下

　　直按：西汉中秘书当指天禄、石渠二阁所藏而言。其余有太常藏书，见刘向《列子》《关尹子》书录。太史令藏书，见刘向《管子》《晏子》《列子》书录。温室藏书，见《隋书·经籍志》序。

民萌何以劝勉。二十一页下

　　颜师古曰：萌与甿同。

　　直按：《隶释》卷十二《杨震碑》云："凡百梨萌。"与本文同，为东汉时之通常隶体假借字。

秦穆公葬于雍橐泉宫祈年馆下。二十三页上

　　直按：《史记·秦本纪》："秦穆公卒雍。"裴骃《集解》引《皇览》云："秦穆公冢在橐泉宫祈年观下。"《三辅黄图》亦同，与本文正合。今穆公墓在凤翔城内，而橐泉宫遗址出土有"橐泉宫当"瓦文，形制则为汉物（见《秦汉瓦当文字》卷一、九页）。

及徙昌陵，增埤为高。二十五页上

　　直按：司马相如《上林赋》云："其埤湿则生藏莨兼葭。"又《隶释》卷四李翕《西狭颂》云："减高就埤。"皆以埤为卑，为两汉通常之假借字。

功费大万百余。二十五页上

　　直按：汉五铢泉范底题字，有"富人大万"四字，又有"乐当大万"瓦文，与本文合，大万盖为西汉人之习俗语。

序次为《列女传》凡八篇。二十六页上

　　直按：《敦煌汉简校文》一〇二页，有"□□分列女傅书"之残简文，在西汉中晚期此书已流传于边郡。在东汉时则盛行为石刻画像之题材，如武梁祠画像有"梁节姑姊""齐继母""京师节女""锺离春""梁高行""鲁秋胡""齐姑姊""楚昭贞姜""王陵母"九事，皆本于刘向《列女传》。伯父星南府君著有《武梁祠画像题字考》一卷，主要是阐明为刘氏父子一家之学。

粂世蒙汉厚恩。二十六页下

　　直按：《隶释》卷十一《绥民校尉熊君碑》云："粂叶休隆。"与本文同，为东汉时隶变之体。

终有阎乐望夷之祸。二十七页下

　　直按：望夷宫遗址今在咸阳城直北，顺陵之东北，与《博物志》所言正合，颜注疑之非也。

及夫子没而微言绝，七十子终而大义乖。三十四页上

　　直按：刘歆此二语《汉书·艺文志》序一用之，应劭《风俗通义》序再用之。

徙守五原。三十七页上

　　直按：刘歆有《遂初赋》，盖在赴五原任时途中所作。

初歆以建平元年更名秀字颖叔云。三十七页上

　　直按：刘歆《上校山海经表》自称刘秀，盖在建平以后所作。

季布栾布田叔传第七

尝杀人亡吴，从爰丝匿。三页下

　　直按：盖在爰盎为吴相之时。

尝为中司马，中尉郄都不敢加。三页下

　　直按：《续封泥考略》卷一、十一页，有"中骑司马"封泥，疑与本文中司马相似。西汉初官制纷繁，无考者甚多，如淳注因下文有中尉，即指为中尉司马省称，不知中尉即后来之执金吾，其职权本可弹压百僚也。

鲁王闻之大惭，发中府钱使相偿之。五页下

　　颜师古曰：中府，王之财物藏也。

　　直按：《临菑封泥文字叙目》有"齐后中府"封泥，疑属于詹事，可证西汉初王国有中府之官。又《东方朔传》记馆陶公主亦有中府，并可知公主家亦可设中府之官。

高五王传第八

王诚以（城阳）一郡上太后，为公主汤沐邑，太后必喜，王无患矣。一页下

　　直按：《再续封泥考略》卷一、五十四页，有"城阳郡尉"封泥。《地理志》无城阳郡，盖齐悼惠王未封齐以前本有此郡，《高祖纪》以胶东、胶西、临菑、济北、博阳、城阳郡七十三县，立子肥为齐王是也。悼惠王既受封以后，城阳郡仍然存在，等于自置之郡。

　　直又按：齐悼惠王既以城阳郡为鲁元公主汤沐邑，故《齐鲁封泥集存》中，发现邑丞之封泥最多（见十六页至十九页）。其中如淳于、都昌、琅玡、阳都、营陵、靖郭、临袁，皆属于齐地也。

王欲发兵，非有汉虎符验也。五页上

　　直按：王先谦引胡三省云："《史记·孝文本纪》三年九月，初与郡国守相为铜虎符。既有初字，则前此未有铜虎符也，召平、魏勃事在前，何缘有铜虎符。"沈钦韩谓史家以后事追称，此类甚多。考《吴王濞传》云："及未闻有诏，虎符擅发兵击善国。"事实与本文时代相当，胡三省等人何以不列举并疑。又按：《增订历代符牌图录》一至二页，秦阳陵兵符文云："甲兵之符，右在皇帝，左在阳陵。"新郪兵符文云：

"甲兵之符,右在王,左在新郪。凡兴士被甲,用兵五十人以上,必会王符,乃敢行之,燔燧事虽无会符,行殹。"两符皆作虎形,发兵必用虎符,汉承秦制,秦仿六国制,汉文帝特又始与郡国守相用虎符耳,由胡三省至王先谦,均致怀疑,皆未达汉制也。

始悼惠王得自置二千石。七页下

直按:《百官表》云:"王国设官,都如汉朝。"齐悼惠王、哀王、文王所设百官最为具体。一见于《史记·仓公传》,二见于《齐鲁封泥集存》,三见于《封泥考略》,四见于续、再续《封泥考略》,五见于《临菑封泥文字叙目》,六见于北大所印《封泥存真》。

明年尽封悼惠王诸子罢军等七人为列侯。九页上

颜师古曰:罢音皮彼反,又读曰疲。

直按:罢军与罢师命名相同,不应读为疲。《急就篇》云:"减罢军。"汉人名罢军者极多。

武帝为悼惠王冢园在齐,乃割临菑东圜悼惠王冢园邑,尽以予菑川。十一页下

直按:《齐鲁封泥集存》六页,有"齐悼惠园""齐哀寝印""齐哀园印"各封泥,与传文正合。

萧何曹参传第九

以文毋害,为沛主吏掾。一页上

直按:《文帝纪》元年诏书,如淳注:"闲惠晓事,即为文无害都吏。"《张汤传》云:"以汤为毋害,言大府。"《赵禹传》云:"极知禹无害。"文指律令文而言,谓精通律令文而不深刻害人也。证之《居延汉简释文》卷三、四十页,有简文云:"肩水候官并山燧长,公乘司马成,中劳二岁八月十四日。能书、会计、颇知律令文,年卅二岁,长七尺五寸,觚得成汉里,家去官六百里。"其他类此者尚有四五简。对于能书、会计、知律令文三语,仍因循秦代以吏为师之功令,成为汉代公牍

上固定之术语,与本传所称之文毋害,正相符合。

吏皆送奉钱三,何独以五。一页上

　　颜师古曰:三谓三百,五谓五百。

　　直按:颜说是也,不是指三十、五十而言。秦汉婚丧贺吊之赠送极为丰厚。如《高祖纪》之贺钱千,《卢绾传》之贺羊酒(羊每头值千钱,见居延木简)。《朝侯小子碑》之记不受赙钱百万,《儒林传》欧阳地余官少府,死后僚属赠钱数百万皆是也。又按:汉碑阴记出钱数,最少一百,无数十钱者。

何独先入收秦丞相御史律令图书臧之。一页下

　　直按:《地理志》班氏县,自注有引秦地图之文。丞相御史者,谓丞相及御史大夫两府也。

于是乃令何赐带剑履上殿,入朝不趋。四页上

　　直按:《御览》卷一百七十五引《汉宫阙名》,有"萧何殿,曹参殿,韩信殿"。此为西汉初三殿名,疑不久即废,故不见于《三辅黄图》。

尚复孳孳得民和。五页上

　　颜师古曰:孳字与孜同。

　　直按:《隶释》卷十七《冀州从事郭君碑》云:"亦世孳孳。"与本文同,为东汉通常之隶体假借字。

西击秦将杨熊军于曲遇。八页上

　　直按:《唐书·宰相世系表》华阴杨氏云:"杨欵为秦上卿,生硕字太初,从沛公征伐为太史。八子鹍、奋、魼、儵、熊、喜、鹓、魋。喜字幼罗,封赤泉侯。"据表杨熊为杨喜之兄,盖出于家牒。

参去属其后相曰,以齐狱市为寄,慎勿扰也。后相曰,治无大于此者乎,参曰不然,夫狱市者所以并容也,今君扰之,奸人安所容乎,吾是以先之。十一页上

　　直按:狱市,注家皆不加以解释,或分解为刑狱及都市。然骚扰监狱,则事所不恒有。余疑狱市为齐国大市之名,狱为嶽字省文,即齐国庄嶽之市。《史记·汉兴以来将相名臣年表》大事记栏"高祖六

年立大市"。可证西汉初期在郡县之外,曾一度选择大都会立为大市,此条重要材料,为一般学者所不注意。以齐国之富庶,当然可在立大市之列,故曹参云狱市勿扰。又按:《季木藏陶》一〇三页,有"曹市""东武市",一〇四页,有"都市""代市"等陶片。洛阳王城遗址又出土有"河市"陶片,疑皆为汉初所立大市名称。又按:《尹都尉书》(马氏《玉函山房辑佚书》本)卷末有《种葱篇》,有曹公问种葱法于尹都尉之语。曹公疑即曹参,因尹都尉名泽,见于《氾胜之书》,尹都尉为西汉初齐人无疑。

张陈王周传第十

沛公拜良为厩将。二页上

  直按:西安汉城出土有"左马将厩"及"童马将厩"印。有边栏界格,为秦末汉初之物,当为厩将所用。惟皆称为将厩,与《汉书》记载不合(《十钟山房印举》举二,亦有左马将厩印)。

忠言逆耳利于行,毒药苦口利于病。三页下

  直按:《韩非子·外储说左上》第三十二云:"夫良药苦于口,而智者劝而饮之,知其入而已己疾也;忠言拂于耳,而明主听之,知其可以致功也。"又《淮南王传》载寿春严芷上书及《盐铁论·国疾篇》皆引用与本文略同,知为先秦两汉人之习俗语。

赐良金百溢。四页上

  直按:《食货志》云:秦兼天下,"黄金以溢为名"。与本文同。溢即镒字假借,战国时"赒六化""赒四化"圜钱,则又变为赒字(见《观古阁泉说》四页)。

高帝曰,运筹策帷幄中,决胜千里外,子房功也。六页下

  直按:《金石萃编》卷十八《张迁碑》云:"运筹在帷幕之内,决胜负千里之外。"与《汉书》帷幄异。《史记·留侯世家》帷幄则作帷帐,《张迁碑》文似本于《汉书》。

于是上置酒封雍齿为什方侯。七页下

直按:《汉印文字徵》第十一、十二页,有"汁邡长印"封泥。《隶续》卷十一《王君乡道碑》,亦作"汁邡王卿"。《汉书·地理志》作汁方,汁字与封泥、汉碑相同。《续汉书·郡国志》作什邡,邡字与封泥、汉碑亦相同。盖皆同音假借之字,当以封泥汁邡二字为正体。

南有巴蜀之饶,北有胡苑之利。八页上

直按:胡谓湖沼之湖,苑谓秦之上林苑。上林苑中多池沼,在长安之北,故云北有胡苑之利。若依旧注解作羌胡之胡,胡人之利固属不能分给于汉,胡苑二字连文,尤属不辞。又按:《汉印文字徵》第九、十页,有"蓝田胡监"印,可证蓝田有湖。又"鼎胡延寿宫"瓦,胡即湖字省文,与本传胡苑正同。

今乃使太子将之,此无异使羊将狼。九页上

直按:《盐铁论·除狭篇》云:"弱者犹使羊将狼也,其乱必矣。"与本文同,盖为西汉人之习俗语(《燕丹子》亦有此语,此书恐有疑义)。

上虽疾,彊载辎车,卧而护之。九页下

直按:《释名》:"辎车,载辎重卧息其中之车也。辎厕也,所载衣物杂厕其中也。"又按:四川出土画像砖有辎车图,车中人系坐像,盖此车可坐可卧也(见《全国基本建设工程中出土文物展览图录》图版第二三六页)。

愿弃人间事,欲从赤松子游耳。十一页上

直按:赤松子在古籍中,始见于《楚辞·惜诵》云:"赤松王乔皆在旁。"再见于《史记》蔡泽说范雎云:"而有许由、延陵季子之让,乔松之寿。"及《淮南子》云:"王乔赤松,去尘埃之间,离群慝之纷。"自张良欲从赤松子游后,见于汉诗尤为普遍。在东汉末期则又用为镜铭之主要题材。《古镜图录》卷中、十八页,袁氏镜云:"仙人子乔赤松子。"《簠斋藏镜》卷上、二十二页,王氏镜云:"上有仙人王子侨、赤诵子(仅举二例)。"绍兴出土汉镜,亦有王子乔、赤松子之题名。

陈平阳武户牖人也。十一页下

直按:《全后汉文》卷七十五蔡邕《陈留东昏库上里社碑》云:"惟斯库上里,古阳武之户牖乡也。秦时有池子华为丞相,汉兴陈平由此社宰,遂佐高帝,克定天下,为右丞相,封曲逆侯。"知西汉之阳武户牖,在东汉则为陈留东昏县库上里也。又按:《汉书》在人名下叙郡县加系以乡里名者,有《高祖纪》《路温舒传》《元后传》及本传,体例不一,盖皆本于原始材料。又《御览》卷五百三十二引《陈留风俗传》云:"东昏县者,卫地,故阳武之户牖乡也,汉相陈平家焉。"

户牖富人张负有女孙。十一页下

直按:王先谦曰:"《索隐》负是妇人老宿之称,犹武负之类也。然此张负,既称富人,或恐是丈夫。"周寿昌曰:"下云张负既见之丧所,又云负随平至其家,此岂老妇人行动,其为丈夫无疑。"按老妇称负,始见于《列女传》卷三之魏曲沃负,负为媍字省文,亦妇字之或体。汉代妇女名负者更多。如《高祖纪》之武负,《周亚夫传》之许负,本文之张负,居延木简之郑负皆是也。王周两家之说皆非。

因魏无知求见汉王。十三页上

直按:无知名倩,见《张敞传》。《朱邑传》云:"陈平虽贤,须魏倩而后进。"又《北魏书》自序云:"魏公子无忌孙无知,高梁侯。"《新唐书·宰相世系表》《元和姓纂》并同。颜师古注:"倩为男子之美称。"似不以魏倩为魏无知之名。《汉印文字徵》第八、三页,有"李倩""王倩"三印。《武帝纪》征和三年反者公孙勇、胡倩,皆以倩为本名,颜注失之。

是时万石君石奋为中涓受平谒,平等十人俱进赐食。十三页上

直按:《汉印文字徵》第十二、三页,有"阙中悁印"。五页,有"程阉"印,皆为宦者之印。中悁为中涓之假借字,汉初或用中人,或用士人。十人《史记》作七人,在西汉时,七字书作十,中画甚短,与十字极相似。南越甫木刻字,居延木简及端方、建德周氏所藏两玉日晷,七字皆中画很短,为明显之例证。《史记》成书在西汉中期,七字形式必

然与甫木刻字等相同,故在《汉书》中,往往讹作十字,说详拙著《史记新证》中。

是日拜平为都尉,使参乘,典护军,诸将尽謹。十三页上

直按:护军即《百官表》之护军都尉,本为秦官,在楚汉之际则为护军中尉。

吾闻先生事魏不遂,事楚而去。十四页上

颜师古曰:遂犹竟也。

直按:《史记·儒林传》:"胡母生弟子遂之者。"遂谓宦成名立,本传文事魏不遂,犹言事魏不达也。

以故后封陵为安国侯。十八页下

直按:西安汉城出土有陶瓮,一面刻"安国十斗",一面刻"谢民十一斗"。盖为西汉初期,王侯家以陶器代斗升量租谷者(见《关中秦汉陶录》卷一)。此瓮即为安国侯王陵家所用,大意是谢民为安国侯家佃农,谢民纳租十一斗至安国侯家,只算十斗,可见西汉王侯对农民之残酷剥削。又按:武梁祠画像,有王陵母画像,与《汉书》及《列女传》事实相同,不再征引。

勃以织薄曲为生。二十一页上

直按:《广韵》引《汉书》薄曲为薄苗,今人俗称为芦席,编有曲文,故谓之薄曲。

材官引强。二十一页上

直按:与《申屠嘉传》之材官蹶张相似。《汉官仪》云:"民年二十三为正,一岁以为卫士,一岁以为材官。"盖即汉代之正卒,北边为骑士,内郡为材官,水乡为楼船士。引强专指强弓而言,汉人称弓,可以简称为强。《乌生诗》云(见《乐府诗集》卷二十八):"秦氏家有游遨子,工用睢阳彊、苏合弹,左手持彊弹两丸,出入乌东西。"可为例证。本文叙材官为周勃之身份,孟康注如今挽强司马,义殆失之。

赐食邑怀德。二十二页上

直按:怀德秦时称为坏德,秦廿一年相邦魏冉戟可证(见《双剑誃

吉金图录》卷下、三十三页），盖为假借字。

所将卒斩豨将军乘马降。二十三页上

直按：《汉印文字徵》第十四、十页，有"郭降"印，知西汉有以降为名者，后人因名降者少见，故《史记》被改作缔字。

得豨将宋最、雁门守圂。二十三页上

直按：《汉印文字徵》第六、十六页，有"石圂""秦圂""李圂""荆圂"四印。西汉以后，即无以圂为名者。

最，从高祖得相国一人，丞相二人。二十三页下

颜师古曰：最者凡也，总言其攻战克获之数。

直按：《居延汉简释文》卷三、六十四页，有"最凡十三人"。六十五页，有"最省卒十六人，见卒二人"各记载。最当作总计解，不能训为凡字，因木简最凡二字为联文可证。

亚夫为河内守时，许负相之。二十六页上

直按：《陕西通志》卷九十八《拾遗一》引《避暑录话》云："刘原父在长安获玉印，其文曰'周恶夫印'。古亚恶相通，盖即周亚夫之印也。《史记》卢绾之孙他人，封亚谷侯，《汉表》作恶谷侯是其证。"又梅圣俞《宛陵集》中亦有在刘原父家，观周恶夫印及一刀平五千莽钱诗。又按：《郭解传》云："解为温善相人许负外孙也。"又《外戚·薄太后传》云："许负相薄姬，当生天子。"又按：西安汉城遗址曾出"许负"穿带印一方，其一面为"许女"二字，此印面积宽大，确为西汉初期制作，见吴愙斋与陈簠斋尺牍（《簠斋尺牍》卷三）。吴氏题记据《楚汉春秋》，许负封为鸣雌亭侯。西汉无亭侯之名，鸣雌又非食邑，《楚汉春秋》之记载恐为后人所附益。

亚夫子为父买工官尚方甲楯五百被可以葬者。二十九页下

直按：工官疑指郡国之工官而言，如河内工官主造弩机是也。郡国工官所造兵器，可能运至京师，而亚夫子盗买之。又按：西汉早期墓葬随葬品只有俑人、陶马、陶灶、陶仓极少数，未有如此例之发现。又《居延汉简甲编》一一一九简，有元凤三年六月临木部卒被兵簿封检（被兵原释作报兵，今订正）。四五简，有"肩水候房，谓候长光，官以姑臧所移卒被兵，本籍为行边候"之记载。被兵二字，屡见于居延简，谓清点兵器件数之簿也。与本文张晏注以五百被作五百具正合。

樊郦滕灌傅靳周传第十一

从入汉中，还定三秦，别击西丞白水北。三页上

  直按：服虔解西丞为地名。颜师古解西为陇西郡西县，击西县之丞也。与《史记·周勃传》围章邯废丘，破西丞为一事。又按：《小校经阁金文》卷八、七十八页，秦公敦后有汉初补刻铭云："卤元器一斗七升八奉毁。"西即陇西郡西县，与《地理志》合，无西丞县之名，可证颜注是而服注非也。

击章平军好畤，攻城先登陷阵。三页上

  直按：《汉印文字徵》第十四、十页，有"陷阵募人""陷阵司马""陷阵都尉"三官印，陷阵之名始此。

虏代丞相冯梁、守孙奋、大将王黄、将军大将一人，太仆解福等十人。四页上

  直按：将军大将，《史记》作将军太卜。注家谓太卜为大将之姓名非也，太卜当为太史令之属官，将军、太卜下皆脱人名，又脱各一人之各字。

破其丞相抵蓟南。四页下

  直按：《史记·汉兴以来将相名臣年表》："建元元年，齐相牛抵为御史大夫。"知西汉有以抵为名者。颜师古注："抵，至也。一说丞相之名也。"以此证之，颜注后说是也。

其子寄字况，与吕禄善。（郦商）七页上

  直按：郦况《史记》邹诞生本作兄，亦音况，古代况与兄通。《诗·小雅》"况也永叹"，《经典释文》况或作兄是也。然郦寄疑本字郦兄，后人因兄字为名者少见，故改读为况。《居延汉简释文》卷一、八十二

页,有"王兄"之记载。《汉印文字徵》第八、二十一页,有"尹兄""朱兄""钟兄"三印,可证两汉名兄者不乏其人。

乃赐婴北第第一。(滕公) 九页下

  直按:谓北第第宅一区也。一曰在北第中第一门也。汉代王侯公卿居室称第或称府。一般则称舍。《居延汉简释文》卷一、八十二页,有"张公子所舍在里中二门"之记载可证。

复为太仆八岁薨。 九页下

  直按:《史记·樊郦滕灌传》赞云"吾适丰沛间,问其遗老,观故萧曹樊哙滕公之冢,及其素,异哉所闻"云云。可证萧曹樊滕之墓皆在丰沛,不在长安,《三辅故事》及《博物志》所记滕公佳城郁郁之说不可据也。

婴以御史大夫将车骑,别追项籍至东城。(灌婴) 十二页上

  直按:《御览》卷四十三引《江表传》云:"项羽败乌江取此山,汉遣灌婴追羽兵于此,日九战,因名九斗山,今犹有砺镞之迹。"

度江破吴郡长吴下。 十二页下

  直按:吴郡在秦汉之际疑为项羽自置之郡,高祖用以封刘贾,并非误文,郡长等于郡守,亦当时变名,如本传之薛郡长,《高祖纪》之为砀郡长是也。又本文颜师古注:"吴郡长,婴破之于吴下。"解释模糊,或有误字衍文。

又进破布别将肥铢。 十三页上

  直按:王先谦曰:"《史记》作肥诛。徐广注,一作铢,古无以诛命名者,此传是也。"考《十钟山房印举》举三、五十九页,有"公孙诛"印。王氏之说,未可信也。

斩车司马二人,骑长一人。(靳歙) 十四页下

  直按:《封泥考略》卷一、二十七页,有"中车司马"封泥,疑与车司马相似。秦楚之际官名纷乱,并无定制。

十二年更封缧为郿成侯。(周缧) 十六页下

  服虔曰:(郿)音萱蒯之蒯。颜师古曰:此字从崩从邑,音蒯非也。

吕忱音陪,而《楚汉春秋》作凭城侯。

　　直按:黄宾虹先生藏有郫成侯带钩(黄先生在三十六年前函告予云,此器已赠嘉兴沈子培先生,仅在《国粹学报》见有照片),郫字作鄁,与𨚥字为近,作邿者非也。

张周赵任申屠传第十二

敖坚守,封为广阿侯。四页下

　　直按:《金石索·金索五》二十页,有"广阿侯夫人印"。

苍任人为中候,大为奸利。五页下

　　直按:《百官表》:"将作少府,秦官,有两丞,左右中候。"张苍所保任者,当即将作少府之中候也。此句自来注家解释未妥。

申屠嘉梁人也,以材官蹶张。六页上

　　如淳曰:材官之多力能脚踏强弩张之,故曰蹶张,律有蹶张士。

　　颜师古曰:今之弩以手张者曰擘张,以足踏者曰蹶张。

　　直按:武梁祠画像前石室第六石,有四人发弩图,二人以足,二人以手,罗振玉指为蹶张是也(见车尘稿《武梁祠画像图考》序)。

郦陆朱刘叔孙传第十三

食其闻其将皆握齱好荷礼。一页上

　　直按:《隶释》卷十五《都乡正卫街弹碑》云"吏无荷扰"之荷。《左传》:"苟慝而作。"《释文》云:"苟或作荷。"皆与本文相同,为东汉时之通常隶体假借字。

秦失其正,诸侯豪杰并起。五页下

　　直按:始皇名政,故改政为正,二字虽古通,本文为西汉初仍沿用秦讳。

它送亦千金。(陆贾) 六页下

  直按：它送指南越诸臣而言。

乃出所使越橐中装卖千金。 七页下

  直按：汉代称黄金加黄字，银仅称金，本文当指银而言。《王莽传》云："朱提银八两为一流，直一千五百八十，他银一流直一千。"以他银计算，每两折合一百二十五钱，《史记正义》注汉代一金值千贯，距事实甚远。

贾常乘安车驷马，从歌鼓瑟，侍者十人。 七页下

  直按：汉镜铭云："宜酒食，乐毋事，竽瑟会，美人侍。"（拓本）与本文情况相似，镜文亦西汉初期作品。

乃以奴婢百人，车马五十乘，钱五百万，遗贾为食饮费。 八页下

  直按：《居延汉简释文》卷三、四十八页，有简文云："小奴二人直三万，大婢一人二万，牛车二辆四千，轺车一乘直万。"又卷一、八十五页，有"马直十千"。卷二、五十一页，有"马五千三百"。卷三、四十八页，有"用马五匹二万"各记载。据此比较陈平赠遗陆贾食饮之费，奴婢百人，每人价二万，则为二百万。车马每一乘二万（车假设价一万，马匹十千），则为一百万。再加现钱五百万，则为八百万，每万为十千，总合为八千千钱。汉代以八千万为巨富，陈平所赠折合有十分之一。

听梁父侯遂反。(朱建) 九页上

  直按：梁父侯为九江王黥布所封之侯，颜师古从臣瓒说是也，王先谦从如淳说非也。

高祖赐建号平原君。 九页上

  直按：西汉初文臣封君，与刘敬、叔孙通同例，或言君比关内侯，未知何据。

建乃求见孝惠幸臣闳籍孺。 九页上

  颜师古曰：（籍字）后人所妄加耳。

  直按：原文不误。《论衡·幸偶篇》云："闳籍孺之辈，无德薄才，

以色称媚,不宜爱而受宠,不当亲而得附。"闳籍孺二人连称,与本传文正同。籍孺虽为高祖时幸臣,可能至惠帝时尚存也。

汉五年戍陇西过雒阳。(刘敬) 十页下

直按:高祖虽在楚汉战争中,戍边之役并未停止。又按:西汉王国之民不戍边,齐地在高祖七年始封与悼惠王也。

乃赐通帛二十匹,衣一袭。(叔孙通) 十四页下

颜师古曰:一袭上下皆具也,犹今人呼为一副也。

直按:《居延汉简释文》卷三、一页,有简文云:"田卒淮阳郡长平业阳里公士兒尊(劳氏原释作邕尊,今订正),年廿七,袭一领,犬练一两,私练一两。"三页至四页,又有袭一领及袭一之记载。简文称袭一或称为袭一领,犹今人称为长袍一件,为秦汉人之习俗语。本文叙事称为衣一袭,与袭一领相同,颜注解袭为上下皆具非也。

乃变其服,服短衣楚制。 十五页上

直按:楚人喜着短衣,长沙仰天湖战国楚墓所出竹简第一简云:"一新智绹,一楚智绹,皆有蔓足绹。"足为促字省文,译以今言:为"一件新制厚衣,一件楚制形式厚衣,皆用缯做成既短且厚之衣"。叔孙通因高祖喜楚歌楚舞,故改服楚制短衣,所以趋时尚也。

公所事者且十主。 十六页上

直按:鲁两生所言叔孙通事十主,今考之为一秦始皇、二秦二世、三项梁、四楚怀王、五项王、六高祖,共有六主,十主者举成数而言。

与其弟子百余人,为緜蕞野外。 十六页上

如淳曰:《春秋传》曰:"置茅蕝。"颜师古曰:蕞与蕝同。

直按:如淳注所引《春秋》传文,见于《国语·晋语》。颜师古所云,则为注中之注。

谒者治礼引以次入殿门。 十六页下

直按:沈钦韩注:"治礼郎属大鸿胪。"王先谦注:"前汉无治礼郎,后汉大行令有治礼郎,亦不属大鸿胪,沈说误。"考西汉大行令属官有大行治礼丞,见平当及萧望之传,沈王两家说均误,但本文作引导赞

礼解，不作官名解。

廷中陈车骑戍卒，卫官设兵张旗志。十六页下

　　直按：《百官表》卫尉掌宫门卫屯兵，汉城出土亦有"卫屯"瓦当（见《八琼室金石补正》卷一、五页），本文卫官指卫屯，戍卒指正卒，并无误文。

方今樱桃孰可献。十八页下

　　直按：《西京杂记》记上林苑名果异树，桃共十种，内有樱桃、含桃两种。又《金石索·石索·砖瓦之属》有"樱桃转舍"瓦当，转舍即传舍之假借字，可证汉代离宫别馆，多植樱桃。

淮南衡山济北王传第十四

淮南厉王长，高帝少子也。一页上

　　直按：卢文弨云：今《淮南子》凡长字皆作修。现据寿县淮河流域所出汉镜铭文，有长相思者，皆作"修相思"，知不独淮南著书避长为修，即在淮南国内，亦避长字也。

命从者刑之。一页下

　　直按：《居延汉简释文》卷三、四十七页，有简文云："从者市阳里张侯年廿一岁。"又云："赵昌从者前亭伏里孙真来年卅。"《赵充国传》云："愿罢骑兵，留弛刑、应募及淮阳、汝南步兵，与私吏从者。"从者本为先秦两汉人之习俗语，后又转化为代表身份之名词。

又阳聚土，树表其上，曰开章死葬此下。五页下

　　直按：《陶斋藏砖记》卷上、十页，有"永元四年二月廿八日，无任庐江六安，完城旦严仲死在此下"。十一页，有"永元五年二月七日，无任江夏安陆，鬼薪张仲死此中"二晓葬砖（晓葬砖除见于《陶斋藏砖记》及《弘农砖录》外，连同其他拓本，余所见约有四百余方，兹特仅举两例），与本传文所载开章死葬此下，体例相同。晓葬砖为东汉时物，知在西汉时已有树表题名之风气。死为尸字省文。

有司奏请处蜀严道邛邮。六页下

　　张晏曰：邛邮，置名也。

　　直按：张晏以邮置为一事，实则邮为邮亭，置为驿置，微有区别。《金石萃编》汉一，褒斜道石刻所谓"邮亭驿置徒司空"是也。

皆日三食，给薪菜盐，炊食器，席蓐。六页下

　　直按：汉代统治阶级日三食，一般人民日两食，汉居延木简有"朝三升，暮三升"之记载是也（见《释文》三一二页）。

令故美人、材人得幸者十人从居。六页下

　　直按：材人为汉宫及王国妃妾之总称，未央材人见《艺文志》，齐国材人见《史记·仓公传》。

又有《中篇》八卷，言神仙黄白之术。八页下

　　直按：八公山下除出楚爰金之外，又出汉饼金一枚，上有"重一两二铢"五字，合肥龚氏所藏，盖淮南王之物也。

初安入朝，献所作《内篇》，新出，上爱秘之。八页下

　　直按：淮南王安在京师有离宫，余藏有"淮南□当"残瓦（见《关中秦汉陶录》卷二）。有邸第，余藏有"淮南邸印"封泥（现存西北大学文物陈列室）。

使为《离骚传》，旦受诏，日食时上。八页下

　　直按：王念孙疑传为傅字之误，傅与赋通，然古代诗赋二字，从无写作诗傅者，王说未可信也。淮南王作《离骚传》，见于王逸《楚辞章句》序及《隋书·经籍志》序。现可考者，尚有"五子用失乎家巷"句，传解五子为五子胥。又说羿、浇、少康、二姚、有娀佚女，皆各以所识，有所增减（见洪兴祖《补注》后序），足证当时确有其书。淮南王宾客如云，各传一二句，可以一日毕工。本文是记淮南王之好学深思，若依王氏解释，一日之间，成赋一篇，并不足奇，史家何必加以记录。

后荼爱幸，生子迁为太子。九页下

　　直按：《御览》卷八百十二引桓谭《新论》云："淮南王之子嫂（嫂当为迁之误字），迎道人作金银。"足证刘迁亦喜言方术之事。

闻郎中雷被巧。十页上

> 直按：淮南八公中，雷被、伍被、毛被，三人皆名被，恐非原名，仕淮南时同时所改。

事下廷尉河南，河南治。十页上

> 颜师古曰：章下廷尉及河南令，于河南杂治其事。
>
> 直按：汉代山东有大狱，往往在河南就近治问，《息夫躬传》云"上遣侍御史廷尉监，逮躬系河南诏狱"是也。又按：《居延汉简释文》二十页，有元康元年诏捕伪铸钱盗贼牛延寿、高建等廿四稿简文。八十页，有建昭二年捕实字子功简文。皆由河南都尉分下各郡国，足证治诏狱者系河南都尉而非河南令，师古之说，盖想当然耳。

元朔四年中，人有贼伤后假母者。十五页上

> 直按：武梁祠画像，闵子骞榜题字云："闵子骞与假母居，爱有偏移。"假母为继母，与本文同。《王尊传》云："美阳女子告假子不孝。"假子为前夫之子。又《说苑》记茅焦谏始皇云："陛下车裂假父，有嫉妒之心。"似假父为义父之称，与假母有所不同。

王乃使孝客江都人枚赫、陈喜，作辎车，锻矢。十六页上

> 直按：枚赫《史记》作救赫。若以枚乘淮阴人为例，江都与淮阴相近，似应作枚赫为长。然救姓在汉代亦甚普遍，《续百家姓谱》三页，有"救自为"印。《汉印文字徵》第二、二十二页，有"救宜""救真""救翁樨"等印。又按：王念孙谓锻矢《史记》作镞矢，矢必有镞，毋庸更言镞矢，锻矢疑镞矢之误字。证以《居延汉简释文》卷三、十页，有"十二月漆雕櫜矢铜镞六十四"之记载。镞箭即镞矢，与《尔雅》所云金镞箭羽谓之镞正合，王氏之说亦是也。

蒯伍江息夫传第十五

通论战国时说士权变，亦自序其说，凡八十一首，号曰《隽永》。七页上

> 直按：两汉人著书，皆不称子。如陆贾《新语》、扬雄《法言》、刘向

《新序》《说苑》、王充《论衡》、王符《潜夫论》之类是也。蒯通《隽永》即其书名,非评其书中价值之名词也(《艺文志》,《蒯子》五篇,疑是后人所加,非通之自名)。

王曰,夫蓼太子。(伍被)八页下

直按:颜师古以蓼太子为淮南太子从母姓是也。《汉印文字徵》第一、九页,有"蓼汤之印"可证。

强弩临江而守,以禁南郡之下。十页上

直按:《地理志》南郡注有发弩官,伍被所云即指此。《封泥考略》卷四、五十一页,有"南郡发弩"封泥,与本文正合。

王曰,左吴、赵贤、朱骄如,皆以为什八九成。十页上

直按:左吴为淮南八公之一,见《史记·淮南王传》《索隐》引《淮南要略》。

益发甲卒,急其会日。十二页上

直按:会月会日,言约期之日,为汉人习俗语。《居延汉简释文》卷一、二十三页,有"言状会月三十日"简文,其他各简尤多不胜举。又按:《金石萃编》汉十七《韩仁铭》云:"会月三十日如律令。"亦同此例。

又为左、右都司空,上林,中都官诏狱书。十二页下

晋灼曰:上林有水司空,皆主囚徒官也。颜师古曰:中都官,京师诸官府。

直按:左右指少府属官左、右司空而言,都司空指宗正属官而言,因同为司空,故连称为左右都司空,上林指上林苑中诏狱,中都官指京师诸官府诏狱。《汉官仪》所谓"中都官诏狱卅六所,导官无狱"是也(淮南王安谋反汉,事在元狩元年以前。水衡都尉属官上林令之设立,事在元鼎二年,故本文只可解作上林苑之泛称,不能专解为上林令之诏狱,晋灼所云上林有水司空,在伍被时亦尚未有此官名也)。中都官之名称,至东汉犹存,见延光是吾残碑。

党可以徼幸。十二页下

　　颜师古曰：党读曰傥。

　　直按：《董仲舒传》云："党可得见乎。"《于定国传》云："咎党在是乎。"《隶释》卷八《夏承碑》云："魂党有灵。"皆以党为傥，与本文同。

臣愿选从赵国勇敢士从军击匈奴，极尽死力以赎丹罪。（江充）十三页上

　　直按：《淮南王传》云："时有欲从军者，辄诣长安，伍被即愿奋击匈奴。"与本文事实相同。

各以秩次输钱北军。十四页上

　　直按：《居延汉简释文》八十八页，有简文略云："永始三年三月辛亥，居延城司马踔，以秩次□书尉，当舍传舍从者如律令。"与本传文正合。秩次之名，又见于《百官表》序颜注。

遂掘蛊于太子宫，得桐木人。十五页下

　　直按：《盐铁论·散不足篇》云："桐马偶人。"又云："匹夫无完领，桐人衣纨绨。"可证西汉明器中多以桐木为偶人，现今出土只有陶俑，惟长沙战国楚墓葬中，曾出有木偶人像。

息夫躬字子微，河内河阳人也。十五页下

　　直按：《汉印文字徵》第十、十六页，有"息夫隆"印，息夫为复姓，与本文正合。

躬、宠乃与中郎右师谭。十六页下

　　直按：《后汉书·儒林·包咸传》有右师细君，王莽时博士。《汉印文字徵》第六、十三页，有"右师赤"印，右师复姓，与张晏注正合。

众畏其口，见之仄目。十七页上

　　颜师古曰：仄，古侧字也。

　　直按：《书·尧典》云："明扬仄陋。"《经典释文》："一作侧陋。"《食货志》赤仄钱，或作赤侧钱，与本文皆同。

器用盬恶。二十页上

　　直按：盬恶即苦恶之假借字。《史记·平准书》云："县官作盐铁，铁器苦恶贾贵。"《盐铁论·水旱篇》云："今县官作铁器多苦恶。"又

《居延汉简释文》六十八页,有"将军使者太守议贷钱,古恶小卒不为用"。一九一页,有"坞上大表一古恶"各记载。苦恶又省写作古恶,苦恶二字为西汉人之习俗语。颜师古注《食货志》谓苦指盐味苦,恶指铁脆恶,就文生训似得之,与汉代习俗语极为违背。

秋风为我唫。二十二页上

  颜师古曰:唫,古吟字。

  直按:《隶续》卷一《平舆令薛君碑》云:"童稚呻唫。"《韩非子·杨榷篇》云:"宗室忧唫。"《楚辞·悲回风》云:"孤子唫而抆泪。"吟皆作唫。《玉篇》唫,古吟字,皆与本文同。

万石卫直周张传第十六

万石君徙居陵里。二页下

  颜师古曰:茂陵邑中之里。

  直按:石庆官于长安,下文有庆及诸子入里门趋至家之句,万石君无徙居茂陵之理。证之《居延汉简释文》卷三、四十九页,有"长安梁陵里田胜"之名籍简文,万石君所居之陵里,当即长安梁陵里之省文(居延木简有长安棘里名籍,当即《三辅黄图》及潘岳《西征赋》所记黄棘里之省称。又有长安宣里名籍,当即《黄图》所记宣明里之简称,据此《汉书》与木简在名称上互有详略,木简之梁陵里,即本传之陵里,更可灼然无疑)。

文三王传第十七

自初王通历,已十一年矣。(梁孝王)一页上

  颜师古曰:总数其为王之年。

  直按:本传叙梁孝王十四年入朝,十七年十八年比年入朝留,其明年乃之国。二十二年文帝崩,二十四年入朝,二十五年复入朝。又

叙二十九年十月孝王入朝,三十五年冬复入朝云云,此盖根据梁国史书而记录(《齐鲁封泥集存》有"齐太史印"封泥,可证汉初王国,皆各有史官),汉初各王国自记之史书,可能即名《通历》。又按:西汉各王国纪年在刻石中,有仅用本国纪年者,如赵廿二年群臣上寿刻石是也(见《八琼室金石补正》卷一)。有先用汉廷纪年,再加称本国纪年者,如五凤二年鲁卅四年刻石是也(见《金石萃编》汉一)。侯国亦有纪年,体例相同。梁孝王在诸王国中,声誉最为尊荣,故太史公特采梁国通历以为代表。

大治宫室,为复道,自宫连属于平台三十余里。 二页上

　　直按:《御览》卷一百七十七引《水经注》:"梁孝王有清冷台,有掠马台。"引《述征记》:"有蠡台。"又按:孝王在京师亦有离宫,现汉城遗址出土有"梁宫"瓦,梁字作梁,证之汉代印文,梁姓亦无不作梁也(此瓦为余所藏,旋遭损失,孤拓见《关中秦汉陶录》卷二)。

多作兵弩弓数十万。 二页上

　　直按:《乐府诗集》卷二十八载《乌生古辞》云:"工用睢阳彊、苏合弹。"彊谓弓,是梁国产弩弓之证,睢阳且为梁都之地。

而府库金钱,且百钜万。 二页上

　　直按:西安汉城遗址出土扑满,有"巨万"二字,知为两汉人之习俗语。

太后议格。 二页下

　　直按:苏林注读格为阁是也。与《淮南王传》所云"淮南王安雍阏求奋击匈奴者雷被等格明诏"正同。又《金石萃编》卷五,开通褒斜道石刻云:"用始作桥格六百三十二间,大桥五,为道二百五十八里。"桥格即桥阁之假借字,与本文亦合。

既至关,茅兰说王,使乘布车。 三页上

　　张晏曰:布车,降服自比丧人也。

　　直按:《居延汉简释文》八十页,有简文云:"二月癸酉,河南都尉忠,下郡太守,诸侯相,承书从事,下当用者。实字子功,年五十六,大

壮黑色长须,建昭二年八月庚辰亡过客居长安发利里者,雒阳上高里范义,壬午,实买所乘车马,更无骍牝马白,蜀车緵布,并涂载布。"据此布车西汉时为一般人所乘,张晏注专指为丧人所乘,似未确。

六月中病热,六日薨。 三页下

直按:中当读如亿则屡中之中。与《史记·仓公传》齐王侍医遂病中热正同。又与《汉书·叙传》班伯病中风亦同。

及死藏府黄金尚余四十余万斤。 四页上

直按:《食货志》云:"黄金重一斤,直钱一万。"(即十千)每两合六百二十五钱。《王莽传》云:"朱提银八两为一流,直一千五百八十,他银一流直一千。"(每斤合二千)以汉代普通银价计算,每两合一百二十五钱。金价比银价恰巧贵五倍。铜价以东汉延光壶证之,每斤则为六十钱(延光壶原文云:"延光四年,铜二百斤,直钱万二千。"见阮氏《积古斋钟鼎款识》卷九、十五页)。银价比铜价贵三十三倍有零。金价比铜价贵一百六十六倍有零。金属价值虽然随时有增减,质量有精粗,但已能略得大概。近人以汉代黄金数量之多,指为黄铜,不知汉代文献上所称黄金,指金而言,泛称为金者,指银铜而言。而铜多直称为铜,如汉镜铭最普遍之辞句,曰:"汉有嘉铜出丹阳。"西安三桥镇王莽铸钱遗址中曾出土有"同八三""一万二千斤同""二万斤同"三陶片。又《居延汉简甲编》一〇七页附二十七,有简文云:"度用铜四千八百廿三石一钧廿三斤,已入八百六十三石三钧十二两。少三千九百☒(两钧字原释皆误作铜,今订正)。"以上皆直称为铜之证。梁孝王死后库存倘为四十万斤黄铜,则总价为二千四百万千。汉代巨富,往往称为八千万,梁孝王以景帝母弟之尊荣,在当时非其他藩王可比。家资如仅有二千四百万千,则史家何必加以特载。黄金既比黄铜每斤贵一百六十六倍有零,库藏有四十余万斤,则便为敌国之富,近人创此说者,是未知西汉时期黄金与黄铜相差倍数之多也。又《武帝纪》:"元鼎五年九月,列侯坐献黄金酎祭宗庙不如法,夺爵者百六人。"如淳注引《汉仪注》:"诸侯王岁以户口酎黄金于汉庙,

皇帝临受献金,金少不如斤两,色恶,王削县,侯免国。"设或指助祭之金为黄铜,各王侯短少一斤黄铜,仅值六十钱,因而受到削县夺爵之处分,虽至愚者,亦不出此。余特在此提出,亦黄金非黄铜之一证也。

初孝王有罍尊,直千金。五页下

直按:《汉书》记载西汉时出土或流传之商周铜器,有汾阴宝鼎、栒邑鼎、齐桓公铜器及本传之罍尊,而罍尊且记有价值,尤为重要史料。以云雷形花纹而论,多为商末周初之器。

元朔中睢阳人犴反。六页上

直按:《史记》作类犴反,盖姓类名犴反。《汉印文字徵》第十、七页,有类广印,可证两汉有类姓。

收兵杖藏私府。七页上

直按:沈钦韩曰:"王官有私府长。"王先谦曰:"见《贾山传》。"考《汉印文字徵》第七、五页,有"中私府长李封字君游"印。又十四页,有"河间私长朱宏"印,此为河间国之私府长。《路温舒传》为广阳国之私府长,皆与本文相同。余详《百官表》詹事条。

臣闻礼天子外屏。七页下

直按:语见《礼·含文嘉》(马氏《玉函山房辑佚书》本)。

贾谊传第十八

河南守吴公,闻其秀材,召置门下。一页上

直按:周寿昌曰:《汉书》中凡秀之字曰茂,避光武讳也,独此尚存秀材二字。考东汉石刻不避秀字,如《隶释》卷五《张纳功德叙》云:"旌甄秀异。"卷八《孔彪碑》云:"叡其玄秀。"《衡方碑》云:"揽秀标奇。"卷十《逢盛碑》云:"苗而不秀。"皆与本文同例。又门下者谓府门之下也,非如后代门生之称。

廷尉乃言谊年少,颇通诸家之书。一页上

直按:《经典释文·叙录》叙《左氏传》流传云:"铎椒传虞卿,虞

卿传荀卿，荀卿传张苍，张苍传贾谊。"又韦昭《国语解叙》云："遭秦之乱，幽而复光，贾生史迁，颇综述焉。"据此贾生除传《左氏传》之外，兼通《国语》。

色上黄，数用五，为官名悉更奏之。一页下

　　直按：为官名指官印拟改用五字也，汉初公卿太守都尉印文皆四字，贾谊之议未采纳，至武帝时始正式改用。

谊既以适去，意不自得。一页下

　　颜师古曰：适读曰谪。

　　直按：《流沙坠简·考释·戍役类》二十三页，有简文云："燧缺敬代适卒郭□今遣诣署录□□。"《盐铁论·国疾篇》亦云："罚赎科适。"以适为谪，与本文同。

竢罪长沙。二页上

　　直按：《隶释》卷七《祝睦后碑》云："临绝绋竢。"又《尔雅·释诂》云："竢，待也。"与本文同义。

骥垂两耳，服盐车兮。二页下

　　直按：《战国策》云："夫骥服盐车，上泰山，中坂迁延，负辕不能上，伯乐下车哭之也。"《盐铁论·颂贤篇》云："骐骥之服盐车。"与本文相同。

庚子日斜，服集余舍。三页下

　　直按：《史记》徐广注，文帝六年，岁在丁卯，《通鉴》亦同。据《二十史朔闰表》，文帝六年四月戊寅朔，二十三日为庚子，或以单阏之岁为文帝五年或七年者非也。

大人不曲，意变齐同。五页上

　　直按：王念孙曰：意读为亿万年之亿。考汉碑多借意作亿，亦有借亿作意者，如《隶释》卷十一《谯敏碑》云"曷亿遷罹"是也。盖意亿二字，在两汉时通用。

氾虖若不系之舟。五页下

　　直按：《庄子·德充符》云："能者劳而智者忧，无能者无所求，饱

食而嬉游,氾氾如不系之舟。"

今西边北边之郡,虽有长爵,不得轻复。十三页上

张晏曰:长爵者高爵也,虽受高爵之赏,犹将御寇,不得复除逸豫也。

直按:现以敦煌、居延所出全部木简而论,边郡骑士及中原戍卒,皆八级以下之民爵,无官爵,与贾谊之说不同,或谊之所言仅为文帝时情况。

臣窃料匈奴之众,不过汉一大县。十三页下

直按:《匈奴传》上,中行说云:"匈奴人众,不能当汉之一郡。"《盐铁论·论功篇》云:"今匈奴不当汉家之巨郡。"与贾生之言均合。

不搏反寇而搏畜菟。十三页下

直按:汉代兔字写法,多有从艸作菟者,如玄兔郡作玄菟是也。《隶释》卷五《唐扶颂》云:"白菟素鸠。"皆与本文同,知为东汉时之通常隶体。

今富人大贾,嘉会召客者以被墙。十四页上

直按:即《西京赋》所云"木衣锦绣,土被朱紫"是也。

而大臣特以簿书不报,期会之间以为大故。十六页上

直按:《王吉传》云:"其务在于期会簿书,断狱断讼而已。"期即《陈遵传》尚书期之期,会即《伍被传》急其会日之会,皆与本文义合。

输之司寇,编之徒官,司寇小吏,詈骂而榜笞之。二十三页上

直按:王念孙校改司寇为司空是也。司寇仅为汉代二岁刑名,未曾设司寇之官。《百官表》宗正属官有都司空令,少府属官有左、右司空令,皆管徒隶役作者也。又按:《居延汉简释文》卷二、二十二页,有简文云:"与司空数十人。"又卷一、八十九页,有简文云:"□罪司寇以上,各以其□。"可证司空指都司空及左右司空而言,司寇指刑罚名称而言。

故其在大谴大何之域者。二十四页下

直按:颜师古训何为问,与《卫绾传》之不孰何同义。但大何或为

其吏民繇役往来长安者,自悉而补,中道衣敝,钱用诸费称此。 二十七页上

　　直按:谓自尽其家财,以贴补行旅费用之不足,颜师古注谓补缝作衣恐失之(颜注本于《霍光传》之成君衣补,然其意义不同)。

剡手以冲仇人之匈。 二十八页上

　　直按:《循吏传》云:"匈臆结约。"《隶释》卷五《校官潘乾碑》云:"壍无叩匈之结。"以匈为胸,与本文同,为东汉时通常之隶体省文。

爰盎晁错传第十九

爰盎字丝,其父楚人也。 一页上

　　直按:盎当为纯字之假借,《说文》:"纯,缨卷也,谓冠缨曲而绕。"方与字丝训诂相适应。又按:爰盎《史记》作袁盎。前人谓汉代爰、袁、辕三姓通用,在古籍上叙事混用不别;但从汉印考之,则有爰、袁、辕、榱四姓之不同。铸印者关系自己姓氏,势必区别很严。如爰姓,《集古印谱》一页,有"爰间奴""爰龙"二印。《汉印文字徵》第四、十一页,有"爰辅""爰良""爰世""爰寿"四印(福山王氏藏有晋残石,文云:"享爰土而氏族。"余考为晋卫尉爰翰之子残碑)。袁姓,《汉印文字徵》第八、十五页,有"袁阜""袁晏""袁顺"三印。辕姓,同书第十四、七页,有"辕隆""辕猛"二印。同书第六、十一页,有"榱子仪""榱胜""榱让""榱敞""榱勉君"五印。辕固生则应以辕字为正体,御儿侯榱终古则应以榱字为正体,爰盎则应以爰字为正体。

是时绛侯为太尉,本兵柄。 一页下

　　直按:王念孙校改本兵柄为主兵柄。考下文有太尉主兵适会其成功,王氏说是也。

是时诸陵长安中贤大夫争附两人,车骑随者日数百乘。 五页上

　　直按:《盐铁论·褒贤篇》云:"故爰盎亲于景帝,秣马不过一驷。"与《汉书》所述奢俭情况适相反。

梁王欲求为嗣,盎进说,其后语塞,梁王以此怨盎,使人刺盎。六页下

　　直按:梁孝王除欲求为汉嗣之外,又上书愿赐容车之地径至长乐宫,使梁国筑甬道朝太后,爰盎等建议以为不可,梁王怒,因令人刺杀盎,此事见《邹阳传》。

乃之棓生所问占。七页上

　　苏林曰:音栖。文颖曰:音陪,秦时贤士善术者也。

　　直按:《汉代纪年铭漆器图说》十八页,有建平金铜扣漆耳杯铭文有云:"建平五年,蜀郡西工造乘舆髹雕画工黄耳棓。"棓即栖字假借,苏林之音是也。《律历志》云:"安陵栖育治终始。"栖育既为安陵人,棓生疑亦为安陵人,袁盎亦为安陵人,故从问卜。

果遮刺杀盎安陵郭门外。七页上

　　直按:《西京杂记》载广川王去疾在国内发冢,"袁盎冢以瓦为棺,器物都无,唯有铁镜一枚"。此说恐不足信,安陵在三辅,不在广川国内也。

鼌错颍川人也。七页上

　　直按:《史记》作晁错,《汉书》则鼌朝二字并用,三字在姓氏中,当以鼌字为正体。《隶释》卷四《石门颂》,有"鼌汉疆"。《小校经阁金文》卷十四、三十页,正始二年弩机,有"监作吏鼌泉"题名。《汉印文字徵》第十三、九页,有"鼌午""鼌中意"两印。皆作鼌无作晁者,《说文》无晁字,始见于《广韵》。

学申商刑名于轵张恢生所。七页上

　　直按:《汉旧仪》云:"博士称先生。"或简称为先,如《梅福传》之叔孙先,《李寻传》之正先,本传之邓先是也。或简称为生,如伏生、辕固生、贾生是也。此独称张恢生,在姓名下加以生字,尚属创见。张恢亦疑为秦代之博士,故《史记》称张恢先。上述诸人,只有邓先非博士。又汉人习俗语每称某所,如《居延汉简释文》卷一、七十三页,有"诣张掖太守府,牛掾在所。"卷三、十七页,有"共买林君所"各记载是也。

错为人陗直刻深。七页上

　　直按：《隶释》卷四《周憬功勋铭》云："增陵陗兮甚岖陭。"以陗为峭，与本文同，为东汉时通常之隶体假借字。

太常遣错受《尚书》伏生所。七页下

　　直按：《后汉书·何敞传》云："六代祖比干，学《尚书》于晁错。"章怀注云："比干字少卿，经明行修，兼通法律，为汝阴县决曹掾，平活数千人，后为丹阳都尉。"比干事迹亦见《三辅决录》（黄氏《汉学堂丛书》辑本）。

其人密理。十二页上

　　直按：密理谓腠理紧密也。

然令远方之卒守塞，一岁而更。十三页下

　　直按：《昭帝纪》如淳注引汉律云："天下人皆直戍边三日，亦名为更律，所谓繇戍也，虽丞相子亦在戍边之调。不可人人自行三日戍，又行者当自戍三日，不可往便还，因便住一岁一更。"即本文所谓守塞一岁而更也，在敦煌、居延两木简中，称为罢卒。亦有携妻子老戍不归者，一岁而更，则又等于具文。

具蔺石，布渠答。十三页下

　　直按：蔺石为城防守御所用。《史记·王翦传》所云"投石超距"，疑即投蔺石之练技。《居延汉简释文》三七五页，有"羊头石二百五十"之简文，当与蔺石相类。

为中周虎落。十三页下

　　苏林曰：作虎落于塞要下，以沙布其表，旦视其迹，以知匈奴来入，一名天田。

　　直按：本句译以今语，"在中间周围绕以竹篾"也。苏林注天田之名，不见于其他文献，所引盖据秦汉之古籍，而与敦煌、居延两木简正合。《流沙坠简·考释》卷二《戍役类》第八简云："若干人画天田，率人画若干里若干步。"第九简云："六人画沙中天田六里，率人画三百步。"又《居延汉简释文》卷二、十一页，有简文云："候长式光，候史拓，

十月壬子尽庚辰，积廿九日迹，从第三十隧，北尽鉼庭隧北界，毋阑越塞天田出入迹。"又十三页，有简文云："卒韩宪金甲辰迹尽壬子，积九日，凡尽廿九日，毋人马阑越天田出入迹。"盖戍卒所守之地区，匈奴不敢向天田窥伺，即为重要成绩之一。王国维先生解释天田为未垦治之田，彼时居延木简尚未出土，受条件之限制，故仅就文生训。至于苏林指虎落为天田则非是，说天田之制度则甚善也。又后批出土居延简，虎落则作弧落。

先为室屋具田器，乃募罪人及免徒复作令居之，不足募以丁奴婢赎罪，及输奴婢欲以拜爵者，不足乃募民之欲往者，皆赐高爵，复其家。 十三页下至十四页上

直按：免徒为弛刑徒，复作为一岁刑徒，募往者为应募士（见《赵充国传》及罗布淖尔木简）。西汉以丁奴婢赎罪及以输奴婢拜爵，不见于《汉书》纪传，当为文帝时制度。高爵谓九级起之官爵。

郡县之民得买其爵，以自增至卿。 十四页上

直按：卿疑为汉代高爵之泛称，如《朱博传》之称王卿是也（武帝时武功爵之乐卿，居摄时上谷府祝其卿两坟坛刻字之卿，则指县丞尉而言，皆与本文无涉）。西汉边郡则尤重卿之尊称。例如《居延汉简释文》卷二、五十四页，有简文云："司马卿、将卿、荣卿、虏卿、林卿、张卿、徐卿、陈卿，马三长凡九人，二十一钱。"又卷二、五十五页，有简文云："司马卿、王卿、赵卿、臧卿、间卿、陈卿、李卿、杜卿（以下隧名从略）率人廿。"晁错此疏，重在筹边，故引用边郡之习俗口语。

使屯戍之事益省，输将之费益寡。 十四页下

直按：汉代输将二字随用，并无区别。《居延汉简释文》三七〇页，有"安汉隧札二百两，行五十，绳十丈，五月输"。二四九页，有"入麦廿一石九斗八升，史将簿"各记载皆可证（史谓令史或尉史之类）。

存邮所徙之老弱，善遇其壮士。 十四页下

直按：居延全部木简中，戍卒廪食简及车马简，多记载父母妻子到所，有老有弱。例如"第十隧卒宁盖邑，父大男偃年五十二，母大女

请卿年卅九,妻大女女足年廿一,见署用谷七石一斗八升大"。是很明显的事实(见《居延汉简释文》二八〇页,仅举一例)。名虽为正卒戍边,实际与募民徙塞下之政策相似。

四里一连,连有假五百。十五页下

　　服虔曰:五百帅名也。

　　直按:《续汉书·礼仪志》云:"辟车五百公八人。"五百之名,盖由古代假五百所演变。

惟十有五年九月壬子。十六页上

　　直按:十下单数,必加一有字,此仍沿用先秦文法。西汉以后即少用之。九月壬子为九月廿七日。

轻绝人命,身自射杀。二十一页上

　　直按:贾谊《陈政事疏》云:"故胡亥今日即位,而明日射人。"本文亦指二世而言。

财不下五帝。二十二页上

　　直按:《隶释》卷一《史晨后碑》云:"还所敛民钱材"碑文借材为财,本文则以财为材。

张冯汲郑传第二十

从行上登虎圈,问上林尉禽兽簿。一页下

　　直按:《御览》卷一百九十四引《郡国志》云:"雍州虎圈,在通化门东二十五里,汉文帝问上林尉处及冯倢伃当熊处。"比较《三辅黄图》为详。又按:《金石萃编》汉十四《张迁碑》云:"文景之间,有张释之,建忠弼之谟,帝游上林,问禽狩所有,苑令不对,更问啬夫,啬夫事对。于是进啬夫为令,令退为啬夫,释之议为不可,苑令有公卿之才,啬夫喋喋小吏,非社稷之重,上从言。"碑文以上林尉为上林令,及令退为啬夫,与《史》《汉》所记,微有不同。家保之兄云:《艺林月刊》曾印"虎圈"半通印,当为虎圈啬夫等公用之印。

吾居代时,吾尚食监高祛。(冯唐) 四页下

　　直按:《惠帝纪》云:"宦官尚食比郎中。"与本文同。西汉初中期王国百官都如汉朝,故文帝为代王时当设有尚食监。又按:《汉官仪》云:"省中有五尚,即尚省、尚冠、尚衣、尚帐、尚席。"《周亚夫传》云:"顾谓尚席取楮。"疑尚席为尚食之改名,与詹事所属食官令相似。

安知尺籍伍符。 六页上

　　直按:尺籍即敦煌、居延木简中之名籍,简长一尺,故称为尺籍。又李奇注"伍符为军士五五相保之符信"是也,与《晁错传》所云"使五家为伍,伍有长"相同。

削其爵,罚作之。 六页下

　　直按:罚作一作法作,即徒隶之复作。法作见《隶释》卷七《冯绲碑》文。

召黯拜为淮阳太守。(汲黯) 十一页上

　　直按:《御览》卷八百三十六引杨子《法言》云:"淮阳铸伪钱,吏不能禁,汲黯为太守,不坏一垆,不刑一人,高枕卧,淮阳政清。"

安文深巧善宦,四至九卿。 十二页上

　　直按:《御览》卷二百二十八引《汉官》曰:"司马安巧宦,四至九卿。"与本文及潘岳《闲居赋》序均合。惟潘赋序作司马子安,或为安之字。殿本宦字作官非也。

其推毂士及官属丞史,诚有味其言也。(郑当时) 十三页上

　　直按:公孙宏、卜式、兒宽传赞云:"推贤则韩安国、郑当时。"桑弘羊亦为当时所荐用,见《食货志》。

当时为大司农,任人宾客僦入多逋负。 十三页下

　　直按:《史记》作任人宾客为大司农僦人,比本文为明酱。任人宾客,谓所保荐之人,即当时之宾客。僦入多逋负者,谓僦人虚报雇价,收入甚多,使大司农官帑有所逋负也。又按:《居延汉简释文》卷二、三十九页,有简文云:"凡五十八两,用钱七万九千七百一十四,钱不僦就。"又云:"出钱四千七百一十四,赋就人表是万岁里吴成三两半

（下略）。"又《流沙坠简·考释·禀给类》第十六，有简文云："出糜二斛，元和四年八月五日，僦人张季元付平望西部候长宪。"可证僦人二字，为两汉人之习俗语。

后复为廷尉，客欲往，翟公大署其门。十三页下

直按：《居延汉简释文》卷一、二十五页，有简文云："☐尉明白大扁书乡市里门亭。"大扁书即大如后代之匾额，与本文大署其门正同。

贾邹枚路传第二十一

涉猎书记，不能为醇儒。（贾山）一页上

直按：《博物志》卷八："汉西都时南宫寝殿内，有醇儒王史威长葬铭（《西京杂记》亦同）。"义与纯儒相通，《汉书·叙传》赞董仲舒"说言访对，为世纯儒"是也。足证醇儒二字，为两汉人习用之词汇。

尝给事颍阴侯为骑。一页上

直按：颜师古解为骑者，常骑马而从非也。骑者为骑士或骑吏之简称。骑士见灌婴及郦食其传，县吏有骑吏，见《王尊传》，武梁祠画像齐继母榜题字有追吏骑。

又为阿房之殿，殿高数十仞。一页下

直按：阿房宫前殿遗址在今长安枣园村南，其地俗名郿坞岭。

厚筑其外，隐以金椎。二页上

直按：周寿昌谓隐即稳字，以金椎筑之使坚稳也。考《全后汉文》卷九十八，开通褒斜道石刻云："益州东至京师，去就安隐（此段文字，现石刻已经摩泐，严文系根据宋代晏袤释文）。"借稳为隐，与本文同，周说是也。

秦始皇东巡狩，至会稽、琅玡，刻石著其功，自以为过尧舜统。五页上

直按：贾山所言秦刻石，本于《秦纪》或秦代《奏事》（《艺文志》春秋类《奏事》二十篇，注秦时大臣奏事及刻石名山文也），与《史记》同一根据。《史记》琅玡台石刻云："功过五帝。"即本文所谓过尧舜统。

会稽石刻独无相似之文,贾山盖连类及之。

天下之士,莫不精白以承休德。六页下

　　直按:西汉昭明镜首句云:"絜精白而事君。"又有作清白者,知精白即清白之假借字。《盐铁论·颂贤篇》云:"二公怀精白之心。"皆与本文同。颜师古解为厉精而为洁白,是望文生训也。

又选其贤者,使为常侍诸吏。六页下

　　直按:《百官表》侍中、左右曹、诸吏、散骑常侍,皆加官,以本文证之,在文帝时加官名称已经渐备,惟左右曹、诸吏各加官,至宣元时始盛行。

减外繇卫卒。七页上

　　直按:外繇之名亦见于《沟洫志》,所谓为着外繇六月是也,统指戍边之卒而言。卫卒为宫禁之卫士,皆正卒充任者。

民虽老羸癃疾,扶杖而往听之。七页下

　　直按:《金石萃编》卷十八《曹全碑》云:"籴米粟,赐癃盲。"《说文》癃,籀,本文又加以变体。

陛下与众臣宴游。八页上

　　直按:众臣指邓通也,文帝尝至通家游宴,见通本传。

又言柴唐子为不善足以戒。八页下

　　直按:唐疑章字之转音,谓柴奇、开章二人也,称为子者为语助辞,犹太史公《报任安书》称赵谈为同子也。又贾谊《陈政事疏》云:"贯高利几之谋不生,柴奇开章之计不萌。"亦以柴奇、开章二人并称。

秦倚曲台之宫,悬衡天下。(邹阳)九页上

　　直按:秦宫之名可考者独少,阿房前殿兴功于最后,至二世时犹未完成。曲台当为秦代主要之宫,故本文引之,注家以《三辅黄图》曲台殿缘秦宫而得名,恐非确论。又按:《文子·上德篇》云:"循绳而断即不过,悬衡而量即不差。"与本文正同。

自立天子之后,使东牟朱虚东褒义父之后。十一页上

　　直按:应劭注义父即春秋之邾仪父,在本文似比拟不伦。刘奉世

疑为齐悼惠王之字是也。悼惠王名肥字义,盖以慕赵武灵王臣肥义而命名。

今人主沈谄谀之辞,牵帷廧之利。十七页上

直按:《文选》本文廧作墙。《诗·小雅·常棣》:"兄弟阋于墙。"《经典释文》:"墙或本作廧。"《金石萃编》卷十八《曹全碑》云:"戢治廧屋。"皆与本文同,为东汉时之隶书变体。

枚乘字叔,淮阴人也。为吴王濞郎中。二十一页下

直按:《文选》枚乘《七发》云:"楚太子有疾,而吴客问之。"《楚元王传》:"以宗正上邳侯郢客嗣,是为夷王,立四年薨,子戊嗣。"《七发》文中,吴客是枚乘自谓,楚太子谓楚王戊,自来注《文选》者皆未加注解,且以为设辞误矣。

不如海陵之仓。二十四页下

直按:《御览》卷七十五引《氾胜之书》曰:"吴王濞开茱萸沟,通运至海陵仓。"即今江苏之泰县也。

游曲台,临上路,不如朝夕之池。二十五页上

直按:邹阳《谏吴王书》亦云:"秦倚曲台之宫。"盖为秦之名宫,至西汉初犹存者。上路者上林苑之路也,余昔藏有"上禄"瓦片,为上林苑阳禄馆之物,亦简称上林苑为上。

遣羽林黄头循江而下。二十五页上

直按:黄头郎仅见于《邓通传》,以本文考之,似属于羽林军。然期门羽林皆武帝时置,与本文时代矛盾。全篇虽出于依托,然文字奥衍,恐成于武宣之际。

三年为王使与冗从争。二十六页下

直按:冗从为散职,九卿各属官中皆有冗从,《艺文志》赋家有钩盾冗从李步昌是也。又《十钟山房印举》举二、五十页,有"冗从仆射"印,当为冗从散职之长。

路温舒字长君,钜鹿东里人也。二十七页下

直按:西汉名温舒者,有两种写法。《汉印文字徵》第六、二十六

页,有"杜温郶"印(其他如宽舒之舒,居延木简屡见之第二亭长舒,亦多作郶)。亦有作温舒者,如同书同卷十页,有"马温舒"印。《六艺之一录》集古印存,有"楥温舒"印,知作温郶者为假借字。又《御览》卷七十二引《水经注》,有"路温舒牧羊泽中,截蒲写书"事,盖根据于本传。

蠿者不可复属。二十九页上

直按:《说文》蠿,古文绝。《隶释》卷六《袁良碑》云:"至王莽而蠿。"皆与本文相同。

与天亡极,天下幸甚。三十页上

直按:孝昭皇帝冠辞云:"与天亡极。"(见《续仪志》上,章怀注引《博物志》)《韦贤传》云:"永保宗庙,与天亡极。"西安汉城遗址出土之"与天无极"瓦当文尤多,知为两汉人之通常颂祷语。

迁广阳私府长。三十页上

直按:《百官表》私府长属詹事。又《汉印文字徵》第七、五页,有"中私府长李封字君游"印。又第七、十四页,有"河间私府长朱宏"印,朱宏为河间国之私府长,与路温舒官广阳国私府长正同。

时诏书令公卿选可使匈奴者,温舒上书,愿给厮养。三十页下

直按:《居延汉简释文》二二六页,有"☐未以主须徒复作为职,居延护徒髡钳城旦大男厮廐,署作府中寺舍"之简文。二三〇页,有"三人养",二三二页,有"三人卒养"之简文。此边郡戍所用厮养之证,温舒以此为谦辞也。

及王莽篡位,欲章代汉之符,著其语焉。三十页下

直按:《王莽传》上,上奏符命云:"遭家不造,遇汉十二世三七之厄。"与本文正合。

窦田灌韩传第二十二

七国破,封为魏其侯,游士宾客争归之。一页下

直按:《齐鲁封泥集存》十六页,有"魏其邑丞"封泥。在未封窦

婴之先,当有太后或公主食汤沐邑于此。又按:《西京杂记》卷四云:"许博昌安陵人也,善陆博,窦婴好之,常与居处。博昌又作《大博经》一篇,今世传。"许博昌为窦婴宾客之一,此事不见于他书。

学《盘盂》诸书。二页下

直按:蔡邕《铭论》云:"孔甲有盘盂之诫。"可证《盘盂书》内容有一部分箴铭体。

藉福说(田)蚡曰。三页上

直按:藉福他本多作籍。《汉印文字徵》第五、一页,有"籍宪""籍莫偃""籍赏"三印。又第一、十七页,有"藉莫武""藉赐"二印。可证汉代籍、藉二姓不同。本文依从多数,应作籍福。

尝请考工地益宅,上怒曰:遂取武库。四页下

直按:考工所造兵器,既成传入武库,故武帝有此语。又《盐铁论·救匮篇》云:"故武安丞相讼园田,争曲直人主之前。"所指当为请让窦婴南城田事,然未争讼于人主之前,与《汉书》所叙事实微有不同。

前堂罗钟鼓,立曲旃。四页下

苏林曰:礼,大夫建旃。曲,柄上曲也。颜师古曰:苏说是也。许慎云:旃,旗曲柄也,所以旃表士众也。

直按:《居延汉简释文》卷三、五页,有"曲旃绀胡各一完"。《敦煌汉简校文》六十五页,有"曲旃缇绀胡各一"之记载。曲旃二字,与本传文正合。苏林解为曲柄之旃,其说是也。

父张孟尝为颍阴侯灌婴舍人。五页上

直按:沈钦韩引《御览》卷三百八十六:"颍川张钦孟孝死吴楚军事。"考本文张孟,即孟孝省文,在古籍中此例甚多,沈说是也,王先谦疑之非也。

请孟为校尉,夫以千人与父俱。五页上

直按:《十钟山房印举》举二、七页,有"骑千人"印。五十页,有"校尉左千人"印。又《居延汉简释文》四三九页,有名籍简云:"觻得骑士敬老里成功彭祖,属左部司马宣,后曲千人尊。"皆与本文相同,

盖为将军校尉以下部曲之千人也。与中尉、西域都护之戊己校尉、郡都尉属官之司马、千人,尚微有区别。

夫为郎中将。五页下

直按:《百官表》郎中有车、户、骑三将。本文因灌夫所官三将中,属于某将已不详,故浑称为郎中将。

程、李俱东西宫卫尉。八页下

直按:《东魏恒农太守程哲碑》云:"君祖不识,汉武帝征贤,三诏而后起,大将军西宫卫尉、霸城侯。"盖出于家牒,观田蚡称不识为程将军,与碑文颇合,称大者浮夸之词耳。《李广传》又云:"孝景时不识以直谏官大中大夫。"

蚡乃戏骑,缚夫置传舍。九页上

直按:传舍始见于《孟尝君传》有传舍长,汉代遂成为习见名称。西安汉城遗址曾出土有传舍秦印(吴兴沈氏藏)。洛阳王城亦出土有传舍陶器题字(见《洛阳中州路》报告)。

劾灌夫骂坐不敬,系居室。九页上

直按:《汉旧仪》云:"居室主鞠将相二千石。"现出居室瓦片最多,已详《百官表》少府条。

劾系都司空。十一页下

直按:都司空属宗正。与汉代帝王亲戚有连者亦称宗家,见《史记·酷吏·周阳由传》,故窦婴系于宗正之属官署中。

诏书独藏婴家,婴家丞封。十一页下

直按:《汉印文字徵》第七、十四页,有"池阳家丞"印,传世又有"多睦子家丞"封泥。据此家丞确系有印,故可以封藏诏书。

跪送臣等六人,将兵击却吴楚。(韩安国)十三页上

直按:王先谦谓"六人为安国、张羽、傅伯、丁宽,其二人未详"。考《李广传》梁王授广将军印,疑李广亦在六人之列也。

其后安国坐法抵罪。十三页下

直按:《王嘉传》云:"武帝擢韩安国于徒中,拜为梁内史。"《后汉

书·蔡邕传》奏疏亦云："韩安国起自徒中。"均与本传相合。

雁门马邑豪聂壹。 十五页下

直按：《汉书·叙传》云："班壹以财雄于边，寿至百岁，故北方多以壹为字。"《史记·匈奴列传》作马邑下人聂翁壹，较本文多一翁字。又按：《汉印文字徵》第十、十三页，有"潘翁壹""王翁壹""龚翁壹""戴翁壹""吴翁壹""蔡翁壹"等六印，在西汉印文中无不作翁壹者。又按：《百官表》本始元年"詹事宋畸（当作宋畴）翁壹为大鸿胪"，与印文正同。本文应从《史记》作翁壹为是，《叙传》记事则为省文也。颜师古不知翁壹二字本连文，又忘却宋畴字翁壹之例证，遂称翁为老翁之称，其说因而疏误。

于梁举壶遂、臧固、至它，皆天下名士。 二十页上

直按：至它《史记》作郅它，当作人名，本文自来注家多解作文法上之动词，惟王念孙以为仍是人名，其说甚是。证之《汉印文字徵》第十二、二页，有"至富"印。西安汉城出土有汉至氏镜，铭文为"至氏作竟真大巧，上有仙人子乔赤诵子"等句，皆与至它之姓正同。两汉郅姓多，至姓少，后人因少见故不敢直断为人名也。

即上言方佃作时，请且罢屯。 二十页下

直按：《居延汉简释文》卷二、二十二页，有简文云："右第二长官二处田六十五亩，租二十六石。"每亩收获当不止四斗，田卒缴租到官府时仅为四斗，其余赢数，可能为田卒之奖励品。又《敦煌汉简校文》一〇四页，有简文云："张伯入租少八斗五升。"是证敦煌、居延两地屯田，皆是用田卒缴租制度，田卒缴租即等于佃种。本文因佃作而罢屯，可以证明戍卒多系佃作。《说文》虽无佃字，戍所佃种之制在武昭时已经开始。颜师古注训佃为治，未达汉制也。

若王恢为兵首而受其咎，岂命也虖。 二十一页下

直按：《汉书·叙传》云"彼若天命"，指韩安国，"此由人咎"，指王恢，其论断与本文同。

景十三王传第二十三

修学好古，实事求是。(河间献王) 一页上

　　直按：《西京杂记》卷四云："河间王德，筑日华宫，置客馆二十余区，以待学士，自奉养不踰宾客。"《三辅黄图》记载亦同。又按：翟云升《隶编》摹有河间献王君子馆砖，苗夔墓志亦云，得君子馆砖。余在西安白集武处见旧拓君子馆、日华宫两砖，合拓本一幅。君子二字直书，日华二字横书，旁有大兴刘位坦题记。大意谓"河间献王宫馆遗址，时时发现君子二字砖，篆形各不相侔，日华宫砖尤为罕见"云云。《西京杂记》所记与近世出土砖甓完全符合，可见《杂记》成书虽晚，所载西汉故事可信者多。

复立元弟上郡库令良，是为河间惠王。 二页下

　　直按：《封泥考略》卷四、四十三页，有"上郡库令"封泥，与本文正合。又四十至四十六页，有"渔阳库令""成都库"二封泥。《居延汉简释文》卷一、一页，有"酒泉库令"，三页，有"酒泉库啬夫"各记载。库令盖主收藏兵器之武库，以洛阳武库为最大。

上徵荣，荣行，祖于江陵北门。(临江) 三页上

　　直按：祖为古代送行之祭，因而飨饮。《居延汉简释文》卷二、五十八页，有简文云："出钱十，付第十七候长祖道钱。出钱十，付第廿三候长祖道钱。"与二疏传祖帐东门外综合观之，可见汉人甚重祖祭。

好治宫室苑囿狗马。(鲁) 三页下

　　直按：《文选》卷十一有王延寿《鲁灵光殿赋》，即为鲁恭王时之建筑，遭王莽之乱，至东汉时独存者。在抗战期间，经日人盗掘，出现有北陛石题字，为鲁六年九月，当汉景帝十年，为鲁恭王余之物也（原石现藏北京大学历史系）。

子孝王庆忌嗣，三十七年薨。 三页下

　　直按：《金石萃编》汉一，鲁王泮池刻石云："五凤二年，鲁卅四年

六月四日成。"金人题跋谓得于灵光殿侧,盖鲁孝王时修葺灵光殿之奠基石刻也。

行钱使男子荼恬上书。(江都) 四页下

　　直按:《汉印文字徵》第一、十九页,有"荼承私印",汉代盖有此姓,与本文同。

建游章台宫,令四女子乘小舩,建以足蹈覆其舩,四人皆溺,二人死。后游雷波,天大风。 五页上

　　直按:汉人书船字往往作舩,或又变体作朌。《居延汉简释文》四八八页,有"肩水候官,元康二年七月,粪卖朌钱出囗"。五〇四页,有"肩水候官,地节四年,计余兵谷财物簿,毋余朌(劳氏原释脱落此三字,兹从原简订正),毋余芰"两记载。本年七月韩城芝川镇扶荔宫遗址出有"朌室"瓦当,皆书作朌。船之为舩犹汉人书铅字作铃,沿字作汹也。雷波即雷陂之假借字,地在今日扬州,名曰雷塘。

而赵王擅权使使即县,为贾人榷会,入多于国租税。 八页上

　　直按:谓赵王为商估买卖之平价,等于后代行会之经纪人。

天子置酒,胜闻乐声而泣。(中山) 九页下

　　直按:闻乐对全篇均有韵,与汉代其他应对文体不同。

二十八年薨,子戴王庸嗣。(长沙) 十二页下

　　直按:中国科学院考古研究所在长沙发掘有刘骄墓,当为长沙定王之后裔(见《长沙发掘报告》一一八页)。

其殿门有成庆画短衣大绔长剑。(广川) 十三页上

　　直按:沈钦韩谓《战国策·秦策》范雎说秦王,成荆孟贲之勇。成荆即荆轲,成庆为成荆之转音。考范雎较荆轲时代尚略早,名次列在孟贲之上,可证成荆非荆轲之别名,沈说非也。但成荆即本文之成庆,沈说则是。

前画工画望卿舍。 十四页上

　　直按:汉代以画为职业者称为画工。《汉代纪年铭漆器图说》六页,始元二年漆耳杯题字有"画工文"题名(仅举一例),与《霍光传》

之黄门画工,《西京杂记》之画工毛延寿,均同一例。至于善书之人,则称为书者,不称为书工,见《艺文志》赋家。

背尊章,嫖以忽。 十四页下

直按:尊章二字,虽为舅姑之称,此借作比父母也。

使其大婢为仆射,主永巷。 十五页上

直按:永巷长丞属詹事,此称永巷仆射,取其领事之号,与《百官表》合。但永巷长皆宦者为之,广川王独以大婢主之。《十钟山房印举》举二、六页,有"楚永巷丞"印,为西汉初中期王国有永巷长丞之一证。

尽封闭诸舍,上籥于后。 十五页上

直按:《方言》:"户籥自关而东谓之键,自关而西谓之籥。"《小校经阁金文》卷十三、七十三页,有雍库籥,与本文合。班固为扶风人,故从关西方言。

望卿前亨煮,即取他死人与都死并付其母。 十六页上

颜师古曰:死者尸也,次下求其死亦同。

直按:《陶斋藏砖记》卷上、十页,有"永元四年二月廿八日,无任庐江六安完城旦严仲死在此下"。十一页,有"永元五年二月七日,无任江夏安陆鬼薪张仲死在此下"二砖(以上仅举二例)。皆以死为屍字之省文,与本文正合。

私作兵车镞矢。(胶东) 十七页上

直按:《史记·淮南王传》亦云王乃使孝客江都人救赫、陈喜作輣车镞矢。王念孙以为镞矢之误字,说已详前。本文镞矢,亦疑为镞矢之误字。

清河哀王乘,以孝景中三年立,十二年薨,无子国除。 十七页下

直按:一九四〇年,曾记西安汉城出土有清河王第四、第五两鼎。又有铜箕一具。第四鼎文云:"清河第四鼎、容二斗半,重廿斤。"第五鼎文云:"清河邸少内第五(文在盖),清河邸少内第五鼎,容一斗半,重十斤(文在器)。"当为景武时物。两鼎文皆刻款,第五鼎盖文字大

而精,少内见《丙吉传》及汉印文。西汉诸王虽就封至国,京师皆有邸第,此称清河邸,与"淮南邸印"封泥正相似。两器初为王子献所得,后第五鼎归于王源凌,第四鼎现存陕西省博物馆。

李广苏建传第二十四

而广以良家子从军击胡。一页上

　　直按:《流沙坠简·考释·戍役类》第六简云:"良家子卅二人士,其四人物故。"《居延汉简释文》六十六页,有简文云:"坐死良家子自给车马,为私事论,疑它不杀,书到相二千石以下从吏毋通品,刺史禁督,且察毋状,各如律令。"《汉旧仪》云:"羽林取三辅良家子,自给鞍马。"良家子从军与一般戍卒不同之特点,在自给车马,《旧仪》与木简皆有明确之记载。良家子除见本传外,屡见于东方朔、赵充国、甘延寿等传,有六郡良家之称。以简文推测,不冠以戍卒或田卒字样,其身份当比戍田卒为高,与应募士皆为一种资历名称,不是形容之名词。

景帝即位为骑郎将。一页上

　　直按:武骑常侍、骑郎将皆文景之间官名,不见于《百官表》,骑郎将疑郎中骑将之初名。

不击刁斗自卫。二页下

　　孟康曰:以铜作鐎受一斗。苏林曰:形如铘无缘。颜师古曰:温器也。

　　直按:《陶斋吉金录》卷六、六十一页,有"建始二年中尚方铜鐎斗,重三斤九两,容一斗"。又同卷六十页,有"五凤元年鐎斗,重三斤十二两"两鐎斗铭文。第二器虽未注明容量,以重量与第一器比较,亦当为容一斗,与孟康注相合。但现在出土之器大小不等,最大者容一斗耳。此器多为龙头柄,故军中可用以提击,但在铜器铭文上无作刁斗者。又按:杭州邹氏藏有王莽时"鄂邑宰从军夜用"铍(见《双王钵斋藏器图录》),以从军夜用四字推测,似锞之作用等于刁斗。王莽事事变汉制,或迳以锞代替刁斗,亦未可知。又按:《御览》卷二百三十八引《汉名臣奏》曰:"汉兴以来,深存古义,宫殿省闼,至五六重,周卫刁斗。"据此汉代宫禁亦击刁斗自卫,不独军中用之。

莫府省文书。二页下

  直按:莫府二字,屡见于居延木简,盖边郡太守亦可称为莫府(见《居延汉简释文》五六九页,仅举一例)。

而广身自以大黄射其裨将。五页上

  直按:《居延汉简释文》卷三、二页,有简文云:"入大黄弩十四。"四页,有简文云:"今毋绒大黄弩。"大黄弩既有十四具,亦守烽燧台戍卒常用之兵器。在《汉书》记载,大黄仅见于《李广传》,以致一般学者只认为是李将军专用之兵器。

广三子曰当户、椒、敢,皆为郎。八页上

  直按:当户为匈奴官名,疑李广其年有击败当户之功,故以名其子。《汉印文字徵》第十二、三页,有"爰当户"印,又可证西汉人有以当户为名者。

明年李蔡以丞相坐诏赐冢地阳陵,当得二十亩,蔡盗取三顷,颇卖得四十余万。又盗取神道外壖地一亩葬其中。八页上下

  直按:阳陵地三顷卖得四十余万,则每亩一千三百余钱,与《东方朔传》所记"酆鄗之间,号为土膏,其亩价一金"大致相近。又按:神道二字始见于此,盖墓前坟坛之地。东汉则盛行神道阙,如冯焕、沈府君神道阙题字是也。

居无何,敢从上雍,至甘泉宫猎。八页下

  颜师古曰:雍之所在地形积高,故云上也。

  直按:《司马迁传》《报任安书》亦云:"仆又薄从上上雍。"疑上雍二字连文,为西汉人称云阳之习俗语,因甘泉宫在云阳也(汉人单称雍,指右扶风雍县,即今日之凤翔)。颜师古以上字为动词,雍泛指为雍州,其说恐非是。

臣所将屯边者，皆荆楚勇士，奇材剑客也。九页下

直按：《盐铁论·刺复篇》云："当公孙弘之时，人主方设谋，垂意于四夷，故权谲之谋进，荆楚之士用，将帅或至封侯食邑。"与本文正合。

诏陵以九月发出遮虏鄣。十页上

颜师古曰：鄣者塞上险要之处，往往修筑，别置候望之人，所以自鄣蔽而伺敌也。

直按：西汉边郡烽燧之制，候官之下有候长，候长之下有燧长，此为正轨之系统。另在险要之处修筑以备候望者，大者曰鄣，小者曰塞，鄣有鄣尉，塞有塞尉，鄣尉下有令史，有鄣卒，塞尉下有士史、尉史各二人。《地理志》敦煌郡效谷县注，崔不意为渔泽鄣尉，《孙宝传》亦言为渔泽鄣尉是也（传世有高柳塞尉印，独未见有鄣尉之印出土）。一般人对于候燧鄣塞之名，容易混淆不清。颜师古本注最为明确。又在《匈奴传》卷上，引汉律注塞尉之尉史，但未言及鄣与塞名异而实同也。又《敦煌汉简校文》二九九简，有"右遮虏隧"简文，足证当时多有用遮虏之名名障隧者。

会陵军候管敢，为校尉所辱，亡降匈奴。十一页下

直按：《十钟山房印举》举二、四十九页，有"军曲候印"。此印出土最多，本文军候，即军曲候之省文，《续汉书·百官志》亦简称为军候。

于是尽斩旌旗及珍宝埋地中。十二页下

直按：《居延汉简释文》卷三、二页，有"将军器记"简文。所记为案、杯、尊、盘、衣箧之属。本文之珍宝，当指此类，非指珠玉而言。

武与副中郎将张胜，及假吏常惠等，募士、斥候百余人俱。十六页上

颜师古曰：假吏犹言兼吏也。

直按：假吏为暂置之官吏，犹楚汉之际称假守。在汉代军官中，非暂置之吏亦称为假，如"诏假司马""军假司马"是也（见《罗布淖尔考古记》木简第三十）。盖自愿从军者与良家子身份相等。斥候因职

守变为官吏之名,《居延汉简释文》卷二、三十一页,有简文云"出麦廿七石五斗二升,以食斥候驿马二匹,五月尽八月"可证。

陵送葬至阳陵。十九页下

直按:《李广传》叙李蔡有诏赐冢地阳陵一语,可证西汉时阳陵为公卿赐葬之地,苏建为将军列侯,故其妻亦得附葬阳陵。

前以降及物故,凡随武还者九人。二十一页上

直按:宋祁曰:"物当从南宋本作歾,音没。"考物故二字,为两汉人之习俗语。屡见于楚元王、夏侯胜、司马相如等传。又按:《流沙坠简·考释·戍役类》第六简云:"良家子卅二人士,其四人物故。"(仅举一例)木简出于西汉人之手写,并不作歾故,宋祁之说绝不可信(宋书本出于记忆)。

唯霍光不名,曰大司马大将军博陆侯姓霍氏。二十二页下

直按:两汉奏疏公牍中,官吏皆称名不称姓,亦有仅称姓不称名者。例如《居延汉简释文》卷一、十八页,有简文云:"状辞居延肩水里上造年廿六岁,姓匽氏,除为卅井士吏,主亭燧候望,通烽火,备盗贼为职。"(共有四简,仅举一例)又《流沙坠简·考释·烽燧类》第一简云:"☐间田武阳里年三十五,姓李氏,除为万岁候造史,以掌领吏卒为职。"(简文有间田,当为王莽时物)敦煌与居延两地区不同,西汉与王莽两时代不同,而两简体例均相同,以居延简校之,当属于公牍中状辞类,当时本有此体,特为文献所未详。麒麟阁画像对于霍光称氏不称名,亦借用状辞之例耳。

卫青霍去病传第二十五

以县吏给事侯家。平阳侯曹寿尚武帝姊阳信长公主。一页上

颜师古曰:寿姓曹为平阳侯,当是曹参之后,然《曹参传》及《功臣表》并无之,未详其意也。

直按:《史记索隐》注《功臣表》,谓曹参之曾孙曹时,即曹寿之误

字。注《卫青传》,谓曹时或作曹畴,皆为曹寿之误,其说是也。汉人书时字可能隶变作㫄,与壽字形极相近。曹时以景帝四年嗣侯,立二十三年薨,时代正相合,颜师古盖偶失钩稽耳。

子夫男弟步广,皆冒卫氏。一页上

　　直按:西安汉城遗址出土有杨步广家铜锤(长安白氏藏,未著录)。《汉印文字徵》第二、十页,有"东墼步广"印。《地理志》敦煌郡敦煌县注,中部都尉治步广候官(敦煌木简亦同)。足证步广为西汉人之习俗语,《史记集解》引徐广注,步广一作少广,及近人以步广分解作二人者皆非也。

青尝从人至甘泉居室。一页下

　　直按:王先谦谓《百官表》少府属官有甘泉居室令是也。甘泉居室令官署盖设在甘泉宫内,以别于居室令,与水衡都尉属官有"甘泉上林、都水长丞"正同。甘泉上林、甘泉都水为二官名,详见《百官表》水衡都尉条。

青壮为侯家骑,从平阳主。一页下

　　直按:侯家骑与《贾山传》为颍阴侯骑正同,为骑士或骑吏之简称。

匈奴逆天理,乱人伦,暴长虐老。二页下

　　直按:匈奴虐老与《史记·三王世家》武帝封燕王诏策"虐老兽心"相同。亦见《匈奴传》中行说云云。

霍去病,大将军青姊少儿子也。六页上

　　直按:《汉印文字徵》第五、九页,有"东门去病""周去病""临去病"三印。第六、二十三页,有"邯郸去病"印。去病与病已,为西汉人习见之取名。

元狩二年春,为票骑将军,将万骑出陇西有功。七页上

　　直按:《十钟山房印举》举二、六页,有"票军库丞"印,疑即骠骑将军之军库丞,骠省文做票,与印文正合。

扬武乎觻得。八页上

郑氏曰：觻得，张掖县也。

直按：《地理志》及居延全部木简，皆作觻得，无作鱳得者。又按：《隶释》卷六《北海相景君铭》云："元元鱢寡。"《金石萃编》卷十八《曹全碑》云："抚育鱢寡。"从鱼之字，隶体皆变作从角，与本文从角之字变为从鱼相同。

于是青令武刚车自环为营。十一页上

直按：武刚车见《后汉书·舆服志》轻车条。又《隶释》卷十五冯焕残诏碑阴，有诸曹史及帐下司马、武刚司马等十余人题名，则管理武刚车者有司马也。

两军之出塞，塞阅官及私马凡十四万匹。十三页上

直按：阅马有簿，称为阅具簿。《居延汉简释文》四八九页，有"橐他驳南驿，建平元年九月驿马阅具簿"可证（仅举一例）。

为冢象祁连山。十四页上

颜师古曰：在茂陵旁，冢上有竖石，冢前有石人马者是也。

直按：霍去病墓现在兴平县茂陵镇东北五里高原上，与卫青墓相连接，茂陵在其西南，相距约一里。墓顶及墓下四周有巨型花冈石一百五十余块，其中有雕刻者九石，辟馆专藏，分建东西两屋保存。东屋由南而北，陈列有石鼠、猩猩抱熊（或名熊抱猪）、卧牛、龙吸蛙、石人头像等五石。西屋由北而南，有卧虎、卧马、立马、马踏匈奴侵略者等四石。与颜注所记轮廓相合，余在一九五〇年七月，又在墓顶上访出石鱼一对，共有十一石。皆是就石之自然形态，略加洗练，线条简单而神完气足，为我国立体雕刻之最古者。又一九五七年十一月，陕西省文管会又访查出九石，内有二石，一刻"左司空"三大字篆书，二刻"平原乐陵宿伯年霍巨孟"十字隶书，知全部雕刻皆出于少府属官左司空署之手（始皇陵亦出有"左司空"瓦片，从前余推断为主造陶瓦），伯年为左司空署中之官工也。此外所出立体雕刻则以伏象最为生动优美。

李息郁郅人也。十五页上

　　直按：茂陵卫青、霍去病两墓之东，有冢稍小，据方志及当地农民传说为大行李息墓。

路博德西河平州人。十六页下

　　直按：钱大昕曰：《地理志》西河郡有平周无平州。考《古泉汇》元集六，平州币或作平周。《汉晋西陲木简汇编》二编、五十一页，汉日不显目诗简云："州流灌注兮转扬波。"州流即周流，此州周二字古通假之证。

其后坐法失侯，为强弩都尉，屯居延卒。十六页下

　　直按：路博德始为伏波将军，后为强弩都尉屯居延。《居延汉简释文》卷三、二页，有将军器记簿，当即路博德之物。因博德在居延虽为都尉，但戍所仍称为将军也。器物簿上有"大案七、小案七、圈五、大棓十一、小棓廿七、大盘十、小盘八、小尊三、大尊三、大权三、小权三、罙目二、枰程二、衣箧三"。同卷六页，又有器疏，疑亦为路博德之用器簿。

赵破奴太原人。十六页下

　　直按：破奴之名谓破匈奴，与破胡同。吴兴沈氏藏有"张破奴印"。《十钟山房印举》举二十七、四十四页，有"梁破胡"穿带印。举十七、二十五页，有"王破胡印"。

董仲舒传第二十六

德润四海，泽臻屮木。二页下

　　直按：《说文》屮，古文以为艸字。《隶释》卷十《高彪碑》云："狱狱生屮。"与本文同。为东汉时隶体用古文之假借字。

是以孔子在垒而闻《韶》也。四页上

　　直按：齐字作垒，与战国时齐建邦节墨二刀均相同，为两汉时之隶体变形字（建邦刀见《古泉汇》亨集卷一，节墨刀见亨集卷三）。

夫皇皇求财利，常恐乏匮者，庶人之意也。皇皇求仁义，常恐不能化民者，大夫之意也。 二十页下

　　直按：《杨恽传》报孙会宗书引此对策文，作明明求仁义，常恐不能化民者，卿大夫之意也。明明求财用，常恐困乏者，庶人之事也。意同而词句颠倒不同。

司马相如传第二十七上

（标题） 一页下

　　颜师古曰：近代之读相如赋者多矣，皆改易文字，竞为音说，致失本真，徐广、邹诞生、诸诠之、陈武之属是也。

　　直按：班固《幽通赋》、扬雄各赋、萧该之《汉书音义》，亦皆引有诸诠、陈武二家之说，自来注家未言诸陈为何时人。又按：《史记·司马相如传》，《索隐》名曰云梦句引有褚诠注，则诸诠似为褚诠之误字。颜师古本文又误作诸诠之也。褚诠似为宋齐时人，以姓氏考之，或为褚渊之一族。又按：《御览》卷三百九十二引《陈武别传》云：陈武字国，本休屠人，尝骑驴牧羊，诸家牧竖十余人或有知歌谣者，武遂学《太山梁父吟》《幽州马客吟》及《行路难》之属（《御览》卷三百六十三又引有《陈武别传》）。此条次于韩寿之后，阮籍之前，陈武当为西晋时人无疑。

名犬子。 一页上

　　直按：《汉印文字徵》第十、五页，有"犬""田犬""尹犬"三印。同页又有"左狗""张厭狗"二印。知两汉人以犬狗为名者数见不鲜。以此例之，犬子当为司马相如之初名，后代以古籍上汉人名犬者仅此一见，多以为是相如之小字非也。

慕蔺相如之为人也，更名相如。 一页上

　　直按：汉代名相如者，有东阳侯张相如、承父侯续相如。《汉印文字徵》第八、十二页，有"浮丘相如"印。《十钟山房印举》举十七、三十页，有"焦相如印"，同一慕蔺者。

蜀人杨得意为狗监。三页上

直按：《汉印文字徵》第二、十七页，有"冯得意""陈得意"二印，可证得意为西汉人习见之名。又按：《百官表》九卿属官只叙令丞，令丞以下往往有监，则为表所未详。狗监疑属于上林令，《史记·佞幸·李延年传》给事狗中，亦谓在狗监之中。《汉印文字徵》第三、十五页，有"弄狗厨印"。狗监有厨，可以推知狗监之组织相当庞大。

咀嚼菱藕。十四页上

直按：《隶释》卷五《孔耽神祠碑》云："躬菜菱藕。"与本文同。

仰䒩橑而扪天。十六页下

直按：《扬雄传》反离骚云："纍既䒩夫傅说。"《隶释》卷一《平舆令薛君碑》云："命不可䒩。"皆以䒩为攀，为东汉用古文通常之隶体。

蹷石关，历封峦。二十一页下

直按：《汉铙歌十八曲·上之回》云："上之回所中，益夏将至，行将北以承甘泉宫，寒暑德，游石关。"即本赋之蹷石关。张揖注《上林赋》谓石关、封峦、雉鹊、露寒，皆四观名。武帝建元中作，在云阳甘泉宫外，与《上之回》正合，张说是也。

西驰宣曲，濯鹢牛首。二十一页下

直按：宣曲为地名，其地当与牛首山相近。《货殖传》云：宣曲任氏，其先为督道仓吏。《百官表》云：长水校尉，掌宣曲胡骑。《十钟山房印举》举二、五十一页，有"宣曲丧吏"印。旧注以宣曲为宫名失之。濯为櫂字之假借，与辑濯当解作檝櫂正同。

建翠华之旗，树灵鼍之鼓。二十二页上

直按：此二句本于李斯《谏逐客书》，原文为翠凤之旗。

司马相如传第二十七下

会唐蒙使略通夜郎僰中。一页上

直按：《唐书·宰相世系表》唐氏云，唐蒙为高祖时功臣唐厉之

孙,当根据于汉魏以来相传之谱牒。

因通西南夷道,发巴蜀广汉卒,作者数万人,治道二岁,道不成,士卒多物故。三页上

直按:《金石萃编》卷五,开通褒斜道石刻文略云:永平六年汉中郡以诏书受广汉、蜀郡、巴郡徒二千六百九十人,开通褒斜道。又云:用功七十六万六千八百余人,凡卅六万八千八百。与本传文发巴蜀广汉卒治道正合。但开通褒斜道用徒,此作用卒,当然亦包括一部分徒在内。又《盐铁论·水旱篇》云:"县官以徒复作,缮治道桥,诸发民便之。"可证修治道桥,用徒之力为多。

诏岐伯使尚方。十一页下

直按:《郊祀志》栾大为胶东王尚方,谓典方药之事,与本文同。

所忠往而相如已死,家无遗书。十四页下

直按:《续百家姓谱》二页,有"所中孙""所闵"二印,足证所姓在汉代尚属习见。

公孙弘卜式儿宽传第二十八

于是起客馆、开东閤以延贤人。六页下

直按:殿本閤作阁,西安汉城天禄阁遗址曾出天禄阁瓦当(咸阳郭氏所藏拓本,未著录)。望都壁画侍閤题字,皆借閤为阁字,与本文同。

至贺、屈氂时,坏以为马厩车库奴婢室矣。八页上

直按:《盐铁论·救匮篇》云:"而葛绎彭侯之等,坏其绪,纰乱其纪,毁其客馆议堂,以为马厩妇舍,无养士之礼,而尚骄矜之色。"与本文正合。

诏徵钜野令史成诣公车。八页上

直按:令史官名,成人名。

临菑习弩。（卜式）十页上

　　直按:《齐鲁封泥集存》六十二页,有"发弩"封泥。此等封泥皆出临菑,足证临菑人长于射弩。

兒宽千乘人也。十一页上

　　颜师古曰:兒音五奚反。

　　直按:《魏相传》云:"兒汤举秋。"《隶释》卷九《鲁峻碑》阴有兒雄题名。卷七《杨统碑》阴有兒银题名。皆省郳作兒,无作倪者。《汉印文字徵》第八、二十页,有"兒尊"印亦其证。

善属文,然懦于武,口弗能发明也。十一页下

　　直按:《盐铁论·刺复篇》云:"是以曹丞相日饮醇酒,倪大夫闭口不言。故治大者不可以烦,烦则乱,治小者不可以怠,怠则废。"与本文口弗能发明正合。

而宽以儒生在其间,见谓不习事,不署曹,除为从史。十一页下

　　颜师古曰:从史者但私随官僚,不主文书。

　　直按:《隶释》卷十七《益州太守无名碑》,有从史二人题名,皆为牧靡县籍贯,与本文正合。东汉郡县吏之名称,多因袭于西汉。又《仓颉庙碑》阴题,有从掾位（其它汉碑阴有从掾位题名尤为普遍,仅举一例）,当与从史相类似。颜注多就文生训,不究根源,兹条尤为明显之例。

之北地视畜数年,还至府上畜簿。十一页下

　　直按:养畜官吏称畜官,府称某畜府。《善斋吉金录·玺印录》卷中、十三页,有"畜官"印。《十钟山房印举》举二、五十六页,有"榆畜府"印均可证。

发祉闉门。十三页下

　　颜师古曰:闉读与闲同。

　　直按:《隶释》卷一《韩勑礼器碑》云:"前闉九头,以升言教。"卷七《祝睦后碑》云:"闉道纲。"皆以闉为闲,与本文同,为东汉时通常之隶体假借字。

运筹则桑弘羊。十五页上

直按：《三希堂法帖》摹刻有褚遂良、董其昌二家所书《汉书·公孙宏卜式兒宽传赞》各一本。褚书与今本《汉书》同，董书在运筹则弘羊句下多孔仅二字，未知根据何本。

张汤传第二十九

劾鼠掠治，传爰书，讯鞫论报。一页上

直按：《史记·张汤传》裴骃《集解》引苏林曰："谓传囚也，爰易也，以此书易其辞处，鞫穷也。"张晏曰："传考证也，爰书自证，不如此言，反受其罪，讯考三日后问之，知与前辞同否也。鞫，一吏为读状，论其报行也。"《索隐》引韦昭注云："爰换也，古者重刑，嫌有爱恶，故移换狱书，使他官考实之，故曰，传爰书也。"此三注，《汉书》颜注未引，裴骃等所据盖蔡谟《汉书集解》也。服虔、应劭等二十三家之注，颜注所未收，而见于《集解》《索隐》者多不胜举。师古有时窃取其义，并讳引其书，此例尤多，特在此阐发其例。

调茂陵尉治方中。一页下

直按：《御览》卷五百五十六引《皇览》曰："旧汉家之方中，百步穿筑方城，其中开道，足施六马，发三河三辅近郡卒徒十万数复土。"《皇览》记方中制度比如淳、苏林二家之注为详。《通鉴》东汉殇帝延平元年，百姓苦役方中秘藏，并知方中之名沿用至东汉不废。

始为小吏乾没，与长安富贵田甲、鱼翁叔之属交私。一页下

直按：田甲疑为田申之误字，与下文田信疑为一人，信读如申也。

上所是，受而著谳法，廷尉挈令，扬主之明。二页上

直按：《史记·张汤传》作廷尉絜令。此作挈令，盖皆挈字之假借。《说文》絬字，引乐浪挈令，作挈与《汉书》同。居延木简有作絜令者（见《居延汉简释文》卷四、二十页），又有作挈令者（见同上），并不一致。《流沙坠简·考释·补遗》一页，有晋时纸书大鸿胪挈令，则作

吾使生居一郡,能无使虏入盗乎。四页上

　　直按:《汉旧仪》云:"博士称先生。"或简称为先,简称为生,狄山为博士,故武帝称为生。

复曰居一鄣间,山自度辩穷且下吏,曰,能,乃遣山乘鄣。四页上

　　直按:鄣有有名者,如《李陵传》之遮虏鄣,《地理志》敦煌郡效谷县之渔泽鄣,广至之昆仑鄣是也。有无名仅称为鄣者,《居延汉简释文》卷一、五十九页,有简文云:"北书五封,二月辛酉,鄣卒专以来。"又卷二、六十五页,戍卒领食粮簿,有"鄣卒孙捐之,粟三石三斗三升少,十月壬申自取"各记载,与烽燧台每隧必须有名不同。

事连其弟,弟系导官。五页上

　　直按:《汉旧仪》云:"中都官狱三十六所(一作二十六所,恐为误文)。惟导官无狱。"以本传证之,与《旧仪》所记不同。盖导官主择米,女徒白粲,亦主择米,导官署中女徒为多,已等于诏狱。

会人有盗发孝文园瘗钱。五页下

　　直按:由战国至秦汉瘗钱风气,贵族用实物,一般人民用陶制模型,如长沙楚墓及西汉前期墓葬所出"郢爰""郢称""麟趾饼金",洛阳一带所出土制"大泉五十"是也。

汤念独丞相以四时行园当谢。五页下

　　直按:西汉诸陵寝园庙事属于太常管理,此言丞相当以四时行园,恐亦为丞相职守之一。《鲍宣传》亦言丞相孔光四时行园陵,与张汤所言正合。

用善书给事尚书。(张安世)七页上

　　直按:《艺文志》有黄门书者及黄门书者假史,尚书尤重书札,故用善书者给事。

郎有醉小便殿上。九页下

　　直按:小便二字始见于此,《后汉书·甘始传》云:"或饮小便。"

嵇康《与山巨源绝交书》亦引用之。

郎浑官婢，婢兄自言。 九页下

直按：《汉书·刑法志》缇萦上书有云："妾愿没入为官婢。"《汉旧仪》云："给使尚书待中，皆使官婢，宫殿中，宦者署、郎署，皆官奴婢。"汉代各官署中，皆有官奴婢，数字很大。又《居延汉简释文》卷三、七十三页，有简文云："□官女子周舒君等，自言负责䥨（下略）。"又卷三、七页，有简文云："官使婢弃，用布三匹，系絮三斤十二两。"又卷三、八页，有简文云："大婢刘顷，二匹十丈，二斤十二两。"据此官婢或称为官女子、官使婢、大婢等名目。

告署适奴。 九页下

直按：汲古阁本作自署，谓自办文书署名处分官奴也。

上自处置其里，居冢西斗鸡翁舍南。 十页下

直按：谓为三十家守冢人安排里居，所住地在张贺冢之西，斗鸡翁舍之南也。

将作穿复土，起冢祠堂。 十一页下

直按：钱大昭注祠堂二字起于汉是也。西安汉城出土有"守祠堂当"瓦（未著录），亦可参考。

勃举大官献丞陈汤。 十二页上

直按：陈汤本传作太官献食丞，误衍食字。《百官表》大官令有七丞，献丞当为七丞之一。《百官表》凡九卿属官各令丞有数丞者，不分别出某丞之名称，陈汤之"太官献丞"，犹"鐘官火丞""鐘官钱丞""挏马农丞"之类也。

子临嗣，临亦谦俭。 十二页上

直按：《汉金文录》卷四、十三页，有"敬武公主铜铫，初元五年河东造"。首题富平侯三字，张临尚敬武公主，与铜铫铭文正合。

大官私官，并供具第。 十二页下

直按：大官令属少府，私官属詹事，大官供膳食，私官供用具。

知男子李游君欲献女。十三页上

直按：《汉印文字徵》第七、五页，有"中私府长李封字君游"印。疑即本文之李游君，传写有颠倒。中私府属于詹事，与宫闱最接近，故可以献女。

使乐府音监景武，强求不得。十三页上

直按：西汉九卿属官各令丞，丞下或有监。景武为乐令之音监，犹《苏武传》之移中监，傅介子之骏马监，杨得意之狗监是也。又按：《礼乐志》云："黄门名倡，丙疆、景武之属。"当即此人。

又以县官事，怨乐府游徼莽，而使大奴骏等四十余人，群党盛兵弩，白昼入乐府，攻射官寺。十三页上

直按：西汉九卿属官各令丞官署小吏，有啬夫之名，称游徼者仅此一见。盖主徼巡官寺，防备盗贼。大奴屡见于昌邑王、王尊、刘辅等传。或称为官大奴，见《孙成买地券》。

莽自髡钳衣赭衣，及守令史调等，皆徒跣叩头谢放，放乃止。十三页下

直按：守令史谓乐府令中之令史，守作署官解（汉官皆试守一岁，然后即真，见韩延寿等传）。《窾斋集古录》卷二十六、二十四页，万岁宫镫，有守令史赛之题名（仅举一例），与本文正同。

杜周传第三十

周曰：三尺安出哉，前主所是著为律，后主所是疏为令。一页下

直按：杜周父子所造律令在西汉盛行，东汉仍之。习大杜律，见《隶释》卷七《汉车骑将军冯绲碑》、卷十二《荆州从事苑镇碑》，名次且与群经并列（《冯绲碑》云：治《春秋》严，《韩诗》食氏，兼律大杜）。习小杜律，见《后汉书·郭躬传》云"父宏习小杜律"是也。

补军司空。二页下

如淳曰：律营军司空、军中司空各二人。

直按：宋祁曰：空下疑有令字。考《十钟山房印举》举二、七页，有

"军司空丞"印,有丞必有令,宋祁疑本文脱令字是也。但亦有脱丞字之可能。又按:举二、五十四页,有"营军司空"印,与如淳注所引汉律正同,印文限于四字,当即营军司空令所用之印也。

少府史乐成。五页上

直按:史乐成或作使乐成及便乐成。《汉印文字徵》第八、十页,有"使贤之印",疑使乐成本为使乐成,史字为省文,便字为误字,后人因使姓少见,故改使为使。

遣吏考案,但得苑马多死,官奴婢乏衣食。五页下

直按:杜延年官太仆,苑马谓边郡六牧师令三十六苑之马,属于太仆,盖就边郡所上畜簿考核之(畜簿见《兒宽传》)。

张骞李广利传第三十一

以其头为饮器。一页上

韦昭曰:饮器,椑榼也。

直按:饮器,侧耳杯也,其形如人面,故匈奴以月支王头为饮器,取其形似也。

遣骞为发译,道抵康居。一页下

直按:《百官表》大鸿胪属官有译官令丞,此属于内官范围(黄门令有译长,当亦同例),出使者得自用译人。《居延汉简释文》卷一、二页,有简文云:"诏夷胡候章发卒曰,持楼兰王头诣敦煌,留卒廿人,女译二人,留守证□。"据简文且为女译,本文大宛王为张骞发译,又属于主客情形。

臣在大夏时,见邛竹杖、蜀布。二页下

直按:《御览》卷一百六十八引《蜀记》云:"张骞奉使寻河源,得高节竹植于邛山,号曰邛竹。今缘山皆是,可以为杖。"又《说文》纔,蜀细布也。《盐铁论·本议篇》云:"非独齐陶之缣(据《通典》所引当作济陶),广汉之布。"《居延汉简释文》三五九页,有简文云:"出广汉

八稯布十九匹大半寸,直四千三百廿(下略)。"可证广汉以产布名也。至于左思《蜀都赋》所称布有橦华,则尤为蜀中特产之布。

南方闭巂、昆明。三页上

颜师古曰:巂、昆明亦皆夷种名也。

直按:《盐铁论·备胡篇》云:"南越内侵,滑服令氏、僰、冉駹、巂唐、昆明之属,扰陇西巴蜀。"《地理志》益州郡有巂唐县,本文巂即巂唐省文,颜注似有未妥。

俱在祁连焞煌间。四页上

直按:敦煌在文献记载及金石刻辞中,无作焞煌者(如《裴岑纪功碑》《曹全碑》,敦煌、居延两木简之类)。本文盖为当时别体。

骞还拜为大行,岁余骞卒。五页上

直按:张骞墓在今陕西省城固张家村(本传云汉中人,颜师古注引《益部耆旧传》及《华阳国志》,皆云汉中城固人,今以墓地在城固观之,则陈寿、常璩所记,比《汉书》为详)。一九四五年西北联合大学教师修理骞墓时,在墓中取出几何纹墓砖四方,"博望家造"陶印模(原存西北大学文物陈列室,现调至北京历史博物馆),五铢钱数枚,铜镜一面,墓室外有马骨一堆,陶模大致如封泥,但背面光滑无绳纹,与封泥不同。既云家造(两汉列候称家,与典制相合),可能为打印陶器时所用之陶模,然陶模应为反文,此为正文,亦有存疑之点。

初天子发书易曰,神马当从西北来。五页下

直按:初天子发书易曰,当句。书谓卜筮之书,易谓占卜也。邓展注以易指《易经》似误,本文与《汉铙歌十八曲·君马黄》篇"易之有骐蔡有赭",以易为动词,同一句例。

而天子好宛马,使者相望于道,一辈大者数百,少者百余人。五页下

直按:一辈者犹今人言一批也。《居延汉简释文》一二七页,有简文云:"南书一辈一封,诣张掖太守府。"一辈二字,盖为当时之俗语。

负私从者不与。(李广利)九页下

直按:《罗布淖尔考古记》汉简第四十,有"恽私从者大马□"之

记载。《赵充国传》云:"留弛刑、应募及淮阳、汝南步兵,与吏私从者,合凡万二百八十一人。"私从者为两汉人之习俗语,负者谓私从者自负粮也。

士卒赐直四万钱。十三页上

直按:直当解作王莽"小泉直一"之直,即指钱之本身价值,非以他财物折价也。

自张骞使大夏之后,穷河原,恶睹所谓昆仑者乎。十三页上

直按:此段班固采用《史记·大宛传》文,郭璞《山海经序》云:"司马迁叙《大宛传》,亦云张骞使大夏之后,穷河源,恶睹所谓昆仑者乎?至《禹本纪》《山海经》所有怪物,余不敢言也,不亦悲乎。若竹书不潜出于千载以作征于今日者,则《山海经》之言,其几乎废矣。"郭璞讥太史公以未见之书,其评论亦未为允当。

司马迁传第三十二

毋怪为汉市长。二页上

直按:《史记·汉兴以来将相名臣年表》大事记栏:"高祖六年立大市。"当有市长,为大市之市长,或为长安市之令长,皆未能确定。

绁史记石室金镧之书。六页下

直按:《居延汉简释文》卷一、二十一页,有残简文云:"及母骂吏,又绁大刀欲贼伤吏信□。"据此绁即抽字假借,与本文同。《史记》徐广注音抽是也。王莽有国宝金匮钱,张仲景有《金匮要略》,知本文作金镧者假借字也。

夫仆与李陵,俱居门下。十六页下

直按:两汉人泛称门下者,因官署而移转,如吴公召置贾谊门下,则指太守之府门。《史记·三王世家》武帝斩燕王使于门下,则指公车司马门。本文则指侍中官寺之门而言。

接其后事,讫于大汉。二十二页下

直按:大汉,杨树达先生以为天汉之误字是也。张守节《史记正义序》云:"上起轩辕,下暨天汉。"亦隐用班固赞语,知唐人所见本犹作天汉也。

武五子传第三十三

遂部宾客为将率,与丞相刘屈氂等战。(戾太子) 三页上

直按:《御览》卷三百十三引《三辅旧事》云:"武帝发兵攻卫太子,连斗五日,白虎门前沟中,血流没足。"

壶关三老茂上书曰。 三页上

直按:《御览》卷五百六十引《上党郡记》略云:"令狐徵君隐藏东山中,终即葬焉。今俗名其山曰令狐墓,汉史所称壶关三老令狐茂者是也。"

园置长丞。 六页上

直按:《十钟山房印举》举二、五十四页,有"卫邑园印",盖即戾太子园邑长丞所用。

尊戾夫人曰戾后,置园奉邑。 六页上

直按:《御览》卷八百七十九引桓谭《新论》云:"卫后园有送葬时乘舆马十匹,吏卒养视,善饮食,不能乘,而马皆六十岁乃死。"

遣幸臣寿西长、孙纵之、王孺等之长安。(燕王) 七页下

直按:寿西长为一人名,孙纵之又一人名,下文有且遣孙纵之等可证,不能读为寿西及长孙纵之也。

厕中豕群出坏大官灶。 十一页下

直按:为燕王国大官令之灶,颜师古注《五行志》以为蒸炊之大灶误也。

裴回两渠间兮,君子独安居。 十二页下

直按:两渠即本舞歌起句,"发纷纷兮置渠"之渠,盖即沟壑之义。

两渠谓华容夫人及其子也,君子谓燕王也。颜师古注谓"置酒之宫,池沼所在,其间有渠,故即其所见,以为歌辞"。望文生训,上下句意全不联贯。

旦得书以符玺属医工长。十三页上

直按:《通典》职官七太医令条云,后汉又有医丞有医工长。据本文西汉时已有此官,为《百官表》所未详。又按:汉代通常百工之外,有画工,见乐浪全部漆器题名。有水工,见《沟洫志》。有射工,见北海国射工扬弩机(见《汉金文录》卷六、二十九页)。医工见于本文。

胥壮大,好倡乐逸游,力扛鼎。(广陵王)十四页上

直按:《金石萃编》汉一,有"中殿第廿八"及第百卅"等题字,乾隆时阮元访得于扬州惠照寺,江郑堂考为汉广陵厉王刘胥宫殿石刻题字是也。甘泉山旧为厉王墓,今土人尚呼琉璃王坟,琉璃者刘厉之传讹也。

胥迎女巫李女须,使下神祝诅。十四页下

直按:《抱朴子·道意篇》云:"汉之广陵,敬奉李颁,倾竭府库而不能救叛逆之谋也。"事与本文合。李颁为李须之误字,本文女须即女媭之省文。

召太子霸及子女董訾、胡生等夜饮。十五页下

直按:本文子女董訾、胡生二人,包括女与支子而言,颜师古注二人皆其女名误也。

蒿里召兮郭门阅。十五页下

直按:郭门谓墓郭之门,阅谓墓郭之门犹如阀阅也。陕西省考古所藏有东汉初平四年朱书陶瓶云:"后死者黄母当归旧阅。"又云:"安冢墓,利子孙,故以神瓶震郭门。"与本传文完全符合。

国除为山阳郡。(昌邑王)十七页下

直按:昌邑王废立之后,山阳郡未改之先,昌邑国已等于汉郡。证之居延全部木简,有昌邑国籍贯者共十六人。西汉王国之民不戍边,昌邑在新陈代谢之中,故有此特例。木简中又有梁国、赵国籍贯,

梁赵在西汉中期以后，似亦等于汉郡。

其谨备盗贼，察往来过客，毋下所赐书。十八页下

直按：下文有"以王家钱取卒迎宫清中备盗贼"。又《史记·淮南王传》张苍奏疏，有"备盗贼中尉臣福"。又《居延汉简释文》卷一、十八页，有"主亭隊候望，通烽火，备盗贼为职"之记载。可证备盗贼三字，为两汉公牍中之习俗语。又按：汉代下诏书格式，《流沙坠简·考释》释二、二页，有简文云："四月庚子丞吉下中二千石，中二千石下郡太守、诸侯相，承书从事，下当用者。"与《史记·三王世家》高祖十一年、武帝元狩六年诏书均相同。本文毋下所赐书，是令张敞保密，若寻常之诏书须下者，只需加"承书从事，下当用者"二句。

廉吏一人。十九页上

直按：廉吏谓察事之吏，非清廉之吏。

严朱吾丘主父徐严终王贾传第三十四上

后得朱买臣、吾丘寿王、司马相如、主父偃、徐乐、严安、东方朔、枚皋、胶苍、终军、严葱奇等，并在左右。一页上

直按：胶苍《艺文志》纵横家作聊苍。西汉时聊姓多，胶姓少。《十六金符斋续百家姓谱》五页，有"聊进""聊广国""聊并"三印，均作聊是也。

会稽守欲距法不为发，助乃斩一司马谕意指。二页上

直按：司马，会稽郡之司马也。汉制边郡有司马，《冯奉世传》长子谭补天水司马。《西南夷传》金城司马陈立为牂柯太守是也。《封泥考略》卷四、三十九页至四十页，有"豫章司马""琅玡司马"等四封泥。《续封泥考略》卷二、十九页，有"东郡司马"封泥。合肥龚氏又藏有"济南司马"印，知在西汉初中期，不独边郡有司马，即内郡亦有司马之设置。以居延木简考之，边郡之司马、千人，名虽属于太守，实则统归都尉指挥。

贡酎之奉，不输大内。 三页下

　　直按：姚鼐谓大内即《史记·孝景本纪》中六年，以大内为二千石是也。大内既为二千石重职，及属官左右内（左内、右内似即后来合并改称都内令，属于大司农），何以未见有人除拜者。王国百官及出土封泥印章，亦从未见大内之官名。

夏月暑时，欧泄霍乱之病相随属也。 四页上

　　直按：上欧下泄，是说明霍乱之病象。颜师古训泄为吐，义反不可通。

于是拜为会稽太守。 十页下

　　直按：《越绝书》卷二云："汉文帝前十六年，会稽太守治吴县，都尉治钱塘。"严助吴人，太守治所在其乡里，故引以为荣，朱买臣亦同此例。

朱买臣字翁子，吴人也。 十一页上

　　直按：《六艺之一录》集古印谱下平声，有"张买臣印"。《汉印文字徵》第四、四页，有"翟买臣印"。据此西汉名买臣者尚为习见，与买之、买得相似，特见于文献记载者只有朱买臣一人耳。又李慈铭谓公子与翁子相通，证之《汉印文字徵》第二、二页，有"詹翁子印"，与其他王公子等印，自有区别，李说未尽然也。

买臣随上计吏为卒，将重车至长安。 十一页下

　　直按：重车为辎重之车，非轻重之重。《史记》褚先生补《田叔传》云："田仁少孤贫，为人将车之长安。"《居延汉简释文》卷三、五十八页，有"□里上造史赐为兰少卿将车"之记载（仅举一例）。将车犹扶车也，虽本于《诗》之"无将大车"，但在西汉时则转为习俗语。

买臣因言故东越王居保泉山。 十二页上

　　直按：《御览》卷四十七引《泉山记》云："山顶有泉，分为两派，一入乱洲，一入建溪，即《汉书》朱买臣所谓东越王居保泉山，一人穿险，千人不得上。"即此山也。

诏买臣到郡治楼船，备粮食水战具。 十二页上

　　直按：西汉楼船之可考者，在京师见于《杨仆传》。在寻阳见于

《严助传》。在会稽见于本传,庐江有楼船官,见于《地理志》注。

买臣衣故衣,怀其印绶,步归郡邸。十二页下

  直按:《百官表》大鸿胪属官有郡邸长丞,盖为管理各郡国上计吏在京师设有邸寓者。西汉每一郡国在京师均有邸寓,或数郡联合一邸。《季布传》之河东守邸与本文皆可证也。又《御览》卷一百八十一引陆机《洛阳记》曰:"百郡邸在洛城中东城下步广里中。"似东汉只有一邸,与西汉情形不同。

守邸怪之,前引其绶,视其印,会稽太守章也。十二页下

  直按:《封泥考略》卷三、四十五页,有"会稽太守章"封泥,印文共五字,虽非买臣所怀之印,但文字与本传相同,从这点可以说明《汉书》记事之正确性。

坐中惊骇白守丞。十二页下

  直按:守丞谓会稽太守邸所置之丞,有丞必有长,可以推知各郡国邸在京师者,皆有长丞。统属于大鸿胪之郡邸长丞,为《百官表》所未详。本文守丞系简称,繁称当为会稽守邸丞。

买臣子山拊,官至郡守右扶风。十三页

  直按:《百官表》山拊在宣帝本始四年由六安相为右扶风。又按:西汉名山拊者,除本传朱山拊外,《儒林传》有张山拊,而《史记·仓公传》有曹山跗。《汉印文字徵》第六、十八页,有"质山跗印",同卷十三页,有"桑山跗印"。附古读如部,《左传》部娄无松柏,《说文》引作附娄,谓小土山也,山拊之名,取义于此。附、拊、跗三字,皆同音之假借。

吾丘寿王字子赣,赵人也。十三页下

  直按:吾丘或作虞邱。《汉印文字徵》第二、五页,有"吾丘延年"印。又《外戚·赵皇后传》有"掖庭令吾丘遵",据此作吾丘者是也。又《汉印文字徵》第八、十七页,有"王寿王""寒寿王""泽寿王""锺寿王""徐寿王""颜寿王""强寿王"等七印。知西汉时以寿王为名者,极为普遍,特见于史者,仅吾丘寿王与《律历志》之张寿王耳。

及至连十余城之守,任四千石之重。十四页上

　　直按:寿王为东郡都尉兼摄太守,适无人为权宜之事,非长期不选任东郡太守者。

堕名城,杀豪杰。十五页上

　　直按:徐乐上书亦云:"非有孔曾墨子之贤,陶朱猗顿之富也。"与本文皆同用贾谊《过秦论》成句。《过秦论》在汉晋时,学者极为推重,有采用其语句者,有模仿其结构者(如陆机《辨亡论》之类),左思《咏史诗》所谓"著论准《过秦》"是也。

群臣皆上寿贺曰陛下得周鼎。十六页上

　　直按:《两都赋》宝鼎诗云:"焕其炳兮被龙文。"亦为周鼎,现今称为三层云纹,当为西周中期至春秋初期之制作。

主父偃齐国临菑人也。十六页下

　　直按:主父为赵武灵王之后,《汉印文字徵》第五、九页,有"主父官""主父会"二印,据此西汉主父之姓尚习见。

起于黄、腄、琅邪负海之郡,转输北河。十八页上

　　直按:《郊祀志》云:"黄腄史宽舒。"两县连称,与本文同,即史宽舒为黄腄间人之义。

南面背依摄袂而揖王公。二十三页上

　　颜师古曰:依读曰扆。

　　直按:《礼记·曲礼》:"天子当依而立。"《经典释文》,依本又作扆同。又按:《隶释》卷十九《魏受禅表》云:"负依而治。"以依为扆,与本文同,为汉魏时通常之隶体假借字。

严朱吾丘主父徐严终王贾传第三十四下

使蒙恬将兵,以北攻强胡,辟地进境,戍于北河。飞刍挽粟,以随其后。又使尉屠睢,将楼船之士攻越,使监禄凿渠运粮,深入越地。(严安)二页下

　　直按:主父偃谏伐匈奴书,有"又使天下飞刍挽粟,起于黄、腄、琅

邪,负海之郡,转输北河"。又《严助传》引淮南王安上书,有"臣闻长老言,秦之时尝使尉屠睢击越,又使监禄凿渠通道"等句。上述不但事实相同,文词亦相类似,可能为当时学纵横长短之术者,预为编成策略底稿,随时删改应用。

降羌僰,略薉州。三页下

直按:《小校经阁金文》卷十四、九十一至九十二页,有"汉与坐须薉国王"及"与古斗薉王"两虎符。即《武帝纪》元朔元年,东夷薉君南闾等率二十八万人降为沧海郡之事。坐须、古斗薉两王,虽不见于史,盖与南闾同降,故汉廷赐以虎符,与本文略薉州正合。

后以安为骑马令。四页上

颜师古曰:主天子之骑马。

直按:骑马令属太仆,见《百官表》,颜注浑言未谛。又上虞罗氏藏有"灵丘骑马"火烙印,印文因限于四字,骑马即骑马令之简称,疑西汉早期王国之百官。

殆将有解编发,削左衽,袭冠带,要衣裳而蒙化者焉。(终军)六页上

颜师古曰:编读曰辫。

直按:《隶释》卷十九《魏黄初封孔羡碑》云:"殊俗解编发而慕义。"编读为辫,与本文同。

初军从济南当诣博士,步入关,关吏予军繻。七页下

张晏曰:繻,符也,书帛裂而分之。苏林曰:繻,帛边也。旧关出入皆以传,传烦因裂繻头合以为符信也。师古曰:苏说是也。

直按:汉代人民过关皆用符传,有四种不同形式。一曰符:《居延汉简释文》卷一、八十一页,有简文云:"始元七年闰月甲辰,居延与金关,符合以从事。"同卷八十二页,有符文云:"永光四年正月己酉,橐他延寿隧长孙时符。妻大女昭武万岁里□□,年卌二。子大男辅年十九岁,子小男广宗年十二岁,子小女足年九岁,辅妻南来年十五岁,皆黑色。"二曰传:同卷同页,有传文云:"永始五年四月戊午入关传。"三曰过所:同卷同页,有过所文云:"元延二年十月乙酉,居延令尚,丞

忠,移过所县道河津关,遣亭长王丰,以诏书买骑马酒泉、敦煌、张掖郡中,当舍传舍从者,如律令,守令史诩,佐褒。十月丁亥出。"四曰缣:见于本传。传与符为一类,其区别是符有齿,传无齿;符记数,传不记数;符分左右,先寄右符至所到地区,用以合符。传等于后来之路证,过所性质,与传相近。苏林注谓因传烦改用缣,照其解释,是缣行而传废。然居延永始五年传为成帝时物,其流行且在终军用缣之后,可见苏说之未确。又按:《居延汉简释文》五十九页,有简文云:"鄣戍卒南阳叶甯里公乘张鞅年廿,武吏官一人,持吏卒召籍谒府,须集帛书。"帛书疑即缣之别名。综言之,符、传、过所、缣,四种在并行过程中,何种人身份,始用何种形式,现今因材料缺乏,尚不能确定。

王褒字子渊,蜀人也。八页下

直按:《艺文类聚》卷三十五王褒《僮约》首称蜀郡王子渊,券文中则称资中男子王子渊。《华阳国志》卷十亦云褒资中人,疑本为资中人,称蜀郡从地望也。

贾捐之字君房,贾谊之曾孙也。十四页上

直按:《唐书·宰相世系表》贾氏云:"贾谊子璠,璠二子嘉、恽。"贾嘉已见《贾谊传》,本文称捐之为贾谊之曾孙,不言为贾嘉之子,当为贾恽之子无疑,《世系表》出于贾氏谱牒,当有依据也。又按《汉印文字徵》第十二、十一页,有"傅捐之""张捐之"两印。《居延汉简释文》卷二、六十五页,有鄣卒孙捐之之记载,可见西汉名捐之者甚为普遍。

淮南王盗写虎符,阴聘名士,关东公孙勇等,诈为使者。十六页下

直按:盗写,私摹仿也。与《史记·秦始皇本纪》二十六年,"每破诸侯,写仿其宫室"句同义。又按:公孙勇诈为使者,在武帝征和三年,见《功臣表》及《田广明传》,与淮南王安时代不接,恐为捐之之误记。公孙勇《汉国三老袁良碑》作公先勇。惟本传称公孙勇为关东人,仅在此一见。

胜五鹿充宗远甚。十八页下

　　直按：《十六金符斋续百家姓谱》十四页，有"五鹿多""五鹿良"二印，可证五鹿在西汉时为常见之姓。

捐之前言平恩侯可为将军，期思侯并可为诸曹。十八页下

　　直按：期思侯当如颜注所云为贲赫之后，汉侯绍封不载于侯表者甚多，西安汉城遗址出土铜器中，佚侯之名所见尤多，何独于本文期思侯疑之。

显鼎贵上信用之。十九页上

　　直按：鼎贵，鼎盛也。如淳注训鼎为方，盖取义于"匪鼎来"之语。

置之争臣则汲、直。十九页下

　　直按：谓汲黯、直不疑。

东方朔传第三十五

东方朔字曼倩，平原厌次人也。一页上

　　直按：《金石萃编》卷九十唐颜真卿书《东方画赞碑》云："平原猒次人也，魏建安中分猒次为乐陵郡，故又为郡人焉。"赞为晋夏侯孝若撰文，距汉魏较近，以厌次为猒次，由猒次变乐陵，故地理之沿革亦较详。

朱儒长三尺余，奉一囊粟，钱二百四十。二页上

　　直按：钱二百四十为待诏一日之奉，每月奉钱则为七千二百，因贡禹为谏大夫，秩八百石，奉钱月九千二百，待诏为散官，可能粟少钱多。又按：《居延汉简释文》卷二、五十二页，有"宗遣十日奉钱百二十一"之记载。宗遣似为戍卒，每月奉钱为三百六十余，待诏之奉决不能低于戍卒，故知东方朔所云钱二百四十，当为一日之奉。

时有幸倡郭舍人，滑稽不穷。三页上

　　直按：《经典释文·叙录》云："犍为文学《尔雅注》三卷，一云犍为郡文学卒史臣舍人，武帝时待诏（马氏玉函山房有辑本）。"后人考

者,多以为郭舍人作品。又《柏梁台诗》:"齧妃女唇甘如饴。"亦为郭舍人所联句,所谓滑稽不穷者是也。

朔曰,是寠薮也。三页上

　　苏林曰:薮音数钱之数。

　　直按:《续汉书·五行志》桓帝时童谣云:"河间姹女工数钱。"可证数钱为汉魏人之习俗语。故苏注引之。

上令倡监榜舍人。三页上

　　直按:倡监谓黄门倡监也,当属于黄门令。西汉九卿属官有令丞,令丞之下往往有监,《百官表》不载各监之官名。

柏者鬼之廷也。四页下

　　直按:张叔敬朱书陶盆云:"熹平二年十二月乙巳朔,十六日庚申,天帝使者告张氏之冢,三丘五墓,墓左、墓右、中央墓,主冢丞,冢令,主冢司命,魂门亭长,冢中游徼等,敢告移丘丞墓柏,地下二千石,东冢侯,西冢伯,地下击犆卿,耗里伍长等。"云云(见《西北大学学报》一期,拙著《考古丛录》)。又永寿二年朱书陶瓶云:"永寿二年二月乙未朔,廿七日乙酉,天帝使者告丘丞墓伯(柏)地下二千石。"云云(见《书道》卷三、八页)。望都二号太原太守刘公墓亦出朱书买地券文,有墓柏二千石等字。上述东汉末期两陶器一朱书地券,皆称墓柏地下二千石,等于秦始皇封松为五大夫。可证两汉人对墓柏之重视,与本文柏者鬼之廷,事实正合。

舍人所问,朔应声辄对,变诈锋出,莫能穷者。四页上

　　直按:《御览》卷七百十七引《汉书·东方朔传》曰:"郭舍人曰:四铢籥文章,背有组索,两人相见,朔能知之为上客。朔曰:此玉之莹,石之精,表如日光,里如众星,两人相觏,不相知情,此名为镜。"今本《汉书》无此文,疑出自《东方朔别传》,而《御览》误引者。又《御览》卷三百九十一引《东方朔别传》云:"南山有木名为柘,良工采之可以射,射中人情如掩兔,舍人数穷,可不早谢,上乃搏髀大笑也。"虽为魏晋人所依托,亦有参考之价值。

归遗细君,又何仁也。四页下

颜师古曰:细君,朔妻之名。一说细小也,朔自比于诸侯,谓其妻曰小君。

直按:细君为两汉男女通用之名,如江都王女细君,嫁于乌孙王,见《西域传》。《居延汉简释文》卷三、七十二页,有残简文云:"谊十二月中,使妻细君持使偿郭敞马钱,细君未行。"此女子以细君为名者。又《后汉书·儒林·包咸传》云:"师事右师细君。"《汉印文字徵》第十三、二页,有"韩细君印",此男子以细君为名者,与本文无不吻合。颜师古前说本甚正确,加以后说,疑是莫定,反成蛇足。颜真卿《东方画赞碑》有云:"方朔像以揑素为之,二细君侍焉。"是直以细君为侍姬之泛称,解释尤误。

与侍中常侍武骑。四页下

直按:侍中、常侍皆官名,武骑为武骑常侍之简称,见《李广传》。

乃示以乘舆物,久之乃得去。五页上

直按:汉宫服用器具大部分皆刻有乘舆或宫名字样,如乐浪所出食杯,及乘舆铜锺、乘舆水陶等皆可证(南陵乘舆陶尊,见《关中秦汉陶录》卷一)。

后乃私置更衣。五页下

直按:更衣屡见于《史记·外戚世家》叙卫子夫,及《汉书》田蚡、霍光等传。贵贱同此名称,刘敞驳颜师古注"更衣处亦置宫人"之误,其说是也。

乃使太中大夫吾丘寿王与待诏能用算者二人。五页下

直按:寿王以善格五待诏,精于行棋,故亦精通算术。

今陛下累郎台恐其不高也。六页上

直按:《隶释》卷一《韩勑后碑》云:"库室中郎。"武威磨嘴子十八号汉墓所出王杖诏令木简云:"得出入官府郎第。"皆以郎为廊,与本文同,为东汉通常隶体之省文。

故酆镐之间,号为土膏,其贾亩一金。 六页下

  直按:《居延汉简释文》卷三、四十八页,有简文云:"田五顷五万,田五十亩五千。"每亩价合一百钱,此边郡之田价,与东方朔所云三辅膏腴之田价,不成比例。

粪土愚臣,忘生触死。 七页上

  直按:蔡邕上书自陈,首称议郎粪土臣邕稽首再拜上书皇帝陛下(见《全后汉文》卷七十二)。又《居延汉简释文》十四页,有简文云:"肩水候官令史觚得敬老里公乘,粪土臣憙,昧死再拜上言变事书。"皆与本传文相合。

初帝姑馆陶公主号窦太主。 八页下

  直按:《薛氏钟鼎款识》卷二十、四至五页,有馆陶釜文云:"河东所造三年铜庆釜(庆字疑有误释),重十二斤,长信赐馆陶家第二。"又《小校经阁金文》卷十一、八十九页,有馆陶镫文云:"铜钉一,径二寸八分,高三寸九分,重一斤八两,馆陶家。"又《汉印文字徵》第五、十一页,有"馆陶家丞"印。馆陶公主为文帝之女,景帝之姊,武帝之姑,在武帝初极为尊宠,故称窦太主。综合上述各器考之,河东所造者为河东工官所造,亦见于汤官鼎。长信指武帝母王太后所居长信宫而言。公主所造铜器皆称某某主家,此直称馆陶家,其制度与列侯相等。属官有家丞,又有中府(见下文),其设官亦在一般公主之上。《续汉书·百官志》公主官属,亦无中府之名(宣帝长女施亦封馆陶公主,于永尚之,本器文称三年,则武帝建元前物也)。

教书计相马御射。 九页上

  直按:《御览》卷八百九十引桓谭《新论》云:"薛翁者长安善相马人也,于边郡求得骏马,骑以入市,去来人不见也。"又《史记》褚先生补《日者传》云:"黄直丈夫也,陈君夫妇人也,以相马立名天下。"盖相马在西汉中期为技术之一种,与御射等同科。

号曰董君。 九页上

  直按:《御览》卷七百一十引《拾遗录》曰:"董偃常卧延清之室,

设紫琉璃屏风,列麻油灯于户外(用植物油燃灯,始见于此),视屏风若无屏风矣。"

令中府曰,董君所发,一日金满百斤,钱满百万,帛满千匹乃白之。九页上

　　颜师古曰:中府,掌金帛之藏者也。

　　直按:中府亦见《史记·田叔传》,记叔为鲁相时事。又按:《临菑封泥文字叙目》,有"齐后中府"封泥,盖中府之官,惟王国始有之。馆陶公主特尊宠,故亦设此官,武帝之后当即罢废,故仅见《田叔传》及本传,又齐封泥等三处。颜师古注谓中府掌金帛之藏,是就文生训,当时并无根据也。

安陵爰叔者,爰盎兄子也。九页上

　　直按:爰叔当即爰种之字,《爰盎传》与本传,系各举一名一字,有疑为二人者非也。

主自执宰敝膝。十页下

　　直按:《汉旧仪》云:"大官主饮酒,皆令丞治,汤官奴婢各三千人置酒,皆缇褠、蔽膝、绿帻。"馆陶公主衣敝膝,与下文董偃绿帻傅韝,皆是庖人之衣饰也。

譬若以周邵为丞相,孔丘为御史大夫。十三页下

　　直按:《御览》卷四百六十三所引本段文字,略有异同。

王庆忌为期门。十四页下

　　先伯父星南先生云:王庆忌即王子庆忌,此乃简称,武梁祠画像亦题为王庆忌,可证为两汉人之习俗语。

夏育为鼎官。十四页下

　　直按:《盐铁论·除狭篇》云:"戏车跃鼎,咸出补吏。"据此西汉盖有鼎官。

羿为旄头。十四页下

　　直按:《王莽传》上云:"公孙戎位在充郎,选飈旄头,壹明樊哙,封二千户。"孟康注:"公孙戎奴,高帝时为旄头郎也。"据本文武帝时尚有旄头之官。

《责和氏璧》。二十二页上

　　直按:《艺文类聚》卷八十四,有梁吴筠檄江神责周穆王璧文,疑即仿东方朔此题而加以变化。

《从公孙弘借车》。二十二页上

　　直按:《艺文类聚》卷九十六,有公孙弘答东方朔书,文已不全,疑即答借车书者。

公孙刘田王杨蔡陈郑传第三十六

贺少为骑士。(公孙贺) 一页上

　　直按:《汉书》所记骑士有两种资历,一为边郡充戍卒之骑士,赵充国、公孙贺、赵第是也。一为军中普通之骑士,郦食其、灌婴二传所记是也。

乃以边为援,使内郡自省作车,又令耕者自转。(刘屈氂) 二页下

　　直按:《居延汉简释文》四二二页,有简文云:"右新阳符一车二。"又云:"将车河南郡第一。"四二四页云:"新野第一车父连□。"四二五页云:"戍卒邺东利里张敝第卅车。"四二五页云:"冠军第二车吴汤□□"又云:"右第八车父杜陵孙守,父靳子衡,算身一人。"四二六页云:"右第六车卒廿人。"四二七页云:"元城第八车卜广。"又云:"内黄第五车父魏都。"全部木简中,记征调之车多来自各郡国,与本文完全符合,各简皆无纪年,有的或武帝末期之物,有的或昭宣时物,可以推知内郡作车由耕农输转边郡之弊政,延续之时间甚久。

千秋为高寝郎。五页下

　　直按:《史记·田叔传》云:"田仁发兵,长陵令车千秋上变仁,仁族死。"上变者,上言变事也。千秋官长陵令,为《汉书》所未详。

给事大将军莫府为军司马。(杨敞) 九页上

　　直按:《续汉书·百官志》将军条下云:"其领军皆有部曲,大将军营五部,部校尉一人,比二千石。军司马一人,比千石。"又《两汉金石

记》卷五、三页,有"军司马印"(此印出土极多,仅举一例)。霍光虽不行军,掌有兵权,故幕府中仍设有军司马。

恽上观西阁上画人,指桀纣画。十一页下

　　直按:汉代宫阙皆有画像,见于班婕妤、武五子等传。所画题材与东汉祠墓石刻相似,如西阁所画则为桀纣,当另有尧舜禹汤等像相配合。

岁时伏腊,烹羊炰羔。十四页上

　　直按:《御览》卷三十一引《汉官仪》云:"杨恽闲居,养羊酤酪,以供伏腊之费。"

驺马猥佐成,上书告恽。十五页下

　　直按:《百官表》云:"军屯吏、驺、宰、永巷宫人,皆有仆射,取其领事之号。"杭州邹氏藏有"驺库"半印,当为掌库之驺所用,足证驺为小吏之名。马猥佐为佐史主喂马者,猥为喂字之假借,属于驺吏,成为人名。一说,猥杂也,为管马杂事之佐。

廷尉当恽大逆无道,要斩,妻子徙酒泉郡。十五页下

　　直按:颜师古《匡谬正俗》引谢承《后汉书》云:"杨豫祖父恽,封平通侯,恽子会宗,坐与台阁交通,有罪国除,家属徙酒泉郡。"又云:"豫上书乞还本土,其辞云:臣祖父恽,念安社稷,忠不避难,指刺奸臣,实心为国,遂致死徙。"此事足补《汉书》之遗阙。

中山刘子推言王道,撟当世,反诸正。二十页上

　　直按:《盐铁论》作"中山刘子雍",本文雍字作推,遂与推言连文。

杨胡朱梅云传第三十七

杨王孙者,孝武时人也。一页上

　　直按:《说苑》卷二十《反质篇》有杨王孙事,全文与本传大略相同。疑刘向续补太史公书有此篇,班固即据以入传。

王孙苦疾，仆迫从上祠雍。一页上

　　直按：《司马迁传》《报任安书》亦云："今少卿抱不测之罪，涉旬月，迫季冬，又薄从上上雍。"与祁侯所指，盖为一事。

监御史与护军诸校，列坐堂皇上。（胡建）三页上

　　直按：《居延汉简释文》卷三、六十一页，有简文云："毋自言堂堭者得七算。"本文之堂皇，即堂堭之省文。

与帝姊盖主私夫丁外人相善。四页上

　　直按：外人之名见于《汉书》者有三人，刘姓名外人有二人，一齐孝王后，一中山靖王后，及本文之丁外人是也。见于汉印者，有"董外人""郝外人""尹外人""贾外人"（见《汉印文字徵》第七、七页）"皋外人"等（见同书第十、十四页）。见于木简者，有"书佐郭外人"（见《居延汉简释文》卷三、四十二页）。据此外人之名在西汉极为普遍，当作关外之人解，丁外人为河间人，是其明证。

是时少府五鹿充宗贵幸，为《梁丘易》。（朱云）五页下

　　直按：一九三〇年山西怀安县出五鹿充墓（见《文参》一九五八年九期），中有一奁，隶书"安阳侯家"四字，铜印为"五鹿充印"四字，尚有其他丝织残品。《百官表》："建昭元年尚书令五鹿充宗为少府。"《恩泽侯表》安阳侯王音，河平四年封，与充宗正同时，与充宗或亲戚有连，漆器因用以随葬，则五鹿充印，很可能为五鹿充宗之物。

举方正为槐里令。五页下

　　直按：朱云官槐里令，为政残酷，见《陈咸传》。

后去官归寿春，数因县道上言变事。（梅福）七页下

　　颜师古曰：附县道之使而封奏也。

　　直按：《百官表》云：县与蛮夷杂处曰道，寿春左近，并无道之名，县道联文，成为两汉人之习俗语，例如《续汉书·礼仪志》云"仲秋之月，县道皆案户比民"是也。又按：《居延汉简释文》十四页，有上言变事书简文形式云："肩水候官令史，觚得敬老里公乘，粪土臣意昧死再拜上言变事书。"可以参考。

夫叔孙先非不忠也。八页上

直按：《史记》称张恢先，《李寻传》称正先，与叔孙先一例。先为先生简称，《汉旧仪》云："博士称先生。"叔孙通为秦博士，故称为先。

霍光金日䃅传第三十八

光召尚符玺郎。三页上

直按：尚符玺郎不见于《百官表》，但见于《续汉书·百官志》，属于少府之符节令。盖东汉之制因于西汉。

上曰，将军之广明，都郎属耳。四页下

直按：上文孟康注，都试也。谓至广明考核所属郎吏耳，耳为语助辞，颜注以属耳连文，转失之迂曲。

且将军为非，不须校尉。四页下

直按：《续汉书·百官志》："大将军营五部，部校尉一人，比二千石。"霍光虽掌兵权，不在行伍，此时方调用校尉。

群臣皆惊鄂失色。六页上

直按：《隶释》卷六《谒者景君墓表》云："京师鄂惊。"以愕为鄂，与本文同，为东汉时之通常隶体假借字。

令故昭帝侍中、中臣侍守王。六页下

直按：中臣疑中官之误字，中官见《后汉书·宦者传》序。又《贞松堂集古遗文·补遗》卷下、三页，有王后中官鼎，盖中官为宦者之统称。

长信少府臣嘉。七页下

直按：疑即下文之侍中傅嘉。

受皇帝信玺、行玺大行前。八页上

直按：《封泥考略》卷一、三页，有"皇帝信玺"封泥，与本文合，此西汉帝王六玺之仅见者。

使中御府令高昌。八页下

  直按：《百官表》御府令属少府。《史记·仓公传》云："齐中御府长信病。"《谷永传》亦称中御府，可证中御府之官，在西汉一代皆未废除，特为《百官表》所未详耳。

发长安厨三太牢，具祠阁室中。九页上

  直按：《百官表》京兆尹属官，有长安市厨两令丞，本文指长安厨令供张而言。

诏大官上乘舆食如故，食监奏未释服，未可御故食。九页下

  直按：食监即《冯唐传》之尚食监，当属于大官令。《汉旧仪》云"大官尚食用黄金扣器"是也。

便房黄肠题凑各一具。十三页上

  服虔曰：便房，藏中便坐也。颜师古曰：便房，小曲室也。

  直按：便房既与黄肠题凑同称为一具，当为可携可移之物，疑几案之属，陈设于墓道中者，服虔解为便坐，比较近理，颜师古解为小曲室，则距事实太远。黄肠题凑为内椁复累之木，东汉时黄肠由木质演变到石质，故有黄肠石之称（见《陶斋藏石记》卷四）。

枞木外臧椁十五具。十三页上

  服虔曰：在正臧外婢妾臧也。或曰厨厩之属也。

  直按：黄肠题凑指内椁而言，枞木外臧椁，指外椁而言。霍光墓盖采用当时木椁墓之形式，长沙楚墓有用两棺两椁者，霍光墓以传文参之，似用一棺两椁，黄肠题凑之一具盖为一付，枞木外臧椁十五具盖指枞木十五块而言。服虔以外臧椁十五具为婢妾之臧，以一具为一椁，当时已无用人殉葬之风气，所说便不可通。

军陈至茂陵以送其葬。十三页下

  直按：霍光墓现在兴平县茂陵镇，霍去病墓东南之大冢是也，与金日磾墓相联次。

起三出阙，筑神道，北临昭灵，南出承恩。十四页上

  服虔曰：昭灵、承恩，皆馆名也。

直按：昭灵、承恩，皆茂陵之馆名。茂陵又有白鹤馆被灾，见《五行志》。

更以禹为大司马，冠小冠，无印绶。十五页下

直按：《居延汉简释文》卷一、十页，有简文略云："地节五年，移敦煌太守府书，故大司马博□。"霍禹谋反事在地节四年七月，此元康元年（地节无五年）残诏文，亦当续言霍禹谋反事。

初赵平客石夏，善为天官。十七页下

直按：石夏疑石公之后，世治天文学者。

鸮数鸣殿前树上。十八页上

颜师古曰：古者室屋高大，则通呼为殿耳。

直按：《孤儿行》云："行趋殿下堂。"西安汉城遗址出土有"马氏殿当"瓦，皆汉人称屋为殿之证。

客谓主人，更为曲突远徙其薪。十九页下

直按：《群书治要》引桓谭《新论》，亦作淳于髡事。

拜为马监，迁侍中驸马都尉光禄大夫。（金日䃅）二十一页上

直按：马监者黄门令属官之马监也，黄门令又有倡监，见《东方朔传》。又按：《隶释》卷六武梁祠画像题字有"骑都尉"画像，旁题"休屠像"一榜，盖画金日䃅事。惟称骑都尉，与本传称驸马都尉异。又西安汉城遗址出土有"金"字瓦当，亦疑为金日䃅邸第之物，因西汉无其他金姓贵族也。

上召岑拜为使主客。二十四页上

服虔曰：官名属鸿胪，主胡客也。

直按：汲古阁本作拜为郎使主客，比较妥善。《百官表》大鸿胪属官，无主胡客之名，钱大昕驳颜注是也，使主客当作使典宾客解。

涉两子汤、融，皆侍中诸曹将大夫。二十四页下

直按：阮氏《积古斋钟鼎款识》卷十、十五页，有"金汤"铜器，疑即金汤所铸。又按：《百官表》中黄门有给事黄门，位从将大夫。与本传将大夫三字连文正合。将为五官中郎将，左、右中郎将，郎中车、

户、骑三将之通称。大夫为太中大夫、谏大夫、光禄大夫之通称。颜师古注,将谓五官中郎将,所解犹为狭义。

赵充国辛庆忌传第三十九

赵充国字翁孙,陇西上邽人也。一页上

直按:一九四二年青海出土《东汉三老掾赵宽碑》,光和三年刻。宽为充国之嫡后,叙述世系特详。兹将碑文摘录如下:"其先系出少皞,迄汉文景,有仲况者,官至少府。厥子圣为谏议大夫,孙字翁仲,新城长,弟君育生陇西上邽,育生充国字翁孙为汉名将,封邑营平。元子卬为右曹中郎将,卬弟袭爵,至曾孙钦,尚敬武公主,无子国除。元始二年,复封曾孙纂为侯。充国弟子声为侍中,子君游为云中太守,子字游都朔农都尉,弟次卿高平令,次子游护苑使者,次游卿幽州刺史。卬陪葬杜陵,孙丰字叔奇,监渡辽营谒者,子孟元,次子仁为敦煌太守,孟元子名宽字伯然,即充国之孙也。"本传云:"传子至孙钦,尚敬武公主,子岑嗣,元始中复封曾孙伋为营平侯。"《景武昭宣功臣表》作"充国子弘孙钦,曾孙岑"。传、表与碑文,三者均异同甚大,当以碑为正,因出于汉人家牒也。又按:《贞松堂集古遗文》卷十四、三十二页,有"赵充国"带钩,此物自西安汉城出土,由陕估售出,现藏沈阳历史博物馆。

武帝时以假司马从贰师将军击匈奴。一页上

直按:《续汉书·百官志》将军条下云:"其领军皆有部曲,大将军营五部,部校尉一人,比二千石,军司马一人比千石。又有军假司马、假候,皆为副贰。"又《两汉金石记》卷五、四页,有"假司马印"(此印出土最多,仅举一例)。与本文正合。

闻乌桓来保塞,恐兵复从东方起。二页下

直按:《汉印文字徵》第十三、十一页,有"汉保塞乌桓率众长印",盖乌桓归义以后事。保塞为两汉人之习俗语。

遂西至西部都尉府,曰飨军士。四页下

孟康曰:在金城。

直按:《地理志》金城郡金城县,无西部都尉治字样,孟康所注当另有据,或系《地理志》注而今本有脱佚者。

有诏将八校尉,与骁骑都尉、金城太守合疏捕山间虏。四页下至五页上

直按:《地理志》天水郡豲道县注,骑都尉治。骑都尉不应有固定治所,疑即本传骁骑都尉之脱文。

时上已发三辅太常徒、弛刑。五页上

直按:西汉有陵寝各县之官吏,皆由太常任免,诸陵寝中有徒及弛刑,故总称为太常徒。《居延汉简释文》二十三页,有残简文云:"属发□□□事,官移三辅、太常、郡太守、诸□(下略)。"是三辅、太常,与郡太守、诸侯相连称,为公牍中之惯例,与本传文正合。又按:弛刑二字,在两汉中或有作施刑者,是假借字,不是误字。居延木简亦二字随用,"施刑桃胜之",见《居延汉简释文》三二五页。

以一马自佗,负三十日食,为米二斛四斗,麦八斛。六页上

直按:自佗负一月食,为二斛四斗,《说文》:"斛,十斗也。"则为二石四斗,是指汉代大斗而言。麦八斛为一部分补充戍卒食粮,其余为马粮。

其郡兵尤不可发。六页下

直按:两汉各郡有常备兵,《裴岑纪功碑》所谓"敦煌太守云中裴岑,将郡兵三千人,诛呼衍王寿"是也(见《金石萃编》汉一)。《晋南乡太守郛休碑》阴记郡兵制度尤详。

即拜酒泉太守武贤为破羌将军。六页下

直按:本传文略云:神爵元年,先零羌反,遣后将军赵充国击之。酒泉太守辛武贤奏言,屯兵在武威、酒泉、张掖万骑以上,比羸瘦可益马食,以七月上旬,斋三十日粮,并出张掖、酒泉,合击罕、开在鲜水上者。于是即拜酒泉太守武贤为破羌将军,以书敕让充国云云。又按:《流沙坠简·簿书一》,有简文云:"(制)诏酒泉太守,敦煌郡戍卒二

千人,发酒泉郡,其假(候)如品,司马以下与将军卒长吏,将屯田守处,属太守察地形,依阻险,坚壁垒,远候望,毋☐。"王国维先生以"陈却适者,赐黄金十斤,☐☐元年五月辛未下"之残简,与此简乃一简裂为二者。王氏考此简为宣帝神爵元年赐酒泉太守辛武贤诏书是也。与本文极为吻合。此简所云敦煌郡戍卒二千人发酒泉郡者,即敕让充国诏书中所指之"敦煌太守快将二千人"是也。诏书预定"以七月二十二日,击罕羌,入鲜水北句廉上",故在五月辛未,先下此诏书与武贤(据本传文,六月戊申奏,七月甲寅玺书报从充国计焉,此京师至湟中之邮驿往返日程,须六十七日,单程半之,预定在七月进兵,故必在五月下诏)。又按:《居延汉简释文》卷一、三十页,有简文云:"各持下吏,为羌人所杀者,赐钱三万,其印绶吏五万,又上子一人,召尚书卒长☐。奴婢三千,赐伤者各半之,皆以郡见钱给,长吏临致,以安百姓,☐早取以☐钱☐。"劳榦考为宣帝时优抚被羌人杀害之诏文,其说亦是也。

今张掖以东,粟石百余,刍藁束数十。七页上

直按:以居延木简考之,西汉中晚期河西一带粟价,每石皆在百钱上下(粟谓谷也,居延简有云,粟一石得米六斗)。刍菱每束有记六钱者(见《居延汉简释文》二五三页),有记二钱者(见同书三一四页A),与充国所奏每束数十,则价值相差很大。

长水校尉富昌。七页下

直按:《居延汉简释文》卷一、十三页,有简文略云"元康四年二月己未朔,乙亥,使鄯善以西校尉吉,副卫司马富昌,丞庆"云云。此简吉为郑吉,富昌为人名,已佚其姓,即本文之长水校尉富昌。又按:《居延汉简甲编》四一〇页,有简文云:"本始三年九月庚子,虏可九十☐人,甲渠止北燧,略得卒一人,盗取官三石弩,藁矢十二,牛一,衣服存放,司马富昌(劳榦原释文作司马宜昌,今据照本简文订正),将骑百八十二人,从都尉追。"考富昌以宣帝本始三年出塞,至神爵元年,前后计十二年,官司马及卫司马,又从郑吉使鄯善,大概其间又一次

内调为长水校尉(或在本始三年以前所任,诏文称其旧官),长水所掌本为宣曲胡骑,任此者皆谙习边事,故易于外将也。

酒泉侯奉世将婼月氏兵四千人。七页下

直按:沈钦韩谓酒泉侯当作酒泉候是也。《律历志》有酒泉候宜君可证,董贤父亦为云中候,西汉时不独边郡有候官,内郡亦有之。

已诏中郎将卬,将胡越佽飞射士、步兵二校,益将军兵。七页下

直按:《十钟山房印举》举二、五十四页,有"射士"印,与本文正合。

臣所将吏士马牛食,月用粮谷十九万九千六百三十斛,盐千六百九十三斛,茭藁二十五万二百八十六石。十一页上

直按:粮比盐数量,多一百一十七倍有奇,下文凡万二百八十一人,用谷月二万七千三百六十三斛,盐三百八斛,粮比盐数量多八十余倍,两数不同。又以上述人数来平均每人食粮数,每人每月则为二石六斛有奇,充国所计盖为大斗。在居延木简中,记载成所官吏兵卒食粮,每人每月大斗则为二石,小斗则为三石三斗三升少,小斗一石折合大斗六斗。

失之豪釐,差以千里。十一页上

直按:《司马迁传》引《太史公自序》云:"故《易》曰差以豪釐,谬以千里。"颜师古注:"今之《易经》及象象系辞,并无此语,所称《易纬》者则有之焉。"此语亦见《东方朔传》。

愿罢骑兵,留弛刑、应募,及淮阳、汝南步兵,与吏私从者。十一页下

直按:居延全部木简中,戍卒、田卒、人名之籍贯,戍卒属于淮阳郡者十六人,昌邑国者十三人,汝南郡者九人,大河郡者四人,魏郡、济阴、东郡、河南、张掖各一人。田卒属于淮阳郡者七人,魏郡者六人,河东郡者四人,昌邑国者三人,梁国者三人,赵国者三人,陈留郡者二人,南阳郡者二人,张掖郡者九人,东郡、邺郡、钜鹿郡、汝南郡、济陶、济阴郡者各一人。而敦煌木简戍卒,则多为河东、上党、河南、颍川、广汉五郡之籍贯。盖戍卒远征,各有指定之专区。综合来说,

居延戍卒之籍贯，多为淮阳、汝南、昌邑三郡国人，与本文正合。因中原之正卒戍卒，多属于材官，边郡之正卒戍卒，多充当骑士，边郡人民身已在边，故合两役为一役。王国之民不戍边，昌邑为废王，已等于汉郡，故在例外。梁、赵两国，恐亦别有原因。淮阳产劲兵，亦见韩王信及灌夫传，古籍与古物之记载，殆无不符合。又按：居延木简中，徒与弛刑，其区别徒带有罪名，弛刑不带罪名，或称为弛刑士。应募或称为应募士，见《罗布淖尔考古记》第三十简，不冠以戍卒字样，其身份与良家子相似。从者为戍卒之亲戚同族相随至戍所者，从居延简考查，每月亦发给口粮，数量则较戍卒为九折。

田事出赋人二十畮。十二页上

直按：《流沙坠简·考释》卷二《戍役类》三十一页，有魏晋时简文云："将金部见兵二十一人，大麦二顷，已截廿亩。小麦卅七亩，已截二十九亩。禾一顷八十五亩，溉二十亩，菿五十亩。下床九十亩，溉七十亩。（以上简面）""将梁襄部见兵二十六人，大麦六十六亩，已截五十亩。小麦六十三亩，溉五十亩。禾一顷七十亩，溉五十亩，菿五十亩。下床八十亩，溉七十亩。（以上简背）"张金所部兵二十一人，共种田五百十二亩，平均每人种二十四亩有奇。梁襄所部兵二十六人，共种田三百八十亩，平均每人种十四亩半有奇。虽为魏晋时屯田事，然去两汉不远，与赵充国奏所云赋人二十亩者，截多补少，大致相近。

至四月草生，发郡骑及属国胡骑、伉健各千。十二页上

直按：《居延汉简甲编》二一一二 AB，有元凤五年简，记属国胡骑兵马名籍。又按：《宣帝纪》本始二年选郡国吏三百石，伉健习骑射者皆从军（《匈奴传》上亦载此事）。又《流沙坠简·考释·烽燧类》四页，有"玉门候造史龙勒周生萌，伉健可为官士吏"简文。伉健盖为骑兵身份之名称，与本传文正合。

倅马什二就草。十二页上

直按：倅作副解，《居延汉简释文》二六五页，有残简文云："以食候马、传马、萃马。"（劳榦氏误释作莘马，今订正）萃即倅字之假借。

谨上田处及器用簿。十二页上

　　直按：《居延汉简甲编》二二八四，有简文云"始元六年二月己卯朔□移铁器簿一编"（原释文误作铁券簿，今订正）。盖即屯田所用之农器簿，亦即本传文所云之田处簿。器用簿当与居延木简之将军器记簿相似（见《居延汉简释文》三六〇页）。

便兵弩，饬斗具。十五页下

　　直按：《居延汉简释文》一〇六页，有"辈送便兵战斗具"之记载，斗具二字，为当时公牍中之习俗语。

举茂材，迁郎中车骑将军。（辛庆忌）十九页下

　　直按：刘敞谓军字衍文是也。郎中车骑将，谓庆忌历任郎中车将及郎中骑将也。齐召南、沈钦韩二家解释未明晰。

傅常郑甘陈段传第四十

至元凤中，介子以骏马监求使大宛。一页上

　　直按：骏马监为太仆骏马令之属官，《百官表》只记令丞不记监。除骏马监外，如尚食监属于大官令，庐监属于掖庭令（见《汉官仪》），太医监属于太医令（见《外戚·上官皇后传》），狗监疑属于上林令。其职务纷繁者，尚不止一监。如黄门令有倡监，见于《东方朔传》，有马监，见于《金日䃅传》。乐府令有音监，见于《张安世传》。汤官令有饮监，见于封泥。又如仅掌一宫观池沼，不够设令丞，只够设监者，如平乐监见于本传，牦中监见于《常惠传》，安池监见于《外戚·霍皇后传》，章门观监、严道橘监，均见于封泥是也。本传骏马监凡二见，平乐监亦二见，周寿昌谓骏马监不见于《百官表》，疑为骏马令之误字，盖未达汉制也。

遂持王首还诣阙。二页上

　　直按：《居延汉简释文》卷一、二页，有简文云："诏夷胡候章发卒日，持楼兰王头诣敦煌，留卒廿人，女译二人，留守证□。"即指此事，

事在昭帝元凤四年。

天子以惠奉使克获,遂封惠为长罗侯。(常惠) 三页下

　　直按:《流沙坠简·禀给类》第二十五简云:"出茭一钧七斤半斤,以食长罗侯垒尉史官橐他一匹,三月丁未发至煎都,行道率三食,十二斤半斤。"与本文正合。垒尉盖等于鄣尉塞尉候望之官,尉史为尉之属官。

至宣帝时,吉以侍郎田渠犁积谷,因发诸国兵,攻破车师,迁卫司马,使护鄯善以西南道。(郑吉) 四页下

　　直按:《居延汉简释文》卷一、十三页,有简文云:"元康四年二月己未朔,乙亥,使鄯善以西校尉吉,副卫司马富昌,丞庆,都尉冥重,郎☐乃元康二年五月癸未以使都护檄书,遣尉丞赦,将弛刑士五千人,送致将军,□发。"(照原简影印本加以订正)此简校尉吉即郑吉,副卫司马富昌,即《赵充国传》之长水校尉富昌也。

试弁为期门。(甘延寿) 五页下

　　直按:左思《吴都赋》云:"抃射壶博。"《元帝纪》赞曰:"时览拚射。"与本文均合。

大将军凤奏以为从事中郎。(陈汤) 十七页下

　　直按:《续汉书·百官志》云:"从事中郎,汉顺帝设。"以本传及《毋将隆传》证之,知西汉后期已有此官。

隽疏于薛平彭传第四十一

不疑冠进贤冠,带櫑具剑。 一页上

　　直按:《隶释》卷六《袁良碑》云:"壬具剑佩。"壬字疑为垒字之残损,而洪氏误释者,与本文正合。

公卿大夫、故人邑子,设祖道供张东都门外。(疏广) 四页下

　　直按:北魏时造像,称乡人为邑子,盖沿用两汉人之习俗语。又汉人最重祖道,《居延汉简释文》卷二、五十八页,有"出钱十,付第十

七候长祖道钱。出钱十,付第廿三候长祖道钱"之简文。

于是族人说服,皆以寿终。五页下

直按:《御览》卷三百六十二引《文士传》曰:"束晳字广微,疏广后也。王莽末广曾孙孟达,自东海避难,徙居元城,改姓去疏之足为束氏。"《晋书》本传亦同。盖在两汉时期,疏字隶体多写作疎,如《汉晋西陲木简汇编》二编、二页,《急就章》"疏比"之作"疎比",《居延汉简释文》三九二页,"器疏"之作"器疎"皆可证,故去足成束。

平当字子思,祖父以訾百万,自下邑徙平陵。十页上

直按:河南浚县出土唐偃师县令蒲州长史平真客碑略云(见《循园金石跋尾》及《河朔新碑目》):"平氏之先,盖周武王子曹叔虞之后,八代孙晋穆公,十一代孙韩哀侯,有子曰婼,食采平邑,因以为氏。婼七世孙汉中太守戬,以良家迁右扶风,戬孙当丞相,当子晏为大司徒。"可证当为平戬之孙,应出于平氏家牒,似有依据。

当少为大行治礼丞,功次补大鸿胪文学。十页上

直按:两汉伐阅官簿上,以功劳累迁者曰功次,以资历累迁者曰秩次。《居延汉简释文》四八六页,有残简文云"囗利以功次迁囗"是也(其他见《汉旧仪》等,不再列举)。

王贡两龚鲍传第四十二

汉兴有园公、绮里季、夏黄公、甪里先生。一页下

颜师古曰:四皓称号,本起于此,更无姓名可称。后代皇甫谧、圈称之徒及诸地理书说,竟为四人施安姓字,自相错互,语又不经。班氏不载于书,诸家皆臆说,今并弃略,一无取焉。

直按:四皓称号始见于《史记·留侯世家》,次见于扬子《法言》,皆在班固之前,颜师古注谓本起于此,殆偶遗忘耳。又按:《隶释》卷八、《金石录》卷二十九,并载有四皓神坐刻石,题名为圈公、夏黄公、绮里季、甪里先生四人,与《史记》《法言》《汉书》正合。只有园公作

圈公,与圈称《陈留风俗传》自序相合(见颜师古《匡谬正俗》引)。又按:乐浪彩箧冢所出彩箧人物故事画,第二排画像题字,有孝惠帝、南山四浩(浩为皓字简体)、大里黄公、侍郎、使者等人。四皓中只画大里黄公一人,夏黄公又称为大里黄公。《三国志·虞翻传》注引朱育对濮阳兴问,亦云:"鄞大里黄公,絜己暴秦之世,高祖即阼,不能一致。惠帝恭让,出则济难。"盖南方学者流传之说,与彩箧题字正合。综上所述,四皓神坐刻石为东汉中晚期作品,乐浪彩箧题字为东汉初中期作品,皆可与《汉书》印证异同,为极有价值之史料。颜师古所谓施安姓氏者,指皇甫谧《高士传》、陶潜《圣贤群辅录》等书而言。

谷口有郑子真。一页下

直按:《隶释》卷十五,有郑子真宅舍残碑,文甚模泐,有"故郑子真地中起舍一区作钱(下缺)","故郑子真舍中起舍一区七万"云云。

杜陵李彊,素善雄,久之为益州牧。二页上

直按:《百官表》:"宣帝元康四年,大中大夫李彊仲君守少府。神爵三年,少府李彊为大鸿胪。"出牧益州,当在元、成间。

王吉字子阳,琅邪皋虞人也。三页上

直按:《唐书·宰相世系表》云:"王离子元,避秦乱,迁于琅邪,后徙临沂。四世孙吉字子阳,始家皋虞,后徙临沂都乡南仁里。"又按:《文选·王文宪集序》、洛阳出土王诵妻元氏墓志及王绍墓志,皆云琅邪临沂都乡南仁里人。综上所述,王吉后人世居琅邪临沂都乡南仁里,确然可信。

补若卢右丞。三页上

直按:《百官表》若卢令属少府,未言分左右丞。《汉旧仪》谓若卢右丞主治库兵,若卢有二丞,与本文正合。

《春秋》所以大一统者,六合同风,九州共贯也。六页下

直按:《王吉传》驺氏《春秋》,驺氏必为齐人,观其学说,与公羊相近,当为公羊之支流。

世称王阳在位，贡公弹冠。八页下

　　丹阳吉凤池先生云："王阳两字为韵，以下皆两字为韵。"在汉代谚语中，别具一格。

初吉兼通五经，能为驺氏《春秋》，以《易》《论语》教授。八页下

　　直按：王吉奏疏中引《诗》者二，引《春秋》《论语》者一，与本传文所云兼通五经正合。

岁余为傅婢所毒，薨，国除。十页上

　　直按：西汉保母、阿母、乳母之外，有傅婢名称，傅与保字义相近。《东平思王传》有巫婢，亦疑与傅婢之傅相同，不作姓解。

方今齐三服官，作工各数千人，一岁费数钜万，蜀、广汉主金银器，岁各用五百万，三工官官费五千万。十一页下

　　颜师古曰：三工官谓少府之属官考工室也，右工室也，东园匠也。上言蜀汉主金银器，是不入三工之数也。

　　直按：蜀、广汉主金银器，与三工官所指，不是一事，颜说是也。蜀郡及广汉郡工官所造金银器，分用器及扣器两种，现传世有建武二十一年，蜀郡西工造鎏金壶（现藏北京故宫博物院），为用器代表作品。乐浪全部漆器，为扣器代表作品。至于蜀西工长儋所造酒铛（见《汉金文录》卷四、二页），永元十六年广汉郡工卅炼书刀，永兴元年广汉工官所造铜镜（黄县丁氏藏），为不涂金银之精致作品。又按：颜注三工官，指少府所属之考工室，右工室（少府只有左、右司空，无右工室之名，此文非师古之误记，即后来传写之误字），东园匠，似有未妥。疑为考工令、尚方令，及上林令中之工官。上林令有寺工及供府，屡见于汉铜器铭文，在建平五年上林造侧耳杯中，亦可以得到证明（见苏联考兹洛夫《外蒙古调查报告》一二五页）。

臣禹尝从之东宫，见赐杯案，尽文画金银饰，非当所以赐食臣下也。十二页上

　　直按：《汉代纪年铭漆器图说》著录乐浪出土西汉晚期至东汉初中期各漆器。花纹最著者，如永光元年漆耳杯、绥和元年漆盒、建平

五年漆耳杯,皆为双禽文。始建国元年漆盘为三熊纹。元始元年夹纻漆盘、居摄三年夹纻漆盘,皆为熊文。永始元年夹纻漆盘为蟠螭文。建平三年漆盒盖为虺龙文。元始四年夹纻漆盘为云气文。元始四年漆耳杯为兽文。刻画夹纻漆耳杯为禽兽文。永平十二年神仙画像漆盘为麟鹿奔驰文,与本传文见赐杯案尽文画正同。又耳杯题名有黄耳涂工,专司涂金扣器之技艺,《盐铁论·散不足篇》所谓银口黄耳是也。与本传文金银饰正合。

疾病侍医临治。十四页上

直按:侍医秦官,汉因之。《史记·刺客·荆轲传》有侍医夏无且,《仓公传》有齐王侍医。《汉书·艺文志》序云:"侍医李柱国校方技。"《王嘉传》云:"侍医伍宏等侍内案脉。"与本文皆同。侍医当属于少府之太医令,不属于太常之太医令,与后代御医名称相似。

及诸铁官皆置吏卒徒,攻山取铜铁,一岁功十万人。十五页上

直按:吏谓长丞官吏,卒谓正卒调至铁官署操作者,徒谓刑徒。汉代各郡国铁官之组织,有长有丞,铜官虽未详其制度,应大略相同。铜铁官属吏今可考者,有采铜(见《续封泥考略》卷二、二十五页),有采铁(见同书卷三、三十五页),盖皆掌握开采技术者,与贡禹之言正合。功即工字之假借,见建平郫县石刻(见《古刻丛钞》)及开通褒斜道石刻(见《金石萃编》汉一)。

宜罢采珠玉金银铸钱之官。十六页上

直按:汉黄金官,仅有桂阳郡一处,另鄱阳有黄金采,银官未详,疑包括在铜官之内,采珠玉官亦不见于《地理志》,疑珠崖郡有采珠官。

又诸官奴婢十万余人,戏游亡事。十六页上

直按:汉代奴婢用印,其豪侈情况与本文正合。《汉印文字徵》第十二、十二页,有翟婢、陈奴、周奴、李奴、窦奴、吕奴、王奴、卫奴、高奴、师奴、徐奴等印皆可证。

故黥劓而髡钳者,犹复攘臂为政于世。十七页上

　　直按:汉代奴婢与徒隶性质不同,奴婢遇赦始可为庶人。徒之刑期既满,仍可为达官,如韩安国起自徒中,马融、蔡邕、王凌等人皆是也。

禹又奏欲罢郡国庙,定汉宗庙迭毁之礼。十八页下

　　直按:《越绝书》卷二:"匠门外信士里东广平地者,吴王濞时宗庙也,太公高祖庙在西,孝文庙在东,去县五里,永光四年,贡大夫请罢之。"与本文正合。

县次具酒肉,食从者及马。(两龚)二十一页上

　　颜师古曰:道次给酒肉,并饮其从者及马也。食读曰饮。

　　直按:汉代饮食自食者读作食,食人者读作饮,故食官令或径写作饮官令。证之《汉印文字徵》第五、十页,有"北海饮长"(此印西安另出土一方,吴兴沈氏藏)及"杜陵饮官□丞""东平饮官丞"三印。饮官或又变作饲官,好畤鼎则称常乐饲官(见《薛氏钟鼎款识》卷十八、十一至十二页),皆食字之假借也。

使者与郡太守、县长吏、三老官属、行义诸生千人以上,入胜里致诏。二十二页下

　　颜师古曰:行义谓乡邑有行义之人也。

　　直按:行义诸生四字系连文,《隶释》卷六《谒者景君墓表碑》阴有诸生服义者题名二十余人。服义为总标题,内中有称义士者,有称弟子者。又《隶续》卷十六《北海相景君碑》阴有行义张放题名。又按:《水经注》"山桑城东南有残碑,碑阴故吏姓名,尚存义士门生沛国萧刘定兴立"云云。综合考之,行义之名,明见于汉碑阴题名,与诸生名称相连系,而服义、义士,皆行义之转化名称。较之本传文行义诸生,无不适合,颜注是望文生训,想当然耳之解释也。

勿随俗动吾冢,种柏作祠堂。二十三页下

　　直按:《御览》卷五百六十引戴延之《述征记》云:"彭城东北三里,有刘向墓。泗水东三里,汉大夫龚胜冢石碣犹存。"本传亦云:"胜

居彭城廉里,后世刻石表其里门。"据此知胜之冢及胜之里居皆有刻石。

三辅委输官不敢为奸。(鲍宣) 二十七页

直按:委输官谓平准舆均输令也。

时名捕陇西辛兴。 二十九页下

直按:名捕二字为汉代公牍中之习用名词,是指名逮捕,如《游侠传》云"名捕漕中叔不能得"是也。又《居延汉简释文》卷一、十页,有简文略云:"元康元年,移河南都尉书,诏所名捕,及铸伪钱盗贼,凡未得者,牛延寿、高建等廿四稿。"亦是也。稿应为豪字之假借。

郇越相同族昆弟也。 三十页上

直按:《后汉书·周黄徐姜申屠列传》云:太原荀恁字君大,父越卒,资财悉散于九族。

韦贤传第四十三

长子方山为高寝令。 四页下

直按:高寝令与《田千秋传》高庙寝郎及《冯参传》渭陵寝中郎相似,皆属于太常所管领之诸庙陵寝长丞范围之内。又按:《御览》卷五百五十九引潘岳《关中记》云:"茂陵寝园官吏,有陵令一人,食官令一人,寝庙令一人,园长一人,令史三十二人,候四人。"但潘岳所记只限于茂陵,其他各陵因事制宜,管陵官吏名称又各有不同。

故《春秋外传》曰:"日祭月祀,时享岁贡。" 二十一页上

直按:引文见《国语·周语》卷一。

魏相丙吉传第四十四

先是千秋子为雒阳武库令。 一页上

直按:雒阳有武库,见《史记·外戚世家》。武库有令,见本传及

封泥(见《封泥考略》卷四、四十五页,有"雒阳武库"封泥。汉印文例,仅称某官署者,皆为令长用印)。武库有丞,见元封二年雒阳武库铜锺(《陶斋吉金录》卷六、一页)。又上党有武库,见《汉金文录》卷六、十二页,上党武库戟。此外有称为库,而实为武库者,如《封泥考略》卷四、四十三至四十六页,有"上郡库令"(亦见《河间献王传》)"渔阳库令""成都库"三封泥。《居延汉简释文》卷一、一页,有酒泉库令之记载,据此武库之设,边郡多于内郡。

领尚书者先发副封。 二页下

　　直按:《御览》卷二百二十九《汉杂事》亦引此事,与本文相同。又按:《隶释》卷一《史晨碑》,奏文上尚书,副本到太傅、太尉、司徒、司空、大司农府治所部从事。《樊毅复华下民租田口算碑》亦同。盖正本先上尚书为东汉时制度,与魏相所说西汉时尚书先发副封体制不同。

大谒者襄、章奏。 七页上

　　直按:与上文大谒者臣章互勘,襄、章当为二人之名。《史记·高惠功臣表》:"桃侯刘襄,以大谒者击(黥)布侯千户。"本文之大谒者臣襄,即刘襄无疑。高祖诏令时只有臣章,复奏时则襄、章二人同时具名,周寿昌注误合襄章为一人,实为错解。

丙吉字少卿,鲁国人也。 八页上

　　直按:汉代丙邴二字,在姓氏上通用,《汉印文字徵》第十四、十三页,有"丙泄""丙贤""丙子孟"三印。又按:《隶释》卷六《北海相景君碑》阴有邴锺题名。《王贡两龚鲍传》有邴曼容。《汉印文字徵》第六、二十页,又有"邴调""邴可"等七印,但丙吉各书皆作丙。

诏治巫蛊郡邸狱时。 八页上

　　直按:郡邸狱者,谓大鸿胪属官郡邸长之狱也。《汉旧仪》云"中都官狱三十六所,导官无狱"是也。

诏免则为庶人,赐钱十万。 十页上

　　直按:由奴婢免为自由民,即《贡禹传》所谓官奴婢十万余人,宜

免为庶人是也。

上将使人加绋而封之。十页上

直按：《隶释》卷一《尧庙碑》云："印绋相承。"卷十二《夏堪碑》云："仍安印绋。"皆以绋为绂，与本文同，为东汉时通常之隶体假借字。

后五岁代魏相为丞相。十页下

直按：《风俗通义》载丙吉为丞相（见严可均《全后汉文》辑《风俗通》佚文），断陈留老父生子事，疑为丙吉官廷尉正时之事，非官丞相时事。

尝出适见驿骑持赤白囊，边郡发犇命书驰来至。十一页上

直按：《居延汉简释文》一二五页，有简文云："出入人赤表一北。元康三年□临渠隧长□昏时四分时，乘胡隧长□，付并山隧长普，函行三时中程。"此为边郡追亡之公牍，元康三年与丙吉时代正合，函行三时中程，即所谓奔命书也。可证边郡公牍，有要事时是用赤白囊。简文既仅云赤表，似为赤表白囊。此句历来无注，今据木简方能了解当时边郡之制度。

吉谓守丞，谁如皇孙，不当在官。十三页上

直按：守丞谓大鸿胪属官郡邸长之丞，暂时署理者，因称为守丞。诸家注解，只有刘奉世近似，而含义模棱不清。两汉官吏先皆试守一岁，满岁真除。如韩延寿、朱博传，皆言入为左冯翊，岁余为真，故守字见于两汉书及金石刻辞者极多。

及组日满当去。十三页下

直按：女徒胡组为复作一岁刑，故易日满。

后少内啬夫白吉曰，食皇孙，亡诏令。十二页下

直按：《周礼·天官·职内》郑注，"若今之泉府所入谓之少内"。贾疏引"王隆《汉官解诂》云：少官啬夫，各擅其职，谓仓库少内啬夫之属"。又按：《史记·孝景本纪》中六年，《索隐》云："天子私财曰少内。"《正义》云："少内属大内。"少内后来演变为都内令，与本传文之

少内,尚微有区别。又按:《善斋吉金录·玺印录》卷中、十二页,有"少内"半通式印(此印出土甚多,仅举一例),其性质与本传文相同,并可推断少内啬夫,当为二官。又西安汉城曾出土有清河邸少内鼎,则少内之职掌不限于主管府藏。

眭两夏侯京翼李传第四十五

眭弘字孟,鲁国蕃人也。一页上

　　直按:《十六金符斋续百家姓谱》九页,有"眭临私印""眭安世"印,可证眭姓在两汉尚属习见。沈钦韩谓今镇江府有眭姓,读如虽是也。按:吾乡眭氏,仍为著姓,乡音读如须。

治《易》事梁人焦延寿。(京房) 六页上

　　直按:《御览》卷二百六十八引《陈留风俗传》云:"昭帝时蒙人焦贡为小黄令,道不拾遗,囹圄空虚。"知焦延寿为梁国蒙县人。又按:《隶释》卷十一《小黄门谯敏碑》云:"其先故国师谯赣,深明典奥,谶录图纬,传道于京君明。"据此焦赣亦作谯赣。

《易》有阴阳,《诗》有五际。(翼奉) 十五页下

　　孟康曰:《诗内传》曰:五际,卯、酉、午、戌、亥也。

　　直按:孟注所引盖为《齐诗内传》。

臣又闻未央、建章、甘泉宫才人各以百数,皆不得天性。 十七页上

　　直按:班固《西都赋》云:"窈窕繁华,更盛迭贵,处乎其内者,盖以百数。"与本文正合。才人,《艺文志》作未央材人。

明年夏四月乙未,孝武园白鹤馆灾。 十七页上

　　直按:白鹤馆与《霍光传》之昭灵、承恩两馆,同在茂陵寝园之内。

以建平二年为太初元将元年,号曰陈圣刘太平皇帝。(李寻) 三十一页上

　　直按:四字年号始此,陈圣似指陈胡公为舜后之意,盖王莽引以自况,显示有代汉之企图。

光禄大夫毛莫如。三十一页下

  直按：毛莫如亦见《儒林传》，《广韵》作屯莫如非也。

赵尹韩张两王传第四十六

而新丰杜建为京兆掾，护作平陵方上。一页上

  直按：《酷吏·田延年传》亦云："方上事暴起。"方上谓陵顶，现平陵顶为正方覆斗式，可以证明（汉代其他各陵，多同此式）。与《张汤传》之方中不同，方中则为墓圹。自来多以方上、方中混为一谈。又按：《隶释》卷二《西岳华山庙碑》云："京兆尹敕监都水掾霸陵杜迁市石。"本文京兆掾为京兆尹掾属之总称。

又教吏为缿筩。二页上

  苏林曰：缿音项，如瓶可受投书。颜师古曰：缿若今盛钱臧瓶为小孔，可入而不可出，或缿或筩，皆为此制，而用受书，令投于其中也。

  直按：《隶释》卷十《童子逢盛碑》云"才亚后橐"即指项橐，后音为项，与苏林注正合。后项盖双声。缿筩，取缿之作用，用筩之形式，故名。

其尉荐待遇吏，殷勤甚备。二页下

  直按：尉荐亦见《胡建传》，犹慰藉也。

钩距者设欲知马价，则先问狗，已问羊，又问牛，然后及马。三页上

  直按：以《居延汉简释文》考之，有马匹直十千（见卷一、八十五页）及马五千三百之记载（见卷二、五十一页）。羊一头直九百（见卷二、四十二页）。胡狗一直六百（见卷二，六十一页）。牛二直五千（见卷三、五十二页）。六畜之价，除见《九章算术》外，在木简中比较具体。惟胡狗烽燧台中用以守夜，与内郡屠狗者尚有不同。广汉钩距之方法，因狗价最贱，故先问狗，羊价高于狗，牛价高于羊，马价高于牛，比较参伍，故易得贵贱之实。

富人苏回为郎,二人劫之。三页上

　　直按:劫谓掳人勒赎,与汉乐府《平陵东》云"不知何人劫义公",字义相同。

尝记召湖都亭长。三页下

　　直按:西汉重都亭乡亭之制,封泥中所称乡印为县之都乡,陶器中所称某亭,为县之都亭。举例如广陵乡、螯亭、咸阳亭是也。下文有界上亭长,则为一般之亭长矣。东汉末期,乡侯、亭侯之制,疑即脱胎于此。

广汉奏请令长安游徼、狱吏秩百石。四页上

　　直按:宋祁谓浙本作狱史是也。《张敞传》如淳注引本文,亦作狱史。又按:《汉印文字徵》第十三、二页,有"有秩狱史富纳"印,狱史与游徼皆百石小吏也。

犯法者从迹喜过京兆界。四页上

　　颜师古曰:从读曰踪。

　　直按:《隶释》卷十一《杨著碑》云:"追迍曾参,继迹乐正。"本文又省作从迹。

廋索私屠酤,椎破卢罂。四页上

　　直按:卢谓酒垆,罂谓酒瓮。其时榷酒酤,故赵广汉治之。

尹翁归字子兄,河东平阳人也。六页上

　　颜师古曰:兄读曰况。

　　直按:《汉书》中名兄者,颜师古皆读为况。兄字虽可通假为况,然在人名上仍应读作本音。《汉印文字徵》第八、二十一页,有"司马长兄""王长兄""尹兄""朱兄""钟兄""力中兄""田长兄""吕长兄"等印。长兄、中兄尤其明显应读作兄字,与长子相同。郦兄及尹翁归二人皆字兄,似亦不能例外。

及翁归为市吏,莫敢犯者。六页上

　　直按:《金石萃编》卷十八《曹全碑》阴有市掾杜靖等九人题名。卷二十一武氏石室画像题字,有"君为市掾时"题名(市掾亦见《后汉

书·费长房传》)。《隶释》卷一《成阳灵台碑》,有都市掾官题名。卷五《张纳碑》阴,有鄻市掾题名。《何武传》有市啬夫之记载。本文之市吏为市掾等之通称。

除补卒史。六页下

直按:《儒林传》郡国置百石五经卒史。《汉官仪》河南尹有百石卒史二百五十人。《黄霸传》补左冯翊二百石卒史。尹翁归所补,与《汉官仪》《黄霸传》相同,与五经卒史不同。

延年大重之,自以能不及翁归,徙署督邮。河东二十八县,分为两部,闳孺部汾北,翁归部汾南。六页下

直按:两汉郡县皆有督邮,邮与尤通,谓督察属吏之过尤也。郡督邮有一人独任者,有分为两部者,有分为五部者(五部为东南西北中),大概以郡属范围广狭而定。《隶释》卷一《唐公房碑》阴,有东部督邮题名。卷七《北海相景君碑》阴,有故中部督邮都昌羽忠题名。卷十九《竹叶碑》,有中部督邮、南部督邮、北部督邮各题名。本传文河东郡系分南北两部督邮。

此贤将,汝不任事也。七页上

直按:两汉太守、都尉,皆称郡将,见《冯野王传》。又按:《隶释》卷十一《益州太守高朕修周公礼殿记》,有"郡将陈留高君"云云,皆与本文相合。

豪强有论罪,输掌畜官,使斫莝责以员程,不得取代。七页下

颜师古曰:扶风畜牧所在,有苑师之属,故曰掌畜官也。员,数也,计其人及日数为功程。

直按:《百官表》右扶风属官,有掌畜令,颜注就文立说,似有未妥。又《盐铁论·水旱篇》云:"县官鼓铸铁器,多为大器,务应员程,不给民用。"员程二字,盖为汉代人之习俗语。

不中程,辄笞督。七页下

直按:不中程之名词,始见于《史记·秦始皇本纪》。程,功程也。《居延汉简释文》卷一、二十三页,有简文云:"积廿五人程。"又《释

文》二二六页（商务版），有"中程""不中程"简文，盖为两汉公牍中之习俗语。

天子贤之，制诏御史。八页上

直按：令丞相御史，始见于《史记·秦始皇本纪》廿六年，《集解》引"蔡邕曰：（当为蔡邕之《独断》）制书，帝者制度之命也。其文曰制诏、诏书、诏告"。汉代公牍中，制诏丞相御史，最为习见，御史为御史大夫之省文。武威磨嘴子十八号汉墓所出先年七十受王杖诏令木简，第一诏令云："制诏御史。"第二诏令云："制诏丞相御史。"制字略大，下空一格，足证制诏御史四字不连读，读时制字当略加顿挫。

于是令文学校官诸生，皮弁执俎豆。（韩延寿）九页上

直按：《循吏传》云："至武帝时，乃令天下郡国，皆立学校官。"《隶释》卷五有潘乾校官之碑，卷九《娄寿碑》阴，卷十六中部残碑，皆有校官祭酒题名。《隶续》卷十六繁长张禅等题名，有校官掾谢就题名，皆与本文相合。周寿昌谓校官二字，不作官职解，盖未达汉制也。

卖偶车马下里伪物者，弃之市道。九页上

直按：西汉墓葬初期只有偶人及陶马，在中期以后始有马车、牛车、鸟兽及用器模型等。与本传所言时代确合。

及门下掾自刭，人救不殊，因瘖不能言。十页上

直按：《金石萃编》卷十八《曹全碑》阴，有门下掾王敞题名。知东汉之制因于西汉。又《续汉书·舆服志》门下有五吏，盖在府门下治公事，与其他属吏不冠以门下字样者不同。东汉后期又专偏重于门下功曹、门下游徼、门下贼曹三吏，见于武梁祠前石室画像第三石、中部残碑（见《隶释》卷十六）《仓颉庙碑》（见《金石萃编》汉六）、望都壁画题字等，皆可以证明。

骑吏一人后至。十页上

直按：《金石萃编》汉六《仓颉庙碑》阴，有骑吏莲匀任参等三人题名，知骑吏不独太守府有之，县令亦有之。又武梁祠画像有追吏骑题字，疑即骑吏之一种。

还至府门,门卒当车,愿有所言。十页上

　　直按:府门卒亦见《尹翁归传》。《金石萃编》汉十五,有乐安太守麃君"府门之卒"石人题字。望都壁画亦画有府门卒、门亭长二人对立像。

延寿在东郡时,放散官钱千余万。十一页下

　　直按:萧望之劾韩延寿在东郡放散官钱千余万。下文韩延寿亦劾萧望之盗廪牺官钱数百万放散。然盗放官钱牟取利息,在汉代内郡则为贪赃行为,在边郡则为公开而合法之事。证之《居延汉简释文》卷二、五十一页,有简文云:"出钱四千五百,八月己丑,给令史张卿为市。"是以官府之帑金,由官吏兼作商业之买卖。

功曹引车,皆驾四马,载棨戟。十二页上

　　直按:《隶续》卷十七鲁峻石壁画像题字云:"君为九江太守时,功曹史导。(下缺)"洪氏跋云:"按画像君为九江太守时,车前导者八人,又有车马,车前二骑,下横有十六人。"据此太守出行、功曹引车,为两汉之典制,延寿之奢僭逾制,固不在此也。

五骑为伍,分左右部,军假司马、千人,持幢旁毂。十二页上

　　直按:《续汉书·百官志》将军条下云:"又有军假司马、假候,皆为副贰,其别营领属为别部司马。"又《善斋吉金录·玺印录》卷七,有"假司马印""军假司马"印(此印出土最多,仅举一例)。

歌者先居射室,望见延寿车,嗷咷楚歌。十二页下

　　直按:《居延汉简甲编》八十七页,有简文云:"右歌人十九人。"盖为张掖太守举行秋射时之歌者,与本传文正合。

延寿坐射堂。十二页下

　　直按:《居延汉简释文》卷四、二十一页,有简文云:"功令第卌五,士吏候长常,以令秋射,试以六为程,过六赐劳十五日。"据此知两汉太守都尉秋试时,吏士习射,以中六矢为标准,过六则有嘉奖。

抱弩负籣。十二页下

　　颜师古曰:籣,盛弩矢者也,其形如木桶。

直按:《居延汉简释文》卷三、五页,有简文云:"闌完各二。"又云:"正月余闌百三十五。"与本传文正合,闌蘭皆假借字也。

延寿又取官铜物,候月蚀,铸作刀剑钩镡,放效尚方事。十二页下

　　　直按:《抱朴子·杂应篇》云:"或以月蚀时,刻三岁蟾蜍喉下之有八字者血,以书所铸之刀剑。"可证候月蚀时作刀剑至晋时此风犹存,与本文正合。

吏民数千人,送至渭城。十三页上

　　　直按:《窦婴传》亦云以十二月晦,论弃市渭城,与本文正同。

敞本以乡有秩补太守卒史。(张敞)十三页下

　　　直按:《百官表》乡有三老、有秩、啬夫、游徼。《金石萃编》汉六《仓颉庙碑》阴,有万年左乡有秩游智四人等题名,与本传文正合。《汉旧仪》云:"乡户五千,则改啬夫为有秩。"

察廉为甘泉仓长。十三页下

　　　直按:《食货志》云:"太仓甘泉皆粟满。"为甘泉有仓之证。

使御吏驱,自以便面拊马。十八页上

　　　直按:御吏即《丙吉传》之驭吏,《唐公房碑》亦作御吏。

敞使贼捕掾絮舜有所案验。十八页下

　　　直按:《金石萃编》卷八《李孟初神祠碑》,有劝农贼捕掾之文。《隶释》卷十四学师宋恩等题名碑,有中乡贼捕李□题名,与本传文皆合。

除补书佐,署守属监狱。(王尊)二十一页上

　　　颜师古曰:署为守属,令监狱主囚也。

　　　直按:《隶释》卷五《张纳碑》阴题名,有"守属江州丁盛""守属江州谒恭""守属安汉郭兴""守属充国谁将"等六人题名,据此守属为郡县中属吏之名。汉官吏守字多作署官解,此独不然,因《张纳碑》阴题名既有六人,不得皆系暂署也。如果为署官,则本传文署守二字义复,不必连文。又《小校经阁金文》卷十三、五十九页,沠阳宫铜熏炉,有守属阳题名。《薛氏钟鼎款识》卷十九、一页,莲勺炉,有守属定昌

题名。知宫掖中亦有守属之官吏。又《居延汉简释文》卷一、四页，有守属宗助之记载，皆与本传文相同，颜注是望文生训也。

久之尊称病去事，师郡文学官，治《尚书》《论语》，略通大义。 二十一页上

直按：《隶释》卷十四学师宋恩等题名碑，有文学师程顺题名。又有《易》师五人，《尚书》师六人，《诗》掾二人，《春秋》掾一人题名。王尊之通《尚书》《论语》，盖受学于郡文学官之师与掾，与碑文正合。

而太守察尊廉，补辽西盐官长。 二十一页下

直按：《隶释》卷四《青衣尉道孟麟羊窦道碑》，有蜀郡太守召署铁官长之文。据此盐铁官长，皆由郡太守调补，与本文正合。

美阳女子告假子不孝。 二十一页下

直按：假子或称前母子。《隶释》卷十六武梁祠画像，有"前母子""后母子""齐继母"题字是也。

今将辅送狱，直符史诣阁下从太守受其事。 二十二页下

颜师古曰：直符史若今之当值佐史也。

直按：《居延汉简释文》卷一、二十八页，有简文云："廼壬申直符，仓库户封皆完，毋盗贼。"三十二页，又有"廼壬子直符"之记载，皆为本传文直符史之确证。直符史疑其初因主管符传而得名，后来演变为当直之佐史，颜注虽明晰，但未详在文献上之根据。又《隶释》卷十九《郑季宣碑》阴，有直事小史三人，直事干三人之题名，盖亦直符史之类。

尊到官召敕厩长。 二十三页下

直按：西安汉城遗址出土有"厩印"，半通式，盖为厩长所用之印。

尊举掾顾谓傍侍郎，前引佩刀眂王。 二十四页上

直按：侍郎谓王国之侍郎，非太守之属吏。

大将军王凤奏请尊补军中司马。 二十四页上

直按：应作军司马，中字为衍文，出土汉印亦无军中司马之文。

成帝初即位，显徙为中太仆。 二十四页下

直按：《百官表》太仆条文云："中太仆不常置。"但《双剑誃古器

物图录》四十三页,有"右太仆印"封泥。则太仆或有一时期分为左右,有一时期太仆之外,别设中太仆。

又正月行幸曲台,临飨罢卫士。二十五页上

直按:曲台亦见孟卿及后仓传。

司隶遣假佐放奉诏书白尊发吏捕人。二十六页上

苏林曰:胡公《汉官》假佐,取内郡善史书佐给诸府也。

直按:假佐之名,始见于《急就篇》云:"啬夫假佐扶致牢。"《居延汉简释文》六页,有简文略云:"建平五年八月,□□□□□、广明乡啬夫客,假佐玄敢言之"云云。与本传正合。惟本传所序为司隶校尉之假佐,《急就》木简所序为乡官之假佐。细绎胡广注《汉官》之文,似假佐之名,惟内郡有之,然与木简有假佐之名又乖异。又《续汉书·百官志》:"州刺史皆有从事史假佐。"《汉官》云:"太常有假佐十三人,廷尉有假佐一人。"东汉之制多仿自西汉,惟东汉各碑阴独不见有假佐之题名。

辅常醉过尊大奴利家,利家捽搏其颊。二十七页下

直按:利家为大奴之名,有解作为大奴利之家者则甚误。上虞罗氏藏有樊利家买地券,可证利家二字为连文。

唯有一主簿泣在尊旁,立不动。二十九页上

直按:汉碑文主簿皆作主薄,犍为皆作楗为。簿字以字义而论,当以从竹为长。汉代从艸与从竹之字往往不分。如莒字齐鲁封泥作筥,范字汉印皆作笵是也。主簿至晋时《爨宝子碑》仍作主薄,可推想《汉书》在东汉流行时,亦必作主薄无疑。

盖诸葛刘郑孙毋将何传第四十七

身为司隶,子常步行自戍北边。(盖宽饶)二页下

直按:《居延汉简释文》一〇九页,有简文云:"□北□候长当敢言之,爰书隧长盖之等,乃辛酉日出时,□长移往来行塞下者,及畜产皆

毋为虏所杀略者。"证之本传文盖之疑即宽饶之子（居延简文例，有称名，有称姓在官名之下者）。在居延、敦煌两简人名中，盖姓仅此一见。又汉人称匈奴为西边，西域为北边，居延亦正当北边。

时执金吾议。四页上

直按：《百官表》其时执金吾为郭广意。

间何阔，逢诸葛。（诸葛丰）五页上

直按：间何阔，谓豪强畏其锋，避往他地，与故人希疏见面也。

上乃徙系辅共工狱。（刘辅）九页上

苏林曰：考工也。颜师古曰：少府之属官也。亦有诏狱。

直按：少府属官有考工无共工，颜注以考工为共工失之。但少府王莽时改称共工，余疑此传材料可能为王莽时人所撰，而班固仍引用原文，未加改正。

软弱不任职。（孙宝）十一页下

直按：《王尊传》云："尊子伯，亦为京兆尹，坐耎弱不胜任免。"又《居延汉简释文》卷一、七页，有"☐因病聋，软弱职不循治，请以☐"（以上俱缺），可证软弱不称职，为两汉人公牍中习俗语。

以立秋日，署文东部督邮。十二页下

直按：《金石萃编》卷十《唐公房碑》阴，有东部督邮题名，盖为五部督邮之一。

掾部渠有其人乎。十二页下

直按：《隶释》卷十九《张平子碑》云："庸讵限其所至哉"以渠为讵，与本文同。

穉季子杜苍字君敖，名出穉季右。十三页下

直按：苍仓二字，在汉代虽通用，但本文应作杜仓解，因命名取义于敖仓。

上以（唐）林朋党比周，左迁敦煌鱼泽障候。十四页上

直按：敦煌有渔泽障，见《地理志》敦煌郡效谷县注。《敦煌汉简校文》三九八简，有政致幼卿君明书云："今迁为敦煌渔泽候。"又六一

四简有"鱼泽尉印"之文,与本传文正合,又《居延汉简释文》五一五页,有简文云:"障候一人,秩比六百石。"障候之下,则有障尉。

上使中黄门发武库兵,前后十辈,送董贤及上乳母王阿舍。(毋将隆)十五页下

直按:前后十辈,犹今人所言十批也。《小校经阁金文》卷十一、一〇二页,东海宫司空灯盘,有"辈廿枚工范备造"之文。《居延汉简释文》卷一、六十页,有"南书一辈一封"之文。器物以辈计,为两汉人之习俗语。又汉代有保、阿、乳三母之名,王阿以阿母兼乳母得名,若解为阿大之类,则必兼名一字。舍谓房屋,近人多以王阿舍三字连作人名非也。

汉家边吏,职在距寇,亦赐武库兵。十六页上

直按:《居延汉简释文》卷一、一页有库令,三页,有库啬夫之记载。《河间献王传》有上郡库令,皆为边郡有武库兵之证,已详《魏相传》注。又卷三、九页,有"左弋弩六石"之简文。左弋属水衡都尉,水衡亦有工官,作器既成,传于武库,为西汉中尉武库令所藏之兵器,分给边郡之证。

顷之傅太后使谒者买诸官婢,贱取之,复取执金吾官婢八人,隆奏言贾贱,请更平直。十六页下

直按:西汉中都官及边郡太守都尉各官署,皆有官奴婢。《居延汉简释文》卷三、七页,有简文云:"官使婢弃,用布三匹,系絮三斤十二两。"八页,有简文云:"大婢刘顷,二匹十丈,二斤十二两。"足证边郡戍所亦有官婢之使用。又四十八页,有"大婢一人直二万"之记载,为官婢价值之可考者。

冢閒单外,君宜以时归。(何并)十七页下

颜师古曰:单外言在郊郭之外而单露。

直按:单为墠字省文,墠即壇字或体。西汉人最重墠祭,在印文中有"薪中酒单""孝子单祭尊""万岁单三老"(见《汉印文字徵》第二、八页)"黄落筑单""益寿单祭酒"等印(未著录,吴兴沈氏藏,西安汉城遗址出土)。以上所述,皆为祀神之墠。又按:《金石萃编》卷五,有王莽居摄二年上谷府卿、祝其卿两坟坛刻字,坟坛类于帝王之享殿。本传文冢閒(閒为间字误文)、墠外,义相对举。何并对王林卿言之大意,谓冢舍之间,坟墠之外,不可久留,宜即时归家。文字本很明畅,颜师古解说迂曲,就文生训,且不可通。

叱吏断头持还县所剥鼓,置都亭下,署曰,故侍中王林卿,坐杀人埋冢舍,使奴剥寺门鼓。十八页上

直按:汉代都亭屡见于赵广汉、严延年等传,盖在各亭中具有代表性之亭,称为都亭。以本文证之,都亭当与县治相近,都乡疑亦同此例。又《金石萃编》卷十八《曹全碑》云:"开南寺门,承望华狱。"碑铭又云:"缮官寺,开南门。"两汉县令衙署亦可称官寺,与本文同,不独御史大夫及九卿称为某某寺也。

诩至拜为美俗使者。十八页下

直按:王莽之美俗使者,与《王莽传》下之风俗大夫司国宪相似。

阳翟轻侠赵季、李款,多畜宾客,以气力渔食闾里。十八页下

直按:《谷永传》亦云:"绝灭人命,主为赵李报德复怨。"又云:"数为微行,多近幸小臣赵李。"王维《洛阳女儿行》云:"日夜经过赵李家。"即用此事。

吾生素餐日久,死虽当得法赙勿受。十九页下

颜师古曰:赠终者布帛曰赙。

直按:两汉九卿及太守卒官,僚属赙赠有至数百万者,屡见于田叔、原涉及儒林欧阳地余等传。朝侯小子残碑(见《汉晋石刻墨影》)亦有记载。颜师古注赠终者布帛曰赙,是就字义狭言之。

萧望之传第四十八

仲翁出入,从仓头庐儿。二页上

颜师古曰:皆官府之给贱役者也,解在《贡禹传》。

　　　　直按：庐儿不见于《贡禹传》，只见于《鲍宣传》。有孟康、臣瓒二家之注，此为师古之误记。

察廉为大行治礼丞。二页上

　　　　直按：大行治礼丞亦见《平当传》。王先谦谓即大行令之丞，然《张敞传》云："望之为大行丞。"明为大行治礼丞之省文，等于后汉之大行治礼郎，王说非也。

望之从少府出为左迁，恐有不合意即移病。三页下

　　　　颜师古曰：移病谓移书言病，一曰以病而移居。

　　　　直按：《汉书》凡言移病者，如本传及《张安世传》，颜师古皆如此注文。证之《居延汉简释文》九十六页，有残简文云："日移府者狼孺病并数元年以来□。"此为移病之书，师古之前说是也，居延木简移文之例，平行上下行均适用之。

望之多使守史自给车马。九页上

　　　　直按：《居延汉简释文》六十六页，有"良家子自给车马"之记载，知为汉代制度中之习俗语。

其上故印使者，便道之官。九页下

　　　　直按：便道之官，不须诣阙谢也，《郅都传》亦有此语。

望之为前将军。十页下

　　　　直按：西安汉城遗址向家巷附近出土有"萧将军府"瓦片，盖望之府第之物，为余所藏。

南郡盗贼群辈为害，朕甚忧之。十六页上

　　　　直按：群辈贼三字，为西汉人公牍中之习俗语。《汉旧仪》引御史大夫敕上计丞长史曰："问今岁善恶，孰与往年？对上。问今年盗贼，孰与往年，得毋有群辈大贼？对上。"《恩泽侯表》记薛宣永始二年，"坐西州盗贼群辈免"。又《居延汉简释文》二十二页，有"群辈贼发（原简劳榦误释作书辈，今订正），吏卒毋大槩，宜以时行诛"云云。皆可与本传文互相印证。

往者有王阳、贡公。十六页上

　　直按：宋祁谓贡公当作贡禹，不知本文系用"王阳在位，贡公弹冠"之语，宋说失之。

复为中散大夫。十七页上

　　直按：《王莽传》下云："但免侍中中郎将，更为中散大夫。"本文为中散大夫之始见，与《王莽传》正同。又《流沙坠简·考释·簿书类》四十六简，亦有"司马史诏致拜为中散大夫"之记载。盖为西汉末期之物。后世注家以散字为衍文误矣。

冯奉世传第四十九

而冯亭之后冯毋择、冯去疾、冯劫，皆为秦将相焉。一页上

　　直按：冯毋择为冯敬之父，见《汉书》高祖二年纪，又见琅玡台石刻题名。冯去疾、冯劫均见《史记·秦始皇本纪》。冯去疾又见秦二世元年权量诏文（仅称御史大夫臣去疾）。

昭帝时以功次补武安长。一页下

　　直按：功次之名屡见于卫绾、平当等传及《王莽传》上。《居延汉简释文》一七一页，有简文略云："乃元康三年七月戊午以功次迁为☐。"与本文同。功次之名，亦见《汉旧仪》及《汉官仪》。

前将军韩增奏以为军司空令。一页下

　　直按：《杜延年传》作军司空。《十钟山房印举》举二、七页，有"军司空丞"印，有令必有丞，与本文正合。

任千秋者，其父宫，昭帝时以丞相徵事捕斩反者左将军上官桀封侯。六页上

　　直按：《史记·建元以来侯者年表》褚先生补表云："弋阳侯任宫，以故上林尉，捕格谋反者左将军上官桀，杀之便门封为侯，二千户，后为太常，及行卫尉事。节俭谨信，以寿终传于子孙。"所记较本文及《汉书·景武昭宣功臣表》为详。

野王部督邮掾祋祤赵都。八页上

　　直按:《续汉书·百官志》云:"太守监属县,有五部督邮曹掾一人。"据本文督邮掾之名在西汉时已有之,亦不见于汉碑阴各题名。又《百官志》河南尹有督邮史部掾二十六人,盖河南尹独分设有督邮史、督邮部掾二官。

迁为大鸿胪。八页上

　　直按:《居延汉简释文》卷一、二十二页,有"☐胪野王,丞忠,下郡右扶风,汉中、南阳、北地太守,承书从事,下当用者,以道次传,别书相报不报"之残简文。与本文正合。又同卷十二页,有"十一月丁卯,张掖太守奉世,守部司马,行长史事"之残简文,可能为冯奉世事。奉世官张掖太守,本传不载。

迁长乐屯卫司马。十页上

　　直按:简称长乐司马,见《律历志》。

竟宁中以王舅出补渭陵食官令,以数病徙为寝中郎。十一页上

　　直按:《百官表》诸庙寝园食官令长丞属太常。寝中郎又称为寝郎,见《田千秋传》。又称为寝庙令,见潘岳《关中记》(《御览》卷五百五十九引)。因陵寝所在地,随事易名。食官令又作飤官令,《汉印文字徵》第五、十一页,有"杜陵飤官☐丞"印,而胶东令食官金刀,则仍作食官,知飤官为假借字也。

擢为上河农都尉。十一页上

　　颜师古曰:上河在西河富平,于此为农都尉。

　　直按:上河农都尉,亦见《汉书·叙传》,治地无考。又按:《地理志》西河郡有富昌县无富平县,亦未注有农都尉,此师古之误记。又以《地理志》注文考之,西河郡有南部都尉,治塞外翁龙、埤是。增山县有北部都尉。虎猛县有西部都尉。以居延木简大司农非调请调河西十一农都尉钱谷证之,凡边郡都尉兼有屯垦者,皆可称为农都尉。《地理志》注明农都尉者,只有张掖郡番和一县。

复为谏大夫,使领护左冯翊都水。 十一页上

　　直按:领护都水与刘向护左都水使者相同(见《管子书录》)。钱大昭解为左冯翊之都水长丞非也。果如钱说,则当书为兼左冯翊都水长或都水丞矣。

宣元六王传第五十

闻齐有驷先生者。(淮阳) 二页下

　　直按:齐王舅驷钧,见《齐悼惠王传》,足证驷姓为齐地之氏族。

皇帝使诸吏宦者令,承问东平王太后。(东平) 八页下

　　直按:《百官表》云:"诸吏、散骑、常侍皆加官,所加或列侯、将军、卿大夫、将、都尉、尚书、太医、太官令,至郎中亡员。"独不言加宦者令,此或一时之特例。

有司请废朕不忍,又请削朕不敢专。 十页上

　　直按:请废与请削,文字对举,宋祁疑削下有地字非也。

上疏求诸子及《太史公书》。 十页下

　　直按:《汉书·叙传》所谓时书不布是也(班斿事)。《太史公书》至东汉桓灵时,始转变称为《史记》。

匡张孔马传第五十一

省甘泉、建章宫卫,罢珠崖。(匡衡) 五页上

　　直按:《百官表》有甘泉卫尉,征此益信。罢珠崖本段文凡两见,宋祁疑崖下有郡字非也。

莫不始乎梱内。 七页下

　　颜师古曰:梱与阃同。

　　直按:《隶释》卷八《柳敏碑》云:"旧戚外梱。"以梱为阃,与本文同,为东汉时之通常隶体假借字。

案故图,乐安乡南以平陵佰为界,不足故而以闽佰为界,解何。十一页下

直按:解何二字,为两汉人之习俗语。《居延汉简释文》一二三页,有简文云:"□□通府去除庩赟百率九里留行一时六分,定时五时,留进三时日分,解何。"在居延简中有解何者共五见,皆作如何解释讲。又按:《贞松堂集古遗文》卷十五、二十七页,樊利家买地券云:"千东北是佰北田五亩。"又云:"南尽佰北。"以佰为陌,与本文同。

衡监临盗所主守直十金以上。十二页上

直按:匡衡因错划田界,多收租谷千余石,每石以百钱计,当在十万以上,十金只合二万钱,少府忠所劾奏,是就最低之价估计,盖汉律赃在十金以上,即犯重罪也(汉代黄金特标以黄字,其余泛称为金者,大部分指银而言)。

好平陵肥牛亭部处地。(张禹)十四页下

直按:汉人称亭为亭部,渭城延陵亭部,见《成帝纪》。渭城西北原上永陵亭部,见《平帝纪》。又按:《居延汉简释文》卷一、四页,有简文略云:"善居男子丘张,自言与家买客田居作都亭部。"又黄县丁氏藏孙成买地券云:"左骏厩官大奴孙成,从雒阳男子张伯始,买所名有广德亭部,罗佰田一町,贾钱万五千。"云云。与本传文肥牛亭部,皆可互证。武威磨嘴子十八号汉墓所出王杖诏令十简,有"汝南西陵县昌里先年七十受王杖,颍部游徼吴赏,使从者殴击先"云云。又为亭部之简称。

此地当平陵寝庙衣冠所出游道。十四页下

直按:平陵今在咸阳原东,延陵在西,张禹之自治冢茔肥牛亭部,地址当夹在两陵之间。

时定陵侯淳于长坐大逆诛,长小妻迺始等六人。十九页上

直按:小妻之名,见于枚乘及佞幸传序。又《艺术丛编·专门名家》卷二,有小妻苏贯针墓砖,是小妻之名沿用至北朝不废。又《汉印文字徵》第五、五页,有"薛迺始"印,第十二、十三页,有"邵迺始""尹迺始"二印,迺始为西汉男女通用之名。

召左将军光当拜,已刻侯印书赞。十九页下

  直按:两汉侯印皆铸款,此因仓促需用故改为刻款也。

敞姓成公,东海人也。二十四页上

  直按:《文选》卷十八成公子安《啸赋》,李善注:"东郡人。"《晋书·文苑传》"成公绥字子安,东郡白马人。"又隋大业七年成公夫人墓志云(拓本):"东郡之介族。"本文东海,疑东郡之误字,《广韵》作成公敞东郡人是也。

将作穿复土,可甲卒五百人。二十六页上

  直按:可疑以字之误,王念孙疑可甲二字,为河东之误字,未可信也。

子放嗣。二十六页上

  直按:隋大业八年河阳都尉孔神通墓志云(拓本):"孔霸子光封博山侯,子收袭爵,汉平帝改封收男均为博山侯。"放收二字,形近易误,当以墓志作孔收为是,放为《汉书》传写之误字。

师丹荐宫,行能高絜。(马宫)二十六页下

  直按:行能高絜与《冯野王传》之屡言行能高妙,疑皆当时考绩及公牍荐举之习俗语。

本姓马矢,宫仕学称马氏云。二十七页下

  直按:《十钟山房印举》举二十七、二十九页,有"马矢喜"穿带印,其一面文为"臣喜"二字。又举三、六十一页,有"马矢况""马矢何""马矢欬""马矢莫如"等印。《汉印文字徵》第五、十三页,有"马矢恢"印。足证马矢为两汉通常习见之姓,特见于古籍者少,因而清代注《汉书》者众说纷纭,皆属支离之谈。

王商史丹傅喜传第五十二

召商诣若卢诏狱。(王商)四页下

  直按:《汉旧仪》云:"少府属官若卢令,主治库兵及诏狱。"与本

文正合。

元帝被疾不亲政事。(史丹) 六页上

　　直按:《御览》卷三十四引桓谭《新论》云:"元帝被疾广求方士,汉中道人王仲都能忍寒暑。"云云。与本文正合。

声中严鼓之节。 六页下

　　直按:《礼乐志》有楚严鼓员一人,盖楚声也。

丹直入卧内,顿首伏青蒲上。 七页下

　　服虔曰:青绿蒲席也(绿疑缘字传写之误)。应劭曰:以青规地曰青蒲,自非皇后,不得至此。

　　直按:《居延汉简释文》卷三、十六页,有简文云:"三尺五寸蒲复席青布缘二,直三百。"可证蒲席用青布缘边,称为青蒲,贵贱皆用之,特帝王以之覆地,一般人民以之铺床,所施不同。本文与服注大义相合,颜师古以应说为是,非也。

薛宣朱博传第五十三

少为廷尉书佐,都船狱史。 一页上

　　直按:《百官表》都船令属中尉。《汉旧仪》云:"中都官狱三十六所,惟导官无狱。"《旧仪》对于有诏狱者,皆称为某某狱令。如若卢令称为若卢狱令,寺互令称为寺互狱令,掖庭令称为掖庭狱令,都船令称为都船狱令之类,此等繁称为《百官表》所未详。都船既称狱令,其掾属故有狱史,与《汉旧仪》正合。

后以大司农斗食属察廉,补不其丞。 一页上

　　直按:有秩与斗食以及斗食以下之书佐,皆为两汉最卑微之吏员,以居延木简证之,既有乡有秩(见《居延汉简释文》卷一、二页及十三页)、亭有秩(见卷二、三十页),又有斗食吏(见卷二、四十七页,以上仅各举一例),同在一木简之中,足证本为两吏之名称。颜师古注《百官表》,谓有秩即斗食非也。属为大司农之属,谓薛宣先官斗食,

后迁属也。

而粟邑县小,辟在山中。 三页下

直按:《金石萃编》卷十《仓颉庙碑》阴,有粟邑候长题名。在古籍中,三辅各县关于粟邑之记载最少。

池阳令举廉吏狱掾王立。 四页上

直按:廉吏谓察事之吏,见昌邑王及黄霸传。《续汉书·百官志》河南尹属吏有治狱仁恕掾,当与本文廉吏狱掾相似。

壹关相乐。 四页下

直按:壹关,应劭解作壶矢,是东汉时一本作壶矢也。《隶释》卷三《无极山碑》云:"肃植齐壶。"卷七《祝睦碑》云:"赐赠非礼,盍不得犯。"两壹字皆与壶字极相似,故易误为壶字。笑字作关,亦见《汉书·叙传》。《隶续》卷一《王政碑》云:"时言乐咲。"《汉书》关即咲字省文。又杭州邹氏藏晋残石,笑字作关,至晋时写法尚如此(见《古石抱守录》卷二)。

处置什器。 九页下

直按:什器为资生服用之器具,屡见于《平帝纪》及召信臣等传。又《居延汉简释文》卷三、十三页及十四页,皆有什器之记载,为两汉人之习俗语。

入京兆历曹史列掾,出为督邮书掾。(朱博) 十一页上

直按:《金石萃编》卷十八《曹全碑》阴,有邮书掾姚闵题名,应即本文督邮书掾之简称。

欲言二千石墨绶长吏者,使者行部,还诣治所。 十一页下

直按:《居延汉简释文》卷一、五十页,有残简文云:"刺史治所,且断冬狱。"与本文正合。而《续汉书·百官志》刘昭注,谓西汉刺史无治所非也(余详《百官表》刺史注)。

长吏自系书言府。 十三页上

直按:《小校经阁金文》卷十四、十五页,有延光三年书言府造弩机,又有建安元年书言府弩机。十四页,有建光元年书言府弩机。东

汉书言府之名,盖仿自西汉,自京师及郡国皆有之。本文谓长吏自系书言府以待罪,王先谦解为以书上白,是望文生训也。

檄到令丞就职,游徼王卿力有余,如律令。十三页上

直按:卿为掾吏之美称。《居延汉简释文》卷二、五十四页,有简文云:"司马卿、将卿、荣卿、卢卿、林卿、张卿、徐卿、陈卿、马三长,凡九人,二十一钱。"可证卿为泛尊之称。"如律令"为汉代公牍尾末之术语,在买地券、朱书陶瓶上亦用之。"如律令"亦有变文者,如《居延汉简释文》卷一、十二页,有"受报如律令""书到如律令",十二页及十六页,有"如诏书律令",二十二页,有"写传第府书律令"是也。东汉末期又演变为道家符箓之术语。

王卿忧公甚效,檄到齎郦伐阅诣府。十三页下

直按:《居延汉简释文》四九四页,有"□远备甲渠令史伐阅簿"简文,与本传文正合。

翟方进传第五十四

遂擢方进为丞相。五页上

直按:《居延汉简释文》卷一、二十二页,有简文云:"□丞相方进告左冯翊、右扶风。"又三十三页,有残简文云:"☑臣方进,臣光,遇☑。"为永始二年以后之物。

会郎贲丽善为星。九页下

直按:桓谭《新论》亦引此事,见《全后汉文》卷三十六(严可均辑本)。

以主守盗十金。十一页下

直按:主守盗十金,亦见薛宣、匡衡等传。

坏陂谁,翟子威。二十二页上

直按:《后汉书·方术·许杨传》鸿郤陂,李贤注在汝南县东。又童谣作"败我陂者翟子威,饴我大豆,亨我芋魁,反乎覆,陂当复"云

云。与本文略有异同。

谷永杜邺传第五十五

音奏请永补营军司马。（谷永） 九页下

直按：《续汉书·百官志》将军条下，属官有军司马，无营军司马，此官汉印亦未见有出土者。《杜延年传》如淳注引汉律，亦仅云有营军司空，军中司空各二人。又《史通》卷十二，崔寔官大军营司马，与本文营军司马相似。东汉之官或因袭西汉之遗制。

荐永为护苑使者。 十页下

直按：护苑使者为临时之官，故不见于《百官表》。一九四二年青海湟源县出土《汉三老掾赵宽碑》有云："充国弟子声为侍中，子君游为云中太守，子字游都朔农都尉，弟次卿高平令，次子游护苑使者。"赵游官护苑使者，与本传文正合。护苑谓典护太仆属官边郡六牧师苑令丞，非指上林苑而言，因谷永继迁凉州刺史，赵充国后裔皆在边郡仕宦也。

建始河平之际，许、班之贵，倾动前朝，熏灼四方。 十二页上

直按：此文亦见于《汉书·叙传》，仍引谷永之言。

益减大官、导官、中御府、均官、掌畜、廪牺用度。 十九页下

直按：《史记·仓公传》有齐中御府长信病。《霍光传》有中御府令宋昌。盖中御府之官，王国及京师皆有之，在西汉时始终未废，《百官表》在少府御府令丞下漏未提及，或如尚方分左右中三御府，或另为一官，皆未可知。又太常及少府属官，皆有均官令，本文与大官、导官相联次，当指少府之均官而言。

止尚方、织室、京师郡国工服官，发输造作，以助大司农。 十九页下

直按：京师工官，即《贡禹传》所云"三工官官费五千万"是也。大司农主管盐铁及度量衡，所谓造作也。

臣闻野鸡著怪,高宗深动。(杜邺) 二十四页下

　　直按:吕后名雉,故称雉为野鸡。西安汉城遗址曾出土有"野鸡"范题字,与此正合(初为余所藏,现存西北大学文物陈列室)。

何武王嘉师丹传第五十六

市啬夫求商捕辱显家。(何武) 一页下

　　直按:市啬夫当属于县吏市掾之下,市掾见《曹全碑》阴题名。

武卒白太守,召商为卒吏,州闾闻之皆服焉。 一页下

　　直按:卒吏无此官名,当为卒史之误字,《尹翁归传》作卒史可证。

初武为郡吏时,事太守何寿。 二页下

　　直按:何寿见《百官表》成帝建始二年及《后汉书·何敞传》注,为何比干之子。

其兄子为庐江长史。 二页下

　　直按:《百官表》边郡有长史,庐江为内郡,刘攽因疑长史为误字。然《百官表》记载边郡有司马,以封泥证之,豫章、琅玡皆有司马(见《封泥考略》卷四、三十九至四十页)。庐江有长史,亦与内郡有司马同例,疑为暂置之官。

中尉备盗贼。 四页上

　　直按:《史记·淮南王传》张苍、冯敬联名奏疏,称"备盗贼中尉臣福",系西汉初中尉全官之名称,阐明其职掌之重要性。本文由汉初官衔之特殊名词演变为叙述职守之任务。

谥武曰刺侯。 六页上

　　直按:《西京杂记》卷三云:"何武葬北邙山薄龙坡,王嘉冢东北一里。"由咸阳至茂陵一带高原,汉代皆称为北邙坂或北邙岩,至今犹然,非指洛阳之北邙也。

仓氏、库氏,则仓库吏之后也。(王嘉) 七页上

　　直按:《史记·平准书》云:"居官者以为姓号。"如淳注《汉书》:

"谓仓氏庾氏是也。"与本文正相表里,但不如王嘉以仓氏库氏解释为佳。因庾氏在周时已经得姓,庾信《哀江南赋》云"我之掌庾承周"是也。

章文中必有敢告之字乃下。八页上

直按:《居延汉简释文》九十八页,有敢告卒人及敢告都尉卒人之简文,与王嘉之言正合。知为当时公牍中之例语。

孝元皇帝奉承大业,温恭少欲,都内钱四十万万,水衡钱二十五万万,少府钱十八万万。十一页上

直按:《食货志》云:"自孝武元狩五年,三官初铸五铢钱,至平帝元始中,成钱二百八十亿万余。"元帝时库藏有八十三亿万,几占三分之一,是西汉存钱极盛时期。

贤母病,长安厨给祠具。十二页上

直按:《百官表》京兆尹属官,有长安厨令丞。又按:《薛氏钟鼎款识》卷十八、十页,有孝成庙鼎,长安厨造。盖本为长安厨令,简称为长安厨,为当时之习俗语。

扬雄传第五十七上

扬雄字子云,蜀郡成都人也。一页上

直按:杨扬二字,在汉代金石刻辞中并无区别。钱大昭引《郑固碑》"在杨乌之才"是也。青海出土《汉赵宽碑》亦云:"虽杨贾斑杜,弗或过也。"字并作杨,从木不从手。

自季至雄,五世而传一子,故雄亡它扬于蜀。一页下

直按:《八琼室金石补正》卷一、四页,有扬量买山记云:"地节二年□月,巴州民扬量买山,直钱千百,作业□子孙永保其毋替。"此石巴县出土,有人指出巴郡不应称巴州,因疑为伪作非也。扬量扬字从手,甚为清晰,根据本传"自雄至季,五世一传,故雄亡它扬于蜀"三语来印证,有人疑扬量为扬雄之先代,此说可以备作参考。

近则洪厓、旁皇、储胥、弩陆。十三页上

　　直按：洪厓以下宫观名称，虽见于《三辅黄图》，实皆本于此赋。李好问《长安图志》中略云：汉瓦形制古妙，有得其瓦头者，皆作古篆，有曰"汉并天下"，有曰"储胥未央"者，盖即储胥观所用之瓦当。又陆字萧该《音义》引《三苍》云："因山谷为牛马圈谓之陆。"盖圈围禽兽，用弩射捕，故称为弩陆。

徽车轻武，鸿絧緁猎。十九页下

　　直按：萧该《音义》引诸诠说：鸿，胡栋反。又扬雄各赋之中，音义多引诸诠、陈武之说，司马相如各赋，亦旧有诸陈二家之注，见于《相如传》标题之下颜师古注（诸诠颜注作诸诠之）。诸诠之当为褚诠，疑宋齐时人，陈武为西晋人，均详上注。

蚩尤并毂，蒙公先驱。十九页下

　　服虔曰：蒙公，蒙恬也。

　　直按：《淮南子·人间训》云："使蒙公、杨翁子将，筑修城，西属流沙，北击辽水，东结朝鲜。"《盐铁论·伐功篇》亦云："及其后蒙公死而诸侯叛秦。"称蒙恬为蒙公，与本文正合。盖为秦汉习俗之称。

扬雄传第五十七下

顾而作《太玄》五千文，支叶扶疏，独说十余万言。六页下

　　直按：两汉人统计著书字数，有称文者，以本传文及张揖《上广雅表》是也。有称言者，见于本文及东方朔等传。亦有直称字者，太史公《史记·自序》，凡百三十篇，五十二万六千五百字，高诱序《吕览》，十七万余字是也。

唯刘歆及范逡敬焉。十六页下

　　直按：范逡扶风人，见《后汉书·杜林传》。《隗嚣传》亦云："以前王莽平河大尹，长安谷恭为掌野大夫，平陵范逡为师友。"与本传文正合。

时雄校书天禄阁。十六页下

　　直按：天禄阁遗址现在西安未央乡刘家寨未央宫大殿遗址，直北约一华里，曾出"天禄阁"瓦当（怀宁柯氏所藏拓本）。又出天鹿画瓦，知天禄即天鹿之假借。

年七十一，天凤五年卒。十七页上

　　直按：《艺文类聚》卷四十引扬雄家牒云："子云以甘露元年生，天凤五年卒，葬安陵阪上。"当为七十一岁，与本传同。

侯芭为起坟。十七页上

　　直按：《论衡·案书篇》云："扬子云作《太玄》，侯铺子随而宣之。"据此侯芭字铺子也。芭为葩字省文，铺为敷字转音，名字方相适应。

儒林传第五十八

所闻令相长丞，上属所二千石。四页下

　　直按：上属所二千石，为两汉公牍中之习俗语。《居延汉简释文》八页，有"☐☐属所二千石"可证。

能通一艺以上，补文学掌故缺。四页下

　　直按：《史记·司马相如传》裴骃《集解》引《汉书音义》："掌故太史属官，主故事也。"太史令属于太常，故称为太常掌故。

孟喜字长卿，东海兰陵人也，父号孟卿。七页下

　　直按：刘向《孙卿子书录》云："兰陵人喜字为卿，盖以法荀卿也。"与本文正合。

张山拊字长宾，平陵人也。十三页上

　　直按：《十钟山房印举》举十九、二十四页，有"张山拊"印，应即此人。

邹人阙门庆忌，胶东内史。十六页下

　　直按：《汉印文字徵》第十二、三页，有"阙门到"印，此两汉阙门

姓之可考者。

式曰,闻之于师,客歌《骊驹》,主人歌《客毋庸归》。十八页上

　　直按:《客毋庸归》或为当时歌曲之名,非逸《诗》也。

谊授同郡食子公。二十页下

　　直按:《隶释》卷七《冯绲碑》云:"治《春秋》严,《韩诗》食氏。"据此食子公亦有《韩诗》章句,特不载于《艺文志》耳。

而鲁徐生善为颂。二十一页上

　　直按:《隶释》卷七《杨统碑》云:"庶考斯之颂仪。"颂读为容,与本文同。

延及徐氏弟子公户满意、桓生、单次,皆为礼官大夫。二十一页上

　　直按:公户满意,亦见《史记·三王世家》,褚先生补《史记》叙燕王旦事。

严彭祖字公子,东海下邳人也。二十二页上

　　直按:郑康成《六艺论》云:"治《公羊》者眭孟弟子庄彭祖及颜安乐。"(《公羊序疏》引)足证彭祖本姓庄,因避汉讳而改。准此例严延年亦当作庄延年。

乃徵周庆、丁姓,待诏保宫。二十四页下

　　颜师古曰:保宫,少府之属宫也,本名居室。

　　直按:《百官表》少府属官居室令,太初元年更名保宫。有诏狱,主鞠二千石及将相大臣。灌夫因骂坐系居室,李陵母妻系保宫是也。居室虽设有诏狱,仅为一方面之事,其职掌疑另主管一部分太子家事,故周庆、丁姓二人,以善说《穀梁》待诏保宫。颜注属宫当为属官传抄之误字。又按:《汉印文字徵》第十二、十一页,有"刘姓""朱姓""屠姓免"三印。西汉时有以姓为姓者,如《货殖传》之临菑姓伟是也。有以姓为名者,如《律历志》之大典星射姓及本文之丁姓是也。以汉印证之,亦当时习见之名。

授清河张禹长子。二十六页上

　　直按:《十钟山房印举》举十七、三十四页,有"楚广宗""楚长子"两

面穿带印。举十九、三十七页,有"魏长子"印,其命名与张长子相同。

循吏传第五十九

文翁庐江舒人也。少好学。二页下

　　直按:《御览》卷七十四引《录异传》云:"文翁庐江人,及长当起历下陂以作田,文翁尽日斫伐柴炭以为陂塘。"又《抱朴子·道意篇》云:"文翁破水灵之庙而身吉民安。"此皆文翁佚事之可考者。

减省少府用度,买刀布蜀物,齎计吏以遗博士。二页下

　　直按:《居延汉简释文》卷一、二十六页,有简文云:"言小府当偿责,小府下取移以君令择召尉史赦之。"又卷二、四十七页,有简文云:"候长龙辅千二百,衷九百卅,小府。"此为居延都尉之少府,据本传文太守与都尉官府,皆有少府之设置。又《金石萃编》卷十《仓颉庙碑》阴,有少府史之题名。此碑为衙县所立,可证两汉时不但郡与都尉有少府,县亦有之。又晋灼注云:旧时蜀郡工官作金马书刀。按《贞松堂集古遗文》卷十五、十一至十二页,有永元十六年金马书刀文云:"永元十六年,广汉郡工官卅炼(中缺)。史长成荆守成熹主。"又同页有同文纪年金马书刀二具,与晋灼之注正合。

又修起学官于成都市中。三页上

　　直按:《隶释》卷一有益州太守高朕修周公殿记略云:"循旧筑周公礼壁,始自文翁,应期凿度,开建畔宫,立堂布观,庙门相钩。"文翁建筑周公礼殿,盖在成都学官之中。

招下县子弟,以为学官弟子。三页上

　　直按:武威汉墓所出《仪礼》木简,有日忌木简,背面有"河平□年四月四日,诸文学弟子出谷五千余斛"之简文,文学弟子即本传所称之学官弟子。

常选学官僮子,使在便坐受事。三页上

　　直按:《王褒传》云:于是益州刺史王襄"使褒作《中和》《乐职》

《宣布诗》,选好事者令依《鹿鸣》之声,习而歌之,时汜乡侯何武为僮子,选在歌中"。盖文翁招选学僮之风气至宣帝时仍盛行。

察补河东均输长。(黄霸) 四页下

　　直按:西汉均输官仅设在郡治,不设在县治。《地理志》千乘郡注有均输官,《封泥考略》卷四、四十二页,有"辽东均长"封泥是也,与本传文河东郡设有均输长正合。

又发骑士诣北军,马不适士。 六页下

　　直按:马不适士以今语解之,谓马少士多不相适应,已详见《昭纪》注。又按:《居延汉简释文》卷二、三十九页,有简文云:"凡五十八两,用钱七万九千七百一十四,钱不偡就。"钱不偡就者,谓钱数不够给与佣工,与本传文马不适士同一句法,盖皆为西汉人之习俗语。

令口种一树榆,百本薤。(龚遂) 十三页上

　　直按:《敦煌汉简校文》四十七页,有"候官谨案种榆挟十树主谒"之简文。又汉乐府云:"天上何所有,历历种白榆。"虽为想像语,亦可见汉人之喜种榆。又汉人喜食薤,《薤露歌》亦就跟前景物而言。又按:《齐民要术》卷三有种薤法。

蜀郡以文翁,九江以召父应诏书。(召信臣) 十五页下

　　直按:《隶释》卷六《北海相景君铭》云:"黄朱邵父,明府三之。"召父已成为两汉人之习俗语。何焯、王先谦皆指议本传文,应作九江以邵信臣应,盖未审也。又汉人称循吏,多以西门豹、子产、黄、朱、邵父五人相比。

酷吏传第六十

乃解脱诈刻传,出关归家,称曰,仕不至二千石,贾不至千万,安得为人乎。(宁成) 四页上

　　直按:《宣帝纪》云:"本始四年民以车船载谷入关者,得毋用传。"又按:《居延汉简释文》卷一、八十二页,有"永始五年四月戊午

入关传"。传与符虽相同,但传不载人名及旅程起讫地点,此传式之仅存者。又宁成所称二句,石万为韵。

周扬由,其父赵兼,以淮南王舅侯周阳,故因氏焉。四页上

直按:《外戚·上官皇后传》云:"长主纳周阳氏女。"又《汉印文字徵》第十二、十六页,有"周扬㛮印"。《陶斋藏石记》附藏砖记,有熹平二年周阳囗晓葬砖志,知东汉时尚有此姓氏。《史记·惠景间侯者年表》周阳侯赵兼,《索隐》以为县名属上郡,是直以周阳为阳周之误字,以本传及金石刻辞证之,周阳二字并无误文。

与其守胜屠公争权相告言。四页下

直按:《隶释》卷九《繁阳令杨君碑》阴,有胜屠琰之题名,即申屠之转音,与本传文可互证。

补上党郡中令。(义纵)五页下

直按:《隶释》卷十三王稚子阙文云:"汉故先灵侍御史河内缑令王君稚子阙。"河内为郡名,王稚子官河内温令,石阙仅称郡名与县令,不称郡中某县令,与本文同例,盖汉代有此书法,不能确定为史失其县名也。

以捕按太后外孙修成子仲。五页下

直按:修成子仲,四字连为人名,以母修成君而得名,犹昭帝其初称为钩弋子也。

其治如狼牧羊。六页上

直按:《盐铁论·除狭篇》云:"弱者犹使羊将狼也。"《新序·善谋下》篇云:"四皓曰:且太子所与俱诸将,皆常与上定天下枭将也,乃使太子将之,此无异使羊将狼也。"盖羊将狼、狼牧羊,皆两汉人之习俗语。

复为右辅,行中尉如故操。(王温舒)九页下

直按:右辅为右辅都尉之省文。

迁关都尉。(尹齐)十页上

直按:《义纵传》亦云:"上乃拜宁成为关都尉。"皆不言为某关都

尉。《封泥考略》卷四、五十三页，有"关都尉印章"封泥，与上述两例相同。

拜为楼船将军，有功封将梁侯。（杨仆）十页下

　　直按：《后汉书·来歙传》云："六世祖汉，武帝时以光禄大夫，副楼船将军杨仆，击破南越朝鲜。"此事不见于本传及其他古籍。

怀银黄，垂三组，夸乡里。十页下

　　直按：杨仆官楼船将军用金印，主爵都尉用银印，此就汉制言之。实际将军印或有涂金者，九卿之印则为龟钮铜质。

欲请蜀刀，问君贾几何，对曰率数百。十一页上

　　直按：《后汉书·和熹邓皇后纪》云："其蜀汉扣器，九带佩刀，并不复调。"蜀刀盖巴郡、蜀郡、广汉等地所造，刀之价值则不可考。又按：《居延汉简释文》卷三、六页，有"刺马刀一，直七千"之记载。虽为军刀，亦可用为价值之参考。然本传文所称率数百，谓大率直数百钱也。

咸宣杨人也。十一页下

　　直按：《汉印文字徵》第七、十五页，有"减安"印。《居延汉简释文》卷三、七十二页，有"肩水司马吏觚得刍波里减毋生"简文，皆不作咸。但减宣自称为咸宣，见《居延汉简释文》卷一、七十四页，《史记》作减宣者，是从当时写法也。

见宣无害，言上，徵为厩丞。十一页下

　　直按：《百官表》太仆属官，大厩令有五丞，应称为大厩丞，此省文也。

中废，为右扶风。十二页上

　　直按：中废当读为句。

阑入上林中蚕室门，攻亭格杀信，射中苑门。十二页上

　　直按：《三辅黄图》上林苑有茧馆，为皇后亲蚕之地。曾出土有"崇蛹嵯峨"瓦当（文字绝精，西安谢文清藏），余昔考为茧馆之物。本传文之蚕室门，盖指茧馆之门而言。攻亭格，即攻亭阁也。褒斜道

石刻,造桥格即造桥阁,废格法即废阁法皆可证。《史记》则以格杀二字为联文。

南阳有梅免、百政,楚有段中、杜少,齐有徐勃,燕赵之间,有坚卢、范主之属。 十二页上

直按:此段武帝末期各地区农民起义人名,《史记》《汉书》《盐铁论·大论篇》三处皆不同。百政《盐铁论》作伯正。段中《史记》作殷中。杜少《史》《汉》均同,《盐铁论》作应少。徐勃《史》《汉》均同,《盐铁论》作徐谷。坚卢《史》《汉》《元后传》并同,《盐铁论》作昆卢。范主《史记》作范生。今可定者梅免、杜少、徐勃、坚卢,当以《史》《汉》为可信。因梅杜二见,徐坚三见也。

及以法诛通行饮食坐相连。 十二页下

直按:通行饮食亦见尹赏及元后传。

于是赐小史爵关内侯,食遗乡六百户。(田广明) 十三页下

直按:钱大昭据《国三老袁良碑》,考小史即袁干是也。《元和姓纂》及《唐书·宰相世系表》袁氏云:袁干封贵乡侯,与《袁良碑》亦同,贵乡则为遗乡之误字。

先是茂陵富人焦氏、贾氏。(田延年) 十四页下

直按:《秦汉瓦当文字》卷一、四十二页,有"焦"字瓦,出于茂陵附近之绛帐镇,疑即富人焦氏之物。

载沙便桥下送至方上,车直千钱。 十四页下

直按:《武帝纪》:"建元三年,初作便门桥。"苏林注:"去长安十里。"《元和郡县志》云:"便桥在西南十里。"现今便桥遗址约去平陵十华里,与横门正相对值,登昭帝平陵顶上远见渭水如带。此文可以看出当时劳动力之价值,极为重要。

今县官出三千万自乞之何哉。 十五页上

直按:此句文字艰深,以今语译之应为"今愿出三千万,向汉廷乞怜免罪何如"。颜师古注乞字音气。王念孙谓乞字衍文,恐皆非是。

即闭阁独居斋舍。十五页下

　　直按：西汉隶书阁皆作閤，天禄阁瓦即作天禄閤（拓本），或假作格，无作阁者。

于是覆劾延年阑内罪人法至死。（严延年）十六页上

　　直按：御史中丞覆劾也。

致令辟为郭。（尹赏）二十页下

　　直按：令辟为瓴甓省文，谓甎也。有迳用瓴甓本字者，见于司马相如《长门赋》。或有作灵壁者，见于《隶释》卷二十，"尉府灵壁，阳朔四年，正朔始造"等字甎文。或有作辟，与本传文相同者，见于"元康八年就作辟"甎。或有假作壁者，见于"大康三年造作壁"甎（归安陆氏藏）。皆瓴甓之假借字。又本年六月，韩城芝川镇扶荔宫遗址发现方砖，兼有令辟、灵辟两种写法（砖共十余方，无一完整者，凑集全文，则为"夏阳扶荔宫令辟〔或作'靈辟'〕，与天地无极"十二字，篆书雄伟，与海内皆臣方砖极相似）。

杂举长安中轻薄少年恶子。二十页下

　　颜师古曰：恶子，不承父母教命者。

　　直按：即后世俗称之恶少年，非专指不承父母之教命而言。

皆相枕藉死，便舆出瘗寺门桓东。二十一页上

　　如淳曰：旧亭传于四角面百步，筑土四方，上有屋，屋上有柱出高丈余，有大板贯注四出，名曰桓表，县所治夹两边各一桓。陈宋之俗，言桓声如和，今犹谓之和表。颜师古曰：即华表也。

　　直按：《贞松堂集古遗文》卷十五、二十七页，有樊利家买地券云："光和七年九月癸酉朔，六日戊寅，平阴男子樊利家从雒阳男子杜謂子，子弟□买石梁亭部桓千（阡）东北是佰（陌）北田五亩，亩三千，并直万五千钱。"云云。亭部前有桓，与如淳注正合。又同书卷十五、二十九页，有中平五年房桃枝买地券略云："买广德亭部罗西造步兵道东冢下余地一亩。"又《小校经阁金文》卷三十、七十六页，有吴黄龙元年诸葛敬买地券略云："卖所名有青乐亭部罗佰田一通（一通疑一道

之误释)。"据此桓字又演变为罗,不独郡县治所前有桓,亭部治所前亦有桓。合如、颜二家注观之,桓、和、罗、华四字,皆一声之转。惟桓声变为罗,不见于古籍记载。便舆,刘攽读作箯舆是也,箯舆见《张耳传》。武梁祠画像"孝孙""孝孙祖父"题榜,有箯舆图像,可以参考(用伯父星南先生说)。

安所求子死,桓东少年场。 二十一页上

  颜师古曰:死谓尸也。

  直按:死为屍字省文,亦见《淮南厉王传》及《广川王去传》。又《恒农专录》五页,有"永元二年河南张娆,死在此下"葬砖,与本传文同,颜注训死为尸是也(全部恒农晓葬砖,实则为洛阳所出,有"死在此下"之文者极多,此仅举一例)。

货殖传第六十一

稸足功用,如此之备也。 一页下

  颜师古曰:稸即蓄字。

  直按:《史记·蔡泽传》云:"力田稸积。"《隶释》卷十三《衡立碑》云:"无儋石之稸。"皆以稸为蓄,与本传文同,为东汉时通用之隶体假借字。

巴寡妇清。 五页下

  颜师古曰:以其行洁,故号曰清也。

  直按:清应为巴寡妇之名。

安邑千树枣。 六页上

  直按:《文选》嵇康《养生论》云:"齿居晋而黄。"谓食枣多而齿黄(用先考辅卿府君《养生论补注》说)。

蜀、汉、江陵千树橘。 六页上

  直按:蜀郡严道、鱼复、朐忍,皆有橘官。严道尤多出土之橘丞、橘监、橘园之封泥可证。江陵出橘,亦见《襄阳耆旧传》李衡事。

竹竿万个。六页下

　　直按：《景武昭宣功臣表》杨仆以入竹二万个赎罪，竹以个计，与本传文相同。

铜器千钧。七页上

　　直按：《西清续鉴·甲编》卷十四、二十页，有大官镂，文云："大官一斗，一钧三斤。"又《小校经阁金文》卷十二、十四页，有梁王食官锺，十五页，有楚锺、西锺，皆有容一钧之记载，汉铜器以钧记重量，与本传文正合。

素木铁器若卮茜千石。七页上

　　直按：素木与铁器连称，指农具柄等而言。

筋角丹沙千斤。七页上

　　直按：汉代丹砂皆写作丹沙，《董贤传》以沙画棺是也。武英殿本以意改作砂字非是。

漆千大斗。七页上

　　直按：千大斗者，一千大斗也。汉代有大斗小斗之区别，小斗一石，合大斗六斗，见《居延汉简释文》三二一页。又按：《九章算术》有算题云："漆一斗值三百四十五。"虽为假设数字，当与实际价值不远。

蜀卓氏之先赵人也。七页下

　　直按：《华阳国志》蜀郡临邛县云："汉文帝时，以铁铜赐邓通，假民卓王孙，岁取千匹，故卓王孙货累巨万，邓通钱亦遍天下。"可证卓氏之富由于邓通，此段记载最为可贵材料。

至成哀间，成都罗裒訾至钜万。八页上

　　直按：扬雄《蜀都赋》云："蜀中大姓，罗司马郭范畾杨。"又《抱朴子·交际篇》云："程郑王孙，罗裒之徒，乘肥衣轻，怀金抉玉。"与本传文正同。

石氏訾次如苴。八页上

　　直按：《汉印文字徵》第一、十七页，有"苴晏私印"。此苴姓之可考者。

齐俗贱奴虏,而刀间独爱贵之。 九页上

　　直按：刀姓在汉代无作刁者,《汉印文字徵》第四、十五页,有"刀信都""刀豪""刀左车""刀泽""刀尧"诸印皆可证。《隶释》卷十一《刘宽碑》阴,亦有刀姓题名。语曰之"宁爵毋刁",原文亦当作"宁爵毋刀"。武英殿本作刁者,是以意改正之字。

任氏独窖仓粟。 十页上

　　直按：《居延汉简释文》卷二、七十一页,有野告粟之文,为西汉时窖粟之记载。服虔《通俗文》,"窖,藏谷也"（马氏玉函山房辑本）。

茂陵挚网。 十页下

　　直按：《三辅决录》茂陵挚峻字伯陵,太史公有《与挚伯陵书》,挚氏盖为茂陵大族。

豉樊少翁、王孙大卿为天下高訾。 十页下

　　直按：姓王孙字大卿,下文或简称为王孙卿。又按：洛阳烧沟汉墓葬出有"盐䜻一石"题字陶瓮,余释盐䜻即盐豉异文,为汉人重食豆豉之证,不独晋人为然也。

王莽以为京司市师,汉司东市令也。 十一页上

　　直按：《百官表》左冯翊属官有长安四市四长丞。四市盖东西南北四市,分称之则有司东市令之名,汉城出土有"市府"及"东市""西市""南市"等封泥,盖皆四市令所用。

质氏以洒削而鼎食。 十一页上

　　直按：《汉印文字徵》第六、十八页,有"质山跗""质忠""质敞"三印,知质氏为汉代通常习见之姓。又按：《居延汉简释文》卷二、二十七页,有简文云："□□郭卒十人,一人守园,一人助园,一人治计,一人取狗湛,一人吏养,二人马下,一人削工。"削工盖谓磨洗刀剑也。本文则谓磨洗刀剪与铜镜之类,先洒以水,再砺以石,至今犹然。

浊氏以胃脯而连骑。 十一页上

　　直按：《王莽传》有掖庭令浊贤。《汉印文字徵》第十一、五页,有"浊义"印,皆与本文相合。

张里以马医而击锺。十一页上

　　直按:《流沙坠简·考释·小学术数方技书》五页,有治马伤水方,用"姜、桂、细辛、皂荚、付子"等味。又按:《居延汉简释文》卷四、二十一页,有治马头涕出方,用"戎盐"药味。上述两简皆西汉中晚期治马病方,与张里正合。《隋书·经籍志》子部,有《疗马方》一卷、《伯乐治马杂病经》一卷。虽未注明时代,亦可能为汉代遗留存之古方。

游侠传第六十二

彼何皋,乃阴请尉史曰,是人吾所重。(郭解)四页下

　　直按:《汉旧仪》曰:"尉吏曰尉史。"盖汉制内而九卿属官,外而令长,其有尉者,属吏如掾佐之类,皆称为尉史。惟敦煌、居延两木简中之尉史,为郸尉或塞尉之下专称吏名,与本传文之尉史尚有区别。

楼护字君卿,齐人,父世医也。七页下

　　直按:秦汉医士分齐秦两派,齐派由阳庆传仓公,楼护之父世业医,盖与仓公有关。

护诵医经本草方术数十万言。七页下

　　直按:今之《本草》所述药材产地,皆西汉郡县之名,楼护所诵当与今本同。古代书少,诵读数十万言即比较一般人为多,东方朔上书自夸亦仅四十四万字。

时召宾客,邑居樽下,称贱子上寿。九页上

　　直按:西安汉城出土有"赵戎客"穿带印,一面为"贱子戎客"四字。又《汉印文字徵》第六、二十页,有"贱子毒""贱子瞀""贱子终古""贱子始"等印文,与本传文正合。又鲍照《东武吟》云:"四坐且勿宣,贱子歌一言。"仍沿用两汉人之习俗口语。

妻君宁时在旁知状。(陈遵)九页下

　　直按:汉代券约如买地券、买衣服券之类,皆有旁人,等于后代之

中人。王国维先生《流沙坠简·考释》考神爵二年广汉男子张仲孙买衣契约，引本传文，在旁知状等于作中证人之意。其实是坐旁之旁，与中人义不相涉，王氏用以作证，似近牵强。

遂于是辞谢，因曰事在元平元年赦令前，其见厚如此。九页下

直按：赌博负债，当不在赦令范围之内，陈遂所云盖戏言耳。

公府掾史，率皆羸车小马，不上鲜明。九页下至十页上

直按：一九六〇年北京怀柔县城北发掘东汉墓葬，有墓砖一方，文云"吾阳成，八千万，不为孝廉，河东，公府掾史，五曹，治"十九字。公府掾史四字联称，与本传文正同。盖三公府掾属，汉晋人总称为公府掾，亦见邯郸淳《笑林》及《晋书·张协传》《世说·栖逸篇》。

叩头自白，当对尚书有期会状。十页下

直按：叩头白为两汉人之习俗语。汉砖有"叩头白，执孙超巨"之文（此砖为亡友山阴范循园所藏，见《艺术丛编·专门名家》卷一，误释为卯头日）。期会二字，亦见贾谊、王吉等传。

母乃令从后阁出去。十页下

直按：汉人称后门为后阁，古诗所谓"新人从门入，故人从阁去"是也。

性善书，与人尺牍，主皆藏去以为荣。十页下

直按：陈遵善书亦见《法书要录》引羊欣能书人名。

车骑满门，酒肉相属。十二页上

直按：《御览》卷四百九十一引《东观汉记》云："王丹字仲回，资性清白，少修节义。时京师大豪陈遵，朋友丧亲，遵为护丧事，赙缣数百匹。丹怀一匹，至丧主前，出缣授之，谓曰，如丹是缣，出自机杼，遵有惭色。"

常为国器，托于属车。十二页下

直按：《兒宽传》云："天子以为国器。"《张迁碑》云："国之利器。"为两汉人之习俗语，但引用上略有虚实。

更始至长安，大臣荐遵为大司马护军，与归德侯刘飒俱使匈奴。十三页上

  直按：《御览》卷四百七十八引《东观汉记》云："陈遵出为大司农护军（当为大司马之误字）。当使匈奴，过辞于王丹，临诀，丹谓遵曰：俱遭时变反复，子我二人，为天地所遗。今子当之绝域，无以相赠，赠子以不拜，遂揖而去，遵甚悦。"

乃大治起冢舍，周阁重门。（原涉）十四页上

  直按：西安汉城出土有"嵬氏冢舍"及"羊车冢舍"瓦当（羊车瓦，吴县王氏藏，未著录），冢舍为两汉人之习俗语。

初武帝时京兆尹曹氏葬茂陵。十四页上

  直按：《百官表》武帝时官京兆尹无曹姓者，只有太初元年有京兆尹无忌，后元元年有京兆尹建，未著姓，可能二者居其一。

削牍为疏。十四页下

  直按：《居延汉简释文》卷三、十七页，有"器疎"，所记皆酒杯炊帚等杂物，与本文义合，即今之记账单。

下至饭含之物，分付诸客。十四页下

  直按：饭，祭品也，含，殉葬品也，两汉人以玉蝉为含。

名捕漕中叔不能得。十七页上

  直按：《流沙坠简·小学术数方技书》五页，有漕孝宁所开药方，漕姓仅此两见。

佞幸传第六十三

人有告通盗出徼外铸钱。（邓通）二页下

  直按：谓通以所铸钱私自盗运于徼外也。

一簪不得著身。三页上

  直按：《居延汉简释文》卷三、一页，有简文云："田卒淮阳郡长平业阳里公士兒尊年廿七（原文误释作邕尊）。袭一领，犬练一两，绔一两，私练一两，贯簪取。"据此西汉人名簪为贯簪，谓贯之于发也。本

传文言以一支贯簪至微之物，尚不得随身，其他衣服可知。

延年善歌，为新变声。四页上

　　直按：崔豹《古今注》云："李延年善歌，与战国时王豹、韩娥并美。"又《御览》卷五百十三引《风俗通》云："张仲春武帝时人也，善雅歌，与李延年并名。"

伊徙雁，鹿徙菟，去牢与陈实无贾。（石显）七页上

　　直按：贾应读为古，与菟合韵，但仍作无价解。

又以贤妻父为将作大匠，弟为执金吾。（董贤）十页上

　　直按：《百官表》："元寿二年光禄大夫韩容为执金吾，一月免。"以时稽考之正合，疑即董贤之妻弟。

皆知宏及栩丹诸侯王后亲。十一页下

　　直按：《汉印文字徵》第六、三页，有"栩左"印，栩姓在两汉至为稀见。

王者不私人以官，殆为此也。十六页上

　　直按：《盐铁论·除狭篇》云："故人主有私人以财，不私人以官。"《汉旧仪》云："武帝时馆陶公主为子乞郎，不许，赐钱十万。上曰：夫郎上应列宿，出居百里，使非其人，民受其伤。"皆与本文义合。

匈奴传第六十四上

利则进，不利则退，不羞遁走。一页下

　　直按：《罗布淖尔考古记》第八章、二一一页，有"人利则进（上下均缺）"之残简。黄文弼先生考为疑出《史记·匈奴传》，其说甚是。此简为戍所官吏偶忆及《史记》原文，随手信书，并非抄写全传。罗布淖尔出土之木简，开始于宣帝时，最迟至西汉末期，可以证明《史记》在西汉末期，已有一部分流传于边郡。《汉书》此传前半全用《史记》原文也。

燕亦筑长城,自造阳至襄平,置上谷、渔阳、右北平、辽西、辽东郡以距胡。四页下

  直按:下文亦云:"汉亦弃上谷之斗辟县造阳地以予胡,是岁元朔二年也。"《盐铁论·地广篇》云:"故割斗辟之县,造阳之地以予胡。"与本文正合。又《食货志》云:"乃徙贫民于关以西,及充朔方以南新秦中。"应劭注云:"秦始皇遣蒙恬攘却匈奴,得其河南造阳以北千里地,名曰新秦中(新秦中当今甘肃榆中县境)。"是造阳之地名,东汉人犹能言其方位。

其国称之曰撑犁孤涂单于。七页上

  直按:《汉印文字徵》第十二、一页,有"汉匈奴姑涂□台耆"印,姑涂即本文之孤涂。

相、都尉、当户、且渠之属。七页下

  直按:相谓相邦,出土有"匈奴相邦"玉印可证。本传文因相邦之邦字避高祖讳,故省去邦字。《景武昭宣功臣表》赵翕,则作匈奴相国。

乃使刘敬奉宗室女翁主,为单于阏氏。九页下

  直按:西汉帝王女曰公主,诸王女曰翁主。《金石索·金索五》四十六页,有"王翁主尉"印,与本传文正合。

至孝文即位,复修和亲。十页下

  直按:《艺术丛编·专门名家》第二集,有归化城杀虎口出土单于和亲方砖文云:"单于和亲,千秋万岁,安乐未央。"共十二字。砖为平方形,分阴阳文二种,篆势雄伟,决为西汉初作品,此当时人民对和亲之看法。

比疏一。十二页下

  直按:理发之具,齿疏者谓之梳,齿密者谓之枇(今俗写作篦),在西汉未有枇之专名,本传文比疏,实仅梳一物也(罗布淖尔烽戍台遗址所出,亦为圆形梳)。故曰"比疏一",否则必曰比疏各一。又按:《急就章》第十四云:"镜敛梳比各异工。"《汉晋西陲木简汇编》二编

二页,有《急就章》木简,正书作疎比。《居延汉简释文》卷三、八页,有简文云:"疎比一具。"皆与本文相同。

黄金饬具带一,黄金犀毗一。 十二页下

直按:《急就章》第十四云:"豫饬刻画无等双。"饬即饰字假借,与本文同,王先谦以饬为误字非也。又按:《楚辞·招魂》云:"晋制犀毗,费百日些(原文作白,疑通百字,谓费工百日乃成也)。"现从邯郸发掘战国时墓葬看来,出土带钩既多且精,《招魂》所指晋制实即赵制,因战国时韩魏赵皆可称为晋也。

中行说令单于以尺二寸牍及印封,皆令广长大,倨骜其辞。 十三页下

直按:单于既用印封,则必用文字,以"匈奴相邦"玉印证之,当为摹仿中国之文字。《汉书》谓匈奴无文书,指无独立之国书而言,不是并中国之文字而不用也。

景帝复与匈奴和亲通关市。 十七页上

直按:苏联考兹洛夫《外蒙古调查报告》,在外蒙古通瓦拉匈奴古帝王墓中,出土丝织品极多,除各种花纹外,有"云昌万岁宜子孙""群鹤""交龙""登高"等题字(各种丝织品图案,《东洋文化史大系》汉魏六朝时代、二八〇页,叙述亦详)。上述各种锦绣疑为在西汉历次通关市时所输出者。

汉使马邑人聂翁壹。 十七页下

颜师古曰:姓聂名壹,翁者老人之称也。

直按:翁壹二字连文,解见《韩安国传》。翁壹之名在《汉书》凡二见,聂翁壹见于本文。少府宋畸字翁壹,见《百官表》。颜注翁为老人之称,与壹分为二义,盖忘却宋翁壹之字矣。至于汉印名翁壹者尤多,在唐时受条件之限制,固不能责前贤以未见之物也。

乃攻亭,时雁门尉史行徼,见寇保此亭。 十七页下

颜师古曰:汉律近塞郡皆置尉,百里一人,士史、尉史各二人,巡行徼塞也。

直按:士史当为士吏之误文,以居延、敦煌两木简证之,所见塞

尉、士吏、尉史三官名称，完全相同。大者曰障，小者曰塞，障尉之属官，当与塞尉同，汉律亦必叙及，惜原文已佚耳（塞尉见《居延汉简释文》二九八页，士吏见四十八页，尉史见三〇五页。以上三官吏名称，在两简随处可见，特各举一例以发凡）。

其秋匈奴万骑入代郡，杀都尉朱央。 十九页下

  直按：朱央《史记》作朱英，南陵徐氏藏汉安乐未英十二字方砖，以英为央，与本文同。

穿井筑城治楼以藏谷，与秦人守之。 三十一页下

  直按：《刘平国开道记》有"龟兹左将军刘平国，以七月廿六日发众从秦人孟伯山"云云。王国维先生考秦人见《西域传》及本传是也（见《观堂集林》卷二十）。

天子诏边警备，后无几，右贤王、犁汙王四千骑，分三队入日勒、屋兰、番和，张掖太守、属国都尉，发兵击大破之，得脱者数百人。 三十二页上下

  直按：《居延汉简释文》九十八页，有木觚略云："吉兼行丞事，敢告都尉卒人，诏书清塞下，谨候望，督燹火，虏即入斛吏可备。"云云。与本传所述诏边警备正合，当即指此事。

匈奴传第六十四下

汉遣车骑都尉韩昌迎，发过所七郡，郡二千骑，为陈道上。 三页下

  颜师古曰：所过之郡，每为发兵陈列于道，以为宠卫也。

  直按：迎字为句，发过所三字连文，谓发通行证于七郡，使士兵往来无阻也。《居延汉简释文》八十六页，有简文云："□□□年九月丁巳朔庚申，阳翟长猛，狱守丞就兼行丞事，移函里男子李立弟，临自言取传之居延，过所县邑侯国，勿苛留，如律令。（下略）"又一六八页，有简文云："元延二年十月乙酉，居移令尚、丞忠，移过所县道河津关。遣亭长王丰，以诏书买骑马酒泉、敦煌、张掖郡中，当舍传舍从者，如律令。（下略）"（第一简在西汉九月丁巳朔，一为昭帝始元四年，二

为成帝阳朔四年,居延简武昭时物较少,今定为成帝时作品)过所之名在西汉中晚期已开始,沿用至唐时不废。阳朔四年及元延二年两简,尤与本文时代相近。颜师古以西汉古籍无过所之记载,故解释为所过之郡,是望文生训也。

衣被七十七袭。四页上

　　颜师古曰:一称为一袭,犹今人之言一副衣服也。

　　直按:一袭犹今人之称一件长衣也。证之《居延汉简释文》卷三、一页,有简文云:"田卒淮阳郡长平邑阳里公士兒尊(原释文误作罾尊),年廿七。袭一领,绔一两,犬练一两,私练一两,贯簪取(仅举一例)。"简文称袭为一领,与绔一两文字对举,足证指一件而言,颜师古注为一副衣服非也。

上登长平,诏单于毋谒。四页上

　　直按:《汉铙歌十八曲》之《远如期》,亦记呼韩邪单于来朝事。

近西羌保塞,与汉人交通。八页下

　　直按:《汉印文字徵》第二、十四页,有"汉保塞近群邑长"印。又"新保塞渔阳左小长"印(拓本)。保塞二字,为两汉人之习俗语。

卒徒筑治,功费久远,不可胜计。九页上

　　直按:卒徒工匠,四字连文,见《盐铁论·禁耕篇》。或简称为卒吏徒(见《贡禹传》)及卒徒,皆西汉人之习俗语。

臣闻六经之治,贵于未乱,兵家之胜,贵于未战,二者皆微,然而大事之本,不可不察也。十四页下

　　颜师古曰:已乱而治之,战斗而后获胜,则不足贵,微谓精妙也。

　　直按:颜注是望文生训。友人裘伯弓云:"六经虽遭秦火,可以说残缺,而不可以说乱。六经盖指人体中六种经脉也。《黄帝内经·素问·阴阳离合论篇》:'是故三阳之离合也,太阳为开,阳明为阖,少阳为枢,三经者不得相失也。是故三阴之离合也,太阴为开,厥阴为阖,少阴为枢,三经者不得相失也。'又《脉要精微论》:'黄帝问曰,诊法何如? 岐伯对曰,诊法常以平旦,阴气未动,阳气未散,饮食未进,经

脉未盛,络脉调匀,气血未乱,故乃可诊有过之脉.'据此知扬雄上书中之六经、未乱、微、留意于未乱,可断定乃指人体中六种经脉而言无疑(见张伯驹所辑《春游琐谈》二集、十七页)。"

元寿二年单于来朝。十八页上

　　直按:本传文云:"舍之上林苑蒲陶宫,告之以加敬于单于,单于知之,加赐衣三百七十袭,锦绣缯帛三万匹,絮三万斤,它如河平时。"又按:外蒙古古匈奴王墓中曾出土上林漆耳杯,文云"建平五年九月,工王潭经,画工获壶,天武省"十七字,底有上林二字(见考兹洛夫《外蒙古调查报告》一二五页)。盖上林苑中之物赐予匈奴单于,携归死后即用以殉葬者,与传文正合(漆杯盖即上林寺工所造,与蜀郡、广汉工官所造,题字有繁简之别)。

多赍金帛,重遣单于。二十页下

　　直按:考兹洛夫《外蒙古调查报告》一二五页略云:在一九二四年所发现的诺颜乌兰匈奴帝王古墓遗物,除建平五年漆器外,墓中织物有绢布和毛织两种。在绢布上面绣有彩色的山云鸟兽神仙等物,在流云神仙中间并刺有"新神灵广成寿万年"的篆书。与本传文王莽多赍金帛重遣单于事实极合。又按:吉射列夫《古代南西伯利亚底历史》四八三页,记载巴坎城附近发现汉代小屋顶上瓦当,文为"天子千秋万岁,常乐未央"十字。"天子千秋"四字居中,"万岁常"三字居上,"乐未央"三字居下云云。此瓦当为王莽时物,王莽改长安为常安,西安汉城所出"常生无极"瓦当,亦为莽时物,此瓦可能为匈奴使臣由汉廷携归者。又辽宁省西丰县乐善乡执中村西岔沟,发现汉代匈奴墓葬群,全部出土物可分为兵器、马具、服饰、器皿、工具及汉族文物六部分,而汉族部分中有日光镜,半两、五铢钱,"辟兵莫当"压胜钱等,皆为西汉中期时物,可能与通关市及厚赠单于有关(详见《文物》一九六〇年第八、九期)。

故印文曰"匈奴单于玺",莽更曰"新匈奴单于章"。二十一页上

　　直按:以现时出土王莽给当时少数民族国王印证之,如"新前胡

小长""新西国安千制外羌伯右小长""新保塞渔阳左小长"之类,上皆冠以新字,与本文同。末尾皆不用章字,与本文异,或对匈奴印用章字为特例。

乃遣右大且渠蒲呼卢訾等十余人。 二十二页上

直按:《罗布淖尔考古记》一九二页,有"居卢訾仓以邮行"。又有"交河曲仓守丞衡,移居卢訾仓"各简文。黄文弼氏考《西域乌孙传》,有"欲通渠转毂,移居卢仓以讨之",即指此。余疑居卢訾仓,可能因蒲呼卢訾而得名。

时戊己校尉史陈良、终带,司马丞韩玄,右曲候任商等。 二十二页下

直按:戊己校尉史、司马丞、右曲候皆为官名,余为人名。又按:戊己校尉,以《百官表》及本传文来研究,本为一官,《后汉书·西域传》序则云:"元帝时置戊己二校尉。"《曹全碑》官戊部司马,是戊部校尉、己部校尉分为二官。清代以来学者纷如聚讼,甚或将戊己校尉之文擅改为戊部校尉。疑西汉时初为一官,后汉时分为二官,以此推断比较近理。果如西汉为二官,《百官表》则当称为戊己二校尉,不当称为戊己校尉。

转输之行,起于负海。 二十四页下

直按:《严安传》云:"使蒙恬将兵,以北攻强胡,辟地进境,戍于北河,飞刍挽粟,以随其后。"主父偃《谏伐匈奴书》亦云:"又使天下飞刍挽粟,起于黄、腄、琅邪负海之郡,转输北河。"皆与本文正合。

计一人三百日食,用糒十八斛,非牛力不能胜,牛又当自赍食加二十斛重矣。 二十四页下

直按:《说文》:"十斗为斛。"今言十八斛,每月为一石八斗,指大斗而言。居延木简中记载戍所吏士口粮,大率每人每月大斗为二石,或一石八斗,与本文数字相近。

莽以其庶女陆逯任妻后安公奢。 二十八页上

直按:《王莽传》云:"封王氏,其女皆为任,男以睦,女以隆为号焉。"现以出土封泥证之,有"厚陆任""永陆任""安陆任"等封泥(见

《封泥考略》卷八、二十四至二十六页）。知《王莽传》隆字为陆字之误,详见《王莽传》注。本文陆逯任三字独不误,任为女之称谓,陆为女之封号,逯为女之食邑,但以封泥"厚陆任""永陆任"之例相比,本文似应作逯陆任为是。钱大昭以陆逯任为睦逯任之误字,不知睦为王氏男子之封号也。

西南夷两粤朝鲜传第六十五

编发随畜移徙亡常处。一页上

　　直按:《终军传》云:"殆将有解编发,削左衽,袭冠带,要衣裳而蒙化者焉。"《隶释》卷十九《魏黄初封孔羡碑》云:"殊俗解编发而慕义。"读编为辫,与本文同。

因犍为发南夷兵,且兰君恐远行旁国虏其老弱。四页上

　　直按:《地理志》牂柯郡之故且兰县,盖因且兰君而得名。

以邛都为粤嶲郡,莋都为沈黎郡。四页下

　　直按:《汉印文字徵》第二、三页,有"沈黎太守章"及"沈犂长印"两封泥,知沈犂郡首县仍称沈犂。

王莽篡位改汉制,贬钩町王以为侯,王邯怨恨。七页下

　　直按:西安汉城遗址出土有"越归义青蛉长"印,印为王莽时物,青蛉属益州,据印文王莽有时尚似怀徕少数民族。

十一年遣陆贾立佗为南粤王。八页下

　　直按:《西京杂记》卷三,载尉佗报高祖以蒲桃锦,彼时南越盖已种植蒲桃。

上褚五十衣。十页下

　　颜师古曰:以绵装衣曰褚。

　　直按:《罗布淖尔考古记》汉简第五十五简文云:"二褚巾三□去。"褚巾盖以绵装巾者也,与本文正同。

陆贾还报文帝大说。十二页上

直按：《御览》卷一百七十七引裴渊明《广州记》云："尉佗筑台以朝汉室，圆基千步，直峭百丈，螺道登进，顶上三亩，朔望升拜，号为朝台。"

南粤已平，遂以其地为儋耳、珠崖、南海、苍梧、郁林、合浦、交阯、九真、日南九郡。十六页下

直按：汉乐府有《东光》，其辞为"东光乎，苍梧何不光乎"云云，盖作于此时。

楼船将军卒钱唐榬终古，斩徇北将军为语兒侯。十九页下

直按：榬终古《史记》及《汉书》侯表均作辕终古，本文作榬是也。榬字不见于《说文》，此《汉书》古字之仅存者。《汉印文字徵》第六、十一页，有"榬子仪""榬胜"等五印。榬氏在两汉为通常习见之姓，后人因见榬姓少辕姓多，故改为辕。

东粤地遂虚。二十页上

直按：《十钟山房印举》举二、六十页，有"新越余坛君"印。西安汉城遗址又出土有"越贸阳君""越青邑君""新越三阳君"三印（拓本），皆为王莽时封东越君长之印，为本文及《王莽传》所未载。又最近福建崇安县发现汉代古城遗址，出土有"常乐万岁"瓦当等，余亦考为王莽时所封东越君长之遗物。

楼船将军亦坐兵至列口，当待左将军，擅先纵，失亡多，当诛，赎为庶人。二十三页上

直按：杨仆以入竹二万个赎死罪，见《景武昭宣功臣表》。

西域传第六十六上

至宣帝时，遣卫司马使护鄯善以西数国。二页下

直按：下文又云："其后日逐王畔，单于将众来降，护鄯善以西使者郑吉迎之，……是岁神爵三年也。"证之《居延汉简释文》二十六页，

有简文云:"元康四年二月己未朔,乙亥,使鄯善以西校尉吉、副卫司马富昌、丞庆、都尉冥重、郎迺☐元康二年五月癸未,以使都护檄书,遣尉丞赦,将挢刑士五千人,送致将军,□发,㯱汤,卒史尊。"与本传完全符合。所谓遣卫司马者即木简所记之卫司马富昌,余考为亦即《赵充国传》之长水校尉富昌。惟本传叙此事在神爵三年,据木简则早在元康四年郑吉等已使护鄯善以西诸国矣。

山有铁,自作兵。(婼羌) 三页下

直按:西域各国出铁者多,如难兜、大宛、婼羌等国皆是。《汉晋西陲木简汇编》二编,有入胡铁大锯简文之记载。可证西域各国所铸铁器能内销于边郡。

国中有伊循城,其地肥美。 六页下

直按:《罗布淖尔考古记》汉简第十一简云:"伊循卒史黄广宗。"与本文正合。

胜兵八千人。(难兜) 十页上

直按:西安汉城遗址出土有"新难兜骑"印,知王莽时曾用难兜国人当骑兵。

有金银铜锡以为器市列。(罽宾) 十页下

直按:王念孙谓市列上脱有字,今考疏勒国亦云有市列,王说是也。

又历大头痛小头痛之山。 十二页下

直按:《御览》卷五十引《广志》云:"大头痛山、小头痛山,皆在罽宾东。"与本文正合。

其钱独文为人头,幕为骑马。(乌弋山离) 十三页下

直按:此两句以别于罽宾,文为骑马,幕为人面而言。

不知铸铁器。(大宛) 十八页下

直按:《史记·大宛传》作不知铸钱器是也。《隶续》卷十一《耿勋碑》云:"又开故道铜山,铸作钱器,兴利无极。"可见铸钱器三字,为两汉人习见之联文。

西域传第六十六下

遣使者案行表，穿卑鞮侯井以西，欲通渠转谷，积居卢仓以讨之。六页上

孟康曰：大井六，通渠也。下泉流涌出，在白龙堆东土山下。

直按：《居延汉简释文》卷二、二十二页，有简文云："第十三隧长贤□井水五十步，阔二丈五，五泉二丈五，上可治田，度给戍卒。"同页记载戍卒之工作，有"当井陈弘""当井周捐"二人，盖边郡大井等于渠道，与内郡之凿井迥乎不同。孟康注大井为通渠极为正确。又按：《罗布淖尔考古记》汉简第十简云："居卢訾仓以邮行。"与本文合，多一訾字，发语有轻重耳。

少锥刀，贵黄金。（渠犁）十页上

直按：锥、刀皆兵器也。《积古斋钟鼎款识》卷十、十八页，有永昌椎。《小校经阁金文》卷十四、十七页，有张元椎皆可证。有疑锥刀为钱刀之误字者，因西域各国不用刀货也。

乃至郡属国都尉成忠、赵破奴等，皆以虏自缚其马不祥甚哉。十一页下

直按：《敦煌汉简校文》三一一简，有简文云："出粟五石二斗二升，以食使车师成君卒八十七人。"与三一〇简食莎车续相如上书良家子二人简，同为武帝时物，成君应即本传之成忠。

兴造甲乙之帐。二十四页上

直按：《御览》卷六百九十九引《汉武故事》曰："上以琉璃、珠、玉、明月夜光珠，错杂天下珍宝为甲帐，其次为乙帐，甲以居神，乙以自居。"

算至车船，租及六畜。二十四页下

直按：车船六畜之算租，皆包括在缗算之中。六畜在缗算中只算牛马，见《居延汉简释文》卷三、四十八页及五十一页，礼忠、徐宗二人算收家赀简文。本传赞所谓六畜，概括言之也。

外戚传第六十七上

至武帝制婕伃、姪娥、傛华、充依,各有爵位。二页上

　　直按:《八琼室金石补正》卷七、二十四页,有"捛依中庭"瓦当,疑为充依居舍中所用之瓦。

后汉王得定陶戚姬,爱幸生赵隐王如意。(吕后)三页上

　　直按:《隶释》卷十二有《戚伯著碑》,碑额题"本周末嗣,戚氏袭以兴,勃海君玄孙伯著之碑"。碑文略云:"汉□□之□□王舅是宠,特进,朝侯,太仆,光禄,侍中,监营持节□□□功,充列王室,遇谤于吕,委位捐□。"碑文叙戚伯著之祖先,当为戚夫人之弟兄,特进为西汉末期、朝侯为东汉时期之制度,太仆在《百官表》中亦无考,虽所叙有傅会之处,但仍有参考之价值。

孝景前二年崩葬南陵。(薄太后)七页上

　　直按:《陶斋吉金录》卷六、四页,有"南陵大泉第五十八,乘舆御水铜锺,建平四年十一月长安市造"。又灞桥曾出有"南陵大泉,乘舆水匋"陶瓮,现藏陕西历史博物馆。又出"南陵大泉"残陶片,现藏西北大学文物陈列室,皆为薄太后南陵园庙中之用具。

孝文窦皇后,景帝母也。七页下

　　直按:《御览》卷三百九十六引《三辅决录》云:"窦后名漪,清河观津人。"《史记索隐》引皇甫谧云:"后名漪房。"与《决录》名漪相合,但多一房字。颜师古注《汉书》,最诋皇甫谧各说,谧说固多可议,然有时可采,亦未尽全非。

女为馆陶长公主。八页上

　　直按:《薛氏钟鼎款识》卷二十、四至五页,有"馆陶家釜,三年所造"。盖文景时物。

为其主人入山作炭。八页上

　　直按:入山作炭,疑为石炭,即今日之煤,汉代又名石墨,《范子计

然书》卷下（马氏《玉函山房辑佚书》本），"石墨出三辅，上价石八十"
是也。

后女弟兒姁亦复入。（孝景王皇后） 十页下

　　直按：《汉印文字徵》第十二、十二页，有"田兒姁印"，可证兒姁为西汉妇人习见之名。

孝武陈皇后，长公主嫖女也。 十一页下

　　直按：《汉印文字徵》第十二、十五页，有"乐子嫖""高嫖"二印，知两汉人以嫖为习见之名。

出平阳侯邑。（孝武卫皇后） 十二页下

　　直按：皇后公主所食之县称邑，平阳盖一度亦称邑，与《史记·淮南王传》之肥陵邑，皆留存西汉地理沿革之蜕痕。

诏遣宗正刘长乐、执金吾刘敢，奉策收皇后玺绶，自杀。 十三页下

　　直按：刘长乐、刘敢二人，皆不见于《百官表》。《王子侯表》城阳王子原洛侯（据印文当作石洛侯）刘敢，征和三年因杀人弃市，时代正合，当即此人。

托沈阴以圹久兮。（李夫人） 十五页下

　　直按：《隶释》卷六《武斑碑》云："历世圹远。"以圹为旷，与本文同，为东汉时通常之隶体假借字。

佳侠函光，陨朱荣兮。 十六页下

　　直按：《礼乐志·郊祀歌·练时日》云："侠嘉夜，茝兰芳。"颜师古注侠与挟同，与本文正合。

孝武钩弋赵婕伃，昭帝母也。 十七页上

　　直按：《御览》卷三百五十四引《三秦记》云："藏钩因钩弋夫人世人法之也。"

追尊外祖赵父为顺成侯，诏右扶风置园邑二百家，长丞奉守如法。 十八页上

　　直按：《汉印文字徵》第六、十五页，有"顺陵园丞"印，当为赵父顺成侯园邑长丞所用之印，与本文正合。

迁未央厩令。(孝昭上官皇后) 十八页下

　　直按：《百官表》太仆属官有未央令。《十钟山房印举》举二，有"未央厩丞"印。《十六金符斋印存》有"未央厩监"印。据此未央长丞监三官，皆当称为未央厩，知《百官表》记载为简称也。

盖主私近子客河间丁外人。 十八页下

　　颜师古曰：子客，子之宾客也，外人其名也。

　　直按：鄂邑盖长公主为昭帝之同母姊，昭帝初立时年八岁，立十四年，卒时为二十一岁，盖主最多二十余岁，且未闻有子，更不得有子之宾客，此颜注显然望文生训之疏失。子客疑即客子之误文或变称。曹丕诗云："弃置勿复陈，客子常畏人。"客子亦见《居延汉简释文》卷一、八十五页及《赵皇后传》，盖为两汉人之习俗语。

又桀妻父所幸充国为太医监。 十九页下

　　直按：充国佚其姓，为上官桀妻父之所幸也。太医监当属于太医令，西汉太常、少府均有太医令，此似属于少府。

皇后自使私奴婢守桀安冢。 二十页下

　　颜师古曰：《庙记》云：上官桀、安冢并在霍光冢东，东去夏侯胜冢二十步。

　　直按：现今茂陵霍光冢东有四大冢，上官桀父子冢当在其内，农民相传最东者为金日䃅冢。

史皇孙王夫人宣帝母也，名翁须。 二十一页下

　　直按：《汉印文字徵》第九、四页，有"时翁须"印。第十二、十三页，有"范翁嫂"印。可证本文之翁须，为翁嫂之省文。

媪男无故，无故弟武。 二十一页下

　　直按：《儒林传》有山阳张无故，传《尚书》。《汉印文字徵》第三、十九页，有"卫毋故"印，知西汉人每以无故为名。

贾长儿妻贞及从者师遂辞。 二十三页上

　　直按：师遂为史皇孙王夫人教歌舞之师，名遂。

衍夫赏为掖庭户卫。 二十五页上

　　直按：掖庭户卫为掖庭令之户卫，统属之长则称户将，如《儒林传》尹更始为长乐户将是也，与郎中户将尚有区别，盖户将之称随事立名，并无定制，其职位疑与令丞相仿，不比郎中三将皆为二千石也。

为我求安池监。 二十五页上

　　直按：《百官表》少府属官有上林中十池监，安池当为十池之一，沈钦韩疑为安邑之盐池，是未达汉制也。

衍取附子，并合太医大丸以饮皇后。 二十五页下

　　晋灼曰：大丸，今泽兰丸之属。

　　直按：汉代丸药有小丸大丸之分，小丸如梧桐子大，见《金匮要略》卷下乾姜人参半夏丸。大丸见同卷有竹皮大丸方是也（竹皮疑即药味中之竹茹）。晋灼所注泽兰丸现方已不传。《本草》卷九泽兰生汝南，治逐瘀病。

霍后立五年，废处昭台宫。（孝宣霍皇后）二十七页上

　　直按：《贞松堂集古遗文》卷十五、四至五页，有昭台宫铜扁壶元康三年造，与本文时代正合。《三辅黄图》所记则本于《汉书》。

奉光少时好斗鸡。（孝宣王皇后）二十七页下

　　直按：宣帝在民间时亦好斗鸡，《张安世传》宣帝为张贺选择冢地，居斗鸡翁舍南是也。

王氏列侯二人，关内侯一人。 二十八页上

　　直按：《何并传》之侍中王林卿，亦邛成太后之亲属。

永始元年崩，合葬杜陵称东园。 二十八页上

　　直按：阮氏《积古斋钟鼎款识》卷九、十四页，有杜陵东园铜壶永始元年造。又《小校经阁金文》卷十二、二十页，有杜陵东园铜锺，亦永始元年造，与本文均合。王皇后墓在今长安县大兆镇杜陵之东，亦称少陵是也。

外戚传第六十七下

及成帝立，复以元舅阳平侯王凤为大司马大将军，与嘉并。（孝成许皇后） 一页下

  直按：班固《燕然山铭》云："有汉元舅车骑将军曰窦宪。"元舅为两汉人之习俗语。

妾夸布服粝食。 二页上

  直按：李铭慈解为许皇后之名甚是，但以许皇后之妹名谒，其取名皆以从言为证则非，在西汉尚无连类取名之例。夸当为姱字之假借，汉印有"张姱"印可证。

褢诚秉忠，唯义是从。 四页下

  颜师古曰：褢，古怀字。

  直按：《隶释》卷六《北海相景君碑铭》云："惊僅伤褢。"又《曹全碑》云："人褢不安。"皆与本文相合，知为东汉时通常之隶体字。

虽先快意说关。 五页下

  直按：《隶续》卷一《王政碑》云："时言乐关"以关为笑，与本文同，为东汉时通常之隶体。关字省文，则为关字。

后姊平安刚侯夫人谒等为媚道。 七页下

  直按：《恩泽侯表》作安平侯王舜子章谥刚侯，本传文则作平安侯，清代注《汉书》者未能定其孰是。今据《小校经阁金文》卷十三、六十八页，有平安侯铲文云："平安侯家□铲，第十，重六斤三两。"与本传文正合，《汉表》作安平侯者，为颠倒误文。

痛阳禄与柘馆兮。（班倢伃） 十页上

  颜师古曰：二馆并在上林苑中。

  直按：淳化曾出土"上禄"瓦片，为上林苑阳禄观之省文。

酌羽觞兮销忧。 十页下

  孟康曰：羽觞，爵也，作生爵形，有头尾羽翼。颜师古曰：孟说

是也。

直按：羽觞与文杯同物异名，汉代或称为大梠、小梠，无耳杯之名，唐人始称为侧耳杯。此杯仅略具爵形，所谓头尾羽翼，并不过类似也。

有女弟复召入，俱为倢伃。（孝成赵皇后）十一页上

直按：《十钟山房印举》举六、五页，有"倢伃妾赵"鸟篆玉印，倢字作缍，盖假借字。《金石屑》卷三亦摹此印。在明代即已出土，初为严分宜所藏，继归项墨林，以后递藏至龚自珍，最后归于陈介祺，为流传有绪之物，或疑伪作者决非也。

而弟绝幸，为昭仪居昭阳舍。十一页下

直按：西安汉城遗址曾出土昭阳镜，铭云："昭阳镜成，宜佳人兮。"阳成二字为韵，佳兮二字为韵，背面涂金，制作精绝，每字篆隶相间，尤为特色，当为昭阳舍中所用之物无疑。

壁带往往为黄金釭。十一页下

直按：《小校经阁金文》卷十三、一百十页，有金釭。阮元题字云："班固《西都赋》云：金釭衔壁，是谓列钱。何晏《景福殿赋》云：落带金釭，此焉二等，即此金釭也。《汉书·外戚传》飞燕女弟，壁带往往为黄金釭，函蓝田璧，径五寸，今以汉尺度釭中，适容五寸，此釭即昭阳舍中物。"云云。三十年前此釭流传在沪，徐积余先生曾见之，后函告余云："满身作瓜皮绿，苍翠欲滴，涂金深藏翠绿之内，真尤物也。"又按：壁带旧注指屋中墙内之横木两头以金为釭，釭中再嵌壁玉，即《西都赋》之"屋不呈材"。余以为不独墙内之横木为然，即屋檐前出头之木椽，亦用此形式装饰，即《西都赋》所谓之"金釭衔壁，是为列钱"。又昭阳舍中服用器具，无不满涂黄金，即《西都赋》所谓之"器不露形"。

掖庭令辅等。十二页下

直按：阮氏《积古斋钟鼎款识》卷九、二十五页，有建昭雁足镫文略云："考工辅为内者造铜雁足镫。"疑即本传文之掖庭令辅，不但时代相合，考工、掖庭两令同属于少府，职位亦相当。

验问知状者，掖庭狱丞籍武，故中黄门王舜、吴恭、靳严，官婢曹晓、道房、张弃，故赵昭仪御者于客子、王偏、臧兼等。十二页下

  直按：掖庭令丞属少府，《汉旧仪》称为掖庭狱令，中都官有狱者三十六所，当时皆可繁称为某某狱令，与本传文正合。曹晓为曹宫之母，道房人名。

前属中宫为学事史。十二页下

  直按：《续汉书·百官志》九卿属吏，皆有学事之名称，与本传文正合，后汉制度因袭前汉也。

有婢六人，中黄门田客持诏记。十三页上

  直按：黄门与中黄门俱属少府，与尚方一官分左右中为三官者不同。

封御史中丞印。十三页上

  直按：《封泥考略》卷一、六页，有"御史大夫章"封泥，本文御史中丞亦当称章，今称印者循文字习惯也。

其十月中，宫乳掖庭牛官令舍。十三页上

  直按：牛官令不见于《百官表》，当为少府掖庭令之属官，其职位疑在监以下。

武发箧中，有裹药二枚，赫蹏书曰，告伟能努力饮此药，不可复入。十三页下

  孟康曰：染纸素令赤而书之，若今黄纸也。应劭曰：赫蹏，薄小纸也。

  直按：《居延汉简释文》一一四页，有"官写氏"。四〇四页，有"二氏自取"。五七〇页，有"氏□十八出氏□言正起□一页"各记载。余考氏即纸字省文，此纸之记录最早者，居延木简为西汉中晚期物，与本传文所记赫蹏书之纸时代正相合。

宫长李南，以诏书取兒去。十四页上

  直按：《小校经阁金文》卷十一、一〇一页，临虞宫镫，有"守宫令相省"。又建昭雁足镫、中宫雁足镫，皆有"主右丞宫令"题名，宫令之

职位,当与本传文之宫长相似。宫令与宫长盖皆宦者为之,胡三省注《通鉴》,疑宫长为妇官非是。

诏使严持乳医及五种和药丸三,送美人所。十四页下

直按:五种者五味药也,药丸三盖亦大丸,严为靳严人名,乳医淳于衍见《许皇后传》。

美人以苇箧一合,盛所生儿。十五页上

直按:《居延汉简释文》三八八页,有器物簿简:"大苇箧一(劳榦原释误作篚箧,今订正)。"用苇编箧,盖汉人之作法也。

元寿元年崩,合葬渭陵,称孝元傅皇后云。二十一页下

直按:《汉印文字徵》第六、十三页,有"傅阳园印",疑即傅皇后寝园令长之印。

更使中谒者令史立。(冯婕伃)二十五页下

颜师古曰:官为中谒者令,姓史名立。

直按:当为中谒者属官之令史,名立,颜注解为姓史名立非也。

乃更号为黄皇室主。(孝平王皇后)二十九页上

直按:《汉印文字徵》第七、十四页,有"黄室私官右丞"印,即黄皇室之简称,与本文正合。

序自汉兴终于孝平,外戚后庭,色宠著闻,二十有余人。然其保位全家者,唯文景武帝太后及邛成后四人而已。二十九页下

直按:《后汉书·崔骃传》献书诫窦宪略云:"汉兴以后,迄于哀平,外家二十,保族全身,四人而已。"与本传文正合。

元后传第六十八

少学法律长安,为廷尉史。二页上

直按:元后父王禁,亦官丞相府少史,见《五行志》。

更嫁为河内苟宾妻。二页下

直按:《汉印文字徵》第三、二页,有"苟谭""苟遮多""苟芒""苟

安乐"等六印，皆以笱为苟，犹汉印梁姓作粱，范姓作笵，皆为当时之正体。本文作苟者，则为后代传写时所改。

微令旁长御，问知太子所欲。三页上

直按：《王莽传上》云："下至旁侧长御，方故万端。"又云："莽乃复以所益，纳徵钱千万，遣与长乐长御奉供养者。"长御在《汉书》中凡五见，长御盖宫中婢女之称，广州汉墓群中出有"常御第十三""常御第廿"两陶罐，又"常御三千"陶壶三题字，长常二字古通用，常御即本文之长御，知南越妇官亦用汉制（见《广州古墓葬发掘报告·广州汉墓上篇》七十三页《陶器文字登记表》）。

春幸茧馆，率皇后列侯夫人桑。十五页下

直按：《艺文类聚》卷十五扬雄《元后诔》云："蚕于茧馆，躬执筐曲。"《汉书》本段文字，大率皆取裁于诔文。

遵霸水而被除，夏游蘜宿鄠杜之间。秋历东馆，望昆明，集黄山宫。冬飨饮飞羽，校猎上兰，登长平馆，临泾水而览焉。十五页下

直按：扬雄《元后诔》云："春延灞浐，秋臻黄山，夏抚鄠杜，冬岬泾樊，大射飨饮，飞羽之门。"又云："玄冥季冬，搜狩上兰。"与本文一一吻合。沈钦韩疑飞羽为《西京赋》飞翔之误字，扬雄《元后诔》亦作飞羽，知沈说非也。

更为文母太后起庙，独置孝元庙故殿，以为文母篹食堂。十八页上

直按：《八琼室金石补正》卷三、二十四页，有永建食堂画像题字。卷四、六页，有文叔阳食堂画像题字。东汉人食堂二字盖本于篹食堂，但元后之篹食堂为生前宴饮之堂，永建食堂为祭祀追享之堂。

王莽传第六十九上

其以召陵、新息二县，户二万八千，益封莽。八页上

直按：《秦汉瓦当文字》八页，有"召陵宫当"瓦，两汉无在召陵建筑宫殿者，此瓦文字形式皆属于西汉末期制作，盖为王莽居摄时物。

液廷朕未充。十一页上

　　直按：掖庭作液廷，仅此一见。王莽事事变更汉制，如官名、地名、宫殿名称，皆加以改易。本文液廷疑即王莽所改而《汉书》失记者，不属于假借范围。

不隧如发。十四页上

　　直按：《隶释》卷十三石经《论语》残碑："未隧于地。"以隧为墜，与本文同。

三公言事，称敢言之。二十一页下

　　直按：《论衡·谢短篇》云："上事两府，何以称敢言之。"两府谓太守及都尉府，今以全部居延木简而论，公牍中称敢言之者极多，皆掾吏对长官之称，与王充所言上事两府称敢言之完全符合。本传文谓三公称敢言之，盖王莽在居摄时，尚不敢迳用臣某昧死言之形式。又《金文著录表补》四十四页，有汉"直千金，敢言之"六字鼎，敢言之由公牍语又演变为一般习俗语，犹"如律令"演变为道家符咒之末尾语。又敢言之在敦煌、居延两木简中数见不鲜，在《汉书》则仅此一见（另有一见，或以为衍文）。

是岁莽奏起明堂、辟雍、灵台。二十三页下

　　直按：《文选》扬雄《剧秦美新符命》云："明堂雍台壮观也。"与本文正合。

请受良愿等所献地为西海郡。三十页上

　　直按：现青海湟源县西分设海晏县，天水冯国瑞于距城五里之地，发现汉代古城遗址，中有巨型石刻，石基上刻篆书，有"西海郡始建国工河南"九字，每行三字，下有残缺。瓦当有"西海安定，元兴元年作当"同文者多种，与本传文正合。

当赐爵关内侯者，更名曰附城。三十九页下

　　直按：《封泥考略》卷九、一至二十九页，载有王莽时附城封泥五十七枚，上皆冠以里名。如"笃固里附城""梁于里附城"是也。其他如《齐鲁封泥集存》《续封泥考略》、汉铜印等，所有附城印泥不再举

例。又按：王莽所封附城，其里名皆为假设之名，非实有其地。分析类型约有三种：以人名者，如宁赵里、尊庞里、楼旧里（见《楼护传》）附城是也。以心名者，有心定里、广心里附城是也（王莽封爵之号，初名心，改名信，又名新）。以嘉名者，有显美里、昭仁里、仁勇里、乐岂里、修光里、弘光里等附城是也（以上并见《封泥考略》）。

御王冠，即真天子位，定有天下之号曰新。四十四页下

　　直按：王莽国号称新，其变名甚多。一称新家，《汉三国六朝纪年镜图说》九页，始建国镜铭云"唯始建国二年新家尊"是也（此镜为祥符周氏藏，得于福州，后归如皋冒氏，已毁于火）。二称新室，《元后传》及扬雄《元后诔》称为新室文母是也。三称黄室，《外戚·孝平王皇后传》更号为黄皇室主是也。四称新成，《汉印文字徵》第四、六页，有"新成左祭酒""新成日利"两印。第四、八页，有"新成顺得单右集"之印是也。五称薪世，或单称为薪，《秦汉瓦当文字》四十三页，有"薪世所作"瓦当。《十钟山房印举》举二，有"薪中酒单"印是也。上述仅新室、黄室，见于《汉书》，其余皆散见于铜器印镜等，现加以钩沉汇集，俾便参考。但王莽以新字为正式国号，如莽量之"德币于新"，汉镜铭之"新有嘉铜出丹阳"是也。以及其他莽印冠以新字者，皆可证明。王莽政令既繁，更改遽急，上述各例，故书传记不胜记。

王莽传第六十九中

始建国元年正月朔。一页上

　　直按：始建国元年正月朔日为癸酉，传世王莽各器皆元年所作为多，而王莽嘉量铭文中之诏书（此诏书亦见于箭范背面，各书未著录，吴兴沈氏藏），本传独不载，兹照录如下："黄帝初祖，德币于虞，虞帝始祖，德币于新。岁在大梁，龙集戊辰，戊辰直定，天命有民，据土德受，正号即真。改正建丑，长寿隆崇，同律度量衡，稽当前人。龙在己巳，岁次实沉，初班天下，万国永遵，子子孙孙，享传亿年（见《陶斋吉

金录》卷四、五十二至五十三页)。"又按:王莽更改汉代度量衡,现出土者有莽尺,见《小校经阁金文》卷十一、一〇六页。有始建国元年度,见《贞松堂集古遗文》卷十三、三十页。有新莽斗,见同卷三十二页。有新莽升,见《海外金文录》图一四六。有始建国元年撮,见《考古通讯》一九五七年第四期。有新八两权、一斤十二两权、五斤权、九斤权,均见《小校经阁金文》卷十一、一百十三页。有嘉量,已见上文。有莽称(甘肃定西出土),见《小校经阁金文》卷十一、一百十一页。有新莽律管,见《汉金文录》卷三、三十九页(以上各器,有些仅各举一例)。又按:秦代与王莽的权量,当时系普遍颁示各郡国之性质,而现在出土地点,仅见于陕、甘、豫、晋、鲁等省。长江流域以及东南沿海地区从未发现,未解何故,是值得研究的问题。

刘歆为国师嘉新公。二页上

直按:《封泥考略》卷八、一页,有"国师之印章"封泥,盖为刘歆之遗物。

京兆王兴为卫将军奉新公。二页下

直按:《封泥考略》卷八、二十九页,有"奉新公家丞印"封泥,与本文正合。并知王莽时公侯属吏有家丞,仍沿用汉制。

每一卿置大夫三人,一大夫置元士三人。四页上

直按:《封泥考略》卷八、二页,有"掌货中元士"封泥,则为大司农属官。《簠斋吉金录》卷五,有常乐卫士饭帻,铭文有"常乐卫士上次士",上次士盖次于元士,则为卫士令属官。

执金吾曰奋武。四页上

直按:《汉印文字徵》第一、七页,有"奋武中士印",则为执金吾之属官,与下文四百石曰中士正合。

长乐宫曰常乐室。四页下

直按:《簠斋吉金录》卷五,有常乐卫士上次士饭帻,地皇二年造。又余藏有西安三桥镇出土王莽钱范坑中之小圆石,上刻有"常乐"二字。又《汉纪年铭漆器图说》图版四十,始建国元年夹纻漆盘,有"常

乐大官"等题字。怀宁柯氏藏有"常乐苍龙曲候"封泥(《十钟山房印举》举二亦有此印,同文不同范),皆常乐即长乐改名之证。又苏联南西伯利亚所出"天子千秋万岁,常乐未央"瓦当,皆为王莽时物。知王莽不独长乐宫改名常乐室,即普通长乐颂祷之辞,亦皆改作常乐也。

未央宫曰寿成室,前殿曰王路堂。四页下

　　直按:《秦汉瓦当文字》卷一、十八页,有"寿成"瓦当,与本传文相合。又按:《居延汉简释文》卷一、三十四页,有"王路堂免书,初始元年十一月壬子□"简文(缺处当为下字)。劳榦考免书,即《王莽传》所云"故是日天复决其以勉书"是也。

长安曰常安。四页下

　　直按:汉瓦中有"常安鹿氏爵"瓦及常生无极瓦(拓本),盖皆王莽时物。

更名秩百石曰庶士,三百石曰下士,四百石曰中士,五百石曰命士,六百石曰元士。四页下

　　直按:《居延汉简释文》三○五页,有简文云:"右庶士士吏候长十三人。"《流沙坠简·考释·簿书类》四十三,有简文云:"敦德步广尉曲,平望塞有秩候长,敦德亭间田东武里五士王参,秩庶士。"又《居延汉简释文》五○三页,有简文云:"甲渠候□□始建国天凤上戊二年,年月吏□□至下士□别名。"又《封泥考略》卷八、二页,有"掌货中元士"封泥,皆与本传文相合。

封王氏,……其女皆为任,男以睦,女以隆为号焉。五页上

　　直按:《封泥考略》卷八、十三页至十六页,有"通睦子""愿睦子""丰睦子""盈睦子""进睦子"等封泥五枚,与本传文男以睦为号,则相符合。又汉印有"雅睦男徒丞"印(拓本)。《十钟山房印举》举二、五页,有"多睦子家丞""会睦男家丞""雒睦男家丞"三印。可证王莽封王氏男子爵,已发现者有子男二等,与封王氏女子爵共一等,名曰任,有所不同。又按:《封泥考略》卷八、二十四至二十六页,有"厚陆任""乐陆任""永陆任""安陆任"等四封泥。陆任二字连文,而封泥

及汉印不见隆字之封号,余以为隆即陆字之误字。女之封号为陆任二字连用,男之封号为睦则用一字,与《汉书》又微有不同。《汉书》原文应假设修改为"封王氏女爵为一等,以陆任为号。男爵为五等(包括公侯伯子男),以睦为号焉"。此段原文,本极简奥,经疏通解释方始明畅。又按:《封泥考略》卷八、十七页,有"渥符子家丞印"封泥,《十钟山房印举》举二、五页,又有"幸符子家丞印",似王莽于男睦女陆之外,又有以符为号者。

予以秋九月,亲入汉氏高元成平之庙。七页下

　　直按:王莽称汉为汉氏。证之《汉印文字徵》第九、四页,有"汉氏文园宰"印,第六、十五页,有"汉氏成园丞"印,与本文正合。

正月刚卯金刀之利,皆不得行。八页上

　　直按:服虔注:"刚卯长三寸(原文为长三尺,系误字),广一寸。"晋灼注:"刚卯长一寸,广五分。"以现时出土之刚卯证之,与晋说合。吴大澂《古玉图考》驳服氏长三寸广一寸之误,不知汉尺一尺等于今尺六寸左近,刚卯长三寸等于一寸八分。刚卯制作时,就玉料磨洗,长一寸八分者,系最高限度,服注未尝误也。又按:刚卯制作及佩带方式,见于《续汉书·舆服志》注,扬州张氏又得有严卯一品,传世刚卯多而严卯少。《居延汉简释文》五八三页,记载有木刚卯二品,因成所玉质难得,故以木质代替也。

更名天下田曰王田,奴婢曰私属,皆不得卖买。十页上

　　直按:王莽王田制度从《莽传》来看,是未实行,从古物材料来研究,是已实行一部分。莽制变更太速,时期太短,所以史家记不胜记,因王田未区分,则不能有间田。今既出土有间田印,故知有部分实行之可能,说见下条。又按:王莽解放奴婢,并不解放徒隶,西安汉城遗址曾出土有"雏睦男徒丞"印。雏为地名,睦为王莽时王氏男子封爵之称号,徒丞是管制徒隶之官吏,可证王莽对徒隶管制仍严。

开王于武功,定命于子同,成命于巴宕。十一页上

　　直按:武功谓武功长孟通也,子同谓哀章也,巴宕谓石牛也。

故是日天复决其以勉书。十一页下

晋灼注：勉字当为龟，是日自复有龟书及天下金匮图策事也。

直按：勉书即居延汉简初始元年十一月壬子下之王路堂免书，本文谓天复决定以书勉励王莽即真，孟康之说本甚明畅，晋灼注疑龟字之误非是，清李铭慈独是晋说，则更非也。

卯刘姓所以为字也。十二页下

直按：刘字篆文，从金从卯，卯古文酉字，据此汉代已解作从卯。

外及匈奴西域，徼外蛮夷，皆即授新室印绶，因收故汉印绶。十三页上

直按：王莽授新室印绶与匈奴西域等国，除见本传外，今可考者有"新前胡小长"印（见《汉印文字徵》第二、一页）、"新越余坛君"印（见《十钟山房印举》举二、六十页）"越贸阳君"印、"越青邑君印""新越三阳君"印（拓本）、"新西国千制外羌佰右小长"印（见《汉印文字徵》第七、七页）、"金国辛千夷槐佰右小长"印（见同书第十四、十五页）。新越余考为东越之地，西国、金国则皆未详。

中城主十二城门。十三页下

直按：《翟方进传》云"乃拜春王城门校尉王况为震威将军"，王莽改宣平门为春王城门。又按：《封泥考略》卷八、四页，有"建子城门校尉"封泥，王莽改厨城门为建子门广世亭。王莽每城门皆设一城门校尉，与汉代城门校尉主管十二城门之制度不同。

又遣谏大夫五十人，分铸钱于郡国。十四页下

直按：南阳发现有王莽时铸大泉五十钱遗址，见《文物》一九六三年十二期，与本文正合。

二年二月赦天下。十四页下

直按：《汉三国六朝纪年镜图说》九页，有始建国二年镜铭云："唯始建国二年新家尊，诏书赦下大多恩。"云云，镜铭之诏书赦下，与本传文之始建国二年二月赦天下正合。此镜之铸则必在二月以后。

牺和置酒士，郡一人，乘传督酒利。十五页上

直按：《居延汉简释文》卷二、一页，有残简文云："酒士一人，就还

觖得,一人□□。"此为张掖郡之酒士,简文指酒士似有二人,与本文不同。

又今月癸酉,不知何一男子,遮臣建车前。十五页下

直按:《论衡·实知篇》云:"孔子将死,遗谶书曰,不知何一男子,自谓秦始皇。"云云,《居延汉简释文》一七五页,有简文云:"□拔刀剑斗,□以所持剑格伤不知何一男子左□。"(亦见一七三页)可证不知何一男子,为西汉中晚期之习俗语。谶文之起于哀平,于此益信。

定胡将军王晏出张掖。十七页上

直按:《封泥考略》卷八、一页,有"定胡都尉章",知王莽官制将军之下又设有都尉。

吏民出入持布钱以副符传。十七页下

直按:刘燕庭解布钱即布泉是也。近人颇疑布泉不能代替通行证,不知并非单纯用布泉作通行证,只作为符传之副品。王莽之用意是推行钱货之信用,上文有"百姓不从,但行大小钱二品而已"可证。

不持者厨传勿舍,关津苛留。十八页上

直按:厨谓饭铺,传谓旅舍。居延汉简过所多有"当舍传舍从者"之文。又《居延汉简释文》卷一、八十一页,有"河津金关毋苛留"之简文,与本文正合,知皆为西汉人公牍中之习俗语。

侯九十三人,伯二十一人。二十三页上

直按:《金石续编》卷一,有始建国天凤四年莱子侯封冢记,莱子侯姓名未详,当亦在九十三侯之列。

置卒正、连率、大尹,职如太守,属令属长,职如都尉。二十八页上

直按:王莽连率虽掌管一郡,但所用印文,则在郡名下系以一县之名。证之《封泥考略》卷八、六页,有"豫章南昌连率"封泥。阮氏《积古斋钟鼎款识》卷十、七页,有"新与武亭□□连率"虎符。《小校经阁金文》卷十四、九十二页,有"新与压戎氏道连率"虎符,皆为郡县连称之证。连率即连帅,命名亦包含有以郡带县之义。《汉书》序连率次在卒正之下,与卒正之制度是否有异同,今不可考。又按:王莽

改太守为大尹,《封泥考略》卷八、八页,有"河南大尹"等封泥(兹举一例),独不见有卒正之封泥汉印。又按:王莽改都尉为大尉,《封泥考略》卷八、十一页,有"雁郡大尉"封泥,均与本传文相合。又《续封泥考略》卷五、五十六页,有"□武关大尉"封泥。知王莽关都尉亦称为关大尉。又按:王莽虎符略同汉制。但《增订历代符牌图录》卷上、九页,有"新与广有□□□□为雀符,广有郡右"之爵符。王莽增加爵符形式,亦为本传所未详。又按:《金石萃编》汉一,有祝其卿、上谷府卿两坟坛题字,居摄二年二月刻,似王莽时县宰亦可称卿,而从前考证者引应劭《汉官仪》,大县有丞左右尉,所谓命卿三人,卿指县丞尉而言,恐不适合于莽制也。

置州牧部监二十五人,见礼如三公。二十八页下

直按:《汉印文字徵》第六、二十二页,有"东部监之印"。王莽部监有二十五人,部名《汉书》未详,据印文似其中包括有东西南北四部监之名。又按:《流沙坠简·考释·杂事三》有简文云:"德候西域东域北域将尉,雍州牧、冀州牧,西部北部监,文德、酒泉、张掖、武威、天水、陇西、西海、北地。"此简虽为戍卒漫书,但西部监北部监文字甚为分明,与印文可以互证。又按:《居延汉简释文》五七一页,有简文云:"州牧八命,黄金印□绶。"州牧用黄金印,亦当为莽时制度,与本文见礼如三公正合。

分三辅为六尉郡。二十八页下

颜师古曰:《三辅黄图》云:渭城安陵以西,北至栒邑、义渠十县,属京尉大夫,府居故长安寺。

直按:《居延汉简释文》一三〇页,有"南书五封,一封诣京尉候利",盖京尉大夫属官之候名利也。

诸侯国间田为黜陟增减云。二十九页上

直按:《流沙坠简·考释·烽燧一》有简文云:"(上缺)间田武阳里年三十五,姓李氏,除为万岁候造史,以掌领吏卒为职。"又《考释·簿书四十三》有简文略云:"敦煌步广尉曲,平望塞有秩候长,敦煌亭

间田,东武里五土王参,秩庶士。"云云。歙县黄宾虹先生藏有"庐江亭间田宰"印。又《汉印文字徵》第十二、四页,有"成纪间田宰"印。此王莽间田之可考者,倘王田未经区分,则不能有间田之建置,东武里王参之简为地皇元年物,间田之规划疑即在其时。

其后岁复变更,一郡至五易名,而还复其故,吏民不能纪,每下诏书,辄系其故名。 二十九页下

直按:《专门名家》第一集,有"天凤三年二月鄣郡都尉钱君"墓砖。鄣郡本为秦郡,汉武帝时改为丹杨郡,王莽未改名,中间可能有改名,而还复其旧,此砖仍用秦郡名,莽改都尉为大尉,此砖仍用汉官名,是其明证。

中郎将绣衣执法在郡国者,并乘权势,传相举奏。 三十一页下

直按:《十六金符斋印存》有"绣衣执法"印,盖王莽时物。

自公卿以下,一月之禄,十稯布二匹,或帛一匹。 三十三页上

直按:汉代粗布有七缕、八缕、九缕、十缕之别。《史记·孝景本纪》:"后二年令徒隶衣七缕布。"《居延汉简释文》卷三、八页,有简文云:"七稯布今毋余。"又卷三、二页,有简文云:"广汉八稯布十九匹八寸大半寸,直四千三百廿。"又卷一、八十二页,有简文云:"九稯布三匹,匹三百卅三。"十稯布见本传文。以九稯布来比价,王莽时公卿以下月禄,每月只合六七百钱。又木简中帛一匹,通常价在五百至八百钱左右,与十稯布二匹价值确系相当。

令诸侯各食其同国则。 三十三页下

颜师古曰:谓公食同,侯伯食国,子男食则也。

直按:本传云:"子男一则,众户二千五百,土方五十里。"《金石索·金索》八十三页,有"长聚则丞"印。《十钟山房印举》举二、四十六页,有"丽兹则宰"印。《汉印文字徵》第四、三页,有"弘睦子则相"印。又第十、十四页,有"酀睦子则执奸"印(弘睦、酀睦皆王莽族人封号)。所谓则宰、则丞、则相、则执奸等名称,则字是代表子男爵位,以下系以官名,例如"丽兹则宰"相印,设为无爵者任此官,则仅称为"丽

兹宰印"矣。官名随爵名而改易,王莽时政令之繁琐如此。又西安汉城出土有"则寺初宫"瓦当(此瓦共出完整及残缺者各一,余得其残缺者,存上半"则初"二字,文字秀俊,确为西汉末期文字),似王莽时同国则爵位又有官署,初宫二字则未解。又则丞二字亦见于东汉阳泉使者舍熏炉,名称虽同,意义未必相同。

莽使太医尚方,与巧屠共刳剥之。三十五页下

直按:尚方谓太医令执事中之典方药者,非官名,与《郊祀志》栾大为胶东王尚方同解。

王莽传第六十九下

置执法左右刺奸。二页上

直按:《汉印文字徵》第六、六页,有"椪县左执奸"印。第十二、十五页,有"鄠睦子则执奸"印。可证王莽除京师置左右刺奸外,县与五等分国亦置执奸。

临淮瓜田仪等为盗贼,依阻会稽长州。二页上

直按:《居延汉简释文》一三五页,有简文云:"☐书十月乙酉下,丞相所奏临淮海贼,乐浪、辽东☐得渠率一人,赋钱卅万,诏书八月己亥下☐。"余考为王莽天凤六年物,临淮指瓜田仪,海贼指琅琊吕母之起义,与本文完全相合。

琅琊女子吕母亦起。二页上

直按:《御览》卷四百八十一引《东观汉记》曰:"海曲有吕母者,子为县吏犯小罪,宰论杀之,吕母怨宰,密聚客规以报仇。母家素丰,赀产数百万,乃益酿醇酒,买刀剑衣服,少年来酤者皆赊之,视其乏者,辄假衣裳,不问多少。少年欲相与偿之,母泣曰,县宰枉杀吾子,欲以报怨耳,诸君宁肯哀之乎。少年许诺,相聚得数十百人,因与吕母入海,自称将军,遂破海曲,执县宰杀之,以祭其子冢也。"又《后汉书·刘盆子传》注,吕母子名育,为游徼犯罪也。

驾巛马。四页上

> 直按：《隶释》卷四《石门颂》云："惟巛灵定位,川泽肱躬。"坤字作巛,与本文正合。

郡卒正连帅大尹为偏将军。八页上

> 直按：宋祁曰："卒字当作率。"此注恐有误字,本文系解释连帅者,应作"帅字当作率"。

昔符命文,立安为新迁王。八页下

> 服虔曰：迁音仙。

> 直按：《隶释》卷十《魏元丕碑》云："有毕万者,僊去在晋。"以僊为迁,与本文正同。

莽乃博徵天下工匠,诸图画以望法度算。十页下

> 直按：王莽九庙遗址在今西安枣园村附近。一九五八年秋间中国科学院考古所加以发掘,有"官工节碭周君长"题字刻石及"牛长兄""四年"等朱书柱础题字等。《地理志》梁国砀县,莽改为节砀,知确为九庙遗址,与本传文博徵天下工匠正合。

坏彻城西苑中建章、承光、包阳、大台、储元宫,及平乐、当路、阳禄馆,凡十余所。十页下

> 直按：包阳疑为浮阳之假借字,谓朝阳浮动也。大台则为犬台之误字,见《江充传》。

为铜薄栌,饰以金银琱文。十一页上

> 直按：《御览》卷一百八十八引《三辅故事》云："王莽起九庙,为铜薄栌。"又五百三十一引桓谭《新论》云："王莽起九庙,以铜为柱,荐带金银错镂其上。"皆与本文相合。又西安西乡出土有"安邑琱柱"瓦当(见《关中秦汉陶录》卷二),以琱为彫,亦与本文相合,为两汉习见之假借字。

钜鹿男子马适求等,谋举燕赵兵以诛莽。十一页下

> 直按：马适建见《百官表》。《隶释》卷十二《杨震碑》阴,有"常山马适□"题名,可证东汉时尚有此姓,并知为钜鹿著姓。

敢盗铸钱及偏行布货。十二页上

　　直按：布货即货布，是时物价踊贵，货泉仅值一钱，人民乐于用货布，一当二十五，故莽禁偏用之。

今臣临复适三十，诚恐一旦不保中室，则不知死命所在。十三页上

　　直按：中室为专门名称，犹平帝后之称黄室，上文有"据土中为新室统也"可证，王临封于雒阳，故称中室。

自此之后，不作信顺。十三页下

　　直按：信顺犹新顺也，王莽建五等封，其初曰心，后改为信，又改为新可证。

郎阳成脩献符命，言继立民母。十五页下

　　直按：郎官姓阳成名脩，《高惠功臣表》有梧侯阳成延，即建筑长安城者。

莽于是遣中散大夫，谒者各四十五人，分行天下。十五页下

　　直按：中散大夫《汉书》凡三见，一见于《萧望之传》，二见于本传卷中，三见于本文。又按：《流沙坠简·考释·簿书四十六》有残简文云："☐☐☐☐☐见行☐☐☐☐劳☐司马史诏致拜为中散大夫。"此简亦为西汉末期之物。简传互证，知中散大夫之官名起于西汉末期，一般学者皆以为起于东汉误矣。

长乐宫铜人五枚起立，莽恶之，念铜人铭有皇帝初兼天下之文。十五页下

　　直按：铜人铭所刻文字，当亦为始皇二十六年诏书。首二句云："廿六年皇帝尽并兼天下诸侯，黔首大安。"本传文称皇帝初兼天下，盖约举其文也。

平原女子迟昭平能说经，博以八投。十六页上

　　直按：诸城王氏藏有西汉迟元宗兄弟五人封冢记。《汉印文字徵》第二、十三页，有"迟中翁""迟赐""迟房"三印，可证迟氏为两汉习见之姓。能说经者能说博经也。似不必如王念孙说，将经博改作博经。

不在匈奴，而在封域之中也。十六页下

　　直按：《隶释》卷十三石经《论语》残石云："且在封域之中。"因避

高祖讳而改,与本文正同。

宣称巨人、从事、三老、祭酒。十七页上

直按:《后汉书·马武传》云:"王莽时竟陵、西阳三老,起兵于郡界。"王莽时各地起义之兵有但称三老者,与本传文正合。又《陶斋藏印》卷二,有"巨高万匹""巨董大年""巨李神瞿"等印,疑即王莽时自称巨人所用之印。

是岁大司马士按章豫州。十七页上

直按:《封泥考略》卷八、五页,有"司马右前士"封泥。本文之大司马士,当系简称。

令况领青徐二州牧事。十八页上

直按:《御览》卷四十二引《郡国志》云:"东海有谢禄山,王莽时东海徐宣、谢禄等击王莽将田况大破之,常屯兵于此,因名谢禄山。"又按:谢禄事迹亦见《后汉书·刘盆子传》。

赤糜闻之,不敢入界。十八页上

直按:《荀子·非相篇》云:"伊尹之状无须麋。"《隶释》卷六《北海相景君铭》云:"永不麋寿。"皆假麋为眉字,本文亦应作赤糜为是,今本作赤糜者,疑传抄之误字。

况随使者西到,拜为师尉大夫。十九页上

直按:《汉印文字徵》第十、十五页,有"师尉大夫丞"封泥,此师尉大夫之可考属官。

四月遣太师王匡,更始将军廉丹东。二十页上

直按:《汉印文字徵》第十二、三页,有"太师壁垒前私门丞"印,此王莽时太师属官之可考者。

至地皇三十年如故,是王光上戊之六年也。二十一页上

直按:王国维先生疑王光上戊之六年,为王莽预定之年号是也。上文有"予以神明圣祖黄虞,遗统受命,至于地皇四年为十五年。"则本文地皇三十年,是包括始建国及天凤以及预定之王光年号各六年,共十八年,则地皇应得十二年(若连居摄三年统算在内,则地皇应得

九年），占年独多，与王莽六年一改元之例，又有不同。又按：地皇当为地凰之省文，以与天凤相配。王光预定之年号，其取义本于三统。天凤为天统，地皇为地统，王光为人统，合之成为天地人三统。

皇祖考黄帝之时，中黄直为将，破杀蚩尤。二十二页下

直按：《尸子》佚文引作中黄伯，亦即此人。《汉印文字徵》第八、十七页，有"中黄寿"印。《书道》卷二十七、一三〇页，有"中黄市"印，一三一页，有"中黄翁伯"印。中黄复姓，疑为因中黄直之后而得氏。

司徒寻初发长安，宿霸昌厩。二十二页下

直按：《御览》卷一百九十一引《郡国志》云："雍州霸昌厩，在县西二十五里，王莽使司徒王寻发长安宿此。"《郡国志》所记，虽本于《汉书》，然指出地址在长安县西，不啻为《汉书》之注。

乃议遣风俗大夫司国宪等分行天下。二十三页上

直按：风俗大夫官名，姓司国名宪，此句历来无注。《十六金符斋续百家姓谱》十一页，有"司国奋""司国胜""司国汉成"三印。《十钟山房印举》举二十六、二十页，有"司国循""司国龟"二印。《汉印文字徵》第四、九页，有"司国鸾印"。足证司国在两汉为习见之姓，但此姓在古籍中仅此一见。亦不见于《元和姓纂》《姓氏急就篇》等姓书。

遣七公幹士隗嚣等七十二人。二十五页下

直按：《续汉书·百官志》："郡县诸曹各有书佐幹，主文书。"《隶续》卷十二《韩勑后碑》阴，有鲁相门下幹。卷十九《郑季宣碑》阴，有直事干。《隶释》卷六《北海相景君铭》，又省写作午字。以幹为官吏之名，盖始于王莽。

黄门、钩盾、臧府、中尚方，处处各有数匮。三十页下

直按：尚方令分为左右中三尚方，始于汉武帝时，现可考者有太初二年，中尚方造駼荡宫铜壶，见《汉金文录》卷二、二十五页。又按：《善斋吉金录》卷五、锺三，有始建国四年中尚方铜锺，与传文正合。中尚方主造鼎壶锺等用器，王莽时亦因循未改（已详《百官表》少府

尚方令注)。又按:《小校经阁金文》卷十三、五十六页,有隃麋家鋚,元鼎二年中藏冶将王宛之造。《百官表》无中藏之官名。而《续汉书·百官志》少府属官有中藏府,本传文之臧府即中藏府,与隃麋鋚正合。知西汉本有此官,东汉仍因袭不废。本传叙次且与黄门、钩盾、中尚方平列,皆为少府属官,则中藏府在西汉时亦属于少府无疑。

莽入室,下铺时众兵上台。三十三页下

直按:下铺亦见《天文志》。《居延汉简释文》卷一、三十四页,有简文云:"即日下铺时,鄣候上卒受国望。"同卷七十页,有"十二月辛未下铺二分""五月壬戌下铺时"各记载。与本传文均合。

校尉东海公宾就,故大行治礼。三十三页下

直按:大行治礼丞,官名也,见萧望之、平当等传。此简称也。

紫色䵷声,余分闰位。三十六页上

直按:《颜氏家训·勉学篇》云:"《汉书·王莽传》云:紫色䵷声,余分闰位,语以伪乱真尔。"此注最为简练,师古不取其祖说,窃所未解。

叙传第七十上

班氏之先,与楚同姓。一页上

直按:青海湟源出土《赵宽碑》云:"虽杨贾斑杜,弗或过也。"班氏以虎斑得姓,则斑当为正字,班为假借字,赵碑是也。又按:《金石续编》卷一《刘宋爨龙颜碑》云:"子文诏德于春秋,斑朗绍纵于季汉,斑彪删定汉记,斑固述修道训,爰暨汉末,采邑于爨,因氏族焉。"以班为斑,与赵碑同。其叙爨姓为班氏之后,则不见于其他古籍。又按:《隶释》卷六《武斑碑》云:"追昔刘向辨贾之徒,比□万矣。"是班字又可假借为辨,仅此一见。或《武斑碑》为其子弟所书,因讳斑字,而改作辨字,亦未可知,非正例也。

故北方多以壹为字者。一页下

  直按：两汉人多名翁壹，已见《韩安国传》注。或有因字须用两字者，故亦加翁字，如《百官表》少府宋畸字翁壹是也。

及赵李诸侍中，皆引满举白。三页上

  直按：《汉铙歌十八曲·将进酒》云："将进酒，乘大白。"与本文相同，为西汉人之习俗语。

儋石之畜。九页上

  直按：《隶释》卷十二《衡立碑》云："无儋石之稬。"与本文正同。

鱻生民之脼在。十三页上

  直按：《隶释》卷十二《武荣碑》云："鱻于双匹。"以鱻为鲜，本于《周礼》，与本文同。

东叺虐而殀仁兮，王合位虖三五。十五页上

  颜师古曰：叺，古邻字也。

  直按：《隶释》卷十《孙根碑》云："至于东叩，大虐戕（殀）仁。"汉碑从厶之字，或书作从口，故东叺变作东叩，与本文正同。为东汉时通常之隶体字。

旦算祀于挈龟。十五页下

  直按：《隶释》卷五《校官潘乾碑》云："众僎挈圣。"为契字之假借，与本文同，而本文又以契为挈字。

近者陆子优繇，《新语》以兴。二十二页下

  直按：《隶释》卷三《孙叔敖碑》云："家富人喜，优繇乐业。"以繇为游，与本文同，为东汉时之通常隶体假借字。

叙传第七十下

西土宅心，战士愤怨。二页上

  直按：战士愤怨，思东归也。见于韩信、韩王信两传及《汉铙歌十八曲·巫山高》篇（详见拙著《汉铙歌十八曲新解》）。

三桀之起，本根既朽。七页上

　　直按：三桀谓田儋、荣、横三弟兄也，朽根谓田齐没落贵族之后也。

荣如辱如，有机有枢。十一页上

　　直按：荣谓枚乘、贾山也，辱谓梁王欲杀邹阳也。

汉书叙例

服虔字子慎，荥阳人，后汉尚书侍郎，高平令，九江太守。

　　颜师古原注：初名重，改名祇，后定名虔。

　　直按：服虔三改名，颜注本于《后汉书》本传所改三名，皆与字子慎相适应，尤与重字切合，疑名虽三改，字则始终未改。

应劭字仲瑗，汝南南顿人，后汉萧令，御史营令，泰山太守。

　　颜师古原注：一字仲援，一字仲远。

　　直按：《汉旧仪》作字仲瑗，《文士传》作仲援，《后汉书》本传作仲远。又按：《隶释》卷十一《刘宽碑》阴，有"南顿应劭仲瑗"题名，与本文相同。劭字义与远相适应，疑初名仲远，改名仲瑗，仲援则为传写之误字。

伏俨字景宏，琅玡人。

　　直按：姚振宗《补三国志艺文志》引孙星衍建立伏博士始末，叙伏氏世系，为"始祖胜，秦博士。九世孙湛，光武时大司徒，阳都侯，十五世孙完嗣，女为献帝皇后，完诛后国除。十六世孙典，十七世孙严（当即俨字之误），注《汉书》"。姚氏注云："此世系嘉庆时邹平贡生王启运所叙。《后汉书·伏皇后传》琅玡东武人，俨乃伏完之孙，与颜师古称琅玡人正合。"《汉书》中伏注最少，始见于文帝后七年"服临者皆无践"句及《武帝纪》太初元年十二月"禋高里"句。

刘德北海人。

直按：姚振宗《补三国志艺文志》云："《通典》凶丧礼制，凡六引刘德问田琼，首一条称后汉刘德，其余称魏刘德。郑珍郑学录，以为郑康成弟子。"

郑氏，晋灼《音义》序云，不知其名，而臣瓒《集解》辄云郑德，既无所据，今依晋灼，但云郑氏耳。

直按：晋灼《音义》称郑氏，臣瓒《集解》称郑德，颜注取晋灼之说。然裴骃《史记集解》李广传，"而广自以大黄射其裨将"句，直称为郑德注，是裴骃亦从臣瓒之说。而《史记·项羽本纪》"塞王欣自刭汜水上"句，《集解》又引有郑玄注，玄疑氏之误字。

李斐不详所出郡县。

直按：李斐注在《汉书》中亦不多，始见于《高祖纪》"高祖为人隆准而龙颜"句，及《高祖纪》六年"齐得十二"句。

邓展南阳人，魏建安中为奋威将军，封高乐乡侯。

直按：邓展之名，除见《三国志·魏文帝纪》裴注引《典论》自序之外，又见《魏武帝纪》建安十八年，裴注引魏公令，"奋威将军乐乡侯刘展（刘为邓字之误）"。

文颖字叔良，南阳人，后汉末荆州从事，魏建安中为甘陵府丞。

直按：《文选》卷二十三有王粲《赠文叔良》四言诗，李善注引干宝《搜神记》云："文颖字叔良，南阳人。"《繁钦集》又云："为荆州从事文叔良作移零陵文。"（《御览》卷三百三十六有繁钦为史叔良作移零陵文，只存三句，又误作史叔良）钦曰："叔良为刘表从事，聘益州牧刘璋，王粲赠以此诗戒之。"皆与本文无一不合。又齐召南谓两汉无府丞官名，疑为甘陵丞之误。考耿勋官上党府丞（见《隶续》卷十一《耿勋碑》），武开明官吴郡府丞（见《隶释》卷六《武斑碑》），高颐官北部府丞（见《高颐阙》），皆见于汉碑刻。又《胶东令王君庙门碑》亦有勃海府丞之记载，齐氏之说至不可信。上述各碑刻皆东汉中晚期作品，知府丞之官亦当设于此时，与文颖时代正合。

张晏字子博,中山人。

  直按:《史记·魏其武安侯传》"局促效辕下驹"句。《张释之传》"上独出中渭桥"句。《叔孙通传》"故先令斩将搴旗之士"句。裴骃《集解》引张晏、臣瓒二家之注,皆张晏名在先,确知晏为曹魏时人。

如淳冯翊人,魏陈郡丞。

  直按:《列女传》卷三:"魏曲沃负,魏大夫如耳母也。"《刘屈氂传》有长安如侯,《王莽传》卷中有谏大夫如普,如氏盖为先秦两汉习见之姓。

项昭不详何郡县人。

  直按:《隋书·经籍志》:《汉书叙传注》五卷,项岱撰(刘昭《续汉书·祭祀志》注引作项威,疑为项岱之误字)。姚振宗《隋书经籍志考证》,疑项岱为项昭之误字,今《汉书》中项昭之注极少,《异姓诸侯王表》序(注文误写为项羽)及《严助传》有昭注二条,据《隋志》项岱所注仅为《叙传》,与项昭之注表传范围不同,因知项昭与项岱为二人,姚说似失之。

晋灼河南人,晋尚书郎。

  直按:《史记·绛侯世家》裴骃《集解》引晋灼注、引《巴蜀异物志》,可知晋灼时代当在西晋初期。

刘宝字道真,高平人,晋中书郎,河内太守,御史中丞,太子中庶子,吏部郎,安北将军。

  直按:《隋书·经籍志》史部,刘宝有《汉书驳议》。今《汉书》中刘宝注始见于高祖六年纪。颜师古注引晋太子庶子刘宝说,独称官名,与师古引其他注家体例不同。

蔡谟字道明,陈留考城人。

  直按:颜师古注《汉书》时,晋灼之《汉书音义》、臣瓒之《汉书集解音义》(此两书单行)、蔡谟之《汉书集解》(此书汇合正本与注解)三书俱在。师古以蔡谟为蓝本,别出己意者。伏俨、项昭、刘宝三家之说最少,盖亦从蔡书转引,非当时别有原本。师古仅说蔡注有二三处可取(贾谊《陈政事疏》师古引蔡谟注)。《翟方进传》萧该《音义》亦引蔡谟《集解》。

一九六一年二月写竣
一九六四年二月第三次校补
一九七二年二月第四次校补
一九七七年八月第五次校补

陈直自记

史记新证

自 序

忆余在十三岁时,从先君子读书于苏北东台县西溪乡之三贤祠,始开始读《史记》,句读依照《史记评林》本,谨略识大义。嗣后越两岁必一读,偶有心得,签纸别注。在二十四岁时,成《史汉问答》二卷,今日加以检阅,可存之说,仅百分之五而已。反之历岁签记,多有可取者,以个人之限度而言,则学与年进。

太史公首创纪传体,实为通史形式,其主要之点,在于厚今薄古,尤注意在武帝一代。在全部五十二万字数之中,汉事占百分之四十,不仅为景帝作本纪,为武帝亦作《今上本纪》,现存《武纪》,后人补以《封禅书》,等于有目无书,而创作标题,残迹犹在。其他如魏其、武安侯、韩安国、卫青、霍去病、公孙弘、李广、苏建等人,距《史记》之成书,其卒年多则三十年,少则十余年,有许多人,皆亲承言笑,对于传文之褒贬,则不为曲笔。最奇者如《平准书》后半多涉及桑弘羊事,弘羊之卒,在昭帝始元之末,太史公不为生人立传,设或弘羊卒于武帝太初四年以前,可以推测太史公必为立传,因盐铁均输诸大经济政策,皆自弘羊发之。乃班固撰《汉书》时,漫不省察,不为弘羊立传,此班马识鉴之优劣也。太史公反抗统治阶级,则为其一贯之政治思想,不因遭李陵之祸而产生。观于本纪首黄帝,年表首共和,世家首吴太伯,列传首伯夷,推崇让德,其意至微亦至显。为项羽作本纪,推崇项氏,不啻与汉廷对立。乃在赞语末尾,加以"此天亡我,岂不谬哉"数句,故作烟幕以掩饰。为陈涉作世家,赞美秦末农民之起义,此事不必为汉廷讳,故直接称为"初作难,发于陈涉"。太史公之书,自称迄于麟止,为武帝太初四年,然《报任安书》,在征和二年,上距麟止,已有十年。

其时百三十篇,草稿粗具,又必有一段润饰补定时期。一般学者每指太初四年以后,征和二年以前之事,皆为后人附益,未必符合实际情况。

《太史公自序》说:"藏之名山,副在京师。"可证存于天禄石渠者为副本,与正本不知有无异同,正本疑即杨恽所宣布之本,西汉学者所读皆为副本。太史公手写之副本,可能毁于王莽之乱,但所以不绝者,当时已副中录副。西汉王朝,虽恶其书,亦甚重其书,藏之密而守之慎。东平王求读副本而不可读,能读见者,官吏如桑弘羊、王凤,校书如扬雄、刘向父子,博士如褚少孙、桓宽、冯商等十余人而已。到了东汉初年,尚为半公开式,王允指为谤书,可见当时对《史记》之评价,纵有研习者,书名仍排列在《汉书》之后,今日称为班马,不称为马班,仍沿着二千年来相传之习俗语。

《史记》在刘歆《七略》,及《汉书·艺文志》,均列入"春秋类"。本名《太史公书》,再变称为《太史公记》,三简称为今名《史记》。追溯《史记》之名称,正式开始于东汉桓灵之际。注解之作,据传说始于东汉时延笃,作《音义》一卷,久已不存。继之者晋有徐广,梁有邹诞生,两注亦散佚。现当以裴骃《集解》为最古,次则为唐张守节之《正义》,司马贞之《索隐》,三家鼎立,蔚为大观。清代至近世,有专著者约十余种,以梁玉绳《史记志疑》最为精核。

日人泷川君成《史记会注考证》,水泽君又成《考证校补》。泷川《考证》一书,其体例以日本官私所藏各旧写本,钩稽异同作校字。又用日人及我国注解《史记》者,汇合贯串作考证。在校字方面,将删佚之《正义》,全数补入。在考证方面,采摭众家,搜罗宏富,是其所长也。又有无关于考证者,如《项羽本纪》,引恽子居《西楚霸王都彭城论》全篇之类,殊嫌赘疣。对于我国传世古物情况,亦多隔阂,如考证《武帝纪》,对于黄伯思《东观余论》记载之"益延寿"瓦,不敢判其真伪,是其所短也。总言之,剪裁取舍,是费了一番功力,但出于己者"坚壁不可撼"之精说并不多。

太史公作《殷本纪》,合于殷墟甲骨文者,有百分之七十。推之《夏本纪》,虽无实物可证,亦必然有其正确性。如《楚世家》之楚侯逆、楚王颁,皆与传世铜器铭文相符合,尤见其记载之正确性。又如寿县蔡侯墓近出铜器群,倘无《蔡世家》,则蔡侯后期世系,即无从参考。更如《汉兴以来将相名臣年表》,所记立大市、立谷口邑、立阳陵邑等,皆不见于《汉书》。反与出土古物,若合符节。余之为《史记新证》,是在《会注考证》及《考证校补》之外,加以解释,其材料多取材于考古各方面。如殷代则用殷墟甲骨文,两周则用铜器铭文,秦汉则用权量、石刻、竹简、铜器、陶器诸铭文。使文献与考古合为一家,其他有新义者,亦一并附入,积年所得,发箧加以整理,因《汉书》完成在先,与之重复者,大部分均已删削。书名《史记新证》者,多以出土之古器物,证实太史公之记载,与逐字作训诂音义者,尚微有区别。又所引古器物,前后略有再见者,或因性质之不同,或就繁简之需要,不得不附带加以说明。六十平头,精力尚未过衰,由于晚际盛时,心情跃进,将从社会主义,过渡到共产主义,三五年中,拟更多写作,以古为今用也。

一九五八年十二月
镇江陈直撰于西大新村

本 纪

五帝本纪第一

黄帝居轩辕之丘,而娶于西陵氏之女,是为嫘祖。《史记会注考证》十五页

直按:《愙斋集古录》卷十六、二十五页,有鱿甫人作嬺妃媵匜。又《捃古录》金文一之三、三十三页,有嬺妊作安壶。孙诒让《古籀余论》云:"嬺字疑为嫘祖二字合文。"知传说之黄帝元妃嫘祖,事或有征。

帝颛顼高阳者,黄帝之孙,而昌意之子也。十七页

直按:太史公叙黄帝世系,皆本于《世本》及《大戴礼》(当时仅称为《礼》),武梁祠画像题字云:"帝颛顼高阳者,黄帝之孙,而昌意之子。"与《史记》相同,亦本于《世本》。

帝喾取陈锋氏女,生放勋。二十一页

《索隐》:皇甫谧云:陈锋氏女曰庆都。

直按:《小蓬莱阁金石文字记》,有《汉成阳灵台碑》,为尧母庆都而立,与皇甫谧之说正同。

帝尧者放勋,其仁如天,其知如神,就之如日,望之如云。二十二页

直按:武梁祠画像题字"帝尧放勋",题字五句,完全与本文相同,盖同本于《大戴礼·五帝德》篇。

分命羲仲居郁夷，曰旸谷。 二十四页

直按：《尚书·尧典》作旸夷，《经典释文》引《史记》作禺铁，与今本《史记》异，夷为铁字省文，《说文》铁字或体作铱。长沙仰天湖所出楚竹简，第三简云："铱筴一二十筴，皆又绘缝。"是战国时铁字多书作铱，太史公所谓古文，盖据当时流传之竹简原本。

其民析，鸟兽字微。 二十五页

直按：胡厚宣氏《释殷代求年于四方和四方风的祭祀》文略云（见《复旦大学学报》人文科学版第一期）：殷代甲骨文中，或记东南西北四方名和四方风名，如武丁时一块大牛胛骨刻字四行说"东方曰析，凤（风）曰劦。南方曰𡗚，凤曰兇。西方曰𢎘，凤曰彝。𠁁历曰𠂤，凤曰㱿"。此甲骨文与《尚书·尧典》，厥民析鸟兽孳尾，厥民因鸟兽希革，厥民夷鸟兽毛毨，厥民隩鸟兽氄毛，及《山海经》的四方名和四方风名，均相适合。《尧典》成书时代，可能为西周作品，《山海经》亦不尽荒唐之言。

尧曰：鲧负命毁族，不可。 二十九页

直按：屈子《离骚》云："鲧婞直以亡身兮，终然殀乎羽之野。"屈子对鲧的评价，与其他文献记载不同。

舜乃在璿玑玉衡以齐七政。 三十三页

直按：《古玉图考》五十页，有璿玑图，汉世以来，谓之浑天仪。

扑作教刑，金作赎刑。 三十八页

《集解》：马融曰：金，黄金也。

直按：《淮南子·泰族训》云："故舜深藏黄金于崭岩之山，所以塞贪鄙之心也。"此文献中舜时有黄金之记载。又《管子》及《盐铁论·力耕篇》皆云汤以岩山之铜铸币以赎其民，此文献金作赎刑之记载，虞夏时是否已用金属及已用金属货币，尚属存疑，文献与古物相符合处，距离甚远。

舜耕历山。 四十六页

直按：武梁祠画像题字云："帝舜名重华，耕于历山，外养三年。"

与本文同，外养未详。

象曰：本谋者象。象与其父母分。四十九页

  直按：此段节括《孟子》文，《孟子》由战国末期到西汉时即已盛行。如《毛传》《韩诗外传》《盐铁论》及《史记》皆引《孟子》原文，与赵岐章句之本，微有不同。

贪于饮食，冒于货贿，天下谓之饕餮。五十二页

  直按：《吕氏春秋·识览篇》云："周鼎著饕餮，有首无身，食人未咽，害及其身。"与本文适合，现出土商鼎，以饕餮纹为多，与《吕氏春秋》亦合。

而禹、皋陶、契、后稷、伯夷、夔、龙、倕、益、彭祖，自尧时而皆举用，未有分职。五十四页

  《索隐》：彭祖即陆终氏之第三子。

  直按：屈子《天问》云："彭铿斟雉帝何飨，受寿永多夫何久长。"斟雉之事不见于其他文献，彭祖大年之说，盖战国时已有之。《论语·述而篇》，窃比于我老彭，尚未言及受寿久长也。

弃主稷，百谷时茂。五十九页

  直按：五谷中黍稷播种在先，西安半坡村、鱼化寨新石器时代遗址中，皆出有类似稷米之种子，与文献可以互相证明。又《说文》云："稷为五谷之长。"

总之不离古文者近是。六十六页

  《考证》：沈涛曰：是古文即谓《尚书》，《太史公自序》：年十岁则诵古文。

  直按：古文盖谓战国时书写原本之竹简，仍保存于汉代者，或汉代儒生从竹简传抄，而非以隶古写定者，通谓之古文，非专指《尚书》而言。

夏本纪第二

九江入赐大龟。 十七页

直按：《禹贡》原文作入锡大龟,太史公解锡为赐字。近人有疑锡为蜴字之假借,颇为近是。

至于龙门,南至华阴。 二十七页

直按：《秦本纪》阴晋县,秦惠文王更名宁秦,汉高祖始改曰华阴。《禹贡》成书,多定为战国时代,以华阴证之,当有西汉初人之附益。

禹曰：予辛壬娶涂山,癸甲生启,予不子。 三十八页

直按：《金石萃编》卷六,有《开母庙碑》亦言辛壬癸甲事,与此可以参考。

帝禹东巡狩,至于会稽而崩。 四十二页

直按：《金石萃编》卷十一,有禹陵窆石题字,题跋引《绍兴府志》略云:"康熙初浙江学使张希良曾拓之,以意读得二十九字,盖汉代展祭之文。"

有扈氏不服,启伐之,大战于甘。 四十三页

直按：《夏本纪》赞语云:"禹为姒姓,其后分封,用国为姓,故有夏后氏、有扈氏、有男氏、斟寻氏。"云云。是太史公以有扈氏与夏同祖,而《淮南子》以有扈为夏启之庶兄,与《史记》赞语相合。

殷本纪第三

冥卒,子振立,振卒,子微立。 三页

直按：《楚辞·天问》云:"该秉季德,厥父是臧,胡终弊于有扈,牧夫牛羊。"今本《竹书纪年》云:"夏帝泄十二年,殷侯子亥宾于有易,有易杀而放之。"徐文靖笺云:"子亥迁殷见《世本》,子亥为冥子,迁殷在夏侯帝芬三十三年,至是三十八年矣。"余考亥为冥子,《世本》作

核，《史记》作振，振即核字传写之误。《古今人表》作垓，《天问》作该，惟殷墟甲骨文及《竹书》作王亥。《天问》又云："恒秉季德，焉得夫朴牛，何往营班禄，不但还来。昏微遵迹，有狄不宁。"戬寿堂所藏殷墟甲骨文有"高祖王恒"一片卜辞，王静安先生考王恒即《天问》之恒秉季德，其说至确。盖王恒与王亥为昆弟，季当为冥之字无疑。《山海经·大荒东经》云："困民国……有人曰王亥……，王亥托于有易河伯仆牛，有易杀王亥取仆牛。"《竹书纪年》云："帝泄十六年，殷侯微以河伯之师伐有易，杀其君绵臣。"沈约注云："殷侯子亥宾于有易而淫焉，有易之君绵臣，杀而放之，故殷上甲微假师于河伯以伐有易，灭之，杀其君绵臣。"《国语·鲁语》云："上甲微能率契者也，故殷人报焉。"甲骨文卜辞中，对殷之先王先公，祭祀用牲，最为隆重，祭王亥则多至三百牛（见《观堂集林》卷九《释王亥》）。《天问》之昏微，昏必为上甲微之字无疑。

伊尹名阿衡。 六页

　　直按：《殷墟前编》卷上、二十二页，皆有以酒祭伊尹之记载，推之仲虺、汝鸠等人，当亦可信，疑古之喙，可以稍息矣。

于是汤曰：吾甚武，号曰武王。 十页

　　直按：王静安先生谓周代谥法，皆生前之称，非死后之追加，其说至确。商代汤自号武王，亦其显例。

中𩂣作诰。 十二页

　　直按：仲虺作中𩂣，太史公盖依古文传写，𩂣篆形当作𩂣，像虺在田间形。

太子太丁未立而卒，于是乃立太丁之弟外丙。 十四页

　　直按：《太平御览》卷八十三引《竹书纪年》，作外丙名胜，沃丁名绚，小庚名辨，小甲名高，雍己名仲，河亶甲名整，祖己名滕，小辛名颂，小乙名敛，祖庚名曜，祖甲名载，商代帝王之名，多不见于其他文献，当有所本。至于甲骨文与《史记·殷本纪》，名称不同者，亦综述如下：上甲微甲骨文只简称上甲，报乙作匚乙，报丙作匚丙，报丁作匚

丁,主壬作示壬,主癸作示癸,天乙作大乙,外丙作卜丙,南壬作中壬,沃丁作羌□丁,外壬作卜壬,河亶甲作戋甲,沃甲作羌□甲,阳甲作𧊒甲,廪辛作且辛,庚丁作康且丁,武乙作武且乙,太丁作文武丁,应当以甲骨文为正(甲骨文祖甲作且甲,盘庚作般庚,为古今字,非商代帝王之异名,故不具引)。

是时说为胥靡,筑于傅险。二十二页

《正义》:胥靡,腐刑也。

直按:《史记·申公传》云"乃胥靡申公",徐广注亦为腐刑。《隶释》卷十《汉幽州刺史朱龟碑》云:"永昌太守曹鸾上□解党以不纠摘获庆胥靡,潜于家巷。"可证东汉人解胥靡为禁锢之义,本文则又似指为普通犯刑之人,皆不作腐刑解。徐广解胥靡为腐刑,盖因熏胥二字而误,《汉书·司马迁传》赞云"乌乎史迁,熏胥以刑"是也。

九侯有好女,入之纣。二十八页

直按:《楚辞·招魂》云:"九侯淑女,多迅众些。"与本文正合。洪兴祖《补注》:九侯谓九服之诸侯。失之。

崇侯虎知之,以告纣,纣囚西伯羑里。二十八页

直按:《殷墟书契菁华》二页大龟甲,有"王曰侯虎毋归"之记载,疑即指崇侯虎而言。

箕子惧,乃详狂为奴,纣又囚之。三十二页

直按:《楚辞·天问》云"梅伯受醢,箕子详狂",与本文相同。

殷之大师少师,乃持其祭乐器奔周。三十二页

直按:《史记·礼书》云:"仲尼没后,受业之徒沈湮而不举,或适齐楚,或入河海,岂不痛哉。"太史公是以太师挚等为鲁哀公以后时人,与伪孔传相合。又《十二诸侯年表》序云:"太史公读《春秋历谱牒》,至周厉王未尝不废书而叹也,曰呜呼师挚见之矣。"是太史公又以师挚等为周厉王时人,与郑注周平王时人略合。而本文又以师挚等为殷末时人,与《汉书·古今人表》相合。但以太史公一人之书,而三变其说,盖皆采撷原文,不加改正,故有此差异也。

周本纪第四

古公有长子曰太伯,次曰虞仲,太姜生少子季历。八页

　　直按：《楚辞·天问》云："吴获迄古,南岳是止,孰期去斯,得两男子。"《天问》所指为太伯、虞仲适吴采药事,吴获疑为吴太伯之名,古为古公亶父。

子昌立,是为西伯,西伯曰文王。十页

　　直按：一九七六年岐山出土墙盘,叙文武成康昭穆世系甚详。长由盂亦云穆王在下淢居,确如王国维氏所说西周各王,皆生前之自号。又文武二字,盂鼎作玟王,蓝田近出之利鼎亦作珷王,盖西周初人所创之新字。

帝纣闻武王来,亦发兵七十万人距武王。二十五页

　　直按：殷墟甲骨文记载商代用兵,至多一万余人,本文之殷纣发兵七十万人,与实际不符合,只可疑以传疑。

武王有瘳,后而崩。三十七页

　　《正义》引《括地志》云："武王墓在雍州万年县西南二十八里毕原上也。"

　　直按：今毕原上有秦惠文王及秦悼武王二陵,俗伪为周文王、武王陵,《正义》盖沿相传之说,《皇览》已辨之。

召公为保,周公为师,东伐淮夷、残奄,迁其君薄姑。四十页

　　《集解》：郑玄曰：奄国在淮夷之北。

　　直按：证以一九五四年十月吾乡大港区烟燉山下发现铜器一大批,内有文字者一件为矢簋。出土之地,当即西周初期之墓葬,可证在彼时成周之政令,已达于江淮之间。

昭王南巡狩不返,卒于江上。四十二页

　　直按：《楚辞·天问》云："昭后成游,南土爰底,厥利维何,逢彼白雉。"即指此事,逢白雉则不见于其他文献。

立昭王子满,是为穆王。穆王即位,春秋已五十矣。四十二页

　　直按:一九五四年长安县斗门镇普渡村发现铜器,后由陕西省文管会派人清理,当为西周墓葬。所出铜器有十七件,最著者为长由盉,铭文有云:"佳三月初吉丁亥,穆王在下淢居,穆王乡丰,即邢伯太祝射,穆王蔑长由以逑。"足证穆王为生前之称,非死后之谥,与禹鼎之称武公同例,并证王静安先生所称西周生称谥法之情况适合。

召公、周公,二相行政,号曰共和。五十六页

　　直按:《正义》引《鲁连子》及《竹书纪年》,皆作共伯名和。《楚辞·天问》云:"中央共牧后何怒。"余昔考共牧为共敀之误字,敀为伯字之假借字,亦指共伯和而言。《啸堂集古录》五十三有师嫠敦文云:"惟王元年正月初吉丁亥,伯龢父若曰,师嫠乃祖考有勋于我家。"又《小校经阁金文》卷八、八十一页,师兑敦亦云:"余既令女正师龢父嗣左右走马。"同卷八十三页,师骜敦亦有"师龢父"之记载。金文之伯龢父,疑即共伯和,师嫠敦或为宣王元年伯和父归政后所作器。战国以来,解共和者,多作共伯和,与太史公所据不同。

辛伯告王,王杀周公。六十八页

　　直按:周公之后,仍称周公。杭州邹氏藏有周公戈,是其明证(见《周金文存》卷六、二十二页)。

九年致文武胙于秦孝公。八十二页

　　直按:秦右庶长歜封邑陶券文云:"周天子使卿大夫辰,来致文武之酢。"即指此事。周显王之九年,为秦孝公之二年也。

秦本纪第五

于是复予秦仲后,及其先大骆地犬丘并有之,为西垂大夫。十页

　　直按:《陶斋吉金续录》下、二十七页,有大騩权刻秦始皇二十六年及二世元年两诏书,大騩疑为地名,《秦本纪》之大骆,即为大騩误文。

三年文公以兵七百人东猎，四年至汧渭之会。十二页

　　直按：石鼓文第五鼓第四行，有"游汧殹沰沰"等字，当即记文公东猎汧渭事。石鼓文自郑樵疑为秦刻，近人更发挥其说，确不可易。但在秦某公时所刻，尚未有定论，比较以文公时为适合。

宁公卒，大庶长弗忌、威垒三父，废太子而立出子为君。十六页

　　《考证》：冈白驹曰：大庶长、威垒，官名；弗忌、三父，人名。

　　直按：秦爵二十级，一级曰公士，至十九级为关内侯，二十级为通侯，一般人以为商鞅创法。证以本文，秦当春秋初年，即有此制度。威垒疑官名，冈白驹之说是也。威垒虽不见于其他文献，当与汉代中垒校尉相似，又《秦始皇本纪》后附记作威累，与本文相异。

德公元年，初居雍城大郑宫。十八页

　　直按：大郑宫遗址在今凤翔东乡，出土有"王干"二字瓦当，四周有云纹，瓦为圆形，非半规式，最早在战国末期。

以牺三百牢祠鄜畤，卜居雍，后子孙饮马于河。十八页

　　直按：《正义》及《考证》，解者皆以三百牢为三白牢之误字，不可用三百牢祭天，其实非也。殷墟甲骨文既有以二百牢、三百牢，祭王亥、上甲微之记载矣，何独于秦人祭神用三百牢而疑之。

戎王使由余于秦，由余其先晋人也，亡入戎，能晋言，闻缪公贤，故使由余观秦，秦缪公示以宫室积聚。三十二页

　　直按：徐陵《玉台新咏》序云："凌云概日，由余之所未窥，万门千户，张衡之所曾赋。"盖即用本文由余观秦宫室事，凌云台又为魏事，并非由余有凌云概日之事也。

桓公立二十七年卒，子景公立。三十九页

　　直按：一九一九年天水西南乡出土秦公敦，文略云"秦公曰：丕显朕皇且，受天命，鼏宅禹绩，十又二公"云云。与《薛氏钟鼎款识》著录之盄龢钟辞句相似，十有二公盖自秦仲起算。王静安先生考为德公以后物，或有以为景公时物者，文皆打字，与始皇瓦量手法相同。

十年卫鞅为大良造，将兵围魏安邑，降之。五十一页

直按：《小校经阁金文》卷十一、十九页，有大良造商鞅量云："十八年齐率卿大夫众来聘，冬十二月乙酉大良造鞅，爰积十六尊五分尊□为升。临，重泉。"底另刻始皇廿六年诏书四十字，十八年当为秦孝公纪年，正商鞅行新法之时，至二十二年封鞅始为列侯，号商君。此器底刻始皇廿六年诏书者，因始皇所颁行之权量，与商鞅所定之权量，完全相同。故虽时隔百年，仍然可用。仅加刻秦诏书，以示遵行法令。可见始皇之制度，大部分因于商鞅也。又量文首行云："齐率卿大夫众来聘。"观其语气，似齐国率众来秦观光，亦有仿效变法之意，此事为文献所未记载。

十二年作为咸阳，筑冀阙。五十一页

《正义》：刘伯庄云："冀犹记事，阙即象魏也。"《考证》：冀读为魏，阙巍然而高，故谓之巍阙。

直按：冀谓冀州也。《淮南子·泰族训》云："周之衰也，戎伐凡伯于楚邱以归，故得道则以百里之地，令于诸侯；失道则以天下之大，畏于冀州。"《盐铁论·论功篇》云："凡伯囚执而使不通。"又云："先帝为万世度，恐有冀州之累。"屈子《九歌·云中君》云："焱远举兮云中，览冀州兮有余。"据此举冀州之名，即可以代表九州，此为先秦两汉人之习俗语。又秦代阙与门二字，皆包含有四至之义。《秦始皇本纪》三十五年"于是立石东海上朐界中，以为秦东门"。《隶释》卷二《汉东海庙碑》碑阴云："阙者秦始皇所立，名之秦东门阙。"足证冀阙犹言冀门，谓以冀州为门户也，是时秦未有冀州，特托名以自雄，与普通宫阙之名称不同。

秦徙都之，并诸小乡聚。五十一页

直按：《淮南子·说林训》云："橘柚有乡，萑苇有聚。"《盐铁论·论诽篇》云："檀柘而有乡，萑苇而有聚。"乡聚连称，为先秦两汉人之习俗语。

四年天子致文武胙,齐魏为王。五十六页

　　直按:一九四八年鄠县出土有秦右庶长歜封邑陶券。文两面刻,正面六行,背面三行,连重文共一百一十九字。文云:"四年周天子使卿大夫辰来致文武之酢,冬十一月辛酉,大良造庶长游出命曰,取杜在酆邱到滈水,以为右庶长歜宗邑,乃为付书,卑司御不更顒封之曰:子子孙孙,以为宗邑。顒以四年冬十一月癸酉封之,自桑障之封以东,□到桑□(以上正面),封一里廿辑。大田佐敖童,曰未史,曰初□,卜蛰史骂手,司御心志,是□封(以上背面)。"此券叙周天子致文武胙事,与本文正合。当即惠文君时制作。

七年公子卬与魏战,虏其将龙贾,斩首八万。五十六页

　　《考证》:秦无公子卬,当为公孙衍之讹,《苏秦传》作犀首。

　　直按:上文五年阴晋人犀首为大良造。《苏秦传》《战国策》《史记》传皆作犀首,不称为公孙衍。只有《楚世家》以公孙衍、樗里疾并称,景春以公孙衍与张仪并称。犀首之官,任者不止公孙衍一人,而犀首之名,几为公孙衍之代表。本文之公子卬,当为秦代之公子,不能定为公孙衍之误字也。

十四年更为元年。五十八页

　　直按:秦惠王始创改元之纪年,西汉文景之中元后元,盖仿于此。

伐取韩石章,伐败赵将泥。六十页

　　直按:《六国年表》作赵荘是也,荘字汉代或写作庄,与尼字相似,后人又变作泥。

十三年庶长章击楚于丹阳,虏其将屈匄。六十一页

　　直按:《金石索·石索一》四十一页,《诅楚文》略云:"有秦嗣王,敢用吉玉宣璧,使其宗祝邵鼜,布憿告于不显大神巫咸,及大沈久湫,以底楚王熊相之多辠。"又云:"使介老将之,以自救也。"《集古录》跋尾引王伯顺云:《诅楚文》凡三,曰久湫、曰巫咸、曰亚驼,其词则一,惟告于神者随号而异。此石当刻于惠文王十三年左右,介老为将,亦足以补史之阙文。

八月武王死,族孟说。六十四页

　　《集解》:秦武王冢在扶风安陵县西北,毕陌中大冢是也,人以为周文王冢,非也。

　　直按:《集解》之说,本于《皇览》是也。现俗称之周文王陵为秦惠文君冢,周武王陵为秦武王冢,两冢形式与秦庄襄王冢相同,确皆为秦制。

四年取蒲阪。六十五页

　　直按:西安西南乡战国秦时墓中出有"蒲阪"方足布一枚,知蒲阪货币,当时已在秦流通。

十三年……左更白起攻新城。六十七页

　　《考证》:据传是年白起未为左更。

　　直按:《秦本纪》十四年又记左更白起,攻韩魏于伊阙,斩首二十四万。白起在十三年疑已官左更,此本纪与本传之异同,不能决定为孰是。

三十三年客卿胡伤攻魏卷、蔡阳、长社取之。七十三页

　　直按:胡伤为人名,非姓名连称。《建元以来王子侯者年表》有封斯侯刘胡伤。《小校经阁金文》卷十五、五十一页,有周仲镜,末记吴胡伤里,皆可证胡伤为先秦两汉人之习俗语。

击芒卯华阳,破之。七十三页

　　《索隐》:芒卯魏将,谯周云:孟卯也。

　　直按:《周金文存》卷六、九十一页,有立事剑云:"王立事岁彏彏命孟卯右军师司马仓尉导执剂。"盖即芒卯之物,谯周作孟卯是也。

四十一年夏,攻魏取邢丘、怀。七十五页

　　直按:《双剑誃吉金图录》下、三十二页,有相邦冉戟云:"廿一年相邦冉之造雍工师叶(正面),雍坏德(背面)。"坏德即怀德。此戟为魏冉当秦昭王二十一年复相时所铸,怀县已入秦国版图,本文谓昭王四十一年,始攻魏取怀,与戟文互异。

五十一年,将军摎攻韩,取阳城、负黍。七十九页

　　直按:《双剑誃吉金图录》下、三十一页,有四年相邦戟文云"四年相邦樛斿之造,栎阳□上造□",戟文之相邦樛斿,疑即本文之将军摎,下脱斿字。四年官相邦,或为始皇之四年也。樛摎二字通假,史记·南越传》"邯郸樛氏女",《汉书》则作摎氏也。

尊唐八子为唐太后。八十页

　　《正义》引晋灼注《汉书·外戚传》:八子视千石比中更。《考证》:中井积德曰:不得援汉制解秦官,晋灼非。

　　直按:汉官皆本秦制,宫妃名号,当亦承秦制,晋灼之注,本无可厚非,中井屡言不能援汉制解秦官,是拘墟之见也。

孝文王元年,赦罪人,修先王功臣,褒厚亲戚,弛园囿。孝文王除丧,十月己亥即位,三日辛丑卒,子庄襄王立。八十一页

　　直按:梁玉绳谓孝文王之立,书之重,言之复,读史者疑为羡文错简,其实非也。秦昭王以五十六年秋卒,是岁为庚戌,孝文王次年十月除丧之后,正式即位,在位仅三日即卒,盖古代帝王在卒之年,嗣王继立,不更年号,孝文王亦同此例。特孝文仅在位三日,时期之短,无逾此者,其事实突出,后世史家故疑叙事有误文。

秦始皇本纪第六

当是之时,秦地已并巴蜀、汉中,越宛有郢,置南郡矣。北收上郡以东,有河东、太原、上党郡。东至荥阳,灭二周,置三川郡。三页

　　直按:《金文续考》四十页,有上郡戈铭云:"廿五年上郡守□造,高奴工师窅、丞申、工鬼薪㪥。"原器藏朝鲜平壤中学。本文所叙秦有上郡为始皇元年事,此戈当为始皇廿五年所铸。

蒙骜、王齮、麃公等为将军。三页

　　《集解》引应劭曰:麃,秦邑。《索隐》:麃公盖麃邑公,史失其姓名。

直按：麃为姓，非秦邑名。《金石萃编》卷九《韩勑造孔庙礼器碑》碑阴，有涿郡太守鲁麃次公及乐安相鲁麃季公二人题名。又卷十九有汉安乐太守麃君亭长及府门之卒二石人题字。又《古石抱守录》有"河平四年，平阴庞里麃孝禹"刻石（此石为真品，疑伪非也）。皆可证麃为姓氏，本文之麃公，亦当为鲁人无疑。又《封禅书》"其明年郊雍，获一角兽若麃然"。《集解》引韦昭曰："楚人谓麇为麃。"则麃为楚语，鲁人盖因楚语为姓氏，亦非秦邑名也。

天下疫，百姓内粟千石，拜爵一级。四页

直按：汉代民爵，每级值二千，秦代入粟千石，始拜爵一级，此秦汉制度不同之点，亦可见秦爵比汉爵为贵。

八年王弟长安君成蟜将军击赵，反，死屯留，军吏皆斩死，迁其民于临洮。六页

直按：《古泉大辞典》上编、二一八页，有"文信"泉。二五一页有"长安"泉。疑秦代通侯及封君，皆能各以其封地铸钱。汉初诸侯王得自铸钱，即循秦制。文信钱在河南王城发现钱范，应为吕不韦所铸，长安钱疑为始皇弟长安君成蟜所铸。

长信侯毐作乱而觉，矫王御玺及太后玺，以发县卒及卫卒、官骑、戎翟君公、舍人。八页

直按：秦代御玺不可考（传国玺有疑义，兹不具论）。汉代帝王所用六玺，现可见者只有"皇帝信玺"封泥（见《封泥考略》卷一、三页）。又《十钟山房印举》有"肖（赵）太句（后）钵"。可证战国时各国太后皆用御玺。

卫尉竭、内史肆、佐弋竭、中大夫令齐等二十人，皆枭首车裂以徇，灭其宗，及其舍人轻者为鬼薪。十页

直按：《汉书·百官公卿表》，少府属官有左弋令丞，武帝太初元年改左弋为佽飞，西安汉城遗址出土有"佐弋"瓦，怀宁柯氏藏有"宜秋佐弋"封泥，皆作佐弋，与本文同，《汉书》作左弋者为省文。又按：《金文续考》四十页，上郡戈有"工鬼薪哉"之题名，此戈为始皇廿五

年所造,与本文时代正合,汉代鬼薪为三岁刑,盖因秦制。

杨端和攻衍氏。十一页

直按:秦代武将蒙氏、王氏之外,则有杨氏。见于《史记》者有杨端和、杨樛(见琅邪台石刻题名)、杨熊、杨喜等人(见《项羽本纪》及《高祖本纪》)。又《淮南子·人间训》云"使蒙公、杨翁子将,筑修城,西属流沙,北击辽水,东结朝鲜"云云。杨氏必为华阴人,为东汉杨震之先世,杨喜则为其嫡支之祖,其他诸杨,世系不可考,《唐书·宰相世系表》《元和姓纂》等,则不敢依据也。

韩非使秦,秦用李斯谋留非,非死云阳。十五页

直按:秦代云阳有狱,西汉因之。王僧虔条疏古来能书人名云:"秦狱吏程邈善大篆,得罪始皇,囚于云阳狱。"《盐铁论·毁学篇》亦云李斯"车裂于云阳之市"。

数以六为纪,符、法冠皆六寸,而舆六尺。六尺为步,乘六马。二十四页

直按:符谓虎符,法冠谓御史之惠文冠。上虞罗氏藏有两秦符(见《小校经阁金文》卷十四、八十九至九十页),其一阳陵符文云:"甲兵之符,右才(在)皇帝,左才阳陵。"其二新郪符文云:"甲兵之符,右才王,左才新郪。凡兴士被甲,用兵五十人以上,必会王符,乃敢行之,燔燧事虽毋会符行殴。"此秦符之仅存者(又最近丈八沟出土杜符,文与新郪符相同)。

一法,度衡石丈尺。车同轨,书同文字。二十九页

直按:秦代权量所刻始皇廿六年诏书,《史记》独不载,文云:"廿六年皇帝尽并兼天下诸侯,黔首大安,立号为皇帝。乃诏丞相状、绾,法度量,则不壹,歉(嫌)疑者皆明壹之。"共四十字,除权量外,并见于秦度、秦釜等器,皆为廿六年同时所颁定。本文一法二字当逗点(一字当日应写作壹),度衡是两种名词,石属于衡,丈尺属于度,旧读作一法度恐非。又秦权量系以地名者,有旬邑、美阳、平阳等地。甘肃庆阳曾出一禾石铁权,文字则用铜片镶嵌,比较特殊。

徙天下豪富于咸阳十二万户。三十页

直按：《全后汉文》卷一〇三《尹宙碑》云："秦兼天下，侵暴大族，支判流迁，或居三川，或居赵地。"为秦时分散豪富于各地之证，不独徙至咸阳也。

秦每破诸侯，写放其宫室，作之咸阳北阪上。三十页

直按：《长安图志》卷中《志图杂记》云："又有得瓦作'楚'字者，亦秦瓦也。秦作六国宫室于北阪上，意者必用其国号以别之欤。"北阪即今之咸阳原上，楚字瓦未见拓本。秦始皇时因庄襄王名子楚，故讳楚字，皆改称楚为荆，此瓦尚有疑义。

二十八年，始皇东行郡县，上邹峄山。三十二页

直按：《史记·秦始皇本纪》载秦代六刻石文，独遗峄山。《会注考证》已补录全文。峄山重刻，共有七本，以郑文宝所摹西安府学本为第一，审其笔画，疑为徐铉之临本。又秦刻石每句四字，《史记》所记泰山刻石首句为二十有六年，秦汉人书二十皆作廿。原文应作廿有六年。琅邪台、之罘、会稽各刻石，二十皆当作廿，三十当作卅。

乃遂上泰山……，禅梁父。刻所立石。三十三页

直按：《山左金石志》云："宋时泰山刻石存二百二十三字，《绛帖》刻有全文。至清初存二十九字，乾隆五年毁于火，蒋因培后在玉女池检得残石，今存十字。"又按：《绛帖》所摹全文，西面六行，共六十三字。北面三行，共三十六字。东面六行，共六十七字。南面七行，共五十六字。共存二百二十二字。冯氏《金石索》，又依残缺处，补有全文模型。今以《绛帖》校正《史记》各句，不同之字，条列如下："亲巡远方黎民"，石刻作"覲輈远黎"。"大义休明"，石刻作"大义著明"。"垂于后嗣"，石刻作"陲于后嗣"。"皇帝躬圣"，石刻作"皇帝躬听"。"男女礼顺"，石刻作"男女体顺"。"施于后嗣"，石刻作"施于昆嗣"。不同之处，皆《史记》传抄之误文，当以石刻为正。

作琅邪台，立石刻，颂秦德，明得意。三十六页

直按：《金石萃编》卷四，摹秦琅邪台石刻，现存自五大夫（赵婴）

起、至制曰可止,共存八十六字。又秦琅邪台遗址,出土"延年"半瓦最多,见《簠斋藏器目》。

列侯武成侯王离,列侯通武侯王贲。三十八页

直按:王离为王贲之子,郭沫若氏谓题名似不能在王贲之上,疑王离为王翦之误字。现存琅邪台石刻,前段已佚,惜不能勘正。王翦在始皇伐楚时,尚未封侯,翦之受封,当在始皇并六国以后,王贲盖自以功封侯者也。王翦之死,当在始皇末期,《王翦传》有"秦二世之时,王翦及其子贲皆已死"之语可证。又按:题名王离封武成侯,王贲封通武侯,赵亥封建成侯,成封昌武侯,冯毋择封武信侯,疑所封皆非地名,而以武成二字为封号,说详下文《绛侯世家》注。

丞相隗状、丞相王绾、卿李斯、卿王戊、五大夫赵婴、五大夫杨樛从。三十九页

直按:隗状原本作隗林,自《颜氏家训》已考证为隗状,现今出土之秦代权量,无不作丞相状、绾者。

始皇还过彭城,斋戒祷祠,欲出周鼎泗水,使千人没水求之,弗得。四十一页

直按:《金石索·石索四》七页,武梁祠武氏左右室画像有秦始皇升鼎图。所画已从水得鼎情状,鼎形为汉鼎式,亦非周鼎式,盖皆以意为画,非事实也。

登之罘刻石。四十二页

直按:之罘刻石,《汝帖》摹有后段十四字。

始皇为微行咸阳,与武士四人俱,夜出逢盗兰池。四十四页

直按:《汉书·地理志》渭城县注有兰池宫。《汉书·杨仆传》云:"受诏不至兰池宫。"《汉铙歌十八曲·芳树》篇云"行临兰池",皆为兰池宫在汉代尚存之明证。又《金石萃编》卷四摹有"兰池宫当"瓦,跋云:"赵文学得自咸阳。"现此瓦咸阳东乡尚有出土者,盖即宫之遗址。

三十二年,始皇之碣石,使燕卢生求羡门高誓。四十五页

《集解》:羡门,古仙人。《正义》:高誓亦古仙人。《考证》引梁玉

绳曰:《封禅书》羡门子高与《郊祀志》羡门高是一人。又引张文虎曰:誓字不可解,非衍即误,或有脱文。

直按:宋玉《高唐赋》云:"有方之士,羡门高豀,上成郁林,公乐聚谷。"宋玉所指之高豀,当即本文之高誓,应为一人。豀与誓为一声之转,诸家之说皆非也。

若欲有学法令,以吏为师,制曰可。五十二页

直按:《居延汉简释文》卷三、四十一页,有简文云:"肩山候并山隧长公乘司马成,中劳二岁八月十四日,能书会计,治官民,颇知律令文。年三十二岁,长七尺五寸,觚得成汉里,家去官六百里。"居延各简,类此甚多,皆有"颇知律令文"一句,知仍沿用秦代功令之以吏为师。

隐宫徒刑者七十余万人。五十四页

直按:隐宫当为隐官相沿之误字。近出《云梦秦简·军爵律》云"工隶臣斩首及人为斩首以免者,皆令为工,其不完者,以为隐官工"可证(见《文物》一九七六年七期)。

于是立石东海上朐界中,以为秦东门。五十四页

直按:《全后汉文》卷一○二《汉熹平元年东海庙碑》云:"阙者秦始皇所立,名之秦东门阙,事在《史记》。"此石原在江苏海州,为汉之临朐界,碑文所记与本文正合。

益发谪徙边。五十八页

直按:汉木简皆称为适卒,盖假借字(见《流沙坠简考释·戍役类》二十二页)。

三十七年十月癸丑,始皇出游,左丞相斯从,右丞相去疾守。六十一页

直按:《盐铁论·毁学篇》云"过九轶二"(指李斯而言)。过九者谓九卿也,轶二者谓秦代左右两丞相也,与本文正合。

在中车府令赵高行符玺事所,未授使者。六十六页

直按:《汉书·艺文志》:"《爰历》六章,中车府令赵高作。"赵高盖深通小学者,与下文赵高曾授胡亥书正合。又秦始皇陵出土有"左

司高瓦",亦疑为赵高监造之瓦。左司为左司空之省文,说详下文九月葬始皇郦山条注。

赵高故尝教胡亥书及狱律令法事,胡亥私幸之。六十七页

直按:赵高教胡亥书,盖指《爰历篇》等,兼及律令文而言。

九月葬始皇郦山。六十八页

直按:始皇陵在今临潼县东南十里骊山脚下,断砖残瓦遍地皆是。余始发现砖瓦上有文字,计有"左司显瓦"砖、"左司高瓦"砖、"左司空"瓦片、"燥"字砖、"闵"字瓦片。后郑振铎氏又在陵上采集得夔龙纹大残瓦当。左司当为左司空之简文,显高当为人名,余疑高为赵高所监造之瓦,高官左司,《史记》失载。左司空秦代亦当属于少府,主造砖瓦及石刻,一九五七年霍去病墓上所出不知名兽,亦刻有"左司空"三大字。近年在陵区掘出人马俑千余件,英姿雄杰,可谓集技巧之大成。

二世东行郡县,李斯从,到碣石并海南至会稽,而尽刻始皇所立刻石,石旁著大臣从者名,以章先帝成功盛德焉。皇帝曰:金石刻尽始皇帝所为也,今袭号而金石刻辞不称始皇帝,其于久远也如后嗣为之者,不称成功盛德。丞相臣斯、臣去疾、御史大夫臣德昧死言,臣请具刻诏书刻石,因明白矣,臣昧死请。制曰可。七十一页

直按:秦权后段有补刻秦二世元年诏书者,文云:"元年制诏丞相斯、去疾,法度量,尽始皇帝为之,皆有刻辞焉。今袭号而刻辞不称始皇帝,其于久远也如后嗣为之者,不称成功盛德,刻此诏,故刻左,使毋疑。"与本文前段相同,而峄山、琅邪两石刻,后段与本文完全相同(之罘刻石今所摹存者为二世补刻之诏书,泰山刻石今所摹存者,亦有二世补刻之诏书)。知太史公所记,本于《秦纪》,完全正确。

藉使子婴有庸主之材,仅得中佐,山东虽乱,秦之地可全而有,宗庙之祀未当绝也。八十八页

直按:《文选》卷四十八引班固《典引》序云"永平十七年,臣与贾逵、傅毅、杜矩、展隆、郗萌等,召诣云龙门。小黄门赵宣持《秦始皇本

纪》问臣等曰：太史迁下赞语中宁有非邪？臣对：此赞贾谊《过秦篇》云：向使子婴有庸主之才，仅得中佐，秦之社稷未宜绝也"云云。班固《典引》，即是辨论太史公引证贾谊《过秦论》之是否正确，非论太史公之述作也。

武公享国二十年，居平阳封宫。一〇四页

   直按：阮氏《积古斋钟鼎款识》卷九、五页，有"平阳封宫"铜器，与本文正合。

昭襄王享国五十六年，葬芷阳。生孝文王，孝文王享国一年，葬寿陵。生庄襄王，庄襄王享国三年，葬芷阳。一〇八页

   直按：《长安志》卷十一尖冢，引《两京道里记》曰："在通化门外二里。"《皇览》云是吕不韦冢。《三辅旧事》云是子楚母冢。韦述《两京记》云是秦襄王寿陵。现在西安东门外，距郭门稍近者有一大冢，为秦陵式，人多不注意，一般人皆指为庄襄王陵者，因冢制庞大。然昭襄、孝文、庄襄三王，皆葬芷阳，究为谁陵，颇难断定。但自宋以来，均呼为韩森冢（见《长安图志》卷中《志图杂记》）。至今犹然，且名其地为韩森寨，所不解也。

惠文王生十九年而立，立二年，初行钱。一〇九页

   直按：此文当出于《秦纪》，惠文王时初铸之钱，从未有出土者，不知是用布形，或圆钱形式。

项羽本纪第七

项羽乃与期洹水南殷虚上。二十四页

   直按：洹水殷虚在今安阳县，宋人称为河亶甲城（郭宝钧先生云：宋人所指之河亶甲城，当今安阳之侯家庄）。举世瞩目之甲骨文，出于小屯村，称为殷虚（墟）贞卜文，命名即本于《史记》。

楚左尹项伯者，项羽季父也。二十七页

   《考证》：中井积德曰：季而字伯，不知何缘故。

直按：项伯在同父兄弟中则为伯，在共祖兄弟则为季，故名季字伯，至今江南各地，风气犹然。

张良曰：谁为大王为此计者？曰：鲰生说我曰：距关毋内诸侯，秦地可尽王也，故听之。 二十八页

直按：《艺文类聚》引《楚汉春秋》作解生，盖解为鲰字之误。汉代从鱼之字，可写作从角，《曹全碑》"鳏寡"作"觟寡"，推此例鲰字写作觕，与解字形相近，因而致误。

项王乃立章邯为雍王，王咸阳以西，都废丘。 三十七页

直按：《愙斋集古录》卷二十六、五页，有废丘鼎。《十钟山房印举》举二、四十五页，有"灋丘左尉"印，灋丘即废丘之假借字，四周有界格，与废丘鼎皆秦末时物。高祖二年，即改废丘为槐里，即今之兴平县也。

赵将司马卬定河内，数有功，故立卬为殷王，王河内，都朝歌。 三十九页

直按：《史记·自序》，卬为司马蒯聩之玄孙。《晋书·宣帝本纪》"自卬八世生征西将军钧，字叔平"云云，《元和姓纂》《唐书·宰相世系表》并同。

项王自立为西楚霸王，王九郡，都彭城。 四十二页

直按：《秦楚之际月表》"义帝元年二月，项羽都彭城。同月又都江都（武英殿本，据宋刻）。"此条重要史料，细字夹杂在表文内，学者多不注意。仪征刘毓崧先生有《西楚霸王都江都考》，见《青溪旧屋集》。

乃使使徙义帝长沙郴县，趣义帝行。 四十五页

直按：项羽置义帝于郴县，取义在楚地疆域之内。

审食其从太公、吕后间行。 五十二页

直按：食其即今语之"吃完了呀"，盖当时之习俗语。不必读食为异声。故审食其、郦食其等，皆取以为名。

反国之王，难与守城。 五十七页

《考证》：王城二字为韵，盖当时有此成语。

必欲烹而翁,则幸分我一桮羹。五十九页

　　直按:桮谓羽觞,可盛酒,或盛羹。长沙、信阳战国楚墓中,乐浪汉王盱、王光墓中所出羽觞最多。

　　直按:此非语曰、谚曰,无所谓用韵。

是时赤泉侯为骑将追项王,项王瞋目而叱之。七十一页

　　直按:《汉书》赤泉侯作杨喜,太史公改称为赤泉侯者,避祖父司马喜讳也。下文叙杨喜封赤泉侯,在文理上则不能避矣,故直书之。

封吕马童为中水侯。七十三页

　　直按:汉城遗址曾出"童马厩将"印,有方界格,为秦末汉初之物。马童即童马,为初壮之马,盖当时之习俗语,故取以为名(又平州侯昭涉掉尾之子,亦名马童)。

高祖本纪第八

至南郑,诸将及士卒多道亡归,士卒皆歌思东归。四十一页

　　直按:《汉铙歌十八曲》有《巫山高》篇云:"巫山高,高以大,淮水深,难以逝。我欲东归,害梁不为?我集无高曳,水何梁,汤汤回回,临水远望,泣下沾衣,远道之人心思归,谓之何。"余昔撰《汉铙歌十八曲解诂》,疑此诗即写此事,高祖王巴蜀汉中,都南郑,故以巫山为代表,军士多江淮人,故以淮水为代表。

夫运筹策帷帐之中,决胜于千里之外,吾不如子房。六十六页

　　直按:汉《张迁碑》文,叙张良事作"运筹惟幕之内,决胜千里之外"。虽用《史》《汉》语,与今本却不同。

地势便利,其以下兵于诸侯,譬犹居高屋之上建瓴水也。七十一页

　　直按:旧注皆训瓴为盛水瓶,对于高屋上置水瓶,颇难理解。西安灞桥地区曾出"霸陵过氏瓴"一具,见《金泥石屑》卷二、一页。器形中空,一头大,一头小,为檐角滴水之用,故云高屋建瓴。

夫齐东有琅邪、即墨之饶，南有泰山之固，西有浊河之限，北有勃海之利。七十一页

　　直按：齐繁盛之都市首属临菑，《战国策·齐策》云"齐城之不下者，惟莒与即墨"，知即墨亦为要地。

乃论功，与诸列侯剖符行封。七十二页

　　直按：西汉与诸王及列侯虎符。其形式今可考者有"与安国侯为虎符第三"符，见《小校经阁金文》卷十四、九十二页。有"与泗水王为虎符泗水左一"符，见《恒轩吉金录》一百二十三页。颁发符数，由第一至第五，与郡守符相同。

高祖击筑，自为歌诗曰。八十页

　　直按：《汉书·艺文志》："高祖诗二篇。"盖指《大风》《鸿鹄》二首而言。《本纪》作自为歌诗，《乐书》称为诗三侯之章，皆无《大风歌》之名，其名为《大风歌》者，始于《艺文类聚》。又《金石萃编》卷十九，有《大风歌》刻石，题为"汉高祖皇帝歌"，为魏晋时所刻，亦不称为《大风歌》也。

使樊哙、周勃将兵击燕王绾。八十三页

　　直按：《安世房中歌》云"盖定燕国"，当作于此时。

吕后本纪第九

乃令永巷囚戚夫人。四页

　　直按：永巷为永巷令之省文，《汉书·百官公卿表》詹事属官有永巷令长丞。

齐丞相寿为平定侯。十三页

　　直按：齐寿，《史记》《汉书》侯表皆作齐受，西汉时受寿二字通用，平帝元寿年号，瓦片又作元受是也（元受二年瓦片，见《关中秦汉陶录》卷二）。

少府延为梧侯。十三页

　　直按：少府盖为将作少府之省文，延为阳成延。《十六金符斋印

存·续百家姓谱》十一页有"阳成房"印,《汉书·王莽传》云:"郎阳成脩献符命。"足证汉代有此姓。

八年十月,立吕肃王子东平侯吕通为燕王,封通弟吕莊为东平侯。二十页

直按:吕莊《汉书》侯表作吕庀,前人注《汉书》者,疑吕莊又名吕庀,其实不然。汉代写莊字,有作庄者,"庄氏一石"陶瓮可证(见《关中秦汉陶录》卷一)。《汉表》经后人传抄时,因形近遂误为庀字。

及封中大谒者张释为建陵侯。二十一页

直按:《汉书·百官公卿表》有谒者,《灌婴传》有中谒者,无中大谒者之名,此为汉初之官制,当与谒者仆射相类。犹崔寔《四民月令》标题官名为大尚书也。

孝文本纪第十

卜人曰:所谓天王者乃天子。五页

直按:卜人当即太常属官之太卜令,汉初王国设官皆如汉朝,非一般占卜之人。

大将军陈武。六页

《考证》:大将军陈武,《汉书》不载姓,唯言大将军武,服虔以为柴武,柴武为大将军在文帝三年,陈武亦他无所见。

直按:陈武即柴武,服虔之注是也。《高祖功臣侯表》称棘蒲刚侯陈武,又见《史记·孝文本纪》三年,《考证》谓陈武他无所见非也。又按:先秦至两汉,陈姓与姚姓通称,《战国策》姚贾,《孟子》作陈贾是也。陈姓与田姓通称,《田敬仲世家》改称田氏,现出土铜器、陶文仍称为陈氏是也。陈武又作柴武,或亦同此例。又按:《小校经阁金文》卷十一、四十页,有柴是一斗范阳侯鼎。西安汉城遗址又出有柴是一斗铜鼎(是即氏字假借,鼎存汉中王子献手中,未著录)。西汉柴是,无其他封侯者,决为柴武家所自造之器无疑,并可证明柴武自己称为柴氏,不称为陈氏。

子弘等皆非孝惠帝子,不当奉宗庙。七页

　　直按:弘即少帝之名,西安汉城遗址曾出带钩,上面有"皇帝弘"三字,三段连文,共有九字,未著录,盖为少帝之物。

齐王舅父驷钧为清郭侯。十八页

　　直按:《汉书·文帝纪》作靖郭侯,《史记》侯表作清都侯,《汉书》侯表作邬侯,徐广注:"邬一本作枭。"计有五说。《齐鲁封泥集存》十九页有"请郭邑丞"封泥。四十四页有"请郭丞印"封泥。可见当作请郭,疑即孟尝君父田婴所封之靖郭邑,《史》《汉》一误为都,再误为邬,三误为鄡,皆以字形相近而误。又《十六金符斋印存·续百家姓谱》有"驷悡""驷渭"两印,知汉代驷姓尚多。

九月初与郡国守相为铜虎符、竹使符。二十三页

　　《集解》:应劭曰:铜虎符第一至第五,国家当发兵,遣使者至郡合符,符合乃听受之。竹使符以竹箭五枚,长五寸,镌刻篆书,第一至第五。

　　直按:汉代虎符与诸侯王者称"汉与"及仅称"与"字两种。给郡守者,皆不称汉与。例如"与南郡守为虎符南郡左二"(见阮氏《积古斋钟鼎款识》卷十、七页)、"与张掖太守为虎符张掖左一"是也(见《长安获古编》卷二、三十一页)。又《居延汉简释文》卷一、八十一页,有残简文云"从第一始太守,从第五始使者,符合为□",似存在太守官府之符,由第一至第四,使者仅有第五符也。又按:现各考古书籍中著录之虎符,仅见太守之符,不见国相之符,而竹使符亦从未发现,或因竹质易于朽败欤。

于是以东阳侯张相如为大将军,成侯赤为内史,栾布为将军击匈奴。三十一页

　　《考证》:《汉书》作建成侯董赫。齐召南曰:《功臣表》董赫是董渫之子,封成侯,非建成侯,《史记》作成侯是也。

　　直按:《汉书·百官公卿表》文帝十四年内史董赤,当即成侯董赫之异文。又《艺文志》农家,有董安国十六篇,注汉代内史,不知何帝时,疑董安国为董赫之字。

欲出周鼎，当有玉英见。三十四页

　　直按：屈原《九章·涉江》云："登昆仑兮食玉英。"又按：《小校经阁金文》卷十五、九十页，有上太山镜铭云："上太山，见神人，食玉英，饮醴泉，驾蛟龙，乘浮云。"玉英之瑞，为先秦两汉人所称道如此。

群臣如张武等，受赂遗金钱，觉，上乃发御府金钱赐之，以愧其心，弗下吏。三十九页

　　直按：《汉书·百官公卿表》属官有御府令，盖等于都内令，皆藏有帝王之私蓄。

孝景本纪第十一

置南陵及内史祋祤为县。四页

　　《索隐》：邹诞生祋音都会反，又音丁活反。祤音羽，又音诩。

　　直按：《居延汉简释文》卷三、四十二页，有简文云："施刑士冯翊带羽掖落里王□。"带羽当为祋祤之俗字，然可证汉人读祋字为都会反，不读丁活反（会当读如会计之会）。

济南王辟光。五页

　　《正义》：辟音璧。

　　直按：辟光疑用《庄子》首篇"宋人有善不龟手之药者，世世以洴澼絖为业"而命名，《正义》音璧，于义无取。

复置津关，用传出入。七页

　　《集解》：张晏曰：传信也，若今过所也。如淳曰：两行书缯帛分持其一，出入关合之乃得过，谓之传。《汉书》李奇注：传棨也，或用缯帛，棨者刻木为合符也。

　　直按：《十钟山房印举》举二、五十四页，有"宜阳津印"，西安马氏藏有"函谷关印"封泥，皆为关津吏所用之印。又按：汉代人民过关，皆用符传，有四种不同形式。一曰符（见《居延汉简释文》卷一、八十二页，有橐佗隧长孙时符），二曰传（见同书同页，有四月戊午入关

传),三日过所(见同书同页,有元延二年居延令丞忠移过所),四曰繻(见《汉书·终军传》),其质料符、过所用木竹质,传用木质兼用缯帛,繻则专用缯帛。考其实际,符与传,性质名称均相近,在《史记》《汉书》之记载用传出入者,不称为用符出入,恐后人与虎符相混为一谈也。说详下卷酷吏《宁成传》注。

后九月伐驰道树,殖兰池。八页

直按:谓移植驰道树于兰池宫也,驰道亦仅指咸阳与兰池宫相近之一段而言。

令徒隶衣七緵布。十四页

直按:七緵布等于丧家所用之粗麻布,班固《汉书》在《景帝纪》删此文,为汉讳也。此外有八緵布,见《居延汉简释文》卷三、二页云"广汉八緵布十九匹八寸大半寸,直四千三百廿"。有九緵布,见同书卷一、八十二页云"九緵布三匹,匹三百卅三"。有十緵布,《汉书·王莽传》卷中云:"一月之禄,十緵布二匹。"緵名愈高,则布质愈细。

为岁不登,禁天下食不造岁。十五页

直按:食不造者,谓不以谷食造酒,一岁为禁令也。

孝武本纪第十二

亳人薄诱忌,奏祠泰一方。八页

直按:《封禅书》及《汉书》,并作亳人谬忌。谬忌盖人名,此作诱忌而又衍薄字,盖为后人亳字之注音而阑入正文。古亳薄二字通用,《左传·哀四年》"亳社灾",《公羊传》作"薄社灾"是也。

一元曰建元,二元曰以长星曰元光,三元以郊得一角兽曰元狩云。十四页

《考证》:顾炎武曰:是建元、元光之号,皆自后追为之,而武帝即位之初,亦但如文景之元,尚未有年号也。

直按:建元、元光两年号,并非追记。西安南郊曾出土有"建元四年高(下缺)"陶尊。又《藤花亭镜谱》卷一、四页,有汉元光元年五月

有司与太史公祠官宽舒等议。十四页

  直按：即上文黄腄人之史宽舒。《金石索·金索·印玺之属》有"沛祠祀长"印，盖为郡国之祠祀官，此为太史令之属官。

已而为胶东王尚方。十六页

  直按：为胶东王尚方令也，汉初王国设官，都如汉朝。《小校经阁金文》卷十三、六十一页，有胶东食官金刀亦其证。

于是上令长安则作蜚廉、桂观。四十一页

  直按：西安汉城遗址出土蜚廉画瓦甚多，其形身如鹿，头如雀，与晋灼注相合，盖即蜚廉观中之物。

甘泉则作益延寿观。四十一页

  《考证》：《郊祀志》作益寿延寿馆，颜师古曰：二馆名。宋黄伯思《东观余论》据雍耀间耕夫得古瓦，其首作"益延寿"三字，以为观名益延寿。夫瓦之真赝不可知，既未足凭，而益与延同义，不应复出。又其时并作者飞廉、桂观之属，或一字名，或两字名，何以此观独三字名乎，其为衍文无疑。《艺文类聚》六十三引《史》是作延寿观。

  直按：黄伯思《东观余论》所记及《史记》原文作益延寿观，皆确实无误。《汉书》作益寿、延寿观则为衍文也。吴愙斋在秦中曾得"益延寿"瓦，载在《愙斋砖瓦录》中，后此瓦归于南陵徐积余先生。《秦汉瓦当文字》卷一、十四页，摹有瓦文。在一九四八年春间，又出残者一角，仅有寿字可见。此瓦面积近尺，为汉瓦中最阔大之品。此外又有"益延寿宫"瓦及"益延寿"大方砖，旁画四虎形，泷川君未知我国汉瓦出土情形，故论点多所隔阂。若以西汉无三字观名，又何解于鼎湖延寿之四字宫名乎。

更印章以五字。四十八页

  直按：现以出土汉印考之，章为五字，多用于太守都尉及将军。举例如河东太守章，虎牙将军章是也。二千石以下官印，如令长，则仍为四字，称为印，不用五字。

表

三代世表第一

帝俈，黄帝曾孙。六页

　　直按：《金石索·石索三》十五页，武梁祠画像题字云："帝俈高辛者，黄帝之曾孙也。"本表帝喾一作帝俈，武梁祠题字，俈字又变为佸字，字形相似，而义不可通。

嚣生昭明。六页

　　直按：商代远祖之名，往往取义于阴阳晦明，如昭明、冥之类。《楚辞·天问》云："昏微遵迹，有狄不宁。"昏亦疑为上甲微之名。

一言有父，一言无父，信以传信，疑以传疑，故两言之。二十九页

　　直按：《论衡·案书篇》云："《三代世表》言五帝三王，皆黄帝子孙，自黄帝转相生，不更禀气于天。作《殷本纪》，言契母简狄浴于川，遇玄鸟坠卵，吞之，遂生契焉。及《周本纪》言后稷之母姜嫄，野出见大人迹，履之则妊身生后稷焉。夫观《世表》，则契与后稷，黄帝之子孙也，读殷周《本纪》则玄鸟、大人之精气也，二者不可两传，而太史公兼纪不别。"王充此段辩论，盖本于褚先生。

有人不短不长，出白燕之乡。三十三页

　　《正义》：（白燕）一作白㠜，平阳今晋州霍邑。本秦时霍伯国，汉

为虩县。

直按：《正义》疑白燕作白虩非也，下文霍将军者本居平阳白燕可证，盖白燕为乡名也。

十二诸侯年表第二

赵孝成王时，其相虞卿，上采《春秋》，下观近世，亦著八篇，为《虞氏春秋》七页

直按：下文叙吕不韦作《吕氏春秋》，"及如荀卿、孟子、公孙固、韩非之徒，各往往捃摭《春秋》之文以著书，不可胜纪。汉相张苍，历谱五德。上大夫董仲舒，推《春秋》义，颇著文焉"。与陆德明《经典释文》叙录，叙《左氏春秋》，虞卿传荀卿、荀卿传张苍之说相合，知陆说必有所本。

表见《春秋》《国语》，学者所讥，盛衰大指著于篇，为成学治古文者要删焉。九页

直按：韦昭《国语解》序云："遭秦之乱，幽而复光，贾生、史迁，颇综述焉。"此为赞美太史公之传习《国语》。

六国年表第三

独有《秦记》，又不载日月，其文略不具。然战国之权变，亦有可颇采者，何必上古。五页

直按：《秦记》体例，依据太史公所言，纪年不纪日月，所载各事，似起于春秋战国，与《竹书纪年》相近。《竹书》为魏史，起于上古，与《秦记》起于春秋战国时期，微有不同耳。

秦简公七年，堑洛，城重泉。四十二页

直按：合肥龚氏所藏大良造商鞅量，上下侧刻有"临""重泉"两地名，与本表正合。《汉书·地理志》：重泉属左冯翊，西安马氏又藏

有"重泉"封泥，亦西汉初物。

秦孝公十三年，初为县有秩，史。六十七页

　　直按：有秩为两汉少吏之称，当为一逗，史另为一逗。

秦始皇三十七年，十月帝之会稽、琅邪，还至沙丘崩。子胡亥立，为二世皇帝，杀蒙恬，道九原入，复行钱。一百二十三页

　　直按：本表惠文王元年行钱，形式疑是布。《汉书·食货志》云："秦兼天下，币为二等。"形式即是圜钱半两。此云二世复行钱，中间必脱有废行钱之记载。

秦楚之际月表第四

故愤发其所为天下雄，安在无土不王。三页

　　直按：孔融《离合诗》云："九域有圣，无土不王。"盖为两汉人之习俗语。

汉兴以来诸侯王年表第五

汉独有三河、东郡、颍川、南阳，自江陵以西至蜀，北自云中至陇西，与内史凡十五郡。而公主列侯，颇食邑其中。四页

　　直按：钱大昕考十五郡之名，谓河东、河南、河内、东郡、颍川、南阳、南郡、汉中、巴郡、蜀郡、陇西、北地、上郡、云中，并内史是也。内史至景帝二年，始分置左内史、右内史。本表指西汉初期而言，此时尚无三辅之名。公主列侯颇食邑其中，亦指十五郡范围之内而言。而公主汤沐邑，在三辅境内者尤多。如本表之谷口邑、阳陵邑，《齐鲁封泥集存》之赤泉邑，《列女传》之郃阳邑是也。又汉初封侯之地，在十五郡之内者，食邑固无问题，若在十五郡之外，夹杂在诸王国封界之内者，对于食邑制度，在文献中尚无记载。

高祖功臣侯者年表第六

平阳 六年十月靖侯窋元年。十一页

　　直按：西汉王国自有纪年。有仅写王国纪年者，如赵二十二年（见《八琼室金石补正》卷一群臣上醻刻石），鲁九年（见鲁北陛刻石，北京大学历史系藏），淮南元年（见《淮南子·天文训》），长沙元年是也（见《陶斋吉金录》卷六、十二页，长沙铜钫）。有兼写汉廷纪年者，如五凤二年鲁卅四年泮池刻石是也（见《金石萃编》汉一）。侯国自有纪年，如周阳侯虢称侯治国五年（见《积古斋钟鼎款识》卷九、二十九页）。与本表称平阳靖侯窋元年正同。又侯子亦可以称太子，《文帝纪》与棘蒲侯太子奇谋反是也。

平阳 四年夷侯时元年。十一页

　　直按：时或作畤。《汉书·卫青传》平阳侯曹寿尚武帝姊阳信长公主，当即此人。疑本名畴，寿为畴字省文，时为畴字形近之误字。

广平 元朔四年，侯穰元年。元狩元年，穰受淮南王财物称臣，在赦前，诏问谩罪，国除。十六页

　　直按：西汉尊卑两人相语，卑者自称为臣。汉穿带印中，一面姓名，一面皆称臣某，在公牍私札中独不称臣。薛穰与淮南王交通，以称臣获罪，盖指公牍中之称臣也。

留（侯） 五年侯不疑坐与门大夫谋杀故楚内史，当死，赎为城旦，国除。二十二页

　　直按：《汉书·百官公卿表》：太子太傅、少傅属官有门大夫，楚内史为楚元王交之内史也。

舞阳 元年封樊哙子荒侯市人元年。二十七页

　　直按：市人即街市之市，与徐市、周市读如芾者不同。

颍阴 元光二年，封婴孙贤为临汝侯。二十八页

　　直按：《魏其武安侯传》，临汝侯与程不识耳语，即灌贤也。

梁邹　六年正月丙午,孝侯武儒元年。二十九页

直按:《汉表》作武虎,汉人写虎字往往作𧆞,与儒字相似,故易致误。

梁邹　元光四年,侯山柎元年。二十九页

《索隐》:柎音夫也。

直按:西汉人名山柎者甚多。如朱山柎,见《汉书·朱买臣传》。张山柎,见《儒林传》。武山柎见本表。而《史记·仓公传》又有曹山跗。汉印中有质山跗(见《汉印文字徵》卷六、十八页)、桑山跗(见同卷十三页)。盖山跗为正字,山柎为假借字,柎为培一声之转,即培塿之义。

成(侯)　建元四年,恭侯霸军元年。三十页

直按:《汉表》霸军作罢军,汉代人名罢军者最多,又有名罢师者。如《王子侯表》有营侯罢军,汉印有"任罢军"之类(未著录)。本表当依《汉表》作罢军是也。

隆虑侯周竈。三十四页

直按:《小校经阁金文》卷十一、一〇三页,有隆虑家镫文云:"隆虑家连钉第六。"盖为周竈,或其嗣侯所造。近长沙马王堆三号墓所出地图,有周都尉军,当即周竈也。

新阳　中三年侯谭元年。三十六页

直按:谭《汉表》作谈,此太史公因避父讳而改,非误字也。太史公叙赵谈事,则改为"同子骖乘,爰丝变色"。

东武　六年侯它元年。三十六页

直按:西汉初名它者,皆读如赵佗之佗,又有名它人者,则当读如他人。

汁邡侯雍齿。三十八页

《集解》:如淳曰:汁音什,邡音方。《索隐》:什邡,县名,属广汉,音十方,汁又如字。

直按:《封泥考略》卷五、十一页,有"汁邡令印"封泥。西安汉城

内亦出多枚,皆作汁邡,与如淳、《索隐》两注皆相同。

都昌侯朱轸。四十页

《索隐》:(都昌)《汉志》阙。《考证》:都昌县属北海。

直按:《齐鲁封泥集存》四十六页,有"都昌左尉"封泥,《考证》之说是也。

武疆(侯庄不识),以舍人从至霸上,以骑将入汉,还击项羽,属丞相宁功侯。四十页

《考证》:是时无丞相名宁者,疑误。

直按:宁疑为陵字同音之误,谓王陵也。《汉兴以来将相名臣年表》:"汉高祖六年十月乙巳,以安国侯王陵为右丞相。"太史公以王陵后官之名记述前事也。

曲成侯蛊逢。四十四页

直按:《汉表》作蛊,古有蛊姓无蛊姓。班固《十八侯铭》、陆机《汉高祖功臣颂》皆作蛊逢可证。又《小校经阁金文》卷十一、一百页,有曲成家锭文云:"曲成家铜锭,重一斤三两第六。"又有曲成家高镫。罗氏《秦汉瓦当文字》卷一、十九页,有"曲成之当"瓦,面积甚大,皆为蛊逢本人,或其嗣侯所造。

平侯沛嘉。五十一页

直按:沛嘉《汉表》作工师喜,字形相近似,未知孰是,《汉表》工字疑衍文。

鲁 六年中母侯疵元年,(高后)五年,母侯疵薨,无后,国除。五十二页

《集解》:鲁侯涓,涓死无子,封母疵。

直按:高祖时封侯有一特例,侯无子者,侯母与妻,可以代侯。如萧何妻同之代酂侯,本表鲁侯涓母疵之代鲁侯是也。此外有以恩泽封侯者,如刘仲妻封阴安侯是也。侯夫人本有印。《金石索·金索五》二十页,有"广阿侯夫人印"是也。若母侯疵之代侯,印文则当为鲁侯之印,不必称为鲁侯母夫人之印也。

任侯张越。五十四页

《索隐》:任侯张成,《汉表》作张越。

直按:今本《史记》作张越,不作张成,已与《汉表》相同。《索隐》所云盖唐时别本,汉人越字或写作戉,与成字极相似。

宣曲侯丁义。五十七页

《索隐》:《汉志》阙。

直按:宣曲盖汉代乡名。《汉书·货殖传》云:"宣曲任氏,秦时为督道仓吏。"司马相如《上林赋》云:"西驰宣曲,濯鹢牛首。"又《十钟山房印举》举二、五十一页,有"宣曲丧吏"印。汉代为杜陵县境内,汉初则属于长安。今在西安南郊,与牛首山相近。

绛阳侯华无害。五十七页

《索隐》:《汉志》阙,《汉表》作终陵也。

直按:《齐鲁封泥集存》十九页,有"绛陵邑丞"封泥,知《史记》《汉书》各误一字。又按:临菑所出封泥皆文景时物。《百官公卿表》云,公主所食曰邑。如纪信、临袁、赤泉、绛陵等地,既有侯封,又有公主汤沐邑夹杂其中,其制度现不能详矣。

蒯成　元鼎三年居坐为太常有罪,国除。六十四页

直按:西汉初功臣后裔多官太常。如萧何曾孙萧寿、周勃孙周建德、孔蓼子孔臧、周缧孙周仲居、周成玄孙周平、张敖曾孙张昌、杜恬曾孙杜相夫、任敖曾孙任越、靳疆曾孙靳石、季必(当作李必)曾孙李成信,先后皆官太常。盖太常掌管乐工万余人(见《韦玄成传》)及弛刑徒、各陵寝土地。而三辅陵寝地所在之县令长皆由太常举奏任免,其职权在九卿之上,汉廷因用为酬报旧勋臣之特例。

平皋(侯刘它)　项它汉六年以砀郡长初从,赐姓为刘氏,功比戴侯彭祖。六十七页

直按:《项羽本纪》:"诸项氏枝属,汉王皆不诛,乃封项伯为射阳侯、桃侯、平皋侯、玄武侯。"本表所云汉六年以砀郡长初从,必是灭项羽以后之事,则项它之官砀郡长,为仕项羽时之官无疑。

深泽(侯) 三年侯循(嗣)。七十二页

  《考证》:《汉表》循作脩。

  直按:汉代隶书循脩二字极相似,似且可通用。如《汉书·陈汤传》:"司隶奏汤无循行。"《景君碑》碑阴题名有循行,皆脩字也。

柏至侯许温。七十三页

  直按:《汉表》作许盎,因汉时写温字或作𥁕,与盎字相似,现不能定二者孰是。

赤泉侯杨喜。七十五页

  直按:赤泉地名,《汉书·地理志》不载。《齐鲁封泥集存》十八页,有"赤泉邑丞"封泥,与本表正合。

磨侯程黑。七十七页

  直按:磨地名,《地理志》不载。《齐鲁封泥集存》三十三页,有"磨城之印"封泥,磨城盖即歷城,现作歷城者,因形近而误。

宋子 中二年侯九坐买塞外禁物罪。七十九页

  直按:《汉书·汲黯传》应劭注引汉律云:"胡市,吏民不得持兵器及铁出关。"此胡市出禁之律令。本表所指买塞外禁物,疑为马匹、香料、氈罽等品而言。

疆侯留勝。八十一页

  直按:疆地名,《地理志》不载。《齐鲁封泥集存》十八页,有"疆侯邑丞"封泥,与本表正合。

彭侯秦同。八十二页

  直按:《齐鲁封泥集存》十八页,有"彭侯邑丞"封泥。又刘屈氂亦封彭侯,《汉书》作澎侯,则为误文。

宁(侯) 四年侯指坐出国界,有罪,国除。八十三页

  直按:《居延汉简释文》卷二、二十六页,有简文云:"完城旦系蒋寿王兰渡塞,初元四年丙申论,初元五年八月戊申以诏书弛刑。故戍卒,居延广□里。"此简记蒋寿王,犯偷出塞外罪,定为完城旦系四岁刑。与本文魏指坐出国界有罪国除,情况相似。

阏氏（侯冯解敢），以代太尉汉王三年降，为雁门守，以特将平代反寇，侯。八十四页

  直按：《汉表》太尉作大典，实误字也。冯解敢盖代王韩王信之太尉也。

离（侯邓弱），失此侯始所起及所绝。九十页

  《索隐》：邓弱以长沙将兵侯，是所起也。

  直按：离侯之下为义陵侯吴程，以长沙柱国侯，功勋相类，故侯位相联次，《索隐》说是也。

东阳（侯张相如），高祖六年为中大夫，以河间守击陈狶力战功，侯。九十二页

  直按：《齐鲁封泥集存》四页，有"河间守印"封泥，与本表合。可证河间在刘德未封河间王以前，曾置郡也。又《隋书·经籍志》《毛诗》二十九卷，注河间太守毛苌撰，此又刘德既封河间王以后，自置郡之一证。

开封侯陶舍。 九十二页

  直按：《金石索·金索三》一百九十五页，有启封镫文云："启封一斤十二两十二朱，容一升。"又《小校经阁金文》卷十一、八十五页，有开封镫文云："开封一斤五两十二朱。"两镫文字语气相似，但铸造时期则有迟早，知启封即开封，因避景帝讳而改名，此事不见于文献（近出秦云梦简正作启封）。

慎阳 元狩五年，侯买之坐铸白金弃市。九十三页

  直按：《平准书》元狩四年造白金龙马龟三品货币，栾买之坐铸白金罪者，谓盗铸白金三品钱货也。《盐铁论·错币篇》所谓"民多巧新币"是也。

祝阿侯高邑。 九十五页

  直按：《高祖本纪》云"高祖置酒雒阳南宫。高祖曰：列侯诸将无敢隐朕，皆言其情。吾所以有天下何？项氏所以失天下何？高起王陵对曰"云云。《集解》引孟康注：姓高名起。臣瓒注：汉帝年纪，高祖

时有信平侯臣陵,都武侯臣起。魏相丙吉奏事,高祖时奏事,有将军臣陵、臣起。钱大昭曰:《魏相传》述高祖时受诏长乐宫者,但有将军陵、无臣起;《汉纪》亦无高起二字,当为衍文。旧注又有以高起作高坐解者,即后人宴会时俗称之首坐。总之高起二字,纷如聚讼。余疑即本表之祝阿侯高邑,汉代起字可写作记,部分与邑字相似。高邑封侯在高祖十一年,此时高邑是以将军资历而发言者。

长脩 元封四年,侯相夫坐为太常与乐令无可,当郑舞人,擅縠不如令,阑出函谷关,国除。九十七页

　　直按:乐令当为太乐令,属于太常。阑出函谷关,谓不用传出入也。《汉书·文帝纪》"十二年除关无用传"。至景帝四年,复置津关用传出入。

土军侯宣义。 一〇一页

　　直按:《小校经阁金文》卷十一、一〇一页,有土军侯高烛豆文云:"土军侯烛豆,八斤十三两。"当为宣义或其嗣侯所造。

临辕侯戚鳃。 一〇三页

　　直按:临辕《汉书·地理志》不载。《齐鲁封泥集存》十九页,有"临袁邑丞"封泥。又《衡斋金石识小录》卷上、二十七页,有临袁侯虎符。知《史》《汉》作临辕者为假借字,临袁侯虎符即与戚鳃之物也。

汲侯公上不害。 一〇三页

　　直按:《小校经阁金文》卷十一、一百页,有汲绍侯铜锭文云:"汲绍家铜行锭,重二斤三两第十一。"《史》《汉》侯表,汲下当脱绍字。

汾阳 太始四年五月丁卯,侯石坐为太常行太仆事,治啬夫可年,益纵年,国除。一〇五页

　　直按:上林令有啬夫,见《张释之传》。汉宫有啬夫,见各汉镫铭文。太仆当亦同例,可年疑人名,益纵年,谓故宽纵年之罪也。

戴侯彭祖。 一〇六页

　　《索隐》:戴地名,音再。《考证》:《汉志》梁国甾县注云,故戴国。

　　直按:《齐鲁封泥集存》二十页,有"载国大行"封泥。载国即戴

国,《索隐》说是也。

平州 元狩五年,侯昧坐行驰道中,更呵驰去罪,国除。一〇七页

直按:《汉书·江充传》如淳注引令乙"骑乘车马行驰道中,已论者没入车马被具"。《翟方进传》云:"从上甘泉,行驰道中,司隶校尉陈庆劾奏方进,没入车马。"又《汉书·鲍宣传》云:"官属以令行驰道中,宣出逢之,没入其车马。"皆与本表事实相同。又平州侯昭涉掉尾,昭涉为复姓,掉尾盖取尾大不掉之义。

戚(侯季必) 元狩五年,侯信成坐为太常纵丞相侵神道壖,不敬,国除。一百十四页

《索隐》:案《灌婴传》:重泉人李必,此作季误也。

直按:《汉书·百官公卿表》:"元鼎四年,右内史李成信。"可证季必为李必之误、李信成为李成信之误。《古文苑》柏梁台联句诗有右扶风李成信,虽为宋人添注之人名,然可参考宋本《汉书》亦作李成信无疑也。

成阳(定侯意元年) 建元元年,侯信罪鬼薪,国除。一百十六页

直按:《汉表》作成阳定侯奚意,本文因二字相似,传抄时脱去奚字也。又侯信罪鬼薪,《汉表》作罪腰斩,二字形相似。然《汉表》不云坐某事腰斩,与其他叙事不类,本表作鬼薪是也。

高梁侯丽疥。一百十七页

直按:《魏书》魏收自序略云:"魏无忌孙无知,汉初封高梁侯。"《元和姓纂》《新唐书·宰相世系表》均同。此侯不见于《史》《汉》表文,高梁一地,不应封两侯,恐为谱牒之误记也(魏无知见于陈平及朱邑传)。

纪信侯陈仓。一百十八页

《索隐》:(纪信)《汉志》阙。

直按:《齐鲁封泥集存》十九页,有"纪信邑丞"封泥,可证西汉初有纪信县。

甘泉 戴侯莫摇。一百十九页

直按:莫摇疑莫夭之假借。汉诗《病妇行》云:"有过慎莫笞笪,行

当折摇,思复念之。"闻一多氏《乐府校笺》解折摇作折夭是也。

煮枣侯赤。一百二十页

　　直按:《汉表》作煮枣侯革朱。《说文》:"朱,赤心木"也。《史》《汉》两表所举,盖为一字一名。

惠景间侯者年表第七

軑(侯)　长沙相,侯七百户。二年四月庚子,侯利仓元年。四页

　　直按:《索隐》:《汉书》作軑侯朱仓。今本《汉书》作黎朱苍。一九七二年长沙马王堆发掘一号汉墓为軑侯妻辛□之墓。一九七三年又发掘二号墓出有"长沙丞相""軑侯之印""利仓"等三印,足证《史记》记载利仓姓名之正确,《汉书》之黎朱苍则为误文。

郊侯吕产。五页

　　直按:郊侯《汉表》作洨侯。《齐鲁封泥集存》十五页有"郊侯邑丞"封泥,则本表是而《汉表》非也。

平定(侯齐受)　以枭骑都尉击项籍,得楼烦将功,用齐丞相侯。一云项涓。八页

　　《考证》:一云项涓四字,似非史文。

　　直按:《汉铙歌十八曲·战城南》云:"枭骑战斗死,驽马裵回鸣。"枭骑盖为秦汉人之习俗语。一云项涓四字不误,一云当作一名解,似齐为改姓,初亦为项氏枝属也。

管侯刘罢军。二十四页

　　《考证》:管当作营,营县属济南。

　　直按:《齐鲁封泥集存》十四页,有"营侯相印"封泥,与本表正合。

俞(侯)　元狩六年,侯贲坐为太常庙牺牲不如令,有罪,国除。四十页

　　直按:《汉表》庙作雍,汉代写雍多作廱,与庙字形相近,故易致误。

塞（侯） 元朔四年，侯坚元年。五十页

直按：《汉书·直不疑传》直坚作直彭祖。盖彭镪又作彭铿，屈原《天问》云："彭镪斟雉帝何飨。"本表直坚，与《汉书》作直彭祖者，盖各举一名一字。

建元以来侯者年表第八

翕（侯赵信），（以）匈奴相降。 三页

直按：《汉表》作匈奴相国。扬州张氏藏有"匈奴相邦"玉印。相邦即相国，西汉以避高祖讳改称相国，匈奴不必避讳，故仍称原名。本表因避邦字，故简称为匈奴相。

翕（侯） 四年七月壬午，侯赵信元年。三页

《考证》：《汉表》七月作十月。

直按：南窌侯公孙贺，五年贺坐酎金国除，绝十岁。《考证》十当作七。因西汉人写七字，与十字形最相近，仅中画微短。如甫木题字之甫七、汉玉日晷之十七至六十七（见《陶斋藏玉》八十七页）、建武铜锺之十七年（见《金石索·金索三》一百五十一页），皆与十字相似。故《史》《汉》两表互校，七、十两字，往往有异同之处。尤以《史记》七字，《汉书》作十字俱多，因七字中画微短之写法，在西汉时最为盛行，太史公原本，可能亦与十字相近。

持装侯乐。 三页

《考证》：今《汉表》作特辕。

直按：本表持装当为持袁之误，因《史记》临辕侯，虎符作临袁侯，辕固生亦作袁固生也。

众利（侯郝贤） 二年侯贤坐为上谷太守入戍卒财物，上计谩罪，国除。十六页

直按：入戍卒财物上计谩罪为一事。《汉书·武帝纪》云："元光四年，征吏民有明当世之务，习先圣之术者，县次续食，令与计偕。"颜

师古注：" 郡国每岁遣上计吏诣京师。"又《居延汉简释文》卷一、十八页，有简文云：" 阳朔三年九月癸亥朔，壬午，甲渠不私亭候塞尉顺敢言之，将出移赋钱出入簿，与计偕，谨移应书一编，敢言之。"此边郡上计情况。

宜冠（侯高不识）　故匈奴归义。十七页

直按：汉代归义侯印时有出土。《十钟山房印举》举二、六十五页，有"汉归义羌长"印，归义为汉代公牍中之习俗语。

湘成侯敞屠洛。二十三页

直按：屠洛疑屠各，为匈奴种族之名。《十钟山房印举》举二、六十八页，有"魏屠各率善佰长"印可证。

（下丽侯）　以故瓯骆左将，斩西于王功侯。三十页

《索隐》：《西南夷传》瓯骆将左黄同，则左是姓，恐误。《汉表》云左将黄同，则左将是官无疑。

直按：左将为左将军之简称，黄同为人名。《盐铁论·地广篇》云"左将伐朝鲜，开临洮"可证，左将军指杨仆也。

涅阳　以朝鲜相（路人……降，道死，其子）侯。三十七页

直按：《史记》涅阳侯以下，褚先生补武帝时四侯。《汉书》则有十一侯，当以《汉书》为准。《汉书》涅阳侯下有"承父侯续相如，以使西域发外王子弟、斩诛乐王首虏侯，太始三年封"。证之《流沙坠简·禀给类》有二简文，其一云："出粟一斗二升，以食使莎车续相如上书良家子二人，八月癸卯（下缺）。"其二云："出粟五石二斗二升，以食使车师□君卒八十七人。"皆与《汉书》符合。

后进好事儒者褚先生曰。三十八页

直按：《汉旧仪》云："博士称先生。"褚少孙为元成间博士，故亦自称先生。颜师古注《急就篇》"博士先生"句，谓先生为长老之称，盖为误解。又褚先生自称为后进好事儒者，与周生烈《论语》序自称为六弊鄙夫相同（见马总《意林》），已启后代别号之风气。

高昌(侯)董忠,父故颍川阳翟人,以习书诣长安。四十六页

　　直按:《汉书·艺文志》:杂赋家有黄门书者王广、吕嘉及黄门书者假史王商所作的赋。足证汉代能书者皆集中在黄门令署中,董忠以习书诣长安,等于候补书工。西汉书工所书为符节、印章、铜器漆器铭文及砖瓦题字等。其书体今可见者,有虫书、鸟书、芝英体、龟蛇体等。

王稚君家在魏郡,故丞相史。四十七页

　　《集解》:(稚君)名傑。《索隐》:《汉表》名禁。

　　直按:王稚君当从《汉表》名禁,因元后避父讳,改禁中为省中。《集解》作傑者为误字,因傑字或写作杰,与禁字形近而误。

建元以来王子侯者年表第九

盱台侯刘象之。六页

　　直按:盱眙汉代省作盱台。如《高祖本纪》,使盱台人武涉往说韩信是也。又《齐鲁封泥集存》二十九页,有"盱台丞印"封泥。东魏王偃墓志云:"父五龙盱台太守。"可证在南北朝时仍作盱台。

劇侯刘错。八页

　　直按:《齐鲁封泥集存》三十六页,有"勮丞"封泥,字形从力不从刀,知今本为传写之误。

雷侯刘稀。十二页

　　《考证》:《汉表》稀作豨。

　　直按:西汉有名豨无名稀者,陈豨是其例,《汉表》是也。

封斯侯刘胡阳。十三页

　　《考证》:《汉表》胡阳作胡伤。

　　直按:《小校经阁金文》卷十五、五十一页,有周仲竟末句云:"吴胡伤里。"可证《汉表》作胡伤是也。胡伤与无伤、何伤义皆相近,为两汉人之习俗语。

榆丘侯刘寿福。十三页

　　《考证》:《汉表》作受福。

　　直按:汉代寿受二字相通,余昔藏有元受二年瓦片(见《关中秦汉陶录》卷二下),即元寿二年,汉瓦有"永受嘉福",《汉表》作受福是也。

博阳侯刘终吉。二十八页

　　《考证》:《汉表》终吉作终古。

　　直按:《建元以来侯者年表》有藁儿侯辕终古,本表亦有柏阳侯刘终古(见四十一页),盖取《九歌·礼魂》"长无绝兮终古"之义以命名,《汉表》作终古是也。

郁狼侯刘骑。二十九页

　　《索隐》:韦昭云(郁狼)属鲁,《志》不载。

　　直按:《齐鲁封泥集存》五十四页,有"郁狼乡印"封泥,当为西汉初中期鲁境之乡名,非县名。封泥出齐地,韦注属鲁甚是,但未言所本。《汉表》作郁根侯,则为误字。

建成侯刘拾。三十二页

　　直按:西安汉城出土有"赵拾"印,汉以后以拾为名者极稀见。

有利侯刘钉。三十四页

　　直按:《小校经阁金文》卷十一、一〇三页,有隆虑家连钉,钉为镫属,刘钉之名,盖取义于此,非指瓦钉及竹木铜铁钉之钉而言。

千锺(侯)　二年侯阴不使人为秋请,有罪,国除。三十七页

　　直按:谓不使人请秋期来朝也。

高丘侯刘破胡。四十一页

　　直按:汉瓦有"乐哉破胡"(定海方氏藏,未著录)。胡指匈奴而言。《建元以来侯者年表》有趙破奴,奴亦指匈奴而言,盖皆汉代人之习俗语。

樊舆侯刘条。四十二页

　　《考证》:《汉表》名脩。

直按:魏高盛碑、高贞碑、高植墓志,皆作勃海蓨人。文献中皆作蒩字,是本表脩字,当作蓨字,与脩实为一字。

萯侯刘方。四十七页

《索隐》:《汉表》作刘万。

直按:汉代萬字简写作万,与方字相似,作万是也。

石洛侯刘敬。四十八页

《考证》:《汉表》作原洛。

直按:《小沧浪笔谈》卷一,有"石洛侯"金印。又《十钟山房印举》举二、三页,有"石洛家丞"印。《汉表》作原洛,当为误字。

父城侯刘光。四十九页

《索隐》:《(汉书·地理)志》(父城)在辽西,(而)《汉(侯)表》(注)在东海。

直按:刘光为城阳顷王子,建元以来王子侯皆推恩,就原有王国分封,准此例父城则当在东海郡为长,疑为乡名而非县名。

栒侯刘买。五十三页

《索隐》:《(汉)表》(注)在东海。

直按:《汉表》刘买为城阳顷王子,准推恩之例,《汉表》作栒在东海是也,与扶风之栒邑不同。《汉书·地理志》所记郡县,皆后期制度,在武帝以前旋置旋废者固多,各王国自置者尤多,甚或有乡名夹杂其中,不能因无可考,而即四方附会也。

涓侯刘不疑。五十三页

《索隐》:涓音育也,《表》在东海,淯水在南阳,南阳有淯阳县,疑《表》非也。

直按:依《索隐》注文,是《史记》本表涓侯,唐时一本作淯。《汉表》注在东海当不误,因齐国不能越境分封至南阳也。

祝兹侯刘延。五十七页

《索隐》:案《(地理)志》松兹在庐江,……《(汉)表》在琅邪。

直按:祝兹疑为祝其之异名,表注在琅邪并不误。《索隐》指松兹在庐江郡，盖未解武帝时推恩分封之例也。

汉兴以来将相名臣年表第十

高皇帝五年　罢太尉官。三页

直按：罢太尉官系倒书，本表用倒书者有八种体例。如记官职之罢废，如罢太尉官是也。记官职之初置或复置，如置太尉官是也。记大臣之死，如周苛守荥阳死是也。记大臣之薨，如七月辛未何薨是也。记大臣之卒，如八月乙丑参卒是也（死、薨、卒，本同一例，本表自分为三例）。记大臣之抵罪，如尧抵罪是也。记大臣之免相，如后九月食其免相是也。记大臣之自杀，如汤有罪自杀是也。倒书之例，为太史公所特创，学者从未注意，亦从未有人阐明其体例。而后代史家，亦无仿效之者。一顺一倒，使读者易于分明，当日设用朱墨颜色顺写，固无不可，然在竹简用两色，比较复杂，故改创倒书之例。

六年　立大市。三页

直按：高祖六年，盖在郡国之外，选择重要都市，改为大市，共立有几大市，则不可考。此条重要材料，不见于《汉书》，本表又隐藏在大事记栏内，学者多未注意。又按：《季木藏陶》一〇三页，有"曹市""东武市"，一〇四页有"都市""代市"等陶片。洛阳王城遗址出土有"河市"陶盆（见《考古通讯》创刊号），皆疑即汉初所立之大市，代市疑为文帝封代前之市。《续封泥考略》又有"广陵市长"封泥，疑为吴王濞仿汉廷所立之大市。《汉书·百官公卿表》：京兆尹属官，有长安市令丞。左冯翊属官，有长安四市四长丞。与大市之制度不同。《史记》自序云："昌生无泽，无泽为汉市长。"时代当在西汉最初期，所称市长，未明言是长安市长，或即某大市之市长，亦未可知。

孝惠六年　立太仓西市。六页

直按：此非大市，盖左冯翊属官长安四市四长丞之西市。《续封泥考略》卷五、十二页，有"西市"封泥，与此正合。

孝文九年　以芷阳乡为霸陵。十页

　　直按：《项羽本纪》："高祖从郦山下道芷阳间行。"芷阳为秦县名，本表指芷阳县之芷阳乡而言。

孝景元年　立孝文皇帝庙郡国，为太宗庙。十三页

　　直按：《愙斋集古录》卷二十六、十四页，有渔阳郡甗锾文云："孝庙，渔阳郡孝文庙铜甗锾，重四斤七两，渔孝庙。"此渔阳郡孝文庙之甗锾，属于郡国性质，与本表正合。

四年　御史大夫蚡。十四页

　　直按：《汉书·百官公卿表》作御史大夫介。介字与蚡字右旁形相似，疑本作介字，因建元六年田蚡为丞相条牵连而误。

五年　置阳陵邑。十五页

　　直按：西汉县名，列侯所食邑称国，太后公主所食汤沐邑称邑，与蛮夷杂处称道。三种名称之中，以道字最为固定，国字则在县名下注有侯国，惟邑字所食既杂，最无定名，旋置旋废。本表文帝后三年置谷口邑，现又置阳陵邑，皆不见于《汉书》。其他如《列女传》记锺离春为无盐邑人，邰阳友娣为邰阳邑人，刘向皆据当时实录书写，而不改变。齐鲁所出封泥，称邑者尤多。如"魏其邑丞""绛阳邑丞""赤泉邑丞"等，不可胜举。有属于汉廷之汤沐邑，有属于各藩王之汤沐邑，此为西汉初中期之制度，极为纷乱，中期以后，即无此情况矣。

六年　御史大夫阳陵侯岑迈。十五页

　　直按：《史记》傅宽封阳陵侯，至元狩元年始国除。此时岑迈不得再封阳陵侯，当有误字。岑迈官御史大夫，不见于《汉书·百官公卿表》。岑迈之名，亦不见于其他文献，最为可宝贵材料。但六年岑迈为御史大夫，七年有御史大夫舍（刘舍），中三年有御史大夫绾（卫绾），后元年有御史大夫不疑（直不疑），而后二年又书"六月丁丑御史大夫岑迈卒"。照表文体例，岑迈仅官御史大夫一年，既未迁丞相，亦未注罢免，以后刘舍及卫绾等连任此官，隔了九年之久，忽记岑迈之卒，于体例不合，此条应为误文。

孝武建元五年　行三分钱。十九页

　　直按：此条前人疑为误文，其实非也。汉代以二十四铢为两，三分之一两，则重八铢，即指武帝初期所铸之半两而言。又此表所序各事，如立大市、关中侯申屠嘉、置谷口邑、置阳陵邑、御史大夫岑迈、行三分钱等条，皆不见于《汉书》，盖太史公根据当时档案记录，是最为可宝贵之材料。

书

礼书第一

余至大行礼官,观三代损益。 二页

直按:大行礼官,谓大行治礼丞也,见《汉书·平当传》及《萧望之传》。武帝太初元年,更大行为大鸿胪,但大行治礼丞官名,直至西汉末仍旧未改。又朝鲜乐浪出土有"乐浪礼官"瓦当,盖当时仿汉官为之。

仲尼没后,受业之徒,沈湮而不举,或适齐楚,或入河海,岂不痛哉。 五页

直按:太史公以太师挚、亚饭干等人,与孔子同时兼弟子,说与伪孔传相合,在太史公时,可能出于壁中《论语》之古文说。

乐书第二

又尝得神马渥洼水中,复次以为《太一之歌》。歌曲曰:太一贡兮天马下,霑赤汗兮沫流赭。 七页

直按:《汉铙歌十八曲》之《君马黄》云:"易之有魁蔡有赭。"余昔考为即指天马而言,赭字形容马之流沫,非形容一般马毛之色,详见卷下《大宛传》注。

天马来兮从西极,经万里兮归有德,承灵威兮降外国,涉流沙兮四夷服。八页

  直按:《小校经阁金文》卷十五、四十一页,有龙氏镜铭云:"龙氏作镜四夷服,多贺国家人民息。"四夷服三字,见于其他镜铭者尤多,盖为两汉人之习俗语。

故歌者上如抗,下如队,曲如折,止如木。七十一页

  直按:《汉书·艺文志》:叙歌诗有《河南周歌声曲折》七篇、《周谣歌诗声曲折》七十五篇,即本文之曲如折解释。

律书第三

故百姓无内外之繇,得息肩于田亩。八页

  直按:汉时更卒、正卒谓之内繇,戍卒谓之外繇。《汉书·沟洫志》"治河卒为著外繇六月"是也。

历书第四

至今上即位,招致方士唐都,分其天部,而巴落下闳运算转历。十页

  《索隐》:姚(察)氏案:《益部耆旧传》云:闳字长公,明晓天文,隐于落下。

  直按:落下为复姓。《汉书》公孙弘、卜式、兒宽传赞,则作洛下闳。陈寿谓隐于落下,其说恐非也。

天官书第五

汉之兴,五星聚于东井。九十页

  直按:《愙斋砖瓦录》有"东井"残瓦当,在各瓦中面积最小。西汉盖以五星聚东井为发祥之瑞,《张耳传》亦载此事。

封禅书第六

以一牢祠,命曰陈宝。十页

　　《集解》:(臣)瓒曰:陈仓县有宝夫人祠。

　　直按:今宝鸡台下,有陈宝夫人祠,农民犹指为汉代祠址。

二世元年,东巡碣石,并海南,历泰山,至会稽,皆礼祠之。而刻勒始皇所立石书旁,以章始皇之功德。二十六页

　　直按:峄山、泰山、之罘、琅邪台诸刻石后段,皆刻有二世制诏。所奇者每石皆有余空,若似预留为后代补刻者。

有白青黄赤帝之祠。三十六页

　　《考证》:何焯曰:无黑帝者,秦自以水德当其一也。

　　直按:汉玉刚卯云"赤白青黄",而不言黑;仍沿用秦人之习俗也。

长安置祠祝官、女巫。三十六页

　　直按:《汉书·百官公卿表》:"景帝中六年,更名太祝为祠祀。"即本文之祠祝官。女巫如汾阴巫锦之类。

民里社各自财以祠。三十八页

　　《考证》:《汉志》财作裁。颜师古曰:随其祠具之丰俭也。

　　直按:自财谓里社中人各自敛财以祀神也。《汉书·食货志》记魏李悝时农民每年收支数目,春秋两次祭社费需要三百钱,是其明证。又按:《居延汉简释文》卷二、三十三页,有简文云:"入秋社钱千二百,元凤三年九月乙卯。"又卷二、四十三页,有简文云:"买芯四十束,束四钱,给社。"又卷三、三十五页,有祭社用品简文云:"对祠社,鸡一、黍米一斗、稷米一斗、酒二斗、盐少半升。"此祠社祭品之可考者。两汉人最重祭社,如陈平为社宰,分肉甚均。《蔡中郎集》有陈留东昏库上里社碑,及山东博物馆藏有汉梧台里社碑额皆是也。《三国志·魏书·董卓传》记载杀戮城阳祭社时人民。《王修传》记载修母以社日死,明年里人为之罢社。皆其明证。此外晋代有当利里社残

碑,知祭社之风,至晋时犹盛。

河渠书第七

其后河东守番系。十页

《索隐》:(番)上音婆,又音潘。

直按:《越中石刻九种》有建宁元年马卫五凤里番延寿瓦箾,则东汉时犹有番姓也。

其后人有上书欲通褒斜道……,拜汤子卬为汉中守,发数万人作褒斜道五百余里。道果便近,而水多湍石不可漕。十二页

直按:《金石萃编》卷五,有东汉永平开通褒斜道石刻略云:"永平六年,汉中郡以诏书受广汉、蜀郡、巴郡徒二千六百九十人,开通褒斜道。"又卷八《石门颂》略云:"高祖受命,兴于汉中,道由子午,出散入秦,建定帝位,以汉诋焉。后以子午途路壐难,更随围谷,复通堂光,凡此四道,垓鬲尤艰。"以碑文与本传综合而论,高祖时曾通子午谷,武帝时则改由褒斜道。后以褒斜湮涩,至东汉明帝初复由褒斜道往来,《石门颂》中所举围谷、堂光二道,皆与子午道相近,不见于其他文献。而《高祖纪》之蚀中,则疑为子午谷之别名,因《石门颂》明云"高祖受命","道由子午"是也。

功无已时兮吾山平。十五页

《集解》:徐广曰:东郡东阿有鱼山,或者是乎。

直按:齐子中姜镈云"用蕲寿老毋死,保虞兄弟"(见《周金文存》卷一、一页),即保吾兄弟,徐广注谓吾山即鱼山是也。

平准书第八

于是为秦钱重难用,更令民铸钱。三页

直按:西汉产铜之地,首在丹阳,次在蜀郡严道。高惠时丹阳铜

矿,掌在吴王濞之手中,因铜量不丰,不得不改铸荚钱,乃诡云秦钱重难用也。又西安汉城常出榆荚半两范,三辅境内独不出榆荚钱。出土之地,现今多在张家口一带。

乃更铸四铢钱,其文为半两,令民纵得自铸钱。五页

直按:甘肃陇西县于一九五二年发现汉墓中有铜钫及半两钱石范,盖当时人民自铸之钱范。

及徒复作,得输粟县官以除罪。六页

《考证》:《汉书·宣帝纪》,女徒复作。

直按:《居延汉简释文》卷二、二十四页,有简文云:"(上缺)延四月旦见徒复作三百七十人,□六十人,付肩水部,部遣吏迎受。"又卷三、四十六页,有简文云:"复作大男丛市。"又同卷十八页,有简文云:"居延复作大男王建。"据此复作之名,男女兼称,并非专属于女徒之称。

为吏者长子孙。七页

《集解》:如淳曰:时无事,吏不数转,至于子孙长大而不转职任。

直按:高惠时任职最久者,有滕公官太仆三十五年,武帝时有郭广意官光禄大夫等,至六十一年之久。

乃募豪民田南夷,入粟县官,而内受于都内。十页

《考证》:颜师古曰:都内,京师主藏者也,《百官公卿表》大司农属官有都内令丞也。

直按:《汉书·张安世传》云:"诏都内别藏张氏无名钱以百万数。"足证都内主藏钱货,颜说是也。又都内藏钱,亦见《王嘉传》。

请置赏官,命曰武功爵。十二页

直按:《汉书》臣瓒注引《茂陵中书》序列武功爵之名称,除七级千夫见于《杨仆传》、官首秉铎见于《功臣表》外,其余各爵名,皆不见于《汉书》及敦煌、居延两木简。

于是见知之法生,而废格、沮诽穷治之狱用矣。十四页

直按:《盐铁论·刺复篇》亦云:"而见知废格之法起。"废格即废

阁之假借,谓搁置公文也。《金石萃编》汉一,开通褒斜道石刻云:"始作桥格六百三十二间。"即桥阁也可证。

天子为伐胡,盛养马,马之来食长安者数万匹,卒牵掌者,关中不足,乃调旁近郡。而胡降者,皆衣食县官,县官不给,天子乃损膳,解乘舆驷,出御府禁藏以赡之。十五页

　　直按:《陶斋藏印》有"济南马丞"印,文字奇古,盖武帝时郡国养马之官。又《盐铁论·散不足篇》云:"蛮夷交胫肆踞。"辛延年《羽林郎》云:"胡姬年十五,春日独当炉。"皆武宣时匈奴人在长安居住情况。又《盐铁论·徭役篇》云:"先帝忧百姓不赡,出禁钱,解乘舆骖,贬乐膳以赈穷备边费。"与本文正同。《盐铁论》为最早引用《史记》之第一部书,桑弘羊可能已见过《史记》原本。禁藏为少府之钱,见应劭《汉官仪》及《汉书·贾捐之传》,盖为帝王之私积。

乃徙贫民于关以西,及充朔方以南新秦中,七十余万口。十六页

　　直按:《汉书》应劭注曰:"秦始皇遣蒙恬攘却匈奴,得其河南造阳之北千里地甚好,于是为筑城郭,徙民充之,名曰新秦中。"《盐铁论·诛秦篇》云:"取河南以为新秦而忘其故秦。"盖新秦中,秦汉人亦可简称为新秦。

是时禁苑有白鹿,而少府多银锡。十七页

　　直按:银用以铸龙、马、龟三种银货,锡用以和赤铜铸三铢钱。

令县官销半两钱,更铸三铢钱,文如其重。二十页

　　直按:西安汉城曾出有武帝时半两石范,三铢之铜石范皆未见。

而吏民之盗铸白金者,不可胜数。二十页

　　直按:汉代银价可考者,王莽时朱提钱八两为一流,直一千五百八十,它银一两直一千。汉武帝所铸龙文银货,重八两,直三千,币价高于通常银价三倍,故民盗铸者多,《盐铁论·错币篇》所谓"民多巧新币"是也。

故吏皆通适令伐棘上林,作昆明池。二十一页

　　《考证》:颜师古曰:适读曰谪,责罚也。

直按:《流沙坠简考释·戍役类》二十二页,有简文云:"隧缺敬代适卒郭□今遣诣署录□□",上下俱缺,适卒即谪卒之假借,颜师古适读为谪是也。又按:《居延汉简释文》卷一、三十一页,有简文云:"制诏纳言其罷官,伐材木,取竹箭,始建国天凤二年十一月戊寅下。"足证王莽时尚有令官吏伐材木事,与传文可以互参。

有司言三铢钱轻,易奸诈,乃更请诸郡国铸五铢钱,周郭其下,令不可摩取鋊焉。二十二页

直按:《汉书·食货志》作周郭其质,本文作周郭其下,因五铢周围皆有边,不独其下有边,疑为周郭其文之误字。

大农上盐铁丞孔仅、咸阳言:山海,天地之藏也,皆宜属少府,陛下不私,以属大农佐赋。愿募民自给费,因官器作煮盐,官与牢盆。浮食奇民,欲擅管山海之货,以致富羡,役利细民,其沮事之议,不可胜听。二十二页

直按:《盐铁论·复古篇》云:"大夫曰:山海之利,广泽之畜,天下之藏,皆宜属少府,陛下不私,以属大司农,以佐助百姓。"又《刺权篇》云:"大农盐铁丞咸阳、孔仅等上请愿募民自给费,因县官器,煮盐与用。"又《复古篇》云:"大夫曰:浮食豪民,好欲擅山海之货,以致富业,役利细民,故沮事议者众。"以上三段,皆出自《史记·平准书》,在两篇中分三节引出。盐铁会议在昭帝始元六年,由桑弘羊主持。三处皆记桑弘羊之言,不外三种原因。一为桑弘羊取材于档案,太史公亦摘用档案。二为桑弘羊已见《史记》,为引用《史记》原文最早之一人,弘羊官御史大夫,属官有御史中丞,掌兰台秘书,《史记》其时名《太史公书》,尚未宣布,弘羊因管领秘书,故能先见之。三为桓宽著书时,用桑弘羊口气,采撷太史公《平准书》文字,亦未可知(三种推断,以前二者为长,因《盐铁论·毁学篇》已明引司马子曰,总括《货殖传》大义,说详《货殖传》注)。又牢盆二字,向无确解,余谓当作牢固之盆解。汉有"真上牢""太牢第一"等陶器(见《关中秦汉陶录》卷一)。东汉乐浪王旴、王光墓中出土漆耳杯,有"王氏牢"题字,皆与牢盆同义。

异时算辎车贾人缗钱皆有差,请算如故。诸贾人末作贳贷卖买,居邑稽诸物,及商以取利者,虽无市籍,各以其物自占,率缗钱二千而一算。二十四页

直按:《居延汉简释文》卷三、四十八页,有估计家赀简文云:"侯长觻得广昌里公乘礼宗年卅,小奴二人直三万,大婢一人二万,辎车一乘直万,用马五匹直二万,牛车二两直四千,服牛二六千,宅一区万,田五顷五万,凡赀直十五万。"又同卷五十三页,有估计家赀简文云:"二隧隧长居延西道里公乘徐宗年五十,宅一区直二千,田五亩直五千,用牛二直五千。"此为西汉算收缗钱重要的材料,算收的范围,有车马、田宅及奴婢三大类。所谓各以其物自占者,谓自报家赀总数也。

诸作有租及铸,率缗钱四千一算。二十五页

直按:所谓有租者,即上文因官器作煮盐,官与牢盆是也。可证租为煮盐、铸必为冶铁,豪强既握有盐铁之利,算收缗钱,反为四千而一算,此为统治阶级互相维护本阶级之利益所设之法令。

非吏比者,三老、北边骑士,辎车以一算,商贾人辎车二算。二十五页

直按:非吏比者,指三老及北边骑士两种人身份而言。青海出土《赵宽碑》云:"时令兰芳,尊为三老,师而不臣。"两汉三老,虽为乡官之一,但地位特殊,因而免算。至于边郡人为骑士,赵充国即出身骑士,充役或不止一岁,以其有防边之劳绩,故亦得免算。《居延汉简释文》卷三、四十页,有"氐池骑士常兴里孟复""氐池骑士奉明里钮昌""氐池骑士安定里陈光""氐池骑士昌业里丁竟""昭武骑士市阳里储寿""觻得骑士常利里乙昌""氐池骑士大昌里孙地"等名籍简文,其籍贯无不为边郡人也。

式入山牧羊十余岁,羊致千余头,买田宅。二十六页

直按:西汉羊价见于居延木简,每头九百或一千(均见《居延汉简释文》卷二、四十二页)。卜式有羊千余头,直一百余万,汉代富人在印文可以看出,每云"巨八千万"。卜式之富,仅合八十分之一也。

乃赐式外繇四百人，式又尽复予县官。二十七页

　　直按：外繇谓戍边之卒。《汉书·沟洫志》云："卒治河者，为著外繇六月。"不愿戍边者，人出三百钱，式受赐四百人外繇之费，则为十二万钱也。汉人指更卒正卒为内繇，指戍卒为外繇，盖为习俗语。

郡国多奸铸钱，钱多轻。三十一页

　　直按：《居延汉简释文》卷一、十五页，有简文云："元康元年十二月辛丑朔壬寅，东部候长长生敢言之，候官官移太守府，所移河南都尉书曰：诏所名捕及伪铸钱盗贼，凡未得者，牛延寿、高建等廿四稿，书到满□，候史旁遂昌。"此为宣帝时缉捕盗铸钱者之公牍文，可见盗铸之风至宣帝时犹盛，与《史》《汉》各记载，可以互相印证也。

而公卿请令京师，铸锺官赤侧，一当五，赋官用非赤侧不得行。三十一页

　　《集解》：如淳曰：以赤铜为其郭也，今钱见有赤侧者，不知作法云何。《汉书音义》曰：俗所谓紫绀钱也。

　　直按：两汉五铢钱皆用红铜质料铸造，钱肉钱边皆为赤色，无所谓仅赤侧也，此句非《史记》之误字，而是后人所未解。

于是悉禁郡国无铸钱，专令上林三官铸。三十二页

　　《集解》：《汉书·百官表》：水衡都尉，武帝元鼎二年初置，掌上林苑，属官有上林均输、锺官、辨铜令。然则上林三官，其是此三官乎。

　　直按：《集解》以均输、锺官、辨铜为上林铸钱之三官，其说本于张晏。以余考之，当为锺官、辨铜、技巧三令丞，皆属于水衡都尉。因水衡设在上林苑，故称为上林三官。锺官主造钱，见于本文及《王莽传》。《齐鲁封泥集存》有"锺官火丞"封泥，西安汉城又曾出土有"锺官钱丞"残封泥（现存西北大学历史系）。知锺官令有火丞、钱丞两丞，与少府属官乐府令之锺官，各为一官，不相混淆。特不知锺官之名称，与铸钱之关系。辨铜令则顾名思义，甚为明显。又《齐鲁封泥集存》有"技巧钱丞"封泥，余在西安又得有"巧二"五铢钱陶范题字（见《关中秦汉陶录》卷四），因推断技巧令必在三官之列，不当如旧

说三官中有均输令也。其分工之推测,当为锺官主铸造,技巧掌刻范技术,辨铜掌原料也。

诸郡国所前铸钱,皆废销之,输其铜三官。三十二页

直按:一九五五年西安汉城未央宫大殿遗址附近,出铜材十块,每块均重市秤五十斤左右,有一块上刻"汝南富波宛田戎卖"九字,余昔考为武帝时铸钱之铜材。并知上林三官铸钱,除销熔郡国旧钱外,兼收购有一部分民间旧铜。

益广关,置左右辅。三十三页

《集解》:徐广曰:元鼎三年丁卯岁,徙函谷关于新安东界。

直按:《汉书·百官公卿表》:"中尉属官,有左右京辅都尉。"盖武帝广函谷关以后所置,亦见《赵广汉传》。《封泥考略》卷一、四十四页,有"广左都尉"封泥,吴式芬考为即广关左京辅都尉之省文是也。

初大农莞盐铁官布多,置水衡欲以主盐铁。三十三页

《索隐》:布谓泉布。《考证》:官布,官钱也。

直按:武帝时有钱之称,无布之称,旧注皆非也,盖谓大农所管盐铁官分布甚多。

乃大修昆明池,列观环之,治楼船高十余丈,旗帜加其上,甚壮。三十四页

直按:《汉书·地理志》:"庐江郡有楼船官。"盖造船原料及工人,有一部分用庐江人民。又昆明池遗址,在今长安县沣西乡,尚存有汉代织女、牛郎石刻像。又有鲸鱼石雕刻,杜甫《秋兴》诗所谓"织女机丝虚夜月,石鲸鳞甲动秋风"是也。

乃分缗钱诸官,而水衡、少府、大农、太仆,各置农官,往往即郡县比没入田田之。三十四页

直按:《金石萃编》十八,有"上林农官"瓦,属于上林令,为水衡都尉之农官。又按:《齐鲁封泥集存》一页,有"挏马农丞"封泥,挏马令属于太仆,为太仆之农官。与本文正合。

官假马母三岁而归,及息什一,以除告缗,用充仞新秦中。三十七页

　　直按:除告缗谓不再采取告讦方式,不等于废除缗钱令。又《汉书·食货志》应劭注云:"秦始皇遣蒙恬攘却匈奴,得其河南造阳之北千里地甚好,于是为筑城郭,徙民充之,名曰新秦中。四方杂错,奢俭不同,今俗名新富贵者为新秦,由是名也。"此为充仞新秦中之确解,应劭为东汉末人,故尚能言其情况如此。

而天下郡国,皆豫治道桥,缮故宫,及当驰道县,县治官储设供具,而望以待幸。三十七页

　　直按:《小校经阁金文》卷十一、五十四页,有美阳高泉宫共厨鼎。又同卷五十页,有盩屋共斗鼎盖。又同卷五十五页,有上林共府鼎,初元三年造。又同卷同页,有汧共厨平阳宫鼎。又同卷六十页,有隃麋陶陵共厨鼎。共厨为供帐之用,与本文设供具而望以待幸,可以互证(以上各鼎,仅略举数例)。

而上郡、朔方、西河、河西开田官,斥塞卒六十万人戍田之。三十八页

　　直按:屯田人数不等,自四五万人至六十万人,《汉书·匈奴传》云:"(元狩四年)汉渡河自朔方以西至令居,往往通渠置田官吏卒五六万人,稍蚕食地接匈奴以北。"而居延汉简记载始元二年,戍田卒人数仅有一千五百人(见《居延汉简释文》卷一、二页),此盖为河西一部分人数。至于田官之组织,有屯田校尉、护田校尉、农都尉、守农令、劝农掾、仓长、仓佐、仓曹史、事田,及田卒、河渠卒、守谷卒等名称。又田官上有冠以地名,今可考者,有驿马田官(见《居延汉简释文》卷一《书檄类》)、北假田官(见《汉书·食货志》)、渠犁田官(见《汉书·西域传》)等。

边兵不足,乃发武库工官兵器以赡之。三十九页

　　直按:《居延汉简释文》卷三、九页,有"左弋弩六石廿"简文。《汉书·百官公卿表》:"左弋令属少府,武帝太初元年,更名佽飞。"又《敦煌汉简校文》八页,有"盾一完,神爵元年寺工造"简文。左弋造兵器,则当有工官,且为武帝时事,与本文可以互相对证。

式既在位,见郡国多不便县官作盐铁,铁器苦恶,贾贵。四十页

《集解》:(臣)瓒曰:谓作铁器民患其不好。

直按:《盐铁论·水旱篇》云:"今县官作铁器多苦恶。"居延汉简文云:"将军使者太守,议贷钱,苦恶小萃不为用。"(见《居延汉简释文》卷一、三十四页)可证苦恶二字,为两汉人之习俗语,臣瓒注本不误,而颜师古谓苦指盐味苦,恶指铁脆恶而言,用以驳臣瓒注反而非也。

或彊令民卖买之。四十页

直按:《盐铁论·水旱篇》云:"铁官卖器不售,或颇赋与民。"与本文正合。

乃请置大农部丞数十人,分部主郡国,各往往县置均输盐铁官。四十二页

直按:西汉均输官设置之地址今可考者,有千乘(《汉书·地理志》千乘郡注有均输官)、河东(《汉书·黄霸传》为河东均输长)、辽东三郡(《封泥考略》卷四、四十二页,有"辽东均长"封泥)。其官府之组织,今可考者,有均输长、均输监(《瞿氏印证》有"千乘均监"印)。从以上史料推测,均输长之设,仅郡国有之。本文所谓各往往县置均输盐铁官,系总括言之,在叙事中未曾将仅郡国始设有均输官一点加以区分。

召工官治车诸器,皆仰给大农。四十二页

直按:西汉京师各官署多有工官,不见于《汉书·百官公卿表》。《贡禹传》云:"方今齐三服官,作工各数千人,一岁费数钜万。蜀广汉主金银器,岁各用五百万。三工官官费五千万。"颜师古注三工官,谓少府之属,考工室、右工室、东园匠。余谓三工官疑为考工令、尚方令、上林令。三官署内,皆设有工官,颜注似有未妥。因尚方本有工官,证之《周勃传》,亚夫子为父买工官尚方甲楯五百被是也。上林有寺工,见池阳镫(见《小校经阁金文》卷十一、九十二页),敦煌汉简之神爵元年寺工造盾,亦疑为上林寺工所造。

世　家

吴太伯世家第一

太伯之犇荆蛮,自号勾吴。 三页

　　直按:勾吴亦作攻吴。《左传·宣八年》疏作工吴,工与攻古字通用。战国陶器中,工人名皆作攻某可证。而金文中皆作攻吴,无作勾吴者。如攻吴王夫差鉴、攻吴王光剑、攻吴王元启剑,皆其显例。盖勾攻二字为一声之转。

禽处卒,子转立,转卒,子颇高立。 五页

　　《索隐》:转,谯周《古史考》云柯转。又《古史考》颇高作颇梦。
　　《考证》:梁玉绳曰:《吴越春秋》转作专,字省耳。
　　直按:《小校经阁金文》卷一、三十一页,有"工䥅王皮难之子者减"钟,郭沫若氏谓皮难当即颇高之转音。谯周《古史考》作颇梦,声谊均不同,恐未必然。

寿梦有子四人,长曰诸樊。 八页

　　直按:安徽省淮南市古墓中发现有"工䥅大子姑发䣇反"剑,商承祚氏考即诸樊所铸,其说是也(见《文物》一九六〇年第七期)。

四年吴使季札聘于鲁,请观周乐。 十一页

　　直按:吴秋声云:吴季札观周乐,乐工所歌《风》《雅》《颂》各称,

欲授弟季札，季札让逃去。 二十二页

　　直按：《积古斋钟鼎款识》卷八、二十页，有"吴季子之子逞之永用剑"，据此吴季札之子名吴逞，可补文献记载之缺略。

公子光详为足疾，入于窟室，使专诸置匕首于炙鱼之中以进食。 二十七页

　　直按：本文与《刺客·专诸传》大同小异，同采于《左传》。汉武梁祠画像有《专诸刺吴王图》，亦可参考。《左传》专诸作鱄诸，因专诸有炙鱼事，故专字加鱼旁，以字从义也。

吴王阖庐弟夫㮣欲战，阖庐弗许。 三十页

　　直按：《通志·氏族略》："㮣氏为吴王夫㮣之后，汉有南安长㮣良。"但顺德邓氏藏有㮣四马戈（未著录），春秋时物，与吴楚字体不同，知㮣氏不因夫㮣而得姓也。

十四年春，吴王北会诸侯于黄池。 四十一页

　　直按：《周金文存》卷四、四十一页，有攻吴王鉴文云："攻吴王夫差，择厥吉金，自作御监。"此器清代同治时山西代州出土，说者疑为吴王夫差黄池会盟时所遗留。

齐太公世家第二

盖太公之卒，百有余年，子丁公吕伋立。 十页

　　《正义》：《谥法》述义不克曰丁。

　　直按：《说文》玉部玎字云"齐太公之子吕伋曰玎公"，丁字当从王，是表示吕伋为齐王之义。与盂鼎文王武王，作玟王珷王相同，许君误以为从玉。又按：丁公之子乙公，乙公之子癸公，盖以讳日为公称，《正义》解丁为谥法亦误。

二年伐灭郯。 十九页

　　《集解》：徐广曰：（郯）一作谭。

直按：一九二七年前"中央研究院"发掘谭国古城，其下层为龙山文化。又定海方氏藏覃邦残刀，为春秋时物，亦传世最早之刀币，据刀文郯应作谭。

鲁将盟，曹沫以匕首劫桓公于坛上。二十页

直按：太史公于曹沫劫桓公事，一见于《齐世家》，再见于《鲁世家》，三见于《管仲传》，四见于《鲁仲连传》，五见于《刺客传》，比《公羊传》为详。《左传》不载此事，太史公兼采今古文之所长，并不以古文说为主。汉武梁祠画像有《曹子劫桓》图，亦可参考。

雍巫有宠于卫共姬，因宦者竖刁，以厚献于桓公，亦有宠。三十一页

直按：雍巫，雍为饔字省文，巫为人名，与竖刁文例正同，惟贾逵以雍巫为易牙之字，未知所本。竖刁《左传》作寺人貂，刁貂固属同音，作刁者亦等于后代之用简体字。

鲁周公世家第三

无坠天之降葆命，我先王亦永有所依归。五页

直按：下文亦有"其后武王既崩，成王少，在强葆之中"。两葆字在西周时皆作宝，或作保，无作葆者，此太史公盖依汉代隶古书写。

宣王曰然，能训治其民矣，乃立称于夷宫，是为孝公。二十四页

直按：夷宫者夷王庙也，西周大事皆于祖庙行之。如君夫敦云"王在康宫"（见《愙斋集古录》卷十一、四页），望敦云"王在周康宫新宫"（见《捃古录》金文三之一、八十三页），克敦云"王在周康穆宫"（见《周金文存》卷三、二十四页），颂敦云"王在周康昭宫"（见《愙斋集古录》十八页）。以上仅略举数例，在鼎铭中尤多，与本传皆可互相印证。

燕召公世家第四

(燕)成公十六年卒,湣公立。十页

　　《索隐》:按《纪年》成公名载。

　　直按:《周金文存》卷六、十九页,有"燕侯载作右军镰",与传文正合。又《小校经阁金文》卷十、四十六页,有匽侯朘戈,为春秋时物。又有燕王戎人戈,为战国时物,不知属于燕何王之名。

燕君哙死,齐大胜燕,子之亡,二年而燕人共立太子平,是为燕昭王。十六页

　　《集解》:徐广曰:哙立七年而死,其九年燕人共立太子平。《索隐》:《赵世家》云:"武灵王闻燕乱,召公子职于韩,立以为燕王,使乐池送之。"裴骃亦以此世家无赵送公子职之事,当是遥立职而送之,事竟不就,则昭王名平、非职明矣。《考证》:《赵世家》(赵武灵王立公子职事),诸处俱不书,……窃意职为王时,在哙死之后,昭王未立之先,职立二年卒,而始立昭王。

　　直按:《小校经阁金文》卷十四、四十四页,有"郾王戠戈",三器均不同文。又《贞松堂集古遗文》卷十二、四至五页,有"郾王戠戟"三器,戠即职字省文。予谓职与平当为燕昭王之一字一名。证之《周礼·天官·小宰》云:"以官府之六职辨邦治,一曰治职以平邦国,以均万民,以节财用。"职与平名字正相适应,诸家之说皆非也。

燕兵独追北,入至临淄,尽取其宝,烧其宫室宗庙,齐城之不下者,独唯聊、莒、即墨。十八页

　　直按:即墨为战国时齐国大都会之一,此田单坚守之意义。《古泉汇》亨三、一至八页,有"节墨之夻化"刀,此刀与莒刀,在齐鲁出土最多,可以证明二地商业之繁盛。即墨在文献之记载,亦无作节墨者,盖用省文。《汉书·魏豹传》云:"乃徙齐王弟更王胶东,治即墨。"可证在西汉初即墨尚为重要地区。

孝王元年，秦围邯郸者解去，子今王喜立。二十页

直按：太史公此文是据燕国史书，故有今王喜立之文。又易州下都燕国遗址，自光绪中叶即有铜器出现，《梦郼草堂吉金图录》卷中、十一至十二页，著录有燕王喜二戈，为盛伯羲旧藏，杭州邹氏藏有燕"右空驹"半瓦当，则为一九一一年出土。一九四七年，科学院考古研究所发掘燕下都遗址，所得以半瓦为最多。

燕王命相栗腹约欢赵，以五百金为赵王酒。二十页

《考证》：《(国)策》作以百金为赵孝成王寿，酒三日反报，酒疑当作寿，寿酒以音近讹。

直按：原文疑作酺，实为寿字。西汉赵廿二年群臣上酺刻石可证，上寿必以酒，故寿字从酒，且为赵人相传之习俗字。

唯独大夫将渠。二十一页

直按：将渠是称其姓，《汉书·艺文志》兵家有《将钜子》五篇，即将渠之假借字。《古玉图考》一百二十六页，有"鄢将渠惠钵"。可以互作参证。

燕太子丹阴养壮士二十人。二十四页

直按：燕太子丹阴养壮士二十人，其数字不见于其他文献，秦舞阳、高渐离当为其中之二人，荆轲则为后至，《燕丹子》所记之宋意等则不敢据。

管蔡世家第五

而立昭侯子朔，是为成侯，成侯四年宋灭曹，……十九年成侯卒。十二页

直按：一九五五年寿县发现蔡侯墓葬，共出铜器一百二十一件，在钟鼎各器铭文中，蔡侯名鐴，不见于《蔡世家》，余以为即缚字繁文，缚即蔡成侯朔之转音，详见拙著《安徽寿县出土蔡侯铜器概论》。

陈杞世家第六

陈胡公满者，虞帝舜之后也。 二页

　　直按：王莽嘉量铭文首四句云："黄帝初祖，德帀于虞，虞帝初祖，德帀于新。"说明陈为虞舜之后，而田、王、姚诸姓，则又与陈同祖也。

周武王时，侯伯尚千余人，及幽、厉之后，诸侯力攻相并，江、黄、胡、沈之属，不可胜数。 二十四页

　　直按：《小校经阁金文》卷八、八十七页，有沈子它盖，为沈器之仅存者。

卫康叔世家第七

武公即位，修康叔之政。 六页

　　直按：《薛氏钟鼎款识》卷十三、十三页，有成鼎，旧以为秦器。一九五一年，岐山又出一鼎，与此同文，余考为禹鼎，即叔向父禹，亦即《诗》"楀维司徒"之禹。鼎铭叙禹伐鄂侯驭方，有武公乃率朱车百乘云云，余考武公即卫武公。

宋微子世家第八

哀公元年卒，子戴公立，……三十四年戴公卒。 二十三页

　　直按：《小校经阁金文》卷十、四十五页，有宋戴公戈，文云"辀王商戴公归之告□"，归为宋戴公之名，或释作遄，可以补《史记》之未详。又《薛氏钟鼎款识》卷六、一页，有"宋公成之誟锺"。成或释作戎，不知为宋何公之名。

昭公弟鲍革，贤而下士。 三十三页

　　直按：《左传》无革字，《说文》"鞄，柔革也"。《考工记》攻皮之工

有鲍人,即鞄字之假借,《史记》鲍革二字连称,疑本为一字一名。

休公田二十三年卒,子辟公辟兵立。四十一页

　　直按:原文当作子辟兵立,今本《竹书纪年》作宋桓侯璧兵。《集解》引徐广曰,一云辟公兵,皆为衍文。《竹书纪年》璧兵亦为误字,当作辟兵,即避兵之义。《急就篇》云"高辟兵"。歙县黄氏藏有"辟兵龙蛇"玉印,西安汉城所出"除凶去央,辟兵莫当"压胜泉皆是也。

其大夫正考父美之,故追道契、汤、高宗,殷所以兴,作《商颂》。四十四页

　　直按:裴骃《集解》引《韩诗·商颂》章句,美宋襄公也。太史公此说本于《韩诗》。《后汉书·曹褒传》云:"奚斯颂鲁,考甫咏殷。"《张迁碑》文亦同。盖两汉人本有此说,按其实际,确非商代作品,是西周或东迁以后作品。

晋世家第九

周作晋文侯命,王若曰,父义和,丕显文武,能慎明德。五十八页

　　直按:晋文侯名仇,《文侯之命》作义和,当为一字一名。马融注《尚书》,谓父能以义和我诸侯,是曲为之解。此篇语法,与毛公鼎相似,王若曰下父某,亦与毛公鼎文例相同,东周铜器,即不见王若曰之词句。太史公以《文侯之命》,误为周王赐晋文公者,由于当时无西周铜器与之对比,故有此误。

灵公饮赵盾酒,伏甲将攻盾,公宰示眯明知之。七十页

　　直按:武梁祠画像前石室,有赵宣孟、灵公及车右提明题字,又《左传》作提弥明,《公羊》作祁弥明,本传作示眯明,皆一声之转。又曹植《杂诗》云:"惭无灵辄,以报赵宣。"在两汉时常引用为石刻题材及诗料。

楚世家第十

吴回生陆终,陆终生子六人,坼剖而产焉。其长一曰昆吾,二曰参胡,三曰彭祖,四曰会人,五曰曹姓,六曰季连,芈姓,楚其后也。三页

   直按:屈子《天问》云:"彭铿斟雉帝何飨,受寿永多,夫何久长。"夹叙在楚事中,因彭祖与楚同祖。又《愙斋集古录》卷一、二十一页,邾公钊钟云:"陆终之孙邾公钊作乃龢锺。"(王国维说)《世本》曹姓为邾国,可证邾为陆终之后,亦与楚同祖,皆与本文符合。

熊徇卒,子熊咢立。八页

   直按:《薛氏钟鼎款识》卷六、六页,有楚公钟略云:"佳八月甲申楚公逆自作夜雨雷镈。"楚公逆盖即本文之熊咢,因咢字或作䚾,与逆字声形均相近。

若敖卒,子熊坎立,是为霄敖。九页

   直按:《小校经阁金文》卷一、十八页,有楚公叹钟,疑为熊坎所造,坎欵二字,不独声相近,字形亦相近。《天问》:"吾告堵敖以不长。"王逸《章句》:"楚人称未成君者为敖。"疑敖为夭字之假借,犹汉乐府《病妇行》,行当折摇,假借为折夭也。至于楚国莫敖、连敖官名,则当别解。

(文王)十三年卒,子熊囏立。十三页

   直按:吴兴周氏藏有王兄难钟,字体与沇兒钟相近,家兄邦福考为楚王熊囏之兄是也。

庄敖五年,欲杀其弟熊恽,恽奔随,与随袭弑庄敖代立,是为成王。十三页

   直按:《左传》熊恽作頵,无熊字。《贞松堂三代吉金文存》卷一、四页,有楚王頵编钟,与《左传》正合,《史记》作熊恽为异文也。

王行遇其故铟人,谓曰为我求食。三十页

   直按:本文采用《国语》,铟人旧注作中涓之人,铟为酒器,亦可以盛食,铟人疑掌酒食之小吏,非涓人之假借字。

乃与子西、子綦谋,伏师闭涂迎越女之子章立之,是为惠王。四十六页

直按:《薛氏钟鼎款识》卷六、七页,楚曾侯钟文云:"惟王五十有六祀,徙自西阳,楚王酓章,作曾侯乙宗彝,置之于西阳,其永时用享。穆商商。"楚惠王熊章,徙自西阳,为文献所不载。又按各楚王名上之熊字,在楚器上,均作酓字,熊古读于凌切,与酓字声近。故秦《诅楚文》直称"以底楚王熊相之多辠",足证史传之熊字,亦非误文。

肃王四年,蜀伐楚,取兹方,于是楚为扞关以距之。五十页

《集解》:李熊说公孙述曰,东守巴郡,距扞关之口。《索隐》:按《郡国志》,巴郡鱼复县有扞关。《考证》:在今湖北长阳县西。

直按:《封泥考略》卷四、五十三页,有"扞关长印""扞关尉印"两封泥。吴式芬考即《续汉书·郡国志》巴郡鱼复县之扞关,据此当作扞关,今作扞关,为传写之误文。

十一年威王卒,子怀王熊槐立。五十二页

直按:《诅楚文》云:"以底楚王熊相之多辠。"熊相盖即楚怀王熊槐,郭沫若氏疑为一名一字,其说是也(《诅楚文》见《金石索·石索一》四十一页)。

(怀王)六年,楚使柱国昭阳,将兵而攻魏,破之于襄陵,得八邑。五十二页

直按:一九五七年寿县出土楚鄂君启金节,共二组,第一组文略云"大司马邵敭,败晋币(师)于襄陵之岁,夏属之月,乙亥之日,王居于茂郢之游宫,大攻尹睢以王命命集尹悳艏,裁尹逆,裁令阮,为鄂君启之赓赎铸金节"云云。以下言持节行船事,邵敭即昭阳,盖昭阳柱国为加官,大司马为实官,史书若两官并载,在文字上反嫌累赘(见《文物参考资料》一九五八年第四期)。

怀王大悦,乃置相玺于张仪。五十五页

直按:印之名始于西汉,章之名始于武帝,在战国时官私印皆称为玺,玺字作鈢,传世战国古鈢,皆可证明。文献叙先秦时之印,皆汉人以今制拟古制,本文称相国玺,独存古制(汉初诸侯王尚称玺以别于印,如"荆王之玺""淮阳王玺"皆是)。

齐王大怒，折楚符而合于秦。五十七页

　　直按：《贞松堂吉金图》卷中、四十三页，有"马节"。《小校经阁金文》卷十四、八十九页，有"左戏行节"。一〇五页，有"鹰节"。《积古斋钟鼎款识》卷十、五页，有"龙虎铜节"。最近出土，有"鄂君启金节"。前三种名虽为节，实际是符，本文之楚符，可用以参考形式。

昭雎曰，王毋行。六十五页

　　直按：昭雎官大工尹，见最新出土鄂君启金节，雎字写作从肉，当为假借字。

楚襄王兵散，遂不复战，东北保于陈城。七十八页

　　直按：龚心铭《楚金爰考》，有郢、颍、陈、专四爰。陈爰即楚襄王徙都于陈时所铸。

二十五年考烈王卒，子幽王悍立。七十九页

　　直按：《小校经阁金文》卷二、九十页，有"楚王歔感鼎"。感即悍字省文，为楚幽王所铸之器。

十年幽王卒，同母弟犹代立，是为哀王。八十页

　　直按：《小校经阁金文》卷二、五十九页，有"楚王歔肯鼎"及铊鼎二器，肯字与犹字偏旁相似，疑犹为肯之误字也。

哀王立二月余，哀王庶兄负刍之徒，袭杀哀王，而立负刍为王。八十页

　　直按：长沙出土有"楚王夫埜之钵"。当即负刍之假借字。

越王句践世家第十一

句践自会稽归，七年拊循其士民，欲用以报吴，大夫逢同谏曰。八页

　　直按：逢同《越绝书》作冯同，《吴越春秋》作扶同。清代乾隆时常熟翼京门外出土勾镴，文云"佳王正月初吉丁亥，姑冯□同之子，择乃吉金，自作商勾镴以乐宾客"云云。此器郭沫若氏定为冯同之子所作，出于吴地者，疑为吴王夫差初次胜越时所俘获之越器也。

止于陶,以为此天下之中,交易有无之路通,为生可以致富矣,于是自谓陶朱公。二十六页

　　直按:齐地除临菑外,即墨、莒、陶皆为都会,穰侯免相后居于陶,尤为明证。

家负郭,披藜藿,到门,居甚贫。二十八页

　　直按:藜藿一本作藜藋是也,旧注以"披藜藿到门"为句非也。

王乃使使者封三钱之府。二十九页

　　《集解》:《国语》曰:周景王时将铸大钱。贾逵说云,虞夏商周,金币三等,或赤或白或黄,黄为上币,铜钱为下币。

　　直按:楚币现今可考者,只有饼金一种。每饼十六格,每格一两,共重一斤,有郢爰等字。本文三钱之府,疑楚币有三种,与贾注或赤或白或黄相近(就发现者,仅有饼金一种),亦未可知。又固始沙中所出蚁鼻钱,虽为铜质,恐有地方性之限制。

郑世家第十二

归与祭仲谋,召子亹弟公子婴于陈而立之,是为郑子。十三页

　　《索隐》:《左传》以郑子名子仪,此云婴,盖别有所见。

　　直按:公子婴疑婴齐之省文,即新郑铜器中之王子婴次。

二十五年,郑君杀其相子阳。三十五页

　　《考证》:《淮南子·氾论训》云:"郑子阳刚毅而好罚,……舍人有折弓者,畏罪恐诛,则因猘狗之惊以杀子阳。"(《吕览》《列子》,所引略同)

　　直按:《盐铁论·诏圣篇》亦云:"穷鼠啮狸,匹夫奔万乘,舍人折弓,陈胜吴广是也。"亦以郑子阳为客所杀,不以为郑君所杀,《盐铁论》以吴广杀两尉比于舍人折弓。

赵世家第十三

烈侯使使谓相国曰,歌者之田且止,官牛畜为师,荀欣为中尉,徐越为内史。三十七页

  直按:《汉书·百官公卿表》:相国、中尉、内史皆秦官,据此战国初年赵国已有之。

(成侯)二十一年,魏围我邯郸。四十二页

  直按:《古泉大辞典》上编、一七九页,有"甘丹"刀,即当时邯郸二字之简写。又一九五七年北京大学历史系同学,在邯郸发掘战国时墓葬,发现陶器多种,上刻"甘单"或"邯亭"字样。

太后盛气而胥之。八十一页

  直按:《战国策》胥作揖,因胥字汉晋人或写作胃,与揖字偏旁相似。《十钟山房印举》有"赵大句钵",句即后字假借,疑即赵孝成王之太后所用。

且夫秦以牛田之水通粮蚕食,上乘倍战者,裂上国之地,其政行,不可与为难,必勿受也。八十六页

  直按:此为秦国用牛耕最初之记载,上下虽有夺文,牛田二字,义甚分明。

告冯亭曰,敝国使者臣胜,敝国君使胜致命,以万户都三封太守,千户都三封县令,皆世世为侯,吏民皆益爵三级。八十七页

  直按:战国时秦称郡守,各国或称守,或称太守。《战国策》中,太守凡五见,汉初沿用秦制称郡守,景帝改称郡守为太守,则采用战国时各国制也。后人狃于习见,遂以太守为汉制,反疑《国策》有误文。又赵国有爵若干级,亦与秦制相同。

秦召春平君,因而留之。九十三页

  《考证》:《(战国)策》作春平侯。凌稚隆曰,赵太子也。

  直按:《小校经阁金文》卷十、一〇三页,有春平侯剑云"三年相邦

春平侯左军攻肖（赵）□□事□执齐"，又同书一〇五页，又有春平侯剑，当即本文之春平君所造。《战国策》作春平侯者正与剑文相合，疑为先封侯后改封君者。《小校经阁金文》一〇五页所著录之春平侯剑，为赵孝成王时物，三年之剑，则为赵悼襄王之纪年也。

司马尚免，赵忽及齐将颜聚代之。九十六页

直按：《战国策》作赵葱，犹《汉书》严忽奇又作严葱奇也。

魏世家第十四

魏之先毕公高之后也，毕公高与周同姓。二页

直按：《太平御览》卷六〇二及六一八引颖容《春秋例》云："汉兴博物洽闻著述之士，前有司马迁、扬雄，后有郑众、贾逵、班固，近即马融、郑玄，其所著作违义正者，迁尤多阙略，略举一二事以言之。迁《史记》不识毕公文王之子，而言与周同姓，扬雄《法言》，不识六十四卦，云所从来尚矣。"《左传》富辰言文王之子十六国，有毕、原、丰、郇，本文言与周同姓，似不用左氏之说。颖容是左氏专家，因太史公不从左氏之说，遂指为阙略。

今所置非成则璜，二子何如。九页

直按：《盐铁论·诏圣篇》云："严墙三仞，楼季难之，山高千云，牧竖登之。故峻则楼季难三仞，陵夷则牧竖易山巅。"楼季之事，一见于《韩非子·五蠹篇》，二见于《荀子·宥坐篇》，三见于《史记·李斯传》，四见于《韩诗外传》，五见于枚乘《七发》，六见于《盐铁论》，七见于《论衡》。《李斯传》所言，裴骃《集解》引许慎曰："楼季为魏文侯之弟，王孙子曰，楼季之兄也（当为魏文侯之误字）。"裴注所引许慎曰，疑为许慎《淮南子》注，可证《淮南子》亦有此文，而今本已佚，本文成谓魏文侯之弟，璜谓翟璜。成疑为楼季之名，或为魏文侯之另一弟，均未可知。

魏人有唐雎者，年九十余矣。三十六页

《考证》：雎从且，《新序》作唐且，从目者讹。

直按：唐雎，《新序》作唐且，范雎武梁祠画像作范且，从目者讹是也。然雎字从且、从目，甚或作肉，在先秦两汉人书写时，并无严格之区别。如余藏鸿范，背有"雎法"二字，雎字则从目，新出鄂君启金节，昭雎之雎则从肉，皆是显明之例证。

韩世家第十五

十二年太子婴死，公子咎、公子虮虱争为太子。 十四页

《考证》：《(战国)策》虮虱作几瑟。

直按：虱之小者为虮，二字义本联贯，《国策》几瑟二字联文便不可通，知为假借字。

甘茂与昭鱼，遇于商于。 十七页

《集解》：徐广曰：昭鱼，楚相国。《索隐》：《战国策》谓之昭獻。

直按：昭鱼，《战国策》原本应作歔，正如《周礼》鱼人作歔人，其形类于獻字，因而致误，当以《史记》作昭鱼为是。

韩相国谓陈筮曰：事急，愿公虽病，为一宿之行。 二十一页

直按：陈筮之名，以《史记》别本及《战国策》综合考之，有筮、筌、茎、荼、苓五字之不同，未知孰是。惟《战国策》作田荼，可证陈筮必为齐人而仕韩者。

田敬仲完世家第十六

敬仲之如齐，以陈字为田氏。 五页

直按：敬仲虽改陈字为田氏，证之金文如陈逆簠、陈侯午敦、陈侯因𦥑敦，陶文如"王孙陈棱立事岁左里啟亳匋"（见《季木藏陶》十八页）、"平陵陈得丕盌王匋""陈猷立事左匋"（见《德九藏陶》，不分卷），皆仍称为陈氏，不称为田氏。又田和之齐，自称为丘齐，如"丘齐迁木雕里寻""丘齐子里之匋"（见《德九藏陶》），皆可证明丘齐即大

齐之义,为文献所未记载。

庄子卒,子太公和立。十四页

　　直按:《小校经阁金文》卷八、四十二页,有陈财敦文云:"余陈中裔孙。銮叔和子。"即本文之太公和。

齐侯太公和立,二年和卒,子桓公午立。十五页

　　直按:《小校经阁金文》卷八、三十二页,有陈侯午敦略云"佳十又四年,陈侯午台群者侯,保有齐邦,永世毋忘"云云,当即本文之陈侯午。

六年救魏,桓公卒,子威王因齐立。十八页

　　《考证》:威王之名,此与(史记)《年表》《鲁仲连传》并作因齐,《(战)国策》作婴齐,《庄子·则阳篇》有田侯牟。

　　直按:《愙斋集古录》卷九、十一页,有陈侯因䏌敦,盖婴齐为正体,因齐及因䏌为假借字。

䮹忌子以鼓琴见威王。二十页

　　直按:邹䮹二字,古虽通用,《史记》邹衍作邹,邹忌则作䮹。证之齐鲁所出陶片,皆作䮹无作邹者,知太史公作䮹者,为战国时流传古文之原本。

苏代自燕来入齐,见于章华东门。三十七页

　　直按:《季木藏陶》七十九页,有"华门陈棱齐左里敀亳匋",陶文之华门,当即章华门之简称。

王建遂降,迁于共。四十六页

　　直按:《古泉大辞典》上编、二四一页,有"共"字及"共屯赤金"圆钱,盖为战国末期齐国所铸之钱。

孔子世家第十七

鲁南宫敬叔言鲁君曰,请与孔子适周,鲁君与之一乘车两马,一竖子,俱适周问礼,盖见老子云。十三页

　　直按:武梁祠画像、射阳石门画像皆有"孔子见老子画像",与此

可作参证。

前昭公欺其臣迁州来,后将往,大夫惧复迁,公孙翩射杀昭公。五十四页

　　直按:刺蔡昭公者为公孙翩,与《左传》哀四年传同。而《蔡世家》作贼利,两名不同,自相矛盾,恐各有所本。

见齐衰瞽者,虽童子必变。七十八页

　　直按:太史公每以当时口语解释经文,本文在《论语·子罕》篇作"子见齐衰者与瞽者,见之虽少必作,过之必趋"。太史公改少字为童子,表明是老少之少,非多少之少也。

孔子生鲤,字伯鱼。九十页

　　《索隐》:孔子年十九,娶于宋之丌官氏之女,一岁而生伯鱼。

　　直按:丌官氏当为并官氏之误字,《汉韩勅修孔庙礼器碑》及"并官武"印(见《小沧浪笔谈》),皆作并官可证。

陈涉世家第十八

广起夺而杀尉,陈胜佐之,并杀两尉。六页

　　直按:两尉谓县左右尉,两尉之中,有临时管屯戍之事者,称为将尉。

攻陈,陈守令皆不在。八页

　　《索隐》:秦三十六郡并无陈郡,则陈止是县。

　　直按:秦郡名不在三十六郡之内者极多,有在始皇初年初置之郡,如《穰侯传》之陶郡是也。有在二世末年所置之郡,如《悼惠王世家》之城阳郡是也。陈郡亦是一例,《索隐》注失之。

使公孙庆使齐王。十七页

　　直按:公孙庆疑即上文之东海守庆。

客曰:伙颐,涉之为王沉沉者。楚人谓多为伙,故天下传之。十八页

　　《索隐》:服虔云:楚人谓多为伙,按又言颐者,助声之辞也。

　　直按:颐为语助词,《索隐》说是也。颐为殹字同声之假借。殹与猗、兮二字,皆一声之转。石鼓第五鼓第四行,有"汧殹泊泊"之句。

秦新郪虎符文云："燔隊事，虽毋会符，行殴。"（见《秦汉金文录》卷一、四十一页）可证殴为语助词，亦秦人沿用之习俗语。本文当读如伙兮涉之为王沉沉者。

外戚世家第十九

吕后长女为宣平侯张敖妻，敖女为孝惠皇后。五页

　　直按：张敖之女，为惠帝之甥，配以为后，可以见汉代婚姻之习惯。

媪之许负所相，相薄姬云当生天子。七页

　　《考证》：许负，郭解外祖父。

　　直按：许负亦见《绛侯世家》及《游侠·郭解传》。应劭注为老妪是也，《考证》疑之则大误。《窓斋尺牍》卷三，有许负穿带印一方，一面为"许负"二字，一面为"许女"二字。印形极大，为西汉初期穿带印之特点，当即许负之遗物。又按：西汉妇女，称负者极多，如《高祖本纪》之武负，《陈平传》之张负，本传之许负是也。负当为嬎字省文，即妇字之或体。又《居延汉简释文》卷一、四十九页，有"移觚得万岁里郑负，自言夫望之病不幸死（下略）"。以简文断之，郑负亦为女子，与《史》《汉》均同。

而薄姬输织室。七页

　　直按：《百官公卿表》："少府属官，有东织室。"薄姬所输，有东织、西织之分，传文泛称为织室，盖省文也。

始姬少时，与管夫人、赵子儿相爱。七页

　　直按：西安汉城曾出"赵子儿"玉印，吴兴周氏藏。

薄太后后文帝二年，以孝景帝前二年崩，葬南陵。九页

　　直按：灞桥出土，有"南陵大泉"残陶片、"南陵大泉乘舆水匋"陶瓮及"南陵大泉第五十铜锺"（见《陶斋吉金录》卷六、四页）。皆为薄太后陵寝祭祀之品。

吕太后时,窦姬以良家子入宫侍太后。十页

  直按:良家子屡见于《汉书》李广、东方朔等传,据本文及《卫皇后传》,良家子为男女之通称,六郡良家是从狭义言之。而女子除称良家子外,亦可称为良家女。

子夫上车,平阳主拊其背曰,行矣,彊饭勉之,即贵毋相忘。十九页

  直按:《小校经阁金文》卷十五、一百页,有妻赠夫远戍镜铭云:"愿君彊饭多勉之,卬天太息长相思。"知为两汉人之习俗语(此镜原书误题秦镜)。

其兄李延年以音幸,号协律,协律者故倡也。二十二页

  直按:倡指李延年,与《汉书·艺文志》黄门令倡相同,谓倡伎之巧,与后代倡家解法,尚微有区别。

武帝下车泣曰:嚄,大姊何藏之深也。二十四页

  直按:嚄为惊怪之声,与《乌生古辞》(见《乐府诗集》卷二十八)唶我之唶,可以联用。《魏公子传》"公子曰:晋鄙嚄唶宿将"是也。

武帝奉酒前为寿,奉钱千万,奴婢三百人,公田百顷甲第以赐姊。二十五页

  直按:公田百顷为一万亩,可证西汉三辅之公田、边郡之屯田,土地多掌握在皇室手中,民耕之田则有限。

因号曰修成君,有子男一人,女一人,男号为修成子仲,女为诸侯王王后。二十五页

  《考证》:中井积德曰:不见子仲之姓氏,实为缺事。

  直按:本姓为金,名子仲,号为修成子仲,明为修成君所生也。

楚元王世家第二十

孝文帝即位二年,立遂弟辟彊,取赵之河间郡为河间王。六页

  直按:潍县郭氏藏有"河间太守"封泥(原物现藏北京大学历史系)。又《齐鲁封泥集存》一页,有"河间王玺"封泥,皆与本传相合。盖河间先为汉郡,赵王及楚王辟彊皆因而未改,成为自置之郡,而河

间太守封泥,已称太守,则为楚王时物。

荆燕世家第二十一

居数月,田生子请张卿临,亲修具。五页

　　直按:谓田生亲自治酒食也,颜师古注:亲,父也,恐失之。

定国有所欲诛杀臣肥如令郢人。八页

　　直按:郢人人名,官辽西肥如县令者,楚元王子名郢客,与郢人同义。高祖楚人,制度沿用秦国,风俗习惯,多沿用楚国。郢人、郢客,当时取以为名,亦其一例。

齐悼惠王世家第二十二

高祖六年立肥为齐王,食七十城。二页

　　直按:《汉书·高祖纪》:"以胶东、胶西、临菑、济北、博阳、城阳郡七十三县,封子肥为齐王。"所列六地名,皆为郡名,当为秦二世末或楚汉时诸齐王所立。又《再续封泥考略》卷一、五十四页,有"城阳郡尉"封泥,当为悼惠王封齐以后,因而未改之郡。

魏勃绐召平曰:王欲发兵,非有汉虎符验也。六页

　　直按:战国时用虎符,见于《信陵君传》。出土之虎符,有鹰节三、骑马节一、齐大夫牛节一、辟大夫虎节一,共六种。文字虽自称为节,形状实为符,所异于符者,无左右之分,故鹰节有人称为节,有人称为符(见《增订历代符牌图录》一至二页)。又秦阳陵兵符文云:"甲兵之符,右在皇帝,左在阳陵。"新郪虎符云:"甲兵之符,右在王,左在新郪,凡兴士被甲,用兵五十人以上必会王符,乃敢行之,燔隧事,虽无会符,行殹。"(见《秦汉金文录》卷一、四十一页)两符皆作虎形,汉承秦制,秦同于六国之制,知发兵必用虎符。一般学者,狃于《汉书·文帝纪》,有二年九月初与郡国守相铜虎符之记载,因对本传文虎符发

生疑义，不知文帝初与虎符者，指初与郡国守相而言，将军所用之虎符，则不始于文帝时也。两汉郡守之虎符，出土极多，而将军之虎符，则从未发现。清仪阁所藏之伏波将军大虎符，则为伪造。

召平曰：嗟乎，道家之言，当断不断，反受其乱。 六页

直按：《汉书·霍光传》，昌邑王官吏亦引用此语。

魏勃父以善鼓琴见秦皇帝。 十一页

直按：始皇好音乐，用魏勃父鼓琴，高渐离击筑，《燕丹子》所称"荆轲刺秦王时，愿听琴声而死"。其书虽为伪记，其事当有所本。

令其长女纪翁主入王宫，正其后宫。 十五页

直按：《六艺之一录》卷二十二，著录有汉"王翁主尉"印，为汉代王国之女之称，与本文可以参考。

齐有宦者徐甲，入事汉皇太后。 十五页

直按：徐甲失其名，故以甲乙代替，犹《灌婴传》重泉人李必、骆甲，《万石君传》石甲、石乙也。

萧相国世家第二十三

萧相国何者，沛丰人也。 二页

直按：秦时泗水郡，汉初改为沛郡，丰县属沛，传文不称泗水而称沛，是太史公用汉制记秦事。

召平者，故秦东陵侯。 九页

直按：秦侯至少至尊荣，琅邪刻石只有王贲等五侯，召平得侯之武功，独不见于《秦纪》。

曹相国世家第二十四

高祖为沛公而初起也，参以中涓从。 二页

直按：涓人与中涓，自来多解作宦者，以传文证之，盖或用士人，

或用宦者。

以高祖六年赐爵列侯,与诸侯剖符,世世勿绝。十二页

　　直按:参在高祖三年以建成侯食邑平阳,此为高祖六年灭项以后,大封功臣,就其食邑地名,改建成为平阳也。

参于是避正堂舍盖公焉。十三页

　　直按:明清时称官衙为正堂盖本于此。

留侯世家第二十五

沛公拜良为厩将。六页

　　直按:西安汉城出土有"童马将厩"印(吴兴沈氏藏),四周有界格,为秦末汉初之物,印文之将厩,疑与传文之厩将相似。

项梁使良求韩成,立以为韩王,以良为韩申徒。七页

　　直按:《汉书》作韩司徒,《楚汉春秋》作韩信都,证之战国钵文,皆作司徒,或作司土,无作申徒者。信都当读为申都,与申徒皆为当时之习俗语。但汉人常取信都为名,韩王信都及汉印有"夏侯信都"是也(西安汉城出土,扬州经氏藏)。准例以求,韩信当读如忠信之信,韩王信当读如屈伸之伸。

汉王曰:善,趣刻印。十四页

　　直按:汉官印,文职多铸印,武职在军旅仓卒中多用刻印,与传文情况正合。

今使太子将之,此无异使羊将狼也。二十四页

　　直按:《盐铁论·除狭篇》云:"弱者犹使羊将狼也。"与传文正合,盖为两汉人之习俗语。

四人前对,各言名姓。曰东园公、甪里先生、绮里季、夏黄公。二十七页

　　直按:扬子《法言·渊骞篇》云"美行,园公、绮里季、夏黄公、甪里先生",次序与太史公不同。四皓之名,以见于《史记》及《法言》《新序》为最古,次则东汉四皓神坐机题字(见《小蓬莱阁金石记》,有摹

本)。施安姓氏，则出于晋以来之记载。

陈丞相世家第二十六

平遂至修武降汉，因魏无知求见汉王。 六页

直按：《北魏书》魏收自序，称魏公子无忌孙无知，封高梁侯。《元和姓纂》《新唐书·宰相世系表》并同。虽出于家牒，比较可信。

平等七人俱进赐食，王曰罢就舍矣。 六页

直按：《汉书》七人作十人，西汉时七字中画微短，与十字相似，故易混淆。汉玉日晷及南越甫木题字七字，皆可互证，《史记》原本不误，《汉书》作十人者非也。

绛侯周勃世家第二十七

沛公拜勃为虎贲令。 四页

直按：《汉书》作襄贲令，襄贲县名属东海郡，然下文云："以令从沛公。"若依《汉书》解，勃既远官县令，即不可能云从沛公。

汉王赐勃爵为威武侯，从入汉中，拜为将军。 五页

直按：《秦本纪》琅邪台石刻题名有五人，为"列侯武成侯王离、列侯通武侯王贲、伦侯建成侯赵亥、伦侯昌武侯成、伦侯信武侯冯毋择"，余因疑五人所封，皆非地名，系用成武二字为封号。当秦楚之际，仍沿用不废。以成字为号者，如陈余封成安君，曹参封建成侯，张敖封成都君，樊哙封贤成君，郦商封信成君，乐叔封华成君是也。以武字为号者，如沛公封安武侯，项梁、武臣皆封武信君，陈平、周緤皆封信武君，周勃封威武侯，李左车封广武君，《高祖纪》有刚武侯之类是也。足证取成、武二字为封号，是用秦代之制度，皆是尊称，并非封邑。封君与封侯，在秦楚之际，区别并不太严。不用成、武二字为封号，比较少数。循例以求，则张敖封成都君，本是嘉名，注家皆以地名

解释,盖未知秦代封号之典制也。

以将军从高帝击反者燕王臧荼,破之易下,所将卒当驰道为多。六页

直按:本传此语两见,一破臧荼,一破韩王信。颜师古解为"高祖所行之道,或以驰道为秦之驰道"。《贾生传》云:"秦为驰道,东穷燕齐,南极吴楚。"周勃攻战之地,属于燕之驰道,颜师古后说是也。

勃以千金与狱吏,狱吏乃书牍背示之。十三页

直按:牍谓简牍,现出敦煌、居延两批木简,有正背两面书写者,与传文可互证。

文帝朝太后,以冒絮提文帝。十三页

直按:提,掷击也。《刺客传》:夏无且以药囊提荆轲是也。

條侯心不平,顾谓尚席取箸。二十一页

《集解》:应劭曰:尚席,主席者。

直按:《汉旧仪》(平津馆辑本)云:"省中有五尚,即尚省、尚冠、尚衣、尚帐、尚席。"足证西汉本有尚席之官,而《百官表》不载,疑属于大长秋。

居无何,條侯子为父买工官尚方甲楯五百被,可以葬者。二十二页

直按:《汉书·贡禹传》云:"故时齐三服官,输物不过十笥,方今齐三服官,作工各数千人,一岁费数钜万。广汉主金银器,岁各用五百万。三工官官费五千万。"颜师古注三工官谓少府之属考工室、右工室、东园匠。余疑三工官为考工令、尚方令、上林令(有供工),尚方主造御用刀剑之属,必有工官,在传文可以证明。

梁孝王世家第二十八

梁多作兵器弩弓矛数十万,而府库金钱且百巨万。六页

直按:梁都睢阳,其地出强弓。《乌生古辞》云:"秦氏家有游遨荡子,工用睢阳彊,苏合弹。"(见《乐府诗集》卷二十八)与本文正合。

初孝王在时,有罍樽直千金,孝王诫后世,善保罍樽,无得以与人。十一页

　　直按:罍樽,即雷尊之异文,当为商末周初制作。西汉时商周铜器,出土至少,值千金亦可以知当时之市价。

李太后亦私与食官长及郎中尹霸等士通乱。十二页

　　直按:《秦汉金文录》卷六、十四页,有胶东食官金刀,此王国食官之记载,与文献正合。《汉书·百官公卿表》:"中长秋属官,有私府、永巷、仓廏、祠祀、食官令长丞。"《百官表》泛称长丞,不能区别某官为令,某官为长。以陶文证之,私府则为令。以印文证之,祠祀则为长(见《金石索·金索·玺印之属》"沛祠祀长"印)。以传文证之,食官则为长。

地入于汉为大河郡。十五页

　　直按:《居延汉简释文》卷三、四十四页,有简文云"田卒大河郡瑕丘会成里王胜年卅八",可以看出大河郡之属县尚有瑕丘县。又《汉书·地理志》:"东平国,故梁国,武帝元鼎元年为大河郡,宣帝甘露二年为东平国。"此大河郡建置及罢废之记载。

使人来杀袁盎,袁盎顾之曰:我所谓袁将军者也,公得毋误乎?刺者曰:是矣。刺之,置其剑,剑著身,视其剑新治。问长安中削厉工,工曰:梁郎某子,来此治剑。二十页

　　直按:《居延汉简释文》卷二、二十五页,记载守鄣卒十人之职守,有"一人削工"。盖治刀剑者,与本文正合。又《货殖传》云:"洒削薄技也,而郅氏鼎食。"《方言》云:"剑削,关东谓之削。"

五宗世家第二十九

鲁共王余,……好治宫室苑囿狗马。六页

　　直按:鲁灵光殿遗址出土有鲁九年所造北陛刻石(现藏北京大学历史系),盖为共王余之物,与本文正合。

中山靖王胜，以孝景前三年，用皇子为中山王。十二页

　　直按：一九七六年，河北满城发掘刘胜及其妻窦绾两座大崖墓，出土金玉铜漆各器二千八百余件。尤以金缕玉衣最为珍贵。

清河哀王乘，以孝景中三年，用皇子为清河王，十二年卒。十六页

　　直按：西安汉城遗址曾出清河王第四、第五两鼎。第五鼎文云："清河邸少内第五（文在盖），清河邸少内第五鼎，容一斗半，重十斤（文在器）。"盖为景、武时清河王乘之物。

其封宪王子平三万户为真定王，封子商三万户为泗水王。十八页

　　直按：陕西蒲城杨氏藏有泗水王虎符，盖为泗水王初封时所颁之符，见《恒轩吉金录》一百二十三页。

诸侯独得食租税，夺之权，其后诸侯贫者，或乘牛车也。十九页

　　直按：《汉书·食货志》云："天下既定，民亡盖藏，自天子不能具醇驷，而将相或称牛车。"此为西汉初期事。《盐铁论·未通篇》云："而列卿大夫，或乘牛车。"此为西汉中期事。太史公所记与《盐铁论》时代相合，盖不仅卿大夫贫者乘牛车，即诸侯贫者亦如此也。

三王世家第三十

御史臣光，守尚书令丞非。三页

　　直按：丞非疑作臣非，同音而误，或丞下脱一臣字。

今诸侯支子封至诸侯王，而家皇子为列侯。十页

　　《索隐》：时诸王称国，列侯称家也，故云家皇子。

　　直按：列侯称家，《索隐》本于《汉旧仪》，现以汉代铜器铭文证之，无论同姓及异姓列侯，无不称某某家也。

四月戊寅朔癸卯，御史大夫汤下丞相，丞相下中二千石，二千石下郡太守、诸侯相，丞书从事，下当用者如律令。十三页

　　直按：《考证》引古钞本，丞作承是也。《流沙坠简考释》二、二页，有简文云："四月庚子，丞吉下中二千，郡太守诸侯相，承书从事下当

用者。"王国维先生云:"高祖十一年二月诏书,则由御史大夫下相国,相国酂侯下诸侯王,御史中执法下郡守。元狩六年诏书,则由御史大夫下丞相,丞相下中二千石,中二千石下郡太守诸侯相。简文有讹脱字,当云丞相吉下中二千石,中二千石下郡太守诸侯相,承书从事下当用者,《孔庙置百石卒史碑》《无极山碑》,皆有此语。"余按:《居延汉简释文》卷一、二页,有"御史大夫吉昧死言丞相,丞相上太常书言太史丞定言"云云之记载,前者是上行下,后者是下达上之文书形式。末尾"承书从事下当用者"以下,或作"如律令",或作"如诏书到言",或作"如诏书"。以"如律令"结尾俱多(见同卷二至五页)。

谨论次其真草诏书,编于左方。 十九页

　　直按:真草诏书,谓有两本。敦煌、居延两木简,多属于草隶书范围,褚先生当元、成时之草书,可以从木简理解,俗传汉章帝始作章草,其说不攻自破。例如《汉晋西陲木简汇编》十一页,有"公辅之位"一简,《居延汉简释文》卷三、三十页后所摹"入南书二封"等十八简,皆是最典型之草隶(仅举二种,不再繁引)。

传曰:青采出于蓝,而质青于蓝者,教使然也。 二十一页

　　直按:褚先生所补,凡三称传曰,本文出于《荀子·劝学篇》。又引传曰"蓬生麻中,不扶自直"。又引传曰"兰根与白芷,渐之滫中"。亦皆出于《劝学篇》,褚先生盖亦精通荀学者。

列 传

伯夷列传第一

太史公曰：余登箕山，其上盖有许由冢云。七页

直按：《论衡·对作篇》云："若太史之书，据许由不隐。燕太子丹，不使日再中。读见之者，莫不称善。"王充此段指上文而说者曰："尧让天下于许由，许由不受，耻之逃隐。"本文既有许由冢，证明许由之不隐，表现出太史公与说者两面不同之看法，故云读者莫不称善。

孔子序列古之仁圣贤人，如吴太伯、伯夷之伦详矣。七页

直按：此段以孔子尝称之吴太伯与伯夷并论，盖表其有让德。丹阳吉凤池先生语余云：《史记》年表首共和，本纪首黄帝，世家首吴太伯，列传首伯夷，皆表扬让位、反抗君主者。

管晏列传第二

越石父贤，在缧绁中。八页

《正义》：《晏子春秋》云："晏子之晋至中牟，覩弊冠反裘负薪，息于途侧，晏子问曰何者，对曰我石父也，苟免饥冻，为人臣仆，晏子解左骖赎之，载与俱归。"按与此文小异。

直按：本文两言在缧绁之中，如依《晏子春秋》，越石父仅负薪途侧，则无用解左骖赎归，所谓赎者，以货赎罪，太史公之记载是也。

老子韩非列传第三

老子者，楚苦县厉乡曲仁里人也。二页

直按：《全后汉文》卷六十二，边韶《老子碑》云："老子姓李字伯阳，楚相县人也，春秋之后，周分为二，称东西君。晋六卿专政，与齐楚并僭号为王，以大并小，相县虚荒，今属苦，故城犹在赖乡之东，涓水处其阳。"叙老子籍贯之演变，比他书为详。

于是老子乃著书上下篇，言道德之意，五千余言而去。六页

直按：长沙马王堆三号汉墓所出老子《道德经》帛书写本，《德篇》在上，《道篇》在下，次序与今本异。

老子之子名宗，宗为魏将，封于段干。八页

直按：《元和姓纂》《新唐书·宰相世系表》、隋李则墓志皆云老子之子，封于段干。与本文互相可以印证。虽出于家牒，似尚可信。此段叙老子之后裔甚详，表示老子并非神仙而是隐君子。

庄子者，蒙人也，名周，周尝为蒙漆园吏。九页

直按：《经典释文》引《史记》庄子名周，字子休，今本《史记》无此文，疑为注文误阑入者。又宋国古代本产漆，故庄子为漆园吏。《史记·货殖传》云："陈夏千亩漆。"《御览》卷七百六十六引何晏《九州论》云："共汲好漆。"又同卷引《续述征记》云："古之漆园在中牟，今犹生漆树。"又《金石索·金索》卷五玺印之属，有"常山漆园司马"及"漆园司马"两汉印，为西汉制作。推知在战国时代，宋国设有漆园官吏亦必然之事。

秦王后悔之，使人赦之，非已死矣。二十八页

直按：秦国虽杀非，然甚重韩非之书，二世与李斯皆屡引韩子曰，可为证明。

司马穰苴列传第四

穰苴先驰至军，立表下漏待贾。三页

　　直按：端方及建德周氏皆藏有西汉玉日晷（端藏见《陶斋藏玉》八十七页，周藏见《艺术类征》），周围刻度数，中有方凿以竖木者，即本文之立表。传世之漏壶，以西汉丞相府漏壶为最古，即本文之下漏（见《薛氏钟鼎款识》卷十九、二页）。

孙子吴起列传第五

后百余年有孙膑。五页

　　直按：一九七二年沂州（临沂）银雀山汉墓，出有《孙膑兵法》及《晏子春秋》残竹简，足资参考。

孙子曰：夫解杂乱纷纠者不控捲，救斗者不搏撠。七页

　　直按：捲为拳字异文，撠为戟字繁文，两字均从手者，是以字从义，盖太史公据战国古文旧简直书者。《说文》戟有枝兵也，其制用戈矛合为一，矛利于刺，戈利于割，为战国时新兴武器。

伍子胥列传第六

伍胥未至吴而疾，止中道乞食。六页

　　《集解》：张勃曰：子胥乞食处，在丹阳溧阳县。

　　直按：《战国策·秦策》："伍子胥橐载而出昭关，夜行而昼伏，至于菱水，无以饵其口。"菱水与溧水声音相近，惟庾信《哀江南赋》作"过漂渚而乞食"。未知所本。

仲尼弟子列传第七

子贡好废举,与时转货赀。二十七页

《索隐》:按《家语》货作化。

直按:现时出土之齐建邦刀、节墨刀,货字皆省作化。《家语》虽伪托,然古字当有本源。

宓不齐字子贱。三十四页

《正义》:《颜氏家训》云:"兖州永昌郡城,旧单父县地也。东门有《子贱碑》,汉世所立,乃云济南伏生,即子贱之后也。"

直按:伏羲或作虙羲,是伏宓古通之证。

孔子传《易》于商瞿,瞿传楚人馯臂子弘,弘传江东人矫子庸疵,疵传燕人周子家竖,竖传淳于人光子乘羽,羽传齐人田子庄何,何传东武人王子仲同,同传菑川人杨何。三十九页

直按:《太史公自序》云:"太史公学天官于唐都,传《易》于杨何,习道论于黄子。"故对《易》之传授,极为详明,比较《汉书·儒林传》为可信。

壤驷赤字子徒。四十九页

直按:徒犯衣丹,故名赤字子徒。

商君列传第八

不告奸者腰斩,告奸者与斩敌首同赏。八页

《索隐》:案谓告奸一人,则得爵一级。

直按:商鞅之法,斩敌首一,则赐爵一级。然秦国历次战争,如白起坑赵长平军至四十万人,王翦杀敌虽多,且不封侯,以致秦侯可考者寥寥数人。知商鞅之法,未必尽行,魏冉、范雎,非以武功得侯,与商鞅之法,亦未尽合。

于是以鞅为大良造。十页

直按:《小校经阁金文》卷十一、十九页,有大良造商鞅量,为秦孝公十八年造,合肥龚氏藏,说见前《秦本纪》注。

赵良曰:千羊之皮,不如一狐之掖。十五页

直按:两汉人腋字多借为掖,如掖庭令、张掖郡是也。

持矛而操阖戟者旁车而趋。十八页

直按:《秦汉金文录》卷一、四十一页,有"大良造鞅之造戟"。《双剑誃吉金图录》,有"十六年大良造庶长鞅之造雍□"镦。与大良造量,盖同时之物,与本文情况适合。又商鞅镦文,大良造与庶长两爵可以连称,等于两官连称,亦与汉制不同。

君之危若朝露,尚将欲延年益寿乎。十九页

直按:延年益寿,为先秦两汉人之习俗语,西汉瓦当文,尤为普遍。

余尝读商君开塞耕战书,与其人行事相类。二十二页

《索隐》:按《商君书》,开谓刑严峻则政化开,塞谓布恩赏则政化塞,其意本于严刑少恩。

直按:《淮南子·泰族训》云:"今商鞅之启塞,申子之三符,韩非之孤愤,张仪、苏秦之纵横,皆掇取之权,一切之术也。"可证开塞本名启塞,因避景帝讳而改。高诱注:"启之以利,塞之以禁。"可见犹知启塞之义。现《商君书》《盐铁论·非鞅篇》及本传文,皆作开塞,盖后人因避讳而改也。

苏秦列传第九

天下之疆弓劲弩,皆从韩出。谿子、少府时力、距来者,皆射六百步之外。十七页

直按:《汉书·百官公卿表》:少府,秦官。《秦始皇本纪》,少府章邯是也。据传文韩国亦有少府,盖为战国时官,少府所掌,皆皇室之

私事,独不闻造弓弩,少府属官有左右司空令,疑为此两官所造(秦有左司空瓦片,秦始皇陵所出)。西汉除工官造兵器外,水衡都尉属官佐弋令,亦兼造兵器(见《居延汉简释文》卷三、九页,有佐弋弩六百廿之记载)。又本文时力疑为射力之误字,距来疑为距末之误字。

远者括蔽洞胷,近者镝弇心。十八页

  直按:括为栝字之假借,蔽字疑衍文。

韩卒之剑戟,皆出于冥山、棠谿、墨阳、合赙、邓师、宛冯、龙渊、太阿。皆陆断牛马,水截鹄雁。十八页

  直按:《盐铁论·论勇篇》云:"楚郑之棠谿、墨阳。"《淮南子·修务训》云:"服剑者贵于剡利,而不期于墨阳莫邪。"高诱注:"墨阳,美剑名。"邓师者邓邑之工师所铸。战国时师之身份,较工为高,如丞相触戟,有帀(师)叶、工武是也(见《贞松堂集古遗文续编》下、二十二页)。显示师与工身份之不同。有联称为工师者,如相邦魏冉戈,有雍工师叶是也(见《双剑誃吉金图录》卷下、三十二页)。有仅称工不称师者,如相邦吕不韦戈,有工寅是也(见《秦汉金文录》卷一、四十二页)。惟战国陶器,则皆称工不称师。汉代作器者皆称工,仅有镜铭有自称师者,传文之邓师,与战国兵器文字,情况适合。宛冯二字,疑因宛人姓冯者铸造而得名,与汉代宛仁弩机正同,不过冯是姓,仁是人名,尚微有区别(见《积古斋钟鼎款识》卷十、一页)。棠谿即堂谿,《后汉书·堂谿典传》及嵩山堂谿典《请雨铭》是也(见《金石续编》卷一),更有作唐谿者。

东有淮、颍、煮枣、无胥,西有长城之界,北有河外、卷、衍、酸枣。二十二页

  《索隐》:按无胥,其地阙。《考证》:《战国策》无胥作无疎。

  直按:《秦始皇本纪》"五年取魏酸枣、长平、燕虚"。燕虚疑即无胥,字形相近而误,胥虚二字同音,其地今不可考。

今窃闻大王之卒,武士二十万,苍头二十万,奋击二十万,厮徒十万。二十四页

  直按:苍头是以军中服色得名,非奴隶之称,厮徒则为奴隶矣。

魏王曰：寡人不肖，未尝得闻明教，今主君以赵王之诏诏之。二十五页

　　直按：在秦以前，尊之于卑，皆可称诏。如《国语》越王勾践之"父诏其子，兄诏其弟"。《苍颉篇》之"幼子承诏"。吕不韦戈之诏吏图是也。秦汉以后，始为制诏之专称。

嫂委蚰蒲服，以面掩地而谢曰：见季子位高金多也。三十四页

　　直按：委蚰为逶迤假借字，即今人所谓之虚与逶迤。自来注《史记》者，皆解作若蛇委地而行，不但于义未安，且与蒲服义重。

初苏秦之燕，贷百钱为资。三十五页

　　直按：战国时用刀，在《国策》《史记》中皆称为钱，是西汉人以今制释古语，但苏秦时可能指东周之圆钱。

燕王曰：先生复就故官，益厚遇之。四十二页

　　直按：故官《战国策》作故馆，此为省文非误字。《张仪传》云"楚怀王闻张仪来，虚上舍而自馆之，曰此僻陋之国，子何以教之"，此馆字则用本义也。

苏秦之弟曰代，代弟苏厉，见兄遂，亦皆学。四十四页

　　直按：遂谓显达也，《汉书·董仲舒传》，弟子遂之者可证，盖秦汉人之习俗语。

张仪列传第十

且苏君在，仪宁渠能乎。五页

　　直按：渠与遽通，《尉他传》"何渠不若汉"可证。言仪岂可遽能与苏秦相比乎。

惠王乃以张仪为相，更名少梁曰夏阳。十一页

　　直按：《史记》自序云："惠襄之间，司马氏去周适晋，晋中军随会奔秦，而司马氏入少梁。"又云："而少梁更名曰夏阳。"与本文正合。又按：天津博物馆藏有丞相义戟，家保之兄考为即张仪为秦相时所铸，其说是也。

南与楚境,西与韩境,北与赵境,东与齐境,卒戍四方守亭鄣者不下十万。十二页

　　直按:《战国策》亦云:"守亭者参列,粟粮漕庾,不下十万。"盖皆指齐国所筑之长城而言。《苏秦传》云:"魏西有长城之界。"故必用戍卒守亭障,与秦代之长城同名异实,或以此为误文非也。

秦下兵攻河外,据卷、衍、燕、酸枣。十三页

　　直按:燕即《秦始皇本纪》五年取魏酸枣、燕虚、长平之燕。亦即苏秦所云之东有淮颍、煮枣、无胥。无疑即燕字之误,两相对勘,本文燕下当夺虚字。又苏秦说魏亦云:"北有河外、卷、衍、酸枣。"

故愿大王审定计议,且赐骸骨辟魏。十五页

　　直按:《项羽本纪》"范增愿赐骸骨归卒伍",盖为先秦两汉人之习俗语。

舫船载卒,一舫载五十人,与三月之食,下水而浮。二十三页

　　直按:寿县新出鄂君启金节有云:"屯三舟为一舿,五十舿骰返。"此虽说金节对于行船之作用,但三舟为一舿,与本文一舫载五十人,皆可以考见战国时之船制。

请以秦女为大王箕帚之妾,效万室之都,以为汤沐之邑。二十六页

　　直按:《汉书·百官公卿表》:"公主所食称邑。"盖战国时已有汤沐邑之名称。

虎贲之士跿跔科头。二十八页

　　《考证》:中井积德曰:跿跔,犹徒跣也。

　　直按:本文与《战国策》皆作跿跔,知非误字。疑为徒绚二字之假借,谓赤足不履,与科头义相对举。下文秦人捐甲徒裼以趋敌,亦可参考,所以从足者,是以字从义,为战国流传竹简上之古文原本。

贯颐奋戟者至不可胜计。二十八页

　　《考证》:王引之曰:贯读为弯弓之弯,……《陈涉世家》赞"士不敢贯弓而报怨"。《汉书》作弯,是贯即弯也。颐,弓名也,《广韵》作弤,云弓名。……古无弤字,借颐为之耳,弯弓奋戟,事同一类。

直按：王氏之说是也。汉《高颐碑》，颐字贯方（见《全后汉文》卷一百、五至七页）。汉人名字皆相应，足证贯颐二字，在东汉人犹知解说。又高颐两阙，一字贯方，一字贯光。以射弓论，当以贯方为长，作贯光者，系后来因原石模糊，重行刊刻之误字。

虽欲毋亡，不可得也。 三十页

直按：李斯《谏逐客书》，末二句盖袭其句意。

大王不事秦，秦驱韩梁，攻齐之南地，悉赵兵，渡清河，指博关，临菑、即墨非王之有也。 三十三页

直按：战国时临菑与即墨，为齐国两重要都市，田单坚守即墨，西汉初田市都即墨，以及出土节墨刀货之多，皆可以证明，与传文正合。又《孟尝君传》，冯骦说齐王曰："秦为雄而齐为雌，则临菑、即墨危矣。"与本文亦合。

唯大王有意督过之也。 三十三页

直按：《项羽本纪》张良曰："闻大王有意督过之也，脱身独去，已至军矣。"《索隐》解督过是深责其过是也，盖为先秦两汉人之习俗语。

乃令工人作为金斗，长其尾，令可以击人。 三十七页

直按：金斗即汉之镢斗，有柄足。亦有无足者，如长宜子孙镢斗是也（见《小校经阁金文》卷十三、六十三页）。又有前为半匏形，或有作方形者，统称为斗，镢斗长尾，与传文所称之金斗，情况适合。但现传世者，仅有汉器无周器。

燕王曰：寡人蛮夷僻处，虽大男子，裁如婴儿。 三十八页

直按：大男为汉晋人通称。《居延汉简释文》卷一、八十二页，有"大男丛市"之记载。杨绍买地莂，亦自称为大男（大男等于长男，与一般称呼，尚微有区别）。一九四〇年张掖出有"大女子可"砖，与大男子亦义相对举。

张仪曰：王勿患也，请今罢齐兵。乃使其舍人冯喜之楚。 四十页

直按：《战国策》作马喜，冯煖为齐人，则冯为齐之族望。《国策》作马，疑误文也。

樗里子甘茂列传第十一

昭王七年,樗里子卒,葬于渭南章台之东。七页

　　直按:渭南疑为渭北之误,因下文有"至汉兴,长乐宫在其东,未央宫在其西,武库正直其墓"之文。两宫遗址,现皆在渭河北岸。又秦汉陵墓均在渭河北岸,因地势高敞,无在南岸者。

今臣困,而君方使秦而当路矣。十九页

　　直按:《张仪传》云:"子始与苏秦善,今秦已当路,子何不往游。"《孟子》亦云夫子当路于齐,皆与传文正合。盖为先秦人之习俗语,与后来之称当道相同。

穰侯列传第十二

(昭王十五年)魏冉谢病免相,以客卿寿烛为相,其明年烛免,复相冉。四页

　　直接:秦右庶长歜封邑陶券之歜,疑即寿烛。见上《秦本纪》注。

昭王十九年,秦称西帝,齐称东帝,月余吕礼来,而齐秦各复归帝为王,魏冉复相秦,六岁而免。五页。

　　直按:《双剑誃吉金图录》卷下、三十二页,有魏冉戟文云:"廿一年相邦冉之造,雍工师叶(正面),雍坏德(背面)。"此为昭王二十一年魏冉复相时所造之兵器。《史记》昭王十五年,取楚之宛、叶,据戟文不但叶县在昭王时为秦所得,即河内之怀德,亦为秦有。

昭王三十二年,穰侯为相国,将兵攻魏,走芒卯,入北宅,遂围大梁。六页

　　直按:芒卯《战国策》作孟卯。《周金文存》卷六、九十二页,有鄎相邦剑云"王立事岁衕衕命孟卯右军师司马𠭯尉执剑",据此《战国策》作孟卯是也。

白起王翦列传第十三

又虏其将公孙喜,拔五城,起迁为国尉。二页

　　直按:《秦始皇本纪》亦云"以尉缭为秦国尉",与传文同。疑即当于西汉之太尉,以相国秦时作相邦例之,则亦当称为邦尉。《十六金符斋印谱》有"邦尉"印,亦可资参考。

秦斥兵斩赵裨将茄。六页

　　直按:《说文》:茄,荷也。赵裨将取名于此。《汉铙歌十八曲·朱鹭》云:"鹭何食,食茄下。"非指今之紫茄也。

王翦使人问军中戏乎,对曰:方投石超距。十七页

　　直按:绍兴范氏藏汉"叩头白,执孙超巨"砖。超巨即超距,谓军中以远距离投石为戏也,亦秦汉人之习俗语(《专门名家》,误释此砖为"卯头日执孙超兵"便不可通。《循园金石文字跋尾》卷二,谓执为人名,因生孙而告祖墓,其说是也)。

孟子荀卿列传第十四

荀卿赵人。十二页

　　《索隐》:名况,卿者时人相尊而号为卿也,仕齐为祭酒,仕楚为兰陵令,后谓之孙卿子者,避汉宣帝讳改也。

　　直按:荀字,铜器作笱,《诗经》作郇,皆荀字之假借。《荀子》书中亦称孙卿,盖当时因荀孙音相近,故可相通。迨至汉世,则有严格之区别,故荀彧、荀淑等人,皆姓荀,不与孙姓相混。《索隐》谓荀卿因避汉宣帝讳改称为孙卿非也。

孟尝君列传第十五

文之父曰靖郭君田婴。二页

　　直按：《齐鲁封泥集存》十九页，有"请郭邑丞"封泥。四十四页，有"请郭丞印"封泥。靖郭君疑即请郭之假借。

苏代谓曰：今旦代从外来，见木禺人与土禺人相与语。七页

　　直按：长沙仰天湖出土楚竹简有"龙觞一壐"。壐字从土，盖为土偶人之义。又长沙战国楚墓中出土木偶人，洛阳金村墓中出土偶人，苏代虽用比拟语，与实际情况亦相符合。

孟尝君得出，即驰去，更封传，变名姓以出关。九页

　　直按：战国与秦汉时传车加封，《淮南厉王传》所谓县传者不敢发车封是也。

孟尝君置传舍十日。十七页

　　直按：传舍为先秦两汉人称客舍之习俗语。汉瓦当中有樱桃转舍（见《金石索·石索·瓦砖之属》），又见《汉书·盖宽饶传》。传舍有名，管理传舍有长，见本传文。有吏见《平原君传》。西安汉城遗址曾出"传舍"秦印，为舍中吏员所用（吴兴沈氏藏）。

召诸取钱者，能与息者皆来，不能与息者亦来，皆持取钱之券书合之。十九页

　　直按：《高祖纪》云："尝从王媪武负贳酒。"又云："及见怪，岁竟，此两家常折券弃责。"为古者赊欠及借钱写券之证。又《居延汉简释文》卷一、八十二页，有本始元年、建始二年卖衣裘及贳卖九稷布等四券，尚未有直接贷钱之券发现。

平原君虞卿列传第十六

臣不幸有罢癃之病。二页

　　《索隐》：罢癃谓背疾，言腰曲而背隆高也。

直按:《汉书·高祖纪》求贤诏云:"年老癃病勿遣。"是泛称老病,非专指背疾也。

民困兵尽,或剡木为矛矢。九页

直按:剡木即剡木之假借。《易·系传》云"剡木以为矢"可证。

公孙龙善为坚白之辩,及邹衍过赵言至道,乃绌公孙龙。十一页

直按:《孟子荀卿传》言邹衍作《主运》。《索隐》引刘向《别录》云:邹子书有《主运篇》。本文作至道,疑主运二字之误。

赵王不听,与平阳君为媾。十三页

《考证》:平阳君,惠文王母弟赵豹。

直按:《白起传》云:"赵孝成王与平阳君计之。"当即此人。

世传之曰《虞氏春秋》。二十二页

直按:《虞氏春秋》八篇,其书久佚(马氏《玉函山房丛书》有辑本)。体例与《吕氏春秋》相同,与《春秋》不同。陆德明《经典释文》叙录,称《左氏传》"铎椒传虞卿,虞卿传荀卿,荀卿传张苍,张苍传贾谊"。《虞氏春秋》,虽不与《春秋经》同,但虞卿亦深通《春秋》学者。

魏公子列传第十七

安釐王即位,封公子为信陵君。二页

直按:《周金文存》卷六、二十三页,有"信陵君左军"戈,可证战国封君者,得自置左右军。

魏有隐士曰侯嬴,年七十,家贫,为大梁夷门监者。三页

直按:战国至西汉时,监门多隐君子。如侯生为大梁夷门监门,史举为上蔡监门(见《甘茂传》),姚贾为监门子(见《韩非传》),张耳、陈馀、郦食其皆为里监门是也。梅福变姓名为吴门市卒,仍与监门相类。

春申君列传第十八

春申君者,楚人也,名歇,姓黄氏。二页

  直按:春申君疑为黄国之后,《左传》所谓"汉阳诸姬,楚实尽之"。灭国以后归于楚,故称为楚人。

臣闻物至则反,冬夏是也;致至则危,累棋是也。三页

  直按:《楚辞·招魂》:"箟蔽象棋,有六博些。"本文盖指博箸之棋。

今王使盛桥守事于韩,盛桥以其地入秦。四页

  直按:《战国策》盛桥作成桥,犹《盐铁论·颂贤篇》"东海成颙",又作盛颙,未知孰是。

客有观津人朱英。十六页

  直按:《新序》与本传作朱英,《战国策》作魏鞅,实为误字。疑其初朱英有误为未英者,未又改为魏,英与央同声(汉十二字方砖长乐未央作未英),又转变为鞅。

范睢蔡泽列传第十九

成荆、孟贲、王庆忌、夏育之勇焉而死。十二页

  《集解》:徐广曰:(荆)一作羌。又引许慎曰:成荆,古勇士。

  直按:《汉书·景十三王·广川惠王传》,叙"其殿门有成庆画,短衣大绔长剑,去好之,作七尺五寸剑,被服皆效焉"。成庆当即本文之成荆,荆羌庆三字,皆一声之转变,实为一人。晋灼注成庆为荆轲固非,颜师古注成庆为古勇士,见《淮南子》,亦未知成庆即成荆也。又按:王子庆忌,简称为王庆忌,与武梁祠画像题字及《汉书·东方朔传》均同。

奋击百万，战车千乘。十五页

　　直按：《苏秦传》云："魏有武士二十万，苍头二十万，奋击二十万，厮徒十万。"此仅云奋击，则为秦兵概括之称。

今自有秩以上至诸大吏，下及王左右，无非相国之人者。二十三页

　　直按：《汉书·百官公卿表》：叙县制"大率十里一亭，亭有长，十亭一乡，乡有三老、有秩、啬夫、游徼，皆秦制也"。盖战国末期，秦已有此制度。并可知《百官表》凡言秦制者，包括秦国、秦代两个时期而言。

先生曷鼻巨肩。三十五页

　　《索隐》：曷鼻谓鼻如蝎虫也，巨肩谓肩巨于项也。

　　直按：《尔雅·释兽》"卭卭駏虚"。本文谓如巨虚之肩，与蝎鼻义相对举。

谓其御者曰：吾持梁刺齿肥。三十五页

　　《集解》：持梁，作饭也，刺齿二字当作齧，又作齕也。

　　直按：刺齿二字为齧字之误，《集解》说是也。后人因上半韧字写作判字，与刺字相似，遂分析成"刺齿"二字。持梁谓持粱肉也，与齧肥义相对举。旧注解粱，专属于米饭范围，其说失之。又《盐铁论·取下篇》"搏粱齧肥"。亦可证明刺齿为齧之误字。

跃马疾驱，怀黄金之印，结紫绶于要。三十六页

　　直按：《汉书·百官公卿表》"相国丞相皆秦官，金印紫绶"。以传文证之，知紫绶亦承秦制。

长为应侯，世世称孤，而有许由、延陵季子之让，乔、松之寿，孰与以祸终哉。四十七页

　　直按：乔、松比寿之词汇，开始于战国。如屈子《远游》云："轩辕不可攀援兮，吾将从王、乔而娱戏。"（此篇疑为汉人拟作）《惜诵》云："赤松、王乔皆在旁。"与本文均适合。至两汉则成为习俗语，在汉诗及镜铭中尤为普遍。

乐毅列传第二十

于是使乐毅约赵惠文王，别使连楚魏，令赵嚼说秦以伐齐之利。四页

《索隐》：嚼音田滥反，字与啗字同也。

直按：《汉书·艺文志》有《谰言》三十篇，当即谏字，亦见于盂鼎。传文啗字作嚼亦同此例，此为战国时诡异之繁文，太史公据竹简原本而书写者。

大吕陈于元英，故鼎反乎磿室。九页

《集解》：徐广曰：磿，歷也。《索隐》：《战国策》作歷室也。

直按：《齐鲁封泥集存》三十三页，有"磿城丞印"。盖即歷城丞，是磿歷二字，因形近易于混淆。

廉颇蔺相如列传第二十一

蔺相如者，赵人也，为赵宦者令缪贤舍人。二页

直按：《汉书·百官公卿表》：少府属官有宦者令。汉因秦制，秦则兼采六国时官制。又宦者令为六百石官吏，而能自置舍人，此六国制度不同于秦汉制度者。

赵使者既见廉颇，廉颇为之一饭斗米肉十斤，被甲上马，以示尚可用。二十页

直按：古人食量，以居延汉木简记载最为具体。大率大石每月为一石八斗，小石则为三石三斗三升余（见《居延汉简释文》卷二、六十五页）。廉颇一饭斗米，每月则须食九石，系约略言之，不言其大小斗，不言其每日几餐，以致与木简记载无从比较（战国时虽无大小斗之明文记载，若依每月九石之大斗计算，与食量事实，则距离更远。汉代大小斗，见于木简王莽长乐卫士饭帻及《货殖传》）。现以最低小斗估计，每日二斗，则每月六石，设为大斗，则为三石六斗。比木简数

量,则多一倍,倘若廉颇所食,不异于常人,则本传亦不应特加记录。又汉代一斗,只等于今之二升。木简之一石八斗,等于今之三斗六升(参用刘复说)。

田单列传第二十二

湣王时单为临菑市掾。 二页

直按:《齐鲁封泥集存》有"定阳市丞"两封泥。怀宁柯氏又藏有"宛邑市丞"封泥。皆为西汉初官制。武梁祠前石室画像题字,有"君为市掾时"一榜,《后汉书·方术·费长房传》亦云为市吏,《曹全碑》阴,亦有市掾人名,可证市掾之名,起于战国末期。

鲁仲连邹阳列传第二十三

裂地定封,富比乎陶、卫。 十五页

《索隐》:按延笃注《战国策》云:陶,陶朱公也;卫,卫公子荆。非也。王劭曰:魏冉封陶,商君姓卫,富比陶、卫,谓此也。

直按:《盐铁论·刺权篇》云:"富累于陶、卫。"陶指陶朱公,卫疑指子贡。因旧注卫公子荆、商鞅均不以富闻也。

鲁连逃隐于海上曰:吾与富贵而绌于人,宁贫贱而轻世肆志焉。 十八页

直按:商山四皓歌曰:"富贵之畏人兮,不若贫贱之肆志。"伪托者盖本于此。

屈原贾生列传第二十四

怀王使屈原造为宪令,屈平属草稿未定。 二页

直按:草稿谓草创未定之稿,一曰以草书写未定之稿,如乙亥之草篆鼎是也(见《积古斋钟鼎款识》卷四、四十一页)。新郑铜器中,

亦有类似草篆书之铭文一器。

大专槃物兮,块轧无垠。三十一页

　　直按:《汉书》专作钧,此大专为大转之省文,如陶钧之圆转也。

太史公曰:余读《离骚》《天问》《招魂》《哀郢》,悲其志。三十六页

　　直按:王逸《楚辞章句》,以《招魂》为宋玉所作,太史公以为屈原所作,其说当比王逸为可据。

吕不韦列传第二十五

吕不韦者,阳翟大贾人也。二页

　　直按:《十钟山房印举》举六、七页,有"赵不围"玉印。吕不韦之韦,疑为围字省文(吕不韦原名即如字,五年相邦吕不韦戈可证)。

庄襄王元年,以吕不韦为丞相,封为文信侯,食河南雒阳十万户。九页

　　直按:中国科学院考古研究所在洛阳王城发掘有文信钱石范,盖为吕不韦自铸之钱(文信钱多在西安咸阳一带出土,见《古泉大辞典》上编,二一八页)。又《小校经阁金文》卷十、五十九页,有吕不韦戈文云:"五年相邦吕不韦造,诏吏图、丞戬、工寅、诏吏属邦。"(吕不韦戈、戟,有四种不同文字,兹仅举一例)此戈当为不韦在始皇五年所铸。

乃私求大阴人嫪毐以为舍人,时纵倡乐,使毐以其阴关桐轮而行。十一页

　　直按:《双剑誃吉金图录》卷下、三十一页,有秦"四年相邦樛斿之造栎阳"戟文。《秦本纪》"昭王五十一年,将军摎攻韩,取阳城、负黍"。嫪毐之嫪,疑即樛斿之樛假借字。《秦本纪》之将军摎,亦疑为樛斿之脱文。又《汉印文字徵》第六、二十页,有"贱子毒"穿带印,则汉代尚有以毒为名者(樛字解释,另详下文《南越朝鲜传》注)。"使毒以其阴关桐轮而行"一句,为注家所未解,不能遽定为误字。

刺客列传第二十六

濮阳严仲子事韩哀侯,与韩相侠累有郤。十二页

直按:《战国策》云:"聂政直入上陛刺韩傀,傀走而抱哀侯,聂政刺之,兼中哀侯。"武梁祠画像题字亦云聂政刺韩王,不及侠累事。

燕国有勇士秦舞阳,年十三杀人,人不敢忤视,乃令秦舞阳为副。三十二页

直按:《匈奴传》云:"其后燕有贤将秦开,为质于胡,胡甚信之,归而袭破走东胡,东胡却千余里,与荆轲刺秦王秦舞阳者,开之孙也。"据此秦舞阳为秦开之孙,此条史料为一般学者所不注意。又武梁祠画像题字作秦武阳,舞武二字古本通用。

其明年,秦并天下,立号为皇帝。三十七页

直按:"立号为皇帝"句,太史公盖用秦代权量上所刻廿六年诏文。

李斯列传第二十七

夫以秦之彊,大王之贤,由灶上骚除,是以灭诸侯,成帝业。五页

《集解》:骚音埽。

直按:《居延汉简释文》一九一页,有省卒检查屯戍器物简云"坞上不骚除,不马矢涂",读骚为扫,与本文同。

长子刚毅而武勇,信人而奋士,即位必用蒙恬为丞相,君侯终不怀通侯之印。十八页

直按:下文亦云"斯上蔡间巷布衣也,上幸擢为丞相,封为通侯"。李斯盖曾封侯,而太史公失记也。

高曰:上下合同,可以长久,中外若一,事无表里。君听臣之计,即长有封侯,世世称孤,必有乔、松之寿,孔、墨之智。二十一页

直按:《蔡泽传》泽谓范睢曰:"君何不以此归相印,让贤者而授

之,退而岩居川观,必有伯夷之廉,长为应侯,世世称孤,而有许由、延陵季子之让,乔、松之寿,孰与以祸终哉。"此段语句,与赵高所言大同小异,赵之言,盖本于蔡泽。

财物入于县官,相连坐者不可胜数。二十五页

直按:县官始见于此,嗣后遂成为两汉人之习俗语。

是故韩子曰:布帛寻常,庸人不释,铄金百镒,盗跖不搏者。三十页

直按:本文见《韩非子·五蠹篇》。又《盐铁论·诏圣篇》云:"铄金在炉,庄跻不顾,钱刀在路,匹夫掇之。"与《韩非子》意同。

是故城高五丈,而楼季不轻犯也,泰山之高百仞,而跛牂牧其上。夫楼季也而难五丈之限,岂跛牂也而易百仞之高哉,峭堑之势异也。三十一页

直按:楼季为魏文侯之弟(见《索隐》本文引许慎《淮南子》注),余已详《魏世家》注。此事屡见于《韩非子》《韩诗外传》《盐铁论》《论衡》等书,似皆本于《韩非子》,文辞皆大同小异。又《荀子·宥坐篇》云:"数仞之墙,而民不踰也,百仞之山,而竖子冯而游焉,陵迟故也。"(《韩诗外传》卷三亦引此文)惟不明言楼季,知韩非、李斯之言,又皆本于《荀子》。

更剋画平斗斛度量,文章布之天下,以树秦之名。四十一页

直按:剋画即刻画,谓铸刻其款识也。据此秦代权量诏版文字,确出于李斯之手,不可能一一亲书,或仅书一二器以为标准。所谓文章,即指二十六年及二世元年两诏书而言。所谓布之天下,现今出土之权量,仅见于陕、甘、鲁、晋、豫五省,其他各省,从未发现,未知何故。

二世二年七月,具斯五刑,论腰斩咸阳市。四十二页

直按:《盐铁论·毁学篇》作李斯车制(裂)于云阳之市,盖秦代云阳有狱,西汉因之,王僧虔条疏古来能书人名云:"秦狱吏程邈,善大篆,得罪始皇,囚于云阳狱。"《汉书·平帝纪》云:"江湖贼成重等二百余人,皆自出送家在所收事,重徙云阳。"《盐铁论》所言与《史记》不同。

斯出狱，与其中子俱执，顾谓其中子曰：吾欲与若，复牵黄犬，俱出上蔡东门，逐狡兔，岂可得乎？ 四十三页

  直按：《盐铁论·毁学篇》作"亦愿负薪入鸿门，行上蔡曲街径"。与《史记》之说亦不同。

李斯已死，二世拜赵高为中丞相。 四十三页

  直按：秦有相国丞相，无中丞相之名，或二世因赵高为中人，特设中丞相，与赵高初官中车府令正同。

赵高教其女壻咸阳令阎乐。 四十三页

  直按：咸阳曾出土有"咸阳令印"封泥，四围有界格，疑为阎乐所用之印，与此可为参考。

二世乃出居望夷之宫，留三日，赵高诈诏卫士令士，皆素服持兵内乡。 四十四页

  直按：《汉书·百官公卿表》卫尉属官有卫士令，盖因秦制也，一本令士下重令字是也，即当读为"令皆素服持兵内乡"为一句。望夷宫遗址在今咸阳顺陵村。

蒙恬列传第二十八

武子曰恬，恬尝书狱典文学。 二页

  直按：西汉人皆称蒙恬为蒙公，《淮南子·人间训》云："使蒙公、杨翁子将筑修城。西属流沙，北击辽水，东结朝鲜。"《盐铁论·伐功篇》亦云"及其后蒙公死"，皆秦汉人之习俗称谓。

良久徐曰：恬固罪当死矣，起临洮属之辽东，城堑万余里，此其中不能无绝地脉哉，此乃恬之罪也，乃吞药自杀。 十页

  直按：《论衡·祸虚篇》云："（蒙恬）吞药自杀，太史公非之曰，夫秦初灭诸侯，天下心未定，夷伤未瘳，而恬为名将，不以此时彊谏，救百姓之急，养老矜孤，修众庶之和，阿意兴功，此其子弟遇诛，不亦宜乎，何与乃罪地脉也。夫蒙恬之言既非，而太史公非之亦未是，何则？

蒙恬绝地脉,罪至当死。地养万物,何过于人,而蒙恬绝其脉,知己有绝地脉之罪,不知地脉所以绝之过,自非如此,与不自非何以异?太史公为非恬之为名将,不能以彊谏,故致此祸。……则己下蚕室,有非者矣,己无非,则其非蒙恬,非也。"此王充评论太史公《蒙恬传》赞语,已启后代《东莱博议》《读通鉴论》论史方式。

张耳陈馀列传第二十九

张耳尝亡命游外黄,外黄富人女甚美,嫁庸奴。 二页

　　直按:庸奴为佣保,下文陈馀非庸人,当作庸碌之人解,因馀为儒士,非出身奴隶也,两文不能混为一谈。

秦诏书购求两人,两人亦反用门者以令里中。 四页

　　直按:张耳、陈馀既变姓名,亦以里监门职守号令里中协捕张、陈。

莫敢俥刃公之腹中者,乃畏秦法耳。 八页

　　《集解》:徐广曰:俥音截。李奇曰:东方人以物插地中,皆为俥。

　　直按:邱迟《与陈伯之书》云:"朱鲔涪血于友于,张绣剚刃于爱子。"俥作剚,疑为《史记》原本如此。

秦将诈称二世使人遗李良书,不封。 十三页

　　直按:不封者,谓不用绳缚木简书函及不加印封泥也。

上过欲宿,心动,问曰:县名为何?曰柏人,柏人者迫于人也,不宿而去。 二十二页

　　直按:《古泉大辞典》上编、一七九页,有"白人"刀,为赵国所铸,盖即柏人省文。高祖解柏人为迫人,是望文生义也。

谁白王不反者,乃槛车胶致。 二十二页

　　直按:《急就篇》云:"攻击劫夺槛车胶。"与本文同义。

王实不知,吏治榜笞数千刺剟。 二十三页

　　直按:剟疑原本为刘字,即艾字之假借,谓用艾灼也。《汉铙歌十

八曲》之《艾如张》，即刈如张。《汉书》作刺蘱，蘱与刈字声音相近，蘱为熏灼，与艾字意义相近。

中大夫泄公曰：臣之邑子素知之。 二十三页

直按：《汉书·尹翁归传》云："欲属托邑子二人。"邑子为两汉人之习俗语，北朝造像更广泛应用，龙门山造像之杨大眼邑子像，则为代表名称。

此固赵国立名义，不侵为然诺者也。 二十三页

《考证》：《韩非子·显学篇》云："立节参名，执操不侵。"

直按：《急就篇》云"所不侵"，又西安汉城曾出土有"征不侵"印（吴兴沈氏藏）。不侵二字，盖为先秦两汉人之习俗语。

魏豹彭越列传第三十

郦生说豹，豹谢曰：人生一世间，如白驹过隙耳。 四页

直按：两语亦见《留侯世家》，盖古代本有此语。

上赦以为庶人，传处蜀青衣。 九页

直按：《封泥考略》卷五、二十四页，有"青衣道令"封泥四枚，西安汉城又出"青衣尉印"封泥五枚，其数量之多，仅次于"严道令印""严道橘丞"等封泥。盖西汉初青衣、严道为流放罪人之所，故与京师往来公牍频繁。严道兼有铜山之出产，朱橘之贡献，故传世封泥尤多（"严道令""严道长"封泥，见《封泥考略》卷五、二十五至三十页。"严道左尉"见同书卷七、二十一页。"严道丞""严道橘丞""严道橘园"等封泥，见同书卷六、三十六页至五十五页。又吴兴沈氏藏有"橘监"封泥，范县刘氏藏有"太后橘园"封泥，亦当属于严道橘丞范围之内）。

黥布列传第三十一

项王封诸将,立布为九江王,都六。四页

　　直按:《封泥考略》卷二、三十六页,有"南昌君布"封泥。文字为西汉初期物,疑黥布在九江王前之封号,而史失记载者。

淮阴侯列传第三十二

以天下城邑封功臣,何所不服。以义兵从思东归之士,何所不散。八页

　　直按:《汉铙歌十八曲》中有《巫山高》,盖描写汉高祖在南郑时,兵士思东归之情,与本文正合。

信乃谋与家臣,夜诈诏赦诸官徒奴,欲发以袭吕后、太子。三十八页

　　直按:西汉官署中多有徒奴,如武帝时司隶校尉,有徒千二百人。《汉旧仪》记载太官、汤官,各有奴婢三千人是也。

韩信卢绾列传第三十三

韩信从入汉中,乃说汉王曰:项王王诸将近地,而王独远居此,此左迁也。三页

　　直按:秦代尚左,故陈胜尚右,高祖亦尚右,故有左迁之说,左迁亦见《周昌传》。

上以韩信材武,所王北近巩、洛,南迫叶、宛,东有淮阳,皆天下劲兵处。四页

　　直按:《魏其武安侯传》云:"孝景崩,今上初即位,以为淮阳天下交劲兵处,故徙(灌)夫为淮阳太守。"与本文适合。又《汉官仪》(平津馆辑本)云:"水乡多楼船士,中原多材官,北边多骑士。"以居延木简全部统计,田卒戍卒之名籍,属于淮阳郡者有二十三人,与《赵充国

传》所云"愿罢骑士,留弛刑、应募及淮阳、汝南步兵屯田"等语,无一不合。

东垣降卒,骂者斩之,不骂者黥之。十七页

《考证》:王念孙曰:黥当从《高祖纪》作原,原之者谓宥之也,若不骂者黥之,则人不免于罪矣。

直按:王说是也。本文应从《汉书》作不骂者原之,所以致误之由,因黥字在汉代可简写作京,《史记》原字,传抄时误作京,后人又改京为黥也。《敦煌汉简校文》一一五页,简文云"右肩左黥,皆四岁京"可证。

田儋列传第三十四

项羽闻之,乃醳齐而归,击汉于彭城。七页

直按:《史记》释字多作醳。《隶辨》卷五、四十七页,引《北海相景君碑》云:"农夫醳耒。"《郙阁颂》云:"醳散关之嶕嶢。"皆与《史记》相同。

而拜其二客为都尉,发卒二千人,以王者礼葬田横。十一页

《正义》:崔豹《古今注》云:《薤露》《蒿里》,送哀歌也。出田横门人,横自杀,门人伤之而作悲歌。

直按:宋玉对楚王问所云之《薤露》《下里》,皆为楚歌。疑田横之客,用旧有之曲名,而歌以新词。又按:《古今注》云:"《薤露》《蒿里》,并哀歌也,本出田横门人,横自杀,门人伤之,为作悲歌,至孝武时李延年乃分为二章二曲,《薤露》送王公贵人,《蒿里》送士大夫庶人。"《蒿里》始见于《汉书》,广陵王胥歌云:"蒿里召兮郭门阅。"东汉时《夏承碑》云:"痛沉蒿里。"张敬叔朱书陶缶文云:"地下击犆卿,耗里伍长等。"(耗为蒿之假借字)曹操有《薤露》《蒿里》二行,则东汉末期,仍用此体。广陵王为王公贵人,所作歌中,仅用蒿里二字,不用薤露,可见在西汉时,以《薤露》送王公,《蒿里》送士庶之说,并无严格

之区别。两歌各自为韵,句法又不同,崔豹之说,不可从也。

田横之高节,宾客慕义而从横死,岂非至贤,余因而列焉,无不善画者,莫能图何哉。十二页

直按:西汉初之画,谓壁画及绢帛画。东汉则尚石刻画像,所画之人有古帝王、孝子、忠臣、烈士、义士、列女等类型。田横宾客合于烈士范畴,在太史公之意,可与聂政、荆轲并图也。

樊郦滕灌列传第三十五

婴已而试补县吏,与高祖相爱,高祖戏而伤婴,人有告高祖。高祖时为亭长,重坐伤人,告故不伤婴,婴证之。后狱覆,婴坐高祖系岁余,掠笞数百,终以是脱高祖。十九页

直按:《居延汉简释文》卷一、八十四页,有宣帝时刑讼爰书简文云:"戍卒东郡□□函何阳坐鬬,以剑击伤同郡县戍里靳龟右眼一所,地节三年八月辛卯械系。"与本文可以互相参考

乃赐婴县北第第一,曰近我以尊异之。二十三页

直按:第一,在大第中无与两也。一曰第一者,里中第一门,犹今人之称住某巷一号也(《居延汉简释文》卷一、八十二页,有简文云:"张公子所舍,在里中二门东入。"可以互证)。

婴身生得左司马一人,所将卒斩其小将十人。三十二页

直按:《小校经阁金文》卷十四、二十二页,有"永昌元年,小将申雨造椎",则小将在秦汉时,其身份当在末将之下,并非自卑之称,至晋时仍沿用不废。

张丞相列传第三十六

秦时为御史,主柱下方书,有罪亡归。二页

直按:下文云,苍自秦时为柱下史,明习天下图书计籍,是说明柱

下史之职守。方书谓医药之书,是说明柱下史之兼管(秦代焚书,惟医卜之书及《秦纪》不焚)。与本传言苍无所不学,无所不通正合。又按:郎中,在西汉初期,亦可主柱下事宜,如山都侯王恬开(见《高惠高后文功臣表》),为郎中柱下令是也。

郦生陆贾列传第三十七

非项氏莫得用事,为人刻印,刓而不能授。 十页

直按:《淮阴侯传》亦云:"(项王以)当封爵者,印刓敝忍不能予。"

所死家得宝剑、车骑、侍从者。 十八页

直按:侍从指奴婢,为汉代人家赀之一种。《居延汉简释文》卷三、四十八页,有礼宗估计家赀简文云"大婢一人,直二万,小奴二人,直三万"可证。

数见不鲜。 十八页

直按:数见不鲜,谓常见不必设鲜美之食。西安汉城出土有"鲜神所食"瓦当(长安谢氏藏,未著录),以鲜字总括鱼肉海错之品。

无久恩公为也。 十八页

直按:公字旧注有两解,一陆贾自谓,二贾称其子。汉人自称为乃公,不称为公,如淮南厉王云谁谓乃公勇者是也。称子为公,如晁错父曰,吾去公归矣是也。以此例之,陆贾之公,是称其子。义本明确,似不必从《汉书》改公为汝字。

平原君家贫,未有以发丧,方假贷服具。 二十一页

直按:假贷服具者,谓为死者制敛服及棺具,《考证》谓不能具丧礼非也。

傅靳蒯成列传第三十八

蒯成侯周緤者，沛人也，姓周氏，尝为高祖参乘。八页

《索隐》：蒯者乡名，在城父县，音裴。《汉书》作𨚗，从崩从邑，《史记》作蒯，音菅蒯之蒯，非也。

直按：歙县黄氏藏有𨚗成侯带钩（未著录）。𨚗字作𨚗，与𨚗字形相近，知《史记》作蒯为误文也。

刘敬叔孙通列传第三十九

上怒骂刘敬曰：齐虏以口舌得官，今乃妄言沮吾军。七页

直按：《货殖传》云："齐俗贱奴虏，而刁间独爱贵。"齐虏盖为当时习俗语。

乃封敬二千户，为关内侯，号为建信侯。八页

直按：刘敬前已称奉春君，并未言及封户，殆与叔孙通号稷嗣君相比。据此知西汉初封君者，既无食邑，且位置在关内侯之下，与战国时，君侯相等制度不同。

臣愿陛下，徙齐诸田，楚昭、屈、景，燕、赵、韩、魏后，及豪杰名家居关中。十页

《索隐》：颜师古注：今高陵、栎阳诸田，华阴、好畤诸景及三辅诸屈、诸怀尚多。皆此时所徙也。

直按：汉初屈姓在关中，多以治陶为业，现出土有"咸里郦骄""咸里郦垍"诸陶器可证（见《关中秦汉陶录》卷一）。

博士诸生三十余人前曰：人臣无将，将即反罪，死无赦。十一页

直按：《公羊》庄三十二年、昭元年传并云："君亲无将，将而必诛。"在秦末《公羊传》尚未著于竹帛，博士诸生已出此言，或从口授传习《公羊》，故有此对。嗣后西汉人则为常用之经典，见于《汉书》淮

南王、贾捐之等传是也。

叔孙通儒服,汉王憎之,乃变其服,服短衣,楚制,汉王喜。十二页

　　直按:长沙战国楚墓中所出木俑,皆短衣持兵。又仰天湖出土楚竹简有"楚䋈绋,皆有蔓足绋"之记载,足为促字省文,皆楚衣短促之证。

设兵张旗志。十六页

　　直按:旗志即旗帜,志为帜字之假借,与《周昌传》官职志相同。

诸生乃皆喜曰:叔孙生诚圣人也,知当世之要务。十八页

　　直按:《汉旧仪》云:"博士称先生。"故《史》《汉》叙事,或简称为先,或简称为生。

叔孙生曰:古者有春尝果,方今樱桃孰可献,愿陛下出,因取樱桃献宗庙。上乃许之,诸果献由此兴。二十一页

　　直按:《金石索·石索·砖瓦之属》有"樱桃转舍"瓦。转舍即传舍,与传文正合。

季布栾布列传第四十

当是时,诸公皆多季布能摧刚为柔,朱家亦以此名闻当世。四页

　　直按:《太史公自序》云:"能摧刚作柔,卒为列臣。"可证当时称季布本有此语,故太史公述之。

袁盎晁错列传第四十一

丞相乃再拜曰:嘉鄙野人,乃不知将军幸教。十页

　　直按:袁盎前官陇西都尉,掌武事,故可泛称将军。《梁孝王传》袁盎亦自称将军。

乃悉以其装赍置二石醇醪。十二页

　　直按:《九章算术》卷七云:"醇酒一斗钱五十,行酒一斗钱一

十。"虽为假借算题，当与实际不远，此西汉酒价之可考者。所谓二石醇醪，亦虚数约略言之，汉明器中有"汋一二石"酒罂模型，余见同文者有五六具，似汉人以酌酒二石为一个单元也（酒罂见《关中秦汉陶录》卷一）。

张释之冯唐列传第四十二

其后有人盗高庙坐前玉环，捕得，文帝怒下廷尉治。九页

　　直按：汉代京师及各郡国皆有高庙，庙中必有供器，如出土之"建元四年长安高"陶尊是也（见《关中秦汉陶录》卷一）。玉环为璧环之环，非装饰品。

是时中尉條侯周亚夫与梁相山都侯王恬开，见释之持议平，乃结为亲友。十页

　　《集解》：徐广曰：开一作关，《汉书》作启，启者景帝讳也，故或为开。

　　直按：本传与《侯表》及《彭越传》，皆作王恬开。《汉书·百官公卿表》则作王恬启，本名当作恬启，因避讳而改为恬开。关字则又以形近而误也。

唐以孝著，为中郎署长。十一页

　　直按：《续汉书·百官志》：少府属官，有黄门署长、画室署长、玉堂署长各一人，与中郎署长相似，疑职位在令监之下。

万石张叔列传第四十三

景帝立岁余，不噍呵绾。十一页

　　直按：《史记》一本作谁何，与噍呵二字形相近。《汉书》作孰何，是就谁何字义而改。

上曰：剑，人之所施易，独至今乎。十二页

　　直按：此句解释者多，当以如淳注，施读曰移，易于移易为长，移

谓移位置而遗失，易谓遭毁损而更新。

田叔列传第四十四

叔顿首曰：故云中守孟舒，长者也。四页

　　直按：孟舒事与魏尚大同小异，前人已疑为一事是也。可能孟舒为魏尚之字，《冯唐传》称其名，本传称其字。

叔对曰：死罪有之。五页

　　直按：与汉代公牍称"顿首死罪死罪"相同，不关于梁案事件。

叔以官卒，鲁以百金祠，少子仁不受也，曰不以百金伤先人名。六页

　　直按：两汉庆吊之礼，赠遗极丰。如《汉书·儒林传》记欧阳地余，及《朝侯小子残碑》（见《汉晋石刻墨影》），皆言赙赠五百万不受是也。

任安，荥阳人也，少孤贫困，为人将车之长安。八页

　　直按：汉代为人御车者称为车父。《居延汉简释文》卷三、三十四页，有"□阳第十车父羔阳里郭□""右第八车父祉□□守父靳子衡"各记载可证。

后为亭长，邑中人民俱出猎，任安常为人分麋鹿雉兔，部署老小当壮剧易处。九页

　　直按：西汉人共猎所获之鸟兽，若瓜分时，老少壮年三等人，固属分有多少，并且爵位高低，亦互有多少。证之《九章算术》有算题云："今有大夫、不更、簪袅、上造、公士凡五人，共猎得五鹿，欲以爵次分之，问各得几何。"算题虽为假设，亦必符合于当时实际情况，与褚先生所补传文，颇为适合。

其后除为三老，举为亲民。十页

　　直按：以文例求之，亲民亦当为乡官名称之一。《十钟山房印举》举二、五十四页，有"安民正印"。亲民与安民同义，疑属于里正一类。此为西汉初中期制度，故为《百官表》叙乡官所未详。

任安笞辱北军钱官小吏，小吏上书言之。十四页

　　直按：《十钟山房印举》举二、五十一页，有"钱府""泉府"两半通印，盖为水衡都尉属官"锺官钱丞"下之吏员所用。本文所述为北军钱官小吏，亦可用以参考钱官小吏之制度。

扁鹊仓公列传第四十五

太仓公者，齐太仓长，临菑人也。姓淳于氏，名意。十九页

　　直按：太仓长属大司农，汉初王国百官都如汉朝，《齐鲁封泥集存》八页，有"齐太仓印"封泥，与传文正合。

高后八年，更受师同郡元里公乘阳庆。十九页

　　直按：汉代人民有官者书官，无官者书爵，封侯者亦多书爵。本文与敦煌、居延全部木简书法均相符合。

齐中御府长信病。三十页

　　直按：《齐鲁封泥集存》九页，有"齐御府印"。《汉书·百官公卿表》：少府属官，仅有御府令丞。惟霍光、谷永传独作中御府，与传文同，盖西汉初中末三期皆有中御府之名，中者谓宦者也。

齐北宫司空命妇出于病。三十八页

　　《集解》：徐广曰：妇一作奴，奴盖女奴。

　　直按：古无命奴之名，徐说非也。《齐鲁封泥集存》十一页，有"齐司空长""齐司空丞""齐宫司空"三封泥，皆潍县郭氏所藏。本文北宫司空是官名，非人名，当与齐宫司空相类，以掌管之宫，随方向而异名。仓公为齐官，所治之病人，亦齐国官吏，与现今齐地所出齐悼惠王、齐哀王时封泥，时代既相同，故官制皆大部分符合。

臣意告永巷长曰：竖伤脾，不可劳。三十九页

　　直按：《汉书·百官公卿表》：少府属官有永巷令，大长秋有永巷长，齐国此官亦当属于长秋。

臣意言王曰：才人女子竖何能？王曰：是好为方，多伎能，为所是案法新。往年市之民所，四百七十万，曹偶四人。 三十九页

　　直按：女子竖是济北王才人，兼通医药方技。四百七十万，是曹偶四人之买价。每人平均价一百十七万有奇，与汉代通常奴婢价值每人二万计之（见《居延汉简释文》卷三、四十八页），相差五十八倍有奇，其原因是擅长方技关系。此段重要史料，一般学者所未注意及之。

六日气下，即令更服丸药。 五十一页

　　直按：此为中国丸方最早之记载。《居延汉简释文》卷二、三十页，有简文云："当北隧卒冯毋护，三月乙酉病心腹，丸药卅五。"又《流沙坠简·小学术数方技书类》五页，有简文云："（上缺）为十二丸宿无食马，以一丸吞之。"两简时代，比仓公稍迟，而仓公首创丸方之记载，比张仲景《金匮要略》中各丸方要早二百余年。

安陵阪里公乘项处病。 五十二页

　　直按：《艺文类聚》卷四十引《扬雄家牒》云："雄葬安陵阪上。"盖安陵有大阪，疑阪里邻于大阪，因以得名。又项羽灭亡后，诸项氏降者，多改姓刘氏，此则仍姓项，可见当时有改有不改者。

菑川王时遣太仓马长冯姓正方。 五十九页

　　直按：正方者谓以医方求正于淳于意，太仓马长疑掌管太仓署中马政之官。仓中积粟运输，所用车马必多，故设此官。此为西汉初官制或齐国所特设之官，故不见于《百官公卿表》，前人注者，皆以马字为衍文，非也。

吴王濞列传第四十六

吴有豫章郡铜山。 四页

　　直按：韦昭注豫章为章郡之误是也。汉镜铭云："汉有嘉铜出丹扬。"《盐铁论·通有篇》亦云："而丹章有金铜之山。"又按：吴王名濞，汉人常取以为名，后代则少见，《汉印文字徵》第十一、七页，有"臣

濞""张濞"两印可证。

孝景帝三年正月甲子,初起兵于广陵。 十四页

　　直按:《续封泥考略》卷二、三十三页,有"广陵市长"封泥,盖吴王濞所自置之大市。

魏其武安侯列传第四十七

请灌孟为校尉,夫以千人与父俱。 十二页

　　直按:《汉书·百官公卿表》:中尉、典属国,属官皆有千人,又西域都护亦有千人。《封泥考略》卷一、四十五页,有"中骑千人"封泥。《陶斋藏印》第二集,有"千人督印"。灌夫之职,当与千人督相近。

其游如父子然。 十五页

　　直按:《汉书·序传》叙张耳云:"张陈之交,游如父子。"与传义正同,盖两汉人之习俗语。

劾灌夫骂坐不敬,系居室。 二十页

　　直按:西汉居室令属少府,为中都官狱之一,遗址在今未央乡西南,时出"居室"瓦片(见《关中秦汉陶录》卷二下)。又"无极"瓦筒上印有"居"字,亦当为居室令所用之瓦(陕西省博物馆藏)。

天下幸而安乐无事,蚡得为肺腑。 二十二页

　　直按:《惠景间侯者年表》序云:"诸侯子弟若肺腑。"《卫青传》云:"幸得以肺腑,待罪行间。"盖为当时之习俗语,肺腑二字,当从本义为长。

与长孺共一老秃翁,何为首鼠两端。 二十四页

　　《索隐》:案谓共治一老秃翁,指窦婴也。《考证》:顾炎武曰:与长孺共一老秃翁,谓尔我皆垂暮之年,无所顾惜,当直言以决此事也。

　　直按:此时田蚡盛年,不能以老秃翁自居,《索隐》说是也。

劾系都司空。 二十五页

　　直按:《汉旧仪》云:"中都官诏狱三十六所。"都司空令属宗正,

都司空令主要治陶瓦,现出土都司空瓦片最多(见《关中秦汉陶录》卷二下)。

武安负贵而好权,杯酒责望,陷彼两贤,呜呼哀哉,迁怒及人,命亦不延,众庶不载,竟被恶言。二十九页

直按:此赞语亦用韵,权、贤、延、言共为一韵。

韩长孺列传第四十八

御史大夫韩安国者,梁成安人也。二页

直按:《史记》称爵称子,称官称名称字,皆有褒贬,详余所撰《汉晋人对于〈史记〉传播及其评价》文中。称字者为尊,疑韩安国称字者,因避师孔安国讳,故列传标题改称韩长孺,非特尊其人也。但叙事处,仍称韩安国。

雁门马邑豪聂翁壹。九页

直按:《汉书·叙传》云:"始皇之末,班壹避地于楼烦,当孝惠高后时,以财雄边,年百余岁,以寿终,故北方多以壹为字者。"与本文正合。

李将军列传第四十九

而广以良家子从军击胡。二页

直按:《流沙坠简考释·禀给类》有简文云:"出粟一斗二升,以食使莎车续相如上书良家子二人,八月癸卯(下缺)。"又《戍役类》第六简云:"良家子三十二人土,其四人物故。"良家子屡见于《汉书》李广、东方朔、赵充国、甘延寿等传,有六郡良家之称,从简文研究,不冠以卒或田卒字样,其身份当比戍田卒为高,是一种资历名称,非形容之名词。

蔡为人在下中,名声出广下甚远。十三页

> 直按:古代以九品评人,与孟子称乐正子为二之中、四之下正同。至东汉最末,便发展为九品中正官人之制度。

遂引刀自刭,广军士大夫一军皆哭。十七页

> 直按:李广墓在今甘肃天水县南郊耤河南岸石马坪,墓前石马,为原来雕刻。

广死,明年李蔡以丞相坐侵孝景园壖地,当下吏治。十八页

> 直按:《封泥考略》卷一、十五页,有"孝景园令"封泥,为景帝寝园之令,与传文相合。

拜为骑都尉,将丹阳楚人五千人,教射酒泉、张掖,以屯卫胡。十九页

> 直按:《盐铁论·刺复篇》所谓"荆楚之士用"是也。

匈奴列传第五十

利则进,不利则退,不羞遁走。苟利所在,不知礼义。三页

> 直按:《罗布淖尔考古记》第八章、二一一页,有"人利则进不利则退"残简文,上下俱缺,黄文弼氏疑所书为《史记·匈奴传》残简是也。罗布淖尔出土各木简,开始于宣帝时,至迟在西汉末期。此简为戍所官吏,偶忆及《史记》原文,随手漫书,并非抄录全文性质,然可证《史记》当西汉末期,零章断句,已传播于边郡。

壮者食肥美,老者食其余,贵壮健,贱老弱。四页

> 直按:《三王世家》燕王策曰:"荤粥氏虐老兽心。"所言与本传适合。

燕亦筑长城,自造阳至襄平。十三页

> 《集解》:造阳在上谷。《考证》:造阳在上谷东北,即宣化府。
> 直按:下文叙"汉亦弃上谷之斗辟县造阳地以予胡"。《盐铁论·地广篇》亦云:"故割斗辟之县,弃造阳之地以与胡。"

而始皇帝使蒙恬将十万之众北击胡。十三页

　　直按：蒙恬与杨翁子，同任修筑长城之役，见《淮南子·人间训》。杨翁子不见于其他文献。

裨小王、相封、都尉、当户、且渠之属。二十三页

　　《集解》：徐广曰：相封一作相将。

　　直按：相封当即相邦，即匈奴之相国也。《论语·季氏》"且在邦域之中矣"。《经典释文》邦一作封，为汉人避高祖讳而改，因封邦二字，音形最为相近。本文改相邦为相封，亦同此例。徐广所云相将，则为误文。《汉书·匈奴传》，班固于相下独删去邦字，亦因避汉讳也。《会注考证》不明此理，以相字为一逗，将都尉又为一逗，则完全错误。

日上戊己。二十四页

　　直按：两汉设戊己校尉，盖亦从匈奴习俗而得名。注解《后汉书》者，谓中央为戊己，转失之迂曲。

其送死有棺椁、金银、衣裘，而无封树丧服。二十四页

　　直按：苏联考兹洛夫《外蒙古调查报告》一二五页，略云："在一九二四年，诺颜乌兰所发现之匈奴帝王古墓，遗物除漆器外，墓中绢物有绢布和毛织物二种。在绢布上面，绣有彩色的山云鸟兽神仙等物，在流云神仙中间，并刺有'新神灵广成寿万年'的篆书。由是证明，这种绢绣不是王莽送给匈奴王庭的，便是匈奴使者从新莽时代的长安购买的。"又《东洋文化史大系》记绥远出土匈奴墓之武器，有铜剑铜戈，另有马面动物形饰金具、银制饰板等（见二七一至二七七页）。以近来发掘匈奴古墓的情况而论，与本传记载完全符合。

中行说曰：匈奴人众，不能当汉之一郡。三十三页

　　直按：贾谊《陈政事疏》云："臣窃料匈奴之众，不过汉一大县，以天下之大，困于一县之众，甚为执事者羞之。"《盐铁论·论功篇》亦云："今匈奴不当汉家之巨郡。"

嗟土室之人，顾无多辞，今喋喋而占占，冠固何当。三十六页

　　直按：喋喋解如《张释之传》之"利口喋喋"，占占解如《魏其武安

侯传》之"沾沾自喜",衣冠中人,亦不贵也。

顾汉所输匈奴缯絮米蘖。三十六页

  直按:蘖谓曲蘖,酿酒之用,今人谓之药酒丸。

其秋匈奴万骑入杀代郡都尉朱英,略千余人。四十七页

  直按:《盐铁论·本议篇》云:"杀伐郡县朔方都尉。"疑原本作"杀代郡朔方都尉",衍县字,伐又为代之误字,与本传正合。然本传无杀朔方都尉事,仅云匈奴右贤王怨汉夺之河南地而筑朔方,数为寇盗边,及入河南,侵扰朔方,杀掠吏民甚众。

初汉两将军大出围单于,所杀虏八九万,而汉士卒物故亦数万,汉马死者十余万。五十四页

  《索隐》:案《释名》云:汉以来谓死为物故,物就朽故也。

  直按:《司马相如传》云:"因通西南夷道,发巴蜀广汉卒,作者数万人,治道,二载道不成,士卒多物故。"《流沙坠简考释·戍役类》第六简云:"良家子三十二人土,其四人物故。"盖物故二字,为两汉人之习俗语。

卫将军骠骑列传第五十一

青尝从入至甘泉居室。三页

  《考证》:王先谦曰:《百官表》少府属官有居室及甘泉居室令丞。

  直按:王说是也,甘泉居室盖官署设在甘泉宫。

遂囚建诣行在所,入塞罢兵。十四页

  《集解》:蔡邕曰:天子自谓所居曰行在所。

  直按:《汉铙歌十八曲·雉子班》云:"被王送行所中。"是行在所汉人或可省称为行所。

减陇西、北地、上郡戍卒之半,以宽天下之徭。二十四页

  直按:上述三郡之戍卒皆骑士。《汉官仪》云"戍卒在边郡为骑士,在中原为材官,在水乡为楼船"是也。钱文子《补汉兵志》谓"大

抵金城、天水、陇西、安定、北地、上郡、河东多骑士。三河、颍川、沛、淮阳、汝南、巴蜀多材官。江淮以南多楼船"。其说甚是。以敦煌、居延两木简考之，骑士之籍贯，仅有陇西、张掖、河东三郡人民，无北地、上郡人民，盖各郡之骑士，因防守地区不同，籍贯因而不同。

而骠骑尚穿域蹋鞠。三十一页

直按：穿域即画地为球场，四周加以穿凿范围。

骠骑将军自四年军后三年，元狩六年而卒，天子悼之，发属国玄甲军，陈自长安至茂陵，为冢象祁连山。三十二页

《索隐》：姚氏案：冢在茂陵东北，与卫青冢并，……冢上有竖石，前有石马相对，又有石人也。

直按：《索隐》之注引姚氏，考姚氏为陈代姚察，所记完全确实。霍墓原有九石，为石猪、猩猩抱熊（又名野人抱熊）、卧牛、怪兽吞羊（又名龙吸蛙）、石人头像、卧虎、卧马、奔马、马踏匈奴等石刻。一九五八年陕西省文管会又在墓顶上搜访、墓址四围钻探，出土有大象、不知名兽二石、石鱼二石、石蛙及题字大石块共七石。不知名兽右上侧刻"左司空"三大字，篆书。大石块刻"平原乐陵宿伯年霍巨孟"十字，隶书。盖各石刻多为左司空官署所作。《汉书·百官公卿表》少府属官有左右司空令，司空即司工也。霍墓从侧面周视，皆为山峰形，所谓象祁连山是也。

自大将军围单于之后，十四年而卒。三十三页

《考证》：《汉书》云：青尚平阳主，与主合葬，起冢象庐山云。

直按：卫青冢在今茂陵东北，与霍去病冢相毗连，两冢一象庐山，一象祁连山，侧面现出冈峦起伏形，与《汉书》记载均合。

将军李息，郁郅人。三十六页

直按：霍墓向东，有冢并立，规模较小，《图志》相传为李息冢也。

（苏建）其后为代郡太守卒，冢在大犹乡。三十九页

直按：太史公于苏建、张骞二人，独注冢墓在某地，因熟悉其事，故特加以记载。《汉书·苏武传》：李陵所谓"太夫人已前卒，陵送葬

阳陵"云云。据此苏建之冢,在阳陵不在扶风,大犹乡盖阳陵之乡名也,一本冢作家,当为误字。

（张骞）其后使通乌孙,为大行而卒,冢在汉中。三十九页

直按:张骞墓在今城固县张家村。一九四〇年西北联合大学加以清理,墓为砖室,取出有几何纹汉砖五方、"博望家造"陶模一方,现均藏西北大学历史系。同时所出尚有铜镜一、五铢钱数枚,已失去。太史公所谓冢在汉中,以郡言包括城固县也。

将军荀彘,太原广武人,以御见侍中。四十页

直按:以御见,犹卫绾以戏车为郎也。《盐铁论·除狭篇》云:"戏车跃鼎,咸出补吏。"

（路）博德以卫尉为伏波将军,伐破南越,益封。其后坐法失侯,为彊弩都尉,屯居延卒。四十一页

直按:全部前批居延木简有年号者,开始于武帝太初三年（公元前一〇二年）,止于光武建武九年（公元三三年）,包括一百三十五年中居延屯田始末事宜。路博德屯居延,据《匈奴传》在太初三年,与木简开始之年正同,居延防边之策,皆博德所计划也。又《居延汉简释文》卷一、三十页,有"□月丁亥□□受将屯告居延都尉德"残简,疑即为路博德以彊弩都尉屯居延,曾一度兼摄居延都尉事。又同书卷三、二页,有"将军器记簿",当即路博德之物。西汉时官都尉者,皆可泛称为将军,如爰盎官陇西都尉,申屠嘉称为将军,程不识官卫尉,田蚡亦称为将军,博德此时官彊弩都尉,故亦同例。

平津侯主父偃列传第五十二

陛下过意,擢臣弘卒伍之中。九页

直按:《项羽本纪》"范增云:愿赐骸骨归卒伍"。《盐铁论·颂贤篇》云:"东海成颙,河东胡建二人起卒伍为县令。"卒伍盖与更、正、戍三卒为伍,言其卑也,为秦汉人之习俗语。

御史成进谏曰：不可。十五页

　　直按：御史名成，进谏者谓进纳谏言也，旧注皆以成进为人名失之。

南越列传第五十三

诏丞相陈平等，举可使南越者，平言好畤陆贾，先帝时习使南越。六页

　　直按：《陆贾传》："楚人也，以好畤田地善，可以家焉。"陈平故称为好畤陆贾。

佗孙胡为南越王。七页

　　直按：一九一七年广州龟冈曾出大型汉墓，有"甫木"题字等，说者疑为南越文王赵胡之冢，纵非胡冢，亦必为南越贵臣之冢。

婴齐其入宿卫在长安时，取邯郸樛氏女，生子兴。九页

　　直按：《双剑誃吉金图录》下、三十一页，有"四年相邦樛斿之造戟"，出土于咸阳，以传文证之，樛姓为赵人而徙居秦国者。《秦本纪》昭王五十一年"将军摎攻韩"，摎与樛疑为一字，故《汉书》本传文，则称为樛氏女。《景武功臣侯表》：有龙亢侯摎世乐，为樛氏女之弟也。知樛摎本为一字通假无疑。又按：《居延汉简释文》卷一、十页，有简文略云："移肩水候利处里樛孟，除为肩水□。"为地节三年简，知樛姓在西汉时尚广泛也。

东越列传第五十四

闽越王无诸及越东海王摇者，其先皆越王句践之后也，姓驺氏。二页

　　《集解》：徐广曰：驺一作骆。

　　直按：驺为齐大姓，不闻在闽越，传文为骆字之误无疑。

乃遣庄助，以节发兵会稽。四页

　　直按：《小校经阁金文》卷十四、八十九页，有"军督残节"，此汉

节之仅存者,其形式可以参考。又汉节分铜、竹两种。见于袁盎、苏武传者则为竹节,出土者只有铜节。两种性质,现不易区别,竹节以《袁盎传》证之,不仅使绝域者始用之也。

朝鲜列传第五十五

复修辽东故塞,至浿水为界属燕。 二页

　　直按:《盐铁论·诛秦篇》云:"东绝沛水。"《说文》:"沛水,出辽东番汗塞外,西南入海。"是沛水即浿水,沛为浿之本字,然两汉在典章制度上皆写作浿水。《汉书·地理志》及"浿水徒丞印"是也(徒丞印见《金石索·石索·玺印之属》)。

传子至孙右渠,所诱汉亡人滋多,又未尝入见。 四页

　　直按:《小校经阁金文》卷十四、九十一至九十二页,有"坐顼薉国王"及"右斗薉王"两虎符,此二国名。《汉书·王莽传》:"匈奴未克,夫余、秽貊复起,此大患也。"薉与濊、秽二字并通。

西南夷列传第五十六

其外西自同师以东,北至楪榆,名为嶲、昆明。 二页

　　直按:嶲指嶲唐县,非指越嶲郡而言。《盐铁论·备胡篇》正作僰、冉駹、嶲唐、昆明之属。《汉书·地理志》:嶲唐属益州郡。

自冉駹以东北,君长以什数,白马最大,皆氐类也。 三页

　　《正义》:《括地志》:陇右成州、武州,皆白马氐,其豪族杨氏,居成州仇池山上。《考证》:白马,汉为阴平道,今阶州成县西南白马关地。

　　直按:北魏时仇池杨氏仍为豪族,龙门山有仇池杨大眼造像可证,《正义》说是也(大眼《魏书》有传)。

乃且听蒙约,还报,乃以为犍为郡。 七页

　　直按:两汉铜器、石刻、印章、封泥、虎符(西安段氏藏有犍为太

守虎符),犍为皆作楗为。其字从木不从牛,疑犍为本字,楗为假借字。

及元狩元年,博望侯张骞使大夏,来言居大夏时,见蜀布、邛竹杖。九页

直按:《盐铁论·本议篇》云:"非独济陶之缣,蜀汉之布。"《说文》:"縿,蜀细布也。"又《居延汉简释文》卷三、二页,有简文云:"广汉八稷布十九匹八寸大半寸,直四千三百廿。"又同书卷一、三十八页,有简文云:"九稷布三匹,价三百。"此蜀布及布价之可考者(左思《蜀都赋》黄筒布以下,则不具论)。

于是天子乃令王然于、柏始昌、吕越人等使间出西夷。九页

直按:《古镜图录》卷中、六页,有辟雍明堂镜铭云:"新兴辟雍建明堂,然于(然字原误释作烈)举土比侯王,子孙复具治中央。"然于即单于之转音,本文之王然于,当作王单于解。

会越已破,汉八校尉不下,且引兵还。十一页

直按:《汉书·百官公卿表》:"城门、中垒、屯骑、步兵、越骑、长水、射声、虎贲为八校尉。"名为保卫京师,亦可遣派兵士出征。《汉书·赵充国传》亦云:"有诏将八校尉与骁骑校尉、金城太守,合疏捕山间虏。"与本传正同。故《公卿表》于中垒校尉特兼注掌西域是也,王引之据《汉纪》以"掌西域"为"掌四城"之误,非也。

乃以邛都为越巂郡,筰都为沈犁郡,冉駹为汶山郡,广汉西白马为武都郡。十一页

直按:胡焜《封泥印古录》,有"沈犁太守章"封泥。此郡旋罢废,封泥为武帝时物。

司马相如列传第五十七

慕蔺相如之为人,更名相如。二页

直按:西汉初已有东阳侯张相如,盖亦先司马相如而慕蔺者。较司马相如稍后者又有续相如封承父侯,见《汉书·景武功臣表》。

相如身自著犊鼻裈,与保庸杂作,涤器于市中。六页

《集解》:韦昭曰:器,瓦器也。

直按:西汉盛酒之器,有锺、有钫,皆铜质,耳杯则铜漆皆用。而蜀郡工官尤善造精美酒器,式样特新,现传世有二年蜀西工长所造酒儋及酒锜是也(酒儋见《小校经阁金文》卷十三、五十五页,酒锜见《陶斋吉金录》卷六、十八页)。相如所涤,必为铜器兼瓦器,韦注殊未详也。又犊鼻裈,罗布淖尔烽火台遗址曾出一件,精短便于操作,《罗布淖尔考古记》有图可以参考。

居久之,蜀人杨得意为狗监侍上。七页

《集解》:郭璞曰:狗监主猎犬也。

直按:狗监不见于《汉书·百官公卿表》,当为上林令之属官,以其他监官推之,其职位在令丞之下,《李延年传》则作狗中。

相如拜为孝文园令。七十九页

直按:《封泥考略》卷一、十四页,有"孝文庙令"封泥。《酷吏·张汤传》云:"会人有盗发孝文园瘗钱是也。"《汉书·百官公卿表》:奉常属官有诸庙寝园食官令长丞。孝文庙令在京师诸郡国皆有之,孝文园令官署则在灞陵。

淮南衡山列传第五十八

六年,令男子但等七十人,与棘蒲侯柴武太子奇谋。四页

直按:两汉有官爵而黜革者称为士伍(士伍用秦制,见《白起传》),刑徒称为大男(见《居延汉简释文》卷三、十八页及四十六页),一般无爵者称为男子。《汉书·宣帝纪》:"长安男子冯殷等,谋为大逆。"《成帝纪》"尉氏男子樊并",元和二年草隶砖,长安男子张□是也(元和草隶砖与公羊草隶砖同时出土,见《续关中秦汉陶录》)。棘蒲侯柴武,《史记》皆称为陈武,此处独称为柴武。又西汉列侯之子称太子及列侯自有纪年,皆为学者所不注意,在汉铜器铭文中亦见于周

阳侯瓥。又下文张苍奏疏中,但已有官,故改称为大夫但。

淮南王至长安,丞相臣张苍、典客臣冯敬、行御史大夫事宗正臣逸、廷尉臣贺、备盗贼中尉臣福昧死言。五页

直按:《汉书·百官公卿表》:"中尉掌徼循京师。"无冠以备盗贼职掌之名称。近见毛子静所藏各种瓦器,有"备盗贼尉"封泥,尉即中尉省文,因汉初印文,只能用四字,与《史记》称为备盗贼中尉之官名正合。

春使使报但等。六页

直按:春人名见上文,由郎中官淮南丞相者。

为棺椁衣衾,葬之肥陵邑。六页

直按:《汉书》无邑字,盖班固削去。汉代太后公主所食汤沐曰邑,故西汉各县有食邑时,县名下加邑字,无食邑时,仍就原称,有无之间,变更最大。如《列女传·郃阳友娣传》,称为郃阳邑人。《钟离春传》,称为无盐邑人,刘向皆据当时实际名称书写者。而潍县郭氏所藏全部齐国封泥,此例尤多,如"赤泉邑丞""绛陵邑丞"是也。本传之肥陵邑,当为淮南王自置之邑,犹保存汉初郡县制度蜕变之痕迹。

臣请处蜀郡严道邛邮。九页

《集解》:徐广曰:严道有邛僰九折阪,又有邮置。

直按:西安汉城遗址出土"严道令印"及"严道橘园"等封泥,数量之多,已详前《彭越传》注。盖严道为罪人流徙之所,兼有铜山之采矿、朱橘之贡献,故公牍往来频繁。友人范县刘军山曾得"太后橘园"封泥(交错文),知严道又有太后专植之橘园,类于汤沐邑也。又按:《金石萃编》卷五,开通褒斜道石刻云:"始作桥格六百卅三,□大桥五,为道二百五十八里,邮亭驿置徒司空。"所谓邛邮,因邛僰有邮亭驿置之设备而得名也。又《西南夷传》云:"上罢西夷,独置南夷夜郎,两县一都尉。"徐广注:"元光六年,南夷始置邮亭。"据此为南夷设有邮亭之证。

淮南王有子四人,皆七八岁,乃封子安为阜陵侯,子勃为安阳侯,子赐为阳周侯,子良为东成侯。十一页

直按:《小校经阁金文》卷十四、九十二页,有阜陵王虎符文云:"汉与阜陵王为虎符第五。"符为西汉形制,疑刘安初封阜陵侯,旋进爵为王,后又改封淮南,《史》《汉》省略进爵一节也。

庐江王边越,数使使相交,故徙为衡山王,王江北。十三页

直按:王先谦《汉书补注》曰:"庐江王王江南,得豫章、庐江二郡,徙江北则汉收二郡,断其通越。"又按:《封泥考略》卷三、三页,有"庐江豫守"封泥。庐江王有豫章郡,王说是也。汉初印皆四字,此印包括国名、郡名、官名,故不得不用省文。吴式芬考释为庐江、豫章,皆二郡之名失之(《封泥考略》卷二、二十三页,有"庐江御丞"封泥,当为庐江王御府丞之省文,与上述正同例)。

及建元二年,淮南王入朝,素善武安侯。十四页

直按:怀宁柯莘农与余皆藏有"淮南邸印"封泥。余又藏有"淮南王当"残瓦。足证淮南王在京师设有邸第。

淮南王大喜,厚遗武安侯金、财物,阴结宾客,拊循百姓为畔逆事。十五页

《索隐》:《淮南要略》云:"安养士数千,高材者八人,苏非、李尚、左吴、陈由、伍被、毛周、雷被、晋昌号曰八公。"

直按:西安汉城遗址曾出"苏非子"印,文字古质,与淮南时代正相适应(吴兴沈氏藏,未著录)。

非直適戍之众,钂凿棘矜也。三十一页

直按:钂字《说文》未收,当即弩机之机。《淮南子·齐俗训》云:"工匠之为连钂。"汉代弩机铭文,无不作钂者,传文钂凿,谓凿木为弩机。棘为戟字之假借,矜,柄也,谓仅有戟柄也。

益发甲卒,急其会日。三十三页

直按:《居延汉简释文》卷一、十一页,有简文略云:"赍事诣官会月廿八日夕须以集为丞相史王卿治事课后不如会日必□毋忽如律令。"会日谓约期会之日,木简文字虽不全解,然会月及会日,二者意

义均极明晰。

又伪为左右都司空、上林中都官诏狱书,逮诸侯太子幸臣。三十三页

直按:《汉书·百官公卿表》"宗正属官有都司空令",不分左右,此为西汉初中期官制,表文所记则为哀平时官制也。王先谦《汉书补注》,分解为少府属官之左右司空及宗正属官之都司空。若依王说,则左司空当称为左都司空,右司空当称为右都司空,此外再加一宗正属官之都司空,在叙述文字中,更不易分析,王说恐未必然也。果如王说,原文则当称为"伪为左右司空、都司空"九字(右司空仅可简称为右空,见右空瓦当及右空瓦片)。其所以须造伪左右都司空诏狱书者,因都司空属于宗正,与诸侯太子幸臣关系最密切也。

于是王乃令官奴入宫,作皇帝玺,丞相、御史、大将军、军吏、中二千石都官令丞印,及旁近太守、都尉印。三十四页。

直按:都官为中都官省文,指京师各官府也。《封泥考略》卷一、三页,有"皇帝信玺"封泥,为六玺之一,形式可以参考。

循吏列传第五十九

孙叔敖者,楚之处士也。二页

直按:《全后汉文》卷九十九,《汉孙叔敖碑》作"讳饶字叔敖"。

庄王以为币轻,更以小为大,百姓不便,皆去其业。三页

直按:楚当战国时,皆用爰金,有郢颍陈专等四名称,详见上文《越世家》注,楚国春秋时之币,轻重大小,尚未发现。

汲郑列传第六十

至黯七世,世为卿大夫。二页

《考证》:张文虎曰:旧刻七世作十世,与《汉书》合。

直按:《史记》之数逢七者,《汉书》多作十。其原因为西汉人写

七字中画微短,与十字相似,已详上文。

然其馈遗人,不过算器食。十六页

《集解》:徐广曰:算,竹器。

直按:徐说是也,竹器谓筐筥之属,其时尚铜器、漆器,用竹器者稀,故传文特记之。

其推毂士及官属丞史,诚有味。十六页

直按:《张释之冯唐传》赞云:"张季之言长者,守法不阿意,冯公之论将率,有味哉,有味哉。"有味与本传句法相同,形容其言辞之美也。

庄任人宾客,为大农僦人,多逋负。十七页

直按:本文当解为郑庄所保举之人,雇人为大农令任输运而不予工直,逋欠甚多也。又按:《居延汉简释文》卷三、三十一页,有简文云:"方子真一两,就人周谭,侯君实为取。"《汉晋西陲木简汇编》十二页,有简文云:"元和四年八月五日,僦人张季元、付平望西部侯长宪。"僦人为两汉人之习俗语,《汉书》作僦入,则为误字。

翟公乃大署其门曰:一死一生,乃知交情。十八页

直按:《居延汉简释文》卷一、二十五页,有简文云:"(上缺)尉明白大扁书乡市里门亭。"《敦煌汉简校文》七十页,有简文云:"扁书亭隧显处,令尽讽诵知之。"此汉代署门之一例,以《后汉书·皇甫嵩传》注证之,则为粉书也。

儒林列传第六十一

孔安国至临淮太守,周霸至胶西内史。十五页

《考证》:周霸疑《项羽本纪》赞周生。

直按:下文鲁周霸、孔安国、雒阳贾嘉,颇能言《尚书》事。周霸亦见《封禅书》《卫青传》,《考证》之说非也。

胡毋生齐人也。二十八页

　　直按：《姓氏急就篇》："齐宣王弟封毋卿，远本胡公，近取毋邑，故为胡毋氏。"《十六金符斋印存·续百家姓印谱》十一页，有"胡毋通印"。正作胡毋，与王应麟之说正合。但亦有作胡母者，王羲之《十七帖》文是也。

酷吏列传第六十二

高后时酷吏独有侯封，刻轹宗室，侵辱功臣。四页

　　直按：《盐铁论·颂贤篇》云："刻轹公主，侵陵大臣。"语本于此。

诈刻传出关归家。（宁成）九页

　　直按：《汉书·宣帝纪》本始四年："民以车船载谷入关者，得毋用传。"颜师古注：传，传符也。符与传本为一事，但文献多称为传，而木简则传符并称。例如《居延汉简释文》卷一、八十二页，有简文云："永始五年四月戊午，入关传。"又同页有永光四年正月己酉橐他燧长张彭祖符、永光四年正月己酉橐驰延寿燧长孙时符。以木简来分析，其区别在符有齿、传无齿；符记数、传不记数（附带有家属之符，则不记数）。汉代过关津者所用之符信，计有传、符、过所、缧四种名称，详见拙著《居延汉简综论》。

由以宗家任为郎。（周阳由）九页

　　《索隐》：案与国家有外戚姻属，比于宗室，故曰宗家也。

　　直按：《窦婴传》以罪劾系都司空，都司空属宗正，亦因婴为外戚之故，《索隐》之说是也。

极知禹无害，然文深不可以居大府。（赵禹）十一页

　　直按：文无害，始见于《萧相国世家》，本传凡四见，谓既通晓律令文而不深刻害人也，为两汉人之习俗语。

絜令扬主之明。（张汤）十五页

　　《集解》：絜，在板絜。

直按：《汉书》作挈令，谓刻于板书，皆为契字之假借（王莽之挈刀，反为挈字之假借，谓可提挈也）。《说文》绁字，引乐浪挈令，与《汉书》合。又《居延汉简释文》卷四、五六二页（商务版），有简文云："北边挈令，第四候史□迹及将军吏劳二日，皆当三日。"又同页有简文云："北边挈令，第四候长候□。"《敦煌汉简校文》七十九页有"龙勒写大鸿胪挈令津关"之记载，皆作挈令，与《汉书》合。居延木简中亦有写作絜令，与《史记》合者（见《居延汉简释文》卷四、二十页）。《流沙坠简·考释·补遗》一页，有晋时纸写大鸿胪挈令，仍作挈字。

会人有盗发孝文园瘗钱。二十二页

直按：汉人殉葬用钱，贵族用真钱，一般用陶制，孝文园应为真钱，故有人盗之。

买臣楚士，深怨，常欲死之。二十三页

《考证》：《货殖传》云："淮北、沛、陈、汝南、南郡，此西楚也。"……钱大昕曰：汉初承项羽之后，吴、会稽，皆项羽故地。

直按：汝南、淮南一带，汉人又称为东楚。《盐铁论·执务篇》云："身在东楚，志在西河。"可证。与《史记·货殖传》，称吴与广陵为东楚者不同。

载以牛车，有棺无椁。二十五页

直按：汉代明器中有牛车模型。《盐铁论·未通篇》云："而列卿大夫，或乘牛车。"《史记·五宗世家》云："其后诸侯贫者，或乘牛车也。"《汉书·食货志》云："天下既定，民无盖藏，自天子不能具醇驷，而将相或乘牛车。"皆可证明牛车非贵族所乘。

拜为楼船将军，有功封将梁侯，为荀彘所缚。（杨仆）三十四页

直按：《汉书·景武功臣表》："将梁侯杨仆，坐为将军击朝鲜畏懦，入竹二万个，赎完为城旦。"与传文不同。又按：《九章算术》假设算题云"竹一个，大者八钱，小者五钱"，平均以每个六钱半计之，则为一百三十千钱，用此推算，可以得到汉代赎重罪数字（东汉则可用缣

吏苛察盗贼恶少年，投缿购告言奸。三十四页

  直按：西安汉城遗址常出汉代扑满，有两种形式。一种孔在上，钱可入不可出，聚满则扑，与后代形式相同。一种为半截扑满式，用时掘地为穴，覆器其上，钱满取出，而原器不坏。后者名缿，当时因缿而又演变为缿筩，以竹为之（见《赵广汉传》），悬于通衢，为告密之用，传文之投缿，应作缿筩解。

其爪牙吏虎而冠。三十五页

  直按：颜师古注："言其暴虐之甚也。"《法言·渊骞篇》云："或问酷吏：曰虎哉虎哉，角而翼者也。"扬雄之言本于太史公，即为本文虎而冠之解释，冠读如冠军之冠。

南阳有梅免、白政，楚有殷中、杜少，齐有徐勃，燕、赵之间，有坚卢、范生之属，大群至数千人。三十七页

  直按：白政《史》《汉》并同，《盐铁论·大论篇》作伯正。殷中《史记》徐广注一作假中，《汉书》作段中。杜少《史》《汉》并同，《盐铁》作应少。徐勃《汉书·武帝纪》、荀悦《汉纪》皆同，《汉书·酷吏传》作徐谷。坚卢《史》《汉》及《汉书·元后传》皆同，惟《盐铁论》作昆卢，恐为误字。

减宣者，杨人也。四十页

  直按：《汉书》减宣作咸宣，《居延汉简释文》卷一、七十三页，有简文云（封检）："书五封，檄三，二封王宪印，二封吕宪印，一封孙猛印，一封王疆印，一封咸宣印，一封王兖印。"盖咸宣致居延都尉或张掖太守之私函。故用名印，不用右扶风官印，减字《汉书》作咸是也（咸宣太初元年官右扶风，木简开始于太初三年，故云然）。

至若蜀守冯当暴挫，广汉李贞擅磔人，东郡弥仆锯项，天水骆璧推咸，河东褚广妄杀。四十五页

  直按：蜀守冯当，以守字总括以下四太守姓名，非各人之籍贯。

大宛列传第六十三

张骞汉中人，建元中为郎。 二页

　　直按：《华阳国志》：张骞，汉中城固人。《索隐》引陈寿《益部耆旧传》亦同。今骞墓在城固张家村，《卫霍列传》称骞家在汉中，不言城固，盖只举其郡名，与此相同。

以银为钱，钱如其王面，王死，辄更钱效王面焉。 十一页

　　直按：西北考察团曾在楼兰得王面钱，铜质，面积甚小，仅大如今一分币。洪遵《泉志》所著录之王面钱，恐以意图绘，无根据也。

有大鸟卵如瓮。 十三页

　　直按：《汉书·西域传》赞：所谓"钜象、师子、猛犬、大雀之群食于外囿"是也。班昭有《大鸟赋》，见《全后汉文》卷九十六，驼鸟之记载始于此时，驼鸟作图像题材，始于唐乾陵雕刻。

安息长老传闻条枝有弱水，西王母而未尝见。 十三页

　　直按：司马相如《甘泉赋》云："想西王母欣然而上寿兮。"所称述与武帝当时求仙情况适合。又汉代每以西王母事为镜铭及图画题材，于西王母之外，又增加东王公以为配（西王母镜见《小檀欒室镜影》卷二十四页，此镜出土极多，仅举一例）。

初天子发书，《易》云：神马当从西北来。得乌孙马好，名曰天马，及得大宛汗血马益壮，更名乌孙马曰西极，名大宛马曰天马云。 二十四页

　　直按：《汉铙歌十八曲·君马黄》篇云："《易》之有魊蔡有赭。"即指此事。易之谓发《易书》，蔡谓蓍龟。《汉书·礼乐志》天马歌云："虎脊两，化若鬼。"（颜师古注：谓变化若鬼神，此望文生训）鬼即魊字之假借，谓天马之毛色变化如魊马浅黑色，即《君马黄》之《易》之有魊"。《天马歌》又云："霑赤汗，沫流赭。"即《君马黄》之"蔡有赭"（说详拙著《汉铙歌十八曲新解》文中）。传文"初天子发书"当句，谓发卜筮书也，易云谓卜之也。

其后从吏卒皆争上书,言外国奇怪利害求使。二十六页

　　直按:《流沙坠简·考释·禀给类》,有二简文云:"出粟一斗二升,以食使莎车续相如上书良家子二人,八月癸卯(下缺)。"又云:"出粟五石二斗二升,以食使车师□君卒八十七人。"简文之良家子,盖以续相如上书保荐而出使莎车者(续相如封承父侯,见《汉书·景武功臣表》),简文之卒八十七人,是护卫汉使至车师而出塞者。皆路经敦煌,给以禀食,与传文吏卒皆争上书言外国事,无不符合。

于是酒泉列亭障至玉门矣。二十八页

　　直按:《汉晋西陲木简汇编》十页,有简文云:"始建国天凤元年,玉门大煎都,兵完坚折伤簿。"同页又有"玉门官□"残简,为木简玉门之记载。

于是天子始种苜蓿、蒲桃肥饶地。三十一页

　　直按:苜蓿现关中地区尚普遍种植,兴平茂陵一带尤多,紫花、叶如豌豆苗。蒲桃由汉至唐,铜镜花纹则用为主要题材,如《藤花亭镜谱》卷七、三十一页,有小鸟兽蒲陶镜。《金石索·金六》四百二十二,有海兽蒲陶镜。《西清古鉴》卷四十、二十八页,有海兽蒲陶方镜。皆汉器也。

其地皆无丝漆,不知铸钱器。三十二页

　　《集解》:徐广曰:多作钱字,又或作铁字。《考证》:《汉书·西域传》作铁器。

　　直按:《隶续》卷十一《耿勋碑》云:"又开故道铜官,铸作钱器,兴利无极。"传文盖指其地有铜矿而言,并可证钱器二字,本为汉人联文,作铁器者非也。

天子既好宛马,闻之甘心。三十二页

　　直按:《盐铁论·西域篇》云:"张骞言大宛之天马汗血,安息之真玉大鸟,县官既闻如甘心焉,乃大兴师伐宛,历数期而克之。"《盐铁论》此文,多本于太史公《大宛传》。

闻宛城中,新得秦人知穿井。三十九页

　　直按:《匈奴传》亦云:"穿井筑城治楼以藏谷,与秦人守之。"《刘平国开道记》有"龟兹左将军刘平国,以七月廿六日,发家从秦人孟伯山"云云。

而崙头有田卒数百人,因置使者护田积谷,以给使外国者。四十三页

　　直按:《居延汉简释文》卷三、三十八页,有简文云:"田卒大河郡平富西里公士,昭遂年卅九。"(此例甚多,仅举一简)盖汉代戍边之人民,统称为戍卒,至戍所后,因职守之不同,而卒之名称亦异。以居延、敦煌全部木简考查,有戍卒、田卒、河渠卒、鄣卒、守谷卒五种名称。

今自张骞使大夏之后也,穷河源,恶睹本纪所谓昆仑者乎。四十四页

　　直按:郭璞《山海经序》云:"司马迁叙《大宛传》亦云自张骞使大夏之后,穷河源,恶睹所谓昆仑者乎,至《禹本纪》、《山海经》所有怪物,余不敢言也,不亦悲乎。若《竹书》不潜出于千载以作征于今日者,则《山海》之言,其几乎废矣。"郭璞此言,讥太史公不信《山海经》,因晋时所出竹书,与《山海经》可以互证,然讥前人以未见之书,其评论亦未为允当。

游侠列传第六十四

以躯借交报仇,藏命作奸,剽攻不休。十页

　　直按:以躯借交,谓如以聂政之躯,因报仇借于严仲子也。

乃阴属尉史曰:是人吾所急也。十一页

　　《考证》:《汉书》史作吏,沈钦韩曰:《汉旧仪》尉史曰尉吏。

　　直按:西汉尉史有两种性质,属于边郡塞尉者如《居延汉简释文》卷三、三十一页,有"尉史亮",同书卷一、二十页,有"谭得补广地尉史不忧于□"两残简是也。属于县尉属吏者,如本文是也。

佞幸列传第六十五

以濯船为黄头郎。（邓通）三页

　　直按：黄头郎不见于《百官表》，当文帝时，疑属于少府之都司空令，到武帝时，则应属于水衡都尉之辑濯令。

于是赐邓通蜀严道铜山。四页

　　直按：西汉之铜出丹阳，在吴王濞国内，另有严道之铜可以铸钱，今以赐通，铜材更不足，故文帝时有许民私铸之令。

得自铸钱，邓氏钱布天下，其富如此。四页

　　《正义》：《钱谱》云：文字称两，同汉四铢文。

　　直按：《正义》所引，当为梁代顾烜《钱谱》。原文疑为"文字半两"，现为传抄之误字。

上即位欲事伐匈奴，而嫣先习胡兵。（韩嫣）六页

　　直按：《百官公卿表》："长水校尉，掌长水宣曲胡骑。"又有胡骑校尉，掌池阳胡骑，不常置。韩嫣所习，当为长水胡兵。

而上方兴天地祠，欲造乐府歌弦之，延年善承意，弦次初诗。（李延年）八页

　　直按：《汉铙歌十八曲·将进酒》云："放故歌，心所作。"即指此事，此诗余参考为武帝时作品。

滑稽列传第六十六

于是庄王谢优孟，乃召孙叔敖子，封之寝丘四百户，以奉其祀，后十世不绝。十页

　　直按：《全后汉文》卷九十九《汉孙叔敖碑》云："相君有三嗣，长子即封食邑固始，少子在江陵，中子居三（下缺）。"盖出于汉人家牒。

以好古传书，爱经术，多所博观外家之语。（东方朔）十五页

　　直按：汉人以诸子百家之语为外家。

凡用三千奏牍,公车令令两人共持举其书,仅然能胜之。十五页

  直按:以木简例之,每简平均三十字,全奏约十万字左右。

使张仪、苏秦与仆并生于今之世,曾不能得掌故,安得望常侍、侍郎乎。十九页

  直按:《儒林传》序云:"能通一艺以上,补文学掌故缺,其高第可以为郎中者,太常籍奏。"本文之常侍、侍郎,即包括在郎中之内。

对曰:邺三老廷掾,常岁赋敛百姓。(西门豹)二十八页

  直按:《汉开母庙碑》题名,有廷掾赵穆(见《金石萃编》卷六)。汉因秦制,盖战国时已有之。

传曰:子产治郑,民不能欺;子贱治单父,民不忍欺;西门豹治邺,民不敢欺。三十二页

  直按:汉魏人传说谓之三不欺,证之《汉鲁峻碑》云:"比趺豹产,化行如流。"(见《全后汉文》卷九十二)《刘宽碑》云:"踰豹产。"(见《隶辨》卷四、五十八页)皆以西门豹与子产并称,而子贱不得并论。又《高颐碑》云:"犹宓子之在单,配李牧之镇代。"(见《全后汉文》卷九十二)则仅用子贱,不联及豹产,与文献传说略有不同。汉人在三人中,尤推重西门豹,《张迁碑》云:"西门珮韦,晋阳带弦,君之体素,能双其勋。"曹操遗令,葬于西门豹祠堂之侧。降至北朝,此风犹然,北魏《穆子岩墓志》称葬于西门豹墓侧。北齐且立有《西门豹祠堂碑》(见《金石萃编》北齐一),皆其显证。

日者列传第六十七

黄直丈夫也,陈君夫妇人也,以相马立名天下。齐张仲、曲成侯,以善击刺学用剑,立名天下。留长孺以相彘立名,荥阳褚氏,以相牛立名。十三页

  直按:《汉书·艺文志》形法家有《相六畜》三十八卷,本文之相马彘牛,当包括在内。《世说·汰侈篇》注引《相牛经》曰:"《牛经》出宁戚,传百里奚,汉世河西薛公得其书以相牛,千不失一。"《唐书·艺

文志》农家有宁戚《相牛经》一卷。又本文齐张仲,谓齐国人,曲成侯当为虫达后人。

龟策列传第六十八

会上欲击匈奴,西攘大宛,南收百越,卜筮至预见表象,先图其利,及猛将推锋执节,获胜于彼,而蓍龟时日,亦有力于此。四页

　　直按:《汉书·西域传》引武帝诏略云:"古者卿大夫与谋,参以蓍龟,不吉不行。"又云:"《易》之卦得大过,爻在九五,方士太史,治星望气,及太卜龟筮,皆以为吉,匈奴必破,时不可再得也。"与传文正合。

一曰北斗龟,二曰南辰龟。九页

　　直按:《汉书·艺文志》有《南龟书》二十八卷,疑即本文所指之南辰龟。

货殖列传第六十九

六岁穰,六岁旱,十二岁一大饥。九页

　　直按:《盐铁论·水旱篇》亦有此文。

地饶卮姜丹沙铜铁竹木之器。十八页

　　《集解》:徐广曰:卮音支,烟支也,紫赤色也。

　　直按:卮为栀子,可以染黄,与姜对举,尤为明显。

而民雕捍少虑,有鱼盐枣栗之饶。二十一页

　　直按:今江淮人谓处事接物圆转者曰刁,盖即雕字简写。

豫章出黄金,长沙出连锡。二十五页

　　直按:《汉书·地理志》豫章郡鄱阳县注,有黄金采。连音辇,《王莽传》所谓鈠以连锡是也。

故壮士在军,攻城先登,陷阵却敌,斩将搴旗,前蒙矢石,不避汤火之难者,为重赏使也。二十八页

直按:《盐铁论·毁学篇》云:"大夫曰:司马子长有言,天下穰穰,皆为利往。赵女不择丑好,郑姬不择远近,商人不丑耻辱,戎士不爱死力,士不在亲,事君不避其难,皆为利禄也。"此段完全节括《史记·货殖传》原文,加以扼要,如本文即变为"戎士不爱死力"一句。盐铁之议在昭帝始元六年,大夫曰为桑弘羊之语,弘羊当为引用《史记》最早之一人(详拙著《汉晋人对〈史记〉传播及其评价》一文)。

游闲公子饰冠剑,连车骑,亦为富贵容也。二十九页

直按:下文宛孔氏亦有游闲公子之称,当为秦汉人之习俗语。

水居千石鱼陂。三十一页

直按:汉代鲤鱼长尺至三尺者,枚直五十,见陶朱公《养鱼经》(马氏玉函山房辑本)。与计然《万物录》皆为西汉人作品。

蜀汉江陵千树橘。三十一页

直按:扬雄《蜀都赋》云:"于西则盐泉铁冶,橘林铜陵。"《御览》卷九百六十六引)左思《蜀都赋》云:"家有橘柚之园。"严道产橘尤多,现出土有"严道橘园""严道橘丞""橘严"三种封泥。又《襄阳耆旧传》记吴时李衡种橘于江陵,至今根荄犹存云云。

若至家贫亲老,妻子软弱。三十二页

直按:《居延汉简释文》卷一、二十三页,有残简文云:"□急软弱不任职请斥免,可补者名如府史□",又同卷七页,有残简文云:"□因病聋软弱,职不循治,请以□"(两简上下俱残缺)。《汉书·王尊传》亦云:"尊子伯,亦为京兆尹,坐奭弱不胜任免。"盖软弱为秦汉人之习俗语,至今犹然。

醯酱千瓨。三十三页

《集解》:徐广曰:长颈罂。

直按:瓨即后来之缸字,为大水罌,徐广仅解为长颈罂,则不便贮酱矣。

木千章,竹竿万个。三十三页

《索隐》:《释名》云:竹曰个,木曰枚。

直按:《汉书·百官公卿表》,将作大匠属官有东园主章令丞,是木称章之证。又《九章算术》卷二,竹一个大者八钱,小者七钱至五钱,是竹称个之证。与《释名》及《汉书·景武功臣表》将梁侯杨仆条均同。

其轺车百乘,牛车千两。三十四页

直按:两汉轺车一乘直万,牛车每辆直二千,见《居延汉简释文》卷三、四十八页。

僮手指千。三十四页

直按:西汉初期奴婢价值可考者,《居延汉简释文》卷三、四十八页,有两简文可见。小奴二人直三万,大婢一人二万,亦为约略之价。

漆千斗。三十五页

直按:《九章算术》卷二云:"漆一斗,三百四十五。"足证漆以斗计,虽为假设算题,当与实际不远。

蜀卓氏之先,赵人也,用铁冶富。三十七页

直按:《华阳国志·蜀郡临邛县》云:"汉文时以铁铜赐邓通,假民卓王孙,岁取千匹,故卓王孙货累巨万,邓通钱亦遍天下。"可证卓王孙之富因邓通也,余因考西汉初期盐铁为包商制,此条材料,甚为重要,详拙著《两汉经济史料论丛》盐铁与采矿篇中。

吾闻汶山之下沃野,下有蹲鸱,至死不饥。三十七页

《集解》:水乡多鸱,其山下有沃野灌溉,一曰大芋。

直按:《颜氏家训》云:"有人读误本《汉书》,有惠羊肉者,谓承惠蹲鸱,得书者大骇。"盖以芋字误作羊字,然《汉书》本文不见芋字,颜氏当亦指《汉书》注解而言。

宣曲任氏之先,为督道仓吏。四十页

直按:司马相如《上林赋》云"西驰宣曲",地在今昆明池故址之西。又《十钟山房印举》举二、五十一页,有"宣曲丧吏"印。督道仓,

疑为仓名,道疑粱字省文,《凡将篇》粱一禾六穗,督粱盖取其嘉名。

然任公家约,非田畜所出,弗衣食。 四十一页

直按:任公即任氏,颜师古注《汉书》谓任氏之父,说恐失之。

塞之斥也,唯桥姚已致马千匹,牛倍之,羊万头。 四十一页

直按:《十六金符斋印存·续百家姓谱》三页,有"桥充国""桥时""桥舒"三印。东汉则有桥玄,两汉时桥姓尚属常见。

吴楚七国兵起时,长安中列侯封君,行从军旅,赍贷子钱。 四十二页

直按:景帝时封君,如稷嗣君叔孙通、奉春君娄敬、平原君朱建之类,皆已不存,太史公仍沿习俗语联书。

田啬田兰。 四十二页

直按:啬为穑字省文,犹啬夫即为穑夫。《汉书》作田墙,即穑之误字,两汉人无以墙为名者。

贩脂,辱处也,而雍伯千金。 四十四页

直按:《汉书》作翁伯,雍翁二字古通,犹《汉铙歌十八曲》擁离或作翁离。

卖浆,小业也,而张氏千万。 四十四页

直按:武梁祠画像题字有"卖浆羊公"及"乞浆者"画像,与此可参考。

洒削,薄技也,而郅氏鼎食。 四十四页

直按:《梁孝王世家》有长安削工之记载。《居延汉简释文》卷二、二十五页,有"二人马下,一人削工"之记载。削工谓治刀剑者,而本文之洒削则不然,盖以磨刀剪为业者,磨时先以刀削使其光泽,再洒水加磨,使其锋利,其技术至今犹然。

马医浅方,张里击钟。 四十四页

直按:汉代马医是专业,《流沙坠简·小学术数方技书类》五页,有"治马伤水方",用姜桂、细辛、皂荚、付子等味。《居延汉简释文》卷四、二十一页,有"治马头涕出方",用戎盐一味。与《齐民要术》所载医马病方可以互证。

太史公自序第七十

卒三岁而迁为太史令,䌷史记石室金匮之书。十九页

　　《集解》:徐广曰:䌷音抽。《索隐》:小颜云:䌷谓缀集之也。

　　直按:《居延汉简释文》卷一、二十一页,有残简文云:"及母骂吏,又䌷大刀,欲贼伤吏信□。"是䌷即抽字假借,徐广注是,颜师古失之。金匮有两种意义,属于书库者,如太史公金匮及"金匮要略"是也;属于钱库者,如"国宝金匮"是也。

民倍本多巧,奸轨弄法,善人不能化,唯一切严削为能齐之,作《酷吏列传》第六十二。五十七页

　　直按:扬子《法言》,《重黎》《渊骞》二篇所论西汉名人,大半皆在《史记》世家或列传中。可证扬雄在校书时,已熟读《史记》。《渊骞篇》云:"(或问)酷吏,曰虎哉虎哉,角而翼者也。货殖,曰蚊,曰血国三千,使捋疏饮水褐博,没齿无愁也。或问循吏,曰吏也。游侠,曰窃国灵也。佞幸,曰不料而已。"扬雄所论总传五篇,篇名皆太史公所特创,虽未说明《史记》,而取材于《史记》则无疑义。

一九六三年二月补订　直自记

西北大学名师大家学术文库

陈直著作选 下

陈 直 著

西北大学出版社
·西安·

目 录（下）

两汉经济史料论丛

自 序 ······ /529
西汉屯戍研究 ······ /530
    屯戍的一般情况 ······ /531
    屯田的制度 ······ /564
    戍卒的日常生活 ······ /575
    结束语 ······ /584
关于两汉的手工业 ······ /586
    纺织业 ······ /587
    漆器业 ······ /601
    制盐业 ······ /613
    冶铁业 ······ /616
    铸钱业 ······ /621
    铜器业 ······ /631
    兵器制造 ······ /643
    铜镜铸造 ······ /648
    度量衡器制造 ······ /651

玺印制造 ·············· /654
　　陶器业 ················ /658
　　造舟、造车、木器、竹器、编草等业 ·············· /670
　　雕石、琢玉业和画工 ·············· /674
　　造纸墨笔砚业 ·············· /680
　　结束语 ················ /684
两汉工人的类别 ·············· /689
两汉工人题名表 ·············· /702
盐铁及其他采矿 ·············· /725
　　西汉初期的盐铁业概况 ·············· /725
　　金矿 ················ /726
　　银铅矿 ················ /727
　　锡矿 ················ /728
　　铜矿 ················ /728
　　石炭矿 ················ /731
　　石油矿 ················ /732
关于两汉的徒 ·············· /733
　　徒的刑名及一般概况 ·············· /733
　　徒的工作范围 ·············· /741
　　徒的日常生活 ·············· /749
　　徒的性质分析 ·············· /752
　　结束语 ················ /754
汉代的米谷价及内郡边郡物价情况 ·············· /757
　　秦汉米谷价 ·············· /757
　　汉代内郡的物价情况 ·············· /759
　　西汉边郡的物价情况 ·············· /761

文史考古论丛

原　序 ·············· /767

楚辞解要 ······ /768
 自序 ······ /768
 离骚 ······ /769
 九歌 ······ /771
 天问 ······ /772
 九章 ······ /780
 远游 ······ /780
 招魂 ······ /780
 大招 ······ /782

汉诗作品之断代 ······ /784
 一、《东光》（武帝时） ······ /784
 二、《薤露》《蒿里》（西汉） ······ /784
 三、《乌生》（西汉） ······ /785
 四、《妇病》《东门》《孤儿》三行（西汉） ······ /786
 五、辛延年羽林郎（西汉末期） ······ /789
 六、《平陵东》（王莽时） ······ /790
 七、《陌上桑》（东汉初期） ······ /791
 八、宋子侯董娇饶（东汉） ······ /792
 九、《相逢行》与《长安有狭邪行》两诗之相似（东汉） ······ /792
 十、古绝句之隐语（东汉） ······ /794
 十一、古诗十九首中"生年不满百"作者之时代（东汉） ······ /795
 十二、论《江南可采莲》（东汉） ······ /796
 十三、《秦女休行》之事迹（东汉末期） ······ /796
 十四、焦仲卿妻诗（与建安时代正相适应） ······ /798

汉诗中之习俗语与古器物之联系 ······ /800

汉诗之新发现 ······ /808
 汉人手写诗稿木简 ······ /808
 汉《费凤别碑》纪事诗 ······ /809

汉诗真伪问题 /811
柏梁台联句诗 /811
苏李诗 /814
《胡笳十八拍》 /815
晋代应亨之诗选家误以为汉诗 /816

张衡《四愁》、孔融《离合》诗的新解 /818
一、张衡《四愁诗》 /818
二、孔融《离合诗》 /820

《汉铙歌十八曲》新解 /823
一、朱鹭 /824
二、思悲翁 /825
三、艾如张 /826
四、上之回 /827
五、拥离 /827
六、战城南 /828
七、巫山高 /829
八、上陵 /829
九、将进酒 /831
十、君马黄 /832
十一、芳树 /833
十二、有所思 /834
十三、雉子班 /835
十四、圣人出 /836
十五、上邪 /837
十六、临高台 /838
十七、远如期 /838
十八、石留 /839
结束语 /839

汉镜铭文学上潜在的遗产 /841

陈延杰氏《诗品注》中存在的问题 ……………………………………………… /847
  一、未注出人名者 ……………………………………………………………… /847
  二、纠正注文错误或补充重要材料者 ………………………………………… /850

古籍述闻 …………………………………………………………………………… /854
  焦氏《易林》东汉人之附益 …………………………………………………… /854
  《考工记》为战国时齐楚人之作品 …………………………………………… /855
  《中说》阮逸注本之疏略 ……………………………………………………… /860
  《颜氏家训》赵曦明注本之疏略 ……………………………………………… /863
  《书品》中人物小记 …………………………………………………………… /866
  《全汉三国晋南北朝诗》诗人爵里订正 ……………………………………… /872
  读《淳化阁帖释文》偶书 ……………………………………………………… /874
  隋进士科开始于炀帝大业元年考 ……………………………………………… /876
  张机、贾思勰、戴凯之、宗懔、裴孝源、王方庆、孙过庭、崔令钦、
    建演、张彦远、张怀瓘、窦泉、李绰等人仕履及事迹之钩沉 ………… /878

读《齐民要术》札记 ……………………………………………………………… /883
  叙言 ……………………………………………………………………………… /883
  种谷第三 ………………………………………………………………………… /884
  大豆第六 ………………………………………………………………………… /886
  大麦第十 ………………………………………………………………………… /886
  种瓠第十五 ……………………………………………………………………… /887
  种芋第十六 ……………………………………………………………………… /887
  蔓菁第十八 ……………………………………………………………………… /887
  杂说第三十 ……………………………………………………………………… /888
  栽树第三十二 …………………………………………………………………… /889
  种枣第三十三 …………………………………………………………………… /889
  种李第三十五 …………………………………………………………………… /890
  种梅杏第三十六 ………………………………………………………………… /890
  种栗第三十八 …………………………………………………………………… /890
  柰林檎第三十九 ………………………………………………………………… /891

种桑柘第四十五 …… /891

种榆白杨第四十六 …… /891

漆第四十九 …… /892

养牛马驴骡第五十六 …… /892

养鹅鸭第六十 …… /893

货殖第六十二 …… /893

涂瓮第六十三 …… /894

造神曲并酒等第六十四 …… /894

白醪酒第六十五 …… /894

笨麹并酒第六十六 …… /895

作鱼鲊法第七十四 …… /895

羹臛法第七十六 …… /895

蒸缹第七十七 …… /896

饼法第八十二 …… /896

醴酪第八十五 …… /896

素食第八十六 …… /897

作菹藏生菜法第八十八 …… /897

煮胶第九十 …… /898

笔墨第九十一 …… /898

五谷果蓏菜茹非中国物产者 …… /898

读《世说新语》札记 …… /901

德行 …… /901

言语 …… /902

文学 …… /903

方正 …… /904

赏誉 …… /904

捷悟 …… /904

栖逸 …… /905

贤媛 …… /905

术解 ·· /905
　　巧艺 ·· /906
　　任诞 ·· /906
　　简傲 ·· /906
　　排调 ·· /907
　　惑溺 ·· /907
　　仇隙 ·· /908
西汉齐鲁人在学术上的贡献 ·· /909
　　一、田何、伏生等的经学 ·· /909
　　二、褚少孙的史学 ·· /910
　　三、东方朔的文学 ·· /911
　　四、仓公的医学 ·· /911
　　五、尹都尉的农学 ·· /912
　　六、徐伯、延年的水利学 ·· /913
　　七、齐人的《九章算术》 ·· /913
　　八、宿伯年、霍巨孟的雕绘 ·· /914
　　九、无名氏的书学 ·· /915
　　小结 ·· /916
太史公书名考 ·· /917
汉晋人对《史记》的传播及评价 ·· /923
　　一、汉晋人对《史记》的传播 ·· /923
　　二、汉晋人对《史记》的评价 ·· /930
　　小结 ·· /942
南北朝谱牒形式的发现和索隐 ·· /944
　　一、谱牒的起源 ·· /944
　　二、汉碑文中的谱牒学 ·· /945
　　三、两晋南北朝谱牒学的突兴 ·· /946
　　四、谱牒学北朝重于南朝 ·· /947
　　五、南北朝谱牒形式的发现及索隐 ·· /948

  六、《北魏书》是家谱式的史书 ……… /952
  七、谱牒补史的作用 ……… /953

六十年来我国发现竹木简概述 ……… /955
  前言 ……… /955
  一、长沙五里牌战国楚墓中的竹简 ……… /956
  二、信阳长台关战国楚墓中的竹简 ……… /957
  三、罗布淖尔发现的西汉中晚期的木简 ……… /958
  四、敦煌发现的汉晋木简 ……… /959
  五、居延发现的由西汉中期到东汉初期的木简 ……… /960
  六、武威汉墓中的竹木简 ……… /961
  小结 ……… /962

《关于居延汉简的发现和研究》一文的商榷 ……… /963

《墨子·备城门》等篇与居延汉简 ……… /967
  一、烽燧 ……… /968
  二、兵器 ……… /970
  三、守御器 ……… /972
  四、符券 ……… /974
  五、葆宫 ……… /975
  六、秦官制 ……… /976
  七、秦法 ……… /979
  八、秦汉人公牍语及口头习俗语 ……… /980
  小结 ……… /984

《汉书·赵充国传》与居延汉简的关系 ……… /986
  一、赵充国湟中屯田与居延屯田异同之点 ……… /986
  二、赵充国屯田愿罢骑士留步兵的意义 ……… /987
  三、赵充国兼用弛刑、应募及私从者三种人民的作用 ……… /988
  四、赵充国对食粮刍茭精密的计划 ……… /989
  五、汉廷对赵充国与辛武贤初期方略的估价 ……… /990

《论衡·谢短》等篇疑难问题新解 ……… /992

武威汉简文学弟子题字的解释 …… /996
玺印、木简中发现的古代医学史料 …… /997
  一、殷周药学的研究及医学的昌明 …… /997
  二、西汉医案的存留及医书的整理 …… /999
  三、东汉医学的集大成及内外的分科 …… /999
  四、殷代病名的确立及战国药学的分工 …… /1000
  五、西汉医方的发现及丸方的开始 …… /1003
  六、秦汉医官制度 …… /1006
  七、结束语 …… /1008
武威旱滩坡汉墓出土医药方汇考 …… /1010
  一、中水侯所奏治男子有七疾方及建威耿将军方 …… /1010
  二、公孙君方 …… /1012
  三、治妇人膏药方及马胺方 …… /1012
  四、药价问题 …… /1013
  五、两汉七字书写的变化 …… /1013
  六、┃▼的符号问题 …… /1014
  七、药名所用假借字及别体字 …… /1014
张仲景事迹新考 …… /1016
秦兵甲之符考 …… /1018
秦始皇六大统一政策的考古资料 …… /1019
  一、文字的统一 …… /1019
  二、权量的统一 …… /1021
  三、郡县的统一 …… /1023
  四、货币的统一 …… /1024
  五、律令的统一 …… /1026
  六、官制的统一 …… /1027
汉代的马政 …… /1030
汉代民间简字举例 …… /1034
读容庚氏《鸟书考》书后 …… /1042

汉封泥考略 ·· /1045
汉晋少数民族所用印文通考 ·· /1054
    一、匈奴 ··· /1054
    二、越 ·· /1059
    三、滇 ·· /1061
    四、乌丸 ·· /1062
    五、鲜卑 ·· /1064
    六、胡 ·· /1065
    七、夷 ·· /1066
    八、秽 ·· /1067
    九、貊 ·· /1068
    十、哀牢 ·· /1068
    十一、白虎 ··· /1069
    十二、叟 ·· /1069
    十三、僰 ·· /1070
    十四、賨 ·· /1070
    十五、羌 ·· /1071
    十六、髳 ·· /1073
    十七、氐 ·· /1073
    十八、难兜 ··· /1074
    十九、金 ·· /1074
    二十、左庐 ··· /1075
    二十一、总称 ··· /1075
    小结 ·· /1075
记西安传世两汉名人之遗物及海城于氏藏印 ································ /1077
广州汉墓群西汉前期陶器文字汇考 ·· /1079
    一、常御陶瓮　常御第十三双耳陶罐　常御第廿双耳陶罐
        常御三千陶壶 ·· /1079
    二、居室陶罐 ··· /1080

    三、食官第一陶鼎 …………………………………………………… /1080

    四、大厨陶瓮　大厨陶罐 …………………………………………… /1081

    五、众鱼陶罐 ………………………………………………………… /1081

    结论 …………………………………………………………………… /1081

汉张叔敬朱书陶瓶与张角黄巾教的关系 ……………………………… /1083

汉初平四年王氏朱书陶瓶考释 ………………………………………… /1086

洛阳汉墓群陶器文字通释 ……………………………………………… /1090

    一、谷类 ……………………………………………………………… /1090

    二、豆麻类 …………………………………………………………… /1092

    三、肉食类 …………………………………………………………… /1092

    四、酒类 ……………………………………………………………… /1093

    五、调料类 …………………………………………………………… /1094

    六、容量类 …………………………………………………………… /1094

    七、官名人名类 ……………………………………………………… /1095

    八、吉语类 …………………………………………………………… /1095

    九、杂类 ……………………………………………………………… /1095

韩城汉扶荔宫遗址新出砖瓦考释 ……………………………………… /1096

陕西兴平县茂陵镇霍去病墓新出土左司空石刻题字考释 …………… /1098

关于汉幽州书佐秦君石柱题字的补充意见 …………………………… /1100

    石柱正面题字 ………………………………………………………… /1100

    神道阙题字 …………………………………………………………… /1101

汉芗他君石祠堂题字通考 ……………………………………………… /1103

    一、石刻原文 ………………………………………………………… /1103

    二、石刻通考 ………………………………………………………… /1104

西汉铸钱铜材和钱范的发现 …………………………………………… /1107

    一、西汉铸钱铜材最新的发现 ……………………………………… /1107

    二、石渠阁遗址出土的王莽钱背面范 ……………………………… /1108

    三、王莽左作货泉陶片的本末 ……………………………………… /1111

    四、西汉陶钱范纪年著录表 ………………………………………… /1113

汉中私官铜锤考释 /1117
四种铜镜图录释文的校订 /1119
  一、陕西省出土铜镜 /1119
  二、四川省出土铜镜 /1121
  三、浙江出土铜镜选集 /1122
  四、湖南出土铜镜 /1123
  五、洛阳烧沟汉墓铜镜部分 /1124
福建崇安城村汉城遗址时代的推测 /1126
长沙马王堆一号汉墓的若干问题考述 /1130
  一、軑侯世系、墓主人姓名的推测及汉代保存尸体的记载 /1130
  二、棺椁制度和衣衾帛画名称 /1132
  三、列侯食邑制度和家丞掌管封泥 /1134
  四、遣策在汉代与器疏名称相近和葬品中缺少铜器问题 /1136
  五、随葬器物杂考 /1137
长沙发掘报告的几点补正 /1141
望都汉墓壁画题字通释 /1145
  一、人物画像题字 /1145
  二、墓主铭赞 /1150
  三、鸟兽画题字 /1150
  四、工匠游戏书字 /1151
和林格尔东汉大墓壁画题字考释 /1153
  一、人马皆食太仓题字 /1153
  二、属吏题字 /1153
  三、二桃杀三士等历史故事题字 /1154
  四、□□少授诸先时舍题字 /1155
  五、繁阳令官寺题字 /1155
  结语 /1156
晋徐美人墓石考释 /1157
东晋王兴之墓志跋兼论及《兰亭序》问题 /1162
  一、关于东晋王兴之墓志的补充 /1162

二、关于《兰亭序》真伪问题的商榷 …………………… /1163
对《洛阳晋墓的发掘》与《南京近郊六朝墓的清理》两文的意见 …… /1166
对于南京西善桥南朝墓砖刻竹林七贤图的管见 ………………… /1168
　　一、七贤名次排列的先后 …………………………………… /1168
　　二、嵇、阮、山、王四人的年岁有两说不同 ……………… /1169
　　三、向、刘、阮咸三人卒年皆在西晋初中期的考查 …… /1169
　　四、画砖的艺术及其他问题 ………………………………… /1170
　　五、魏晋人对荣启期之崇拜 ………………………………… /1171
敦煌石室中魏仓慈手写《佛说五王》经卷的发现 ………………… /1173
　　一、经传所写与传世经文的互校 …………………………… /1173
　　二、仓慈事迹之考索 ………………………………………… /1174
　　三、经文多用当时之制度及口头语 ………………………… /1175
　　四、译经时代之推测 ………………………………………… /1175
　　五、经文之意译 ……………………………………………… /1176
　　六、我国楷书及传世写经当以此经为最古 ………………… /1176
西安出土隋唐泥佛像通考 ………………………………………… /1177
　　一、隋仁寿二年兴福寺泥佛像 ……………………………… /1178
　　二、唐永徽比丘法津泥佛像 ………………………………… /1178
　　三、唐永徽比丘法律泥佛像 ………………………………… /1180
　　四、唐苏常侍造印度泥佛像 ………………………………… /1181
　　五、唐善业泥佛像 …………………………………………… /1183
　　六、唐清明寺泥佛像 ………………………………………… /1184
　　七、唐元和台州令泥佛像 …………………………………… /1184
　　八、唐大中泥佛像 …………………………………………… /1185
古器物文字丛考 …………………………………………………… /1186
　　一、西安高窑村出土西汉铜器铭考释 ……………………… /1186
　　二、"寺工""无任"两词释义 ……………………………… /1190
　　三、于豪亮先生《居延汉简甲编补释》的商榷 …………… /1192
出土文物丛考 ……………………………………………………… /1195
　　一 …………………………………………………………… /1195

| 二 | /1196 |

出土文物丛考（续） /1199
  一、酒令铜器（原称为铜骰） /1199
  二、中山内府铜锔 /1201
  三、中山祠祀封泥 /1201
  四、"窦绾"两面印 /1202
  五、御褚饭盘 /1202
  六、陶缸朱书题字 /1202

古物三考 /1203
  一、西安西郊出土西汉铜鉴等二十二器通考 /1203
  二、北京怀柔城北东汉墓葬发现吾阳成砖文释义 /1210
  三、秦汉咸里陶器通考 /1213

考古丛录 /1218
  一、汉昭阳宫铜镜 /1218
  二、汉韩王孙子母印 /1218
  三、石刻砖文中发现的汉代经学问题 /1219
  四、汉代羌族文化的发现 /1221
  五、东魏北齐三陶砚 /1222
  六、兰州所见的隋唐敦煌写经三卷 /1223
  七、隋唐陶版印刷术 /1224
  八、唐代艺术家程修己墓志 /1225
  九、西北大学校园发现的唐代大量窖钱 /1227
  十、《德九存陶》跋 /1228

考古炳烛谈 /1229
  一、汉上林荣宫铜方炉考 /1229
  二、西汉平都犁斛考 /1230
  三、汉雁门太守鲜于璜碑考 /1231
  四、西汉宫殿名称考佚 /1232

编后记   黄留珠/1234

两汉经济史料论丛

自 序

我自一九五四年起,始专治秦汉史。二十余年间,先后写成《史记新证》《汉书新证》等专著十余种,论文百篇左右。一九五八年,曾将有关经济方面的《西汉屯戍研究》《关于两汉的手工业》《盐铁及其他采矿》《关于两汉的徒》《汉代的米谷价及内郡边郡物价情况》等五篇集为一册,定名为《两汉经济史料论丛》,由陕西人民出版社出版发行。这本书,主要引用发现的考古新资料,采用文献较少,必须引用文献方能说明问题本质的,仍然征引了文献。总起来说,力求使考古资料与文献资料结合为一家,使考古资料为历史研究服务,这一点已在《关于两汉的手工业》一文中说得很明确。全书着重当时社会经济有关方面的研究,但也涉及政治制度方面的一些内容。甲篇中所引的材料,而乙篇又必须要用的,则不免稍有重复。首篇《西汉屯戍研究》,在我治居延木简时写得最早,《中国土地制度讨论集》亦已采用。此后我所写的《居延汉简综论》《解要》《系年》《甲编订误》等,自视有进一步的见解,亦有所汲取。

现陕西人民出版社再版此书,我除部分作了修改外,另加入《两汉工人的类别》一篇,共计六篇,作为增订本出版,愿与当世学者共同讨论。本书此次重刊,由张廷皓和贾正中等同志协助参加校对,改正了一些排印上的错误。

一九七八年十二月陈直于西大新村

西汉屯戍研究

西汉屯戍情形,散见于《汉书·武帝纪》《昭帝纪》及匈奴、西域、晁错、赵充国、冯奉世、郑吉等传。《赵充国传》中,则详于屯田。惟所记皆屯田地区及屯田政策,对于屯田制度,独未言及。我于一九五五年,曾撰《从秦汉新史料中看屯田采矿铸钱三种制度》一文,在《历史研究》刊载。一年以来,颇有增补,由屯田扩展至屯戍全面的研究。材料来源,主要在居延木简,次则为敦煌木简,再辅以《敦煌汉简校文》《汉晋西陲木简汇编》的二编;而罗布淖尔所出土木简,数量不多,发现亦不多。在各简中钩沉索隐,分析条理,略可窥见一斑。居延木简有年号的,上始于西汉武帝太初三年(公元前一〇二年),止于东汉光武帝建武九年(公元三三年),绝大部分属于西汉时。据近出第二批居延简有武帝元狩四年(公元前一一九年)简文,此为居延屯田确实开始之年代。而敦煌木简,上始于武帝时,止于西晋末年。故引用简文,必须审慎。我在这里的研究,虽属于西汉屯戍范畴,但与东汉初制度,亦相差不远。因东汉时代的木简征引不多,故单独标以西汉的名称。下分屯戍的一般情况、屯田的制度、戍卒的日常生活三个题目,略为叙述。

屯戍的一般情况

烽燧制度为屯戍的主要部分。

汉代烽燧制度,略见于《汉书》四十八《贾谊传》云:"斥候(候伺)望烽燧不得卧,将吏被介胄而睡。"文颖注云:"边方备胡寇作高土橹(橹为无顶之屋)。橹上作桔皋,桔皋头兜零,以薪草置其中,常低之,有寇即火燃举之以相告,曰烽。又多积薪,寇至即燔之以望其烟,曰燧。"张晏注云:"昼举烽,夜燔(同焚)燧也。"今以河西一带汉代所遗的烽火台旧址,及居延、敦煌所出汉木简,来说明烽燧情形。

汉代每一烽火台的距离,等于现在五华里或十华里,各从其便,组织甚为严密。一郡的烽燧,分做几个都尉来管理。都尉是承受太守指挥的。都尉以下有候官、部尉、候长、燧长等官,即是太守管都尉,都尉管候官,候官管部尉,部尉管候长、燧长。候官仿照县的组织,置有掾属。候长为百石有秩,可以比乡啬夫。燧长管一燧之事,可以比亭长。戍卒的数目,大致一处三人,最多可以到三十人。

举燧用四种方法:一曰表,或作䍩,以缯布为之,色赤与白;二曰烟;三曰苣火;四曰积薪。其所举之时,积薪日夜兼用,表与烟用于白昼,苣火则用于夜间。《通典·兵五》曰:"城上立四表,以为候视。若敌去城五六十步,即举一表。冲梯逼城举二表。敌若登梯举三表。欲攀女墙举四表。夜即举火如表。"是表与火相替为用,犹为汉制。然唐代之表,仅限于城垣,汉代则通行于烽燧之间。烟取狼粪和草并烧,能使烟直上,遇风不消。苣火为一束之薪草。积薪是用胡桐木积于烽燧之外,遇有敌来,则焚薪以传号。惟敌人已逼近,薪不得燃,始不燃薪,而次亭则焚薪传烽如故。盖积薪之长,能昼夜兼用也。

桔皋上所举者,有燃与不燃之分。燃者为烟,不燃者为缯布之表。因兜零范围,不过径尺,中置杂草,纵加以五丈之台,三丈之竿,自十里外望之,虽极目力,亦不易清晰。惟以阔五尺长七尺之缯布,间以赤白,以桔皋引于烽竿之上,其面既广阔,其色比于黄沙白草亦特显,在十里外望之,非难事也。若在夜间,则塞上少氛露之阻,虽一星之火,十里外犹可见之。是则径尺之笼,中有苣火自可报警于辽远,故日夜之间,各有所宜。从前以兜零与表,指为一物,则未了解烽燧当日之实际情况(参用劳榦《居延汉简释文·序录》)。

每燧守卫的吏士所用的兵器。

《居延汉简释文》(重庆石印版)卷二第二十三页有简文云:"甲渠武贤燧北到诚北燧回望,候吏一人,燧长一人,□四人,□□卒六人,六百石具弩二,弩楯二,藁矢五,蚩矢五百六十,□□□各二,系承弦十,枭长弦三,革甲鞮瞀各四,□□□各四。"案其他各简多有兵器的记载,但以此简比较简要具体。

又卷三第二十七页简文云:"具弩一张,力四石木关,陷坚羊头铜镞箭卅八枚,故釜一口,有锢口,呼长五寸,碓一合,上盖缺二所,合大如疎。右破胡燧兵物。"另有河上燧兵物簿,所载器物完全相同。釜是煮食物的,碓是磨米面的,为每燧普遍必备之物。

又卷三第八页,有守御器簿,罗列各物:"具弩三百,长椎四,长棓四,长杆二,木置□三,弩长臂二,艻马矢橐各一,紿十斤,出火遂二具,皮置枭箪各一,案垒二,破蓬一,芮薪、木薪各二石,瓦奠柳各二斗少一,沙马矢各二石,羊头石五百,枪四十,小苣三百,柱苣九,传廿,深目四,布蓬三,布表一,鼓一,狗厅、狗二,门关、楼楪四,木椎二,门戊二,扁一,橐门墼三百,门上下合各一,储水罂二,没荫二,大积薪三,药盛橐四。"

每燧器用有簿录登记,并详载器物短少及损坏情形。

《居延汉简释文》卷二第十五页有简文云:"第七燧长尊,药绳二十四不事用,毋斧,韦少一利,服屏风少一,深目一不事用,栜直一不调利,守御器不动,弩一弦急,前塬不事用,剑削币,尊火尊一不事用,坞上深目一不事用,廿六图如賫(?),大小积薪薄队,苣少卅七,门关按接不事用,表二不事用。"上列器用十七项,不能使用的有十项,每项不完全的又有四种,烽燧台腐败的情形可见一斑。

又卷二第二十七页有简文云:"第二十九燧长王禹,锯不事用,胶少,转榜皆毋据,小积薪一上住顷,大积薪二上住顷,候榜不堪。"

又同页简文云:"第二十七燧长李宫,锯不任事,斧一不任事,鉴一不任事,脂少一杯,转榜皆毋柅,薪六石具弩一弦起火。"上列两燧所有器物,几乎无一完整的,正与《赵充国传》所说烽燧亭障皆朽败不治的情况相符合。

烽燧台所用兵器,有由京师铸造的,有由郡国铸造的。

《居延汉简释文》卷三第九页有"左弋弩六百廿"简文。案《汉书·百官公卿表》:"水衡都尉属官有佐弋令丞,武帝时更名㐲飞。"又《敦煌汉简校文》八页,有"盾一完神爵元年寺工造"简文。案寺工不见于《百官公卿表》。《周金文存》卷六第二十页,有"二年寺工䎼金□戈",似为秦末汉初字体,寺工与简文正同。寺当作官署解,但不能定为某种官署。以上弩、楯两种兵器,皆为汉代京师所铸造。又《汉简校文》同页,有"盾一完元康三年南阳工官造"简文。案《簠斋吉金录》卷六弩机类十七,有"南阳工官造弩机",与简文正同,皆为汉代郡国工官所造兵器。

戍卒与田卒的分别。其初总称戍卒,到戍所后,则分为戍卒、田卒、河渠卒、鄣卒、守谷卒等种,因职守的性质不同,名称亦随之改变。

应劭《汉官仪》(平津馆辑本)云:"民年二十三为正,一岁以为卫士,一岁以为材官、骑士,习射御骑驰战阵,八月太守都尉令长相丞尉,会都试,课殿最,水家为楼船,亦习战射行船,边郡太守,各将万骑,行鄣塞烽火追虏。置长史一人、丞二人,治兵民,当兵行长领,置部尉、千人、司马、候、农都尉,皆不治兵,不给卫士、材官、楼船,年五十六老衰,乃得免为民就田。"又《汉书·昭帝纪》如淳注引汉制:"天下人皆直戍边三日,亦名为更,律所谓繇戍也,虽丞相子亦在戍边之调。不可人人自行三日戍,又行者当自戍三日,不可往便还,因便住一岁一更。诸不行者,出钱三百入官,官以给戍者,是为过更也。"

以上两条，因文字古质，解释者众说纷纭。今稽合《史》《汉》及居延、敦煌所出木简，酌论如下。汉代兵役之类别有三，曰正卒、曰戍卒、曰更卒。正卒者，天下人皆当为正卒一岁，北边为骑士，内郡为材官，水乡为楼船士。其服役之年，在郡由都尉率领，由太守都尉试以进退之，一岁罢后，有急仍当征调。戍卒者，天下人一生当为戍卒一岁，其在京师，屯戍宫卫宗庙陵寝，则称卫士，其为诸侯王守宫卫者亦同；其在边境屯戍候望者则称戍卒。京师之人除充卫士外，可戍边为戍卒；诸侯王国人，只充卫士，不戍边充戍卒。当戍卒征调时，因各地区民性习俗的关系，又多以边郡人派为骑士，中原地区人派为戍卒，水乡人派为楼船士。其不愿为戍卒者，可雇人代戍，每月三百钱。更卒者，服役于本县，凡人率岁一月。其不愿为更卒者，称为过更，则岁以三百钱给官（过更一说为二千钱），官以给役者。《汉书·食货志》卷上董仲舒对武帝云："月为更卒，已复为正一岁，屯戍一岁，力役三十倍于古。"这几句文字，最为简明扼要。据汉木简所载，戍卒、田卒、河渠卒、鄣卒等，多为内郡人，骑士皆为边郡人（《史记·平准书》云"北边骑士"，《汉书·赵充国传》"初为骑士"，皆边郡人为骑士之确证，与木简完全相合）。内郡正卒，平时不调至边。其守边者，乃边郡之正卒，及内郡之戍卒。汉代边郡人，已身在边区，说不到戍边，故正卒与戍卒二种，大部分合为一役，与内郡不同。

敦煌、居延木简有戍卒、田卒、河渠卒、鄣卒、守谷卒五种名称。举例如下：

"戍卒河东皮氏成都里傅咸年二十。"（见《居延汉简释文》卷三第四十七页）

"田卒大河郡平富西里公士昭遂年卅九。"（见《居延汉简释文》卷三第三十八页）《汉书·地理志》：东平国，故梁国，武帝元鼎元年为大河郡，宣帝甘露二年为东平国。

"河渠卒河东皮氏毋忧里公乘杜建年二十五。"（见《居延汉简释文》卷三第五十六页）

"北书五封,二月辛酉,鄣卒专以来。"(见《居延汉简释文》卷一第五十九页)

"万年燧长吉,守谷卒路翊记。"(见《汉晋西陲木简汇编》二编四十一页)

照以上五简来看,戍卒是总称。内郡人既到戍所之后,由官长分派职事,称戍卒、鄣卒的则留守烽火台,称田卒、河渠卒、守谷卒的,则服役于屯田事宜。至于人数,以戍卒为最多,田卒次之,鄣卒又次之,河渠卒仅二见,守谷卒仅一见。此外《居延汉简释文》卷二第三十五页有简文云:"出麦二石以廪水门卒田安。"水门是燧名,见同书卷三第三十八页,不是专门名词,与河渠卒名称不同。

戍卒田卒之外,又有良家子、应募士及徒、弛刑士、谪卒多种人服役。

《流沙坠简·考释·戍役类》第六简云:"良家子三十二人土,共四人物故。"案良家子屡见于《汉书》李广、东方朔、赵充国、甘延寿等传,有六郡良家之称。以简文来看,不冠以戍卒或田卒字样,其身份当比戍、田卒为高,是一种资历的名称,不是形容的名词。

《罗布淖尔考古记》木简摹本第卅简文云:"应募士长陵仁里大夫孙尚。"案应募士亦是一种资历名称,《汉书·赵充国传》有"留弛刑应募,及淮阳汝南步兵屯田"等语,与简文正合。又《居延汉简释文》卷二第四十二页简文云:"出茭食马三匹,给尉卿募卒吏,四月十六日食。"足证汉代招募士卒,有募卒吏专司其事。

《居延汉简释文》卷二第二十三页有简文云:"戊午鼓下,卒十人,徒二人。(上下俱缺)"又卷三第四十二页简文云:"施(弛)刑士冯翊带羽披落里王□☒。"(《汉书·地理志》:左冯翊无带羽县,当为祋翊二字的假借。颜师古注:祋,音丁外反,与带字声音相近,羽为翊字省文)。案徒与弛刑士,为戍、田卒补充主要来源的两种人,详见下文。

又有仅书士的,如"士南阳郡涅阳石里宋钧亲"(见《罗布淖尔考古记》木简摹本三十四);不写爵名的,如"霸陵西新里田由"(见同上二十九简)"小卷里王护"是也(见同上三十二简)。

又有谪卒。《流沙坠简·考释·戍役类》二十二页有简文云："燧缺敬代适卒郭□今遣诣署录□□。（上下俱缺）"王静安先生考为谪戍之卒。"秦时戍卒，大半以谪发。太初元年，发天下谪民，西征大宛。天汉元年，发谪戍屯戍戍五原。四年发天下七科谪及勇敢士伐匈奴。盖因正卒及戍卒不足，为一时权宜之计，非定制也。"

戍卒之外，用大量的徒及弛刑士的情况。

《居延汉简释文》卷一第七十三页有简文云："徒王禁，责诚北候长东门辅发不服移自证爰书，会月十日。"又卷二第二十三页有简文云："戊午鼓下卒十人，徒二人。"又卷二第十八页云："肩水见新徒大男王武。"

《流沙坠简·考释·屯戍类》第三十二页有简文云："西部候长治所谨移九月卒徒及守狗当禀者人名各如。（下缺）"

《敦煌汉简校文》八十七页有简文云："玉门关燧次行。永和二年，五月戊申朔，廿九日丙子，虎猛候长异叩头死罪，敢言之，边塞卒徒，不得去离尺寸，官录曰今朝宜秋卒胡孙诣官□□虎猛卒冯国之，东部责代适卒，有不然负罚当所请。"又九十二页简文云："（上缺）月十二日庚辰夜大晨一分尽时，万岁扬威燧长许玄，受宜禾临介徒张均。"案汉代徒为徒隶，来源有两种，一为官犯，二为民犯。徒的工作，多用于盐铁官，及陵墓工、矿工，或用于修桥筑路。《汉书·贡禹传》及《盐铁论》所称的卒徒，《汉书·成帝纪》所称的铁官徒皆是。用徒及弛刑士戍边，其总数量可能比戍卒、田卒为少。

《居延汉简释文》卷二第二十二页有简文云："与司空数十人。"又卷一第八十九页简文云："□罪司寇以上，各以其□。"又卷二第二十二页简文云："（上缺）未以主□徒复作为职居延茭，徒髡钳城旦，大男厮厮，署作府中寺舍。"又卷一第八页简文云："□受复作行□□□。"

《流沙坠简·考释·簿书类》十一页有简文云："杀同郡略阳完城旦。"又《敦煌汉简校文》一一五页简文云："右肩左黔，皆四岁京

（黥）。"又《居延汉简释文》卷二第二十四页简文云："（上缺）延四月旦见徒复作三百七十人，□六十人，付肩水部，部遣吏迎受。"又卷三第四十六页简文云："复作大男丛市。"又卷三第十八页简文云："居延复作大男王建。"

又卷一第八十四页简文云："坚年苑，既髡钳铽左右止，大奴冯宣，年廿七八岁，中壮，发五六寸，青黑色，毋头衣，皂袍白布绔，履白革舄，持剑亡。"案《汉旧仪》：髡钳为五岁刑，完城旦舂为四岁刑，鬼薪白粲为三岁刑，司寇为二岁刑，罚作（一名复作）为一岁刑。又案输编司空，是汉代犯罪人的名称。《汉书·百官公卿表》：都司空令丞条下如淳注引汉律："司空主水及罪人，贾谊所谓编之司徒，输之司空是也。"简文所谓"复作为职居延茭"者，是罪人发往居延，专做管马草的工作以赎罪的。但全部木简之徒与弛刑士姓名上，皆不冠以郡县、里名及爵名、年岁（犯罪人一般都是革去民爵），此皆是与戍卒名籍不同的特点。又徒与复作及弛刑士，可称为"大男"，新来之徒，称为"见新徒"，盖亦戍所的术语。

又案简文有"右肩左黥，皆四岁京"。《汉书·刑法志》："墨者使守门。"颜师古注："黥为面刑。"此独称黥刑刻字涂墨，在右肩左边，隐藏之处，人不易见，当然比黥面的刑为轻。右肩既黥，不能再消失，黥后须要作苦四岁，故云"皆四岁黥"。黥刑在肩，亦为《汉书》志传所未载。

又案简文有"既髡钳铽左右止"。《汉书·食货志》云："敢私铸铁器鬻盐者釱左趾。"颜师古注："釱足钳也，音徒计反。"此盖犯盐铁私运或私铸的罪徒。铽当即釱字异文，惟《汉书》称钳釱左趾，简文作钳左右趾，可以补《汉书》所未及。钳趾为文帝时新立刑律，与其他犯固定罪名的刑徒，尚微有区别，故简文称以"大奴"二字。

徒的待遇在边郡尚比较优厚。

《居延汉简释文》卷二第三十一页有简文云："入钱千五百正月尽二月，食少四百，三月丁酉，□□受徒张武，十二月尽三年正月，积三月,脂廿斤。"案此简记载徒张武由二年十二月到三年三月,三个月中(四个月,实际三个足月),有脂廿斤的缴纳,张武可能是替公家做屠宰的工作,自己当然也有一部分收入。简文起句,"入钱千五百正月尽二月,食少四百"者,是记每月用钱买米谷食徒的数目,写在一简上面,纵非张武的用账,必然也是其他徒的用账,这都是记徒的部分用费或收入。

又卷二第三十四页有简文云:"万一千六百九十五,付事令史音当移出,五百六十三,徒许放,弛刑胡敞当入。"这是记载徒的一笔收入。五百六十三钱,两人均分,每人应得二百八十余钱,可能折合到三石谷价。汉代戍卒俸钱,每月约在三百五十六钱,徒比戍卒,略为减扣,变为二百八十余钱,是徒一个月的收入,也未可知。但尾数为六十三,两人均分,不应有奇数,疑徒与弛刑的收入,两人高低未必相同。此两简以及下文弛刑士条各简,知道汉代徒能受到各种待遇,不是现今人所想象汉代对奴隶的一般情况。这几条材料,我新分析罗掘出来,觉得非常重要。

弛刑人称为屯士,不称为戍卒或田卒。

《居延汉简释文》卷三第五十五页有简文云:"弛刑孙田,今留不□。"又卷二第七十二页简文云:"二月尉簿食弛刑屯士为谷小石。"又卷三第五十六页简文云:"右五人弛刑□士。"(缺处当为屯字)又卷一第二页简文云:"马长史即有吏卒民屯士亡者,具署郡县里名,姓年长物,色房衣服赍操,初亡年月人数白。"又卷一第十三页简文云:"元康二年五月癸未,以使都护檄书,遣尉丞,赦将弛刑五千,送致将军。"案以上五简皆称弛刑人为屯士,或直称弛刑,足证不能称为戍卒或田卒,盖弛刑人是刑期未满,不带刑具的,身份是比徒略高,但革去爵位,不写籍贯里名年龄等,完全与徒相同。《汉书·赵充国传》所称"愿罢骑兵、留弛刑应募及淮阳汝南步兵屯田"等语,与简文正合。可见戍所弛刑人,也占一主要成分。我所引第三简文,说弛刑屯士有"长物",这一点也值得注意。

又《居延汉简释文》卷二第二十六页有简文云："髡钳城旦孙劫之,贼伤人。初元五年七月庚寅谕(疑论字误释),初元五年八月戊申,以诏书弛刑,故骑士居延广利里。"又云："完城旦□(缺处疑系字)蒋寿王阑渡塞,初元四年十一月丙申谕,初元五年八月戊申,以诏书弛刑,故戍卒居延广□(下缺)。"两简互相参证,为骑士孙劫之犯杀人罪,以初元五年七月定罪为髡钳五岁刑;故戍卒蒋寿、王阑二人犯偷出塞外罪,定为完城旦的四岁刑,以初元四年十一月定罪。三人皆以初元五年八月因诏书赦罪犯,故皆得弛刑。至于刑尽的年岁仍当以原定的年数为标准,所异于徒的只是不带刑具。

又卷二第二十三页简文云："要虏燧弛刑传当。"又卷一第六十二页简文云："十六年七月十七日平旦时,橐他燧长万世令史胡颂,弛刑孙明。"此弛刑人用以守烽燧台的记载,简中仅有三人。居延烽燧台,每燧至少三人,倘若橐他燧仅为三人,则弛刑人守望的作用,亦与戍卒相同。又卷三第七十三页,有"刑尽余二月取入□付"的记载。又卷二第二十五页有"移襃初论及弛刑"的记载。又《汉晋西陲木简汇编》二编五十一页有"如诏书减刑各一岁当竟,七年五月八日"的记载。以上三简,为官府初步讨论弛刑及刑尽逢赦的记载。

又《居延汉简释文》卷二第三十四页有简文云："廪弛刑。"又卷二第三二五页(商务版)简文云："弛刑桃胜之粟三石,十一月庚子自取。"又《敦煌汉简校文》九十四页简文云："入六月食二斛三斗,永平十一年五月九日,富贵徒尹当,受尉史义。"以上三简,为弛刑人口粮的记载。弛刑桃胜之,每月食三石,其他戍卒,食三石三斗三升,弛刑比较少食三斗三升。徒尹当食二斛三斗,与富贵燧戍卒王利食粮数量一样。

又《汉晋西陲木简汇编》二编五十六页有简文云："□玉门屯田吏高廪,放田七顷,给予弛刑十七人。"此为弛刑人官府给以田地令其垦荒的记载。又五十七页简文云："□中燧弛刑许乐作三百三个□,二日□□付三丈。"此为弛刑人工作有劳绩,官府给以布帛的记载。

又《居延汉简释文》卷三第七十六页有简文云："甲渠士吏孙根，自言去岁官调根为卒，责（债）故甲渠弛刑宋后负，驷望卒徐乐钱五百后至卒（下缺）。"此为弛刑放债的记载。

戍卒田卒的爵位，至第八级公乘为止。

《汉书·百官公卿表》云：爵一级曰公士，二上造，三簪袅，四不更，五大夫，六官大夫，七公大夫，八公乘，至十九级则为关内侯。颜师古解释："不更谓不豫更卒之事。"就是到第四级爵，有免役资格。而《居延汉简释文》卷三第五十五页，有"河渠卒河东皮氏毋忧里公乘杜建年二十五"一简，其他各简有公乘爵位者亦多。足证公乘在第八级爵，尚要戍边，应是从第九级五大夫开始，方可免戍役。所谓不更免役，或是秦制。汉代时常赐爵一级，累爵至第四级者，数见不鲜，若以不更免役，则当戍边者人数少矣。又《汉书·高帝纪》五年诏云："七大夫公乘以上，皆高爵也，异日秦民爵公大夫以上，令丞与亢礼。"盖在西汉初年，以公乘为高爵，与中叶以后制度不同。

宋代钱文子《补汉兵志》，亦主张两汉爵至五大夫九级以上，乃可免役。引晁错奏疏"令民入粟受爵至五大夫以上乃复一人"为证。案五大夫在秦汉时就是高级爵位，《史记·秦本纪》有五大夫王陵，秦琅琊台刻石有五大夫杨樛，《史记·太史公自序》："昌生无泽，无泽生喜，喜为五大夫。"特为举出爵名，皆其明证。又秦代往往官爵不分，如商君称为左庶长或大良造皆是爵名。秦代重爵往往不称官，汉代有官的称官，无官的始称爵，此秦汉风气不同的特点。居延、敦煌两木简的名籍，对于戍田卒写籍贯、年龄、爵位，三种齐备，对于骑士，仅写籍贯一项。骑士当然也有民爵，而名籍不写，盖为当时公牍的习惯。

戍卒田卒的籍贯，从敦煌、居延木简中考查，以淮阳、昌邑、汝南三郡的人为最多。年龄最小者由十四岁到二十二岁，最大者可能到六十九岁。

全部居延木简中田卒戍卒人名的籍贯，属于淮阳郡者十六人，昌邑国者十三人（昌邑为废王，昌邑国实与汉郡相等），汝南郡者九人，大河郡者四人（《居延汉简释文》卷二第三页有简文云"受大河郡田卒廿九人"是统计数，无人名），魏郡、济阴、东郡、河南、张掖各一人；戍卒属于淮阳郡者七人，魏郡者六人，河东郡者四人，昌邑国者三人，梁国者三人，赵国者三人，陈留者二人，南阳者二人，张掖者九人，东郡、邺郡、钜鹿、汝南、济阴、颍川、觚得各一人。而敦煌木简戍卒，则为河东、上党、河南、颍川、广汉五郡的籍贯。钱文子《补汉兵志》谓："大抵金城、天水、陇西、安定、北地、上郡、河东多骑士。三河、颍川、沛、淮阳、汝南、巴蜀多材官。江淮以南多楼船。"其说甚是。综观居延各简，籍贯多为淮阳、汝南、昌邑三郡国人，与《汉书·赵充国传》所云"愿罢骑士、留弛刑应募及淮阳、汝南步兵屯田"等语，尤为吻合。

《居延汉简释文》卷三第四十五页有简文云："显美骑士并廷里辅宪十四。"又同卷四十八页简文云："葆鸢鸟大昌里不更李恽年十六。"又同卷四十六页简文云："居延西道里张图年十七。"又同卷四十七页简文云："戍卒河东皮氏成都里傅咸年二十。"又卷三第八页简文云："田卒淮阳郡长平市阳里公士宋建年廿二。"又卷三第三十七页简文云："□□□□上造王福年六十。"不及二十三者，或为边郡人应募之士；其至六十五及六十九岁者，或觚得属张掖郡，距戍地不远，疑皆为燧长、候官等职，久于其任，亦未可知（又《居延汉简释文》卷三第四十三页有"□昌里虞武疆十三"一简。因上无田卒、戍卒、骑士等名称，恐系戍卒家属之简文已经断缺者，不敢据为戍卒最小的年龄）。

官卒的俸钱，吏士最高的每月二千，又有千二百钱者，有六百七十五钱者，有六百钱者；令史四百余钱；书佐三百六十钱；兵卒则为每月三百五六十钱。遇有货币缺乏时，用布匹来折算。

《居延汉简释文》卷二第七十三页有简文云："出钱四千，给尉一人，四月五月奉。"则每月俸钱二千，为屯戍士吏最高的官俸。

又卷二第七十二页简文云："居延甲渠候长张忠，未得正月尽三月，积三月奉用钱三千六百已赋毕。"又卷二第五十六页简文云："给□月奉钱千二百，四月奉钱千三百，五月奉钱千二百；河平二年五月辛酉，掾常付士吏宗。"以上两简皆每月俸钱千二百钱，第二简四月独千三百者,当为劳绩的加俸。

又卷二第六十九页简文云:"出十二月吏奉钱五千四百,候长一人,候史一人,燧长六人,五凤五年五月丙子尉史寿王付第廿八,燧长商奉世,卒功(公)孙辟非。"官吏八人,共分俸钱五千四百,每人应得六百七十五钱,候长与候史月俸是否有等差,现亦不能断定,只是为假定数。《流沙坠简·考释·簿书类》第四十七简文云:"广昌候史敦煌富贵里孙毋忧,未得二月尽五月,积四月奉钱二千四百。"候史每月俸钱在敦煌则为六百钱。

《居延汉简释文》卷二第三十二页有简文云:"书佐孙临国,始元四年六月丙寅除,未得始元六年五月奉用钱三百六十。"又同页简文云:"令史覃瀛,始元二年三月乙丑除,未得始元六年九月奉用钱四(下缺)。"

又卷二第五十二页简文云:"宗遣十日奉钱百廿一。"虽未注明宗遣的身份,当为戍卒或田卒无疑。据此戍、田卒每月俸钱约为三百五六十钱,只合候长燧长的半数。边塞衣服极难得,算赋照常缴纳,祠社照常举行,月俸微薄,必然不能敷用。

又卷二第三十三页简文云:"已得五月廿日奉一匹,三丈三尺三寸,直七百。"是以布帛价代发俸钱的证明,并兼可推测当时边郡的布帛价值。

合以上各简观之,屯戍俸钱,有三个月或四个月一发的,其他简文记载有迟至六个月始发一部分的。因远在边郡,钱币运输不易,甚或以布匹作代价。又以年代不同,地区不同,故同为候长候史而官俸不同。

任燧长候长的,仅限于边郡人,任期不止一岁,与戍卒不同。

现将各简排列如下:

"□□候长公乘蓬士长富□劳三岁六月五日,能书会计治官民,颇知律令文,年卅七,长七尺六寸。"(见《居延汉简释文》卷三第四十页)

"肩水候官并山燧长公乘司马成,中劳二岁,八月十四日,能书会计治官民,颇知律令,武年卅二岁,长七尺五寸,觻得成汉里,家去官六百里。"(见同上卷三第四十一页)

"肩水候官执胡燧长,公大夫累路人,中劳三岁一月,能书会计治官民,颇知律令文,年卌七岁,长七尺五寸,氐池宜药里,家去官五百六十里。"(见同上卷三第四十四页)

"肩水候官始安燧长许宗,功一劳一,中除十五日,能书会计治官民,颇知律令文,年卅六,长七尺二寸,觻得千秋里,家去官六百里。"(见同上卷三第四十八页)

"张掖居延甲渠塞有秩士吏公乘殷尊,中劳一岁八月廿日,能书会计治官民,颇知律令文。(下缺)"(见同上卷三第四十九页)

"候官罢虏燧长簪袅单玄,中功五劳三月,能书会计治官民,颇知律令文,年卅岁,长七尺五寸,应令居延中官里,家去官七十五里,属居延部。"(见同上卷三第五十八页)

以上各简,均为汉代官籍簿,与《博物志》所载司马迁官籍簿,性质相同,形式略有不同。司马迁是在京师,为汉廷的官籍簿,屯戍是在边郡,为军屯的官籍簿。前人皆说司马迁的履历是户籍,我未敢赞同。各简"能书会计""治官民""颇知律令文"三语,皆同样公式,这是沿用秦代以吏为师的功令。又居延、敦煌各简,记载戍卒的郡县里名、爵名、人名、年岁的木简极多,亦为军籍簿而非户籍簿,敦煌石室所出唐代永业田的记录,才是真正户籍簿。

戍卒每燧工作的分工,极为细密。

《居延汉简释文》卷二第二十二页有简文云:"省卒廿二人,其二人养,四人择韭,二□良,二人涂泥,一人注竹关,五人望,□□□泥。"省卒是检查其他戍卒工作的,养谓管伙食,望谓守望。

又卷二第二十五页简文云:"八月甲辰卒廿九人,其一人作长,三人卒养,□□□四人,定作廿五人,二人山木,六人积茭,十四人军茭四千廿,卒人二百九十,二人缀络具,□□□功。"作长谓长官,卒养谓管伙食,定作谓固定伐木积茭的工作(见同卷第二十七页),山木谓刊木,积茭谓管马粮,缀络具谓管理马饰。

又同卷同页简文云:"□□鄣卒十人,一人守园,一人助园,一人治计,一人取狗湛,一人吏着,二人马下,一人削工。"守园谓守园圃,治计谓管会计,取狗湛疑为取狗粪,或为举烽时所用,吏着谓官吏的勤务,马下谓马夫,削工谓磨洗兵器的。

又同卷同页简文云:"八月丁丑鄣卒十人,其一人守客,一人守邸,一人取狗湛,一人治计,二人马下,一人吏养,一人使,一人守园,一人助。"守客谓传达,守邸谓守邸阁,是食粮的仓囤,吏养谓管理官吏的伙食,使谓杂务。

案以上各简,系指一燧而言,最少的十人,最多的二十九人。盖亭障的面积有大小,故人数有多少,分工的大致情况可以看见。此外有"案墼""除土"(见卷二第二十五页),"伏莘(薪)"(见卷二第二十七页)等工作。"案墼"或称"治墼",为打土坯,每日以打八十枚为标准,最多的加工能到一百五十枚。卷三第三页简文有"墼广八寸,厚六寸,长尺八寸,一枚用土八斗,水二斗二升"的记载。墼的面积,较现时为大,故每日一人通常只能打成八十块。又案《隶续》载有"永初官墼"文曰:"永初七年作官墼。"当与此相同,但洪氏未注原物是已烧之砖,或未烧之土坯。

吏卒出入关塞,皆用符传及过所。

《居延汉简释文》卷一第八十一页有简文云:"始元七年闰月甲辰,居延与金关为出入符券,齿百,从第一至千,左居官,右移金关,符合以从事,第八。"又《敦煌汉简校文》十五页简文云"正月乙卯,候长持第十五符东起",又云"八月庚申,候史持册符东起",又云"九月辛亥,步昌候长持第十符过田"。此外符的数目,有第十八的,有第六百八十一的,记符的长度,皆是六寸,盖沿用秦代符、法冠皆六寸的遗制。

又卷一第八十二页简文云:"永光四年正月己酉,橐他吞胡燧长张彭祖符,妻大女昭武万岁里孙第卿年廿一,子小女三女年三岁,第小女耳年九岁,皆黑色。"又云:"永光四年,正月己酉,橐他延寿燧长孙时符,妻大女昭武万岁里□□年卌二,子大男辅年十九岁,子小男广宗年十二岁,子小女女足年九岁,辅妻南来年十五岁,皆黑色。"

又卷一第八十二页简文云:"元延二年,十月乙酉,居延令尚,丞忠,移过所县道河津关,遣亭长王丰,以诏书买骑马酒泉。"

又卷一第八十二页简文云:"敦煌张掖郡中当言传舍,从者如律令。"又云:"永始五年,四月戊午入关传。"

案汉代人民过关,皆用符传。《汉书·宣帝纪》:"本始四年,民以车船载谷入关者,得毋用传。"颜师古注:"传,符也。"在文献上对于过关用的符券,或称为传,或称为符,今以木简来分析,其区别在符有齿,传无齿;符记数,传不记数(记载有家属的符则不记数)。《太平御览》五百九十八有"过所"门引《释名》"所至关津以示戒"。《三国志·魏书·仓慈传》:"迁敦煌太守,西域胡欲诣洛者,为封过所。"其制度至唐犹沿用不废。在表面上,符、传、过所,及《汉书·终军传》中所说的繻,四者作用均同,但何种人的身份用何物,现仍未清楚。验关之符,与郡守所用的虎符不同,虎符从第一至第五,而关符从第一至一千,并非每人用一千个符,而是发符官署中的总号码。每符的券齿是一百,每符的长度皆六寸,这是各符相同的,亦是《汉书》所未载的。

边郡都尉秋试,发矢十二,以中六矢为标准。

兹将各简条举如下:

"建平三年,以令秋射试,发矢十二,中帶矢□□。"(见《居延汉简释文》卷三第七十三页)

"甘露元年秋,以令射,发矢十二,中帶矢十。"(见同卷第七十三页)

"□汉燧长,当以令秋试射,发矢十二,以六为程,过六□。(下缺)"(见同卷第七十四页)

"居延甲渠迷胡燧长公乘王毋伤,元凤五年秋以令射,发矢十二,

中帝六当。(下缺)"(见同卷第七十四页)

"燧长当以令秋射,发矢迹以六为程,过六赐劳矢十五日。"(见同卷第七十六页)

案应劭《汉官仪》(平津馆辑本)云:"民年二十三为正,一岁以为卫士,一岁以为材官骑士,习射御骑驰战阵,八月太守都尉令长相丞尉,令都试,课殿最。"此简所述,为边郡都尉的秋试,应试的当以骑士为大宗,与《汉官仪》均合。惟会试的方法,共发十二矢,以中六矢为标准,这一点可以补《汉官仪》所未及。

戍所吏卒署行义年。

《居延汉简释文》卷三第四十八页有简文云:"东郡田卒清灵里一里大夫聂德,年廿四,长七尺三寸,黑色。"又云:"河南郡河南县北中里公乘史存,年卅二,长七尺二寸,黑色。"又云:"居延都尉给事佐居延始至里万赏善,年卅四,长七尺五寸,黑色。"又卷一第八十二页张彭祖、孙时两符文中,记载妻子女的年岁外,下注"皆黑色"三字。

案《汉书·高祖纪》十年求贤诏曰:"遣诣相国府署行义年。"行义当即形仪的假借字,简文所载身长几尺几寸及黑色,就是形仪,年几十几,就是年龄,此为汉代署行义年最具体的木简。

戍所中有省官省卒的制度,是检查戍卒的。

《居延汉简释文》卷二第二十六页有简文云:"右卒一人省官。"又卷二第二十二页简文云:"省卒廿二人。"又卷二第二十四页简文云:"省卒二人。""九月庚戌卒董辅省作廿一燧。""九月癸亥卒孙安世省作廿一燧。"案省作谓检查二十一燧中的工作。

戍所戍卒赋钱的照常缴纳。戍所设有算府,并能知道计收算赋的方法。边郡上计吏赴京师时,兼带赋钱出入簿,统由大司农部丞掌管。

居延、敦煌木简中所记载赋钱,分几种性质,兹各举一二例如下。

(一)更赋:《居延汉简释文》卷一第四页有简文云:"案张等更赋皆给。(上下文略)"又卷二第四十九页简文云:"更钱五千具,□农田具。"又卷三第七十二页简文云:"己巳更过,肩水司马吏觚得勹波里减毋生。"案汉代人民当更卒,服役于本县,凡人率岁一月,愿执役者称践更,其不愿为者,则岁以三百钱给官,官以给役者,称为过更。第二简所谓更钱五千,为十七人给官过更之费(当为五千一百),皆是边郡人民所出的更赋。因中原人民到边郡充戍卒,则不应再出更赋。

(二)口赋与算赋:《居延汉简释文》卷二第三十二页有简文云:"二年十二月余赋钱八千三百七十八。"(以七十个人,每人算赋一百二十计算,则当为八千四百,此为积余数,或有口赋夹杂在内,故总数不合每人一百二十的规律)又卷一第六十六页简文云:"得渠卒一人,赋钱卅万,诏书八月己亥下。"(正合二千五百个人,每人一百二十算赋之总数)又卷二第六十页简文云:"凡七万五千四百廿九,其六万四千七百六十五赋,尉史所赋万六百六十九,凡少四千五百卅一。"(六万四千七百六十五,则为五百三十九人的算赋,多余八十五钱;尉史赋钱万六百六十九,则为八十九人的算赋,多余九钱,奇零之数,皆有口赋夹杂在内)又卷一第七十八页简文云:"十月秋赋钱五千。"(合四十一个人的算赋,余八十,应有口赋夹杂在内)又卷三第六十七页有"卒赋名籍"简。据《汉书·昭帝纪》元凤四年如淳注:"汉代口算,每人每年二十三,算赋每人每年一百二十。"简文注明赋或秋赋的,决为口赋及算赋,因汉代收算赋皆在每年八月,汉《张迁碑》有"八月算民,不烦于乡"等语可证。

(三)缗钱的算:《居延汉简释文》卷三第四十八页有估计家赀简文云:"候长觚得广昌里公乘礼宗年卅,小奴二人直三万,大婢一人二万,轺车一乘直万,用马五匹直二万,牛车二两直四千,服牛二六千,宅一区万,田五顷五万,凡赀直十五万。"又同卷第五十二页有估计家赀简文云:"二堠燧长居延西道里公乘徐宗年五十,宅一区直三千,田五十亩直五千,用牛二直五千。"以上两简为西汉算收缗钱最可宝贵的材料。又卷三第五十四页简文云:"(上缺)□迹第四十一会,阳武县翟陵里□柱字子见,自言二年一月中赀省。"此简是自报家赀为中人产,盖亦与算收缗钱有关。

案《汉书·武帝纪》:"元狩四年,初算缗钱。"《史记·平准书》云:"率缗钱二千而一算,诸侯有租及铸,率缗钱四千而一算,非吏比者,三老北边骑士,轺车以一算,商贾人轺车二算,船五丈一算,匿不自占,占不悉,戍边一岁。"又《史记·张汤传》云:"请造白金及五铢金,笼天下盐铁,排富商大贾,出告缗令。"《史记正义》:"武帝伐四夷,国用不足,故税民田宅、船乘、畜产、奴婢等,皆平作钱数,每千钱一算,贾人倍之,一算百二十文也。"《汉书·武帝纪》李斐注:"一贯千钱出算二十也。"两注算法,基本是有千钱家资的人,即出一算(《史记》本文,明云率缗钱二千而一算,《正义》不从其说,盖所据为其他古籍记载)。这是相同之点。而税率则《正义》以一百二十为一算,李斐以二十为一算,相差很远,此等问题,尚有待于地下发掘材料来解决。现以木简来分析,礼宗的轺车一乘直万,适合于《平准书》所记载的轺车一算;其他家资,有一万可能出一算,礼宗的家资值十五万,即为十五算。换言之,有家产十千,即出一算,不是如《正义》及李斐所说,有家产一千,即出一算也。而《史记》本文,二千而一算,或是武帝初算缗钱时制度,木简一万而一算,或是武帝末期变更的制度。

戍所有算府的设置,收算钱以印为信。《居延汉简释文》卷一第三页有简文云:"四月乙未,左部司马,□肩水都尉府敢言之,☒算府。"又卷一第五十三页简文云:"以付卿男子算,以印为信,敢言之。"算府盖掌收更赋、口赋、算赋、缗钱等各种赋。又卷一第二十五页简文云:"与循算使者从事。"足证大司农派有收赋钱的专使,循行各郡国。

上计吏赴京师时,兼带赋钱出入簿。《居延汉简释文》卷一第十八页有简文云:"阳朔三年九月癸亥朔,壬午,甲渠不私亭候塞尉顺,敢言之,将出移赋钱出入簿,与计偕,谨移应书一编敢言之。"又卷一第八页简文云:"却省县别课典计偕,谨移应书一编敢言之。"案《汉书·武帝纪》云:"元光四年,征吏民有明当世之务,习先圣之术者,县次续食,令与计偕。"颜师古注:"郡国每岁遣上计吏诣京师。"又卷三第六十七页简文云:"建昭元年十月尽二年九月,大司农部丞簿录簿算。"足证算簿是由大司农部丞掌管。又《论衡·射短篇》云:"两府相移,何以言敢言之。"证以现今所出的木简,有"敢言之"的名词极多。即以本简而论,为塞尉上都尉的文书,亦称"敢言之",是下级对上级亦可泛用,不必拘定用于平等的官吏。

官吏的考绩,及因烽火台器物的损坏,官吏的罚金,亦用缗钱来计算。

《居延汉简释文》卷三第十二页有简文云:"带剑□弩取弦加巨负三算","□辟一箭道不端敝负五算"。又卷二第九页有简文云:"甲渠候郭,大黄力十石弩一右深强一分负一算,八石具弩一右颈矢负一算,六石具弩一空上蚕负一算,六石具弩一衣不上负一算,一坞上望丈头三不见所望负二算,坞上望丈头二不见所望负二算,□扣弦一脱负二算,凡负十一算。"又卷三第六十一页简文云:"万岁候长充,受官钱它课四千负四算,毋自言堂煌者第一得七算,相除得三算。"又卷三第七十一页简文云:"第四决决,第四决不不,相除相负,百廿四算。"(此简文字未解)又卷二第十页简文云:"第十二燧长□长诣官自言五月戊子,铺负二千二百卌五算,□所负卅六算,寄十三算。"根据上述各简文来看,戍所官吏的考绩,皆以缗钱的算赋方式来计算。属于奖励的曰得几算,以算作为奖金;属于惩罚的曰负几算,以算作为罚金,得算与负算可以相抵。各简记载燧长候官等,管理守御器物,有损坏的及不合标准的,有负一算二算至十三算的,最多的负至二千二百卌五算的。《史记·平准书》《汉书·张汤传》《武帝纪》《食货志》所记收缗钱的范围,为民田宅、车马、六畜、奴婢等项,并无官吏奖金与罚金的明文。此条重要材料,可以补《史》《汉》所未及。又卷二第十四页有简文云:"□长未就持尉功算诣官平,六月己巳蚤食入。"又卷二第二十一页简文云:"入关阑,重行算。"足证此等缗算,名为功算,由官平定,若有未允,尚可再算。

居延汉简文字古朴而简质,多出于戍卒之手,有简体字又有误字,我们去古愈远,解释愈难。上列各简,是官吏因守御器物的损坏,

及管理不合标准,奖励及惩罚的记录簿,皆用缗钱来计算。兹将可解释的试述如下:

"箭道不端敝负五算。"盖谓箭放出来不端直且弊坏了。

"大黄力十石弩一右深强一分负一算。"大黄弩亦见《史记·李广传》,汉代弩机射击力最强的,以十石为止,见东郡白马十石弩机(见《贞松堂集古遗文续编》下,三十四页)。

"六石具弩一空上蜚负一算。"居延木简中,弩分两种:一曰具弩,盖已装件齐备;二曰承弩,是预备用的。蜚字疑蚕字误文。"空上蜚"者,指未上蚕矢而言。

"六石具弩一衣不上负一算。"汉时弩机盖用衣,与弓衣相同,与后代炮衣也相同。

"坞上望丈头二不见所望负二算。"谓在坞上看不见一丈二尺之绳而言。绳用以系兜零。

"扣弦一脱负二算。"此弦指弩机木托盘上所扣的弦而言。

"受官钱它课四千负四算。"汉代铜器漆器木简上的受某某的,皆作接收某某的而言。此候史误收其他的赋课四千钱,以致手续往返麻烦,故有此罚。

"毋自言堂堭者第一得七算。"《汉书·胡建传》云:"于是当选士马日监御史与护军诸校,列坐堂皇上。"颜师古注:"室无四壁曰皇。"简文堂堭即堂皇,为候长官署的地点。"毋自言堂堭者",谓无人敢在堂堭骚扰,或啧有烦言,故考绩列为第一。

以上所释,不过抒写己见,未必正确。

戍所官吏普通的考绩,《居延汉简释文》卷一第六页有简文云:"☐因病聋软弱职不循治请以☐(上下皆缺)。"又卷一第三十一页简文云:"☐急软弱不任职,请斥免,可补者名如府史(上下皆缺)。"以上记载,皆是考绩课殿最的。

戍所候官共建立五家库。

《居延汉简释文》卷二第三十七页有简文分两排,上排横列为"☐

二百廿八","□万二千三百四","□万二千三百四","直三万二千三百","直二万四千二百"。下排直书"河平五年正月辛亥,属阁等五家,共为广地候官☒不宁者,共为异己之立等五家使库"。案此为广地候官等五家合建用的钱库,上列横排,就是五家存钱总计的数目。

戍所有官婢的使用。

《居延汉简释文》卷三第七十三页有简文云:"□官女子周舒君等自言责(债)燧(下缺)。"又卷三第七页简文云:"官使婢弃,用布三匹,糸絮三斤十二两。"又卷三第八页简文云:"大婢刘顷,二匹十丈,三斤十二两。"案《汉书·刑法志》:"缇萦上书有云:妾愿没入为官婢,以赎父罪刑,使得自新。"与简文官婢官女子均合。盖皆由罪人家属没入官的,有时给以布帛丝絮,或是边郡比较优厚的待遇。

戍卒田卒由官府发给衣服的记载。

《居延汉简释文》卷三第四页有简文云:"袭八千四百领,绔八千四百两。"戍所发给官衣,人各一袭,可以知道居延戍田卒总数,当时最多有八千四百人。至于戍卒每人所发的衣服,卷三第一页有简文云:"昌邑国砀良里公士费涂人年廿三,袍一领,枲履一两,单衣一领,绔一两。"又云:"田卒淮阳郡长平业阳里公士邕尊年廿七,袭一领,犬练一两,绔一两,私袜一两。"案其他各简,所记的衣服与上述皆大同小异。又《敦煌汉简校文》十三页戍卒河东北屈东邑里张奉衣服清单内,有"狗布练"二两,知道"狗布练"即是居延汉简中所称的"犬练"。狗布,盖当时边郡盛行的一种布名,与校布、尤布相同。

戍卒瓜代的记载,称为当代卒或罢卒。

《居延汉简释文》卷二第二十二页有简文云:"当代戍卒某等若干人,戚休某等。"又卷三第五十三页简文云:"甲渠候官,神爵二年,罢戍卒寒(下缺)。"又卷二第二十七页简文云:"罢卒居延月四日到部私,八月一日适□文五百束(下略)。"又卷一第四十页有"为罢卒治车"简文。案应劭《汉官仪》:"所谓天下人民,皆行三日戍,既到戍所,不可即还,因事留一岁。"与此简因戍期既满,拟归还本土的记载均合。但边郡人身已在边,期限较长,与中原人民戍边的性质有所不同。

戍所祖道的举行。

《居延汉简释文》卷二第五十八页有简文云:"出钱十,付第十七候长祖道钱。出钱十,付第廿三候长祖道钱。"此简的祖道钱当为瓜代的官吏及戍卒送行的用费,故由官府开支。

戍所的官书,画押,及抄写副本,并加校对。

《居延汉简释文》卷一第九页有简文云:"□月诉表押墨付如牒。"又卷一第七十四页,木简封检有"书五封,檄三,二月癸亥令史唐奉校"。押墨谓以墨画押,并将牒文抄写副本,汉人私人用唯印,官书用画诺。《后汉书·党锢传》所谓"南阳宗资主画诺"是也。

戍所临时雇工的钱,由官府付给。

《居延汉简释文》卷二第三十六页有简文云:"□成承禄偿居延卒李明长顾钱二千六百。"简文的大意,是成承禄欠李明长的雇工钱,由官家代给的。可证戍卒在无事时,可以代其他烽燧台做工,也可以有一部分收入。

又卷三第四十七页简文云:"张掖居延库卒弘农郡陆浑河阳里大夫武便,年廿四,庸同县阳里大夫赵勤,年廿九,贾二万九千。"此简为边郡一般雇工的记载,但二万九千为总雇价,不能定为若干时日的工价。

大司农派员到戍所,检查钱谷盐铁情况。

《居延汉简释文》卷三第七十一页有简文云:"□月甲寅,下司农守属阁则(原文恐有误字),案校钱谷盐铁。"案《汉书·地理志》:张掖、武威、敦煌三郡无盐铁官。但戍卒必须食盐,兵器必须用铁,而居延都尉,在簿书之暇,亦研究盐铁政策,如《盐铁论·复古篇》,有肩水都尉彭祖宁归参议盐铁事,是其明证(肩水都尉原文误作扇水都尉)。

边郡钱币,运输困难,有时用黄金代替货币。

《居延汉简释文》卷二第三十九页有简文云:"凡五十八两,用钱七万九千七百一十四,钱不适就☐,出钱四千七百一十四,赋就人表是万岁里吴成三两半。"此简当为黄金兑换钱币的价值,每黄金一两,值一千三百四十七有奇。又卷二第四十页简文云:"出钱千三百卌七,赋就人会令水宜禄里兰子房一两。"案此简正合黄金一两的折合价。

又卷二第四十页简文云:"右八两,用钱万七百七十六。"案每两的价值,为一千三百四十七。

以上各简,皆是记载边郡用黄金折合钱币的价值,第二简明言是一两出钱一千三百卌七,第三简总数八两,分数每一两也是值钱一千三百卌七,都很明显。

《汉书·食货志》:"黄金每斤万",每两折合钱六百二十五;"朱提银八两为一流,直一千五百八十",每两折合二百一十,每斤三千一百六十;"他银一流直千",每两折合一百二十四,每斤二千。各简所记的一两,皆系指黄金而言,每两一千三百四十七,每斤则为二十一千五百五十二。比内郡黄金每斤十千的价值,则高一倍有零。"赋就人"似偿还高利贷的借款。若谓"两"指车辆而言,则不能有三两半的记数。

又卷二第三〇七页(商务版)简文云:"☐何母穷大黄金为物遗平即价流通不☐☐示铢二十五物铢之十七,直泉万,重二十斤。"(此简原文,疑有误字,不尽可通)此为边郡流通黄金,代替货币的明证。又案汉代钱泉二字,区别很严,记数皆用钱字,在汉碑阴题名中,及铜器木简中,皆可以得到证明。惟木简有作泉的共四五处,则为王莽时物,因王莽钱文都是泉字,所以记账的人亦改用泉字。此简的"直泉万"即其一例。《汉书·食货志》所记,亦为王莽时黄金价目,上述各简,皆可能与此简时代相距不远。

戍所官吏,可以兼作商业的买卖。

《居延汉简释文》卷二第五十一页有简文云:"出钱四千五百,八月己丑,给令史张卿为市。"案此简是以官府的资本,贷给官吏做商业的买卖,可谓是汉代边郡特殊的政治现象。此条材料,非常重要。又案《汉书·韩延寿传》云:"望之劾延寿在东郡时,放散官钱千余万。延寿亦劾望之在左冯翊时,禀牺官钱,放散百余万。"可证西汉时官吏在内郡贷放官钱,从中取利,是犯罪的,与边郡情况不同。

戍所官府贷放米粟,一方面谋取利息,一方面调剂市场。

《居延汉简释文》卷一第五页有简文云:"长光枲粟四千石,请告入县官,贵市平价,石六钱,得利二万四千(下略)。"案此盖用当时常平仓制度,遇到市场谷少,仓谷太多时,可以贷放出一部分,适应市场的需要,打击囤积的商户。

戍所入款,有司御钱。

《居延汉简释文》卷二第三十二页有简文云:"入五月司御钱千五百。"又卷二第三十一页简文云:"其三千司御钱,夫人候史禹,当入万一千六百九十五,付事令史音,当移出。"司御钱恐非雇工的车费,尚未能确定为何种钱。又卷二第五十页有"镈钱",五十三页有"逢钱""兰钱"的记载,均未晓其名称。

戍所派有京师郡国的官吏。

《居延汉简释文》卷三第六十一页有简文云:"九日信都长史吴□二劳三岁六月。"又同页简文云:"十一月五日,长信少府丞王涉一岁九月十日。"

戍所的官吏尊称为卿。

《居延汉简释文》卷二第五十四页有简文云:"司马卿、将卿、荣卿、虖卿、林卿、张卿、徐卿、陈卿、马三长,凡九人二十一钱。"又卷二第五十五页简文云:"司马卿、王卿、赵卿、臧卿、间卿、陈卿、李卿、杜卿(以下为燧名从略),率人廿。"当时官吏尊称为卿,与居摄坟坛刻石的"上谷府卿""祝其卿",及《汉书·朱博传》中的王卿,其他木简中的张卿、尉卿,皆属一例。

边郡官吏的升迁,不循常例。

《居延汉简释文》卷一第四页云:"三月丙午,张掖长史延行太守事,肩水仓长汤兼行丞事,下属国农都尉小府,县官承书从事下当用者如诏书。"又卷一第一页简文云:"元凤三年,十月戊子朔,戊子,酒泉库令定国,以近次兼行太守事,丞步置谓过所县河津请(下缺)。"又卷一第七页简文云:"□子,酒泉库令甘圕,以近次兼行太守事。"又卷一第四页简文云:"闰月丁巳,张掖肩水城尉谊,以近次兼行都尉事(下略)。"又卷一第四页云:"闰月庚申,肩水士吏横,以私印行候事。"又卷一第二页简文云:"闰月庚子,肩水关啬夫成,以私印行候事。"案《续汉书·百官志》:建武六年三月:"令郡太守诸侯相病,丞长史行事。"上述各简,以长史兼署太守,品秩相当。若以库令,遽升至太守,则相差悬殊。盖边郡乏人,超迁固不循常轨。又候官以私印行官书,盖因半通官印,一时不能由郡中发下,故作此权宜之计,亦是边郡特殊的情况。

官吏久居戍地,置有房屋出租的记载。

《居延汉简释文》卷三第七十七页有简文云:"三墥燧长徐宗,自言故霸胡亭长宁就(僦)舍钱二千三百卅四,贳不可得。"

戍所官吏的加劳计绩。

《居延汉简释文》卷三第六十页有简文云:"显美传舍斗食啬夫算君里公乘谢横,中功一劳,二岁二月。"又卷三第六十一页简文云:"中功一劳,三月一日半日。"又卷四第五六二页(商务版)简文云:"北边挈令,第四候长候史迹,及将军吏劳,二日皆当三日。"其他计劳绩的记载尤多。加劳皆是以一日抵一日半。挈令,《史记·张汤传》作絜令,皆契字假借。

戍卒田卒疾病死丧的记载。

《居延汉简释文》卷二第二十九页有简文云:"第廿四燧卒高自当,以四月七日病头痛,四节不举。"又同页有简文云:"第卅一燧卒王章,以四月一日病苦伤寒。"又同页有简文云:"第一燧卒孟庆,以四月四日病苦伤寒。"又同页简文云:"第卅一燧卒尚武四月八日病头痛塞里,饮药五剂未愈。"又同页简文云:"当北燧卒冯毋护,三月乙酉病心腹，丸药卅五。"又同页简文云："昌邑方与土里陈系，十二月癸巳病伤头右手膊膏药。"案以上各简记录的各病，多系伤寒症，因戍卒大部分皆为汝南、淮阳、昌邑、中原一带的人，到了边郡苦寒地区，故易患伤寒症。丸药的创作，始见《史记·仓公传》，在公元前二世纪。膏药的创作，始见于此简。简文记有昌邑国，当为宣帝时物，亦为公元前一世纪时候，可见我国医药悠久的历史。

又卷二第二十九页简文云："戍卒觚得安国里毋封建国病死，官袭一领，钱二百卅，官练一两，练一两，初元五年九月庚午朔，居延令史□，史□，廿四□□□。"此为汉代戍卒死丧衣殓的记载。

戍所吏卒家属，可以上书京师。

《居延汉简释文》卷一第六十页有简文云："□□平明里大女子充，上书一封，居延丞印，上公车司马。"

居延将军享用的豪侈。

《居延汉简释文》卷三第二页有"将军器记"简文云："大案七、小案七、圈五、大杯十一、小杯廿七、大盘十、小盘八、小尊二、大尊二、大权二、小权二、具目二、桯桯二、衣箧三。"

又卷三第十五页又有器物簿，虽未注明为将军之物，但为将军所用无疑。简文正面云："故画一千三、黑墨千四、羹乾一、故中絮一、□□樽五十其五枚破、赤墨画代二圣其一枚破、赤杯十具、白杯十七具、墨著大杯廿。"简文背面云："大箮箧一、狗三枚大小、氏八具、故黑墨小杯九、故大杯五楔故、蕙孙坐四、书箧一、写娄一封，完。"

又卷三第十七页有"器疏"云："缓耳一、更于一、弓二、苟一、铅一、酒杯十、小置杯十、卮一、瓶一、盆二、斗去卢一、二斗去卢一、小盆一、赞一、□二、盖二、炊帚一、篅一、称主各一。"亦疑为将军的器物。

案《汉书·卫青霍去病传》附《路博德传》云："博德后为强弩都尉屯居延。"居延未曾设将军，因博德曾官伏波将军，简文的将军，可能即是路博德。所用的器具，以杯为最多，墨杯指漆杯而言，白杯疑指扣银器的杯而言，赤杯指朱漆杯而言。其他器物，圈疑为杯棬，桯桯为几属,大箄箧疑为竹箧,写娄疑即现今俗称的字篓,铞即铜铫。二斗去卢,《说文》训去卢为饭器,疑即现今俗称的笓斗。又卷二第五十二页简文云:"廪魏将军一月,用钱十万八千八百五十。"案汉代一万为十千,魏将军一月费用十万八千余钱,即一百余千。戍所燧长,每月俸钱约一千左右,将军比燧长等月俸要高一百余倍。又卷三第六页有"漆履一两"的记载。又卷二第二十四页有"卅八人署厨传舍狱城郭官府"的记载。又卷三第十一页有"为厨孟解造"的记载。厨灶的人选,漆履的享用,亦可能属于居延将军的长物。

又卷一第九页简文云:"☐三月乙巳将屯裨将还☐☐。"可证居延除将军之外,又有裨将,盖指校尉、骑都尉一类而言。

戍所官吏掾佐人员的繁多。

戍所官吏掾佐,人员众多,兹略汇总列举如下。属于都尉的有都尉千人(见《居延汉简释文》卷一第十三页,以下仅简称卷页数),城尉(卷一第四页),关啬夫(卷一第一页),关佐(卷一第二页),候门啬夫(卷一第二页),部尉(卷二第六十三页),候长、候史(卷二第十一页),候官(卷二第二页),库令(卷一第一页),库啬夫(卷二第三页),给事佐(卷三第四十八页),士吏(卷一第四页)。属于张掖属国都尉的有农都尉(卷一第四页),鄣农都尉(卷一第四页),千长,百长(卷二第六十九页)。属于屯田农官的有候农令(卷二第三页),守农令(卷二第二十二页),农亭塞长(卷二第七十页),仓长(卷一第四页),仓佐(卷二第四页),部农(卷二第六十三页)。属于县令的有市掾(卷二第五十六页),狱丞(卷一第三页,禄福县的),循行,乡有秩(卷一第二页及十三页)。属于邮亭的有亭长(卷二第二页),亭有秩(卷二第三十页)。属于驿递的有驿候(卷一第八页),驿小史(卷二第三十八页)。属于塞官的有塞尉(卷二第五十一页),塞有秩,士吏(卷三第四十九页)。属于烽燧台的有燧长(卷二第四页),斥候(卷二第三十一页),言士吏(卷一第六十九页),车长(卷三第五十六页),都长(卷一第一页),武士(卷三第四十六页),掾(卷二第六十一页),通问官(卷二第五页),有秩(卷一第七十八页),卒史(卷二第二十四页),士史(卷二第六页),史(卷二第六页),小吏(卷二第五页),百石吏,斗食吏,佐史(卷二第四十七页)。

以上各官吏皆属于张掖太守及居延、肩水两都尉的系统。人数众多,可以证明西汉的官吏,不是如《汉书·百官公卿表》所记共十三万余人的数字。

戍所买马的记载。

《居延汉简释文》卷一第十七页有简文云:"第廿三候长赵备,责(债)居延阳里常池,马钱九千一百(下略)。"又卷二第五十一页有简文云:"马钱五千三百,已入千三百,付燧卒丽定,少四千一百。"又卷二第五十九页简文云:"甲渠候长李长赣马钱五千五百。"各简记载的马钱,皆吏卒替官家代买的马匹价值。又马每月食乌茭三石六斗(粮不在内),见卷二第三十二页。

官吏私从的人马,亦由官家发给口粮。

《居延汉简释文》卷二第六十五页有简文云:"出麦七石八斗,以食吏私从者二人,六月尽八月。"又云:"出茅斤,食候长候史私马六匹,十一日食。"案官吏私从的人马,亦可由官家发给粮秣,但边郡普通的人,每月须食二大石谷,三个月需六石谷,两个人须十二石谷。此简仅用七石八斗麦,仅合普通人所食七成,可见私从的人,不能与正式戍卒口粮相等。

戍所对于马齿的检查。

《居延汉简释文》卷二第十四页有简文云:"谳视马皆齿长,缓不任驿。"又卷三第三十一页简文云:"□牡齿十一岁高七尺。"又卷三第三十二页简文云:"用马一匹驿,牡齿十岁高六尺。""马一匹骊,牡长九尺高六尺。""牡马一匹,齿七八岁。""骊牡马一匹,齿八岁。"又卷三第三十四页简文云:"骝牡马一匹齿九岁,高六尺三寸。"又卷三第三十五页简文云:"马一匹驿,牡齿五岁。"案《汉书·景帝纪》:"中四年春三月,御史大夫绾奏,禁马高五尺九寸以上,齿未平,不得出关。"

服虔注:"马十岁,齿下平。"汉人注重鉴定马齿如此。

马有候马、传马、萃马等名称的区别。

《居延汉简释文》卷二第三十九页有简文云:"二月庚戌食传马六匹,尽戊午,积九日,廪二升。"又同页简文云:"以食候马、传马、萃马。"候马疑候史瞭望时所用之马,传马谓传舍中所用之马,萃马为倅马之假借字,谓副马。

有小府的设置。

《居延汉简释文》卷一第二十六页有简文云:"(上缺)通移居延,居延移水丞书曰,言小府当偿责,小府下取移以君令择召尉史赦之。"又卷二第四十七页简文云:"候长龙辅千二百,哀九百卅,小府。"此盖戍所自设的小府,属都尉管辖,与汉廷少府相仿,兼代理私人财富的。

有随军的工官。

《居延汉简释文》卷三第七十页有简文云:"坐从军张工官☐已移家在所。"案《汉书·地理志》注,各郡国设有工官的十一处,所造的器物不同,如河内工官专主造弩机,广汉蜀郡工官专主造金银器之类。此为随屯戍的工官,盖边郡的制度,当为修造兵器。

有译官的设置。

《居延汉简释文》卷一第二页有简文云:"诏夷虏候章发卒曰,持楼兰王头诣敦煌,留卒廿人,女译二人,留守证。"案译官《汉书·地理志》叙粤地与黄支国交通有译长属黄门,《匈奴传》亦有译长,此为居延都尉或肩水都尉所置的译人。

有邮驿设置。

《居延汉简释文》卷一第四十五页简文云:"(上缺)茂以邮行,兼行候文书事。"又卷一第六十六页简文云:"甲渠候官以邮行。"又卷一第七十三页简文云:"都尉府一邮行,☐☐候以邮行。"又卷一第六十页简文云:"肩水候官以邮行。"

又卷一第五十三页有简文云:"驿一所马二匹,案勒各一。"又卷二第十五页简文云:"謚视马皆齿长,缓不任驿。"又卷一第六十页简文云："日食时二分,沙头卒宣付驿马卒同。"

又卷一第七十三页有简文云："甲渠官以亭行。"又卷一第五十九页简文云："卅井官以亭行。"

案汉代驿有驿丞（见卷二第十五页），邮有邮书掾（见《曹全碑》阴），皆为传递文书之官舍。十里一亭之亭,亭长本为逐捕盗贼的,盖亦兼有传递文书之责,故简文"以邮行"之外又有"以亭行"的情况。此外又有"以次行"的,是沿路的露布官示。

汉代边郡驿政,颇为整齐,每到一驿,都详记月日时刻,传递驿卒的人名。兹举例如下,卷一第六十页有简文云："南书一辈一封,潘和尉印,诣肩水都尉府,六月廿三日庚申,日食坐五分,沙头亭长使驿北卒音,日东中六分沙头卒宣付驿马卒同。"其他类似的各简,不再征引。

有刑狱的设置。

《居延汉简释文》卷一第八十三页有简文云："□□东郡畔成里靳龟,坐覆四月中不害日行道到屋栏界中,与成卒函何阳异言斗,以剑击伤右指二所,地节三年八月械系。"又同卷第八十四页简文云："戍卒东郡□□函何阳,坐斗以剑击伤同郡县成卒靳龟,右眼一所,地节三年八月辛卯械系。"以上两简叙述靳龟与函何阳二人械斗,各有损伤同时系狱的记载。

又卷一第四十三页简文云："令史光,敢言之,遣中部坞长始昌送诏狱所还。"又卷一第八十三页简文云："诏狱所逮居延鞮靳里彭贤等。"又卷二第五十六页,亦有诏狱的记载。诏狱盖（关押）奉诏逮捕的罪犯。《汉书·百官公卿表》：居室令为诏狱,若卢令为掖庭诏狱。此为地方性的诏狱,疑仅边郡有之。

有钱府的设置。

《居延汉简释文》卷一第二十七页有简文云："输钱府会月廿五日谨（下缺）。"又卷二第五十六页简文云："尉史李凤从居延迎钱守丞（上下略）。"钱府盖戍所的钱库,收入各项赋钱,及其他一切的出纳,由吏卒中能治会计者掌管,钱守丞盖即钱府中的官吏。《十钟山房印举》举二第五十六页有"钱府"半印,又有"泉府"半印,可能即是郡国钱府所用之印。

边郡北边挈令的记载。

《居延汉简释文》卷四第五六二页(商务版)有简文云:"北边挈令,第四候史日迹及将军吏,劳二日皆当三日。"又同页简文云:"北边挈令,第四候长候史。"又《敦煌汉简校文》七十九页有简文云:"龙勒写大鸿胪挈令津关(下略)。"案《史记·酷吏·张汤传》云:"上所是受而著谳决法,廷尉絜令(《汉书》作挈令)。"韦昭注:"在板絜。"《正义》曰:"律令古以板书之。"简文所谓"北边挈令",盖专行于边郡的律令。又简文所谓"大鸿胪挈令津关"者,《续汉书·百官志》:"大鸿胪卿一人,掌诸侯及四方归义蛮夷。"此简当为少数民族出入津关的路证。《流沙坠简·考释·补遗》一页有晋代"西域长史营写鸿胪书到"等语。知晋代仍用类似汉代的挈令。汉代用木刻的律令,皆称挈令。除上述廷尉挈令、鸿胪挈令、北边挈令三种名称外,尚有光禄挈令,见《汉书·燕刺王传》注。乐浪亦用挈令,见《说文》系部絼字。挈为契字假借,故《史记》作絜令,《汉书》作挈,皆同属假借字。居延、敦煌全部木简有三处作挈令,另有残简,亦作絜令(见《居延汉简释文》卷四),与《史记》同。

烽燧台用狗帮助侦察敌情。

《居延汉简释文》卷二第二页有简文云:"左后部小畜狗一白传诣官急。"又卷二第六十一页简文云:"燧长胡狗六百。"又卷二第七页简文云:"狗少一见不入笼。"又卷二第七十四页简文云:"买狗四枚。"又卷三第十页简文云:"狗一贾(价)五百。"以上五简,皆说明用狗侦察敌情的事实,胡狗的价值,较通常狗为贵。

烽燧台以有戍亭,当与乡亭的亭不同。

《居延汉简释文》卷二第二十八页有简文云:"肩水戍亭二所下广二丈八尺。"戍亭属于肩水都尉府,盖亦为瞭望之用,因每一个亭鄣,未必皆有成亭。

吏民的优抚。

《居延汉简释文》卷一第三十页有简文云："各持下吏,为羌人所杀者,赐钱三万,其印绶吏五万,又上子一人,召尚书卒长☐,奴婢三千,赐伤者各半之,皆以郡见钱给,长吏临致,以安百姓,☐早取以☐钱。"案此简疑为汉廷诏书的残文,为吏民被羌族杀害的恤金。奴婢恤三千,吏员恤三万,相差十倍之多,从这一点,可以说明汉代奴婢的身价。

盗铸钱的奸民,匿入边郡,由太守移送囚鐘。

《居延汉简释文》卷一第十页有简文云："元康元年十二月辛丑朔壬寅,东部候长长生敢言之,候官官移太守府所,移河南都尉书曰,诏所名捕,及伪铸钱盗贼,凡未得者,牛长寿高建等廿四人,书到满☒候史旁遂昌。"又卷一第二页简文云："证任毋牛必寿高建等,过伯君家中者书☐☐。"又卷一第二十六页简文云："发事当言府会月十五日,对举及言转毕到皆会月廿日府所移太守府所移囚鐘,或责候长商言府,会月十七日。"案《汉书·食货志》："天凤元年,私铸犯者愈众,及五人相坐,皆没入,郡国槛车铁锁,传送长安鐘官。"又案《汉书·百官公卿表》:水衡都尉属官有鐘官令丞,主铸钱事。据此简伪铸钱的奸民,囚送鐘官,在西汉宣帝时已然,不仅在王莽时也(西安汉城出土泥封,有鐘官火丞、鐘官钱丞,皆作鐘官,不作锺官)。

汉代官书状辞,称姓不称名。

《居延汉简释文》卷一第十八页有简文云："状辞居延肩水里上造年廿六岁,姓匽氏,除为卅井士吏,主亭燧候望,通烽火,备盗贼为职。"又卷一第二页简文云："官大夫年廿四,姓夏氏,故民地节三年十一月中除为(下略)。"又卷一第八十三页简文云："劾状辞曰公乘日勒益寿里,年卅岁,姓孙氏,乃元康三年十月戊午,以功次迁为☒(下略)。"又《流沙坠简·考释·烽燧类》十三页有简文云："(上缺)间田武阳里年五十二岁,姓李氏,除为万岁候造史,以掌领吏卒为职。"案汉代官书,皆称名不称姓。此四简状辞,独称姓不称名,足以补文献所未详。审其大义,似为到官牒文。

戍所官书往往郡县上冠以"葆"字,并知汉代民爵开始于十六岁。

《居延汉简释文》卷一第四十四页有简文云:"葆小张掖有义里。"又卷一第八十一页简文云:'☑奉葆姑臧西比夜里☑(上下皆缺)。"又卷三第四十八页简文云:"葆鸾鸟大昌里不更李悍年十六。"又卷三第四十六页简文云:"葆觚得敬老里王严年廿五。"四"葆"字皆冠在边郡县名之上,予考为保宫之省称。

戍卒称外来的人民为客子。

《居延汉简释文》卷一第八十五页有简文云:"居延骑士广都里李宗,坐杀客子杨充,元凤四年正月丁酉亡。"

汉简记载移民入塞上,时间在秋季。

《居延汉简释文》卷二第十五页有简文云:"□迫秋月,有徙民□来关。"又卷一第四十页简文云:"居延移民,以物共□门□☑(下缺)。"案《汉书·武帝纪》元朔二年募民徙朔方,元狩四年关东贫民徙陇西等地,均在夏冬时候,而木简所记则在秋季。

有紧要公文,榜写乡市里亭的显著处。

《居延汉简释文》卷一第二十五页有简文云:"(上缺)尉明白大扁书乡市里门亭。"又《敦煌汉简校文》七十页有简文云:"扁书亭显燧处,令尽讽诵知之,精候望,即有烽火,亭燧回度举毋必(下缺)。"又七十四页简文云:"常□年写移书到,明白扁书高显处,令吏(下缺)。"所谓大扁书者,即大如匾额,类于后代张贴街道的告示。

汉代存问高年牛酒的数目。

《居延汉简释文》卷一第十一页有简文云:"☑月存视具最,赐肉卅斤,酒二石,长尊宠,郡太守诸侯相内史所明智(知)也,不奉诏当以不敬论。"此汉代存恤高年的诏书,边郡也奉诏举行。案《汉书·武帝纪》:"元封元年,赐天下民爵一级,女子百户牛酒。"同年又赐"云阳都百户牛酒"。此简可以见到所赐的肉卅斤、酒二石的确实数字。

屯田的制度

西汉移民实边,已是屯田制度的开端。屯田的名称,始于桑弘羊。屯区至为广泛,举其大者如赵充国屯田敦煌、酒泉,冯奉世屯田陇西,陈汤以屯田吏士立功西域之类。

《汉书·武帝纪》云:"元朔二年春正月,匈奴入上谷、渔阳,杀略吏民千余人,遣将军卫青、李息,出云中,至高阙,遂西至符离,获首虏数千级,收河南地,置朔方五原郡,夏募民徙朔方十万口。"又《武帝纪》云:"元狩四年冬,关东贫民徙陇西、北地、西河、上郡、会稽,凡七十二万五千口。"

《汉书·西域传》云:"搜粟都尉桑弘羊与丞相御史奏言,故轮台以东捷枝、渠犁皆故国,地广饶水草,有溉田五千顷以上处,可种五谷,与中国同时熟,可遣屯田卒,诣故轮台以东,置校尉三人分护。"

《汉书·赵充国传》云:"充国奏云:自敦煌至辽东,万一千五百余里。乘塞列燧,有吏卒数千人,虏众大,数攻之而不能害,今留步士万人屯田,地势平易,多高山远望之便,部曲相保。臣愚以为屯田内有无费之利,外有守御之备。骑兵虽罢,虏见万人留田,为必禽之具,其土崩归德,宜不久矣。"又云:"留屯田得十二便,出兵失十二利。"

《汉书·冯奉世传》云:"永光二年十月,兵毕至陇西,十一月,羌虏大破,斩首数千级,余皆出走塞,兵未决间,汉复发募士万人,拜定襄太守韩安国为建威将军,未进,闻羌破,还。上曰,羌虏破散,创艾亡逃出塞,其罢吏士,颇留屯田,备要害处。"

《汉书·元帝纪》云:"建昭三年秋,使护西域校尉甘延寿,副校尉陈汤,矫杀戊己校尉吏田士,及西域胡兵,攻郅支单于,冬斩其首,传诣京师,悬蛮夷邸门。"

其余如昭帝始元二年屯田张掖,见《汉书·昭帝纪》。宣帝五凤四年屯田楼兰,见《汉书·西域传》。宣帝地节二年屯田渠犁,及屯车师,屯田赤谷城,屯田姑墨,均见《汉书·西域传》,皆不及赵充国成绩之大(以上征引史料,因人所习见,尽量精简,他如晁错、贾谊,关于移民边塞的书奏,皆未引用)。

屯田人数不等,为四五万人,最多至六十万人。

《史记·平准书》:"初置张掖、酒泉郡,而上郡、朔方、西河、河西开田官,斥塞卒六十万田之。"

《史记·匈奴传》:元狩四年,"汉渡河自朔方以西至令居,往往通渠,置田官吏卒五六万人,稍蚕食地、接匈奴以北"。

《汉书·武帝纪》:"元朔二年夏,募民徙朔方十万口。"

田官的组织,有屯田校尉、农都尉、护田校尉、守农令、劝农掾、仓长、仓佐、仓曹史、事田及田卒、河渠卒等。

《汉书·西域传》云:"匈奴益弱,不得近西域,于是徙屯田,田于北胥鞬,屯田校尉,始属都护。"

《汉书·百官公卿表》云:"农都尉、属国都尉,皆武帝时置。"《续汉书·百官志》云:"边郡置农都尉,主屯田殖谷。"

《居延汉简释文》卷一第四十一页有简文云:"二月戊寅,张掖太守福,库丞承熹,兼行丞事,敢告张掖农都尉,护田校尉府卒人谓县律曰藏官物非录者以十月平价。"

又卷二第二十二页简文云:"守农令赵入田册取禾。"

又卷一第三十四页简文云:"五年正月癸未,守张掖居延都尉旷行丞事,骑司马敏,告兼劝农掾。"此为居延都尉之属官,劝农掾名称,亦见汉《李孟初神祠碑》。

又卷一第四页有简文云:"三月丙午,张掖长史延行太守事,肩水仓长汤兼行丞事,下属国农都尉小府。"

又卷二第四页简文云:"居延城仓佐王禹,鞮汗里,年廿七。"又卷一第十四页简文云:"兼仓曹议曹史,并拜再拜言肩水都尉府。"又卷四书札类有简文云:"宣伏地再拜言,少卿足下良苦,为事田言,宣宜□以月晦受官物。"屯田都尉属于都护,农都尉、都尉均属于太守,守农令等则属于农都尉及都尉,田官组织大致如此。又宜禾都尉应为农都尉性质,与其他居延都尉、玉门都尉等专管烽燧事的不同。有人疑宜禾都尉,本名宜禾农都尉,《汉书·地理志》在注文中未曾标明。但东汉《李禹墓表》云:"换宜禾都尉。"(见《金石萃编·续编》卷一)据此谓宜禾都尉专管屯田则可,谓本名宜禾农都尉则不可也。

田官上有冠以地名,今可考的,有驿马田官(见《居延汉简释文》卷一书檄类),北假田官(见《汉书·食货志》),渠犁田官(见《汉书·西域传》)。

田卒记载最多的人数有一千五百人。

《居延汉简释文》卷一第二页有简文云:"报具病已,谨案属丞,始元二年,戍田卒千五百人为驿马田官写泾渠,乃正月己酉淮阳郡。"此简用田卒一千五百人代驿马田官做放渠水的工作。

田卒任繁重工作的称为剧作。

《居延汉简释文》卷二第三十二页有简文云:"出麦五百八十石八斗八升,以食田卒剧作六十六人,五月尽八月。"剧作犹今人之称干重活的。

屯田的凿井问题。

《居延汉简释文》卷一第十三页有简文云:"敢言之以今年五月廿八日,除劾卅井降虏燧。"又卷一第二十三页简文云:"居延农延水卅井甲渠殄北塞候(上下文略)。"又卷一第三十八页简文云:"卅井候辅檄言乃丁未(上下文缺)。"又卷一第五十二页简文云:"辞故卅井候官。"又卷一第五十一页简文云:"渠井隧长。"又卷一第四十六页简文云:"毋井者各积冰亭(亭疑糜字误释)十石。"案以上各简,可以说明屯田凿井问题。卅井在简文上虽为地名,然必因其地有三十口井,方始得名。又以渠井名燧,可见其地有渠有井,盖皆戍所河渠卒所开凿,此边郡水利之可考者。

又卷二第二十三页简文云:"第十三燧长贤□井水五十步,阔二丈五,五泉二丈五,上可治田,度给燧卒。"同页记载戍卒的工作,有

"当井陈弘""当井周捐"二人。

《流沙坠简·考释·序》云:"《汉书·西域传》,乌孙乌就,屠杀狂王自立为昆弥,汉遣被破羌将军辛武贤,将兵万五千人击之,至敦煌,遣使者案行表,穿卑鞮侯井以西。"孟康注:"卑鞮侯井,大井六,通渠也,下流涌出,在白龙堆土山下。"此西域大井之可考者。所谓大井,等于渠道,与简文所说阔二丈五,五泉二丈五,上可治田,情况正合。敦煌、居延所凿大井,与内郡的井,形式当然不同,面积既广,流泉亦多,故必须派有专人守护。

垦田的名称,通常称为田,又有沙中天田及天田两种名目。

《流沙坠简·考释》卷二《戍役类》第八简文云:"若干人画天田,率人画若干里若干步。"第九简文云:"六人画沙中天田六里,率人画三百步。"第十简文云:"□□□□部中天田。"第三十简文云:"天田不耕,画不锄治。"

《居延汉简释文》卷一第五十一页有简文云:"待亭西块沙中(下略)。"又同页简文云:"广田以次传行,至望远止,……檄到循行部界中,严教吏卒,惊烽火,明天田(下略)。"又卷二第十页简文云:"□候长充,六月甲子尽癸巳,积卅日日迹从第四燧南界,北尽第九燧北界,毋越塞出入天田迹。"又卷二第十一页简文云:"候长式光候史拓,十月壬子尽庚辰,积廿九日迹,从第卅燧,北尽鲜庭燧北界,毋阑越塞天田入迹。"又卷二第十三页简文云:"卒韩宪金,甲辰迹尽壬子积九日,凡积廿九日,毋人马阑越天田出入迹。"又卷二第十四页简文云:"田北行出,俱起燧南天田,夹河还入燧南天田。"又卷二第十九页简文云:"(上略)凡迹积廿九日,毋人马天田出入迹。"居延其他各简,记载天田的尤多,不再备举。

案敦煌、居延各木简记载天田都是一样。居延各简,上文迹字,指劳绩而言,下文迹字,指路迹而言,意义不同。王静安先生谓"天田殆天然之田,未经垦治者也,画者谓区分疆界,天田不耕,画不锄治者,则天田固可耕之田,非徒区画而已。"我以为王说近是。天田界限与烽燧台极相近,所谓毋人马天田出入迹者,指敌人的人马而言。在一个月以内,敌人从未犯过烽燧台附近地区,这是重要成绩之一,也是重要考绩条文之一。

屯田收获,入租每亩四斗。田卒每人种田平均二十亩左近。耕作方法,兼用赵过代田法。

《居延汉简释文》卷二第二十二页有简文云:"右第二长官二处田六十五亩,租廿六石。"则每亩收数,计有四斗。每亩收获,当不止四斗,田卒缴租到官府,则为四斗,其余赢数可能为田卒的奖励品。又《敦煌汉简校文》一○四页有简文云:"张伯平入租少八斗五升。"足证敦煌、居延两地屯田,皆使用田卒缴租制度。

《流沙坠简·考释》卷二《戍役类》第三十一页有魏晋时简文云:"将张金部见兵廿一人,大麦二顷已截廿亩,小麦卅七亩,已截廿九亩,禾一顷八十五亩,溉廿亩,荝(锄)五十亩,下床九十亩,溉七十亩。(以上简面)将梁襄部见兵廿六人,大麦六十六亩,已截五十亩,小麦六十三亩,溉五十亩,禾一顷七十亩,荝五十亩,溉五十亩,下床八十亩,溉七十亩。(以上简背)"按张金所部兵二十一人,共种田五百十二亩,平均每人种二十四亩有零,梁襄所部兵二十六人,共种田三百八十亩,平均每人种十四亩半有零,虽为魏晋时事,然去东汉不远,与赵充国奏所云"赋人二十亩"者,截多补少,大致相近。

《居延汉简释文》卷一第二十一页有简文云:"书到相牛,大司农调(非调)受簿编次。"此言牛耕之事,相牛谓者察牛的肥瘦,以待大司农之编簿登记。又卷二第六十七页简文云:"出茭八十束,以食官牛。"又卷三第三十六页简文云:"牛一黑牡白头斩首四岁。"又同页简文云:"牛一黑牝左斩首三岁。"又同页简文云:"牛一黑特左斩首□□絜七尺三寸。"又同页简文云:"积廿九人养牛。"以上各简,皆是官牛的记录。《汉书·食货志》云:"赵过为搜粟都尉,能为代田,一亩三甽,岁代处故曰代田,古法也,故晦(亩)五顷,用耦犁二牛三人,一岁之收,常过缦田。过使教田太常三辅,又教边郡及居延城。"据此,居延用代田耕作的方法,与居延木简所记正同。

赵过代田法,推行到居延城,据发现的木简来推断,始于昭帝始元二年,距武帝的后元二年,相隔两年,时间可能要比始元二年还早一些。

兹将居延木简所记载的代田仓情况排列如下:

"入糜小石十四石五斗,始元二年十一月戊戌朔戊戌,第二亭长舒,受代田仓临,之都丞延寿临。"(见《居延汉简释文》卷二第六十三页,以下仅简称几卷几页)

"囗十五石,始元二年十二月丁卯朔丁卯,第二亭长舒,受代田仓临,之(疑建字误释)都丞临。"(见卷二第六十四页)

"入糜小石十四石五斗,始元三年,正月丁酉朔丁酉,第二亭长舒,受代田仓临光。"(见卷二第六十四页)

"入糜小石十五石,始元三年,六月甲子朔甲子,第二坞长舒,受代田仓临,之都丞临。"(见卷二第六十八页)

"十一石六斗,始元三年十二月壬戌朔壬戌,通泽第二亭长舒,受代田仓讫。"(见卷二第七十页)

"入糜小石十二石,始元五年,二月甲申朔丙戌,第二亭长舒,受代田仓临囗。"(见卷二第七十页)

"入糜十石,十囗(疑斗字)囗囗五年,十月甲午朔甲午,第二亭长舒,受代田仓临,都丞临。"(见卷二第六十八页)

"己丑朔,第二亭长舒,受代田仓临稟,其六石以食小亭二人。"(见卷二第七十页)

"舒受代田长颀,以食吏士四人,辛酉尽庚寅廿八日,积百一十二人。"(见卷二第六十四页)

"张掖居延甲渠候田塞有秩,候长觚得长秋里公乘赵阳令囗囗尉,年廿一,代田囗。"(见卷三第五十二页)

"田器日囗毋留。"(见卷四第五八一页)

"属发囗囗事官移三辅太常,郡太守诸囗(上下文缺)。"(见卷一第十二页)

以上关于居延推行代田法材料十二条,前九条是代田仓情形,第十条是与代田有关,第十一条是与代田法所用农具有关,第十二条是开始推行代田法的诏书残文,各条都非常重要。

屯田种谷名称,有谷、麦、大麦、小麦、秔麦、穬麦、糜、䅯穄、黄米、秋、胡麻等十一种类。田卒收获的农作物,由戍卒负归入仓,仓房在烽燧台的邸阁。

《居延汉简释文》卷二《谷类》及《戍役类》关于谷类的记载排列如下(以下仅简称几卷几页):

"出麦二十七石五斗二升。"(见卷二第三十一页)

"入谷六十三石三斗三升少。"(见卷二第三十页)

"出穬麦二斗六升。"(见卷二第三十六页)

"出糜二石。"(见卷二第三十二页)

"卒苏宣䅯穄三石三斗三升少。"(见卷二第四十三页)

"秋囗大石二石。"(见卷二第七十六页)

"黄米一石,以付从君舍。"(见卷二第三十六页)

"会卒芳胡麻。"(见卷二第二十四页)

《流沙坠简·考释》关于谷类的记载排列如下:

"将张金部见兵廿一人,大麦二顷,已截廿亩,小麦卅七亩,已囗廿九亩。"(见卷二《戍役类》第三十一简,此为魏晋时简文,距汉不远,且为边郡所宜种的谷类)

"入十一月食秔麦六斗,建武卅年十一月乙巳,受降卒仲良受尉史囗。"(见卷二《廪给类》第十一简)

以上谷类各简,穬麦为有芒之麦,黄米、糜、䅯穄,皆穄之别名。《居延汉简释文》卷二第三十五页,戍卒的职务,有"一人守邸",盖指代田仓库而言。

关于屯田食粮运输,居延、敦煌两处木简亦有记载,排列如下:

"右凡十二两,输城官凡失折耗五十九石三斗。"(见《居延汉简释文》卷二第三十九页)

"乙封肩水仓麦小石三十五石输居延。"(见卷二第四十四页)

"三人负粟步昌,人二反致六橐,反复百八十八里百卅步,率人行六十二里二百卌步。"(见《流沙坠简·考释》卷二《戍役类》第二十二简)

"三人负麻,反十八束,反复卅里,人再反六十里。"(见同上第二十三简)

案边郡运输,亦属于均输工作之一。《九章算术·均输篇》,假设的算题甚多,不一定专是指均输贡献的物品而言。此前二简为远处的运输,后二简为近处的运输。三人负麻,反复卅里,并知屯田的田地,距离烽火台有十五里左近。

屯田的积谷数目,每年上报大司农。

《居延汉简释文》卷二第十一页有简文云:"居延卒二人,代大司农茭,郭东部收庑燧长田彭,兼领省第一。"又卷三第六十七页《簿检类》简文云:"大司农部丞簿录簿。"又卷二第二十八页简文云:"(上缺)除沙,一人积大司农麦。"又卷二第五十三页简文云:"司农茭少不如囗。"案上报大司农,不仅存谷数目,即刍茭亦在报告之列。细审其文辞,屯田多余的存谷,经报大司农后,即作为大司农所存的官谷,而由戍所代为保管的。又《居延汉简释文》卷一第十八页有"阳朔三年九月癸亥朔壬午,甲渠不私亭候塞尉顺敢言之,将出移赋钱出入簿,与计偕,谨移应书一编,敢言之"的记载。又同卷二十一页有"书到相牛,大司农调(非调)受簿编次"的记载。据此不仅存谷数目上报大司农,即烽燧台其他财物亦上计于丞相府。

内郡遇有灾荒,则调屯田积谷内运以资救济。

《居延汉简释文》卷一第三十九页有简文云:"守大司农光禄大夫臣调昧死言,守受簿丞处,前以请给使护军屯食守部丞武,囗以东至西河郡十一农都尉官,官调物钱谷漕转籴,为民困,延尉调有余给。"据此简为内郡荒歉,则调塞上屯田积谷以救灾区的一种政策。

边郡财用不足时,则由大司农拨钱相助,称为调钱。又边郡内郡财物,有无亦可以互调。

《居延汉简释文》卷二第五十九页有简文云:"其十一万四百卅五

调钱。"案《续汉书·百官志》:"大司农卿掌诸钱谷金帛,诸货币,郡国四时上月旦见钱谷簿,其逋未毕,各具别之。边郡诸官,请调度者,皆为报给,损多益寡,取相给足。"刘昭注引王隆《小学汉官篇》曰:"调均报度、输漕委输。"胡广注曰:"边郡诸官请调者,皆为调均报给之也,以水通输曰漕,委积也,郡国所积聚金帛货贿,随时输送诸司农曰委输以供国用。"此简所以调钱,就是向大司农处调来以供边用的。

又卷二第五十页简文云:"金曹调库赋钱万四千三(下缺)。"案金曹当为张掖太守或居延都尉的掾属,据此简文,可以证明当地赋钱,有一部分可以由地方支用,并不完全上缴大司农。

又卷一第七十八页简文云:"□阳邑元康元年六月,□□调三千。"案此似为郡国互调之钱。

又卷三第十三页简文云:"又府调五匹。"据此简太守府不仅可以调赋钱,兼可以调物资,以上三种调的性质,在文献上从未提及。

田卒计算存粮,有大石小石的区别,小石一石仅折合大石六斗。

《居延汉简释文》卷二第三十页简文云:"朱千秋入谷六十石六斗六升大,直二千一百廿三。"又卷二第三十一页简文云:"出麦卅一石,以食肩水卒,九月十五,食少(小)十五石,食九月入。"其他各简,记大石小石的极多。小石有时或作少石,盖少小二字,当时通用。所谓大石小石,犹今人之称大斗小斗。小石每石折合大石的数量,在卷二第六十三页有简文云:"出糜小石十二石,为大石七石二斗。"又卷二第六十四页简文云:"凡出谷小石十五石,为大石九石。"又云:"出粟小石三石,为大石一石八斗。"据此小石一石折合大石六斗。各简不注明大石及小石的,则为大石。戍卒每月食粮,用小石为三石三斗三升,用大石则为二石。

《簠斋吉金录》卷五有铜饭帻文云:"常乐衡士上次士铜饭帻,容八升少,新始建国地皇上戊二年(公元二一年)二月造。此铭所记的八升少,亦是小斗,足证汉代本有大斗小斗的名称,不独边郡为然。

边郡的粮价,黍谷大麦,每石平均价,通常在一百钱以上。

《居延汉简释文》卷二第三十四页有简文云:"黍米二斗,直钱卅。"又卷二第四十六页简文云:"粟一石,直一百一十。"又卷二第六十一页简文云:"出钱二百廿,籴粱粟二石,石百一十。出钱二百一十,籴黍粟二石,石百五。出钱百十一,籴大麦一石,石百一十。"以上三简,虽不能定为同时之物,大抵俱在西汉末期,平均一石,在百钱以上。

屯田的窖粟及存谷最多的记载。

《居延汉简释文》卷二第七十二页有"囗野告粟四斗"的记载,告当即窖字的省文。又《敦煌汉简校文》一一〇页有"万三千六十石五斗八升"谷类的记载。又《居延汉简释文》卷二第四十九页有"今余谷万二千四百七十三石三斗",及"受四月余谷万一千六百五十二石二斗三升少"的记载。

屯田有农亭制度,与普通乡亭不同。

《居延汉简释文》卷二第七十页有简文云:"出四年囗囗囗一月一石四斗一升,延和四年十二月辛卯朔己酉,广地里王邮付居延农亭亭长延寿。"居延农亭亭长,盖特置之官吏,与汉代一般亭长不同。

将军掾属,亦管代田仓一部分工作。

《居延汉简释文》卷二第七十页有简文云:"(上缺)囗六石囗小石十石,延和四年十月壬辰朔癸巳,第二亭长舒,受将军从吏德。"案此简之第二亭长舒,系专管代田仓工作的,见于其他简文甚多。此简虽未注明代田仓字样,确属于代田仓范围无疑。

戍卒田卒久在边郡,有家属的由官按月给粮。

《居延汉简释文》卷二第四十三页有简文云:"武成燧长孙青肩,妻大女谢年卅四,用谷二石一斗六升大,子使女于年十,用谷一石六斗六升大。子未使女足年六,用谷一石六斗六升大。"又卷二第四十六页有简文云:"卒李护宗,妻大女足年廿九,用谷二石一斗六升大,子使男望年七,用谷二石一斗六升大。凡用谷四石三斗三升少。"简文少字,当为大字误写。戍卒家属成人的,每月用谷二石一斗六升大,与戍田卒本人一样;未成人的,用谷则为一石六斗六升大,比成人较少一石,与其他各简,大致相同。惟戍卒李护宗的儿子年七岁,所食口粮与成人相等,未知何故(戍田卒每月食粮一般为大石二石)。又卷三第六十六页簿检简云:"卒家属在署名籍。"又卷三第六十七页簿检简云:"河平三年五月官吏廪","右卒家属见署名籍。"又卷三第六十九页簿检简云:"□月卒家属在署廪名籍。"又卷二第四十五页简文云:"第十七部,建平四年十二月,戍卒家属当廪。"据此四简,知为戍卒田卒家属的口粮,由官家发给。边郡骑士的家属口粮,在木简虽无明文,当然与戍田卒一例。

田卒居住即久,或以屯田的一部分田地变为私有,或在屯田之外,开垦有新田地。

《居延汉简释文》卷一第四页有简文云:"建平五年八月□□□□□广明,乡啬夫客,假佐玄敢言之,善居里男子丘张,自言与家买客田,居作都亭部,欲取□□,案张等更赋皆给,当得取检,谒移居延,如律令,敢言之。"简文大义,是丘张与家买乡啬夫客的田地,方位在作都亭部。居延田地的买卖,推测起来,不外两种情形:一是居延本牧地,及开屯垦,设县邑,其田有一部分逐渐归私有,俨如内地,可以买卖;二是或为在屯田范围之外,自己开垦的新土地,可以自由买卖。两种情况,现尚未能确定。又《居延汉简释文》卷一第八十二页有简文云:"□置长乐里受奴田卅五亩,贾钱九百钱,毕已丈,田即不足,计亩数环钱;旁人淳于次孺、王兄、郑少卿,古酒商二斗皆饮之。"又卷三第五十二页简文云:"二燧长居延西道里公乘徐宗年五十,宅一区直三千,田五十亩直五千,用牛二直五千。"又卷三第四十八页简文云:"候长觻得广昌里公乘礼忠年卅,小奴二人直三万,大婢一人二万,轺车一乘直万,用马五匹直二万,牛车二两直四千,服牛二六千,宅一区万,田五顷五万,凡赀直十五万。"又《敦煌汉简校文》八十页有简文云:"仁□京威里高子雅田卅亩。"又八十四页简文云:"李文通田,可取者取之。"以上各简的田价,最贵的每亩一千,最贱的每亩二十五钱有奇,是研究汉代土地价值最可宝贵的材料。

田卒家属置有田舍。

《居延汉简释文》卷二第十七页有简文云:"□为谁充三月廿日甲午昏时,私归宜谷田舍(下略)。"又卷二第二十三页简文云:"□田舍再宿,又七日中私归遮虏田舍一宿。"又卷二第四十二页简文云:"阙三石,在田舍。"

戍卒的日常生活

戍卒田卒有买卖衣服的,有赊欠买衣服的,有赊欠买布的。另外有个人衣橐的长物记载。总的情况,是天寒戍卒多毋私衣。

《居延汉简释文》卷一第八十二页有简文云:"本始元年十月庚寅朔甲寅,楼里陈长子卖官绔,柘里黄子心,贾八十。"又卷三第十二页有简文云:"第卅四卒吕护买布复(夏)袍一领,直四百。"又《流沙坠简·考释·杂事类》四十七页有简文云:"神爵二年十月廿六日广汉县廿郑里男子节宽,卖布袍一陵胡燧长张仲孙,用贾钱千三百,不在正月,(缺三字)至(缺七字)正月书符用钱十。时在旁候史张子卿,戍卒杜忠知券约,沽酒二斗。"(释文参用《敦煌汉简校文》第九页)以上三简,第一、第二简是记事,第三简是券约,皆为买卖衣服的。

《居延汉简释文》卷一第八十二页有简文云:"建始二年,闰月丙戌,甲渠令史董子方,买鄣卒欧威裘一领,直千百五十,约里长钱毕已,旁人杜君隽。"又卷一第八十二页简文云:"七月十日,鄣卒张中功,贳买皂布章单衣一领,直三百五十二,堠史张君所,钱约至十二月尽毕已,旁人临桐使解子房知券□☒。"又卷三第十五页简文略云:"贳买皂复袍一领,直千八百,缥长袍一领,直二千,皂绔一两,直八百。"又卷三第六页简文云:"贳买皂练复袍一领,直钱二千五百。"又卷一第三十九页简文云:"第二十五燧□责(债)殄北燧长王子恩官袍一领,直千五百钱。"以上五简皆是赊欠买衣服的,第一、第二简则为赊欠的券约。

又卷一第八十二页简文云:"终古燧卒东郡临邑高平里召胜字海翁,贳卖九稯布三匹,匹三百卅三,凡直千。觚得富里张公子,所舍在里中二门东入,任者同里张广君。"此简是赊欠买布的。又卷一第七十九页简文云:"贵里淳于休衣橐,皂布襦,枲服□,当韦□,犬练□。"此简是戍卒私人携带衣服的记载。

又卷一第三十八页简文云:"方秋天寒,卒多毋私衣。"又卷一第三十页简文云:"(上缺)□三百一十六有书,皆毋单衣,檄到(下缺)。"此两简皆记戍所戍田卒衣服困难的情况。

戍卒田卒以官袍高价售与平民,官府加以禁止。每年十月平准物价。

《居延汉简释文》卷一第四十一页有简文云:"(上缺)录者以十月平价计案,戍田卒史官袍衣物,贪利贵贾,贳乃贫困民,不禁止,湢益多,又不以时验问。"案边郡布帛难得,戍田卒有互相卖买的,此简是贷与贫民,与卷一第八十二页召胜贳卖九稯布情况正同,当然高抬市价,从中取利。

边郡吏卒饮食的情况。

官吏戍卒饮食,谷类吃的是米、麦、黍、稷、秔麦、穬麦、糜、穅糧、秋、黄米、豆、胡麻等类;肉类有牛、羊、豚、鸡、脂等类;蔬菜有韭、葱、芜菁、大荠、戎芥等类;调味有豉、姜桂等类。盐酒之外,又有造酒的麹。

戍所食盐的记载。

《居延汉简释文》卷二第五十页有简文云:"出盐二石一斗,给今八戍卒七十一人,二月戊午(下缺)。"又卷二第五十七页简文云:"鄣卒李就,盐三升,五月食三石三斗三升少。"案每人每月食盐在三升左右,与《汉书·赵充国传》所云,"万二百八十一人,用谷月二万七千三百六十斛,盐三百八斛。"则数目相近。简文盐与谷比例,得一百十一分之一。而赵充国所说,则盐谷比得九十分之一。

戍所的医药设备,有太医令传布的药方,有药长,有官医,有普通医师,每燧有药函。现存有具体药方。

《居延汉简释文》卷一第五十二页有简文云:"永光四年,闰月丙子朔乙酉,太医令遂,丞褒,下少府中常方,承书从事,下当用者如诏书(下略)。"案《汉书·百官公卿表》:太常属官有太医令丞,少府属官亦有太医令丞,又《太平御览》二百三十九《职官》云:"少府属官有太医令丞,无员,多至数千人。"此为少府的太医丞,以经验的药方,传布于郡国者。

又卷一第五十页简文云:"本始五年,五月戊辰朔丁未,药长(下缺)。"案《续汉书·百官志》云:大长秋属官,有"中宫药长一人,四百石"。西汉在文献上并无药长官名,此简盖为戍所的药官,与大长秋属官,名同实异。

又卷一第三十九页简文云:"□渠候长橄官医张卿前许为问事,至今未蒙教。"又卷二第三十九页简文云:"□为故第卅六燧长司马章,及伤病,医宋昌治饮药。"

《流沙坠简·考释·屯戍类》四十四页有"显明燧药函"木函盖题字。

《居延汉简释文》卷四第五六三页(商务版)有伤寒四物汤简文云:"伤寒四物,乌喙十分,细辛六分,术十分,桂四分,以温汤饮一刀,封日三夜,再行解不出汗。"又《流沙坠简·考释·方技类》十一页有简文云:"股寒曾载车马惊堕,血在兑中,典惠君方,服之廿日,征下,卅日腹中毋积,匈中不复,手足不满通利,臣安国。"在居延、敦煌全部木简中,所载医方,我曾作了统计,居延共四方,敦煌共十一方,都是治伤寒的居多,间有治马病的。治伤寒的四物方,尤为重要,盖在公元前一纪或前二纪,已有治伤寒的专方,现存张仲景的《伤寒论》,知道是集古方的大成而加以变化的。

戍卒田卒祭社的举行。

《居延汉简释文》卷二第三十三页有简文云："入秋社钱千二百，元凤三年九月乙卯。"又卷二第四十三页简文云："买芯卅束，束四钱，给社。"又卷三第三十五页有祭社用品简文云："对祠具，鸡一、黍米一斗、稷米一斗、酒二斗、盐少半升。"据《汉书·食货志》记载农民每户春秋两次祭社，须要三百钱(《汉书》此段叙农民的每年收入及开支，是指西汉初期情况，不是说李悝时事)。

汉人最重社祭，《蔡邕集》有《陈留东昏库上里社碑》，山东图书馆藏有汉梧台里社碑额，皆其明证，在文献上，如《三国志·魏书·董卓传》杀戮城阳祭社时的民众之类，所见尤多。

日历的传写。

《居延汉简释文》《流沙坠简·考释》《罗布淖尔考古记》《汉晋西陲木简汇编》二编各书中所载汉时历书甚多，最完整的要数元康三年、神爵二年、五凤元年八月、永光五年、永元六年、永兴元年几种历谱(见《流沙坠简·考释·术数类》第五至八页)，次则是建安十年历谱(《汉晋西陲木简汇编》第二编第四十九页)。

盖古代日历，必须用竹木简传写，如后代人家必有日历一本的情况相同。

文化的学习。

戍田卒对于学习文化，最重视《急就篇》，次则是《仓颉篇》。《居延汉简释文》卷四第五六〇页(商务版)载有《急就篇》七简，而写开首数句的计有四种。《流沙坠简·考释·小学类》三页有《急就篇》六简。又《汉晋西陲木简汇编》二编三十八至四十页有《急就篇》三简。可证《急就篇》在当时的盛行，不仅闾里书师用以教学童的。《仓颉篇》在各简中，零章断句，存在不少，但份量远不如《急就篇》之多。其余如《尚书》《周易》《礼记》(见商务版《居延汉简释文》卷四第五六一页)《论语》仅各一简(见《罗布淖尔考古记》第二〇九页)，比较很少。

笔札的购置。

《居延汉简释文》卷三第五页有简文云:"☐乙河内笔☐一☐☐(上下文缺)。"又卷三第一页简文云:"出善札百。"又卷二第六十页简文云:"笔钱二百。"案汉代制笔的原料兔毛,出产于赵国,《初学记》二十一引王羲之《笔经》云:"汉时诸郡献兔毫,惟有赵国毫中用。"又《艺文类聚》卷五引晋郭义恭《广志》所说亦略同。简文独云河内笔,可以补文献之不足。又居延烽戍台遗址,曾出毛笔一支,用兔箭毛做成,管长二十点九厘米(见马衡《居延笔》,北大《国学季刊》三卷一号),可能即是河内所造。

边郡齐缣的运销。

《流沙坠简·考释·器物类》四十三页载有残帛题字云:"任城国亢父缣一匹,幅广二尺二寸,长四丈,重廿五两,直钱六百一十八。"文字写于缣上。案《急就篇》末东汉人增附两章,首句云:"齐国给献素缯帛。"是指齐国出绸帛之地。分而言之,有产于临淄的,因服官设在临淄;有产于定陶的。《盐铁论·本议篇》所谓齐陶之缣,任城国亢父县出产缣帛,始见于此,为东汉的纺织品。

边郡兼用地方出产的布帛。

《敦煌汉简校文》十三页有简文记载戍卒的衣服,内有"狗布练二两"。而居延木简记载戍卒的衣服,多有"犬练一两"字样,知道犬练即系用狗布做成,故有此名。此布在敦煌、居延各郡,极为畅销。又《居延汉简释文》卷二第四十三页有简文云:"正月禄帛一匹,二月辛巳自取。"又卷二第四十四页简文云:"☐禄酒泉十八匹。"又卷二第五十七页简文云:"禄用帛十八匹二尺一寸半,并万四千四百四十三匹。"又卷二第六十页简文云:"四月禄帛一匹直钱四百十(下缺)。"又卷三第十二页简文云:"入毋莴布一匹。"又卷三第十四页简文云:"今余尤布二百九十四匹。"又卷三第七十六页简文云:"资卖校布一匹,直二百九十。"以上各简,所谓禄帛者,为酒泉禄福县的产品。毋莴布、尤布、校布等名称,则均不可考,皆是西汉中晚期边郡地方出产的纺织品。

戍所自造酒麴。

《居延汉简释文》卷三第三十五页有简文云："佐博受新赍酒二石。"又同页简文云："麴六斗。""□饴五库斤。"又卷三第三十六页简文云："麴十石。"知戍所不但造酒，兼能造饴。

家畜的豢养。

《居延汉简释文》卷三第三十五页有简文云："小畜鸡子五枚，元康四年二月己未朔己巳，佐建受左校部如意燧长奉亲卒，外人输子元受。"又同页简文云："出豚一"，"雄鸡一雌鸡二"，皆为戍所豢养家畜的记载。

边郡物价的记载。

居延全部木简中记载当时物价的简文极多，而敦煌木简所见极少，可以为研究西汉中晚期经济的重要参考资料。兹分类列举如下：

衣服类

官袭一领钱二百卅。（见《居延汉简释文》卷二第二十九页，以下仅简称几卷几页）

袍一领，直二百八十七，袭一领直四百五十。（见《敦煌汉简校文》十四页）

布帛类

黄縠糸一斤，直三百五十。（见卷二第五十一页）

维絮二斤八两，四百。（见卷三第二十一页）

绡丝二斤，直四百卅四。（见卷二第六十页）

缥一匹，直八百。（见卷三第一页）

素丈六尺，直二百六十八。（见卷三第一页）

白练一匹，直一千四百。（见卷三第一页）

帛二丈五尺，直五百。（见卷三第一页）

缘一匹，直八百。（见卷三第一页）

帛千九十四三尺五寸大半寸，直钱卅五万四千二百。（见卷三第

七页）

　　二千八百六十二,赵□所买帛六匹。（见卷二第五十九页）

　　白素一丈,直二百五十。（见卷二第六十九页）

　　鹑绥一匹,直千。（见卷三第七十三页）

　　任城国亢父缣一匹,幅广二尺二寸,长四丈,重廿五两,直钱六百一十八。（见《流沙坠简·考释·器物类》四十三页）

　　缣一匹,直千二百。（见卷一第十八页）

　　广汉八稷布十九匹八寸大半寸,直四千三百廿。（见卷三第二页）

　　八稷布八匹,直二百卅。（见卷三第七十六页）

　　河内廿两帛八匹三尺四寸大半寸,直二千九百七十八。（见卷三第二页）

　　九稷布三匹,匹三百卅三,凡直千。（见卷一第八十二页）

　　校布一匹,直二百九十。（见卷三第七十四页）

　　白布方橐一,用钱五百。（见卷一第六十三页）

　谷食类

　　出钱二百廿,籴粱粟二石,石百一十。（见卷二第六十一页）

　　出钱百一十,籴大麦一石,石百一十。（见卷二第六十一页）

　　朱千秋入谷六十石六斗六升大,直二千一百廿三。（见卷二第三十页）

　　入谷六十六石,直钱二千三百一十。（见卷二第三十四页）

　　粟二石,直三百九十。（见卷一第八十四页）

　　矿三石,直三百六十。（见卷一第八十四页）

　肉食类

　　羊一头九百。（见卷二第四十二页）

　　羊一头一千。（见卷二第四十二页）

　　肉百斤,直七百。（见卷二第七十七页）

　　出钱百七十,买脂十斤。（见卷二第五十页）

买脂五十斤,八十。(疑有误字,见卷二第七十五页)

肉五百卅一斤,直二千二百六十四,腊六十三斤,直三百七十八。头六十,肝五十,乳廿,肺六十,过二十,舌廿,宽三十,心三十,黄将十,肠益卅。(见卷三第三十六页)

牛胗一只,直六十。(见卷三第三十七页)

蔬菜调味类

出十八韭六束。(未注价,见卷三第三十六页)

大荠种一斗,卅五。(见卷三第三十七页)

戎芥种一斗,直十五。(见卷三第三十七页)

出钱三百豆四石。(见卷二第六十六页)

姜二升,直卅。(见卷三第三十六页)

桂十二,胡豆三。(见卷三第三十七页)

出钱百一十五,籴麴五斗、斗廿三。(见卷二第五十页)

麴四斗,直三十。(见卷二第五十一页)

出钱二十五,籴豉一斗。(见卷二第五十一页)

付子一斗,直百廿五。(见卷二第六十页)

器用类

汲桐二,直卅;枲长弦四,直百;桐绳二困折稾二,直百十五;檠弩绳卅二丈,直五十;弩绳廿丈,廿;服二,直廿;胶二斤,十五;扬弩绳一,直十;楯革一,直十。(见卷三第二十六页)

赤危五枚,直二百五十。(见卷三第八页)

毕三百五十。(见卷三第十九页)

表一,直三百八十。(见卷三第十六页)

剑一,直七百。(见卷三第七十三页)

剑一,直六百五十。(见卷三第十六页)

刺马刀一,直七千。(见卷三第六页)

弹弓一,直三百。(见卷三第六页)

橘皮一斗,直百五十。(见卷三第六页)

三尺五寸蒲复席青布缘二,直三百。(见卷三第十七页)

钱六十,买槧二百。(见卷二第五十三页)

胶三斤,钱六十七。(见卷二第五十四页)

出钱千三百卅,买胶廿三斤。(见卷二第五十七页)

笔钱二百。(见卷二第六十页)

罂一,直三十。罂一,直七十。(见卷三第三十六页)

大罂十三,小罂六,直千八百五钱。(见卷二第六十九页)

铜铫一,直五十。(见卷三第六页)

出四百卅,邯郸铫二枚。(见卷三第十二页)

芯(芯字《说文》所无,《集韵》:草名)卅束,每束四钱。(见卷二第四十三页)

枲一斤,直十。(见《敦煌汉简校文》一一二页)

田宅类

宅一区万,田五顷五万,田五十亩五千。(见卷三第四十八页)

宅一区,三千。(见卷二第五十二页)

车马类

马直十千。(见卷一第八十五页)

马五千三百。(见卷二第五十一页)

用马五匹,二万。(见卷三第四十八页)

牛车二辆,四千。轺车一乘,直万。服牛二,六千(见卷三第四十八页)

用牛二,直五千。(见卷三第五十二页)

胡狗,直六百。(见卷二第六十一页)

奴婢类

小奴二人,直三万,大婢一人,二万。(见卷三第四十八页)

以上各简所记物价,皆为西汉中晚期,最迟在东汉初期。最可宝贵的,是奴婢、车马、布帛的价值,在文献中不易找寻的,虽然是边郡的价值,当与中原相去不远。而同在边郡,同为一物,亦有价值相差很大的。如任城国亢父缣一匹,直六百一十八,而普通缣每匹要直一千二百。又如河内帛八匹三尺有零,直二千九百七十八,每匹合三百七十钱;另一简帛二丈五尺直五百,每丈合二百钱,汉代以四丈为一匹,每匹则合八百钱,则比河内帛要贵一倍。又如白素丈六尺,直二百六十八,每丈合一百六十钱;另一简白素一丈,直二百五十。又如剑一柄直六百五十钱,而刺马刀一柄,即直七千。无论炼铜的方法何等精纯,不致相差有十余倍之多,虽然时代有先后,器物有美恶利钝,出产地运输有远近,可以提出来说明价值不同的理由,但总是值得怀疑、值得研究的。

结 束 语

以上所述,采用正史较少,采用木简新史料为多。正史固为人所习见,也看不出屯戍的问题来。采用木简,又以居延为主体,敦煌为辅佐,罗布淖尔的部分征引极少。西汉屯戍,地面广泛,虽不能以居延、敦煌两地的制度和一般情况代表其他各地区,但亦距离不远。武帝时屯田,有事可以进攻,无事用以守御;然当时劳师远征,国用不足,大漠荒徼的开发,内郡与边地谷食的调剂,西域文化的交流,受屯田的影响不少。又按之汉代兵制,人人均须戍边三日,但《汉书》中除娄敬戍陇西,及盖宽饶为司隶时其子徒步戍北边外,其余官僚地主,皆未闻充过戍役,必然是用钱雇人替代。而一般被压迫人民,久戍不归,故汉镜铭有"君行戍,予志悲,久不见,侍前俙"的辞句。我很希望研究两汉社会情况的,重视这一点。

武帝河西屯田,是有成效的,敦煌存谷在简文上最多的记载,有"万三千六十石五斗八升"(见《汉简校文》——〇页)。居延存谷,有"万二千四百七十三石三斗"及"万一千六百五十二石三斗三升少"(见《居延汉简释文》卷二第四十九页)。可想当时每年收谷的数字,很是庞大。总起来说,屯田政策,不是裕财,而是消费。试以每个田卒种田二十亩来估计,每亩收租四斗,则二十亩收谷八石。每石平均百余钱,每人食粮,每月大斗二石,每年二十四石,以一人的耕种所得,在食粮方面,尚缺十六石,折合一千六百钱。而田卒的俸禄,每月约三百五十钱左右,每年四千二百钱,合粮俸两项,每人即缺少五千八百钱左近。而守御器具,军马刍茭,以及戍田卒家属的口粮,一切杂项支用,尚不计算在内。赵充国留步兵万人屯田,奏文上即说:"月用粮谷十九万九千六百三十斛,盐千六百九十三斛,茭藁二十五万二百八十六石。"此宣帝时数字,武帝时必尚不止此。《汉书·武帝纪》所谓:"元狩四年冬,有司言关东贫民徙陇西、北地、西河、上郡、会稽,凡七十二万五千口,县官衣食振业,用度不足,请收银锡造白金及皮币以足用,初算缗线。"是其明证。武帝用兵西陲,屡年不休,若无屯田,则必更形不足。换言之,屯田政策在当时经济上是有补助的,发生过一定的作用。

我此次增补屯戍一般情况方面,收获比较大的,是屯戍大量用徒及驰刑士问题,官吏奖罚可以用缗钱来计算问题,边郡使用黄金问题,屯田凿井问题,皆是《汉书》所未载的。然《汉书》上有些问题,读了木简才能解决。忆我十四岁时,读《赵充国传》,有"愿罢骑士留淮阳汝南步兵屯田"一语,当时意以为汉代各郡国皆有戍边的人,何以独说淮阳汝南郡的步兵。现在以木简来印证,确系淮阳、汝南、昌邑等地一带的籍贯居多,并证明宋钱文子《补汉兵志》说"大抵中原多材官",推断是正确的。敦煌所出木简,王国维先生作《流沙坠简·考释》,钩深致远,真成杰作。可惜居延木简,他未及见,否则发挥更大。两宗木简,共一万余件,蕴藏材料丰富,所见的不同,所需的不同,总起来看,是取之无尽,用之不竭。学者若要研究,必须以王氏为师,方能触类旁通。我这篇文字费了一年多工夫,对于分析概括,我自己亦不能满意,不过举出上列各项问题,表示自己一点独立思考而已。本篇的标题,称为屯田的研究固可,即称为居延汉简研究,似乎亦无不可。

一九五五年八月初稿
一九五七年一月修补

关于两汉的手工业

我国古代手工业做出来的成品,虽有伟大的成就,但在正史中记载得很少,尤其两汉的手工业,在《史记》《汉书》中材料更少。我写作本文的动机,是在一九五五年秋间。有友人研究中国古代经济史,他对我说,讲到秦汉的手工业,几乎无话可讲,尤其东汉是空白点。我说,两汉手工业在文献上记载的是少,出土古物方面却很多,试看两汉哪一件古器物,不是经过手工业的过程;并略述情况,与他共同研究了一番。一九五六年二月间,即开始写作。我的宗旨,是发挥两汉人民在手工业方面的高度成就。由纺织手工业,到造纸墨笔砚的手工业,共十四篇,篇后有小结,最后有结束语。惟铜工较多,分为五篇。每一部门,意在全面叙述发展过程,注重在官府手工业的掌握,与私人作坊的经营,包括原料的产地、成品的色质、制造的方法、价值的贵贱及外销互市等等。重在用古物材料来证明事实,但必须引用文献方能说明情况的,仍引用文献,习见的文献,则比较从略。其他如纺织手工业中,染色则引用《说文》,花纹则引用《急就篇》,为一般人所不注意的文献则叙述较详。题目建立在历史上,证明取材在古物上;不是单靠在正史里打圈子,也不是为考古而考古;意在将历史与考古二者合为一家,使考古为历史而服务。各代手工业,从来尚未有写过专书。我现在写成的是两汉时代,将来再有其他同志写隋唐时代。两汉是下启魏晋的,隋唐是上承六朝的。有这两种,则一千年间手工业的成绩,皆可约略贯通,不致有多大的隔阂。此外附有《两汉工人题名表》,搜罗多人,尚不过贫乏。

纺织业

两汉丝织品,以缯帛二字为代表名称,犹今人之称丝绸,或称绸缎。有官府的手工业,有私人的作坊。西汉官府手工业有少府属官的织室令丞,襄邑、临淄的服官,东汉则有织室丞。官府的齐三服官(即临淄服官),作工有数千人,一岁费巨万。东西织室,一岁费五千万。缯帛的种类繁多,根据《说文解字》,加以条理。

两汉的纺织手工业,是在殷、周、秦三代制造技术基础上发展起来的。除文献记载的外,长沙战国时楚墓中出土的,有楚国的缯帛书(见《文物参考资料》一九五五年七期图版二十四),似为巫祝之语;有绢帛画(见《人民日报》一九五三年六月十五日副刊),为弓弩习射之状;又有女巫夔凤的绢画(见《伟大的中国艺术传统图录》第一辑三十四页);又有楚缯衣缘、楚帛衣衰、楚束帛三种,皆楚国缯帛实物之现存的(见《长沙古物闻见记》卷上四十五页)。而长沙仰天湖竹简上面有"缍纯纲缟之绪"(见《长沙仰天湖出土楚简研究》第二简),"促布之罗二壆"(第四简),"缣绖大缍之纯"(第十简),"纺衣绿缠"(第十八简)等文,皆是说明战国时的丝织品及其他织品已极发达。

《汉书·百官公卿表》云:"少府属官有东织室令丞、西织室令丞。河平元年(公元前二五年)省东织,更名西织为织室,绥和二年(公元前七年)废。"(西安汉城曾出"织室令印"铜印,盖河平元年以后之官)又《汉书·地理志》陈留郡襄邑县、齐郡临淄县,注皆有服官。《汉书·贡禹传》云:"故时齐三服官,输物不过十笥,方今作工各数千人,一岁数费巨万,三工官费五千万,东西织室亦然。"贡禹所说齐三服官,当指临淄的服官而言。三服的解释,疑指春夏秋三季所需用的丝织品而言,此西汉官府手工业可考的。

《续汉书·百官志》云,少府卿本注云:"少府又省汤官,织室令置丞。"是东汉少府有织室丞,但不置织室令。又《后汉书·和熹邓皇后纪》云:"又御府尚方织室,锦绣冰纨绮縠玩弄之物,皆绝不作。"据此织室官署,东汉时依然存在的明证。又《续汉书·百官志》云:太仆属官有考工令(西汉属少府)"主作兵器弓弩刀铠之属,及主织绶诸杂工"。此条专指出尚方令兼织官绶,亦为东汉官府手工业的一部分。又《后汉书·章帝纪》:建初二年(公元七七年)四月癸巳"诏齐相省冰纨方空縠吹纶絮"。冰纨言洁白,方空形其方孔,吹纶形其轻薄,皆是质量最精美之品。东汉时齐国虽无服官之名,但仍属于官府手工业,此东汉官府手工业可考的。

《西京杂记》卷一:"霍光妻遗淳于衍散花绫二十五匹,绫出钜鹿陈宝光家,机用一百二十镊,六十日成一匹直万钱。"此私人作坊可考的。

《说文》:缯为帛总称。绢为缯别称,纨为素缯,绮为文缯,縑为并丝缯,绨为厚缯,紬为大丝缯,缦为无文缯,縈为致(缁)缯,素为白致(缁)缯,练为涷(涷染)缯,绫为齐人称布帛细者之名,绢为缯如麦秆色(汉代多用黄绢),縠为细缚,又为白鲜卮(作鲜美解),缟为鲜卮,縠为白缟,絟为粗绪。上述皆汉代缯帛重要的名称,略加今语解释。

又罗字《说文》只解本义,不属于糸部,亦为丝织品中主要的成品。又纱字《说文》未收,《周礼·天官·内司服》云:"绿衣素纱。"无专鼎云:"缟必(绊)彤沙(纱)。"(见阮氏《积古斋钟鼎款识》卷四第二十七页)本是汉以前的一种著名织品,至汉时尤为盛行。《汉书·江充传》所谓充衣纱縠禅衣是也。又缎字《说文》未收,张衡《四愁诗》:"美人贻我锦绣缎,何以报之青玉案。"盖汉代后起的字。

丝的积累计算名称,汉代亦有习俗语。《说文》:"绮丝数谓之綘,纬丝十缕为综。"《西京杂记》卷二《邹长倩遗公孙宏书》云:"五丝为䌰,倍䌰为升,倍升为緎,倍緎为纪,倍纪为总,倍总为緵。此自少之多,自微之著也。"《三国志·魏书·杜夔传》注引《马钧传》云:"钧为博士,居贫,乃思绫机之变,而世人知其巧。旧绫机五十综者五十䌰,六十综者六十蹑,先生患其丧功费日,乃皆易以十二蹑。"足证至三国时,五丝为蹑,倍记为总的名称,尚沿用不废。

汉代丝织品的产地以齐蜀两地为大宗,次则是襄邑,再次则是河内,而三辅则出白素,钜鹿则出缣丝。

《急就篇》末,东汉人增附两章。第一章首句云"齐国给献素缯帛",是泛指齐国出产地。分而言之,有产于临淄的,因服官设在临淄。有产于定陶的,《盐铁论·本议篇》有"齐陶之缣"可证。有产于任城国亢父县的,《流沙坠简·考释》释二第四十四页,有任城缣题字云:"任城国亢父缣一匹,幅广二尺二寸,长四丈,重二十五两,直钱六百十八。"是东汉时亢父产缣之证。

左思《蜀都赋》云:"贝锦斐成,濯色江波。"《太平御览》卷八百十五引《诸葛亮集》云:"今民贫国虚,决敌之资,唯仰锦耳。"又引魏文帝诏云:"前后每得蜀锦,殊不相比,适可讶而鲜卑尚复不爱也。自吾所织如意虎头连璧锦,亦有金薄,蜀薄来至洛邑,皆下恶,是为下土之物,皆有虚名。"蜀锦比临淄锦、襄邑锦知名稍晚,但行销吴魏,后来居上。魏文帝诏书所称如意虎头等锦,可能是襄邑锦的花纹。

西汉时陈留郡襄邑县设有服官。《说文》:"锦,襄邑织文也。"《范子计然书》卷下云(马氏玉函山房辑本,高邮《茆氏丛书》称为《计然万物录》):"锦大丈出陈留。"与《汉书·地理志》及《说文》均合。至曹魏时犹负盛名。左思《魏都赋》云:"锦绣襄邑,罗绮朝歌,绵纩房子,缣总清河。"刘渊林注:"引中都赋朝歌绮罗,又房子出御绵,清河出缣总。清河一名甘陵。"是东汉时襄邑锦之外,朝歌为产罗、清河为产缣地区。又《御览》卷八百十五引《陈留风俗传》云:"襄邑南有涣水,北有睢水。《传》曰睢涣之间文章,故有黼黻藻锦日月华虫,以奉天子宗庙御服焉。"

《居延汉简释文》卷三第二页有简文云:"河内廿两帛八匹三尺四寸大半寸,二千九百七十八。"据此河内盖亦为产帛之地区,与亢父缣同行销于边郡。丝织品以斤两来计重量,江浙等省,至今犹然。亢父缣每匹重二十五两直钱六百十八,河内帛每匹重廿两直钱三百五十有零,互相比较,河内帛的质料,当不如亢父缣。

《范子计然书》卷下云:"白素出三辅匹八百。"素的价值反比亢父缣为贵。《计然书》当为西汉时三辅人所撰,故对土产丝织品,特别加以表扬。

《太平御览》卷八百十八引《东观汉记》云:"马援行塞障,到右北平,诏书赐援钜鹿缣三百匹。"据此不独齐陶、亢父产缣,钜鹿亦出产名缣。

丝织品练染颜色,以《说文》记载最为具体,次则是《急就篇》。官府手工业掌练染,西汉在暴室(疑属织室令),东汉则在平准令。而染丝的工具,尚有留存的文字记载。

《三辅黄图》卷三:"未央宫有暴室,主掖庭织作染练之署。"《续汉书·百官志》:大司农属官有平准令,本注曰:"掌知物价,主练染作采色。"刘昭注引《汉官》曰:"员吏百九十人。"

《说文》所解释染丝的文字,今汇合列举如下:绿为帛青黄色,缥为帛白青色,绢为帛青经缥纬,絑为纯赤色,纁为浅绛色,绌为绛色,绛为大赤色,缙为帛赤色,䋹为赤缯,䌓为帛丹黄色,缇为帛赤黄色,紫为帛青赤色,红为帛赤白色,总为帛青色,绀为帛深青而扬赤色,綥为帛苍艾色,缲为帛如绀色,缁为黑色,才为帛雀头色,纰为帛骓色,缋为缯采色。以上所述,五色俱备,又有用二色或三色调和而变化出来的多种颜色。另《说文》解释绣字为五采备也,绘字为五采绣也,是刺绣所用染色丝的总义。

缯帛中有一染再染加深颜色的。《说文》缌字云:"一染谓之缌,再染谓之赪,三染谓之纁。"以字义来推断,是由黄色变为绛色,染的次数愈多,则颜色愈能耐久。许慎所引,为《尔雅·释器》文,足证汉代染色的加工,仍沿用此法(先秦练丝方法,在《周礼》幌氏言之已详,本文不再征引)。有形容染的颜色之美丽者。《急就篇》文中说:有像春草初生的纤细,有像鸡尾的曲垂,有像水鸭头上的绿毛,在春波中荡漾起伏之状,黄色比于郁金蒸栗,轻薄的比于蝉翼(《急就篇》原文:"春草鸡翘凫翁濯,郁金半见缃白䋹,缥绫绿纨皂紫硟,蒸栗绢绀缙红燃,青绮绫縠靡润鲜,绨络缣练素帛蝉。"兹就颜注,略加今译)。又《急就篇》原文有解释颜色的名辞,与《说文》大体相同,不再叙述。

《积古斋钟鼎款识》卷十第十二页有汉染桮云:"史侯家铜染桮第四,重一斤十四两。"桮当作棒字解,即后代染坊所用的染棒。桮或为栖字假借,则与盆缶类似。可惜原器已佚,照拓本看来,文字在柄,似当解为染棒为宜。

染的技术有地方性,如《说文》绡字说是育阳染之类。案《汉书·地理志》育阳县属南郡。

染色的原料今可考者,《周礼·地官·掌染草》郑注:"染草蓝蒨(茜)象斗之属。"贾疏:"蓝以染青,蒨以染赤,象斗染黑。"郑君盖用汉制说《周礼》。《说文》:"蓝染青草。""荩草可以染留黄""蒨草可以染绛。"(一名茅搜草)"绮色以蒨染故谓之绮。"又任昉《述异记》卷下:"蒐园在定陵。"引《汉官仪》曰:"蒐园供染绿绫绶,小蓝曰蒐,音稷。"又《史记·货殖传》:"千亩卮蒨,千畦姜韭。其人皆与千户侯等。"徐广注:"蒨一名红蓝,其花染缯赤黄也。"对于卮字,注家未有确解,盖即栀字省文,栀子可用为黄色的染料,所以栀蒨并称。据此汉代染料,以蓝荩栀蒨为大宗,而蒨草的用途尤广(蒨草今人又称为紫草)。

东汉时期,种蓝为染料的地区,重点在陈留,与陈留襄邑以出锦著名的,有不可分割的关系。赵岐《蓝赋序》(见《全后汉文》卷六十二)云:"余就医偃师,道经陈留,此境人皆以种蓝染绀为业,蓝田弥望,黍稷不植,慨其遗本念末,遂作赋曰:同丘中之有麻,似麦秀之油油(原文只存两句)。"赋序有染绀字样,知陈留不但种蓝,并且种蒨。

丝织品的花纹,以《急就篇》文字最为具体,以现时出土的材料来印证,多相符合。

《急就篇》云:"锦绣缦纻离云爵。乘风县钟华洞乐。豹首落莫兔双鹤。"又《急就篇》东汉人增附两章,第一章首两句云:"齐国给献素缯帛,飞龙凤皇相追逐。"综合颜注来解释,知道汉代丝织品花样繁多,有龙凤孔雀豹首双兔双鹤爰居等象形图案,又有云气华藻美丽生动的图案。

《西京杂记》卷三云:"尉佗献高祖鲛鱼荔支,高祖报以蒲桃锦四匹。"又《杂记》卷一云:"霍光妻遗淳于衍蒲桃锦二十四匹,散花绫二十五匹。"蒲桃其时初入中国,当是最新式的图案。

中国历史博物馆陈列汉锦。有朱雀纹、鸟纹(蒙古出土)、豹纹、双禽纹、车马纹、云纹、青锦花纹(新疆出土),另有锦带、碧色帛带、锦囊细帛等。颜色有鲜丽如新的,而雀纹、豹首、双禽、云纹等图案,与《急就篇》所记载,完全符合。

又《世界美术史》卷七中国部分,罗列两汉丝织品图样甚多。如阳高耿婴墓中出土菱纹绢(见三十五页),外蒙古出土灵芝纹绢、双鱼纹绢(见三十六页)、云气纹绣(见六十二页)、龙纹绣(见六十三页)、山形鸟纹锦(见六十四页)、新神灵广成寿万年锦(见六十六页)、群鹄锦(见六十七页),新疆出土韩仁锦(见六十五页,新神灵广成、韩仁两锦,详见下文),皆足为研究两汉丝织的参考。

长沙马王堆一号汉墓所出的丝帛。

长沙马王堆一号汉墓出土了大批色彩绚丽的纺织品,和各种各样的服饰,为研究汉代手工业提供了可靠的证据。这批纺织品和衣物,在西边厢竹笥中有锦袍十一件、单衣三件、单裙两件、袜子两双、袍缘一件、单幅丝织品四十六卷,北边厢有夹袍、绣枕、几巾、香囊各一件、枕巾二件、鞋二双、夹袆两件及帷幔、针衣、镜衣及棺外铺绒绣锦和菱花帖毛锦。丝织品种有绢、罗纱、锦、绣绮等;颜色有茶褐、绛红、灰朱、黄棕、浅黄、青绿、白等;花纹制作技术有绣有绘,有动物纹、云纹、卷草、菱形几何纹。这次出土的丝织品数量大、品种多、花纹鲜艳繁缛,是考古发掘中所罕见的。

汉代缯帛,幅广二尺二寸、长四丈为一匹,与现出亢父缣题字正合。其价值,丝的原料以斤计,丝的成品以匹计,居延木简记载甚多。织机形式,与每日织的进度,在汉石刻画像及《九章算术》算题中,亦可略见一二。

《汉书·食货志》云:"太公为立九府圜法,布帛广二尺二寸为幅,四丈为匹。"《说文》:"匹,四丈也。"王国维《释币》引《魏书·食货志》云:"绢曰匹,布曰端,布六丈而当匹绢,绢以四丈为一匹,布以六丈为一端。"案王氏所引,系北魏时制度。居延木简称"九稯布二匹","广汉八稯布十九匹",并不称端。古诗有:"客从远方来,遗我一端绮。"是汉时缯帛一匹亦可称为一端。

敦煌所出任城亢父缣题字,幅广二尺二寸,长四丈,与《汉书》记载正合。斯坦因在敦煌得到两个后汉时代的木尺,每尺十寸,每寸合二二·九公厘,汉尺的一丈,就是二公尺二公寸九公分,四丈就是九公尺一公寸六公分(见斯坦因《西域考古记》三七三页),幅广二尺二寸,就是等于五公寸六公分,面积如此之狭,一匹只可做成人一身的衣料。

汉代丝帛的价值,今可考的,《居延汉简释文》卷二第五十一页有:"黄縠糸一斤,三百五十。"卷三第六十页有:"绡丝二斤直四百卅四。"又卷三第七页有:"帛千九十四三尺五寸大半寸,直钱卅五万四千二百。"而"亢父缣一匹,直六百十八"。"河内廿两帛八匹三尺四寸大半寸,直二千九百七十八"。《范子计然书》卷下有"能绣(疑作耐绣解)细文出齐,上价匹二万,中万,下五千","白素出三辅,每匹价八百"等记载。《西京杂记》卷一所记钜鹿陈宝光家所织散花绫,一匹直万钱,此为私人作坊加工的特货,故比其他缯帛售价为高。以上所述,皆是汉代缯帛价值最可宝贵的材料。至于居延其他各木简中,与《九章算术》算题中所假设的丝价,记载尤多,本文不逐一征引。

张鹏一《关陇丛书·班氏遗书》卷二《兰台集》二十二页《班固与弟超书》云:"窦侍中令载杂彩七百匹,市月支马苏合香。"又云:"窦侍中前寄人钱八十万,市得杂罽十余张也。"(引《御览》八百十六)又云:"令赍白素三百匹,欲以市月支马苏合香阇登。"(引《御览》八百十四)从上所述可以看出西域出产的月支马及杂罽高贵的价值,实物交换的情况。

汉代的纺织机,在武梁祠石刻画像曾母投杼图中可以看到,与现时农村所用形式变化不大。织机每日的速度,据《九章算术》卷三有算题说:第一日织一寸余,第二日织三寸余,第三日织六寸余,第四日织一尺二寸,第五日织二尺五寸余。虽为假设算题,推断当距事实不远。以最后一日来看,每日成二尺五寸,十六日成一匹。《西京杂记》卷一:霍光妻遗淳于衍散花绫,六十日成一匹,每日不过六寸余,当然是最精细的绫子,才有如许加工。《九章算术》所记,则系普通织品每日的进度。而古诗云:"织缣日一匹,织素五丈余。"古诗《焦仲卿妻》有云:"三日断五匹,大人故嫌迟。"倘以布匹六丈为一匹而论,每日则须织十丈,夸大之言,似不可信。汉代的织具,今可考的,有维车(见《御览》八百二十五引《通俗文》),有榬,有络车(同上引《方言》),有机杼(同上引《列女传》),有梭(同上引《通俗文》)。

汉代丝织品外销的范围极广,有互市或赠送的,有商人贩运的。文献记载与出土实物的关系。

《汉书·匈奴传》云:孝文前六年报单于书,赠送礼物有"绣十匹,锦二十匹,赤绨绿缯各四十匹"。又云:"单于好汉缯絮、食物。"此汉丝输入匈奴的记载。

《汉书·西域乌孙传》云:"天子遣使者持帷帐锦绣,给遗乌孙公主。"又《后汉书·西域大秦传》云:"又常利得中国缣丝,解以为胡绫绀纹。"又云:"安息欲以汉缯丝与之交市,故隔阂不得自达。"此汉丝远输入波斯大秦的记载。又《史记·大宛传》云:"自大宛以西至安息国,其地皆无丝漆。"此武帝中叶时,大宛自己国内尚未有丝的记载。

《汉书·地理志》粤地"黄支国应募者俱入海,市明珠璧流离、奇石异物,赍黄金杂缯帛而往"。此汉丝远输入黄支国的记载。

苏联考兹洛夫《外蒙古调查报告》一二五页说:"在一九二四年所

发现的诺颜乌兰的匈奴帝王古墓遗物,除漆器外(西汉建平五年),墓中织物有绢布和毛织物二种。在绢布上面,绣有彩色的山云鸟兽神仙等物;在流云神仙中间,并刺有'新神灵广成寿万年'的篆书。由是证明,这种绢绣,不是王莽送给匈奴王庭的,便是匈奴使者从新莽时代的长安购买的。"另外,外蒙古通瓦拉古墓出土丝织品尤多,除各种花纹外,有"云昌万岁宜子孙"等吉祥语文字。有些丝织品上,有群鹤、交龙、登高的字样。上述皆是汉丝输入匈奴,在考古材料上发现的明证(外蒙古所出各丝绣图案,《东洋文化史大系·汉魏六朝时代》二八〇页叙述亦详)。

《西域考古记》三八三页,《亚洲腹部考古记》二二二页、二二七页、二八〇页等,记载斯坦因在中国"探险"时,盗窃我国珍贵文物,在楼兰找到许多丝的断片和丝绣,有龙纹,有云气纹,并分别绣有"韩仁绣""延年益寿""长乐明光"等字,与外蒙古所出"新神灵广成寿万年"字体一样,可能同为西汉末期作品。又《西域考古记》七〇一页至七〇四页,斯坦因记载在玉门找到一块没有染色的丝,厚长十九寸半,在一端用早期贵霜王朝的婆罗谜字体写着四个字,共十个音节,用的是深黑墨汁,第一个字意义不明,第二个字是"丝",第三个字是"一虎口长",第四个字是"四十六"。总起来是说丝长四十六虎口,盖用印度文来标明长度,是公元前后遗物,彼时西域一带或已通行印度语。又斯坦因在敦煌找到任城国亢父缣,在吐鲁蕃(番)找得裹尸体的丝,在和阗找得锦缎碎片,皆大都属于汉代的。此汉丝输入西域的例证,与文献记载正相符合(参考季羡林《中国蚕丝输入印度问题》)。又《罗布淖尔考古记》,记考古时所得汉代的丝织品,有彩巾,有帕,有丝锦方枕,有丝织残巾,有方眼罗纱,有丝锦,又有毛织品的毛毯、毛织布、布囊、麻布残块等(一六三页至一六七页)。此又汉丝输入西域的楼兰又一证。

《东洋文化史大系·汉魏六朝时代》三四二页,载有乐浪王盱墓中所出菱形汉纹绢残片,乐浪亦记载王盱墓出土的罗、绢、缅、绢组纽及组缕纽等,皆是东汉建武永平时物。朝鲜乐浪在汉时为汉郡之一,商运比较容易,所出各品,虽不及外蒙古、新疆的整齐,而丝的美丽颜色,纺织技术,却都一致,此汉丝输入朝鲜的例证。

《御览》卷八百十五,"魏景初中赐倭女王绛地蛟龙锦五匹,绀地勾文锦三匹,倭献暴文杂锦二十匹"。此汉魏间丝织品输入日本的例证。

张骞通西域,兼通丝绸之路。

西汉建元三年(公元前一三八年)到元朔三年(公元前一二六年),张骞出使西域和帕米尔高原以西的许多国家,建立了联系。元狩四年(公元前一一九年),他第二次出使西域时,就"赍金币,帛直数千巨万"(《汉书·张骞传》),带去了许多丝绸作为馈赠的礼物。此后,在中西交通大道上便有大量的丝绸源源不断地向外输出。考古工作者在汉唐丝绸之路民丰、吐鲁番、武威、敦煌等地发现了大批汉魏丝织品。一九五九年,在新疆民丰一号墓出土了东汉"延年益寿大宜子孙"绵手套和"延年益寿大宜子孙"锦袜、菱纹"阳"字锦袜、刺绣云纹粉带、刺绣云纹袜带、菱纹绮、绯色绢、湖色绢,甘肃敦煌发现北魏太和十一年刺绣的佛像。这些丝绸都是由中国内地传去的。

与丝织品不可分开的技艺,即是缝纫。如《方言》《急就篇》《说文》《释名》所举名称,皆说明衣服的制度及形式。

《急就篇》颜注称长衣曰袍,短衣曰襦,裙下为裳,袷为短袍,襜褕为襌衣,袴为胫衣,裈为合裆袴,蔽膝加于衣上。《说文》则称韨为蔽膝,袴为绔,裔为裙。《方言》卷四有佩衿、複襦、被巾、直衿等名目。《释名》卷十六则称一当胸一当背者谓之裲裆,襦之小者谓之反背,妇人上服曰袿,腰襦形如襦,其腰上翘下齐腰也。以上所说,皆是汉代劳动人民缝纫的成绩。现时名称不变的,为长袍、短袍、袴、裈、背心(即裲裆)、长袿、短襦(即小袿)数种。其余方言各书存在衣服的名称还不少,因古今形式不同,名称不同,又无图像的留存,古有今无的固多,而古有其名,或者今亦有其物,学者不敢指出古之名即今之某物的尤多。他如《续汉书·舆服志》所载，则纯为汉代统治阶级的礼服，属于典制方面，本文更不具论。

《西京杂记》卷一，赵飞燕为皇后，其女弟在昭阳殿，赠贺礼物有"金花紫轮帽、金花紫罗面衣、织成上襦（《续汉书·舆服志》：织成，襄邑岁献）、织成下裳、鸳鸯襦、鸳鸯被、鸳鸯褥、金错绣裆、七宝綦履"等物。此为统治阶级最华贵的使用织物，不是一般人民所能服用的，另一方面，可以看出二千年前纺织手工业的成绩和进步。

《罗布淖尔考古记》一六三页，汉代烽火台遗址中出土有麻织纯素的短裤一条，长六十八厘米，脚口围五十九厘米，形式上通于腰，与裆相连，左右缝之，裆高四十厘米，案即《汉书·司马相如传》之犊鼻裤。汉代戍卒衣此，便于操作，此为现今汉代衣服之仅存者。

《罗布淖尔考古记》一六一页至一六二页，汉代烽火台遗址中出土有汉代青履，由麻线编组而成，前较后稍宽，口作椭圆形，以皮为缘饰，以毛线缝之，口染蓝色，头部染青色，颇为坚固耐用。又有素履，亦用麻线编组而成，纯素不加彩色，为一般平民所用。又有赤履，以丝线编组而成，式样与素履相同，口缘镶皮，以丝线缝之，下缘周围亦镶皮，现皮质已脱，但其缝纫痕迹，及残皮犹存（缘皮古称为纯），履身用红丝线及白丝线交错编组而成，其法以白线为经，再用红线纬编之，鼻梁处组蓝黄色带纹一道，古称为絇，此为汉履之仅存者，亦为缝纫技艺之可见者。

丝织品的原料在养蚕。氾胜之的《养蚕法》是我国第一部蚕书，可惜已经不传。蚕桑之利，到东汉初年，才推广到江南，另一方面传播到西域。

宋敏求《长安志》卷十五，叙秦始皇陵引《郡国志》曰："始皇陵有银蚕金雁，以多奇物，俗云秦王地市。"又引《三辅故事》曰："始皇陵七百岁，以明珠为日月，鱼膏为脂烛，金银为凫雁，金蚕三十箔。"案秦汉统治阶级墓中殉葬往往用金蚕，至六朝时犹然；象征是蚕能吐丝，用丝织缯帛，以供其无穷享受。

《太平御览·资产部》引《氾胜之书》云："卫尉前上蚕法，今上农法,民事人所忽略,卫尉勰之,可谓忠国爱民之至。"氾胜之的《养蚕法》虽不存在,当为我国养蚕的一部最古的书籍。

《三辅黄图》上林苑有茧馆,为皇后亲蚕之地。《汉旧仪》(平津馆辑本卷六第二页)云:汉代置"蚕官令丞"。盖即指蚕室而言,此官为《汉书·百官公卿表》所未载。西安出土的汉瓦,有"崇蛹嵯峨"瓦(谢文清旧藏,现存王子善后人手中),有"□桑□监"瓦(范县刘军山藏),皆为养蚕的宫观及管理蚕事的官署所用,为汉代统治阶级对蚕事的重视。《汉金文录》卷四第三十三页有"大富虫(蚕)王"铜器,为汉代人民对蚕事的重视。古诗《陌上桑》叙述罗敷采桑,为汉代妇女对蚕事的重视。《张迁碑》文有"蚕月之务,不闭四门"两句,为汉代令长对蚕事的重视。

西汉时期养蚕织丝事业只在黄河流域发展,到了东汉初年,始流传到江南。《后汉书·卫飒传》注引《东观记》曰:"元和中荆州刺史上言:臣行部入长沙界,观者皆徒跣。臣问御佐:人无履亦苦之否?御佐对曰:十二月盛寒时,并多剖裂血出,燃火烧之,春温或脓溃。建武中桂阳太守茨充教人养桑蚕,人得其利。至今江南颇知桑蚕织履,皆充之化也。"(《御览》八百二十五引谢承《后汉书》,南阳范充即茨充,为吴桂阳太守,吴字当为误文)据此蚕桑之利,在东汉初始流行于长江流域。左思《吴都赋》所谓"国税再熟之稻,乡贡八蚕之绵"。吴丝与蜀锦的地位,几欲代临淄、襄邑而有之。而《汉书·地理志》粤地,叙儋耳珠崖郡(武帝元封元年开)"男子耕种禾稻,女子桑蚕织绩"。是中国养蚕的方法,传播到粤地一部分独早。

《西域考古记》四十五页云斯坦因"在这里发见一块画版,中央画着一个盛装贵妇,头戴高冕,女郎跽于两旁。画版一端,有一只篮子,里面充满了果实似的东西。左边的侍女,用左手指着贵妇人的冕。这画什么意思呢?这贵妇人无疑就是我们上面谈到的,把蚕种藏在帽子里,偷传到和阗去的中国公主。她对当地人民有大功,他们忘不掉她,奉她为神明,又把她画在画版上"。又一二七八页记斯坦因在和阗北面一座古庙的废址里,发现了一幅壁画,画着一个四臂蚕神,就是中国古书上所谓先蚕。这是汉代养蚕法传入西域的例证。

汉代的布以麻葛为代表品,出产地以西蜀最为上等,有七稯、八稯、九稯、十稯等名称。每匹的价值,能略知一二。

《说文》载布的名称:緆为细麻,绤为细葛,绤为粗葛,绉为绤之细者,纻为枲类布白而细者,绖为细布,緫为细疏布,紨为粗绁布。

布的产地。《说文》云:"繉,蜀细布也。"《盐铁论·本议篇》云:"齐陶之缣,蜀汉之布。"左思《蜀都赋》云:"黄润比筒。"刘渊林注:"黄润谓细布。"可证在两汉布的出产地,以西蜀为上品。《居延汉简释文》卷三第二页有"广汉八稯布"的记载(全简见下文),与文献所说皆合。又《蜀都赋》所称"布有橦华"。《说文》㡉字云:"㡉布出东莱。"这是属于地方性的出品。

汉人对布的习俗语,今可考的如《说文》称布缕谓之纑(即孟子姜辟纑之纑),纬十缕谓之緈,麻一束谓之絜,枲(枲亦麻也)十絜谓之缪,又《说文》綀字引汉律:"绮丝数谓之䌛,布谓之总。"段注引《礼经》:布八十缕为升。禾部曰布八十缕为稯。稯即总字,案汉人盖以缕为布的粗细计算方法。

汉布的类别。有七缌布,《史记·孝景本纪》云:后元二年令徒隶衣七缌布。有八稯布,《居延汉简释文》卷三第二页有简文云:"广汉八稯布十九匹八寸大半寸,直四千三百廿。"有九稯布,《居延汉简释文》卷一第八十二页有简文云:"九稯布三匹,匹三百卅三。"有十稯布,《汉书·王莽传》卷中:"一月之禄,十稯布二匹。"盖八稯较粗,而十稯较密(以木简所载的八稯的价值,高于九稯,恐为边郡不同时期,故有高低的现象)。用八十缕、九十缕来计算布的粗密,等于现时纺织厂中所称二十支纱至五十支纱的名目,意义相同。布的价值,今可考的,八稯每匹约二百余钱,九稯布每匹三百卅三钱,另有校布一匹二百九十钱,布一匹四百钱(详我所写的《汉代内郡边郡物价情况》),而十稯布价值,当与八稯、九稯相距不远。

汉时少数民族自织的布品毡品,其名称见于《说文》的有"氐人殊缕布称为绀","西胡人毳布称为罽","氐人所织的罽称为毤","南郡蛮夷所出宾布,又名㡂布"。此外两汉书所记载的,及外蒙古匈奴王墓中所出的毡毛织品,《罗布淖尔考古记》所记烽火台遗址中出土的毛织品,本文因限于篇幅,不再征引。

新石器时代遗址中发现的纺锭极多,至汉时仍沿用不废。我在咸阳三道原曾购得汉"咸里□□"纺锭一枚,为汉代个体劳动人民的纺具。

《云南晋宁石寨山古遗址及墓葬报告》(见《考古学报》一九五六年第一期)所述新发现的铜鼓,上面有花纹,外围则有织麻布和从事其他操作者九人环绕的像,此为汉代西南少数民族织布的情况。

两汉的纺织手工业,就考古发掘的材料来看,是相当发达的。从染色到花纹,从花纹到织机的技术,几乎无样不精。仅凭文献记载,不能全面说明问题,所以必须取证于实物。如外蒙古匈奴王墓中所发现的王莽时代的锦,新疆所发现的汉锦,皆是代表作品,有力的证据。但这些丝织品,价值很大,一斤丝要值三百余钱,一匹缣要值六百余钱,一匹白素要值八百余钱。用米价来比例(较)一下,汉代通常米价,每石在一百钱左近,一匹缣只可做成人的一件长袍,可算就要合到六石米的价值,缝纫工资尚不在内;而一匹上等白素,就要合到八石米价。素的作用,不仅可以做衣服,还可以代替竹简写书籍,读书的人,往往用不起素,所以有"贫不及素"的话。通常的丝织品已昂贵如此,其他著名的如临淄锦、襄邑锦,高等的每匹竟达到二十千钱。手工业的复杂劳动所创造的价值,远超过当时一般农业劳动所创造的价值。商人又从中垄断,谋取厚利,因而价格更高,所以有"刺绣纹不如倚市门"的话。丝织品既如此昂贵,只有统治阶级才能享受。我们再考查一下平民所穿衣服的情况,如西汉初期,汉代中原各郡到京师充卫士的人,穿得破烂不堪(见《汉书·贾谊传》),西汉中期到末期,边郡的戍卒,只穿八稷布,等于丧家所用的粗麻布。戍卒彼此买卖一件旧单衣,就要三百余钱(见《居延汉简释文》卷一)。东汉中期五原的老百姓,且无衣可穿,冬日伏在草里(见《后汉书·崔寔传》);长沙的老百姓,冬日无鞋可穿,两足裂血(见《后汉书·卫飒传》)。这是何等悲惨,我们不能以两汉纺织手工业的发达,而就冲淡了阶级矛盾的尖锐的看法。

《汉书·张汤附张安世传》有云:"安世身衣弋绨,夫人自纺绩,家童七百人,皆有手技作业,内治产业,累积纤微,是以能殖其货。"近日一般学者,根据史料分析,都说张安世的家童七百人,皆从事纺织手工业,开了最大的私人作坊;其实《汉书》原文说是皆有手技作业,范围包括很广,可能有一部分治纺织,我与一般的见解不同,所以本文未曾征引。

漆 器 业

汉代漆器手工业,是从战国发展来的,在长沙楚墓中,洛阳金村古墓中,所出的漆器,皆可以得到证明。而信阳楚墓所出,尤为后来居上。

我国漆器,发明很早,在《诗经》上有"坂有漆,隰有栗"等句。鲁国有漆雕氏,当是雕刻髹漆的名工后人,即以为姓氏。自一九四〇年长沙楚墓发现大批楚国漆器,北京历史博物馆曾编《长沙出土古代漆器图案选集》,与蒋玄怡所编的《长沙》,大致菁华已经选出。近年有最后出土,在各书之外的,名称形状,大率相同。综合最著名之品,有彩画云龙纹漆质、彩画漆倚几、彩画漆几、彩画漆案、彩画凤纹漆盘、彩画银扣漆盘、彩画鸟兽纹漆盘、彩画漆耳杯、彩画人物漆盘、彩画车马人物漆奁、彩画狩猎纹漆奁、针刻漆奁、夹纻针刻小漆盒等。漆奁耳杯上或有刻纪年铭文及工人名字的。又《长沙古物闻见记》卷上十六页至三十二页,著录有二十九年漆奁、漆筴、漆剑鞘、漆戈戟柲、漆弓、漆龙坐、漆蛇、漆蝠、漆天平等物。又洛阳金村墓葬中,所出漆器亦多,如木胎黑髹金铜扣彩画壶、夹纻金铜饰奁、金铜扣四叶座饰漆奁、金铜扣四叶座锦漆小匣、金铜扣四叶座饰圆筒形漆小匣、金铜扣四叶座饰小判形漆小匣、瓦胎黑髹彩画壶等(见《金村古墓聚英》图版第三〇页至三七页)。上述两地区所出,皆战国时留存的作品,胎质的坚致,花纹的细腻,其形像的精美,颜色的调和,皆是我国二千年前劳动人民集体智慧的创作。尤其以云龙纹、凤纹,舒翔自如,姿态生动,在艺术史上有崇高无比的价值。汉代的漆器,是从战国创作基础上进一步发展的,花样并不见到增多,而分工愈见细密,铭文字数特多,与战国漆器,可谓双璧交辉,未可评定其高下。前陕县三门峡水库工程中,发现春秋初期墓葬,出土漆器以豆为最多。从前漆器,仅可看到战国时作品,现在进一步可以看到春秋时作品。又信阳长台关五里,发现战国楚墓,墓的前室,有镇墓兽,木制,踞坐,高一米余,用朱墨漆,獠牙吐长舌,厥状可怖。墓南室有漆花案,南侧室多耳杯,朱彩墨地,颜色如新,可谓后来居上。

汉代漆器官府手工业,在西汉蜀郡、成都、广汉,工官每岁各用五百万。据乐浪出土漆器铭文,梓潼郡、武都郡亦设有工官。据《盐铁论》,河内工官亦造一部分漆器。东汉则仍用蜀汉扣器,蜀郡、成都均设有工官。

《汉书·地理志》:各地注有工官的为怀、河南、阳翟、宛、东平陵、泰山郡、奉高、广汉郡、雒、成都十个郡县。《汉书·贡禹传》云:"蜀广汉主金银器,岁各用五百万,三工官官费五千万。"蜀是包括蜀郡与成都而言,连广汉则有三处工官,贡禹另说的三工官,不是指此而言。

《支那汉代纪年漆器铭图说》四十一页有子同(梓潼)郡工官造的漆器。又大村西崖《中国美术史》载有武都工官所作的乘舆黄耳杯。又《太平御览·器物部》引《盐铁论·散不足篇》云:"野王纻器。"据上所述,西汉除蜀郡、成都、广汉三处工官在文献有记载外,现在又有梓潼、武都、河内三处工官,制造漆器。河内工官主要造弩机(见《簠斋吉金录·弩机十六》),漆器是兼造的一部分。《后汉书·和熹邓皇后纪》云:"省蜀汉扣器,九带佩刀,并不复调。"此东汉沿用蜀郡扣器的明证。而蜀郡有工官，见于建武二十八年（公元五二年）漆耳杯（见《支那汉代纪年漆器铭图说》四十六页），广汉有工官，见建武二十一年（公元四五年）漆耳杯（见同书四十五页），又见永元十六年（公元一〇四年）广汉郡工官造金马书刀（见《贞松堂集古遗文》卷十五第十一至十二页）。

汉代产漆的地区，及漆官的设置，漆的价值。

《史记·货殖传》云："陈夏千亩漆。"《御览》卷七百六十六引何晏《九州论》云："共汲好漆。"又同卷引《续述征记》云："古之漆园在中牟，今犹生漆树。"三处皆属现今河南省境。魏晋人的记载，当与汉代情况不远。

蜀郡、成都、广汉工官主造金银器。漆器因涂扣金银关系，遂成为一部分专门工业。而管理漆园的官吏今可考者，《金石索》卷五《金索·玺印之属》有"常山漆园司马"（此印西安汉城亦曾出一方）、"漆园司马"两汉印。常山印有界格，尤为西汉制作的明证，并可知道常山在汉代亦为产漆的地区。《九章算术》卷二有算题答案云："漆一斗价三百四十五。"虽为假设的算题，与实际价目，当距离不远，此为汉代漆价最可宝贵的材料。《史记·货殖传》叙通都大邑出产品有云："木器髹者千枚。"又云："千斗。"足证汉代漆价以斗计，与《九章算术》正同。

汉人最重漆器制造法及收藏法，并无记载，在六朝唐人文献中，可以得到旁证。

《罗布淖尔考古记》第五章《漆器类》一五三页略云："就此地出土漆器而言，作法有三：一以纻布为胎涂漆者，如漆杯是也。一以木为胎，涂漆，如桶状杯及图六、七漆器残块是也。一以木为胎，夹纻布漆之者，如漆扁形匣及诸残块是也。"案以纻布为胎漆之者，古名脱空，亦称脱沙。《大唐西域记·瞿萨旦那国》条云："王城西南十余里，有地迦婆缚那伽蓝，中有夹纻立佛象。"小注云："寒山考夹纻，今称脱沙。"又按《旧唐书》卷十一曰："大历十三年二月甲辰，太仆寺佛堂，有小脱空金刚。"因内实无质，以纻麻布或缯帛之属为胎，再里外加漆而成象，故曰脱。脱者离其原型，无实质之谓也。此杯以纻麻布为胎，内无木质，与唐之脱空相同。盖脱空造型之术，中国发明独早，汉时已渐通行，佛教东来，又以其术广造佛像，西域则受中土之影响，转相仿效，故玄奘记之。今得此漆栖，更可证明其渊源所自。又以木为胎内外涂漆者，制造法最为简单。《辍耕录》云："凡造碗碟盘盂之属，其胎骨则梓人以脆松劈成薄片，于旋床上胶粘而成，名曰卷素。髹工买来，刀刳胶联，乾漆平正，夏月无胶泛之患，却炀牛皮胶和生漆微嵌缝中，名曰梢当；然后胶漆布之，方加粗灰，令日久坚实，再加细灰，谓之糙漆。再停数月，才用黑光。"按《辍耕录》为元陶宗仪所著，所记当为元时事，然元时髹漆之法必源于古，今以彼所记，推较发现之桶状杯，其制造技术，亦多暗合。又以木为胎夹纻漆之方法，按《新唐书》卷十三《礼乐志·述明堂》云："则天始毁东都乾元殿，以其地立明堂。开元五年，复以为乾元殿而不毁。初，则天以木为瓦，夹纻漆之。二十五年，玄宗遣将作大匠康𬨎素毁之。𬨎素以为劳人，乃去其上层，易以真瓦。""按以木为瓦夹纻漆之者，以木为胎再加纻布漆之也。本书图四之扁形盒，及图八之残块，均以木为胎，用纻布漆之，与唐乾元殿之作法相同。据此夹纻虽一，而一有木胎，一无木胎，无木胎者名脱空，有木胎者乃为夹纻，夹纻者中夹纻布以漆之也。此件与汉简同时出土，均为西汉时物，与《盐铁论》所称之纻器，汉漆盘自称为夹纻，名称与实物，无不符合。黄氏所述漆器造法三种，颇为详尽。但金村古墓所出有瓦胎髹画壶，以瓦为胎，在技术上则成为四种。战国至汉时，制造漆器方法本无专书记载，今乃取证于唐代以来文献，去汉虽远，其制法当仍本于汉代。

《齐民要术》卷五"漆第四十九"记收藏漆器法云："凡漆器不问真伪，过客之后，皆须以水净洗，置床箔上，于日中半日许曝之使乾，下脯乃收，则坚牢耐久，若不即洗者，盐醋浸润，气彻则皱，器便坏矣。其朱里者，仰而曝之，朱本和油，性润耐日，故盛夏连雨，土气蒸热，什器之属,虽不经夏用,六七月中,各须一曝使乾。世人见漆器暂在日中,恐其炙坏,合着阴润之地,虽欲爱慎朽败更速矣。"汉人既重漆器,必有一种收藏的方法,惜已不传。贾思勰去汉不远,当仍是相传的旧法。夏时不用漆的什器,这一点也是各书所未详的。

汉人对漆器的珍视,在《汉书》及《盐铁论》中叙述很详。

汉人用具,可以利用漆器的,大都以漆为原则。《汉书·贡禹传》云:"臣禹尝从之东宫,见赐杯案,尽文画金银饰,非当所以赐食臣下也。"又《盐铁论·散不足篇》云:"古者污尊杯饮,盖无爵觞樽俎,及其后庶人器用,即竹柳陶匏而已,唯瑚琏觞豆,而后雕文彤漆。今富者银口黄耳,野王纻器,金错蜀杯。夫一文杯得铜杯十,价贱而用不殊。"又云:"一杯棬用百人之力,一屏风就万人之功。"又《汉旧仪》(平津馆辑本卷四第二页)云:"大官令尚食,用黄金扣器,中官长,私官长尚食,用白银扣器。"盖皆指漆器的金银镶扣而言。又《后汉书·和熹邓皇后纪》云:"其蜀汉扣器,九带佩刀,并不复调。"上述四点,与现时出土汉代漆器情况,无不符合。

现时出土汉代的漆器,以乐浪王盱王光墓,及乐浪彩匣冢中为大宗,不但种类繁多,且为至精之品。

乐浪王盱王光墓,及乐浪彩匣冢、石岩里大坟所出各种漆器,综合起来,有彩文匣兽衔环式大型漆匣、彩画漆奁、金铜扣漆奁、雕文漆扁壶、金铜扣漆盖、漆盘、漆饭盘、漆案、漆玉案、漆盒、漆碗、漆耳杯、漆屐、漆卷筒、漆砚、漆匙等,尤以漆耳杯为最多。各器铭文最早的为汉昭帝始元二年(公元前八五年),最迟的为东汉和帝永元十四年(公元一〇二年),前后共一百八十七年。东汉的数量,比不上西汉,也比不上王莽时代。内蒙古匈奴王墓中所出的建平五年(公元前二年)漆盒,也是西汉末期的作品。总起来说,东汉漆器的作用,已不如西汉的重要,而各器花纹的精美生动,金银扣饰的坚固牢实,颜色的调和适合,乃是汉代漆工的绝技。

漆器的花纹,其最著者,如永光元年(公元前四三年)漆耳杯、绥和元年(公元前八年)漆盒、建平五年(公元前二年)漆耳杯、元始四年(公元四年)漆耳杯、始建国五年(公元一三年)漆耳杯,皆为双禽纹,始建国元年(公元九年)漆盘为三熊文,元始四年(公元四年)夹纻漆盘、居摄三年(公元八年)夹纻漆盘为熊纹,永始元年(公元前一六年)夹纻漆盘为蟠螭纹,建平三年(公元前四年)漆盒盖为虺龙纹,元始四年(公元四年)夹纻漆盘为云气纹,元始四年(公元四年)漆耳杯为兽纹,刻画夹纻漆耳杯(无年月)为禽兽纹,永平十二年(公元六九年)神仙画像漆盘为麟鹿奔驰纹。用的颜色,有黑、黄、朱、绿等色。黄绿之中,又分出深浅二色(以上各器均见《支那汉代纪年铭漆器图说》全文),纤丽生动,在艺术史上极占重要地位。至于漆器铭文,笔画纤细,似多用针刻画而成,文字在篆隶之间,与汉铜器风格完全相同,虽无意成文,而古朴气味,在东汉各碑刻之上。

《汉书·地理志》燕地叙乐浪风俗云:"其田民饮食以笾豆,都邑颇仿效。吏民及内郡贾人,往往以杯器食。"汉代固然盛行漆器,而乐浪各汉墓中所出杯器极多,当与《汉志》记载的以杯器替代食器有关系。

漆器制造时分工及监造,有十六种名称。

《盐铁论·散不足篇》所云"一栖棬用百人之力",虽略夸大,是不错的。在乐浪所出全部漆器题字中,工人及监造人名综合研究,有素工、髹工、上工、铜扣黄涂工、画工、雕工、清工、造工、供工、护工卒史、长、丞、掾、令史、佐、啬夫,十六种名称。每器最多的有十二种名称,开始于素工,完成于清工。造工指综合性的创造,供工指有计划的供应,各尽所长,可见分工的细密。但在昭帝始元二年(公元前八五年)漆耳杯上(见《支那汉代纪年铭漆器图说》六页)只有髹工、画工、雕工三种名称。到了成帝永光元年(公元前四三年)漆耳杯(见同书九页),又添了供工、涂工两种名称。到了成帝阳朔二年(公元前二三年)金铜扣漆扁壶(见同书十页),又添了上工、清工、造工等名称。以后随技术的发展需要,分工制度更逐渐细密。乐浪全部漆器中,标明的大率皆为蜀郡工，未标明的当亦是同地所造。又阳朔二年漆扁壶，建平三年（公元前四年）漆盒盖（见同书十五页）等，皆标明为乘舆所用。乘舆是臣下称汉代帝王的别名。以帝王所用之物，而出于汉代乐浪官吏的墓中，是否为赏赐官吏的，或蜀郡工官所造剩余的一部分，而由官府卖出的，均不能定。今录阳朔二年（公元前二三年）金铜扣漆扁壶全文如下，以作铜器铭文分工的举例。

    阳朔二年，广汉郡工官造乘舆髹洦画木黄扣榼，容二斗。
   素工广、髹工严、上工贵、铜扣黄涂工勋、画工长、洦工尊、清工博、造工同造、护工卒史成、长廷、丞为、掾惠、佐宜王主。

  漆器铭文，有第一步原刻的铭文，有第二步买主自写的标记，如王盱和王光墓中的耳杯多有"利王"及"王氏牢"字样，王光墓中耳杯有"番氏牢"字样。番氏可能是王光的亲戚。山西阳高耿婴墓中耳杯有"耿"字。长沙刘骄墓中漆盘有"杨主家般丰长沙王后家般"十一字（漆盘现存中国科学院考古研究所）。元始元年（公元八年）夹纻漆盘有"西张"二字（见《支那汉代纪年铭漆器图说》三十九页）。建武三十年（公元五四年）漆耳杯有"程"字（见同书四十七页）。永平十一年（公元六八年）漆耳杯有"利程丁"三字，分列杯口的左右，丁字是表示耳杯第四器的意思。广州西汉木椁墓所出漆盘有朱漆书"高乐"二字（见《文物参考资料》一九五六年六期文物工作报导）。此例甚多，不胜枚举。此类大率都是写的而非刻的。乐浪漆器中称牢者极多，如"用作牢""某氏牢"之类，皆表示坚固之义。与汉陶器"真上牢"同义。

乐浪彩箧冢所出的彩箧人物故事画，与武梁祠、孝堂山两石刻画像相似，藻缋如新，较石刻尤为可贵。

  汉代武梁祠石刻画像，所画的皆为帝王忠臣列女烈士等。王延寿《灵光殿赋》，叙述殿中壁画，皆同此类型。乐浪出土汉箧图像，及乐浪彩箧冢题字，所画人物，亦复相似。

  乐浪出土汉箧图像题字第一排题丁兰木丈人孝孙孝妇（丁兰事

段)、李善善大家(李善事段)、侍郎使者使者郑真(郑真事段),第二排孝惠帝、商山四皓、大里黄公、侍郎使者(四皓事段)、纣帝伯尼(伯夷事段),第三排孝妇渠孝子(邢渠事段)、侍郎魏汤汤父(魏汤事段)、令老令妻令母青虎(青虎事段),以下就画像人物,略加考证。案丁兰刻木事,见《法苑珠林·忠孝篇》引刘向《孝子传》,只说丁兰有妇,不说丁兰有子。木丈人的名称,极为古质,盖即指丁兰所刻木像而言。丈人在汉时为长老之称,与《史记·刺客传》高渐离之家丈人相同。

李善善大家事,案《御览》四百二十引《东观汉记》略云:"李善字次孙,南阳人,本同县李元苍头。建武中疫病,元家相继死没,惟孤儿续始生数月,有资财千万,诸奴婢共议杀续分财产,善匿续亡隐山阳瑕丘界中。瑕丘令锺离意旌表其门。"本箧所画即指此事。惟《东观汉记》无善大家事,盖传说微有不同。彩箧亦为东汉初期作品,画出当时社会流行美谈之事。又案《后汉书》卷七十三《锺离意传》:建武十四年(公元三八年)大疫,死者万数。意举孝廉,除瑕丘令,二十五年(公元四九年)迁堂邑令。《东观汉记》所谓建武中大疫,当即指建武十四年事,旌表李善事当在建武二十五年以前。由此推断,彩箧作品最早应在明帝时代。又案李善事迹亦见《后汉书·独行》本传。《隶续》卷六武梁祠画像,有"李氏遗孤,忠孝李善"题字,盖亦图画此事。

郑真事见《汉书·王鲍两龚传》序。

商山四皓始见《史记·留侯世家》及《汉书·王鲍两龚传》序,夏黄公的名称,《史》《汉》及皇甫谧《高士传》,四皓神坐机题字,均称为夏黄公。《高士传》卷中称"夏黄公为河内轵人,或在汲。汉高祖闻而徵之不至,深自匿终南山,不能屈己"。《圣贤群辅录》称园公陈留襄邑人,夏黄公齐人,无称大里黄公的。惟《三国志·吴书·虞翻传》注引朱育对濮阳兴问云:"鄞大里黄公,洁己暴秦之世,高祖即阼,不能一致,惠帝恭让,出则济难。"称夏黄公为大里黄公,与本箧题字正合,此盖为会稽人传说,与北方传说不同。彩箧的画工亦可能为会稽一带人士。

伯夷事,夷字作㠯,与《汉书·项羽传》司马㠯正同。

渠孝子为邢渠,事见《太平御览·人事部》引萧广济《孝子传》。魏汤事见《御览》四百八十二引《孝子传》,又《御览·兵部》引萧广济《孝子传》。

青虎二字,因释文未确定,事实未详。本箧丁兰、邢渠、魏汤三事,均与武梁祠画像相同。所异于武梁祠的,是增添逸民隐士的类型。各段题字,多有侍郎二字,与武梁祠画像"曹子劫桓"图亦有二侍郎画像,沂南石刻画像齐桓公图亦有二侍郎的题榜相同,盖侍郎为古代泛指卫士的名称。又乐浪彩箧冢彩箧题字,第一段是吴王侍郎美女皇后,第二段是楚王侍者美女,第三段是黄帝□□神女,盖画吴王与西施事,及楚昭贞姜事(《列女传》卷四),黄帝方神女事,见《山海经·大荒北经》(以上两箧题字,见《乐浪彩箧冢》,吉川幸次郎撰,刘铭恕补考)。

汉代漆器除大宗在乐浪发现以外,其他地区亦多出土,从这一点说明漆器当时普遍使用。

广州龙生冈木椁汉墓中,出有大批漆器。有铜扣耳杯残耳两件,木胎髹黑漆,背面绘涡形菱形图案花纹。弓二柄,木胎髹黑漆,上绘红蓝两色花纹,弦已不存。方盘一件,朱色无花纹。圆形漆套盒一件,分盖身底三节,套盒成上下两层,夹纻胎内外髹黑漆,素面,表里光亮如新。椭圆形漆套盒一件,亦分为盖身底三节两层,上层藏两个半圆形小盒,一个内盛白粉一块,另一个内尚存少许红脂。漆盾二件,在黑漆底上以朱漆绘怪兽形图画,一件已全碎。漆匣一件,长方形,内盛漆套盒、铜镜、梳篦等物,盖顶中央的长方形平面和四周斜面,都有绘画。漆盒一件,木胎外层镂空作菱花纹,里面再托上一层薄胎,仅存残盒盖,出土时有橄榄核甚多。箧一件,木胎,漆和胎脱离。漆案一件,案足已不存,残碎漆片数量甚多,大部分都是彩绘花纹,内容可分为三种类型,一种在各种鸟兽中缀以变形的卷云纹,一种是以怪兽羽人等为中心,以奔驰的小鹿作陪衬,一种是以大型环线作边纹,而点缀若干奔驰着的鹿和虎,三种描绘都非常生动(《广州市东郊龙生冈四三号东汉木椁墓报告》,《考古学报》一九五七年一期)。

又广州东郊古墓,发现漆器,有格盒碟耳杯等,都是木胎,内外髹一层很厚的黑漆,但出土时,均已残碎。在两个耳杯的耳部底面,有朱漆书"董南"二字。一块残漆片上,有"郑当申六"四字。可能是当时做漆工人的姓名(见《文物参考资料》一九五五年七期文物工作报导)。

又广州先烈路发现西汉木椁墓随葬品,有彩绘花纹的漆盘九件均木胎,只一件保存较好,盘面平圆,内外周髹朱漆,中央部分在黑漆地上,绕以四组变形的凤纹图案花纹,在每组花纹的线纹内填以金色,盘底亦有花纹,中心部分已全脱。其中有一件,在底部近边缘处有朱漆书"高乐"二字,作篆体;还有朱漆同样写的"高乐"二字残漆片五块(见《文物参考资料》一九五六年六期文物工作报导)。山西阳高耿婴墓中所出漆耳杯,底面有"耿"字(见小野胜实等《阳高汉墓略报告》)。又有刻线鹿纹漆器(见《世界美术史》卷七中国图版四十一)。长沙刘骄墓中所出漆盘,有"杨主家般丰长沙王后家般"等十一字。

山东文登县汉木椁墓中,出土漆器最多。有漆碗一件,腹上有一铜鋬,夹纻胎,朱里黑表,腹绘两道黄色,四道红色,弦纹中夹一条卷云纹,全部形式与陈介祺所藏战国时期"右里啟碗"铜碗完全相同。有漆椭圆三格盒一件,夹纻胎,朱里黑表,一格盛放梳篦各一件,一格盛放木质小镊子一件,一格空着。有漆奁一件,木胎朱里,表面上下黑色,绘红色的变形云纹图案,中部红色,用黄黑二色,绘成复道卷云纹;奁盖颜色与奁相应,外环黑色,绘红色云纹图案,中间红色,内心黑色,绘两道红色弦纹包绕一种云气纹。有漆案二件,皆残存零块,足为马蹄形。有大漆盘一件,木胎朱里黑表,里底绘三道黑色一道黄色弦纹,中心绘黑黄二色复道云纹图案。有小漆盘二件,木胎朱里黑表,口缘有红色花纹,外底有一道红色弦纹。有漆耳杯若干件,木胎朱里黑表,口缘绘红色花纹。有漆虎子一件,木质,耳口鼻着红漆,目着黑漆,外绘红边,肤铁色,有栗壳色条纹,尾亦铁色。有漆杖一件,木质六楞,两端一粗一细,从断折处看,知系裹绢后髹漆制成的(见《山东文登县的汉木椁墓和漆器报告》,见《考古学报》一九五七年一期)。

浙江宁波西南郊,发现西汉木椁墓,随葬品的漆器,有花纹精美的漆耳杯一对,杯内有隶书"宜酒"二字;有漆盒、漆木梳、漆戒尺,都很珍贵的(见《文物参考资料》一九五六年四期文物工作报导)。

安徽合肥西郊乌龟墩汉墓中所出漆器,有耳杯、漆盒、漆奁、漆盘、漆箱等五件,甚破碎。箱盘盒等较大型器为木胎,耳杯、漆奁等小型为砂胎,色泽鲜丽。有朱地黑花和黑底朱花,花纹有直线纹和斜方格纹,多施在器物的边口,奁盒等镶有金边,漆箱饰小巧华丽的铜铺首鎏金铺首,和大帽的鎏金钉(同上)。

江苏仪征县东汉墓中出土有木胎漆虎子一件,造形极美,雄健有力(同上)。

江都凤凰河汉墓中出漆盒、漆盘、漆耳杯、漆剑鞘等物,耳杯上有"舍中杯"三字(见《文物参考资料》一九五五年九期文物工作报导)。又江都湾头镇七号及十四号汉墓内,均有木胎漆耳杯发现,外髹黑漆,里面朱红,有一只小的,背面有隶书文字。七号墓棺内左侧,有漆鞘长剑,右侧有漆鞘刀,漆泽光润如新(见同书同年四期文物工作报导)。陕西榆林汉墓中出漆盘一件(存陕西省文管会)。西安汉城中常出涂金耳杯的镶扣,光辉夺目。西安西北郊白家口瓦窑厂汉墓中曾出涂金四叶形奁盖饰器,及涂金马蹄形奁足三个,做工非常精致。西安发现完整的漆器独少。

漆器不但在国内普遍流行,亦多外运于匈奴、西域,从出土古物中可以得到证明。

一九二四年,苏联考古学家考兹洛夫在外蒙古诺颜乌兰匈奴贵族古墓中,发现丝织品以外,还有漆器和玉器。漆器有盘杯等,漆杯上面刻有建平五年(公元前二年)的铭文,底上刻"上林"二字(见考兹洛夫《外蒙古调查报告》一二五页)。案此杯的全文为"建平五年九月,工王潭经,画工获壶,天武省"十七字,连"上林"共为十九字。上林苑中之物,当非卖品,可能由汉代公主携带去的,此汉代漆器输入至匈奴的例证。

《罗布淖尔考古记》所记出土的漆器(见一五〇页至一五三页)有漆耳杯、桶状杯、扁形匣、漆木簳、漆器残件等,皆为汉代遗物,此汉代漆器输入西域的例证。

两汉人对漆器的重视,比铜器要高出好几倍,器具之可以漆制的,无不做成漆器。乐浪王盱墓葬中,所出的漆器,既多且精。王盱官五都掾,是乐浪太守下的一位六百石俸禄的官吏,他的职位还不抵县令长,生前用以享受,死后用以殉葬,并且在漆器铭文上都是蜀郡工官造的,有一部分是乘舆用的。我想汉代帝王决不可能用精致的漆器普遍赐给小官吏,必然是蜀郡工官做出的剩余部分,以高价出售的。王盱等虽远在朝鲜,也大量收购,或是王盱盗买的官物,亦未可知。再看他墓中所出的黄金宝冠等,亦必然是蜀郡工官所造。无怪居延将军的器物簿上开的流水账,就有大杯十一只,赤杯十只,白杯十只,墨著大杯十只(见《居延汉简释文》卷三),照王盱的官职来比例,还不算多。都是千万老百姓脂膏,供少数官吏所享用。只有不愿受漆杯赏赐的贡禹,这是汉史上所少见的。到了东汉末期,经过董卓乱后,漆器渐少,不然曹操家中旧存漆案一件,何必贡献于汉献帝。魏晋漆器的制造,更为减退,不然在发掘魏晋墓葬中,何以很少见漆器出现。又王莽时官府所用漆器消耗量很大,仅长乐一宫,就需要二千五百五十具夹纻漆盘,这种惊人的数字,远超出铜器之上(始建国元年夹纻漆盘铭云:"常乐大官,始建国元年,正受第千四百五十至四千。"见《支那汉代纪年铭漆器图说》图版四十页)。

制 盐 业

盐铁专卖,为汉武帝时主要经济政策之一。盐在武帝以前情况,及武帝专卖以后情况。

盐法在武帝未专卖以前,约分三类。一是包商制,《史记·货殖传》所记程郑、宛孔氏、曹邴氏、郭纵、蜀卓氏,均以煮盐冶铁致富是也(包商制的说明,详见我所写的《盐铁及其他采矿》)。二是西汉王国自办制,《汉书·吴王濞传》云:"东煮海水为盐,国用富饶。"潍县郭氏所藏齐地出土封泥,有"琅琊左盐"封泥(郭氏各封泥现均藏北京大学历史系)。西安又出土有"琊左盐印",琊为琅琊省文。上述封泥及汉印,皆为西汉初期齐悼惠王或齐哀王时物,是吴、齐二国设盐官自办之证。三是汉廷自办制,《封泥考略》卷四第四十八页有"楗盐左丞"封泥。犍为郡在西汉无王国,吴氏所藏封泥,又皆为西汉初中期物,是汉廷设盐官自办之证,当由治粟内史掌管(即武帝时大司农)。后二类已开专卖的先声。

《汉书·食货志》:武帝元封元年(公元前一一〇年)置盐铁官(《文献通考》作元狩四年,即公元前一一九年),是标明盐铁官的开始。以《地理志》考之,郡国设盐官的有二十七郡,每郡有设二三县的,共计有三十七县。西北所设,多于东南。会稽郡只一处,广陵且无之。证以现今产地,惟两淮、福建未曾设官。福建在汉时为闽地,因边远或未及注意,两淮在汉时为广陵、临淮二郡地,产区极旺,何以无盐官,这一点是值得研究的。或者是《地理志》本注有脱文,或者是由临淮郡的盐渎县铁官兼办,亦未可知。西汉盐的专卖制度自武帝元封元年起至平帝元始五年止(公元五年)历一百一十五年,王莽仍厉行专卖制度。东汉初改为由盐官征税制度,章帝建初末年(公元七六至八三年)曾废征税制度,复行专卖,至章和二年(公元八八年)和帝即位,仍行征税事。《后汉书·马棱传》载:"章和元年(公元八七年),稜迁广陵太守,请罢盐官以利百姓。"其作用等于后代的包商食岸制。此两汉专卖及征税两种不同的制度。

盐官身份的研究。盐税的收入,西汉由大司农,东汉则改归少府主管。

《续汉书·百官志》云:"其郡国盐铁官,随事广狭,置令长及丞,秩皆如县道。"据此盐官职位相当于县令长。又云:"凡郡县出盐多者置盐官主盐税。"刘昭注引胡广曰:"盐官掊坑而得盐,或有凿井煮海水以得之者。"又《百官志·少府卿》刘昭注引《汉官仪》曰:"山泽鱼盐市税,少府可以给私用。"盖东汉盐官收税,上缴少府,而少府则为掌管盐税收入的主要机关,与西汉由大司农主管不同。又《隶续》卷十一有《严举碑》阴云"盐官有秩安汉任□字立中",是盐官掾属之可考者。

盐品的种类,工具的留存,及盐价的稽考。

《史记·货殖传》总括盐的品类云:"山东食海盐,山西食盐卤,岭南沙北,固往往出盐,大体如此矣。"此段注家,并无详解,盖海盐指水煮盐,盐卤指池盐,岭南指粤地盐,沙北指戎盐之类而言。今按汉代有煮海水为盐的,《汉书·吴王濞传》云:"东煮海水为盐,国用富饶。"有取池水为盐的,《说文》云:"盬咸也。河东盐池,袤五十里,广六十里,周一百四十里。"有煮火井为盐的,《御览》八百六十五引《蜀王本纪》曰:"宣帝地节中,始穿盐井数十所。"又引《博物志》云:"临邛火井,诸葛亮往视之,后火益盛,以盆贮水,煮之则盐,后人以火投井中,火即灭,至今不燃。"左思《蜀都赋》云:"火井沉荧于幽泉,高焰飞煽于天衢。"刘渊林注:"蜀郡有火井,在临邛县西南。火井,盐井也。欲出其火,先以家火投之,须臾许,隆隆如雷声,焰出通天光辉十里,以筒盛之,接其光而无炭。"又云:"家有盐泉之井,户有橘柚之园。"刘渊林注:"蜀郡临邛县、江阳、汉安等县,皆有盐井,巴西充国县有盐井数十。"有煮咸石为盐的,《御览》八百六十五引《益州记》云:"汶山越巂,煮盐法各异,汶山有咸石,先以水渍,既而煎之,越巂先烧炭,以盐井水泼炭,刮取盐。"至于盐的色质,亦有多种,《御览》同卷引

《广志》云:"河东有印成盐,西方有石子盐,皆生于水,北湖中有青盐,五原有紫盐。"又引《本草经》:"戎盐主明目,大盐亦名胡盐。"是两汉内郡边郡及少数民族地区普遍产盐。

《隶续》卷三有《汉巴官铁盆铭》云:"巴官三百五十斤,永平七年,第廿七西。"洪氏考云在巫山县。此器是第二十七,可见尚不止此数。又《隶续》卷十四有《修官二铁盆款识》云:"廿五石,廿年修官作,廿五石。"洪氏考云:"乾道中陆游监汉嘉郡得之,字画无篆体,盖东汉初年所作,修官正与永平巴官相同。"上述两则,皆东汉烧盐的牢盆,为工具留存之仅可考者。至于两汉每一盐官用制盐的工人若干人,则不可考。

《御览》八百六十五引《续汉书》云:"虞诩为武都太守,始到郡,谷石千五百,盐石八千,视事三岁,谷石八千(恐为八十误文)盐百。"所谓盐百者,指每石百钱而言。汉代以一百二十斤为一石,则盐价贱时,每斤不足一钱。我们对于汉代的盐价,从无稽考,此条可称为最重要的材料,虽然在地区时代贵贱上有不同之点,得此可略知大概。又《说文》㿗字云:"今盐三斛一㿗。"是记盐斛的名称。

汉代制盐手工业,在近出四川画像砖中,可以明瞭工作的情况。

《四川汉代画像选集》七十三至七十四图有煮盐图。闻宥考证略云:"图像左侧,是一个盐井,上面有起重的器具和高架。架上有四个人,正在以辘轳汲卤,架第二层的右侧,有一个盘形器具,下面有两个支柱的脚,这大约为储藏卤水所用。井中的卤,先注在这个器具里,然后用管子引导到灶上,右下角便是一个长形的灶,上面有锅,可惜已有残缺。灶的后方有一个人,正在照料,另一个人坐在灶前拨火。其左尚有二人,似乎正在照料这个引卤的管子。关于七十四图的图像,画法大体上与前图相同,左侧汲卤工具部分不如上一图完备,而右侧煮盐的灶,则较上一图为明晰。灶上排列着五个锅,火门口排列着四个管,乃是利用地下的天然煤气,两者都历历如见。与《天工开物》的火井煮盐图来比较,几如同出一底本,山麓有两个人,背荷盐包而行,当为运输的图像。"

关于汉代制盐的生产技术,上述两画像砖,等于亲见,也是最可贵的材料。

冶铁业

现时出土最古的铁器,能看到的是战国时代的。由战国末至西汉初,富豪采山鼓铸,私人作坊有工人达千余人。

一九五三年,热河兴隆县发现战国时铁器范七十余件,有铁锄、铁凿、铁斧、铁刀、铁犁等范,皆农业生产工具(见《全国基本建设工程中出土文物展览图录》图版四十八至五十一页)。

一九五〇年,河南辉县固围村第二号战国墓中,出有铁镢头、铁锄、铁镰刀、铁刀、铁口犁及钳形器等,共四十余件。第三号墓亦出有长方形铁口锄二件(见《辉县发掘报告》图版六十四)。

一九五三年,长沙仰天湖所出战国时楚竹简,有"铁箕一十二箕"的简文(见《长沙仰天湖楚简研究》第三简)。古玺中又有"右铁冶官"的玺文(见《说文古籀补补》第十四第一页)。此为铁字在古器物上始见的。再证以《荀子·议兵篇》所称:"宛钜铁釶,惨若蜂虿。"孟子问许行:"以斧甑爨,以铁耕乎?"这几句话,可见战国时代在兵器农器上已普遍用铁,必然有一段发展时期,与《左传·昭二十九年》(公元前五一三年),遂赋晋国一鼓铁以铸刑鼎的记载,情况相符合。

上述"右铁冶官"的古玺,为陈介祺所藏,出土于齐地,可能为战国时齐的铁业管理官吏所用的印。至于秦代官卖情形,在《史记·自序》中,有司马昌为秦主铁官的记载。昌子司马无泽做汉代市长,所以推断司马昌是秦始皇时的铁官,可见秦代对铁的重视,与《汉书·食货志》所说"盐铁之利,二十倍于古"正相符合。《史记·货殖传》所记以盐铁起家的人,皆在战国末期至西汉初期。

《盐铁论·复古篇》云:"往者豪强大家,每得管山海之利,采铁石,鼓铸煮盐,一家聚众,或至千余人,大抵收流放人民也。"是豪族开设大冶坊,有工人千余人,这是很大的数目。

西汉初期诸侯王国铁官的设置。

《汉书·吴王濞传》云:"吴有豫章(韦昭注当作鄣郡)铜山,即招致天下亡命,盗铸钱,东煮海水为盐,以故无赋,国用富饶。"鲍照《芜城赋》云:"孳货盐铁,利产铜山。"又《汉书·地理志》临淮郡盐渎县有铁官,当系承吴王濞的旧规模而设置的,是吴国盐铁官卖之证。又潍县郭氏所藏封泥(现藏北京大学历史系)有"齐铁官印""齐铁官长""齐铁官丞""临菑铁丞"封泥四枚。《续封泥考略》卷三第三十五页有"临菑采铁"封泥。卷二第二十二页有"铁官"半通印封泥。又《临菑封泥文字目录》四页有"采铁"封泥四枚,皆同文。齐地所出封泥,我从前考为齐悼惠王及齐哀王时物,当于西汉高惠文景时期,是齐国盐铁官卖之证。盖西汉初期,铁分三部分采铸,汉廷的是由治粟内史的铁市长丞自办,一部分是王国官卖,一部分是豪商专利垄断。

两汉铁工,为官府手工业重点之一。 武帝元封元年(公元前一一〇年)实行盐铁官卖以后,各郡国铁官统由大司农设有铁市长丞专管理其事。而京兆尹、左冯翊、右扶风各设有铁官长丞。东汉除仍设铁官长丞外,由太尉掾属兼管。

《汉书·食货志》云:"武帝元封元年,郡国置盐铁官。"以《地理志》注考之,设有铁官的有四十郡,共计五十处。《百官公卿表》:大司农属官有斡官、铁市两长丞,盖各郡国铁官皆统属于大司农的铁市长丞(铁市长丞的设立,当在实行官卖以前)。表又云:"内史(京兆尹)属官有都水、铁官两长丞,左冯翊、右扶风皆有铁官长丞,皆治长安中。"

《续汉书·百官志》云:"其郡有盐官、铁官、工官、都水官者,随事广狭,置令长及丞,秩皆如县道。"又曰:"出铁多者置铁官主鼓铸。"武帝官卖以后,铁官的组织,结合齐封泥,互相印证,每一铁官当设有铁官长及铁官丞。

《续汉书·百官志》云:"太尉公掾属有金曹主管盐铁事。"
铁官的组织,除铁官长丞外,有吏卒徒等名称。每一铁官的人数,能稽考的有二百余人。其铸造技术,现存有鼓风炉石刻画像,还有汉代冶坊遗址的发现,可供参考。

《汉书·贡禹传》云:"今汉家铸钱及诸铁官,皆置吏卒徒,攻山取铜铁,一岁功十万人以上。"又《盐铁论·复古篇》云:"卒徒衣食县官,作铸铁器。"《水旱篇》云:"卒徒工匠。"又云:"卒徒作不中程。"可证铁官长丞以下,有吏徒卒等名称。此外又有工巧奴专主作田器。《汉书·食货志》云:"赵过使教田太常三辅,大农置工巧奴与从事,为作田器。"是其证。两汉铁官规模极大,徒卒人数众多。《汉书·成帝纪》:"阳朔三年(公元前二二年)六月,颍川铁官徒申屠圣等百八十人,杀长吏,盗库兵,自称将军。""永始三年(公元前一四年)十二月,山阳铁官徒苏令等二百二十八人,攻杀长吏,盗库兵,自称将军。"已见于记载的山阳铁官徒,多至二百余人。此为起义人的数字,每一铁官的全部人数,当不止此。

山东滕县宏道院有汉代冶铁和锻铁石刻画像。经中国历史博物馆研究推测,每一铁官有鼓风炉八十座,每座以十三人计,每一大作坊应有工人一千多人。

《后汉书·杜诗传》云:"建武七年(公元三一年)诗迁南阳太守,造水排铸为农器,用力少,见功多,百姓便之。"章怀注曰:"冶铸者为排以吹炭,令激水以鼓之也。"所谓水排,即用水力以鼓冶铁的风箱。

一九五四年十一月,北京市文管会在北京清河镇发掘出汉代古城,废墟中发现有汉代铜铁冶坊遗址一座。炼炉无一完整的,有铜炉渣、铁炉渣、残碎的炼炉壁。在附近掘出的有铁刀、铁剑、铁钺、铁戟、铁锄、铁裤铲、铁镢、铁镜、大车轴等,可能就是这一冶坊的产品(见《北京清河镇古城试掘简报》未发表稿)。

一九四二年秋间,河南鲁山南关外望城冈发现汉代冶铁厂遗址一座,有木炭块、耐火土、耐火砖、鼓风炉残址、残风吹管、冶铁炉渣、大生铁块、残陶器皿、残瓦槽等。全部遗址,东西长约一千五百公尺,南北约计五百余公尺,规模相当阔大(见《新史学通讯》一九五二年七月号,赵金瑕《河南鲁山汉代冶铁厂调查记》)。

又河南南召县东南七十余里,发现古代炼铁遗址,共有三处,所余炉渣、铁渣堆积如小山。杜诗利用水力鼓风炉冶铁,现所发现的是否即当时的冶铁场所,尚未敢定(见《文物参考资料》一九五七年六期)。

盐铁官卖,有互相不可分割的关系。煮盐用的牢盆,皆由铁官铸造供给。

《隶续》卷三有《汉巴官铁盆铭》云:"巴官三百五十斤,永平七年(公元六四年),第廿七西。"洪氏跋称,黄鲁直弟叔向官巫山县时所得。西字,黄鲁直以为酉字。赵明诚《金石录》卷十四录其文云:"巴官,永平七年,三百五斤,第二十七。"赵氏注云:"余绍兴庚午亲见之,今在巫山县治。"而王象之《舆地碑目》著录此盆,其末曰:"永平二年(公元五九年)。"三说不同,原器又久佚,未能定其孰是。《隶续》既摹原文,比较可信。

又《隶续》卷十四有《汉修官二铁盆款识》云:"廿五石,廿年修官作,廿五石。"洪氏跋称为陆游监汉嘉郡时所得。案上八字与下三字,当分为两盆铭文。而廿年铭文上,不著年号,亦属创例,洪氏考为建武二十年物。上述两铁盆,即《汉书·食货志》所说的牢盆。牢盆二字,向无确解,疑为坚实牢固的意思,与汉代陶器上的"真上牢"、漆器上的"用作牢"相同。

铁官所铸首在兵器,次则农器。兵器的价值,在居延木简中可以见到。

《盐铁论·水旱篇》云:"县官鼓铸铁器,大抵多为大器,务应员程,不给民用。"所谓大器,盖指兵器及煮盐铁盆等而言。至于兵器出土的,在西安南郊汉墓中出有铁刀、铁剑,西安城区莲湖公园汉墓中出有铁剑,虽年久朽断,长度达一米之上,知为官铸。农具在陕、鲁、豫、辽宁等地汉墓中,几乎普遍作为随葬品。一九五四年五月,全国基本建设出土文物展览会中出现了时代明确、出地清楚、前所少见的大批铁制农具。虽然还是地下宝藏发现的万分之一,又是各大区发现品中陈列出的一小部分,但对我们研究古代农业经济史,提供了不少丰富的材料。李文信同志曾综合写了一篇《古代的铁农具》(见《文物参考资料》一九五四年九期),兹择要略录如下,其他各地出土的零星汉代铁制农具(各地所出铁器,可参考《文物参考资料》《考古通讯》及《全国基本建设工程中出土文物展览图录》三种),即不再叙,以便阅者对由战国至两汉使用铁制农器发展的过程,得到系统的概念。

李文信同志综考由战国到汉代铁制农具有四十六件,起土具有铁臿、铁铲、铁钁、铁铧四类,除草具有铁锄类,收割具有铁镰类。在器物功用上说,古代用具单纯,往往一器可兼数用,如臿铲可代锄,钁可代铧等。名称上说,一种器物演变出另一种器物的初期,其器形往往与祖形相似,如两刃臿进化为犁,其铁口演变为铧等。此外又有古今的变易,地方的俗称,有的一器多名,有的同名异器,复杂万端,使我们在分类上很难做到名实相符,部类清晰。由战国到汉五六百年中,这些农具在形式上、制造技术上,基本都是相同的,可以看出古代劳动人民的创作智慧,及生产力逐步的提高。

此外,其他工艺用具及生活用具,如西安红庆村所出的铁锯、铁削,西安白家口所出铁盏,广西贵县所出铁豆、铁戟、铁钩等(见《广西贵县古墓葬清理简报纲目》),是铁制农具以外的材料。

劳榦《河西经济生活论文》引居延木简有"剑一枚,直六百,刺马刀,直七千"的记载,虽未注明是铜铁,剑价太贱,可能是铁的,刺刀价高,可能是铜的,而铁每斤的单价则不可考。

汉代炼铁之精者,称为钜刚。炼钢的技术,正在提高中,虽不如后代之钢,其韧度已接近于钢。

《尚书·禹贡》:"梁州厥贡璆铁银镂。"孔传:"镂,刚铁可以刻镂者也。"《禹贡》为战国人作品。《荀子·议兵篇》云:"宛钜铁釶,惨如蜂虿。"杨倞注:"钜,刚也。"此战国时钜刚的记载。《史记·礼书》本荀子之言曰:"宛之钜铁施,钻如蜂虿。"徐广注:"大刚曰钜。"《说文》

亦云："钜,大刚也。"此两汉钜刚的记载。《积古斋钟鼎款识》卷十第二页,延光弩机有"钜史训主",盖钜史为主炼钢铁的小吏,训为人名,主谓主持其事,可见汉代对炼钢技术的重视。在古代仅称钢为钜,解释钜字的意义,只有刚字,无钢字,所以汉代炼钢铁的技术,也不为人所注意。《文选》卷二十五《刘越石赠卢谌诗》："何意百炼刚,化为绕指柔。"是晋时尚无钢字之证。钢字始见隋代顾野王的《玉篇》,解为炼铁也,其字形与今时相同。以出土的汉代一般农器而论,都是用熟铁打成,而制作的石磨及雕刻石像,所用的铁凿,它的韧度已接近于钢。

汉代任铁官、铁工,可考的人名。

《隶释》卷四《青衣尉赵孟麟羊窦道碑》(永元十一年立,公元九九年)云："青衣尉赵君,故治所书佐,郡督邮,随牒除到官六日,郡召守蜀铁官长。"据此,赵孟麟曾任蜀郡铁官长,其资历是由县书佐郡督邮,升为青衣尉,再由县尉调任铁官长,并可知铁官长的任免,由郡太守管理。铁工除颍川铁官徒申屠圣、山阳铁官徒苏令二人以外,尚不多见。

铸钱业

汉代官府铸钱与制盐、冶铁一般称为三大手工业。兹先略述秦以前货币演变情况,及秦汉铸钱正史的记载。

自商代即开始用贝壳交易有无,后来的货币,皆根据农业生产工具形状而得名,分为两系。一系为币类,在战国货币中,有空首、方足、尖足、圆足四种(空首币又名铲币,或有指为春秋末期作品者),是模仿农具中的钱形。一系为刀类,在战国货币中,有齐建邦刀、节墨刀、莒刀、明刀等种,是模仿农具中刀形。圆孔钱则系由刀柄蜕变而形成,与币形无关,战国末期如垣字、共字、济阴、东周、西周等币,皆圆形圆孔。秦代的半两,就是采用垣字、共字等形式,特圆孔改作方孔,稍加变化。换言之,秦代使用半两圆钱,是秦代的改良,并非秦代的创作。

秦代铸钱由官吏管理情形,史无明文,疑属于少府。《汉书》卷二十四《食货志》云:"秦兼天下,币为二等,黄金以溢为名上币,铜钱质如周钱,文曰半两,重如其文。汉兴,以为秦钱重难用,更令民铸荚钱。孝文五年,为钱益多而轻,乃更铸四铢钱(文仍为半两)。是时吴以诸侯即山铸钱,富埒天子,后卒叛逆。邓通,大夫也,以铸钱财过王者,故吴邓钱布天下。"又云:"(武帝)初令县官销半两钱,更铸三铢钱,重如其文,盗铸诸金钱罪皆死,而吏民之犯者不可胜数。有司言三铢钱轻,轻钱易作奸诈,乃更请郡国铸五铢钱,周郭其质,令不可得摩取镕。(后)郡国铸钱,民多奸铸,钱多轻,而公卿请令京师铸官赤仄,一当五,赋官用非赤仄不得行。于是悉废郡国毋铸钱,专令上林三官铸钱,既多,而令天下非三官钱不得行,诸郡国前所铸钱,皆废销之,输入其铜三官,而民之铸钱益少。"又云:"(自武帝)元狩五年(公元前一一八年)三官初铸五铢钱,至平帝元始中(公元一至五年)成钱二百八十亿万余。"又《汉书·王嘉传》云:"孝元皇帝时,都内钱四十万万,水衡钱二十五万万,少府钱十八万万。"此元帝时库内存钱数目,与终西汉之世铸钱数目也可互相参考。

以上《汉书》所记载,与出土各钱大致相同。吴王濞、邓通二家所铸,大小轻重,亦必与汉廷所铸相适应。以时代而论,吴王当兼铸榆荚、八铢、五分、四铢四种。邓通可能为四铢一种,现已与汉钱混杂,不可分别。荚钱现多在边地出土,张家口外发现尤多,或有疑为高祖吕后时,防止铜钱流入匈奴,荚钱专行使于边地,故铸造粗恶。此说有可能性,但还不能为定论。

西汉初期,王国铸钱的情形。

西汉初期,各王国所铸的钱,现在尚能见到一部分。吴县蒋伯斧曾得"高柳四铢""临菑四铢""阳丘四铢""驺四铢""东阿四铢""宜阳四铢""临朐四铢""姑幕四铢"共八品,皆出于齐地,钱形或方或圆,字型或阴文或阳文,并无定式(以上各钱见《古泉大辞典》下编补遗五一七页四铢条下)。余从前据《汉书·地理志》来考证,临菑、临朐皆属齐郡,阳丘、驺县均属济南郡,东阿属东郡,姑幕属琅琊郡,高柳属代郡,宜阳属弘农郡,地名大多数皆属于齐地。因定为汉文帝时,齐国仿用四铢名称自铸的钱。又方药雨藏有"兰陵四铢""东安四铢""高阳四铢""上蔡四铢""高密四铢""市四铢""临四铢"(市为某大市省文,临为临菑省文)"丞相三铢""丞相四铢"等钱,皆文景时各王国所自铸。又《善斋吉金录·泉录》卷三第八十七至九十一页著录四铢钱共一百零一个,皆为济南整批出土,有仅四铢二字的,有加以"临菑""淳于""驺"丞相地名或官名的,我谓亦为齐国自铸的钱,与蒋伯斧所藏体例完全相同。又《再续封泥考略》卷一第三十六页有"齐钟官长"封泥,尤为齐国自行铸钱之证。在文帝时,吴齐为强藩,邓通为幸臣,又一度准民私铸,钱法极乱,故钱的方形圆形,文字的或篆或古隶,在当时并无定制。《食货志》所谓元狩五年,废郡国无铸钱,专令上林三官铸钱,即指此类四铢等而言。

西汉初期,汉廷自铸货币。其官府管理情形是:最初属少府,继归右扶风,最后归大司农。文帝时法钱的制造,和现时法钱的出土。

《封泥考略》卷一第四十页有"少府铜丞"封泥。是西汉初期铸钱事业由少府管理,与下文正合。

《汉印文字徵》第十四第八页有"䩅官泉丞"铜印(引《凝清室古官印存》)。按《汉书·百官公卿表》:大司农属官有"斡官长丞"。又云:"斡官属少府,中属主爵(右扶风),后归大司农。"如淳注:"斡音筦,主均输之事。"晋灼注谓为竹箭斡之官(晋灼注解为竹箭之官虽误,但以斡官为斡官不误,当时《汉书》抄本,必有写作斡官的)。颜师古以如说为是,不知三家注解均误。以印文"䩅官泉丞"来推断,决为铸钱之官,䩅官为斡官的误字。斡官初属少府,与封泥少府铜丞亦有联系,是西汉初期铸钱事业由少府主管,后改归右扶风,最后归大司农之证。

《汉书·食货志》："孝文五年，除盗铸钱令，使民放铸。贾谊谏曰，民用钱郡县不用，或用轻钱，百加若干，或用重钱，平称不受，法钱不立，吏急而壹之，虖则大为烦苛，而力不能胜，纵而弗呵虖，则市肆异用，钱文大乱。"贾谊所谓法钱，即权钱之钱，类于天平所用之法码。清代中叶以后，西安汉城遗址中，屡有法钱出土，从前有谓为秦代铸造者，一则咸阳不出土，二则文字多用古隶书，故知为文帝时法钱。此钱文有三种形式：一是第几，二是第几重几两，三是第几重几铢。属于第一种的，有"第一"（方药雨藏，又见《古泉汇》利一第十三页）"第四"（方藏）"第七"（方藏，又《泉汇》利一第十三页）"第九"（西安出土）"第十"（背有"逢贤"二字，方藏）"第十一"（方藏）"第十六"（方藏，又《泉汇》利一第十三页）"第十七""第十八"（《泉汇》利一第十三页，又《古泉大辞典》上编十一画，第三二二页）"第十九"（方藏，又《泉汇》利一第十四页）"第廿三""第廿八"（皆方藏）。属于第二种的，有"第一重四两""第五重四两""第九重四两"（均见《泉汇》利一第十页，又见《大辞典》上编十一画，第三二一页）。属于第三种的，有"重一两十二铢""重一两十三铢"（均见《泉汇》利一第十一页）"重一两十四铢"（见《善斋吉金录·泉录》卷三第七十七页，又《泉货汇考》卷四第四页，又《吉金所见录》卷五第二页；又重一两十二铢、十三铢、十四铢三泉，均见《大辞典》上编二八三页）。以上所述，皆是西汉初期法钱之可考者，《食货志》谓文帝不听贾谊法钱的建议，现出土法钱，既如此之多，史书记载，或有遗漏。各法钱中，重十二铢的重十四铢的，大小轻重均相等，亦可见法钱制度建立，并未完善。

武帝元狩五年以后，统归上林三官铸钱，由水衡都尉管理情况。每岁采铜的工人，有十万人以上。

《汉书·食货志》云："武帝元狩五年（公元前一一八年）悉废郡国毋铸钱，专令上林三官铸钱。"《盐铁论·错币篇》作水衡二官，当指最初制度而言。对于三官的名称，究竟是哪三官，甚为模糊，《汉书》未明言，晋张晏注则为锺官辨铜均输三官。案《汉书·百官公卿表》：

"水衡都尉属官,有上林、均输、御羞、禁圃、辑濯、锺官、技巧、六厩、辨铜,九官令丞。"以现时出土的古物来研究,应当一为锺官令丞,《齐鲁封泥集存》有"锺官火丞"封泥,西安又出"锺官钱丞"的封泥,与《王莽传》记载盗铸钱的奸民传送锺官正合。二为技巧令丞,《齐鲁封泥集存》有"技巧钱丞"封泥,西安又出有"巧二"五铢范(此范原为西安白集五藏,持以赠我,已编入《关中秦汉陶录》第四卷)。三为辨铜令丞,在官名上是很明显的。从古物方面来考证,上林三官的名称,方始肯定。

《汉书·贡禹传》云:"今汉家铸钱及冶铁官,皆置吏卒徒,攻山取铜铁,一岁功十万人以上。"又《续封泥考略》卷二第二十五页有"采铜"封泥,当为齐悼惠王或齐哀王时王国自置之官,可能即是水衡都尉属官辨铜令的前身。

石范铜范的使用,陶范的普遍使用。

战国时代的币范,见于《古器物范图录》的,卷中一页有梁充铜币范、卢氏铜币范,二页有齐刀铜范,三页有齐刀沙范(《簠斋吉金录》范一、范二并同),六页有宝六化石膏范,七页有宝四化石膏范。福山王氏又藏有阳山币沙范。秦代铸半两钱用的则是石范,每范仅铸钱一枚,西安曾出土石范一枚。汉代半两钱范则兼用铜、石、石膏三种范。榆荚半两铜范,每范最多三十九个钱(见《簠斋吉金录》范五)。半两钱铜范,或完全正面,或二正二背,乃至四正四背,半两钱铜范最多五十八个钱(见《小校经阁金文》卷十四第五十九页,范共六行,中四行各十钱,边两行各九钱,与陶范相同),次多为四十个钱(见同上三十九页)。五铢钱范是用陶铜二种。石范仅一见(吴兴沈氏藏)。上述各范分二种,阳文的谓之范祖,阴文的谓之范母。有范母始可以铸钱,也有直接刻成范母的。以出土各范情形来说,石范皆阴文,属于范母的类型。铜范兼有阴阳文。陶范多阳文,属于范祖的类型。

汉代钱范以用陶质的年代最久,亦最为广泛。自清代道光末年发现陶钱范,李佐贤始著录于《古泉汇》中。类型以五铢为标准,次则是王莽各泉布，以小泉直一、大泉五十、契刀为标准。《古器物范图录》五铢陶钱范有年号题字的十品。我著《关中秦汉陶录》第四卷，则专录陶钱范，附有《西汉陶钱范纪年著录表》。就表文有年号题字的来分析，属于昭帝元凤四年（公元前七七年）造者有两种，属于元凤六年（公元前七五年）造者有四种；属于宣帝本始元年（公元前七三年）造者有三种，本始三年（公元前七一年）造者有三种，本始四年（公元前七〇年）造者有四种，属于地节二年（公元前六八年）造者有一种，地节四年（公元前六六年）造者有一种，属于元康二年（公元前六四年）造者有一种，元康三年（公元前六三年）造者有二种，属于神爵元年（公元前六一年）造者有三种，神爵二年（公元前六〇年）造者有三种，神爵四年（公元前五八年）造者有五种，属于五凤元年（公元前五七年）造者有一种，五凤三年（公元前五五年）造者有一种，属于甘露元年（公元前五三年）造者有二种；属于元帝永光五年（公元前三九年）造者有二种，属于建昭五年（公元前三四年）造者有二种；属于成帝永始三年（公元前一四年）造者有一种。综合各陶质五铢造范的年月来推断，以昭帝元凤四年为最先，成帝永始三年为最后，就中尤以宣帝时铸造为最多，这是毫无疑义的。《汉书·食货志》记载，自武帝元狩五年上林三官初铸五铢钱，至平帝元始中成钱二百八十亿万余，与此有出入，可能上自武帝时，下至哀平时陶五铢范尚待继续发现。

王莽铸钱的地下史料。

《汉书·食货志》记载王莽铸造货币情形说：莽在居摄中（公元八至九年）改变汉制，造"大泉五十"及"契刀五百""一刀直五千"与五铢钱四种并行。即真之后，改铸"小泉直一""幺钱一十""幼钱二十""中钱三十""壮钱四十""大泉五十"，是为钱货六品，"小布一百""幺布二百""幼布三百""厚布四百""差布五百""中布六百""壮布七百""第布八百""次布九百""大布黄千"，是为布货十品。至天凤元年（公元一四年）悉罢大小钱，改作货布及货泉，以货布一枚当货泉二十五枚。以现时出土的王莽货币，从文字上来比较，契刀应作契刀，厚布应作序布，幺钱幼钱之类，皆当作幺泉幼泉，此后人传写之误。

西安出土的有小"五铢"泉及"五铢一泉"泉（系根据钱范）两种钱。情形与小泉直一相同，当为王莽即真以后所造。次则出土最多的布泉，当为王莽天凤时所造，与货泉并行，《汉书》皆漏未记载。至于"新币十一铢"（武进陶氏藏）"国宝金匮直万"（扬州张氏藏）两种，《汉书》亦未言及，行使的时间短促，铸造的数量不多，因王莽对于货币制度，品类繁多，朝改夕变，故《汉书》中难得完备。但王莽时工人铸钱的技术，质料的优良，文字的精美，在汉代五铢以上。

王莽的铜钱范，以大泉五十为最多，次则是小泉直一，布范则以契刀为最多。陶钱范也是如此，在陶范上多刻"日利大万"，无某年铸造字样，与汉代作风不同。西安白祚藏有"始建国"三字残范，可算有年号者仅此一见，确属真品，下截已损缺，故不能定为何种范的题字。

西汉及王莽铸钱的遗址所在地。

汉代铸钱的作所，就发现来说，一在户县东乡锺官城遗址，所造的是五铢背面范。二在西安西北未央宫大殿遗址直北七华里相家巷，所造的是五铢正面范。三是在北门外二里老母殿附近，也是五铢正面范，数量不多。户县有一部分在汉时属于上林苑，武帝时将水衡三官暂设于上林苑，就是《汉书·食货志》所谓专令上林三官铸钱的解释。王莽铸钱的作所，一在西安未央乡石渠阁遗址，所造的是大泉五十背面范。二在西安三桥镇直北五里好汉庙，所造的是大泉五十、小泉直一、契刀等正面范。出土的地方，正背两面，互不混杂，出正面范的地址，偶有少数背面范，出背面范的地址，则绝无一正面范。知道当日是采取分工方式，到铸钱时才汇合一处，加以修造。但上述各地所出的，皆是范祖（大泉五十阴文范，只见过一二片），数量又如此之多，必然有大批范母，尚未发现。

西汉铸钱铜材最新的发现，知道当时除官家自行采铜外，兼收购民间的铜，作补充材料。

一九五五年十一月，西安汉城青门外约二百步地方，发现西汉铸钱的铜材原料一批，共有十大块，现归陕西文物管理会保管。铜材系长方形，中有孔穴，每块上面都有凿刻的字，大率为记重量的记号。最突出的一块，右边刻有"汝南富波宛里田戎卖"九字，字大如胡桃，正面刻有"二十五"三字，上横头面刻有"百二十□"四字，模糊不清的字，以其他铜材来证明，当是"斤"字。字体在由篆变隶之间，不带挑法。刻字的每块重量均在一百二十斤左右，用今市秤来比重，约六十斤有零。铜质已经过化验，红铜的含量占百分之九十九。案《汉书·地理志》：汝南郡有富波县，王莽改汝南郡为汝汾，富波县名仍旧，由汝南郡的名称，及题字的字体来论断，当为武帝末期到宣帝末期时物，与王莽时代无涉。从这里发现的十块铜材来研究，可以看出下列四个问题。一是西汉时铸钱需要大量红铜来做原料，除《汉书·贡禹传》所说，由官家采矿之外，兼收买私人的旧铜来补充。二是汉代长安、汝南皆不产铜，还是由丹阳郡一带运来。田戎所卖虽是私有，却不是自己采集，官家刻字在铜材上，深恐质料低劣，是要他负责的。十块铜材，可能都是田戎一批出售的。三是铜材出土的地方可能是上林三官中辨铜令官署铜库的遗址。对于藏铜的铜库，铸钱的作所，刻正面范刻背面范的作所，就现在所发现的，共分为四处，分工确非常精细。四是汉代的权衡，每一斤当于今秤的重量，言人人殊，未有定论，一般的研究秦汉权量，多是根据半两五铢钱及汉铜器铭文所记载的斤两来推测。但钱文用半两铢来比较，因它的本身，且大小轻重不同，铜器上刻的斤两铭文，有的属于官造的，有的属于王侯的家量，皆不是划一的。现出的铜材，纯由官造，当是标准份量，每一斤约折合今市秤半斤有零，这是比较正确的。至于半斤以下折合的小数，尚待陕西文管会的报告，再来确定。我觉得此次铜材的发现，在研究西汉官府铸钱手工业上，作用非常重要。

铸造的技术。

西汉及王莽时刻范的技术十分精巧，无论陶、石、铜各范，每一个钱，中间有一小孔，系当日用规画成，取其圆形准确。每一道流，深浅限度均极合宜。可见我国劳动人民集体创作的手工技艺,在二千年前已经达到高度水平。铜范铸钱至多五十八个,陶范铸钱至少十六个,最多也是五十八个,与梁代大富大吉五铢陶范,以四个为标准的不同,与唐以后每板六十四个的又不同。

西汉初期,货币极为紊乱,由荚钱(汉兴所铸)到八铢钱(吕后二年铸)、五分钱(吕后六年铸),由五分钱到四铢钱(文帝五年铸)、三铢钱(武帝建元元年铸)、半两钱(建元五年再行)、五铢钱(元狩五年铸),五铢又加赤仄(元鼎二年铸,自来论赤仄钱为以赤铜为边,因以得名。试看汉代五铢,无不是赤铜铸造,不仅边用赤铜,谱录家臆断强指,语言模糊,赤仄二字不是史书的误文,而是我们未解)。文字屡变,轻重屡易,在制度上有八次的迭更。至武帝罢郡国铸钱,纯由官造以后,在钱法上稳定一个时期,币制在经济上既居重要地位,因此就发生刻范和铸造的不断改良,不断进步。到了王莽时代,钱的制度虽乱,钱的铸造技术比西汉还要精美。又在各陶范中看到在范上段,有画单圈的,有画双圈的,可见精益求精,但怕他们偷工减料,刻了工人姓名,以便负责稽考。例如陶范中有"工乘山""申工长寿"等人名,这是统治阶级压迫工人深恐有草率从事的表示。

更始时复铸五铢钱。东汉铸钱改由太仆卿属官考工令主管。及四出五铢,董卓小五铢的铸造。

《簠斋吉金录》范二十二,有五铢铜范,背刻"更始二年十月工猴岑刻"十字,是更始时复铸五铢钱的确证(此范传世极多,有真品,也有仿造的)。

《续汉书·百官志》仅言大司农掌钱谷,不言铸钱的官署。证之出土的古物,知东汉铸钱,由太仆卿属官考工令主管。《簠斋吉金录》范二十四,建武五铢范,背刻文云:"建武十七年,三月丙申,太仆监掾苍,考工令通,丞或,令史凤,工周仪造。"这是很可宝贵的材料,盖建武十六年始铸五铢钱,钱范正刻于始铸钱的次年。

《文献通考》卷八云:"灵帝中平三年(公元一八六年)铸四出文

钱,献帝初平元年(公元一九〇年)董卓铸小钱。"现四出五铢,出土仍很多。董卓的小五铢,亦有出的,质轻且薄,等于西汉初私铸的榆荚钱。现在洛阳发掘的东汉末期墓葬中多有古代的货币,其原因是董卓的小五铢,不便民用,当时即改用古钱,这一点是各家《后汉书》所未详的。

东汉未发现陶范。铜料的来源。

东汉的钱范,只有建武铜范外,很不多见,陶范则从未发现。有人疑为铸造方法的改变,我不同意此说法。因梁代铸造大富五铢,尚用陶范,只可说东汉未发现陶范,不能说东汉不用陶范。

东汉铸钱铜料的来源,可能是越巂郡堂琅县、朱提县的出品,详我所写的《盐铁及其他采矿》。又《隶续》卷十一《耿勋碑》文云:"又开故道铜官,铸作钱器,兴利无极。"是东汉铸钱铜的原料,兼用一部分陇西故道县的产品。

制盐、冶铁、铸钱是两汉官府的三大手工业。盐铁在武帝未实行官卖,钱币未实行统一以前,共有三大份:各王国占一份,吴王濞、齐悼惠王在这一份中居大多数;各富豪大贾占一份,邓通在这一份中居大多数;汉廷只占三分之一。这种现象,是秦末汉初造成的。文帝纵民铸钱,更助长它的发展。武帝官卖官铸政策,虽然出于桑弘羊、孔仅的计划,也是经过多次的改革,因此,才得能有削弱诸王国的政权,取消富豪暴利的如此的成绩。对于盐政,北方比南方注重。对于冶铁,开采遍于全国。对于货币,掌握铜矿产区,并收购民间的旧铜。武帝对外用兵,国库开支浩大,实行官卖官铸政策,在经济上有绝大支援的力量;若仅在增加口赋田租方面着眼,必致老百姓的负担更重,富豪的势焰更张。这种政策,与榷酒酤、算舟车、行均输平准等法,皆有不可分割的联系,皆是打击豪强的具体表现。三大手工业中,皆有卒徒,每一盐铁官署,可能皆有一千余人,而铸钱采铜每年常在十万人以上。两汉工人与卒徒,有显著的区别。三大手工业,需要的劳动力，是相当惊人的。工人只管技术，而盐的运输采坑，铁的鼓风炉，铸钱的采矿开炉，则非用大量卒徒不可，与其他精细的手工业工人居首要，卒徒居次要的情形不同。然而盐官舞弊牟利，铁官只管造兵器，铸盐盆，使老百姓经常淡食，用钝农器，不仅《盐铁论》中贤良文学所说如此，现今辽阳三道濠西汉村落遗址中所发现的铁器，质料脆薄，也是如此。非桑弘羊政策的不良，而是盐铁官吏的积弊。到了东汉，盐铁改为征税制度，还是用的西汉的规模。五铢钱在两汉三百年中，信用始终不变，在经济上发生了相当稳定的效力，是不可忽视的。五铢这两个字，在老百姓头脑中，信用卓著。在更始时，经过王莽更改币制以后，就发出"黄牛白腹，五铢当复"的童谣，这种童谣，可能是更始自己制造散布的。果然到了更始二年，就实行开铸五铢钱。就是割据西蜀的公孙述，也是以鼓铸铁五铢钱相号召。东汉末期的董卓，急欲代替汉代的政权，对于改铸五铢，只敢形模缩小，不敢放弃名称。至后代铸造的货币，仅加称为某某五铢，仍然要利用这块老招牌。这种制度，到唐初才完全消失。一般人都知道武帝专令上林三官铸造五铢，在汉代经济史上发生的作用，不知道汉代工人，做一块陶钱范，至少须要三个月，多则六个月，才能成功，耗费了千万人的血汗，才能获得伟大的效果。现在可考的铸钱工人，仅知道四五人，至于卒徒，在采铸时，贡献出大力帮助，人名则完全不能稽考了。

铜 器 业

两汉的铜工铸造铜器，是沿用商周的旧法，在式样上略有变化。

  两汉的铜工手工业所铸的铜器，有保持原有式样的，如铜鼎、铜壶之类。有完全淘汰的，如簋、敦之类。有创作新添的，如斗、洗之类。铜鼎、铜壶等，多为素器，无花纹，有记载的年月重量，无长篇的铭文。看来炼铜的技术，似有退步，其实不然，铜器发展的趋向主要移到铜镜、镫锭、虎符各方面，不能一概而论。

汉代铸造铜器的方法及程序，与商周大致相同，是最先在范母上刻削花纹及文字，然后印之于范。范用数模相合，有内范，有外范，注铜于内外范的夹隙中，则铜器成。中国历史博物馆，有铸器的模型范，情况颇合。至于商周青铜含的成分，很不一致，大率铜为百分之九十（红铜），锡为百分之十；两汉铜器，铜约占百分之八十五，锡约占百分之十五。

两汉铸造铜器的官府手工业，可区分三类，一是少府属官的尚方令，二是少府属官的考工令（东汉属于太仆），三是蜀郡、成都、广汉郡的工官。铜每斤的价值，在延光壶铭文可以见到。铜器每次铸造最多的数量，在好畤鼎铭文可以见到。铜器每件的价值，在永和钟等铭文及居延汉简中可以见到。

《汉书·百官公卿表》：少府属官，有尚方令丞，及考工令丞。《续汉书·百官志》云：少府卿属官，有尚方令。本注云："掌上手工，作御刀剑诸好器物。"太仆卿属官有考工令，本注云："主作兵器弓弩刀铠之属。"又《汉书·地理志》云："蜀郡、成都、广汉，皆有工官。"《汉书·贡禹传》云："蜀广汉主金银器。"

汉武帝时，分尚方令为左、右、中三官署，而造铜鼎、铜壶等用器的，皆在中尚方。现可考的，有太初二年（公元前一○三年）中尚方造骀荡宫壶（见《汉金文录》卷二第二十五页），元狩元年（公元前一二二年）中尚方造建昭宫鼎（见《汉金文录》卷一第一页），始建国四年（公元一二年）中尚方造铜钟（见《簠斋吉金录》卷五，钟三），永元二年（公元九○年）中尚方造雁足镫（见《积古斋钟鼎款识》卷九第二十六页），建始二年（公元前三一年）中尚方造鐎斗（见《陶斋吉金录》卷六第六十一页）。属于考工令造的，有元康三年（公元前六三年）昭台宫铜扁（见《贞松堂集古遗文》卷十五第四至五页），永始二年（公元前一五年）鼎（见《汉金文录》卷一第四页），永始三年（公元前一四年）乘舆鼎（见《汉金文录》卷一第五页），元延三年（公元前一○年）乘舆鼎（见《汉金文录》卷一第六页），有元始（公元前五至前一年）钫

（见《汉金文录》卷二第二十页），有居摄元年（公元六年）钟（见《小校经阁金文》卷十三第三十九页），建武二十年（公元四四年）大官铜钟（见《金石索·金索》一百五十一），永建二年（公元一二七年）弩机（见《小校经阁金文》卷十四第十一页）。属于蜀郡及广汉郡工官造的，有二年蜀西工长儋造酒锅（见《汉金文录》卷四第二页），建武二十一年（公元四五年）蜀郡西工造鎏金兽耳铜壶（见《伟大的艺术传统》图版十二，原器现藏中国历史博物馆），永元十六年（公元一〇四年）广汉郡工官卅湅书刀（见《汉金文录》卷六第十四页）。上述铜器三处来源，通常的当由尚方令考工令供给，精致的则由蜀郡广汉供给。广汉造的铜镜，亦常见于镜铭，各器比京师所造的，是美丽得多。另有桂宫行镫，仅总称为少府造（《汉金文录》卷三第二十七页），未区分尚方令或考工令的名称，这是很少见的。又有南陵大泉钟，标明是长安市造（见《陶斋吉金录》卷六第四至五页），此钟为霸陵县薄太后陵园中的用品，或外县所用的铜器，则由长安市造亦未可知。

阮氏《积古斋钟鼎款识》卷九第十五页有延光壶文云："延光四年（公元一二五年），铜二百斤，值钱万二千。"所谓铜二百斤值一万二千，是这一作的总数字，而记在一壶上面的。一万二千，既是十二千钱，每斤铜合六十钱。此条是汉代每斤铜价最可宝贵的材料。

又《啸堂集古录》卷二十有好畤鼎文云："太官中丞，第八百六十。"这是一次铸造铜器最多的数量。

《小校经阁金文》卷十二第十六页有永和钟文云："永和四年（公元一三九年）正月一日戊辰，造□□□钟，重□□斤，直钱七千二百宜用。"又同书卷十二第十四页有扶侯钟文云："阳嘉三年（公元一三四年）九月十八日雷师作，直二千五百。"又同书卷十二第二十页有延熹钟文云："延熹元年（公元一五八年）造作□□□成富□□钟廿二斤，直钱二千四百，大吉，□□富贵，宜田家，□意□长生。"上述三件铜器，皆是载明每一件铜器价值的。

又《居延汉简释文》卷三第六页有"铜铫一，直五十"的记载。

《居延汉简释文》卷三第十二页又有邯郸铫的记载。足证铜铫出产邯郸,品质优良,并且远销于边郡。

综合上列铜每斤的价值及铜器每件的价值来研究私人作坊手工业的工资,及纯利问题。由延光四年至延熹元年(公元一二五至一五八年),中间相隔三十三年,同为东汉时代作品,同在洛阳一带出土,物价工价的距离,当不致过远。延光壶有铜每斤的价格,扶侯钟仅标明"直二千五百"。永和钟仅标明"直七千二百"。只有延熹钟既标明"重廿二斤",又标明"直钱二千四百",是最完备的材料。

以延光壶记载的每斤铜价六十钱来对勘,延熹钟花费二十二斤铜,当为一千三百二十钱,卖价为二千四百钱,共得工资一千零八十钱,去除炭火费约八十钱外,所有纯利约可得一千钱,就折合到农民的十石米价。延熹钟与扶侯钟,两器标价只相差一百钱;而永和钟竟比延熹钟贵至三倍,恐为三炼四炼关系,炼的次数愈多,则铜愈精而工愈贵。上述铜壶、铜钟,似皆为铜工自造出卖的铜器,所以标明价值。何以其他铜器,如铜镜、铜洗等,并无标价,这一点是值得研究的。居延铜铫一具,值五十钱,合不到一斤铜价,何以边郡铜价独低也是应注意的。

铜器名目繁多,仅各举一例,乐器类有钟、铎、钲、铃、鼓等。

《小校经阁金文》卷十三第三十九页有居摄钟文云:"居摄元年(公元六年)考工□□缮,守啬夫□,守令史护,掾襃,主守左丞□,令□省。"乐器的钟,在汉代铸造极少,为渐被淘汰的种类。

《陶斋吉金录》卷七第三十八页有"大吉利田"铎。《汉金文录》卷三第四十二页有"日入千万"铃。汉代铃铎出土的极多,里社赛神时所用,而铃有时用为车饰。

《贞松堂集古遗文》卷十五有王莽时候骑钲文云:"候骑钲重六斤五两,新始建国地皇六年一月造。"案王莽地皇无六年,疑元字误剔。

《小校经阁金文》卷十三第四十页有建武铜鼓文云:"建武十八年(公元四二年)伏波造。"此为铜鼓有铭文最古的,罗振玉指为伪作。

酒器类则有壶、钫、锺、缶、卮、杯、樵、鏊等，而自饮酒令，错金银文字，铸造尤精。

《小校经阁金文》卷十一第七十六页有龙渊宫壶文云："龙渊宫行壶，元朔二年（公元前一二七年）正月造。"阮氏《积古斋钟鼎款识》卷九第十五页有东汉延光壶文云："延光四年（公元一二五年），铜二百斤，直钱万二千。"

《汉金文录》卷二第二十二页有"赵是"钫，二十三页有"赵常乐"钫。钫为方壶，关中地区汉墓中所出陶钫尤多，东汉很少见到。

《小校经阁金文》卷十二第十页有"鸿嘉三年（公元前一八年）长信宫造"铜锺。同页又有东汉"建武十七年（公元四一年）工伍舆造"铜锺。

《西清古鉴》甲编卷十六有文云"杨氏容二升，重十四斤"的铜缶。

《薛氏钟鼎款识》卷十九第四页有汉"建光中室又四"铜卮。《颂斋集金录》图二十九有"丞不败，利厚世"铜杯。此铜杯即汉代普遍流行的耳杯。

《小校经阁金文》卷十三第六十一页有富平侯家温酒樵文云："富平侯家铜温酒樵一，容三升，重三斤六两，元延三年（公元前一〇年）十二月辛未造第一。"

《小校经阁金文》卷十三第五十六页有十六年鏊云："容五升，重三斤六两，十六年工从造第一，闵主。"

《陶斋吉金录》卷七第十一页有弹丸文云："骄黠、一、二、三、四、五、六、七、八、九、十、十一、十二、十三、十四、十五、十六、黠。"又《奇觚室金文述》卷十一第二十八页、《小校经阁金文》卷十三第七十七页、《汉金文录》卷四第二十五页，皆著录与此器大同小异的共有三种，或称为弹丸，或称为汉鞠，或称为博局。案此器十八棱至二十二棱不等，其中有二棱，面积比较大。一九四八年，西安汉城曾出一枚，数目字与《陶斋吉金录》的弹丸相同，面积较大的二棱，一面是骄黠二字，一面是自饮二字。始恍然为汉代贵族宴饮时所用赌酒的酒令。

各棱文字,有错金丝的,有错银丝的,非常精美,文字大体为篆书,决为西汉初中期的制作。又河北满城汉中山王刘胜妻窦绾墓中,亦有同样酒令一枚,宫中行乐钱四十枚。简报误题为铜骰,且指为初见皆非也。

水器则有盘、匜、盂、盆、洗等类。

《小校经阁金文》卷十三第五十七页有王莽时承水盘文云:"律石衡兰承水盘容六升,始建国元年(公元九年)正月癸酉朔日制。"又《愙斋集古录》卷二十五东汉陈彤盘文云:"阳嘉二年(公元一三三年)十一月二十五日癸亥,陈彤作此盘,多留子孙永千是。"

《贞松堂集古遗文》卷十五第三至四页有陈仓成山共金匜文云:"第十二陈仓成山共金匜一,容一斗八升,重五斤七两,共成□□□□一斗八升,重五斤七两,名曰廿。"《颂斋吉金图录》图二十八有"严是作"盂。又《小校经阁金文》卷十三第五十八页有魏其侯盆云:"兼氏魏其侯铜盆,容一石,重十斤八两。"

《小校经阁金文》卷十二第七十九页有"永平二年(公元五九年)王作洗"。案铜洗纪年,多属于东汉,盖为彼时盛行的新式铜器。西安北郊汉墓中所出土铜洗,中有铜勺,知洗的用途,主要作食器。

食器则有鼎、豆等器。

《啸堂集古录》卷二十有好畴鼎文云:"好畴供厨铜鼎,容九升,重九斤一两(?)(以上文在器)长乐饲官二斤(?)十一斤四百三十五,太官中丞今第八百六十,今好畴供厨金一斗,鼎盖重二斤十两第百卅。"又《善斋吉金录·任器》十六,有东汉建武鼎文云:"建武十七年(公元四一年)考工令史击,丞或,令工伍舆造。"

《善斋吉金录·任器》三十一有承安宫豆云:"承安宫铜豆,重三斤八两,五凤元年(公元前五七年)正月朔造第五。"案豆器在汉代比较少见,是渐被淘汰的类型。

烹饪器则有釜、甗、鍑、銚、鋗、鋦、镂、镌斗等类。

《金石索·金索三》第一百九十一有馆陶釜文云:"河东所造,三年铜庆釜,重十二斤,长信赐馆陶家第二。"《汉金文录》卷四第十五页有东汉交趾釜文云:"汉安二年(公元一四三年)十月十三日交趾西于作。"

杭州邹氏藏鄠邑鋄文云:"鄠邑宰从军夜用",为新莽时物。又《集古遗文》卷十五第六至七页有敬武主家铫文云:"富平家,敬武主家,铜铫五升,二斤九两,初元五年(公元前三九年)五月,河东造第四。"

《长安获古编》卷二第十四页有橐泉锅文云:"橐泉铜一斗锅,重三斤,元康元年(公元前六五年)。"案锅无东汉纪年的,但晋代则仍用铜锅。

《陶斋吉金录》卷七第二页有阳信家铬镂文云:"铜铬镂一,重四斤八两(以上文在器)。""阳信家铜铬镂,盖重一斤八两,四年第一。"

《陶斋吉金录》卷六第六十一页有建始镳斗文云:"建始二年(公元前三一年)六月十六日,中尚方造铜镳斗,重三斤九两容一斗。"案镳斗用至王莽时,无东汉纪年物。

虎符是从战国发展的,汉文帝二年,始与郡守为虎符。官府手工业,可能属于少府的考工令或尚方令。主管虎符的,则为少府属官的符节令。

《增订历代符牌图录》一至二页著录有鹰节三、骑马节一、齐大夫牛节一、辟大夫虎节一,共六种。文字虽自称为节,形状实为符,故鹰节有人称为节,有人称为符,其实皆为战国时代最初的符。《汉书·文帝纪》:"二年九月,初与郡守为铜虎符。"应劭注:"铜虎符第一至第五,国家当发兵,遣使者至郡合符,符合乃听受之。"颜师古注:"与郡守为符者,谓各分其半,右留京师,左以与之。"应、颜二家注文,与现时出土虎符情况完全相合。文字大率为填金银丝,左右两符分铸,合成不差毫厘,极匠心之能事。

《汉书·百官公卿表》:"少府属官有符节令丞。"《续汉书·百官志》:"少府属官有符节令。"本注云:"在中主玺及虎符竹符之半。"案汉代所用竹使符,因竹质易朽,现无出土者。

汉代虎符,分两种情式,一是与诸侯王,二是与郡守。王莽制度,微有不同,兹各举一例。

《衡斋金石识小录》卷上第二十七页有临袁侯虎符文云:"与临袁侯为虎符第二。"此汉代与侯王的。

《长安获古编》卷二第三十一页有张掖太守虎符文云:"与张掖太守为虎符,张掖左一。"此汉代与郡太守的。

《小校经阁金文》卷十四第九十二页有王莽压戎郡虎符文云:"新与压戎西镇连率为虎符,压戎郡右二。"此王莽与连率的。汉代的虎符,与侯王的,间有"汉与"字样,与太守的直称为"与",不称为"汉与"。王莽的符,必称为"新与",与通常汉制略有不同。

西安汉城曾出土有未刻字虎符一对,当为符材。又汉符独无与将军的,《清仪阁金石文字记》著录的"伏波将军大虎符",则为伪作,殊不足据。

两汉铜镫,花样繁多,制作精巧。属于官府手工业的,则有少府属官考工令,及尚方令的中尚方。私人铸造亦多,亦必有私人的作坊。焊接的工艺,亦极牢固,经过二千年,并不脱落。

阮氏《积古斋钟鼎款识》卷九第二十五至二十六页有建昭雁足镫文云:"建昭三年(公元前三六年)考工辅为内者造铜雁足镫,重三斤八两,护建,佐博,啬夫福,掾光主,右丞宫令相省,中宫内者第五,故家后大厨,今阳平家画一至三,阳朔元年(公元前二一年)赐。"此为考工令所造的明证。又同书同卷二十六页有永元二年雁足镫文云:"永元二年(公元九〇年)中尚方造铜雁足镫,重九斤,工宋次等作。"此为中尚方所造的明证。镫的名称因形式而变,有手柄的曰行镫,高足的曰高镫,有足的曰锭,专燃烛的高者曰烛豆,低者曰烛盘,燃油燃烛两用的曰鹿卢镫。

《愙斋集古录》卷二十六第二十三页有宜子孙行镫。

《汉金文录》卷三第三十一页有重"六斤十两"高镫。

《小校经阁金文》卷十一第一百页有"曲成家铜锭,重一斤三两第六"。《说文》云:"锭,镫也。"《广韵》云:"豆有足曰锭,无足曰镫。"

《小校经阁金文》卷十一第一〇一页有"土军侯烛豆,八斤十三两"。

《薛氏钟鼎款识》卷二十第四页有"车宫铜承烛盘,重三斤八两,五凤四年(公元前五四年)造,扶"。

《小校经阁金文》卷十一第八十二页有大吉鹿卢镫。又西安汉城曾出七台连枝镫一具,无文字,无花纹,周身翠绿,确为汉物,与《西京杂记》卷一记载的九连枝镫相似。

汉镫有一截造成的,有两截造成的,两截则必用焊接,非常牢固。所用焊锡焊药,看到很明显,经过二千年以上,脱落的很少。可见当时工艺已发展到相当水平。

带钩广用于战国,发展于秦汉,盖仿鲜卑人的作风。所谓犀毗、胥毗、师比,皆是异名同物。汉人在带钩的铭文上直称为钩。官府手工业,可能属于少府的尚方令。私人铸造的尤多,可见私人作坊很为普遍。

《周金文存补遗》卷六有"簠敀""辜誓"两钩,皆战国时物。楚辞《招魂》"晋制犀毗,费白日些"。可见战国时以晋人铸造带钩为最精。《汉书·匈奴传》云:"文帝赐匈奴黄金犀毗一。"颜师古注:"犀毗,胡带之钩也,亦曰鲜卑,亦谓师比,总一物也,语有轻重耳。"文帝既以犀毗赠匈奴,其属于官府手工业可知。

造钩的技术,主要在金银镂错的花纹精美,文字反在其次。

汉代带钩错金银的,西安汉城出土最多。我所见的有错金蟠虺形,有错金银蛟螭形,有错银螳螂形,有错银雕狐形,有错银饕餮形。西安北郊白家口汉墓中曾出有涂金龟蛇形,既小且精。此外或有嵌松石的,镶五铢钱的。至于文字,则当以赵充国钩为代表品(见《汉金文录》卷六第六页)。上述各种类型,在艺术史上皆有崇高的评价。另有印钩、合符钩,为使用者便利,类于后代戒指上刻的姓名。

汉代农具,虽普遍用铁器,但仍有时用铜器,由出土古物可以证明。

《小校经阁金文》卷十三第六十九页有"大宫"锄,可能是赵过教田三辅时,宫中隙地树艺五谷时所用。

《善斋吉金录·任器》六十六页有"临菑右大农"农器。

《清仪阁金石文字》卷二第二十六页有"宜"字钱（或名为犁）。上述三种农具，临淄农器可能为西汉初齐国大农令所造，大宫锄为西汉中期物，宜字钱时代比较稍后。

至于汉代杂器，名目繁多，兹择要举例，如渠斗、熨斗、书刀、熏炉、漏壶、帐构铜、金釭等。属于宫中的用品，皆为官府手工业所造。

阮氏《积古斋钟鼎款识》卷十第十二页有"安昌"车釭。

《奇觚室金文述》卷十一第十六页有"大富贵"勺。

《汉金文录》卷四第九页有成山宫渠斗文云："扶，成山宫铜渠斗，重二斤，神爵四年（公元前五八年）卒史任欣，杜阳右尉司马赏，釐少内佐王宫等造河南。"

《贞松堂集古遗文续编》有东汉"建光元年（公元一二一年）三月，上蔡侯造"熨斗。又《汉金文录》卷四第九页有五凤熨斗文云："五凤元年（公元前六一年）四月，考工贤友，缮作府啬夫赵良，付守长吴安光主，在丞万福并省，重三斤十二两第二。"在此铭文中，知道考工室内，另设有缮作府，不见于他器。

《贞松堂集古遗文》卷十五第十一至十二页有金马书刀文云："永元十六年（公元一〇四年），广汉郡工官卅涷中缺史成长荆守熹主。"

《贞松堂集古遗文》卷十五第九页有"平安侯家熏炉第十，重六斤三两"。西安汉城出土汉宫铜熏炉最多，制作花纹均极精巧。

《善斋吉金录·任器》三十三有莲西宫铜鸟衾文云："莲西宫铜鸟链，容一斗八升，并重十一斤二两，元康元年（公元前六五年）考工工贤，友缮造，啬夫建护，当时主，令长平，右丞义省。"

《薛氏钟鼎款识》卷十九第二至三页有丞相府漏壶文云："廿一斤十二两，六年三月己亥，年（？）史神，工谭正，丞相府。"

《小校经阁金文》卷十三第七十三页有"雍库籥一，重二斤一两名百一"。又《善斋吉金录·任器》五十六页，有"千金氏"铜键。此器西安仍常见出土,姑名为键。

《簠斋吉金录》卷五葆调一有"青羊毕少郎葆调",案葆调与键籥相类。又《贞松堂集古遗文》卷十五有"前右上广"帐构铜,案此器在魏时最为盛行。

《小校经阁金文》卷十三第七十五页有"大郭"刀圭。此器似小量,姑从旧名为刀圭。

《贞松堂集古遗文》卷十五第十八页有"宜牛犊,大利吉"铃,此器亦称为铎。

《博古图》卷二十七第四十四页有铜鸠车,无铭文。我于一九四一年在天水时见城北邽山亦出土一具,大小形式,与《博古图》相同。又《小校经阁金文》卷十三第一百十页有金釭,无铭文,制作极精,汉昭阳舍中,用以铺地,班固《西都赋》所谓"金釭衔璧,是为列钱"是也。

西安汉城曾出清河少内铜鼎五具,同坑出土有铜箕一具,虽无文字,而满身绣绿,苍翠可爱。清河哀王为景帝子,是西汉中期物(原器存王子献手中,王故后,未知尚存否)。

《小校经阁金文》卷十三第八十页有建武三年(公元二七年)铜器,元凤六年(公元前七五年)铜器;第八十一页有"胡宽"铜器,皆为不知名铜器。其他如藕心钱(疑为键类),铜璜(原名桥币)之类,不能备举。

又朝鲜乐浪王盱等各墓中,所出的有黄金宝冠(见《东洋文化史大系·汉魏六朝时代》三四一页),有金镂耳饰,有黄金銙带、腰佩具(同上三四二页),有汉代玻璃制耳珰(同上三三七页),皆属于头饰或服饰一类。制作精细,亦为金工、铜工的杰作,在此顺提一下,不再分门专叙。

汉代铜器,多喜涂金。漆器上故有黄耳涂金的工人,用纯金制成的很少。也有用涂银,或用纯银制成的,在文献记载中很多,出土的很少。银工的官府手工业,属于少府属官尚方令的左尚方及考工令。

《小校经阁金文》卷十三第七十五页有东汉"中元二年(公元五

七年)考工所造"银锭。同卷同页又有"光和四年(公元一八一年)左尚方"银锭。此为银工属于左尚方及考工令的明证。

《全三国文》卷一第七页,曹操有上杂物疏,综合起来,有纯银参镂带漆画书案一枚、纯银参带台砚一枚、纯银参带圆砚大小各一枚、纯银香炉四枚、纯银参带唾壶三十枚、纯银错七寸铁镜一枚、银匦一枚、纯银参带镜台五枚、纯银澡豆奁、纯银括镂壶、银镂漆匦四枚、纯银带画方严器一枚。曹操所上汉廷的银器,如此之多,而现今出土的仅有西共窦氏银匦一具,纯银的印章、镀银的镜,偶一出现耳。

西安北郊青门村汉墓中所出窦氏银匦,文云:"西共窦氏银匦,容一斗十升,重五斤十四两,三年二月造第五。"为西汉末有纪年时物,现存陕西省博物馆。又洛阳出土有镀银铜镜一面,亦罕见之物(见《全国基本建设工程中出土文物展览图录》图版一六一)。

锡工官府手工业,疑为少府属官的尚方令或考工令所主管,出土的仅有锡壶一件。

《说文》:"锡在银铅之间。"现今出土的有"绥和二年(公元前七年)四时嘉至中主令斗"锡壶一件。朱漆书文(见《书道》卷二第三页)。

铅工所制的铅器,多用于殉葬品,以俑及铅券为最普遍。

《小校经阁金文》卷十三第七十七页有铅守宫,文为"大富虫(蠡)王"四字,盖为明器之一种。

西安出土汉代铅俑,有贵妇坐像及立像,有腾蹄马像,无不姿态如生。熹平二年(公元一七三年)张叔敬朱书瓦盆文云:"铅人持代死人。"足证用铅人为殉葬品,是汉代普遍现象(张叔敬瓦盆,据马镜清摹本)。

《贞松堂集古遗文》卷十五第二十六页有建宁二年(公元一六九年)王未卿买地铅券。又同卷二十九页有中平五年(公元一八八年)房桃枝买地铅券,有光和七年(公元一八四年)樊利家买地铅券。《善斋吉金录·任器》六十四页,有建安三年(公元一九八年)崔坊买地铅券。盖汉时铅质制品,多用于殉葬器,地券尤喜用铅质。下至吴黄龙元年(公元二二九年)诸葛敬买地锡券,此风犹然(见《小校经阁金文》卷十三第七十六页)。

上述银、锡、铅三工,在汉代当包括在铜工之内,未必分工,但在现时研究方面,不能不加以区别。

兵器制造

两汉的兵器,戈戟等间或使用,主要以弩机为重点。弩机开始于战国,发展于秦汉魏晋,衰落于南北朝。两汉铸造兵器的官府手工业,在西汉则为少府属官的尚方令,在东汉则在太仆属官的考工令,及少府属官的尚方令。

《金石索·金索二》第一百二十七页有建始二年(公元前三一年)尚方造弩机,此为西汉弩机由尚方令造的明证。《续汉书·百官志》:太仆卿属官有考工令。本注云:"主作兵器弓弩刀铠之属,成则传执金吾入武库。"(《续汉书·百官志》云:执金吾属官有武库令,主兵器)《北堂书钞》卷一百二十五引崔寔《政论》云:"永平建武之际,去战未及,官兵劲利,有蔡太仆之弩,擅名天下。"(案《后汉书·祭遵传》,遵弟肜,永平十二年为太仆,崔寔所指,当即祭肜)又《汉金文录》卷六第二十六页有"太仆京兆官弩"。《续汉书·百官志》:少府卿属官有尚方令。本注云:"掌上手工,作御刀剑诸好器物。"皆足以证明弩机在东汉由太仆的考工令、少府的尚方令各铸造一部分。人多疑为考工所造为官用器物,尚方所造为御用器物,其实不然,即以弩机而论,现在出土的皆尚方所造,考工所造的很少。对于太仆属官考工令所造的,在文字上或称考工令造。标明考工所造的,有永元七年(公元九五年)弩机(见《汉金文录》卷六第十六页)及建初五年(公元八〇年)弩机(见同卷十五页)等器。或称太仆官造,"京兆官弩"是也。而少府属官尚方令所造的,在文字上,仅称某尚方,并不涉及少府,盖沿当时的习惯,并无严格区别的意义。

弩的构造名称,及其射击方法,今略可见。

《释名》卷七云:"弩柄曰臂,似人臂也。钩弦者曰牙,似齿牙也。牙外曰郭,为牙之规郭也。下曰悬刀,其形然也。"

著名的劲弩则有黄间、紫间之名。《北堂书钞》卷一百二十五引刘劭《赵都赋》云"绿沉黄间"(即大黄弩),陆机《七微》云"捺紫间之神机"。又《积古斋钟鼎款识》卷十第二页,有"右中郎将曹悦,赤黑间卷轉臂"弩机铭文。据此弩机有黄紫赤黑四间的名称。

弩机最小的,首尾仅市尺一寸五分,涂金极为精细,是实用不是模型,西安估人俗称为袖珍弩机。在汉墓中多用弩机殉葬,男女兼用,并无区别。弩机牙为钩弦之处,下承以木托盘,拨机动弦,矢即放射。明人茅元仪《武备图说》,绘图颇详(见《居延汉简考释》卷二第三十二页)。现因弓弦与木托盘均朽烂,仅余铜弩,故人多不解它的使用方法。弩的平面,本装有木质望尺,上刻度数,射时用以瞄准。安徽芜湖博物馆在吴时墓中发掘出有保存望尺完整的一具,其余大率皆因木质易朽,在平面仅留下长方孔的痕迹。又《陶斋吉金录》卷七第二十五页有保存铜望尺的弩机,亦为稀见之品。弩机著录,始于《梦溪笔谈》卷十九亦言海州穿地得一弩机,望山甚长。

弩的名称有具弩,有承弩,有称为二石、三石、五石、六石、八石的,是指弩机射击的力量,不是指弩机本身的重量。承弩指预备添补而言,具弩指装备已完好而言(见《居延汉简考释·考证二》第三十四至三十五页)。又弩机射击力最多以十石为止,见东郡白马十石弩机(见《贞松堂集古遗文续编》卷下第三十四页)。

弩官的组织,南郡有发弩官。而强弩将军,虽为将军官号之一,顾名思义,弩机必为重要武器之一种。

《汉书·地理志》南郡注:"有发弩官。"《封泥考略》卷四第五十二页有"南郡发弩"封泥,与《汉志》正合。《十钟山房印举》举二第五十五页有"发弩"印,五十六页有"弩府"印,文字均极高古。又《续封泥考略》卷二第三十三页有"发弩"封泥。《临菑封泥文字目录》七页有"临菑发弩"封泥,盖为西汉初期齐王自置的官。西安汉城所出"发弩"封泥,我曾见三枚,皆由一印打成,可能皆属于南郡发弩的范围。

《汉书·路博德传》有"官强弩将军",《李陵传》有"教弩居延"。将军以下可考的官,则有强弩都尉、强弩司马(见《十钟山房印举》举二第二十二页)、强弩假侯(见同上举二第四十七页)。

弩机需用既广,未必如《汉志》所说,皆由太仆考工令、少府尚方令所专铸。京师官署的书言府及各地方皆可自铸。

西汉的少府属官尚方令,东汉的太仆考工令,少府的尚方令,皆主造弩机,已见上文。尚方令所铸的弩机最多,属于左尚方造的则有左尚方兕十四弩机(见《积古斋钟鼎款识》卷十第二页),属于右尚方造的则有元康元年(公元前六五年)弩机(见《金石索·金索二》第一百二十六页),属于中尚方造的则有中尚方弩机(见《贞松堂集古遗文》卷十六第七页)、永平元年(公元五六年)中尚方弩机(见《小校经阁金文》卷十四第二页)、元兴元年(公元一〇五年)中尚方弩机(见同上十七页)、元初二年(公元一〇八年)中尚方八石弩机(见同上十八页)。西汉少府属官的尚方令,分为左、右、中三尚方,当开始于汉武帝时。现传世有太初二年(公元前一〇三年)中尚方造骀荡宫壶(见《汉金文录》卷二第二十五页)、元狩元年(公元前一二二年)中尚方造建昭宫鼎(见《汉金文录》卷一第一页)、始建国四年(公元一二年)中尚方造铜钟(见《簠斋吉金录》卷五钟三)、永元二年(公元九〇年)中尚方造雁足镫(见《积古斋钟鼎款识》卷九第二十六页)、建始二年(公元前三一年)中尚方造镳斗(见《陶斋吉金录》卷六第六十一页),现可考中尚方所造的为鼎、壶、镫、钟等用器。左尚方所造的有光和四年(公元一八一年)左尚方银锭(见《小校经阁金文》卷十三第七十五页)。右尚方所造,除弩机外,尚不见其他各器。盖左、右、中三尚方皆可造弩机,因弩机为军用品,戎事有紧急时,三尚方皆可以随时供应,并无界限的区别。至曹魏时,仍采用此种制度,如正始二年(公元二四一年,见《陶斋吉金录》卷七第二十一页),正始五年(公元二四四年,见《汉金文录》卷六第二十二页),正始六年(公元二四五年,见《簠斋吉金录·古兵下》六十)三种,为左尚方所造的弩机,又正始三年(公元二四二年)右尚方所造弩机(见《金石索·金索二》第一百三十三页),是其明证。至于汉镜铭文,统称为尚方作镜,难确定为某尚方所造。近人王仲殊、林寿晋,皆说东汉时尚方令始分为三所,左尚方主造弩机,右尚方主造铜镜,中尚方主造装饰具,其说虽本于《通典》,盖未深考也。

弩机有由水衡都尉造的。《居延汉简释文》卷三第九页有"左弋弩六百廿"。《汉书·百官公卿表》:佐弋为水衡都尉属官,武帝时更名为㺟飞,此官署亦可以造弩,并且可以售弩。有由京兆造的,则有"京兆官弩"弩机(见《簠斋吉金录》卷六,弩机十二)。有由书言府造的,弩机文云:"永和二年(公元一三七年)五月书言府作四石钒,郭工史齐,令肃,史开主刑苛。"(见《小校经阁金文》卷十四第十二页)书言府不见于《汉志》,所造弩机,与左弋弩、京兆官弩皆为汉代官署中所造,与地方造的不同。

弩机属于地方性的,有由河东造的,则有河东李从(见《簠斋吉金录》卷六,弩机十),河东冯久弩机(见同上卷六,弩机十一)。有由河东铜官造的,则有"永元八年(公元九六年)河东铜官所造四石钒"(原文三十七字,下从略,见《小校经阁金文》卷十四第十六页)。有由馆陶铸的,则有"馆陶部小"弩机(见《簠斋吉金录·弩机九》)。有由河内工官造的,则有"河内工官七千四百十甲"(见《汉金文录》卷六第二十八页)。有由北海国造的,则有"北海国平寿射工徐杨弩一张"(见同卷第二十九页)。有由东郡白马造的,则有"白马十石东郡白马郭任弩一石直八千"(见《贞松堂集古遗文续编》卷下第三十四页)。有由南阳工官造的(约为十八字,字细如发,不易拓出,见《簠斋吉金录》卷六,弩机十七)。有由汝南郡造的,则有"汝南郡八石弩机郭,永平十八年(公元七五年),工李仲造,护工史彪平兴,守令召坚,左尉□,丞召羽主"(见《汉金文录》卷十六第十五页)。

上述各地方造的弩机,标明郡国县的,统计有七处,是就出土的来考查,当然尚不止此数。就纪年铭文来考查,多为东汉时物。就铸造官署来考查,则多为工官铜官所造。

弩机督造官吏最高的身份,每次所造的数量,及每具的价值。弩范的出现。

督造弩机最高的官吏,有都尉解赞(见《从古堂款识》卷四第二十二页)、右中郎将曹悦(见《积古斋钟鼎款识》卷十第二页)、右将谭君(见《汉金文录》卷六第十六页)。铸造工人的姓名,另见附录《两汉工人题名表》。

弩机每次铸造数量最少的为十一具,见中尚方兒十四弩机,最多的为七千四百一十具,见河内工官弩机(两机皆见上文)。弩机每具的价值,最贵的值八千(见《贞松堂集古遗文续编》卷下第三十四页,东郡白马十石弩机)。又建安弩机有"所市八千五百"的铭文(见《积古斋钟鼎款识》卷十第一至二页),是否指造弩的数量,或弩的价值而言,现尚未敢定。

弩机范,一九四九年于西安汉城曾出土完整的一具,范分七件,齐全,后不知归于何处。《古器物范图录》卷上第一至二页著录一范,只有二件,且不精致。

至于两汉其他兵器,间有承用古代的形式,出土数量不多,与弩机不成比例,兹各举一例。

两汉兵器,除弩机外,可见的则有"都尉师"勾兵(见《小校经阁金文》卷十四第六页),有"成固"戈(见《颂斋吉金录》图三十四),有"河阴"戟(见《汉金文录》卷六第十一页),有"下军"矛(见《汉金文录》卷六第十二页),有"天凤二年(公元一五年)军相刀"(见《奇觚室金文述》卷十一第三十一页),有"黄龙元年(公元前四九年)"剑(见《陶斋吉金录》卷五第三十四页),有"下军"矢镞(见《陶斋吉金录》卷七第十页),又在居延木简记载,矢分两种,有藁矢虷矢之称;《罗布淖尔考古记》中记载发现的有矢镞多种,兹不备引。

统治阶级有用大量兵器作为殉葬品的。

《史记·绛侯世家》云:"居无何,條侯子为父买工官尚方,甲楯五百被(作具字解),可以葬者,取庸苦之不予钱,庸知其盗买县官器。"在此记载中,可以看出两个问题:一是少府属官的尚方令官署中,亦设有工官,当与郡国工官的性质微有不同;二是以五百具兵器实物,用为殉葬品,与通常仅用刀剑及弩机的少数两三件,迥乎不同,可能是西汉初的风气。

铜镜铸造

铜镜为两汉手工业重点之一。合金的原料,为铜、锡、铅三种。原料多用丹阳的产品。

《周礼·考工记》:"金锡半谓之鉴燧之剂。"盖各用金锡百分之五十,合成青铜。战国时代的铜镜,合金成分并不一定;至汉代渐有定型,主要为铜锡铅三种。据日人的化学分析,平均铜约百分之七十三,锡约百分之二十二,铅约百分之五。但据镜铭来看,有自称和的是铅(《簠斋藏镜》卷下第三页,汉镜铭云:"湅冶铅,清而明"),有自称和的是银锡(《小校经阁金文》卷十五第二十一页,汉镜铭云:"汉有名铜出丹阳,杂以银锡清而明")。盖银、铅同出一矿,故锡、铅二字可以互用,统称为青铜镜,古诗《羽林郎》所谓"贻我青铜镜"是也。当日设用铜、锡各半铸造的,出土以后,正面洁白如银,光可照人,估人俗称为水银古。铜料的来源,镜铭自称"汉有嘉铜出丹阳",或"新有嘉铜出丹阳"(见同上卷十六第六十七页)。《汉书·地理志》:丹阳郡有铜官。可知由西汉到王莽时代,造镜皆是用丹阳的产品。东汉的铜,可能是朱提、堂琅的产品(见我所写《盐铁及其他采矿》一文)。

两汉铜镜的花纹与制作，皆从战国发展而来，在长沙、金村、关中所出的铜镜，可以看出演变情况。

战国铸造铜镜，源本于春秋时代。一九五七年，陕县三门峡水库考古工作队发现春秋早期的铜镜一面，面积甚小，上画两虎及一鹿一蝶。从前考古家对于铜镜，仅能看到战国时代，现在能看到春秋时代。

长沙出土的战国楚镜，有四兽纹，有透雕空花纽螭龙纹，有矩形云龙纹，有四叶纹，有菱花纹，有云地菱花纹，有加彩绘四兽纹（以上根据长沙文管会照片，长沙楚铜镜花纹，李正光有《略谈长沙出土的战国时代铜镜》一文，叙述比较详细，见《考古通讯》一九五七年一期）。

洛阳金村墓葬出土的镜，有饕餮纹，有怪兽虺纹，有八弧虺龙纹，有四叶禽兽纹，有金银错虺龙纹，有四虺透纹（以上根据《洛阳金村古墓聚英》摘要）。

关中一带出土的秦镜，包括战国的秦至秦代两个时期的，皆是零星发现。花纹有分离式三禽三螭纹，有缠绕式三禽三螭纹，有细地四兽纹，有螭凤纹，有飞仙飞龙纹，有缠绕式四螭纹，有方胜相连纹（以上综合各镜图录及拓本）。其中以小雁塔文管处所藏秦代大画镜为最精。

三个地区所出各镜，花纹虽略有不同，但形式的三弦纽、两重花，下层细地花多为波形或羽形，作风无不相同。长沙、金村所出，则间或参以矩形，俗称为山字式，这一点为秦镜所未见。至于炼铜的精美，花纹的纤细而生动，还要比汉镜为胜。又先秦的古镜，与其说铭文绝少，不如说未见铭文。

西汉造镜的官府手工业，由少府属官的尚方令主管。广汉主金银官，也有一部分出品。因为是日用必需品，私人造的极多，现在可以看到铸造所用的沙范。

《汉书·百官公卿表》：少府属官有尚方令。《续汉书·百官志》:尚方令"掌上手工,作御刀剑诸好器物"。而汉镜铭往往有"尚方作镜真毋伤"或"大无伤"或"真大好"等铭文,是两汉在官府铸造方面,属于尚方令无疑,时日既久,尚方作镜普遍用的辞句,私人作坊铸造也用此等铭文。

蜀郡、广汉郡,也铸造一部分铜镜,现从三个元兴元年(公元一〇五年)镜铭中可以看出(见《历代著录吉金目》一千三百二十六页)。因蜀工铸铜最精,虽偏重于做鎏金镂银或漆器,而精美之镜,亦偶作一二,运至京师。

镜范留存最少。《古器物范图录》著录七品,以"见日之光,长毋相忘"两沙范为最精(见《图录》卷上第四至六页)。《汉三国六朝纪年镜图说》,有建安元年(公元一九六年)神兽镜范,及无纪年画像镜的镜范,因皆系伪作,故不列入。我在西安见有尚方镜残范,仅存"渴饮玉泉饥食枣"等字,较罗氏所收各范为尤精。镜范是用上下两块合成,上有铜流四道,一范不止铸镜一次。

两汉镜的花纹及铭文,略为举例。

两汉镜的形式,多采用乳状圆纽,外有宽边,绕以锯齿一周;内用四柱,或八柱、十六柱,或仅用图案,或兼用铭文,或三圈,或二圈。其初以四神为主要题材,东汉以来,发展到四神兽。绍兴所出东汉末期的车马人物镜,尤称精品。画像的浮雕,都作四分法,布置神像方面,常见有东王公、西王母等,或画吴王夫差及伍子胥等,手法十分生动。它们所表现的人物,与辽宁营城子汉墓壁画,乐浪彩箧画,及王得元墓室画像,武梁祠画像,作风都相似。至于由汉武帝时流行至西汉末期的昭明镜,六字一句,在文学上另成一种风格。一九五三年,西安白家口汉墓出一巨型铜镜,背面彩画树木人物,树长寸余,人小如豆,细微生动,确为特殊之品。

汉镜的铭文,由三言至七言,独无五言,古雅俊伟,等于读汉赋汉诗(详我所写《两汉镜铭在文学史学上的价值》)。兹举标准而习见的两首如下。

尚方作镜大毋伤,巧工刻之成文章,左龙右虎辟不羊,朱雀玄武顺阴阳,子孙备位居中央,长保二亲乐富昌。

尚方作竟真大好,上有仙人不知老,渴饮玉泉饥食枣,浮游天下遨四海,寿如金石国之保。(二镜皆普通铭辞,不列举著录书名)

镜的质料,通常用铜的,另有涂金的,有纯银的,有涂银的,也有用铁的。

长安县王村墓葬曾出有"宜古市,长保二亲利孙子"镜铭鎏金铜镜一面,现存陕西文管会。又洛阳出土有汉涂银铜镜一面(见《全国基本建设工程中出土文物展览图录》图版一六一)。

《北堂书钞》卷一百三十六引曹操上杂物疏云:"御物有尺二寸金错铁镜一枚,皇后杂物用纯银错七寸铁镜四枚。"现时出土的镜,尚未见有金银错铁的。又西安白集武藏有素铜镜,用金银描钩四灵,尤为稀见之品。另外西安曾出陶镜一面,满涂朱彩,当为汉人殉葬之用。

汉代铜镜外销的情形,文献的记载与出土古物相结合,能略知一二。

《文献通考》卷二百三十四载"曹魏正始二年(公元二四一年)诏赐倭王金帛锦罽,刀镜丝物"。又《罗布淖尔考古记》一三二页记载出土的汉镜残件,有山纹镜,海马蒲桃等图案。皆为输运到日本及西域的明证。又乐浪王盱墓中出有漆镜匣,为输运到朝鲜的旁证(见《漆器考》第十二页)。

度量衡器制造

度量衡的官府手工业由大司农主管,由大都会的市长检定。

《汉金文录》卷三第十二页《光和斛文》云:"大司农以戊寅诏书,秋分之日,同度量,均衡石,桷斗桶,正权概。特更为诸州作铜斗斛、称、尺,依黄锺律历,九章算术,以均长短轻重大小,用齐七政,令海内都同。光和二年(公元一七九年)闰月廿三日,大司农曹祋、右丞游于宫、右仓曹掾朱音、史韩鸿造。"可证度量衡官府手工业由大司农主造,与《汉书·律历志》说"度量职在太仓,大司农掌之"两句正合。

《太平御览》卷八百二十七引《东观汉记》云:"京兆尹阎兴,召第五伦署督铸掾,领长安市,平铨衡,正斗斛,其后小民争讼,辄云第五掾平市,无奸枉欺诈之巧。"可证市长检定及管理度量衡,为职权之一。又《贞松堂集古遗文》卷十五第二十二页有"市官所平"小铜器,与《东观汉记》所说情况相符。现出土"雒阳市平"(见《汉金文录》卷四第二十九页)、"官律所平"(见《积古斋钟鼎款识》卷十第十四页)等小铜器,皆为市长检定度量衡时所用。

秦始皇二十六年,兼并六国以后,源本商鞅制度,开始检定度量衡。在汉代检定计划较大的,第一次在王莽始建国元年(公元九年),其次在东汉光武建武十一年(公元三十五年),又其次在灵帝光和二年(公元一七九年)。

秦代的权量,出土最多,各书著录亦最多,不胜枚举。秦度传世独少,《筠清馆金石记》卷五第三十四页,及《艺术类徵·艺金类》各著录一器。王莽同律度量衡,皆在始建国元年正月癸酉朔日。东汉建武十一年的检定,表现在大司农平合及平斛上。光和二年的检定,表现在光和斛上。大司农平合有两器,见《历代著录吉金目》一千六十五页。又甘肃古浪县于一九五二年又出平斛一器。光和斛有三器,见同书一千六十三页。

秦代铜工铸造度量衡,在技术上力求精进,在形式上力求变化。如秦权有八角形,有十二棱、二十四棱形,有以铁权用铜铸诏版嵌镶上去的。秦量有椭圆形,有正方形,有长方形。

出土的度量衡各器,制作分别在两汉时代。

尺类　西汉有元光尺,文云:"元光二年(公元前一三三年)五月青羊作。"(见《善斋吉金录·度量衡》第三十二页)有王莽尺,文云:"始建国元年(公元九年)造廿枚第六。"(见《筠清馆金石记》卷五第四十四页)东汉有建初尺,文云:"虑俿铜尺,建初六年(公元八一年)八月十五日造。"(见《汉金文录》卷三第五页)三尺长短,皆各不相同,盖非一时所造。

斛类　有夷道斛,文云:"夷道官□。"(见《汉金文录》卷三第十三页)东汉有建武大司农平斛,文云:"大司农平斛,建武十一年(公元三五年)正月造。"现藏甘肃文管会。光和斛已见上文。

斗类　有新量斗,文云:"律嘉斗,方六寸,深四寸五分,积百六十二寸,容十斗,始建国元年(公元九年)正月癸酉朔日制,嘉黍、嘉麦、嘉豆、嘉禾、嘉麻。"(见《汉金文录》卷三第六至八页)

升类　有新量升,文云:"律量升,方二寸二分而圆其外,庣旁四厘八豪,幂八寸一分,深二寸,积万六千二百分,容十合,始建国元年,正月癸酉朔日制。"(见《海外吉金图录》图一四六)

合类　东汉有大司农平合,文云:"大司农平合,建武十一年(公元三五年)正月造。"(见《汉金文录》卷三第十一页)

籥类　有"大半籥"三字小量。(见《衡斋金石识小录》卷上第十七页)

量类　西汉有上林量,文云:"上林共府,初元三年(公元前四六年)受琅琊容一升,重斤二两,工师骏造。"(见《陶斋吉金续录》卷二第三十页)有王莽量,文云:"律石,始建国元年正月癸酉朔日制。"(见《奇觚室金文述》卷十一第三十页)又有王莽嘉量,文云:"律嘉量斛,方尺而圆其外,庣旁九厘五豪,宽百六十二寸,深尺,积千六百廿寸,容十斗。""律嘉量斗,方尺而圆其外,庣旁九厘五豪,宽百六十二寸,深寸,积百六十二寸,容十升。""律嘉量升,方二寸而圆其外,庣旁一厘九豪,宽六百卅八分,深二寸五分,积万六千二百分,容十合。""律嘉量合,方寸而圆其外,庣旁九豪,宽百六十二分,深寸,积千六百廿分,容二籥。""律嘉量籥,方寸而圆其外,庣旁九豪,宽百六十二分,深五分,积八百一十分,容如黄锺。"(见《西清古鉴》卷三十四第一至四页)以上籥、合、升、斗、斛各名称,与《汉书·律历志》记载,大致符合。

秤类　有王莽铜称,文云:"始建国元年正月癸酉朔日制。"(见《小校经阁金文》卷十一第一〇七页)甘肃定西县出土,现藏中国历史博物馆。

权类　有王莽权，文云："律一斤十二两，始建国元年正月癸酉朔日制。"（见《汉金文录》卷三第一页）秦汉铜工所造的度量衡最为精密，因规定的长短分量及容量，不能稍有出入。我于一九四六年，见咸阳新出土秦量一对，大小相同，取水互注，不差点滴，不仅是工人忠实的表现，且是高度技术的表现。

此外有铜甬、官累，皆权量的别称。

《薛氏钟鼎款识》卷十八第四至八页有西汉谷口甬，文云："谷口铜甬，容十升，始元四年（公元前八三年）南方左冯翊造，谷口铜甬，容十升，重廿斤，甘露元年（公元前五三年）十月，计掾章平，左冯翊府，北方槩南。"甬即桶字省文，即光和斛文所说的桷斗桶。

《贞松堂集古遗文》卷十三第二十八页有官累文云："官累重斤二两。"又有重七两、重十两、重十二两、重二斤四两四种（见《历代著录吉金目》一千八十六页）。累即絫字假借，盖汉代权类别称。另外《簠斋吉金录·汉器类》有"王莽地皇上戊二年（公元一九年）常乐卫士铜饭帻"。《簠斋藏古目》（癸未册）自注云："莽量也，帻其形也。"案饭帻，恐为盖饭的器具，未必属于权量一类。

玺印制造

玺印之制开始于殷代，盛行于战国；秦汉制度，则渊源于战国。

《邺中片羽》卷上第三十四至三十五页，著录有殷代亚形玺及奇字玺，现今发现的玺印，以此为最古。战国遗存的玺印，大小方圆，车载斗量，当以"鄦将惠钵"（见《古玉图考》一百二十六页）及"伯庸都司马钵"（见《尊古斋古钵集林》第一集）为代表作品。

印工铸印，在两汉时其法不传。官府手工业，可能属于少府的尚方令或考工令。写印模的，东汉在兰台令史。掌管印的，两汉则属于符节令。

秦汉的印，一种是凿刻，用于军旅匆促时居多；一种是范铸。铸印相传用拨蜡法，在唐以前无记载。明文彭《印章集说》(《学海类编》本)叙述"铸印之法有二，曰翻沙，曰拨蜡。翻沙以木为印，覆于沙中，如铸钱之法。拨蜡以蜡为印，刻文制钮于上，以焦泥涂之，外加熟泥，留一孔令乾，去其蜡，以铜熔化入之。其文法钮形制具精妙。辟邪狮兽等钮，多用拨蜡。"虽为明人的记载，或是古法。两汉官府私人皆须用印。官府督造一部分官印外，必有私人铸造的作坊。

《续汉书·百官志》云："少府属官有兰台令史，六百石。"本注曰："掌奏及印工文书。"印章在汉代与绶并称，印的文字，自必慎重，诚如马援所说皋字有白下羊之讥，所以不能由印工自书，而由官府先写印模。

《汉书·百官公卿表》云："少府属官有符节令丞。"又云："尚符玺者有印绶，比二百石。"符玺二字相连，足证玺印由符节令掌管，在东汉制度亦相同。

秦代用玺，不见玺字。两汉玺印章三字名称兼用，及其区别。

《北堂书钞》卷一百三十一引《汉旧仪》云："秦以前，民皆以金、玉、银、铜、犀、象为方寸玺，各服所好。自秦以来，天子独称玺。"秦传国玺，《北堂书钞》同卷，对于玺文，有"受命于天，既寿永昌。"(《书钞》引《吴书》)"昊天之命，皇帝寿昌。"(《书钞》引《晋阳秋》)"受命于天，既寿且康。"(《书钞》引《汉官仪》)三种不同的文字，是秦玺名虽为玺，不见玺字。《独断》所说，秦始皇恶玺与死字声音相近，故不用玺字，以近日所出秦印来考证，此说甚是。秦代私人的印，皆长方式，直称人名，不称某某之钵，与战国风气不同。前人所称为周秦印的，其实皆是秦印。至于秦传国玺，传说既多，附会臆造，晋以下的文献记载全不可靠（明沈德符《秦玺始末》，兹不采用）。

改玺为印，始于秦代。西安曾出有"咸阳令印"封泥，可以为证。因咸阳在西汉时即改名渭城，印文正方阳文有界格，皆为秦印形式。

汉代天子及诸侯王称玺，二千石以上称章，二千石以下称印。汉玺现今流传的有"淮阳王玺"（见《十钟山房印举》举之六第六页），有

"皇帝信玺"封泥(见《封泥考略》卷一第三页)。列侯或称印,丞相御史大夫皆称章,外官将军太守皆称章,县令称印,但文官二千石以上间有称印的,武官如将军太守,则必称章。

印的作用。钮的形式。印的形式。质料的种类。使用的分类。书体的变化。

两汉官私印主要作用在印信及打封泥,非如后代官印只用于钤印公牍,现从居延木简及大批封泥中,可以证明。

汉印钮式形状多端。《汉铜印丛》所记有龟、螭、虎、驼、兽、鱼、蛇、辟邪、鼻、瓦、桥、覆斗、索、坛、橛等形。此外还有狮形(荆王之玺)。惟驼钮为少数民族内附时所用。

汉印的形式有子母套印、穿带印、五面印、六面印,还有钩印、泉钮印、龙钮印等式(见《十钟山房印举》举九至举十四)。

汉印的质料以铜为主体,其他有金、银、铁、铅、玉、水晶、水石、石、陶泥、琉璃、骨、漆(见《十钟山房印举》举四至举八)、犀角、象牙等类。

汉印使用文字名称不同。官印则有印章两种。私印则名目繁多,有印信(多用于子母阳文印)、言事、白事、启事、白疏、白笺、白记(多用于五面、六面印,见《十钟山房印举》举二十二)等名。又有巨印,如"巨高万匹""巨董大年"等(《陶斋藏印》卷三)。此外唯印尤多,等于官府文书的画诺,汉以后很少用的。汉印在书体上除小篆外,尚采用殳篆、鱼篆、鸟篆、虫篆(见《十钟山房印举》举二十八),以求变化。阴文阳文之外,又发展为半阴半阳文,不断地进步。在西汉初期尚间或沿用秦代的交错文或界格式;中期以后,即渐废除。盖汉人摹印为八体之一,在铸造及书写印模上,尤其百家争鸣。

汉印除对于吉祥文非常注视外,尤其喜铸生肖印,不着文字。有虎、狮、羊、鹤、鱼、龙、凤、鹿、双豕、双人、双羊等形,不啻小型的汉画瓦当。汉代工人铸印非常精巧,炼铜之精,布置方位之准确,在技术上非后代所及。

汉人又有殉葬印。长沙汉墓中所出"合浦太守章"为代表作品，较普通印为大，正刻，以别于真印，与魏晋的蜜印（魏代见《王基碑》，晋代见《晋书·山涛传》）、六朝至唐的陶印作用相似（西安所出有北魏始平县令等，唐代和州之印、雍州之印等）。西安白家口汉墓中出有石印的印材一方，虽未刻字，也属于殉葬印类型。

匈奴及西域诸国在汉时亦仿造汉印。

一九二〇年西安汉城曾出土"匈奴相邦"玉印，为扬州张丹斧所得，后归于袁寒云，我当时考为匈奴相国的印。盖秦代相国，本名相邦，汉代因避高祖的讳，故改名为相国。如相邦镠斿戟（见《双剑誃金石图录》卷下第三十一页），二十一年相邦魏冉戈（见同书卷下第三十二页），六年相邦吕不韦戈（见《簠斋吉金录》卷四，古兵器类），皆足以证明秦代称相邦。匈奴人毋庸避汉讳，故仍沿用秦代相邦名称。此又可以证明为匈奴爱好汉印形式自刻的印。《史记·匈奴传》说匈奴无文字，是指未建立国书而言，不是并汉代文字而不仿用。案《汉书·景武昭宣功臣表》有翕侯赵信、襄城侯桀龙，皆以匈奴相国降汉封侯。此印可能是内附时携带来的，故现今在西安出土。

一九五二年刘士莪在新疆沙雅地方见出土有汉印十七方。内有丁宗印二方，可能是汉人遗失在西域的。另有生肖木质螭兽文大印一方，有生肖小印九方，无文字的腰圆印一方，似文字似花纹的四方，不类汉代作品，可能是西域摹仿中国铸造的。

汉代金属手工业主要在铜工。我因为铜工的范围很大，除官府铸钱手工业与制盐冶铁联系外，其余拣选比较重要的，分成铜器、兵器、铸镜、度量衡、玺印五种来写，实质是相互不可分割的。汉代铜器朴素无花纹，在表面上是远不如商周的铜器，然而淘汰旧式样，增添新式样，在新式样方面，无不力求精美。如铜镫创作出雁足式、鹿卢式，熏炉创作出透空雕花式；龟蛇带钩的精密细致，鎏金铜奁的伟大气魄；虎符两合，等于现今机器的铸造。这是比从前进步的地方。铜镜方面尤其推陈出新,千变万化。质量由铜的到铁的,花纹由四神到神兽,铭辞由三言到七言,及乐府式的长短句,叹为观止。铸造兵器方面,我的看法,重点完全放在弩机上,刀剑虽有一部分,数量究属不多。度量衡用铜来铸造,仍是仿战国时代造法。在玺印方面,一边保存旧的,一边创作新的,如子母穿带合符钩印等,皆是前所未有的。对于钮头,也创造新式不少。上述各种,纯由官造的,为兵器、度量衡两种,其余则官私兼有。汉代的铜,每斤六十文,但一经加工,则昂贵几倍。以现在出土的铜镜而论,数量如此之多,似乎一般平民皆可以家有一具,但是未必如此。古诗《羽林郎》云:"贻我青铜镜。"徐淑报秦嘉书,对于赠镜,再三致感。曹操且以银错铁镜,献于汉廷。镜的价值,虽不可知,但从文献来考查,一般人或可用到粗糙之品,决不能用到精美之品。玺印的穿带印,用以穿丝的;子母印上面多有臣字,用以致官长的,皆非一般平民所能用。至于铜器,除大量用于宫殿中外,有称某家的,为王侯所用器,有称某氏的,亦必为富豪大贾家所用器。工人造器,工人不能用器,铜器不过是其中显明的一个例子。又汉代铜工炼铜,非常重视,炼的次数愈多,则铜质愈精纯。在古器物上,弩机有记四炼的(汉杨吴弩机,见《小校经阁金文》卷十四第十二页),铜鼎有记十炼的(汉上林鼎,见《双剑誃吉金图录》卷下第五十三页),书刀最多有记三十炼的(广汉郡工官所造书刀,见《小校经阁金文》卷十四第七页)。无怪乎两汉皆以蜀郡、广汉工官所造的器物,最为精美。

陶器业

两汉陶器手工业是沿着战国及秦代发展的。

战国时制陶的技艺,以齐、楚、燕、秦等国为最优,齐、楚的是多数无花纹,燕、秦的则花纹很细致,其时并开始在陶器上打印文字,所以对于时代的判断,比较明确。齐国的陶工,现存的作品,如"丘齐子里之匋"陶器(杭州邹氏藏)、"陈棱左里亳匋"残陶片(《季木藏陶》八十页四),楚国的如"楚城迁覃里赒"(《季木藏陶》六十页一)、"绍迁去匋里艸"(《季木藏陶》四十一页二)两陶片,标明国名、地名、人名,皆为其代表作品。又《季木藏陶》六十页有"十年八月右匋胤"陶片,又开了秦汉在陶器上用纪年的先声。燕陶在下都遗址中,秦陶在凤翔彪角镇画砖中,皆表现得非常显著。若论陶器的形式,如罍瓶瓮缶等,至秦汉时变化不大。现在出土战国陶器的地点,以鲁、豫及河北易州三地区为多。齐、楚的陶工,各处迁徙,属于燕、秦的作品,或有一部分出于齐、楚陶工之手,亦未可知。

汉代陶器官府手工业以武帝时为最盛,由宗正属官都司空令丞,及少府属官左右司空令丞主管,东汉则由少府属官尚方令主管,以及私人作坊的情况。

《齐鲁封泥集存》四十八页有"安城陶尉"封泥。《汉书·地理志》:安城属汝南郡,此为西汉初期地方的陶官,也是地方性官府手工业之一。

《三国志·魏书·董卓传》裴注引华峤《后汉书》云:"卓曰:武帝时居杜陵南山下,有成瓦窑数千处,引凉州材木东下,以作宫室,为功不难。"裴注又引《续汉书》云:"杜陵南山下,有孝武故陶处,作砖瓦一朝可办。"两书记载大抵一致,可证两汉官府陶业以武帝时为最盛,但现今终南山下,尚无一处遗址发现。

西汉官府陶业由何种官署来掌管,表志并无明文。以西安汉城出土各瓦片证之,西汉主要是宗正属官都司空令,次则是少府属官左右司空令。王莽则改都司空令为保城都司空。兹将各官署所造瓦当瓦片年月排列如下:

"宗正宫瓦元延元年"(公元前一二年)瓦片。都司空属于宗正,此盖称其总名,下列各瓦片,均见我所著《关中秦汉陶录》一卷二,下册。"元延元年都司空瓦"。"都建平三年"(公元前四年)。案汉代各瓦片年号之上,多冠以都字,表示为都司空省文。证之《八琼室金石补正》卷九第二十一页有晋永兴三年(公元三〇六年)"鄢"字砖文,鄢字地名冠在年号之上,与汉代各瓦片,纪年上冠以都字,体例正同。"都建平三年瓦"。"都元寿二年瓦"(公元前一年)。"都元始五年"(公元五年)。"居摄二年都司空"(公元七年)。"始建国三年保城都司空"(公元一二年),案王莽时代,都司空上冠以保城二字,或为造砖瓦时,临时特置的名称。"始建国五年保城都司空"(公元一三年)。"天凤四年保城都司空造官瓦"(公元一七年)。"始建国天凤四年保城都司空"(公元一七年)。"右空",案当为右司空令省文。"右空"(瓦当上面瓦筒题字)。

上列各条皆足以证明西汉官府陶器手工业,由都司空令主管,次则是左右司空令。司空本即司工,而如淳注《汉书·百官表》都司空令条下,引"汉律司空主水及罪人,贾谊曰:输之司空,编之徒官"(见《汉书·贾谊传》)。盖指都司空一部分职守而言,并非全面。又汉瓦当中,有"宗正官当""都司空瓦""右空"瓦,皆为他们官署自造的瓦,亦兼用于宫殿及城门,文字及质量,均特别精致。现在汉代宫殿或官署遗址中,所出的砖瓦,均系官造,而陶器标明官造,只有"南陵大泉乘舆水匜"陶尊两件。因汉代宫中多用漆器及铜器,对于陶器的用具,则不甚重视。

日人小山富士夫《中国青瓷史稿》,第二图有中平六年陶匜,文云:"中平六年(公元一八九年)五月十二日,尚方作陶,容一升八两。"原器是一件仿铜器形式做的,这可以证明东汉时陶器手工业,由少府属官尚方令主管。

陶器价值比漆器铜器为低,为一般人民所需用。除官府制造大量砖瓦之外,而私人的作坊,注重在陶质的用器及明器。西汉咸里所造的各种陶器,尤为具体的表现。如元平元年(公元前七四年)咸里周子才陶盒、咸里蒲奇陶尊及陶盘、咸里高昌陶鼎、咸里平汇陶鼎、咸里犳辰陶鼎、咸里暗咳残陶片、咸里直章陶壶、咸里郲夫陶尊、咸原少婴残陶片、咸亭完里丹器陶鼎、咸亭当柳恚器陶壶盖、咸阳亭久陶瓮

（以上均见《关中秦汉陶录》卷一）、咸阳安钦残陶片（见《梦庵藏陶》二十页）。从上述各器，知道咸里地方为西汉私人陶业作坊聚集之所。咸里即今咸阳县属之窑村，当为西汉人称咸阳的俗名，一变为咸亭，再变为咸阳亭，亦有直称咸阳的。疑西汉改咸阳为渭城县，当时人民很不习惯，故将咸阳变化出多种名称。"咸原少罂"仅存浅陶片，当解释作咸阳原上所造的小罂。

釉陶的正式开始及彩绘陶的盛行。

釉陶为西汉中期人民智慧的创作品，为陶的加工，为瓷的先声。在一九五三年郑州二里冈商代遗址中，发现一种豆青釉布纹陶尊，它的质地坚硬，有不吸水性。一九五四年西安普渡村西周长田墓中，也发现带豆青釉的陶豆，可说为汉代釉陶打了基础。汉代北方地区的釉陶，釉作浓黄色，或深绿色，器形则多为壶鼎等物。南方地区盛行硬陶，在器物上施以淡黄色、淡绿色釉，器形则多为瓶罐之类。综合而论，汉代釉陶的用途多在鼎、圆壶、瓶、罐、陶奁、陶灶、陶仓、陶屋各种之上，而俑人上则很少见。釉是一种矽酸盐，施釉在素地上，经过火烧，就成了有釉的光亮面，便于洗拭，不致被沙土或腥秽所染污。在釉药里要是加上了某种氧化金属，经过火烧以后，就会显出某种固有的色泽，这就是色釉，例如加了氧化铁的色釉，在氧化火里，烧成黄色，经过还原火，就成为青色，这就是青釉（节录《中国青瓷史略》一页）。一九五四年西安白家口汉墓中出土大批釉陶，器形为陶奁、陶仓、陶圆壶三种。颜色有紫绛、深绿、淡黄三种，极为可贵。汉代描绘彩色的陶器，多在陶鼎、陶仓、陶壶、陶钫上面，颜色用粉墨银朱三种，以一九五四年西安白家口汉墓中所出朱绘的蟠凤花纹陶壶两具，为代表作品。次则是西安红庆村出土朱绘陶鼎，及朱绘陶仓，皆称精品（三件皆存陕西文管会）。我在西安又得粉、墨二色绘莲花陶仓一具，后携至兰州，赠与兰州图书馆。虽为东汉末期物，在彩绘陶器中，亦属上选。

制陶工具的发现,及陶器的价值,陶工刻花纹刻文字的技术。

汉代陶器上打印花纹,所用的陶钩,西安曾出土一具,形式类如后代的官印,刻画波浪纹,四边微翘,便于在陶器上滚转。打印文字的陶模,已见著录的,亦有三品,原物等于陶印,长方式橛钮,为"咸里郦骄"印(见《关中秦汉陶录》卷一)、"咸里郦塸"印(见《续关中秦汉陶录》)、"咸园(即咸原)□相"印(见《十钟山房印举》举二第四页)。至于当时陶器的价值,可考的在一九五四年西安灞桥郭家滩汉墓中曾出陶灶一具,正面有"直二百"三字。原物现存中国科学院考古研究所西安考古研究室。又《居延汉简释文》卷三第三十六页,有"婴一直卅□□"及"婴一直七十"的记载。可见陶器在当时的价值,亦极昂贵。

陶工对于打印花纹的手法,一种是打印上去的,一种是用模范成的,一种是釉陶上先就陶胚刻花纹,外面再加釉。对于刻文字的手法,一种是用陶印模打戳记式;一种是先在陶胚阴干时,用刀或芦莛刻画字迹;一种是陶器烧成后,再刻文字。

陶器的名称。根据陶器上的纪年可以确定时代与作风。

《急就篇》《方言》与《说文》《广雅》等书,罗列陶器的名称极多。有现时出土的陶器,与文献上所说器形相合,因俗称已久,而不敢遽形更易的;有器形大同小异,器体大小不同,因属于地方制造性的,而未便名目纷歧的。审定陶器的名称,比较铜器尤难,大致仍用旧称。举其最通常的,如陶鼎、陶锺、陶壶、陶钫、陶奁、陶罇、陶盒、陶豆、陶瓮、陶罂、陶瓶、陶罐、陶镂等,记其大要而已。

陶器有纪年的很少。我所见的有"元平元年(公元前七四年)咸里周子才"陶盒,有"竟宁元年(公元前三三年)刘吉造"陶瓶,有王莽"居摄二年(公元七年)"陶尊。周子才陶器同文的有三四件之多,却不同陶印范。以上各器均见《关中秦汉陶录》卷一。陶盒形式,东汉时即已不用。又东汉有"中平六年(公元一八九年)五月十二日,尚方作陶,容一升八两"陶匜,已见上文。此外有属于游戏笔墨的,如洛阳所出陶器,有"清酒万石"题字。济南所出,有"酒一斛鲤鱼一双"题字之类。有属于吉语的,如"大吉""日利""宜富""日利千万""长宜子孙常得男"之类。有小篆书,有古隶书,有草隶书,均有特别风格。

陶质明器,可分为三类,一陶俑类,二屋舍及用具类,三鸟兽象类,及其造法。

陶俑类有立男俑、立女俑、长袍袖手男俑、坐女俑、舞女俑、持盾立男俑、乐人坐俑、骑驼人俑(以上通常可见的不注出土地及书名)、执锄俑、抚琴俑、执帚俑、持笙俑、陶厨师俑、执刀俑(以上见《全国基本建设工程中出土文物展览图录》图版二一六至二二二,皆四川出土)。汉墓中未必每墓皆有俑。一九五一年咸阳狼家沟大汉墓中所出全部陶俑陶马,有一百余件,身材比普通陶俑高大,衣服形态,亦最为具体。一九七四年陕西临潼骊山脚下发掘了秦始皇陵侧的俑坑,发现身高一点七五米至一点八〇米的大型武士俑五百八十件,和真马大小相似的陶马二十四匹,估计整个俑坑将会出土陶俑、陶马六千件。陶俑群像,神态生动活泼,有强烈的生活气息,证明秦代的陶塑艺术已达相当高的水平。

秦代陶工造俑,头为一节,身为一节,头系活动装置,可上可卸,我所见共两俑,在始皇陵上出土,存于临潼文化馆内,此为极可重视的秦俑,比楚木俑还有价值,一般考古者多未注意。汉代陶工造俑,大者用三节造成,头为一节,两臂及腹为一节,两腿及足为一节;小者用二节造成,头为一节,身为一节。我在西安曾见有汉俑范,边刻"秦府"二字草隶书。又得一俑范,边刻"车府"二字,古隶书,皆仅是头范,可以知道造俑的情况。又西安相家巷以西有六村堡,在村南有大量的残陶俑,堆积地面,以其数量的繁多来看,必为汉代制造陶俑作坊的遗址。有裸体男俑女俑、马俑牛俑等,皆为残缺不完的,可能是当日废弃不用的(见《考古通讯》一九五六年四期俞伟超《汉长安城西北部勘查记》)。

屋舍及用具模型类,有陶屋、陶楼(望都出)、陶成府、陶船(广州出)、陶水亭、陶困、陶井、陶井栏、陶圆仓、陶方仓、陶猪圈及厕所、陶羊舍(见《支那古明器图录》图版七十一)、陶马车、陶牛车、陶车釭、陶鼎、陶灶、陶圆壶、陶方壶、陶奁、陶几(广州出)、陶甓、陶豆、陶盒、陶釜、陶甑、陶洗、陶桶(孟县出)、陶镫、陶畚、陶鐎(畚鐎广州出)、陶鍑、陶椀(湖南出)、陶盘、陶杯、陶耳杯、陶唾壶(广东梅县出)、陶勺、陶镜(西安出)、陶砚(广州出)、陶碾碻、陶杵臼、陶戟、陶刀、陶矛(广州出)、陶水田图型(四川出)、陶纺轮、陶摇钱树铜坐(四川出)。以上所述种类,仅举大概,难免遗漏,除陶器的用器外,属于模型类的,皆西汉中期以后作品居多。模型的范,我仅见过陶灶范,共有二片,每个锅边,皆有文字,一为"买者大富贵",二为"大吉利",三为"吉利",字大如豆,亦仅见之品,为李宏漾所藏,现今不知流落何处。上述各器,多用轮制的,或用手捏的,亦有一部分用范的。

  鸟兽的模型,有陶鸡、陶鸠、陶凫、陶鸭、陶鱼、陶蛙(四川出,见《文物参考资料》一九五四年三期)及陶马、陶马头、陶牛、陶羊、陶犬、陶猪、陶豪猪、陶狐(辉县出)、陶松鼠(孟县出,见《文物参考资料》一九五五年八期)。汉代陶工,造鸟形范,则用上下范合成,我所见有题字的如"白雁雌"范、"野鸡"范、"鸠法"范、"凤鸟"鸠范。造兽形范则分头腹两大块范,四足四小块范,比较繁复,我所见有题字的,如"牝麃"头范、"大耳牝麃后左足"范、"犬前右足"范、"羊后肢"范、"右足"范等。无论鸟兽范,上下左右皆有划线,以便合范时的标准。房屋用具的模型,无不拟象现实,结构匀称。鸟兽的模型,无不栩栩如生,势欲飞走。陶人的技艺,真叹观止。并且可以看到汉代建筑舟车衣服生产工具,生活资料的各种情形,与手法、书法、画法各种工艺,可称是一部当时人民生活史的资料。

  汉人爱储蓄,在扑满上可以证明。王侯残酷的剥削,在家量上可以证明。

  扑满二字,始见于《西京杂记》卷二《邹长倩与公孙宏书》。现今鲁、陕、豫三省所出独多。我所见的有七种文字,曰"大富昌宜侯王"(见《金泥石屑》卷下第二页),曰"日入千万",曰"宜泉",曰"置泉",

曰"富贵",曰"日利"（均见《关中秦汉陶录》卷一），曰"巨久"（拓本）。其中以"日入千万""富贵""日利"三种文字较多，是汉代人爱储蓄的充分表现。

西汉初期，贵族每用陶器代替升斗，作为家量。我所见的，有"安国十斗，谢民十一斗"的陶罏（见《关中秦汉陶录》卷一），有"庄氏一石"的陶罐（见《续关中秦汉陶录》），安国侯为王陵，见《汉书》本传。刻文的大义：佃农谢民缴纳租谷十一斗，到安国侯家，仅能算十斗。可以看出汉代王侯残酷的剥削量。又一九五四年西安北郊白家口汉墓中，出有"□氏十斗"陶罐，文分两行，第一字空白，以便身份适合的买主补刻姓氏的。

霸陵陶瓴的题字，已充分发挥打字的灵活性。

高屋建瓴的话，见于《汉书·刘敬传》。注家解释瓴的形状，不能一致。在清代光绪中叶曾出一具，一端大，一端微小，当为联合多节，悬于檐下用以滴水的。此物为吴大澂所得，后归南陵徐氏，文五字："霸陵过氏瓴。"（见《金泥石屑》卷下第二页）一九四七年灞桥又出一具，文四字："霸陵□氏瓴"，中一字系空白，以便买主自己补刻姓氏，可见是霸陵地区的出品。再验看"霸陵过氏瓴"的"过"字，确系补刻的（见《关中秦汉陶录》卷一）。两瓴总起来说，陶工的巧思，可谓惊人的创作。

陶工所造的砖瓦，为建筑的主要材料。

现在传世的古砖，可以看到战国末期的，如易州燕下都遗址所出的燕宫砖，凤翔彪角镇所出的人物大画砖（见《关中秦汉陶录》卷三），皆是显明例证（《专门名家》卷一"齐"字砖及"西周"砖等恐为伪刻，兹不论列）。而凤翔大砖，尤为精美绝伦。它的造法是先做一块整泥，刮削磨光，用印模向上打印：第一排至第五排为王者宴饮图，皆系一印模打成；第六排为狩猎图，边上花纹，亦系用双管式印模打成。各种印模，可以交错互用，与秦瓦量情形相同，开了活字版的先声，颇能见灵活运用的匠心。秦代砖甓，其初多用于券墓，在凤翔所出大画砖中有最大的五土空心砖,及狩猎纹的子母笋砖,皆其明证,与燕下都遗址情况不同。汉代则普遍用于券墓及建筑,形式有平面方砖,有侧面砖,有楔形砖,有子母砖,随需用而变化。最大者如西汉初中期盛行的空心砖,墓椁室分三种式样:第一种为简单立体长方形,完全以砖作椁的盖底侧壁;第二种由两面第一种样式的椁室并列衔接而成,长宽比例近乎正方;第三种由两个第一种样式的椁室垂直连接而成,全体作匚形,连接处有门框相通,门框由三块细长条状的空心砖搭成。出土的地方以陕西省的长安、咸阳、武功、兴平,河南省的荥泽、荥阳、洛阳、白沙等地为最多。

汉代陶工造砖多用范印。惟空心砖面太大,仍沿用秦代用陶模打印法。空心砖有文字的绝少,我只见过"益寿长乐""万世无极"两种。至于汉砖文字,有用为宫殿吉语的,如"长生未央"之类(以上均见《关中秦汉陶录》卷四);有用为歌颂功德的,如"海内皆臣,岁登成孰,道毋饥人"之类(见《专门名家》卷一);有用为铭墓式的,如建武、建初纪年少子侵行丧如礼之类(见同上);有用为白事的,如叩头白执孙超臣之类(见《专门名家》卷二);有用为写经文的,如元和公羊草隶砖之类(见《续关中秦汉陶录》);有字兼画的,如永元画砖之类(见《专门名家》卷二);有陶工游戏书写的,如谨奏再拜贺之类(见《续关中秦汉陶录》)。而平面画砖,以近年四川所出的为最精(见《四川汉画像集》)。砖的价值,在《九章算术》算题内说,砖一枚,直八钱。《九章》虽为假设算题,当与实际距离不远。然砖的面积有大小,质量有精粗,固不可一概而论。

汉代瓦当是从战国制造发展来的。易州燕下都遗址所出燕宫瓦,临淄所出齐瓦,凤翔、咸阳所出秦代瓦(包括战国的秦,及兼并以后的秦),皆是半圆形,又称为半规瓦。至秦代始由半圆式发展为全圆式,两种形式并用。汉代主要为圆形,偶然用半圆形。秦瓦的造法是先造成圆筒胚,后再用刀将筒坯切去一半。至今,秦瓦背面,切痕历历可见。汉初陶工也有沿用此做法的,但在"汉并天下"瓦,葵纹画瓦背面,偶或有之。汉瓦的造法,先造瓦心,后加边轮,再加瓦筒,共有三次手续。到了西汉中期,陶工便改变作风,瓦心与瓦轮同时在一范中造成,瓦筒则在后黏附,简化为二次手续。我往年得"千秋万岁"瓦范,无边缘,后又得"与天无极"瓦范,瓦心、瓦轮俱在一范中,是其明证(临淄、洛阳王城出土战国时半瓦,本文从略)。燕瓦、秦瓦,皆属有画无字(传世的"羽阳千秋""兰池宫当"等瓦,皆为汉代作品)。汉代则文字并重,文字中可分为四种类型:有用于宫殿的,如"梁宫"之类(见《关中秦汉陶录》卷二);有纯为吉语的,如"长生未央"之类(见《秦汉瓦当文字》卷二);有用于祠庙的,如"鲜神所食"之类(西安谢文清旧藏);有用于冢舍的,如"长久乐哉冢"之类(西北大学文物陈列室所藏)。画瓦则以龙、虎、朱雀、玄武四灵为代表作品。关于瓦当文情形,我另写有《秦汉瓦当述略》,记载较详。汉代陶工对绘画的艺术,最讲究变化。如汉瓦中有四雁抱月画瓦(见《关中秦汉陶录》卷二),另一方面看,则是双蟹形,类于现时的漫画。对烧陶的技术,最讲究火候。现将汉瓦置于水盆中,则吸水作声,珠沫四射,燥性经过二千余年,仍然不减。同时陶工对自己制造的产品也非常负责,在画瓦瓦筒上,有时加用小戳,如"大宫""左宫""大乙"之类。筒上文字最大者,则以"西神"瓦筒题字为代表品(见《续关中秦汉陶录》)。

关于陶制建筑材料,现有下水道及井圈等遗存作品。

汉代建筑材料,遗留的水道有三种形式:一是五角式,两个并列,以防有一个淤塞;二是用圆管,在地下平列衔接,如需要转弯处,则加上矩形套管;三是用圆管,一头大,一头小,鱼贯套接。五角式是摹仿秦代的,临潼秦始皇陵左近,曾出一百二十余个,均存临潼文化馆,与汉代制作完全相同。后两种是汉代陶工的新创作。五角式是分散土的压力,颇能了解力学的原理。圆管式与现时水泥地下水道形式,几乎全同。我国劳动人民在二千余年前,已有惊人的成绩。另外有陶制大井圈,直径在一米以外,重叠安放在井内,以代砖壁,其作用比砖牢固而方便。

匈奴、羌族在汉时也仿造陶器，形式、文字，大致相同。

内蒙古平泉行政区，察右后旗塞乌拉山二兰虎沟地方，匈奴古墓群中，发现有殉葬的陶壶一具，高十九点五厘米，腹径十五厘米，形式两耳特高长，与内郡不同，可能是匈奴仿汉式自造（见《文物参考资料》一九五六年十一期文物工作报导）。

一九五三年三月，户县黄堆乡出土陶器二十余件，由乡区农民零星捡得，并非出于一处，送交陕西省博物馆保存。内有"羌"字陶瓮，价值最高。陶器高一尺四寸，口径四寸八分，文一字在腹部，"羌"字篆书甚大。经我研究的结果，定为是羌族的作品，并证明羌族文化与汉族文化有相同处。羌族的陶器，不能运输至汉代内地销售，可能是汉人任护羌校尉官，或其属吏，由羌地携回的。此瓮陶色纯青，胎质厚重，颈至腹部有弦纹两道，都是西汉陶器形式。西汉陶器上文字，分成三个阶段：高祖至文景时为一个阶段，文字是小铜印或陶印打成的，字体非常谨严；武帝时为第二个阶段，文字宽博而丰腴，器物的面积大，字形也特大；武帝以后至王莽时为第三个阶段，文字变得工巧而妍丽。武帝阶段中，文字有刻的，有打印的，有先刻后烧的，方式最多。此瓮是属于第二个阶段中第三种类型，是陶器做成以后，趁土坯未干硬之时，用刀刻画成字，所以感觉四边笔画露出高起的状态。羌字上半是草隶式，下半仍是篆书，不是隶体。基于上述种种推测，定为武帝时羌族人民的作品，与"匈奴相邦"玉印（张丹斧藏，后归袁寒云），皆为少数民族摹仿汉代制造的。又《后汉书·西羌传》，叙述羌的种类甚多，皆为秦厉公时无弋爰剑之后，子孙分别各自为族，有越巂、广汉、武都等名，先零羌尤著。武帝时，汉遣将军李息，郎中令徐自为，将兵十万人击平之，始置护羌校尉。陶器文仅一羌字，虽不能定为何种羌名，但是是在护羌校尉设官以后的文化交流，则无疑义。《汉书》称匈奴无文字，对于羌的文字，更一字未提，证以出土古物，事实完全不符。

汉代统治阶级用器,首在漆器,次则铜器,对于陶器,不甚注意,所注意的,是因建筑材料的需要,重点趋向在砖瓦。使用的程序,先用瓦,后用砖。秦代阿房宫尚筛土为墙(见《汉书·贾山传》)。西安东北郊所发现汉代初期离宫的遗址,四面以土为墙,尚不用一砖。再以未央宫大殿遗址验之,瓦片多,砖块少,比例不相称,是其明证。汉代造砖瓦的技艺,比秦代简便,不如秦代的细致。武帝时的作品,无论在花纹或文字上,大气磅礴,另成一种风格。至于釉陶,也是西汉中期特殊的创作。汉代陶器,一般平民虽可以使用,然价亦不贱。例如居延边地,水罂一具就要七十钱,折合通常每石百钱米价,要七斗左右。农产品的价格,远不如工业品,陶器比较容易做,不能说产品少供不应求。又例如长安首都之地,陶灶一具,就要二百钱。明器既用陶灶,也必用陶五谷仓、圆壶等,或三具,或五具,以最简单的计算,必须一千钱左右,要折合十石米价。以此类推,普通的明器,还是中小资产者所用,一般平民,未必用得起。至于建筑材料所用的水道,与现今水泥做的几乎毫无区别;在地下布置情形,是两个并列,其作用在防止淤塞。我国劳动人民,在千余年前,已有如许卓越伟大的成就,而两汉建筑工程师,仅知道阳成延、杨光二人,成千成万劳动人民血汗换来的果实,在文献上,更是千篇一律地都记在统治阶级账上,是极为不合理的。又水道在汉城中出土特别多,每发现一处,多至百余节。估人因其无文字,无金钱价值,又笨重不便携带,所以从前金石家并无记载。我于一九五一年,始在西安西南鱼化寨发现数具,加以宣传,渐渐引起考古家对汉代陶工及建筑工人的创造性与科学性的注意。我们治考古学,须要打破偏重文字的成见,须要揭出被历史湮没的人民高度的技术水平。

造舟、造车、木器、竹器、编草等业

造舟的官府手工业,在西汉初期由船司空主管,三辅范围以内则由辑濯令丞主管。庐江的楼船官则专主造楼船。现今有长沙汉墓中木船、广州汉墓中陶船模型的发现。

汉代官府造舟的手工业,《汉书·百官公卿表》无明文;《汉书·地理志》京兆尹有船司空县,颜师古注:"本主船之官,遂以为县。"足证在西汉初期有船司空,专主造船的事业,此官之废,及是否属于将作大匠,均难稽考。又《汉书·百官公卿表》:水衡都尉属官,有"辑濯令丞"。颜师古注:"辑濯船官,为橶櫂之假借。"又《汉书·地理志》:庐江郡注有楼船官,盖专主造楼船的官吏。船为水上交通必要的工具,私人的营造厂必多,在文献上则无记载。

《金石索·金索五》第二十七页有"楼船将军"印,与《史记·南越朝鲜传》符合。《汉印文字类纂》卷八第二十一页有"戈船候印",不见于史,盖为戈船将军属官。这两印,皆与造船有连带关系。

长沙汉墓中,出有木船模型,前后三舱,有十六把桨,后有舵,是表示游行在大湖沼中所用(中国科学院考古研究所、中国历史博物馆,均有仿造模型)。

广州秦汉造船工场的发现。

一九七五年八月到一九七六年元月,对广州秦汉造船工场遗址进行了试掘,揭开了造船台和木料加工场的两个区域的局部表土,基本上搞清了造船台和木料加工场的结构。三个造船台都是水平式的平行排列,呈东西向。船台结构第一号和第二号基本相同(第三船台尚未发掘)。造船台由枕木、滑板、木墩组成。枕木在船台下面排列作基础,分大小两种。大枕木用杉木,两端锯切整齐,有的是经过刨削加工,表面平滑,边角整齐。小枕木用草木(阿丁枫),尚连树皮,未经刨削加工。滑板在枕木上,平行铺放两行厚重的滑板,构成一组滑道。滑板用樟木和格木,木墩在两行滑板面上平置,造船时用来架承船体的木墩作两面相对排列,共露出十三对。造船木料加工场地在一号船台南侧,已露出长三十二米,东宽九米,西宽三米。场地比滑板面略高,东段还有造船时的剩余木料;西段还有一个露出长二点八五米用来烘弯造船木料的"弯木地牛",残朽较甚。至于文献上舟车的名称繁多,如《急就篇》《方言》《说文》,及《续汉书·舆服志》等,本文因限于篇幅,不再征引。

造车的官府手工业属于少府属官的尚方令。

《北堂书钞》卷一百四十引崔豹《古今注·舆服类》云:"指南车法具在尚方故事,汉末丧乱,其法中绝,马钧悟而作焉。"又曰:"大章车所以识道程也,起于西京,亦曰记里鼓。上方故事,有作车法。"足证造车的手工业,在官府方面,由少府属官的尚方令掌管,并可知"指南车""记里鼓"皆是汉代的遗法。

汉代车的画像,及牛车辎车的价值。在石刻上,以武梁祠画像及君车画像为代表;在砖刻上,以成都出土汉画像砖为代表作品。

汉武梁祠画像及君车画像中所画的马车最为生动灵活。又近年成都所出汉画像砖,有辎车渡河图,有维盖辎车、无盖辎车、輀车等图。各车形式的区别,很为明显(见《全国基本建设工程中出土文物展览图录》图版二三四至二三六)。

《居延汉简释文》卷三第四十八页有简文云:"牛车二辆直四千,辎车一乘直万。"此汉代车辆价值仅见的材料。据此,牛车的价值反低于辎车。《史记·平准书》说武帝时辎车一算,牛车价低于辎车,不在出算赋之列可知。

《释名》第二十四解释辎车为四向远望之车,輀车为载輀重卧息其中之车,与四川画像砖正合。又有軿车,为四面屏蔽,妇人所乘,盖即为画砖中的有维盖辎车。另《释名》又有安车为坐乘之车,高车为立载之车,如汉石刻画像中所画马车,皆属于坐乘安车一类。

木器虽易朽败,长沙、信阳两地战国墓中保存独多。汉代木器作品,在罗布淖尔亦有发现。官府手工业属于将作大匠的木工令丞。

《长沙古物闻见记》卷上第三十三页楚木瑟条略云:"瑟共二十五弦,岳面弦痕明显可辨,其长合今市尺三尺一寸二分,承弦及岳,皆有弦痕,则非明器。但其制特小,岂明堂位所谓小瑟欤。"又同书三十六页,楚木俑条略云:"予得木俑三,一男二女,为胡氏喻家冲楚墓中出土。男俑圆木无足,下画墨围,以为衣缘。口缘黑,黑髭而朱唇,头及额以墨绕画之,脑后发迹犹存。女俑圆木下刻一渠如两足,以朱涂之,衣裳下缘画墨,口缘黑,目尚可见。闻初出土时,体态丰腴,花纹鲜美,干后抽缩,相差很大。"

《全国基本建设工程中出土文物展览图录》图版一六五,有长沙楚墓中出土木俑二,又有木盾、木衡,及雕花木板。据湖南文管会友人谈,雕花木板,近年掘出尤多,连残缺者有一百余具,髹漆的木盾,亦有五六具。

又长沙楚墓中,发现的木器,有木戟、木楔、木簪、木矢箙等件(见《文物参考资料》一九五四年十二期《长沙左家公山的战国木椁墓》),又长沙黄泥坑战国楚墓中,亦出木梳、木篦、木方盒盖等件(见《文物参考资料》一九五六年十一期《长沙黄泥坑第二十号墓清理简报》)。又长沙杨家湾楚墓葬所出木器尤多,如木俑即达五十件,其他有方壶、方形器、圆形器、木槌、木勺、木瑟、木梳篦等件(见同上《长沙六号墓清理简报》)。信阳长台关发现战国楚墓,出土有素面木案三具,木瑟一具,木俑十二个,木豆九个。木豆形状甚奇,身作羽觞形,有盖,有二鸟头柱,盖有缺口,套接柱上不易碰落。

以上所述,皆是战国时木器。汉代木器,存于现今的,则有广州龙生冈东汉木椁墓中所出木俑十余件;狗俑二件,作伏卧状,置于陶屋之前;木梳一件;木瑟一件,中空弦已不存,两端密排着安插弦柱的小圆孔;木船一件,已见上述(见《广州市龙生冈四三号东汉木椁墓简报》)。

新疆罗布淖尔地方发现木器约数十件,大多数出于古冢中,亦有出于古烽燧台者。出于古冢者多为饮食日用之具,及妇女装饰品;出于古烽燧台者,多为木残件,统计有圆底俎二件,有四足俎,有圆底把杯,有类似匕形食具,有残木竿,有木枊,有木簪。制作虽不过精美,然能看出为劳动人民日常生活的用具(见《罗布淖尔考古记》一五五页)。

《汉书·百官公卿表》:将作大匠属官有东园主章令丞。武帝太初元年,更名为木工令丞。盖东园虽主要在做秘器,宫殿中所用各种木器,亦应由木工令丞主管。又《汉书·地理志》:严道有木官,盖为主运输木材的官吏,非直接管理木工的。

竹器存于现今的更少,长沙楚墓的竹箧,是最稀见的。

一九五四年,湖南文管会在长沙南门外左公山,战国楚墓中,掘出竹箧一件,长四点二公分,阔三〇公分(另二件已缺破)。竹箧编织很精细,四周用细篾扎边纹成人字形。箧内有天平法码、木梳、泥饼金、铜刀、毛笔等。同时所出,还有竹弓竹签等(见《全国基本建设工程中出土文物展览图录》图版一六七)。又长沙左公山战国木椁墓中掘出竹简七十二片,竹管篾筐等件(见《文物参考资料》一九五四年十二期《长沙左公山的战国木椁墓》)。

《罗布淖尔考古记》一六〇页,出一竹质作古代币形,上柄部穿一小孔,下至肩略作缺口,有摩擦痕迹,表面竹青未除,里刨制,中裂,下作半圆形缺口,未知何用,或亦为编织之具。又乐浪王光墓中,所出的木竹器,共有十九件,也是很可珍视的。

上述四种为战国至两汉竹器仅存的,至于《急就篇》《说文》《释名》等书,罗列竹器名称很多,因不关重要,兹不再引。

编草的手工业以织席为代表。现遗存的草具,以罗布淖尔发现的为具体。

《说文》:"蔺草可以为席。"《范子计然书》卷三:"六尺蔺席(原文误作蘭席)出河东,上价七十,蒲席出三辅,上价百。"

《罗布淖尔考古记》一六九页,记载楼兰烽燧台遗址出土的草具,有桶形篓,为竹笼之类。有蓑衣,以芦草为经,以草绳编之,是御雨的工具,与现时形式大致相同。编草本为汉代人民的手工业,无所谓官府手工业,但可以见到当时人民生活的状况。

汉代造舟车,为官府手工业之一,私人的作坊,必然也有一部分。官府掌握木材,则有盐道木官(现在出土的"盐道橘官"封泥极多,是《汉书》的漏注,木官不是橘官的误字。因《汉书·地理志》注,鱼腹、朐忍两县,皆有橘官,并不曾皆误作木官)。使用木材,则有将作大匠。汉代轺车的价值,每乘十千,舟的价值,则不可考。武帝时轺车一算,船五丈一算,是五丈长的船,必相当于轺车之价。竹器编草,纯为汉代平民的手工业。竹以织帘,草以织席,为代表作品。河东人民,尤喜用蔺草编制,近行于三辅,远售于居延,其出品的精细,可以想见。

雕石、琢玉业和画工

雕刻石工,官府手工业,可能属于少府的考工令。因东汉广行石刻,私家的作坊必多。

雕石的工,分立体、浅雕两大类。刻字的工,以东汉熹平四年(公元一七五年)刻石经的工人陈兴为代表(见《隶释》十四),故知道石工也是两汉官府手工业的一种。

《水经注·淯水》,记王子雅有二石楼,穷巧绮刻,妙绝人工。雅有三女,各出钱五百万,一女筑墓,二女建楼。此石楼惜已不可见,在两汉石雕中,当推杰出的作品。附带知道,汉代一座大墓,建筑费须要五百万,即五千千钱;一座石楼,须要一万千钱。工料虽有精粗的不同,在此可以略知大概。

雕刻现存的,当以霍去病墓上各石为最古,是公元前一世纪物。霍墓现在陕西兴平县茂陵镇东北五华里高原上,与卫青墓相连接。墓顶及墓下四周,有巨型花冈石一百五十余块。内中有雕刻的九块,系从墓前及墓顶取来,藏在茂陵文管所,分建东西两屋保存,有石鼠、猩猩抱熊、卧牛、怪兽吞羊、石人、卧虎、卧马、奔马、马踏匈奴侵略者九种。墓顶上另有石鱼一对,共十一石。各石皆是就自然石的形状,略加雕琢,有的寥寥数笔,而精神活泼如生,在两汉立体雕刻中,应推首选。平面浅雕,以永元十二年(公元一〇〇年)王得元墓室画像、武梁祠堂画像及郭巨石室画像三种具有代表性。此外浮雕则以四川各地的汉石阙为代表,如汉沈府君右阙朱雀像(见《四川汉代画像选集》第一图),白虎像(同上二图),沈府君右阙朱雀像(同上三图),青龙像(同上四图)。高颐墓阙车骑像(同上十三图),青龙铺首像(同上十六图),亭长及铺首像(同上十七图),白虎及铺首像(同上十八图),朱雀及铺首像(同上十九图),皆为石雕中最精之品。以上各举一例,不能遍论(沂南画像恐为东汉以后作品,兹不列论)。

河北满城汉中山王刘胜及其妻窦绾墓中所出的最完整最精美的金缕玉衣。

一九六八年在河北满城发掘了西汉中山靖王刘胜墓,出土了刘胜和他妻子窦绾穿的金缕玉衣。这两件玉衣在墓内埋葬了两千多年之久,仍然保存完好。玉衣是汉代皇帝的葬服,葬衣全部用玉片制成,玉片之间用金丝相连,故称金缕玉衣。刘胜的玉衣比较宽大,全长一点八八米,成套玉衣共用玉片二千四百九十八片,玉片的大小和形状是按照人体各部分的不同形状而设计的,就形状来说有长方形、方形、三角形、梯形和多边形,而以长方形和方形居多。玉片的角上都有穿孔,以便用金丝编缀起来,全套葬衣共用金丝一千一百克。玉衣分头部、上衣、裤、手套和袜五个部分,每部分又由若干部件构成。头部由脸盖和头罩组成,上衣由前片后片和左右袖筒组成,裤由左右裤筒组成。玉衣的外表和人体相似。窦绾的玉衣比较瘦小,全长一点七二米,由二千一百六十片组成,全衣共用金丝七百克,其结构与刘胜玉衣相同。金缕玉衣反映了汉代工艺的发展水平,表现了劳动人民的高度智慧和才能。

汉代雕刻的价值,现只有石阙石狮子可见。

汉建和元年(公元一四七年)《武氏石阙铭》云:"石工孟季,季弟卯,造此阙,直钱十五万。孙宗作师子,直四万。"(《隶释》卷二十四)此为汉代雕刻价值仅见的材料。

汉代琢玉,雕的花纹,远不如商周,有时偏重在文字方面。

汉代玉工琢玉,约可分为四类:一为礼器,有玉石云纹璧(见《全国基本建设工程中出土文物展览图录》图版一七九),有玉璜璧(见同上图版二二一);二为用器,有玉钫(见《古玉图考》一百三十三页),有玉镫(见同上一百三十四页),有剑彘(见同上一〇二页),有佩觿(见同上一百十四页),有玉钩(见同上一百十八页),有龙文佩(见同上一百十九页),有鸠杖首(见同上一百二十九页),有日晷(见《艺术类徵·艺玉》),有五柞宫玉环(杭州邹氏藏拓本),有刚卯(见《古玉图考》一百三十页),有严卯(拓本),有玉马首,有玉马(照本);三为明器,有玉豚,有青圭,有琀玉蝉;四为印章,以"婕伃妾赵"玉印为代表作品(见《十钟山房印举》举六第六页)。

汉玉日晷,端方藏一具(见《陶斋藏石记》卷一)。意大利教士怀履光,亦窃购我国洛阳出土的玉日晷一具。两晷形式,完全相同,晷形正方,画成大圆规形,中央有孔痕,用以装置木竿者,由规形下系刻画垂直线,由一刻至六十九刻,其余三十一刻,属于夜间,故不再画线刻字,全晷共为一百刻。汉人计时,日间用日晷,夜间用漏壶,两器互相为用,不可分离。此为我国最初科学仪器的一种,是相当有价值的。

刚卯,见于《汉书·王莽传》,服虔注:"谓作于正月。"《续汉书·舆服志》下载有刚卯,文曰:"正月刚卯既决,灵殳四方,赤青白黄,四色是当,帝令祝融,以教夔龙,庶疫刚瘅,莫我敢当。"严卯文曰:"疾日严卯,帝令夔龙,慎尔周伏,化兹灵殳,既正既直,既觚既方,庶疫刚瘅,莫我敢当。"(见《古玉图考》一百三十页)严卯出土的稀少,昔见张丹斧藏有一枚,确属真品。两卯俱刻简字,尤为汉代简化字的充分表现。此外以玉代替书简的,有武靡婴玉券,刀法独往独来,也是汉代玉工的杰作（武券，吴大澂所藏，后归端方）。

西安汉墓中常有青玉圭出土，长八厘米至十厘米不等，盖汉代王侯，用作模型殉葬的。汉琀玉蝉最为普遍，玉工仅用八刀刻成，估人俗称为汉八刀。"倢伃妾赵"印，清初为李竹懒所藏，后归龚自珍。递藏的源流，鲍氏《金石屑》言之甚详，最后为陈介祺所得，为汉玉印的神品，有人疑伪者非也。

玉豚，在汉墓中出土最多，有单个的，有成对的，有半片的；质地有纯玉的，有玉石的，有石膏的，有青石的。汉以后至隋以前，仍继续沿用，如晋周芳命妻墓石文，有玉豚一对。北周独孤信墓中（咸阳底张湾），有石猪半片，初出土时人多疑为是玉虎符。在基本建设中，各地所出尤多，不胜枚举。案《颜氏家训·终制篇》云："床上唯施七星板，至于蜡弩牙玉豚锡人之属，并须停省。"据此，玉豚为一般官僚殉葬的必备品，风俗至隋代犹然，弩机用实物殉葬的甚多，蜡弩牙尚未见有出土的。

汉代黄门令官署中有书工，又有画工，书工的情况，不尽明了。因画的艺术性强，为统治阶级所爱好，故列为专科。西汉官府事业，黄门令则属于少府。在金银扣器上的画工，则属于蜀郡成都、广汉主作金银器的工官，东汉官府事业，则有黄门画室署长。

《汉书·艺文志》杂赋家有黄门书者王广、吕嘉。黄门书者假史王商所做的赋，是黄门令可考的书工。《史记·建元以来侯者年表》，褚先生补表："高昌侯董忠，父故颍川阳翟人，以习书诣长安。"是黄门令候补的书工，书工作品留存于现今的，可能为汉代的铜器及砖瓦上的文字。瓦当字体，形式最多，姿态亦最美。

《汉书·霍光传》云："上乃使黄门画者，画周公负成王朝诸侯以赐光。"颜师古注："黄门有画工。"《汉书·百官公卿表》：少府属官，有黄门令，虽不言有画工，但以本文相证，知汉代画工，必在黄门官署无疑。

《续汉书·百官志》："少府属官，有黄门署长，画室署长，玉堂署长各一人。"又《和熹邓皇后本纪》云："郡国所贡，皆减其半，悉斥卖上林鹰犬,其蜀汉扣器,九带佩刀,并不复调,止画工三十九种。"可见东汉时画工分类的细密。邓皇后所罢免的画工为三十九种,当必有仍存在的。总共有若干种类,则不可考。

《支那汉代纪年铭漆器图说》第二十四页有元始四年(公元四年)漆器铭云:"元始四年,广汉郡工官造乘舆髹画纻鸄栖,容二升,髹工玄,上工护,画工武,造工仁造。"可证广汉工官内的画工,虽同为官府手工业,确不属于黄门令,全部漆器中,此类甚多,仅略举一例。

西汉画工的技艺,据文献记载,则善于写真布色。飞禽走兽,以毛延寿为代表。据漆器壁画证明,则无样不精。

《西京杂记》卷二云:"元帝后宫既多,不得常见,乃使画工图形,案图召幸之。诸宫人皆赂画工,多者十万,少者亦不减五万,独王嫱不肯,遂不得见。匈奴入朝,求美人为阏氏,于是上案图以昭君行,及去召见,貌为后宫第一,善应对,举止闲雅,帝悔之,而名籍已定,帝重信于外国,故不复更人,乃穷案其事,画工皆弃市,籍其家资皆巨万。画工有杜陵毛延寿,为人形,丑好老少,必得其真。安陵陈敞,新丰刘白、龚宽,并工为牛马飞鸟众势;人形好丑,不逮延寿。下杜阳望,亦善画,尤善布色,樊育亦善布色,同日弃市,京师画工,于是差稀。"

朝鲜以王盱为首的各汉墓中所出漆器,皆多载画工的人名。所画的类型,有双禽文、熊文、三熊文、蟠螭文、虺龙文、云气文(汉代棺椁,画云气文,见《续汉书·礼仪志》,此风至唐代犹然)及神仙麟鹿奔驰文。用的颜色有黑黄朱绿等色,黄绿之中,又分出深浅二色(总括《支那汉代纪年铭漆器图说》的图版),此汉代画工在漆器上表现的艺术。

汉代壁画,发现最早的,为辽宁金县海滨营城驿汉代砖墓壁画。著名的有十一幅,尤以手执蟠节的两门亭长像为最精(见《东洋文化史大系·汉魏六朝时代》三三六页)。在我国基本建设中发现的以望都、辽阳、梁山三种壁画最佳,兹分述情况如下:

望都汉墓的壁画,有图画,有题字,规模甚大。墓址在河北望都县东关,东距车站一里,西距县城约二里许,是一九五四年发现的。

墓前室四壁,和通中室的过道壁上,都有壁画,分上下两部。上部画人物,下部画禽兽,都有题字。过道门券上层,画云气鸟兽图,都是用极简练的线条,画出生动的人物鸟兽,神气十足。各种人物,有各种不同的相貌神情,就连眼睛画法,也都各不相同,所以使人感觉出各有不同的性格。过道门券上层的云气鸟兽图,流动的云气和奔驰飞翔的鸟兽,交组成一幅精美的构图。这样的图案,在汉代漆器中,虽然时常看到,但组成这一幅大图,还是第一次发现。在墓前室西侧室过道,南壁下部有朱书四言铭赞,共八句三十二字,首两句云:"嗟彼浮阳,人道闲明。"从浮阳两字推测,墓主人应该是拥立顺帝(公元一二六至一四四年)的大宦官孙程,是可信的(见《文物参考资料》一九五四年十二期《河北望都的壁画》)。

其次,是辽阳发现的三座古墓壁画,是一九五五年的事。(甲)棒台子屯壁画古墓,墓室里面的主要壁面都有墨廓五彩壁画,内容有门卒、饮食、出行、第宅、庖厨各节。(乙)(丙)皆三道壕窑业第四现场壁画古墓,壁画内容有家居饮食图,有庖厨图,有出行车马图,从壁画人物冠服神情和线条色调上看,特别是门卒和门犬,与河北省望都县发现可能是后汉浮阳侯孙程墓的壁画极为近似,这些情况都证明墓葬的年代,当在东汉晚期(见《文物参考资料》一九五五年第五期李文信《辽阳发现三座壁画古墓》)。

再次,是梁山汉墓壁画,墓在山东梁山县九区后银山山腰,是一九五三年十二月发现的。壁画分两层,下面画两层楼房及人物,上面画参谒人的车马。题字有"游徼""功曹""主簿""淳于谒卿车马"等字,左旁题有曲成侯驿人。壁画所表现的色彩,有朱、深红、浅红、黄、丹黄、绿、浅蓝、深墨和浅墨,色调复杂,画法和技巧也很成熟。关于曲成侯在东汉只有刘建一人,见《后汉书·寒朗传》中(见《文物参考资料》一九五五年五期关天相等《梁山汉墓壁画》)。

雕石的风气虽开始于商代,两周独少。秦人刻石,偏重于文字,由石鼓文、诅楚文，到峄山琅琊诸刻石，皆是一脉相传。西汉霍去病墓石始有巨型的立体雕刻，虽系就自然石形态略施数笔，神态逼真。东汉则此风大行，四川沈府君阙、高颐石阙、山东武梁祠堂画像、陕西王得元墓室画像，皆其代表作品。至于端方所藏黄肠石题字，皆是石工的题名，名目上虽为石工，实际是造陵工的一部分，与其他雕刻工人的性质尚有区别。琢玉是商周时代人民特长的艺术，象形惟妙惟肖，题料包罗多方。秦汉以来便走了下坡路，器的种类，逐渐减少，大率朴素无花纹，玉质亦不过精致。画工虽非手工业，其身份则纯是工人。他们的作品，当时表现在缣素上，现今遗留在壁画上，尤其以近日基建工程中的发现最为惊心动魄，一笔千金；虽属无名专家，皆是集体创作，人物鸟兽云气等等，历二千年，颜色鲜美如新，能见到汉人的真迹，与石刻饱经风霜，漫漶难辨的，不可同日而语。对于人物的服装发髻，家具什物，建筑形式，尤为研究汉代日常生活的新史料。

造纸墨笔砚业

汉代造文具的手工业，有纸墨笔砚四种。今可考的官府文具手工业，造纸东汉由少府属官尚方令主管，其他虽无明文，当亦由尚方令掌管，另由少府属官守宫令主御用笔墨。

《北堂书钞》卷一〇四引《东观汉记》云："蔡伦典作尚方作纸。"《太平御览》卷六〇五："黄门蔡伦，典作尚方作纸，所谓蔡侯纸也。"此为造纸手工业东汉由尚方令主管的明证。《续汉书·百官志》：少府卿属官有守宫令，主御纸笔墨泥封，及尚书财用诸物。

纸在西汉末期，已经出现，在东汉明帝以后，经传已经用纸来写。以文献结合出土的古物材料来看，是可靠的，不过至蔡伦始集其大成。

《汉书》九十七《赵皇后传》云："儿生八九日，后三日客复持诏记封如前予武，中有封，小绿匧，记曰告武以匧中物书，予狱中妇人，武自临饮之，武发箧中有药裹二枚，赫蹏书曰告伟能努力饮此药，不可复入,女自知之,伟能即宫,宫饮药死。"孟康注:"染纸素令赤而书之,若今黄纸也。"应劭注:"赫蹏,薄小纸也。"此为西汉末期的纸。

《后汉书·贾逵传》云:"逵自选公羊、严、颜诸生,高才者二十人,教以《左氏》与简纸经传各一通。"章怀注:"竹简及纸也。"又《后汉书·和帝纪》云:"永元十四年(公元一〇二年)冬十月辛卯,立皇后邓氏。初阴后时,诸家四时贡献,以奢侈相高,器物皆饰以金银,后不好玩弄,珠玉之物,不过于目,诸家岁供纸墨通殷勤而已。"此为东汉明帝以来的纸。

《北堂书钞》卷一〇四引《马融与窦伯可书》云:"孟陵来赐书,见手书欢喜何量,书虽两纸八行,行七字。"又同卷引《崔瑗与葛元甫书》云:"并送许子十卷,贫不及素,但以纸耳。"上述贾逵、邓皇后、马融、崔瑗诸人,有早于蔡伦的,有与蔡伦同时的。马融书中所谓两纸八行,似可叠折,当与普通纸无异。

《历史语言研究所集刊》第十九册劳榦《论中国造纸术之原始》略云:"民国三十一年秋天,我和石璋如在额济纳河沿岸烽燧台下,在已掘旧坑中,掘出一张汉代的纸。这张纸已经揉成纸团,可见的三十余字,似是书札残文。在旧坑中,曾出过永元五年(公元九三年)、永元七年(公元九五年)的兵器簿。还有一根木简,是永元十年(公元九八年)正月的邮驿记载。这一张纸,是在坑位下面。其埋到地下,比永元十年木简要早一些。不过永元十年的木简,不一定是永元十年埋到地下,当然还有在后面的可能。总言之,这一张纸的时代,是在永元十年前后。永元共十六年,蔡伦纸是元兴元年(公元一〇五年)造成的。假若这张纸,也是永元十年的,那就在蔡伦造纸八年以前。"斯坦因《东土耳其斯坦发现的中文文书》:"在敦煌找到三张汉代纸写的残卷,留下几个字,似乎是书信样子,可以断定是公元后二世纪写成的,是现存最古的纸。"(原文见《敦煌汉简校文》一一六页)上述两纸,其时代与蔡伦造纸相前后,由丝絮参用到树皮敝布,是制造方法原料上的变化。可说蔡伦是造纸的集大成者,不是造纸的创作开始。

至于蔡伦及左子伯的造纸事实，知道详细的人太广泛了，我在此不再加以叙述。

一九五七年三月，西安灞桥乡民发现战国时墓，搜集得战国秦时镜两面，断剑两柄，出土时在镜底有纸一束，粗厚色黄，类于今日俗称的草纸，虽片片残破，纸质的纤微，尚历历可见。此墓因非经科学的发掘，镜剑确为战国时制作，然汉人尚保存可用。此纸的年代问题，现姑定为西汉时期，原物现藏陕西省博物舘。

日人所著《书道》卷三第一三二页载有鄯善吐谷沟出土后汉纸本佛经遗字，审其笔法，是晋人所书，恐不可据。

墨易散碎，汉代作品，现无存者。原料出隃麋县，其初用石墨，后来用松烟，书家亦可以自己制造。

《北堂书钞》卷一〇四引蔡质《汉官仪》云："尚书令仆丞郎，月赐隃麋大墨一枚。"又引《郑氏婚礼谒文赞》云："九子之墨，藏于松烟，本性长生，子孙围边。"又引曹植《乐府》云："墨出青松烟，笔出狡兔毫。"宋晁贯之《墨经》卷一云："古者有松烟、石墨二种。石墨自魏晋以后无闻。松烟之制尚矣，汉贵扶风隃麋终南山之松。蔡质《汉官仪》曰：尚书令仆丞郎，月赐隃麋大墨一枚，小墨一枚。"以上两说略同。现时所出长沙楚竹简，及居延、敦煌木简，皆用墨书，并不用漆。《后汉书·杜林传》所说西州漆书竹简，盖用浓墨，厚似点漆，非真用漆写。又石墨即今日之煤。《范子计然书》云："石墨出三辅，上石价八百。"汉代人一方面用为燃料，又一方面用为造墨的原料。《北堂书钞》卷一〇四引《三辅决录》云："韦诞奏蔡邕自矜能兼斯、高之法，非纨素不妄下笔。工欲善其事，必先利其器，用张芝笔、左伯纸，及臣墨，兼此三具，又得臣手，然后可逞径丈之势，方寸千言。"《齐民要术》卷九第九十一有合墨法，当为汉魏遗传的方法。

毛笔的遗存，长沙楚墓中出有战国时期笔，宁夏烽火台遗址中出有汉时居延笔。

一九五四年，湖南文管会在长沙南门外左公山战国墓中，掘得竹箧一件,箧内有竹筹、无字竹简、铜刀、毛笔等。笔长二十一厘米(见《全国基本建设工程中出土文物展览图录》图版一六七),此为我国遗存最古的第一支笔。制法是将竹管剖开,安装笔头后,再用丝漆绞合,与后代削竹管成穴,将笔头纳入松香焊置的方法不同(又信阳战国楚墓,亦发现竹笔一管,可惜笔头已经不存)。一九三一年,西北科学考察团在宁夏额济纳河畔穆德伯尔今地方,发现一千八百多年前的古笔一支。笔管长二○九毫米,冒首长九毫米,笔头长十四毫米,通共长二三二毫米,此为我国遗存最古的第二支笔,做法与长沙笔相合,惟笔毛则用兔剪毛做成(见马衡《居延笔》,北大《国学季刊》三卷一号),现收藏北京历史博物馆。至于日本正仓院所藏唐代毛笔,及开元贞家墨,亦很可宝贵。

汉代笔毛的原料,出产于赵国。笔的价值,居延木简中有笼统的数字。书家可以自己制笔。

《初学记》二十一引王羲之《笔经》云:"汉时诸郡献兔毫出鸿都,惟有赵国毫中用,时人咸言,兔毫无优劣,管手有巧拙。"又《艺文类聚》卷五,引郭义恭《广志》云:"汉诸郡献兔毫,书鸿都门题,唯赵国毫中用。"两书所记载大同小异。劳榦所著《河西经济生活》论文,引汉居延木简,有"笔二百"的记载,不是每管的价值,系笼统的数字,无法分析。又《居延汉简释文》卷三第五页有"河内笔"的记载,是汉代河内亦善制笔,且远销于边郡。

《齐民要术》卷九第九十一有韦仲将制笔方,材料用兔毫及羊青毛合制。汉代做笔,多用兔毫,至此始参用羊毫。

统治阶级所用的笔,穷奢极欲,每匣价值百金。

《西京杂记》卷一云:"天子笔管,以错宝为跗(跗为笔帽),毛皆以秋兔之毫,官师路扈为之,以杂宝为匣,厕以玉璧翠羽,皆直百金。"又《北堂书钞》卷一○四引《傅子》云"汉末一笔之柙,雕以黄金,饰以和璧,缀以随珠,发以翠羽,此笔非文犀之桢,必象齿之管,丰狐之柱,秋兔之翰"云云。

汉砚传世绝少,我所见两方皆陶质。

近人所谓汉砚,皆琢汉瓦汉砖为之,非当时所制的砚。我在西安屡年,仅见两方,一是圆形,一是长方形,皆陶质,长方形的,下有四短足,砚池刻一鱼形,甚为古朴。

自来文献记载我国古代人民的作品,皆歪曲了事实,总说是统治阶级创造的。《吕氏春秋》的作者用一句"作者之谓圣"的话做定义,仿佛不是"圣人"就不可能有创作。笔纸两种,就是其中最明显的例子。笔在殷墟甲骨文片上,有写成未刻的文字,有露出笔锋的痕迹,可能彼时已经有笔。最近长沙楚墓中,发现有毛笔,在战国时已普遍用笔,远在俗传蒙恬造笔之前。纸在最初,用丝质杂造。西汉时已有薄小的纸。居延木简中,已发现在蔡伦之前的纸。蔡伦不过是加以改良,并非创始的人。在文献上总要说"恬笔伦纸",将劳动人民积累经验的创作,一概加以否定。就是汉代的笔工,只能知道路扈一人,纸则毫无稽考,仅宣传蔡侯纸、左伯纸而已。墨、砚创造的时代,还是不能断定,尚有待于地下材料证明。

结 束 语

我所写的关于两汉的手工业的文章共十四篇,而金属工业,由铜到铁,占了六篇。看看汉代人民手工业品的成就,真是五花八门,各尽所能。在我研究范围之外的,还有造乐器,制旌旗,造铠甲,制帏帐,造妇女首饰用具,造车马饰,造酒酱,造脂粉化妆品等,皆未列论。我的主要写作,是文献与考古相结合,倘若全凭文献,采用《史》《汉》及类书,就形成一笔流水账式,便缺少生气勃勃,但上列未写部门,皆是不关重要,倘若有关重要,就是全凭文献,也属无妨。两汉手工业,最要注意的是官府手工业,与私人的作坊必须分开。官府手工业由某一官府来主管。必须清楚,这些材料,在史书上有一部分记载,其余就非引用地下出土的新材料不可。我在此再总结一下,使阅者比较容易明白。

纺纱手工业：西汉属于少府的织室令。又陈留郡襄邑县，齐郡临淄县，皆有服官。东汉属于少府的织室丞。

漆器手工业：两汉均属蜀郡成都、广汉的工官。

制盐手工业：两汉各郡国有盐官，统属于大司农。

冶铁手工业：两汉各郡国有铁官，统属于大司农。在西汉大司农有铁市长丞，京兆尹、左冯翊、右扶风属官皆有铁官长丞。

铸钱手工业：西汉初期属于大司农的斡官长丞。武帝统一铸钱以后，属于水衡都尉的锺官、技巧、辨铜三令丞。另丹阳郡有铜官。东汉属于太仆的考工令。

铜器手工业：西汉属于少府的尚方令及考工令。又蜀郡成都、广汉的工官，东汉属于太仆的考工令，少府的尚方令（尚方令有作室，见《三辅黄图》卷六。考工令有缮作府、书言府，盖为两官署中分工单位名称）。

铜工的造兵器：西汉属于少府的尚方令，另郡国有工官。东汉属于太仆的考工令及少府的尚方令，另郡国有工官。

铜工的铸镜：两汉皆属于少府的尚方令。

铜工的造度量衡：两汉皆属于大司农。

铜工的造玺印：两汉疑属于少府的尚方令及考工令。

陶器手工业：西汉属于宗正的都司空令丞，及少府的左右司空令丞；东汉属于少府的尚方令。

造舟车等手工业：造舟车两汉疑属于将作大匠。在西汉庐江有楼船官。木器，西汉属于将作大匠的木工令丞，另严道有木官。

雕石琢玉等手工业和画工：雕石琢玉，两汉疑属于少府的考工令，画工两汉属于少府的黄门令。

造纸墨笔砚等手工业：造纸在东汉属于少府的尚方令。私人的作坊，有可考的，均散见各篇，兹不再叙。

官府手工业的工人，包括工、卒、徒三种名称，在后代人看起来，可以总称为工，而在当时分别得很严格。《汉书·贡禹传》及《盐铁论·水旱篇》，屡说吏卒徒。《汉书·成帝纪》中记载的陵工徒、铁官徒等尤多。工的来源有两种,一种是破产的农民,一种是小市民。汉代农民贫苦,《汉书》上屡说,"贫者无立锥之地","贫者裋褐不完"。《食货志》所记李悝时农民一笔出入开支账,实际是汉代农民真实的写照。卒的来源,是暂留用戍边的戍卒,及践更的更卒。《汉书·沟洫志》叙王延世治河有云:"卒治河者,为著外繇。"又云:"治河卒非受平贾者为著外繇。"如淳注:"律说戍边一岁当罢,若有急当留守六月,今以卒治河之故,复留六月。"孟康注:"外繇,戍边也。治水不复戍边也。"颜师古注:"如、孟二说皆非也,以卒治河有劳,是执役日近,皆得比繇戍六月也。"平价,苏林注云:"平价以钱取人作卒,顾其时庸之平价也。"如淳注:"律说平价一月,得钱二千。"各家注释,我觉得还是义有未妥,当解释为应当戍边的卒,因治河留用,替他们登记,免予戍边;另有得钱顶替的戍卒,不在此例。官府手工业中,一部分留用戍边的戍卒,与治河同样重要。但《汉书》仅说留用治河,未说留用工场,这一点可以补《汉书》所不及。此外还有一部分征用的更卒。据《盐铁论·禁耕篇》云:"卒践更者多不勘责,取庸代县邑,或以户口赋铁,而贱平其准,良家以道次发,僦运盐铁。"此官府手工业中,除留用应戍边的戍卒以外,兼征用更卒的情况。至于充役的时期,是否也戍卒一年,更卒一月,现不可考。徒的来源,徒是徒隶;一种是民犯,或弛刑的,一种是官犯;各犯髡钳为五岁刑,完城旦舂为四岁刑,鬼薪白粲为三岁刑,司寇为二岁刑,罚作为一岁刑(均见《汉旧仪》)。官犯轻者输左校(《续汉书·百官志》:将作大匠有左右校令,领工徒事)。各犯在刑期中为徒,在刑满后,可能有一部分就变成永久的徒。此外又有工巧奴,是奴婢改造的。汉代漆器铜器上的题名,皆标明是工,不见卒的题名。只在石刻方面,建平郫县石刻,有徒要本的名字,这是很少见的(见《古刻丛钞》)。大率当时繁重的官府手工业中,需用工、卒、徒三种人,轻便的手工业只需用工人。如制盐、冶铁、铸钱范铜等工,必须用大量的卒、徒;纺织、漆器,仅单纯用工。徒隶是最受压迫无人身自由的,苦役杂役,在工场之外的事,也要调徒来担任。《盐铁论·水旱篇》有云:"县官以徒复作(复作即罚作,刑的名称),缮治道桥,诸发民便之。"证之东汉开通褒斜道石刻云:"永平六年(公元六三年)用广汉蜀郡巴郡徒二千六百九十人。"(见《金石萃编·汉一》)《水经注·洛水》云:"太学石经东有一碑,汉阳嘉八年立(阳嘉无八年,当有误字),记修太学,用作工徒十一万二千人。"皆是徒兼修理、建筑等工作的明证。

两汉手工业发展的过程可分为四个阶段:第一阶段在西汉初期,是为紊乱时期;第二阶段在西汉中期武帝时,是为繁荣发达时期;第三阶段,在西汉中期以后,至东汉初中期,是为继承繁荣时期;第四阶段在东汉末期,是为衰落时期,惟造纸业独发达。在西汉初期,除汉廷外,加以各诸侯王国,各盐铁豪商,穷奢极欲,需要量很大,出产既丰,出品亦称,工业管理方面,也极无系统。再加以工业的劳动力代价高,商人贩运的利息厚,无论官私手工业,因消耗的需要,精益求精,刺激了工人不断的进步。到了西汉中期武帝时,在政治上颁发许多统一政策,盐、铁、铸钱三大手工业完全归国营。铜器分在左、右、中三尚方铸造。陶窑至千余座。郡国增设了许多工官,其余还有一部分私营的。生产力既大为提高,在国营工场中,需要的工人愈多。采铜每年在十万人以上,其他采矿人数更为庞大,皆是前此未有。东汉初期的纺织品、漆器都很精致,铜器除铸镜外,器形的花样渐少。现今洛阳所出的铜器,与西安所出的铜器,比例不相称,这是充分的证明。在东汉中期以后,手工业走了下坡路,除造纸外,其他种类发展的更少。其原因是统治阶级消耗量削弱。手工业由竞争时期转入静止状态。到了董卓乱后,生产力几乎停顿,所以一件漆几,一个银错铁镜,曹操视为珍品,献给汉廷,这也是充分的证明。

两汉官府手工业主要是满足宫廷的需要,在私人作坊方面,是适合人民的需要。官府手工业,是把许多工匠集合在一处进行生产。在同一工场中,进一步的分工。完全是供给帝王贵族的享受,从宫室的建筑,到衣食住行,日常生活的用品,无不包括在内。多余的可以赐给王侯,精美的还可以死后殉葬。在表面上盐铁一部分,似乎不是满足帝王需要的。其实铁官重在铸兵器,忽视铸农器,兵器是巩固统治阶级地位的。可以说官府手工业作坊里的特点,还是表现了封建的自给自足的经济组织。至于私人的作坊出品,并不普遍。工业品与农业品的价格,不能成比例。一件布衣服,就要折合三石米价,这样农民如何能穿得到新衣服。无怪崔寔说五原的人民,冬日伏处草中,出则以草为衣。结果农民破产,商民豪华。汉初抑商政策,武帝重农抑商政策,效果恰适得其反。上述官府手工业的发达,是封建时代生产方式的特征。两汉奴隶虽多,却是奴隶制的残余,不占主要地位。若强调秦汉时代为奴隶社会,汉武帝是最大的奴隶主,何必专打击一群次等的奴隶主呢。

我写作既完竣,有一点须提及,就是引用《西京杂记》的问题。《西京杂记》一书,其中西汉旧事记载甚多,大部分不见于他书。如《邹长倩与公孙宏书》,梁园宾客所做的各赋,皆西汉人真确的文字,不是葛洪、吴均等所能伪造,也非刘歆的原本,是经过后人改编的,但事实是可据的。有友人向我说,绝对不能引用,我不甚赞同。忆及《杂记》中画工一条,《日知录》且引用全文,以顾炎武的博学,尚不以为非,可想见原书有它的一定价值。又铜工的铸钱篇内,所说汉代各郡国自铸的四铢钱一条,此事在二十五年前,丁福保先生所办《古泉学杂志》,我写过一篇论文,就定为是西汉初期的作品。丁先生又编入《古泉大辞典续编·四铢条》下,此钱有人说是战国时物,我始终坚持己见。又西安汉城中所出的"重一两十四铢"的钱,我定为是汉文帝时的法钱,大部分人指为秦代所铸,这是见解的不同,正符合于百家争鸣的精神。

一九五七年一月初稿
一九五七年七月修补

两汉工人的类别

两汉工人的类型。

两汉工人分两种类型:一为官府手工业的,二为私人作坊的。官府手工业的工人,占绝大部分。私人作坊的工人数字的多寡,因工业性质而决定,最多的每作坊有千余人,最少的仅有一、二人。

官府手工业的工人,包括工、卒、徒三种。在后代人看起来,可以总称为工,而在当时却区别得很严格,《盐铁论·水旱篇》所谓卒、徒、工匠是也。工人的来源,一种是城市的自由民,一种是农村破产的农民。卒的来源,主要为应当服徭役的更卒,还有一部分正卒。徒的来源,是犯罪刑徒做罚作的。官府手工业中,属于笨重的工作,则必须用卒、徒;属于技巧的工作,则必须用工。

私人作坊。

私人作坊有规模极大的,表现在西汉初期的盐铁采矿;有规模极小的,表现在纺织、陶器两手工业。铜器作坊,私人也占一部分势力。

私人作坊规模极大的,如《盐铁论·复古篇》云:"往者豪强大家,每得管山海之利,采铁石鼓铸煮盐,一家聚众,或至千余人,大抵流放人民也。"《盐铁论》所指,为西汉初期盐铁未经官卖以前,如蜀卓氏、曹邴氏、宛孔氏采山冶铸情形,每一大工场,用工至千余人,这是很大的数目。

私人作坊规模极小的,如纺织业,《西京杂记》卷一记"霍光妻遗淳于衍散花绫二十五匹,绫出钜鹿陈宝光家,机用一百二十镊,六十日成一匹,直万钱"是也。又如陶器业,西汉时以咸阳的咸里所出各种作品,在当时三辅地区最为盛行,器上皆印有陶工姓名。如咸里周子才、咸里蒲奇、咸里高昌、咸里彡辰、咸里阖咳、咸里郊夫、咸里郎骄、咸阳安钦等皆是也(以上各陶器均见《关中秦汉陶录》卷一)。又如铜器手工业,汉时的蜀郡严氏、蜀郡董氏、蜀郡杨氏所造的铜洗(见《小校经阁金文》卷十三),龙氏、张氏、袁氏所造的铜镜(见《小校经阁金文》卷十五),皆是私人小规模作坊的出品。至于《汉书·张安世传》所载"家僮七百人,皆有手技作业",为生产自己用的,与作坊性质,尚微有不同。

两汉工人在艺术技术方面,不断发展及提高。

在艺术方面,如丝织品上的朱雀纹、鸟纹、豹纹、双禽纹、车马纹、云纹,漆器上的双禽纹、三熊纹、蟠虺纹、龙纹、云气纹、麟鹿奔驰纹,皆颜色鲜明,结构匀称。在尺幅之中,有寻丈之势。尤其漆器上的彩绘,用笔纤细,一笔绵延不断,正与后代人说"曹衣出水,吴带当风"相类似。又如铜镜花纹,由四神发展到四神兽,到车马人物,上可以继承秦代的作风,下可以为汉魏六朝打下基础。

在技术方面,如鎏金银、错金银丝、镶嵌玉石,虽然沿着秦代的规模,但种类比较多,面积比较大。炼铜方面,亦极考究。在铜器铭文上,有记四炼的,有记十炼的。广汉工人所造书刀,有记三十炼的。焊接的方法,亦为前所未有,汉宫遗址所出的铜镫、熏炉有用焊药的痕迹,尚历历可见,经过二千余年,坚牢如故,并不脱落。

各郡国工官的设置。

《汉书·地理志》各郡国注有工官的,为怀、河南、阳翟、宛、东平陵、泰山、奉高、广汉、雒、成都十个郡县。现在知道的,是广汉、成都工官,主造金银器及漆器。两《汉书》所未载的各郡国工官,计有六处,兹排列如下:

蜀郡工官造铜器兼漆器(见《汉三国六朝纪年镜图说》)。

梓潼郡工官造漆器(见《汉三国六朝纪年镜图说》)。

武都郡工官造漆器(见日人大村西崖《中国美术史》)。

河内工官造兵器兼漆器(兵器见《簠斋吉金录》弩机十六,漆器见《太平御览·器物部》。引《盐铁论·散不足篇》与今本不同)。

河东铜官造兵器(见《簠斋吉金录》卷六,弩机十)。

南阳工官造兵器(见《簠斋吉金录》卷六,弩机十七)。

综上所述,各郡国工官,主要造兵器,只有蜀郡地区各工官,重点在造金银器及漆器,至于铁质的农具,及煮盐牢盆,则由各郡国铁官铸造。

有随军的工官。

《居延汉简释文》卷三第七十页有简文云:"坐从军张工官□已移家在所。"此盖由各郡国工官,调来边郡随军的。各郡国工官的出品不同,有专造兵器的,有专造用器的,张工官当属于主造兵器的类型。

汉代工人范围的扩大。

《汉书·沟洫志》,有水工齐国徐伯,为武帝时人。又《汉金文录》卷六第二十九页有北海国射工徐扬弩机。又《贞松堂集古遗文》卷十六第四页有圉工孙小弩机,圉工盖治马厩的。

工之中又分为师、工、匠三种身份不同的名称。

工之中以师的名称为最尊,扶侯钟云:"阳嘉三年(公元一三四年)九月十八日雷师作,直二千五百。"(见《小校经阁金文》卷十二第十四页)初平洗云:"太岁在甲戌,初平五年(公元一九四年)吴师作,宜子孙。"(见《小校经阁金文》卷十三第八十八页)建安二十二年(公元二一七年)神兽镜略云:"师郑豫作。"(见《汉三国六朝纪年镜图说》图版三十七页)建安弩机略云:"师稽福。"(见《积古斋钟鼎款识》卷十第一至二页)在汉镜铭文中,往往有"师长生兮"语句,与用镜的人对举。兹排列如下。

四神四虎镜铭云:"乐象从息,大吉羊,与师命长。"(见《金石索·金索六》第三百九十八)

《册礼鉴》云:"富贵安宁,子孙蕃昌,增年益寿,与师命长。"(见《博古图》卷二十八第二十七页)

吾作明镜云:"生如山石,其师命长。"(见《簠斋藏镜》卷上第二十五页)

吾作镜云:"服者大吉,生如山,不知老,其师命长。"(见《簠斋藏镜》卷上第二十七页)

明竟镜云:"服此竟者命长,服此竟者师立(位)三公,子孙潘(藩)昌。"(见《小校经阁金文》卷十五第八十页)

刘氏镜云:"汉有善铜出丹阳,大师得同,合涑五金□"(见《古镜图录》卷中第二十二页)

元兴元年(公元一五〇年)镜云:"富有昌,宜侯王,师命长,生如石,位至三公。"(见《小校经阁金文》卷十五第十至十一页)

工最为普遍名称,不再举例。匠的专门名称,始于三国(汉代工匠连文,但不是工人身份的名辞)。现连带提出,并排列如下:

正始弩机文云:"牙匠马广,师戴业,臂匠江子,师项种。"(见《陶斋吉金录》卷七第二十七页)

正始四年(公元二四三年)弩机文云:"监作牙史崔佥,匠彭臣,师贾德。"(见《汉金文录》卷六第六十二页)

正始弩机文云:"牙匠冯广,师郭宏,臂匠江子,师项种。"(见《金石索·金索二》第一百三十二)

以上各条,用来分析,师的身份最高,工次之,匠又次之。在弩机铭文上很明显是师指导匠人技术的。又雷师、吴师、郑豫师三人,皆是私人的作坊,只有稽福是官工。三种名辞,并不是随便称的,在当时有一定区别。

秦代的徒,可以称工。

《金文续考》第四十页有秦上郡戈文云:"廿五年上郡守□造,高奴工师窋,丞申,工鬼薪戠。"鬼薪为秦代的三岁刑名,汉代沿用未改。鬼薪工实为鬼薪徒,而秦代徒可称为工,工徒二字,尚无严格的区别,与汉代制度完全不同。

汉代官府手工业，铸造农器兵器，存在的问题。

《盐铁论·水旱篇》云："县官鼓铸铁器，大抵多为大器。务应员程，不给民用。民用钝弊，割草不痛。是以农夫作剧，得获甚少，百姓苦之矣。"又云："贤良曰：卒徒工匠，故民占租鼓铸，煮盐之时，盐与五谷同价，器和利而中用。今县官作铁器多苦恶，用费不省，卒徒烦而力作不尽。"

《群书治要》卷四十五引崔寔《政论》云："顷主者即不勑慎，而诏书误进入之宾，贪饕之吏，即约其财用，狡猾之工，复盗窃之，至于麻枲被弓弩。米粥杂漆，烧铠铁淬醯中，会脆易冶，孔又褊小，刀牟悉钝，故边吏敢斗战士，皆自作私兵，不肯用官器。"

上述两条，是西汉中期的郡国贤良文学及东汉中期崔寔，揭露当时铁官及工官两种官府手工业中存在的问题。在盐铁方面，不注重铸农器，纵然铸出，也是不能割草；在兵器方面，官吏的贪污，工人的偷工减料，都说得很具体。然究其实际，铁官注意铸大器（指煮盐牢盆之类），不注意铸农器，是由官吏的计划不周密，官吏贪污，使得工人做假货，所造成的现象。

分工细密的开始。

汉代的手工业，制作分工很细密，表现在漆器上，到了曹魏时期，发展到弩机上。乐浪出土的全部漆器题字中，有素工、髹工、上工、铜扣黄涂工（或称黄耳涂工）、画工、雕工、清工、造工、供工等名称，开始于素工，完成于清工或造工、供工。供工，盖是专管运输供给的，较之技术工人，略有区别。分工的程序，是逐渐发展的。

昭帝始元二年（公元前八五年）的漆耳杯上（见《汉代纪年铭漆器图说》六页），只有髹工、画工、雕工三种名称。到了成帝永光元年（公元前四三年），漆耳杯上（见同书九页），又添了供工、涂工二名称。到了成帝阳朔二年（公元前二三年），金铜扣漆扁壶上（见同书十页）又添了上工、清工、造工等名称。以后随技术的需要，分工制度更逐渐加强。

汉代弩机，仅铸造郭工的工人，写明郭工，其余都称造工。到了曹魏时代，分牙匠、臂匠两种（见正始二年［公元二四一年］弩机），因作器仅须分两种工，故分工名称不多。

汉代画工，亦在工人范围之内。

汉代书家，仅称书者，不称书工。见于《汉书·艺文志》赋家。惟画工名称独著，其在京师则集体在少府属官黄门令署中，其在郡国则集体在工官署中。画工见于文献的，如杜陵毛延寿，安陵陈敞，新丰刘白、龚宽，下杜阳望、樊育（见《西京杂记》卷二），皆为西汉元帝时的画工。又如刘旦、杨鲁，并东汉光和中画手，待诏尚方（见《历代名画记》卷四第四页引谢承《后汉书》）。以上所述，是在京师黄门及官署中的。乐浪漆器题字的画工，始于西汉始元二年（公元前八五年），终于王莽天凤元年（公元十四年），就我的画工统计，共有二十二人。乐浪漆器虽有东汉的作品存在，却不见画工题名，未知何故。

有寺工、供工、并工的称呼。

《周金文存》卷六第二十页有"二年寺工耆金□"戈，以字体来看，定为战国末期之物。又《敦煌汉简校文》第八页有"盾一完，神爵元年寺工造"的简文。又寺工的名称，见竟宁雁足镫（《汉金文录》卷三第二十二页）及永光镫（《小校经阁金文》卷十一第八十七页）；又池阳宫镫，称为上林寺工（《小校经阁金文》卷十一第九十二页）。寺为汉代官寺的简称，即后代官署的通称。惟池阳宫铜镫，则为上林苑的寺工所造。

供工见元延乘舆鼎《汉金文录》卷一第六页）。汾阳有供官，见汾阴宫鼎（《薛氏钟鼎款识》卷十八第八页）。上林有供府，乘舆鼎所称的供工，盖属于上林供府。

又《汉代纪年铭漆器图说》，永光三年（公元前四三年）漆耳杯，有供工肆题名（见图版九）；绥和元年（公元前八年）漆盘，有供工彭题名（见图版十三）；绥和元年漆耳杯，有供工熹题名（见图版十四）；

居摄三年(公元八年)漆耳杯,有供工服题名(见图版二十七)。此盖为蜀郡工官中的供工,属于地方性的。无论京师或郡国的供工,其总义当作供给物资及运输材料解释。

并工见平阳侯家高镫,有"阳朔元年(公元前二四年)并工谢造"铭文(《小校经阁金文》卷十一第八十九页),又见永安宫鼎,有"甘露元年(公元前五三年)十月并工长造"铭文(《小校经阁金文》卷十一第五十八页)。并工二字,未详其义。

《汉书》记载,以宣帝时工匠技巧为最精。

《汉书·宣帝纪》赞云:"政事文学法理之士,咸精其能。至于技巧、工匠、器械,自元成间,鲜能及之。"以班固的论断,证以现在出土的铜器及陶器,未可尽信。宣帝时所造的陶钱范,确是精美绝伦。至于宣帝时,黄龙元年(公元前四九年)李常铜镫,五凤二年(公元前五六年)林华观镫,远比不上建昭雁足镫的精致和变化。

工官署中的作品,有主要器,有兼做器。

蜀郡、广汉、成都、梓潼的工官,专造金银铜器及漆器,不造兵器;而河内工官,主要造兵器,兼做一小部分漆器(野王夹纻器,见《太平御览·资产部》。引《盐铁论·散不足篇》与今本不同)。

官工不够时,可以用民工来帮助。

《薛氏钟鼎款识》卷二十第一页,有上林荣宫镫文云:"上林荣宫铜雁足镫,下有棨,并重六斤,黄龙元年(公元前四九年)民工李常造,第四、第二卅。"李常,人名,又见五凤二年(公元前五六年)造承安宫行镫(见《小校经阁金文》卷十一第九十页),及黄龙元年造羊镫(见《积古斋钟鼎款识》卷九第二十六页)。皆称为工,不称为民工。李常盖系自由职业的铜工,官府工人不敷时,由官府亦可调民工来帮助。

郡国工人不够时,可以由京师考工令拨工来帮助。

《汉代纪年铭漆器图说》图版第二十七页,居摄三年(公元八年)漆盘有考工令工虞题名,足证是京师考工的官工,派至蜀郡工官署中工作的。

大司农有工巧奴专铸造农器。

《汉书·食货志》云："赵过使教田太常三辅，大农置工巧奴与从事，为作田器，二千石遣令长三老力田，及里父老善田者受田器，学耕种养苗状。"所谓工巧奴者，是以奴婢改造为工人，合工与奴二者为一，就是《贡禹传》所指戏游亡事的官奴婢而言。在汉代，奴婢与工人本有界限，当大司农铸造农器，补救郡国铁官铸造农器的不足时，使之参加生产事业。

官工有兼两门特长的技艺。

《西京杂记》卷二略云："高祖即作新丰，并移旧社，衢巷栋宇，物色惟旧，士女老幼，相携路首，各知其室，放犬羊鸡鸭于通途，亦竞识其家，其匠人胡宽所营也。"又《小校经阁金文》卷十三第八十一页有"新丰工胡宽造"铜器，足证胡宽本建筑工，又兼有铜工的技艺。

官工有兼替两宫造铜器的。

《汉金文录》卷三第十九页有池阳宫行镫，为工虞德所造。又《簠斋吉金录·任器》五十三有沴阳宫铜熏炉，为虞德所造。又《薛氏钟鼎款识》卷二第十一页有上林荣宫镫，亦为李常所造。《积古斋钟鼎款识》卷九第二十六页有承安宫行镫，亦为李常所造。盖李常当日由官府指定，专为某宫主造铜器，为某宫兼造铜器。

在同一工官署中，一人可兼两工。

乐浪全部漆器中，在同一工官署中，一人可以兼两种技工。如永始元年（公元前一六年）漆盘题名，有髹工广、上工广；永始元年夹纻盘，有髹工壶、上工壶；永始三年（公元前一四年）耳杯，有画工谭、上工谭。据上述来分析，是以上工为本工，其他为兼工。

蜀郡的漆工，工龄的考查，最多有二十九年的。

蜀郡的漆工，多久于其任，在乐浪全部漆器中可以得到证明，如雕工威，见于永始元年（公元前一六年）的漆盘，又见于王莽始建国五年（公元一三年）的耳杯之类，做工共有二十九年之久。可见当时工艺品需要发展,其他工人的工龄在十年以上的,数当不少。

工人题名,排列的次序,有在官吏之上的,可以见到汉代工人的身份。

汉代铜器上的工人题名,一般排列次序,多在官吏之上。如临虞宫镫为常宣造(见《汉金文录》卷三第二十四页),万岁宫镫为马宽造(见同上卷三第二十五页),内者镫为考工工谊造(见同上卷三第二十三页),绥和雁足镫为供工谭造(见同上卷三第二十五页),元康镫为考工工贤造(见同上卷三第十六页),延寿宫镫为张谭造(见同上卷三第二十五页),东海宫司镫为范循造(见同上卷三第二十六页),皆是先工人题名,后官吏题名。可证工人的身份,在汉代有相当地位。但是士大夫仍贱视工人,在桓谭《新论》中,可以得到证明。

工人题名,写姓名的类型不同。

工人题名,一般兼称姓名,或单称名。有仅称姓名不称工的,如韩仁是也(见《历史参考图谱》第七辑第十五页四十七);有仅称姓不称名的,如平阳家高镫题阳朔元年(公元前二四年)并工谢造是也(《小校经阁金文》卷十一第八十九页);或在工上加称技术某某工,乐浪各漆器题名是也。

工人题名,有连带籍贯的。

工人题名,有称籍贯的,如莲勺炉为"工渭城徐安造"(见《薛氏钟鼎款识》卷十九第一至二页),又如不知名器为"新丰工胡宽造"(见《汉金文录》卷四第三十五)。这种类型,比较少见。

两汉陶工,不自称工,只写明籍贯姓名。

两汉陶工的题名,如卢乡刘吉、咸里周子才、咸里彡辰、咸里蒲奇、咸里高昌、咸里阎眩、咸里平汇、咸里郊夫、咸里廊骄、咸里屈竭、咸阳安钦等题名(以上均见《关中秦汉陶录》卷一),皆是连姓名、带籍贯。其不写籍贯只写人名的,如公孙少、梁君宾、陈长君、侯长子、戚少中、吴子良、侯长君、犹君防等陶器残片皆是(以上均见《季木藏陶》第九十二页至九十六页)。完全不见工字,与战国时陶器称"匋工某"的风气不同。

石刻工人的题名，多在神祠碑上，在墓碑上的很少。

《古刻丛钞》建平郫县石刻有"石工毃"题名，《隶释》卷四《郙阁颂》有"□威明"的题名，《隶释》卷二《西岳华山庙碑》有"邯郸公修"题名，《隶释》卷十四《熹平石经》有"陈典"题名，《隶释》卷三《三公山碑》有"刘元存"题名，《隶释》卷三《白石神君碑》有"王明"题名。而见于墓碑及颂德碑上的，只有桂阳太守周憬碑阴，有"王迁"题名（见《隶释》卷五），《绥民校尉熊君碑》有"程福"题名（见《隶释》卷十一），这是很少见的。盖当时风气如此。

工人制器，不称造而称为，又有不称工而称名。

《关中秦汉陶录》卷一有"苏解为"陶器盖，题名不称造而称为，是西汉中期仍沿用秦代"使后世为之者"为字的语气。又《小校经阁金文》卷十二第二十二页有寿春钫文云："寿春容四斗六升，重二十四斤六两，名屬。"屬，盖工人之名。

造铜器、瓦器上，有仅题工字，不题工人姓名。

《汉金文录》卷三第三十二页有阳平家镫文云："阳平家工乙工乙。"又《关中秦汉陶录》卷三有"长乐万岁工"五字瓦片。仅题工名，不题人名。阳平镫所谓"工乙工乙"者，即"工某工某"的解释。

一人所造现留存最多的铜器。

《汉金文录》卷三第十八页有"长安下领宫"镫文云："长安下领宫铜高镫，重十二斤，神爵元年（公元前六一年）工锜建造。"又同书卷三第十七页，同书卷三第十八页，又《小校经阁金文》卷十一第八十八页，皆有长安下领宫镫，皆为锜建一人所造，传世的共有四器。

工人可以检验铜器。

《小校经阁金文》卷十一第六十三页有建昭宫鼎文云："建昭宫铜鼎，容一斗六升，具盖九斤七两，元狩元年（公元前一二二年）中尚方缮作府造，左丞宗，工威省。"汉代铜器造成后，一般的检查，皆由官吏担任，此独由工威检验，是很少见的。

王侯家造铜器不题工人姓名。

汉代宫殿中新造铜器,广泛题造工姓名,王侯家造器,则不题工人的姓名。只有平阳家高镫,题阳朔元年(公元前二四年)并工谢造(见《小校经阁金文》卷十一第八十九页),汝阴侯鼎题守诉工□造(见同上卷十一第五十八页),这是很少见的。

私人造铜器亦可用工人题名。

《汉金文录》卷三第二十八页有刘少君高镫文云:"四年工到造,重一斤三两,刘少君第九。"此器是用主刘少君叫工到造的,体例甚为少见。汉代铜器上工人题名,宫殿类最多;王侯造器,普遍即不题名;私人造器,更不题名;而私人作坊所造铜器,则往往标注姓名,其作用等于后来的牌号出品。

有合作铸铜器工人的题名。

《积古斋钟鼎款识》卷九第二十六页有永元雁足镫文云:"永元二年(公元九〇年)中尚方造铜雁足镫,重九斤,工宋次等作。"这是标明由数人合作,非一人所作。

有专刻铜器字的工人。

《汉金文录》卷三第二十页有驰荡宫高镫文云:"驰荡宫铜锭重三斤十二两,黄龙元年(公元前四九年)工郭田刻。"此件铜器,铸造工未题名,仅有刻字工人郭田的题名,原器铭文,确系刻字而非铸字。

有义工的名称。

《隶释》卷十五,有延熹七年(公元一六四年)蜀郡属国辛通达、李仲曾造桥碑,有义工王文宰、王汉期二人的题名。义工,盖为人民参加造桥工作而不受报酬的。

有辈工的名称。

《汉金文录》卷六第十七页有元初二年(公元一一五年)弩机文云:"辈工史伯。"汉代铜器上辈字,多作比字解。此机题名辈工,当作比工解。

佣工问题。

两汉佣工,是工人附带的问题。有临时佣工,有固定的佣工,所以工资也参差不齐。属于固定的,崔寔《政论》云:"客佣一月千,刍膏肉五百,薪炭盐菜又五百。"(见《群书治要》卷四十五引)属于临时的,《居延汉简释文》卷二第三十六页有简文云:"□成承禄偿居延卒李明长雇钱二千六百。"此系边郡成所临时雇工的钱,由官府付给的。其他雇佣工资,见于居延、敦煌木简中的尚多,仅略举此一例。

两汉工人掌握各种技术,包括各种艺术,他们多所发明。官府手工业,占技术工人的绝大部分,私人作坊,仅于铜器明器及纺织业中,有少数存在。民工有时变为官工,在名义上有官私之别,在身份上并无官私之别。工之中又分师、工、匠三种,工之技术高者,自称为师,多属于私人作坊的称号,与工略有一些区别。《盐铁论》尝说卒徒工匠,工匠二字,不过是连绵的词汇。到了曹魏,工与匠身份始有显著的不同。至于分工的细密,工人久于其任,能使生产力提高,足证生产力的发达。有民工来帮助官工,表现出工人互助的精神;有不受酬报的义工,表现出工人高贵的品质;有多人合造一件铜器,表现出工人的合作团结。总起来说,两汉工人,在他们身份局限之下,是为统治阶级服务的,能造各器,而不能享用各器;然而因受消费者刺激,使得生产过程及技术艺术各方面,不断地提高。我写《两汉手工业研究》,附录《两汉工人题名表》,收罗至三百余人,见于文献的仅寥寥数人,可见当时忽视人民的创造性了。又桓谭《新论》(见《全后汉文》卷十五)记载扬子云好天文,问之于黄门署作浑天,老工曰:"我少能作其事,但随尺寸法度,殊不晓达其意。然稍稍益愈,到今七十,乃甫遇知己,又老且死矣。今我儿子,爱学作之,亦当复年如我,乃晓知己,又且复死矣,其言可悲可笑也。"据此,黄门老工人能作浑天仪,在科技上有相当贡献,而扬雄不记其名,变成无名的科学家。扬雄参考他的做法,成为浑天学说的专家,桓谭《新论》对于老工人反以为可悲可笑,当时士大夫贱视工人如此。

又怀宁柯莘农翁有"北海营陵卒工"封泥,为西安出土,亦西汉物,是北海营陵官府工业中卒工所用之印,卒工有印,仅此一见。但在《盐铁论》中,皆称为吏工卒徒,此印可证卒的地位,在工之上,这一点是不相同的。

两汉工人题名表

本表收汉代工人题名三百一十六个,见于文献的仅十余人,其余皆从出土古物中发现。可以看出:(一)官工人手不敷时,可用民工来暂时补充(见黄龙元年承安宫民工李常造行镫)。(二)官工中工人不够时,可由京师考工令拨工来帮助(见居摄三年考工工虞漆盘题字)。(三)工与匠在汉代微有区别(见铜雀瓦司匠王高监造题字,又曹魏正始各弩机工与匠名称分为两种,盖沿汉制)。(四)造弩机分工亦最细密,不独漆器为然(见东汉书言府弩机,注重郭工,曹魏正始弩机又分为臂工、牙工等)。(五)在分工的范围内,一人可兼两工(如永始元年漆盘髹工广、上工广,永始元年夹纻盘髹工壶、上工壶,永始三年耳杯画工谭、上工谭之类)。(六)一人可兼两种技术的工(如胡宽为建筑工,又为铜工之类)。(七)蜀郡的漆工,多久于其任,有至二十八年的(如泪工威,见永始元年漆盘,又见王莽始建国五年耳杯之类)。(八)《汉书·宣帝纪》赞称宣帝时工匠技巧无样不精,元、成时不能及。其实,乐浪出土的精美漆器,多成帝以来作品。(九)汉石刻的工人题名,皆在祠庙类型的刻石上,不在墓碑上。(十)东汉建筑工有义工的名称,盖为不受报酬的工人(见《隶释》卷十五《蜀郡属国造桥碑》)。(十一)汉代有辈工的名称,盖比于工人的身份,或者是由匠人升任(见元初二年弩机)。(十二)汉代工的范围包括极广,如军中习射的可称为射工,管理马厩的可称为圉工之类。又汉铜器上,宫殿中用的有工人姓名,王侯家造的则无工人姓名,其用意并非表彰工人的技术成绩,而是要工人负责,便于稽考。这一点也是值得注意的。

工别	姓名	籍贯	时代	作品	著录	附注
纺织工	韩仁		西汉末期	古锦	《历参》第七辑十五页,四十七	
	陈宝光	钜鹿	宣帝时	散花绫	《西京杂记》卷一	
漆器髹工	髹工当		始元二年（公元前八五年）	始元二年漆耳杯	《漆图》图版六	三见
	髹工芒柳		约始元二年	漆残耳杯	《漆图》八	
	髹工严		阳朔二年（公元前二三年）	阳朔二年漆扁壶	《漆图》十	
	髹工广		永始元年（公元前一六年）	永始元年漆盘	《漆图》十二	二见
	髹工壶		永始元年（公元前一六年）	永始元年夹纻盘	《漆图》十二	二见
	髹工有		建平三年（公元前四年）	建平三年漆盘	《漆图》十五	
	髹工襃		建平五年（公元前二年）	建平五年耳杯	《漆图》十八	
	髹工赣		元始三年（公元三年）	元始三年耳杯	《漆图》十九	
	髹工给		元始三年（公元三年）	元始三年耳杯	《漆图》十九	
	髹工吕		元始四年（公元四年）	元始四年漆盒	《漆图》二十	
	髹工石		元始四年（公元四年）	元始四年漆盘	《漆图》二十一	
	髹工顺		元始四年（公元四年）	元始四年耳杯	《漆图》二十二	
	髹工宗		元始四年（公元四年）	元始四年耳杯	《漆图》二十二	

续表

工别	姓名	籍贯	时代	作品	著录	附注
	髹工立		元始四年（公元四年）	元始四年耳杯	《漆图》二十三	
	髹工玄		元始四年（公元四年）	元始四年耳杯	《漆图》二十四	
	髹工巨		西汉末	残耳杯	《漆图》二十八	
	髹工首		西汉末	残耳杯	《漆图》二十八	
	髹工未		西汉末	残耳杯	《漆图》三十一	
	髹工来		西汉末	残耳杯	《漆图》三十二	
	髹工丰		始建国五年（公元一一年）	始建国五年耳杯	《漆图》四十一	
	髹工鱼		建武二十一年（公元四五年）	建武二十一年耳杯	《漆图》四十五	
	髹工吴		建武二十八年（公元五二年）	建武二十八年耳杯	《漆图》四十六	
	髹工右		建武三十年（公元五四年）	建武三十年耳杯	《漆图》四十七	
	髹工戎		永平十一年（公元六八年）	永平十一年耳杯	《漆图》四十八	
	髹工长		永平十四年（公元七一年）	永平十四年耳杯	《漆图）五十	
漆器画工	画工文		始元二年（公元前八五年）	始元二年漆耳杯	《漆图》六	
	画工定		始元二年（公元前八五年）	始元二年漆耳杯	《漆图》七	
	画工毋放		约始元二年	漆耳杯	《漆图》八	
	画工贺		永光元年（公元前四三年）	永光元年漆耳杯	《漆图》九	
	画工长		阳朔二年（公元前二三年）	阳朔二年漆扁壶	《漆图》十	

续表

工别	姓名	籍贯	时代	作品	著录	附注
	画工年		永始元年（公元前一六年）	永始元年漆盘	《漆图》十二	
	画工恭		永始元年（公元前一六年）	永始元年夹纻盘	《漆图)十二	
	画工丰		建平三年（公元前四年）	建平三年漆盘	《漆图》十五	二见
	画工获壶		建平五年（公元前二年）	建平五年上林耳杯	《漆图》十七	
	画工谭		元始三年（公元三年）	元始三年耳杯	《漆图》十九	
	画工钦		元始四年（公元四年）	元始四年漆盒	《漆图》二十	
	画工张		元始四年（公元四年）	元始四年漆盒	《漆图》二十一	
	画工孟		元始四年（公元四年）	元始四年耳杯	《漆图》二十二	
	画工定		元始四年（公元四年）	元始四年耳杯	《漆图》二十三	
	画工武		元始四年（公元四年）	元始四年耳杯	《漆图》二十四	
	画工广		居摄三年（公元八年）	居摄三年耳杯	《漆图》二十五	
	画工戎		西汉末	残耳杯	《漆图》二十八	
	画工宫		西汉末	残耳杯	《漆图》三十	
	画工同		西汉末	残耳杯	《漆图》三十二	
	画工敖		始建国五年（公元一三年）	始建国五年耳杯	《漆图》四十一	
	画工吕		始建国五年（公元一三年）	始建国五年耳杯	《漆图》四十二	

续表

工别	姓名	籍贯	时代	作品	著录	附注
	画工就		天凤元年（公元一四年）	天凤元年耳杯	《漆图》四十三	
漆器雕工	泪工将夫		元始二年（公元前八五年）	元始二年漆耳杯	《漆图》七	泪即雕字简体，三见
	泪工宝		永光元年（公元前四三年）	永光元年漆耳杯	《漆图》九	
	泪工尊		阳朔二年（公元前二三年）	阳朔二年漆扁壶	《漆图》十	
	泪工威		永始元年（公元前一六年）	永始元年漆盘	《漆图》十二	三见
	泪工之		永始元年（公元前一六年）	永始元年夹纻盘	《漆图》十二	
	泪工戎		建平三年（公元前四年）	建平三年漆盒	《漆图》十五	七见
	泪工众		建平四年（公元前三年）	建平四年漆盘	《漆图》十六	
	泪工丰		建平四年（公元前三年）	建平四年耳杯	《漆图》十八	五见
	泪工宜		元始三年（公元三年）	元始三年耳杯	《漆图》十九	
	泪工间		王莽时	残耳杯	《漆图》二十八	三见
	泪工忠		西汉末	残耳杯	《漆图》三十四	
	泪工宪		天凤元年（公元一四年）	天凤元年耳杯	《漆图》四十三	
	泪工合		建武二十一年（公元四五年）	建武二十一年耳杯	《漆图》四十五	
	泪工文		建武二十八年（公元五二年）	建武二十八年耳杯	《漆图》四十七	
	泪工都		建武三十年（公元五四年）	建武三十年耳杯	《漆图》四十七	

续表

工别	姓名	籍贯	时代	作品	著录	附注
	洦工当		永平十一年（公元六八年）	永平十一年耳杯	《漆图》四十八	
漆器涂工	铜扣黄涂工勋		阳朔二年（公元前二三年）	阳朔二年漆扁壶	《漆图》十	
	铜扣黄涂工政		永始元年（公元前一六年）	永始元年漆盘	《漆图》十二	
	铜扣黄涂工甲		永始元年（公元前一六年）	永始元年夹纻盘	《漆图》十二	
	铜扣黄涂工古		建平三年（公元前四年）	建平三年漆盘	《漆图》十五	三见
	铜扣黄涂工禁		建平四年（公元前三年）	建平四年漆盘	《漆图》十六	
	铜耳黄涂工宗		建平五年（公元前二年）	建平五年漆盘	《漆图》十八	
	铜耳黄涂工充		元始三年（公元三年）	元始三年耳杯	《漆图》十九	二见
	铜工黄涂工武		元始三年（公元三年）	元始三年耳杯	《漆图》十九	
	铜耳黄涂工丰		元始四年（公元四年）	元始四年漆盒	《漆图》二十一	
	铜耳黄涂工殷		元始四年（公元四年）	元始四年耳杯	《漆图》二十二	二见
	铜耳黄涂工思		西汉末	残耳杯	《漆图》三十	
	黄耳工立		始建国五年（公元一三年）	始建国五年耳杯	《漆图》四十一	
	黄耳工并		始建国五年（公元一三年）	始建国五年耳杯	《漆图》四十二	
	黄扣工昌		天凤元年（公元一四年）	天凤元年耳杯	《漆图》四十三	

续表

工别	姓名	籍贯	时代	作品	著录	附注
	涂工廷		建武二十八年（公元五二年）	建武二十八年耳杯	《漆图》四十六	
	涂工翕		永平十一年（公元六八年）	永平十一年耳杯	《漆图》四十八	
	涂工封		永平十四年（公元七一年）	永平十四年耳杯	《漆图》五十	
漆器供工	供工肆		永光元年（公元前四三年）	永光元年漆耳杯	《漆图》九	
	供工彭		绥和元年（公元前八年）	绥和元年漆盒	《漆图》十三	
	供工熹		绥和元年（公元前八年）	绥和元年漆耳杯	《漆图》十四	
	供工服		居摄三年（公元八年）	居摄三年耳杯	《漆图》二十七	二见
漆器素工	素工广		阳朔二年（公元前二三年）	阳朔二年漆扁壶	《漆图》十	
	素工尊		建平五年（公元前二年）	建平五年耳杯	《漆图》十八	
	素工丰		元始三年（公元三年）	元始三年耳杯	《漆图》十九	
	素工禁		元始三年（公元三年）	元始三年耳杯	《漆图)十九	
	素工伯		建武二十一年（公元四五年）	建武二十一年耳杯	《漆图》四十五	
	素工回		建武二十八年（公元五二年）	建武二十八年耳杯	《漆图》四十六	
	素工武		永平十一年（公元六八年）	永平十一年耳杯	《漆图》四十九	
	素工寿		永平十四年（公元七一年）	永平十四年耳杯	《漆图》五十	

续表

工别	姓名	籍贯	时代	作品	著录	附注
漆器上工	上工贵		阳朔二年（公元前二三年）	阳朔二年漆扁壶	《漆图》十	
	上工广		永始元年（公元前一六年）	永始元年漆盘	《漆图》十二	三见
	上工壶		永始元年（公元前一六年）	永始元年夹纻盘	《漆图》十二	疑即建平五年上林耳杯之获壶
	上工宜		建平三年（公元前四年）	建平三年漆盒	《漆图》十五	
	上工武		建平四年（公元前三年）	建平四年漆盘	《漆图》十六	
	上工寿		建平五年（公元前二年）	建平五年耳杯	《漆图》十八	
	上工谭		元始三年（公元三年）	元始三年耳杯	《漆图》十九	二见
	上工钦		元始三年（公元三年）	元始三年耳杯	《漆图》十九	
	上工活		元始四年（公元四年）	元始四年漆盒	《漆图》二十	二见
	上工匡		元始四年（公元四年）	元始四年耳杯	《漆图》二十二	
	上工当		元始四年（公元四年）	元始四年耳杯	《漆图》二十三	
	上工护		元始四年（公元四年）	元始四年耳杯	《漆图》二十四	
	上工尊		西汉末期	残耳杯	《漆图》三十一	
	上工诓		始建国五年（公元一三年）	始建国五年耳杯	《漆图》四十一	

续表

工别	姓名	籍贯	时代	作品	著录	附注
	上工王		始建国五年（公元一三年）	始建国五年耳杯	《漆图》四十二	
	上工寿		建武三十年（公元五四年）	建武三十年耳杯	《漆图》四十七	
漆器清工	清工博		阳朔二年（公元前二三年）	阳朔二年漆扁壶	《漆图》十	
	清工东		永始元年（公元前一六年）	永始元年漆盘	《漆图》十二	二见
	清工宝		建平三年（公元前四年）	建平三年漆盒	《漆图》十五	
	清工白		建平四年（公元前三年）	建平四年漆盘	《漆图》十六	四见
	清工政		元始三年（公元三年）	元始三年耳杯	《漆图》十九	二见
	清工平		元始四年（公元四年）	元始四年漆盒	《漆图》二十	八见
	清工昌		始建国五年（公元一三年）	始建国五年耳杯	《漆图》四十一	三见
漆器造工	造工同		阳朔二年（公元前二三年）	阳朔二年漆扁壶	《漆图》十	
	造工林		永始元年（公元前一六年）	永始元年漆盘	《漆图》十二	二见
	造工宗		建平三年（公元前四年）	建平三年漆盒	《漆图》十五	七见
	造工告		建平四年（公元前三年）	建平四年漆盘	《漆图》十六	二见
	造工宜		元始三年（公元三年）	元始三年耳杯	《漆图》十九	四见
	造工仁		元始四年（公元四年）	元始四年耳杯	《漆图》二十四	二见

续表

工别	姓名	籍贯	时代	作品	著录	附注
	造工宏		居摄三年（公元八年）	居摄三年漆盘	《漆图》二十五	二见
	造工成		始建国五年（公元一三年）	始建国五年耳杯	《漆图》四十一	二见
	造工中		始建国五年（公元一三年）	始建国五年耳杯	《漆图》四十二	
	造工隆		建武二十一年（公元四五年）	建武二十一年耳杯	《漆图》四十五	
	造工忠		建武二十八年（公元五二年）	建武二十八年耳杯	《漆图》四十六	
	造工代		永平十一年（公元六八年）	永平十一年耳杯	《漆图》四十八	
	造工原		永平十四年（公元七一年）	永平十四年耳杯	《漆图》五十	
漆工	工虞		居摄三年（公元八年）	居摄三年漆盘	《漆图》二十七	
	王潭经		建平五年（公元前二年）	建平五年上林耳杯	《漆图》十七	
	申屠蟠	陈留外黄	东汉桓灵时		《后汉书》四三本传	字子龙
铁官徒	申屠圣	颍川	阳朔二年（公元前二三年）	领导一百八十人等暴动	《汉书·成帝纪》	
	苏令	山阳	永始二年（公元前一五年）	领导二百八十人等暴动	《汉书·成帝纪》	
铜工铸钱	逢贤		西汉初	第十权钱	《古货》	
	臣赣		西汉	大半两钱	《古货》	
铜工造铁范	申长寿		本始三年（公元前七〇年）	陶五铢范	《陶斋》一一	原文申工长寿
	工乘山		本始四年（公元前六九年）	陶五铢范	《关中》卷四	

续表

工别	姓名	籍贯	时代	作品	著录	附注
	缑岑		更始二年（公元二四年）	更始二年五铢铜范	《簠斋》钱范二十一	
	周仪		建武十七年（公元四一年）	五铢铜范	《簠斋》钱范二十三	
铜工造钟	柴玉		东汉末		《三国志·魏书·杜夔传》	
铜工造壶	错骏		阳朔二年（公元前二三年）	阳朔二年壶	《小校》十一，七十五	错疑作错金银解，又见上林鼎
	工广		太初二年（公元前一〇三年）	骀荡宫扁壶	《小校》十一，七十六	
	工长		永始元年（公元前一六年）	杜陵壶	《小校》十一，七十八	又见元延钫、杜陵钟、永安宫鼎
铜工造钟钫	伍舆		建武二十年（公元四四年）	大官铜钟	《积古》九，十四	又见建武十年钟、建武二十年钟
	工礼		元始四年（公元四年）	元始钫	《小校》十二，二十三	建武二十年鼎
	伍平		建武元年（公元二五年）	司马扶钫	《小校》十二，二十二	
	雷师		阳嘉三年（公元一三四年）	扶侯钟	（小校）十二，十四	
	工置		元封二年（公元前一〇九年）	雒阳武库钟	《小校》十二，十七	
	工贞		二年西汉初	二年酒儋	《小校》十三，五十五	又见二年酒锏
铜工造洗	严氏		东汉	蜀郡严氏洗	《小校》十二，八十八	蜀郡严氏造洗最多

续表

工别	姓名	籍贯	时代	作品	著录	附注
	董氏		东汉	蜀郡董氏洗	《小校》十三,六	
	杨氏		东汉	蜀郡杨氏洗	《小校》十三,八	
	吴师		初平五年（公元一九四年）	初平五年洗	《小校》十三,十八	
铜工造鼎	师骏		初元三年（公元前四六年）	上林共府鼎	《小校》十一,五十五	又见上林量
	宁虞		元延二年（公元前一一年）	万岁宫鼎	《小校》十一,五十四	
	工让		甘露元年（公元前五三年）	承安宫鼎	《小校》十一,五十七	
	史榆		西汉	上林鼎	《金索》金一,八十二	
	左恽		鸿嘉二年（公元前一九年）	上林鼎	《贞松》十三,十三	
	工禹		元朔三年（公元前一二六年）	龙渊宫鼎	《小校》十一,五十七	又见龙渊宫熏炉
	工世		甘露二年（公元前五二年）	承安宫鼎	《小校》十一,五十七	又见承安宫行镫
	夏博		阳朔元年（公元前二四年）	上林鼎	《小校》十一,六十二	
	李骏		阳朔二年（公元前二三年）	上林鼎	《小校》十一,六十二	
	工变		十三年西汉初	大官鼎	《贞松》十三,十五	
	工威		元狩元年（公元前一二二年）	建昭宫鼎	《小校》十一,六十三	
	王襃		建平三年（公元前四年）	孝成鼎	《薛氏》十八,十	又见长安鼎

续表

工别	姓名	籍贯	时代	作品	著录	附注
	工疆		元延三年（公元前一〇年）	元延乘舆鼎	《小校》十一，六十六	
	工方		元延三年（公元前一〇年）	元延乘舆鼎	《小校》十一，六十六	
	工林		永始二年（公元前一五年）	永始鼎	《小校》十一，六十七	
铜工造甑釜镰斗等	师治国		五年西汉初	周阳侯甗	《薛氏》二十二，四	
	工丙		三年西汉初	轵家釜	《薛氏》二十，五	
	李本		绥和元年（公元前八年）	绥和铜	《小校》十三，五十二	
	张甲		永始元年（公元前一六年）	扶风铜	《小校》十三，五十三	
	工贤友		元康元年（公元前六五年）	元康镰斗	《金索》金三，一百八十八	又见五凤镰斗
	工晦		地皇二年（公元二一年）	新莽侯镫	《隶续》二	
	冯武		永元十六年（公元一〇四年）	金马书刀	《小校》十四，七	
铜工造弩机	张柔		建平元年（公元前六年）	建平弩机	《两罍》十，三至四	
	扬吴		建初元年（公元七六年）	建初元年弩机	《汉金》六，十五	
	郭任		东汉	白马十石弩机	《贞续》下，三十四	
	稽福		建安二十二年（公元二一七年）	建安弩机	《小校》十四，十三	
	史齐		永和二年（公元一三七年）	永和弩机	《小校》十四，十二	郭工

续表

工别	姓名	籍贯	时代	作品	著录	附注
	陈尚		建元二年（公元前一三九年）	书言府弩机	《小校》十四,十四	建元,疑建光之误
	茅仲		永初三年（公元一〇九年）	永初三年弩机	《汉金》六,十六	郭工
	锻贤		延光三年（公元一二四年）	书言府弩机	《小校》十四,十五	锻疑作锻炼解,不是姓
	李都		建光元年（公元一二一年）	书言府弩机	《小校》十四,十四	郭工
	史从		元兴元年（公元一〇五年）	元兴元年弩机	《汉金》六,十六	郭工
	宁仲		永元七年（公元九五年）	永元七年弩机	《小校》十四,十五	郭工
	锻文		汉安元年（公元一四二年）	汉安元年弩机	《小校》十四,十六	郭工
	张吴		永元六年（公元九四年）	永元六年弩机	《小校》十四,十六	郭工
	李仲		永平十八年（公元七五年）	永平十八年弩机	《小校》十四,十六	
	王小		永元六年（公元九四年）	永元六年弩机	《小校》十四,十六	造工
	鲁少		永元八年（公元九六年）	永元八年弩机	《双剑》下,六十	郭工
	朱平		永元八年（公元九六年）	永元八年弩机	《贞松》十六,八	郭工
	苏威		永元八年（公元九六年）	永元八年弩机	《贞松》十六,八	造工
	解伯		永元八年（公元九六年）	永元八年铜官弩机	《小校》十四,十六	郭工
	童广		永寿二年（公元一五六年）	永寿二年弩机	《小校》十四,十七	郭工

续表

工别	姓名	籍贯	时代	作品	著录	附注
	李宾		延熹五年（公元一六二年）	延熹弩机	《小校》十四，十六	郭工
	鲁甫		延熹四年（公元一六一年）	延熹弩机	《金索》金二、一百廿八	郭工
	史伯		元初二年（公元一一五年）	元初二年弩机	《小校》十四，十八	辈工
铜工造镫	丁缓	长安	成帝时	作常满灯、卧褥香炉等	《西京》卷一	
	黄得		五凤四年（公元前五四年）	车宫锭槃	《小校》十一，一百	
	李常		黄龙元年（公元前四九年）	羊镫	《积古》九，廿六	又见承安宫镫，上林荣宫镫。
	张衷		延光四年（公元一二五年）	耿氏镫	《积古》九，廿八	
	弘络谯		永光四年（公元前四〇年）	永光镫	《小校》十一，八十七	
	虞德		甘露四年（公元前五〇年）	池阳宫行镫	《汉金》三，十九	又见沵阳宫熏炉
	工从		十六年	十六年行镫	《小校》十一，一百	
	郭田		黄龙元年（公元前四九年）	骀荡宫高镫	《小校》十一，一百	
	宋次		永元二年（公元九〇年）	永元雁足镫	《小校》十一，八十七	
	锜建		神爵元年（公元前六一年）	长安下领宫镫	《小校》十一，八十八	
	工谢		阳朔元年（公元前二四年）	平阳高家镫	《小校》十一，八十九	

续表

工别	姓名	籍贯	时代	作品	著录	附注
	毕方		太初四年（公元前一〇一年）	天梁宫高镫	《汉金》三，十六	
	贾庆		永始四年（公元前一三年）	首山宫雁足镫	《薛氏》二十，一	
	冯贤		元延二年（公元前十一年）	临虞宫镫	《小校》十一，九十	
	庄光		建昭元年（公元前三八年）	林光宫行镫	《小校》十一，九十一	
	赵骏		建始二年（公元前三一年）	信都食官行镫	《小校》十一，九十一	
	福相		永始三年（公元前一四年）	使者镫	《小校》十一，九十三	
	工谊		永始二年（公元前一五年）	内者镫	《小校》十一，九十三	
	工谭		绥和元年（公元前八年）	绥和雁足镫	《小校》十一，九十四	
	张谭		元延四年（公元前九年）	延寿宫镫	《小校》十一，九十四	
	张傅		元延四年（公元前九年）	临虞宫镫	《小校》十一，九十一	
	范循		建武中元二年（公元五七年）	东海宫司空镫盘	《小校》十一，一百二	
	工宪		建昭三年（公元前三六年）	建昭行镫	《小校》十一，九十五	
铜工造熏炉	徐安	渭城	五凤三年（公元前五五年）	莲勺炉	《薛氏》十九，一至二	
	司马让		神爵四年（公元前五八年）	齐安炉	《薛氏》十九，一	
	工成		元朔二年（公元前一二七年）	龙渊宫铜熏炉	《陇右》八	

续表

工别	姓名	籍贯	时代	作品	著录	附注
铜工造漏壶	谭正		六年西汉初	丞相府漏壶	《薛氏》十九,二至三	
	胡宽	新丰	西汉初	胡宽铜器	《小校》十三,八十三	又见《西京》卷一,为建筑工
铜工造镜	郑蔓	吴郡	东汉	吴郡郑蔓镜	《小校》十五,十六	
	郑豫		建安二十二年(公元二一七年)	建安神兽镜	《镜图》三七	又见建安二十五年镜
陶工造陶器	周子才	咸里	元平元年(公元前七四年)	建平元年周子才陶盒	《关中》一	
	刘吉	卢乡	竟宁元年(公元前二三年)	竟宁元年刘吉造陶瓶	《关中》一	又见竟宁元年卢乡刘吉砖
	彡辰	咸里	西汉	陶鼎盖	《关中》一	
	蒲奇	咸里	西汉中	陶尊	《关中》一	又见陶盘
	高昌	咸里	西汉	陶鼎	《关中》一	
	阖昡	咸里	西汉初	残陶片	《关中》一	
	直章	咸里	西汉中	陶壶	《关中》一	
	恚	咸亭当柳	西汉	陶壶盖	《关中》一	
	丹	咸亭完里	西汉	陶鼎	《关中》一	
	平汇	咸里	西汉	陶鼎	《关中》一	
	郯夫	咸里	西汉	陶尊	《续关中》	
	郿骄	咸里	西汉中	陶印模	《关中》一	
	屈竭	咸里	西汉中	陶印模	《续关中》	
	苏解		西汉中	苏解为陶盖	《关中》一	
	安钦	咸阳	西汉	咸阳安钦残陶片	《梦庵》一	
	袁双		汉代	残陶片	《关中》一	

续表

工别	姓名	籍贯	时代	作品	著录	附注
	管子交		西汉	俑范题字	《关中》一	
	伯荦		东汉	鸠范题字	拓本	
	师卯		西汉	残陶片	《季木》九十一	
	吴君		西汉	残陶片	《季木》九十二	
	公孙少		西汉	残陶片	《季木》九十二	
	梁君宾		西汉	残陶片	《季木》九十三	
	陈长君		西汉	残陶片	《季木》九十三	
	侯长子		西汉	残陶片	《季木》九十四	
	戚少中		西汉	残陶片	《季木》九十五	
	吴子良		西汉	残陶片	《季木》九十五	
	侯长君		西汉	残陶片	《季木》九十六	
	犹君防		西汉	残陶片	《季木》九十六	
陶工造瓦	木明		西汉	花纹瓦筒题字	《关中》二	
	工雏		西汉	十二年四月工雏瓦片	《关中》二	
陶工造砖	邢大		元寿元年（公元前二年）	元寿元年砖	《千甓》一,四	
	王元方	会稽上虞	黄龙元年（公元前四九年）	上虞王元方砖	《专门》上	
	李郑少		东汉	李郑少砖	《草隶》四,二十	

续表

工别	姓名	籍贯	时代	作品	著录	附注
	李马少		东汉	李马少砖	《隶释》四,二十	
	景师		永初元年（公元一○七年）	永初砖	《隶续》十四	
刻石工	石工殴		建平五年（公元前五年）	建平郫县石刻	《古刻》	
	要本		建平五年（公元前五年）	建平郫县石刻	《古刻》	原文为徒
	□威明		建宁五年（公元一七二年）	郙阁颂	《隶释》四	
	王迁	南阳宛	熹平三年（公元一七四年）	桂阳太守周憬碑阴	《隶释》五	字子疆
	邯郸公修	颍川	延熹八年（公元一六五年）	西岳华山庙碑	《隶释》二	宇苏张
	陈兴		熹平四年（公元一七五年）	熹平石经	《隶释》十四	
	刘元存		光和四年（公元一八一年）	三公山碑	《隶释》三	
	王明		光和六年（公元一八三年）	白石神君碑	《隶释》三	
	刘盛		建安十年（公元二○五年）	樊敏碑	《隶释》十一	
	程福	春陵	建安二十一年（公元二一六年）	绥民校尉熊君碑	《隶释》十一	
	孟彦		东汉末	江原长□进德碣	《隶释》十四	
刻石黄肠工	冷攸		阳嘉元年（公元一三二年）	黄肠石题字	《陶斋》十五	
	程仲		阳嘉元年（公元一三二年）	黄肠石题字	《陶斋》十五	
	董黄		永建五年（公元一三○年）	黄肠石题字	《陶斋》十四	

续表

工别	姓名	籍贯	时代	作品	著录	附注
	禹伯		阳嘉元年（公元一三二年）	黄肠石题字	《陶斋》十六	
	孙少		东汉	黄肠石题字	《草隶》二,石十一	又名白马寺题名
	王中		东汉	黄肠石题字	《草隶》二,石十二	
	石孟		东汉	黄肠石题字	《草隶》二,石十二	
	游伯		东汉	黄肠石题字	《草隶》二,石十四	
	尹卯		东汉	黄肠石题字	《草隶》二,石十五	
	尹宜		东汉	黄肠石题字	《草隶》二,石十五	
	尹孟		东汉	黄肠石题字	《草隶》二,石十六	
	尹史		东汉	黄肠石题字	《草隶》二,石十六	
	左达		东汉	黄肠石题字	《草隶》二,石十八	
	王少		东汉	黄肠石题字	《草隶》二,石十九	
	史平		东汉	黄肠石题字	《草隶》二,石十九	
	段元		东汉	黄肠石题字	《草隶》二,石二十	
	左渊		东汉	黄肠石题字	《草隶》二,石二十	
	冯复		东汉	黄肠石题字	《草隶》二,石二十、二十二	

续表

工别	姓名	籍贯	时代	作品	著录	附注
石工雕刻	孟季		建和元年（公元一四七年）	武氏石阙	《隶释》二十四	
	孟卯		建和元年（公元一四七年）	武氏石阙	《隶释》二十四	
	孙宗		建和元年（公元一四七年）	作石狮子见武氏石阙铭	《隶释》二十四	
	卫改		元嘉元年（公元一五一年）	武梁碑	《隶释》六	
	刘汉		东汉末	石狮子	拓本	
画工	毛延寿	杜陵	元帝时	图人形	《西京》二	
	陈敞	安陵	元帝时	图画鸟兽	《西京》二	
	刘白	新丰	元帝时	图画鸟兽	《西京》二	
	龚宽	新丰	元帝时	图画鸟兽	《西京》二	
	阳望	下杜	元帝时	善布色	《西京》二	
	樊育		元帝时	善布色	《西京》二	
	刘旦		灵帝光和中画工		《历画》四,四	
	杨鲁		灵帝光和中画工		《历画》四,四	
笔工	路扈		西汉初	善造笔	《西京》一	
建筑工	杨光		武帝时	修造茂陵	《汉书·陈汤传》	
	李菊	长安	成帝时	建筑昭阳宫	《西京》一	
	王文宰		延熹七年（公元一六四年）	蜀郡属国辛通达李仲曾造桥碑	《隶释》十五	题名称义工
	王汉期		延熹七年（公元一六四年）	蜀郡属国辛通达李仲曾造桥碑	《隶释》十五	题名称义工
	刘让	犍为武阳	建宁五年（公元一六八年）	刘让开道题字	《隶释》十六	

续表

工别	姓名	籍贯	时代	作品	著录	附注
水工	徐伯	齐国	武帝时		《汉书·沟洫志》	
射工	徐扬	北海国	东汉	北海国射工徐扬弩机	《汉金》六,二九	
围工	孙小		东汉	围工孙小弩机	《贞松》十六,四	

表例说明

本表有真确年代的,照写年代。其余在西汉可分为初期、中期、末期的,则照期分。确为东汉的,则称东汉。倘若东西汉不能分别的,则统称为汉代。

工人有籍贯可考的,则照书籍贯。其不知的则空白不填。

本表有称师某的,有称工某的,依照器物上原来的名称,不加改变。

汉镜有王氏、袁氏、周仲等作镜,可能是买主记私人作坊的定货,不能确定为工人,本表均未收入。

汉代书工称"书者",无工人之名,与画工不同,本表不列入。

《季木藏陶》《梦庵藏陶》《德九存陶》三部书中,有一部分是汉代的作品,收入本表。另一部分是汉以后文字,还有一部分是打的印文,可能是买主姓名,本表均未收。

画工名字在漆器上的,仍与其他漆工并列,不便分割。黄门署的画工,则另列为一门。

陶工所造的陶钱范,与铸钱铜工列在一处,是以类相从,不拨列陶工之内。

弘农晓葬砖数量很多,亡友关益斋曾告我,全部在孟津出土,不是在灵宝出土,可能是造陵墓的弛刑徒,近人有疑为铁官徒的,因缺乏确证,本表未收入。

漆器铜器上题名有称"护"的,是照料制造,有称"省"的,是总合考查,都是官吏担任。他们的名字,本表不收。即如铜雀瓦,有司匠王立监造字样，是管理工匠的；阳成延官至将作大匠，是建筑工程师，又如汉代画家卫协、刘褒，卫协身份不详，刘褒官蜀郡太守，见张彦远《历代名画记》。本表皆未收入。

五凤三年盘有金工周永寿姓名，此器实为伪作；瓦削文字，有一片上刻永昌二年。皆是东晋初作品，不是汉代的，本表皆不收入。

本表所列人名是以分类为主，年代的先后不复诠次。引用书的略名，是以本表所见的次序为先后。

本表引用书的略名

《中国历史参考图谱》略名《历参》　　《西京杂记》略名《西京》
《汉代纪年铭漆器图说》略名《漆图》　《古货杂咏》略名《古货》
《陶斋藏石记》略名《陶斋》　　　　　《关中秦汉陶录》略名《关中》
《簠斋吉金录》略名《簠斋》　　　　　《小校经阁金文》略名《小校》
阮氏《积古斋钟鼎款识》略名《积古》　《金石索》略名《金索》
《贞松堂集古遗文》略名《贞松》　　　《薛氏钟鼎款识》略名《薛氏》
《两罍轩金石记》略名《两罍》　　　　《汉金文录》略名《汉金》
《贞松堂集古遗文续编》略名《贞续》　《双剑誃吉金图录》略名《双剑》
《陇右金石录》略名《陇右》　　　　　《汉三国六朝纪年镜图说》略名《镜图》
《续关中秦汉陶录》略名《续关中》　　《梦庵藏陶》略名《梦庵》
《季木藏陶》略名《季木》　　　　　　《千甓亭砖录》略名《千甓》
《专门名家》略名《专门》　　　　　　《草隶存》略名《草隶》
《历代名画记》略名《历画》　　　　　《古刻丛钞》略名《古刻》

一九五七年一月二十日于西大

盐铁及其他采矿

西汉初期的盐铁业概况

《汉书·食货志》:"武帝元封元年(公元前一一〇年)置盐铁官。"是标明西汉盐铁官卖的开始。以《地理志》注考之,郡国设盐官的有二十七郡,共计三十七县;设铁官的有四十郡,共计五十县。《续汉书·郡国志》虽未明言某郡某县置盐铁官,但注明某县有盐,某县有铁,就注明的范围来看,当然比西汉更为广泛。在武帝以前,盐铁是否官卖,《汉书·食货志》记载有云:"秦用商鞅之法,改帝王之制,除井田,民得卖买,富者田连阡陌,贫者无立锥之地,又专川泽之利,管山林之饶,盐铁之利,二十倍于古,汉兴循而未改。"照上文来分析,秦代是专盐铁之利,汉初虽由官卖,但管理方法尚未完善,至武帝元封元年,始定了盐铁官卖划一的制度。

《史记·太史公自序》云:"司马靳孙昌,昌为秦主铁官,昌生无泽为汉市长。"司马无泽在西汉初做官,则司马昌为秦始皇时铁官无疑。秦代铁器官卖,确有明证。然《史记·货殖传》所记,卓氏用铁冶富,及程郑、宛孔氏、曹邴氏、猗顿,均以煮盐冶铁致富。《盐铁论》所记有朐邴(即曹邴)以布衣起家。上述诸人,皆在战国末至西汉初。他们既非盐铁官,何以能专盐铁的大利?我疑为秦及西汉初期的盐铁官,是采用包商制。卖盐的必如后代之票商、食岸商,盐官相当于转运使,程郑、宛孔氏等人,相当于盐商。卖铁的必由铁官许可，取得执照后，方能即山鼓铸，并非人人可以就海煮盐，就山开矿也。《华阳国志·蜀郡临邛县》云："汉文时以铁铜赐邓通，假民卓王孙，岁取千匹，故卓王孙货累巨万，邓通钱亦遍天下。"这一段文献，是说邓通将铜铁矿开采权，包与卓王孙，充分证明《货殖传》中以盐铁起家的，皆是包商制。

《汉书·吴王濞传》云："吴有豫章铜山，即招致天下亡命，盗铸钱，东煮海水为盐，以故无赋，国用富饶。"是吴王濞官卖盐铁之证。又潍县郭氏所藏封泥（现藏北京大学历史系）中有"琅琊左盐""齐铁官印""齐铁官长""齐铁官丞""临菑铁丞"封泥五枚，长安李道生旧藏有"琊左盐印"铜印。封泥是齐悼惠王、齐哀王时物，当于西汉高祖至文景时代。据此，齐悼惠王对于盐铁设官专卖，有长有丞，制度颇为完善。盖西汉初期，盐铁官卖大部分是由各诸侯王国自行设官管理。《十钟山房印举》举二第八页有"海右盐丞"印。《封泥考略》卷四第四十八页有"楗盐左丞"封泥。楗即犍为，是犍为郡的简称。西汉初期，犍为并未封有王国，当为汉廷直接管理盐政的官。总起来说，西汉初期，盐铁之利，约分三份，汉廷一份，诸侯王一份，富商豪贾一份。至武帝时，吴楚七国之乱久平，诸侯王并无实权，由三份简化为二份，故在元封元年完全集中由中央设官管理，在《汉书》及《盐铁论》中，皆称为"笼盐铁"。西汉初期盐铁官卖的情况如此。

金　矿

顾炎武《日知录》卷一，赵翼《廿二史札记》卷三，均论汉代黄金之多，最多者引王莽聘史氏女为皇后用三万斤，梁孝王薨有四十万斤，其余赏赐动辄数百斤至数千斤，可见古时黄金之多。《汉书·食货志》："黄金重一斤，直钱一万。"后世黄金日少，金价亦日贵，盖由中土之金矿，已发掘净尽，佛像涂金，最为耗金之蠹，而泥金写经，贴金作榜，积少成多，日消月耗，故日少一日。近人有疑汉代黄金数量之多，谓系指黄铜而言，其说恐不可靠。现在汉宫遗址中所发现的宫禁服用器物，无不涂金。蜀郡、成都、广汉三工官主造金银器,在扣器上需用尤多,亦是消耗黄金最巨最广的一点。

汉代金矿,记载很少。西汉桂阳郡有金官,豫章郡鄱阳县有黄金采(均见《汉书·地理志》注)。东汉永昌郡博南县出金(《续汉书·郡国志》)。又《华阳国志》卷二,梓潼郡涪县、晋寿县,阴平郡刚氏道,均有金银矿。常璩成书,虽在晋时,所记当为东汉以来产金矿区。

银 铅 矿

《汉书·地理志》注记载,西汉犍为郡朱提县出银,益州郡律高县山出银铅,益州郡贲古县西羊山出银铅。《续汉书·郡国志》记载,东汉益州郡律高县监町山出银铅,益州郡贲古县西羊山出银铅,益州郡双柏县出银,犍为蜀国朱提县出银。此两汉开采银铅矿之可考者。至于《华阳国志》卷二所载梓潼郡等地出金银矿,已见上文,也可以用备参考。

现在出土的银器以西汉西共窦氏银匜,龙凤花纹最为精美(原器现藏陕西省历史博物馆),次则是东汉中元二年考工所银锭。又《陶斋吉金录》卷七有朱提银残字,文字多模糊,不可辨认。此外发现的银质镜及银质印章,间或有之。铅质是多用于贵族殉葬的俑人及买地券为多。

《汉书·食货志》:"黄金重一斤,直钱一万。"(即十千)每两合六百二十五钱。《汉书·王莽传》:"朱提银八两为一流,直一千五百八十,他银一流直一千。"(每斤合二千)以汉代普通银价计算,每两合一百二十五钱,则金价比银价恰巧贵五倍。铜价以延光壶证之,每斤则为六十钱。延光壶文云:"延光四年(公元一二五年)铜二百斤,直钱万二千。"(见阮氏《积古斋钟鼎款识》卷九第十五页)银价比铜价贵三十三倍有零,金价比铜价贵一百六十六倍有零。再以汉代五个五铢钱约合一两来计算(汉代二十四铢为一两)则铜价每斤在八十钱左右,除去炭火费、人工费约二十钱外,通常的铜价每斤值六十钱,是不错的。但金属价值,随时有增减,质量有精粗,地方情况又各有不同,上述的比价,亦仅能大概估计而已。

又《居延汉简释文》卷三第三十八页有简文云:"凡五十八两,用钱七万九千七百一十四。"此简当为金兑换钱币的价值,详我所写《西汉屯戍研究》篇中。每黄金一两,直一千三百四十七钱有零,每斤则为二十一千五百五十二钱有零。此汉中晚期边郡黄金的价值,比内郡要高一倍有零。至于汉代铁的价值,始终不可考,尚有待于地下材料的发掘。

锡 矿

秦李斯《谏逐客书》云:"江南金锡不为用,西蜀丹青不为采",是秦代产锡以江南为大宗,指鄣郡一带而言。《史记·货殖传》:"长沙出连锡。"即《汉书·王莽传》中所称:"殽以连锡",为铸钱合金主要的原料。《汉书·地理志》记载西汉益州郡贲古县山出锡,《续汉书·郡国志》记载东汉汉中郡锡县有锡,益州郡律高县石室山出锡,益州郡贲古县采山出锡,此两汉开采锡矿之可考者。现出土锡器只有绥和二年(公元前七年)锡壶一件(见《书道》卷三)。

铜 矿

《汉书·地理志》记载西汉丹阳郡有铜官,越嶲郡邛都县南山出铜,益州郡俞山县怀山出铜,益州郡来唯县从陆山出铜。《续汉书·郡国志》记载东汉益州郡俞元县装山出铜,越嶲郡邛都县南山出铜,益州郡贲古县采山出铜,犍为属国朱提县山出铜。又《贞松堂集古遗文》卷十六有河东铜官弩机文云:"永元八年(公元九六年)河东铜官所造四石石钆。(下略)"据此,河东有铜官,河东必然产铜无疑。又《汉书》卷九十三《佞幸·邓通传》云:"相者言邓通当贫饿死,上曰,能富通者在我,何说贫,于是赐通严道铜山,得自铸钱,邓氏钱布天下。"又《汉书》卷三十五《吴王濞传》云:"吴有豫章铜山(韦昭注当为鄣郡之误是也),即招致天下亡命,盗铸钱,东煮海水为盐,以故无赋,国用富饶。"又《汉书》卷四十五《伍被传》云:"吴王采山铜以为钱,煮海水以为盐,伐江陵之木以为船。"关于严道产铜,《汉书·地理志》注未加说明,此两汉开采铜矿见于文献之可考者。

鄣郡武帝时更名为丹阳郡,现以出土汉镜证之,有云:"汉有嘉铜出丹阳,湅治银锡清而明。"(见《簠斋藏镜》)又有作"新有嘉铜出丹阳"的,当为王莽时物。在西汉及王莽时以丹阳郡所产铜量为最丰,与《汉书·吴王濞传》记载极合,东汉时则无闻。又周明泰《续封泥考略》卷二第二十五页有"采铜"封泥,当为西汉初期各诸侯王自置铜官所用。

东汉铜产量最丰的地区,以出土古物来证明,则以犍为郡之堂狼县(堂狼原作堂琅,是西汉县名,东汉时已省废,铜洗尚沿西汉旧名),犍为属国之朱提县,两地最多。其余如越巂郡之青蛉县,蜀郡及成都,比较次要。所铸的器,皆为铜洗。《续汉书·郡国志》,仅言朱提产铜,对于堂琅、青蛉、蜀郡、成都,均未言及。兹根据《历代著录吉金目》,将铜洗的原文,及标明铜的产地者,排列于下。

属于堂狼县造的铜洗

建初八年堂狼造(公元八三年,以下简省公元二字),元和三年堂狼造(八六年),堂狼作元和三年造(八六年),章和元年堂狼造(八七年),章和二年堂狼造(八八年),章和二年堂狼造作(八八年),永元三年堂狼造(九一年),永元四年堂狼造(九二年),永初元年堂狼造作(一〇七年),永初元年堂狼造(一〇七年),永初元年堂狼造作牢(一〇七年),永初元年堂狼朱提造(一〇七年),永初七年堂狼造(一一三年),元初五年堂狼造作□(一一八年),延光三年堂狼造(一二四年),永建九年堂狼造(一三四年),永和元年堂狼造(一三六年),永和四年堂狼造(一三九年),汉安元年堂狼造作王(一四二年),永兴二年堂狼造作工(一五四年),建宁四年堂狼(一七一年),熹平四年堂狼(一七五年,南陵徐氏藏器),堂狼造作吉羊。

属于朱提县造的铜洗

元兴元年朱提造作(一〇五年),延平元年朱提造(一〇六年),永建元年朱提造(一二六年),永建四年朱提造(一二九年),永建五年朱提作牢(一三〇年),永建五年朱提造作宝(一三〇年),永建六年朱提造作(一三一年),永建七年朱提造作(一三二年),永建七年朱提造(一三二年),阳嘉二年朱提造作上牢工(一三三年),永和元年朱提造作(一三六年),永和二年朱提造作一(一三七年),永和四年朱提造作(一三九年),永和六年朱提堂狼工(一四一年),汉安二年朱提造(一四三年),汉安二年朱提造工(一四三年),汉安二年朱提堂琅造(一四三年),汉安三年朱提造(一四四年)。

属于青蛉县及蜀郡成都造的铜洗

阳嘉四年青蛉(一三五年),蜀郡严氏富昌吉利传子孙宜主万年吉羊,蜀郡严氏富昌吉利传子孙宜主万年,蜀郡严氏造传子孙,蜀郡严氏造,严氏造作吉羊传子孙宜主,严氏造吉羊,严氏造吉,严是作,严氏作,蜀郡董是羊吉吉羊,蜀郡董是作,董氏富贵□□,董氏造作,董是造,董氏造,蜀郡成都杨是造传子孙,杨氏。

上列各铜洗铭文,皆根据《历代著录吉金目》五百页至五百二十九页,为简便计,在每条下不再注明页数。照铭文来看,铜洗属于堂狼县造者凡二十三见,内中有一器系与朱提县合造。始于东汉章帝建初八年(公元八三年),止于灵帝熹平四年(公元一七五年)。属于朱提县造者凡十八见,内中有二器与堂狼县合造。始于东汉和帝元兴元年(公元一〇五年),止于顺帝汉安三年(公元一四四年)。堂狼前后包括九十二年,朱提包括三十九年。属于青蛉造者仅一见(青蛉二字,旧释作朔令,实为误解)。属于蜀郡及成都造者,凡十七见(严氏盖即庄氏,避汉明帝讳所改,此铜器造于东汉之证)。蜀郡铜洗,根据《华阳国志·蜀志》所载,梓潼、涪县等附近地区皆有金银矿及铜矿,当系就地铸造的。其他铜洗,仅云某年造,不注地名的,本表尚未列入。以上虽就出土的而言,堂狼、朱提两县在东汉时产铜数量的丰富,则无疑义。当时系用原料或成品运至内郡,现在尚不能断定。然观于顺帝永建仅六年,而铜洗屡见有七年造的,甚或有九年造的,当系僻在边远,汉廷改元阳嘉,尚未知道。若在中原地区鼓铸,不应有此错误,据这一点看来,成品运出的可能性比较大。又案堂狼铜洗的纪年始于章帝建初八年,而朱提铜洗则始于和帝元兴元年,迟了二十三年,可见堂狼县产品,先运售于内郡。然到了灵帝熹平四年以后,就不见有两地的产品,以及出产地名,在各种铜器上,何以独记载于铜洗,这两点是值得研究的。

又《隶续》卷十一《耿勋碑》云:"又开故道铜官,铸作钱器,兴利无极。"足证武都故道县出铜,除制作器物外,可能运一部分供给汉廷,做铸钱的原料。又《西狭颂李翕碑》有"衡官有秩"的题名,此官名不见于《汉志》及其他石刻。衡官当为水衡之义,西汉水衡三官,专管铸钱,又可证武都确有铜矿,可以铸钱。

石炭矿

《日知录》卷三十二石炭条注云:"《史记》卷四十九《外戚世家》,窦少君为其主入山作炭,寒卧岸下百余人,岸崩尽压杀卧者,少君独得脱。又《后汉书》卷九十七《党锢传》,夏馥入林虑山中亲突烟炭。石炭古亦称石墨,皆指今之煤,北人呼墨为煤,是由入声字转入平声。"又案《陆云与兄平原书》(见《陆清河集》卷一)云:"一日三上台(三台谓铜雀、金凤、冰井三处高台),曹公藏石墨数十万斤,云烧此消复可用,然烟中人,不知兄颇见之否,今送二螺。"据此煤炭固可为燃料,研成细末,亦可造墨。又《大戴礼·武王践阼篇》,砚之铭曰:"石墨相着而黑。"此篇为西汉初人作品,已有石墨二字(旧注石墨为石砚与墨非是,因古代不用石砚,皆用陶砚)。又《计然万物录》卷下云:"石墨出三辅,上石价六十。"此书为西汉三辅人所撰,知西汉渐用煤。曹操收藏石墨,事在东汉末,知彼时已大量用煤。

又宋朱弁《曲洧旧闻》卷四云:"石炭不知始何时,熙宁间初到京师,东坡作《石炭行》一首,言以冶铁作兵器甚精,亦不云始于何时也。余观前汉《地理志》豫章郡出石可燃为薪,隋王邵论火事,其中有石炭二字,则知石炭用于世久矣。然今西北处处有之,其为利甚溥,而豫章不复说也。"案豫章郡出石炭,见于《续汉书·郡国志》注引刘宋雷次宗《豫章记》,朱弁误记为《汉书·地理志》,不可不辨。然豫章出石炭,亦可以用作参考。

石油矿

《汉书·地理志》:"上郡高奴县注有洧水肥可䞋。颜师古注:"䞋古燃火字。"又《水经注》卷三:"河水南过上郡高奴县,县东有清水,《汉书·地理志》谓之洧水,故云高奴县有洧水,肥可䞋,水上有肥,可接取用之。《博物志》称酒泉延寿县南山,出泉水大如筥,注地为沟,水有肥如肉汁,取着器中,始黄后黑,如凝膏,燃极明,与膏无异,膏车及水碓甚佳。彼方人谓之石漆,水肥亦所在有之,非止高奴县洧水也。"案水肥即今之石油矿,《汉书》所记,止有高奴一县,到了六朝时已发现多处。现今玉门油矿,据《水经注》所引《博物志》,在西晋时已经开采。

上述秦汉盐铁及其他采矿情形,是阐发矿区所在地,及矿产的铸成品,以出土古物为主,以文献记载为辅。尤其是西汉的铜矿,与东汉的产区不同。东汉的黄金记载,已不如西汉之多。两汉铜矿,主要部分,用在铸钱。《汉书·贡禹传》云:"铸钱采矿,一岁十万人。"是其明证。至于黄金问题,汉人称金为黄金,铜直称为铜。西安三桥镇好汉庙所出王莽时"左作货泉"陶片,中有"同八千斤""一万二千斤同"两片,与黄金名称,绝不相混杂。梁孝王以景帝母弟之尊荣,库藏有黄金四十万斤,并非奇事,若存有四十万斤黄铜,《汉书》加以记载,倒是奇事。近人有谓汉代黄金,即指黄铜而言,其说未敢赞同。若谈到采矿方法,文献并无明文,生产过程,无从了解。郑康成注《周礼》,往往证以汉制,而于地官廿人,独未有注,只有《水经注》记采取石油法,亦甚简略,可谓仅见的开采古法之一斑。《管子》书中所记,是保护金属矿的条文,与《周礼》经文相同。又秦汉虽广用铁器,使生产力普遍提高,然而农具却有一段时期仍然铜铁并用,如出土的汉代"临淄右农"农具及宜字钱,皆是铜质,并可作为参考。

关于两汉的徒

徒的刑名及一般概况

徒的刑名区别。

《汉旧仪》(孙氏《平津馆丛书》辑本)卷下云:"凡有罪各尽其刑。男髡钳如城旦,城旦者治城也;女为舂,舂者治米也,皆作五岁。完,四岁。鬼薪,三岁。鬼薪者,男当为祠祀鬼神,伐山之薪蒸也;女为白粲者,以为祠祀择米也,皆作三岁。罪为司寇,司寇男备守,女为作如司寇,皆作二岁。男为戍罚作,女为复作,皆一岁到三月。(下缺)"

《汉书·刑法志》云:"罪人狱已决,完为城旦舂,满三岁为鬼薪白粲,鬼薪白粲一岁为隶臣妾,隶臣妾一岁免为庶人,隶臣妾满二岁为司寇,司寇一岁,及作如司寇二岁皆免为庶人。"颜师古注云:"男子为隶臣,女子为隶妾,鬼薪白粲满三岁为隶臣。隶臣一岁免为庶人,隶妾亦然也。"案《汉旧仪》的大义,定刑之后,所得刑的名称即不更改。《汉书·刑法志》的大义,得刑的名称,伴随年岁而递改。两说不同。现以孟津出土汉罪人晓葬砖,及居延木简证之,刑名始终不改,与《汉旧仪》说合。

案汉代徒刑的罪名,《汉旧仪》及《汉书·刑法志》所述比较具体,然皆文字古质,而《汉旧仪》且有缺文误字,不易一目了然。今参

酌沈家本《汉律摭遗》,及程树德《九朝律考》,论定如下:

髡钳为五岁刑,繁称为髡钳城旦舂,因男为城旦,女为舂米的工作(《汉书·惠帝纪》应劭注:城旦者,旦起行治城;舂者,妇人舂作米也)。

完刑为四岁刑,繁称为完城旦舂。完刑谓不髡发,钳的刑具则相同。男称完为城旦;女的完刑,不见于文献及其他材料,似当称为完舂。

鬼薪白粲为三岁刑。鬼薪男为祠祀鬼神伐山薪的工作,女为祠祀择米的工作。

司寇为二岁刑。男女皆输入司寇,在司隶校尉、都司空令等官署中工作,盖因古代司寇官名而变为罪名。汉代二岁至四岁刑,统称为耐罪,见《史记·淮南王安传》。

罚作为一岁刑。罚作一名复作(《冯绲碑》文又称法作,见《隶释》卷七)。是男女工作的统称,不是如文献所说,男称罚作,女称复作。居延木简,男徒称为复作,可以证明。罚作男子又称为隶臣,女子称为隶妾。

徒与弛刑的区别。

徒罪不满期,而不带刑具工作的,称为弛刑,或弛刑徒。弛刑徒待原定的刑期既满,仍恢复为自由民。在两《汉书》中,弛刑两字,数见不鲜(弛刑或作施刑,是假借字,不是误字)。兹各举一例如下:《汉书·赵充国传》云:"愿罢骑士,留弛刑应募,及淮阳汝南步兵万余人屯田。"《后汉书·明帝纪》云:"永平元年(公元五九年)诏,施刑及郡国囚徒,在中元元年(公元五六年)四月己卯赦前所犯,而后捕系者,悉免其刑。中二千石下至黄绶贬秩,赎论者悉皆复秩还赎。"上述两项,前者是因徒自愿到边郡赎罪,因改为弛刑,后者是徒因逢赦而变为弛刑。汉代弛刑徒,不外出此两种规律。

弛刑在《汉书》中总称为徒,而在敦煌、居延木简中则称为弛刑或弛刑屯士。

《居延汉简释文》卷一第十三页有简文云:"元康二年(公元前六

四年)五月癸未,以使都护檄书,遣尉丞,赦将弛刑士五千人,送致将军。"又卷三第五十六页简文云:"右五人弛刑□士。"

又《居延汉简释文》卷二第二十六页有简文云:"髡钳城旦孙劫之,贼伤人。初元五年(公元前四四年)七月庚寅谕(疑为论字误释)。初元五年八月戊申以诏书弛刑。故骑士居延广利里。"又有简文云:"完成旦□蒋寿,王兰渡塞。初元四年(公元前四五年)十一月丙申谕。初元五年八月戊申以诏书弛刑。故戍卒居延广(下缺)。"两简互相稽考,为骑士孙劫之,以犯伤害人罪,初元五年七月定罪为髡钳五岁刑。故戍卒蒋寿、王兰二人犯偷出塞外罪,初元四年十一月定罪为完城旦四岁刑,三个人皆以初元五年八月,因诏书赦罪犯,故皆得弛刑。此两简对于犯罪判罪及遇赦的过程,记述极为明了。简文记孙劫之故为居延骑士,蒋寿、王兰故为居延戍卒,似弛刑满之后,仍可做原来的工作亦未可知(我对于第二简,又疑蒋寿王为人名,兰渡塞,即兰越出塞的解释,二者尚不能定)。

黥刑可以称为徒。

五刑之中,惟受黥刑的可以称为徒。《汉书·叙传下》云"信惟饿隶,布实黥徒"是也。《汉书·刑法志》:"黥为四岁刑。"西汉中期以后,私铸钱者,往往用黥刑。黥为面刑,然亦可以黥肩。《敦煌汉简校文》(附在《居延汉简释文》之后)一一五页有简文云:"右肩左黥,皆四岁京(黥)。"黥本在面刻字,以墨涂着,使不能消灭。此简独云在右肩左边刻字,为《汉书》及其他文献所未详。又秦时宫刑,称为隐宫之徒。《秦始皇本纪》《集解》引《三辅故事》云:"始皇时隐宫之徒七十二万。"此为秦制,汉时则无隐宫徒名称,所谓隐宫徒也是指一部分而言,决不是七十二万人皆是受过宫刑的。

釱左右趾的刑,亦属于徒类。

《居延汉简释文》卷一第八十五页有简文云:"坚年苑(?)髡钳釱左右止。大奴冯宣,年廿七八岁。(下略)"案《汉书·食货志》云:"敢私铸铁器鬻盐者,釱左趾。"颜师古注:"釱音徒计反,足钳也。"木简文铽字,疑为钛字异文。臣瓒注:"文帝除肉刑,皆有以易之,故以完易髡,以笞易劓,以钛左右趾易刖。"《汉书》仅云钛左趾,简文独云钛左右趾,与《汉书》所记不同。又简文对于囚徒皆称徒,减罪不带刑具的称弛刑,此为钳左右趾的,独称为大奴,亦有研究的价值。

徒有无任的名称。

《陶斋藏石记》后附《藏砖记》有弘农晓葬部分砖文(即我上文所称的孟津出土汉罪人晓葬砖),对于刑徒罪名上有加无任二字的,举例排列如下:

永元四年(公元九二年)二月廿八日,无任庐江六安完城旦,严仲死在此下。(见卷上十页)

永元四年三月七日,无任庐江太守髡钳□□死在此□。(见卷上十一页)

永元五年(公元九三年)二月七日,无任江夏安陆鬼薪张仲死此中。(见卷上十一页)

无任河南雒阳髡钳封平死,永元六年(公元九四年)闰月六日。(见卷上十二页)

无任陈留襄邑髡钳李农,建宁三年(公元一七一年)二月十九日物故。(见卷上十五页)

无任江夏安(下缺)完城旦张□。(见卷下五页)

无任江夏安陆城旦张中。(见卷下五页)

上列各砖,系选择完整者。其他残砖,有无任二字者亦多,现不逐一再举。案无任二字,始见《锺繇帖》(见《古刻丛钞》,《知不足斋丛书》四十五页)云:"戎路兼行,履险冒寒,臣以无任,不获扈从。"《三国志·魏书·锺繇传》:"数年坐西曹掾魏讽谋反,策罢就第。"事在建安末年,帖中所云臣以无任,即在其时,盖繇以免罪而家居者(此帖虽未见原本,可能是后代摹本,但文辞是原来的,否则作伪的不能写出无任的词汇)。

又见于《宋书·庾登之传》云:"谢晦为抚军将军荆州刺史,请为长史南郡太守。晦拒王师,欲使登之留守。登之不许。晦败,登之以无任免罪,禁锢还家。"据此,无任为免罪的名词。此二字不见于两《汉书》,东汉至三国则为通常名称。刑徒中无任与弛刑的区别,今试作解释,弛刑是不带刑具,但刑期仍以原判的年岁为标准;无任虽已免罪,但仍加管理,有工役仍然要应征,无任可能比弛刑为轻。

汉初豪家,可以用髡钳私刑,亦可以自用髡钳刑。

《汉书·季布传》云:"布匿濮阳周氏,周氏曰:汉求将军急,迹且至臣家。能听臣,臣敢进计,即否愿先自刎。布许之。乃髡钳布衣褐,置广柳车中。"

《汉书·高祖纪》:"九年十二月,郎中田叔、孟舒等十人,自髡钳为王家奴,从王就狱。"前者是私刑以掩人耳目,后者是自缚待罪。

徒的来源,官犯与民犯。

《汉书·韩安国传》云:"安国字长孺,梁人,坐法抵罪。"《蔡邕传》奏疏中有云:"韩安国起自徒中。"《后汉书·马融传》云:"梁冀讽有司奏融在郡贪浊,免官,髡徒朔方,自刺不殊,得赦还。"又《蔡邕传》云:"有诏减死一等,与家属髡钳徒朔方,不得以赦令除。"又《北堂书钞》卷四十五,引蔡邕徒朔方报杨复书云:"昔此徒者,故城门校尉梁伯喜,南郡太守马季长,或至三岁,近者岁余,多得旅返。"

《三国志·王凌传》裴注引《魏略》云:"凌为发干长,遇事髡钳刑五岁,当道扫除,时太祖车过,问此何徒,左右以状对,太祖曰:此子师兄子也,所坐亦公耳,于是主者选为骁骑主簿。"又《太平御览》卷六百四十二引《魏略》云:"人得崔琰书,以裹帻笼,持其笼行都道中,时有与琰不平者,遥见琰名,乃收付狱,髡刑输徒。"

《陶斋藏砖记》卷下第十一页有砖文云:"永元四年(公元九二年)三月七日,无任卢江太守髡钳□□死在此下。"

以上所述,皆是官犯为徒。民犯为徒的,因多不胜举,故论述从略。而蔡邕与妻子徒朔方,是官犯亦可与家属同至徒所。

主管徒的官吏,在西汉一为司隶校尉,二为宗正属官的都司空令,三为少府属官的左右司空令,四为水衡都尉属官的水司空令。在东汉除司隶校尉外,则为将作大匠属官的左右校令。

《汉书·百官公卿表》:"司隶校尉周官。武帝征和四年(公元前八九年)初置,持节从中都官徒千二百人,捕巫蛊,督大奸猾。"颜师古注:"以掌徒隶而巡察,故云司隶。中都官,京师官府也。"《续汉书·百官志》略同。又案《汉书·宣帝纪》:"神爵元年,西羌反,发三辅中都官徒弛刑,及应募佽飞射士,羽林孤儿等,诣金城。"颜师古注引《汉旧仪》注:"长安中诸官狱三十六所。"盖司隶校尉管诸官狱中的刑徒,以及诸官府中工作的刑徒。

又《汉书·百官公卿表》:宗正"属官有都司空令"。如淳注引《汉律》:"司空主水及罪人。贾谊曰,输之司空,编之徒官。"又《百官公卿表》:少府属官有左右司空令丞。与都司空令丞,名称相似,盖亦主管少府官署中一部分工作刑徒。

《续汉书·百官志》:将作大匠属官有左校令一人,六百石。本注曰:"掌左工徒,丞一人。"右校令一人,六百石。本注曰:"掌右工徒,丞一人。"案左右校令,主管的工徒,官犯为多,汉《冯绲碑》文所谓"法作左校"是也(冯碑见《隶释》卷七)。

又《百官公卿表》:水衡都尉属官有水司空令丞。《汉书·伍被传》云:"又伪为左右都司空上林中都官诏狱书。"晋灼注:"《百官表》宗正有左右都司空,上林有司空,皆主囚徒官也。"汉代水衡都尉,有一部分官署,设在上林苑,故伍被称水衡都尉为上林。案水衡都尉属官的水司空,主管刑徒,《百官公卿表》未注,从《伍被传》中,始可以得到证明。

郡国亦设徒丞,管理徒隶。

各郡国设有徒丞,专管徒隶,事实不见于文献,仅见于汉印。汇考如下:有"故且兰徒丞"(见《汉印文字徵》第一卷第十页),"爰得徒丞"(见同上第二卷第十七页),"巩县徒丞印"(见同上第三卷第十四页),"干昌县徒丞"(见同上第六卷第七页),"雒丘徒丞印"(见《十钟山房印举》举二第五页),"雒卢徒丞印"(见同上同卷同页),"灞水徒丞"(见《金石索》玺玉之属,第八十二页)。盖汉代刑徒,有时人数众多,各郡国势必设官管理。

王莽及汉光武,解放奴婢,并不解放徒隶。

《汉书·王莽传》云:"又置奴婢之市,与牛马同栏。"又云:"名天下奴婢曰私属,不得买卖。"又西安汉城曾出王莽时印文为"雒睦男徒丞"五字,王莽建五等封,男以睦为号,女以隆为号,故知为莽印无疑。徒丞是管理徒的,足证王莽一方面解放奴婢,一方面仍然管理刑徒。

《后汉书·光武纪》:建武六年(公元三〇年)十一月丁卯诏王莽时吏人没入的奴婢,不应旧法者,皆免为庶人。嗣后建武七年(公元三一年)、建武十一年(公元三五年)、建武十二年(公元三六年)、建武十三年(公元三七年)、建武十四年(公元三八年),皆有解放奴婢诏书。案建武中元二年(公元五七年),《蜀郡太守何君阁道碑》(见《隶释》卷四)略云:"蜀郡太守平陵何君,遣掾临邛舒鲔,将徒治道,造尊楗阁。"光武时用刑徒治道路,与《盐铁论·水旱篇》所说西汉时情况相同,足证光武对刑徒仍然管制。

边郡戍所的徒由将军管理。

《居延汉简释文》卷一第十三页有简文云:"元康二年(公元前六四年)五月癸未,以使都护檄书,遣尉丞赦将弛刑士五千人,送致将军。"此戍所的徒,由将军管理的明证。

徒可以封侯。

《汉书·成帝纪》:永始三年十一月(公元前一四年),尉氏男子樊并等十三人谋反,杀陈留太守,劫略吏民,自称将军。徒李谭等五人,共格杀并等,皆封为列侯。"又案《汉书·景武昭宣元成功臣表》:"延乡侯李谭,以尉氏男子捕得反者樊并侯千户,永始四年(公元前一三年)七月封,十三年薨。"又有新山侯称忠、童乡侯锺祖、楼虚侯訾顺等三人,与李谭皆以捕获樊并,同时封侯的。成帝时刑徒起义及暴动的极多。刑徒李谭等以捕获樊并,即骤予封侯,此为成帝用以缓和阶级矛盾的计策,为不次之赏。但汉代奴婢,从未有一跃而即封侯的,可证汉代统治阶级对待奴婢与徒隶是两种不同的情况。

徒可以上书。

《后汉书·蔡邕传》注引《邕别传》上书自陈略云"臣既到徒所,乘塞守烽,职在候望,忧怖焦灼,无心能复操笔成草,致章阙廷,诚知圣朝不责臣谢,但怀愚心有所不尽"云云。

《蔡中郎集·上汉书十志疏》首二句云:"朔方髡钳徒臣邕,稽首再拜,上书皇帝陛下。"末云:"谨因临戎长霍圉封上,臣顿首死罪,稽首再拜以闻。"这是刑徒上书的程式。

徒的赎刑。

《汉书·食货志》云:"徒复作得输粟于县官以赎罪。"

《后汉书·明帝纪》:"永平元年(公元五八年),诏天下亡命殊死以下,听得赎论。死罪入缣二十匹,右趾至髡钳城旦舂十匹,完城旦舂至司寇作三匹。"又永平十五年(公元七二年),诏增赎死罪缣四十匹,城旦至司寇五匹。永平十七年(公元七四年),诏又改赎死罪三十匹。

又《后汉书·章帝纪》:建初七年(公元八二年)赎死罪入缣二十匹,右趾至髡钳城旦舂十匹,完城旦至司寇二匹。

案西汉时赎刑律令,已广泛施行,如张骞有罪当斩,赎为庶人,司马迁《报任安书》谓家贫无货赂,不足以自赎,皆是也。

东汉置南甄官使者,主养病徒。汉代人民对刑徒的看法。

《太平御览》卷六百四十二引孔融《肉刑论》云:"又置南甄官使者,主养病徒,仅能存之。语所谓洛阳豪徒韩伯密,加笞三百不中一,髡头至耳发诣膝。"案南甄官使者官名不见于《续汉书·百官志》,可能为东汉后期临时设置管理刑徒之官。

《太平御览》同卷引应劭《风俗通义》云:"徒不上墓。"(下注俗语二字)这是身体肤发被受毁伤,不能奉先人丘墓的意思。又汉诗有

"公为吏,子为徒"二语。这是父贤子不肖,有辱祖先的意思。此汉代人民对徒贱视的看法。

徒的工作范围

徒的工作范围,有因罪名而固定的;有因工作需要暂时抽调的,但因固定的工作不多,因而多变为抽调工作。

因罪名固定的工作,五岁至四岁刑者,男徒为城旦,女徒为舂;三岁刑者,男徒为鬼薪,女徒为白粲;二岁至一岁刑的,司寇罚作,兼任杂役,则无定名。《汉书·惠帝纪》应劭注:"城旦者,旦起行治城;舂者,妇人不豫外徭,但舂作米,皆四岁刑也。鬼薪,取薪给宗庙为鬼薪。白粲,使择米为正白。"

女徒工作,有伐山木的。出雇山钱以赎罪。

《汉书·平帝纪》:"元始元年(公元元年)天下女薪已论,归家,雇山钱月三百。"如淳注:"已论者罪已定也。令甲,女子犯罪作如徒。六月雇山遣归,说以为当于伐木,听使入钱雇功直,故谓之雇山。"应劭曰:"旧刑鬼薪,取薪于山,以给宗庙;今使女徒出钱雇薪,故曰雇山也。"颜师古注:"如说近之,谓女徒论罪已定,并放归家,不亲役之,但令一月出钱三百以雇人也。"

《后汉书·光武纪》:"建武三年(公元二七年)诏曰:男子八十以上,十岁以下,及妇人从坐者,自非不道。诏所名捕皆不得系,当验问者即就验。女徒雇山归家。"

《后汉书·桓谭传》云:"其相伤者,加常二等,不得雇山赎罪。"以《平帝纪》《光武纪》两处来推断,雇山出钱免徒役,专指女子而言。以《桓谭传》来论断,雇山免役,似又兼指男子而言。

《汉书·平帝纪》元始四年(公元四年)诏云:"前诏有司,复贞妇,归女徒。"就是指元始元年(公元元年)女徒出雇山钱可以还家的法令。

《急就篇》云:"输属诏溪谷山。"颜师古注:"输属言配入其处。"所谓山者,即《汉书》雇山的解释。

《恒农专录》五页有"永元二年(公元九〇年)河南张娆死在此下"砖文,似为女徒,但籍贯下不系以罪名,与其他男徒墓砖有别。

徒可以制盐冶铁。

《盐铁论·水旱篇》云:"县官鼓铸铁器,大抵多为大器。务应员程,不给民用。民用钝弊,割草不痛。是以农夫作剧,得获至少,百姓苦之矣。"又云:"贤良曰:卒徒工匠,故民占租鼓铸,煮盐之时,盐与五谷同价,器和利而中用。今县官作铁器多苦恶,用费不省,卒徒烦而力作不尽。"此盐铁官用徒作役的明证。

《汉书·成帝纪》:"阳朔三年(公元前二二年)六月,颖川铁官徒申屠圣等百八十人杀长吏,盗库兵自称将军。"又"永始三年(公元前一四年)十二月山阳铁官徒苏令等二百二十八人,攻杀长吏,盗库兵,自称将军。"此为铁官徒受官吏的压迫暴动的记载。

徒可以采铜铸钱。

《汉书·贡禹传》云:"今汉家铸钱,及诸铁官,皆置吏卒徒,攻山取铜铁,一岁功十万人以上。"此为用徒登山采铜铁原料之证。水衡都尉上林三官铸钱作所,亦必用徒。但五铢钱范上,只有申工长寿,及工乘山二人题名(见我所写《西汉陶钱范著录表》)。其原因是徒不能题名,不能就说铸钱作所不用徒。

徒可以在工官署中工作。

《金石萃编》卷五汉一载开通褒斜道石刻文云"永平六年(公元六三年)汉中郡以诏书受广汉、蜀郡、巴郡徒二千六百九十人"云云。案《汉书·地理志》:巴郡、蜀郡各县皆有盐铁官;惟广汉郡无盐铁官,有工官。《汉书·贡禹传》所谓"广汉工官主作金银器"是也。此石刻文称三郡调来的徒,蜀郡、巴郡则为盐铁官徒,广汉必为工官的徒。盖广汉主造金银器及漆器,除工人外,必须用徒。开通褒斜道时,调集三处的徒,就有二千六百九十人。平均每处几达九百人,不可能全数调出,必有留存一部分。据此推测,汉代每一盐铁官及工官所用徒的数字,当在一千人以上。

徒可以建筑宫殿及房屋。

《蔡中郎集·外记》述行赋序云:"延熹二年(公元一五九年)秋,霖雨逾月。是时梁冀新诛,而徐璜、左悺等五侯擅贵,于其处又起显阳苑于城西。人徒冻饿,不得其命者甚众。"又《水经注·洛水》云"太学石经东有一碑,汉阳嘉八年(案阳嘉无八年,当有误字)立,记修太学,用作工徒十一万二千人"云云。此刑徒用以建筑宫殿及房屋的明证。

徒可以修桥治路。

《盐铁论·水旱篇》云:"贤良曰,卒徒工匠,故民占租鼓铸,煮盐之时,盐与五谷同价,器和利而中用,今县官作铁器多苦恶,用费不省,卒徒烦而力作不尽。"又云:"县官以徒复作,缮治道桥,诸发民便之。"此段述县官用徒及复作缮治道桥,在事实上是不错的,在汉代石刻上可以得到证明。

《古刻丛钞》载建平郫县石刻云:"建平五年(公元前二年)六月郫五官掾范,工平史,石工殷,徒要本,长二十五丈,价二万五千。"

《隶释》卷四载《蜀郡太守何君阁道碑》云:"蜀郡太守何君,遣掾临邛舒鲔,将徒治道,造尊楗阁,袤五十五丈,用功(工)千一百九十日,建武中元二年(公元五七年)二月就道,史任云陈春主。"《金石萃编》卷五汉一载开通褒斜道石刻文云:"永平六年(公元六三年),汉中郡以诏书受广汉、蜀郡、巴郡徒二千六百九十人,开通褒斜道。太守钜鹿都君,部掾冶级王宏,史荀茂张宇韩岑等兴功作。太守丞广汉杨显,将相(?)用始作桥格(阁)六百三十二间大桥五,为道二百五十八里。邮亭驿置徒司空,褒中县官寺并六十四所。凡用功(工)七十六万六千八百余人,瓦卅六八千八百。"又褒城《石门颂》叙石门为司隶校尉杨孟文所开凿,虽未说明用徒来开凿,但杨孟文官司隶校尉,是管理刑徒的,开凿石门的巨工,则必然用是。

《太平御览》卷六百四十二引孔融《肉刑论》云："今之洛阳道桥，作徒困于厮役，十死一生，故国家尝遣三府请诏，月一案行。"

以上各碑刻及文献记载，用徒修桥治路，或开凿山洞等，皆是用徒来做工，事实皆在西汉末年到东汉初年。何君造尊楗阁用工一千一百九十日之久，时间达三年以外，鄐君开褒斜道，用工七十六万六千八百余人（人作工字解），以二千六百九十人来平均负担，时间也达一年以上。时日既如此之长，人数又如此之多，皆是在盐铁官、工官中抽调出来的一部分刑徒，可想见各官署中工徒的众多。上述各石刻，皆在汉代蜀地境内，是否蜀郡盐铁工官中徒的人数特别多，亦未敢确定。又褒斜道石刻中所云置徒司空，亦为郡国暂时设置管理工徒之官。

徒可以做修陵的工。

《史记·孝景本纪》："七年免徒隶作阳陵者。"

《汉书·成帝纪》："永始二年（公元前一五年）诏曰：前将作大匠（解）万年，知昌陵卑下，不可为万岁居。奏请营作，建置郭邑，妄为巧诈，积土增高，多赋敛徭役，兴卒暴之作。卒徒蒙辜，死者连属，百姓罢极，天下匮竭。"

清代光绪末年，河南灵宝出土东汉罪人晓葬墓砖四百余方，尽为端方所得。我曾见全拓本。收入《陶斋藏砖记》的仅百余种，罗振玉所辑《恒农专录》亦非全本。从前关伯益先生告我，墓砖出于河南孟津，贩运古物商人，诡称为灵宝，指鹿为马，未可深信。关先生款这一大批刑徒，皆是东汉修陵墓的工。张政烺先生又疑为大批铁官徒。关氏豫人，亲闻比较确切。兹暂假定为修陵的工徒。盖无论其为修陵工徒、铁官徒，皆是犯罪的工徒无疑。现就《陶斋藏砖记》所收的原文，加以分析如下：

全部墓砖的年月，开始于东汉永平五年八月（公元六二年），最后为建宁三年（公元一七〇年），共一百九年（《恒农专录》最后至熹平元年，即公元一七二年）。五年刑的髡钳徒有十九人，四年刑的完城旦有十八人，三年刑的鬼薪有五人，二年刑的司寇有三人，独无一年复作刑的。有无任的名称，无弛刑的名称。以各徒籍贯而论，属于中原一带郡国的居多，无边地的刑徒。各籍贯，如京兆长安、左冯翊、左冯翊万年、扶风武功、河南雒阳、河南平阴、颍川郏、颍川武阳、南阳、南阳叶、南阳鲁阳、南阳宛、汝南山桑、河内山阳、河内汲、陈留尉氏、陈留襄邑、梁国谷熟、弘农卢氏、西华、卢江居巢、卢江六安、六安舒、豫章宜春、江夏安陆、江夏蕲春、北海、东郡聊城、东郡燕、东平须昌、邯郸常山、蜀郡江原等郡国名称，共有三十二处。最近地区为雒阳，最远地区为蜀郡。盖各地刑徒，皆可以调来服役，与戍边的戍卒不同，不过近郡比较为多。罗氏《恒农专录》，及长安段氏所藏全拓本，北京大学历史系所藏各砖，均未统计在内，只举一隅，已能见到东汉修陵工徒一般的情况。

徒可以戍边，弛刑士尤多。

《居延汉简释文》卷一第七十三页有简文云："徒王禁责城北候长东门辅发不服，移自证爱书，会月十日。"

又卷二第二十三页简文云："戊午鼓下，卒十人，徒二人。"又卷二第十八页简文云："肩水见新徒大男王武。"

《流沙坠简·考释·屯戍类》三十二页简文云："西部候长治所谨移九月卒徒及守狗当廪者，人名各如。（下缺）"

《敦煌汉简校文》八十七页简文云："玉门关燧以次行，永和二年（公元一三七年）五月戊申朔，廿九日丙子，虎猛候长异叩头死罪敢言之。边塞卒徒，不得去离尺寸。官录日今朝宜秋卒胡孙诣官□□（虎猛、宜秋，皆燧名）。虎猛卒冯国之东部责代适（谪）卒有不然负罚当所请。（下缺）"又九十二页简文云："（上缺）月十二日庚辰夜大晨一分尽时，万岁杨威燧长许玄受宜临介徒张均。"

《居延汉简释文》卷二第二十二页简文云："与司空数十人。"又卷一第八十九页简文云："罪司寇以上各以其□。（上下俱缺）"又卷二第二十二页简文云："（上缺）末以主□徒复作为职居延荚，徒髡钳城旦大男厮厩署作府中寺舍。"又卷一第八页简文云："□受复作行□□□之。（上下俱缺）"又《流沙坠简·考释·簿书类》十一页简文云："杀同郡略阳完城旦。（上下俱缺）"

又《居延汉简释文》卷二第二十四页简文云："（上缺）延四月旦见徒复作三百七十人，□六十人，付肩水部，部遣吏迎受。"又卷三第四十六页简文云："复作大男丛市。"又卷三第十八页简文云："居延复作大男王建。"

《居延汉简释文》卷一第十三页简文云："元康二年（公元前六四年）五月癸未，以使都护檄书，遣尉丞赦将弛刑士五人，送致将军。"此外关于弛刑的简文最多，兹不逐一举出。详细情形，见我所写《西汉屯戍研究》篇中。

案《汉旧仪》云："男髡钳为城旦，城旦者治城也。"《后汉书·韩稜传》注："城旦，轻刑之名也。昼日伺寇虏，夜暮筑长城，故曰城旦。"《汉书·惠帝纪》应劭注："城旦者，旦起行治城。"综上诸说，是城旦的刑徒，本应筑长城，伺寇虏。现以敦煌、居延两木简来研究，各简中多混称为徒，分称为髡钳、完城旦、司寇三种名称的，并不多见。而一岁刑的复作所见比较多，弛刑屯士尤多，独不见有鬼薪的名称，也是值得注意的。可证各种刑徒，皆可戍边，不一定是髡钳城旦及完城旦两种刑徒，始可以戍边，这一点与《史》《汉》所记载略有不同。又修陵的工无复作，戍边的多复作，或者亦为汉代律令如此。

徒可以用作兵卒。

《汉书·宣帝纪》："神爵元年（公元前六一年）西羌反，发三辅中都官徒弛刑，及应募佽飞射士、羽林孤儿，胡、越骑，三河、颖川、沛郡、淮南、汝南材官、金城、陇西、天水、安定、北地、上郡骑士、羌骑诣金城。"

《汉书·食货志》云："吏民犯私铸钱者愈众多，及五人相坐，皆没入，郡国槛车铁锁，传送长安锺官，愁苦死者什六七。六年匈奴侵寇，（王）莽大募天下囚徒人奴，名曰猪突豨勇。"以上所述，是刑徒用作兵卒的证明。

徒可以造作砖瓦。

汉代宗正卿属官有都司空令丞,少府属官有左右司空令丞,皆是管理刑徒的官署。现在都司空右空两处,出土的砖瓦最多,可以推断皆为刑徒所造。他们所造,不一定是官署本身用的,大部分皆是各宫殿所用。现将各陶器及瓦当、瓦片题有都司空及右空造的,排列如下:

"宗正宫当",见《秦汉瓦当文字》卷一。宗正宫为宗正官署总署的名称。

"都司空瓦",见《秦汉瓦当文字》卷一。都司空为宗正官署所属官署的名称。

"行司空久(酒)陶片",见《关中秦汉陶录》卷一。此为都司空官署所用的陶器,盛酒所用。

"空字瓦",见《关中秦汉陶录》卷二。空为都司空最简的名称。

"宗正宫瓦元延元年(公元前一二年)瓦片",宗正宫为宗正官署总署的名称。以下各瓦片,均见《关中秦汉陶录》卷二下册。

"元延元年都司空瓦"。

"都建平三年(公元前四年)瓦片",都为都司空署的简称。

"都建平三年(公元前四年)瓦瓦片"。

"都元寿二年(公元前一年)瓦瓦片"。

"都元受二年(公元前一年)瓦瓦片"。元受即元寿同音的假借字。

"都元始五年(公元五年)瓦片"。

"居摄二年(公元七年)都司空瓦片"。

"居摄二年(公元七年)陶尊",此陶尊虽无都司空字样,以陶器色泽、陶印的文字、制造的手法而论,皆同时同一官署所造。

"居摄年瓦片",此亦为居摄二年所造。

"始建国四年(公元十二年)保城都司空瓦片",王莽改都司空为保城都司空,造砖瓦的职掌并未改。

"始建国五年(公元十三年)保城都司空瓦片"。

"天凤四年(公元十七年)保城都司空造官瓦瓦片"。

"始建国天凤四年(公元十七年)保城都司空瓦片"。

"右空瓦片",此为少府右司空令官署所造。

"右空瓦当"。

"右空瓦筒"两字小印,打印在画瓦筒上。

上列各条皆足以证明西汉官府陶业由都司空令主管,次则是左右司空令两署主管。两处管的是徒,做工的必然亦是徒。

都司空令刑徒,主要在造官用砖瓦,故都司空瓦不限于都司空官署中用之,其他各地,亦广泛使用。一九五七年三月科学院西安考古研究室在汉城霸城门遗址下掘得都司空残瓦当极多,即是此理。

徒的刑期既满,仍可为自由民。

徒的刑期既满,仍可为自由民。这一点与奴婢的区别很大。如《居延汉简释文》卷二第二十六页有简文云:"髡钳城旦孙劫之,贼伤人,初元五年(公元前四四年)七月庚寅谕(谕疑论字误释),初元五年八月戊申以诏书弛刑,故骑士居延广利里。"又云:"完城旦囗蒋寿王兰渡塞,初元四年(公元前四五年)十一月丙申谕,初元五年以诏书弛刑,故戍卒居延广囗。"(缺处疑为利里二字)此简最后注孙劫之故骑士,蒋寿、王兰故戍卒,其用意很显见是刑期既满之后,仍可用为骑士及戍卒。对待官犯则更加宽,如马融、蔡邕、王凌等人,刑期既满,或未满,则仍拜官,皆其明证。

至于两汉的奴婢,不能称为自由民。如《后汉书·光武纪》:"建武十二年(公元三六年)诏易州民自八年以来,被略为奴婢者,皆一切免为庶民。"又《安帝纪》永初四年(公元一一〇年)诏:"自建初以来,诸妖言它过坐徙边者,各归本郡,其没入官为奴婢者,皆免为庶人。"可证官奴婢不遇赦不能称为庶人,与徒的身份不同。

两汉铜器漆器上无徒的题名,在碑刻上徒的题名仅一见。

两汉铜器漆器铭文上只有工的题名,民工的题名(见黄龙元年[公元前四九年]承安宫民工李常造镫)。陶器上、铜镜上,有师的题名(见建安二十二年[公元二一七年]师郑豫作神兽镜),曹魏弩机上有匠的题名(见正始二年[公元二四一年]弩机),独无徒的题名。又《古刻丛钞》载建平郫县石刻文云:"建平五年(公元前一年)六月,郫五官掾范功平史,石工毂,徒要本,长二十五丈,价二万五千。"要本是徒的姓名,或徒的名,在两汉金石刻辞中,仅此一见。

徒的日常生活

徒的衣服,穿的是七稯布、八稯布。

《史记·孝景本纪》:"后二年(公元前一四二年)令徒隶衣七稯布。"正义:"八十缕曰稯。"《汉书·景帝纪》独删去此条。又《居延汉简释文》卷三第八页有简文云:"今毋余七稯布。(下缺)"当亦专为徒及弛刑士做衣服用的布。

又《居延汉简》卷三第二页有简文云:"广汉八稯布十九匹八寸大半寸,直四千三百廿。"又卷三第七十六页简文云:"八稯布八匹,匹直二百卅。"八稯布亦可能是专为徒或弛刑士做衣服用的。八稯布的价值,当然比七稯为贵,比九稯为低(《汉简释文》卷一第八十二页有"九稯布三匹,匹三百卅三,凡直千"的记载)。但是由广汉运至边郡,在质量上或不致过劣。

徒的每月食粮的考查。

《居延汉简释文》卷二第六十五页至六十六页有戍所吏卒发每月食粮简文,有令史二人,尉史三人,鄣卒十人,施(弛)刑一人,共十六人,令史名列第一。文云:"令史田会粟三石三斗三升少,十二月□□自取。"施刑之名在最后第十六。文云:"施刑桃胜之,粟三石,十一月庚子自取。"其他的人,每月食粟数,皆是三石三斗三升少。少是小斗,小斗一斗,仅合大斗六升(详我写的《西汉屯戍研究》),照折合数每人每月是粟大斗二石,弛刑徒只给一石八斗,比普通的吏卒,每月食粮少发二斗。

又《敦煌汉简校文》九十四页有简文云:"入六月食二斛三斗,永平十一年(公元六八年)五月九日富贵徒尹当受尉史义。"尹当每月食粮二斛三斗,与富贵燧戍卒王利食粮一样,并不短少。居延木简是西汉末期的记载,而此简是东汉初期的记载。或东汉时期,对于刑徒发给食粮制度,已有所改变,亦未可知。

徒的装饰考查。

《居延汉简》卷一第八十四页有简文云:"坚年苑(此三字有误)既钳釱左右止,大奴冯宣,年廿七八岁,中壮,发五六寸,青黑色,毋头衣,皂袍,白布绔,履白革舄,持剑亡。"此为刑徒服装最可宝贵的材料。穿的是黑袍、白袴、白皮鞋,还持有宝剑。若说秦汉是奴隶社会,奴隶社会里的奴隶,是否有此等较高贵的服装?

徒的收入考查。

《居延汉简》卷二第三十四页有简文云:"万一千六百九十五,付事令史史音,当移出,五百六十三徒许放,弛刑胡敞当入。"这是记载徒的一笔收入为五百六十三钱,两人平分,每人应得二百八十一钱,另余一钱;可以折合到三石谷价。汉代戍卒俸钱,每月约在三百五六十钱,徒略为减扣,变为二百八十余钱,是徒的一个月收入,也未可知。但尾数为六十三钱,两人均分不尽,可能徒与弛刑的收入未必相同。

徒有私蓄可以放债。

《居延汉简释文》卷三第七十六页有简文云:"甲渠士吏孙根自言去岁官调根为卒,责(债)故甲渠弛刑宋后负,驷望卒徐丰钱五百。(下略)"简文的大义,是孙根欠弛刑宋后负及驷望卒徐丰二人共五百钱。在债权内,每人的数目若干,则不易分出。假设为平均数,则弛刑宋后负有二百五十钱的私蓄,则可折合边郡二石五斗的谷价。这种私蓄来源,必然是收入的节余。所以此简与上件简文有不可分割的联系。

徒有给予土地的记载。

《汉晋西陲木简汇编·二编》五十六页有简文云:"□玉门屯田吏高廪,放田七顷,给予弛刑十七人。"此为弛刑徒官府给以田地,令其垦荒的记载。七顷为七百亩,每人应得四十一亩有零。盖边郡荒地多,耕农少,所谓放田者,就是等于给田的解释。时日既久,土地渐变为私有。

徒有受布帛奖励的记载。

《汉晋西陲木简汇编·二编》五十七页有简文云:"□中燧弛刑许乐,作三百三个□二日□□付三丈。"此简文字虽有残缺,大义是:弛刑徒许乐,二日作完三百三个物件,由官府付三丈布帛,作为奖励品。

徒的私有长物记载。

《居延汉简》卷一第二页有简文云:"马长史即有吏卒民屯士(弛刑屯士)亡者,具署郡县、里名、姓年、长物、色房(?)、衣服、赍操、初亡年月日人数白。"简文的大义是:吏卒民屯士,如有死亡的,必须将姓名、年龄、籍贯并连其遗物等一律上报。可证弛刑屯士,亦有私有衣服、赍操等项。所谓赍操者,指佩剑或囊橐等类而言。又简文叙述戍所各人种物,屯士在民之下,民在卒之下,据此亦可以了解弛刑屯士的身份。

徒无爵位。

刑徒既犯罪,原有的爵位即行消失,在木简上可以得到证明。《居延汉简释文》卷二第二十三页有简文云:"戊午鼓下,卒十人,徒二人。"又卷二第十八页简文云:"肩水见新徒大男王武。"

在居延、敦煌两种全部木简中,此例最多,兹谨略举两条。

徒的称呼,有大男、大奴、钳子等名称,最强悍者称为豪徒。

复作徒可以称大男。《居延汉简释文》卷三第四十六页有简文云:"复作大男丛市。"又卷三第十八页简文云:"居延复作大男王建。"

钳釱左右趾徒可以称大奴。《居延汉简释文》卷一第八十五页有简文云："坚年苑（？）髡钳铖左右止，大奴冯宣，年廿七八岁，中壮，发五六寸，青黑色，毋头衣，皂袍，白布绔，履白革舄，持剑亡。"

髡钳徒可以称钳子。《水经注》："汉成帝鸿嘉三年（公元前一八年），广汉钳子，盗库兵伏诛。"

《太平御览》卷六百四十二引孔融《肉刑论》云："语所谓洛阳豪徒韩伯密，加笞三百不中一，髡头至耳发诣膝。"谚语的大义是说：虽笞韩伯密三百，他或用人代替，或以贿免，名为髡刑，而头发仍然存在。

徒对文化的贡献。

王僧虔条疏古来能书人名，秦狱吏程邈善大篆，得罪始皇因于云阳狱，增减大篆体，去其繁复。始皇善之，出为御史，名书曰隶书（见《说文系传》《说文序》注引）。又《汉书·艺文志·小学类》，虽云"隶书施之于徒隶"，然由小篆书变到隶书，由繁复文为简单，嗣后由隶书进化为草隶，在文字改革方面，在文化传播方面，所起的作用非常之大。

徒的性质分析

秦代的徒工作多在修陵墓，工与徒名称尚无严格区别。

《史记·秦始皇本纪》三十五年云："阿房宫未成，成欲更择令名名之。作宫阿房，故天下谓之阿房宫，隐宫徒刑者七十余万人。"又云："二世皇帝九月，葬始皇郦山。始皇初即位，穿治郦山，及并天下，天下徒送诣七十余万人。"又云："二世二年，章邯曰：盗已至，众强，今发近县不及矣，郦山徒多，请赦之，授兵以击之。"

《史记·高祖本纪》云："高祖以亭长，为县送徒郦山，徒多道亡。自度比至皆亡之，列丰西泽中止饮，夜乃解纵所送徒曰：公等皆去，吾亦以此逝矣。徒中壮士愿从者十余人。"

《史记·黥布传》云:"及壮坐法黥。布欣然笑曰:人相我当刑而王几是乎。布已论输郦山。郦山之徒数十万人,布皆与其徒长豪杰交通,乃率其曹偶亡之江中为群盗。"

《太平御览》卷六百四十二引刘桢《京口记》云:"秦始皇东游,观地势曰有天子气,使赭衣徒三千,凿此中间长岗使断,因改名丹徒。"

以上所述,秦代的徒,人数相当多。工作范围,皆集中郦山做修陵墓,只有一小部分做修桥治路。所谓隐宫徒者,指宫刑的徒而言。在修陵工中仅是有这种类型的人,不是七十余万人,皆为宫刑的徒。

又《金文续考》四十页有秦上郡戈文云:"廿五年上郡守□造,高奴工师窨,丞申,工鬼薪㱿。"鬼薪为秦代徒刑之一。《史记·秦始皇本纪》:"九年尽得缪毒等二十人,皆枭首,及其舍人,轻者为鬼薪。"汉代鬼薪为三岁刑,盖用秦法。此戈文称鬼薪㱿,是秦代徒可以称工,工与徒的区别尚不够严格,与汉代颇有不同。

徒与奴婢的区别。

汉代官奴婢,逢汉廷加恩遇赦,始可免为庶人。在《汉书·贡禹传》中有云:"诸官奴婢十万余人,戏游无事,税良民以给之,岁费五六巨万,宜免为庶人。"在《后汉书·光武纪》中有云:"建武十二年(公元三六年)诏易州自八年以来,被略为奴婢者,一切皆免为庶人。"足证官奴婢不得比于庶人。而刑徒则不然,《贡禹传》又云:"黥劓而髡钳者,犹复攘臂为政于世。"是普通刑徒,不但刑期既满,可以为自由民,而且可以做大官。

《居延汉简释文》卷三第四十八页有"候长觚得广昌里公乘礼宗"估计家资的简文,有"小奴二人直三万,大婢一人直二万"的记载,则是奴婢可以买卖的,刑徒无买卖的明文。

徒与卒的区别。

《盐铁论》各篇中,每以吏卒徒三种人连称,卒与徒的身份,是有区别的。《说文》:"卒,隶人给事者,衣有题识也。"是说明卒的总义。在盐铁官中服役的卒,多为践更的卒。《盐铁论·禁耕篇》云:"卒践更者多不勘责,取庸代县邑,或以户口赋铁而贱平其准,良家以道次发,僦运盐铁。"是盐铁官署中用更卒的明证。在治河中服役的卒,多为正卒或戍卒。《汉书·沟洫志》云:"卒治河者为著外繇六月。"下文又云:"治河卒非受平价者,为著外繇六月。"此段的大义是治河卒只要不是雇工替代来的,叙他们的劳绩,皆等于六个月的戍边。因更卒为期一月,正卒为期一年,戍卒名为三日,实际最少一年。此因治黄河,急需用工人,故暂留应派至京师护守陵寝的正卒,与应派戍边的戍卒,来补充河工。此是治河卒用正卒及戍卒的明证。

两汉奴隶二字不连称。

汉代奴婢与徒隶,本是两件事。在文献上,奴婢二字连称,徒隶二字连称。奴隶二字,独不连称。可见是两种看法。表面是徒隶低于奴婢,实际上因奴婢不能算庶民,而奴婢的地位,反低于徒隶。王莽及光武解放奴婢,并不解放徒隶,甚至对徒隶管制加严,足以证明当时对奴婢与徒隶是两种看法。我不是钻字眼,事实如此,亦不能不辨。

结束语

现在我国历史分期问题,有人说秦汉是奴隶社会。要论社会性质的转变,重在生产关系的转变,不在奴婢人数的多少。《汉书·食货志》记有农民一笔收入及开支账,文云:"今一夫挟五口治田百亩,岁收亩一石半,为粟百五十石,除十之一税十五石,余百三十五石,食人月一石半,五人终岁为粟九十石,余有四十五石,石三十,为钱千三百五十,除社闾尝新,春秋之祠三百,余千五十,衣人率用钱三百,五人终岁用千五百;不足四百五十,不幸疾病死丧之费,及上赋敛为未与,此农夫所以常困,有不劝之心也。"此段文字夹叙在魏文侯行李悝尽地力之教中,实则皆是叙述汉代农民耕收的情况。所说用钱三百,用钱五百,皆是指的汉钱。魏文侯时系用的魏币,币的价值虽不可知,但铜钱一枚,决不能抵铜币一枚的价值。我所以说班固是说的汉事。下文引晁错疏云："今农夫五口之家,其服役者不下二人,其能耕者,不过百亩,百亩之收,不过百石。"与上述文字情形相同。汉代农民贫困是事实,但有一部分自由农民,也有一部分是统治阶级的佃农。两汉且没有农奴制度。西安汉城曾出"安国十斗,谢民十一斗"的刻文陶罐。安国侯是王陵,谢民为佃农,陶文称为谢民,并不称为谢奴。统治阶级残酷的剥削是有的,不是连自由农民的身份都不承认。

现在有人说秦汉是奴隶社会,大都是第一引《汉书·哀帝纪》:诏令"限制诸侯王奴婢二百人,列侯公主百人,关内侯吏民三十人"条文。第二引《百官公卿表》:汉代的官吏,自佐史至丞相十三万二百八十五人的总数,以一人用奴隶三十人来乘,就有奴隶一千余万人。第三再用汉代人口的总数来除,于是奴隶就占了汉代全国人口四分之一,或五分之一。用算术乘除的方法是对的,以实际的情况来考查,是不对的。如西汉中期,《杨恽报孙会宗书》仅说奴婢歌者数人。杨恽是列侯身份,并无奴婢一百人。在西汉末期,《居延汉简释文》卷三第四十八页载候长礼忠全部的家资,有奴二人、婢一人。又同卷第五十二页载燧长徐宗全部的家资,而无奴婢一人。礼忠徐宗二人是小官吏,并不合于奴婢三十人的数字。又东汉中期,崔寔《政论》有云:"长吏一月之禄,得粟二十斛,钱二千;客庸一月千,刍膏肉五百,薪炭盐菜五百,二人食粟六斛,其余财足给马,焉能供冬夏衣被,四时祠祀,宾客斗酒之费乎,况复迎父母致妻子哉。"(见严可均《全后汉文》卷四十六)崔寔所指的长吏,当以县令长为标准。这是官吏一笔收入及支出的清账。账内仅有雇工一人,奴婢且无一人,更不合于奴婢三十人的数字。

汉代的奴婢与家僮,亦用在生产方面居多。如从事手工业的,见《汉书·张安世传》;从事采矿业的,见《史记·外戚世家》叙窦少君事;从事商业的,见《史记·货殖传》叙刁间事;从事农业劳动的,见《后汉书·樊宏传》;从事私人大作坊制盐冶铁事业的,见《盐铁论·禁耕篇》;用作兵卒的,见《汉书·王莽传》及《三国志·吴书·甘宁传》;用作戍卒的,见《汉书·贡禹传》。事实为一般人所习知习见,故谨略为举例。

至于徒隶的来源,有官犯,有民犯。所异于奴婢的,是刑期既满以后,仍可得为庶民。官府发给口粮,较一般人略为减少。在服装方面,可以穿革履,可以带剑,又可以有私有土地,可以有私有储蓄,可以受到布帛的奖励,可以有临时工资的收入。可说秦汉时期是奴隶制的残余,而非奴隶社会的特征。

汉代的米谷价及内郡边郡物价情况

秦汉米谷价

始皇三十一年,米石千六百。(《史记·秦始皇本纪》)

以上秦始皇时。

关中大饥,斛米万钱。(《汉书·高祖纪》二年)

汉兴民失作业而大饥馑,凡米石五千。(《汉书·食货志上》)

汉兴以秦钱难用,更令民铸荚钱,米至石万钱。(《汉书·食货志下》)

楚汉相距荥阳,民不耕种,米石至万。(《史记·货殖列传》宣曲任氏)

以上汉高祖时。

汉文帝躬俭约,修道德,谷至石数十钱,上下饶羡。(《太平御览》卷三十五引桓谭《新论》)

孝文帝粟升一钱,有此事否。(《风俗通义》)

以上文帝时。

比年丰,谷石五钱。(《汉书·宣帝纪》元康四年)

宣帝时,谷至石五钱,农人少利。(《汉书·食货志》)

金城湟中,谷斛八钱。(《汉书·赵充国传》)

边兵少,民守保,不得田作,今张掖以东粟石百余。(《汉书·赵充国传》记神爵初年事)

以上宣帝时。

元帝即位,齐地饥,谷石三百余。(《汉书·食货志上》)

永光二年,京师谷石百余,边郡四百,关东五百。(《汉书·冯奉世传》)

以上元帝时。

王莽时,米石二千。(《汉书·食货志上》)

今地皇元年,洛阳以东,米石二千。(《汉书·王莽传下》)

以上王莽时。

初王莽末,天下旱蝗,黄金一斤,易谷一斛。(《后汉书·光武纪》建武二年)

时百姓饥饿,人相食,黄金一斤,易豆五斗。(《后汉书·冯异传》)

以上光武时(所指仍为王莽末期谷豆价)

天下安平,人无徭役,岁比登稔,粟斛三十。(《后汉书·明帝纪》永平十二年)

以上明帝时。

建初中,南阳大饥,米石千余。(《后汉书·朱晖传》)

以上章帝时。

永初四年,羌寇转盛,兵费日广,且连年不登,谷石万余。(《后汉书·庞参传》)

始到武都,谷石千钱,盐石八十。视事三岁,米石八十,盐石四十,人足家给,一郡无事。(《后汉书·虞诩传》注引《续汉书》)

以上安帝时。

岁饥,粟石数千。(《后汉书·第五访传》)

以上顺帝时。

夷人复叛,以广汉景毅为太守讨定之。毅初到郡,米斛万钱,渐以仁恩,少年间,米至数十云。(《后汉书·西南夷传》)

以上灵帝时。

卓又坏五铢钱,更铸小钱,悉取洛阳及长安铜人铜马之属,以充铸焉。

故货贱物贵,谷石数万。(《后汉书·董卓传》)

时长安盗贼不禁,白日虏掠,谷一斛五十万,豆麦二十万。(同上)

以上献帝时(摘引劳榦《居延汉简考释》)。

上述秦代米价数字,《史记》系举其最贵者而言,与最贱者无从比较。两汉时期,不属于至贱,即属于至贵。最贵者石至数万者,中者石至二千,最贱者石至数钱,相差不成比例。其原因,一是兵乱关系,使生产力锐减;二是旱蝗的关系,使收获量锐减;三是改革货币的关系。观于高祖改铸榆荚钱,王莽改铸六泉十布,董卓改铸小钱,这三个时间米谷价变动最为剧烈,形成币贱物贵的现象。至于祀三公山有谷斗三钱,《白石神君碑》有粟斗五钱的记载。此属于东汉地方性的个别米价,也可作为参考。

汉代内郡的物价情况

西汉的物价,内郡的从《九章算术》各算题及其他文献可以看到一部分,边郡的物价,从居延木简中可以看到一部分。《九章算术》虽为假设算题,必与实际情况相距不太远。兹将西汉内郡物价情况列举如下。

土地类 善田一亩价三百,恶田每亩价七十(《九章算术》卷七,以下仅称卷几)。

案两汉田价,高低不一,因有地域、时期、良恶三种关系,大约最高每亩可值一金,见《汉书·东方朔传》《潜夫论·实边篇》《堂邑令费凤碑》;最低每亩值一百,或仅值数十钱,见居延木简及《汉书·贡禹传》。《九章算术》田亩的价值,是合于最低的数字。

五谷类 麻一斗七钱,麦一斗四钱,菽一斗三钱,荅一斗五钱,黍一斗六钱(卷八)

酒食鱼蔬类 醇酒一斗钱五十,行酒一斗钱一十(卷七)。鲤鱼长尺至三尺者枚直五十(陶朱公《养鱼经》)。瓠直十钱(《氾胜之书·种瓠篇》)。

牲畜类 马一匹五千四百五十四(卷八)。牛一头最高三千七百五十

(卷七),次则一千八百一十八(卷八),最低一千二百(卷七)。豕一头最高九百(卷七),最低三百(卷八)。羊一头最高五百(卷八),最低一百五十(卷七)。犬一头一百(卷七)。鸡一只七十(卷七)。兔一只二十九(卷八)。

案居延木简,马一匹最高十千,最低五千;牛一头二千五百。汉代牲畜之中,因对外战争关系,以马价为最贵。

布帛类　能绣细文出齐,上价匹二万,中万,下五千。白素出三辅,匹八百(《范子计然书》)。丝一石八千三百二十六(卷二),丝一斤二百八十五(卷三)。布一匹二百四十四(卷二)。素一匹六百二十五(卷三)。缣一丈一百二十八(卷三)。

案居延木简,布一匹四百;素一丈六尺,二百六十八。边郡物价,应然高于内郡。

器用类　墨出三辅,上价石百六十,中三十,下十(《范子计然书》)。漆一斗三百四十五(卷二)。六尺席出河东,上价七十;蒲席出三辅,上价百(《范子计然书》)。陶灶每个直二百(西安半坡村出土陶灶)。砖一枚八钱(卷二)。矢竿一钱五枚(卷二)。竹一个大者八钱,小者七钱至五钱(卷二)。

案墨为石炭,即今日之煤,足证在西汉时已经广用,且能知道每石的价值,此条是最可宝贵的材料。

药材类　犀角出南郡(疑日南郡脱文),上价八千,中三千,下一千。螵蛸出三辅,上价三百。柏枝脂出三辅,上价七十,中三十以下。皂荚出三辅,一枚一钱(均见《范子计然书》)。

一九七二年,武威旱滩坡出土汉代医简,内有木牍书汉代药价,甚为可贵:牛膝半斤直五十,卑肖半斤直五,朱臾二升半廿五,方(防)风半斤百,慈石(磁)一斤半百卅,席虫半斤廿五,小椒一升半五十,山朱臾二升半直五十,黄芩一斤直七十,黄连半斤直百。

案西汉的药价也为仅见可贵的材料。我所引用的《养鱼经》《氾胜之书》《范子计然书》三种,皆依据马氏《玉函山房辑本》。三书中所用的文字及郡名,皆西汉时人的口吻,与《本草经》著述时代相同。

西汉边郡的物价情况

布帛类 帛六匹二千八百六十二,帛二丈二尺千六百,帛二匹五尺五百,帛一千九十匹三十五寸大三十五万四千二百,廿两帛三匹二尺大钱一万三千五十八,帛二匹九百;素丈六尺二百六十八,缥一匹八百,绿一匹八百,白练一匹一千四百,鹑绥一匹一千,九稷布三匹一千,布一匹四百,校布一匹二百九十,八稷布一匹二百四(见劳榦《汉简中的河西经济生活》),广汉八稷布十九匹八寸大半寸直四千三百二十(《居延汉简释文》卷三第二页)。九稷布三匹四三百卅三(同上卷一第八十二页)。河内廿两帛八匹三尺四寸大半寸二千九百七十八(同上卷三第二页)。黄縠系一斤三百五十(同上卷二第五十一页)。绡丝二斤直四百三十四(同上卷三第六十页)。

食物类 谷六千零六十六石大二千一百二十五,谷六十六石二千三百一十,黍二石三百,粟一石一百一十,粟一石一百零五,粟三石三百九十,大麦一石一百一十,矿三石三百六十(见《河西经济生活》论文)。谷六十石六斗六升升大直二千一百廿三(《居延汉简释文》卷二第三十页)。

肉百斤七百,肉五百四十一斤二千二百六十四,脂六十三斤三百七十八,脂十斤一百七十(见《河西经济生活》论文)。脂五十八斤八十(《居延汉简释文》卷二第七十五页)。

头六十,肝五十,肺六十,乳二十,蹄二十,舌二十,胃一百,柴一百,膫三十,心三十,肠四十,牛胗一只六十(见《河西经济生活》论文)。

羊一头九百,羊一头一千(见同上)。麴四斗三十,麴五斗二十三,豉一斗二十五,大荞种一斗三十五,戎芥种一斗十五(见同上)。桂十二,胡豆三(《居延汉简释文》卷三第三十七页)。付子一斗直百廿五(卷二第六十页)。盐石百钱(见《御览》八百六十五引《续汉书》)。

刍秣类 茭五斗钱二,茭二十束钱三十(见《河西经济生活》论文)。

器用类　系絮二斤二百,继絮二斤八两四百,三十五寸蒲复席青布缘二只钱三百,剑一枚六百,刺马刀一枚七千,笔二百,椠二百(一札)六百,弹弓一枚三百,柘一枚三十,丝长弦四枚一百,绳三十二丈五十,服二具二十,杨弩绳一枚十,楯革一枚十,火革一枚七十,胶二斤十五,胶三斤六十七,胶二十三斤一千三百三十,稻皮一斗一百五十(见《河西经济生活》论文)。铜铫一直五十(《居延汉简释文》卷三第六页)。罂一直卅,罂一直七十□四(卷三第三十六页)。

田宅类　田三十五亩九百,田五顷五万,田五十亩五千,宅一区三千(见《河西经济生活》论文)。宅一区万(《居延汉简释文》卷三第四十八页)。

车马类　轺车一乘万,牛车两乘四千,马五匹二万,马一匹五千五百(见《河西经济生活》论文)。马五千三百(《居延汉简释文》卷二第五十一页)。胡狗六百(卷二第六十一页)。服牛二六千,牛二头五千(见《河西经济生活》论文)。

奴婢类　小奴二人三千,大婢一人二万(见《河西经济生活》论文)。

以上居延木简上所记载的物价,依据劳榦《汉简中的河西经济生活》论文排次,我再就原简加以补充。居延木简,时代自汉武帝起,至东汉初年止,大部分在西汉中期及晚期。当然物价随时代不断的变更,但可看到一些大概。米粟的价钱,每石低时直八十余钱,高时直一百二十。脂价低时每斤直六钱,高时每斤直十七钱。米麦价值相仿。田价每亩高者值一百,低者每亩值二十余钱,尚合不到一石或五斗的米价。布价最贵,每丈合二石米价值。器物尤贵,弹弓一枚,即直三石米价。综合观之,劳动力高于土地价值,工业品高于农产品价值。而陶器尤贵,小者每个合米三斗,大者合米七斗。边郡布匹难得,价值应高;陶器价贵,或是王莽时货贵币贱时的现象。

附列汉代田宅综合的价值及长吏每月的开支费

《古石抱守录》,杨量买山记云:"地节二年八月,巴州民杨量买山直钱千百,作业分子孙,永保其无替。"

《金石续编》卷一,大吉昆弟六人买地记云:"大吉,昆弟六人,共买山地。建初元年造此冢地,直三万钱。"

永和二年买房记(拓本,黄县丁氏藏)云:"永和二年三月,买房一处,直钱乙万,后子孙大吉。"

《隶释》卷十五《郑子真宅舍残碑》(熹平二年立)云:"□所居宅舍一区直百万,故郑子真地中起舍一区作钱(下缺),故郑子真舍中起舍一区七万,故潘盖楼舍并二区十一(下缺),故吕子近楼一区五万,故象楼舍一区二万五千,□扶毋舍一区万二千,□□凤楼一区三万,车舍一区万,□□奉楼一区二万,□□子信舍一区万。"

《隶释》卷十五《金广延母徐氏纪产碑》(光和二年立)云:"三分屋一才得二十一万六百,地一畛直五万五千。"

上列田宅各价,时代有先后,田无亩数,屋无间数。山地与田亩,楼房与住屋,又不可并论。附录于此,仅略知梗概而已。

又汉代长吏每月的开支费,文献中记载极少,在崔寔《政论》中可以窥出崖略。原文云:"长吏一月之禄,得粟二十斛,钱二千,客庸一月千,刍膏肉五百,薪炭盐菜五百,二人食粟六斛,其余财足给马,岂能供冬夏衣被,四时祭祀,宾客斗酒之费乎?况复迎父母致妻子哉。"(见严可均《全后汉文》卷四十六辑本)崔寔所指的长吏,当以县令长为标准,计算是以一主一仆为标准。除食米外,每月每人需生活费五百钱。而汉代劳动人民每月工资则为一千钱,在这里也可以附带看出,也可与《九章算术》及居延木简中记载客庸的工资作一比较。

一九五六年九月写于西大

文史考古论丛

原　序*

余自二十七岁先慈逝世后，即别号摹庐，慕慈亲也。维时先考孝廉君尚健在，恐伤老怀，特隐约其词耳。因此，余全部著述总称为《摹庐丛著》。其论文性质各篇，原题为《述学丛编》。现改易今名，内容分文学、史学、考古三部分，共有百篇左近，兹选出六十余篇，已发表者约占百分之四十五。大凡入选者，有关于典章制度，文物掌故，并厘订他人文字之谬误。文学部分《楚辞解要》一篇，现根据少作《楚辞拾遗》重加校补，其余皆解放以后所撰。

在党和毛主席正确领导之下，方能获得区区之成果。然自憾学习不深入，读书又狭隘，错误当然难免，希望阅者同志多提出意见，是则拜祷以求者也。

---

*　此乃陈先生原序。先生编选"论丛"的意图，于此可知。因种种复杂原因，先生原稿丢失；现稿由林剑鸣教授负责指导、周天游教授具体编选，天津古籍出版社一九八八年出版。文集中已发表的文章非原序所说百分之四十五，而在百分之八十以上。——编者

楚辞解要

自 序

忆我在二十六岁时,始治屈赋,著有《楚辞拾遗》一卷,曾自写印两次。后大东书局又采与洪兴祖《楚辞补注》、戴震《屈原赋注》、萧尺木《离骚图》合印,称为《楚辞四种》,忽忽已三十二年矣。彼时楚文物尚未发现,在今日视之,有引证之必要,乃加以整理,改名《楚辞解要》。自一九四〇年长沙战国时楚墓葬陆续被盗,后经中国科学院考古所之正式发掘,所出铜、玉、漆、陶、竹、木各器,其花纹、绘画、雕刻,无不精致绝伦。加以前此寿春所出各铜器,去年信阳所出漆器、竹简等,楚国文物,灿然大备。知楚国由于经济之发展,反映出文化之高度成就,与屈原之作品,有互相连带不可分割之关系。屈原各篇作品之中,以《天问》最为难通,清代丁晏有《天问校笺》,颇多创解。我之此书,对《天问》亦特加注视。以为《天问》后段,如"伯林雉经""彭铿斟雉""兄有噬犬"等句,皆说楚事,或与楚国有关之事。充分表现出屈子之爱国思想。独怪王逸章句,颇多望文生训。如"惊女采薇鹿何祐"一句,以现存古籍而论,尚有四五处,可以肯定为伯夷叔齐之事,而王逸模棱其辞。王逸在东汉时,所存古籍,不啻多于现今千百倍,能加以稽合研究,对于古史发挥之功效极大,则难解者不至如今日抱残守缺之多。本书中引有吉凤池先生解说数条,吉先生名城,一字曾甫;丹阳人,为同郡之前辈,长于经学,著述甚丰,可惜子嗣先卒,其遗稿亦无从访问。先生曾告我拟有《屈赋新解》之作,未知已否成书。然以当日所亲闻"雷开何顺"一条观之,已属有惊人创见,并附记始末于此。

一九五八年六月,镇江陈直撰于西大新村

离　骚

帝高阳之苗裔兮,朕皇考曰伯庸。

　　王逸《章句》:皇,美也,父死称考。《诗》曰:"既右烈考。"伯庸,字也,屈原言我父伯庸,体有善德,以忠辅楚,世有令名,以及于己。丹阳吉凤池先生云:伯庸为屈子之远祖,非屈子之父名。刘向《九叹》云"伊伯庸之末胄兮,谅皇直之屈原"可证。

　　直按:吉说是也。《礼记·曲礼》云:"父曰皇考。"《祭法》云:"大夫立三庙,曰考庙,曰王考庙,曰皇考庙。"郑注:"皇考,曾祖也。"以《祭法》证之,皇考殆即屈子之曾祖矣。

摄提贞于孟陬兮,惟庚寅吾以降。

　　王逸《章句》:贞,正也。

　　直按:贞当作卜字解。刘向《九叹》云:"兆出名曰正则兮,卦发字曰灵均。"可证屈子之名,因卜兆而得也。

皇览揆余初度兮,肇锡余以嘉名。

　　洪兴祖《补注》:览一作鉴,一本余下有于字。

　　直按:洪《补注》览一作鉴是也。《文选》卷十潘岳《西征赋》云:"皇鉴揆余之忠诚,俄命余以末班。"李善注引《楚辞》曰:"皇鉴揆余于初度。"是潘岳、李善所见之一本,与洪兴祖均相同。肇即兆字之假借,《虞书》肇十有二州,《尚书大传》肇作兆。屈子盖本名平字原,因在伯庸祖庙卜兆得名曰正则,字曰灵均也。

朝搴阰之木兰兮,夕揽洲之宿莽。

　　王逸《章句》:阰,山名。草冬生不死,楚人名之曰宿莽也。

直按:《金石萃编》卷二十七北魏孝文帝《吊比干碑文》云:"登岯岩而怅望兮,眺扶桑以延伫。"知北魏时,阰字写作从山,其理较长,汉代作阰者,盖假借字。又按:《方言》:"苏,芥草也,南楚江湘之间谓之莽。"

指九天以为正兮,夫唯灵修之故也。

王逸《章句》:灵,神也。修,远也,能神明远见者君德也。

直按:北魏孝文帝《吊比干碑文》云:"敖重阳之帝宫兮,凝精魄于旋曦,扈阳曜而灵修兮,岂传说之足奇。"探索碑文词意,是以灵修为神明,不以为象君德,此为北魏时人之见解,与汉代不同。又《楚辞》以灵字名者甚多,如灵修、灵氛、灵保、灵琐之类,而屈子本身又字灵均,冠以灵字,盖楚人之习俗语,有信鬼、敬神、重巫之表示。

曰鲧婞直以亡身兮。

王逸《章句》:"婞,很也。"洪兴祖《补注》:"婞,直也。《九章》亦云:'行婞直而不豫兮,鲧功用而不就。'"

直按:北魏《吊比干碑文》云:"嘉兹婞节。"与洪氏《补注》义相近。

巫咸将夕降兮。

王逸《章句》:巫咸,古神巫也,当殷中宗之世。

直按:长沙战国楚墓中,出土有女巫夔凤绢画,右画女巫祷祝,左画凤夔相斗形状(见《伟大的中国艺术传统图录》第一辑,三十四页)。又有楚国缯帛书,所书皆巫祝之语(见《文物参考资料》一九五五年第七期,二十四页)。皆楚人好巫之证。屈子因楚俗好巫,便连想殷代之巫咸。

为余驾飞龙兮,杂瑶象以为车。

直按:《九歌·湘君》云:"驾飞龙兮北征,邅吾道兮洞庭。"辞义与此相同。又按:《小校经阁金文》卷十五、八十八页,有《上太山镜铭》云:"驾飞龙,乘浮云,上太山,见神人。"驾飞龙盖先秦两汉人之习俗语。

九　歌

云中君。

　　洪兴祖《补注》：云中君，云神丰隆也，一曰屏翳。吉凤池先生云：云中君谓祀楚云梦之神，分言之为云中梦中。

　　直按：吉先生解题，较洪氏《补注》为长。

蹇将憺兮寿宫。

　　王逸《章句》：寿宫，供神之处，祠祀皆欲得寿，故名寿宫也。洪兴祖《补注》：汉武帝置寿宫神君，臣瓒注：寿宫，奉神之宫。

　　直按：《吕氏春秋·知接篇》云："桓公蒙衣袂而绝乎寿宫。"高诱注："寿宫，寝室也。"是寿宫之名，春秋时已有之。

焱远举兮云中，览冀州兮有余。

　　王逸《章句》：云神所在高邈，乃望于冀州，尚复见于他方也。

　　直按：云中君览望下地，何以屈子但举冀州，楚国又不在冀州范围之内，是一问题。王逸章句谓尚复见于他方，是曲为之说。《淮南子·泰族训》云："周之衰也，戎伐凡伯于楚邱以归，故得道则以百里之地令于诸侯，失道则以天下之大，畏于冀州。"《盐铁论·论功篇》云："凡伯囚执而使不通。"又云："先帝为万世度，恐有冀州之累。"据此举冀州之名，即可以代表九州，此为先秦西汉人之习俗语，至东汉时，即已消失。

筑室兮水中，葺之兮荷盖。

　　直按：《汉铙歌十八曲·拥离》云："拥离趾中可筑室，何用葺之蕙以兰。"盖仿此语。

高驼兮冲天。

　　洪兴祖《补注》：驼一作驰。

　　直按：汉代它也二字，篆体相似。如"呼池塞尉"印，即呼沱塞也（见《封泥考略》卷四、五十五页）。驼驰两字，在汉时可以通用，故王逸不注。

缃瑟兮交鼓,箫锺兮瑶簴。

洪兴祖《补注》:箫一作萧。

直按:《容斋五笔》云:"萧锺一本作捬锺,以手击锺也。"瑶疑为摇字假借,《招魂》云"铿锺摇簴"可证。盖本篇缃交捬摇鸣穴六字义例均相同也。又汉代钟鼓之钟,可假借作锺,锺钫之锺,与钟字则不通用。本篇捬锺,及招魂铿锺,皆为钟字之假借,盖为汉人写本之真面目也。

传芭兮代舞。

王逸《章句》:芭,巫所持香草名也。洪兴祖《补注》:芭一作巴。

直按:谓以巴渝之舞代楚舞也,芭一作巴,与玄兔或作玄菟正同。

天 问

曰遂古之初,谁传道之。

王逸《章句》:遂,往也。初,始也。

直按:遂古二字,不见于其他古籍。疑三皇以燧人为最古,故有此称。司马贞补《史记·三皇本纪》,引谯周《古史考》,以燧人氏钻燧出火,教人熟食,在伏羲之前,为三皇之首。

鸱龟曳衔,鲧何听焉。

直按:王嘉《拾遗记》云:"禹尽力沟洫,导川夷岳,黄龙曳尾于前,玄龟负青泥于后。"《天问》以为鲧事,《拾遗记》虽为晋人著作,所据或出于先秦古籍。

羿焉彃日,乌焉解羽。

直按:《说文》弓部彃字,引《楚辞》云:"夫羿焉彃日也。"与今本异。又按:《易林》云:"十乌俱飞,羿得九雌。"与诸说微异。

启代益作后,卒然离蠥。

洪兴祖《补注》:蠥一作孽。

直按：一本作孽是也。《尚书大传》云："维王后元祀，帝令大禹，步于上帝，爰用五事，建用王极，一时则有服妖龟孽，二时则有诗妖介虫之孽，三时则有草妖倮虫之孽，四时则有鼓妖，五时则有脂夜之妖。"《天问》盖谓启继禹为后，能离此五妖孽也。

皆归射鞫，而无害厥躬。

王逸《章句》：射，行也。鞫，穷也。言有扈氏所行皆归于穷恶，故启诛之。

直按：牛运震《金石图》卷二云："嵩山启母庙石阙铭，两阙画像凡四段，其一画索球（球亦为鞠），而蹋鞠者二人，坐而睨视者一人，跪者一人，不晓所谓。"予谓此皆启母及启之事，《天问》射鞫，与画像之蹋鞠，正相符合，其事已不可考。《汉书·艺文志》兵技巧，有《蹴鞠》二十五篇。《荆楚岁时记》："蹋鞠，鞠形如球，以皮韦为之，黄帝时戏，见刘向《别录》。"是蹋鞠之制，流传已久，合上文"何启惟忧，而能拘是达"观之，似为益干启位，启杀益事。《晋书·束晳传》本有此说，今本《竹书》并无此文。意同观射鞫，因有代启之意，反为启所制，故云无害厥躬也。

释舟陵行，何以迁之。

直按：陵疑陆字之误，即《论语》所谓"羿善射，奡荡舟"也，《帝王世纪》云："奡多力能陆地行舟。"家墨移兄邦福云：《左传·定六年》云："子期又以陵师。"杜注："陵师即陆师。"此云陵行，即楚人之陆行也。

吴获迄古，南岳是止。

王逸《章句》：获，得也。迄，至也。

直按：吴获疑吴太伯之名，与武发、叔旦一例。

该秉季德，厥父是臧。

王逸《章句》：该，包也。秉，持也。父谓契也。季，末也。臧，善也。

直按：今本《竹书纪年》云："帝泄十二年，殷侯子亥，宾于有易，有易杀而放之。"徐文靖笺云:"子亥迁殷见《世本》,子亥为冥子,迁殷在夏后帝前三十三年,至是三十八年矣。"亥为冥子,《世本》作核,《史记》作振,即核字传写之误字。《汉书·古今人表》作垓,《天问》作该,惟《竹书》作亥,与殷墟甲骨文所称"高祖王亥"正合。

胡终弊于有扈,牧夫牛羊。

直按:《淮南子》云:"有扈以义而亡。"高诱注云:"有扈夏启之庶兄,以尧舜举贤,启独与子,故反启,启亡之。"殷侯子亥,在帝泄时,与有扈时代不合,疑为有易之误。扈又作戶,与易字篆形相近,故易致误。

干协时舞,何以怀之,平胁曼肤,何以肥之。

王逸《章句》:言纣为无道,诸侯背叛,天下乖离。当怀忧癯瘦,而反形体曼泽,独何以能平胁肥盛乎。

直按:《山海经·海外西经》云:"形天与帝至此争神,帝断其首,乃以乳为目,以脐为口,操干戚以舞。"《山海经》此条恐有缺文,与何帝争神,则不能详,《天问》即指此事。次于牧夫牛羊之后,当与王亥事有连,惜古籍沦亡,无从考核。又按:《淮南子·地形训》云:"西方有形残之尸。"高诱注云:"以两乳为目,肥脐为口,操干戚以舞。"与《山海经》同。《天问》言其头已断,仅平于胁,而何曼泽肥硕若是也。

恒秉季德,焉得夫朴牛。

王逸《章句》:恒,常也。季,末也。朴,大也。言汤能秉承契之末德,修而弘之,天嘉其志,出田猎得大牛之瑞也。

直按:戬寿堂所藏殷虚文字,有"高祖王恒"之名,王国维氏考恒即《天问》之"恒秉季德"是也。予谓王恒与王亥,皆为季之子,季当为冥之字无疑。《山海经·大荒东经》云:"困民之国,有人曰王亥,托于有易,河伯仆牛,有易杀王亥,取仆牛。"《天问》仆牛即朴牛,与仆牛相通,惟《天问》以朴牛为王恒事,与《山海经》异。殷代兄弟相传,王恒盖继王亥而为商侯者,疑王恒无子,故仍传位于亥子上甲微,史特略王恒耳。

何往营班禄，不但还来。

　　王逸《章句》：言汤往田猎，不但驰驱还来也。

　　直按：王恒为商侯，至有易盖有班爵禄之事，遂为所害。

昏微遵迹，有狄不宁。

　　王逸《章句》：昏，暗也；遵，循也。

　　直按：今本《竹书纪年》云："帝泄十六年，殷侯微以河伯之师伐有易（河伯古诸侯国，疑即《穆天子传》之河宗），杀其君绵臣。"沈约注云："殷侯子亥宾于有易而淫焉，有易之君绵臣，杀而放之，故殷上甲微假师于河伯，以伐有易灭之，杀其君绵臣。"昏应为上甲微之字，与昭明、王恒取义相同。上甲微为殷代复兴之主，故在殷墟甲骨文中，祭礼特别隆重，用牲至二百头之多。有狄即有易之假借字，易牙，《论衡·谴告篇》作狄牙，《说文》逖古文作逷。《史记》简逖作简遏，又作简易，是易狄二字古通之明证。

何乞彼小臣，而吉妃是得。

　　直按：《吕氏春秋·尊师篇》云："汤师小臣。"高诱注云："小臣谓伊尹。"与《天问》正同。疑小臣为伊尹之初官，非卑谦称也（《墨子·尚贤篇》下、《吕氏春秋·知度篇》并同）。又金文有小臣䚄鼎，盖商周之间，实有此官。

汤出重泉。

　　王逸《章句》：重泉，地名也。

　　直按：《太公金匮》云（马骕《绎史》引）："桀怒汤，以谀臣赵梁计，召而囚之钧台，置之重泉。"又《史记·秦本纪》云："秦简公以六年堑洛城、重泉。"合肥龚氏藏大良造商鞅量，亦有临重泉等字，虽为战国时地名，疑因殷周之旧。洪兴祖《补注》仅引《汉书·地理志》，盖未深考也。又按：《史记·六国年表》云："汤起于亳。"徐广注："京兆杜陵有亳亭。"杜陵与重泉，汉时皆为三辅，则汤出重泉之说，益信而有征。

昭后成游，南土爰底。

　　直按：成游，谓昭王作方城之游也。《左传·僖四年》云："楚国方城以为城，汉水以为池。"又朱仲子方成鼎，亦省城作成。屈子楚人，故详言其地理如此。

厥利维何，逢彼白雉。

　　王逸《章句》：言昭王南游，何以利于楚乎。以为越裳氏献白雉，昭王德不能致，欲亲往逢迎之。

　　直按：今本《竹书纪年》云："昭王十九年，天大曀，雉兔皆惊，丧六师于汉，王陟。"《天问》当即指此。

雷开何顺，而锡封之。

　　王逸《章句》：雷开佞人也，阿顺于纣，乃赐之金玉而封之也。吉凤池先生云：雷开当为累启之误字，因汉避启字改为开，累启即微子也，锡封者谓封于宋也，与上文"比干何逆，而抑沉之"，正相联贯。

　　直按：汉代避启为开，此例甚多。如漆雕启之为漆雕开，启母之为开母之类皆是。但《天问》如"启代益作后"，"何启离忧"等句，亦皆作启，经过汉人传写时，体例亦不一致。又按：《荀子·成相篇》云："比干见刳箕子累。"是箕子亦可以称累。扬雄《反离骚》称屈子为湘累。《汉书》苏林注云："死非其罪曰累。"是亡国羁旅之臣，皆可目之以累，足为吉说之左证。

迁藏就岐何所依。

　　王逸《章句》：言太王始与百姓徙其宝藏，来就岐下。

　　直按：《庄子·田子方篇》云："文王观于臧，见一丈夫钓，而其钓莫钓，文王欲举而授之政，称曰臧丈人。"李奇注云："臧，地名。"《天问》之迁臧就岐，藏与臧字相通，谓文王由臧迁于岐邑也。

伯林雉经，维其何故。

　　王逸《章句》：伯，长也。林，君也。谓晋太子申生，为后母骊姬所谮，遂雉经而自杀也。

　　直按：伯林雉经，至又使至代之，八句皆为一事。王逸解伯林为申生，然申生为晋太子，非君也。《九章》直称申生，不称伯林。"皇天集命""受礼天下"二句，亦与申生不合。伯林当作霸君解，疑指楚灵王事。《左传·昭十三年》记载，灵王以陈蔡不羹人作乱，五月癸亥自缢于乾谿。楚公子比自立，公子弃疾（楚平王）杀公子比。《天问》之"受礼天下，又使至代之"，谓平王杀公子比，代灵王而为楚王也。

何卒官汤，尊食宗绪。

家保之兄邦怀云：王逸注伊尹佐汤命，终为天子，以王者礼乐，祭祀其先祖。洪《补注》云："官汤犹言相汤也，尊食，庙食也。"殷墟甲骨文，记伊尹从享成汤者，其文再见（两辞均见《殷墟书契前编》卷上，二十二页），与洪说正合。

直按：《国语·鲁语》云："商人禘舜而祖契，郊冥而宗汤。"是商人以汤为宗，故云尊食宗绪也。

勋阖梦生，少离散亡。

王逸《章句》：勋，功也。阖，吴王阖闾也。梦，阖闾祖父为寿梦也。

直按：阖疑鬬字之误。《左传》："若敖娶于䢵，生鬬伯比，若敖卒，从其母畜于䢵。淫于䢵子之女，生子文，弃之梦中，有虎乳之。"是勋鬬梦生之一证。与末章云："丘陵爰出子文。"名姓各互见也。自此以下六句，皆牵连楚国之事。

何壮武厉，能流厥严。

王逸《章句》：壮，大也。言阖闾少小离亡，何能壮大。

直按：当读为"何壮武厉，能流厥庄"。庄，大也。汉人避庄字，改为严字。《史记·楚世家》云："穆王子庄王侣立。"《新序》云："荆人卞和得玉璞而献之荆厉王，使工尹相之曰石也，王以和为谩，而断其左足，厉王薨，武王即位。王又使工尹相之曰石也，又以为谩而断其右足。"《史记》无厉王，以《韩非子·外储说》证之，即蚡冒之谥。《天问》何为语助词，庄、武、厉，皆楚之三王也。其次序在其他文献，则为厉、武、庄。

彭铿斟雉帝何飨。

直按:《史记·楚世家》云:"陆终氏六子,三曰彭祖。"楚亦为高阳陆终之后,《天问》次彭铿于何壮武厉之后,盖与楚同祖也。

中央共牧后何怒。

王逸《章句》:牧,草名也。后,君也。

直按:牧当作啟。《古钵文》有币陵右司马啟、左里啟等钵,又有匠啟带钩。家墨移兄邦福据《说文》啟字,引《尚书·立政》,常伯作常啟。许叔重所据,当为壁中古文尚书,今日视之,皆为晚周时诡异文字。余谓《天问》之中央共牧,即中央共伯之误文也。今本《竹书纪年》云:"厉王十三年,王在彘,共伯和摄行天子事。"与《史记·周本纪》异。《索隐》注引《鲁连子》云:"共伯名和,好行仁义,诸侯贤之。周厉王无道,国人作难,王奔于彘,诸侯奉和以行天子事,号曰共和。"端方所藏师和父敦,疑即为共伯和所铸器。《周本纪》又云:"召公曰,昔吾骤谏王,王不从以及于难。今杀王太子,王以我为仇而怼怒乎。夫事君者险而不仇,怼怨而不怒,况事王乎。"是又厉王后何怒之证也。又按:《春秋繁露·五行相生篇》云:"中央者土,君官也。"中央比君,当为先秦两汉人之习俗语。

惊女采薇鹿何祐。

直按:《古微书》引谯周《古史考》云:"夷齐采薇,有妇人难之曰,子义不食周粟,此亦周之草木也。于是饿死。"又按:《金楼子·兴亡篇》云:"伯夷叔齐,饿于首阳,依麋鹿以为群,叔齐起害鹿,鹿死,伯夷恚之而死。"(丁氏《天问校笺》,此条考之已详,再为补遗)

兄有噬犬弟何欲,易之以百两卒无禄。

王逸《章句》:兄谓秦伯也。噬犬,啮犬也。弟,秦伯弟铖也,言秦伯有啮犬,弟铖欲请之。又云:言秦伯不肯与铖犬,铖以百两金易之,又不听,因逐铖而夺其爵禄也。洪兴祖《补注》:《春秋》昭元年夏,秦伯之弟铖出奔晋。《晋语》曰:"秦后子来仕,其车千乘。"后子即铖也。

直按:犬当为兕字,篆文形近而误。《吕氏春秋·至忠篇》云:"荆哀王猎于云梦(《说苑·立节篇》《太平御览》卷八百九十引《渚宫旧事》,皆有此事,大致相同,惟荆哀王皆作楚庄王),射随兕中之,申公子培劫王而夺之,王曰,何其暴而不敬也,命吏诛之。左右大夫皆进谏曰,子培,贤者也,此必有故,愿察之也。不出三月,子培疾而死。荆兴师战于雨棠,大胜晋师,归而赏有功者。申公子培之弟进请赏于吏曰,人之有功也于军旅,臣兄之有功也于车下,王曰,何谓也,对曰,臣之兄尝读故记,曰,杀随兕者不出三月,是以臣之兄惊惧而争之,故伏其罪而死。王令人发平府,而视之于故记果有,乃厚赏之。"《天问》所云,完全与此相合。次于伯夷之后,且为楚国之事,曰兄弟,曰百两,曰无禄,无不相符。百两为百辆省文,指车而言,即申公子培之弟所云"臣兄之有功也于车下"。无禄即庶人不禄之义。《招魂》云:"抑骛若通兮,引车右还,与王趋梦兮课后先,君王亲发兮惮青兕。"盖亦指荆哀王射随兕之事而言。《招魂》作青兕,并无误字,本文作"兄有噬犬",其误已久,观王逸《章句》训噬犬为啮犬,可以证明。

厥严不奉帝何求。

王逸《章句》:言楚王惑信谗佞,其威严当日堕,不可复奉成,虽从天帝求福,神无如之何。

直按:严亦庄字,为汉人避讳所改。楚庄称霸,威震华夏,言不奉庄王之德,又何求于他帝也。又按:《汉书·古今人表》,楚庄王亦改作楚严王。

荆勋作师夫何长。

直按:夫非语助词,指吴王夫差也,此段无夫字句法。《史记·楚世家》云:"昭王二十七年春,吴伐陈,楚王救之,军城父。"是荆勋作师之证也。《吴世家》云:"夫差十四年七月,吴王与晋定公争长,吴王曰,于周室我为长。晋定公曰,于姬姓我为伯。"是又夫差何长之证也。

吴光争国,久余是胜。

直按:余谓余昧也。新莽《莱子侯封冢记》,亦省餘作余。《史记·吴世家》,徐广注云:"餘昧生光,是为阖闾。"言吴王光与吴王僚争国既久,餘昧之后终胜也。

九　章

登昆仑兮食玉英。(涉江)

　　直按:《小校经阁金文》卷十五、九十页,有《上太山镜铭》云:"上太山,见神人,食玉英,饮醴泉,驾交龙,乘浮云。"食玉英三字,盖为先秦两汉人之习俗语。

奉先功以照下兮,明法度之嫌疑。(惜往日)

　　直按:秦权文云:"乃诏丞相状、绾,法度量,则不壹,嫌疑者皆壹之。"与本篇词汇相似。

远　游

其小无内兮,其大无垠。

　　直按:此篇恐为后人拟托,前人多已言之。本文盖取《庄子·天下篇》"至大无外,谓之大一,至小无内,谓之小一"等语,杂凑成文。

招　魂

豺狼从目,往来侁侁些。

　　直按:从目当读为纵目。《大招》云"豕首纵目"可证。

像设君室,静闲安些。

　　王逸《章句》:像,法也。

　　直按:像谓木偶像也。

高纪邃宇,槛层轩些。

　　王逸《章句》:邃,深也。宇,屋也。

　　直按:《诗》:"终南何有,有纪有堂。"毛传:"纪,基也。"本文谓邃宇有高基也。

翡翠珠被，烂齐光些。

王逸《章句》：齐，同也。

直按：《说文》云："镶锑，火齐珠也。"本文谓珠被光彩绚烂如火齐也。

大苦咸酸，辛甘行些。

王逸《章句》：大苦，豉也。洪兴祖《补注》：秦汉以来，始有豉之名，逸说非也，大苦盖苦味之甚者尔。

直按：下文有"和酸若苦，陈吴羹些"，以此互证，洪说是也。

露鸡臛蠵，厉而不爽些。

王逸《章句》：露鸡，露栖之鸡也。厉，烈也。爽，败也。楚人名羹败曰爽。

直按：《盐铁论·散不足篇》云："煎鱼切肝，羊淹鸡寒。"与本文露鸡相似，盖即后代之冻鸡或风鸡。"厉而不爽些"，与下文"丽而不奇些"句法相同。王逸《章句》："不奇，奇也。"本文亦当解作不爽，爽也。爽谓爽适于口也。

瑶浆蜜勺，实羽觞些。

直按：羽觞之名，《世说新语》称束皙引逸诗云："羽觞随波流。"不类西周人语气，恐不可靠。正式始见于《招魂》，及《汉书·外戚·班倢伃传》之"酌羽觞兮销忧"。长沙仰天湖所出楚竹简，有"龙觞一壨"之文，盖羽觞上画龙文，故改称龙觞。羽觞因器形如人面，又如飞鸟，以此得名。汉代一名为杯，《汉书·高祖纪》"分我一杯羹"是也。唐人名曰侧耳杯，见于上文颜师古注。近日俗称为耳杯，此日人所加之名称，于古并无征也。长沙战国楚墓中，出土彩画漆耳杯，以数百计，或有刻纪年铭文，及工人名字者，与汉代耳杯完全相同，特无两耳涂黄金者。信阳长台关楚墓中发现羽觞亦多，皆与本文时代相当，可以互相印证。羽觞之为用，可以酌酒，可以盛羹，本文用以盛浆蜜，亦与实际作用相符合。蜜勺者，以一勺之蜜，实于羽觞中也。王逸《章句》训勺为沾，义恐失之。

挫糟冻饮,酎清凉些。

　　王逸《章句》:挫,捉也。

　　直按:挫疑锉字假借,谓挫糟成糜为冻饮也。

衽若交竿,抚案下些。

　　直按:张衡《西京赋》云:"跳丸剑之挥霍,走索上而相逢。"李善注:"索上长绳,系两头于梁,举其中央,各从一头,上交相度,所谓舞绳也。"本文所指,疑即走索之戏。又长沙战国楚墓中出土有楚木柣及木案。

竽瑟狂会。

　　直按:西安汉城内,曾出汉镜铭文云:"常毋事,日有憙,竽瑟会,美人侍。"竽瑟会三字,盖先秦两汉人之习俗语。

晋制犀比,费白日些。

　　王逸《章句》:比,集也。

　　直按:《汉书·匈奴传》:"黄金犀毗。"孟康注:"腰中大带也。"颜师古注:"犀毗胡带之钩,亦曰鲜卑。"

铿锺摇簴,揳梓瑟些。

　　直按:《长沙古物闻见记》卷上、三十三页,有长沙战国楚墓出土木瑟略云:"瑟共二十五弦,岳面弦痕,明显可辨,其长合今市尺三尺一寸二分,承弦及岳,皆有弦痕,则非明器,但其制特小,岂《明堂位》所谓小瑟欤?"又一九五六年长沙杨家湾楚墓葬中,一九五七年信阳长台关楚墓葬中,一九七三年长沙马王堆一号汉墓中,皆出有漆瑟一具,可见楚人之好鼓瑟,与本文正相符合,不仅如文献上所记载邯郸鼓瑟也。

兰膏明烛,华灯错些。

　　直按:错,谓以黄金塗灯也。

大　招

二八接舞,投诗赋只。

　　直按:春秋时所谓七穆赋诗,登高能赋,皆以赋字为动词。本文赋为名词,与诗对举,盖楚人之赋也。

姣丽施只。

　　王逸《章句》:既好有智无所不施也。

　　直按:施当作西施解。

小腰秀颈,若鲜卑只。

　　直按:《三国志·魏书》:"鲜卑东胡之族,别保鲜卑山,因号焉,自为冒顿所破,远处辽东塞外,不与余国争衡,建武中始与汉通。"据本文战国末期,已有鲜卑之名,谓好女之腰颈,与鲜卑人相似也。洛阳北魏贵族墓中,所出女俑,无不细腰秀颈,元氏固鲜卑族也。

美冒众流,德泽章只,先威后文,善美明只,魂乎归来,赏罚当只。

　　王逸《章句》:言楚国有美善之化,覆冒群下流于众庶。

　　直按:冒谓蚡冒也。《史记·楚世家》云:"霄敖六年卒,子熊眴立,是为蚡冒。"又云:"楚武王子文王立始都郢。"宣王子威王,即怀王之父。本文称先威后文,言威文二王之德,足以比蚡冒也。

名声若日,照四海只,德誉配天,万民理只,北至幽陵,南交阯只,西薄羊肠,东穷海只。

　　王逸《章句》:言楚王方建道德,名声光辉,若日之明,照见四海,尽知贤愚。

　　直按:本段因述楚先王功德,而念及远祖高阳也。《大戴礼·五帝德篇》云:"高阳乘龙而至四海,北至于幽陵,南至于交阯,西济于流沙,东至于蟠木,日月所照,莫不砥砺。"《史记·五帝本纪》亦同。《集解》引《山海经·海外经》:"东海度索山有大桃树,屈蟠三千里,谓之蟠木。"本文之东穷海只,可证即指蟠木而言。

一九二六年初稿
一九五八年整理
一九七六年大寒又手录一通
弄瓦翁记

汉诗作品之断代

一、《东光》（武帝时）

《乐府诗集》卷二十七,有《东光》古辞,引智匠《古今乐录》云:"张永元《嘉技录》云:'《东光》旧但弦无音,宋识造其歌声。'"

东光乎,仓梧何不乎,仓梧多腐粟,无益诸军粮,诸军游荡子,早行多悲伤。

此诗黄节先生解释为东方已光,苍梧何不光,盖因瘴气之故,其说甚是。当为武帝伐两粤时,军士厌战之歌辞,确为西汉作品,《古今乐录》说为宋识所造,恐不可信。

二、《薤露》《蒿里》（西汉）

崔豹《古今注》云:"《薤露》《蒿里》,并哀歌也。本出田横门人,横自杀,门人伤之,为作悲歌。至孝武时,李延年乃分为二章二曲,《薤露》送王公贵人,《蒿里》送士大夫庶人,使挽柩者歌之,亦呼为挽歌。"按:崔说是也。现存两歌,虽不能定为田横门客当时作品,确为西汉作品,则毫无疑义。在西汉时蒿里或称为下里,《汉书·周亚夫传》:"为父买工官尚方甲盾五百被,下里可以葬者。"《韩延寿传》:"卖偶车马下里伪物者,弃之市道。"是其明证。蒿里始见于《汉书》广陵厉王歌云："蒿里召兮郭门阅。"东汉时《夏承碑》云："痛沉蒿里。"张叔敬朱书陶盆文云："地下击犆卿，耗里伍长等。"（耗为蒿字之假借）曹操有《薤露》《蒿里》二行，则东汉末期，仍用此体。广陵厉王歌中，用蒿里二字，而不用薤露，可见在西汉时以《薤露》送王公，《蒿里》送士庶，并无严格之区别。两首各自为韵，并无联系之痕迹，似非李延年所分开，此亦与崔说不合者也。薤露与蒿里，本义相对举，近人解者，谓蒿里为槁里之假借，殊未可信。若考两歌之来源，不是田横门客之首创，而是在楚歌基础上加以变化。《文选》六臣注卷四十五，宋玉对楚王问云："客有歌于郢中者，其始曰下里巴人，国中属而和者数千人。其为阳阿薤露，国中属而和者数百人。其为阳春白雪，国中属而和者数十人。"薤露之曲，则甚明显，由横门客，盖仿楚声而为辞也。

三、《乌生》（西汉）

《乐府诗集》卷二十八，载《乌生》古辞云：

乌生八九子，端坐秦氏桂树间，唶我！秦氏家有游遨荡子，工用睢阳强，苏合弹，左手持强弹，两丸出入乌东西。唶我！一丸即发中乌身，乌死魂魄飞扬上天，阿母生乌子时，乃在南山岩石间。唶我！人民安知乌子处，蹊径窈窕安从通。白鹿乃在上林西苑中，射工尚复得白鹿脯。唶我！黄鹄摩天极高飞，后宫尚得烹煮之，鲤鱼乃在洛水深渊中，钓钩尚得鲤鱼口。唶我！人民生各各有寿命，死生何须复道前后。

此诗所用南山岩石间，及白鹿乃在上林西苑中，皆为西汉眼前事，东汉即不用此等语句，诗为西汉时作品无疑。鲤鱼乃在洛水深渊中一句，与东汉诗直称洛阳者不同。睢阳两汉皆属梁国，睢阳出强弓，与苏合香可以制成弹丸，均不见于他书。唶我是表声字，《说文》："唶，大声。"北音无入声，当读如晁错之错，唶我疑读为"错啊"。

四、《妇病》《东门》《孤儿》三行（西汉）

汉乐府中，以《妇病》《东门》《孤儿》三行，最为诘屈古奥，句读难通，当为西汉时作品。与《陌上桑》《董娇娆》气味迥乎不同。我将此三篇读法、解法、看法，分述如下：

《妇病行》云：

> 妇病连年累岁，传呼丈人前一言，当言未及得言，不知泪下一何翩翩。属累君两三孤子，莫我儿饥且寒。有过慎莫笪笞，行当折摇，思复念之。乱曰，抱时无衣，襦复无里。闭门塞牖，舍孤儿到市，道逢亲交，泣坐不能起。从乞求与孤买饵，对交啼泣，泪不可止，我欲不伤悲不能已。探怀中钱持授交，入门见孤啼，索其母抱，徘徊空舍中。行复尔耳，弃置勿复道。

此篇首段大意，叙病妇临终前，与夫之遗嘱，邀其老父来作证明。君即指夫而言，乱曰以下，叙妇没之后，其夫凄凉行乞养孤儿情状。近人解者，皆以为妇之老父代养孤儿，实为错误。笪笞即挞笞假借，折摇即折夭假借（用闻一多氏《乐府校笺》说）。襦复即襦複之假借，与《孤儿行》之冬无複襦正同。舍即捨之假借。对交啼泣，交指亲交而言，探怀中钱持授交，谓借贷亲交之钱，因悲伤而又持还也。返家之后，见孤幼不知其母已没，仍啼索母抱也。弃置勿复道，用枚乘诗句（枚诗作弃捐勿复道），交、抱、道三字为韵。两汉时钱与泉字，虽互相通用，但钱币之钱，无写作泉者，汉碑阴出钱题名及《汉书·王嘉传》等均可证，本诗作钱字，亦极适合。又西汉人夫妇家常穷愁琐语存于现今者，有□宣与妇书，与本诗成为双绝，今并附录于后，所谓奇文共欣赏也。《居延汉简释文》卷四、二页，有简文云："宣伏地再拜请幼孙少妇足下，甚苦，塞上暑时，愿幼孙少妇，足衣弥食，障塞上，宣幸得幼孙力，过行边，毋它急。幼都以闰月十日，与长史君俱之居延，言丈人毋它急，发卒不当得见幼孙不（否）也，不足数来记，宣以十一日对候官未决，谨因使奉书，伏地再拜，幼孙少妇足下。（下略）"此简原文古质,释文恐有误字,幼都当为幼孙少妇之兄弟,丈人指幼孙之父而言。与本诗之传呼丈人前一言,皆以丈人为妻父之称,与后代俗称相同。足下为汉代男女通称,亦仅于此书见之。

《东门行》云:

> 出东门,不顾归,来入门,怅欲悲。盎中无斗储,还视架上无悬衣,拔剑东门去,舍中儿母(一作女)牵衣啼。他家但愿富贵,贱妾与君共铺糜。上用仓浪天故,下当用此黄口儿。今非,咄!行!吾去为迟,白发时下难久居。

> 出东门,不顾归,来入门,怅欲归。盎中无斗储,还视桁上无悬衣一解。拔剑出门去,儿女牵衣啼,他家但愿富贵,贱妾与君共铺糜二解。共铺糜,上用仓浪天,下为黄口小儿。今时清廉,难犯教言,君复自爱莫为非三解。今时清廉,难犯教言,君复自爱莫为非。行!吾去为迟,平慎行,望君归四解。

此篇《乐府古题要解》言:"士有贫不安其居者,拔剑将去,妻子牵衣留之,愿共铺糜,不求富贵,且曰今时清廉不可为非也。"余按:《方言》卷五:"䓶甒谓之盎,自关而西,或谓之盆、或谓之盎。"本诗之盎中无斗米储,与关西人方言相合,疑为关西人之作品(西汉时关西,指函谷关以西地区)。上用仓浪天故,下当用此黄口儿,即上当愧天,下当俯念小儿之意。黄口三字,始见于《淮南子·氾论训》,继见于《盐铁论·散不足篇》,为西汉人称小儿之习俗语。魏曹丕《艳歌何尝行》云:"约身奉事君,礼节不可亏,上惭沧浪之天,下顾黄口小儿。"又《大墙上蒿行》云:"上有沧浪之天,今我难得久来视,下有蠕蠕之地,今我难得久来履。"第一首直用本篇之辞,第二首变化本篇之辞,反比原文清晰而易解。即可引曹丕之诗,作为本篇之笺注。妻虽止之,其夫还是出行,所谓白发时下难久居,其时盖已垂老。观魏晋所奏,曰今时清廉难犯教言,教即官教,以西汉各阶段而论,似指宣昭元时代而言。

《孤儿行》云:

> 孤儿生,孤子遇,生命当独苦。父母在时,乘坚车,驾驷马。

父母已去,兄嫂令我行贾,南到九江,东到齐与鲁。腊月来归,不敢自言苦,头多虮虱,面目多尘,大兄言办饭,大嫂言视马。上高堂,行取殿下堂,孤儿泪下如雨。使我朝行汲,暮得水来归,手为错,足下无菲。怆怆履霜,中多蒺藜,拔断蒺藜,肠月中怆欲悲,泪下渫渫,清涕累累。冬无复襦,夏无单衣,居生不乐,不如早去,下从地下黄泉。春气动,草萌芽,三月蚕桑,六月收瓜。将是瓜车,来到还家,瓜车反覆,助我者少,啖瓜者多。愿还我蒂。兄与嫂严,独且急归,当兴校计。乱曰:里中一何浇浇,愿欲寄尺书,将与地下父母,兄嫂难与久居。

此篇以中多蒺藜,拔断蒺藜两句来推断,应为关西人作品。《本草经》卷七云:"蒺藜出冯翊平泽中。"即后人所称沙苑蒺藜是也。冯翊即今之同州,古人描写风土物产,皆就眼前而言。九江位置在南方,齐鲁位置在东方,作者就其地形方位实写,并不以本身所在地方为标准。西汉人皆喜泛称齐人鲁人,如《汉书·公孙宏传》云"齐人多诈",《儒林传》云"《公羊》为齐学,《谷梁》为鲁学"之类,东汉人此等名称,已渐稀见,故定此诗为西汉作品。孤子遇生,或作孤儿遇生,前人皆断此四字为句。余按:当读为孤儿生、孤子遇,生命当独苦,遇苦二字为韵。愿还我蒂,此句颇奇突,近人解释谓孤儿无法禁止别人吃瓜,但要求还给他瓜蒂,以便点数,说颇可通。

综上三诗,《妇病行》是描写小市民妻亡家破惨淡情况,《东门行》是描写知识分子贫居失业情况,《孤儿行》是描写富商没落之家庭情况。事景愈琐碎,辞句愈真朴,后人能拟此题,不能得其古味。汉代《相逢行》及《长安有狭邪行》,先总说兄弟三人,两兄皆宦成名立,惟说三弟皆云无官职,或云无所为。其原因丈夫往往怜其少子,养成游闲公子状态,殆其父母故世之后,身无一技之长,必然遭到涉世之颠沛流离。《孤儿行》叙述其兄嫂尚有马匹,有房屋,还算素封之家,而孤儿本身,则一无所有,与《相逢》《狭邪》两行,有不可分割之联系。至于《东门行》两说今时清廉,不敢为非,作者写出贫士失职,辘轳不平之气概,正反映出当时之不清廉。三诗所提出的问题,表面上是家庭问题,实际上是社会问题。

五、辛延年羽林郎（西汉末期）

旧说辛延年为后汉人，因诗中耳后大秦珠一句而定案。《后汉书·西域传》云："大秦土多金银奇货，有夜光璧，明月珠。"再加以大秦王安敦入贡，事在后汉，因此近代学者，皆主此说。然大秦之名称，虽见于《后汉书》，但可能始于西汉后期。

余疑辛延年为西汉末期人者，先研究他的姓，因辛氏为陇西大族，辛武贤、辛庆忌父子最为知名。后辛氏多为王莽所杀害，至东汉时，辛氏之闻人极少。再研究他的名，东汉时不用复名，延年二字，在西汉时用作人名者，极为普遍，如李延年、杜延年、张延年（见《汉书·张安世传》）、乘马延年之类（见《汉书·沟洫志》）。东汉人从无用延年作名字者，辛延年亦不能例外。东汉去西汉虽不远，然在人名形式上有很多变化。如名不侵、未央、何伤、毋伤、延年、延世、不满、得意等字样（以上仅略举数例），在东汉人名中，绝不易见到。到了三国又偶然有名延年者，如作《秦女休行》之左延年是也。

羽林郎，《汉书·百官表》云："羽林掌送从，次期门，武帝太初元年初置，名曰建章营骑，更名羽林骑。"又《通典》卷二十八《职官十》云："宣帝令中郎将骑都尉监羽林，谓之羽林中郎将，领郎百人，谓之羽林郎。"本篇标题称为羽林郎，当为宣帝以后所制之乐府，然与冯子都无涉。辛延年因名实相近，借用为题，等于后代填词之词牌也。本诗另有重要关键，即冯子都是否官执金吾问题。诗中一再强调不意金吾子，及多谢金吾子。《汉书·霍光传》仅言："光爱幸监奴冯子都。"又言："百官但事冯子都、王子方。"所谓监奴者史无注文，当为某监之官奴，如椽中监（见《苏武传》）、骏马监之类（见《傅介子传》）。黄县丁氏所藏孙成买地券，自称为左骏厩官大奴孙成是也（左骏厩监官奴之简称）。冯子都确未官执金吾，故不见于《汉书·百官表》，但执金吾有丞有掾属，冯子都可能由监奴被霍光擢升至执金吾丞之类，亦未可知。例如后代有官太常博士者，在倡和投赠诗题中可以称为某太常,如果冯子都曾官执金吾丞之属,则亦可夸大称为金吾子矣。又《汉书·宣帝纪》地节三年诏书云:"长安男子冯殷等,谋为大逆。"余按汉制,有爵而黜革者,称为士伍,刑徒称为大男(见《居延汉简释文》四四九页简文云:复作大男丛市)。一般人民,称为男子,因贫鬻民爵,因罪削去民爵者,亦称为男子。汉廷诏书,称冯殷为长安男子,当属于因罪削去民爵类型,与本诗又不相同。总之本诗称冯子都为金吾子,不是泛称,在当时作者必有依据,这是可以补《汉书》之不及,并非与《汉书》背道而驰的。朱秬堂疑此诗为讽窦景而作,东汉耿、窦、梁诸氏,皆为骄横之外戚,若耿秉亦曾官执金吾,朱氏何不云为讽耿秉而作,知此未可信也。本诗首句,昔有霍家奴,丁福保氏引宋刻《玉台新咏》《乐府诗集》,校改作霍家姝。并云古之士之美者亦曰姝,然《霍光传》明云监奴,原文不能决定为姝字之误。

六、《平陵东》(王莽时)

《乐府诗集》卷二十八,《平陵东》古辞云:

> 平陵东,松柏桐,不知何人劫义公。劫义公在高堂下,交钱百万两走马。两走马,亦诚难,顾见追吏心中恻。心中恻,血出漉,归告我家卖黄犊。

崔豹《古今注》云:"《平陵东》,汉翟义门人所作也。"《乐府解题》云:"义,丞相方进之少子,字文仲,为东郡太守,以王莽方篡汉,举兵诛之,不克见害,门人作歌以怨之也。"余按《汉书·翟义传》云:"于是吏士精锐,遂围攻义于圉城,破之。义与刘信弃军庸亡至固始界中,捕得义,尸磔陈都市。"《王莽传》亦云:"居摄二年十二月,王邑等破翟义于圉。"本诗是叙述翟义在东郡兵败之后,逃往东平陵,又为人所劫,义之吏士,出钱马向劫主赎出,诗中叙追吏在后,情势紧迫,不得不加卖黄犊。与《翟义传》所云之弃军庸亡,正相符合。《汉书·地理志》,东平陵属济南郡,在春秋时本名平陵,与东郡相近。至翟义覆军之圉县,殉难之固始,在西汉时均属淮阳国。义被难之后，门人将在东平陵被劫一段，作歌纪念，其事虽不见于《汉书》，亦理之所恒有也。闻一多氏《乐府诗笺》云："平陵当为昭帝之平陵，玩诗意全不类，诗但言盗劫人为质，令其家输财物以赎，如今绑票者所为，因疑义（繁体）公为我公之误字，说者遂以为翟义事。"以我所见，实则本事不误。

七、《陌上桑》（东汉初期）

《陌上桑》本事有两说，崔豹《古今注》云："邯郸女子姓秦名罗敷，为邑人千乘王仁妻，仁后为赵王家令，罗敷出采桑陌上，赵王登台，见而悦之，因饮酒欲夺之，罗敷乃弹筝作《陌上桑》之歌以自明焉。"而《乐府解题》则曰："罗敷采桑，为使君所邀，罗敷盛夸其夫以拒之。"二说不同，以诗中"使君从南来，五马立踟蹰，使君遣吏往，问此谁家姝"及"十五府小史，二十朝大夫，三十侍中郎，四十专城居"等句观之，与《乐府解题》后说相近，而朱子又疑使君即罗敷之夫，与崔豹说虽不同，当亦有所本。罗敷二字，义不连属，敷当为绀字同声假借，《汉书·昌邑王贺传》"臣敞故知执金吾严延年字长孙女罗绀"是也。罗敷之夫王仁为千乘人，与邯郸不属于一郡，崔豹所谓邑人则为误字。

东汉无赵国，此事及诗之作品，亦比较为早，至迟在东汉初期，因鸡鸣诗之"黄金络马头"，已引用此诗为成句，《古诗为焦仲卿妻作》，已有"东家有贤女，自名秦罗敷"两句。左延年《秦女休行》，有"秦氏有好女，自名为女休"，及"女休前置词"等句，或用本诗之成句，或仿本诗之句调，皆其明证。且蚕桑之利，在东汉初年，始到江南（见《后汉书·卫飒传》注）。罗敷采桑，叙赵王之事，可见尚在北方。其事应在西汉，作品则在其后也。萧子显《日出东南隅行》云："出入东城里，上下洛西桥。"是以罗敷采桑，为东汉时事矣，说恐未确。

汉代古乐府多咏秦氏事，凡有三见：一秦罗敷陌上采桑事，二左延年《秦女休行》，三《乌生》诗，而《乌生》诗尤古，首句云："乌生八九子，端坐秦氏桂树间。"虽为诗人比兴所托,而秦氏或亦指秦罗敷家而言,可见罗敷采桑艳事流传之广。

八、宋子侯董娇饶(东汉)

丁福保氏《全汉诗》云:娇饶诸本或作娇娆,盖以相沿俗字误改,今仍从宋刻《玉台新咏》《艺文类聚》《乐府诗集》作娇饶。余按西安汉城遗址,曾出土"张娇"印,又出丁娆穿带印,其一面为"姜娆"二字(皆吴兴沈氏藏)。可证娆字在汉代本作娆,此诗作饶者为假借字,丁氏指娇娆为传写之误字非也。

本诗首句:"洛阳城东路,桃李生路傍。"明显为东汉作品,宋子侯是字非名也。

九、《相逢行》与《长安有狭邪行》两诗之相似(东汉)

《相逢》与《长安有狭邪》两行,皆以描写兄弟三人及三妇为主要人物,语气多相似,为齐梁人"三妇艳"之所本,《相逢行》云:

相逢狭路间,道隘不容车,如何两少年,挟毂问君家。君家诚易知,易知复难忘,黄金为君门,白玉为君堂。堂上置樽酒,使作邯郸倡,中庭生桂树,华灯何煌煌。兄弟两三人,中子侍中郎,五日一来归,道上自生光。黄金络马头,观者满路旁,入门时左顾,但见双鸳鸯。鸳鸯七十二,罗列自成行,音声何噰噰,鹤鸣东西厢。大妇织罗绮,中妇织流黄,小妇无所作,挟瑟上高堂。丈人且安坐,调丝未遽央。

此诗与《鸡鸣》诗,句意亦多相同,《鸡鸣》诗中之"黄金为君门,碧玉为轩堂,上有双樽酒,作使邯郸倡。刘王碧青甓(当指淮南王刘安),后出郭门王(此句未解)。舍后有方池,池中双鸳鸯,鸳鸯七十二,罗列自成行,鸣声何啾啾,闻我殿东厢。兄弟四五人,皆为侍中郎,五日一时(疑归字之误)来,观者满路旁,黄金络马头,颎颎何煌煌"等十八句,与《相逢行》几同十分之九。

《长安有狭邪行》云:

> 长安有狭邪,狭邪不容车,适逢两少年,夹毂问君家。君家新市旁,易知复难忘。大子二千石,中子孝廉郎,小子无官职,衣冠仕洛阳。三子具入室,室中自生光,大妇织绮纻,中妇织流黄,小妇无所为,挟瑟上高堂。丈人且徐徐,调弦讵未央。

此诗与《相逢行》又大同小异,换言之,《鸡鸣》与《长安有狭邪》,两诗合并,即成为《相逢行》。昔人所谓古者言公,人人可用,每篇不一定皆标署作者之姓名,在流传歌颂或宴会奏乐时,可以随意增减,故表现略有异同。此等异同,是原本之流传,非抄本之错误,在汉镜铭中,可以证明出变化之痕迹。如汉代人民戍边之苦,妻子在家思念,托情于镜铭有云:"秋风起,予志悲,久不见,侍前稀。"(见《古镜图录》卷中、四页)又有一镜铭云:"道路远,侍前稀,昔同起,予志悲。"(见《小校经阁金文》卷十五、九页)西安汉城遗址又出土一汉镜铭云:"君行卒,予志悲,久不见,侍前稀。"(拓本)在三首镜铭之中,辞句皆相似。若为诗体,则成为同一类型大同小异之三首古诗。上述《相逢》《鸡鸣》《长安有狭邪》三诗之大体相似,盖同此理。

三诗皆摹写弟兄三人,长子中子,皆官二千石,或由举孝廉拜郎中。摹写少子,则为衣冠楚楚十足之乡绅。摹写三妇,则大妇二妇,织罗绮及流黄,三妇则无所为,以挟瑟调丝,侍奉堂上之老人为欢乐。曹丕《艳歌何尝行》云:"长兄为二千石,中兄被貂裘,小弟虽无官爵,鞍马驳驳,往来王侯长者游。"亦按照汉诗之规律,不加变更。又《长安有狭邪行》云"小子无官职,衣冠仕洛阳",说此诗者,认为既无官职,何以又云仕洛阳,在词句中显有矛盾。不知衣冠仕洛阳一句,系总结上文,与大子二千石,中子孝廉郎二句联贯一气,原文并无错误。

两晋南北朝诗拟《相逢》《长安有狭邪》两行,又演变出"三妇艳"名称来,其中言兄弟三人及三妇的,略举如下:

大兄珥金珰,中兄振缨绥。伏腊一来归,邻里生光辉。小弟无所作,斗鸡东陌逵。

(荀昶拟《相逢狭路间》)

大妇织纨绮,中妇织罗衣,小妇无所作,挟瑟弄音徽。丈人且却坐,梁尘将欲飞。

(同上)

大妇扫玉墀,中妇结罗帏,小妇独无事,对镜画蛾眉。良人且安卧,夜长方自私。

(沈约拟《三妇》)

大妇刺方领,中妇抱婴儿,小妇尚娇稚,端坐吹参差。丈人无遽起,神凤且来仪。

(张率《相逢行》)

大妇弦初切,中妇管方吹,小妇多姿态,含笑逼清卮。

(吴均《三妇艳》)

大息组细缊,中息佩陆离,小息尚青绮,总丱游南皮。

(梁武帝拟《长安有狭邪》十韵)

大妇理金翠,中妇事玉觿,小妇独闲暇,调笙游曲池。丈人少徘徊,凤吹方参差。

(同上)

上述各诗,皆描写三弟与三妇,无所事事,仍墨守汉诗之成规,不加变革。而《相逢行》所述之地区,则有不同。有指为邯郸者,如荀昶拟《相逢狭路间》诗云:"朝发邯郸邑,暮宿井陉间。"梁武帝咏《长安有狭邪》云:"君宅邯郸右,易忆复可知。"有指为长安者,如张率《相逢行》云:"相逢夕阴街,独趋尚冠里。"盖皆传闻之异辞。

十、古绝句之隐语(东汉)

《玉台新咏》卷十,载古绝句四首,第一首云:

藁砧今何在？山上复有山。何当大刀头，破镜飞上天。

《乐府解题》谓此诗纯用隐语，藁砧今何在，指夫而言。山上复有山隐出字，何当大刀头隐环字，破镜飞上天隐圆字是也。盖为夫远戍边塞，其妻子相思相念之作。西汉正戍卒戍边之苦，见于《汉书》贾谊、晁错、贾捐之等传，及《盐铁论》之《备胡》《执务》等篇。戍边之法令，见于应劭《汉官仪》，已详见枚乘杂诗为写人民戍边之苦而作篇中。东汉戍卒之制度虽废，边屯之防守如故，征募殊名，实际则一。

以下三首云：

日暮秋云阴，江水清且深，何用通音信，莲花玳瑁簪。

菟丝从长风，根茎无断绝，无情尚不离，有情安可别。

南山一树桂，上有双鸳鸯，千年长交颈，欢庆不相忘。

此三首与第一首相比，古质之气味，相差很远，疑非同一时期之作品，经后人拼凑成四首者。《莲花玳瑁簪》本于《汉铙歌十八曲》之《有所思》；《南山一树桂》，本于《乌生八九子》。

十一、古诗十九首中"生年不满百" 作者之时代（东汉）

《文选·古诗十九首》第十四首云："生年不满百，常怀千岁忧。"最末两句，则为"仙人王子乔，难可与等期"。盖为东汉中期以后作品。与《西门行》"自非仙人王子乔，计会寿命难与期"，又《吟叹曲》，专咏王子乔事，皆同期作品。李善注引《列仙传》："王子乔者，太子晋也，道人浮丘公，接以上嵩高山。"屈子《远游》云："轩辕不可攀援兮，吾将从王乔而娱戏。"（此篇疑为汉人拟托）楚辞《惜诵》云："赤松王乔皆在旁。"《淮南子》云："王乔赤松，去尘埃之间，离群匿之纷。"西汉人引用王子乔事尚不普遍，东汉以来，则已盛称，至六朝人则又改称王子晋。北魏云峰山郑道昭题名，以王子晋与安期生对举是也。东汉所以盛称王子乔者，其原因或以王乔官叶令，双凫飞凫一段神话，便牵连到古之王子乔亦未可知。证之《古镜图录》卷中、十八页,有袁氏镜云:"仙人子乔赤松子。"又同书十九页,有袁氏镜云:"仙人子乔侍左右。"《箧斋藏镜》卷上、二十二页,有王氏镜云:"上有仙人子乔赤松子。"上述三镜,皆用四神兽图案,为东汉中期以来之形式。又浙江绍兴出土汉镜,有王子乔、赤松子题名,镜绘车马人物四分式图案,则为东汉末期作品,与本诗年代,均可互相印证。又曹操《气出唱》第二首云:"来者为谁,赤松王乔。"《秋胡行》第二首云:"赤松王乔,亦云得道。"曹丕《折杨柳行》云:"王乔假虚辞,赤松垂空言。"王粲《俞儿舞歌》云:"子孙受百禄,常与松乔游。"虽到建安末期,所引用词汇,风气仍然相似,晋代游仙诸作,则不然矣。

十二、论《江南可采莲》(东汉)

《宋书·乐志》载《江南可采莲》为古辞,故选诗者列入汉诗,以余观之,当为东汉末期,江南人之作品。汉代以莲花入诗者,始见于古绝句之"莲花玳瑁簪",及本诗之"江南可采莲,莲叶何田田"。以莲花入画者,始见于东汉建宁元年马卫将五凤里番延寿瓦莂,上有飞马及莲花像。又余在西安得一陶仓,上画粉墨莲花,与此诗时代,均可互相印证。古代诗画中用莲花,有两种性质,一是芙蕖,描写男女相恋之情;二是宝相花,属于佛像观念。本诗则合于前者类型。汉代诗歌,描写相恋之辞,始重采桑,至东汉末期,进演为采莲,南朝又进化为采菱(战国时惟楚国有采菱歌曲,见楚辞《招魂》)。又按《古今乐录》:"梁天监十一年冬,武帝改西曲,制《江南上云乐》十四曲,《江南弄》七曲,其三曰《采莲曲》,其五曰《采菱曲》。"盖皆由《江南可采莲》一诗,而加蜕化,如吴均之《采莲诗》,梁武帝及昭明太子之《采莲曲》,皆其最著者。

十三、《秦女休行》之事迹(东汉末期)

《乐府诗集》卷六十一,有左延年《秦女休行》云:

>步出上西门，望望秦氏庐，秦氏有好女，自名为女休。休年十四五，为宗行报仇，左执白杨刃，右据宛鲁矛。仇家便东南，仆僵秦女休。女休西上山，上山四五里，关吏呵问女休，女休前置词，平生为燕王妇，于今为诏狱囚。平生衣参差，当今无领襦，明知杀人当死，兄言快快，弟言无道忧。女休坚辞，为宗报仇死不疑。杀人都市中，徼我都巷西，丞卿罗（一本下有列字，则与东向坐合为七字一句），东向坐。女休凄凄曳梏前，两徒夹我持刀，刀五尺余。刀未下，朣胧击鼓赦书下。

又按《太平御览》卷四百八十一，引袁山松《后汉书》，乐府左延年《秦女休行》曰：

>始出上西门，遥望秦氏家，秦氏有好女，自名曰女休，女休年十五，为宗行报仇，左执白杨刃，右据宛鲁矛。仇家东南疆，女休西上山，上山四五里，关吏不得休。女休前置词，生为燕王妇，今为诏狱囚，刀矛未及下，朣胧击鼓赦书下。

两诗相比，前诗古质，且有误字，后诗易解。所以有两首者，前者疑为本辞，后者疑为魏晋时乐府所奏，大意是秦女休为燕王妇，替族人报仇，逃至西山，为关吏所执，已论罪，逢赦书特免。此事亦见于曹植《鼙舞歌·精微篇》："关东有贤女，自字苏来卿，壮年报父仇，身没垂功名，女休逢赦书，白刃几在颈，俱上列仙籍，去死独就生。"（见《宋书·乐志》）曹植所云女休逢赦，即本诗之秦女休。曹植诗又云："黄初发和气，明堂德教施，治道致太平，礼乐风俗移，刑措民无枉，怨女复何为。"可证秦女休为黄初以前之事，袁山松既收入《后汉书》，秦女休之事，在东汉末年无疑。《晋书·乐志》云："黄初中柴玉（柴玉亦见《三国志·魏书·杜夔传》）、左延年以新声被宠。"并可证本诗或作于魏初，追咏东汉时事。又按：东汉无燕王，是否有误字，未敢确定。晋傅玄有《秦女休行》，所咏为庞烈妇为父母报仇事，盖借用事实相类之乐府为标题，李白之《秦女休行》，则用本事渲染，与傅玄之作品不同。

十四、焦仲卿妻诗（与建安时代正相适应）

诗序云："汉末建安中，庐江府小吏焦仲卿妻刘氏。"按：小吏为府吏身份之名词，当在有秩、书佐以下，如铃下（见《续汉书·舆服志》及《孟璇碑》等）、干之类（见《汉官》及《景君碑》阴，则省写作午）。《汉书》尹翁归、王尊传皆云"为郡小吏"是也。小吏又作小史，《陌上桑》云："十五府小史，二十朝大夫。"《隶释》卷十二，有《相府小史夏堪碑》，与小吏名异实同，与汉印文中少内相近。

"孔雀东南飞，五里一徘徊。"按：此诗本于《艳歌何尝行》之"五里一反顾，六里一徘徊"。特《艳歌行》所指为双白鹄，此则变为孔雀耳。

"云有第三郎，窈窕世无双，年始十八九，便言多令才。"下文又有"云有第五郎，娇逸未有婚"。按：先云第三郎，继又云第五郎，前人解者疑第三郎为县令之子，第五郎为太守之子，因刘母拒绝县令后，太守又遣县丞及主簿为媒也。余谓前后所言，皆太守之子，因第一次请县令作媒说第三郎未成，继又请县丞及府主簿作媒，改说第五郎也。

"说有兰家女，承籍有宦官。"前人对于兰家女，疑为误字，余谓兰家女即指刘兰芝而言，兰家女等于兰姑娘，江南习俗，乡村中往往称人之后名，或小名以代其姓，直至近世犹然。

"青雀白鹄舫，四角龙子幡。"按：西汉时期多称鸿鹄及黄鹄、双鸿鹄，如高祖之"鸿鹄高飞，一举千里"，枚乘之"愿为双鸿鹄"，苏武之"愿为双黄鹄"，乌孙公主歌之"愿为黄鹄返故乡"，翟子威歌之"谁云者，两黄鹄"。至《双白鹄》诗（即《艳歌何尝行》），始用白鹄二字，此为再见。《双白鹄》歌，亦疑为东汉初期作品，此等风气，随时代之口头语而转变，遂演成为代表时代性之词汇，其初并无定义也。

"交广市鲑珍。"按：《续汉书·郡国志》："交州治苍梧郡广信。注引《汉官》曰，刺史治。"疑因交州治广信，东汉时已有交广名称。孙权黄武五年，在交州中又分置广州，而交广二字，遂为魏晋人以来连称。如王范著有《交广春秋》,及《晋书·石崇传》所谓徙交广是也。前人因诗中已见交广二字,有疑为吴时或晋时作品者,其实不然。鲑为虾菜之总称,本诗之鲑珍,盖指海错等珍品,为太守家之聘礼。

"从人四五百,郁郁登郡门。"按:《续汉书·百官志》:"河南尹员吏九百二十九人。"太守府之员吏,当次于河南尹,可见掾吏人数之多。本诗从人,指太守府之执事,如斗食、五百之类。所云四五百人,并不夸大。登作来字解,为登来省文,盖用齐语也。

"新妇入青庐。"闻一多氏《乐府诗笺》,引《世说新语·假谲篇》云:"魏武帝少时,尝与袁绍好为游侠,观人新婚,因潜入主人园中,夜叫呼云,有偷儿贼,青庐中人皆出现,帝乃抽刀韧妇,与绍还。"按:闻说是也,青庐二字,始见于汉末时期,与本诗时代正相适合。

"两家求合葬。"按:合葬二字,虽见于《礼记》,然帝王之盛行合葬,迭见于《史记·秦本纪》。一般人之合葬,以近时发掘情况而论,见于西汉中期,至东汉乃大行。谢惠连《祭古冢文》云:"以木为椁,中有二棺,正方两头无和。"以木椁而合葬则为西汉时葬仪。《隶释》卷十二,《相府小史夏堪碑》云:"聘谢氏,并灵合葬,古命有之。"此尤为东汉末期盛行合葬之证。

此诗共一千七百四十五字,三百四十九句。有一个特点,即不拘定两句用一韵,故结算诗句,成为奇数。以诗中白鹄舫、交广、青庐、合葬等字面观之,皆为东汉人之习俗语,与诗序所说汉末建安中,时代无不吻合(诗序当为后人所追加,距成诗时亦不过远,因兰芝姓刘,仅载于诗序也)。

汉诗中之习俗语与古器物之联系

余撰《两汉经济史料论丛》《汉书新证》《盐铁论解要》等书,皆多取材于两汉之古器物,互相印证,因皆为出土之直接史料,比较文献更为可信。两汉诗篇及乐府,所用之习俗语,亦多与古物相合。现用札记式罗列于后,亦间有关于古籍考证者,一并附录如次。

《大风歌》,按《汉书·高祖纪》:"发沛中儿得百二十人,教之歌,酒酣,上击筑自歌曰:大风起兮云飞扬,威加海内兮归故乡,安得猛士兮守四方。"《礼乐志》云:"初高祖既定天下,过沛,与故人父老相乐,醉酒欢哀,作风起之诗,令沛中僮百二十人习而歌之。"《艺文志》云:"高祖歌诗二篇。"盖指《大风歌》及《鸿鹄歌》而言。《文选》题云《汉高帝歌》一首,皆无《大风歌》之名。又按:《金石萃编》汉十七,沛县歌风台,有大风歌刻石,标题为《汉高祖皇帝歌》,相传为曹喜书,篆体与三体石经相近,虽不能确定时代,然观其标题不称为《大风歌》,而称为《汉高祖皇帝歌》,与《文选》相同,可定为六朝以上之古刻。在古籍上称为《大风歌》者,则始于《艺文类聚》。又《太平御览》卷五百三十九,引此歌猛士作壮士,以《汉书》及石刻证之,当以猛士为正确。高祖与项羽皆为楚人,所作皆为楚歌,高祖《鸿鹄》,且自称楚歌,尤为明证。表面与楚辞相近,实则为楚地流传之声调,屈子不过集楚声之大成。项羽《垓下歌》亦本无题目,与高祖《大风》《鸿鹄》正同,歌题皆后人所加。虞姬和歌见于《楚汉春秋》,形同五言绝句,望而知为伪托,王伯厚反以为真品,误矣。《楚汉春秋》原书久佚,《御览》各类书中所引,往往有后人假托者夹杂其内,如许负汉高祖封为鸣雌亭侯一语,西汉无亭侯之称,其为东汉人所附益可知。虞姬和歌,尤作伪之显著者(见丁福保《全汉诗》卷一、一页,以下简称几卷几页)。

汉武帝《西极天马歌》云:"涉流沙兮四夷服。"按:《小校经阁金文》卷十五、四十一页,有龙氏镜铭云:"龙氏作镜四夷服,多贺国家人民息。"又同卷五十一页,有周仲镜云:"周仲作镜四夷服,多贺国家人民息。"盖四夷服三字,为两汉人之习俗语。(卷一、二页)

广陵厉王胥歌云:"蒿里召兮郭门阅。"按:《蒿里》即田横门人挽歌之一,与《薤露》歌正同,蒿、薤义相对举,近人有解蒿里为蘦里者恐非,郭门谓墓中之郭门,本椁墓以近年发掘情况推测,始于战国,盛行于西汉初中期,与广陵厉王时代正相当,阅应读如阆。(卷二、四页)

郊祀歌《练时日》云:"左苍龙,右白虎,灵之来,神哉沛。"按:《澄秋馆吉金图录》六十四页,有尚方镜铭云:"尚方御镜大无伤,左龙右虎辟不羊,朱鸟玄武顺阴阳。"在汉镜中,有龙、虎、朱雀、玄武四种图象者,谓之四神,最为普遍,兹仅略举一例。(卷一、五页)

郊祀歌《天地》云:"九歌毕奏斐然殊,鸣琴竽瑟会轩朱。"按:西安汉城曾出汉镜铭云:"常毋事,日有憙,竽瑟会,美人侍。"(卷一、六页)

郊祀歌《景星》云:"河鱼供鲤醇牺牲。"按:即汉《艳歌》之"天公出美酒,河伯供鲤鱼"。(卷一、七页)

郊祀歌《象载瑜》云:"赤雁集,六纷员,殊翁杂,五彩文。"按:翁谓凫翁也,《急就篇》云:"春草鸡翘凫翁濯。"言赤雁之文彩,与凫翁杂文有异也。(卷一、八页)

《汉铙歌十八曲·远如期》云:"大乐万岁,与天无极。"按:西安汉城出土"与天无极"瓦极多,或有省写作"与天毋亟"者,又有分书"与天"及"无极"在两半瓦者,盖为汉人之习俗语。(卷一、十一页)

蔡邕《饮马长城窟行》云:"客从东方来,遗我双鲤鱼,呼儿烹鲤鱼,中有尺素书。"闻一多氏《乐府诗笺》云:"双鲤鱼,藏书之函也,其物以两木板为之,一底一盖,刻线三道,凿方孔一,线所以通绳,孔所以受封泥,鲤鱼画在木板上。"按：闻说是也。济南曾出汉陶罂，底有刻文云："酒一斛鲤鱼一双。"（未著录）是汉代以鲤鱼为吉祥图案，故汉洗中亦画有双鱼形（陶甗内画鱼形，始于新石器时代，西安半坡遗址中所出可证）。本诗之中有尺素书，盖由陈胜之鱼腹藏书，而流传变为口头语。（卷二、十三页）

郦炎《见志》诗云："陈平敖里社，韩信钓河曲。"按：《金石索·金索》六、三百九十，有尚方仙人镜云："浮游天下敖四海。"本诗敖里社即傲游里社之意。（卷二、十二页）

辛延年《羽林郎》云："贻我青铜镜，结我红罗裾。"按：青铜镜名称，始见于本诗。汉镜铭仅云："汉有嘉铜出丹阳，和以银锡清而明。"又云："清冶铜华以为镜。"又云："炼冶铅华清而明。"皆言合金之剂，惟不明言青铜。又按：《博古图》卷二十九、十五页，有唐武德五年鉴云："扬州总管府造青铜镜一面"，此为青铜二字之再见。（卷二、十五页）

《安世房中歌》云："海内有奸，纷乱东北，诏抚成（疑戎字之误）师，武臣承德。行乐交逆，箫勺群慝，肃为济哉，盖定燕国。"按：《汉书·高祖纪》，五年灭燕王臧荼，十二年征燕王卢绾。此诗之燕国，指卢绾而言，《房中歌》之作，亦当在此时。（卷三、一页）

无名氏古诗："置书怀袖中，三岁字不减。"按：本诗之书，即指纸而言。《后汉书·贾逵传》云："逵自选公羊严颜诸生高才者二十人，教以《左氏》，与简纸经传各一通。"章怀注："竹简及纸也。"又《北堂书钞》卷一〇四引马融《与窦伯可书》云："孟陵来赐书，见手书欢喜何量，书虽两纸八行，行七字。"又同卷引崔瑗《与葛元甫书》云："贫不及素，但以纸耳。"皆与本诗相同，时代亦相当。若谓木简，则不便长期置怀袖中也。（卷三、八页）

古诗云："请说铜炉器，崔巍象南山，上枝以松柏，下根据铜盘。"按：汉代铜炉，炉盖象山者，只有博山炉，本诗似指博山炉形式。又古歌云："朱火飏烟雾，博山吐微香。"则明言博山炉矣。在传世汉代博山炉，有"天兴子孙，富贵昌宜"一器，最为著名（见《金石索·金索》三、二〇五）。其余大率无铭文者俱多，陶奁盖亦有仿博山炉式者。（卷三、八页）

古诗云:"十五从军征,八十始得归。"按:《居延汉简释文》卷三、四十页,有简文云:"显美骑士并廷里辅宪年十四。"又四十八页,有简文云:"葆鸾鸟大昌里不更李恽年十六。"此戍卒最小之年龄,大率为应募士,非正卒也,与本诗十五从军征之句正合。又卷三、三十七页,有"□□上造王福年六十"。三十八页,有"觚得武安里黄寿年六十五"各简文,此为木简中戍卒最大之年龄。大率为边郡人,且为队长候长之类,尚未见有八十在边未归者,本诗恐有夸大之言。(卷三、九页)

《刺巴郡守》诗云:"府记欲得钱,语穷乞请期。"按:汉代泉、钱二字,有时可以通用,如钱府亦可称为泉府。王莽则用泉字,不用钱字。两汉人关于计数则必用钱字,不用泉字,本诗与《妇病行》皆其例也。东汉碑阴,记出钱人名,皆作钱字,尤为显著。(卷三、十一页)

《箜篌引》,崔豹《古今注》曰:"朝鲜津卒霍里子高妻丽玉所作也。"按:本诗盖为武帝未开乐浪、真番诸郡以前作品,故仍总称为朝鲜。(卷四、一页)

《平陵东》云:"两走马,亦诚难,顾见追吏心中恻。"按:《金石萃编》卷十九,汉武梁祠画像,有前母子、后母子、追吏骑、死人,题字共四榜。追吏名称,与此正合。(卷四、二页)

《平调曲》云:"仙人骑白鹿,发短耳何长,导我上太华,揽芝获赤幢。"按:《小校经阁金文》卷十五、九十二页,有上华山镜铭云:"上华山,凤皇集,见神鲜(仙),保长久,寿万年,周复始。"此镜为四神兽纹,盖东汉中期以后物,本诗当亦与镜为同时代作品。(卷四、三页)

《相逢行》云:"丈人且安坐,调丝未遽央。"《长安有狭邪行》云:"丈人且徐徐,调丝讵未央。"按:汉代丈人有三解,一为长老之称,《汉书·苏武传》云"汉天子我丈人行也",乐浪彩箧画像,称丁兰为父所刻之木偶像,题曰"木丈人"皆是也。二为妻父之称,《妇病行》云"妇病连年累岁,传呼丈人前一言"是也。三为儿妇称翁,本诗之丈人且安坐是也。(卷四、四页)

《陇西行》云:"凤皇鸣啾啾,一母将九雏,顾视世间人,为乐甚独殊。"闻一多氏《乐府诗笺》,引《西京杂记》中山王《文木赋》曰"凤将九子"是

也。按:《续考古图》卷三、十二页,有汉九雏凤炉,盖汉人之习俗语。(卷四、五页)

《步出夏门行》云:"过谒王父母,乃在太山隅,离天四五里,道逢赤松俱。"按:《小校经阁金文》卷十五、九十页,有上太山镜铭云:"上太山,见神人,食玉英,饮醴泉。驾交龙,乘浮云。宜官秩,保子孙,贵富昌,乐未央。"又同书四十三页,有盇氏仙人镜云:"盇氏作镜真大好,上有东王父,西王母,仙人子乔赤松子。"王子乔与赤松子在镜铭上为东汉物,花纹多为车马人物,绍兴所出各镜,是其代表作品。本诗时代,当亦与之相同。(卷四、五页)

《西门行》云:"饮醇酒,炙肥牛。"按:《十钟山房印举》举二、十九页,有汉印文曰:"肥美香,炙牛羊。"盖汉人之习俗语。(卷四、五页)

《雁门太守行》云:"孝和帝在时,洛阳令王君,本自益州广汉蜀民,少行宦学,通五经论。"按:《后汉书》及《华阳国志》,皆言王涣字稚子,举茂材,除温令,迁兖州刺史,拜侍御史,迁洛阳令,皆不言官雁门太守,知本诗采用乐府之旧篇名耳。又《金石萃编》汉一,王稚子两石阙,亦作官侍御史,河内县令,兖州刺史,洛阳令,与《后汉书》本传均同。(卷四、七页)

《艳歌行》云:"故衣谁当补,新衣谁当绽,赖得贤主人,览取为吾绽。"按:《说文》有组字,无绽字。韵中连用两绽字,前人有谓古代用重韵,皆字义各别。如《曹全碑铭》,既云"人给足",又云"君高升,极鼎足"是也。以本诗而论,两绽字字义均相同,知旧说恐有未必然耳。(卷四、七页)

《艳歌》云:"青龙前铺席,白虎持榼壶,南斗工鼓瑟,北斗吹笙竽。"按:《古镜图录》卷上、四页,有建安十年朱氏镜云:"朱雀玄武,白虎青龙,君宜高官,子孙蕃昌。"(卷四、八页)

《上留田行》,崔豹《古今注》云:"上留田,地名也。"亦未言留田在何地,按:留行疑为表声字。(卷四、八页)

《皑如山上雪》云:"男儿重义气,何用钱刀为。"按:此诗独《西京杂记》以为卓文君作,是有可能的,因司马相如以赀为郎,故结语用钱刀相讽刺。(卷四、八页)

《前缓声歌》云:"长笛续短笛,欲令皇帝陛下三千万岁。"按:曹丕《临高台》云:"愿今皇帝陛下三千万岁。"盖用此文,本诗一本万下无岁字,非也。(卷四、十一页)

《乐府》云:"行胡从何方,列国持何来,氍毹氍㲪五味香,迷迭艾蒳及都梁。"按:此诗咏汉代商人与西域互市事。《汉书·汲黯传》注,应劭引《汉律》云:"胡市吏民不得持兵器及铁出关。"可见其他各品,皆可贸易。《北堂书钞》卷一百三十四云:"氍毹细者谓之毾㲪。"又引班固与弟超书云:"月支毾㲪,大小相称,但细好而已。"《释名》释床帐,有榻登施大床之前小榻之上,所以登床也,与氍毹类似之毾㲪,音同而物异。又《太平御览》卷九百八十二云:"迷迭出大秦。"魏文帝、应玚、陈琳,皆有《迷迭香赋》。又引《广志》云:"艾蒳出剽国。"左思《吴都赋》云:"草则藿蒳豆蔻。"刘渊林注:"蒳,香树也,叶如拼榈而小,采其叶阴干之,并鸡舌香食甚美。"又引《广志》云:"都梁出淮南。"盛弘之《荆州记》云:"都梁有小山,其中生兰草,俗谓兰为都梁。"(卷四、十四页)

《匈奴歌》云:"失我祁连山,使我六畜不蕃息。"按:淳化一带出土有"六畜蕃息"瓦当,环书,盖为汉人之习俗语。(卷五、四页)

《长安谣》云:"伊徙雁,鹿徙菟,去牢与陈实无贾。"菟谓玄菟郡,汉人写兔字有作本字者,如玄兔郡虎符是也,或写作菟,见于唐扶颂是也。

桓帝时童谣云:"举秀才,不知书,察孝廉,父别居。"按:东汉因光武名秀,故避秀字,在碑刻中有无意用秀字者,如永和□临封冢记,"苗而不秀"是也。东汉秀才皆改为茂材,此托诸童谣,故不禁秀字。(卷五、七页)

曹操《气出唱》云:"华阴山自以为大,高百丈,浮云为之盖。"又云:"多驾合坐万岁,长宜子孙。"又云:"乃到王母台,金阶玉为堂,芝草生殿旁。"按:长宜子孙四字,见于汉洗、汉灯、汉镜为最多。东王公、西王母,见于东汉时镜铭最多。(《全三国诗》卷一、四页)

曹操《陌上桑》云:"食芝英,饮醴泉。"按:《小校经阁金文》卷十五、九十二页,有上华山镜云:"食玉英,饮醴泉。"盖东汉时之习俗语。(卷一、四页)

曹操《秋胡行》云："愿登泰华山，神人共远游。"按：《金石索·金索》六、三百九十六，有汉华山神人镜铭云："上华山，见神人，驾青龙，乘浮云。"盖为东汉人之习俗语。曹操所作游仙各诗，所用词汇，无不与东汉后期古器物铭相合。（卷一、五页）

曹操《董逃歌》词云："郑康成行酒，伏地气绝。"按：阮氏《积古斋钟鼎款识》卷九、十七页，有"伏地"洗。又《居延汉简释文》卷四、二至四页，有宣伏地再拜，凤伏地言，成伏地百拜等简文，汉人皆用为书札之起句，与顿首相似，曹诗亦用当时之习俗语。（卷一、六页）

曹丕《临高台》云："临台行高高以轩，下有水清且寒，中有黄鹄往且翻。行为臣当尽忠，愿今皇帝陛下三千岁，宜居此宫。鹄欲南游，雌不能随，我欲躬衔汝，口噤不能开，欲负之毛衣摧颓，五里一顾，六里徘徊。"按：此诗前段窜改《汉铙歌十八曲》中之《临高台》，后段窜改汉乐府之《双白鹄》，在乐府中另成一种规格。（卷一、八页）

曹丕《杂诗》云："吹我东南行，行行至吴会，吴会非我乡，安得久留滞，弃置勿复陈，客子常畏人。"按：前人有以吴会指延陵季子封地而言，含有防陈思王夺嫡之意。（卷一、十二页）

曹丕《夏诗》云："北坐高阁下，延宾作名倡。"按：《文选》繁钦与魏文帝牋云："自左骐，史妠謇姐名倡，能识以来，耳目所见，佥曰诡异，未之闻也。"曹丕所咏，盖即此事。（卷一、十二页）

曹植《妾薄命》六言诗云："主人起舞娑盘。"按：张衡、傅毅，皆有《舞赋》，写舞的姿态，曲尽其妙，舞时必以音乐伴奏，尤以鼓为主体。两赋中皆言有盘鼓之舞，其法罗列七盘于地，舞时以足踏之，与鼓声相应和。沂南画像中有七盘舞图，与《文选》李善注，所引王粲《七释》、卞兰《许昌宫赋》所言情况均合。七盘舞大致起于东汉中期，与本诗时代正相适合。（卷二、二页）

曹植《飞龙篇》云："寿同金石，永世难老。"按：《小校经阁金文》卷十五、八十四页，有作佳镜铭云："作佳镜哉真大好，上有仙人不知老，徘徊名山采神草，渴饮玉泉饥食枣，浮游天下敖四海，寿如金石为国保兮。"与本

诗寿同金石正相符合。（卷二、八页）

曹植《灵芝篇》云："古时有虞舜，父母顽且嚚，尽孝于田垄，烝烝不违仁。伯瑜年七十，彩衣以娱亲，慈母笞不痛，歔欷涕沾巾。丁兰少失母，自伤早孤茕，刻木为严亲，朝夕致三牲。暴子见陵侮，犯罪以亡形，丈人为泣血，免戾全其名。董永遭家贫，父老财无遗，举假以供养，佣作致甘肥。责家填门至，不知何用归，天灵感至德，神女为秉机。"按：此诗所叙虞舜、韩伯瑜、丁兰、董永四人，皆见于汉武梁祠画像中。《金石萃编》卷十九，武梁祠画像题字云："帝舜名重华，耕于历山，外养三年。"又云："丁兰二亲终没，立木为父，邻人假物，报乃供与。"又云："柏榆□亲年老，气力稍衰，笞之不痛，心怀伤悲。"又云："董永，千乘人也。"各孝子事迹，皆出于刘向《孝子传》。惟本诗之伯瑜年七十，彩衣以娱亲，似合韩伯瑜老莱子为一事，亦古籍传说之不同。本诗丁兰早失母，又刻木为父像，与武梁祠画像，及乐浪出土彩画漆箧均同，惟刘向《孝子传》作刻木为母像独异。乐浪漆箧题木人为"木丈人"，名称极为古质，与本诗丈人为泣血，正相适合。（卷二、九页）

曹植《精微篇》云："女休逢赦书，白刃几在颈，俱上列仙籍，去死独就生。"按：女休即秦女休，见左延年《秦女休行》。（卷二、十页）

汉诗之新发现

汉人手写诗稿木简

《汉晋西陲木简汇编》二编、五十一页,有汉人手写木简诗稿一篇,诗无题目,张凤氏题为《风雨诗简》,实有未妥。因诗中只有风云,并无雨字。余昔考为王莽末期,隗嚣宾客在天水时作品,其原文云:

> 日不显目兮黑云多,月不可视兮风非(飞)沙,从恣(兹)蒙水诚(成)江河,州流灌注兮转扬波。辟(壁)柱摈到(颠倒)忘(亡)相加,天门狭小路彭池(滂沱),无因以上如之何,兴章教海兮诚难过。

诗共八句,摹仿楚骚体,若删去四兮字,则成为七言古诗,每句皆用韵,又与柏梁体相近。原诗句意古奥,假借字极多,可以看到汉人诗篇之真面目。现代所传汉诗,经过历代人传抄时,将假借字已逐渐以今文改正,故比较易解。但武帝《瓠子歌》,及《汉铙歌十八曲》《郊祀》各歌,词义诘屈,仍保存西汉原来之真面貌不少,与本简相仿佛。第二句从恣二字,有解为从此者。末句教海二字,有解为叫喊或叫唤者,语气皆可通。要考作者之时代及地理,首先要研究蒙水所在地。按:《水经注》卷十七,渭水东过上邽县云:"藉水即洋水,北有濛水注焉,水出县西北邽山,翼带众流,积以成溪。"又引《山海经》云:"邽山濛水出焉,而南流注于洋,谓是水也。"本简诗中之蒙水,即濛水省文,是记载天水当时蒙水泛滥情况,应无疑义。诗篇作于天水,亦无疑义。余昔客居天水时,亲登城北邽山,蒙水藉水,并亲见之。藉水又名鱼龙河,杜甫《秦州杂诗》所谓"水落鱼龙夜,山空鸟鼠秋"是也。此诗疑为隗嚣宾客之所作,证之《后汉书·隗嚣传》云:"及更始败,三辅耆老士大夫,皆奔归嚣,嚣素谦恭爱士,倾身引接,为布衣交。以前王莽平河大尹长安谷恭为掌野大夫,平陵范逡为师友,赵秉、苏衡、郑兴为祭酒,申屠刚、杜林为持书,杜陵金丹之属为宾客,由此名震西州。"盖天水在隗嚣时为名流聚集之地。本简中之天门,余与冯仲翔氏,皆疑为吴门之省文。《隗嚣传》注引《续汉书》云:"王莽末天水童谣曰:'出吴门,望缇群,见一寋人,言欲上天,会天可上,地上安得人。'嚣少病寋,吴门,冀都门名也,有缇群山。"诗中之无因以上如之何,与童谣之言欲上天,语气尤合,因此疑为隗嚣宾客所作,推断当不致距离过远。后作者或从军敦煌,任戍所官吏,偶写此旧稿,随手弃置,现与敦煌戍所烽火台中公私简札同时出土,这是很自然的。

汉《费凤别碑》纪事诗

《隶释》卷九,载有东汉堂邑令《费凤碑》,熹平六年九月立。后有《费凤别碑》,当系刻在碑阴,为甘陵石勋所撰,是一篇五言纪事诗,可谓别创一格,兹将全文照录如下:

> 君舅家中孙甘陵石勋字子才,载驰载驱,来奔于丧庭,肝摧意悲,感切伤心,瞻彼碑诔,怀之好音。司马慕蔺相,南容复白圭,仰之以弥高,钻之而弥坚,不堪哀且思,叙之诗一篇,庶几昔子夏起夫子之所言。其辞曰:

> 君讳凤字伯箫,梁相之元子,九江太守之长兄也。世德袭爵,银艾相亚,恢遐祖之鸿轨,拓前代之休踪,邈逸越而难继,非群愚之所颂。仁义本于心,慈孝著于性,言不失典术,行不越矩度,清洁皦尔,泥而不滓,恤忧矜危,施而不记,由近及远,靡不覆

载。故能阐令名而云腾,扬盛声而风布,践郡右职,三贡献计,辟州式部,忠以卫上。汉安二年,吴郡太守东海郭君,以君有逶迤之节,自公之操,年三十一,举孝廉拜郎中,除陈国新平长,神化风靡,惠以流下,静而为治,匪烦匪扰,乾乾日稷,矜此黔首,功成事就,色斯高举。宰司委职位(自此句起为五言诗),思贤以自辅,玄懿守谦虚,白驹以逐隙。丹阳有越寇,没□□□□,命君讨理之,试守故鄣长,盖危乱有不让,乂畏此之周罟(盖危乱有不让两句,似为六言词句,恐洪氏抄写碑文时有误,今不可考)。□□而□牧,爰止其师旅,欤若飞鹰鹞,鹉若夫虓虎。强者绥以德,弱者以仁抚。简在上帝心,功训而特纪,辖舆宰堂邑,期月而致道。视□□□□,遂据于卿尹,中表之恩情,兄弟与甥舅,笃与女萝性,乐松之茂好。闻君显令名,举宗为欢喜,不悟奄忽终,藏形而匿景。耕夫释耒耜,桑妇投钩筥,道阻而且长,望远泪如雨。策马循大路,褰裳而涉洧,悠悠歌黍离,黄鸟集于楚,惴惴之临穴,送君于厚土。嗟嗟悲且伤,每食□不绝。夫人笃旧好,不以存亡改,文耳感渭阳,凄怆益以甚,诸姑咸擗踊,爰及君伯姊。孝孙字元宰,生不识考妣,追惟厥祖恩,蓬首斩缞杖。世所不能为,流称于乡党,见吾若君存,剥裂而不已。一别会无期,相去三千里,绝翰永慷慨,泣下不可止。

上述碑文,全篇是诗,别于其他碑铭,故自称为别碑。在别碑诗序中,有十句五字者,已类于五言诗,正文前半叙事,有"仁乂本于心"等四句五言。自"宰司委职位,思贤以自辅"以下六十句,全为五言诗,夹叙夹诗,可谓体例独创,当目之为纪事诗。与《刘熊碑》后附之四言诗三章,风格迥乎不同。此诗原石既不存,原文又湮沉在《隶释》之中,历来选诗家所不知,考古家又不注意到诗篇,所以长期无人称道,仅孙星衍据以选入《续古文苑》,亦未重视为五言诗潜在之遗产也。

汉诗真伪问题

柏梁台联句诗

《柏梁台》联句诗，始见于《古文苑》及《艺文类聚》《三秦记》，然南朝人联句标题下，往往用"效柏梁体"四字，《文心雕龙·明诗篇》亦涉及柏梁体制，据此则此诗在六朝时已极盛行。《日知录》卷二十一略云："汉武《柏梁台》诗，本出《三秦记》，云是元封三年作，而考之于史，则多不符。《史记》及《汉书·景帝纪》中六年夏四月，梁王薨；《诸侯王表》，梁孝王武，立三十五年薨。孝景后元年，共王买嗣，七年薨。建元五年，平王襄嗣，四十年薨。又按：《武帝纪》，元鼎二年春起柏梁台，是为梁平王之二十二年，而梁孝王之薨，至此已二十九年，又七年始为元封三年。又按：《百官公卿表》，郎中令，武帝太初元年更名光禄勋。典客，景帝中六年更名大行令，武帝太初元年更名大鸿胪。治粟内史，景帝后元年更名大农令，武帝太初元年更名大司农。中尉，武帝太初元年更名执金吾。内史，景帝二年分置左右内史，武帝太初元年更名京兆尹，左内史更名左冯翊。主爵中尉，景帝中六年更名主爵都尉，武帝太初元年更名右扶风。凡此六官，皆太初以后之名，不应预书于元封之时。又按：《武帝纪》，太初元年冬十一月乙酉柏梁台灾，定官名在柏梁既灾之后，又半岁始改官名，而大司马大将军卫青，则死于元封之五年，距此已二年矣。反复考证，无一合者，盖是后人拟作,剽取武帝以来官名,及《梁孝王世家》乘舆驷马之事以合之,而不悟时代之乖舛也。"丁福保氏《全汉诗》云:"《柏梁诗》俗本,于每句官名之下,妄添人名,以致前后矛盾。顾亭林先生据其所注之名,驳其依托。今据《艺文类聚》,及宋本无注《古文苑》,删其添入之名,仍复旧观。"按:丁说是也,兹将后人添注之人名,分条详考于下:

梁孝王,《汉书·梁孝王传》,长子买为梁王,是为共王,立三年,景帝崩,共立七年卒。子平王襄立,《艺文类聚》所注之梁王,以时代考之,则当为梁王襄。

丞相石庆,《汉书·百官公卿表》,元封五年九月丙申,御史大夫石庆为丞相。

大将军卫青,《百官表》,元狩四年,大将军卫青为大司马。

御史大夫倪宽,《百官表》,元封元年,左内史倪宽为御史大夫,八年卒。

太常周建德,《百官表》,元鼎五年,平曲侯周建德为太常。

宗正刘安国,《百官表》,元鼎四年,宗正刘安国。

卫尉路博德,《百官表》,元鼎五年,卫尉路博德。

光禄勋徐自为,《百官表》,元狩六年,郎中令徐自为,十三年为光禄勋。

廷尉杜周,《百官表》,元封二年,御史中丞杜周为廷尉,一年免。

太仆公孙贺,《百官表》,建元六年,太仆贺,三十二年迁。

大鸿胪壶充国,《百官表》,太初元年,大鸿胪壶充国,又云:卫尉充国三年坐斋不谨弃市。壶充国又见《史记·大宛传》,称为故鸿胪壶充国。

少府王温舒,《百官表》,元封二年,故中尉王温舒为少府,三年迁。

大司农张成,《百官表》,元鼎六年,大司农张成。

执金吾中尉豹,《百官表》,元鼎六年,少府豹为中尉。按:中尉改名执金吾,添注者与中尉连文,尤为错误。

左冯翊盛宣,《百官表》,元封元年,御史中丞减宣为左内史,六年免。按:减宣添注者误作盛宣。

右扶风李成信,《百官表》,元鼎四年,右内史李成信。

京兆尹,《百官表》,自元鼎二年,至元封三年,无京兆尹人名,故添注者无可注,此为最显著之破绽。

詹事陈掌,《史记·陈丞相世家》:"曾孙陈掌,以卫氏亲贵戚,愿得续封陈氏,然终不得。"徐广注:"陈掌者卫青之子婿。"按:陈掌亦见《卫青传》,詹事非中二千石,故不见于《百官表》。

本诗自典属国以下,如大匠、大官令、上林令等官,皆不列于《百官表》,故无从添注人名。至于所添注人名,合于元封三年标准者,有倪宽、徐自为、杜周、公孙贺、王温舒、减宣六人。又周建德以元鼎五年为太常,刘安国以元鼎四年为宗正,路博德以元鼎五年为卫尉,张成以元鼎六年为大司农,少府豹以元鼎六年为执金吾,李成信以元鼎四年为右扶风。《百官表》自周建德以下六人,皆不注迁调或罢免年数,以元鼎四年而论,距元封三年,则有六年。以元鼎六年而论,距元封三年,仅有四年,亦不能确实指出添注人名之非。他如石庆元封五年始为丞相,壶充国太初元年始为大鸿胪,则显系添注人名之谬误。原诗用韵多重叠,有二时字,二来字,二材字,二哉字,三治字,三之字,共二十六句,文字古奥,非后人所能伪为。大鸿胪诗云:"郡国吏功差次之。"骤读颇为费解。按:《汉旧仪》(平津馆辑本)云:"大鸿胪属官有别火令,主治改火之事,郡邸长丞,治天下郡国上计者。"郡邸长丞虽见于《百官表》,未言管理天下郡国上计事宜,本诗独云"郡国吏功差次之",说明兼管上计之制度,与《汉旧仪》正合。所谓差次之者,指大鸿胪掌诸侯及归义蛮夷为本职,管领郡国上计为兼职,作伪者不能有此创见。又按:大官令诗云:"枇杷橘栗桃李梅。"大官令属少府,《汉旧仪》云:"大官主饮酒,皆令丞治。"大官有献丞,见《张安世传》。以本诗证之,大官令不仅主造酒,兼主献四时果实。《汉书·平帝纪》,元始元年,置少府海丞、果丞各一人。《百官表》不载,当属于大官令,与本诗尤合。又连句之体,虽起于西汉中期,东汉至三国时,并无人摹仿。至西晋初始有贾充与李夫人连句诗(见《玉台新咏》卷十)。到了南朝,始普遍盛行。

苏李诗

《文选》载苏武《骨肉缘枝叶》《结发为夫妻》《黄鹄一远别》《烛烛晨明月》四首。第一首别弟兄,第二首别妻,三、四首均别友人,相传已久,比较可信。《汉书·苏建传》,言建有三子,嘉为奉车都尉,贤为骑都尉,中子武,最知名。《苏武传》云:"前长君为奉车,从至雍棫阳宫,扶辇下除,触柱折辕,劾大不敬,伏剑自刎,赐钱二百万以葬。孺卿从祠河东后土,宦骑与黄门驸马争船,推堕驸马河中溺死,宦骑亡,诏使孺卿逐捕不得,惶恐饮药而死。来时太夫人已不幸,陵送葬至阳陵。子卿妇年少,闻已更嫁矣。独有女弟二人,两女一男,今复十余年,存亡不可知。"李陵所说奉车为武兄苏嘉,孺卿为武弟苏贤,此段叙苏武之家属,极为完备。《骨肉缘枝叶》一首,即苏武别兄嘉与弟贤之作也。至于《古文苑》及《艺文类聚》,有答李陵《童童孤生柳》一首,《古文苑》及《初学记》卷十八,又有苏武别李陵《双凫俱北飞》一首,皆为后人拟托之作。然庾信《哀江南赋》有云:"李陵之双凫永去,苏武之一雁空飞。"庾开府引用古事,极其慎重,纵为拟作,最迟在魏晋之世。

《文选》载李陵与苏武《良时不再至》《携手上河梁》《嘉会难再遇》三首,与苏武《骨肉缘枝叶》等四首,同一可信。《汉书·苏武传》云:"初武与李陵俱为侍中,武使匈奴,明年陵降。"据此则《良时不再至》等三首,为赠别苏武奉使之作。又按:江文通《拟古》三十首,第一首拟李都尉陵,旁注"从军"二字,可证三首之中,有一首是从军诗题,纵非李陵之自题,当亦流传已久。江文通所见之本,与《文选》传本不同。江文通《拟古》各篇,所有诗题,皆是原题,故李都尉之从军,亦当为旧有之题无疑。至于《古文苑》及《艺文类聚》,有李陵《有鸟西南飞》等八首,则应为后人拟作,似无疑义。丁福保氏《全汉诗》中收此八首，体例失之谨严矣。

又丁氏《全汉诗》中，所收《四皓歌》、虞美人《答项王歌》、司马相如《琴歌》《茅山父老歌》、汉昭帝《黄鹄》《淋池》等歌，皆有疑义，似宜另入附录为佳。《琴歌》虽见于《玉台新咏》，究属不类相如手笔，实难据为定论。《淋池》歌始见于《拾遗记》，《黄鹄》歌始见于《西京杂记》，皆云为昭帝始元元年自作，其时刘弗陵才八岁，何能作此歌，两篇气韵，亦与西汉作品不类。

《胡笳十八拍》

《后汉书·列女董祀妻蔡琰传》云："后感伤乱离，追怀悲愤，作诗二章。"第一章为五言，第二章为骚体，在刘宋时即已流行，当为真品，后人有疑之者非也。若《胡笳十八拍》，则不可同日而语，今考《十八拍》之名，始见于唐刘商《胡笳曲序》(《乐府诗集》卷五十九之五引)：

> 蔡文姬善琴，能为离鸾别鹤之操。胡虏犯中原，为胡人所掠，入番为王后，王甚重之。武帝与邕有旧，敕大将军赎以归汉。胡人思慕文姬，乃卷芦为吹笳，奏哀怨之音，后董生以琴写胡笳声为十八拍，今之《胡笳弄》是也。

据刘商之序言，说明《胡笳十八拍》为董生所作，董生未言为何人，当非指陈留董祀而言，或有疑为即李肇《国史补》所云，唐有董庭兰，善大小胡笳。然此诗虽非东汉作品，亦非唐代作品，杜甫《同谷七哀歌》，风格实从十八拍变化，可见《胡笳十八拍》之名，在唐代即已盛行。

《十八拍》之名，继见于《太平御览》卷五百八十一引《蔡琰别传》云：

> 琰字文姬，先适河东卫仲道，夫亡无子，归宁于家。汉末乱，为胡骑所获，在左贤王部伍中，春月登胡殿，感笳之音，作十八拍。

据《艺文类聚》卷四十四，亦引《蔡琰别传》，前半与《御览》所引完全相同，末数句作春月登胡殿，感笳之音，作诗言志曰："胡笳动兮边马鸣，孤雁归兮声嘤嘤。"此两句在《悲愤诗》之第二章,《蔡琰别传》他无所见。章宗源在《隋书经籍志考证》内,罗列魏晋以来,各家别传名称,皆隋志所未著录,《蔡琰别传》,既与其他别传同一类型,至迟不出晋代人所著。但欧阳询为唐初人,仅于别传末引《悲愤诗》二句,并无《十八拍》之名称。《太平御览》引古书,往往变更原文,此例甚多,故疑"作《十八拍》"四字,并非别传原本。

《十八拍》全诗,著录于《乐府诗集》,诗集直称为蔡琰所作。在叙述中,亦引《蔡琰别传》,与《艺文类聚》今本完全相同。后附唐代刘商拟作,每拍四句,诗意更为清浅。《十八拍》决非真品,前人多已言之,与我之指摘,尚有不同,略举三例如下:

(一)《淳化阁帖》蔡琰书之不可靠。《阁帖》卷五,有蔡琰书,即《胡笳十八拍》之"我生之初尚无为,我生之后汉祚衰"两句,观其用笔,当为唐人摹仿章草之游戏作品,与现出木简东汉时草隶,截然不同。

(二)汉人习俗语之不合。第二拍云:"戎羯逼我兮为室家。"两汉人称匈奴为胡,或称胡虏(《小校经阁金文》卷十五,汉镜铭云:胡虏殄灭天下服),或单称为虏(见《汉书·张汤传》),从无戎羯之称。第十拍云:"肝肠搅刺兮人莫我知。"搅字在汉诗中未见用过。

(三)音调之不似汉诗。第十拍云:"城头烽火不曾灭,疆场征战何时歇,杀气朝朝冲塞门,胡风夜夜吹边月。"此四句竟似七言仄声律诗,与《木兰诗》之"万里赴戎机,关山度若飞,朔气传金柝,寒光照铁衣"等句规格相似,殆为六朝人之拟托无疑。

晋代应亨之诗选家误以为汉诗

《初学记》卷十四,有应亨《赠四王冠诗》并序,《汉诗》及丁福保氏《全汉诗》,均列入东汉时代。诗序云:"永平四年,外弟王景系兄弟四人并冠,故贻之诗曰:济济四令弟,妙年践二九,令月惟吉日,成服加元首,人咸饰其容,鲜能离尘垢,虽无兕觥爵,杯醮传旨酒。"余按:此晋代应亨之诗,而前人皆误以为汉诗者。《隋书·经籍志》集部注梁有南中郎长史《应亨集》二卷,次在乐广嵇绍之后,则为西晋时人无疑。姚振宗《隋书经籍志考证》云:"《唐书》经籍、艺文志有《应亨集》二卷。"严可均《全晋文编》云:"应亨,应贞从孙,为著作郎,累迁南中郎长史,有集二卷。"严氏依据《北堂书钞》有《让著作表》,《初学记》《太平御览》有《与州将笺》《应翊像赞序》《赠四王冠诗序》,所录凡四篇。又应亨《让著作表》略云:"自司隶校尉奉至臣父五世,著作不绝,邦族以为美谈。"据此则应亨为东汉应奉之六世孙也。其所以致误者,因诗序有永平四年字样,一般人遂指为汉明帝之年号。又晋惠帝永平一年,即改元元康,此序文之四年,当为元年之误字无疑。外弟即表弟,在两汉人亦无此名称。

张衡《四愁》、孔融《离合》诗的新解

一、张衡《四愁诗》

张衡《四愁诗》，始见于《文选》，其序言当亦为衡所自作。四诗熟在人口，关于所咏美人投赠及还报之物品，虽属寓托之言，然以出土古物之材料，结合文献之记载，互相参证，因此对于物产风俗，无不符合。李善《文选》注及五臣旧注，多所未谛，兹分别条析如次：

一思曰：

　　美人赠我金错刀，何以报之英琼瑶。

李善注云："王莽铸大钱，又造错刀，以金错其文。《续汉书》，佩刀，诸侯王黄金错环。"按：李善前注解为金错之刀币，后注解为金错之佩刀，两说摇摆不定。实则此诗本意，专指王莽所铸"一刀平五千"而言。佩刀为蜀汉工官所造，黄金错文，有九带者，亦见《后汉书·和熹邓皇后传》。倘依李善后说，解为军用佩刀，与美人投赠之情调，殊不融洽。现西安汉城遗址，王莽所铸金错刀，尚往往有出土者，一刀二字，用黄金错文，故以此名。又《周礼》天官外府，郑注："王莽泉布，多至十品，今存于民间多者有货布大泉。"足证一刀平五千之金错刀，在东汉时已留存不多，故张衡引以为珍品。

又按：英琼瑶三字，张衡虽本于《诗》之"尚之以琼英乎而"，在汉代琼英称为玉英,武氏石室祥瑞图题字,第一层十四榜,第五榜云:"玉英五常(下缺)。"玉英画一方玉形。《山左金石志》引《瑞应图》云:"五常并修,则玉英见。"东汉时迷信谶纬,皆以玉英为祥瑞之品,张衡独列为服玩之品,是有其进步的意义。

二思曰:

　　美人赠我金琅玕,何以报之双玉盘。

李善注云:"《禹贡》厥贡惟球琳琅玕。"按:《尔雅·释地》及《山海经·海外西经》,并言琅玕出昆仑邱。《说文》琅字云:"琅玕似珠者。"《本草经》:"琅玕一名青珠。"《流沙坠简考释》释三,自二十八至三十五,有汉时书简签七枚,类于后代之礼帖。第二十九简文云:"臣承德叩头,谨以玫瑰一再拜致问(面),大王(背)。"第三十四简文云:"苏且谨以黄琅玕一致问(面),春君(背)。"第三十五简文云:"奉谨以琅玕一致问(面),春君幸毋相忘(背)。"盖边郡人民,隔地通讯,或同在一地修函致候时,多用琅玕一枚,伴函馈送,或包含有其人如玉之意。内邱似亦有类此习俗,惟不见于文献之记载。上述各书简签,虽无年代,当为东汉时物,与张衡所处之时代,所咏之景物,并完全符合。王国维氏谓:"琅玕天生无圭角,略如珠形,今邱洛六朝古冢中,往往得色青而明之圆玉,中有穿如珠,连属以为钏,殆古之琅玕矣。"其说是也。各书简签所投赠者,一为琅玕,二为黄琅玕,三为玫瑰。玫瑰见于司马相如《子虚赋》,晋灼注:"火齐珠也。"张衡所咏之金琅玕,当即书籍签之黄琅玕,名异实同。本诗金琅玕,一本作琴琅玕(《清异录》引本诗作青琅玕)。五臣注:"琴为雅器。"琴与琅玕,固属不连系,《四愁诗》中言美人所赠,皆为一物无二物者,体例亦不相符,作琴琅玕者为误字无疑。

三思曰:

　　美人赠我貂襜褕,何以报之明月珠。

按:《尔雅·释器》:"衣蔽前谓之襜褕。"《方言》四:"襜褕,江淮、南楚谓之褌襧,自关以西谓之襜褕。"为襌衣之一种。《玉篇》:"襜褕,直裾也。"直裾即是对襟,单衣只蔽前身,类于现时俗称之围腰。《居延汉简释文》八二页,有简文云:"□中不害日,弥卒周利谓镇曰:令史扈卿,买钱皂服儋偷(襜褕)。"据此则皂色襜褕,为汉代人民一般所穿之便服。又《汉书·外戚恩泽侯表》:"武安侯子(田)恬,元朔三年坐衣襜褕入宫不敬免。"据此襜褕为很简慢之便服。又《隽不疑传》云:"始元五年有一男子乘黄犊车,建黄旗,衣黄襜褕,著黄帽。"据此黄色襜褕成为统治阶级之贵便服。本诗称为貂襜褕,则又变为华美御冬之便服。盖襜褕虽为便服,有时从颜色袭里,亦可以分别贵贱。张衡若云美人赠我皂襜褕,则与还报之明月珠,身价绝不能相称。

四思曰:

美人赠我锦绣段,何以报之青玉案。

按:西汉齐郡临淄,陈留襄邑,各设服官。临淄产品为缣縠之属,襄邑所出,则为锦缎。本诗之锦绣缎,应指陈留襄邑之产品而言。此时蜀锦尚未盛行。又按:《说文》:"案,几属。"《周礼·考工记》:"夫人享诸侯,案十有二寸。"郑注:"谓十有二列也。"长沙战国楚墓中,出有漆案,高不盈尺。《居延汉简释文》三六〇页,《将军器记》有"大案七、小案七、大杯十一、小杯廿七、大盘十、小盘八"等之记载。杯盘皆置于短案之上。《后汉书·梁鸿传》之"举桉齐眉",本诗之青玉案,似皆指短几而言。乃曾巩《耳目志》引吕少卫之说,云桉乃古椀字。然《说文》:"盌,小盂也。"《方言》:"宋、楚、魏之间,盂谓之盌。"《奇觚室金文述》卷六、三十七页,有"右里启盌"。《德九藏陶》有"左里敀盌"。西安曾出土有汉代陶盌,盌内底刻有"宜子孙"印文三字,外边刻有"夗"一字,当即盌字省文。自我国至两汉,皆以椀与案分明为二物,更未见有称桉为椀者,故章怀注《后汉书》时,对于梁鸿之"举桉齐眉",以为人尽通晓,不须加注。直至宋人始创为桉即椀字的解说,盖意会为后代供神前之大桉,未见有安置食具之短几也。

二、孔融《离合诗》

孔融所作郡姓名字《离合诗》,虽属游戏笔墨,而体格奇创,注文所示离合名字,亦当为融所自注。有些诘屈难通者,并非误字,系用当时之隶体,后代由隶书改变成楷书,从楷书来研究本诗离合,当然有失之毫厘差以千里之处。予现在根据汉碑,分析字体,观其离合蜕变之迹,无不符合。兹照录原诗,加以新的见解如次:

渔父屈节,水潜匿方(离鱼字)。与时进止,出行施张(离日字,鱼日合成鲁)。

时字汉隶可写作 °-,因寺字上半似出字,下半似行字之右边,或弛或张,故云出行施张也。本诗施为弛字之假借,汉代施弛二字通用,犹弛刑徒或写作施刑徒也。

吕公矶钓,阖口渭旁(离口字)。九域有圣,无土不王(离或字,口或合成國)。

汉代隶书,吕字多写作吕,故云阖口渭旁,魏晋时國字,有简写作国者,如"丘解国"残陶文是也(见《德九藏陶》)。本诗之大义,是从域字离出土字,仅余或字,合成國字,不用从王之国字,故联文云无土不王也。

好是正直,女回于匡(离子字)。海外有截,隼逝鹰扬(离乙字,合成孔字)。

《隶释》卷七,《汉荆州刺史度尚碑》云:"氈彼海外。"即截字之变体。从隹从乙,故本诗离乙字合子字,成为孔字。隼字倒置为雈,故云隼逝鹰扬也。若照楷书,即看不出截字可以离出乙字。

六翮将奋,羽仪未彰(离鬲字)。蛇龙之蛰,俾也可忘(离虫字,合成融)。

《隶释》卷四,《汉司隶校尉杨孟文石门颂》云:"虵蛭毒蠈。"虵即蛇字之变体,从虫从也,本诗离虫字合鬲字,成为融字。蛇龙之蛰句,以虵字为主体,既离出虫字,故云俾也可忘。

玟璇隐曜,美玉韬光(去玉成文,不须合)。

无名无誉,放言深藏(离与字)。按辔安行,谁记路长(离才字,合成举)。

举字、按字,篆文均从手,当云离手字合成举。原注作离才字合成举,疑传写之误字。

　　以上各句离合,组成"鲁国孔融文举"六字,后来潘岳仿此体,追念杨容姬,其尤著也。

《汉铙歌十八曲》新解

《汉铙歌十八曲》，虽不见于《汉书》，其词句之诘屈，较郊祀歌为尤古。因郊祀歌载在汉志，传习者尚递有注释，若铙歌魏晋以来，则向无解诂。后人多以畏难束之高阁，时代愈久，了解愈难。以崔豹《古今注》、智匠《古今乐录》及《宋书·乐志》诸说，综合推测，有属于军乐者，有属于宴饮乐者，有属于赏赐诸侯王乐者。类型既杂，时代又不一致，但最迟者，不出于西汉宣元之际。沈约有云："乐人以音声相传，训诂不可复解，凡古乐录，皆大字是辞，细字是声，声辞合写，故致然耳。"此说最为精当。现在所存十八曲歌辞，亦杂有表声字，纠缠混合，有时颇难区别，汉镜铭中亦有声辞合写者，例如昭明镜云：

内而清而以而昭而明光而象而夫而日而月而□而

此镜铭见《小校经阁金文》卷十六、四十四页，镜文本为"内清白（此铭脱白字）以昭明，光象夫日月。"中间夹杂十一个而字，是表声字，用而字表声，亦无定义。余在西安所见昭明镜，有而字者，不下十余面，著录于其他考古书者，更数见不鲜，上述不过仅举一例。昭明镜皆为西汉中晚期作品，与《汉铙歌十八曲》时代正相适合。但在十八曲中表声字所见不同，在镜铭中表声字则皆用而字；十八曲偶然见有表声字，镜铭则每字系以表声字，这是相异的一点。此类镜铭，因有其他同文之铭，可以互相对勘，比较易解。若十八曲绝无相近之歌辞，故从事研究者，更万分困难。今就管窥所得，先通句读，次为训诂，在一篇之中，其易知者，或仅简述，甚或略而不述。其所不知者,仍付阙如,不敢加以臆断。清代治此学者,如庄述祖有《铙歌句解》,王先谦有《铙歌释文笺注》,谭仪有《汉铙歌十八曲集解》等书。而集解中所收有陈祚明、陈沆、庄述祖、张琦、龚自珍、刘履诸家之说。近人则以闻一多氏《乐府诗笺》最为精审。余冠英氏之《乐府诗选》,十八曲注释,多用闻说,只有《雉子斑》一首,尚有创见。余在本篇中皆有所采撷,惟闻氏用庄述祖《有所思》与《上邪》两首合为一篇之说,因言十八曲实止十七首。其实魏缪袭所撰魏鼓吹曲以《应帝期》当汉之《有所思》,以《太和》当汉之《上邪》。吴韦昭所撰吴鼓吹曲,以《从历数》当汉之《有所思》,以《玄化》当汉之《上邪》。魏吴人去西汉未远,并无以两篇合一之说,此庄氏之失,而闻氏信之,殊不可从也。

一、朱 鹭

朱鹭为鼓饰,此篇为宴饮时所奏之乐。

朱鹭,鱼以乌,路訾耶,鹭何食?食茄下。不之食,不之吐,将以问谏者。

朱鹭,鱼以乌。直按:《小校经阁金文》卷十三、十页,有永元十三年鹭鱼洗。《积古斋钟鼎款识》卷九、二十三页,有汉安二年鱼鹭洗。两洗左右分画鹭鱼各一,中间一行为铭文,足证鹭鱼在汉时为吉祥之图象画,本曲当亦同例,非如旧说鹭鱼仅用为鼓饰也。鱼以乌谓捕鱼时发出上下相征逐之乌乌声音。庄述祖说,乌为歍字省文,《说文》云:"歍,心有所恶若吐也。"

路訾耶。闻一多氏《乐府诗笺》云:"路訾耶虽为表声字,然与鹭鹚呀三字音相近。"其说是也。直按:此篇交错用韵,乌吐为韵,下者为韵。

食茄下。直按:《说文》云:"茄,荷也。"《汉书·扬雄传·反离骚》云:"袭芰茄之绿衣兮,被夫容之朱裳。"颜师古注云:"茄亦荷字也,见张揖《古今字谱》。"

二、思悲翁

此篇描写悲翁之妻与子为贼所劫掠情况。闻一多氏以为悲翁本人被掠,与余之见解尚有不同。

思悲翁,唐思,夺我美人侵以遇。悲翁也,但我思蓬首。狗逐狡兔食交君。枭子五,枭母六,拉沓高飞暮安宿。

思悲翁。直按:此题或作思悲公,何承天作思裴翁,此说很可能。悲为裴字之假借,据何说因疑为边塞裴翁之妻子,为匈奴虏去,雁门云中人民,作为此诗,代鸣不平,汉武帝时,被采诗官收集,遂传播于乐府,故在宴饮时歌奏,亦借示不忘敌忾之意。《汉书·艺文志》叙诗赋有燕代讴、雁门、云中、陇西歌诗九篇,是其明证。又按:《新唐书·宰相世系表》裴氏云:"非子之支孙,封𨛬乡因以为氏,今闻喜𨛬城也。六世孙陵,乃去邑从衣为裴,陵裔孙盖,汉水衡都尉、侍中,九世孙敦煌太守遵,自云中从光武平陇蜀,从居河东安邑。"《元和姓纂》亦同。又按:《金石萃编》汉三,有永和二年敦煌太守云中裴岑纪功碑,足证在两汉时,裴氏确居云中,与《元和姓纂》《新唐书·宰相世系表》吻合。裴氏既居云中边塞,与匈奴最为接壤,其妻与子为匈奴所虏亦常有之事。

唐思。直按:唐思,空思也。《庄子·田子方篇》云:"是求马于唐肆也。"李注:"空也。"又《尔雅》"康瓠"李巡注:"康,空也。"盖唐与康,康与空皆一声之转,此句言思翁空思也。夺我美人侵以遇。直按:美人指悲翁之妻而言,此句极为明显。侵以遇当为侵以耦之假借。《尔雅·释言》:"遇,耦也。"《释名·释亲属》:"耦,遇也。"谓偶其家室也。

但我思蓬首。直按:我,翁自谓也。蓬首指其妻,盖用《诗》"自伯之东,首如飞蓬"之意,与上句耦首为韵。

狗逐狡兔食交君。直按:狗逐狡兔喻被虏时仓皇情状。食谓食时,《汉书·淮南王传》云:"安为离骚传且受诏,日食时上。"又《居延汉简释文》卷一、六十六页,有残简云:"黄昏时尽,乙卯日食时匹五束。"汉人以日中为食时,是习俗语。交为校字省文,《说文》云:"校,囚也。"《易》:"荷校灭耳",若今枷项也。君指其妻而言,总言食时虏君带刑具以去也。既以食时被虏,故下文云暮安宿也。

枭子五,枭母六。直按,此诗以汉代六博之习俗语相比喻。六博以枭为贵,以散为贱。《盐铁论·结和篇》云:"闾里常民,尚有枭散。"枭散二字,在西汉时本相连用,除见枭子、枭母以外,其中还隐有散字,喻离散之意。又按:《韩非子·外储说》云:"齐宣王问匡倩曰,儒者博乎?对曰,博者贵枭,胜者必杀枭,是杀其所贵也。儒者以为害义,故不博。"《战国策·楚策》唐且见春申君条云:"夫枭棋之所以能为者,以散棋佐之也,夫一枭之不胜五散亦明矣,今君何不为天下枭,而令臣等为散乎。"可见枭散二字,是先秦两汉人之常用语。《四川书象集》有六博图,博者持六箸,以唐且之言证之,当为一枭五散。此篇独云枭子五、枭母六,盖翁妇共数则为六人,去妇则为五人也。余于此诗,解为塞上裴翁之妻与子为匈奴所执,是一家之言,不强同于他人,故篇首仍称为描写悲翁之妻为贼所劫掠情况。

三、艾如张

此篇叙述罗捕黄雀,疑为宴饮之乐。一作艾而张,而如两字,在汉代通用。

艾而张罗,夷于何,行成之,四时和。山出黄雀亦有罗,雀以高飞奈雀何。为何倚欲,谁肯礦室。

艾而张罗。直按:艾为刈字之假借,《说文》云:"刈,芟草也。"将地面之草芟除,以便罗捕。

夷于何。直按:夷于何为表声字,夷为咦字省文,《说文》云:"咦,南阳谓大呼曰咦。"夷于何疑即咦如何之意。

行成之。直按:行当读为行列之行。

为何倚欲。直按:闻氏云:倚欲当为掎欲之假借。《周礼翨氏》,郑注:"置其所食之物于绢中,鸟来下则掎其脚。"

谁肯礦室。直按:礦字《说文》未收,疑为幪字假借。《说文》云:"幪,盖衣也。"此句谓鸟倦则飞入室中。谁肯礦室,使鸟不飞入,与上句为何倚欲正相联系。

四、上之回

上之回所中,益夏将至,将北以承甘泉宫。寒暑德,游石关,望诸国,月支臣,匈奴服,合从百官疾驱驰,千秋万岁乐无极。

上之回所中。直按:《汉书·武帝纪》:"元封四年冬十月,行幸雍,祠五畤,通回中道,遂北出萧关。"此曲首句五字,曲名截取前三字,犹汉人称《论语》首篇为"学而"也,此例在十八曲篇名中最多。

益夏将至。闻氏云:益夏,疑谓盛夏,《广雅·释诂》云:"溢,盛也。"

寒暑德。直按:《释名·释言语》云:"德,得也,得,事宜也。"谓寒暑均得宜也。

游石关。直按:司马相如《上林赋》云"蹴石关,历封峦"是也。

月支臣。直按:汉代隶书,月字写法与肉字不分。汉不知名铜器,上有"宜月"二字(见《小校经阁金文》卷十三、七十九页),即宜肉也。

千秋万岁乐无极。直按:此汉代通常之吉祥语。西安白氏藏有空心大砖,亦有"千秋万岁乐无极"七字。至"千秋万岁"瓦当,在西安汉城遗址,及济南、诸城各地区,出土更为普遍。

五、拥　离

此篇亦作翁离。《释名·释姿容》云:"拥,翁也,翁抚之也。"与离字殊不联系。疑为宴饮之乐。

拥离趾中可筑室,何用荁之蕙用兰。拥离趾中。

拥离趾中可筑室。直按:全篇大意是说雍县离宫水沚中可以筑室,试分别言之。拥与雍通,《战国策·秦策》:"雍天下之国。"即拥字也。故雍离一变为拥离,再变为翁离。《汉书·地理志》,雍县属右扶风,即今之凤翔县地。《武帝纪》,元封四年冬十月行幸雍,祠五畤是也。又按:《小校经阁金文》卷十一、五十页,有雝棫阳宫厨鼎。《长安获古编》卷二、八页,有雝橐泉宫鼎盖。《汉金文录》卷一、三十一页,有雝平阳宫鼎。棫阳宫、橐泉宫,皆在雍县,见于《地理志》原注。《苏武传》亦言:"前长君为奉车,从至雍棫阳宫。"独《三辅黄图》以棫阳宫秦昭王所作,在今歧州扶风县东北。又《黄图》记平阳封宫云:"武公元年,伐彭戏氏,至于华山下,居于平阳封宫。"然平阳宫鼎,上冠以雍字,则又为雍州地名之泛称。本曲之雍离,似亦泛指雍州境内之离宫而言。沚为沚字之假借,《尔雅·释水》:"水中可居者曰州,小州曰渚,小渚曰沚。"楚辞《九歌·湘夫人》曰:"筑室兮水中,葺之兮荷盖。"盖此简何用葺之蕙用兰,即本于《九歌》也。蕙用兰当作蕙与兰解。此篇似非残缺,但不入韵,十八曲中,亦有多句不入韵者,思悲翁前段最为显例。

六、战 城 南

此篇为军乐,所谓铙歌者,指此等曲而言。

> 战城南,死郭北,野死不葬乌可食。为我谓乌,且为客豪,野死谅不葬,腐肉安能去子逃?水深激激,蒲苇冥冥,枭骑战斗死,驽马裴回鸣。梁筑室,何以南,何以北,禾黍不获君何食?愿为忠臣安可得?思子良臣,良臣诚可思。朝行出攻,暮不夜归。

且为客豪。闻氏云:豪读为嚎,字一作号。《庄子·齐物论》云:"叫者嚎者。"即号哭也。野死谅不葬。直按:谅疑倞字之假借,读如映。《小尔雅·广言》云:"映,晒也。"野死当谓为野尸,死与尸字通。

何以南,何以北,禾黍不获君何食。吴闿生云:何南何北,即河南河北。其说是也。直按:以禾黍不获君何食之句证之,此指武帝时边郡屯田而言。余昔著《西汉屯戍研究》,曾考屯田种谷,有麦、谷、大麦、小麦、杭麦、矿麦、穈、䅟穄、黄米、秋、胡麻等十一种名称,皆据敦煌、居延两木简而加排次者。又《居延汉简释文》卷二、七十页,有"记第二亭长舒,受代田仓临粟二十六石"简文(其他记代田仓粟者尤多,兹仅略举一例)。又《释文》卷三、三十五页,记戍卒祭祠用品,有"鸡一,黍米一斗,稷米一斗,酒二斗,盐少半升"之简文。可见居延屯区,是大量种禾,兼可种黍。此诗大意,禾黍不获,则不能士饱马腾,虽欲为忠臣,不可得也。下文良臣,与忠臣同名异称,犹《君马黄》篇之美人与佳人,二者名异实同也。

七、巫山高

此篇疑描写汉高祖都南郑时军士思归之情,属于军乐类。旧说有以宋玉巫山高唐之事相附会者,恐不可信。

  巫山高,高以大,淮水深,难以逝。我欲东归,害梁不为,我集无高曳。水何深,汤汤回回,临水远望,泣下沾衣。远道之人,心思归,谓之何?

淮水深。直按:楚汉战争时,高祖所用,多丰沛子弟,久战思归,见于《汉书·韩信传》。其时都于南郑,属于巴蜀地区,故歌曲以巫山为代表,与淮水互相对照。后高祖初拟都洛阳时,军士皆欲东归,皆与此诗可以互证。此歌虽未必即为西汉初作品,至迟亦在西汉中期。

害梁不为。直按:害,曷也,即何不为桥梁,下文之水何深,即水无梁之意。

我集无高曳。直按:《广韵》:"集,众也。"我集即我众也。又高曳,闻氏云:"疑篙枻二字之假借,即篙楫也。"其说是也。

八、上　陵

此篇据《古今乐录》云:"汉章帝元和中,有宗庙,食举六曲,加重来,上陵二曲,为上陵食举。"《续汉书·礼仪志》云:"正月上丁祀南郊,次北郊、明堂、高庙、世祖庙,谓之五供,礼毕以次上陵。西都旧有上陵,东都之仪,太官上食,太常乐奏食举。"按上两说,皆指此为西汉上陵时所奏之乐章,究其词义,皆以神仙舟楫车马为题材,盖为宴饮之乐。上陵是描写登览在高敞平原,与下津义相对举,以下又杂说鸿雁芝草各祥瑞事,试问西汉十一陵,现物存在,无有近水者。东汉录另有上陵乐曲,与此名同实异,《古今乐录》及《礼仪志》之说,似不可信。

  上陵何美美,下津风以寒。问客从何来,言从水中央。桂树为君船,青丝为君笮,木兰为君櫂,黄金错其间。沧海之雀赤翅鸿,白雁随山林,乍开乍合,曾不知日月明;醴泉之水,光泽何蔚蔚;芝为车,龙为马,览遨游,四海外。甘露初二年,芝生铜池中,仙人下来饮,延寿千万岁。

上陵何美美。直按:上陵谓上登高陵。闻氏疑上陵为上林之假借,径将本文改为上林何美美,林陵二字,古虽通用,然上林苑无作上陵苑者。在古籍中,如《史记·张释之传》,《汉书·百官公卿表》,《酷吏·咸宣传》,《九章算术·均输篇》,《柏梁台》联句诗,《乌生》诗,无不作上林者,此例多不可枚举。在于古物中,如上林瓦,上林镫,上林谏铜鼎,建平上林漆杯,上林郎池印,汉《张迁碑》等,绝无假借作上陵者,闻氏之说,至不可信。

下津风以寒。直按:《说文》云:"津,渡也。"黄金错其间。直按:汉代铜器,多用涂金,此诗所叙楫櫂,则为木器,用金丝或银丝镶嵌,故云错金。在铜器上镶嵌金银丝者,亦称错金。王莽一刀平五千钱,《汉书·食货志》所谓一刀二字错金是也。

沧海之雀赤翅鸿。直按:《汉书·武帝纪》,太始三年,行幸东海,获赤雁,作朱雁之歌。《礼乐志·郊祀歌》第十八有象载瑜,一赤雁歌是也。

白雁随山林。直按:西汉获白雁,不见于古籍,西安汉城遗址六和堡曾出雁范,在侧刻有"白雁雌"三大字,篆书略带隶书,笔画奇古,决为西汉中期作品,余在《关中秦汉陶录》卷一中已著录,与本篇正合。

醴泉之水,光泽何蔚蔚。直按:《小校经阁金文》卷十五、九十二页,上有华山镜铭云:"食玉英,饮醴泉,驾飞龙,乘浮云。"

览遨游，四海外。直按：《小校经阁金文》卷十五、十三页，有尚方镜铭云："尚方作镜真大好，上有仙人不知老，渴饮玉泉饥食枣，浮游天下遨四海，寿如金石国之保。"遨游四海，盖为两汉人之习俗语，此镜出土最多，仅略举一例。

甘露初二年，芝生铜池中。直按：《汉书·宣帝纪》，神爵元年诏曰："乃者神爵仍集，金芝九茎，产于函德殿铜池也。"与本篇正合，甘露为宣帝纪年，此诗为宣帝时作品，最为明显，所谓初二年者，即元二年也。

延寿千万岁。直按：西安汉城遗址内出土有"延寿万岁"瓦，当为汉人之吉祥习俗语。

九、将进酒

此篇记宴饮赋诗之事，闻氏云：《楚辞·招魂》曰："结撰至思，兰芳假些。人有所极，同心赋些。酎饮尽欢，乐先故些。"足以与此相发明。

　　将进酒，乘大白。辨加哉，诗审博。放故歌，心所作，同阴气，诗悉索，使禹良工观者苦。

乘大白。直按：《汉书·叙传》云："皆饮满举白。"注白者罚爵之名。

辨加哉，诗审博。直按：此两句概括《礼记·中庸》博学之，审问之，慎思之，明辨之，笃行之大义。加为嘉字省文。西安谢文清氏，藏有"加气始降""加露沼沫"两瓦当，均省嘉作加，嘉与佳通，故此诗一本作佳。

放故歌。直按：故歌指《安世房中歌》等而言，放当与放郑声之放同义。

同阴气。闻氏云：同即同律之同。《周礼·太师》："掌六律六同，以合阴阳之声。阳声黄钟，太簇，姑洗，蕤宾，夷则，无射。阴声大吕，应钟，南吕，函钟，小吕，夹钟。"《周礼·典同》："掌六律六同之和，以辨天地四方阴阳之声。"故书同作铜。郑司农云："阳律以竹为管，阴律以铜为管，竹阳也，铜阴也，各顺其性，凡十二律。"直按：同阴气指乐府所奏之乐。再《续封泥考略》卷一、十一页，有"乐府钟官"封泥（钟官与水衡都尉属官之钟官令不同），可证西汉乐府令署中，设有钟官。此诗之同阴气，或亦指奏钟乐而言。

诗悉索。直按：《说文》云："偞，声也，读若屑。"《尔雅·释言》："偞，声也。"《玉篇》："偞，小声。"《说文通训定声》云："蟋蟀亦连语状虫之声，字或作蟋蟋，或作偞嚛。"本文之悉索，与偞嚛声音相近。审博喻饮酒后赋诗风格之美，悉索喻奏乐后赋诗声咏之美。

使禹良工观者苦。直按：禹当为工人之名。证之《小校经阁金文》卷十一、五十七页，有元朔三年工禹所造龙洲宫铜鼎。又同年有工禹所造龙洲宫铜熏炉。工禹与此诗时代相当，疑即其人。工禹为当时良工，而且专为铜工，故在歌诗中列举其名，与上文同阴气相呼应。苦字龚自珍以为若字之误，是也。郊礼歌《日出入》篇："使我心若。"若一作苦。两字相似，传写易于混淆。马融训《尚书》迂若曰为若顺也，与本诗相通。

十、君马黄

此篇为君臣聚会宴饮之乐，以易之有骓句定之，应为武帝时作品。

君马黄，臣马苍，二马同逐臣马良。易之有骓蔡有赭，美人归以南，驾车驰马，美人伤我心。佳人归以北，驾车驰马，佳人安终极。

君马黄，臣马苍。闻氏云：《汉书·高祖纪》："吕公曰，臣少好相人。"张晏注："古人相与语，多自称臣，自卑下之道也，若今人相与言自称仆也。"直按：汉人自卑称臣，是不错的，汉穿带印，皆曰臣某某，但皆是单行用的，此诗君臣二字，互相对举，与闻氏之说，显有不同。

易之有骓蔡有赭。直按：《说文》云："骓，马浅黑色。"《尔雅·释畜》："彤白杂毛，骓。"郭舍人注马氏《玉函山房辑佚书》："赤白杂毛，今赭白马骓。"宋颜延之有《赭白马赋》。此骓、赭二字之普通解释。又按：《汉书·张骞传》云："初天子发书，易曰（书字当绝句，易作卜字解）：'神马当从西北来。'得乌孙马好，名曰天马。及得宛汗血马，益壮，更名乌孙马曰西极马,宛马曰天马。"颜师古引邓展注:"发易谓发《易》书以卜之也。"又按:《汉书·西域传》载武帝诏略云:"古者卿大夫与谋,参以蓍龟,不吉不行。"又云:"易之卦得大过,爻在九五……方士、太史治星望气,及太卜龟蓍,皆以为吉,匈奴必破,时不可再得也。"本诗易之,谓发书占之,蔡谓蓍龟也。《论语》臧文仲居蔡,何晏集解:"龟出蔡地,因以为名是也。"易之二字,易本书名,由名词变为动词,与《汉书·西域传》正同。又按:《汉书·礼乐志·天马歌》云:"虎脊两,化若鬼。"颜师古注:"言其变化若鬼神。"余谓此颜氏之望文生训,鬼即騩字之省文,谓颜色变化如騩马也,即此诗之易之有騩。《天马歌》又云:"沾赤汗,沫流赭。"赭谓赤色,比天马之沫赤如赭,非形容马毛杂色如赭也,即此诗之蔡有赭。以《汉书·武帝纪》《西域传》及天马两歌综合研究,知武帝每在出兵之前,必用易筮,或龟卜以定吉凶,此句完全指武帝获天马而言。因歌君臣之马,而联及乌孙大宛新获之天马,经余疏通证明,始无隔阂。陈沆解为易州之地出騩马、上蔡之地出赭白马,后人多从其说,但易州出騩马,上蔡出赭白马,于古籍毫无根据,纯属想像之谈,上下文均失去联贯性,便全不可通。

美人伤我心。直按:美人与佳人,是文辞上之变化。汉镜铭云:"竽瑟会,美人侍。"又有"宜佳人"镜,及"昭阳镜成,宜佳人兮"镜(此镜未著录,西安汉宫遗址出土,吴兴沈氏藏),二名并无区别。武帝《秋风辞》:"怀佳人兮不能忘。"李延年歌云:"北方有佳人,遗世而独立。"其词汇与美人亦不易区分。旧说以美人比君,以佳人比臣,恐未必然也。

十一、芳　树

此篇为宴饮之乐,陆机《鼓吹赋》云:"咏悲翁之流思,怨高台之难临。"又云:"奏君马,咏南城,惨巫山之邅险,欢芳树之可荣。"芳树当即芳树,疑《艺文类聚》引陆赋之误字。

芳树日月君,乱如于风,芳树不上无心温而鹄三而为行临兰池,心中怀我怅,心不可匡,目不可顾,妒人之子愁杀人。君有他心,乐不可禁。王将何似。如孙如鱼乎？悲矣。

芳树日月君。直按:君疑星之误字,西安汉城遗址曾出半瓦,绘有日月星图案。或有以君字属下句者,亦不可通。

乱如于风。闻氏云:如读为挐。枚乘《七发》云:"众芳芬郁,乱于五风,从容猗靡,消息阳阴。"此诗乱如于风,犹乱于五风。

芳树不上无心温？直按:温下二而字,疑为表声字,与上述汉镜铭而字相同,上下又有误字,仍不能通其句读。

行临兰池。直按:《史记·秦始皇本纪》云:"逢盗兰池。"正义引《括地志》:"兰池陂即古之兰池,在咸阳县界。"又按:《咸阳县志》"兰池宫当"瓦,出咸阳东乡。兰池作兰沱,盖假借字。此瓦自乾隆时即有出土,现今仍继续发现。兰池本为秦宫,汉代依然存在,"兰池宫当"瓦,则为汉物。秦代宫殿至汉代保存者至多,如凤翔所出"橐泉宫兰",宝鸡所出"羽阳千岁"两瓦,皆汉物也。

心不可匡。直按:《尔雅·释诂》云:"匡,满也。"

妒人之子愁杀人。直按:古诗云:"白杨多悲风,萧萧愁杀人。"

如孙如鱼乎。闻氏云:"孙读为荪,一作荃。《九歌·少司命》:'荪独宜兮为民正。'《九章·抽思》:'数惟荪之多怒兮。'又'荪佯聋而不闻',荪并一作荃。《庄子·外物篇》:'荃者所以在鱼。'《释文》引崔注曰:荃音孙,香草也,可以饵鱼。'如荪如鱼者,谓彼妒人之子如香饵,王则如鱼,将受其欺。行临兰池,即目生威,语拙朴而哀音动人,作者其陈皇后、班婕妤之流与。"直按:闻说是也。但荃亦可解作鱼筌,不必泥于香饵,大意是比妒人之子如钓师,比王鱼之在筌。汉代多女作家,如唐山夫人、班婕妤、徐淑、蔡文姬之类,人所共知,《艺文志》又有未央材人歌诗四篇,此诗似亦为汉代女子作品。

十二、有所思

此为男女相恋相绝之辞,当为武帝平南越以后作品,亦为宴饮之乐另一种类型。庄述祖谓与《上邪》疑本为一篇,然在汉代原篇次,《有所思》在第十二,《上邪》在第十五。魏吴拟代篇次,《有所思》在第十,《上邪》在第十二,中间隔有《芳树》一篇。总起来说,在汉代及魏吴时代,此两篇皆不相联系,知庄氏之说,未必可信。

　　有所思,乃在大海南。何用问遗君,双珠玳瑁簪,用玉绍缭之。闻君有他心,拉杂摧烧之,摧烧之,当风扬其灰。从今以往,勿复相思!相思与君绝,鸡鸣狗吠,兄嫂当知之。妃呼豨,秋风肃肃晨风飔,东方须臾高知之。

何用问遗君。直按:《汉书·酷吏·郅都传》云:"问遗无所受。"与本诗正合。又本诗《朱鹭》云"将以问谏者",亦做遗字解。

双珠玳瑁簪。直按:古绝句云:"何用通音信,莲花玳瑁簪。"

用玉绍缭之。直按:《说文》云:"绍一曰紧纠也。"

当风扬其灰。闻氏云:《史记·龟策传》云:"祝曰:……不信不诚,则烧玉灵扬其灰,以征后龟。"

鸡鸣狗吠。直按:诗意谓妇已与夫绝,自怨自艾,归宁母家,以清白自矢,故云鸡鸣狗吠,兄嫂当知之。梁时梁武帝、费昶、庾肩吾、王筠,皆有拟作,亦皆描写离思,与此大意相似。

妃呼豨。直按:妃与斐同,朱氏《说文通训定声》云:"妃字在古韵,《楚辞·远游》叶歌、飞、夷、蛇、徊等字。"妃呼豨虽为表声字,疑与噫吁嘻三字声音相近。

十三、雉子班

余冠英氏《乐府诗选》云:"此诗写雉鸟亲子死别的哀情,三次呼唤雉子,语调情感,大有区分。第一个雉子是爱抚,第二是叮咛,最后是哀呼。"余以为余说近是。与余氏意见不同者,句中有"王可思""被王送行所中"等语,或为汉廷赏赐诸侯王之乐。

　　雉子班,如此之干,雉梁,无以吾翁孺。雉子!知得雉子高蜚止,黄鹄蜚之以千里,王可思。雄来蜚从雉,视子趋一雉,雉子!大驾马腾,被王送行所中,尧羊蜚从王孙行。

雉子班。直按:西汉因吕后名雉,故改称雉为野鸡。《汉书·谷永传》云:"臣闻野鸡著怪,高宗深动。"西安汉城遗址六和堡曾出土有"野鸡"范题字(见余所著《关中秦汉陶录》卷一),皆因避讳而改称。但不得已仍用雉字,如《易》之"雉膏不食",《论语》之"山梁雌雉",屈子《天问》之"彭铿斟雉帝何飨"均是也。班为斑字假借,犹班固因虎斑得姓,本应作斑固也(刘宋《爨龙颜碑》写班作斑,犹存古义)。

如此之干。直按:干为翰字之假借,《淮南子·俶真训》云:"浩浩瀚瀚。"即浩浩汗汗。《逸周书·王会篇》:"文翰,若翬雉,一名鶢风,周成王时蜀人献之。"

雉梁。直按:雉梁即《诗》"维鹈在梁"之意。

无以吾翁孺。余氏云:"吾为梧字省文,老雉语小雉,见老翁与小孩,皆要防备。"直按:汉印中有"周翁孺印"(吴兴沈氏藏),翁孺二字连文,为汉人之习俗语。

知得雉子高蜚止。余氏云:谓雉子被捕也。

黄鹄蜚之以千里。直按:雉子被捕,老雉羡黄鹄之高飞。

王可思。直按:王可思谓思高祖"鸿鹄高飞,一举千里"之歌也。此句杂入汉廷赐诸侯王乐之语气,与上句正相联系。

被王送行所中。直按:行所犹行在,《上之回》篇云"上之回所中",与此同义。

尧羊蜚从王孙行。闻氏云:"尧羊当读为翱翔。"其说是也。

十四、圣人出

此篇为宴饮之乐。

圣人出,阴阳和,美人出,游九河,佳人来,骓离哉。何,驾六飞龙四时和。君之臣明获不道,美人哉,宜天子,免甘星巫乐甫始。美人子,含四海。

游九河。直按:楚辞《九歌》云:"与汝游兮九河。"

佳人来。直按:此诗与《君马黄》篇,皆以美人与佳人平列,作为文辞上之变化。

骓离哉。直按:《说文》云:"骓骓行不止也。"离谓光彩陆离也。

何。直按:何为表声字,疑读与啊同,有人以何字属上句者恐非。

驾六飞龙四时和。直按:《艾如张》篇亦有"四时和"之句,柏梁台联句武帝首句云"日月星辰和四时",与此诗辞句正相同,作品时代亦相当,知联句确非拟托。

君之臣明获不道。直按:不道疑为丕道之省文。

免甘星巫乐甫始。直按:《史记·天官书》云:"在齐甘公。"《正义》引《七录》云:"甘公楚人,战国时作《天文星占》八卷。"此句谓不用甘公之天文,及其他巫策,而采用乐府也。乐甫当读为乐府。又按:《汉书·百官表》,少府属官有乐府令丞。再《续封泥考略》卷一、十一页,有"乐府钟官"封泥。《张安世传》,有乐府音监及乐府游徼,此乐府令属官之可考者。

美人子。直按:子疑于之误字,于为愉字假借。

含四海。直按:含与函通,为涵字省文。

十五、上　邪

此篇为男女相恋,男子乌头马角自誓之辞,与《有所思》皆为宴饮乐中之同一类型。

　　上邪!我欲与君相知,长命无绝衰,山无陵江水为竭,冬雷震震夏雨雪,天地合乃敢与君绝。

长命无绝衰。直按:楚辞《九歌·礼魂》云:"长无绝兮终古。"《汉书·礼乐志·郊祀歌》云:"托玄德长无衰。"皆与本诗相合。

十六、临高台

此篇为宴饮之乐,陆机《鼓吹赋》云:"咏悲翁之流思,怨高台之难临。"士衡以为怨诗,看不出哀怨之音,盖晋人之传说也。

临高台以轩,下有清水清且寒。江有香草目以兰,黄鹄高飞离哉翻,关弓射鹄,令我主寿万年。收中吾。

临高台以轩。直按:登高凭轩窗下,望见江水清且寒也。

江有香草目以兰。直按:目以兰犹言称以兰也。

收中吾。刘履曰:收中吾,疑曲调之余声如《乐录》所谓"羊无夷""伊那何"之类。

十七、远如期

此篇记呼韩邪单于来朝,为纪事之乐章,盖宣帝时作品,与《上陵》篇时代相当。

远如期,益如寿,处天左侧。大乐万岁,与天无极。雅乐陈,佳哉纷。单于自归,动如惊心,虞心大佳,万人还来,谒者引乡殿陈,累世未尝闻之,增寿万年亦诚哉。

远如期。直按:谓匈奴远道如期来朝。《汉书·匈奴传》卷下云:"(宣帝甘露二年)呼韩邪单于款五原塞愿朝。三年正月,汉遣车骑都尉韩昌迎,发过所七郡,郡二千骑为陈道上。单于正月朝天子于甘泉宫,汉宠以殊礼,位在诸侯王上,赞谒称臣而不名。"此诗专记其事。

处天左侧。直按:《汉书·匈奴传》云:"中行说令单于以尺二寸牍及印封皆令广长大,倨骜其辞,曰天地所生,日月所置,匈奴大单于,敬问汉皇帝无恙。"此诗处天左侧,即指匈奴方位而言。

大乐万岁。直按:西安汉城遗址曾出"大万乐当"瓦,与此诗语句相似。

与天无极。直按:西安汉城遗址出土"与天无极"瓦当极多。又《簠斋藏镜》卷下、三页,有宜文章镜铭曰:"延年益寿去不羊,与天毋亟,如日之光。"与本诗均相同,盖为汉人吉祥习俗语(无极,瓦文亦有作毋亟者)。

谒者引乡殿陈。直按:《汉书·百官表》云郎中令"属官有大夫、郎、谒者","谒者掌宾赞受事,员七十人,秩比六百石,有仆射,秩比千石"。

十八、石　留

何承天石留作石流,此篇句读,最不可通。

> 石留凉阳凉,石水流为沙,锡以微河为香,向始秣冷将风阳,北逝肯无敢与于扬,心邪怀兰志金安薄北方,开留离兰。

结 束 语

《汉铙歌十八曲》,有属于汉廷乐府所自作者,如《朱鹭》《艾如张》《上之回》《拥离》《战城南》《巫山高》《上陵》《将进酒》《君马黄》《芳树》《雉子班》《圣人出》《临高台》《远如期》等十四篇是也。有疑属于地方歌诗,由汉廷采入乐府者,如《思悲翁》《有所思》《上邪》等三篇是也。《石留》一篇,句读难通,尚不能区分其性质。余之解诂心得,以《朱鹭》取证于汉铜器,以《思悲翁》为《思裴翁》,为西汉边郡之诗,以《拥离》为雍州之离宫,《巫山高》为描写高祖时战士思归之情,《君马黄》所言"易之有魏蔡有赭,以魏指天马,蔡指蓍龟之类,皆为前人所未道,陶诗所谓"奇文共欣赏,疑义相与析"者,仿佛近之。西汉时有庙堂之乐,有燕会之诗,在燕会歌曲中,君臣共聚,庄谐杂作,脱略形迹,如《君马黄》之推重臣马,《芳树》之语涉宫闱,《有所思》与《上邪》两篇,写男女相恋相绝,相怨相誓之辞。家常琐屑,亦可以被之管弦,正合风诗之义。犹之柏梁台联句,郭舍人之齿妃女唇、东方朔之窘迫诘屈,汉武亦不之罪。在清代治此学者,思想束缚,言必奏乐,于是有以美人比君者、佳人比臣者,支离附会,谰语连篇,就中以谭仪、王先谦两家之注释为代表类型。独庄述祖以《有所思》及《上邪》两篇为男女相唱答之辞,打破当时学术之锢网,确实难能可贵。但庄氏两章本为一章之说,与余意见尚有出入也。另撰篇名次第表,籍可以考见原诗之次序,对于解说全诗,在次第上也起有一定帮助之作用。

附　《汉铙歌十八曲》篇名次第对照表

曲名	西汉原来篇次	魏拟篇次	吴拟篇次	晋拟篇次	宋拟篇次	曲名异称
朱鹭	1	1	1	1	1	
思悲翁	2	2	2	2	2	思悲公 思裴翁
艾如张	3	3	3	3		艾而张
上之回	4	4	4	4		
拥离	5	5	5	5	3	翁离
战城南	6	6	6	6	4	
巫山高	7	7	7	7	5	
上陵	8	8	8	8	6	
将进酒	9	9	9	9	7	
君马黄	10			13	8	
芳树	11	11	11	11	9	
有所思	12	10	10	10	10	
雉子班	13			14	11	雉子斑
圣人出	14			15		
上邪	15	12	12	12	12	
临高台	16			16	13	
远如期	17			17	14	远期
石留	18			18	15	石流

上表魏拟鼓吹曲为十二首,吴拟为十二首,晋拟为二十二首(合于本篇目者有十八首),宋拟为十五首。与西汉原诗对勘,在晋以前,《朱鹭》至《将进酒》,次第完全相同。以下各篇,魏吴晋所拟代,皆是《有所思》在《芳树》之前,这一点今本所传汉诗次第,或有错误。

汉镜铭文学上潜在的遗产

现在发现的铜镜,以洛阳金村墓葬中镜及长沙楚镜为最古,皆战国时物;次就是秦镜。秦镜包括战国及始皇并灭六国后两个时期的。这三种古镜上面,都是铸的图像画与图案画,有文字者绝少。到了两汉,铸造的艺术更加发展,有纯用图画的,有铭辞兼图画的。收藏家一般是最珍贵有纪年的,其他,也有的偏重于花纹的研究,也有的偏重于书法的演变,独于汉镜的铭辞,考古者既不甚注意,文学家亦多忽略不谈;其实汉镜的铭辞,是两汉文学上最美丽的作品,也是两汉文学上潜在的遗产。兹选择三十首类型不同,可以朗诵者,略加注解,以为举例发凡。

两汉镜铭,其体例有三言、四言、六言、七言及乐府歌辞式五种。何以独无"五言"?或因当时五言歌谣流行,作者为了有别于这些通俗作品,所以就避免了五言;实际四言、七言皆是"诗",六言类于"赋",尤其七言是当时创作的新体,故镜铭文作者自称为"桼(七)言之纪从镜始"(《小校经阁金文》卷十五)。其实,汉代镜铭通体七字句叶韵的,根据罗振玉《汉两京以来镜铭集录》,还不在少,那么,镜铭对七言(七言与七言诗有别)有着一定的影响。

古代"言公"(见刘知几《史通》),器物上不写作者姓名,汉镜亦同此例,最多只说明为龙氏作镜、张氏作镜、周仲作镜等类,未有正式题名为某人作的。自东汉时文集之风盛行,作家的姓名始显著;然汉碑文中,还几乎是完全不写姓名的,是其明证(现存司马相如、扬子云等赋,是著名的巨制,恐在当时传抄已特标以姓名)。汉镜铭既无作者姓名,但作者必为当时文学专家;铸镜的铜工,必然广为搜罗,成为类稿,造镜范时随取随用,略为增减。其增减情况,一是视周围铭文多少而定,遇有不能再刻时,即一句不完,亦必然中断;二是视图案花纹而定。例如尚方镜铭有"青龙白虎辟不祥,朱鸟玄武顺阴阳",图像中必然有龙虎龟雀四神,方用这等铭句,设或只有两种,则必减省一句。至于大同小异,当是传稿的文字不同,或作家自己的修改;至于有脱字有误字,又当是作家本来不误,由于铜工刻范时之误。还有,汉镜铭流传最广的,如尚方镜通例是"尚方作镜大无伤",及"尚方作镜真大好"两种,未必皆属于尚方令的官造。其情形可能是各地仿铸的,也可能是尚方令自铸的一部分剩余,分售于各地。时风所尚,所以市面充斥。所谓地方性、时代性多属于花纹形式的变化,对于镜铭,则变化不大。

三言举例如下:

  长富贵,乐无事,日有喜,宜酒食。(《小校经阁金文》卷十五)

  常富贵,宜酒食;竽瑟会,美人侍。(拓本)

  日有喜,月有富,乐无事,常得意。美人会,竽瑟侍;商市程,万物平;老复丁,复生宁。(《浣花拜石轩镜录》卷一)

  乐未央,日富昌,宜侯王。(《小校经阁金文》卷十五)

  上泰山,见神人。食玉英,饮醴泉;驾飞龙,乘浮云;宜官秩,保子孙。(《小校经阁金文》卷十五)

以上镜铭五首皆表现汉代贵族享乐求仙,长保富贵思想。

  君行卒,子志悲,久不见,侍前希。(拓本)

  秋风起,子志悲,久不见,侍前希。(《浣花拜石轩镜录》卷一)

  道路远,侍前希;昔同起,子志悲。(《小校经阁金文》卷十五)

此镜铭三首,皆为夫远戍边塞,妻子相思相念之词,反映出汉代戍边之苦的哀音。按：应劭《汉官仪》："民年二十三为正卒,一岁以为卫士,一岁为材官骑士,年五十六老衰乃得免为民。"合选为亭长,内郡人为材官,边郡人为骑士,皆包括戍卒而言。现从居延木简中观之,戍卒的籍贯,征调遍于各郡国,年龄有至五十七岁还不得退伍的。镜铭不一定出于戍卒妻子的作品,或为文学专家所代拟；也不一定出于铜工的专造,或为市鬻任人所选购；不然出土者何其多,铭文又何以大同小异如此（洪亮吉《北江诗话》,谓在关中亦得一品,与第三首同文）。因连忆及汉诗之"藁砧今何在,山上复有山,何当大刀头,破镜飞上天"一首,亦必为戍卒妻子所作,与此镜铭同一类型。合上五首镜铭,互相对比,一为享乐、一为诉哀,可以见汉代阶级矛盾之尖锐。

四言举例如下：

昭阳镜成,宜佳人兮！（拓本）

此西汉昭阳宫中所用之镜,"阳成"二字为韵、"佳兮"二字为韵。

见日之光,天下大明。（《小檀欒室镜影》卷三）

按："见日之光"镜,在汉代镜铭中,最为普遍：有作"见日之光,长毋相忘"的；有作"见日之光,长乐未央"的；有作"见日之光,美人在旁"的（均见《小檀欒室镜影》卷三）。并可看出：第一句式是固定的,第二句式是灵活更变的。

延年益寿,大乐未央。（《小檀欒室镜影》卷三）

大乐富贵,千秋万岁,宜酒食鱼。（《小校经阁金文》卷十五）

此首与三言的"长富贵,宜酒食"词意相似。

不日可曾,不日可思。（拓本）

此镜铭颇难领会,试作两解：曾为憎字省文,即面目有时可憎,有时可思；或者曾指曾参,思指子思而言。谓不日可以比曾子,不日又可以比子思。

六言举例如下：

内清质以昭明,光辉象夫日月。心忽扬而愿忠,然难塞而不泄。洁精白而事君,□椀欢之奄明。彼玄锡之流泽,恐疏远而日

忘;怀气美之穷嗤,外承欢之可说;慕窈窕之灵贵,愿永思而毋绝。(《小校经阁金文》卷十六)

此镜出土最多。有只用首四句的;又有并四句不完全的;又有以"洁精白而事君"为起句的。每字中隔而字,不甚可解,纵有全文,脱落亦多。兹参照严可均《全后汉文》卷九十七的释文,及其他同文各镜,互相稽考,略通句读;就可解者而论,气势完全与汉赋相近。去年洛阳汉墓葬群,出昭明镜多片,多为西汉时物。然传世各镜,有似武帝时丰腴宽博字体者,又有似东汉末期字体者,流传普遍,不能判定为同一个时期作品。

七言举例如下:

  七言之纪从镜始,练冶铜华去其宰,长葆二亲利孙子。(《小校经阁金文》卷十五)

  七言之纪从镜始,苍龙居左白虎右,长葆孙子宜君子。(同上)

按:原镜铭七字作柔,谓七言铭辞,从此镜开始。"去其宰",当谓去其渣滓。若释七言为来言,便不可通。

  新兴辟雍建明堂,然于举士比侯王,子孙复具治中央。(《古镜图录》卷中)

按:此王莽时作品。辟雍明堂,同时兴建。然于为匈奴王名。综观七言镜铭诸作,当在王莽先后时代。

  尚方作竟真大巧,上有仙人不知老,渴饮玉泉饥食枣,浮游天下教四海。(《古镜图录》卷中)

  尚方作竟大毋伤,巧工刻之成文章,左龙右虎辟不祥,朱雀玄武顺阴阳。(同上)

尚方镜传世最多,一仄声,一平声,千变万化,大同小异,皆不出此范围。

  张氏作镜宜侯王,家当大富乐未央。子孙备具居中央,长保二亲世世昌。(《金石索》金文卷六)

  李氏作镜四夷服,多贺国家人民息。胡虏殄灭天下服,风雨

时节五谷熟。(《小校经阁金文》卷十五)

某氏作镜,亦有仄韵、平韵两种规格。

汉有嘉铜出丹阳,和以银锡清而明。左龙右虎辟不祥,朱鸟玄武顺阴阳。(拓本)

新有善铜出丹阳,和以银锡清且明。左龙右虎掌三彭,朱鸟玄武顺阴阳。(《善斋吉金录》卷二)

第一首为汉代作品,第二首为王莽时作品。"掌三彭",《博古图》卷二十八又有一镜作"掌三光",比较易于了解。

许氏作镜自有纪,青龙白虎居左右。圣人周公鲁孔子,作吏高迁车生耳。郡举孝廉州博士,少不努力老乃悔。(《古镜图录》卷中)

此镜铭旧说为东汉士孙瑞作,恐不可信。出土地址多在齐鲁,陕甘地区还未见有发现的。

乐府歌辞式举例,如:

清冶铜华以为镜,照察衣服观容貌,宜佳人。(《长安获古编》卷二)

清冶铜华以为镜,照察衣服观容貌。丝组杂还以为信,宜佳人兮。(拓本)

"宜佳人镜"铜质、文字、铭辞,三者均极精。

愁思曾结,欲见毋说,相思愿毋绝。(《古镜图录》卷中)

君有行,妾有忧;行有日,反无期;愿君强饭多勉之,仰天太息长相思。(《小校经阁金文》卷十五)

此两镜皆为妻赠夫远戍之辞,与上述"君行卒"三言铭文同一类型。缠绵悱恻,哀艳绝伦,比之江淹《别赋》"送君南浦,伤如之何!"陈义更深远,措辞更高古。

侯氏作镜世未有,令人吉利宜古市,当得好妻如旦己兮。(《长沙古物闻见记》卷下)

按:《长沙古物闻见记》又有残镜,存"当得好妻如威央兮"八字。此两镜恐为汉代婚姻不自由反映出来的作品,把它钩稽出来,也是陶诗所谓"奇文共欣赏,疑义相与析"的意思。威央当读如威英,无考,疑为用晋文公得南之威事(南之威见《战国策·魏策》)。古市即贾市,《小校经阁金文》卷十五载有"史氏镜"铭云"辟去不祥宜贾市"可证。

上述各汉镜铭,为优秀古朴的作品,主要可以看出两汉社会情况,尤其是戍边的痛苦,哀怨连篇,这些宝贵的材料,在《汉书》里是看不出来的。仅在《盐铁论·备胡篇》中,有简单的叙述,发扬搜罗,还是有必要的。至于六朝镜铭如"鸾镜晓匀妆,漫把花钿饰,真如绿水中,一朵芙蓉出"(见《金石索》金文卷六),唐镜铭如"照日菱花出,临池满月生,官看巾帽整,妾映点妆成"(见《古镜图录》卷中),神韵在"玉台""香奁"之间,已失去社会意义,故略而不论。

一九五四年十月于西北大学

陈延杰氏《诗品注》中存在的问题

南齐谢赫的《画品》,梁钟嵘的《诗品》,庾肩吾的《书品》,三种同为南朝流传最可宝贵的古籍,与《文心雕龙》,各有同工异曲之价值。予在三十年前,曾拟择诗画二品,加以笺释,已略具规模,屡更兵乱,稿旋散佚。曾记忆叶长青氏所撰《诗品集注》,已采及鄙说。窃以为《诗品》与《画品》,凡上中两品,多为史传习见之人,不难作注。下品人名,则有少数不见于文献,着手比较困难。今见陈延杰氏所撰《诗品注》,其中魏晋南北朝史无传记诸人,多未注出。予回忆旧稿,陈氏所未知者,大率皆可考索。兹将该书中存在的问题,分未注出人名,及纠正原注错误或补充重要材料者,列成两部分,略述如下:

一、未注出人名者

宋参军顾迈　宋参军戴凯 四〇页

　　陈注:二人无所考。

　　按:《宋书·沈庆之传》云:"庆之从弟法系,讨萧简于广州,前征北参军顾迈,被徙在城内,善天文,云荆、江有大兵,城内由此固守,法系攻拔之,斩萧简,广州平。"顾迈又见《刘穆之传》云:"吴郡顾迈,轻薄而有才能。"皆与《诗品》相合。钟嵘所称"顾迈鸿飞",盖择取迈诗中鸿飞二字而作品论,其全篇今不可考。又《隋书·经籍志》集部,注梁有宋征北行参军《顾迈集》二十卷,亡。可证顾迈之全集,在隋代已经不存,但迈官参军,与《诗品》结衔正合。

又按:戴凯疑即为撰《竹谱》之戴凯之,《竹谱》旧本仅题晋武昌戴凯之撰。晁公武《郡斋读书志》云:"凯之字庆预,仕履无考。"《百川学海》《四库全书提要》,皆因其说,予昔考戴凯之当为刘宋时人,《竹谱》"五岭实繁"句自注云:"临鄣、宁浦为南岭。"沈约《宋书·州郡志》:"越州有临鄣郡先属广州,与百梁、泷苏等八郡,皆新立之郡。"又《竹谱》:"竹之堪杖,莫尚于邛。"自注云:"笻竹高节实中,出南广邛都县。"《宋书·州郡志》:"宁州有南广郡,晋怀帝时分朱提立。"属县无邛都县,仅见于刘宋《爨龙颜碑》云:"迁本号龙骧将军,领镇蛮校尉宁州刺史邛都县侯。"碑为宋大明二年立,据此邛都为宋时暂置旋废之县,戴凯之为宋时人,确无疑义。又《隋书·经籍志》集部有《戴凯之集》六卷,次于宋宛朐令《阳惠休集》之后,尤为宋人之明证,与《诗品》所列宋参军戴凯正合,原文凯下应脱之字,犹本书之许瑶之,宋刻《玉台新咏》目录标题则作许瑶是也。姚振宗《隋书经籍志考证》亦以戴凯之即《诗品》中之戴凯。

宋中书令史陵修之　宋典祠令任昙绪 六五页

陈注:陵、任二人,《宋书》无传。

按:《陶渊明集》末尾有联句一首,题为渊明、愔之、循之三人所共作,皆书名不书姓,循之予谓即《诗品》下品所列之陵修之。汉魏六朝时,写循修二字,最易混淆。例如《汉书·陈汤传》:"司隶奏汤无循行。"循行当为修行之误字。《汉景君碑阴题名》,循行且写作修行,此例多不胜枚举。《诗品》陵修之题为宋人,与陶渊明时代正相符合,循之为自来注陶诗者所未详。今不独解决《诗品》问题,兼可解决陶诗前人疑联句不类渊明作品的真伪问题。

齐诸暨令颜则　齐秀才顾则心 六八页

按:《南史·颜延之传》,子竣,竣弟测,以文章见知,官至录事参军。唐颜真卿《晋西平侯颜含碑》云:"延之弟师伯,子浚,浚弟测临淮太守。"《诗品》之诸暨令颜则,当为颜测之误字,因涉及下文顾则心而致误。惟颜测三处官阶各不相同。又《隋书·经籍志》集部,有宋大司马录事《颜测集》十一卷,录事衔名,与《南史·颜延之传》略同,但《诗品》标题为齐人,《隋志》则题为宋人,盖为宋末齐初人也。《颜含碑》叙颜测为临淮太守,则当为最后所历之官。又本段品文,有云"颜诸暨最荷家声",指荷颜延之之家声而言,尤可证颜则为颜测传写之误字。

又按:冯维讷《诗纪》,有顾则心《望廨前水竹》诗一首,丁福保《全齐诗》编入卷四,并注《何逊集》亦载此诗,未知孰是。

齐参军毛伯成 六九页

按:齐当为晋传抄之误字。以《诗品》体例而论,上下均为南齐时人,不应有晋人夹杂其内,或此段自变其例,亦未可知。本段品文:"伯成文不全佳,亦多惆怅。"可见次序仍是原书,并无错误。《世说·言语篇》云:"毛伯成既负其才气,常称宁为兰摧玉折,不作萧艾敷荣。"刘孝标注引《征西僚属名》曰:"毛玄字伯成,颖川人,仕至征西将军参军。"与《诗品》官名、人名,均相符合。又《隋书·经籍志》集部,有晋《毛伯成集》一卷,总集又有《毛伯成诗》一卷。

齐端溪令卞录 七二页

按:卞录当为卞铄之误字。《南史·丘巨源传》云:"刘融卞铄,俱为袁粲所赏,粲为丹阳尹,卞铄为主簿。"《隋书·经籍志》集部,有《卞铄集》十六卷,当即此人。

梁晋陵令孙察 七五页

按:《梁书·孙谦传》云:"从子廉,历御史中丞,晋陵、吴兴太守。"孙廉疑即为孙察,《梁书》为唐姚思廉撰,思廉为陈吏部尚书姚察之子,思廉因避父讳,故改孙察为孙廉,因廉察二字,意义相通。

陈氏应注而未注出者,计有顾迈、戴凯、陵修之、颜则、顾则心、毛伯成、卞铄、孙察等八人,现均逐一考得,未详者仅有任昙绪、区惠恭二人。又释宝月品文中有东阳柴廓,人亦无考。

二、纠正注文错误或补充重要材料者

羌无故实四页

> 按:此句本于《离骚》之"余以为兰可恃兮,羌无实而容长",陈氏漏注。

故孔氏之门如用诗,则公干升堂,思王入室,景阳潘陆,自可坐于廊庑之间矣。二〇页

> 按:本段文字,句调摹仿扬子《法言·吾子篇》。原文云:"诗人之赋丽以则,辞人之赋丽以淫,如孔门之用赋也,则贾谊升堂,相如入室矣。"陈氏反引《汉书·艺文志》作注,不知班固亦本于扬雄之言也。

晋黄门郎张协二七页

> 陈注引《晋书》曰:"张协字景阳,载之弟也。兄弟并守道不兢,以文自娱,少辟公府,后为黄门侍郎,因托疾遂弃绝人事终于家。"按:《晋书》本传云"协字景阳,少有隽才,与载齐名,辟公府掾,转秘书郎,补华阴令"云云。节括原文,未为不可,但公府掾三字连文,为三公府掾属之总称,不能割裂减去掾字,此陈氏之误引。

晋文学应璩五七页

> 陈注:晋无应璩,恐是应贞之讹。《晋书·文苑传》云:"应贞字吉甫,汝南南顿人,魏侍中璩之子也,善谈论,以才学称。"

> 按:应璩已见中品,此处不应复见,陈氏疑为应贞之讹,但璩贞二字,形既不相近,应贞且不官文学,陈氏之说,未可信也。应璩疑为应场之误字。《魏志·王粲传》,汝南应场为五官将文学,建安二十二年卒,场弟璩,璩子贞,咸以文学显。官名相同,人名亦相似,晋字当为魏字之误。然钟嵘排列次于欧阳建之后,所未解也(当次于阮瑀之后)。

宋尚书令傅亮　今沈特进选诗载其数首六二页

> 陈注引《隋书·经籍志》,沈约有《诗集钞》十卷。按:《经籍志》

总集类,《诗集钞》十卷,谢灵运撰,非沈约撰,陈氏盖沿姚振宗《考证》而致误。

宋记室何长瑜　羊曜璠　宋詹事范晔 六三页

陈注:羊曜璠名璇之,泰山人,见《谢灵运传》。

按:《宋书·谢灵运传》云:"璇之字曜璠,为临川内史,后坐事诛。"《诗品》原文,羊曜璠人名上,当脱宋内史三字,为传抄之误。

宋御史苏宝生　宋越骑戴法兴 六三页

按:苏宝生又见《南史·恩幸·戴法兴传》:"董元嗣为元凶勋考掠死,追赠员外散骑侍郎,使文士苏宝生为之诔焉。"苏宝生事迹,又见《南史·徐爰传》。《隋书·经籍志》集部,有宋江宁令《苏宝生集》四卷。

又按:《南史·恩幸·戴法兴传》云:"法兴能文章,颇传于世。"陈注关于法兴能文章重要之两句,漏未引及。

齐惠休上人　齐道猷上人　齐释宝月 六六页

按:冯氏《诗纪》云:"汤惠休字茂远,初入沙门,名惠休,孝武帝命使还俗。本姓汤,位至扬州刺史(当作扬州从事)。"又《文选》江文通《拟古》三十首,最末一首,为拟《休上人别怨》。李善注:"沙门惠休善属文,徐湛之与之甚厚,世祖命使还俗,本姓汤,位至扬州从事。"《隋书·经籍志》集部,有宋宛朐令《汤惠休集》三卷。《诗品》齐字当为宋字传抄之误。

又按:《庐山记》载庐山诸道人游石门诗,有帛道猷所撰"陵峰采药,触兴为诗"一首,道猷盖俗姓帛也。帛与白通,与《诗品》所称"庾白二胡,亦有清句"正合。道猷盖亦为胡人也。又丁福保《全齐诗》卷七,注帛道猷本姓冯,山阴人,与《庐山记》又有不同。

又按:本段品文,有"庾白二胡,亦有清句"。陈注引权德舆《送清皎上人诗》云:"佳句已齐康宝月。"则宝月姓康非姓庾也。陈氏以庾为康之误字则是,以宝月姓康则非也。盖庾确为康字之误,康宝月为康居国人,故有此称。晋宋时凡康居国僧来中土者,皆冠以康字,如

《世说新语》之记康僧渊,《高僧传》之记康昙谛是也。犹由天竺国来者,必加以竺字,如《世说》之记竺法深之类,《诗品》之康宝月,当亦同例。

齐正员郎钟宪 六八页

　　陈注:钟宪,嵘之从祖。

　　按:陈氏是依本段品文"余从祖正员常云"句作注。冯氏《诗纪》,有钟宪《登群峰标望海》一首,丁福保《全齐诗》卷四,此诗注云:"亦见《谢朓集》,题云《和西曹望海》(西曹上当脱人姓一字)。"

齐朝请吴迈远　齐朝请许瑶之 六九页

　　按:《隋书·经籍志》集部,有宋江州从事《吴迈远集》一卷。本书称朝请,当为最后之官。又乐苑《诗品》谓齐有许瑶之长于短句咏物,与钟嵘所评正同。许瑶之现存《自君之出矣》及《闺归答邻人》诗二首,每首皆四句,则短句也。又存有《咏楠榴枕》一首亦四句,则咏物也。可见者共有三首,陈注分别言短句咏物,仅列两首。

齐韩兰英 六九页

　　按:《金楼子·箴戒篇》云:"齐郁林王初欲废明帝,其文则内博士韩兰英所作也。英号韩公,总知内事,始入为后宫司仪。"《隋书·经籍志》集部,有宋后宫司仪《韩兰英集》四卷,盖宋末齐初人也。

齐记室王巾 七二页

　　陈注谓《诗品》各本皆误王屮为王巾,其说是也。

　　按:《隋书·经籍志》史部有王巾撰《法师传》十卷,集部有《王巾集》十一卷。足证王屮误作王巾,不独《诗品》为然。又《文选》五十九,王简栖《头陀寺碑》,李善注:"碑在鄂州,题云齐国录事参军。"又云:"齐朝起家鄂州从事,后为辅国录事参军。"此王巾历官之可考者。屮字《困学纪闻》音左,后人多从其说,予谓屮字当读为彻,古文又借为草字。

齐诸暨令袁嘏 七三页

　　按:《南史·卞彬传》云:"陈郡袁嘏,自重其文,建武末为诸暨令,被王敬则贼所害。"

梁常侍虞羲　梁建阳令江洪七四页

按:虞羲、江洪,均见《南史·王僧孺传》。羲字士光,《文选·咏霍将军北伐》诗,李善注作字子阳,与《诗品》相同。《隋书·经籍志》集部有齐前军参军《虞羲集》九卷,建阳令《江洪集》二卷。洪集卷短,与《诗品》"洪虽无多,亦能自迥出"之语,正相符合。

梁步兵鲍行卿七五页

按:行卿附见《南史·鲍泉传》。

以上十五项,或厘订注文,或补充材料。细观全注,详于后代人之评诗,略于古代史传之旁征博引,因此疏忽之处,往往可见,鄙人则拉杂漫书,恐亦未必尽当也。

一九六二年十月撰于西安西大新村

古籍述闻

古籍述闻者,闻于先考辅卿府君,不肖加以叙述之也。忆在十三岁时,府君寓居苏北东台县,在县之西溪乡三贤祠课读钱氏子,不肖亦附学受业。诵习《史记》以外,兼及古籍。阅三四年,府君每有心得,口讲手画,辄用短纸笺记,丛胝于废册之上,经过十年以后,经不肖加以整理,有直录者,有申述者,有附益者,中间屡更丧乱,写稿大部分散佚。偶检得三五页,亦首尾不完,现在抱残守缺之中。再辅以记忆所及,既温旧闻,复采新获。府君之说,与不肖之说,不能分辨,故混合为一,定为今稿,约成一卷,纪念老人之教诲,不敢云著述也。

一九六二年十一月陈直谨记

焦氏《易林》东汉人之附益

王应麟《汉书艺文志考证·易林》引《东观汉记》云,孝明帝永平五年,以京氏《易林》占雨,知东汉初书已渐行。现考繇词中所用地名,多为燕赵地,颇疑为汉代燕赵人所附益。如卷三节繇云:"升擢超等,牧养常山。"卷四兑繇云:"邯郸反言,父兄生患。"卷七临繇云:"崔巍北岳,天神贵客。"卷八归妹繇云:"兄征东燕,弟伐辽西,大克胜还,封君河间。"卷十四复繇云:"马服长股(马服山名,赵括封君盖在其地),宜行善市。"古人著述于山川风土,皆就眼前言之,上述盖为燕赵人附益之明证,焦延寿梁人,不得作斯语也。又卷二坎䷂云:"恒沿浦寿,高邑所在。"浦当作蒲,《汉书·地理志》常山郡有蒲吾、灵寿二县。鄗县班固原注,世祖即位,更名高邑,此条当为东汉人撰,恒为文帝之讳,东汉人有直称为恒山者。卷四恒䷟云:"典册法书,藏在兰台。"《续汉书·百官志》云:"兰台令史六人,秩六百石。"与鸿都石室,皆为藏书之府。卷十四谦䷎云:"齐东郭庐,嫁与宛都。"与《文选·古诗十九首》"游戏宛与洛"同意,殆亦东汉人之词句也。

《考工记》为战国时齐楚人之作品

《考工记》疑战国时齐人所撰,而楚人所附益。河间献王取以补《周礼·冬官》之阙文,成书时代,尚迟于《周礼》之后,玉人与典瑞多同文,是其明证,终葵、终古,则为齐人之方言,书出于齐人所撰,似无疑义。《南史·王僧虔传》,记南齐建元元年,襄阳有盗发古冢,传为楚昭王冢,其中出有竹简书,简宽数分,长二尺,有人得十二简以示僧虔,僧虔辨为蝌蚪书体,写的为《周礼·考工记》,是此书大行于楚之一证。兹分析如下:

橘逾淮而北为枳,鹳鹆不逾济,貉逾汶则死。

按:殷敬顺《列子释文》,引此经解汶为蜀之岐山。非是。余疑此经为齐人所撰,楚人附益,引譬先取其近者,淮、济、汶皆齐鲁楚之地,蜀中殊而不联属也。

攻木之工,轮舆弓庐匠车梓。

按:梓匠车弓四人,在刮摩之后,与经上文不合者,其书非一人所撰,辀人别出一章,疑楚人所撰,《方言》,车辕楚卫人名曰辀也。

不微至无以为戚速。

郑注:"齐人有名疾为戚者,《春秋》传曰,盖以为操之为已戚矣。"

按:此经文为战国时齐人所撰之一证。

轮已庳则于马终古登阤也。

郑注:"齐人之言终古,犹言常也。"

按:《楚辞·九歌》云:"长无绝兮终古。"训终古为常,盖齐楚人之通语也。

察其菑蚤不齵,则轮虽敝不匡。

郑注:"泰山平原所树立物为菑,声如㭰。"

按:此经文为齐人所撰之一证。《公羊·文十四年传》曰:"子以其指则接菑也四",《公羊》亦齐语也。

重三锊。

郑注引《说文》云:"锊,锾也。今东莱称或以大半两为钧,十钧为环,环重六两大半两。锾锊似同矣。"

按:此用齐东莱人之方言也。

山以章。

郑注:"齐人谓麋为麞。"《毛诗》陆疏云:"青州呼麢为麞。"

按:此经文为齐人所撰之一证。

大圭长三尺,杼上终葵首。

贾疏引《说文》:"椎,击也,齐谓之终葵。"

按:此经文为齐人所撰之又一证。郑注:"杼,䂳也。"《礼记·玉藻》注:"终葵首者,于杼上又广其首,方如椎头。"证之《宣和古玉图》、吕氏《考古图》,镇圭皆上削薄方首如椎,与郑注正合。

是故勾兵椑。

郑注:"齐人谓柯斧柄为椑。"

按:此经文为齐人所撰之又一证。

恒角而短。

郑注引郑司农说:"恒读为緪絙之絙。"

按:《楚辞·九歌》云:"絙瑟兮交鼓。"絙亦楚人语也。

今夫茭解中有变焉,故校。

郑注:"茭读如齐人名手足腕为骹之骹。"

按:此经文为齐人所撰之又一证。

筋三侔。

　　《经典释文》云："齐人呼土釜为牟。"

　　按：此经文为齐人所撰之又一证。

　　以上列举十一条，属于齐方言者占九事，属于楚方言者占二事，故推断为齐人所作而楚人附益之也。至于解释字义，可以补孙氏《正义》所未及者，亦附见如下。或通四方之珍异以资之。

燕无函。

　　郑注引郑司农云："函读如国君含垢之含。"

　　按：杭州邹氏藏有"燕函奇良"四字剑柲，盖战国时物，可证燕无函之义。

作舟以行水。

　　郑注："故书舟作周。"

　　按：此战国时诡异之体，《说文》裯或作袾，其例正同。《汉书》路博德西河平州人（见《卫青霍去病传》），《地理志》则作平周，在经传中周、舟、州三字往往通用。

凡攻木之工七，攻金之工六。

　　郑注："故书七为十。郑司农云，十当为七。"

　　按：现证以杭州邹氏藏齐丘子里陶器，长白端氏藏秦玉日晷，《金石索》金三、一百五十一页，建武大官锺，及南越甫木题字，七字皆作十，中画甚短，尤其居延木简七字皆作十字，故书当亦如是，非误文也。《史记侯表》七月者，《汉书》往往误作十月，亦其例也。

凡察车之道，欲其朴属而微至。

　　郑注："朴属犹附着坚固貌也。"贾疏："《诗·大雅》棫朴，郑笺云，相朴属而生。"

　　按：《说文》芈，草芈岳丛生也，是芈岳即朴属之义也。《石鼓文》第一云：我敃其朴，亦谓敃其芈岳丛生之草也。

望其毂欲其眼也。

　　按：《说文》引此经作"欲其辊"。艮昆二字，偏旁相似，从车者是古文以字从义也。

毂小而长则柞。

按:柞借为迫笮之笮,从木者是古文以字从义也。

以其围之防捎其薮。

郑注:"郑司农云:薮读为蜂薮之薮。"段氏《周礼汉读考》,改读为作读如。然薮仍读作薮,不当再比拟其音。较《说文》:楰车毂中空也。盖故书本为楰字,先郑、杜子春之注,皆用故书,原文当为"楰读为蜂薮之薮"。郑君作注时,经文已易今字,故变为"薮读为蜂薮之薮"。

去一以为贤。

郑注:"贤,大穿也。"

按:贤当作䝨,为假借字。《说文》,"䝨,大目也",可证。古文从目,繁作从贝者,犹虢季子白盘赐字作睗也。

终日驰骋左不楗。

按:《石鼓文》第二鼓文云:"左骖𩣡𩣡,右骖騝騝。"騝字不见于字书,从马者,是兵车以字从义也,騝当与经文楗字同义。

鸟旟七斿,以象鹑火也。

郑注:"鹑火朱鸟宿之柳,其宿有星七星。"

按:《续汉书·舆服志》,刘昭注引《考工记》郑注云,"鹑火朱鸟宿之柳,其属有七星",与今本郑注异,其义反明晓于今本。

龟蛇四斿,以象营室也。

按:《经义述闻》以龟蛇为龟旐之误字,求之文例是也。然《说文》旒字云,"龟蛇四斿,以象营室",虽不明称经文,当为《考工记》之文,是汉时一本有作龟蛇者矣。

筑氏为削。

郑注:"今之书刀。"

按:《汉书·循吏文翁传》云:"减省少府用度,买刀布蜀物,斋计吏以遗博士。"如淳注:"金马书刀,今赐计吏是也。作马形于刀环内以金镂之。"晋灼注:"旧时蜀郡工官,作金马书刀,似佩刀形,金镂其柎。"《小校经阁金文》卷十四、七页,有永元十六年广汉所造金马书刀,与如、晋二家之说均合。郑君以削为书刀,盖以汉制拟之也。又贾疏:"筑㭬也,攻金之工必椎㭬而成,故作削之工谓之筑也。"

按:《古泉汇》钱范类,有五铢钱范背题字云:"神爵二年四月壬午造,九月丁酉筑。"(仅举一例)泥范必须筑㭬始可造就,汉时仍沿用周秦人口头语也。

桃氏为剑,腊广二寸有半寸。

郑注:"腊谓两刃。"贾疏:"桃名义未详,疑即斛字之假借。"

按:桃疑为銚字之假借。《庄子·外物篇》云:"春雨日时,草木怒生,銚鎒于是乎始修。"郭注:"銚削也。"治剑必资磨削,故借以名官。

权之然后准之。

郑注:"准,故书或作水,杜子春云,当为水。"

按:《汉书·律历志》云:"量以爿水准其概。"是今古文各用其一义。

概而不税。

按:《薛氏钟鼎款识》卷十八、四至六页,有汉谷口铜甬铭文云:"北方概南。"《荀子·宥坐篇》云:"盈不求概。"杨倞注:"概平斗斛之木也。"铜甬铭,与经文及杨注义均合。

鲍人之事。

郑注:"鲍故书作鞄",引《仓颉篇》有鞄䩨。

按:鲍人为攻皮之工,鞄当为本字,鲍为假借字。然考其假借之由,《荀子·议兵篇》云:"楚人鲛革犀兕以为甲,鞈如金石。"是楚人多以鲛鱼为甲,此鞄字假借为鲍之理。

则是以博为帴也。

郑注:"郑司农帴读为翦。"

按:《诗·召南》"勿翦勿伐",《韩诗》作勿划,翦帴二字声相近也。

则虽敝而不甐。

郑注:"故书或作邻,郑司农云:邻读为磨而不磷之磷。"

按:从瓦从石义相近,故书作邻者,为磷字之假借。《隶续》卷一,《汉平舆令薛君碑》云:"摩而不邻。"是磷邻二字古通之证。

湅帛以栏为灰。

按:经文栋字繁加门字,盖六国时诡异之古文,《礼记》谄字作谰,《汉书·艺文志》儒家有谏言作谰言,皆加门字,与经文正同。

天子圭中必。

郑注:"必读如鹿车絣之絣,谓以组约其中央为执之,以备失队。"

按:必通絣者,《说文》怭字引古文作絣,无专鼎之缟必彤沙。亦以絣为必。絣作必者,犹后代之省写。郑注读如,当为读为,犹后代传抄之误字。吴氏《古玉图考》,驳郑君说谓必为柲字省文,然本经庐人柲字不作必,知吴说未可信也。

穀圭七寸,天子以聘女。

郑注:"穀,善也,其饰若粟文。"

按:《宣和古玉图》橅有穀圭,饰若粟文,凡四十有九,与郑说正合。

弓而羽杀。

郑注:"羽读为扈。"

按:郑君羽读为扈者:《诗·邶·简兮》"硕人俣俣",《韩诗》作"硕人扈扈"。羽俣同声,郑本韩义也。

《中说》阮逸注本之疏略

宋阮逸所注文中子《中说》十卷,乖谬违阙,所在皆是,略举条列,补正如下。

文中子曰,甚矣王道难行也,吾家顷铜川六世矣。

按:《隋书·地理志》,上党郡有铜鞮县无铜川县,本文之铜川,盖指铜锓之川流而言。六世当为五世之误,谓王虬始家于河汾,虬生彦,彦生一,一生隆,隆生通,世系见《文中子世家》。

子在长安,杨素、苏夔、李德林请见。

按:《文中子世家》,文中子以开皇四年生,大业十三年卒,年三十七岁。《北史》杨素以大业二年卒,文中子时年二十六岁,苏夔亦以大业初卒。李德林以开皇十年卒,文中子时年七岁,德林似无向文中子请益之理,当是文中子子孙所附增,《四库书目提要》疑之是也。

越公以《食经》遗子,子不受。

阮逸注:"《食经》,淮南王撰,卢仁宗、崔浩亦有之。"

按:《唐书·艺文志》,《淮南王食经》一百二十卷,诸葛颖撰;《食经》九卷,崔浩撰;《食经》三卷,卢仁宗撰。《隋书·经籍志》又有《神仙服食经》十卷,《老子禁食经》一卷,《崔氏食经》四卷,《四时御食经》一卷,杨素所遗,不知为何种也。

王孝逸曰,夫子之道,岂少是乎。

按:《隋书·文学传》,王贞字孝逸,梁郡陈留人,开皇初为汴州主簿,炀帝时为齐王暕所辟,以疾卒于家。《立命篇》亦云,陈留先达王孝逸。《北史·苏威传》引作黎阳人王孝逸,说有不同。

韦鼎请见子,三见而三不语。

按:《隋书·艺术传》,韦鼎字超盛,京兆杜陵人,开皇十二年官光州刺史,后以老疾终于家,年七十有九。又《唐书·艺文志》:《韦氏谱》七卷,韦鼎等撰。

裴晞问曰,卫玠称人有不及。

按:裴晞无考,唐王绩答冯子华处士书有云:"裴孔明虽异名教,然风月之际,往往有高人体气。"孔明疑晞之字。以上《王道篇》。

子曰,姚义清而庄。

按:王绩答冯子华处士书云:"高人姚义,常语吾曰,薛生此文,不可多得。"

芮城府君重阴阳。

　　按:《隋书·地理志》,河东郡有芮城县,注,旧置安戎,后周改焉,又置永乐郡,后省入焉。阮逸注,芮城府君为文中子之兄,当在周末隋初也。王绩答冯子华书,有"吾家三兄,生于隋末,伤世撄乱"云云,则文中子有二兄矣。以上《天地篇》。

杨素使谓子曰,盍仕乎。子曰,疏属之南,汾水之曲,有先人之敝庐在,可以避风雨,有田可以具饘粥。

　　按:王绩答冯子华书云:"河渚间有先人故田十五六顷,河水四绕,东西趋岸各数百步,古人云,河济之滨宜黍,况中州乎。"先人当指晋阳穆公及铜川府君而言。

尚书召子仕,使姚义往辞焉,曰必不得已,署我于蜀。

　　按:杨炯《王子安集序》云:"祖父通,隋举秀才高第,蜀郡司户书佐,蜀王侍讲,大业末退讲艺于龙门,其卒也,门人谥之曰文中子。"与本文正合。以上《事君篇》。

或问宇文俭,子曰,君子儒也。

　　按:《北史·宇文敩传》,二子俭、瑗。《唐书·宰相世系表》云:"俭官九泷令,生节字大理,相高宗,俭弟瑗,瑗弟绍水部员外郎。"以上《周公篇》。

李播闻而叹曰,大哉乎一也。

　　按:《唐书·经籍志》,有《李播集》三卷,爵里未详。又孙氏《续古文苑》,有《天象赋》一卷,李播撰,苗为注。孙氏考李播为李淳风之父。以上《问易篇》。

仲长子光天隐者也。

　　按:仲长子光字不曜,《王无功集》有祭仲长子光文。又答冯子华处士书云:"吾所居河渚,有仲长先生,结庐独处三十载,非其力不食,虽患瘖疾,不得交语,风神穆穆,尚有典型。"又《王子安集》有《秋日仲氏宅宴集序》,疑子光后裔之所居也。

子谓北山黄公善医,先寝食而后针药。

　　按:《王子安集》,《黄帝八十一难经序》云:"医和历六师以授秦越人,秦越人始定立章句,历九师以授华陀,华陀历六师以授黄公,黄公以授曹夫子。"《唐书·经籍志》,《神临药秘经》一卷,黄公撰,当即此人,惜名不可考。

汾阴侯生善筮,先人事而后说卦。

按:《北史·李文博传》,有魏郡侯白字君素,有文学,侯生疑即侯白也。以上《礼乐篇》。

其先汉徵君霸,絜身不仕。

按:《唐书·宰相世系表》云:太原王氏,出自王离次子威,汉扬州刺史,九世孙霸字儒仲,居太原晋阳,霸生咸云云。

十八代祖殷,云中太守,家于祁,以《春秋》《周易》训乡里,为子孙资。

按:《唐书·宰相世系表》,乌丸王氏霸,长子殷,后汉中山太守,食邑祁县,与世家官云中太守稍异。

寓生罕。

按:《宋书·王玄谟传》作祖牢,自慕容氏为上谷太守,居青州。

罕生秀。

按:《宋书·王玄谟传》云:"父秀早卒。"秀生二子,长曰玄谟,次曰玄则,玄谟以将略升,玄则以儒术进,玄则字彦法,即文中子六代祖也。

按:玄则为玄谟之弟,《宋书》无考。

问礼于河东关子明。

按:关朗为魏太和时人,距此已百年,焉得有问礼之事,亦杜淹之误也。以上《文中子世家》。

《颜氏家训》赵曦明注本之疏略

清江阴赵曦明所注《颜氏家训》二卷,未为尽善,其缺误者,补正如次。

《教子篇》云:"齐朝有一士大夫尝谓吾曰,年已十七,教其学鲜卑语及弹琵琶,稍欲通解,以此服事公卿,亦豪事也。"

按:《北史·恩幸传》云:"曹僧奴子妙达,齐末以能弹胡琵琶,甚被宠遇,官至开府封王。"之推所云,当即指妙达也。

《风操篇》云:"王修名狗子。"

按:《晋书·外戚传》,王濛子修字敬仁,小字苟子,赵氏原注,误作曹魏之王修。又云:"刘缙、缓、绥兄弟,并为名器。"赵注,《梁书·文苑传》,刘昭二子缙、缓,不云有绥。

按:《隋书·经籍志》集部,梁有安西记室《刘绥集》四卷。又云:"黄门侍郎裴之礼,号善为士大夫。"

按:《北史·裴佗传》云:"子让之字士礼,齐末为黄门侍郎,清河太守。"当即此人,之礼为士礼之误字。又云:"梁世有庾晏婴、祖孙登,连古人姓为名字,亦鄙事也。"

按:祖孙登见《南史·徐伯阳传》,梅鼎祚《八代诗乘》,亦有祖孙登紫骝马诗,盖梁人而没于陈代者,与之推时代正合。

《慕贤篇》云:"梁元帝前在荆州,有丁觇者,颇善属文,殊工草隶。"

按:《法书会要》云:"陈世丁觇,亦工飞白",盖亦梁人而没于陈代者。伯父星南府君云:《金楼子·著书篇》云,"梦书一袟,金楼使丁觇撰"。与本文正合。

《勉学篇》云:"吾初入邺,与博陵崔文彦游。"

按:《北史·崔鉴传》云:"崔育王子文豹字蔚",文彦无考,疑为文豹之昆弟。又云:"梁世彭城刘绮,交州刺史勃之孙,早孤家贫,灯烛难办。"

按:《何逊集》有高爽、刘绮等人联句诗,刘勃无考。又略云:"齐有宦者内参田鹏鸾,本蛮人也,仕齐至侍中开府,后为周军所害。"

按:《北史·恩幸传》,田鹏鸾事,与此全同。当日李延寿修史时,疑即用此材料。又《明史记事》云:"梁世费旭诗云:不知是耶非。"

按:旭当为昶字之误,《隋书·经籍志》集部,有梁新田令《费昶集》三卷。《玉台新咏》选费昶诗亦多。又云:"颍川荀仲举,琅琊诸葛汉,亦以为然。"

按:《北史·文苑传》云:"诸葛汉颖字汉,丹阳建康人,隋时官正议大夫。"又云:"陈思王武帝诔,遂深永蛰之思;潘岳悼亡赋,乃怆手泽之遗。是方父于虫,匹妇于考也。"

按:《金楼子·立言篇》云:"陈思之文,群才之隽也。武帝诔云:尊灵永蛰。明帝颂云:圣体浮轻。浮轻有似于蝴蝶,永蛰可拟于昆虫,施之尊极,不其媟乎。"之推之言,盖与梁元帝相似。又云:"义阳朱詹,世居江陵,好学家贫无资,累日不爨,官至镇南录事参军,为孝元所礼。"

按:《金楼子·聚书篇》云:"又得州民朱澹远送异书。"盖元帝牧荆州时事,江陵属于荆州。本文詹为澹字传写之误,之推去远字者,因之推之祖名见远也。犹唐人称韩擒虎为韩擒也。又《隋书·经籍志》子部,有朱澹远撰《语对》十卷,《语丽》十卷。《直齐书录解题》云:《语丽》,梁湘东王功曹参军朱澹远撰。

《归心篇》云:"王克为永嘉郡守。"

按:《北周书·王褒传》云:"江陵城陷,元帝出降,褒与王克等同至长安,俱授仪同大将军。"

《书证篇》云:"赵郡士族,有李穆叔、季节兄弟,李普济亦为学问。"

按:《北史·李虬传》,李籍之子公绪,字穆叔,隋官冀州司马。季节名概,见《隋书·经籍志》集部,又见《唐书·宰相世系表》赵郡李氏,及陆法言《切韵序》。普济未详为何人之字。

《杂艺篇》云:"方知陶隐居、阮交州、萧祭酒诸书,莫不得羲之之体。"

按:《书品》云,阮研字文机。《淳化阁帖》题云:"梁陈留人,官至交州刺史。"赵氏原注作晋之阮放,殊为乖谬。又云:"唯有姚元标工于楷隶,留心小学,后生师之者众。"

按:《魏书·崔玄伯附崔恬传》云:"左光禄大夫姚元标,以工书知名于时,见崔潜书,谓为过于己也。"与本文正合。又北齐西门豹祠堂碑,即为姚元标所书,题名见于碑侧。又云:"算术惟范阳祖暅精之,位至南康太守。"

按:《隋书·经籍志》子部,天文家有《天文录》三十卷,梁奉朝请祖暅撰,当即其人。暅为祖冲之之子,事迹见《南史·祖冲之传》。

《书品》中人物小记

庾肩吾《书品》,为批评自汉以来至梁代法书名家总结之作品。与谢赫《画品》,钟嵘《诗品》,同为南朝流传之古籍,惟其中所引人物,有半数不见于史传,以致考索为难。往岁先府君拟作注释,复由不肖加以增补,颇能详人所略。属稿粗具,中经兵灾,略有残损。现择要条次如下,凡已见正史有专传之人,为人所共知,故不再写录。

杜度伯度　按:《晋书·卫瓘传》,卫恒《四体书势》云:"汉章帝时齐相杜度,号善作篇,结字甚安,书体微瘦。"

师宜官　按:《晋书·卫瓘传》,卫恒《四体书势》云:"灵帝好书,时多能者,而师宜官为最,后为袁术将。今巨鹿宋子有耿球碑,是术所立,云为宜官书也。"《通志·氏族略》,师宜复姓,南阳人,《书断》亦同。袁昂书评云:"师宜官书,如鹏翔未息,翩翩而自逝。"

张昶文舒　按:《后汉书·张奂传》云:"芝弟昶,字文舒,善草书。"《书断》云:"昶官黄门侍郎。"以上上之中。

梁鹄孟皇　按:《晋书·卫瓘传》,卫恒《四体书势》云:"梁鹄以书至选部尚书。"《书断》云:"鹄字孟皇,安定乌氏人,少好书,受法于师宜官,以善八分书知名。"袁昂《书评》云:"梁鹄书如龙威虎震,剑拔弩张。"

韦诞仲将　按:《魏志·刘劭传》,裴注引《文章叙录》略云:"韦诞字仲将,京兆人,太仆端之子,官光禄大夫。初邯郸淳、卫觊及诞善书并有名。"《书断》云:"诞子态,钟繇子会,并善隶书。"《齐民要术》载诞有制墨方。近年西安出土后秦追立汉京兆尹司马芳残碑,碑阴第一行题名"故吏功曹史杜县韦诞字子茂"。据此当日韦诞有两字。

皇象休明　按:《三国志·吴书·赵达传》,裴注引《吴录》云:"皇象字休明,广陵江都人,幼工书。时有张子并,陈梁甫能书,甫恨逋,并恨峻,象斟酌其间,甚得其妙。"《梁书·儒林·皇侃传》:"侃吴郡人,青州刺史皇象九世孙也。"朱长文《墨池编》载有皇象论书，《淳化阁帖》载有皇象表文。袁昂《书评》云："皇象书如韵音绕梁，孤飞独舞。"

胡昭孔明　按：《三国志·魏书·管宁传》云："胡昭字孔明，养志不仕。昭善史书，与钟繇、邯郸淳、卫觊、韦诞，并有尺牍之迹，动见楷模。"《晋书·卫瓘传》，卫恒《四体书势》云："魏初有钟胡二家为之行书，法俱学之于刘德升，而钟氏小异。然各有巧，大行于世。"嵇康《高士传》，有《胡昭传》，而独不言其善书。

荀舆长允　按：《书断》引《尚书故实》云："荀舆能书，尝写狸骨方，右军临之，至今谓之狸骨帖。"《法书会要》引王僧虔论书云："长胤狸骨，右军以为绝伦。"陶弘景《与梁武帝论书启》云："廉沥、狸骨二帖，似是子敬临本。"本文亦云："长允狸骨方，拟而难逭。"

阮研文机　按：《颜氏家训·杂艺篇》云："梁氏秘阁散逸以来，吾见二王真草多矣，家中尝得十卷，方知陶隐居、阮交州、萧祭酒诸书，莫不得羲之之体。"陶弘景《与梁武帝论书启》云："近有一人学阮研书，遂不可复别。"则研为梁初人无疑。李嗣真书后评云："江东阮研。"《淳化阁帖》注云："阮研梁官交州刺史，东留人。"与书后评称阮研为江东人，两说不同。袁昂《书评》云："阮研书如贵胄失品次，不复排突英贤。"以上上之下。

郭伯道　按：羊欣《能书人名》云："汉末有郭道。"疑即此人。

刘德升君嗣　按《晋书·卫瓘传》，卫恒《四体书势》云："魏初有钟胡二家，为行书，法俱学之于刘德升。"羊欣《能书人名》云："德升善为行书。"《书断》云："德升字君嗣，颍川人，桓灵之世，以造行书擅名。"

卫夫人名铄字茂猗　按：羊欣《能书人名》云："李充母卫夫人善钟法，王逸少之师。"《淳化帖》注云："夫人为廷尉展女，恒之从妹，汝阴太守李矩妻也。"

李式景则　按：《晋书·文苑·李充传》云："充从兄式，善楷隶，官侍郎。"羊欣《能书人名》云："李式善写隶草，弟定、子公府，能名同式。"（《世说新语·栖逸篇》李公府条，刘注引《文字志》云："李廞为式之长兄，尝为二府辟，故称李公府。"与羊欣所云李公府为李式之子，未知孰是）以上中之上。

左子邑伯子　按:《御览》卷七百四十七引《三辅决录》云:"韦诞奏题署云:'夫工欲善其事,必先利其器。用张芝笔,左伯纸,及臣墨,兼此三具,又得臣手,然后可以逞径丈之势,方寸千言。'"

张彭祖　按:《法书要录》云:"张彭祖见宋王愔古今文字书目。"

任靖　按:梁武帝《与陶弘景书》云:"给事黄门二纸,为任竫书。"又云:"许任二迹,并摹古,并付反。"当即本文之任靖,竫为靖之或体。

范怀约　按:《南史·张率传》云:"又使撰古妇人事,使工书人琅琊王琛、吴郡范怀约等写给后宫。"袁昂《书评》云:"范怀约真书有分,草书无功,故知简牍非易。"梁庾元威论书云:"正书当以殷钧、范怀约为宗。"

张永景初　按:《南史·张裕传》,叙裕子永字景云,官征北将军,南兖州刺史,工隶书,兼善造纸。与本文字景初不同。

吴休尚　按:袁昂《书评》云:"施肩吾书,如新亭伧父,一往见,似扬州人共语便音态出。"隋智果僧论书,改施肩吾作吴施,疑即指吴休尚、施方泰二人。

施方泰　按:《玉台新咏》,有施荣泰诗,爵里未详,方泰疑与荣泰为弟兄。以上中之中。

罗晖叔景　按:赵壹《非草书》云:"故为说草书本末,以慰罗赵,息梁姜焉。"

赵袭元嗣　按:《后汉书·赵岐传》注引《三辅决录》云:"袭字元嗣,先是杜伯度、崔子玉以工草书称于前代。袭与罗晖拙书,见蚩于张伯英。英颇自矜高,与朱赐书云:上比崔杜不足,下方罗赵有余也。"赵袭为赵岐之从兄,则为京兆长陵人也。

刘舆　按:《晋书·刘琨传》云:"琨兄舆,字庆孙,官骠骑将军,才能综核。"

朱诞　按:《世说新语·赏誉篇》云:"朱永长理物之至德,清选之高望。"刘注:"诞字永长,吴郡人,吴朝举贤良,累迁议郎。"《晋书·陆云传》,大将军参军孙惠与淮南内史朱诞书云云,则为朱诞入晋以后之官。

张翼　按：窦臮《述书赋》注："张翼字君祖，下邳人，晋东海太守。"《南史·王僧虔传》，记所上古迹，有张翼字迹在内。又陶弘景《与梁武帝论书启》之《便复改月》一纸，是张翼书（见《法书要录》）。又见羊欣《能书人名》及张怀瓘《书断》。

康昕　按：羊欣《能书人名》云："谢敦、康昕，并工隶草。"《南史·王僧虔传》，记僧虔论书，有"庚昕学右军，几欲乱真"之语。庚昕即康昕之误字。《书断》云："晋康昕字君明，外国人，官至临沂令。"康昕盖康居国人也，晋时康居人每冠以康字，如康僧渊之类皆是。

徐希秀　按：《南史·徐爰传》云："子希秀，甚有学解，亦闲草隶，正觉、禅灵二寺碑，即希秀书也。官骁骑将军，淮南太守。"又《王僧虔传》云："王志善草隶，齐游击将军徐希秀，尝谓志为草圣。"袁昂《书评》云："徐淮南书，如南冈士大夫，徒好风范，终不免寒乞。"

王崇素　按：《南史·王素传》，素字休业，宋时屡征不就，彬之五世孙也。王素疑即本文之王崇素。以上中之下。

姜翊　按：羊欣《能书人名》云："姜翊、梁宣、田彦和，皆张芝弟子。"《晋书·卫瓘传》，卫恒《四体书势》云："又有姜孟颖、梁孔达、田彦和及韦仲将之徒，皆伯英弟子。"据此翊字孟颖。赵壹《非草书》亦同。

梁宣　按：赵壹《非草书》云："余郡有梁孔达、姜孟颖者，皆当世之彦哲也。"据此宣字孔达，与姜孟颖、赵壹，皆为天水郡人，东汉改天水为汉阳郡。

魏徵玄成　按：本文当为"甄玄成"三字之误字，后人以甄徵同音，又以魏徵字玄成知名，故又加以魏字。《周书·萧詧传》云："甄玄成字敬平，中山人，博达经史，善属文，少为简文所知，以录事参军随詧镇襄阳"云云。《隋书·经籍志》集部，有梁护军将军《甄玄成集》十卷。

韦秀　按：《南史·文学颜协传》云："时有京兆韦仲善飞白，在湘东王府。"仲疑即韦秀之字。

钟舆　按：《南史·钟嵘传》云："嵘弟屿，字季望，官永嘉郡丞。"舆即屿之误字。

羊忱　按:《世说新语·方正篇》,羊忱性甚贞列条。刘注引《文字志》云:"忱字长和,一名陶,泰山平阳人。父繇车骑掾,忱历太傅长史扬州刺史,迁侍中,永嘉五年遭乱被害。"《巧艺篇》又云:"羊长和博学工书。"刘注引《文章志》云:"忱性能草书,亦善行隶,有称于一时。"《南史·羊欣传》云:"曾祖忱,晋官徐州刺史,父不疑,桂阳太守。"羊欣《能书人名》云:"羊忱、羊固,俱善隶书。"

识道人　按:《南史·陆厥传》云:"时有王斌者,不知何许人,初为道人,博涉经籍,善属文。"本文之识道人疑为斌道人之误字。识道人善伪为右军书,见陶弘景《与梁武帝论书启》。

薄绍之敬叔　按:《淳化阁帖》注云:"薄绍之字敬叔,一字钦叔,宋世官丹阳尹。"袁昂《书评》云:"薄绍之书,如龙游在霄,缱绻可爱。"

费元瑶　按:《隋书·经籍志》经部,有梁齐安参军费元珪注《周易》九卷。陆德明《经典释文》叙录有"齐安西参军费元珪注《周易》九卷"。注,蜀人。元瑶应即元珪之误字无疑。

孙奉伯　按:《南史·孙谦传》云:"廉父奉伯,位少府卿,淮南太守。"《齐高帝本纪》,亦载奉伯官淮南太守。《隋书·经籍志》集部,有《孙奉伯集》四卷,题作南海太守,盖误。以上下之上。

杨经(原文误作阳经)　按:潘岳《杨仲武诔》,经字仲武,荥阳宛陵人,为东武戴侯肇之孙,东武康侯潭之子。羊欣《能书人名》云:"杨肇能书,孙经亦善草隶。"

诸葛融　按:《吴志·诸葛瑾传》云:"子融字叔长,官奋威将军。"

杨潭　按:《文选》潘岳《怀旧赋》,李善注云:"杨肇生潭字道源,东武康侯。"又潘岳《杨仲武诔》云:"戴侯康侯,多所论著,又善草隶之艺。"以潘岳《杨荆州诔》及《魏志·田豫传》裴注证之,为杨休生暨,暨生肇,肇生潭,潭生经,此书杨潭当在前,序次盖后人所错乱(《述书赋》注云,杨肇字季初)。

张炳　按:《吴志·赵达传》,裴注引《吴录》云:"吴时善书者,有张子并,陈梁甫。"子并疑炳之字,次于岑渊之前,故定为吴人(后汉张超字子并,河间鄚人,在桓灵时,与吴录里居时代皆不合,当别为一人)。

岑渊　按:《抱朴子·讥惑篇》云:"吴时工书者,有皇象、刘篆、岑伯然、朱季平,犹中州之有钟胡也。"岑伯然当即岑渊之名。《御览》卷五百八十九引《异苑》云:"吴郡有岑渊碑,在江乘湖西。"盖即此人。

张舆　按:《晋书·张华传》云:"孙舆字公安,太子舍人。"

庾景休　按:《南齐书·庾杲之传》,杲之字景行,南阳新野人,官通直散骑常侍。景休应即景行之误字。

褚元明　按:《梁书·褚修传》云:"修吴郡钱塘人,善尺牍,颇解文章。"又《南史·张邵传》云:"钱塘有五绝,褚欣远模书。"本文之褚元明,在褚修、褚欣远二人中应居其一,《梁书》《南史》所记则为名,本文所记则为字。

孔敬通　按:庾元威《百二十体书》云:"反左书,梁大同中东宫学士孔敬通作。"又《南史·庾肩吾传》云:"肩吾与孔敬通、刘之遴等为高斋学士。"庾氏《书品》,疑兼录生人,敬通其一也。以上下之中。

卫宣　按:《晋书·卫瓘传》云:"武帝敕瓘第四子宣尚敏昌公主。"

陈基　按:《吴志·赵达传》,裴注引《吴录》云:"吴时善书者,有张子并、陈梁甫。"本文之陈基,疑陈梁甫之名。

张绍　按:《唐书·宰相世系表》,吴郡张氏,有张绍梁官零陵郡太守。

韦熊少季　按:羊欣《能书人名》,韦少季为韦诞之子,工草隶。《太平广记》二〇九云:"韦诞子少季。"《书断》独以为韦诞子熊,韦康子熊,恐误。

张畅　按:《世说新语·赏誉篇》论吴士条,刘注引蔡洪与周浚书云:"张畅字威伯,吴时人。"又《南史·张邵传》云:"邵从子畅,字少微,官会稽太守。"是皆不言其工书,二者未知谁属,当俟续考。

宋嘉　按:王羲之题《笔阵图》云:"钟繇弟子宋翼,每作一波,尝三道折笔。"本文之宋嘉,当即宋翼之误字。

羊固　按:《世说新语·雅量篇》,羊固拜临海(太守)条,刘注引《明帝东宫僚属名》云:"固字道安,泰山人。"《文字志》云:"固父坦,车骑长史,固善草行,著名一时,避乱渡江,累官黄门侍郎。"

辟闾训　按:《文选》刘琨《劝进表》云:"主簿臣辟闾训。"李善注引臧荣绪《晋书》云:"训字祖明,乐安人,没石勒为幽州刺史。"

孔间　按:《南史·何承天传》云:"曾孙逊,逊从叔佣,字彦夷,亦以才著闻"云云。《隋书·经籍志》集部:"梁有义兴郡丞《孔佣集》三卷,亡。"本文之孔间,当即孔佣传抄之脱写偏旁。

颜宝光　按:《南史·顾琛传》云:"次子宝先,大明中为尚书水部郎。"又《王僧虔传》云:"吴郡顾宝先卓越多奇,自以伎能,僧虔乃作飞白以示之,宝先曰,下官今为飞白屈矣。"《述书赋》注:"顾宝光吴郡人,齐司徒左西掾。"本文之颜宝光当为顾宝先传写之误字。《述书赋》注,宝先亦误作宝光。

张炽　按:《隋书·经籍志》集部,梁有秘书张炽《金河集》六十卷,亡。

僧岳道人　按:《梁书·庾承先传》云:"乃与道士王僧镇同游衡岳。"疑即本文之僧岳道人。本书前叙云:"伯英以称圣居首,法高以追骏处末。"据此法高当为僧岳道人之字矣。以上下之下。

> 先府君讳培寿,字辅卿,号郑斋,光绪壬寅举人,著有《武梁祠画像题字合考》《说文今义》《楚辞大义述》《六朝墓志题跋》等书。又本文所引史传,为文字方便起见,与原文有节括或联缀之处,并记。

《全汉三国晋南北朝诗》诗人爵里订正

丁福保先生此书,盖仿严可均《全上古三代文》之例,共五十卷,诚会集古诗之大观,前有绪论八项,颇多精湛之说。惟作者爵里,间有无考者或错误者,爰为补正得若干人,皆为《玉台新咏》注、《词人丽句》《八代诗乘》诸书所未详者。如汉诗有"应亨四王兄弟冠诗",按:《隋书·经籍志》,有晋南中郎长史《应亨集》二卷,应亨盖为西晋人,丁氏沿汉诗说之误而收入汉诗者。其致误之由,因西晋与东汉皆有永平年号也。晋诗有王彬之兰亭诗,按:《晋书·穆帝纪》云:"永和九年十一月,殷浩使部曲刘启王彬之讨姚襄,为襄所败,遂进据苟陂。"当即其人。又有王蕴之兰亭诗,按:《书断》云:"王羲之永和九年三月上巳日,与陈郡谢安安石,广汉王蕴叔仁等,会于山阴之兰亭。"当即此人,《书断》恐有脱落之字。王蕴之为广汉籍,且非羲之一族也。又有令华茂兰亭诗,按:《晋书·华谭传》云:"二子化、茂,茂嗣父爵为都亭侯。"本文令华茂当为华茂之衍文。又有徐丰之兰亭诗,按:《唐书·宰相世系表》,北祖上房徐氏(东海郯人)云:"徐褚晋太子洗马,生宁字安期,吏部侍郎,五子丰之、实之、仁之、育之、祚之。"据此徐丰之为徐宁之子无疑。徐宁与祚之,俱见《南史·徐羡之传》。又齐诗有王寂与第五兄揖别太傅竟陵王奉诗一首,按:《南史·王僧虔传》,记僧虔长子志,次揖,次彬,次寂字子玄,齐秘书郎,皆与本诗题相合。又有王延别萧谘议诗,按:延下脱之字。《南史·王裕之传》云:"升之子延之,字希季,齐尚书左仆射简子。"又王侍常有离夜诗,按:侍常当作常侍,官名也。又有刘琥上湘度琵琶矶诗,按:琥字当作瑱,见《南齐书·刘绘传》。瑱或作瑱,见谢赫《古画品录》。又梁诗有刘溉仪贤堂联句诗,按:刘溉当作到溉,所称里贯官阶,与到溉均同。《初学记》《述书赋》注,皆作刘溉,为后来刻本之误。又有朱记室送别不及,赠何殷二记室诗,按:《何逊集》亦有酬朱记室诗。朱记室之后有何寘南答何秀才诗,按:《何逊集》有秋夕仰赠继兄寘南诗,盖何逊之昆弟也。《乐府诗集》有殷英童采莲曲一首,姚最《续画品》云北齐殷英童善画兼隶楷,颜真卿《殷践猷墓碣》云:五代祖不害以孝思见《梁书》。高祖英童,周御正大夫麟趾学士。又颜勤礼称娶御正大夫殷英童女。又有江革赠何记室诗,按:《梁书》本传云:"革字休映,济阳考城人,官光禄大夫,领步兵校尉。"又有沈君攸采桑诗,按:《北周书·萧詧传》云:"沈君游吴兴人,博学有词采,有文集十卷。"《隋书·经籍志》集部,后梁有《沈君攸集》十三卷,与《词人丽句》正同。又有施荣泰王昭君诗,按:《书品》中之中有施方泰,疑为其弟兄。又有《房篆金乐歌》,按:《金楼子·聚书篇》云:"伏事客(当为伏曼容之误)、房篆,有书三百卷,并留之。"又阮研棹歌诗,按《书品》上之下,有"阮研文机"。《述书赋》注，"阮研陈留人，梁官交州刺史"。又有闻人倩春日诗，按：《吴均集》有酬闻人侍郎诗二首，当即其人。又有顾烜赋得露诗，按：《隋书·经籍志》史部，有梁顾烜《钱谱》一卷，宋洪遵《泉志》，多引其说。又有王孝礼咏镜诗，按：《金楼子·著书篇》云："《诗英一秩》十卷，传琅琊王孝祀撰。"孝祀当即孝礼之误字。又有王湜赠情人诗，按：《北周书·萧詧传》云："王湜为王淀之弟，官尚书都官郎中。"又有萧欣还宅作诗，按：《萧詧传》云："宗室则萧欣萧翼。"据隋张盈妻萧氏墓志，萧翼为南平王伟之子，欣之世系，独不可考。又陈诗有祖孙登紫骝马诗，按：《颜氏家训·风操篇》云："梁世有庾晏婴、祖孙登，连古人姓为名字，亦鄙事也。"当即其人。又阳缙有赋得咏荆轲诗，按：《唐书·杨玚传》云："华州华阴人，五世祖缙，陈中书舍人，名属文，终交爱九州都督武康郡公"，当即其人。阳字且当作杨也。至于陈诗有张君祖诵怀诗，赠沙门竺法频诗，答庾僧渊诗，庾僧渊代答张君祖诗。按：张翼字君祖，庾僧渊为康僧渊之误字，详考已见《书品》中之下。他若刘臻疑为隋人，谢琎疑为陈之谢桢，陈叔逵疑为陈叔达，尚无实据，不敢断定耳。

读《淳化阁帖释文》偶书

清山左徐朝弼所撰《淳化阁帖释文》四卷，姓字爵里，如薄绍之、刘环之、沈嘉等人，皆出于《述书赋》注，书未引明，亦是一病。古人仅云草隶，不云草书，历考张芝、卫瓘、王羲之、王僧虔等传，皆云善长草隶，与近岁出土之木简，急就章草隶砖等，实为同源。汉代本有此体，东汉始有此名，伯英羲献，始集其大成，淳化所收，虽多出自唐橅，展转相因，或有所本，特稍增姿媚之态耳。

按：《淳化阁帖》中，多六朝人手札，蕴藏许多丰富新史料，实为文学可贵之遗产，一般学者，每不注意。清代王虚舟、包世臣等，对六朝帖文，颇有考证，然与余之管见尚有出入者，例如汉张芝书云："八月九日，芝白府君足下。"又云："餐食自爱，张芝幸甚幸甚。"前人解为张芝与父奂之书，殊误,盖芝上弘农太守戕也。府君为汉代太守之通称。又云:"去春送举丧到美阳。"美阳属右扶风,谓张奂之丧也。又晋王洽书云:"洽顿首言,不孝祸深备豫安荼毒,荫恃亡兄仁爱之训,冀终百年,永有凭奉,何图慈兄一旦背弃。"按:此书王洽因兄王悦卒与人书也。《晋书·王导传》云:"悦字长豫,官中书侍郎,先导卒。"本文豫上当脱长字。又晋王廙书云:"七月十三日,告籍之等。"按:《晋书·王彬传》,王敦之乱,有司奏彬及兄子安成太守籍之等皆除名。姚姬传疑籍之为羲之之兄,说尚可信,籍之为廙之犹子,故称告某某等也。又晋郗超书云:"王江州为宗正,似已定。"按:《晋书·王彬传》云:"迁前将军江州刺史。"江州谓王彬也。又晋谢万书云:"七月十日,万告郎等。"按:《晋书·谢万传》,子韶字穆度,此谢万与子韶之札也。《王导传》云,"莫使大郎知之",是晋时称子为郎之一证。又晋庾翼书云:"故使从事中郎庾翼,参军事刘遐死罪白。"按:此上陶侃之戕也。《晋书·庾翼传》云:"始辟太尉陶侃府参军,累迁从事中郎。"《刘遐传》云:"初官龙骧将军,平原内史。"参陶侃军事,未知在何时。晋时属吏上戕,称死罪白,卢谌答刘琨诗亦同此例。又晋山涛书云:"臣近启崔谅、史曜、陈准,可补吏部郎。"按:《魏志·崔琰传》:"琰兄孙谅字季文,仕晋为尚书大鸿胪。"裴注引《冀州记》,亦云谅非琰之孙。《唐书·宰相世系表》云:"陈佐子准,字道基,晋太尉广陵元公。"又宋薄绍之书云:"江参军甚须一宅。"按:《南史·江夷传》云:"宋武帝板夷为行参军",当即此人。又隋僧智果论书云:"王仪同书,如晋安帝非不处尊位,都无神明。"仪同疑为王志,见《南史·王僧虔传》。又云:"徐淮南书,如南岗士大夫,徒尚风轨,然不免寒乞。"徐淮南为徐希秀,见《南史·徐爰传》及《王僧虔传》。《书品》列徐希秀在中之下。又云:"李镇东书如芙蓉之出水。"镇东疑为李式,见《晋书·李充传》。又云:"范怀约真书有分,草书无功。"范怀约见《南史·张率传》及《颜协传》及袁昂《书评》,庾元威《论书》及《述书赋》注。《书品》列范怀约在中之中。至于柳产、程旷平、李岩之三人事迹未详,他亦无所见。又王羲之书云:"四月五日,羲之报,建安灵柩至,慈荫幽绝,垂三十年。"姚姬传考与兄灵柩垂至为一条,因定王籍之为羲之之兄,其说不可信,建安当为王彬,为王旷之弟,羲之之叔父。《晋书》本传云:"初为建安太守。"羲之盖称其始官,慈荫云云,语气亦合。又王献之书云:"阮新妇婉身得雄,散骑殊当喜也。"按:王献之同辈中加散骑常侍者,有王珣、王珉、王谧等人,疑莫能定也。又云:"东阳诸妹,当复平安。"按:《晋书·王彪之传》云:"子临之,官东阳太守。"为献之之从兄弟也。

隋进士科开始于炀帝大业元年考

进士科创始于隋代,盛极于唐代,人人知之。对于隋代考试制度的加强,进士科的形成,及进士科的开始,皆语焉不详。《通典》卷十四《选举志》,仅有"隋炀帝始建进士科"一句,《文献通考》《通志》,皆因其说。唐王定保《摭言》卷一,述进士上篇云:"进士科隋大业中所置也。"又散序进士条云:"进士科始于隋大业中,盛于贞观永徽之际,虽位极人臣,不由进士者,终不为美。"四种书的记载,关于隋代进士科,究属开始于炀帝大业某年,取中进士后,如何授官,隋代登科者有几人等等问题,皆不具体,研究隋唐政治制度者,实有商讨之必要。

(一)北齐、北周考试制度的严密

选举制度,在北齐北周时,又发生一大转变,是由察举偏重到科举,由口试偏重到笔试。隋代的进士科,是渊源于北齐北周的制度而进一步发展的,《通典》卷十四《选举志》云:

> 北齐选举,多沿后魏之制,凡州县皆置中正。其课试之法,中书策秀才,集贤策贡士,考功郎中策贤良。天子常服乘舆,出坐于庙堂中楹,秀孝各以班草对。字有脱落者,呼起立席后?书有滥劣者,饮墨水一升;文理孟浪者,夺席脱容刀。

北齐九品中正,与考试并行,实际因九品中正流弊滋多,故偏重在考试,尤注重秀才、贡士两科目。贡士名称,虽源本于成周,然翻陈出新,已等于隋唐之进士。其考试方法,亦开始严密。至于北周的考试,《通典》卷十五《选举志》云:

> 后周宣帝大成元年,诏州举高才博学者为秀才,郡举经明行修者为孝廉,上州,上郡岁一人。

又《金石萃编》卷四十,隋洺州南和县沣水石桥碑云:

> 于斯时也,使持节仪同三司刺史辛公,以明德上才,褰帷此境。公名悫字士信,陇西狄道人,风神秀起,雄图杰出,博览书传,总括艺能,行成规矩,言为楷则。但以曳裾棘座,高步礼闱,市朝迁革,位望弥重。

沣水石桥碑无年月,有"以开皇十一年爰共经始,数年乃就"之语。是桥之成,碑之立当在开皇十一年以后。辛悫《北齐书·源彪传》云:"陇西辛悫,以才干知名,入仕周隋,历通显。"碑文所叙"曳裾棘座,高步礼闱",在"市朝迁革,位望弥重"二句之上,当为在北周时,曾取中秀才或孝廉科目无疑。考唐代考试场所名琐厅,阅卷方法有糊名,所谓棘闱、礼闱、礼部试各名称,始于五代时。《五代史·和凝传》云:"是时进士多浮薄,喜为喧哗以动有司。主司每放榜,则围以棘,闭省门,绝人出入以为常。凝撤棘开门,而士皆肃然无哗。"又《五代史·李怿传》云:"怿笑曰,假令余复就礼部试,未必不落第。"以沣水石桥碑文证之,在考试上北周已有棘座(棘座不能解作三槐九棘之九卿坐位,因碑文此二句,是叙辛悫的出身)与礼闱等名称。是知此等术语,虽流行于五代,实源本于北周,可谓文献上的新发现。吾故曰北齐北周考试制度的加强严密,形成隋代进士科的开始。

(二)隋初秀才科的重要

隋代开皇初年,罢州郡中正,选举的重心,移到秀才科目。犹之唐代偏重于明经、进士两科目。《文献通考》卷二十八《选举考》云:"隋世天下举秀才者不十人,而杜正玄一门三秀才。"《隋书》卷七十六《文艺·杜正玄传》云:"兄弟数人,俱未弱冠,以文学才辨籍甚三河之间,开皇末举秀才,尚书试方略,正玄应对如响,下笔成章。"又《隋书》卷七十六《王贞传》云:"开皇初举秀才授县尉,非其好也。"又《金石萃编》卷四十,陈叔毅修孔子庙碑,大业七年立。末行有"济州秀才前汝南郡主簿仲孝俊作文"题名。综合观之,隋代秀才科目上,可考者五人,取中的秀才,授官县尉,形成隋代由秀才科发展到进士科的开始。又为唐代进士解褐初授县尉之仿本。

(三)隋代进士科开始于炀帝大业元年

一九二〇年,洛阳出土隋北地太守陈思道墓志,文字残缺很多,有云:

> 公弱冠及进士第,授北地太守,迁谏议大夫,以大业二年卒。

陈思道卒于炀帝大业二年,而上引诸说,皆云进士科始于大业,则必为元年,时代可以确定。

隋代进士登第后,授官为太守或郎官等,有二明证:①上述陈思道及第后授北地太守是也;②唐王定保《摭言》卷一,散序进士云:"独孤及撰河南府法曹参军张从师墓志云:从师祖损之,隋大业中进士甲科,位至侍御史、诸曹员外郎"是也。又隋代登进士科,可考者四人,有陈思道、张损之、侯君素、孙伏伽四人。唐王定保《摭言》卷一,述进士上篇云:"进士随大业中所置也,如侯君素、孙伏伽,皆隋之进士也"可证。

现在对于隋代进士科,所可确定者,为开始的年代,取中后授官的职位,及登科可考的人名。至于终炀帝之世,共举行几科,每科取中的名额,考试的试题,均不能了解,尚有待于地下材料的发现。

张机、贾思勰、戴凯之、宗懔、裴孝源、王方庆、孙过庭、崔令钦、建演、张彦远、张怀瓘、窦臮、李绰等人仕履及事迹之钩沉

张机 南阳张机字仲景,建安中官长沙太守,《后汉书》无传。丁福保氏谓《刘表传》"长沙太守张羡叛表,表围之,连年不下,羡病死长沙,复立其子怿,表遂攻并怿"。章怀注引《英雄记》曰:"张羡南阳人,先作零陵桂阳长,甚得江湘民心。"丁氏因疑张羡即张机之一名,云南阳人,云长沙太守与张机皆合。然其行动颇与机不相类。按:《太平御览》卷四百四十四引《何颙别传》云:"颙字伯求,南阳人(《后汉书》本传并同),有人伦鉴。

同郡张仲景,总角过颙,颙谓曰,君用思精而韵不高,将为名医,卒如其言。"仲景事迹见于载籍者如此,学者特未深考耳,故特表而出之。

贾思勰 《齐民要术》思勰自署官高阳太守,始末不详。按:《陶斋藏石记》卷七、十六页,有魏散骑常侍贾瑾墓志云:"祖天符,仕宋为本州主□,□□中兵参军,条县令,高阳太守。父敬伯,后转别驾,州府为司马,出广川、平原、济南、魏郡、太原、高阳六郡太守。"墓志刻于普泰元年,瑾没时年三十岁。敬伯疑即思勰之字,勰有和意义,与敬字亦相适应,古人碑刻署官,皆书最后之职,《齐民要术》卷端题高阳太守,尤极合体例。《魏书·地形志》云:"高阳郡,晋置。"思勰仕于北魏末,至东魏初尚生存,贾瑾当先父而卒者也。

戴凯之 《竹谱》旧本题晋武昌戴凯之撰。晁公武《郡斋读书志》云,凯之字庆预,仕履无考。左圭《百川学海》《四库全书提要》皆因其说。以余考之,凯之当为刘宋时人,云晋人者误也。《竹谱》文云:"九河鳞育,五岭实繁。"注云:"余往交州,行路所见,兼访耆老,考诸古志,则今南康,始安、临贺为北岭,临漳、宁浦为南岭。"按:《晋书·地理志》南康郡晋太康三年置,始安郡晋置,临贺、宁浦二郡皆吴置。《宋书·州郡志》,越州有临漳郡,先属广州。与百梁、龙苏、永宁、安昌、富昌、南流、合浦、宋寿,皆新立之郡。据此临漳郡宋时始设立,凯之为宋人,其证一也。谱文又云:"竹之堪杖,莫尚于筇。"注云:"筇竹高节实中,出南广邛都县。"《宋书·州郡志》,宁州有南广郡,晋怀帝分朱提立。统南广、新兴、晋昌、常迁四县。《南齐书》并同,无邛都县。又按:《宋爨龙颜碑》云:"迁本号龙骧将军,领镇蛮校尉,宁州刺史,邛都县侯。"碑为宋大明二年立,据此邛都为宋时暂置旋废之县,凯之为宋人,其证二也。注中引有徐广"杂记"二条,按:《南史·徐广传》,广以元嘉二年卒,年七十四。凯之已引其书,恺之为宋人,且为元嘉时人,其证三也。《隋书·经籍志》集部有《戴凯之集》六卷,次于宋宛朐令汤惠休之后,凯之为宋人,其证四也。《诗品》有宋参军戴凯,疑即戴凯之脱之字,据此凯之则官参军也。

宗懔 《荆楚岁时记》,《四库提要》云:旧本题晋宗懔撰。《直斋书录

《解题》作梁人。考《梁书·元帝本纪》，"承圣三年七月甲辰，以都官尚书宗懔为吏部尚书"，当即其人。按：《北周书·宗懔传》云："懔字元懔，南阳涅阳人，梁元帝牧荆州时，以懔为别驾江陵令。及帝即位，擢为尚书侍郎，累迁吏部尚书，及江陵平，与王褒等入关。孝闵帝践祚，拜车骑大将军、仪同三司，保定中卒。"（以上节括原文）《北史》并同。此书之撰，盖在梁元帝牧荆州时也。又按：《隋书·经籍志》集部，有北周仪同《宗懔集》十二卷，《唐书·艺文志》作十卷，懔之事实可考如此。

裴孝源 唐裴孝源撰《贞观公私画史》一卷，《四库全书提要》云："孝源里贯未详，卷首有贞观史三年八月自序，结衔题中书舍人。《唐书·艺文志》有裴孝源《画品录》一卷，注曰中书舍人，与此序合。"按：唐郎官石柱记题名，吏部员外郎有裴孝源题名。在长孙祥之下，裴希仁之上。度支郎中再见孝源题名，在郑文表之下，裴公纬之上。裴公纬见《唐书·宰相世系表》，为武后时人，盖孝源亦为武后时人，成书在贞观时适官舍人，故以题衔，非久任不迁也。

王方庆 《魏徵郑公谏录》，《四库提要》云："此书前题尚书吏部郎中，盖高宗时官，本传不载，则史文脱略也。"按：唐郎官石柱记题名，吏部郎中有王方庆题名，在张询古之下，高思之上。《四库提要》未引，亦其偶疏也。

孙过庭 唐人墨迹，传于现今者，以孙过庭所写《书谱》，最为熟在人口。《四库提要》引《述书赋》注，孙过庭字虔礼，富阳人，右卫胄曹参军。张怀瓘《书断》则云，孙虔礼字过庭，陈留人，官至率府录事参军。然本文自题吴郡孙过庭，则《述书赋》所云富阳人，《书断》所云陈留人均非也，自题写于垂拱三年，则为武后时人。又按：《陈伯玉集》卷六，有率府录事孙君墓志铭，文略云："君讳虔礼，字过庭，有唐之不遇人也。"又云："幼尚孝悌，不及学文，长而闻道，不及从事。"又云："遇暴疾卒于洛阳植业里之客舍，时年若干。"此志文无籍贯，无年岁，无卒年，无刻志年月，其不称其工书。今读《书谱》骈俪之文，极潇洒之致，陈伯玉谓其不及学文，殊非事实。但陈文隐晦，在其集中，考孙过庭事迹者，皆未见引证，故特钩沉出之。

崔令钦　令钦所撰《教坊记》，《四库提要》云："《唐书·艺文志》著录，又总集类中载令钦注庾信《哀江南赋》一卷，然均不言令钦何许人，盖修《唐书》时始末已无可考矣。"按：唐郎官石柱记题名，仓部郎中，有崔令钦题名，在张巡、姚沛之下，丘为之上，则为玄宗时人无疑，与本书中多记开元中猥杂之事，正相吻合。近人任半塘著《教坊记笺订》，亦遗漏此条，仅知令钦官礼部员外郎云云。

封演　《封氏闻见记》十卷，唐封演撰。《四库提要》云："书中贡举一条，记其登第时，张绅有千佛名经之戏，然不言登第在何年。卷首结衔题朝散大夫，检校尚书吏部郎中，兼御史中丞。而尊号一条，记贞元间事，则德宗时终于此官也。"按：《唐书·艺文志》史部编年类，有封演《古今年号录》一卷，注天宝末进士，又有封演所撰《钱录》一卷。唐郎官石柱记题名，吏部郎中，有封演题名，在温彦博之下，赵宏智之上。《唐书·百官志》，吏部郎中与朝散大夫，俱正五品，与结衔均相吻合，《四库提要》均未深考也。又《湖北通志》卷九十六，有唐张孚墓志，为侄张绅撰文，刻于开元二十八年，封演与张绅交游，益证明为玄宗末年时人，而卒于德宗时也。近人所撰《封氏闻见记校注》，序言中引岑仲勉诸家之说，考证封演官阶甚详，独未引及唐郎官石柱记题名及张孚墓志。

张彦远　彦远所著《历代名画记》，最为煊赫有名。彦远为张嘉贞之玄孙，延赏之曾孙，弘靖之孙，文规之子。博学有文词，乾符中官至大理卿，见《唐书·张嘉贞传》。《宰相世系表》作彦远官祠部员外郎。又唐郎官石柱记题名，祠部员外郎，有张彦远题名，在薛汧之下，赵璘之上，与世系表正合。而石柱记主客员外郎，再见张彦远题名，在裴绅之下，韩乂之上。据此彦远当为先官祠部员外郎，转主客员外郎，终于大理卿也。

张怀瓘　《书断》三卷，唐海陵张怀瓘所撰。《唐书·艺文志》著录，称怀瓘开元中为翰林院供奉。本书叙述能书人名，与庾肩吾《书品》同其珍贵。惟荀长胤狸骨帖，引《尚书故实》一条，当为后人所附益。《尚书故事》为李绰撰，绰仕履未详，自称书为客张尚书家时所撰，尚书四世祖为嘉贞，怀瓘与嘉贞为同时人，岂有引及绰之著述者乎。

窦臮　《述书赋》二卷,唐扶风窦臮所撰。《四库提要》云:"据窦蒙注,臮字灵长,扶风人,官至检校户部员外郎,宋汴节度参谋。蒙字子全,为臮之兄,官至试国子司业,兼太原县令,并见徐浩《古迹记》。"按:《金石续编》卷九《唐景昭法师碑》,为窦臮书,衔题"朝议大夫检校尚书兵部郎中,兼侍御史上柱国窦臮书并篆额。"碑文又叙臮官浙江东西节度支度判官。碑文以贞元三年立。是臮虽不见于史,郎中御史为最后之官,且知卒于德宗时,可考如此,《四库提要》仅据徐浩《古迹记》之初官,未为详实也。又按:怀素自叙,大历十二年石刻,窦侍御冀评云:"粉壁长廊数十间,兴来小豁胸中气"云云。是臮字又可写作冀,似在肃宗时即官侍御史矣。又按:原书有窦蒙语例字格序云,"大历四年七月,点发行朱,寻绎精严,痛摧心骨,其人已往,其迹今存"云云。按:贞元初臮尚撰碑文,大历二字,必为误字无疑。

李绰　按:《郡斋读书志》卷十二,有李绰撰《辇下岁时记》一卷,云绰避黄巢之乱,避地蛮隅所作,绰盖为唐末时人。绰所撰之《尚书故实》,则为早年客张尚书家所作。又按:《书录解题》卷六,有《秦中岁时记》一卷,题唐膳部郎中赵郡李绰撰,其序曰:"缅思庚子之岁,洎周戊辰之年。"庚子为唐广明元年,戊辰为后梁开平二年,盖唐之旧臣,亡国之后,而为此书也。余疑《辇下岁时记》与《秦中岁时记》,即一书之异名,避黄巢起义时撰,至后梁时方始告成,《辇下岁时记》今已亡佚,《尚书故实》,此书独存,因《四库提要》所云未谛,特再加以考索。

读《齐民要术》札记

贾思勰《齐民要术》，为我国现存最早最完备的一部农书。其中古字古训，保存不少，六朝时别体字，亦屡见不鲜。近年石声汉氏所著《齐民要术今释》，对于校勘异同及农学知识，费了极大功夫，此是石氏的优点。关于名物训诂、典章制度、史传人物，颇有未尽阐述之处，我们不能求备于一人。偶有所得，签注书眉，汇录于下，仅为发凡方式。贾氏原书，研究的人日益加多，范围日益广泛，各抒所见，集腋成裘，我很希望有人撰成最完善的一部集解。

一九六三年四月，镇江陈直记于北京大学之朗润园

叙　言

鳏寡孤独，有死无以葬者，乡部书言，霸具为区处。
　　直按：两汉人称乡为乡部，亭为亭部。《太平经》卷八十八云："敕州郡下及四境远方县邑乡部，宜各作一善好宅，于都市四达大道之上也。"可证。

僮种为不其令，率民养一猪，雌鸡四头，以供祭祀。
　　直按：明清各《要术》刻本，皆转依谢承《后汉书》作僮种，仅《学津讨原》本，据范晔《后汉书》作童恢。《隶续》卷五，有《汉不其令董君阙》，董君盖即童恢，知作僮、童者，皆为董字之误。

颜斐为京兆,乃令整阡陌,树桑果,又课以闲月取材,转相交匠作车。

  直按:颜斐事迹,见于《三国志·魏书·仓慈传》。《晋书·食货志》,亦叙颜斐事云:"当黄初中,四方郡守垦田又加,以故国用不匮。时济北颜斐为京兆太守,京兆自马超之乱,百姓不专农殖,乃无车牛,斐又课百姓,令闲月取车材,转相交匠。其无牛者,令羊猪投贵,卖以买牛"云云,与本文均合。

李衡于武陵龙阳汛洲上作宅,种甘橘二千树,临死敕儿曰,吾州里有千头木奴,不责汝衣食,岁上一匹绢,亦可足用矣。

  直按:《水经注·浪水》,"李衡临死敕其子云:吾州里有木奴千头,不责衣食,岁绢千匹"云云,与本文相同。又《襄阳耆旧记》辑本所引亦同。

崔寔《政论》曰:武帝以赵过为搜粟都尉,教民耕殖,其法三犁共一牛,一人将之,下种挽楼,皆取备焉,日种一顷,至今三辅犹赖其利。

  直按:《太平御览》卷八百二十二,引崔元始《政论》曰:"宣帝使蔡葵校民耕,相三犁共一牛,一人持之,下种挽楼,皆取备焉,一日种顷也。"与本文所引不同。又《御览》卷八百二十三,引崔寔《政论》与本文所载则同。

种谷第三

有含黄仓。

  直按:汉至六朝,仓苍二字通用,《汉铙歌十八曲》之"君马黄,臣马苍",苍正作仓。苍颉字或作仓颉,此例不胜枚举。石氏谓"仓可能该作苍",非也。

辱稻粮。

  直按:辱疑溽字省文,谓生长于溽暑时期。

聒谷黄。

  直按:谷谓布谷鸣声聒耳时所下之种。

钩干黄。

直按：钩与干为两兵器名称，望都壁画辟车五百八人题字前，有钩兵图形，亦即杜甫前出塞所谓"含笑看吴钩"也。干即干戚之干，石氏谓干字应作竿，非也。

秆容青。

直按：一本作秆谷青是也。《尊古斋陶佛留真》有北魏孝昌元年造万佛塔文略云："四时不愆，五谷丰登。"又西安刘汉基存有北魏时"五谷丰登"砖文，穀字简写作谷，与本文正同。

以汁和蚕矢羊矢各等分。

直按：汉代计重量之法，两下为铢，用药称一分者合于四铢，即一两六分之一，凡言等份各等分者，即每味占一分。《金匮要略》卷中，有消矾散方，用消石矾石等分。半夏麻黄方，用半夏麻黄等分是也。本文所云蚕矢羊矢各等分，其体例正同。

西兖州刺史刘仁之，老成懿德，谓余言曰，昔在洛阳，于宅田以七十步之地，试为区田，收粟三十六石。

直按：《后魏书》卷八十一《刘仁之传》云："仁之字山静，河南洛阳人，出帝初著作郎，兼中书令，出除卫将军西州刺史，在州有当时之誉，武定二年卒。"又《地形志》："西兖州孝昌三年置，治定陶城。"刘仁之在出帝时官西兖州刺史，出帝即北魏孝武帝，本书已称其官名，据此贾思勰此书之成，应在北魏最末期，甚或延至东魏初期也。

还庐树桑，菜茹有畦。

直按：还环二字，在两汉通假。王褒《僮约》云："荷盾曳矛，还落三周。"又《居延汉简释文》一六九页，长乐里受奴田券文有云："丈田即不足，计亩数环钱。"皆还环古通之证。

大农置功巧奴与从事，为作田器。

直按：今本《汉书》作工巧奴。两汉工功二字通用，《隶释》卷四，《蜀郡太守何君阁道碑》云："用功千一百九十八日。"又《开通褒斜道石刻》云："凡用功七十六万六千八百余人。"以功为工，皆与本文相

命令家田,三辅公田。

直按:《汉旧仪》云:"列侯称家。"家田者谓列侯在长安之田。

又教边郡及居延城。

直按:赵过代田法,昔考当开始于武帝征和四年,急速地传至居延城。现以全部居延木简证之,居延用代田法之最先一简,为征和四年十一月二十八日,最后一简,为昭帝始元五年二月,前后连绵共计八年。就已发现各简而论,开始之年月最为明显,结束之年月,则另当别论。

大豆第六

张揖《广雅》曰,大豆菽也,小豆荅也,豌豆留豆也,胡豆䜺䝁也。

直按:豌豆之名,始见于《广雅》,《洛阳石刻出土时地记补遗》,记洛阳曾出土有朱书及墨书陶仓,有"完豆万石"等题字,当为汉魏时物,完豆即豌豆省文,与张揖时代正合。胡豆即今日俗称之豇豆(蚕豆又名胡豆),䜺䝁二字,皆与豇字声音相近。又《居延汉简释文》二六六页,有"胡豆四石七斗",四三〇六页,有"桂十二、胡豆三"各记载,亦即《广雅》所指䜺䝁也。

大麦第十

穬麦此是今马食者,然则大、穬二麦,种别各异,而世人以为一物谬矣。

直按:《居延汉简释文》二五四页,有"☐斗穬麦"。二五五页,有"元年六月余穬麦六百麦十九石☐"两简残文。居延、敦煌两汉简,有麦的记载甚多,混称为麦,惟穬麦独标出名称,知与大麦有别。与本文相合。

种瓠第十五

一本三十,一区十二实,得二千八百八十实。十亩凡得五万七千六百瓠,瓠直十钱,并直五十七万六千文。用蚕矢二百石,牛耕功力,直二万六千文,余有五十五万,肥猪明烛,利在其外。

> 直按:两汉人总计钱数,皆曰若干钱,不曰若干文,称钱为文始于晋后,本段所引为汉《氾胜之书》,两文字皆贾思勰所改。

种芋第十六

有谈善芋,魁大如瓶,少子,叶如伞盖。

> 直按:本段所引为晋郭仪恭《广志》之文,所记蜀汉地区之芋,凡十四种名称。谈善二字费解,疑善为指之误字,指或省写作旨,与善字极相似。谈指为地名,故城当今贵州桐梓县境,《汉书·地理志》,牂柯郡有谈指县可证。

又百子芋出叶俞县。

> 直按:叶俞当作叶榆,《汉书·地理志》,属益州郡。《史记·西南夷传》,则作楪榆,本文作俞者,盖六朝人之省写。

《列仙传》曰,酒客为梁丞,使民益种芋。

> 直按:《列仙传》所记,当为西汉梁国之事,当时梁国百官,皆如汉廷,原文当称为梁某官丞,不能单称为梁丞,此句脱文流传已久。

蔓菁第十八

拟卖者纯种九英,一顷取叶三十载,正月二月卖作菹葅,三载得一奴,收根依畊法,一顷收二百载,二十载得一婢。

> 直按:本文谓卖三车蔓菁叶之价,即可买一奴,二十车蔓菁之价,

即可买一婢。可证在北魏末期,婢价高于奴价六倍有余。叶与根价值不同,必然尚不止六倍之数。西汉时小奴二人直三万,大婢一人直二万(见《居延汉简释文》四五五页,礼忠算收家赀简文)。奴婢之价相仿,不如北魏时相去悬殊。

杂说第三十

是月也,可作弃蛹,以御宾客。

直按:弃蛹谓茧抽丝后弃下之蛹,用油煎炸,可以作食,与上文四月茧既入簇趋缲句,正相联贯,原文不误。石氏据《太平御览》卷八百六十所引《四民月令》,径改作"可作枣糒,以御宾客。"不知当四月时间,枣尚未出新,知《御览》为误文矣。

乃弛角弓弩解其徽弦,张竹木弓弩弛其弦。

直按:《万有文库》本两弛字皆作施。两汉时施弛二字,互相通用。《汉书·赵充国传》,留弛刑应募。刘陶诣阙上书讼朱穆,则称施刑徒(见《全后汉文》卷六十五)。又居延汉简,则弛刑徒、施刑徒二名随用(见《居延汉简释文》二五四至二五五页)。

凉燥,可上角弓弩,缮理檠锄,正缚铠弦,遂以习射。

直按:《汉书·苏武传》云:"武能网纺缴,檠弓弩。"颜注:"檠谓辅正弓弩也。"又《居延汉简释文》四一二页,有"檠弩绳卅二丈直五十。"四一三页,有"檠弩绳少十一"各记载,足证檠谓用绳以正弓弩也。

十月培筑垣墙。

直按:培为坯字之假借,谓用土坯也。

十二月去猪盍车骨,及腊日祀炙蓲。

直按:《太平御览》引此文作祠祀。《全后汉文》卷四十七,采辑崔寔《四民月令》,校改为"及腊日祀祖炙蓲"。因原注文有"祖者道神也,黄帝之子曰累祖,好远游,死道路,故祀以为道神,以求道路之福"云云,其说是也。本文祀祖与炙萐为两事,现《要术》祀下脱祖字,变成祀炙萐三字连文,便不可通。

栽树第三十二

然枣鸡口,槐兔目,桑虾蚕眼,榆负瘤散,自余杂木,鼠耳虻翅各其时。

直按:榆负瘤,谓榆叶大如瘤,散字《农桑辑要》以为衍文是也。

种枣第三十三

栘白枣。

直按:长沙砂子塘,西汉木椁墓所出封泥匣题字,有"枕一筥"三字,予考为枕即栘之异文,与本文可以互证。(见《文物》一九六三年第二期)。

《杂五行书》曰:舍南种枣九株,辟县官,宜蚕桑。

直按:辟当读如《急就篇》"高辟兵"、汉镜铭"左龙右虎辟不祥"之避。汉代县官有三解,一指汉廷帝王,二指汉中央政府,三指汉县令长。本文则谓舍南种枣,可避当地县令长之虐政。本书卷十种桃,引《风俗通》曰:"今县官以腊除夕,饰桃人,垂苇茭,画虎于门,效前事也。"亦指县令长而言,并可知《杂五行书》为汉人作品。又《史记·李斯传》:"财物入于县官,相联坐者,不可胜数。"此县官二字之始见,盖两汉沿用秦人之口语。

服枣核中人二七枚,辟疾病。

直按:唐以前药味中桃仁、杏仁、枣仁等皆写作人,无作仁者。《伤寒论》卷四,大陷胸汤,有大黄、葶苈、芒硝、杏人四味可证(仅举一例)。韩鄂《四时纂要》卷二、三月,有治马肺药,用"杏仁一两,去尖皮",始写人作仁。

种李第三十五

颜回李,出鲁。

　　直按:今本《西京杂记》及《太平御览》皆作颜渊李,《初学记》与本文则作颜回李,当为唐人避李渊之讳而改。

种梅杏第三十六

史游《急就篇》曰:园菜果蓏助米粮。

　　直按:今本《急就篇》第十章云:"枣杏瓜棣馓饴饧,园菜果蓏助米粮。"注文恐系贾思勰按语,本非《急就篇》之注文,在北魏时《急就篇》尚未有作注者。

种栗第三十八

蔡伯喈曰,有胡栗。

　　直按:胡栗为故栗之误字,《要术》误列为栗之种类,石氏谓蔡邕伤故栗赋,其说是也。

《西京杂记》曰,榛栗、瑰栗、峄阳栗,峄阳都尉曹龙所献,其大如拳。

　　直按:西汉时每郡有太守及都尉。《汉书·地理志》无峄阳郡亦无峄阳县之名。只有东海郡下邳县注云:"葛峄山在西,古文以为峄阳。"此疑西汉初中期楚国自置之郡(东海郡属楚国,西安汉城曾出土有"楚东海守"封泥可证)。例如齐国有阳城都尉,河间国有河间太守是也(均见《齐鲁封泥集存》)。此西汉典制之可见者,并非误字。

柰林檎第三十九

六七日许当大烂，以酒淹，痛抨之，令如粥状，下水更抨。

直按：痛抨之谓痛击之也，原文不误，石氏疑之非也。

种桑柘第四十五

十五年任为弓材，一张三百，亦堪作履，一两六十。

直按：《居延汉简释文》二五五页，有简文云："出钱九百买弓☐☐。"此西汉时弓价之可考者，与本文可互证。

二十年好作犊车材，一乘直万钱。

直按：《居延汉简释文》四五五页，礼忠算收家赀简，有"轺车一乘直万"之记载。轺车是立乘小车，为汉代低级官吏及商贾所乘，与本文犊车价值相当。知普通车价，自两汉至六朝变动不大。

《杂五行书》曰，取亭部地中土涂灶，水火盗贼不经。

直按：汉魏人称亭为亭部，《汉书·元帝纪》云："永光四年，以渭城寿陵亭部原上为初陵。"《成帝纪》云："建始二年闰月，以渭城延陵亭部为初陵。"以上仅举二例，其他见于汉简及买地券者，无不皆然。本文似指亭部治所之土而言，并可证《杂五行书》亦当为汉人作品。

种榆白杨第四十六

司部收青荚以蒸曝之，至冬以酿酒，谓香宜养老。

直按：本文所引为崔寔《四民月令》之自注，司部谓司州之人也。西汉以司隶校尉刺举三辅三河弘农。《续汉书·郡国志》称为司隶校尉部。《后魏书·地形志》司州领郡十一，县六十五。石氏对司部二字仅云待考证，盖未达古制也。

梜榆、刺榆、凡榆三种,色别种之,勿令和杂。

  直按:梜为荚字,汉魏至六朝时之别写。《敦煌汉简校文》四七页,有"谨案亭踵榆梜十树主谒"之记载可证。

漆第四十九

盛夏连雨,土气蒸热,什器之属,虽不经夏用,六七月中,各须一曝使干。

  直按:《史记·五帝本纪》,舜作什器于寿丘。此什器二字之始见。《汉书·平帝纪》:"天下吏民,亡得置什器储偫。"颜师古注云:"军法五人为伍,二伍为什,则共具器物,故通谓生生之具为什器。"又《居延汉简释文》五〇二页,有"竟宁元年六月所受卒什器名"之簿检。

养牛马驴骡第五十六

凡相马之法,先除三羸五驽,及相其余。

  直按:《敦煌汉简校文》六三页,有"䌷下说,肠小所胃(所疑房字之误释,房为妨字之假借)。肠小者腹下平,脾小所胃,脾小者听,耳寓听。耳欲卑,目欲高,间本四寸,六百里"之记载。亦为《古相马法》,与本文可互证。

马生堕地无毛行千里。

  直按:韩鄂《四时纂要》卷二、三月,引《相马法·马经》略云:"驴马生堕地无毛,日行千里。"比本文多日字,更增明顺。

白从额上入口名俞膺,一名的颅,奴乘客死,主乘弃市,大凶马也。

  直按:《世说·德行篇》云:"庾公乘马有的卢,或谓令卖去,庾云:卖之必有买者,即复害其生,宁可不安己,而移于他人哉。"刘孝标注:引伯乐《相马经》云:"马白额入口至齿者,名曰榆雁,一名的卢,奴乘客死,主乘弃市,凶马也。"与本文正合。《要术》所据,亦当为《相马经》,惟入口下少至齿二字,榆雁又作俞膺为异耳。

治马中水方,取盐著两鼻中,各如鸡子黄许大,捉鼻令马泪出乃止,良也。

　　直按:《流沙坠简考释·小学术数方技类》五页,有治马伤水方,用姜桂细辛皂荚付子各三分、远志五分、桔梗五分,唯子十五枚。与本方繁简不同。又《居延汉简释文》五六三页,有治马头涕出方,只用戎盐一味,《要术》无治马头涕出药方,亦可补其未备。又韩鄂《四时纂要》卷二、三月,有马伤水方,"用葱盐相合,搓成团子内鼻中,以手捉马鼻,令不通气,良久待眼泪出,即止。"与《要术》所载略同,与《流沙坠简》之治马伤水方不同,又反与居延简之马头涕出方略同。

养鹅鸭第六十

《广雅》曰,鹜,鸭也。

　　直按:鸭字在古籍中,始见于《广雅》。在法帖中始见于王羲之野鸭帖及献之鸭头丸帖。在古物中始见于刘宋元嘉宋鸭子砖,惟书鸭作䳺(见《专门名家》)。又见于中鸭砖,书鸭作鴨。字砖无纪年,以字体断之,亦为南朝物(见杭州邹适庐先生所撰《集古小录》砖陶,北京大学图书馆藏稿本)。

货殖第六十二

木千章,洪洞方章材也。旧将作大匠掌材者曰章材掾。

　　直按:《汉书·百官表》,将作少府东园主章令函。如淳注:"章谓大材也,旧将作大匠主材吏名章曹掾。"《要术》此段,盖用如注,与今本《汉书》注文字上大同小异。

轺车百乘,牛车千两。

　　直按:《居延汉简释文》四五五页,有礼忠算收家赀简文云:"轺车一乘直万,牛车二两直四千。"与《货殖传》文,可以互证。

涂瓮第六十三

合瓮口于坑上而熏之,火盛喜破,微则难热。

直按:《四时纂要》卷五、十月,有涂瓮法,虽未明言引自《要术》,然《要术》注文,皆改作大字,连贯在全文之中,尤为引自《要术》之明证。本段作"合瓮口于上披而熏之。"多一披字,文字更觉流顺,今本恐系脱落,其他异同字句尤多,不再举例。

造神曲并酒等第六十四

祝麴文　敬启五方五土之神。

直按:《四时纂要》卷三、六月,作"谨启五帝五土公之神"。上文皆云某方土公,本文应脱一公字,其他字句,异同甚多,虽未便据以改《要术》,亦可用作参考。

若作糯米酒,一斗麴,杀,米一石八斗,唯三过酘米毕,……此元仆射家法。

直按:《魏书·景穆十三王阳平王传》:"无衍弟钦,字思若,位中书监尚书右仆射三司。钦色尤黑,故时人号为黑面仆射。"北魏时元氏官仆射者极多,特以元钦为最知名,三十年前洛阳亦有元钦墓志出土,《要术》所指之元仆射,似即元钦。

白醪酒第六十五

皇甫吏部家法。

直按:《魏书·肃宗纪》,孝昌三年正月戊子,以司徒皇甫度为太尉,疑即此人。官吏部尚书,当在司徒之前。孝昌石窟寺碑,亦孝昌三年太尉皇甫度为国所立。度字文亮,亦见《北史·外戚·胡国珍传》。

笨麹并酒第六十六

朗陵何公夏封清酒法。

直按：《晋书·何曾传》略云："咸熙初拜司徒、封朗陵侯，武帝践祚，拜太尉，进爵为公。"何曾精于饮食，史称其日食万钱，犹嫌无下箸处，故亦兼善造酒，其法在北魏时犹盛行不绝。

作鱼鲊法第七十四

作裹鲊法。

直按：《淳化阁帖》卷九，有王献之裹鲊帖，盖魏晋至南北朝之制法。

作长沙鱼鲊法。

直按：长沙发掘报告，有"鱼鲊一斛"封泥匣题字，知两汉以来长沙人即善作鱼鲊，与本文可互相印证。

羹臛法第七十六

粳米三合，盐一合，豉汁一升，苦酒五合，口调其味，生姜十两，得臛一斗。

直按：石氏以生姜十两份量太多，疑是一两之误。然下文作鸭臛法，作羊蹄法，皆是用姜十两，作鳖臛法，用姜五两。用姜份量皆很大，不能定为一两之误字。

作瓠叶羹法，用瓠叶五斤，羊肉三斤，葱二升，盐蚁五合，口调其味。

直按：盐蚁应为盐豉之误字，当日传抄时简写作蚁，与豉字形极相似，后来刻本，又将蚁字改为蟻字。

捐肾用牛羊百叶，净治令白，蕹叶切长四寸，下盐豉中不令太沸。

直按：叶切长四寸当句，与下文又用肾切长二寸，广寸，厚五分文例正同。石以薤叶切为一句,长四寸又为一句非也。

亦用八姜薤,别奠随之也。

  直按:明清刻本皆作亦用入姜薤,本很通顺,石氏反据明抄本擅改作八非也。

蒸缹第七十七

《食经》曰,蒸熊法,取三升肉,熊一头,净治,煮令不能半熟。

  直按:熊一头三字,似在蒸熊法之下,取三升肉之上。与下文蒸豚法,好肥豚一头,蒸鸡法,肥鸡一头净治文例相同。因熊一头不全用,仅取三升肉也。

饼法第八十二

膏环一名粔籹,用秫稻米屑,水蜜溲之,强泽如汤饼面,手搦团,可长八寸许,屈令两头相就,膏油煮之。

  直按:《说文》:"粔籹,膏环也。"《楚辞·招魂》云:"粔籹蜜饵,有帐惶些。"注"以蜜和米面煎作粔籹也。"与本文正合。知为战国两汉以来留传之食谱,煮之疑煎之之误。

须即汤煮,笊篱漉出。

  直按:笊篱以竹篾编制,用以洩汤汁,今俗名捞勺。

醴酪第八十五

百姓哀之,忌日为之断火,煮醴而食之,名曰暖食,盖清明前一日是也。

  直按:《太平御览》卷八百六十八,魏武帝《明罚令》云:"闻太原、上党、西河、雁门,冬至后百有五日皆绝火寒食,云为介之推"云云。又云:"令到人不得寒食。"足证自曹操禁令以后,至北朝时仅禁寒食一日而已。

预先多买新瓦盆子,容受二斗者,抒粥著盆子中,仰头勿盖,粥色白如凝脂,米粒有如青玉,停至四月八日亦不动。

  直按:本段所说为制杏酪粥法,四月八日为佛生日,盖久储为供佛之用。

素食第八十六

膏䬧饭,䬧二斗,水一石,熬白米三升,令黄黑合䬧三沸。

  直按:䬧疑为谷类或蔬菰一种名称。石氏解䬧为粖,粖是屑米为炊,既用粖,又用白米,制法恐嫌重复。

遍宜猪肉,肥羊肉亦佳,苏油亦好,特宜菘菜芜菁肥葵韭等皆得,苏油宜大用荬菜。

  直按:本段为缹瓜瓠法。遍宜猪肉者,谓普遍用此制法也,石氏改为偏字恐未妥。大义以用猪肉为原则,加苏油亦好,但宜用菘菜等。注文谓另一种作法,用苏油更宜大用荬菜也。

作菹藏生菜法第八十八

豉汁七升半切葱头五升。

  直按:《要术》全书所计升斗,用半字者极少。本文疑豉汁七升为一句,半为伴字省文,伴切葱头又为一句。

《食经》曰:乐安令徐肃藏瓜法。

  直按:乐安县东汉属乐安国,《晋书·地理志》,乐安分始丰南乡置,本文所指之徐肃,应为晋人。

乳用半奠。

  直按:乳用疑用乳之颠倒字,石氏疑为酱清二字之误,形殊不类。

梨菹法。

> 直按：长沙砂子塘西汉木椁墓中出土封泥匣四十三枚，中有"沮梨"题字，则此为西汉至六朝相传之食谱。

荇，《尔雅》曰，"莕、接余，其叶苻。"郭璞注曰：丛生水中，叶圆，在茎端，长短随水深浅，江东菹食之。

> 直按：其叶苻者，苻为附字之假借，谓叶附生茎端也。

煮胶第九十

煮胶法要用二月、三月、九月、十月，余月则不成。

> 直按：《汉书·晁错传》云："欲立威者，始于折胶。"苏林注："秋气至，胶可折弓弩可用。"则汉代煮胶，皆在九十月间也。

笔墨第九十一

笔法，韦仲将笔方曰，先次以铁梳兔毫及羊毫。

> 直按：韦诞字仲将，西安近出后秦追立汉京兆尹司马芳碑阴题名，独云"诞字子茂"，盖当日有两字也。次谓排次，原文不误。

五谷果蓏菜茹非中国物产者

《魏书》曰，乌丸地宜青穄。（禾）

> 直按：《魏书》指王沈所撰之书，《魏志·乌丸传》裴松之注亦引之。乌丸在西汉时作乌桓，见于《汉书·赵充国传》，在东汉三国时则改写作乌丸，除文献外，屡见于金石刻辞，如母丘俭征高句丽纪功刻石，及魏乌丸率善佰长，乌丸率善仟长等印，无不作乌丸者（以上仅举二例）。石氏谓《要术》刻本，以避宋钦宗讳，始改乌桓作丸，其说殊误。

《博物志》曰：人食豆三年则身重。（豆）

　　　　直按：《太平御览》卷八百四十一，引本文作三斗，三斗约当于现今六升余，为数至微，恐不能令人身重，比较三年之义为长。

一小树得数十石，实大三寸，可蜜藏之。（果蓏）

　　　　直按：得数十石当句，石氏以实字属上文非是。

《东方朔传》曰，武帝时上林献枣，上以杖击未央殿槛，呼朔曰，叱叱，先生来来，先生知此箧里何物。朔曰：上林献枣四十九枚。上曰，何以知之。朔曰，呼朔者上也，以杖击槛两林木也，朔来来者枣也。叱叱者四十九也。上大笑，赐帛十匹。（枣）

　　　　直按：两来字作枣字谜，已是魏晋至六朝人写法，叱字左边口字，与草书四字相近，叱字右边，与七字相近，以两来字叠书作枣字谜写法推断之，此传亦为魏晋人所伪托无疑。

《吴录·地理志》曰，朱光禄为建安郡，中庭有橘，冬月于树上覆裹之。（橘）

　　　　直按：朱光禄疑即朱诞，见《世说新语·赏誉篇》注，但未言其官光禄。又《陆清河集》，有陆云与朱光禄书（朱诞官建安太守亦见《搜神记》卷十七）。

此蕉有三种，一种子大如拇指，长而锐，有似羊角，名羊角蕉。（芭蕉）

　　　　直按：羊角蕉当以形似羊角得名，石氏解羊角为酒器，转失之曲。

《尚书》曰：扬州厥贡篠簜。（竹）

　　　　直按：汉魏六朝人，写扬州多作杨州，《隶释》卷十九《魏公卿将军上尊号奏》有云："使持节行都督事领杨州刺史臣休。"又卷五《巴郡太守张纳碑》云："杨州寇贼，陆梁作难。"（以上仅举两例）此正《要术》保存之古字，石氏以为误写非也。

《风土记》曰：阳羡县有袁君家，坛边有数林大竹，并高二三丈。

　　　　直按：袁君家疑袁君冢之误字，坛边谓坟坛之边，王莽时有居摄二年上谷府祝其卿两坟坛题字可证。

蜀人名之曰苦荼。(檟)

> 直按：王褒《僮约》云："武都买荼。"此荼字之始见。《要术》所称蜀人之苦荼，或即指武都荼。

《荆州地记》曰：浮陵茶最好。

> 直按：魏晋无浮陵县，疑所指为浮梁镇。即白乐天《琵琶行》所谓"前月浮梁买茶去"是也。

《诗义疏》曰：一名芘芣，华紫绿色可食，似芜菁微苦。(荆葵)

> 直按：长沙砂子塘西汉木椁墓所出封泥木匣四十三枚，有"芣"题字，疑即指荆葵，顾名思义，当出于楚地无疑。

《诗》曰棠棣之华，萼不韡韡。(棠棣)

> 直按：汉代无萼字，故花萼之萼，惊愕之愕，皆假作鄂，见《史记·武安侯传》。石氏谓《诗》本当作萼不，非也。

《东方朔传》曰，朔与公孙弘借车马书曰，木槿夕死朝荣，士亦不长贫。(木堇)

> 直按：《汉书·东方朔传》，叙朔之文章，有"从公孙弘借车"书，仅列篇目，未涉及原文之词句。《太平御览》卷四百八十五，引《东方朔别传》曰："朔当从甘泉，愿借外厩之后乘，木堇夕死而朝生者，士亦不必长贫也。"据此本书所引，是《东方朔别传》，石氏谓这个车马书，见《汉书·东方朔传》，实为错误。

《义疏》曰：树高大似白杨，在山中，有子着枝端，大如指，长数寸，啖之甘美如饴，八九月熟，江南者特美，今官园种之，谓之木蜜。(枳柜)

> 直按：《诗义疏》，即陆玑《诗草木疏》，官园当为吴国太官令之官园（原书凡两引官园，一见《诗·小雅·棠棣》注云，白棣树也，实如李而小，正白，今官园种之，一名奠杏。见《本草纲目》卷三十六，木之三引）。《汉书·循吏·召信臣传》云："太官园种冬生葱韭菜茹，覆以屋庑，昼夜燃蕴火，待温气乃生"，为官园属于太官令之证。

读《世说新语》札记

近人治《世说新语》者,有李详氏笺证,刘盼遂氏校笺(见北京女师大季刊一至六期),沈剑知氏笺证(见《学海杂志》),予在诸家注释之外,偶有会意,成为札记,多取资于石刻史料,此又诸家所未注意及之者也。

一九六三年十二月,镇江陈直记于西安西大新村

德　行

王戎父浑有令名,官至凉州刺史。浑薨,所历九郡义故,怀其德惠,相率致赗数百万,戎悉不受。

按:义故谓行义之故吏也。《汉书·龚胜传》云:"使者与郡太守、县长吏、三老官属,行义诸生,千人以上,入胜里致诏。"又《隶续》卷十六《北海相景君碑》阴,有行义张放题名。皆与本文可以互相参证。又两汉二千石卒官以后,僚属赗赠,极为铺张。《汉书·儒林·欧阳和伯传》附叙欧阳地余事云:"及地余死,少府属官共送百万,其子不受。"《原涉传》云:"涉父哀帝时为南阳太守,天下殷富,大郡二千石死官,赋敛送葬者,皆千万以上。"《朝侯小子残碑》云:"(上缺)僚赠送礼赗,五百万已上,君皆不受。"与本文情况亦合,足证厚赗之风气,至魏晋时犹然。

庾公乘马有的卢。刘注引伯乐《相马经》云:"马白额入口至齿者,名曰榆雁,一名的卢,奴乘客死,主乘弃市,凶马也。

按:《齐民要求》养牛马驴骡第五十六,亦引伯乐《相马经》本段文,惟入口下少至齿二字,榆雁作俞膺,的卢作的颅。

王子敬病笃,道家上章应首过,问子敬由来有何异同得失,子敬云不觉有余事,惟忆与郗家离婚。

按:《淳化阁帖》九,有王献之帖云:"虽奉对积年,可以为尽日之欢,常苦不尽触颇之畅,方欲与姊极当年之雅,以之偕老,岂谓乖别至此。诸怀怅塞实深,当复何由日夕见姊耶。俯仰悲咽,实无已已,惟当绝气耳。"与本文离婚事完全符合,惟此书则为离婚后与郗夫人者。

吴郡陈遗家至孝,母好食铛底焦饭。

按:刘孝标注,陈遗未详。王佩铮氏云:陈遗见《南史·孝义·潘琮附传》,叙事与本文同,其材料盖取于本书。

言　语

孔文举年十岁随父到洛。刘注引《孔融别传》曰:"融四岁与兄食梨,颇引小者,人问其故,答曰:小儿法当取小者。年十岁,随父计京师,河南尹李膺有重名"云云。

按:孔融为孔宙之子,《金石萃编》卷十一,《孔宙碑》文叙宙官泰山都尉,以延熹六年卒,年六十一。《后汉书》孔融本传云:年十三丧父,则应当为延熹六年事。融以建安十三年被害,年五十六,融当生于汉质帝本初元年,本文所指融十岁在京师见李膺,则应为延熹三年事。又据《孔融别传》,宙有七子,融之次第六(见《隶释·孔宙碑》,洪适跋语所引)。融之诸兄见于史传者,仅有孔褒,褒字文礼,《金石萃编》卷十四,有《豫州从事孔褒碑》,又见《韩敕礼器碑阴题名》。此外可考者有孔谦,《萃编》卷十九有《孔谦墓碣》,文云:"谦字德让,宣尼公廿世孙,都尉君之子也。"又云:"弱冠而仕,历郡诸曹史,年卅四;

永兴二年遭疾不禄。"又刘注年岁,随父计京师,当为上计京师之脱文。《汉官仪》谓上计由郡丞亲行,孔宙官泰山都尉,亦兼管上计事,盖特例也。郡都尉在东汉初已罢废,但郡国有兵事时仍暂设之。

祢衡被魏武谪为鼓吏,正月半试鼓。

按:望都壁画题字,有追鼓掾题名。南阳出土张景造土牛碑,亦有追鼓掾之记载(见《文物》一九六三年第十一期)。追鼓即搥鼓之省文,祢衡所作之鼓吏,盖即追鼓掾也。

崔正熊诣都。刘注引《晋百官名》曰:崔豹字正熊,燕国人,惠帝时官至太傅丞。

按:《大晋皇帝三临辟雍碑》碑阴题名第一列,有"典行王乡饮酒礼博士渔阳崔豹正雄。"不但仕历校《晋百官名》为详,豹字正雄,亦与本文有异。

毛伯成既负其才气,常称宁为兰摧玉折,不作萧敷艾荣。

按:《诗品》有齐参军毛伯成,齐当为晋字之误。《隋书·经籍志》集部,有晋《毛伯成集》一卷,总集又有《毛伯成诗》一卷。《诗品》云:"伯成文不全佳,亦多惆怅。"

文　学

左太冲作《三都赋》初成。刘注引《左思别传》曰:思字太冲,齐国临淄人,父雍起于笔札,多所掌练,为殿中侍御史。

按:洛阳出土左芬墓石云:"父熹字彦雍,太原相,弋阳太守。"又云:"兄思字泰冲。"本文作父雍,知为彦雍之误文。

刘伶著《酒德颂》,意气所寄。刘注引《名士传》曰:伶字伯伦,沛邺人。

按:刘伶,《文选》向秀《思旧赋》,李善注引臧荣绪《晋书》作刘灵。近年南京西善桥南朝墓葬中所发现砖刻竹林七贤图,亦题作刘灵。又《绛帖》卷八,摹有刘伶书,末作"刘灵白",是伶字自己亦写作灵。盖伶字伯伦,命名取义于黄帝时伶伦作乐,则作伶者为正字,作灵者为通用字。

方　正

羊忱性甚贞烈，赵王伦为相国，忱为太傅长史。刘注引《文字志》云："忱字长和，一名陶，泰山平阳人。"

按：羊忱工草隶，见于《书品》下之上。《南史·羊欣传》云："曾祖忱，晋官徐州刺史。"羊欣《能书人名》云："羊忱羊固，俱善隶书。"

赏　誉

朱永长理物之致德，清选之高望。刘注：朱诞字永长，吴郡人，吴朝举贤良，累迁议郎。

按：朱诞工书，见于《书品》下之上。《晋书·陆云传》大将军孙惠与淮南内史朱诞书云云，则为朱诞入晋以后之官。又严可均《全晋文》卷一〇二，有陆云与朱光禄书。《齐民要术》五谷果蓏非中国物产者、橘条，引《吴录·地理志》曰："朱光禄为建安郡，中庭有橘，冬月于树上覆裹之。"朱光禄亦疑为朱诞也。

捷　悟

魏武帝尝过曹娥碑下，杨修从碑背上，见题作黄绢幼妇，外孙齑臼八字……齑臼，受辛也，于字为辞。

按：《说文》辤，不受也。与辞赋之辞，本为两字，在东汉碑刻上，皆用假借字作辤，如郑固、夏承、北海相景君碑等，是其明证。本文解受辛为辞，亦系从当时之隶体。

栖 逸

李廞是茂曾第五子。刘注引《文字志》曰:廞字宗子,江夏钟武人,祖康秦州刺史,父重平阳太守,世有名望,廞好学,善草隶,与兄式齐名。

按:李式善草隶,亦见《书品》中之上。《晋书·文苑·李充传》:"充从兄式,善隶书,官侍郎。"羊欣《能书人名》云:"李式善写隶草,弟定,子公府,能名同式。"又按:李廞为式之弟,尝为二府辟,故称李公府。羊欣则作李廞为李式之子,未知孰是。

贤 媛

贾充前妇是李丰女,丰被诛,离婚徙边,后遇赦得还,充先已取郭配女。刘注引贾氏谱云:郭氏名玉璜,即广宣君也。

按:郭氏名槐,先封广宣君,后封宜城君,见于《晋书·贾充传》。洛阳出土贾充妻宜城宣君郭槐墓石,作夫人名槐字媛韶,太原阳曲人,父城阳太守讳配字仲南,春秋六十,元康六年卒。与本文作名玉璜,有所不同。

陶公少时作鱼梁吏,尝以坩鲊饷母,母封鲊付使。

按:长沙发掘报告,两汉墓葬中,有"鱼鲊一斛"封泥匣题字。长沙砂子塘西汉木椁墓中,亦发现有"鱼鲊一笥"封泥匣题字,盖楚人善制鱼鲊及干鱼也。

术 解

后有一田父耕于野,得周时玉尺,便是天下正尺。

按:阮氏《积古斋钟鼎款识》卷十,有晋尺题字云:"周尺汉志,刘歆铜尺,后汉建武铜尺,晋前尺并同。"此当为荀勖得周尺以后校勘得出之尺寸,与本文正同。

巧 艺

韦仲将能书。刘注引《文章叙录》曰:韦诞字仲将,京兆杜陵人,太仆端子,有文学善属辞,以光禄大夫卒。

按:韦诞字仲将,亦见于《三国志》裴注、《书品》《齐民要术》等书,近年西安广济街口出土后秦时追立汉京兆尹司马芳残碑碑阴第一行题名,有"故吏功曹史杜县韦诞字子茂",据此韦诞当日盖有两字。

任 诞

陈留阮籍、谯国嵇康、河内山涛三人年皆相比,康年少亚之。预此契者,沛国刘伶、陈留阮咸、河内向秀、琅琊王戎,七人常集于竹林之下,肆意酣畅,故世谓竹林七贤。

按:竹林七贤名次排列的先后,现存有三种不同形式,本文为第一种,陶潜《圣贤群辅录》与此相同。第二种《晋书·嵇康传》云:"康所与神交者,惟陈留阮籍,河内山涛。豫其流者,河内向秀、沛国刘伶、籍兄子咸、琅琊王戎,遂为竹林之游。"《嵇康传》虽未明言以嵇康为首,实际是叙七贤之次第。第三种为近年南京西善桥南朝墓葬中所发现砖刻竹林七贤图,其次序以嵇康为首,次阮籍、山涛、王戎、向秀、刘伶、阮咸等六人。第一、二两种次序大同小异,第三种则异同很大。

简 傲

谢万在兄前欲起索便器。

按:南京博物馆在南京近郊六朝墓葬中,发掘出吴时青瓷虎子一具,器上有双龙形,器身右侧,刻有"赤乌十四年会稽上虞师表宜作"十三字,嗣后在六朝墓中时有发现,盖即本文之便器。

排　　调

荀鸣鹤陆士龙二人未相识,俱会张茂先坐。刘注引《晋百官名》曰:荀隐子鸣鹤,颍川人。《荀氏家传》云:隐祖昕乐安太守,父岳中书郎,隐历太子舍人、廷尉平,早卒。

　　按:荀岳墓碣略云:"岳官中书侍郎,乐平府君之第二子。"又云:"以正始七年正月八日癸未生于谯郡府丞官舍。"谯郡府丞,应为荀岳父荀昕或岳祖父历官之一。荀岳以晋元康五年七月卒,年五十岁。墓碣又云:"次息男隐,字鸣鹤,年十九,娶琅琊王士玮女。"叙鸣鹤官司徒左西曹掾,与本文历官不同。

惑　　溺

贾公闾后妻酷妒,有男儿名黎民,生载周,充自外还,乳母抱儿在中庭。

　　按:洛阳出土晋徐美人墓石,元康九年刻。徐美人名义,为贾充家之乳母,所哺乳者为贾充之女贾皇后及骠骑将军韩寿之妻。本文所叙之乳母,所哺乳者,则为贾充之子也。

孙秀降晋,晋武帝厚存宠之,妻以姨妹蒯氏。刘注引《晋阳秋》曰:蒯氏襄阳人,祖良吏部尚书,父钧南阳太守。

　　按:《三国志·刘表传》裴注引《傅子》记蒯越事,蒯良字子柔,弟越字异度,中庐人,良子钧仕至南阳太守。《襄阳耆旧传》辑本,蒯钧则误作蒯钦。

韩寿美姿容。刘注引《晋诸公赞》曰:寿字德真,南阳赭阳人,曾祖暨,魏司徒。

　　按:《三国志·韩暨传》裴注引《楚国先贤传》云:"韩暨次子繇,

高阳太守,籙子洪侍御史,洪子寿字德真。"又引《晋诸公赞》曰:"寿能敦尚家风,性尤忠厚,早历清职。惠帝践阼为散骑常侍,迁河南尹病卒,赠骠骑将军,寿妻贾充女也。"又按:《八琼室金石补正》卷九、十四页,有韩寿神道题字,文云:"(晋)故散骑常侍骠骑将军南阳堵阳韩府君墓神道"共二十字。历官与裴注均合,惟刘注赭阳人,据神道当为堵阳之误字。

仇 隙

刘玙兄弟少时为王恺所憎。刘注引刘粲《晋书》曰:琨与兄玙俱知名。

按:刘玙工书,见《书品》中之下。《晋书·刘琨传》仅云琨兄舆字庆孙,官骠骑将军,才能综核。与刘注皆不言其能书。

西汉齐鲁人在学术上的贡献

一、田何、伏生等的经学

《汉书·儒林传》序云:"汉兴,言《易》自淄川田生;言《书》自济南伏生;言《诗》于鲁则申培公,于齐则辕固生,燕则韩太傅;言《礼》则鲁高堂生;言《春秋》于齐则胡毋生,于赵则董仲舒。"盖汉初《五经》,皆齐鲁人所传。又瑕丘江公治《穀梁》,齐人后苍治《礼》,鲁人毛苌传《毛诗》,邹氏夹氏治《春秋》,亦皆齐鲁人所传也。尤以《公羊》《穀梁》二传,成为西汉齐学鲁学两大派。孔安国之《尚书传》,毛公之《诗训诂传》,成为西汉古文学两大派。诸大师或辟其蚕丛,或启其堂奥,薪火连绵,传授不绝,奠定了东汉经术的基础。郑康成博贯群经,总集大成,亦从基础上加以发展者。自秦代焚书以后,诸大师之学术思想,有开展者,如孔鲋率鲁中诸儒持礼器往依陈涉,加入秦末农民起义军是也。有保守者,如申公等人,名山事业,传之其人,以备清时之待访是也。又有托古三代,不满现实,隐匿姓名,如鲁两生之拒绝从叔孙通是也。其讲学方式,有集体讲习者,如高祖举兵围鲁时,鲁中诸儒,尚弦诵不辍。有个体默诵者,如伏生腹笥一经,抱残守缺,为秦代烈焰所不能焚。有父子口授者,如公羊寿之治《春秋》,家学相承,单传孤诣,为秦代守尉所不能知。其学术派别,一方面重在以隶体写经文,另一方面重在以口授著竹帛,微言大义,赖是以传。又如孔安国之传《尚书》,毛公之传《诗》训诂,皆以古文不得列于学官。其门生弟子,不从今文以趋时,不以古文而辍业,摈出于石渠谕经之外,固未尝以学术干利禄也。在西汉全期,齐鲁人对于经学伟大的贡献如此。

二、褚少孙的史学

褚少孙为梁相褚大之孙,宣帝时为博士,寓居沛,事大儒王式(见《史记·孝武本纪·索隐》)。《汉书·儒林·王式传》,称沛褚少孙,《胡毋生传》又称兰陵褚大,盖少孙原籍兰陵,寓居于沛县者。褚先生补《史记》,后人皆讥为狗尾续貂,虽不能与太史公并论,然续补在冯商、扬雄、刘向父子之前,时代最先,亦自可贵。今试作所补全部大概之分析,例如有记极重要之史料者,为西门豹为邺令,禁止河伯取妇事;子产、子贱、西门豹,称为三不欺事。河伯取妇事,熟在人口,少孙所记,实为始见。三不欺事,与汉《刘宽碑》所云"逾豹产"、《鲁峻碑》所云"比踪豹产"之汉人习俗语正相符合。有记重要之制度者,如《三王世家》,补霍去病请立三王奏疏,及武帝制诏与策文,其公牍承转层次,与《独断》及居延、敦煌两简亦相符合。有补充《史记》《汉书》者,如《滑稽传》补郭舍人救乳母,东方朔上书累三千牍,卫将军延揽东郭先生三事。《田叔传》补田仁、任安事,《梁孝王世家》补袁盎被刺事,《惠景侯者年表》补博陆侯霍光等四十四侯事,每一列侯,且具有小传性质。足以辅翼史公,较班氏为详。又有西京遗闻轶事,不见于其他文献者,如《日者传》,记黄直、陈君夫之相马,留长孺之相彘,荥阳褚氏之相牛,与伯乐相马,浮丘相鹤,并传于千古。其缺点有重复者,如《武帝纪》引用《封禅书》全文,《陈涉世家》引用《过秦论》,《史记》原书已见征引,真成蛇足。有错误者,如《滑稽传》武帝时征北海太守诣行在所,有文学卒史王生从行。证以《汉书》实为龚遂官渤海太守时事。综上所述,瑕不掩瑜,读者自能审辨之,论其成绩,应列为西汉史学家之一也。

三、东方朔的文学

《汉书·公孙弘卜式儿宽传》赞,叙武帝时人物有云:"滑稽则东方朔、枚皋。"究其实际,东方朔长于散文,枚皋工于辞赋,二人皆具有优美的文学创作性,班氏所评,未为确论。东方朔的作品,就《汉书》所录各篇而论,其上书自荐,驰骋游说,目无余子,则苏张纵横家之遗也。《谏起上林苑书》,息游观,减工役,与司马相如《谏猎书》相似。《化民有道对》,重农事,尚节俭,与贾谊《陈政事疏》相似。其《答客难》,扬雄摹拟之成为《解嘲》。《非有先生论》,班固摹拟之成为《答宾戏》。《廋辞隐语》,管辂摹拟之成为《射覆辞》。就传世之文而论,《七谏》一篇,合宋玉《九辩》、枚乘《七发》为一体,上可与严夫子《哀时命》并美,下可与刘向《九叹》相伯仲。至于本传记有八言、七言上下,诗虽不传,其体例不难揣测,七言开始于此时,八言前此未闻,与诫子之四言,共有三种体格。综合诠衡,实亦西汉中期之作家也。至于《汉书·严安传》,首尾仅叙事二句,专为载上书事一篇而立传,与《徐乐传》体例相同,文字雅驯犀利,左思所谓"著论准《过秦》"者也,亦为齐人可贵之作品。

四、仓公的医学

西汉名医,当以齐人仓公为代表。太史公著《史记》,特与扁鹊并传,其见最卓,《汉书》独不为仓公立传,正显示马班优劣之点。仓公医学,有理论,有处方,理论渊源于《素问》及《难经》,并兼采扁鹊针灸技术。例如齐御史成,自言病头痛,仓公切其脉,得肝气。肝气浊而静,此内关之病。引脉法曰,脉长而弦,不得代四时者,其病主在于肝,和即经主病也。代则络脉有过。经主病和者,其病得之筋髓里。其代绝而脉贲者,病得之酒且内。《正义》引《素问》云:"得病于筋,肝之和也。"又云:"脉有不及,有太过,有经,有络。和即经主病,代则络有过也。《八十一难》云:关之前者,阳之动也，脉当见九分而浮。关以后者，阴之动也，脉当见一寸而沈。"此仓公之医学理论，皆本于《灵枢》《素问》及《难经》也。其处方约分为三类。一用汤药，治齐王婴儿气鬲病，则用下气汤。治齐中大夫龋齿病，则用苦参汤。治菑川王美人怀子不乳病，则用莨荡药。治淳于司马迵风病，治齐郎中令循涌疝病，治齐中御府长信热病，则皆用火齐汤。二用丸药，治齐章武里曹山跗病，则用半夏丸。三用针灸，治济北王阿母足热病，则刺足心各三所，治菑川王蹶上病，则刺足阳明脉左右各三所。盖仓公精于内科，尤长于治小儿及妇人病。居延汉简中，有伤寒四物汤（见《居延汉简释文》五六三页）。又有"当北燧卒冯毋护，三月乙酉病心腹，丸药卅五"之记载（见《释文》二四三页）。敦煌汉简中，有治久咳逆伤寒方，列脉案兼有药味（见《流沙坠简考释·方技类》）。居延简为西汉中晚期物，时代较后于仓公，方中皆用丸药，知丸药之创作，在公元前二世纪即已开始。《仓公传》只列理论不列脉案者，因太史公本传所录为仓公奏对之文，在理论中已包括脉案。仓公所治各病，不列伤寒症者，因齐鲁在中原地区，伤寒比较少见，与居延敦煌边郡专患伤寒者，不可并论。综观仓公治症及处方，所治均系一切疑难杂症，与张仲景《金匮要略》相近，与《伤寒论》专治一门，尚有不同。仓公在医方中，喜用单方，如苦参汤、芫华汤之类，亦与仲景不同。伟大的仓公医学，在我国医学史上，放射出最光辉的一页。嗣后齐人私淑流传，络绎不绝，楼护父子诵习《本草经》，尤为明证。

五、尹都尉的农学

《汉书·艺文志》，农家有《尹都尉》十四篇。注不知何世人。马国翰辑《尹都尉》书序云："考《氾胜之书》曰，验美田至十九石，中田十三石，薄田一十石，尹译取减法神农复加之（此数句见《氾胜之书·区种法篇》）。尹译疑都尉之名，意其为汉成帝以前人。"马说是也。余昔考《种葱篇》有残文云："曹公既与先生言，细人觇之，见其拔葱。"西汉时曹姓为三公者，只有曹参，应为曹参相齐时事，因定尹都尉为西汉初齐人。曹参相齐时，招集英俊，如盖公、蒯通、梁石君等，皆为上宾，尹都尉为曹参所礼，当亦在此时。景帝中二年，改郡守为太守，郡尉为都尉，尹译之官都尉，盖又在景帝时也。尹书久佚，《艺文类聚》《太平御览》皆有征引，《齐民要术》卷二引有《种瓜篇》，卷三引有《种芥》《种葵》《种蓼》《种薤》《种葱》等五篇。其叙瓜菜下种、剪枝、育苗、收获等耕作之法甚备，与《氾胜之书》之《种瓜》《种瓠》《种芋》各篇皆相似，为西汉农书仅存之零章断句，最为可贵。

六、徐伯、延年的水利学

《汉书·沟洫志》云："时郑当时为大司农，言异时关东漕粟从渭上度，六月罢。而渭水道九百余里，时有难处，引渭穿渠，起长安旁南山下，至河三百余里径易，漕度可令三月罢。罢而渠下民田万余顷，又可得以溉，此损漕省卒，而益肥关中之地得谷。上以为然，令齐人水工徐伯表，发卒数万人穿漕渠，三岁而通，以漕大便利。"又云："齐人延年上书言，河出昆仑，经中国注渤海，是其地势西北高而东南下也。可案图书，观地形，令水工准高下，开大河上领，出之胡中，东注之海，如此关东长无水灾，北边不忧匈奴。可以省堤防、备塞，士卒转输，胡寇侵盗，覆军杀将暴骨原野之患。……此功壹成，万世大利。书奏，上壮之。"徐伯对于关东漕运改道，引渭穿渠，不但当时官府漕运，得其便利，人民亦资水灌溉，庆获丰收。延年建议，是根治黄河之法，见识远大，在当时工作条件下，有一定困难。故武帝虽壮其言，迄未实行。

七、齐人的《九章算术》

《九章算术》中，余昔考证有一部分为齐人的作品。《九章》著述的时代，在西汉中期，已有定论。卷六有算题云："今有甲发长安五日至齐，乙发齐七日至长安。今乙发已先二日，甲乃发长安，问几何日相逢。"卷七又有算题云："今有良马与驽马发长安至齐，齐去长安三千里，良马初日行一百九十三里,日增十三里,驽马初日行九十七里,日减半里。良马先至齐,复还迎驽马,问几何日相逢及各行几何。"以上两则算题,皆是假设,说由齐国到长安,或由长安到齐的日程。古人著书及所指,皆取譬眼前事物,如鲁人称泰山,秦人称华岳之类,《九章》算题,亦不能例外,这是西汉中期齐人作品的明证。

八、宿伯年、霍巨孟的雕绘

陕西兴平县茂陵镇霍去病墓上,旧存立体石刻画像九件,计有马踏匈奴、立马、奔马、石虎、石牛、石猪、猩猩抱熊(或名熊抱猪)、龙吸蛙、石人头像等。一九五八年,陕西文管会又访出石象、石蛙各一件,石鱼二件。另出土有篆书"左司空"及"乐陵平原宿伯年、霍巨孟"隶书两石刻题字。《汉书·百官表》,左司空令与右司空令,俱属少府。与宗正属官都司空令,皆有大部分刑徒,主造陶瓦。现传世有"居摄二年都司空"瓦片及"右空"瓦当,是其明证(见拙著《关中秦汉陶录》卷二)。现霍墓既出土有左司空题字,知霍墓全部雕刻,皆出于左司空令官署作品。乐陵平原宿伯年、霍巨孟二人,当为左司空官署中之石工姓名,其身份应为自由民而非刑徒。两汉工人,有称工者,如乐浪全部漆器中,称髹工、画工、雕工、黄涂工、供工、素工、上工、清工、造工是也。有称师者,见吴郡郑蔓铜镜、郑豫铜镜是也(前者见《小校经阁金文》卷十五、十六页,后者见《汉三国六朝纪年镜图说》图版三七。仅举二例,其他见于汉碑中者尤多)。有称匠者,见武氏石阙铭及曹魏正始弩机各题字是也。有仅称姓名不称工者,此例最为普遍,如元平元年咸里周子才陶盒(见《陶录》卷一),木明瓦筒题字(见《陶录》卷二),吴君、公孙少、梁君宾、陈长君、侯长子、戚少中、吴子良、侯长君、犹君房各陶器题字是也(以上各陶文,均见《季木藏陶》九一至九六页)。霍墓宿伯年、霍巨孟两人题名,正合于上述第四种类型。又汉代刑徒的题名,必称为徒,如三处阁刻石,题为徒要本是也(见陶宗仪《古刻丛钞》)。因此推知宿伯年、霍巨孟二人之身份,为自由民而非刑徒。或以工人设计及监督刑徒造作，亦未可知。特现在各石雕中，不能区别某一块为宿霍二人的手艺耳。就霍墓全部石刻而言，皆系就自然形状略刻数笔，而意态雄杰，迥非东汉盛行之线条形式所可比拟。又《文选》卷十一，王延寿《鲁灵光殿赋》云：

> 图画天地，品类群生，杂物奇怪，山神海灵。写载其状，托之丹青，千变万化，事各缪形，随色象类，曲得其情。上纪开辟，遂古之初，五龙比翼，人皇九头，伏羲鳞身，女娲蛇躯，鸿荒朴略，厥状睢盱。焕炳可观，黄帝唐虞，轩冕以庸，衣裳有殊。下及三后，淫妃乱主，忠臣孝子，烈士贞女，贤愚成败，靡不载叙。

鲁灵光殿，为汉景帝子鲁恭王余所建筑，遭王莽之乱，西京宫殿，焚毁无遗，惟灵光殿因远在鲁国，巍然独存。延寿此段所写，为鲁灵光殿之壁画。古代神祠有壁画，始于战国时代的楚国，见王逸《楚辞章句·天问篇》序。当景帝时已盛行壁画，尚未行石刻画像，观其所画，是品类群生。包括山海鸟兽人物各种图像，主要在人物画。其气魄之沉雄伟大，在延寿赋中，不难加以想像，出于当时名画工之手笔无疑。所画如伏羲鳞身，女娲蛇躯，上古帝王，忠臣孝子等图，对于东汉武梁祠画像、鲁峻石室画像及近出沂南石室画像的影响非常巨大。两汉画工，很少题名，此殆鲁国无名氏的绘画专家。

九、无名氏的书学

西汉石刻，传世极稀，计有赵廿二年群臣上寿刻石（见《捃古录》石文卷五），中殿第廿八题字（见《金石萃编》卷五），五凤二年刻石（见同上），西汉降命刻石（又名迟元宗封冢记，见《陶斋藏石记》卷一），巴州民杨量买地刻石、麃孝禹刻石（均见《古石抱守录》），鲁六年北陛刻石（北京大学藏石），霍去病墓左司空刻石，平原乐陵宿伯年霍巨孟题名（未著录），加以王莽时期祝其卿、上谷府卿二坟坛题字（见《金石萃编》卷五），莱子侯刻石（见《金石续编》卷二），官工节砀周君长题名等十三种（西安枣园村王莽九庙遗址出土，未著录）。（孟璇碑系东汉时物，楼护假贷刻石，朱博、王尊两诵德残碑三种，均系伪作，应予剔除）。在十三种之中，属于齐鲁人的作品，占有七种（五凤、降命、麃孝禹、北陛、祝其卿、上谷府、莱子侯），等于百分之五十强。以时代而论，北陛在景帝时，五凤在宣帝时，麃孝禹在成帝时，三种纪年最古。以字体而论，祝其卿、上谷府两种，属于篆书，其余皆属于古隶书，多不带挑法。惟麃孝禹刻石，用笔如游丝宛转，逸趣横生，则另具一种风格。东汉石刻，留书人姓名者，本很少见，在西汉则更无此例。以上所述，皆成为西汉齐鲁无名氏的书家。至于齐境各地所出西汉时瓦当，则皆为"千秋万岁"四字，琅琊台遗址所出，则为"延年"半瓦（均见罗振玉《秦汉瓦当文字》）。而"千秋万岁"四字，每瓦所写字形结构皆不重复，变化莫测。吴清卿曾评齐瓦优于秦瓦，确为至论，亦皆西汉时代齐国无名氏书家之遗作也。

小　结

西汉时齐鲁人对学术上贡献，如此之伟大，其原因远受孔子下官学到私学的影响。次则受荀卿游齐之影响，汉初齐鲁经学大师，如申培公、毛苌，皆为其再传弟子。再次则受齐稷下先生之影响，稷下为人才荟萃之地，百家争鸣，不拘一格。医学、农学、算学等，当必有从事研究者，在战国时开灿烂之花，至西汉时结丰硕之果，其势然也。余写此文，对于经学、医学重在分析，不叙本事。褚少孙之史学，东方朔之文学，则是提出的新见解。尹都尉的农学，《九章》的算学，宿伯年等的雕绘，则是个人的新考证。尤其以徐伯、宿伯年、霍巨孟三人，皆出身于水工、石工，表现出高度技术水平，劳动人民之智慧创作。至于《汉书·艺文志》所载师氏的乐学，《律历志》所载即墨徐万且的历学，《曹参传》所载胶西盖公的黄老学，其事实不够具体，故均略而不论。

太史公书名考

我少时读《汉执金吾丞武荣碑》有云："传讲《孝经》《论语》《汉书》《史记》。"知西汉的《太史公书》在东汉末已改称《史记》，与今名符合。及读王静安先生《太史公行年考》，根据《三国志·魏书·王肃传》，谓《史记》名称，始于王肃，心窃以为不然。忆余一九四一年春间，旅客昆明，候车赴渝，日多闲暇，辄至翠湖公园温理旧书。偶读杨守敬《望堂金石记》，见摹刻《东海庙残碑碑阴》，有"秦东门阙，事在《史记》"一语，知《史记》名称，在东汉桓帝永寿元年已经开始。年来阅杨明照先生《〈太史公书〉称〈史记〉考》（见《燕京学报》第二十六卷），指出《史记》名称，开始于东汉灵献之世，列举五证，确有独到之见解。但杨氏所考，尚未具体，因搜罗材料，共列九证；兼采杨氏之说，俾成定谳。其《武荣碑》一证，为余与杨氏及其师陈季皋先生所共知。其《东海庙残碑碑阴》、延笃《史记音义》《风俗通义》、高诱《战国策注》四种，则余所发现。他如蔡邕《独断》、荀悦《汉纪》、颖容《春秋例序》、高诱《吕氏春秋训解》等四证，则节采杨氏之原说。至于《太史公书》以前古史中早已有过《史记》的名称，与本篇无涉，不再商讨。兹先论由《太史公书》转变为《史记》名称的过程。

《史记·太史公自序》："凡百三十篇，五十二万六千五百字，为《太史公书》。"是司马迁自定原名为《太史公书》。嗣后西汉诸儒多沿用此名称，故《汉书·艺文志》列《太史公书》于《春秋》类。一变为《太史公记》，《汉书·杨恽传》云"恽母司马迁女也，恽始读外祖《太史公记》"是也。再变为《太史记》,《风俗通义·正失篇》云"谨案《太史记》,燕太子丹留秦,始皇遇之益不善,燕亦遂灭"是也。三变为今称《史记》。其他有称《太史公传》(见《史记·龟策传》褚先生补)及《太史公》者(见杨子《法言·问神篇》),均属在演变中多种的名称。

《史记》在东汉和帝永元以前,仍普遍称为《太史公书》。王充《论衡》卷二十九《述作篇》云:"《太史公书》刘子政序班叔皮传,可谓述矣。"王充以章帝章和中卒。又《后汉书》列传三十八《杨终传》云:"后受诏删《太史公书》为十余万言。"杨终以永元十二年卒。是其明证。

《史记》名称,有介于疑似之间,而后人误为从东汉初年即开始者,如《后汉书》列传三十《班彪传》云:"彪既才高而好述作,遂专心史籍之间。武帝时司马迁著《史记》,自太初以后,阙而不录。后好事者,颇或缀集时事,然多鄙俗不足以踵继其书。"后引班彪《后传》略论曰:"夫百家之书,犹可法也。若《左氏》《国语》《世本》《战国策》《楚汉春秋》《太史公书》,今之所以知古,后之所由观前,圣人之耳目也。"《班彪传》文所谓司马迁著《史记》者,为范蔚宗当时叙事之文;《后传》系班彪原文,仍称为《太史公书》,可以证明。又《列仙传·老子传》引《史记》云:"老子之子名宗,仕魏为将军,封于段干。"《西京杂记》云:"司马迁发愤作《史记》百三十篇。"两书经魏晋人附益者多,不能据为定论。

《史记》名称,有谓始于班彪父子者,有谓始于王肃者,有谓始于两晋者,有谓始于《隋书·经籍志》者,众说纷纭,莫衷一是。今据东汉的碑刻及其他可靠文献材料,互参考证,决定开始于东汉桓帝之时。前后共罗引九证,分举如下。

一证:《汉东海庙残碑碑阴》

《隶释》卷二《汉东海庙残碑碑阴》云:"阙者秦始皇所立名之秦东门阙,事在《史记》。"按:《史记·秦始皇本纪》三十五年:"于是立石东海上朐界中以为秦东门。"碑文所谓事在《史记》,即指此事。《东海庙碑》为桓帝永寿元年立。《史记》之名称,当以此为最早。合下文《武荣碑》观之,皆石刻中两铁证,故决定《史记》名称的开始,在东汉桓帝之时。

二证：《汉执金吾丞武荣碑》

《金石萃编》卷十二《汉执金吾丞武荣碑》云："阙帻传讲《孝经》《论语》《汉书》《史记》《左氏》《国语》，广学甄微，靡不贯综。"又云："遭孝桓大忧，屯守玄武，戚哀悲忡，加遇害气，遭疾陨灵。君即吴郡府卿之中子，敦煌长史之次弟也。"碑无年月，以碑文辞考之，武荣之卒，当在灵帝初年。武荣年三十六，举孝廉，研究《史记》《汉书》，当在桓帝初年可知。另以武氏石阙铭其《敦煌长史武斑碑》互考之，武荣为武开明之子，武斑之弟。武斑以永嘉元年死，年二十五；碑以建和元年立。《武荣碑》虽无年月，立在灵帝初年可知。

三证：延笃《史记音义》

司马贞《史记索隐》后序云："古今为注解者绝鲜，音义亦希，始后汉延笃乃有《音义》一卷；又别有《章隐》五卷，不记作者何人。近代鲜有二家之本。"按：《后汉书》列传五十四《延笃传》，笃以桓帝永康元年卒，不言著有《史记音义》。《隋书·经籍志》史部，亦不载此书，知在隋以前即已亡佚。章宗源《隋书经籍志考证》云：裴骃《集解》中引有《史记音隐》，司马贞两书并举，足证延笃之书，标题可确定为《史记音义》。证之《隋书·经籍志》，著录有宋徐广《史记音义》十二卷；《索隐》后序亦云，裴骃又有《史记音义》，可知徐、裴两书的命名，皆摹仿延笃《史记音义》而来。又《颜氏家训·书证篇》，引延笃《战国策音义》，其命名与《史记音义》正同。

四证：蔡邕《独断》

蔡邕《独断》卷上："四代狱之别名：唐虞曰士官，《史记》曰皋陶为理。"按：《史记·五帝本纪》云："皋陶为大理。"蔡邕所引，殆此文也。又按：《后汉书·蔡邕传》云："及董卓被诛，邕在司徒王允坐，言之而叹。允勃然叱之，即付廷尉治罪。邕遂死狱中。"卓之被诛，在献帝初平三年四月，蔡邕之死当略后数月。《邕传》，死时年六十一岁。《独断》成书，当在灵帝末年。

五证：荀悦《汉纪》

荀悦《汉纪》卷三十云："班彪举茂才，为徐令。彪子固字孟坚，明帝时为郎。据太史公司马迁《史记》,自高祖至于孝武,大功臣绍其后事,迄于孝平王莽之际,著帝纪表志传以为《汉书》,凡百篇。"荀悦又有时兼称为《太史公记》。《汉纪》卷十四云:"司马子长既遭李陵之祸,喟然而叹,幽而发愤,遂著史记,始自黄帝,以及秦汉,为《太史公记》。"其体例与应劭《风俗通义》相同。又按《汉纪》序云:"建安三年诏给事中秘书监荀悦,钞撰《汉书》,略举其要,其五年书成。"是荀悦此书,成于建安五年,比较《独断》为后。

六证:应劭《风俗通义》

应劭《风俗通义》佚文(严可均辑《全后汉文》卷三十七)云:"宫车晏驾。谨案《史记》曰:王稽谓范雎曰,夫事有不可知者,有不可奈何者。一旦宫车晏驾,是事不可知也。"严氏本条佚文是从《文选》卷十六《竟陵王行状》李善注辑出。案应劭系节用《史记·范雎传》文。

《风俗通义》佚文(卢文弨《群书拾补》第二十八种)云:"由余秦相也,见《史记》;汉有由章,至长沙太傅。"(引宋景文公笔记)由余秦相,见《史记·秦本纪》,当为本书《姓氏篇》佚文。

又《风俗通义》有称《太史公记》者,如卷一"谨案《战国策》《太史公记》:秦孝公据殽函之固,拥雍州之地,君臣戮力,以窥周室"云云。按所引为《史记·秦始皇本纪》赞,太史公又用贾谊《过秦论》上篇原文。又《风俗通义》有称《太史记》者,如卷二:"谨案《太史记》燕太子丹与秦始皇:遇之益不善,丹恐而亡归,归求勇士荆轲、秦武阳函樊于期之首,贡督亢之地图。秦王大悦,礼而见之,变起两楹之间,事败而荆轲立死。"按本条盖节引《史记·刺客·荆轲传》文。又卷二:"谨案《太史记》:秦始皇欺于徐市之属,求三山于海中,而不免沙丘之祸。"本条节引《史记·秦始皇本纪》文。应劭对《史记》又兼称《太史公记》及《太史记》者,盖《史记》之名初经改变,故随手漫书,并不一致。又案《应劭》当卒于建安九年,见姚振宗《隋书经籍志考证》"汉书集解"条。《风俗通义》成书,当在灵帝时代。

七证:颍容《春秋例序》

颍容《春秋例序》(《太平御览》卷六〇二引)云:"汉兴,博物洽闻著述之士,前有司马迁、扬雄,后有郑众、贾逵、班固,近即马融、郑玄,其所著作违义正者,迁尤多阙略。略举一两事以言之:迁《史记》不识毕公文王之子,而言与周同姓;扬雄《法言》,不识六十四卦,云所从来尚矣。"按:《史记·魏世家》云:"魏之先,毕公高之后也。毕公高与周同姓。"颍容所讥,当即此文。又《后汉书·儒林·颍容传》云:"容字子严,陈国长平人,博学多通,善《左氏春秋》。……初平中避乱荆州,刘表以为武陵太守,不肯起。著《春秋左氏条例》五万余言。建安中卒。"

八证:高诱《吕氏春秋训解》

《吕氏春秋》卷十六《先识览》云:"晋太史屠黍,见晋之乱也,以其图法归周。"高诱训解云:"屠黍,晋出公之太史也。出公,顷公之孙,定公之子也。《史记》曰,智伯攻出公,出公奔齐而道死焉。"按:《史记·晋世家》云:"智伯与韩魏赵共分范中行地,以为邑。出公怒,告齐鲁,欲以伐四卿。四卿恐,遂反攻出公。出公奔齐,道死。"高诱盖节引此文。又按:高诱《后汉书》无传;诱所撰《淮南子注》,自序谓成书于建安十七年;《吕氏春秋训解》成书,当亦在建安十七年前后。

九证:高诱《战国策注》

高诱《战国策注》卷二《西周策》云:"秦召周君,周君难往。或为周君谓魏王曰:秦召周君,将以使攻魏之南阳,王何不出于河南。"诱注:"魏王,《史记》作韩王;河南,《史记》作南阳。"

卷五《秦策》云:"伍子胥橐载而出昭关,夜行而昼伏,至于菱水。"高诱注:"菱水,《史记》作陵水。"

卷八《齐策》云:"盼子有功于国,百姓为之用;婴子不善,而用申缚。"高诱注:"申缚,《史记》作申纪。"

高诱《战国策注》,据士礼居影宋剡川姚氏刊本写录。按:《隋书·经籍志》,高诱注《战国策》二十一篇;《崇文总目》,高诱注八篇,今存十篇(《四库全书提要》云,高诱注二至四卷,六至十卷,共存八卷,方符合《崇文总目》之数),经宋人又加续注及校语,芜杂不清,故有疑为依托者,其实决非伪书。上述三条,经审慎甄别,确为高氏之遗说。试举《秦策》卷四,高诱注咸阳云:"咸阳,秦都也。今长安都渭桥西北咸阳城,是也。"自是汉人语气。又卷九《齐策》,高注所引《孟子》"子哙不得与人燕"一节,与今本亦异。高另著《孟子章句》,搜罗必有多本,其非伪托可知。

上述各证,始于东汉桓帝永寿元年,终于献帝建安十七年。武荣当卒于灵帝初年,其传习《史记》,必在早岁。桓帝初年即有《史记》名称,灼然可信。其他如延笃之《史记音义》、应劭之《风俗通义》、颖容之《春秋例序》,著者皆无成书年月可考。不得已,只引用可考的卒年,是从最低的年限来估计的。他们著书引用《史记》,在桓、灵、献三世,是毫无疑问的。东汉以后,《史记》名称即已普遍流传,不再研究。唐颜真卿《东方朔画像赞》,仍称《史记》为《太史公书》,是鲁公援用古称,并非唐代的通称。

汉晋人对《史记》的传播及评价

一、汉晋人对《史记》的传播

杨恽为传播《太史公书》之始。

《汉书》卷六十二《司马迁传》云:"迁既死后,其书稍出。宣帝时,迁外孙平通侯杨恽,祖述其书,遂宣布焉。"又《汉书》卷六十六《杨敞附杨恽传》云:"恽母司马迁女也。恽始读外祖《太史公记》,颇为《春秋》。"太史公自序说,当时有两本,"藏之名山,副在京师"。所谓名山者,即是藏之于家。太史公卒后,正本当传到杨敞家中,副本当存于汉廷天禄阁或石渠阁。褚少孙、刘向、冯商、扬雄等所续,即是根据副本,副本在当时已又录副本,太史公亲手写的副本,可能毁于王莽之乱。《汉书》这段记载,是说杨恽先读《太史公书》,因而就学《春秋》。两汉人的看法,《太史公书》是属于《春秋》类,所以刘歆《七略》,编入《春秋》类,这一点痕迹,在《艺文志》中,还可以看出。

褚少孙、冯商为续补《太史公书》之始,《史通》称补《史记》者共有十五家。

《史记》卷一二八《龟策传》:"褚先生曰:臣以通经术,受业博士,治《春秋》,以高第为郎,幸得宿卫,出入宫殿中,十有余年,窃好太史公传。"现《史记》低一格记载,皆褚先生所补(姚振宗《隋书经籍志考证》史部,褚先生所续,共十五篇)。《汉书》卷三十《艺文志》,春秋家有冯商所续太史公七篇。韦昭注:"冯商,字子高,受诏续《太史公书》十余篇,在班彪《别录》。"颜师古注引《七略》:"冯商,阳陵人,治《易》事五鹿充宗,后事刘向,能属文,与孟柳俱待诏,颇序列传,未卒,病死。"《汉书》卷五十九《张汤传》赞云:"冯商称张汤之先与留侯同祖,而司马迁不言,故阙焉。"但《史记》已有《张汤传》,可见冯商所补,有的是补充材料,有的是另作列传。上述两家的续补《史记》,已启了司马贞补《史记·三皇本纪》的先例。

《史通·正史篇》云:"《史记》所书,年止太初,其后刘向、向子歆,及诸好事者,若冯商、卫衡、扬雄、史岑、梁审、肆仁、晋冯、段肃、金丹、冯衍、韦融、萧奋、刘恂等相继撰续,迄于哀平间,犹名《史记》。"浦注:"冯商见《汉书·艺文志》,史岑见本书《人物篇》(案史岑字孝山,《文选》有《出师颂》)。晋冯、段肃(按:或作殷肃)见《班固传》,冯衍自有传,余七人未详。"按:卫衡见《华阳国志·汉中士女志》云:"衡字伯梁,南郑人,少师事同郡樊季齐,郡九察孝廉,公府十辟,公车三征,皆不就。"似即其人,然有可疑之端,樊季齐为樊英,为东汉中期人,卫衡既为其弟子,则《史通》不得列其名在扬雄之上。《华阳国志》亦未言其续补《史记》事,但《后汉书》章怀注云:"好事者谓扬雄、刘歆、阳城衡、褚少孙、史孝山之徒也。"卫衡,章怀注又作阳城衡,支离曼衍,究未能定其孰是。

桓宽《盐铁论》,为引用《史记》节括原文之始。

《盐铁论·毁学篇》云:"大夫曰:司马子长言,天下穰穰,皆为利往,赵女不择丑好,郑姬不择远近,商人不丑耻辱,戎士不爱死力,士不在亲,事君不避其难,皆为利禄也。"

按:《史记》卷一百二十九《货殖列传》原文云:"故曰:天下熙熙,皆为利来。天下攘攘,皆为利往。夫千乘之王,万家之侯,百室之君,尚犹患贫,而况匹夫编户之民乎!"《货殖列传》又曰:"富者,人之情性,所不学而俱欲者也。故壮士在军,攻城先登,陷阵却敌,斩将搴旗,前蒙矢石,不避汤火之难者,为重赏使也。其在闾巷少年,攻剽椎埋,劫人作奸,掘冢铸币,任侠并兼,借交报仇,篡逐幽隐,不避法禁,走死地如鹜者,其实皆为财用耳。今夫赵女郑姬,设形容,揳鸣琴,揄长袂,蹑利屣,目挑心招,出不远千里,不择老少者,奔富厚也。游闲公子,饰冠剑,连车骑,亦为富贵容也。弋射渔猎,犯晨夜,冒霜雪,驰坑谷,不避猛兽之害,为得味也。博戏驰逐,斗鸡走狗,作色相矜,必争胜者,重失负也。医方诸食技术之人,焦神极能,为重糈也。吏士舞文弄法,刻章伪书,不避刀锯之诛者,没于赂遗也。农工商贾畜长,固求富益货也。"以《盐铁论》所引,与《史记》原文两相比较,仅是概括的大义。

按:桓宽记御史大夫桑弘羊之言,是最早节括引用《史记·货殖传》文,事在昭帝始元六年,其时杨恽的正本,尚未宣布,副本存在京师,桑弘羊所见,当为太史公的副本。太史公卒年未详,当昭帝始元六年,太史公可能尚生存,则桑弘羊所引,或亲闻于太史公亦未可知。即令此段非当时御史大夫之言,桓宽著书时加以润色的,然亦在宣帝时代,为最早引用《史记》的原文,加以节括,则是毫无疑义的。

刘向书录各序,为引用《史记》原文之始。

上述桓宽《盐铁论》,记御史大夫之言,引用《史记·货殖传》,系节括原文,至于直用《史记》的原文,则始于刘向。刘向撰《管子书录》,全用《史记·管晏列传》,管子部分原文,连"太史公曰"传赞一段,亦抄录无遗。又《孙卿子书录》,系节引《史记·孟子荀卿列传》。《韩非子书录》,宋刻本虽不著刘向的姓名,疑亦为刘向所撰,此篇全录《史记·老庄申韩列传》,仅删去《说难》原文一篇(以上各书录,见严可均《全汉文》卷三十七)。又《新序》卷十《善谋篇》"沛公与项籍俱受令于楚怀王"一节,"郦食其说汉王"一节,"汉三年项羽急围汉王"一节,"汉六年正月封功臣"一节,"高皇帝五年娄敬说汉王都关中"一节,"张良征请四皓"一节,与《史记》文字多同,不敢一定说刘向引用《史记》的原文,可能太史公与刘向同为采用陆贾《楚汉春秋》的原文,惟"张良征请四皓"一节,事实稍后,必为刘向引用《史记·留侯世家》的原文无疑。

又按：刘向《别录·列子书录》云："孝景皇帝时，贵黄老术，此书颇行于世，乃后遗落，散在民间，未有传者，且多寓言，与庄周相类，故太史公司马迁不为列传。"又《别录·叙申子》云："今民间所有上下二篇，中书六篇皆合，二篇已备，过太史公所记也。"足证刘向对于《史记》研究得相当深刻（以上均见严可均《全汉文》卷三十七）。疑刘向书录各序，皆集存在《别录》之内，现《别录》已亡，故仅分见于各书之首，其实是一事也。

东平思王刘宇，为求读《太史公书》之始。

《汉书》卷八十《东平思王传》云："后年来朝，上疏求诸子及《太史公书》。上以问大将军王凤。对曰：臣闻诸侯朝聘，考文章，正法度，非礼不言，今东平王幸得来朝，不思制节谨度，以防危失，而求诸书，非朝聘之义也。诸子书或反经术，非圣人，或明鬼神信物怪。《太史公书》，有战国从横权谲之谋，汉兴之初，谋臣奇策，天官灾异，地形厄塞，皆不宜在诸侯王，不可予。""对奏，天子如凤言，遂不与。"看王凤的语气，说《太史公书》，内中包括有纵横家的权谋，有汉初谋臣的奇策，还是掩饰的话，实在是《太史公书》富有强烈的反抗性及人民性，若准许人人阅读，是与统治阶级有绝大危害的。又《汉书》卷一百《叙传》云："班斿以选受诏，进读群书。上器其能，赐以秘书之副。时书不布，自东平思王以叔父求太史公诸子书，大将军白不许，语在《东平王传》。"与此记载相同。

西汉末期，《史记》的零章断句，已为传播于边郡之始。

《罗布淖尔考古记》第八章、二一一页，有"人利则进不利（上下俱缺）"的残简。黄文弼考为疑出《史记·匈奴传》，其说甚是。《史记·匈奴传》原文云："利则进，不利则退，不羞遁走，苟利所在，不知礼义。"罗布淖尔出土的各木简，开始于宣帝时，最迟至西汉末期。此简为戍所官吏，偶忆及《史记》原文，随手信书，并非抄写全传的性质。此等官吏，可能来自京师，见过《史记》原本，然可以证明《史记》在西汉末期,有一部分,已流传于边郡。

汉光武赐窦融择抄《史记》,则为单卷别行之始。

《后汉书》卷二十三《窦融传》云:"乃赐以外属图,及太史公《五宗》《外戚世家》《魏其侯列传》。"按:窦融为窦广国七世孙,窦婴为窦太后之侄,五宗为景帝子十三人,皆与窦融先世有关,一则因事实的需要,一则因卷帙太繁,故创为单卷别行的方法。又《后汉书·王景传》云:"又以尝修浚仪,功业有成,乃赐景《山海经》《河渠书》,及《禹贡图》及锦帛衣物。"王景,明帝时人,赐《河渠书》,亦单卷别行之继续者。又敦煌汉简,有类似《史记·滑稽传》淳于髡事的简文,与今本异同很大,有人亦指为单卷别行,恐非是。

东汉初年,洛阳书店,可能有《史记》出售,为民间流通《史记》之始。

《后汉书》卷四十九《王充传》云:"充少孤,乡里称孝。后到京师,受业太学,师事扶风班彪。好博览而不守章句。家贫无书,常游洛阳市肆,阅所卖书,一见辄能诵忆,遂博通众流百家之言。"现在《论衡》中,有评《太史公书》的,有引用《太史公书》原文而不注明的,这两种类型均很多。他所读的《太史公书》,一部分可能是从洛阳书店中看来的,一部分可能是从班彪家中借读。

杨终删定《史记》,则为削繁之始。

《后汉书》卷四十八《杨终传》云:"后受诏删《太史公书》为十余万言。"按:杨终所删定的《史记》本,在汉以后的人,即未见过,其体例也不可考,既云受诏删定,当然所删的是不利于统治阶级的文字。全部《史记》五十二万余字,经杨终此次删定,几乎去了十分之七,因而有人说现存的《史记》不是太史公的原本,而是杨终的删本,现在《史记》约六十万字,比太史公自述的五十二万余字,还要多出几万字,这是三国以来的学者就杨终的删本,而加以补充的。我看这种说法,是极端错误的。古代删定的书,与原书皆是同时并存,不是删本一出,原本就湮没不传,例如楚太傅铎椒,摘录《左传》的《铎氏微》,晋杨方有《吴越春秋削繁》,两种在当时并行不悖,目下《左传》及《吴越春秋》二书均存,而摘录削繁的书,反而不存,杨终的书,久经亡佚,决不能指现存的原书,而代顶替已佚的书,说此者不仅是好奇,而且是无识。

延笃为注解《史记》之始。

司马贞《史记索隐》后序云:"古今为注解者绝省,音义亦希,始后汉笃乃有《音义》一卷,又别有《音隐》五卷,不记作者何人,近代鲜有二家之本。"按:《史记》汉人以为谤书,多不敢注解,与《汉书》在东汉末期,已有服虔、应劭等家注解不同。延笃《音义》,《后汉书》卷六十四本传亦未云及,知成书不久即已消失。余又疑延笃另著有《汉书音义》,兹不具论。现仅从裴骃《集解》中所引略见鳞爪而已。

东汉桓帝时,为《太史公书》转变为《史记》名称之始。

《金石萃编》卷十二《武荣碑》云:"阙帧传讲《孝经》《论语》《汉书》《史记》。"《武荣碑》无年月,当立于桓帝时。又严可均《全后汉文》卷一〇二《汉东海庙碑》云:"阙者秦始皇所立,名之秦东门阙,事在《史记》。"(以上所云,刻在碑阴)碑为熹平元年四月立,足证《太史公书》在东汉桓灵时代,已正式改称《史记》。余另有专题考证一篇,列举九证。王国维先生《太史公行年考》,谓《史记》名称开始于曹魏时王肃,这是千虑的一失。

汉《张迁碑》文,叙张释之事,为碑刻引用《史记》,节括原文之始。

汉《张迁碑》云:"文景之间,有张释之,建忠弼之谟,帝游上林,问禽狩所有,苑令不对,更问啬夫,啬夫事对,于是进啬夫为令,令退为啬夫,释之议为不可,苑令有公卿之才,啬夫喋喋小吏,非社稷之重,上从言。"按:《张迁碑》为灵帝中平六年刻,此段文字,系总括《史记》语,因系碑文,不能直抄,所以在文字上略加变通。

高诱撰注《吕氏春秋》及《战国策》,为引用《史记》注释古籍之始。

高诱《吕氏春秋》卷十六《先识览》注引《史记》"智伯攻出公"事;《战国策》卷二《周策》注"秦召周君"条;卷三《秦策》注"伍子胥出昭关"条;卷八《齐策》注"盼子有攻于国,百姓为之用"条。高诱皆引证

《史记》作注释,为引用《史记》作注最早的例子。

《汉旧仪》叙太史公求古诸侯史记,《博物志》有太史公的官籍,为记载太史公杂事之始。

《太平御览》卷二百三十五引《汉旧仪》云:"司马迁父谈,世为太史。迁年十三,使乘传行天下,求古诸侯之史记。"《博物志》载有太史公户籍云:"茂陵显武里大夫司马迁,年廿八,三年六月乙卯除六百石。"(《史记索隐》注引)按:今本《博物志》不载此条,近人皆指为是太史公的户籍,其实是官籍,记的除官年月日期,与居延敦煌各木简戍卒的户籍,文法不同,而敦煌木简有"本始六年三月乙酉到官"残简文与此相同。

《西京杂记》卷六云:"汉承周史官,至武帝置太史,太史公司马谈世为太史,迁年十三,使乘传行天下,求古诸侯史记,读孔氏古文,序世事,作传百三十卷,五十万字。谈死子迁以世官复为太史公,位在丞相下,天下上计,先上太史公,副上丞相,太史公序事,如古《春秋》法,司马氏本古周史佚后也,作《景帝本纪》,极言其短,及武帝之过,帝怒而削去之,后坐举李陵,陵降匈奴,下迁蚕室,有怨言,下狱死。宣帝以其官为令,行太史公文书事而已,不复用其子孙。"案《西京杂记》此条盖采用《汉旧仪》文。

《西京杂记》卷四又云:"司马迁发愤作《史记》百三十篇,先达称为良史之才,其以伯夷居列传之首,以为善而无报也,为《项羽本纪》,以踞高位者,非关有德也,及其序屈原、贾谊,词旨抑扬,悲而不伤,亦近代之伟才。"按:此条观其语气,亦汉人所记,以近代两字,可以断之。

王莽对《史记》的利用。

《汉书》卷六十二《司马迁传》云:"王莽时求封迁后,为史通子。"王莽此举,不是尊重太史公的而是利用太史公的,因太史公多采用《左氏传》,这一点与王莽提倡经古文学最适合。现代人又有说《史记》是经刘歆改窜的,刘歆既伪作《周礼》《左氏》兼及《史记》,何其能者多劳不惮烦如此。

二、汉晋人对《史记》的评价

评论《史记》最先的，当推扬雄《法言》，每以《史记》与《淮南子》同等齐观。

扬子《法言·问神篇》云："或曰：淮南太史公者，其多知与，曷其杂也。曰：杂乎杂，人病以多知为杂，惟圣人为不杂。"按：扬雄的意思，俗人以为芜杂，通人不以为芜杂。扬雄在《法言》中，每以《淮南》与《史记》并举，盖当西汉时，以此两书篇帙为最巨。

又《寡见篇》云："或问司马子长有言曰：《五经》不如《老子》之约也，当年不能极其变，终身不能究其业。曰：若是则周公惑，孔子贼。"按：扬雄引司马迁之言，在《寡见篇》中，是讥其寡见。

又《重黎篇》云："或问《周官》曰立事，《左氏》曰品藻，太史迁曰实录。"按：班固《司马迁传》赞云："自刘向、扬雄，博极群书，皆称迁有良史之才，服其善序事理，辨而不华，质而不俚，其文直，其事核，不虚美，不隐恶，故谓之实录。"据此扬雄与刘向皆评《史记》为实录，看法是一样的。

又《君子篇》云："淮南说之用，不如太史公之用也。太史公，圣人将有取焉，淮南鲜取焉尔。必也儒乎。乍出乍入，淮南也。文丽用寡，长卿也。多爱不忍，子长也。仲尼多爱，爱义也。子长多爱，爱奇也。"按：扬雄此段评《史记》的价值，比《淮南》为高，但有些地方，贪多不忍割舍。

《汉书》卷八十七《扬雄传》云："及太史公记六国，历楚汉，讫麟止，不与圣人同，是非颇谬于经。"按：扬雄说《太史公书》，是非颇谬于经，所谓经者，指《春秋》经而言，《史记》在两汉人的看法，列入《春秋》类，故扬雄亦有此言。

《汉书》卷八十七《扬雄传》赞云："昔老聃著虚无之言两篇，薄仁义、非礼学，然后好之者，尚以为过于《五经》，自汉文景之君，及司马迁皆有是言。"按：此段是桓谭语，评论扬雄的《太玄》，比于老子，兼论及太史公等人推崇老子的《道德经》。

评论《史记》最丰富的，则为王充《论衡》，有直接评论它的价值，有间接分析它的纪事。

《论衡·命禄篇》云："太史公曰：富贵不违贫贱，贫贱不违富贵，是为从富贵为贫贱，从贫贱为富贵也。"

又《幸偶篇》云："闳籍孺之辈，无德薄才，以色称媚，不宜爱而受宠，不当亲而得附，非道理之宜，故太史公为之作传，邪人反道而受恩宠，与此同科，故合其名，谓之佞幸。"按：《史记·佞幸传》云，高祖时有籍孺，惠帝时有闳孺，王充简称为闳籍孺，此段是说太史公有作《佞幸列传》之必要。

又《祸虚篇》云："（蒙恬）吞药自杀，太史公非之曰：夫秦初灭诸侯，天下未定，夷伤未瘳，而恬为名将，不以此时强谏，救百姓之急，养老矜孤，修众庶之和，阿意兴功，此其子弟过诛，不亦宜乎，何与乃罪地脉也。夫蒙恬之言既非，而太史公非之亦未是。何则？蒙恬绝脉，罪之当死，地养万物何过于人，而蒙恬绝其脉，知己有绝地脉之罪，不知地脉所以绝之过，自非如此，与不自非何以异。太史公为非恬之为名将，不能以强谏，故致此祸，夫当谏不谏，故致受死亡之戮，身任李陵坐下蚕室，如太史公之言，所任非其人，故残身之戮，天命而至也，非蒙恬以不强谏，故致此祸，则己下蚕室，有非者矣。己无非，则其非蒙恬，非也。"又同篇云："作伯夷之传，则善恶之行云，七十子之徒，仲尼独荐颜渊为好学，然回也屡空，糟糠不厌，卒夭死，天之报施善人如何哉？盗跖日杀不辜，肝人之肉，暴戾恣睢，聚党数千，横行天下，竟以寿终，是独遵何哉？若是言之，颜回不当早夭，盗跖不当全活也，不怪颜渊不当夭，而独谓蒙恬当死过矣。"按：此文上一段，王充言蒙恬绝地脉之当死，太史公非之非也，下一段王充指太史公不怪颜渊当夭，独怪蒙恬当死，又牵涉到太史公本身之蚕室则己有非，己无非则其非蒙恬非也，是《祸虚篇》中的辩证法，是汇合《史记》论赞两三篇中的结论。

又《道虚篇》云:"太史公与李少君同世并时,少君之死,临尸者虽非太史公,足以见其实矣,如实不死,尸解而去,太史公宜纪其状,不宜言死。"又云:"世或言东方朔亦道人也,姓金氏,字曼倩,变姓易名,游宦汉朝,外有仕宦之名,内乃度世之人,此又虚也。夫朔与少君,并在武帝之时,太史公所及见也,……况朔无少君之方术效验,世人何见谓之得道。案武帝之时,道人文成五利之辈,入海求仙人,索不死之药,有道术之验,故为上所信,朔无入海之使,无奇怪之效也,如使有奇,不过少君之类及文成五利之辈耳。"按:此两段王充据《史记》述李少君之死,东方朔之未得道,辟神仙不死之妄诞。

又《超奇篇》云:"若司马子长、刘子政之徒,累积篇第,文以万数,其过子云(谷永)子高(唐林)远矣,然而因成纪前,无胸中之造。"按:王充所谓因成纪前,与班彪所说太史公采左氏《国语》,删《世本》《战国策》,据楚汉列国时事,意义相同。然《史记》因成纪前,正是《史记》长处,若不纪前,则不得称为《史记》。

又《超奇篇》云:"(桓君山)作《新论》论世间事,辩照然否,虚妄之言,伪饰之辞,莫不证定。彼子长、子云,说论之徒,君山为甲。自君山以来,皆为鸿眇之才。"按:桓谭《新论》虽已不存,就严可均《全后汉文》辑本观之,各篇体例,与《论衡》相似,王充与《新论》气味相投,故作此高抬身价的议论。

又《超奇篇》云:"(周长生)作《洞历》十篇,上自黄帝,下至汉朝,锋芒毛发之事,莫不纪载,与太史公表纪相似类也,上通下达,故曰《洞历》。"按:本篇又云:"周长生者,文士之雄也,在州为刺史任安举奏。"据此周长生与任安同为武帝时人,与太史公同时。所作之《洞历》,现无可考,观王充所说的体例,确与《史记》表纪相类。

又《超奇篇》云:"班叔皮续《太史公书》百篇以上,记事详悉,义浅理备。观读之者以为甲,而太史公乙。子男孟坚为尚书郎,文比叔皮,非徒五百里也,乃夫周召鲁卫之谓也。苟可高古,而班氏父子不足纪也。"按:此段王充说班彪续《太史公书》有百篇,《后汉书·班彪传》说有数十篇,观王充所说,百篇已经寓目,究属有多少,现在不能肯定。班固所作,未必全是父书,如有百篇,则班固可以不作,现可见者,《汉书》中《韦贤传》《翟方进传》之后,皆有司徒掾班彪赞语,或者是班彪原本耳。

又《须颂篇》云:"高祖以来,著书非不讲论。汉司马长卿为《封禅书》,文约不具,司马子长,纪黄帝以至孝武,扬子云录宣帝以至哀平,陈平仲纪光武,班孟坚颂孝明,汉家功德,颇可观见。今上即命,未有褒载。"按:王充此篇大旨,说汉家功德甚盛,在汉明帝以前,皆有歌颂的,论司马迁纪黄帝以至孝武,亦评为歌颂的文字,大失原书的本义。扬雄续《太史公书》,录宣帝以至哀平,其事实仅见于此,则为最可贵的材料。

又《佚文篇》云:"班叔皮续《太史公书》,载乡里人以为恶戒,邪人枉道,绳墨所弹,安得避讳,是故子云不为财劝,叔皮不为恩挠。"按:班彪续《太史公书》,已经亡佚,载乡里人一节,不知其始末。

又《实知篇》云:"太史公之见张良,似妇人之形矣";"太史公与张良,观宣室之画也"(略括原文)。按:王充此段是述《史记·留侯世家》所称张良貌如妇人女子,从宣室画像看来,非真见其人。

又《定贤篇》云:"若太史公及刘子政之徒,有主领书记之职,则有博览通达之名矣。"按:王充此段大义,有好学深思的人,无掌管官府文书的机会,则亦不易通达。

又《书解篇》云:"诗家鲁申公、书家千乘欧阳、公孙(公孙似指《春秋》家公孙宏,此处有脱文),不遭太史公,世人不闻。"按:王充此段的大义说鲁申培公的诗学、欧阳和伯的书学,倘若太史公不写入《儒林传》,则世人不易知道二人的姓名,是总说作《儒林传》伟大的意义。

又《案书篇》云:"《礼记》造于孔子之堂,太史公汉之通人也,左氏之言,与二书合。"按:此段文字恐有脱落,故上下不能贯通。

又《案书篇》云:"公孙龙著《坚白》之论,析言剖辞,务折曲之言,无道理之较无益于治。齐有邹衍之书,沆洋无涯,其文少验,多惊耳之言。""商鞅相秦,作《耕战》之术,管仲相齐,造《轻重》之篇,富民丰国,强主弱敌,公赏罚,与邹衍之书并言。而太史公两纪,世人疑惑不知所从。"按:这一段我与王充看法不同。《孟子荀卿列传》,是战国诸子百家争鸣的总结,故说到邹衍,邹衍与商鞅管仲富国强兵的策略,当然有所不同,太史公重在纪事,重在实录,两纪正是他的优点,设太史公不记公孙龙、邹衍二家的学术,则王充又必指为稷下先生各种的学说不完备。王充论学,颇执偏见,所盛赞美者,班彪是他的老师,周长生、吴君高等是会稽郡的乡贤,桓谭是与他著书体例相似的,对于太史公的评论,有时可从,有时胸有成见。

又《案书篇》云:"《三代世表》言五帝三王,皆黄帝子孙,自黄帝转相生,不更禀气于天,作《殷本纪》言契母简狄浴于川,遇玄鸟坠卵吞之,遂生契焉。及《周本纪》言后稷之母姜嫄,野出见大人迹,履之则妊身生后稷焉。夫观《世表》则契与后稷,黄帝之子孙也,读殷周本纪,则玄鸟大人之精气也。二者不可两传。而太史公兼纪不别。"按:《史记·三代世表》,仅有名次,并不载事,简狄、姜嫄之事,故只可叙于本纪,并非兼纪性质;又简狄、姜嫄均见《诗·大雅》及《商颂》。简狄、姜嫄之时,父系氏族尚未成立,故有此种神话流传,周代《大雅》《商颂》作者因采以入诗,周秦以来,即盛行于书传,何独于太史公而怪之。

又《案书篇》云:"汉作书者多,司马子长、扬子云河汉也,其余泾渭也。然而子长少臆中之说,子云无世俗之论。"按:王充此段是评论《史记》与扬子云《法言》有同等价值,少臆中者含有不正确之义。

又《对作篇》云:"《五经》之兴可谓作矣,《太史公书》、刘子政序、班叔皮传,可谓述矣。"按:王充此段是评论《史记》与刘向《新序》,及班彪的后传,皆是述而不作的典籍。

又《对作篇》云:"若太史公之书,据许由不隐,燕太子丹不使日再中,读见之者,莫不称善。"按:王充说许由不隐,盖指《伯夷列传》"余登箕山,其山盖有许由冢云"。燕太子丹不使日再中,盖指《刺客列传》"燕太子曰,日已尽矣"而言。

班彪作后传,兼论及《史记》的优缺点。

《后汉书》卷四十《班彪传》云:"彪既才高而好述作,遂专心史籍之间。武帝时,司马迁著《史记》,自太初以后,阙而不录,后好事者,颇或缀集时事,然多鄙俗,不足以踵继其书。彪乃继采前史遗事,傍贯异闻,作后传数十篇,因斟酌前史,而讥正得失。其略论曰:唐虞三代,诗书所及,世有史官,以司典籍,暨于诸侯,国自有史,故孟子曰:楚之《梼杌》,晋之《乘》,鲁之《春秋》,其事一也。定哀之间,鲁君子左丘明,论集其文,作《左氏传》三十篇,又撰异同,号曰《国语》二十一篇,由是《乘》《梼杌》之事遂暗,而《左氏》《国语》独章。又有纪录黄帝以来,至春秋时帝王公侯卿大夫,号曰《世本》一十五篇。春秋之后,七国并争,秦并诸侯,则有《战国策》三十三篇。汉兴定天下,太中大夫陆贾,记录时功,作《楚汉春秋》九篇。孝武之世,太史令司马迁采《左氏》《国语》,删《世本》《战国策》,据楚汉列国时事,上自黄帝,下讫获麟,作本纪、世家、列传、书、表,凡百三十篇。……若《左氏》《国语》《世本》《战国策》《楚汉春秋》《太史公书》,今之所以知古,后之所由观前,圣人之耳目也。司马迁序帝王则曰本纪,公侯传国则曰世家,卿士特起则曰列传,又进项羽、陈涉,而黜淮南、衡山,细意委曲,条例不经。若迁之著作,采获古今,贯穿经传,至广博也,一人之精,文重思烦,故其书刊落不尽,尚有盈辞,多不齐一,若序司马相如,举郡县著其字,至萧、曹、陈平之属,及董仲舒并时之人,不记其字,或县而不郡者,盖不暇也。今此后篇,慎核其事,整齐其文,不为世家,唯纪传而已。"

按:班彪说太史公对于人的名字及所举郡县,体例参差不齐,是疏于检点之处。不知班彪所说的缺点,正是其优点。

太史公本仿《春秋》而作《史记》,以为《公羊》长于例,《左氏》长于事,故各纪传中,寓褒贬的地方,则用《公羊》之例,记事实的地方,则用《左氏》之事,一则博采众长,二则消灭门户之见。《公羊·庄公十年传》,解释春秋称国称人的身份:"州不若国,国不若氏,氏不若人,人不若名,名不若字,字不若子。"《史记》标题,皆是用这种体例。例如称子者有孔子世家,老子、孙子、孟子列传;称字者有项羽本纪,陈涉世家,伍子胥、屈原、韩长孺列传(韩安国可能本应称名,因太史公避其师孔安国讳,故改称其字);称生者有贾生、郦生、韩生(婴)、伏生、胡毋生、瑕丘江生之类(汉代博士称先生,或简称先,或简称生,只有郦生非博士);称爵者有留侯、绛侯、商君、穰侯、孟尝君、平原君、信陵君、春申君、淮阴侯、魏其侯、武安侯之类;称官者有萧相国、曹相国、陈丞相、张丞相、李将军,卫将军之类;称别号者有万石君、黥布、扁鹊、仓公之类。分析来看,以称子为最尊,称字次之,正符合于《公羊》人不若名,名不若字,字不若子的意义(荀子不称子,太史公对他的估价,不如孟子)。其余称官、称爵、称生,尚不能揣测太史公的心意,何者居上,何者居次。这种体例,汉晋以来的人对《史记》都不注意了。《汉书》标题,一律称名,在表面上整齐划一,是用他父亲的方法,与《史记》的史才,距离很远。后代修史,皆采取《汉书》形式,相沿既久,以为应当如此,将太史公的春秋笔法,漠无闻见,甚或反唇相讥,是则班彪作俑之始。至于班彪所说萧、曹、陈平、董仲舒诸人,皆不记其字,现在知道的只有曹参字伯敬(见《博物志》),其余《汉书》亦不记其字,班固的著述,根据班彪,可以推想到班彪,也不知其字,自己不知,反要求人知,亦属臆说也。

班固《汉书》所论《史记》述作各点。

《汉书》卷一百《叙传》云:"汉绍尧运,以建帝业,至于六世,史臣乃追述功德,私作本纪,编于百王之末,厕于秦项之列,太初以后,阙而不录,故采撰前纪,缀集所闻,以为《汉书》,起元高祖,终于孝平王莽之诛,十有二世,二百三十年,综其行事,傍贯《五经》,上下洽通,为春秋考纪表志传凡百篇。"(《后汉书》卷四十《班固传》亦引用此文)《汉书》卷五十八《公孙弘卜式儿宽传》赞云:"文章则司马迁、相如。"

按：两汉人只称太史公有良史之才，称赞文章之美者，始见于此传赞语。

《汉书》卷五十九《张汤传》赞云："冯商称张汤之先，与留侯同祖，而司马迁不言，故阙焉。"按：张汤与留侯同祖，所关并不重要，班固在此提出，是表明冯商续《太史公书》的情况。

《汉书》卷六十二《司马迁传》赞云："自古书契之作，而有史官，其载籍博矣。至孔氏纂之，上断唐尧，下讫秦缪，唐虞以前，虽有遗文，其语不经，故言黄帝颛顼之事，未可明也。及孔子因鲁史记而作《春秋》，而左丘明论辑其本事，以为之传，又撰异同为《国语》。又有《世本》，录黄帝以来至春秋时，帝王公侯卿大夫祖世所出。春秋之后，七国并争，秦兼诸侯，有《战国策》。汉兴伐秦定天下，有《楚汉春秋》。故司马迁据《左氏》《国语》，采《世本》《战国策》，述《楚汉春秋》，接其后事，讫于天汉，其言秦汉详矣。至于采经撷传，分散数家之事，甚多疏略，或有抵牾，亦其涉猎者广博，贯穿经传，驰骋古今，上下数千载间，斯以勤矣。又其是非颇缪于圣人，论大道则先黄老而后《六经》，序游侠则退处士而进奸雄，述货殖则崇势利而羞贱贫，此其所蔽也。然自刘向、扬雄，博极群书，皆称迁有良史之才，服其善序事理，辨而不华，质而不俚，其文直，其事核，不虚美，不隐恶，故谓之实录。乌乎，以迁之博物洽闻，而不能以智自全，既陷极刑，幽而发愤，书亦信矣。迹其所以自伤悼，小雅巷伯之伦。夫唯大雅，既明且哲，能保其身，难矣哉。"按：班固此段，祖述于班彪后传的略论，其云论大道则先黄老而后《六经》，太史公推重黄老，不可否认的，其根源是受他父亲司马谈的影响，司马谈的道论，是由黄子传授的。其云序游侠则退处士而进奸雄，游侠与处士，根本是矛盾的，若列传表彰处士，则当如后代名为独行传，不当名为游侠传，其云述货殖则崇势利而羞贱贫，太史公叙货殖传纪盐铁的发展，纪手工业的发达，纪商业货品及中心城市，正是千古的卓识。班固指摘其短，然他撰《汉书》时，对于游侠货殖两传，何以亦直书未改，岂非以子之矛，陷子之盾。

《汉书》卷八十八《儒林传》云："司马迁从安国问故,迁书载《尧典》《禹贡》《洪范》《微子》《金縢》诸篇,多古文说。"按:所谓迁书多古文说者,谓解释《尚书》,多用孔氏家法,《尚书》的文字,仍用伏生今文本。

《汉书》卷一百《叙传》云："乌乎史迁,薰胥以刑。幽而发愤,乃思乃精。错综群言,古今是经。勒成一家,大略孔明。"按:此为班固对太史公的总评,"大略孔明",赞美中不无微词。

《艺文类聚》卷十引班固《典引叙》云："永平十七年,臣与贾逵、傅毅、杜矩、展隆、郗萌等,召诣云龙门。小黄门赵宣,持《秦始皇帝本纪》,问臣等曰:太史迁下赞语中,宁有非耶。臣对此赞贾谊《过秦篇》云:向使子婴有庸主之材,仅得中佐,秦之社稷,未宜绝也,此言非是耶。召臣入问本闻此论非耶,将见问意开寤耶。臣具对素闻知状。诏因曰:司马迁著书成一家之言,扬名后世,至以身陷刑之故,反微文讥刺,贬损当世,非谊士也。司马相如,夸行无节,但有浮华之词,不周于用,至于疾病而遗忠,(所忠)主上求取其书,竟得颂述功德,言封禅事,忠臣效也,至是贤迁远矣。"按:《史记·秦始皇本纪》,太史公赞语,有"向使婴有庸主之才,仅得中佐,山东虽乱,秦之地可全而有,宗庙之祀,未当绝也",此为太史公引用贾谊《过秦论》中语,东汉永平时,君臣辩论,只当论贾生之立言,不当论司马迁之征引。

桓谭论《史记·三代世表》系仿《周谱》形式。

《意林》引桓谭《新论》云："太史公不典掌书记,则不能录悉古今;扬雄不贫,则不能作玄言。"

《梁书·刘杳传》引桓谭《新论》云："太史《三世表》,旁行邪上,并仿《周谱》。"

《史记·孝武本纪》,《索隐》引桓谭《新论》云："太史公造书,书成示东方朔,朔为平定,因署其下太史公者,皆朔所加之也。"

按:桓谭论太史公《三代世表》,形式是仿《周谱》,《周谱》现已不可见,桓谭所说,当然可信。《史记》各表中,当以《秦楚之际月表》及

《汉兴以来将相名臣年表》最为创作。《将相表》每一格中,有顺文,有倒文,倒文例子,统计起来,有官制的建立与罢废,公卿的病死,公卿的得罪,公卿的罢免,公卿的诛杀六种体例。因表文分两种格式,对读者有很大便利。在后代人如作此表,可用朱墨二色笔区分,因竹简诸多不便,故太史公独创此种新奇办法。桓谭固未论及这一点,一直到清代研究《史记》的人,也未注意到这一点。

张衡评论《史记·功臣表》的优点,不记三皇的缺点。

《后汉书》卷五十九《张衡传》,衡作《应间》云:"故一介之策,各有攸建,子长谍之,烂然有第。"章怀注,谓《史记》著《功臣表》等。

又《张衡传》注引《衡集》有《条上司马迁班固所叙不合事》,文云:"《易》称宓戏氏王天下,宓戏氏没,神农氏作,神农氏没,黄帝尧舜氏作,史迁独载五帝,不纪三皇,今宜并录。"

又《张衡传》注引《衡集》云:"帝系,黄帝产青阳、昌意,《周书》曰,乃命少皡清。清即青阳也,今宜实定之。"

按:张衡赞美《史记·功臣表》的创作,与桓谭赞美《三代世系表》,见解相同,至于说《史记》宜立《三皇本纪》,不知太史公因三皇事迹邈远难稽,所以不加记录,后来司马贞补作《三皇本纪》,是受了张衡的影响,反成画蛇添足。

范升反对左氏,陈元拥护左氏,并皆涉及《史记》问题。

《后汉书》卷三十六《范升传》云:"时难者以太史公多引《左氏》,升又上太史公违戾《五经》,谬孔子言,及《左氏春秋》不可录三十一事。"

《后汉书》卷三十六《陈元传》云:"元窃见博士范升等,所议奏《左氏春秋》不可立,及太史公违戾凡四十五事。"

按:范升在当时是反对《左氏》立学官的,因反对《左氏》,并牵涉到太史公。《史记》中引《左氏》的特多,遂指出太史公违戾《五经》的地方有三十一事,而《陈元传》作四十五事,陈元是拥护《左氏》的,因而驳难范升之反对《左氏》。这种情形,与魏晋时申王难郑、申郑难王相仿佛,可惜范陈二人的互辨,现在无一条存在的。

颖容指摘《史记》的阙略。

颖容《春秋例》(《太平御览》卷六〇二,又六一八引)云:"汉兴,博物洽闻著述之士,前有司马迁、扬雄,后有郑众、贾逵、班固,近即马融、郑玄,其所著作违义正者,迁尤多阙略,略举一两事以言之。迁《史记》不识毕公文王之子,而言与周同姓,扬雄《法言》,不识六十四卦,云所从来尚矣。"按:《史记》毕公高与周同姓,见于《魏世家》,《索隐》云:"《左传》富辰说,文王之子十六国,有毕原丰郇,言毕公是文王之子,此云与周同姓,似不用《左氏》之说,马融亦云,毕毛,文王庶子。"颖容是《左氏》专家,因太史公不从《左氏》之说,遂指为阙略。

荀悦《汉纪》对于《史》《汉》述作的纪事。

荀悦《汉纪》卷十四《孝武皇帝纪》云:"司马子长,既遭李陵之祸,喟然而叹,幽而发愤,遂著《史记》,始自黄帝以及秦汉,为《太史公记》。"

又荀悦《汉纪》卷三十《孝平皇帝纪》云:"彪子固,字孟坚,明帝时为郎,据太史公司马迁《史记》,自高祖至于孝武,大功臣绍其后事,迄于孝平王莽之际,著帝纪表志传,以为《汉书》凡百篇。"按:这两段仅为荀悦的序事,于《史》《汉》未有高下的评论。

仲长统评马班为述作之士。

《文选·王文宪集序》,李善注引《昌言》云云。王允指《史记》为谤书。

《后汉书》卷六十下《蔡邕传》云:"王允曰:昔武帝不杀司马迁,使作谤书,流于后世。"按:从王子师口气中,看出《史记》是谤书,与班固典引所说"微文讥刺,贬损当世"情况正同,无怪东汉时传习的仍少,不比《汉书》在东汉末期即有应服诸家注解的风行。

东汉人对《史记》名次排列在《汉书》之后。

《金石萃编》卷十二有《汉执金吾丞武荣碑》云:"阙帻传讲《孝经》《论语》《汉书》《史记》《左氏》《国语》。"排列《史记》在《汉书》之后，都是因《史记》称为谤书的关系，不敢直估它的价值。

王肃对《史记》隐切看法。

《三国志·魏书》卷十三《王肃传》云："帝又问：司马迁以受刑之故，内怀隐切，著《史记》非贬孝武，令人切齿。对曰：司马迁记事，不虚美不隐恶。刘向、扬雄服其善叙事，有良史之才，谓之实录。汉武帝闻其述《史记》，取孝景及己本纪览之，于是大怒，削而投之，于今两纪，有录无书。后遭李陵事，遂下蚕室。此为隐切在孝武而不在于史迁也。"按：所谓隐切者，当为隐恨而切齿的解释，隐切二字为汉魏人的术语，亦见《后汉书·蔡邕传》。此王肃与魏明帝的辩论，根据王肃"于今两纪有录无书"的话，似今本《孝景本纪》非史公的原本。

韦昭称赞《史记》采用《国语》。

韦昭《国语解序》云："遭秦之乱，幽而复光，贾生史迁，颇综述焉。"按：韦昭此言，是赞美太史公研究《国语》，因《报任安书》中，有"左丘失明，厥有《国语》"二句，在事实上《史记》亦采用《国语》原文极多。

论断班固、司马迁的优劣，则有张辅、傅玄、袁宏三人的分析。

《晋书》卷六十《张辅传》云："又论班固、司马迁云，迁之著述，辞约而事举，叙三千年事，唯五十万言，班固叙二百年事，乃八十万言，烦省不同，不如迁一也。良史述事，善足以奖劝，恶足以鉴诫。人道之常，中流小事，亦无取焉。而班皆书之，不如二也。毁贬晁错，伤忠臣之道，不如三也。迁既造创，固又因循，难易益不同矣。又迁为苏秦、张仪、范雎、蔡泽作传，逞辞流离，亦足以明其大才，故述辨士则辞藻华靡，叙实录则隐核名检，此所以称迁良史也。"张辅指出两家的优劣，很中肯要，中流小事，谓《杨王孙传》等类而言。

《意林》引傅玄《傅子》云："班固《汉书》，因父得成，遂没不言彪，殊异马迁也。"按：班彪所作后传，据《论衡·超奇篇》说，彪续《太史公书》百篇以上，《后汉书·班彪传》亦言后传有数十篇，今本《汉书》中，只存韦贤、翟方进之后两传赞，究属全部《汉书》后阶段中，有班彪所作几篇,现颇难指定,傅玄评其没不言彪,诚为确论。

袁宏《后汉纪》序云:"史迁剖别六家,建立十书,非徒记事而已,信足扶明义教,网罗治体,然未尽之。班固源流周赡,近乎通人之作,然因藉史迁,无所甄明。"按:袁宏此段论马班的优劣,说班固因借史迁,无所甄明,其实班固《汉书》除因袭太史公以外,且多采用刘向父子的书,如《艺文志》节取《七略》之类是也。

葛洪论太史公之洽闻。

《抱朴子内篇》十《明本》题云"而班固以史迁先黄老而后《六经》,以迁为谬。夫迁之洽闻,旁综幽隐,沙汰事物之臧否,覈实古人之邪正"云云。

郭璞论《史记·大宛传》,引《山海经》的问题。

郭璞《山海经》序云:"司马迁叙《大宛传》,亦云自张骞使大夏之后,穷河源,恶睹所谓昆仑者乎,至《禹本纪》《山海经》所有怪物,余不敢言也,不亦悲乎。若竹书不潜出于千载,以作征于今日者,则山海之言,其几乎废矣。"按:郭璞此段,说司马迁不信《山海经》,因晋时所出竹书与《山海经》可以互证,然讥前人以未见之书,其评论亦未为允当。

陶潜赞美太史公的文艺作品。

陶潜《感士不遇赋》序云:"昔董仲舒作《士不遇赋》,司马子长又为之,余尝以三余之暇日,讲习之暇,读其文,慨然惆怅久之。"(《陶集》卷六)按:此为陶潜叙述摹仿太史公的文章,自西汉以来,皆称太史公的史才,不称其文章,渊明独从词赋角度来评价,尤为创见。

又陶潜《读史述九章序》云:"余读《史记》,有所感而述之。"按:《读史述》所述为夷齐、箕子、管鲍、程杵、七十二弟子、屈贾、韩非、鲁二儒、张长公等九事,一方面读其文辞,一方面借以感叹身世。

小　结

我写这篇文,初稿创于一九五六年一月,其中或作或辍,至本年四月份,才修补完成。关于传播方面,分十五个节目来写。《史记》在西汉时期,是少数大官僚见的,是少数博士先生读的,如桑弘羊、王凤等人,才可以见到,其余则为在天禄、石渠校书的人,才可以读到。汉廷虽憎恨其书,未尝不珍重其书,且诏令续补其书。《史通》所叙续补《太史公书》有十五家,又分为官家所续及私人所续两种。总之,《史记》在西汉末期,在官僚则秘不示人,在私家则传播最速,如卫衡是隐居乡里之人,也可以续补一部分,居延是边郡之地,也可以书写一部分,他们所见,未必是全部,一传一节,互相口传,汉廷愈秘密,则民间愈流传。至于王莽求司马迁之后,封为史通子,是利用他采用《左氏》及《国语》二部分,别有用意的。关于评价方面,分十八个节目来写,内中包括二十一家,为两汉十二条、三国两条、两晋四条。评论以扬雄为最早(刘向评论,现无具体的文献),是褒多贬少,次则是王充褒贬各半,班彪父子重点则在"论大道先黄老而后《六经》",实际太史公一面重老子,一面也重《六经》,重黄老是受他父亲司马谈《论六家要指》的影响,而《史记·孔子世家》序《五经》源流,司马相如传赞引《易》引《春秋》,《乐书》引《易》,《十二诸侯年表》序引《公羊春秋》说。此例多不胜举,但太史公在《五经》中,尤注意《公羊春秋》,于论述六家要指,可以得到证明,书中屡说董子,太史公实为发挥董学的。《史记》各传的标题,称子称字,各各不同,尤取法于《公羊》的微言大义,然而《左氏》长于事,又不得不采用《左氏》及《国语》,无所谓先黄老而后《六经》也。张衡所论宜补《三皇本纪》,颖容所论不识毕公为文王之子,郭璞所论不信《山海经》等语,皆属繁琐小节,无关大体。班固说太史公微文讽刺,王允直指为谤书,东汉人排列名称,又往往《汉书》在前,《史记》在后,荀悦《汉纪》,多取裁于《汉书》,不甚采用《史记》,可见《史记》一书,东汉时尚触时忌,马班优劣,尚得不到正确估价。至晋代去汉已远,经张辅、傅玄、袁宏等人的论断,始有定评。又《史记》自西汉以来,都是赞美他的实录,推重他的史才,不论及文辞的优美,只有班固说过"文章则司马迁、相如"一句(《汉书·司马迁传》载《报任安书》,已经兼推重其文字,但未说明),到了陶潜才称道他的《士不遇赋》,这一点为魏晋以来的看法,与后代人看法是相同的。

南北朝谱牒形式的发现和索隐

一、谱牒的起源

谱牒的起源,当开始于父系氏族形成以后,萌芽于商周,发展于秦汉,昌盛于南北朝,流衍于隋唐,消沉于两宋,明清因科举籍贯关系,尚起残余的作用。商代甲骨文有衣祭,罗列商代先王,有条不紊,已启谱牒的形式。《史记·太史公自序》《汉书·班固叙传》及《汉书·扬雄传》,叙述世系独详,当系根据于家谱。两晋至南北朝发达的原因,一是九品中正选人的关系,二是晋元帝渡江以后,北朝士族不愿与南人通婚,皆以门望自高的关系。隋唐虽由进士科取士,寒族可以仕进,然林宝的《元和姓纂》这部综合性的家谱著作,明显的仍以门阀相夸耀。两宋时门阀的风气衰微,谱牒亦渐渐不讲,但明清两代童生应县考时每县学额有一定名数,设甲县考生多而名额少,乙县考生少而名额多,势必有避多就少,冒移籍贯者,往往因籍贯关系,涉成诉讼,讼者又往往据家谱争辩,是仅在谱牒中起残余作用,不起决定作用。

谱牒最先起于帝王家谱,《隋书·经籍志》史部载有《帝王世谱》及《世本》,《史记·三代世表》即取裁于《世本》。私人家谱的名称,正式开始于《扬雄家牒》。

谱牒的形式,汉代分三种:一为横格制表,分代分格顺序写。《史记·

三代世表》《王子侯表》《高惠以来功臣表》是其例;二为以姓为单位,先叙得姓的起源,再叙世系及官位,王符《潜夫论·氏族篇》、应劭《风俗通义·姓氏篇》是其例;三为一贯连叙,除上述《史记·自序》《汉书·叙传》外,《汉孙叔敖碑》阴等是其例。南北朝是分行写,或是连行写,每一代低空一格,刘宋刘袭的墓志,北魏《薛孝通贻后券》(见后)是其例。唐代以姓为单位鱼贯连写,林宝《元和姓纂》是其例。欧阳修《新唐书·宗室表》及《宰相世系表》,分代分格,远取法于《史记》,近采摭于唐代遗留的家谱。明清私人的家谱,有沿用欧公《世系表》体例者,又有改为每人半页,详记生卒年月官位妻子者,卷首有世系总表便于检阅。

二、汉碑文中的谱牒学

汉代碑文无不叙述世系,通常是先叙得姓的起源,再叙高曾祖父的官位。最突出者,有《汉孙叔敖碑》阴及《赵宽碑》两种,世系最为详悉,知道当日必根据于家谱,不啻汉人石刻的家谱。汉人家谱无一存者,今可以窥见大略,最为可贵,兹分举如下:

《汉孙叔敖碑》阴,桓帝延熹三年五月立。见《隶释》卷三,略云:

> 相君有三嗣。长君食邑固始,少子在江陵,中子居三(下缺)。相君卒后十余世,有渤海太守字武伯,武伯有二子,长子字伯尉,少子字仲尉,仕郡为掾史。伯尉有一子字世伯,仲尉有二子,长子字孝伯,荆州从事,弟世信仕掾功曹。平哀之间,宗党为寇所杀。世伯子字子仲,有六男一女,大子字长都,次子兰卿,次弟字仲阳,次弟字叔通,次弟字卫公,次弟字刘卿。孝伯子字文(下缺)亦有六男一女,大子字惠明,次弟字次卿,次弟字圣公,次弟字稚卿,次弟字彦卿,次弟字少都。

《汉三老赵宽碑》,灵帝光和三年立,公元一九四〇年青海乐都县出土,略云:

> 其先盖出自少皞,迄汉文景,有仲况者,官至少府。厥子圣

为谏议大夫,孙字翁仲新城长,弟君育生陇西上邽,育生充国字翁孙为汉名将,封邑营平。元子印为右曹中郎将,印弟袭爵,至孙钦尚敬武主,无子国除,元始二年复封曾孙纂为侯。充国弟字子声,为侍中,子君游为云中太守。子字游都,朔农都尉。弟次卿高平令,次子游护苑使者,子游卿幽州刺史。印陪葬杜陵,孙丰字叔奇,监渡辽营谒者,子孟元,次子仁为敦煌太守。孟元子名宽字伯然,即充国之孙也。

两碑叙述世系可谓特详,这是汉代最可靠的谱牒文献,所叙人物,大部分皆称字不称名,自是汉人为尊者讳的一种风气,在史传里看不出类此情形来。汉人谱牒,然亦有夸张失实者,如《金石萃编》卷十四载汉《张迁碑》略云:"高祖龙兴有张良析珪于留,文景之间有张释之建忠弼之谟,孝武帝时有张骞广通风俗开定畿宇。"按之《汉书》,张良为韩人,张释之为南阳堵阳人,张骞为汉中城固人,三人世系,漠不相关,知撰文者必非依据张迁之家谱,与孙叔敖赵宽两碑性质不同。

三、两晋南北朝谱牒学的突兴

两晋南北朝谱牒学的突兴,门阀的夸耀,是与九品中正选举办法,及晋元帝渡江以后,北人至南方自矜门望两者分不开的。《文献通考》卷二十八《选举》云:

> 延康元年尚书陈群,以为天朝选用,不尽人才,乃立九品官人之法。州郡皆置中正,以定其选,择州郡之贤有识鉴者,为之区别人物,第其高下,又制郡口十万以上,岁察一人。马端临曰:州郡县俱置大小中正,各取本处人在诸府公卿及台省郎吏,有德充才盛者,为之区别,所管人物,定为九等。其有言行修著,则升进之,或以五升四,以六升五,或道义亏缺,则降下之,或自五退六,自六退七。是以吏部不能审核天下人才士庶,故委中正铨第等级,凭之授受,谓免乖失。及法弊也,唯能知其阀阅,非复辨其

贤愚。所以刘毅云:"下品无高门,上品无寒士。"

九品中正选举办法,既造成门阀之习,世家大族要保持他们特权,于是严士庶之别,以为贵贱之分。于是士庶不通婚,高门不服役,起居动作,车服有别。这种人造的界限,虽帝王亦不能变更之。《宋书》卷五十七《蔡兴宗传》云:

> 宋文帝谓王弘曰:卿欲作士人,得就王球坐,若往诣球,可称旨就席。球举扇曰:若不得尔,弘还依事奏闻。帝曰:我便无如此何。

又《南史·贼臣·侯景传》云:

> 初侯景于未发难时,曾白梁武帝,请婚王谢,帝以王谢高门非偶答之。景恚曰:会将吴儿女以配奴。及围攻建业时,纵兵杀掠,弃尸塞路,富室豪家,恣意裒剥,子女妻妾,悉及军营。

又《文选》卷四十沈约奏弹王源略云:

> 风闻东海王源,嫁女与富阳满氏,源虽人品庸陋,胄实参华。曾祖雅位登八命,祖少卿内侍帷幄,父璿升采储闱,亦居清显。源频叨诸府戎禁,预班通彻,而托姻结,唯利是求,玷辱流辈,莫斯为盛。……窃寻满璋之姓族,士庶莫辨,满奋身陨西朝,胤嗣殄灭,武秋之后,无闻东晋,其为虚托,不言自显。王满连姻,实骇物听。

王球是琅琊王氏的嫡裔,在宋齐诸王中远不如王昙首、王僧虔、王僧绰诸人的名望,自夸门阀,竟然不许来客就席,势焰熏天,可见一斑。至于沈约奏弹的王源,为东海郯人,曾祖虽官晋代宰辅,在当时已是没落的贵族,与满氏连姻,属寻常之事,必欲形诸奏章,加以罢斥,皆由于谱牒作祟的结果。

四、谱牒学北朝重于南朝

南北朝的家谱,是北朝重于南朝。《隋书·经籍志》史部,就隋时所存者加以著录,有《后魏辨宗录》(洛阳)、《京兆韦氏谱》(京兆)、《谢氏谱》(汝南)、《杨氏血脉谱》《杨氏支分谱》《杨氏谱》(华阴)、《北地傅氏谱》(北地)、《苏氏谱》(洛阳),又有《李氏家传》(陇西)、《桓氏家传》(沛国)、《太原王氏家传》(太原)、《褚氏家传》(吴郡)、《江氏家传》(陈留)、《庾氏家传》(新野)、《裴氏家传》(京兆)、《虞氏家记》(会稽)、《曹氏家传》(沛国)、《纪氏家传》(丹阳)、《陆氏家传》(吴郡)、《王氏江左世传》(琅琊)、《孔氏家传》(鲁国)、《崔氏家传》(博陵)、《暨氏家传》(吴郡)、《尔朱家传》(代北)、《周氏家传》(汝南)、《令狐氏家传》(华原)、《何氏家传》(平陵)。上述家谱家传,共二十七种,属于南朝地区者,仅褚虞纪陆暨五家,其余皆系北方大族。其原因是随从晋元帝渡江者,安土重迁,各自为谱。一则是表扬祖德,二则是不愿与南人通婚姻。按《北魏书·官氏志》云:"太和十九年诏曰:代人诸胄,先无姓族,比欲制定姓族,事多未就,令司空穆亮等,详定北人姓,务令平均,随所了者,三月一列簿帐,送门下以闻。"又《隋书·经籍志》叙云:"后魏迁洛,其中国士人,则第其门阀,有四海大姓郡姓州姓县姓之分。"又《新唐书·柳冲传》云:"魏太和时,诏诸郡中正各列本土姓族,为选举格。"北朝人士之重谱牒学如此。

五、南北朝谱牒形式的发现及索隐

南北朝家谱载于刻石者,仅见于北魏《薛孝通贻后券》,兼叙及亲戚谱系见于刻石者,则有宋《临沣侯刘袭墓志》及北魏《彭城王元勰妃李媛华墓志》,分别介绍如下:

(一)《薛孝通贻后券》,北魏太昌元年刻,文十七行,每行十二字,公元一九二〇年山西太原出土,其地址恐为当日薛氏之祠堂。原石为夏子欣所得,后不知售归何人,外间知者绝少。文云:

  大魏大昌元年□月十日,代郡刺史薛孝通,历叙世代贻后券。河东薛氏,为世大家,汉晋以来,名才秀出,国史家乘,著显光华者历数百年。厥后竟仕北朝,繁兴未艾,今远官代北,恐后之子孙不谙祖德，为叙其世代以志，亦当知清门显德有所自也。五世祖名强字威明，汾阳侯，与王景略同志。桓温署军谋祭酒不就，符秦召亦却仕。姚兴为光禄大夫，左户尚书。四世名辨，字允白，仕姚氏河北太守，归魏为平西将军。三世名湖字破胡，为本州中从事，别驾，河东大守。二世名聪字延知，由侍书郎迁侍书御史，都督徐州刺史。

按《北魏书》卷四十二《薛辩传》及《新唐书·宰相世系表·薛氏》，与《贻后券》所述世系，均一一符合，略有差异之处。如五世祖名强字威明，《世系表》作名强字公伟，秦大司徒冯翊宣公。四世祖名辩字允白，《世系表》作元白当为误字。三世祖名湖字破胡，《本传》以字行，《世系表》作薛瑚当为误字。二世祖名聪字延知，《传》《表》皆作延智，《贻后券》作延知者系用省文。薛孝通为薛道衡之父，薛收之祖，《隋书》卷五十七《薛道衡传》亦同。

（二）宋《散骑常侍临沣侯刘袭墓志》，宋明帝泰始六年刻。原石久佚，全文载明陶宗仪《古刻丛钞》。志文格式，陶书不详，疑为两面刻，与《刁遵墓志》同例。所记直系亲属及外祖家名位，及兄弟姊妹的亲戚名位，叙述详细，不啻是婚姻集团的综合家谱，与下述《李媛华墓志》，体例正同，知道南北朝当时风气是一致的。兹将《刘袭墓志》所载各种类型的谱系，摘录如下：

祖讳道邻，字道邻，侍中太傅长沙景王。妃高平平阳檀氏，字宪子，谥曰景定。妃父畅道渊，永宁令。祖貔稚黑琅琊太守。合葬琅琊临沂幕府山。父讳义融，字义融，领军，车骑，桂阳恭侯。夫人琅琊王氏字韶风。父简长仁，东阳太守。祖穆伯远，临海太守。合葬丹徒练壁雩山。所生母汤氏宣城人，并葬练壁雩山。（以上叙刘袭父祖及外家官位）

兄觊茂道，散骑常侍，桂阳孝侯。夫人庐江灊何氏宪英。父愉之彦和，通直常侍。祖叙叔度，金紫光禄大夫，合葬练壁雩山。第三弟彪茂蔚，秘书郎，夫人河南阳翟褚氏成班。父方回太傅功曹,祖升度雍州刺史。第四弟实茂轨,太子舍人。夫人琅琊临沂王氏淑婉。父津景源,中书郎。祖虞休仲,左卫将军。第五弟季茂通,海陵太守。葬练壁雩山。夫人陈郡阳夏袁氏,父淑阳源,太尉忠宪公。祖豹士蔚,丹阳尹。(以上叙刘袭弟兄及弟兄妻子的父祖官位)

第一姊茂徽,适陈郡长平殷臧宪郎。父元素,南康太守。祖旷思泰,参军功曹。重适琅琊临沂王闵之希,损镇西主簿。父升之休道,都官尚书,祖敬宏,左光禄仪同。第二姊茂华,适庐江灊何求子有,尚书郎。父镇长宏,宜都太守。祖尚之彦德,司空简穆公。第三姊茂姬,适平昌安丘孟翊元亮,中军参军。离,父灵□太尉长史,祖昶彦远丹阳尹。第四姊茂姜,适兰陵萧惠徽,中书郎。父思话征西将军,仪同三司。祖源之君流,前将军。第五妹茂容,适兰陵萧赡叔文。父斌伯蒨,青冀二州刺史。祖摹之仲绪,丹阳尹。重适济阳囡蔡康之景仁,通直郎。父熙元明,散骑郎。祖廓子度,太常卿。第六妹茂嫄,适济阳考城江逊孝言,父湛徽渊,左光禄仪同忠简公。祖夷茂远,前将军湘州刺史。重适琅琊临沂王法与兴,骠骑参军。父翼之季弼,广州刺史。祖桢之公榦,侍中。(以上叙刘袭姊妹所适夫家父祖的官位)

夫人济阳考城江氏景婼,父淳徽源,太子洗马。祖夷茂远,前将军,湘州刺史。(以上叙刘袭妻家父祖的官位)

第一男□长晖,出后兄绍封桂阳侯。第二男旻渊高,拜临沣侯世子。第三男暠渊华。第四男量渊邃,出后第四弟实。第五男□渊泮。第六男晏渊平。第一女丽昭。第二女丽明。第三女小字僧妇。(以上叙刘袭的子女)

综观此志所叙的亲戚,如高平檀氏,临沂王氏,庐江何氏,阳翟褚氏,陈郡袁氏,安丘孟氏,兰陵萧氏,济阳蔡氏,济阳江氏,皆是南朝的巨族。各族的祖先随晋元帝渡江以后居住江南,与南朝士族混合,成为南朝门阀。其留住北朝者,如博陵崔氏,清河东武城崔氏,京兆韦氏,陇西李氏,荥阳郑氏等姓,又成为北朝门阀。

此志所称引的亲戚,如王穆见《南史·王彧传》,何叔度见《南史·何尚之传》,褚叔度见《南史·褚裕之传》,袁豹见《南史·袁湛传》,王升之见《南史·王裕之传》,何子有见《南史·何尚之传》,萧思话、蔡廓《南史》均有列传。王桢之见《晋书·王羲之传》。无一不是高门大族,大部分均载在当时史书,谓之门阀式史书也可,谓之家谱式史书也可。

(三)北魏《彭城王元勰妃李媛华墓志》,一九二〇年洛阳北张羊村出土,正光五年八月刻。墓志背面,刻直系亲属及亲戚的世系官位极为详细,与宋《临沣侯刘袭墓志》体例完全相同。兹将《李媛华墓志》所载各种类型的谱系摘要录下:

  亡祖讳宝,使持节镇西大将军开府仪同三司,并州刺史,敦煌宣公。亡父讳冲,司空清渊文穆公。兄延实,今持节都督光州诸军左将军,光州刺史,清渊县开国侯。亡弟休纂,故太子舍人。弟延考,今太尉外兵参军。(以上叙李媛华父祖及兄弟官位)

  姊长妃,适故使持节镇北将军、相州刺史文恭子郑道昭。姊仲玉,适故司徒主簿荥阳郑洪建。姊令妃,适故使持节青州刺史文子范阳卢道裕。妹雅妃,适前轻车都尉尚书郎中朝阳伯清河崔勖。妹雅华,适今太尉参军事河南元季海。(以上叙李媛华姊妹及姊妹夫官位)

  子子讷字令言,今彭城郡王。妃陇西李氏,父休纂。子子攸字彦达,今中书侍郎武城县开国公。子子正字休度,今霸城县开国公。(以上叙李媛华子官位)

  女楚华,今光城县主。适故光禄大夫长乐冯颢。父诞侍中司徒长乐元公。女季瑶,今安阳郡主,适今员外侍郎清渊世子陇西李彧。(以上叙李媛华女及女婿并及亲戚的官位)

  父冲,夫人荥阳郑氏。父德玄字文通,宋散骑常侍。(以上叙李媛华外祖官位)

按:李媛华本身为陇西李氏,他的亲戚如荥阳郑氏、范阳卢氏、清河崔氏、长乐冯氏,皆是北朝门阀的巨头,也是北魏书上著录的世族,如郑道昭、郑洪建均见于《郑羲传》,卢道裕见《卢玄传》,崔勖见《崔逞传》,冯颢见《冯熙传》,郑道玄见《郑羲传》。与《北魏书·孝文帝本纪》太和二十年诏书,为六弟聘室,所指聘为陇西李氏、荥阳郑氏、范阳卢氏,当时北朝的大姓,与李媛华亲戚,无不相同,可证明是门阀的婚姻集团。

上述三种谱牒形式,《薛孝通贻后券》及《李媛华墓志》是发现的,《刘袭墓志》是索隐的,皆是谱牒学上极可贵的文献。

六、《北魏书》是家谱式的史书

魏收《北魏书》,每一列传,所系子孙名字官爵,多者至百余人,无事迹者仅书人名,且多生存的,且有卒于隋朝的。以《北魏书》卷五十六《郑羲传》来举例,郑道昭子述祖,武定中尚书(《北魏书》凡云武定中任某官者皆系生存人)。后来郑述祖卒于北齐时(《北齐书》卷二十八)。又郑希俊子道育,武定中开封太守。后来郑道育在隋官至临渠二州刺史,见河阴出土《郑道育残墓志》。《北魏书》全部皆是如此,世系源源本本,毫不紊乱,必然是一部分根据史稿,一部分是根据家谱。从前的史书,绝无此体例,这是门阀形成的风气。叙次繁琐,包括人物极多,与史家体例虽不合,然现在出土的北朝墓志正因它记载繁琐,可考者十分之八九,于史料上亦不无稍有裨益。《北齐书》三十六《魏收传》云:"尚书陆操尝诣谙(杨谙)曰:'魏收《魏书》,可谓博物宏才,有大功于魏室。'谙谓收曰:'此谓不刊之书,传之万古,但恨论及诸家枝叶亲戚,过为繁碎,与旧史体例不同耳。'收曰:'往因中原丧乱,人士谱牒,遗佚略尽,是以具书其支派。'"这是魏收自述编纂《北魏书》采用门阀家谱的必要性,并知道北魏的家谱,在北齐时已经散佚不少。但到隋代留存的,还是北人占多数,足证南北朝时代谱牒学,北朝重视于南朝。

七、谱牒补史的作用

南北朝的谱牒，叙次世系，可信者固多，不可信者亦复不少。其可信部分，例如李广据《史记》本传，仅云："其先曰李信，逐得燕太子丹者也。"《新唐书·宗室表·李氏》云：李信字有成，大将军，陇西侯，生超，一名伉，字仁高，汉大将军，渔阳太守。生二子，长曰元旷；次曰仲翔，河东太守，讨叛羌战没于素昌。仲翔生伯考，伯考生尚，成纪令，因居成纪，尚生广，前将军。"证之《金石萃编》卷七十三《唐李思训神道碑》云：

> 至信徙于秦克复其任，子仲翔讨叛羌于狄道，子伯考因家焉，洎孙广汉前将军，广子侍中敢，十四代孙皓。

《李思训碑》叙述李广子曾祖为李仲翔，与《世系表》完全相同，比《史记》较详。又例如《新唐书·宰相世系表》华阴郭氏出自太原。汉有郭亭，亭曾孙光禄大夫广智（当作广意，《汉书·百官公卿表》景帝后元年有中尉广意，武帝后元二年有执金吾郭广意，当即其人）。广智生冯翊太守孟儒，子孙徙居冯翊。证之《金石萃编》卷九十二《郭家庙碑》云：

> 代为太原著姓，汉有光禄大夫广意，生孟儒为冯翊太守，子孙始自太原家焉。

《郭家庙碑》为颜真卿撰书，叙述郭氏先世，完全与世系表相同。又例如《宰相世系表》叙琅琊王氏为王翦之后，翦子贲，贲子离，离裔孙王吉由频阳徙居琅琊皋虞都乡南仁里。证之北魏《北徐州刺史王绍墓志》云："琅琊都乡南仁里人也。"铭文首二句云："翦离上将，崇骏公卿。"又《王诵妻元氏墓志》首行云："魏徐州琅琊郡临沂县都乡南仁里通直散骑常侍王诵妻元氏志铭。"近出东晋王兴之墓刻，亦云："琅琊临沂都乡南仁里。"无不与《世系表》及《元和姓纂》相符合。

我所举例，以《世系表》为经，以魏志唐碑为纬，互相引证，事实方灼然可信。《世系表》当日材料，必取资于唐代遗留下的家谱，故与唐碑多所吻合。搜集起来，史料之价值极大。又如钱氏大宗谱，叙述钱让迁居长兴为江东第一祖。让子咸,咸弟京,均汉桓帝时举孝廉,京从朱儁镇压"黄巾"有"功",封亭侯。这些事实,《后汉书》皆无记载,应是很好的史料。又如现在人家,所存的家谱,大率起自宋代。然经过元代时远祖如未出仕者,他的名字,必上一字为排行,下一字为数目,试假设举例来说,赵氏是以齐家二字为排行的,则长子名赵齐一,次子名赵齐二,以下可以类推。这是元代侮辱百姓的一种实事。这种史料,在新旧《元史》中皆看不出来。总括一句,谱牒补史的作用,是相当大的。

一九六四年九月镇江陈直进宜撰,一九七四年八月修改

六十年来我国发现竹木简概述

前　言

　　我国古代写书的竹简,在汉时即有发现。如《汉书·艺文志》说,汉景帝时,鲁恭王在曲阜建筑房屋,破坏孔子旧宅的墙壁,发现古文《尚书》《论语》《孝经》《逸礼》的竹简,都是大篆书,每简由 20 字到 25 字不等。这些竹简,是战国时代人所抄写的书籍,在秦代焚书时壁藏起来的。又河内女子在老屋中曾发现竹简,写的是《泰誓》一篇。又据《晋书》载,太康二年汲郡不准(人名)盗发魏襄王墓(或云魏安釐王墓)得竹书数十车,大凡七十五篇,简皆漆书蝌蚪字。当时盗墓人烧竹简照明以盗取宝物,后来官府搜集时,已成为断简残篇了。晋武帝将这些竹简,交与束晳、荀勖二人整理,译成当时文字,写成的达十六种之多。《竹书纪年》《穆天子传》,就是其中的二种。束荀二人固然博学多闻,但由于整理时将简中不易认识,或认识有不正确的字,一概译出,不免有些望文生句,以意增损的地方。后人因怀疑《穆天子传》是伪作,其实大部分是可靠的①。《晋书·束晳传》说:时有人在嵩高山下得竹简一支,上有两行蝌蚪字,司空张华取问束晳,晳鉴定它是汉明帝时显节陵中的策书文。又南齐建元元年襄阳有盗发古

---

①　近年西安沣西发掘西周墓葬,出土的长田盉,事实有与《穆传》可互相印证的。

冢的,传为楚昭王冢,其中有竹简书,简宽数分,长二尺。有人得十二简,给王僧虔看。王僧虔说是蝌蚪书体,写的是《周礼·考工记》文。又据宋黄伯思《东观余论·汉简辨》说:政和中关右人掘地得古瓮,中有东汉的竹简甚多,但凌乱不可考。其中只有汉永初二年《讨羌檄》木简尚完好,简上皆草隶书。现在《讨羌檄》全文,在陶宗仪《古刻丛钞》中,尚可以看见。以上只是见于古代文献的记载,由于竹木质料容易腐朽,不易保存,因此屡次发现的实物,我们现在是无法看见的。

近六十年间,陆续发现由战国至西晋的竹木简,共有六大批之多,略举目录如下:

一九〇八年,敦煌发现的汉晋木简。

一九三〇年,居延发现的由西汉中期到东汉初期的木简。

一九三〇年,罗布淖尔发现的西汉中晚期的木简。

一九五二年,长沙五里牌战国楚墓中的竹简。

一九五七年,信阳长台关战国楚墓中的竹简。

一九五九年,武威汉墓中的竹木简。

以上六批,是依发现年代的先后编次;以下叙述概况,则依竹木简的时代先后编次。

一、长沙五里牌战国楚墓中的竹简

长沙战国楚墓中所发现的竹简,分为三小批。在一九五二年长沙五里牌出土三十七支,每支一二字至十余字不等。一九五三年长沙仰天湖出土四十三支,每支字数独多。一九五四年长沙杨家湾出土七十二支,每支一二字不等(七十二支中,有字者仅半数)。三小批之中,以仰天湖的竹简最为具体。简上虽未标明年代,按其笔迹和字体,为秦以前物,毫无疑义。字体既非秦小篆,又非周大篆,而与楚铜器相近,当为战国楚时物[①]。

---

① 罗福颐氏先略加考释,史树青氏又写成《长沙仰天湖出土楚简研究》,可供参考。

盖此物出自冢墓,应与墓主人有关,又应与葬事有关。简上所写,统为器物之名。考之《仪礼·既夕礼》:"书赗于方,若九若七若五,书遣于策。"郑注:"策简也,遣犹送也。"贾疏《聘礼》云:"百名以上书于策,不及百名书于方。遣送死者明器等,并赠死者玩好之物,名字多,故书之于策。"又《丧礼·既夕》第十三有"读赗、读遣"一节,文曰:"主人之史请读赗,执筭从。"又曰:"读书释筭则坐。"郑注:"史北面请,既而与执筭西面于主人之前,读书,释筭。古文筭皆为笇,必释筭者荣其多。读书者,立读之,敬也。"现楚竹简中所书各物,大抵皆金属、丝属,其为赗赠遣送之物,无可疑者,因推断此竹简,当即《仪礼》中之遣策。楚简之价值,一可以证明《仪礼》经文及郑注贾疏所载,当时确有其制;二可以从文物记载研究楚国后期手工业发展情况;三可以证明战国之不同文字,及楚文字的变化。兹略举原简文两条如下:

一新智绖,一悊智绖,皆又蔓足绖,新绖句。

我的初步意见,绖为衣厚之貌,智即制字的同音假借,悊为楚字的变体,足为促字的省文,蔓为缦字的假借(绖、足二字兼参用史树青氏之说)。用现代语译,即是"一件新的厚衣,一件楚制式的厚衣,皆是素绘制成短而厚的,新厚的一件,是王后赠送的"。

市君之一绽衣,缏纯绗缟之绪,句。

绽即促字,作短衣解,缏为紬字的同音假借,纯为一匹之名,绗为阿字的假借,就是齐国东阿的产品。缟是丝织品的名称,绪是春字的繁文。用现代语来译,即是"市君的一件短衣,是用东阿出产的紬匹,做成的春服,是王后赠送的"。总之楚简的文字,非常古奥,解释得是否正确,还有待于进一步的研究。

二、信阳长台关战国楚墓中的竹简

一九五七年,河南信阳长台关,发现一座战国楚时大墓。除有钟十三件及木瑟、木俑、精美的漆器陶器外,另有大批竹简,完整及残缺的计有一百一十六支,字体与长沙仰天湖出的相似,时代也是相当的。这批竹简完整者有二十九支,每支最多的有五十个字,大部分是随葬品的记载,当属于遣策一类。而残缺竹简中,写的是子书类型,纵不能说是墓主人的著作,也必然与墓主人有关。李学勤氏曾就木椁前室发现的一组四十余支竹简当中,考释出十五简,兹摘录八简文字如下:

□如□相保如民母,□辅……(一○四)(依《文参》一九五七年第九期原编号)

君子之□□,若五浴之□三……(一○五)

……为□,皆三代之子孙,……(一○六)

……之□之□,先王之□也。(一○七)

天下为之式,可……(一一○)

……福如□□,君子……(一一一)

其君天下,□□周公,(一一二)

乃教□卿大夫……(一三二)

从这些文句中看,如"保如民母""皆三代之子孙""先王""卿大夫""周公"等字,皆表现出战国儒家的思想。从"天下为之式"一句看来,与孟子定于一的学说相同,反映出战国人民要求统一的愿望。

三、罗布淖尔发现的西汉中晚期的木简

一九三〇年黄文弼赴新疆罗布淖尔地方古楼兰废墟考古,在汉代烽燧台遗址中,得了不少古器物,有石、陶、铜、铁、漆、木、草、骨、织品、杂类十种类型,详见黄氏所著《罗布淖尔考古记》中,所得木简,共七十一支,时代起于汉宣帝黄龙元年,至汉成帝元延五年,共计四十二年。然我以简二六"己未立春,伏地再拜,太岁在酉,三月辛丑朔小"等字之漫书简文考之,西汉中期以后,有三月辛丑朔者,一为昭帝始元二年,是年太岁在丙申,三年在丁酉。二为宣帝神爵三年,是年太岁在壬戌。三为成帝河平元年,是年太岁在癸巳。本简时代,以昭帝始元二年之可能性为最大。因本简有

"太岁在酉"四字,始元三年即为丁酉,戍卒虽随手漫书,亦有比类相从之意义,因此我认为罗布淖尔简,开始于昭帝始元二年是比较合适的。各简比敦煌所出的时代单纯,比居延所出的时代较短,但可贵的是西汉中晚期一段边陲史料,引用时有它的时代正确性。至于简的内容,与敦煌、居延各简,典章制度,多有相同之点,黄氏考释也很详细,在此不再叙述。

四、敦煌发现的汉晋木简

一九〇八年,匈牙利人斯坦因曾在我国新疆甘肃盗窃出土的汉晋木简九百九十一片。发现的地点有三处,一为敦煌迤北的长城,皆两汉遗物。二为罗布淖尔北之古城,其物大抵上自魏末,迄于前凉。其三则为和田东北的尼雅城,不过二十余简,又皆无年月,其最古者为后汉,其余皆晋或晋以后物。斯坦因将全部木简盗回以后,法国的沙畹、马伯禄先后皆加以考释,伯希和曾以半数照本,寄示罗振玉,罗氏与王国维先生合著《流沙坠简考释》①。后来张凤氏在法国又将沙畹当日未发表的一半木简,访得照本,印成《汉晋西陲木简汇编》,由此我们可以看到敦煌木简全部的面貌。这批汉简,大部分是边塞上往来公文、簿册。一小部分是《苍颉篇》《急就篇》、历书、医方、吉凶禁忌等书,还有一部分是私人往来的函札。其类型全部与后出的居延简相同。兹将有代表性的二简录文如下:

制诏酒泉太守,敦煌郡到戍卒二千人发酒泉郡,其假候如品。司马以下与将卒长吏将屯要害处,属太守察地形,依阻险,坚壁垒,远候望,毋□。(见《流沙坠简考释·释二·簿书一》)

宜禾部烽第:广汉第一,美稷第二,昆仑第三,鱼泽第四,宜禾第五。(见同书《释二·烽燧七》)

以上第一简,王国维先生考为汉宣帝神爵元年赐酒泉太守辛武贤诏

---

① 沙畹考释之编次,是依据出土地点;王国维流沙坠简之编次是比类相从。沙畹所释,我于去年细加校阅,发现错误很多;王氏所订正者,多属正确。因写成《敦煌汉简释文平议》一种,附入《居延汉简研究六种》之内。

书是也。赵充国与辛武贤素不协,其初屡为武贤所厄,观此制诏,汉廷很信任武贤,而以书敕让充国,亦当在其时,其事实足与《汉书》相印证。第二简边郡多烽燧连称,烽主火用于夜间,燧主烟则日夜兼用,居延木简单称皆言燧不言烽,惟本简独群言烽的次第,是很少见的。木简以外发现一些用具,如麻鞋、箭镞、锥子、木梳以及举烽火用的苇把等等。从敦煌简的记载,可以推出当时戍边的情形及戍边军士生活的大概。

五、居延发现的由西汉中期到东汉初期的木简

一九三〇年,西北科学考察团在今内蒙古自治区额济纳旗,额济纳河流域汉代居延烽火台遗址中发掘出来的,其地可能当于汉代张掖郡的昭武县,为肩水都尉甲渠候官的治所。出土木简,共有五处,其中以大湾、地湾、破城子三处出土为最多。劳榦氏写成《居延汉简释文》及《居延汉简考释》两种。全部木简上的年月,开始于武帝太初二年,最后为东汉光武建初十六年,前后连绵一百四十三年之久。光武废除每郡的都尉制,居延肩水都尉的撤销,当亦在其时。劳氏的书,只是录文,并无照本。中国科学院检出留存的二千余简照片,加以整理重印,称为《居延汉简甲编》,这一大批木简,比较敦煌木简数量上多至十倍以上,绝大部分皆是属于西汉时期。其中新史料蕴藏十分丰富,为治两汉史者开辟一条新的大路。劳氏释文,定为四卷,分文书、簿籍、信札、经籍四大类,又按各大类性质的不同分为二十二小类,在眉目上比较清楚点,小类中也有些过于繁琐的,如计簿、杂簿可以合为一类,医方术数,亦可以合为一类,比较具体而系统完整些。

居延全部木简数以万计,与敦煌简有共同之点,更多特殊之点。如居延屯田性质,举烽燧方式,戍卒的来源,俸钱与口粮,赵过代田法的推行,算收家赀与官吏之得算负算,张掖太守与农都尉及属国都尉的关系,农民起义的新史料,贳卖衣服的券约,戍卒的日迹、服装、兵器,用黄金布帛代替货币,车父的助边,居延的物价等问题。过所、符传、邮驿、名籍、天田、

上计、秋射、葆宫、直符、民爵、亭长、社祭等制度，在敦煌简上，只能看得一鳞一爪，而在居延简上，则多能看到具体的内容。

六、武威汉墓中的竹木简

一九五九年，甘肃博物馆在武威磨嘴子六号汉墓中发现一批竹木简，共有三百余支，其中木简占多数，而且都保存完整。木简最长者五十八厘米，最宽者十厘米，每支简上，一般是六十个字，最多者八十个字，隶书极为工整，简上编有号码。竹简很少，损坏很严重，长度已不可计，字体与木简同。简的内容是抄写《仪礼》，有《乡饮酒》《士相见礼》《乡射》《燕礼》《丧服》《有司彻》《郊特牲》等七篇。另外一简上，有"河平□年四月四日，诸文学弟子，出谷四千余斛"之记载，知全部竹木简，皆为成帝时物。《仪礼》在西汉称为《士礼》，汉初鲁高堂生所传，共十七篇。西汉时经师传习有三本，一戴德本，二戴圣本，三刘向别录本。郑玄所注，系采用别录本，兼汇合今古文的长处。现武威木简所写，当为今文本，但亦不废古文的异字，是在上述三本之外河西一带经学大师所传之第四本。《仪礼》十七篇之中，自东汉马融起，至南北朝止，专注重《丧服》一篇，兼研究相传子夏所作的《丧服传》。此次武威所出将《丧服经》与《丧服传》分写两卷，可证明在西汉时是经与传分，也可证明当时《丧服》的重要性。考汉代所用尺牍，简长一尺，制诏策书，通用二尺，短者一尺。抄写经书的，据《聘礼》贾疏引郑注《论语序》云："《易》《诗》《书》《礼》《乐》《春秋》，策皆二尺四寸，《论语》八寸策，《孝经》一尺二寸策。"每简所写字数二十二字或二十五字不等，见于《汉书·艺文志》。现以武威所写《仪礼》而论，每简多至六十字或八十字，可证二十二字至二十五字之说不是定例。又在出《仪礼》简的左近十八号墓中，发现有王杖诏令十简，为东汉明帝永平十五年之物，并抄录成帝时两道养老诏书。

小　结

　　我国写文字在竹简之上,开始于何时,现尚未能确定。在商代铜器中,屡见有"册父乙"或"册父丁"的铭文,册字像竹简编缀形式,知道商代已可能有简册。现殷虚出土的龟甲兽骨,是专为贞卜记事用的,与竹简虽同时并行,而作用不同。自来发现的竹木简,最远的为战国时期,尚未发现过春秋时期的。竹简的辅助品,有方版,有木觚,皆是木质。小儿练习字体的则称为儿笘。汉代边郡因竹子难得,故改用木简。公元一世纪前,纸的制造,已经萌芽;公元三世纪时,即盛行用纸,竹木简的作用,渐已消失。但边郡地区,因得纸不易,木简仍继续使用到西晋时期。在盛行竹木简时期,另兼用缣素,价值比较贵,不是一般人可以使用的。但在汉代五十支简札,要卖二百钱,价值亦并不低廉。至于文献记载,竹简多有称漆书者,细看出土不同时代之各竹木简,皆用墨书,不见有漆书的。但不能因其未见漆书即断定无漆书,这一点尚有待于将来地下材料之发掘。在这六批之中,长沙楚简是遣策形式,等于后代之流水账单,信阳楚简则账单兼写著述。敦煌、居延、罗布淖尔三批,皆属于边郡之公牍,等于后代官衙之档案。惟最近武威的一批,所写纯为经书,性质与上五批不同,价值亦各自不同。敦煌简经王氏研究,已具有规模,居延简份量既多,研究才算开始,在党的正确领导之下,相信很快就能得到更新的成就的。

《关于居延汉简的发现和研究》一文的商榷

陈公柔、徐苹芳两位同志合写的这篇论文（见《考古》一九六〇年第一期），对于居延木简出土的地址、屯戍的情况、研究的方法作了介绍。文中补绘了大湾、地湾、破城子、宗间阿玛四地遗址平面图，以及大湾、查科尔贴、宗间阿玛各地区出土的遗物图，尤其有利于读者。该文折衷诸家之说作了一般性的叙述，其间也有可以商榷、修正和补充的地方，今据个人所见，分述于下。

第三节说：居延简中年代最早的，是武帝太初三年；年代最晚的，除永元器物簿外，是东汉光武建武六年的。

按：《居延汉简释文》（以下简称《释文》）一二八页，有简文云："入南书五封，十六年六月十七日平旦时，橐他燧长万世，令使胡颂，弛刑孙明。"西汉中晚期纪年皆无十六者，此十六年当为东汉光武建武十六年。此居延木简所见最后之年代。又《释文》三三〇页，有简文云："十月癸亥朔，以食亭卒五人，癸亥尽辛卯廿九日，积百四十五人。"西汉中晚期各纪年无十月癸亥朔者，只有东汉光武建武十七年十月为癸亥朔，十一月为壬辰朔（汪曰桢、邹汉勋、陈垣三家所推长历均同）。简文癸亥尽辛卯为廿九日，则十月当为小建，十一月确为壬辰朔，据此居延木简最后之时期，可能延迟至建武十七年。

第五节说：马的饲料以麦荄为主，每匹马每天给麦一斗二升。

按：《释文》二四五页，简文云："出麦廿七石五斗二升，以食庠候驿马二匹,五月尽八月。"每马每月食麦三石四斗四升。又二四七页,记马日食一斗八升。二六〇页,记马日食粟二斗。三三七页,记马日食二斗。所以马的饲料,是以茭、槀(此二字本于《汉书·赵充国传》)、麦、粟为主,每匹马每天食粟最多为二斗,食麦最高为一斗八升,最低为一斗二升。

第五节说:居延简中有代田仓名称,其时代属于昭帝时候。这说明居延的屯田,在武帝晚年,曾使用代田的方法。

按:《汉书·食货志》云:"(赵)过使教田太常、三辅,又教边郡及居延城。"赵过官搜粟都尉,在武帝后元二年,亦即武帝最后之一年。居延木简所记代田仓各简文,皆始于昭帝始元二年十一月,当为代田法传播至居延的确实年代,距武帝末已经二年,本文谓武帝晚年,居延即使用代田方法,稍有错误。

第五节说:每一候长之下,有候史一人,燧长数人。

按:候长之下候史有一人者,有二人者,二人见《释文》二〇一页简文"候史旁,遂昌"。候史之下主要有士吏,见四八页。又本节叙屯戍官之组织,关于鄣尉、塞尉之系统,漏未提及。大者曰鄣,小者曰塞。鄣尉见于《汉书·孙宝传》及《地理志》敦煌效谷县注。塞尉见于居延木简及汉印之"高柳塞尉"(属代郡)。塞尉所属,有尉史,有士史(即士吏),见于《汉书·匈奴传上》颜师古注引《汉律》。

第五节说:其他兵器,如刀剑之属,多为中原所造。

按:居延木简所记兵器,有河东工官所造,《释文》三七三页有"左弋弩六百石"之简文。左弋令属少府,后改为佽飞令,盖为京师运至边郡之兵器。《汉书·毋将隆传》云:"汉家边吏,职在距寇,亦赐武库兵。"与上述简文,正相符合。

第五节说:发给士兵的粮食之中,有大麦、小麦、粱、穄程、黍、糜、粟等;其中尤以穄程、粟、麦、糜为主要。

按:糜是赤粱粟,居延木简中,只有少数简作穈,为当时之别体字,其余皆作糜。糜、穈二字形虽相似,音义均不相通,不能混用。

第五节说:廪给分米谷二种,米指已舂,粟指未舂。计算米的单位为大石,计算粟的单位为小石。大石小石,并非在量上有所不同。

按:本文谓计算米的单位为大石,计算粟的单位为小石,证之《释文》二六六页简文"米一石九斗三升少"(少即小字),二七一页简文"今余粟六石六斗六升大"。可见计算米可以用小石,计算粟可以用大石。在全部木简中,此例甚多。当以斗石之大小为标准,不当以米粟之分类为标准。西汉内郡、边郡,皆有大斗小斗之区别(犹之清代用银,有漕平、库平等名称),如《汉书·货殖传》云:"漆大斗千。"王莽地皇饭帻云:"常乐卫士上次士铜饭帻容八升少。"少是小斗,边郡当亦同此例。敦煌、罗布淖尔两部分汉简,虽未明言用大小斗,但就士兵廪食数量与居延简相同,推知其亦有大小斗之分。小斗一石,折合大斗则为六升。《释文》三三八页有"入糜小石十四石五斗,为大石八石七斗",可为明证。大小石在量上绝对有所不同。

第五节说:普通的燧障卒,每天可得米六升太半升,大月三十天,得米二石,为粟三石三斗三升少,小月则减去一天,少指少半,大约是三分之一,太半则为三分之二。

按:居延吏卒发廪给以粟为原则,用大石小石不同的升斗来计算。发二石者,为大石,发三石三斗三升少者,则为小石。对于外来过客及弛刑士,每月发大石一石八斗,合小石为三石。少即小字,非如本文理解少指少半而言。

第五节说:家属廪给也分两种,大男和士卒同,余则递减,大女与使男同,较大男为少。

按:居延木简记戍卒家属廪给,大男所食,皆与使女未使女混在一起,看不出大男与士卒数量相同的一点。

第五节说:有人在文章中提到,他所收集到的家属廪给简的十五条材料中,都是记载发给士卒家属的,而燧长以上的军职人员的家属,则无廪给记载。因此便推定边郡戍守的燧长等官,多单身赴任,而士卒则携带家属,长期服役。

按:《居延汉简释文》二七五页,有武成燧长孙青肩简,记载妻子用谷简文。又七十页有"☐所移觚得书山他县民为部官吏卒,与妻子在官"简文。可证燧长以上家属有在官者。不过就发现之简而论,是戍卒的家属占多数。

第五节说:俸钱则根据地位高下,有所不同,塞尉为二千钱,候长为一千三百钱,燧长最低为六百钱。

按:居延自都尉、司马、千人以下之官,最高之俸为候官,每月为三千钱,塞尉为二千钱,候长最高为一千二百钱,最低为八百六十六钱,燧长为六百钱,佐史则以书佐为最低,每月为三百六十钱。

第五节说:其中一简,是治伤寒的医方。又云另外还有《尚书》《论语》和杂占迷信的耳鸣目䀹书残文。

按:《释文》五六三页有蜀椒四分等药味一方,与张仲景《伤寒论》中乌梅圆方大体相同,亦当为治伤寒之方。居延简所出经籍诸子残简,尚有《周易》《月令》等篇。

第六节说:居延地区的戍卒,里籍几乎遍及全国,至于骑士,则为边郡人,大约边地产马,人多善于骑乘。

按:居延戍卒多中原一带籍贯,计有京兆尹、左冯翊、右扶风、淮阳郡、汝南郡、大河郡、魏郡、济陶郡(即后来之济阴郡)、河东郡、东郡、河南郡、陈留郡、南阳郡、颍川郡、汉中郡、钜鹿郡、昌邑国、梁国、赵国,再加上张掖、酒泉二郡骑士,过路的蜀郡、犍为郡的校士,计有二十五郡国,只合西汉郡国全数四分之一。至于骑士的身份,包括在戍卒、正卒之中,《汉官仪》所谓"中原多材官,水乡为楼船,边郡为骑士"。因骑士身已在边,毋须再称为戍卒,实质仍是戍卒。

第六节说:谪戍的人(徒),是比较少的,不是戍卒中的主要成员。

按:谪戍之卒,在正卒、戍卒之外,是用七科谪戍的条例征发的。如《汉书·武帝纪》,太初元年发天下谪戍征大宛,天汉元年发谪戍戍五原。《流沙坠简考释·戍役类》二十二页,有"适卒郭☐"简可证。徒为弛刑徒,与谪戍的人性质迥乎不同,似不能混为一谈。

《墨子·备城门》等篇与居延汉简

《墨子》七十一篇，今本阙有题八篇，无题十篇，实存五十三篇。清代毕沅始为之校注，嗣后王念孙、王引之父子，洪颐煊、俞樾、戴望、苏时学诸家，或校正订原文之误，或解诂通各篇之义。至孙诒让氏，综合群言，成为《墨子间诂》。大辂椎轮，颇具规模，然多尽力在自《亲士》至《公输》四十二篇之章句。《备城门》以下十一篇，文字简奥，又复讹脱。孙氏亦谓"今依文诂释，略识辜较，亦莫能得其详也"。今人治墨学者，如梁启超、谭戒甫、栾调甫、高亨诸氏，亦偏重于《经》上、下，《经说》上、下四篇，对于《备城门》以下各篇，少所宣蕴。盖因所谈者兵法，古今器物不同，言语不同，与《经》上、下有同等之困难。余几经研究，始觉与敦煌、居延两木简，有不可分割之关系。王国维氏著《流沙坠简考释》，于烽燧、有方、鞮瞀、马矢诸问题，皆引证《墨子》，已略发其端倪。乃以今夏绎读全书，发现与居延木简，时代更相接近，且有西汉人窜改者。各篇之制度、名物及口头语，与战国人不相关，与西汉初人相类似。例如"都司空"之为秦官，"城旦"之为秦刑，"斗食"之为秦制。而"无有所与""逾时不宁"等，皆为西汉人之口头语，当沿袭于秦代者。其论守边方法，兵器名称，尤多数与居延木简相吻合，更疑为秦代守长城时兵家之著作，而托言于墨子与禽滑厘之问答。发伏甄微，实有此必要。兹分为烽燧、兵器、守御器、符券、葆宫、秦官制、秦法、秦汉人公牍语及口头习俗语八项叙述，愿与国内学者一同商榷。

一、烽　燧

《号令》篇云："守边城关塞，备蛮夷之劳苦者，举其守卒之财用，有余不足。地形之当守边者，其器备常多者，边县邑，视其树木恶，则少用；田不辟，少食；无大屋草盖，少用桑。"

按：《墨子》所记烽燧各事，皆指守边城关塞而言，其守御方法，与敦煌、居延两木简各文最为相近，余因定为秦时兵家守长城之著述。

《号令》篇云："居高便所树表，表三人守之，比至城者三表，与城上烽燧相望，昼则举烽，夜则举火。"

按：《居延汉简释文》一七九页（以下简称为《释文》）有两简文云："☐午日下铺时，使居延蓬一通，夜食时堠上苣火一通，居延苣火。""乐昌燧长巳，戊申日西中时，使并山燧坞上表再通，夜人定时苣火三通，己酉日☐☐。"一八〇页有两简文云："临莫燧长留入戊申日西中时，使迹虏燧坞上表再通，☐坞上苣火三通☐。""坞上旁蓬一通，同时付并山，丙辰日入时。"一八一页有简文云："虏守亭障，不得焚积薪，昼举亭上蓬一，烟夜举离合苣火，次亭焚积薪如品约。"一八三页有简文云："火一通，人定时，使坞上苣火一。"一八五页有简文云："匈奴人人塞及金关以北，塞外亭燧，见匈奴人举蓬扣和☐五百人以上，能举二蓬。"又《流沙坠简考释·释二·烽燧类》三十八简文云："七月乙丑，日上二干时表一通，至其夜食时，苣火一通，从东方来，杜充见。"《说文》云："烽燧：候表也，边有警则举火。"《史记·司马相如传》云："闻烽举燧燔。"《集解》引《汉书音义》云："烽为覆米箕，悬著桔槔头，有寇则举之。燧，积薪，有寇则焚燃之。"《汉书·贾谊传》云："斥候望烽燧不得卧。"文颖注云："边方备胡寇，作高土橹，橹上作桔皋，桔皋头悬兜零，以薪草置其中，常低之，有寇则火然举之相告曰烽。又多积薪，寇至即燃之以望其烟曰燧。"张晏注云："昼举烽夜燔燧也。"颜师古以张说为误，则曰："昼则焚燧，夜乃举烽。"与张揖、张守节诸家烽主昼燧主夜之说均不同。以《居延汉简》一七九简、一八〇简、一八一简，皆云烽用于日间,苣用于夜间。稽合古籍与木简,举烽燧约有四种方法,一曰烽,二曰表,三曰燧,四曰苣火。日间与烽并用者为表,夜间与燧并用者为苣火;表为缯布之表,燧为积薪,积薪则日夜兼用。可证张揖、张晏等烽主昼燧主夜之说为正确,与《墨子》本文昼则举烽之说亦相合,"夜则举火者",谓举苣火,非指烽火也。并可证颜注"昼则焚燧、夜乃举烽"之说为不确。王国维氏独是颜说,似近疏失。

《号令》篇云:"望见寇,举一垂;入竟,举二垂;狎郭,举三垂;入郭,举四垂;狎城,举五垂;夜以火皆如此。"

按:一垂,王引之以为一表之误字是也。俞樾解垂为邮字省文,直以为邮亭之木表邮,非也。汉代边郡烽火台之防守,日间所用者,为兜零之烽,及缯布之表。秦汉古籍有言表者,学者多与烽混为一谈,实则表为烽之辅助品。因塞上天气易于骤变,有时需用烽,或有时需用表,官府命令,则以举烽为标准。上文表三人守之,比至城者三表,与城上烽燧相望,亦指缯布之表而言,非树木之表也,表之为物极重要,故遣三人守之(汉代每烽火台防守戍卒,至少三人,至多三十人,其数亦相合)。但本文之表,另建于高处,较汉代烽与表同在一台之中,尚微有不同。《释文》一九一页,有简文略云:"坞上大表一古恶。"二〇九页,有简文略云:"表二不事用。"三七三页,《守御器簿》略云:"布表一。"即指日间与烽并用之表也。居延烽火台之布表,有时用一通,有时用二通,已见上文一七九页及一八〇页各简。惟本文举表,多用至五表,则为居延简所未见。本文末加"夜以火皆如此"一句,明布表之用,在于白昼也。

《杂守》篇云:"望见寇,举一烽;入境,举二烽;射妻,举三烽,一蓝;郭会,举四烽,二蓝;城会,举五烽,五蓝;夜以火如此数。"

按:本文言见寇举烽之数,与《号令篇》举表相同,皆言为日间守御之法,故末尾亦明言"夜以火如此数"。一蓝、二蓝,王引之以为一鼓二鼓之误字,然蓝鼓二字,形不相近。《释文》一八一页,有简文云:"二十日,晦日,举坞上一益,火一通,乃中卅井燧□☒。"(本简已残缺,二十日上,必另有举烽之记载。又乃下原简文空一格。卅井劳氏原释误作三井,今订正。)

知本文一蓝,应为一益之误字,谓举一烽之外,再增益以布表或积薪等类也。倘非木简之发现,则先秦古书之误文,有时不易校正。

《杂守》篇云:"距阜山林、皆令可以迹。平明而迹,无迹,各立其表,下城之应,候出置田表。"

按:《释文》一九七页,有简文云:"☐候长充,六月甲子尽癸巳,积卅日日迹,从第四燧南界,北尽第九燧北界,毋越塞阑出入天田迹。"二二二页,有简文略云:"卒郭钤,乙酉迹尽甲午,积十日,凡迹廿九日毋人马阑越塞天田出入迹。"(仅举两例)《汉书·晁错传》云:"为中周虎落。"苏林注云:"作虎落于塞要下,以沙布其表,旦视其迹,以知匈奴来入,一名天田。"苏林以天田解竹篾相连之虎落则非,单纯记天田之制度则甚是。以《居延汉简》证之,戍卒在一月之中,无敌人人马入天田之迹,即为最大成绩之一。《墨子》所说之迹,包括"距阜山林",较天田之范围尤为广泛,其布沙之法则同,田表者即天田之表也(天田参用贺昌群氏说)。

二、兵　器

《备城门》篇云:"二步置连梃、长斧、长椎各一物,枪二十枚,周置二步中;二步一木弩,必射五十步以上。"又云:"连梃、长斧、长椎、长兹。"又云:"二步积石,石重千钧以上者五百枚。"

按:《释文》二〇九页,有简文云:"第十八燧椎一☐""第十杆一""第十一杆一"。二一二页,有简文云:"长斧五☐。"又三七二至三七三页,《守御器簿》简有"长椎四""长杆二""弩长臂二""枪四十""羊头石五百"。二一一页,亦有"吞远烽枪五"之记载。又一九三页,有简文略云:"连梃绳解。"三七八页,有简文云:"烽不可上下,连梃废解,斧多隋(堕)折,长斧、椎皆檐桧哗呼(鑐),稚色不鲜明,奚索币绝,弩长臂不可☐。"《居延汉简》所记兵器,与《墨子》本文完全符合。其数量连梃、长斧、长椎、木弩各一物,羊头石五百枚,与《墨子》本文数字皆相同,枪四十枚,则为本文之一倍,枪五枚则为本文四分之一。又按:《通典·拒守法》云:"连梃如打禾连枊状,打女墙外上城敌人。"石即蔺石,《汉书·晁错传》所谓"具蔺石,布渠答"是也。

《备高临》篇云:"连弩机郭,用铜一石三十钧。"

按:《居延汉简》甲编一〇七页,附二十七,有简文云:"度用铜四千八百廿三石一钧廿三斤,已入八百六十三石三钧十二两,少三千九百☐。"与本文所记,皆应为造连弩机用铜之数字。连弩机鼓铸一次,即须用铜一石三十钧,三十斤为一钧,四钧为石,合一千零二十斤。《居延汉简》所记,约为五次所铸之数,弩机每件重量虽不可考,当为大型弩机,现时尚无出土者。

《备水》篇云:"二十船为一队,选材士有力者三十人共船;其二十人、人擅有方,剑甲鞮瞀,十人,人擅苗。"

按:《流沙坠简考释·释二·器物类》二十九简,王氏考有方,除引证本文外,又见《韩非子·八说》篇云:"摺笞干戚,不适(敌之假借字)有方铁铦。"关于有方,敦煌、居延两木简记载最多。《释文》三六三页,有"持有方一剑一"。三六四页,有"有方一"。三六八页,有"有方十八"。三七四页,有"有方五十四"各简文。足证有方之兵器(以上仅略举数例,敦煌木简关于有方之记载,不再备引)起于战国末期,至西汉中晚期尚盛行,其形制则不可考,现今无出土者,亦不见于汉代古籍。劳榦氏谓有方疑戈之别种,尚未敢确定。惟本文有方用于水战,敦煌、居延两木简,既广用有方,则当为水陆两战所用之利器也。鞮瞀即兜鍪,《释文》三六一页,有简文云:"鞮瞀各一。"《流沙坠简考释·释二·器物类》三十三简文云:"万岁显武燧,革甲鞮瞀各一完。"三十四简文云:"☐甲鞮瞀兰服,绽者辄逢,绝为襟带负牵,毋令有举。"瞀字从目,与本文正同,《战国策·韩策》《汉书·扬雄传》皆作鞮鍪是也。

《备穴》篇云:"以钩客穴者,为短矛、短戟、短弩、虿矢。"

按:《释文》三六一页,有简文云:"二月余陷坚槁矢铜镞四百六十一。"三六四页,有简文云:"虿矢六十,三石承弩一。"《流沙坠简考释·释二·器物类》十八简云:"大煎都压胡燧陷坚矢铜虿镞五十完。"十九简云:

"陷坚矢䇲铜镞。"王国维氏考䇲矢者，短矢也，《方言》："箭三镰长尺六寸者谓之飞䇲。"䇲矢之名，仅见于本文与敦煌、居延两木简，并可证明时代相接近。

三、守御器

《备城门》篇云："城上二步一渠，渠立程，丈三尺，冠长十丈，臂长六尺。二步一答，广九尺，袤十二尺。"

按：《备城门》以下各篇，言渠答者三处，始见于《备城门》篇云："皆积累石蒺藜，渠长丈六尺，夫长丈二尺，臂长六尺，亦狸者三尺，树渠毋傅堞五寸。"其二见即本文，其三见于《杂守》篇云："冲临梯，皆以冲，冲之渠长丈五尺，其埋者三尺，矢长丈二尺，渠广丈六尺，其弟丈二尺，渠之垂者四尺，树渠无傅叶五寸。梯渠十丈一梯，渠答大数，里二百五十人，渠答百二十九。"《汉书·晁错传》云："布蔺石，置渠答。"苏林注云："渠答，铁蒺藜也。"如淳注则引《墨子》本文，以解释晁错之文。丈三尺作长三尺，如淳注为引用《墨子》之最古者（太史公《论六家要旨》则为节括原文）。渠字孙诒让氏训为堑，《墨子》各篇分解渠答命名为二义，总言渠答为一物，本文则着重先解释渠之立程。孙氏又考《六韬·军用》篇云："木蒺藜去地二尺五寸，百二十具。铁蒺藜芒广四寸，广八寸，长六尺以上千二百具。两镞蒺藜，参连织女，芒间相去二尺，万二千具。"又《军略》篇云："设营垒则有行马蒺藜。"据此蒺藜有木、铁、两镞、行马四种名称，《晁错传》文所云"置渠答"未必如苏林注专指铁蒺藜而言。渠答用以阻止敌人前进，故器形大，设具多。现勉县一带，往往有铜蒺藜出土，三棱向上，不盈一握，相传为魏蜀战争时所遗，疑仿古代两镞蒺藜形式具体而微者也。

《备城门》篇云："五步一罂，盛水有奚，奚蠡大容一斗。"又云："百步一井，井十瓮，水器容四斗到六斗者百。"又云："及持沙毋下千石。"

按：《释文》三八八页，有简文略云："赤墨画代二，奚其一枚破。"奚应即奚蠡之省称。一九一页，有简文略云："诸水罋少二☐。""沙少三石，见一石，又多土。"所记守御器与本文相合。

《备城门》篇云："五十步积薪，毋下三百石。善蒙涂，毋令外火能伤也。"又云："百步一积薪，毋下三千石以上，善涂之。"

按：《释文》一九一页，有简文略云："积薪八，毋将契，不涂垩。大积薪二，未更积。小积薪二，未更☐。"《居延汉简》所记积薪极多，兹仅举两例。本文之"善蒙涂"及"上善涂之"两善字，皆当为垩之误字，汉代垩字俗写作塈（此字，诸家皆未有解诂），与《居延汉简》文积薪不涂塈极合，盖积薪涂垩所以防火也。又《释文》二〇五页，有"☐长单威，六月癸未受檄载垩，以己丑到☐"之记载。

《备城门》篇云："二舍共一井，爨灰，康粃，马夫皆谨收藏之。"

按：原本作马夫，毕注校本改作马矢，其说非是。《流沙坠简考释·释二·戍役类》二十八简文云："一人马夫涂亭户前地二百七十丈。"又《器物类》三十二简残文云："☐一石，马夫二石。"皆作马夫。王国维氏即据《墨子》以考简文是也。夫矢二字不分，盖秦汉人之俗体字。又《释文》三六二页，有"乾马矢三石"，三七三页，有"沙马矢各二石"之记载。旧说马矢用以眯敌目，据《敦煌简》所记，兼可以涂亭户前地面也。

《号令》篇云："城上吏卒养，皆如舍道内，各当其隔部。养什二人，为符者日养吏一人，辨护诸门。"

按：《释文》二三〇页，记戍卒工作简，有"三人养"。二三二页，有"三人卒养"。二三三页，有"一人吏养"。各简文与本文正合。但敦煌、居延两木简，皆记养卒十人中有一人，与本文养什二人，在十人中占二人，尚微有不同。

《号令》篇云："外空井尽窒之，无令可得汲也。"《杂守》篇云："常令边县豫种畜芫、芸、乌喙、袾叶，外宅沟井可填塞，不可置此其中。"

按：《释文》二三七页，有残简文云："填井用人，百卌人，凡☐。"简文记用百卌人填井,所填之井数必相当普遍,又地当边郡,其情况与本文完全符合。乌喙与居延简治伤寒方药味相同,伤寒论则作乌头。

《杂守》篇云:"墙外水中为竹箭,箭尺广二步,箭下于水五寸,杂长短,前外廉三行,外外乡,内亦内乡。"

按:《释文》二二六页简,记戍卒工作,有"一人注竹关"。关当为矢字异文,竹矢即本文所用之竹箭,用于墙外,防人阑越也。

《旗帜》篇云:"凡守城之法,石有积,樵薪有积,菅茅有积,藿苇有积,木有积,炭有积,沙有积,松柏有积,蓬艾有积,麻脂有积,金铁有积,粟米有积。"

按:《释文》三七二页,《守御器簿》简,有"沙马矢各二石";三六二页,有"雈三石(雈字原误释作崔,今订正)"各记载。皆可与本文相互订正。石有积者,谓蔺石也。

四、符　券

《旗帜》篇云:"非有信符勿行,不从令者斩。"

《号令》篇云:"大将必与为信符。大将使人行守操信符。信不合,及号不相应者,伯长以上,辄止之,以闻大将。"

《号令》篇云:"诸城门若亭,谨候视往来行者符。符传疑,若无符,皆诣县廷言,请问其所使。其有符传者,善舍官府。"

《号令》篇云:"吏卒民无符节,而擅入里巷官府,吏、三老守闾者,失苛止,皆断。"

《号令》篇云:"无符节而横行军中者断。"

按:符之作用,起于战国,有两个系统,一为虎符,主兵事征调,其质为铜、玉,信陵君窃虎符救赵是也。汉文帝时演变为郡国守相所用。二为传信之符,主出入官府关津,及检查工作,其质为竹木,本文及居延简所称之符是也。《说文》符字下云:"汉制以竹,长六寸,分而相合。"是就传信之符作训。《敦煌汉简校文》一五页,有两符文云:"正月乙卯候长持第十五符东迹(或有释作起字者,非是)。""九月乙亥步昌候长持第十符过田。"此出入官府及检查工作之符也。《释文》一六七页,有符文云:"始元七年闰月甲辰,居延与金关为出入六寸符券,齿百,从第一至千。左居官,右移金关,符合以从事,第八。"此过关津之符也。本文所指之符,当与敦煌所出之符相类,至于符长六寸,分而相合,虎符与竹符,其制度皆相同。其长六寸,则汉代沿用秦始皇时之法令也。

五、葆 宫

《备城门》篇云:"召三老在葆宫者,与计事得失(原作先字,据孙校应为失字),行德计谋合,乃入葆。葆入守,无行城,无离舍。"

《号令》篇云:"及勇士父母亲戚妻子皆时酒肉,必敬之,舍之必近太守。守楼临质宫,而善(善亦当为墨字之误,说详上文)周。必密涂楼,令下无见上,上见下,下无知上有人无人。守之所亲举吏,贞廉忠信无害可任事者,其饮食酒肉勿禁。银金布帛财物,各自守之,慎勿相盗。葆宫之墙,必三重。墙之垣,守者皆累瓦釜墙上。"

《号令》篇云:"父母妻子皆同其宫,赐衣食酒肉,信吏善待之,候来若复就闲。守宫三难,外环隅为之楼,内环为楼,楼入葆宫丈五尺,为复道。葆不得有室,三日一发席蓐,略视之,布茅宫中,厚三尺以上。"

《杂守》篇云:"父母昆弟妻子有在葆宫中者,乃得为侍吏;诸吏必有质,乃得任事。"

按:以上本文所述,皆为军吏之家属,质居于葆宫者。关于葆宫建筑之严密,家属酒食之礼遇,颇为详悉,其制度不见于秦汉古籍,惟《居延汉简》记葆宫之事,共有九简,与本文正相符合,兹条举如下:《释文》九〇页,有简文云:"葆小张掖有义里。"一六七页,有简文云:"☐奉葆姑臧西比夜里☐。"四五一页,有简文云:"葆鸾鸟宪众里上造顾收,年廿二,长六尺,黑色,皆六月丁巳出。"四五二页,有简文云:"葆觻得敬老里王严,年廿五。"四五六页,有简文云:"葆鸾鸟大昌里不更李恽年十六。"四五二页,有简文云:"☐觻得当利里李钦葆☐。"一九六页,有简文云:"☐为妻子葆处居☐(空一格)☐为劳四月适奉☐。"又《居延汉简》甲编二○四六简云:"安乐燧诏所置,未有员吏,乘屋兰葆。"盖西汉时戍所吏卒妻子,有居葆宫为质者,岁月既久,其子亦袭为戍卒,此等士兵在名籍上,特加葆字以别之,似称为葆籍。疑西汉边郡各县,多有葆宫,如张掖郡即设有张掖、鸾鸟、觻得、屋兰四县,武威郡设有姑臧一县,与本文葆宫之地,只限邻近于太守之官署,尚有不同。至于"收葆男子""为妻子葆处居"二残简,则为葆宫之记事,事实尤为明显。《汉书·百官表》:"少府属官居室令,武帝太初二年,更名保宫。"《苏武传》李陵说:"加以老母系保宫。"是汉廷质居将士妻子,亦用此法。然无《居延汉简》及《墨子》则不能证明汉廷有此制度。居延戍卒,多携带家属,父母妻子,每月俱领口粮,私从者亦发给半数,本文所指之亲戚,即与私从者身份相等。又"金钱"二字,《墨子》皆作"钱金"。传世有"宜钱金当"瓦文,与此正相合(见罗振玉:《秦汉瓦当文字》卷二、二十二页,瓦文本环读,罗氏以钱金二字不连系,改读为"宜金钱当",非是,今订正)。

六、秦官制

《备城门》篇云:"城上十人一什长,属一吏士,一帛尉。百步一亭,高垣丈四尺,厚四尺,为闺门两扇,令各可以自闭。亭一尉,尉必取有重厚忠信可任事者。"

按:帛尉,孙氏疑为亭尉误字是也,与下文亭一尉正相连系。《汉书·匈奴传》云"单于既入汉塞,未至马邑百余里,见畜布野而无人牧者,怪之,乃攻亭时,雁门尉史行徼,见寇,保此亭"云云。尉史为塞尉之属官,行徼于亭,故又可称为亭尉,与本文同。亭尉之身份,为城上之亭长,与汉代之门亭长及乡亭长,有所不同。

《号令》篇云:"而胜围城周里以上,封城将三十里地为关内侯。辅将如令,赐上卿,丞及吏比于丞者,赐爵五大夫。官吏豪杰与计坚守者,十人(当作士人)及城上吏比五官者,皆赐公乘。男子有守者,爵人二级。女子赐钱五千,男女老小,先(当作无)分守者,人赐钱千。"

按:关内侯,战国时各国多有之,《管子·小匡》篇云:"鲁二君赐死,桓公使高子存之,执玉以见,请为关内之侯,而桓公不使也。"《韩非子·显学》篇云:"关内之侯,虽非吾行,吾必使执禽而朝。"《史记·春申君传》云:"韩必为关内之侯。"至商鞅始定为十九级之高爵。上卿虽为卿之通称,然秦汉之际,则以卿为官之总名。《史记·秦始皇本纪》,琅琊台石刻,则称卿李斯、卿王戊、五大夫赵婴、五大夫杨樛。《史记·樊哙传》云:"捕虏二十七人,赐爵卿。"《傅宽传》云:"斩首十二级,赐爵卿。"余昔考秦代爵尊于官,往往书爵不书官,李斯为廷尉,不书官名,但称为卿,是其例。五大夫为秦九级爵,公乘为秦八级爵,本文一系列皆用秦制,尤为明显。至于"女子赐钱五千,男女老小,无分守者,人赐钱千",与《释文》五九页,汉廷抚恤为羌人所杀吏民诏文,语句尤类似。

《号令》篇云:"守有所不说,谒者、执盾、中涓及妇人侍前者,守曰断之、冲之,若缚之不如令,及后缚者皆断。"

按:《史记·曹相国世家》:"参以中涓从。"《集解》引《汉书音义》曰:"中涓如中谒者。"《绛侯世家》云:"勃以中涓从攻胡陵,下方与。"《灌婴传》云:"婴初以还涓从。"《汉书·高惠功臣表》记蓼侯孔丛,敬市侯阎泽赤,祁侯缯贺,棘丘侯襄,皆以执盾从。战国时称宦者为涓人,不称中涓,汉初以中涓为官名,并非宦者(《万石君石奋传》云:"以奋为中涓受书谒。"为《汉书音义》之所本。颜师古注亦云:"中涓官名,主居中而涓洁者也。")执盾亦当为秦代官名,楚汉之际仍沿用者。

《号令》篇云:"诸吏卒民,非其部界,而擅入他部界,辄收以属都司空若侯。"又云:"吏卒民死者,辄召其人,与次司空葬之。"

《杂守》篇云："署都司空,大城四人,候二人,县候面一,亭尉次司空,亭一人。"

按:《释文》一○六页,有简文略云:"各循行部界中,教吏卒定烽火,辈送便兵战斗具。"部界二字,与本文同(仅举一例),盖秦汉人公牍中之习俗语。又《汉书·百官表》,宗正属官有都司空,如淳注引《汉律》,"司空主水及罪人",《窦婴传》所谓"劾系都司空"是也。都司空之官名,盖汉因秦制,此尤本篇为秦人所撰之明证。次司空之名,则不见于汉代古籍。又西汉司空官名之上,往往加为某某司空,如京兆尹属县有船司空,最初为造船之官,后以官名改为地名,见于《汉书·地理志》。余昔藏有"行司空久"残陶片(久为酒字之假借)及王莽"始建国天凤四年保城都司空"瓦片(均见拙著《关中秦汉陶录》卷一至卷二)。此两司空之名,亦不见于《百官表》。

《号令》篇云："非时而行者,唯守及掺太守之节而使者。"

按:秦时名郡守,汉景帝中元二年始更名太守。本书《备城门》以下十一篇,或称为守,或称为太守,称太守者,当为经过汉人传写时窜改。《史记·赵世家》,记赵孝成王令赵胜客告冯亭:"以万户都三封太守。"《正义》云:"尔时未合言太守,至汉景帝始加太守,此言太,衍字也。"其说是也。

《杂守》篇云："斗食终岁三十六石。"

按:斗食为汉代少吏之名,本文虽为计算一食至六食之名称,然斗食之吏名,开始于秦代。见《史记·秦始皇本纪》十一年。《汉书·百官表》云:"百石以下,有斗食佐史之秩。"颜师古注云:"汉官名秩簿云:'斗食月奉十一斛,佐史月奉八斛也。'一说:斗食者,岁奉不满百石,计日而食一斗二升,故云斗食也。"《释文》四八二页,有简文云:"显美传舍斗食啬夫算君里公乘谢横"云云;三一五页,有"斗食吏三人";四九三页,有斗吏、食吏二人"各记载。本文终岁三十六石,与颜注第二说相合,《汉简》又分斗吏与食吏为二名,与《汉书》异。

《杂守》篇云："城守司马以上,父母昆弟妻子有质在主所,乃可以坚守。"

按：原文坚守下有署字,属下文署都司空为句,孙氏读为"坚守署",恐非是。城司马官名,不见于秦汉古籍,《释文》二三页,有城官；八六页,有城司马；七页有城尉各记载。城司马官名,与本文正相符合。城司马当为城官之属官,此为秦至西汉时期边郡之官制。又《史记·白起传》云："六月陷赵军,取二障四尉。"《正义》："障堡城尉官也。"张守节所注之城尉,亦与《居延汉简》相合,所据盖为先秦之文献。

七、秦　法

《号令》篇云："奸民之所谋为外心,罪车裂。"又云："其端失火以为事者车裂。"又云："归敌者父母妻子同产,皆车裂。"

按：车裂为秦刑之一,见于《史记·商君传》。本书《亲士》篇云："吴起之裂其事也。"《淮南子·缪称训》云："吴起刻削而车裂。"皆为秦汉人追叙之事实,与《史记》作"击起之徒,因射刺吴起,并中悼王"异也。

《号令》篇云："以令为除死罪二人,城旦四人。"

按：《汉书·惠帝纪》云："上造以上,及内外公孙耳孙,有罪当刑,及当为城旦舂者,皆耐为鬼薪白粲。"《儒林·辕固传》云："太后怒曰：'安得司空城旦书乎。'"《汉旧仪》云"凡有罪各尽其刑,男髡钳如城旦,城旦者治城也。女为舂,舂者治米也。皆作五岁,完四岁,鬼薪三岁"云云。《刑法志》云"罪人狱已决,完为城旦舂,满三岁为鬼薪白粲"云云。盖髡钳为五岁之刑名,完为四岁刑,城旦为髡钳及完刑期中役作之名称,称髡钳城旦者,则为五岁刑,称完城旦者则为四岁刑。虽为汉律,实本于秦律。证之秦三年上郡戈云："三年上郡守□造,漆工师□,丞□,工城旦□。"（见《商周文录遗》八五三号）又上郡戈云："廿五年上郡守□造,高奴工师窨,丞申,工鬼薪戠。"（见《金文续考》四十）据此,城旦与鬼薪,皆为律之罪名。《史记·秦始皇本纪》叙嫪毐作乱,其舍人轻者坐罪为鬼薪,尤为明证,皆与本文相同,余故定为秦人作品。

《号令》篇云："其以城为外谋者三族。"

按：毕氏云："《史记》云：（秦文公）二十年，法初有三族之罪。"孙氏云："是古军法，非始于秦。"盖秦代因古法，成为酷刑之一。《史记·李斯传》云："赵高上谒请病，因召入，令韩谈刺杀之，夷其三族。"沿至汉初不废，《汉书·刑法志》所谓"然其大辟，尚有夷三族之令"也。

八、秦汉人公牍语及口头习俗语

《旗帜》篇云："令皆明白知之曰某子旗。"《号令》篇云："召其人明白为之解之。"

按：《史记·秦始皇本纪》记二世："刻始皇所立刻石，石旁著大臣从者名，以彰先帝成功盛德焉。""丞相臣斯，臣去疾，御史大夫臣德昧死言：'臣请具刻诏书刻石，因明白矣。'"明白二字，为秦人连文。

《号令》篇云："自死罪以上，皆逮父母妻子同产。"

按：《汉书·晁错传》云："错当腰斩，父母妻子同产，无少长皆弃市。"《释文》四六三页，徐宗算收家赀简文云："妻一人，子男二人，子女二人，男同产二人，女同产二人。"皆与本文相同。

《号令》篇云："复之三岁，无有所与，不租税。"

按：孙氏云：《汉书·高祖纪》云："蜀汉民给军事劳苦，复勿租税二岁。"又云："复其民世世无有所与"又按：《霍光传》云："复其后世，畴其爵邑，世世无有所与。"武威磨嘴子十八号汉墓所出王杖十简，成帝第二诏书云："行弛道旁市卖，复无所与。"与皆作干预之预解。与本文事实完全符合，可证为秦汉典制中之公牍语。

《号令》篇云："为守备程，而署之曰某程。"

按：程谓中程也，不中程，屡见于《汉书》江都易王、尹翁归、陈咸等传。《居延汉简》，亦屡有中程、不中程之记载（连文见《释文》二二六页，单言中程见《释文》一四三页，不中程见《释文》五六页）。皆秦汉人之习俗语。

《号令》篇云："悉举民室材木瓦，若蔺石数。"

按：《汉书·晁错传》云："具蔺石，布渠答。"如淳注："蔺石城上雷石也。"《释文》三七三页，《守御器簿》简，有"羊头石五百"。三七五页，又有"羊头石二百五十"各记载，羊头石亦疑为蔺石之类，羊头石以二百五十枚为一组，五百枚为二组，《备城门》篇所云，二步积石，石重千钧以上者五百枚，则与《汉简》第一数字相同。

《号令》篇云："诸城门若亭，谨候视往来行者符。"

按：《释文》八五页，有残简文云："禁止往来行者，便兵战斗具如囗。"九八页，有简文云："囗禁止行者便转关，具骑逐田牧畜雀。"一六页，有简文云："禁止往来行者，定烽火，辈送便兵战斗具。"皆与本文语气类似。

《号令》篇云："诸盗守器械财物及相盗者，直一钱以上皆断。"

按：《汉书·田蚡传》云："平生毁程不识不值一钱。"为秦汉人之习俗语。战国人称币不称钱。《国语》记周景王欲铸大钱，《史记》记秦惠文王初行钱，皆未见有出土者。《汉书·食货志》，记李悝尽地力之教，屡称钱数，亦汉人用今名说古制。

《号令》篇云："城上日壹发席蓐。"又云："伤甚者令归治病，家善养，予医给药，赐酒日二升，肉二斤。"

按：《史记·淮南厉王传》云："县为筑盖家室，皆禀食，给薪菜、盐豉、炊食器，席蓐。"又云："计食长给肉日五斤，酒二斗。"与本文极相似。又按：本文二升应为二斗之误字，在西汉时，升斗二字，形体最相近。

《号令》篇云："守之所亲举吏，贞廉忠信无害可任事者。"又云："请择吏之忠信者，无害可任事者令将卫。"

按：《汉书·文帝纪》云："二千石遣都吏循行。"如淳注："律说都吏，今督邮是也。闲惠晓事，即为文毋害都吏。"《萧何传》云："以文毋害为沛主吏掾。"应劭注："虽为文吏而不刻害也。"苏林注："毋害若言无比也。一曰害胜也，无能胜害之者。"又见《史记》《汉书》酷吏赵禹、张汤、减宣、杜周诸传。《史记·萧相国世家》，《集解》以为陈留间语，未知何据。综合诸家注解，当以应劭之说为长。《释文》四八五页，有残简文云："尉史张寻，文毋害可补□。"足证文毋害为公牍语,盛行于西汉,当本于秦代。

《号令》篇云:"度食不足,食民各自占,家五种石升数,为期,其在尊害,吏与杂訾,期尽匿不占,占不悉,令吏卒微得,皆断。"

按:《汉书·食货志》云:"非吏比者,三老、北边骑士,轺车一算,商贾人轺车二算,船五丈以上一算。匿不自占,占不悉,戍边一岁。"与本文"期尽匿不占,占不悉",法令及文字,均极相似。又家五种石升数,《汉书·律历志》所谓"龠合升斗斛"是也。

《号令》篇云:"收粟米布帛钱金,出内畜产,皆为平直其贾,与主券人书之,事以皆各以其贾倍偿之。"

按:《周礼·小宰》:"听卖买以质剂。"先郑注云:"质剂为市中平贾,今时月平是也。"《汉书·景武昭宣功臣表》任破胡之子当千,"坐卖马一匹,价钱十五万,过平,臧五百以上免侯"。《释文》九页,有简文略云:"请告入县官贵市平贾石六钱。"与本文正合。平价之名称,盛行于汉代,盖因袭于秦代。

《号令》篇云:"出粟米有期日,过期不出者,王公有之。"

按:《释文》三二一页,有简文云:"入糜小石十四石五斗,始元三年正月丁酉朔丁酉,第二亭长舒,受代田仓验乞。"又三三一页,有简文云:"入糜小石十五石,始元三年六月甲子朔甲子,第二亭长舒,受代田仓验乞,都丞临。"(仅举二例)此西汉中期出入粟米有日期之记载,与本文正同。

《号令》篇云:"许之二百石之吏,守珮授之印。"

按:毕氏校云:"佩字俗写从玉。"汉《张迁碑》云:"晋阳珮韦,西门带弦。"佩字作珮,为两汉人之异体字,本文亦经汉人传抄时所改。

《号令》篇云:"逾时不宁,其罪射。"

按:谓因父母之丧,逾时不告假归,其罪当割耳也。《汉书·高祖纪》云:"尝告归之田。"李斐注云:"休谒之名,吉曰告,凶曰宁。"《哀帝纪》云:"博士弟子父母死,予宁三年。"颜师古注云:"宁谓处家持丧服。"《盐铁论·复古》篇云:"故扇水都尉彭祖宁归言,盐铁令品,令品甚明。"余昔考扇水当为肩水之误字,彭祖因亲丧归还京师而参与盐铁会议也。《居延汉简》所记取宁之事尤多。《释文》四九五页,有"十二月吏宁书"之簿检。《居延汉简》甲编五七七简文云:"第六燧长徐当直宁归。"皆与本文相符合。

《号令》篇云:"即有物故,鼓,吏至而止。"

按:孙氏云:"物故犹言事故,言事故则击鼓也。"《汉书·苏武传》云:"前以降及物故,凡随武还者九人。"颜师古注云:"物故谓死也。"《司马相如传》云:"士卒多物故。"《释文》二四二页,有残简文云:"戍卒物故。"二九一页,有简文云:"其八人物故,一人因病先罢,见食二百七十一人。"《流沙坠简考释·释二·戍役类》第六简云:"良家子卅二人,共四人物故。"皆谓死也。晋元康三年阳平乐生柩版题字,仍沿用年七十物故字样,为秦汉人之口头语。本文谓如有死亡之士卒,当击鼓相报,至吏知其事而止也。孙氏训物故为事故,殆千虑之一失也。

《杂守》篇云:"斗食食五升,参食食参升小半,四食食二升半,五食食二升,六食食一升大半,日再食。"

按:两汉人称一升或一寸,占三分之二者,称为大半,或写作泰半。占三分之一者,称为小半,或称为少半。例如《释文》三五九页,有两简文略云:"出广汉八稷布十九匹八寸大半寸"及"出河内廿两帛八匹,一丈三尺四寸大半寸。"此记布帛之数。又二四五页,有简文略云:"入谷六十三石三斗三升少。"二四九页,有简文略云:"凡出册四石五斗四升大。"此记升斗之数,与本文均合。

《杂守》篇云:"先举县官室居官府不急者,材之大小长短之凡数。"

按《史记·曹相国世家》,总叙战功云"参功凡下二国,县一百二十二"云云(仅举一例)。与本文用凡字正同。《居延汉简》则最凡二字连文,《释文》二九四页,有简文云:"最凡粟二千五百九十石七斗二升少。"四九〇页,有简文云:"最凡十三人。"或有单用凡字者,五〇六页,有简文云:"凡入假佐十六人。"盖最凡二字,皆为秦汉人之习俗语。

《杂守》篇云:"以轺车,轮轱,广十尺,辕长丈,为三幅,广六尺,为板箱,长与辕等,高四尺,善盖上治,令可载矢。"

按:《史记·季布传》云:"朱家乃乘轺车之洛阳。"《集解》引徐广曰:"马车也。"此轺车二字之再见。《汉书·平帝纪》云:"立轺并马。"服虔注云:"轺音谣,立乘小车也。"《平帝纪》又云:"在所为驾一封轺传。"《食货志》云:"非吏比者,三老、北边骑士,轺车一算。"《释文》四五五页,礼忠算收家赀简,有"轺车一乘直万"之记载。可证轺车在西汉时之普遍性。四川砖刻汉画像,有轺车过河图,亦可资参考。轱字又见《经说下》篇,作"载弦其轱盛"。《广雅》云:"轱,车也。"孙氏以为胡之假借字。《释文》四〇七页,田卒赵德简文云:"牛车轱一两。"(劳氏原误释作车轱,今订正)与本文正相符合,是否如孙氏定为胡之转音,尚未有确证,毕氏以为毂之误字,更属非是。

《杂守》篇云:"令给事官府若舍。"

按:《汉书·百官表》,叙给事中加官,为秦制。《杨敞传》云:"给事大将军莫府为军司马。"《扬雄传》云:"给事黄门。"《减宣传》云:"以佐史给事河东守。"皆是也。给事二字,为秦汉人公牍中之习俗语。又《释文》二二六页,有残简文云:"□未以主须徒复作为职,居延护徒,髠钳城旦,大男、厮、廝、署作府中寺舍。"本文之若舍,疑为寺舍之误字,"官府若舍"四字虽可通,然不如寺舍在西汉为连文。

小 结

《墨子》全书之著述,可分为三个时期,《经》上、下篇为墨子所自著,时代在最先。次则为自《亲士》至《公输》各杂篇,时代应在战国晚期,《备城门》以下十一篇,成书则应在秦代。车裂三族之刑名,五大夫、公乘之爵名,犹可透为商鞅时之作品,而城旦鬼薪之刑名,见于两戈文,都司空之官名,属于宗正,为始皇以来之制度,应无疑义。尤其有方之使用,葆宫之设立,符传之传信,在《墨子》固言之甚详,在《居延汉简》所见尤备,可见时代更相接近。各篇成书时代既在后,其文字反较《非乐》《兼爱》《尚同》

《明鬼》等篇为艰深难通者,因涉于古兵家技巧之言,研究者少,故湮弃有二千余年之久。又《墨子》全书,尽称子墨子,为其弟子门生对本师之尊称。《小校经阁金文》卷四、七十五页,有"子佫迹子壶",为凿款晚周文字。《公羊传》有子沈子、子司马子、子北宫子,《公羊》为口授之书,所引应为战国末至秦代经师之学说。皆与子墨子名称相同,其在姓氏上再冠以子字,流行之风气亦甚短,西汉初人则绝无此例,并可证明《墨子》除《经》上、下等四篇以外,其他各篇,皆为战国末期下至秦代之作品。至于《备城门》等篇,主要人物为禽滑厘,"滑厘"二字无解诂,疑为"滑稽"之转音也。

《汉书·赵充国传》与居延汉简的关系

一、赵充国湟中屯田与居延屯田异同之点

西汉时晁错建议募民从塞下,是为屯田的萌芽;桑弘羊屯田轮台以东,是为屯田的开始。嗣后路博德之屯田居延,赵充国之屯田湟中,冯奉世之屯田陇西,郑吉之屯田车师,皆其最著者。路博德之居延屯田,事在武帝太初二年;赵充国之湟中屯田,事在宣帝神爵元年。充国所上"屯田十二便"奏疏,所说为屯田之原则;居延前批发现之木简万余枚,所记为屯田之措施。在上述各屯田成绩中,以此二者最为具体,文献与古物,互相引证,其相同者约有三点。(一)彼此虽无军屯民屯之名,用后来的名称相衡量,皆属于军屯,不夹杂有民屯性质。所使用者皆步兵,所耕作者皆公田,其土地大部分围绕在烽戍台左近,充国所垦者二千余顷,居延尚未有确数。(二)屯田之人数相似,充国共一万二百八十一人,居延则为八千四百人(《居延汉简释文》三六五页,有简文云:"袭八千四百领,绔八千四百两,常韦万六千八百")。其目的皆精兵简政,以逸待劳。(三)其任务主要在防羌族之外,兼防匈奴。《赵充国传》云:"疑匈奴更遣使至羌中,道从沙阴地出盐泽,过长阮,穷水塞,南抵属国,与先零相值,臣恐羌变未止此。"《居延汉简释文》一八五页,有简文云:"匈奴人入塞及金关以北,塞外亭燧,见匈奴人举烽□□□,五百人以上,能举二烽。"皆为兼防匈奴之证。

其相异者,亦约有三点。(一)路博德最初在居延屯田时,不统辖于张掖郡,嗣后逐渐演变,成为张掖郡所专管,戍卒与田卒合而为一,在事实上为主体。充国在湟中屯田,金城郡中另有郡兵,在事实上为客体。(二)居延屯田兼管骍马田官之事,骍马田官所在地,余昔考为在武威、金城两郡之间,与北假、渠犁两田官相似,充国所屯,比居延则范围缩小。(三)居延戍田卒多携带家属赴边,由官府按月发给食粮,依年龄之大小,由一石至二石不等,充国在湟中,则不采用此制度(屯田奏疏中,统计戍卒人数之口粮,无家属之廪食)。可证居延为长久之计,充国为暂时之计。

二、赵充国屯田愿罢骑士留步兵的意义

充国《屯田奏》云:"愿罢骑兵,留弛刑、应募及淮阳、汝南步兵与吏士私从者,合凡万二百八十一人。"又"屯田十二便"奏云:"军马一月之食,度支田士一岁,罢骑兵以省大费。"据充国计算,骑兵一月之费,即抵一年之费,骑兵盖包括骑士及良家子两种身份,充国出身于骑士,故深知其支用之浩繁。证之以居延木简,马一匹一日食粟二斗(见《居延汉简释文》二六〇页)。一月须食六石,刍茭尚不在内。在步兵二十五人之中即须抽调二人,为骑士管理鞍装(《居延汉简释文》二三二页,有简文略云:定作廿五人,二人缀络具)。用费之庞大,与充国奏言完全符合。且戍卒除昼夜轮值烽火台守望之外,其他杂役很多,如伐木、积茭、积苇、守园、守邸、作绳、除土、除沙、桉壂、削工、治计、吏养等繁琐工作,皆由戍卒承担。在敦煌之骑士,尚兼做一些作壂工作(见《流沙坠简考释·戍役类》第十六简)。在居延骑士,并不参加各项任务,此充国先罢骑士之原因。至于留淮阳、汝南步兵者,虽不限于此二郡之兵,但绝大部分为此二郡之兵。汉代当正戍卒征调时,因各地民性习惯关系,多以边郡人派为骑士,中原地区人派为材官,水乡人派为楼船士。宋代钱父子补《汉兵制》,谓"大抵金城、天水、陇西、安定、北地、上郡、河东多骑士,三河、颍川、沛、淮阳、汝南、巴蜀多材官,江淮以南多楼船",其说甚是。充国所留之步兵,即为材官士;属于淮

阳、汝南籍,即为中原地区之郡。又《汉书·宣帝纪》,神爵元年"西羌反,发三辅中都官徒、弛刑及应募、佽飞射士、羽林孤儿、胡越骑,三河、颍川、沛郡、淮阳、汝南材官,金城、陇西、天水、安定、北地、上郡骑士,羌骑诣金城"。《韩王信传》云:"上以为信壮武,北近巩雒,南迫宛叶,东有淮阳,皆天下劲兵处也。"《灌夫传》云:"武帝即位,以为淮阳天下郊劲兵处,故徙夫为淮阳太守。"据上所述,淮阳、汝南二郡在材官中,尤以产劲兵著名。再以居延木简证之,在全部简文中,戍田卒籍贯属于淮阳郡者二十三人,属于汝南郡者九人,属于昌邑国者十六人。其余中原名郡,自一二人至七八人不等(张掖骑士人数在外)。完全与赵充国所言相合。昌邑国在宣帝初改为山阳郡,戍卒亦占名额较多,则为《汉书》所未详。

三、赵充国兼用弛刑、应募及私从者三种人民的作用

《汉书·昭帝纪》如淳注引汉制云:"天下人皆直戍边三日,亦名为更律,所谓繇戍也。虽丞相子亦在戍边之调,不可人人自行三日戍,又行者当自戍三日,不可往便还,因便住一岁一更,诸不行者,出钱三百入官,官以给戍者,是为过更也。"汉律虽明文规定丞相子亦须戍边,其实皆是雇人替代,盖宽饶官司隶校尉时,其子徒步往北边,为仅见之事,故汉史特加以记载。远赴边郡者,皆当时贫乏无告之人民,饥寒交迫,不得不行。有单身赴戍者,有在戍所继续受雇替代者,有携带家属一去不归者。证之《汉书·贾捐之传》云:"当此之时,寇贼并起,军旅数发,父战死于前,子斗伤于后。女子乘亭障,孤儿号于道,老母寡妇,饮泣巷哭,遥设虚祭,想魂乎万里之外。"《盐铁论·备胡篇》云:"身在胡越,心怀老母,老母垂泣,室妇悲恨。"又《执务篇》云:"若今则遥役极远,尽寒苦之地,危难之处,涉胡越之域,今兹往而来岁旋。父母延颈而西望,男女怨旷而相思,身在东楚,老在西河。"盖戍卒其身份皆为自由民。迫不得已而戍边,其离乡思亲之情怀,必连累操作之积进。充国知其如此,故兼利用弛刑徒、应募士及私从

者三种类型之人,辅助一切劳役。因弛刑徒是带罪立功的,应募士是自效奋勇的,私从者是游闲失职的,与戍卒情况有所不同。不但充国重用此三类人,即居延、敦煌、楼兰三地之屯戍人员,除骑士戍田卒外,其余身份亦复相同。《居延汉简释文》四六〇页,有"第十一燧施刑张达"(仅举一例,敦煌简并省举例)。三三五页,有"征和四年十月壬辰朔癸巳,受将军从吏德"各记载。《罗布淖尔考古记》第卅简,亦有"应募士长陵仁里大夫孙尚"之简文,完全与充国所留屯田者相合。此外居延、敦煌两汉简,皆有谪卒之名称,因正戍卒不足时,用秦代七科谪戍法谪发者,强迫从军,与一般戍卒相似,则为充国奏疏中所未言及。

四、赵充国对食粮刍茭精密的计划

充国《屯田奏》云:"臣所将吏士马牛食,月用粮谷十九万九千六百三十斛,盐千六百九十三斛,茭稿二十五万二百八十六石。"此言人马粮盐茭稿之综合数。又云:"愿罢骑兵,留弛刑、应募及淮阳、汝南步兵与吏士私从者,合凡万二百八十一人。用谷月二万七千三百六十三斛,盐三百八斛,分屯要害处。"此言吏士人数与粮盐互比之数。第一数字,粮比盐数量多一百一十七倍有零。第二数字,粮比盐数量多八十余倍。两数虽不同,一般人食盐不超过粮百分之一,似应以第二数为标准。充国计算粮盐,均以斛计。《说文》十斗为石。吏士每人每月平均则为二石六斗有奇,盖指大斗而言,在居延木简中记载戍所官吏兵卒,食粮每人每月为三石三斗三升少(《居延汉简释文》二八七页,有简文略云:"卒张半子粟三石三斗三升少,十月丁酉自取部。"仅举一例)。余昔考当为小斗,小斗一石,折合大斗六斗,吏士每月应折合为大石二石,与充国所云每人每月食二石六斗之数字,比较接近。至于居延吏士用盐数,每人每月领盐三升,领粮则为三石三斗三升(《居延汉简释文》二七九页有鄣卒张竟、三〇六有鄣卒李就领粮盐简文)。粮比盐数量,多九十余倍,介于充国第一与第二数字之间,可说大致相接近。又《赵充国传》记宣帝以书敕让充国云:"今张掖以东,粟石百钱,刍稿束数十。"《赵充国传》又云:"金城湟中,谷斛八钱。"证之居延木简,边郡谷价,通常为每石一百钱左近(《居延汉简释文》二八一页,有"粟一石直一百一十"。三二七页,有"枲小麦十二石、石九十"各简文之记载,仅举二例)。与宣帝敕书所言之谷价相似。充国所云"金城湟中谷斛八钱",与《汉书·宣帝纪》元康四年谷斛五钱相类似(《食货志》亦同)。盖至贱之价,非经常之价。《居延汉简释文》三二四页,有记刍茭价简文云:"出钱卅、买茭廿束。"每束仅合一钱半,与宣帝诏书"刍稿束数十"之价,则相去悬殊。它若居延木简记马食粮,有每日食二斗者(见《释文》二六〇页),有每日食一斗二升者(见释文二五二页)。记牛食茭,每日则食六斗(见《释文》二六四页,但本简文有诈增字样,似每日不能到六斗之数)。与充国屯田奏文,亦可互相参考。

五、汉廷对赵充国与辛武贤初期方略的估价

充国防先零羌族,范围扩大,除主要在金城郡外,牵涉到武威、张掖、敦煌、酒泉河西各郡。每郡皆有郡兵,充国以后将军名义出征,是为客体,河西各郡太守,是为主体。妒功嫉能,势所必然,充国之策,在先破先零,抵御侵略。其被劫持之羌,如罕开等族,不战而自服。辛武贤独建议以为应先击罕开,后图先零。宣帝从武贤之策略,乃拜许延寿为强弩将军,就辛武贤酒泉太守任拜为破羌将军。又命敦煌太守快,长水校尉富昌,增兵共击罕开羌族。另以诏书责让充国,此事在敦煌木简中,尤得有确切之证明。《流沙坠简考释·簿书类》,第一、二两简文云:

制诏酒泉太守,敦煌郡到戍辛二千人,发酒泉郡,其假(候)如品,司马以下,与将辛长吏,将屯要害处。属太守察地刑,依阻险,坚壁垒,远候望,毋囗(毋下应为忽字)。(以上第一简)

……陈却适者,赐黄金十斤。

囗囗元年五月辛未下。(以上第二简)

王国维先生以上二简书法相似,又自其木理观之,乃一简裂而为二

者。考为宣帝神爵元年五月辛未赐酒泉太守辛武贤之玺书,在拜武贤为破羌将军以前之事,其说是也。观宣帝之制诏,此时信任武贤,而黜斥充国,结果先零溃散,皆符合充国之策,而武贤罢归故官,深为愤恨。上书告充国子中郎将赵卬,漏泄省中语,卬卒自杀。赵辛两家,遂结为世仇,虽未能说宣帝有意造成矛盾,昧于知人之鉴,则无可讳言。卒后赵卬陪葬杜陵(见《赵宽碑》云"卬陪杜陵",此事不见于充国本传),亦为特例,盖汉廷善于补过者也。又充国身为列侯,生活俭约,观其所佩带钩,既不涂金,又不错银(见《小校经阁金文》卷十三、二十九页)。与居延将军之豪华,有大案七、小案七、圈五、大杯十一、小杯廿七等之用具,不可同日而语也(见《居延汉简释文》三六〇页,《将军器记簿》)。

《论衡·谢短》等篇疑难问题新解

王充在东汉学术思想上,不但是朴素唯物论的先驱者,且多熟习汉代旧事及汉代制度,《论衡·谢短》篇后半所记,极为明显,其他各篇,亦多有类似者。内中有一些字句,极为难通,历来注家,皆成空白点。有人疑为误字者固非,指为假借字者,亦不甚正确。现取证于敦煌、居延两木简,无不吻合,依次罗列,以为研究充书者之一助云。

《论衡·吉验》第九篇云:"光武帝建平元年十二月甲子,生于济阳宫后殿第二内中。皇考为济阳令,时夜无火,室内自明,皇考怪之,即召功曹史充兰,出问卜工,兰与马下卒苏永,俱之卜王长孙所。"

按:《居延汉简释文》二三〇页,有记戍卒工作简文云:"其一人守邸,一人守阁,一人马下,一人门。"二三三页,有简文云:"八月丁丑,鄣卒十人。其一人守客,一人守邸,一人取狗湛,一人治计,二人马下,一人吏养,一人使,一人守园,一人助。"马下卒盖照管养马者,不但郡吏有之,县吏亦有之,与本文正合。

《谢短》第三十六篇云:"有尉史令史,无丞长史,何制?"

按:两汉人称尉史、令史者,有广义,有狭义。如《汉旧仪》云:"令吏曰令史,丞吏曰丞史,尉吏曰尉史。"(今本《汉旧仪》辑本,误作"令史曰令史,丞史曰丞史",语义重复。《史记·项羽本纪》裴骃集解,据晋灼引《汉仪注》,作"令吏曰令史,丞吏曰丞史"是也)。及《史记·游侠·郭解传》

云"彼何罪,乃阴属尉史曰"云云,皆为泛指县令县尉属吏之总称,此广义也。《居延汉简释文》一五二页,有简文云:"一事二封,三月辛丑,令史护封。"一五八页,有简文云:"二事集封,十月癸巳,令史弘封。"又云:"八月庚申,尉史常封。"(以上仅各举一二例)令史为郡县专职之吏,尉史为塞尉专职之吏,《汉书·匈奴传》云:"雁门尉史行徼,颜师古注引汉律,近塞郡皆置尉,百里一人,士史尉史各二人。"此狭义也。本文指广义而言。又无丞长史者,谓无丞史之名及长史之名也。《汉旧仪》既云"丞吏曰丞史",是汉代有丞史之名,特无丞长史之名耳。长史之名,两汉丞相府、诸侯相(见《乙瑛碑》)及边郡太守皆有之。

《谢短篇》又云:"两郡移书曰敢告卒人,两县不言,何解?"

按:《居延汉简释文》九八页,有诏书清塞下木觚文略云:"□禁止行者,便转关,具骑逐田牧畜雀,毋令居部界中,警备毋为虏所在利,且归毋状,不忧者劾尉丞以下,毋告如法令,敢告卒人,掾延年,书佐光□。"(觚文甲面)"得会,吉兼行丞事,敢告部都尉卒人,诏书清塞下,谨候望,督烽火,虏即入,料吏可备,中毋远□□虏所□,书已前下,檄到卒人遣尉丞司马,数循行严□。"(觚文乙面,丙丁两面从略)又《流沙坠简考释·烽燧四十四》有简文云:"候史德在所,以亭次行令,敢告卒人,九月癸巳,敦煌□。"两木简中,皆有"敢告卒人"字句,与本文正合。居延简觚文甲面为某郡太守与张掖太守之公牍,转述清塞下之诏书。觚文乙面,为张掖太守转下肩水都尉府者。敦煌简亦为敦煌太守移敦煌某部都尉之简文。据此不独两郡太守移书,称为敢告卒人,本郡太守与本郡都尉之公牍,亦称为敢告卒人。卒人指府门卒而言,惟太守府有之(府门卒见《汉书·韩延寿传》及曲阜孔林廉君亭长二石人题字。或称为寺门卒,见近出望都壁画题字)。县令长不能有府门卒之制度,故王充设作疑问,称为两县不言何解也。但卒人虽系指府门卒,实指太守或都尉而言,等于后代之称阁下,亦从侍阁之吏名蜕变也。

《谢短篇》又云:"郡言事二府曰敢言之,司空曰上,何状?"

按:《居延汉简释文》五页,有简文云:"建始元年甲子朔,癸未,右后士吏云敢言之,乃十二月甲辰受遣,尽甲子,积廿日食,未得唯官移。"此为张掖肩水都尉所属甲渠或肩水候官之士吏,上肩水都尉府之公牍。两汉太守与都尉在外官称为二府,与王充所言完全相合(敦煌、居延两木简称敢言之最多,以上仅举一例)。又《汉书·王莽传》卷上云:"三公称敢言之。"是时王莽已居摄,百官上书,未便迳用"臣某昧死言"等字,故改用敢言之,而敢言之在《汉书》中仅此一见。《鲁相乙瑛碑》云:"永兴元年六月甲辰朔,十八日乙酉,鲁相平,行长史事下,守长擅,叩头死罪,敢言之司徒司空府。"敢言之在金石刻辞中,亦此一见。又《后汉书·朱儁传》注,引《汉官典职仪式选用》云:"诸州刺史上郡并列卿府,言敢言之。"是敢言之名称,不独如王充所言,仅郡吏用于二府也。又《金文著录补》四十页,有汉"直千金,敢言之"六字鼎文,是敢言之由公牍语,又演变为一般习俗语。

又按:《后汉书·光武纪》建武六年六月诏书,有"上司徒司空二府"之文,是列卿及郡国守相言事司徒司空二府,在公牍中皆称为上,不仅如王充所言,仅用于司空府也。

《谢短篇》又云:"吏上功曰伐阅,名籍墨将,何指?"

按:《史记·高祖功臣侯表》序云:"明其等曰伐,积日曰阅。"《汉书·车千秋传》云:"又无伐阅勋劳。"《朱博传》云:"王卿忧公甚效,檄到赍伐阅诣府。"颜师古注云:"伐,功劳也;阅,所经历也。"又《居延汉简释文》四九四页,有"□□□□远备甲渠令史伐阅簿"之簿检,皆与本文相合。伐阅后代变为阀阅,故说文无阀字。

又按:《居延汉简释文》五九页,有简文云:"初元三年十月壬子朔辛巳,甲渠士吏强敢言之,谨移所自占功劳墨将名籍一编,敢言之。"(劳榦氏误释墨将为量将,今据原简照本订正)又三二页有残简文云:"□墨将名籍一编敢□。"墨将名籍,与王充所言正相符合。但墨将二字,尚未能有确切之解释。以木简自占功劳而论,谓自评度劳绩,与《史记·平准书》"匿不自占,占不悉,戍边一岁"之义正合。

《谢短篇》又云:"七十赐王杖,何起;著鸠于杖末,不著爵,何杖;苟以鸠为善,不赐鸠而赐鸠杖,而不爵,何说?"

按：武威磨嘴子十八号汉墓所出王杖诏令十简，第一诏令云："制诏御史曰，年七十受王杖者比六百石，入官廷不趋，犯罪耐以上，毋二尺告劾，有敢征召侵辱者，比大逆不道，建始二年九月甲辰下。"第二诏令，为河平二年下。汉代年七十者受王杖，在古籍中见于《续汉书·礼仪志》。以武威简两诏文证之，则受王杖之典礼，开始于西汉成帝时，还可能再早一些。所赐之杖，上刻有鸠形，武威汉墓所出，亦为鸠形之杖。本文一再云"不著爵"及"而不爵"，自来注家，多解爵为雀之假借字。然鸠亦为雀类，王充设为此问，殊为语义重复。余谓"不著爵"，谓受王杖之人，何以不著官爵也。证之武威简第二诏书有云"河平元年，汝南西陵县昌里先年七十受王杖"云云，先为人名。在汉代纪事，名籍、公牍人名之上，必冠以爵名，例如公士某、上造某之类。即无爵者，亦必称为士伍，或男子之类，受王杖之人，皆必有一二级之民爵。今验之诏书，先人名之上，独不称爵，是为特例。故王充亦以受王杖者不著爵名为可怪也。

《实知》第七十八篇云："孔子将死，遗谶书曰，不知何一男子，自谓秦始皇，上我之堂，踞我之床，颠倒我衣裳，至沙丘而亡。"

按：《汉书·王莽传》中云："今月癸酉，不知何一男子，遮臣车前，自称汉氏刘子舆，成帝下妻子也。"又《居延汉简释文》一七五页，有简文云："□拔刀剑斗□以所持剑格伤不知何一男子左□。"又一七四页，有简文云："不知何人二男子带刀剑持县官六□。"又一七三页，有简文云："十五日谨补受索无阴督宗不知何男子队过留界中者敢言之。"据以上各简，不知何一男子，为当时之口头语，居延汉简皆为西汉中晚期物，王充所引谶书，亦为哀平时作品无疑。

武威汉简文学弟子题字的解释

两汉经师传经,在官学有两个系统:属于汉廷者,太常属官有博士,其下有弟子员;属于郡国者,有郡文学官,其下有学官弟子。《汉书》对于郡文学官,并无专载。《汉书·儒林传》序略于起源,详于迁调。郡文学官,见于《汉书·王尊传》;简称为"文学",见于《食货志》。其组织今可考者,有郡文学祭酒(见《隶释》卷十六《中部碑》跋引《成都左右生碑》)、文学师(见《隶释》卷十四《学师宋恩等题名》及《隶续》卷十六《繁长张禅等题名》)、文学孝掾(见《宋恩等题名》)、文学掾(见《宋恩等题名》及《隶释》卷五《张纳碑》阴)及文学主事掾(见《张纳碑》阴)。根据以上记载,文学官惟郡国始有之。又《金石萃编》汉六《苍颉庙碑》阴有文学掾题名,此碑为衙县所立,题名之文学掾,当为县属,盖为特例。

本简所称之文学弟子,当即学官弟子之异称,与博士弟子名例相同。《汉书·文翁传》云:"又修起学官于成都市中,招下县子弟为学官弟子。"又云:"武帝时乃令天下郡国皆立学校官。"学校官系连称,分称之则为学官、校官(如《潘乾碑》)。郡文学官,一方面以所传之经名为官名(如《宋恩等题名》有易掾、诗掾、尚书掾),一方面又传经于弟子;另一方面或以文学为官名,借此可以升郡职,应征试,本简之墓主人深通《礼经》,应为西汉末期武威郡之文学官。诸文学弟子所书出谷数目则为纪事之简。两汉记谷数,在居延、敦煌所出汉简中,或用斛名,或用石名。十斗为一斛,一百二十斤为一石。

玺印、木简中发现的古代医学史料

我国的医学,据传说始于神农尝百草,已经有五千余年悠久的历史。上古的医有俞跗,是扁鹊说出来的;春秋的医有和缓,是《左传》有记载的;秦代焚书,惟医卜的书不焚,所以医学发展的过程,汉人推重神农,必然知道得较详细。盖辨别药草的性质,是劳动人民用采集的方法,积累经验而来的,决不是神农一人所能遍尝的。在远古时就开始研究,这是毫无疑义的。太史公对于扁鹊、仓公立有列传,载有方案,这是最有稽考的专家。到了东汉张机更集医学的大成;嗣后如晋代的王叔和,南齐的褚澄,唐代的孙思邈,一脉相传,著述俱在。到了明代李时珍撰《本草纲目》,分析药味,非常具体,这又是集药学的大成。我从出土的战国玺印中及汉代木简中,罗掘不少医学上的新材料:一可以证明我国文献流传的可信,二可以补文献证据的不足。陈邦贤先生写的《中国医学史》,对于医理、药学书籍,叙述得颇为完备。我所谈的,虽为地下出土的材料,但必须先要略谈文献的记载,才能互相印证。

一、殷周药学的研究及医学的昌明

《诗经·周南·卷耳》云:"采采卷耳。"毛传:"卷耳,苓耳也。"盖今之苍耳子。又《周南·芣苢》云:"采采芣苢。"毛传:"芣苢,马舄;马舄,车前也。"盖今之车前子,俗名马鞭草。又《鄘风·载驰》云:"陟彼阿丘,言采其蝱。"毛传："蝱,贝母。"今日仍称为贝母。又《王风·采葛》云："彼采艾兮。"毛传："艾所以疗疾。"又《唐风·采苓》云："采苓采苓,首阳之颠。"毛传："苓,大苦也。"盖即今之黄芩。

以上所载的都是药品,药品必是治病的。据此最可靠的文献,药学的研究,在殷周之间已经开始;而医学的理论,在战国初期,已极发达。《史记·扁鹊传》云:

> 其后扁鹊过虢,虢太子死,扁鹊至虢宫门下,问中庶子喜方者曰:"太子何病?国中治穰,过于众事。"中庶子曰:"太子病血气,不时,交错而不得泄,暴发于外,则为中害。精神不能止邪气,邪气畜积而不得泄,是以阳缓而阴急,故暴蹶而死。"……扁鹊曰:"若太子病,所谓尸蹶者也。夫以阳入阴中,动胃,缠缘中经维络,别下于三焦膀胱;是以阳脉下遂,阴脉上争,会气闭而不通,阴上而阳内行,下内鼓而不起,上外绝而不为,使上有绝阳之络,下有破阴之纽,破阴绝阳,色废脉乱,故形静如死状,太子未死也。"

扁鹊这一段医的理论,后来《难经》的八十一难,多取材于此。关于扁鹊的史料,散见于《韩非子》《战国策》《韩诗外传》《说苑》等书,与《史记》可以互相参考。《史记》又云:"扁鹊名闻天下。过邯郸,闻贵妇人,即为带下医;过洛阳,闻周人爱老人,即为耳目痹医;来入咸阳,闻秦人爱小儿,即为小儿医。"是扁鹊内科最为特长,尤长于妇科、小儿科,与战国医人,专精一科,或专治一病者情况不同。

《周礼·天官·疾医》云:"掌万民之疾病。四时皆有疠疾:春时有痟首疾,夏时有痒疥疾,秋时有疟寒疾,冬时有嗽上气疾。"又有疡医,主治外科;兽医,主治兽疾。《周礼》近人多疑为战国时人作品,此段对于主要疾病,叙述亦甚具体。

二、西汉医案的存留及医书的整理

《史记·仓公传》，多载仓公治病的医理，类于后代的脉案。考仓公淳于意为汉文帝时人，官齐国的太仓令。当时王国设官，与汉代一样。仓公可能为齐悼惠王子哀王或孙文王时官，故仓公所治病的人，皆为齐国官吏（齐国官吏名称，与潍县郭氏所藏齐封泥，多有相同者）。试举诊病例云：

> 齐中大夫病龋齿。臣意灸其左太阳明脉；即为苦参汤，日嗽三升。出入五六日，病已。得之风，及卧开口，食而不嗽。

仓公用药只一味，类于后代所称单方。文字虽简单，医方、医案，皆已完备。本传所存留的医案尤多。

刘向校书天禄阁时，整理经籍，医书亦在校雠之列，故《汉书·艺文志》序有云："侍医李柱国校方技。"今所传的《本草经》，是西汉末期的作品。《汉书·平帝纪》云："元始五年举天下通知方术本草者，所在诏传遣诣京师。"《汉书·楼护传》云："护少诵医经本草方术数十万言。"皆其明证。所以颜之推在《颜氏家训·书证篇》中，亦疑本草所说的地名，多为汉代的郡县；因此即疑为汉代的作品。其说甚是。至于黄帝《内经》《素问》，扁鹊《难经》，当亦为秦汉人的作品，时代或较《本草经》为早。两经文辞古奥，理论深折，虽为秦汉人所依托，其材料确取于古代。《灵枢经》成书恐还在《内经》《难经》以后，兹不具论。

三、东汉医学的集大成及内外的分科

东汉末期，在医学上集大成的著作，流传至现今的，首推张机的《伤寒论》及《金匮要略》书。《伤寒论》共二十二篇，证外合三百九十七法、一百一十三方，关于病理学、治疗学、诊断学皆有独到的见解。《金匮要略》，是治杂病的全书，范围广阔，虽肉食、蔬果的禁忌，亦在附载之列。两书有理论，有脉案，有医方，是最伟大最完善的经典著作。《伤寒论》前有张机自序。张机《后汉书》无传,只知他字仲景,南阳涅阳人,灵帝时举孝廉,建安中官至长沙太守而已。丁福保先生谓张机疑即《三国志·吴书·孙坚传》中之长沙太守张羡,系一人两名,很有可能的(东汉末如荀爽一名谞,邯郸淳一名竺之类,比例极多)。

《三国志·魏书·华陀传》云:"陀精方药,其疗疾、合汤,不过数种。心解分剂,不复称量。煮熟便饮,语其节度。舍去辄愈。"又云:"若病结积在内,针药所不能及,当须刳割者,便饮其麻沸汤,须臾便如醉死,无所知,因破取病。若在肠中,便断肠湔洗,缝腹摩膏,四五日差不痛,人亦不自寤,一月之间即平复矣。"据此,华陀在公元二世纪时,已能做剖腹手术,与张机的医学不同。亦为内、外科分工的开始。

以上所述,是文献材料。以下所述,是地下发掘的材料。

四、殷代病名的确立及战国药学的分工

殷墟甲骨文多有卜疾病者,因而能看到病名,最具体者,莫如疥、疟二字(疥字见《殷虚书契前编》卷一第十二页,疟字见《前编》卷五第三十一页)。疥字像人卧床上身旁有疥甲之形。疥、疟二病,古即有之。与《周礼·天官·疾医》"夏时有痒疥疾,秋时有疟疾",正相符合。据此,若干种疾病名称,殷代已正式确立。治疗的方法,有一部分是用巫,有一部分必然是用医。既用医则必用药,与《诗经》"采采苤苢"等句亦相符合。

战国时期,每一医人只治一病,是发挥个人的专长,也是分工的细密。这一点可从山东、河南等省出土的战国古玺(玺原字作鈢,为便于书写起见,本文皆改作玺)中来说明问题。兹举列如下。

行瘖 (见《说文古籀补补》卷七、十页)行字盖从事于医的解释。至今俗语称医生为人治病曰行医,或曰行道。《说文》:"瘖,不能言也。"玺文行瘖二字,即是专治音哑病的医人所用。

事疡 (见《古玺文字徵》卷七、七页)事字当作治字解释(《史记·曹相国世家》:"卿大夫以下及宾客见参不事事。"下文有"惠帝

怪相国不治事",可以为证)。谓专治疡病的。《说文》:"疡,头创也。"创即后来的疮字。

事疕(音匕) (见《说文古籀补补》卷七、十页)《说文》:"疕,头疡也。"当作专治头疡的解释,疑是现今小儿头上所患的腊疮一类。

事骪(音骨) (见《古玺文字徵》卷七、八页)骪字不见于《说文》,只见于《广韵》,音骨,膝病。玺文当作专治膝病的解释。

事痈 (见《说文古籀补补》卷七、二页)《说文》:"痈,肿也。"玺文当作专治外症痈肿病的解释。

事疺 (见《古玺文字徵》卷七、八页)疺字不见于字书,疑为专治足病的。

事瘽(音紧) (见《古玺文字徵》卷七、七页)瘽字不见于《说文》,《广韵》:"居忍切,音紧,唇疡也。"玺文当作专治唇疔病的解释。

兼疡 (见《古玺文字徵》卷七、四页)玺文当作兼治头疮病的解释。

疡丁 (见《梦坡室金玉印痕》卷一,原文为'疡丁之玺'四字)丁盖疔字省文。疔字不见于《说文》,始见于《广韵》。玺文当作兼治头疮及疔毒两种病的解释。

以上九玺,仅标明所治的病名,所兼治病名,不冠以姓氏。

王瘖 (见《古玺文字徵》卷七、七页)《说文》:"瘖,口不能言也。"上标明医人的姓,下标明医人所专治的病。

䜣疥 (见《古玺文字徵》卷七、七页)第一字疑为断字省文。《说文》:"疥,搔也。"玺文是专治疥疮的病。

长疡 燕疡 (均见《古玺文字徵》卷七、七页)战国时古玺张字多省作长。玺文是专治头疮的病。

王疢 竺疢 辂疢(音又) (均见《古玺文字徵》卷七、七页)《说文》:"疢,颤也。"玺文是专治头摇动及手颤动的病。

侯瘁 邵瘁(音幸) (均见《古玺文字徵》卷七、七页)《说文》:"瘁,寒疾也。"玺文疑为专治伤寒的病。

乔疠　张疠　（均见《古玺文字徵》卷七、七页）疠字不见于字书。

阳城㾷(音鼻)　（见《古玺文字徵》卷七、七页）《玉篇》："㾷,音鼻,手冷病也。"

肖痣(拓本)　肖为赵字省文。痣,《广韵》音志,又作志。《汉书·高祖本纪》："左股有七十二黑子。"颜师古注："今中国通呼为黡子,吴楚谓之志。志者记也。"

王疛　司马疛　（均见《古玺文字徵》卷七、七页）疛字不见于字书。

梁疢(音夹)　（见《古玺文字徵》卷七、七页）《说文》："疢,病息也。"玺文是专切脉息的。

赵瘦　（见《古玺文字徵》卷七、七页）瘦字不见于字书。

司马㾴　（见《古玺文字徵》卷七、七页）㾴字不见于字书。

王疨(音曹)　（见《古玺文字徵》卷七、七页）《博雅》云："疨,病也,音曹。"

周瘟　（见《古玺文字徵》卷七、八页）瘟字不见于字书。

郭痤(音挫)　（见《说文古籀补补》卷七、十页）《说文》："痤,小肿也。"

高痈　（见《说文古籀补补》卷七、十页）《说文》："痈,肿也。"

郲疷(音瘥)　（见《说文古籀补补》卷七、十页）疷盖瘥字省文,说文："瘥,愈也。"

长疛(音陶)　赵疛　（均见《古玺文字徵》卷七、七页）疛《集韵》："音陶,疾也。"

邡疣(音选)　（见《古玺文字徵》卷七、八页）《广韵》："疣,同癣。"《说文》："癣,干疡也。"玺文是专治癣癞的病。

桀痍　（见《古玺文字徵》卷七、八页）痍字不见于字书。

王生瘨(音皇)　（见《古玺文字徵》卷七、七页）《集韵》："瘨,音皇,病也。"

徒疸(音息)　（见《古玺文字徵》卷七、七页）疑为瘜字省文,《说文》:"瘜,寄肉也。"玺文是专治瘿瘤一类的病。

赵瘦 （见《说文古籀补补》附录十二页）《尔雅·释训》:"瘦,病也。"郭注:"贤人失志怀忧病也。"玺文是专治忧郁病的。

赵瘤（音留） （见《说文古籀补补》附录十三页）疑为瘤字,《说文》:"瘤,肿也。"玺文是专治肿胀病的。

以上三十一玺,皆是上标以姓氏,下标所治病名。除痰、疽、瘌、瘟、瘦五字是病的总义外,其余包括内、外科,由头至足,范围极为广泛。

牛疡 （见《古玺文字徵》卷七、七页）玺文是专治牛病的牛医用的。《周礼·天官》有兽医。盖古代兽医中,注重马医与牛医。《史记·货殖传》云:"马医贱方,张里击钟。"《后汉书·黄宪传》云:"世贫贱,父为牛医。"皆其明证。

以上一玺,属于兽医。

本文前后所罗列的共有四十一玺,不同的病名,有二十八种。能看到医学分工的细密,及医学研究的深切,和充分的发展。此就出土的而言,就易解释的而言,其他尚有我未见到之玺及难认识的文字,不计数在内。战国时代百家争鸣。医家当然不在例外,尤其医家在它领域内,也是各科争鸣。与扁鹊能兼治内科妇科小儿科者不同,与后来医生悬牌自号能治内外儿妇兼大小方脉者亦不同。古人所谓技之精者,不能两工,这是战国人医学的特色。秦汉人也未提及,不是从玺文上找到这一些线索,是不容易看出来的。又玺文上标姓氏,下标治病的名称,沿至汉代,此风仍不改。从史瘔、贾瘀、李痤、魏痈、苏瘦、陈疒、其母瘜等汉印中皆可以见到（以上均见《汉印文字徵》卷七、二十页）。盖太医令等是汉代的官府医业,此则是私人医业。

五、西汉医方的发现及丸方的开始

在居延、敦煌发现的两批木简中,有一部分医方,有治人的病,有治兽的病。居延木简部分,开始于武帝太初三年,止于光武建武九年,绝大部分皆属于西汉时物。敦煌木简出三处：一为敦煌西北之长城，二为罗布淖尔北之古城，三为和田东北之尼雅城等地。敦煌所出皆两汉的物，最早的始于武帝时；出罗布淖尔北者，则自魏末以至前凉；出和田三地者，不过二十余简，皆无年代可考。敦煌木简载有完备及残缺的医方十一片。兹将敦煌及居延木简中医方（居延的医方虽不多，却很重要）选择条列如下，并略加以解释。

伤寒四物：乌喙十分，细辛六分，术十分，桂四分。以温汤饮一刀封三日（原文作日三，恐系笔误）夜，再行解，不出汗。（《居延汉简考释》卷四之二，五六三页）

伤寒四物者，即治伤寒的四味药。乌喙见于《本草经》，即是乌颈，《金匮要略》称乌头，为后人所改。术为白术简称。桂为桂枝简称。《伤寒论》名方中，常用此四味，但用乌喙时少，改用附子时多。

汉代药味的份量，皆云一分、四分、五分、十分，或云等分，或云一两，盖汉代以二十四铢为一两，六铢为一分，即二钱半；四分为一两，十分即二两半。与后代的几分几钱不同（见成无己注《伤寒论》目录）。所谓饮一刀者，当为一剂，剂字的省文。若解为一刀圭，汉代刀圭，等于一龠，潍县陈氏藏有汉大郭刀圭，容量甚小，与此方所开的份量情况不符合。

□□蜀椒四分，桔梗二分，姜二分，桂（下缺）。（《居延汉简考释》卷四之二，五六三页）

此方上下皆残缺，亦当为治伤寒用的，与《伤寒论》卷六乌梅圆方相似。该方共十味，蜀椒、姜、桂，皆在其中。惟无桔梗。蜀椒二字，是汉人口气，与今人称川黄连、川贝母相同。

治久欬逆匈痹、痿痹、止泄、心腹久积伤寒方：人参、茈宛、昌蒲、细辛、姜、桂、蜀椒各一分，乌喙十分，皆和合，以须史当泄下，不下复饮药，大下立愈矣，良甚。（《流沙坠简》小学、术数、方技书类，五页）

此亦为治伤寒方。有脉案，有药味，与《伤寒论》所用药方药味多相同，尚无具体的方名相同。茈宛，即今之紫菀。

（上缺）绝大黄主靡縠去亭磨。（同上）

此亦治伤寒方。惜简文上下俱残缺，可见的主要药味，是大黄、亭磨（亭磨当即今之葶苈）两种，《伤寒论》卷四大陷胸丸方，为大黄、葶苈、芒硝、杏人（杏仁唐以前皆写作杏人）四味，知道西汉时已有类似的方子。汉末伤寒流行，观《伤寒论·自序》所谓"建安纪年以来，犹未十稔，宗族死亡者三分有二，伤寒十居其七"，可以证明。

股寒，曾载车，马惊坠。血在凶中。恩典惠君方服之廿日，征下：卅日腹中毋积，匈中不复，手足不满，通利。臣安国。（同上）

（上缺）煮三沸。分以三灌、五饮尽。漕孝宁方。（同上）

第一简仅写脉案，药方当另写在一简，惜已不见。照脉案来看，是因坠车马受伤，胸中致有瘀血。处方着重在逐瘀（征是血瘕），使胸中无积，自然通利。第一简末有臣安国，第二简末有漕孝宁等字，皆是医人的姓名。现今医方上仍用此例。漕姓甚少见，《汉书·游侠传》有西河漕中叔，王莽时人。漕孝宁或其族人。

治马胺方：石南草五分。（同上）

治马胺方：石方。（同上）

此治人食腐败马肉中毒之方。是治人病之方，不是治马病之方。简文胺字甚清楚，决非腰字。胺字不见于《说文》。《广韵》："乌葛切，音遏，肉败臭也。"《金匮要略》卷下，有治食马肉中毒方，用香豉、杏仁两味，与简文不同。石南在《本草经》下品药类。

治马伤水方：姜、桂、细辛、皂荚、付子各三分，远志五分，桔梗五分，佳子十五枚（下缺）。（同上）

治马头涕出方：取戎盐三指挟三口。（《居延汉简考释》卷四之二，五六三页）

此为汉代兽医所用治马病的两方。第一简第二十五字，疑为鸡字。戎盐在《本草经》下品药类。《齐民要术》卷六有治马中水方，用"盐著马两鼻中，泪出乃止"。与本方不同。

（上缺）为十二丸，宿无食马，以一丸吞之。(《流沙坠简》小学、术数、方技书类，五页)

此为治马病的丸方。中国丸药的发明，当在公元前二世纪。《史记·仓公传》，为齐王治病，"即令服丸药，出入六日病已"。此记载丸方最早最可靠的文献。木简的时代，亦当在公元前后。《金匮要略》中取列鳖甲煎丸、皂荚丸、理中丸等名，皆在其后。一般人都说丸方为张机所创作，其实不然。古代很重兽医，《隋书·经籍志》有《疗马方》一卷，《伯乐治马杂病经》一卷，《治马牛驼骡等经》三卷等，皆是很明显的例子。

六、秦汉医官制度

秦代

太医令　太医丞　杜佑《通典·职官·奉常》属官：秦有太医令丞，主医药。《史记·扁鹊传》云："秦太医令李醯。"

侍医　《史记·刺客列传》云："侍医夏无且。"侍医盖即后来的御医。

西汉

太医令　太医丞　《汉书·百官公卿表》，太常属官有太医令丞，少府属官亦有太医令丞，盖属于太常的，类于后代的太医院；属于少府的，类于清代内务府的药房官。又应劭《汉官仪》(《平津馆丛书》辑本)云："太医令，周官也，秩千石。丞，三百石。"又《太平御览》卷二百二十九《职官》云："少府属官有太医令丞，无员，多至数十人。"

药府　一九五三年七月，西安白家口汉墓中出药府半印，三台纽，盖西汉初期制作。与以下二印，皆疑属于太医令。

药府藏印　(见《汉印分韵续集·七阳》)此书嘉庆时粤东谢云生撰，上印药府为简称，此为繁称。藏即藏库的解释。

药藏府　(见《汉印分韵续集·七麌》)药藏府即药府藏的名称颠倒，或时代略有先后。

太医监　《汉书·外戚传》云："上官桀妻父所幸充国为太医监。"盖与汉太医令相似。

侍医　《汉书·艺文志》序云："侍医李柱国校方技。"又《汉书·王嘉传》云："侍医伍宏等侍内案脉。"又《汉书·贡禹传》云："侍医临治。"

医待诏　《汉书·董贤传》云："为医待诏。"

乳医　《汉书·霍光传》云："乳医淳于衍。"《外戚传》则称女医，盖专治产妇病的。

彭城医长　琅琊医长　彭城见《汉印分韵续集·四支》，琅琊见《汉印文字徵》第十四，盖皆郡国的医官。

齐典医丞　（见《汉印分韵续集·十六铣》）与以下二官，盖皆汉代文景时齐王国自置的医官。

齐太医　齐王侍医　均见《史记·仓公传》。

东汉

太医令　太医药丞　太药方丞　《续汉书·百官志》，少府属官有太医令一人，六百石。本注曰："掌诸医药，药丞、方丞各一人。"本注曰："药丞主药，方丞主药方。"刘昭注引《汉官》云："员医二百九十三人，员吏十九人。"徐坚《初学记》职官引司马彪《续汉书》云："东平王苍列国病，诏遣太医丞将高手医视病。"《三国志·魏书·魏武帝纪》云："太医令吉平（或作吉本、吉丞）。"又《太平御览》卷二百二十九《职官》引《魏略》云："脂习除太医令，与孔融亲善。"又引《典论》："张让子奉为太医令。"《后汉书·方术传》云："郭玉和帝时为太医丞。"

中宫药长　《续汉书·百官志》："大长秋属官，有中宫药长一人，四百石。"本注曰："宦者。"盖专为宫中人治病的。

学事　《续汉书·百官志》，大司农卿，刘昭注引《汉官》（原文误作《汉书》）曰："学事一人官医。"盖专属于大司农部分的。

尚药监　《后汉书·盖勋传》云："京兆高望为尚药监。"盖与西汉太医监相似。

医工长　见《通典·职官七·太医令》条云："后汉又有医丞，有医工长。"疑为郡国的医官。

综上所述，西汉医官及属吏有数十人，东汉多至三百余人，皆属于官府医业。虽为统治阶级服务，但因研究人员众多，促进医学的进步不少。然仓公、张机二人是最有伟大成就的。而一官太仓令，一官长沙太守，皆是学非所用。可见汉代虽注重医学，尚未能人尽其材。

七、结束语

我国的医学，据传说的有五千余年历史。据最可靠的文献材料及地下发掘材料来证明，亦在三千年以上。战国玺文上的医人，与汉代木简上的医方，皆是平民的医学。与当时官府医学，是互相结合的。战国时何以无医方保留下来？因当时用药品只两三味，药由自采，汤由自合，汤药与针灸并施，所以流传甚少。木简的医方，皆是公元前保留下来的。由春秋战国至秦汉时代，医学分两大派。最初的是秦派，如秦医和见《左·昭元年传》，秦医缓见《左·成十年传》等皆是。代替的为齐派，如阳庆及淳于意等皆是。扁鹊勃海人，游于秦，可能与秦派相近（扁鹊、秦越人，皆疑是别号，而不是真姓名。秦人视越是当时的俗语）。大概秦派重在针灸，齐派重在汤药。到了张机就无所谓秦派齐派。总之，针灸与医方创始最先，丸方始于西汉，散方及药膏皆始于东汉（散方如《金匮要略》中五苓散之类，药膏见于《三国志·华佗传》），丹方始于西汉时的方士，后来借为散方的别名。在医方医名下注炮制的方法，则始于东汉（例如《金匮要略》鳖甲煎方注灸烧熬去皮等字）。人民经过长期的劳动，始能辨别药品；再经过长期的经验，始能研究理论，创立药方，及制药的各种方法。不是神农一人所能尝百草的，也不是黄帝和岐伯二人所能论病理的。又《金石萃编》卷三十五有北齐武平六年《道兴造像记》，背面刻有治病药方及针灸法，共一百十八种。与耀县石刻大小三碑，存字、阙文，完全相同。碑文称为《千金秘方》,当为北朝医方的一种。知道孙思邈的《千金方》名称是启源于此。北齐时尚未有印刷术,只凭抄书,传抄既久,恐有错误的字,医方不宜有误字,故刻在石碑以广流传。我在此附带提出,以供医士的重视和研究。

又或问本文中所举出的战国时医人所用的玺印,如王瘠张疡之类,安知不是私人的姓名,与病名无关。我的答辨,古代人名,如去疾、去病、病已,三类名称,是一般的名字,《左传》上说,古代命名,不以隐疾,似不能专取疾病以为名字,我们所见到的已有四十一玺,皆是病名,似不能如此之多,且对于行瘖、事疡、事疕等字,又作何解释,我以为吴大澂在《说文古籀补》中断为是战国时医人的玺印,是正确的。

武威旱滩坡汉墓出土医药方汇考

武威汉墓出土医药方木简,有九十二支,内容丰富,涉及内、外、妇、五官、针灸等科。所列药物有一百余种,其药味有在现存《本草经》之外者,在祖国医学史上,又出现了光辉的一页。我从中水侯李忠、东海王刘疆、建威将军耿奄三人所奏进各方中,综合考释,应为东汉早期之物,兹将管见,分列如次:

一、中水侯所奏治男子有七疾方及建威耿将军方

本简第二十四甲面,有"中水侯所奏治男子有七疾(伤)方"。按:此当为东汉初年中水侯李忠所奏进之药方也。《后汉书》列传十一《李忠传》略云:"建武二年,封中水侯。……以建武十九年卒。"章怀注:"中水属涿郡。"(《汉书·地理志》,中水属涿郡。《高惠功臣表》,吕马童封中水侯。《续汉书·郡国志》,中水改属河间国。故城今在献县西。章怀注系指西汉时之所属也)鲁省在清代光绪初年,出土有琴亭国李夫人墓阙石刻,则为李忠之孙李纯之妻也。若依甘肃博物馆原释为白水侯,《续汉书·郡国志》,白水属广汉郡,终两汉时期,无封白水侯者。倘若解为南阳之白水乡,在东汉初尚无封乡侯亭侯之制。

又博物馆简报所列内科病方目录,内有"治东海、白水侯所奏方"。原

简文未曾印出，白水亦应为中水之误释，中水并不属东海郡。东海者当为东海王之简称。在西汉之例，王国地名一字者，必系以王字，如吴王、楚王、梁王是也；地名二字者，则不必系以王字，如长沙（见《陶斋吉金录》，长沙元年钫）、淮南、衡山（见《汉书·武帝纪》）是也。简文之称东海，亦沿此例。《后汉书》列传三十二《东海王疆传》略云："光武初立为太子，建武十九年封为东海王，二十八年就国，永平元年卒。"据此则为东海王刘疆及中水侯李忠二人所共奏之药方也。

本简乙面有简文略云："有病如此，终古无子，治之方法，樗杞十分，天雄五分，牛膝四分，□□□，昌蒲二分，凡六物……建威耿将军方，良禁千金不传也。"按：此当为东汉初年，耿弇所传之药方也，观其用药，亦属于治男子七疾方之一种。《后汉书》列传九《耿弇传》略云："光武即位，拜弇为建威大将军。"盖耿弇以建武元年七月任此官，至建武十三年始罢任，以列侯奉朝请。弇任建威大将军共十三年之久，与简文极合，特简文简称为建威将军耳（《宋书·百官志》亦云建威大将军官号，始于东汉耿弇）。在西汉时，大官僚如有经验良方，亦可颁布于各郡国，《居延汉简释文》（以下引用简称《释文》）一〇七页，有"永光四年闰月丙子朔，乙酉，太医令遂，丞褒，下少府中常方"之简文。再合上三简观之，人民有医治疾病良方，汉廷既可以传播于郡国，王侯亦可以上奏于汉廷。李忠、刘疆、耿弇三人，未必能通医学，特窃取人民研究成果，贪天功以为己力。即东汉时官太医令者，亦未必精通方技，例如衡方、杨淮、吉平等人，皆曾官太医令，并未闻有医方之流传也。又乙简尾所称"建威耿将军方，良禁千金不传也"。《史记·仓公传》云："公乘阳庆年七十余无子，使意尽告其故方，更悉以禁方予之。"禁方即后代所谓秘方也。

综合以上三简考之，李忠封中水侯，事在光武建武二年，卒于建武十九年。东海王刘疆在建武十九年封为东海王，二十八年始就国。耿弇任建威将军，自建武元年起，至十三年止。但李忠之卒，刘疆之封，同为建武十九年之事，据此二人共奏药方，必在是年无疑。至于本墓主人传抄药方，当然更在其后，然亦不致距离太远。则本墓葬相对时代，上限自光武建武末年起,经过明帝时代,下限最迟可能至章帝初年。

二、公孙君方

本简第二十三甲乙两面,有"樊石二分半、禹余粮四分、牡蛎三分、黄芩七分"等六物医方一则,末署"公孙君方"。按:此为西汉最初公孙光遗传之方也。《史记·仓公传》云:"臣意闻菑川唐里公孙光,善为古传方,臣意即往谒之,得见,事后受方,化阴阳及传语法,臣意悉受书之。"公孙光为公乘阳庆之友人,仓公之师事阳庆,由公孙光之介绍,公孙光亦为西汉初年齐国之名医无疑。关于公孙光医学著作,不见于《汉书·艺文志》,当散失已久,本墓主人盖加以搜辑遗佚,写入札记者也。西汉医师,往往在处方末尾,系以自己姓名,如敦煌木简,有"漕孝宁方"及"臣安国方"两简可证。本简若准此例,如当时医师,只能自称为公孙某方,不能称为"公孙君方",应为公孙光遗留之方无疑。

三、治妚人膏药方及马胗方

本简第二十七,有"治妚人高药方"。妇字作妚,不见于古籍及敦煌、居延两木简,盖为隶书的变体。因篆文从𦣞之字,隶书写作阝,从邑之字,隶书亦写作阝。本简则以阝字为声符,借作妇字之简体,特又将阝字移左边于右边耳。西汉人则多以负字假借作妇字,即嬻字之省文。予昔考《汉书》高祖纪之武负,陈平传之张负,周亚夫、郭解传之许负,居延木简之郑负,皆为妇字之通假。本简以妚为妇,尚属创见(《集韵》有妚字,见《路史·国名纪》,音余,与此音义皆无涉)。又《释文》二四一页,有简文云:"昌邑方舆大里陈系,十二月癸巳,病伤头,右手膊膏药。"膏药之创作,当在西汉中晚期,本简时代又在其后。又《释文》三八四页,有"高果一枚"之简文,即"膏粿"之省文,省膏作高,为当时之简体。

又本简有"治痂及久创及马胗方"。按:《释文》八六页,有"治马胗方,石南草五分"之简文。《广韵》:"胺,乌葛切,肉败臭也。"《金匮要略》卷下,有治食马肉中毒方,用香豉、杏仁二味。处方与居延简不同,石南草《本草经》列在下品药类。皆系治人食马肉中毒之方,非治马病之方也。

四、药价问题

第二十八简所写皆为药价,今可见者,有"牛膝半斤直五十、防风半斤百、小椒一升半五十、朱臾二升半廿五、席虫半升廿五、黄芩一斤直七十"等品。按:汉代药价,见于《计然万物录》(《玉函山房辑佚书》本)者,有"犀角出(日)南郡,上价八千,中三千,下一千。螵蛸出三辅,上价三百。皂荚出三辅,上价一枚一钱"等三品。见于居延汉简者,有"附子一斗直百廿五"一品(见《释文》三一四页A)。此皆由西汉中晚期,至东汉初期药价之可考者,共计仅十余品,是最为可贵之新史料。

五、两汉七字书写的变化

西汉全期,七字写法,中画微短作十(以下简称古体),与十字极相似,至东汉始改作七字(以下简称隶体)。《史记》中七字,当时所写必为古体,故《汉书》录原文时,往往误作十字。清代学者,如王念孙父子,已略见及此。现以西汉南越甫木题字,自饮、酒来两酒令铜器,建德周氏所藏玉日晷,以及居延全部木简而论,无不作古体者。居延简有时借用作桼字(见《释文》二二八页桼人归责简及四三页建武桼年简)。他如镜铭"桼言之纪从镜始"(见《古镜图录》卷中),亦用假借字。在东汉初年,则为古体隶体两种形式兼用时期,如建武十七年铜钟,仍用古体,永平十五年王杖十简云:"年七十者受王杖。"则用隶体。本简治妿人膏药方,"凡七物",则用古体,其余如记针灸法各简,则皆用隶体,此本简为东汉早期之物又一确证。此后碑刻,无不用隶体作七矣。

六、丨▼的符号问题

各简中往往有丨▼两符号,多见于起句。按:居延木简另起一事者,则用●为符号,见《释文》三页马长史简。在人名之下记事者,偶用、为符号,见《释文》二〇〇页居延候史李赦之简。若居延简在末尾有连署人名者,则用丨以分别之,类于现代标点之顿号。又汉代嵩山太室石阙铭,在起句上画一〇形,则与后代坊刻木版《四书》形式相同。综合考之,汉代标点,约有丨、●丨〇五种符号。

七、药名所用假借字及别体字

本简所写各药方药名,有用假借字者,如柴胡作茈胡。按:《急就篇》云:"黄芩伏芩矾茈胡。"王应麟补注:"茈:古柴字。"与本简正同(又敦煌简紫菀亦假借作茈宛,见《流沙坠简考释》小学、术数、方技书类,五页)。又丹砂作丹沙,与《汉书·董贤传》"以沙画棺"正合。葶苈作亭磨,与汉简校文八六页医方正同。《齐鲁封泥集存》有"磨城丞印"封泥,当即济南之历城。《史记·高惠功臣表》,有磨侯程黑,《汉书》作历侯是也。构杞作枸杞者,因从粤与从勾为一声之转。豮猪肪者,豮为豶字省文,《说文》:"豶,羠豕。"盖谓去势之豕也。至于附子作付子,与敦煌、居延两木简皆同,则为当时之简体字。

又本简列药味泡制方法,有酴醿(简报原误释作酢醿),即后代之用酒炒药味。醿为美酒,始见于《西京杂记》邹阳酒赋。洛阳烧沟墓葬,亦有"酴醿"陶器之题字(原报告亦误释作酵醿)。醇醯作淳醯者,犹汉镜铭醴泉之作澧泉,亦用省文也。

又本简记用药数量,有"龙骨三指撮"之文。《释文》五六三页,有治马头涕出方,"取戎盐三指挟",与本简文相似,盖三指挟为约略之计算也。

又本简愈字作傃,或作偷,与敦煌简医方所云"大下立傃矣"(见《流沙坠简考释》小学、术数、方技书类,五页),居延简"小偷唯所遣"并同,皆当时之俗体别字。

一九七四年四月于西安西大新村

张仲景事迹新考

张机所著《伤寒论》，始见于《隋书·经籍志》著录，仅注云东汉人，极为简单。《四库全书提要》则云，机字仲景，南阳人，尝举孝廉，建安中官长沙太守。盖从一贯相承之旧说，其事实他无所见。丁福保氏历考在东汉末期官长沙太守者，人名皆互相衔接，不容有张机官长沙之事。又据《后汉书·刘表传》云："长沙太守张羡叛表，表围之连年不下，羡病死长沙，复立其子怿，表遂攻并怿。"章怀注引《英雄记》曰："张羡南阳人，先作零陵、桂阳长，甚得江湘民心。"丁氏因疑张羡即张机之一名，云南阳人，云长沙太守，皆与之合。窃谓东汉末期一人有两名，确为常有之事，例如服虔一名祇，荀爽一名谞是也。然张羡之行动，与张机颇不相类，似非一人，丁氏之说，尚值得怀疑。按：《太平御览》卷七百二十二，引《何颙别传》曰：

> 同郡张仲景总角造颙，颙谓曰：君用思精而韵不高，后将为良医，卒如其言（又《御览》四百四十四亦引此文，至本句止）。颙先识独觉，言无虚发。王仲宣年十七，尝遇仲景，仲景曰，君有病，宜服五石汤，不治且成痫疾（原文为门字，今改正）。后年三十，当眉落。仲宣以其贯长也，远不治也，后至三十，疾果成，竟眉落，其精如此。仲景之方术，今传于世。

张机之事实，可考如此。《何颙别传》云，应为魏晋时人所作。《后汉书·党锢·何颙传》略云："颙字伯求，南阳襄乡人，少游学洛阳，颙虽后进，而郭林宗、贾伟节等与之相好，显名太学。"又云："党事起，天下多离其难，颙尝私入洛阳，从（袁）绍计议。"又云："及党锢解，颙辟司空府，及董卓秉政，逼颙以为长史，托疾不就。乃与司空荀爽、司徒王允等共谋卓，会爽薨，颙以他事为卓所系，忧愤而卒。"考第一次党锢事起，在灵帝延熹九年。党锢事解，在灵帝中平元年。荀爽之卒，在献帝初平五年（即兴平元年）。何颙既为郭林宗之后进，林宗以建宁二年卒，年四十岁（见本传及蔡邕《郭有道碑》）。假定何颙之年，少于林宗十岁，则何颙当建宁二年为三十岁。又按：《三国志·魏书·王粲传》，以建安二十二年卒，年四十岁。曹植《王仲宣诔》，亦谓卒于建安二十二年正月二十四日。惟《艺文类聚》作建安二十三年卒，当为误文。是年正月大疫，王粲盖亦染疫而死者。王粲当生于灵帝光和元年，毫无疑义。综合推断，王粲年十七岁遇见张机时，当为兴平元年。何颙既少于郭林宗，王粲又少于张机。上述何颙据郭林宗之卒，当建宁二年，假定为三十岁，张机据王粲之见时十七岁，当兴平元年，亦假定为三十岁，则《伤寒论》序所云，"余宗族素多，向余二百，建安纪年以来，犹未十稔，其死亡者三分有二，伤寒十居其七"等语，下推至建安十年，张机为四十一岁左右。机之卒年不可考，似应在建安末年，甚或至曹魏初期，亦未可知。从王粲年十七岁为兴平元年之正确根据，因可得出张机之相对年龄。

又汉代居延木简中，常见因边郡苦寒，士卒多患伤寒之简文，劳氏《居延汉简释文》五六三页，有伤寒四物汤药方，为乌喙十分，细辛六分，术十分，桂四分。在张机《伤寒论》各方中，亦长用此四味，惟乌喙改用附子，名异实同。又同页有"蜀椒四分，桔梗二分，姜二分，桂（下缺）"之残简文，亦当为治伤寒之方，与《伤寒论》卷六，乌梅圆方相似。该方共十味，蜀椒姜桂，皆在其中，惟不用桔梗。居延木简绝大部分，皆属于西汉中晚期之物。张机以善治伤寒，称为圣手，知系参用西汉相传之旧方，加以融会贯通，斟酌损益，遂致集其大成。兹因考张机之事迹，并附论及之。

秦兵甲之符考

此符一九七三年于西安南郊山门口公社北沈家桥村出土，现藏陕西省历史博物馆。文共四十字。文云："兵甲之符，右在君，左在杜。凡用兵兴士被甲五十人以上，必会君符，乃敢行之。燔燧之事，虽毋会符，行殹。"错金书，制作极精。按：上虞罗氏所藏两秦符，一为"甲兵之符，右在皇帝，左在阳陵"，为始皇二十六年以后之物。二为"甲兵之符，右在王，左在新郪"，应为始皇未兼并六国以前之物。本符甲兵之符，独作兵甲之符，除掌右符者身份及行符地区，与新郪符相异外，其余公牍术语，无一不与新郪符相同。

杜为秦旧地，君即指始皇弟长安君成蟜而言。证之《史记·秦始皇本纪》八年云"王弟长安君成蟜，将军击赵，反死屯留，军吏皆斩死，迁其民于临洮"云云。秦都咸阳，杜则属于长安地区以内。此符当为始皇八年以前之物，与新郪符时代略相当。

"殹"字作"也"字解，石鼓文云："汧殹沔沔。"秦代权量，二世元年补刻诏书，"其于久远也"，或作"其久远于殹"，皆为秦人之习俗语。

秦始皇六大统一政策的考古资料

秦代一切制度，创始于商鞅，总其成于始皇。当始皇并灭六国以后，百废俱举，由纷争到统一，由庞杂到简单，对于文字、权量、郡县、货币、律令、官制各项，皆加以检定。此六者不但史传记载明确，且大部分可由出土的秦代古物得到印证。兹分段叙述如次：

一、文字的统一

《史记·李斯传》云："使天下无以古非今，明法度，定律令，皆以始皇起同文书。"此说明当时除制度、律令必须统一外，并兼及文字统一的重要性。六国时文字，各自为体，殊形诡制，变化无方，从古物方面考查，在铜器上的铭文，既属不易考释，在戈、矛、玺印、货币、竹简、陶器上的文字，释文更极端困难。如齐陶文"伯"作"敀"[1]，燕戈文"燕"作"郾"[2]，楚鼎文"悍"作"忎"[3]，梁币文"梁"作"汖"[4]之类，比较尚可以推测。而六国共同的奇文，则为"玺"字，皆写作"鈢"。因玺本玉质，以改用铜质，故变为从金，又或改用陶质，写作"坄"字，故变为从土，这都是从古文而改。经吴清

---

[1] 《季木藏陶》第三十三页，有左里敀陶文。
[2] 见《小校经阁金文》卷十，第四十四页。
[3] 见《十二家吉金图录宝》第一页，楚王酓忎鼎。
[4] 见《古泉大辞典》下编，梁充化金五十尚爰。

卿考订,这种问题才得以解决①。至于楚竹简类似蝌蚪书,更为难通,长沙仰天湖楚墓所出一批②,经罗福颐、史树青及鄙人等研究,始略有端绪。长沙五里牌③、信阳长台关④楚墓所出两批,不能读者,尚占百分之五十。无怪始皇并灭六国以后,诏书至桂林,一般人民即多不能认识,李斯的建策,确为识时务之措施。王国维谓秦用籀文,六国用古文,实则六国各用一体,此说尚不敢完全同意⑤。

在秦始皇以前,秦国之文字,结体匀圆,笔画中矩,现存摹本之诅楚文⑥及大良靯量⑦、魏冉戈⑧、吕不韦戈⑨等,已接近秦篆。并灭六国以后,再加整齐划一,遂成为小篆正宗。始皇巡狩时,曾刻石七处,颂秦功德,现存者仅有琅琊台石刻后段⑩,泰山石刻残字⑪。临摹可见者,有之罘石刻残字⑫,峄山石刻全文⑬。峄山虽为宋元祐间郑文宝所摹刻,然结体规格,尚有虎贲貌似之处,兹将全文录写于下:

> 皇帝立国,维初在昔,嗣世称王。讨伐乱逆,威动四极,武义直方。戎臣奉诏,经时不久,灭六暴强。廿有六年,上荐高号,孝道显明。既献泰成,乃降专惠,窥轵远方。登于绎山,群臣从者,咸思悠长。追念乱世,分土建邦,以开争理。功战日作,流血于野,自泰古始。世无万数,陀及五帝,莫能禁止。乃今皇帝,壹家天下,兵不复起。灾害灭除,黔首康定,利泽长久。群臣诵略,刻

---

① 吴大澂《字说》。
② 见《考古学报》一九五七年第二期,《长沙仰天湖第二五号木椁墓报告》。
③ 《长沙发掘报告》第五十六至五十七页。
④ 见《河南信阳楚墓出土文物图录》,图版一三九至一四五页。
⑤ 见《观堂集林》卷七。
⑥ 见《古石刻拾零》。
⑦ 见《小校经阁金文》卷一一,第十九页。
⑧ 见《双剑誃吉金图录》卷下,第三十三页。
⑨ 见《小校经阁金文》第五十八页。
⑩ 见《金石萃编》卷四。
⑪ 见《金石萃编》卷四。
⑫ 见《绛帖》。
⑬ 见《金石萃编》卷四。

此乐石,以箸经纪。

石刻全文三十六句,一百四十四字,与说文写法不同者,仅有四字。"專惠"为"溥惠"省文,"窺輙"为"親巡"变体,"阤及"为"施及"假借。但《说文》成书在东汉,用以比较秦代当时通行的篆书,尚有些不适合,然从峄山石刻,可以说明秦篆之统一正确性。琅琊台石刻文云"器械一量,同书文字"[1],并非夸大之语。且隶书之作,亦在秦末,起于狱吏因公牍的繁冗,故解散成为隶书。秦代隶书,虽不可见,当与汉代木简的草隶书相近,在统一文字中,又从篆书发展到隶体。

李斯不但统一文字,即小学所用教材,亦加以统一。他所著的《苍颉篇》,共计七章,闾里书师,取以教学童。汉代合《苍颉》《爰历》《博学》三篇,断六十字为一章,凡五十五章[2]。《苍颉篇》在西汉初中期,仍然盛行,至元成以后,始渐渐为《急就篇》所代替。现《苍颉篇》全文久佚,仅从居延、敦煌两木简中,尚可见到一些零章断句[3]。

二、权量的统一

秦代权量的统一,始于孝公时商鞅变法。《史记·商君传》有云:"平斗桶权衡丈尺。""桶"为"斛"字的假借,权为秤锤。量为斛(包括升斗石),度为尺,总称为度量衡。在商鞅时,秦国范围内各地区且不一致,故商鞅加以统一。现存有《大良造商鞅量文》云:"十八年齐遂卿大夫众来聘,冬十二月乙酉,大良造鞅,爰积十六尊(寸)五分尊(寸)□为升。临,重泉。"[4]刻文于量侧,先用于临县,后用于重泉县,为当时标准之量器。及始皇廿六年并天下以后,"一法度衡石丈尺"[5],皆李斯所策画,斯在狱中上书

---

[1] 见《史记·秦始皇本纪》。
[2] 《爰历篇》秦车府令赵高所作,《博学篇》秦太史令胡毋敬所作,见《汉书·艺文志·小学家》。
[3] 见《居延汉简释文》第五六一页。
[4] 大良造商鞅量,咸阳出土,合肥龚氏藏。见《小校经阁金文》卷一,第十九页。
[5] 见《史记·秦始皇本纪》二十六年纪。

有云:"更克(刻)画平斗斛度量文章,布之天下,以树秦之名。"①各国权量必更不一致,故始皇再度加以统一。现六国之权量,在古物中出土很少,难得充分之说明,仅于长沙战国楚墓中,出有天平一具,连同法码,完整无缺②。然与秦器尚不易作出比类之校勘。始皇权量的统一,是纯用商鞅时的成规不加改变。上述的商鞅量底面,补刻有始皇廿六年诏书一道,足证秦孝公所定的权量,与始皇再定的权量,大小轻重,是完全符合的。故秦代人民,只补刻诏文,仍相得沿用。始皇既统一权量,颁布之诏令,独不载于《史记》,仅见于自隋代以来(见《颜氏家训·书证篇》),迄至现今陆续出土的权量上,计分两种刻文,一为始皇廿六年诏书,文云:

廿六年皇帝尽并兼天下诸侯,黔首大安,立号为皇帝。乃诏丞相状、绾,法度量,则不壹,歉疑者皆明壹之。

二为二世元年诏书云:

元年制诏丞相斯、去疾,法度量尽始皇帝为之,皆有刻辞焉。今袭号,而刻辞不称始皇帝,其于久远也,如后嗣为之者,不称成功盛道。刻此诏,故刻左,使毋疑。

第一诏四十字,第二诏六十字,出土各权量中,有单刻前一诏者,有两诏兼刻者。第一诏文中,丞相状、绾,为隗状(《史记》作隗林,为传抄之误字)、王绾二人。"则不壹"者,"则"字应作"法则"解。"歉疑"为"嫌疑"之假借字。第二诏大义,是二世已为皇帝,对于廿六年诏书中所称之皇帝,恐后人不知为始皇帝,故加以说明,与琅琊台石刻后段辞句均相同③。此等权量有另刻行使地方县名者,所见有斄④、平阳⑤、旬邑⑥、美阳⑦等县名。量的形式,有正方、有长方、有椭圆。权的质量,有铜、铁、石三种。量

---

① 见《史记·李斯列传》。
② 见《考古学报》一九五九年第一期。
③ 琅琊台石刻后段残文,见《金石萃编》卷四。
④ "斄"为"邰"字古文,即今陕西省武功县。见《贞松堂集古遗文》卷一二,第三十八页。
⑤ 平阳权又名平阳斤,北宋时即出土。见《小校经阁金文》卷一,第六页。
⑥ "旬邑"即"栒邑"省文,同上,第十六页。
⑦ 同上,第十八页。

器本以铜质为经久,一般平民买不起铜制的,也可用木质来代替,但器底必须用铜片刻廿六年诏文,镶扣使用。经过二千余年之久,木质腐朽,仅存铜片,在考古家称为诏版。但秦代既统一权量,三十六郡当然一律奉行,乃现今出土地点,陕西省数量之多,占第一位是当然的。其余只见出于甘、晋、豫、鲁等省,其他各地,尚未发现过,但不能因此说并未全行统一,这是值得注意研究的问题。

三、郡县的统一

郡县之制,萌芽于春秋时代的上大夫受郡,下大夫受县。六国时各国疆域广狭不同,所分郡县,大小多寡,亦不相等。始皇在廿六年并灭六国以后,分天下为三十六郡,每郡设守尉监,每县设令长丞尉。三十六郡之名,《汉书·地理志》注仅云秦置,或称故秦某郡,未详明指出具体的数字。裴骃《史记集解》,与《晋书·地理志》,始罗列三十六郡的名称,与《汉志》相较,无南海、桂林、象郡三郡,补以内史、黔中、鄣郡三郡。嗣后考秦郡者,遂分为两派,清代钱大昕等人因班说,姚鼐等人用裴说,兹参酌钱氏《廿二史考异》之说,将《汉志》所载三十六郡之名,稽合如下:

称秦置者二十七郡:河东、太原、上党、东郡、颍川、南阳、南郡、九江、钜鹿、齐郡、琅琊、会稽、汉中、蜀郡、巴郡、陇西、北地、上郡、云中、雁门、代郡、上谷、渔阳、右北平、辽东、辽西、南海。

称故秦郡者八:三川、泗水、九原、桂林、象郡、邯郸、砀郡、薛郡。

称秦郡者一:长沙。

《汉志》注称"秦置"者,谓汉代仍用此郡名;称"故秦郡"及"秦郡",谓秦代之郡,在西汉时已更换他名,实际则一(又丹阳郡注故鄣郡,既不称秦置,又不称故秦郡)。若依班注,则南海、桂林、象郡,皆始皇三十三年置,与《史记》二十六年分天下为三十六郡的记载,即有抵触。若依裴说,见于《史记》二十六年以前之秦郡名极多,何以独取内史、黔中、鄣郡三郡。班氏在《地理志》，本意是兼注秦汉郡之废置，并未言明是为三十六郡作注脚，因此不能说班氏之疏略。但班氏为东汉初人，闻见比较真切，故仍应以班氏之说为长。

秦代郡县，本极繁复，论秦郡者，当分四个时期。一为昭王以来并吞六国各郡时期，多错杂见于《史记》。二为始皇二十六年调整各郡时期，如《史记·穰侯传》之陶郡，此时即已废除。三为始皇三十三年以后至二世时续置各郡时期。四为秦楚之际各诸侯自置自分各郡时期。不过三十六郡是秦代一个最标准时期。王国维《秦郡考》，罗列由昭王至始皇时期，下迄西汉初期增益至四十八郡，恐有前后杂糅之弊，未可以为定论。

秦代古物，关于郡县各印，传世有"参川尉印"封泥①。"三川"作"参川"，古字虽可通用，知秦代则用参字。郡尉简称为尉，与秦汉人之称"尉佗"及"尉屠睢"相同（见《汉书·严安传》）。又有"法丘左尉印"②，"法丘"当为"废丘"之转音，即秦之废丘县，汉为槐里县，与《汉书》亦可资参考。

四、货币的统一

《史记·六国表》，秦惠文王初行钱。惠文王所铸之钱，文字形式，均不可考。《汉书·食货志》云："秦并天下，币为二等，黄金以溢为名上币。铜钱质如周钱，文曰半两，重如其文。而珠玉龟贝银锡之属，为器饰宝藏不为币，然各随时而轻重无常。"这说明始皇并灭六国之后，货币的统一政策。六国币制，极为复杂，每国有中央政府所铸，有地方政府所铸，现就出土古物之材料，各举一例如次。韩有屯留币，赵有平阳币，燕有涿字币③。梁币文字独多，有"梁充化金五十二尚爰""梁半当二金尚爰"等文④。齐

---

① 见《封泥考略》卷四，第二十七页。
② 见《十钟山房印举》举二，第四十五页。
③ 屯留见《古泉大辞典》下编，第三页，平阳见第四页，涿字币见《总论》第二十八页。
④ 见《古泉大辞典》上编，第十九至二十页。

国则专用刀,有齐𠮷化,齐建邦就𠮷化,节墨邑之𠮷化①三品。楚国则用金、铜二种,金质者有爰金②,在整块金版上,分成十六格,每格打印文字,十六格为一斤,每格为一两,金质松软,可以切用。铜质者有蚁鼻钱③,上有君字等文,向出河南固始县沙丘中。最末期各国也参用圆钱,如齐国有共屯赤金,赵国有离石钱,梁国有垣字钱④,名目至为繁复。而东周君、西周君亦币与圆钱兼用。六国的布币,形式分为方足布、圆足布、尖足布三种,大小轻重,各不相同。韩、赵、燕、梁四国所铸的刀币,数量以赵最多,燕量少,赵国各地方政府所铸,轻重亦不相同。燕赵并兼铸一部分刀币。各国在本国流通之币,与他国输入之币,以及布币与刀币,其比价如何,现均不可考。韩、赵、燕、梁四国所用的布币、刀币,与齐国专用的刀币,楚国专用的爰金,其比价又如何,现亦不可考。以意推测,当时在贸易中,必然发生很大困难。秦国当战国末期,对于货币,是闭关自守政策,十余年来,仅在秦墓葬中,发现过蒲坂方足布一枚。各国币制,既然如此纷歧,始皇并灭六国后,确有统一的必要。形式虽采用齐共字币、梁垣字币等,但变圆钱圆孔为圆钱方孔,其作用为防止摩取铜屑,比旧式圆孔,有进步的意义。钱文标明重量,字体简单,在货物交易方面予人民莫大的便利(又传世之雨䨮、明化、文信等圆钱,疑为秦钱之别种,重一两十四铢等钱,应为权钱,本文皆略而不论)。现半两钱咸阳及关中一带地区,出土最多,轻重厚薄,大略相等,很少有过大过小之弊。《汉书·食货志》所云随时轻重无常,尚非事实。秦半两钱,可算是当时标准的制钱。

汉高祖时因铜材缺乏,托言于秦钱重难用,改铸荚钱⑤,物价踊贵,米

---

① "𠮷"字旧释为"法"字省文,丁福保氏改释为"圜"字省文,是。齐𠮷化见《古泉大辞典》下编,第五十二页,建邦见第五十一页,节墨见第五十六页。
② 爰金,见龚心铭《楚金爰考》。有郢爰、颖爰、陈爰、专爰四种文字。
③ 见《古泉大辞典》上编补遗,第四〇四页。
④ 共屯赤金见《古泉大辞典》上编,第二四一页,离石见第三二六页,垣字见第一九二页。
⑤ 《汉书·食货志》。

石至万钱。至吕后时,改铸八铢及五分钱①,文帝铸四铢钱②,武帝初铸三铢,复铸半两,再铸赤仄五铢钱。至元狩中始令上林三官专造五铢③,演变了八次,经过了百年,方有定式,远不如始皇铸币筹划的周密。

五、律令的统一

《唐律疏义》云:"周衰刑重,战国异制,魏文侯师于李悝,集诸国刑典,造《法经》六篇。一盗法,二贼法,三囚法,四捕法,五杂法,六具法。商鞅传授,改法为律,汉相萧何,更加悝所造户、兴、厩三篇,谓九章之律。"这一段说明李悝之《法经》,传于商鞅,经过秦汉之沿用,并略加损益。《史记·李斯传》云:"若有欲学者,以吏为师。"《始皇本纪》云:"赵高故尝教胡亥书,及狱律令法事。"这几句说明秦始皇时对律令的重视。《唐律疏义》所谓战国异制者,如齐有麋鹿之禁,楚有冥室椟棺之置,燕有刳腹之刑,魏有丹巾漆领之刑④,各自为法。与李悝《法经》六篇,抵触尤盛。故始皇并灭六国后,有统一的必要。始皇时整定的律令,虽已亡佚,但汉因秦制,可以得其大概,旁证秦代出土的古物,皆与西汉初记载之刑名相合。《汉旧仪》卷下云:"凡有罪各尽其刑,男髡钳如城旦,城旦者治城也。女子舂,舂者治米也,皆作五岁。完四岁,鬼薪三岁,鬼薪者,男当为祠祀鬼神伐山之薪蒸也。女为白粲者,以为祠祀择米也,皆作三岁。罪为司寇,司寇男备守,女为作如司寇(作如司寇为刑名,谓相当于司寇之刑),皆作二岁。男为戍罚作,女为复作,皆一岁到三月。"《汉书·刑法志》记文帝时,张苍、冯敬奏改减轻刑名有云:"罪人狱已决,完为城旦舂,满三岁为鬼薪白粲,鬼薪白粲一岁为隶臣妾,隶臣妾一岁免为庶人。"《汉旧仪》的大义,定刑之后,所得刑的名称,即不更改。《刑法志》的大义,得刑的名称,随年岁而递改。

---

① 《汉书·高后纪》。
② 《汉书·文帝纪》。
③ 《汉书·食货志》。
④ 见《七国考》卷一二。

两说不同,现证以洛阳出土东汉罪人墓砖①,及居延木简所记刑名,始终不改,与《汉旧仪》合。

秦代城旦之刑名,始见于《史记·秦始皇本纪》三十四年纪。又上郡戈文②云:"三年上郡守□造。漆工师□,丞□,工城旦□。"鬼薪之刑名,始见于《始皇本纪》十年纪。又上郡戈文③云:"廿五年上郡守□造。高奴工师䆁,丞申,工鬼薪戠。"隶臣之刑名,见于上郡戈文④云:"廿七年上郡守趞造。漆工师诸,丞恢,工隶臣积。"又卅年上郡守戈,有"工隶臣庚"之题名(即《刑法志》所称鬼薪白粲一岁后之隶臣妾。男称隶臣,女称隶妾,近人每误解为奴隶之泛称,非是)。秦始皇时律令之刑名,可考如此,虽仅见一斑,可以窥测全豹。秦代律令,上承商鞅,下启两汉,起了继往开来的作用。汉代中期以来,虽尊崇儒家,然《急就篇》云:"宦学诗讽孝经论,春秋尚书律令文。"居延木简名籍的保状,亦云"颇知律令文",或称"颇知律令武"⑤,这仍是承袭秦代以吏为师的法令。

六、官制的统一

六国时官制,各个不同,如齐国县令称为大夫⑥,梁国有郡守,有县令⑦,赵国有中尉,有内史⑧,赵国官名,虽与秦国相同,职守未必相同。尤以楚国最为特出,有柱国、执珪、令尹、新造盐之属⑨,官爵似合为一。秦自商鞅变制度之后,官名与爵名,各自分开,采六国之所长,创秦国之定式,

---

① 见《陶斋藏石记》附《藏砖记》卷一。
② 见《商周金文录遗》八五二号。
③ 见《金文续考》四十。
④ 故宫博物院所藏二十七年及卅年两秦上郡戈。
⑤ "律令文"见《居延汉简释文》第四四六页,"律令武"见第四三九页。
⑥ 《战国策·齐策》。
⑦ 《史记·吴起传》及褚少孙补《史记·滑稽传》,叙西门豹为邺令事。
⑧ 见《史记·赵世家》。
⑨ 柱国、执珪、令尹均见《楚世家》,新造盐见《战国策·楚策》。

始皇并天下以后，更加就损益。秦国原有的尊官如左右丞相①，长吏如卜蛰史之类②，至是或裁并，或废除，为两汉奠定基础。总万机者，有相邦（即相国）或丞相，及御史大夫。公以下为九卿，有奉常（汉改太常）、郎中令（汉改光禄勋）、卫尉、太仆、廷尉、典客（汉改大鸿胪）、治粟内史（汉改大司农）、少府、中尉（汉改执金吾）等九官，在汉代则为中二千石。又有将作少府（汉改将作大匠）、詹事、将行（汉改大长秋）、典属国、内史（汉改京兆尹）、主爵中尉（汉改右扶风）等六官，在汉代则为二千石。外官则有监御史、郡守（汉改太守）、郡尉（汉改都尉）、县令长、丞、尉。乡官有三老、有秩、啬夫、游徼。亭有亭长③。成为一套完整的政权体制。

秦代九卿属官，《汉书·百官表》未加注明，在《通典》则颇有记载。如奉常所属，有博士（亦见《史记·秦始皇本纪》及《汉书·百官表》）、太史、太祝、太乐、太医（亦见《史记·扁鹊传》）、太卜令丞。卫尉所属有公车司马令丞。太仆所属有车府令丞、边郡六牧师令丞。廷尉所属有廷尉正。治粟内史所属有太仓令丞。少府所属，有太官、导官、平准、御府、尚方、佐弋（亦见《史记·秦始皇本纪》）、中书谒者等令丞。将行所属有永巷令丞。将作少府所属有左右前后中五校令丞④。杜氏所据，当为两汉以来之古籍，除部分见于晋、宋两书《百官志》外，现均亡佚。虽不完备，赖此尚能窥见一斑。秦代官制，虽创始于商鞅，实调整于始皇，职掌分工细密，或因或革，在中国封建社会时期，影响至二千余年之久。

忆在三十年前，友人扬州张丹斧，得汉"匈奴相邦"玉印，余与家邦福兄定为汉代匈奴相国所用之印。因知汉之相国，即秦之相邦，匈奴不必为汉讳，故仍称为相邦，后见王国维《观堂集林》，亦同此说。吕不韦戈，则称五年相邦吕不韦⑤。八年相邦戈，则称八年相邦建躬君⑥。魏冉戟则称世

---

① 见《史记·樗里子传》。以上六国官名，见《七国考》，上述仅略举一例。
② 卜蛰史见秦庶长歜封邑陶券，长安段氏藏。
③ 均见《汉书·百官表》。
④ 均见《通典·职官》七至九。
⑤ 见《小校经阁金文》卷一〇，第五十八页。
⑥ 同上，第一〇二页。

廿一年相邦冉之造①。汉之相国,在秦代称为相邦,均灼然无疑。推之尉缭官秦国尉,亦当作邦尉②。吕不韦戈之属邦即属国,疑为典属国之简称③。以上所述,皆与文献有不同之点。

始皇统一诸大政策,为大中学古代史教学中的重要内容之一,特为提出一些考古方面的资料以资参考,是否有当,愿与国内学者共同商榷。

---

① 见《双剑誃吉金图录》卷下,第三十三页。
② 见《史记·秦始皇本纪》。
③ 见《秦金文录》卷一,第四十二页。

汉代的马政

西汉马政重要的记载,见于《史记·平准书》及《汉书·食货志》。《史记·平准书》云:"众庶街巷有马,阡陌之间成群,而乘字牝者,傧而不得聚会。"又云:"天子为伐胡,盛养马,马之来食长安者数万匹,卒牵掌者,关中不足,乃调旁近郡。"又云:"县官钱少,买马难得,乃著令,令封君以下至三百石以上吏,以差出牝马天下亭,亭有畜牸马,岁课息。"《汉书·食货志》云:"新秦中或千里无亭徼,于是诛北地太守以下,而令民得畜边,县官假母马,三岁而归,及息什一,以除告缗用充入新秦中。"《史》《汉》所记,是西汉初期马匹甚多,后因对外用兵,马匹减少,及生聚蕃息状况。

两汉官马,主要由太仆掌管,为驾乘所用。如战事需要时,亦可调用一部分。

《汉书·百官公卿表》,太仆属官,有大厩、未央、家马三令各五丞一尉,车府、路軨、骑马、骏马四令丞,龙马、闲驹、橐泉、騊駼、承华五监长丞,又边郡六牧师苑令各三丞(颜师古注云,牧师诸苑三十六所,分置北边西边,分养三十万头),又牧橐、昆蹄令丞皆属马。武帝太初元年,更名家马为桐马,初置路軨,又詹事有厨厩、仓厩长丞,又水衡有六厩令丞(颜师古注引《汉旧仪》云,马皆万匹)。现出土有"北地牧师骑丞"印,盖边郡牧师诸苑所用。

《续汉书·百官志》,太仆有未央厩令,长乐厩丞,西汉各马官至东汉已减存两署。

在古器物中，能看到汉代马政的，有三方面。第一是西汉初期军用方面：

左马厩将　《十钟山房印举》举二、十五页。

右马厩将　拓本。

左中将马　《印举》举二、十五页。

军中马丞　《印举》举二、六页。

破奸军马丞　《印举》举二、六页。

各印以形式论，右马厩将，文字交错，正方有界格；左中将马为长方形，皆是西汉初期制作，为楚汉战争中的马官，与《汉书·高惠功臣表》所记当时以厩将起家的名称相适应。惟破奸军马丞印，以文字论，时代恐稍后。

第二是西汉初中期，诸侯王国的驾乘方面：

齐中厩印　《续封泥考略》卷一、二十七页，《百官表》太仆属官有大厩无中厩名称，或王国大厩称为中厩。

齐中左马　《续封泥考略》卷一、三十一页。

齐中右马　《续封泥考略》卷一、三十一页。

菑川厩长　《续封泥考略》卷一、三十页。

菑川厩丞　《再续封泥考略》卷一、三十页。

鲁厩丞　《续封泥考略》卷一、二十九页。

代马丞印　《印举》举二、五页。

梁厩丞印　《印举》举二、六页。

胶东中厩　《续封泥考略》卷一、二十八页。

灵丘骑马　《雪堂藏古器物簿》金二、十一页。原物系烙印，按灵丘属代郡，骑马令属太仆，可能系文帝为代王时，或赵隐王赵幽王所置骑马令烙印之物。因文帝封代王，疆域的范围不详，灵丘在战国时属于赵地。

以上封泥及印文，皆王国自置的属官，与汉廷大致相仿，齐为悼惠王、哀王及菑川王时物，代为文帝封代时物，鲁、胶东、梁三国遗物，则在景、武之间，代马丞印有界格，文字尤古（《善斋吉金录·玺印》卷中、十七页，有

"燕马厩丞"印,因"燕"字有问题未列入)。

第三是西汉时期,郡国马官范围的扩大:

济南马丞　《陶斋藏印》卷二,《汉书·地理志》,济南郡名。

睢陵马丞　《金石索·金类》玺印之属,汉志属临淮郡。

东平陵马丞　同上,汉志属东平国。

上虞马丞　同上,汉志属会稽郡。

虢县马丞印　同上,汉志属右扶风。

昌县马丞印　《十钟山房印举》举二、五页,汉志不载。

赣揄马丞印　同上,汉志属琅琊郡。

圜阳马丞印　同上,汉志属西河郡。

下密马丞印　《汉印文字徵》卷一、二页,汉志属胶东国。

原都马丞印　同上卷六、二十页,汉志属上郡。

寘安马丞印　同上卷七、十九页,汉志不载。

洽平马丞印　同上卷十一、十一页。"洽平"汉志误作"治平",当为王莽时物。

汾阴马丞印　同上卷十四、九页,汉志属河东郡。

陕县马丞印　同上卷十四、十一页,汉志属弘农郡。

鄚县马丞印　同上卷六、二十页,汉志属涿郡。

甘陵厩丞印　汉印分韵二十五宥,《后汉书·地理志》,属清河国,顺帝时置县。

马府　《十钟山房印举》举二、五十六页。

厩府　《印举》举二、十五页。

以上各印,除甘陵厩丞及王莽时洽平马丞外,余均属于西汉的郡县。昌县、寘安两县则为汉志所不载,原都县名,在东汉已省废,可证为武帝时郡国养马官吏所用的印文,与《平准书》所言"关中不足,乃调旁近郡"两语,正相符合。各印皆系马丞的印,必有马长的印尚未发现。马丞的印,共有十六方,所系地名,近起三辅,远达边郡,可见当时郡国养马的范围,相当广大。出土文物中有马府郡府两印,虽未标明某县,亦当为县邑中所用。惟甘陵厩丞为东汉物,足证东汉时期,尚有小部分郡国养马的。这些情形,皆是汉志所未言,从考古地下材料罗掘出来。

《文献通考》有马政专门,对于汉代马政,排比史汉的史料,征引单纯,我所以有重新研究的必要。萧何造九章律,比秦律加厩、兴、户三章,可见马政在西汉初期的重要。沈家本《汉律摭遗》,关于厩律条次颇详,本文不再征引。按:汉瓦中有"马甲天下"及"六畜蕃息"(六畜主要在马)两瓦,皆出于淳化县,为汉代上林苑遗址的一部分,此足以证明汉代对马政的重视。一九五四年,辽阳三道壕发现西汉居民村落遗址,出土有陶器,上印"军厩"二字,此又足以证明汉代对军马的重视。郡国既养马,必有马医,故《史记·货殖列传》有"马医浅方,张里击钟"之语。汉敦煌、居延两批木简,治马病的医方甚多(详我所写《玺印木简中发现的古代医学史料》),辨别马的良驽,则有《相马经》,托名于伯乐。而六畜中因战争的需要,以马的价值为最贵。居延汉简中有"马五匹二万""马一匹五千五百""马五千三百"的记载,比牛价要高一倍(详我所写《秦汉米谷价比较及汉代内郡边郡物价的情形》),比较谷价,一匹要合到五十余石(汉代通常米价每石百钱)。这都是与马政有关联的。

汉代民间简字举例

我国的简体字,开始于战国时,萬字作万,可为代表,在古陶文上,发现尤多,上溯殷墟甲骨文中,每一字都有几种写法,笔画繁简不定,当时文字创始不久,字的结构,尚未有一定形式,不能在同一字中指出笔画简单的,就称为简字,在两周金文中,也有省去偏旁的,或是属于省文,或是属于假借,不能就称它为简字,但有因省文而为简字创造条件的,真正的简化字体,开始于战国,盛行于两汉,一般平民及工人,因书写便利,自然形成,摆脱六书的束缚,无一定形式,也无一定字典,却包含着劳动人民对于字体的创造性和文字改革性,我略为搜罗,得了七十字左右,只是举例性质,并非汉代简字仅有此数。材料是从漆器铭文、木简文、铜镜铭文、陶文、砖瓦文等多方面发掘出来,皆是当时劳动人民的作品。至于两汉的文献,固然简体极少,纵有一二,恐系为后人传写的加入,不是原来的面目。两汉的碑刻,大都出于当时士大夫之手,所以简体也很少,上述两项,皆不征引,只从汉碑文字中有受到当时简字影响的字体,在篇后略述一点而已。

髹作臥。汉漆耳残杯文云,"臥耳芒柳",见《支那汉代纪年铭漆器图说》八页,臥字简作長,休字与久字声音相近,故髹字变成臥字,此耳杯无纪年,当为西汉末期时物。

雕作泪。汉漆耳残杯文云,"泪工将夫",见同书同页,月为周字减笔,左右偏旁,又互相移动,在乐浪全部漆器铭文上,雕工皆作泪工,是当时最普遍的简字。

壁作辟。汉元始四年夹纻盒盖文云,"铜辟黄涂工古",见同书十页,壁字作辟,是汉代一般的简字。

塗作汢、涂。汉建武二十八年漆工杯文云,"汢工廷",见同书四十六页,又敦煌竹简文云,"道涂称(上下俱缺)",见《流沙坠简考释》释二七页。

以上漆器。

少作小。汉居延木简文云,"八月辛丑大司徒宫下小府",见《居延汉简释文》(重庆石印本)卷一、五页。

弛作扡。汉居延木简文云,"将扡刑士五千人送致将军",见同书卷一、十三页。

温作昷。汉居延木简文云,"不侵候长昷敢言之",见同书卷一、二十三页。

碎作萃。汉居延木简文云,"货钱苦恶小萃不为用",见同书卷一、三十四页及八十五页,劳氏原释作小幸恐误。

佣作庸。汉居延木简文云,"庸任作者迻名任作者不欲为庸",见同书卷一、三十八页,此为汉代普遍的简字。

聖作圣。汉居延木简文云,"凡士所受将骑司马圣常安与卒史",见同书卷一、四十二页。

畝作㽗。汉居延木简文云,"受奴田卅五㽗",见同书卷一、八十二页,其他木简,畝字多不用简字。

葱作苁。汉居延木简文云,"廿人芳苁",见同书卷二、八页,芳字不见于《说文》。《广韵》芳,卢则切,香草。《集韵》萝芳,菜名,为胡荽之属。简文的大义,是用戍卒二十人兼管种植芫荽及大葱的任务。

储作诸。汉居延木简文云,"诸水罂",见同书卷二、七页,罂字作罂,与"咸原少罂"瓦片正同(瓦片见《续秦汉关中陶录》卷一)。

缨作婴。汉居延木简文云,"婴缓衣弦皆解",见同书卷二、十二页。

剂作齐。汉居延木简文云,"药十齐",见同书卷二、十二页,木简药剂,皆简写作药齐。

缺作决。汉居延木简文云,"斤刃决",见同书卷二、二十页。

寒作汗。汉居延木简文云,"第十燧卒高国病伤汗",见同书卷二、二十九页,木简药方中皆作伤寒,此因声音相近,借用为简字。

邸作氐。汉居延木简文云,"出氐舍",见同书卷二、四十一页。

附作付。汉居延木简文云,"付子一斗",见同书卷二、六十页,附子在《金匮要略》《伤寒论》《本草经》,以及《氾胜之书》《汉书·外戚·许皇后传》皆写作附子,惟木简作付子,知为当时通用的简字。

韈作袜。汉居延木简文云,"枲履当年犬袜",见同书卷三、十四页,木简中的袜字,皆为韈字的简体,不作胸袜之袜解,《后汉书·礼仪志》云"绛袴袜",与此正同,犬袜屡见木简,名称未详。

碗作宛。汉居延木简文云,"破盖宛一",见同书卷三、十五页,此为汉代盌字的简字。

驼作他。汉居延木简文云,"一两橐他",见同书卷三、三十二页,木简驼字皆作他,与《赵充国传》正同。

過作过。汉居延木简文云,"过二十",见同书卷三、三十六页。

绩作迹。汉居延木简文云,"甲戌七日迹",见同书卷三、六十页,木简资绩皆简写作资迹。

值作直。汉居延木简文云,"卖布一匹直二百九十",见同书卷三、七十六页。此为汉代最普遍的简字。

騾作骡。汉居延木简文云,"以补一马骡",见同书卷三、七十六页,木简騾字皆简写作骡。

狭作侠。汉敦煌木简引《仓颉篇》文云,"薄厚广侠好丑长短",见《流沙坠简考释》一、一页。

胸作匈。汉敦煌木简文云,"治久咳逆匈痹",见同书释一、十一页,此为西汉人药方的医案,其他药方,胸字皆不简写。

冒作冒。汉敦煌木简文云,"可不冒哉",见同书释二、三页。

恙作悉。汉敦煌木简文云,"舍中儿子无悉",见同书释三、五页。

飞作非。汉敦煌木简诗云,"日不显目兮黑云多,月不可视兮风非沙",见《汉晋西陲木简汇编》下编、五十一页。

以上木简。

镜作竟。汉尚方镜文云,"尚方作竟真大巧",见《小校经阁金文》卷十五、二十七页,此为汉镜铭文最普遍的简字。

醴作澧。汉上太山镜文云,"食玉英饮澧泉",见《古镜图录》卷中、一页。

贾作古。汉秾言(当作黍言)镜文云,"宜古市",见《小校经阁金文》卷十五、六十五页,又《居延汉简释文》卷三、四十七页。商贾的贾字,皆简写作古,镜文尤为普遍。

鍊作涑。汉刘氏镜文云,"幽涑三商",见《簠斋藏镜》卷上、十六页,此为汉镜铭文最普遍的简字。

飲作次、歓。汉尚方镜云,"渴次玉泉兮",见《小校经阁金文》卷十五、二十五页,又《流沙坠简考释》释三、二页,简文云,"歓至四五升"。飲字作次,是汉镜铭文中最为普遍的简字,木简的歓字是歓字的简写。

飢作汎。汉尚方镜文云,"渴次玉泉汎食枣",见《善斋吉金图录》卷一、四十页,此为汉镜铭文最普遍的简字。

滓作宰。汉秾言镜文云,"鍊冶银铜去其宰",见《小檀欒室镜影》卷二、二十二页。

極作亟。汉张氏镜文云,"乐无亟兮",见《小校经阁金文》卷十五、四十七页,与汉瓦"长生无極",亦有作"毋亟"的相同。

熟作孰。汉王氏镜文云,"风雨时节五谷孰",见《古镜图录》卷中、二十三页。

遨作敖。汉巧是镜文云,"浮游天下敖四海",见《小校经阁金文》卷十五、八十一页。

游作由。汉仙人不知老镜文云,"由天下遨四海",见《西清古鉴》乙编卷十九、五至六页。楚人养由基,《汉书》叙传作养游,是汉代一般的通用的假借字。镜文因由字笔画简单,故用作简字。

疆作畺。汉吾作镜文云,"配象万畺"。见《古镜图录》卷中、二十五页。

金作今。汉镜文云,"寿如今石之国保兮",见《小校经阁金文》卷十五、八十四页,此为镜文不常用的简字,因寿如金石国之保,为汉镜通常铭句,很少简写作今的。

镂作娄。汉善铜镜文云,"巧工刻娄画文章",见《小校经阁金文》卷十六、六十七页。

熹作喜。汉延熹镜文云,"延喜二年五月丙午",见《汉三国六朝纪年镜图说》二十六页。

以上铜镜。

國作国。汉陶残片文云,"丘解国",见《德九存陶》(原书未分卷未计页),与后代简写国字,完全相同。

酒作久。汉槐里陶尊文云,"槐里市久",见《关中秦汉陶录》卷一,又见《德九存陶》"亭久"陶片,酒久二字,因同声而用为简字。

莊作庄。汉庄氏陶瓮文云,"庄氏一石",见《续关中秦汉陶录》卷一。

肢作支。汉羊足陶范文云,"支后",见《关中秦汉陶录》卷一,当倒读为羊后支,范的正面是羊足形,又《居延汉简释文》卷二、三十页,有"腰支满"简文,与此正同。

陳作陈。汉陶器残片文云,"陈长君",见《季木藏陶》九十三页。

麥作麦。汉陶仓文云,"麦万石",见《考古通讯》一九五六年第一期,洛阳涧滨古文化遗址及汉墓图版七。

露作路。汉甘露五铢钱范题字云,"甘路元年五月",见《关中秦汉陶录》卷四。

銅作同。汉陶片(与左作货泉陶片同出一坑)文云,"一万二千斤同""同八三",见《关中秦汉陶录》卷四,又汉建宁二年镜文云,"白同清明复多光",见《汉三国六朝纪年镜图说》二十六页,战国以来,铜字即省写作同,见于楚王酓忎鼎文,"战获兵同"是也,在汉代为最普遍的简字。

以上陶器。

劉作刘。汉砖文云,"安意丞刘",见《草隶存》卷四、十八页。

嘉作加。汉瓦文云,"加气始降",见《关中秦汉陶录》卷二上,又囗加元年五月丙午镜,见《汉三国六朝纪年镜图说》十八页。

爵作尉。汉瓦文云,"常安鹿氏",拓本,上画鹿形左角"尉"字,盖寓爵禄的意思,长安作常安,为新莽时物。

摄作挕、聅。汉瓦片文云,"居挕禾",见《关中秦汉陶录》卷二下,"居摄年"三字,全用简笔,又敦煌木简云,"居聅三年十二月",见《流沙坠简考释》释二、四十八页。

年作禾。汉瓦片文云,"居挕禾",见同上。

以上砖瓦。

铢作朱。汉钱文云,"四朱","良金一朱"(铜器),见《小校经阁金文》卷十八、七十九页,又汉五铢砖文作"五朱",见《关中秦汉陶录》卷三,又汉重一两十四铢钱又简写作珠。

添作天。汉压胜钱文云,"天子宜孙",见《古泉汇》贞四十三页。

除作余。汉压胜钱文云,"余凶去央",见《古泉汇》贞六十二页。

殃作央。汉压胜钱文云,"余凶去央",见同上,此汉代最普遍的简字,与东汉末期朱书陶瓶央字完全相同。

以上钱文。

萬作万。汉印文云,"巨八千万",见《陶斋藏印》卷四,又"巨宋万匹",见《十钟山房印举》二十五、五十七页。又汉扑满文云,"日入千万",见《关中秦汉陶录》卷一,此汉代承受战国以来最普遍的简字。

富作负。汉印文云,"千万负",见《十钟山房印举》二十九、四页,富负二字同声,因负字笔画较少,故用为简字,但不常见,如扑满汉铃汉铎中富字,皆仍作富,可以证明。

寶作宝。汉印文云，"中山王宝"，见《金石索》玺印之属、二页。以上汉印。

贵作㝿。汉铎文云，"富㝿"，拓本。

蠱作虫。汉铜器文云，"大富虫王"，见《汉金文录》卷四、二十三页，蠱字后代多简写作蚕，比较汉代虫字易于辨别。

祥作羊。汉洗文云，"大吉羊"，拓本。此为汉代最普遍的简字。以上汉铜器。

以上所列汉代简体字，只是举例发凡，略见大概，有以音同而简者，如酒之作久，游字作由。有利用省去偏旁而简者，如铢之作朱，殃之作央。有因笔画太繁而简者，如飲之作次，醴之作澧是也。有汉代简字，流传至现在尚不变者，如萬之作万，莊之作庄，過之作过是也，汉代又有利用古文为简字，现在仍然不变者，如號之为号，廟之为庙，禮之为礼是也。

汉代有专用简字，适宜于甲项，不适宜于乙项，如漆器上梓潼郡作子同郡（始建国五年金铜扣漆耳杯文云，"子同郡工官"，见《支那汉代纪年铭漆器图说》四十二页）。木简上襜褕作儋偷（居延木简文云，"买钱皂服儋偷"，见《居延汉简释文》卷一、十四页）。因系连文，见的人容易意会，若在单字上则不易看出，又如陶器上有阝字，是陶字简体（见《德九存陶》）。有辶字，是造字简体（见王莽左作货泉同坑所出造货贝陶片）。此类简字，在陶器上可以意会，设或移到铜器上即不易认识。又如汉代玉刚卯，面积甚小，刻玉的人，为便利起见，完全采取简体，本文未引，因是限于专用的，不是普遍用的。简字有时代性，以现时的尺度，来衡量汉代的简体字，觉得有许多熟字，不见简体，有许多生字，不需要简体，不知古今语文不同，器用不同，工艺过程不同，木简是汉人的便条，铜镜是汉人的日用品，现时以为高古的铭文，在当时是普通的词句，所以在这两项中，蕴藏丰富的材料特多。

有同一简字，因事物不同，使人一目了然者，如余字即有多种变化，如褒斜作褒余（褒斜道石刻），除凶作余凶（压胜钱），百餘人作百余人（莱子侯刻石），是其明证。汉代碑刻，虽出于士大夫手笔，也有受当时简字影响的,如麥之作麦(《西狭颂》),变之作卞(《孔宙碑》),造之作迕(昆弟六人买地刻石),价之作贾(《古刻丛钞》引三处阁刻石)之类,此例甚多,后两例尚系汉代平民的作品。

有人疑及秦代何以无简字。我的意见,秦刻石是歌功颂德的铭辞,权量是尊严的诏书,皆不适宜于简体,只能谈未发现秦代的简字,不能谈秦代无简字。我所罗列的是两汉的简字,汉以后自三国起,每一时代,皆有一时代的简字,有因有创,范围愈来愈广,变化也愈来愈多。汉代既有简字,必有通俗的文学,除一些乐府歌谣之外,现在流传还是很少。东汉时期买地券,朱书陶瓶文,可称是代表作品。汉代在简字通俗文学之外,又有新创的通俗字,服虔所著的《通俗文》(《玉函山房丛书》及《小学钩沉》均有辑本),尚存着许多宝贵的材料。西汉标准的字典是《仓颉》《凡将》《急就》等篇。到了东汉,除仍盛行《急就篇》外,添了一部《说文解字》,或是考试的工具书,或是士大夫的研究品。而简体字、通俗文学、通俗新字三种,叠有创造,叠有增加,出发点是书写的便利,到了普行以后,能冲破六书局狭性的范围,劳动群众力量是不可估计的。

读容庚氏《鸟书考》书后

容庚氏所撰《鸟书考》，刊载在《中山大学学报》一九六四年第一期。搜集春秋至唐代鸟书各器，计四十四种，采摭之广博，考证之周详，皆有裨益于学者之多闻。惟对于鸟书之产生与绝灭，地域之分布，及戈剑之使用等等，详于罗列现象，疏于综合分析，管见所及，试为分述如次：

（一）鸟书之产生。《说文》叙古代造字，"近取诸身，远取诸物"。诸物甚多，不可能一一取之以为书体，仅择其代表性者。容氏所收各器，归纳起来，绝大部分为楚、吴、越三国作品，蔡、宋两国，为数不多。楚与吴越皆川泽地区，鸟兽丛集，故独取鸟形，以为文字之艺术创作。又卫恒《四体书势》曰："其在黄帝，创制造物，有沮诵仓颉者，始作书契，以代结绳，盖睹鸟迹以典思也，因而遂滋，则为之字。"索靖《草书状》云："仓颉既生书契，是为科斗鸟篆，类物象形，睿哲变通，意巧滋生。"（以上据《太平御览》七百七十七引）依卫、索二人的理解，一为字源象征于鸟迹，一为字体开始于鸟篆。其论虽属荒渺难稽，但必有一贯相承之旧说，春秋时鸟书之兴起，盖从相传之旧说而加以理想之翻版。惟鸟书只盛行于春秋，而在战国字体纷乱时期，很少采用，这一点也是值得研究的。

（二）鸟书之绝灭。本篇所收汉代鸟书，计有三印，缍伃妾娟印，为西汉成帝时物；张猛印，猛系张骞之孙，为西汉元帝时物；熊得印于史无考，观其文字，似亦属于西汉中晚期，是鸟书见于古印文者，以西汉为断。据容氏所引《后汉书》的《灵帝纪》《阳球传》，以及《三国志·魏书·卫凯传》,皆是可信的文献,则鸟书之结束,当在魏晋时期(唐《升仙太子碑》额,飞白书交错鸟形,似非鸟书之正例)。

(三)鸟书传布的方域性。现存春秋鸟书各器,上述既以楚、吴、越三国为最多,领土皆在长江中域,蔡、宋两国,与楚邻近,只能说受有相当的影响,不是鸟书的发源地。其他如齐、晋诸国,则不用鸟书,是其证明。三国之中,尤以吴器数量丰富,盖吴以铸剑驰名,鸟书文字,又多表现在兵器之上。

(四)使用鸟书人之身份。在越器中具有代表者,有越王者旨于赐剑、越王州勾矛,吴器中有攻敔王光戈、吴季子之子逞剑,楚器中有楚王酓璋戈、楚王孙渔戈,蔡器中有蔡侯产戈,宋器中有宋公栾戈。据此王侯本身或王子王孙造器,始能施用鸟书作铭,可见为当时王族之特殊艺术文字,一般贵族,尚未见有使用者。

(五)鸟书多用于兵器。鸟书之使用,似有一定之局限性。今可见者,大率在剑、戈、矛三种之上,疑取其飞腾轻疾之义(说本崔豹《古今注》)。兵器用以制敌,当如鸟飞之迅速,武陵赵于密藏一戈,面铸鹰形,亦取义于鸟。不然楚缯文,楚竹简何以皆不用鸟书。

(六)鸟书少用于礼器。楚、吴、越三国之书体,本修狭而长,鸟书从固有之国书而加以变化。传世之楚良臣郐义楚钟及西阳钟、越姑冯勾鑃,对于宗庙宴飨之器,皆不用此体,只有越王者旨于赐钟为仅见之例。

(七)鸟书之仪态结构。鸟书为当时之美术体,各器中有金文局部像鸟形者,有参以兽形者,有两鸟对峙者,有立鸟长冠者(如吴季子剑"季子"对峙,"之"字长冠)。有以鸟形为纹饰者(如越王州勾矛"州"字、舜公剑"用"字、"元"字)。有垂长尾拳足者,有将飞未翔者,千变万化,不可方物。惟汉代印文仅参用鸟头,而不作全体鸟形,其结构与春秋已有不同。

(八)鸟书之外,战国又有鹤头书。庾元威《论百体书》(《太平御览》七百四十八引)有金鹊书、鸟头书、鸾篆三名称,总言之则为鸟书之支流,现仅存其名,不见其书体。惟传世实物则有战国时鹤头书之小钵,吴兴沈氏所藏,文为"肖留"二字,肖为赵字省文,篆文中有鹤头四处,亦属于鸟书之别派。鸟书无具体之鸟名,此则有显著之鹤喙。张彦远《法书会要》谓鹤头书与偃波书,俱诏版所用,在汉则谓之尺一以招隐士,据彦远所记,似汉时犹有用此体者。

以上分析各说,臆解很多,希望容先生加以匡谬,并向国内学者请益。

汉封泥考略

《后汉书·百官志》云:"少府属官有守宫令一人,秩六百石,主御纸笔墨尚书财用诸物及封泥。"由是言之,封泥职有专掌。制度之废,其在简帛代纸之后乎？清代道光之季,蜀中出"严道橘园"等六封泥,会稽赵氏著录于《续寰宇访碑录》。嗣后齐、鲁、西蜀各有发现,挽周文字,什仅一二。福山王氏、吴县潘氏、吾乡刘氏、海宁邹氏、上虞罗氏、吴兴周氏搜集佚颐,蔚为专家。以出土者论之,皆为西汉景、武、昭、宣间物。文字或和秀,或雄骏,极可爱玩。今萃考诸家所藏,删私印及重文,条次如下:

汉百官凡二十枚。曰"奉常之印"。案:《汉书·百官公卿表》(以下省称《公卿表》)云:奉常,秦官,景帝中六年,更名太常。曰"孝昭园令"。《公卿表》云:奉常属官有诸庙寝园食官令长丞。曰"公车司马"。《公卿表》云:卫尉属官有公车司马令丞。曰"挏马农丞"。《公卿表》云:太仆属官有家马令。武帝太初元年,更名挏马。有"五丞一尉",农丞盖五丞之一,可以补《汉书》之未详。曰"少府之印"。《公卿表》云:少府,秦官,掌山海池泽之税,以给供养。曰"乐府钟官"。《公卿表》云:水衡都尉属官有钟官令丞。曰"尚书令"。《公卿表》云:少府属官有尚书令丞。曰"大官丞印"。《公卿表》云:少府属官有大官令丞。曰"䵷官䵷丞"。《公卿表》云:少府属官有䵷官令丞。䵷丞主择米事。曰"居室丞印"。《公卿表》云:少府属官有居室令丞。曰"中尉之印"。《公卿表》云:中尉,秦官,武帝太初元年更名执金吾。曰"大匠丞印"。《公卿表》云:将作少府,秦官,有两丞。景帝中六年更名将作大匠。曰"右校丞印"。《公卿表》云:将作大匠属官有右校令丞。曰"私官丞印"。《公卿表》云:詹事属官,有私府长丞。私官疑为私府之初名。曰"大长秋印"。《公卿表》云:将行,秦官,景帝中六年更名大长秋。曰"钟官火丞"。《公卿表》云:水衡都尉属官有钟官令丞。火丞,汉表未详。曰"技巧钱丞"。《公卿表》云:水衡都尉属官有技巧令丞。钱丞,主铸钱者。曰"中私官丞"。曰"官司空丞"。曰"雒阳宫丞"。均未详。

齐百官凡四十八枚。曰"齐悼惠寝"。《汉书·悼惠王传》云:惠王名肥,高祖六年立,食七十余城。后十三年,薨,子襄嗣,谥哀王。惠王九子,长哀王,次城阳景王,次济北王,次齐孝王,次济北王,次济南王,次菑川王,次胶西王,次胶东王。吴楚七国之乱,诸王绝灭,惟菑川传九世,至永王国除。现出封泥,以齐为最多,当为菑川王及懿王时物无疑。《悼惠王传》又云:武帝为悼惠王冢园在齐,乃割临菑东圜悼惠王冢园邑,尽以予菑川,令奉祭祀。印文"寝庙",即园庙也。曰"齐哀园印"。曰"齐哀寝印"。《悼惠王传》云:惠王长子襄为齐哀王,传子文王,亡后。《诸侯王表》云:哀王以孝惠七年立,十二年薨。曰"齐囗寝长"。泐处当为哀字,与哀园封泥正同。曰"菑川丞相"。《汉书·地理志》云:菑川属菑川国。《公卿表》云:诸侯王国内有太傅辅王,内史治国民,中尉掌武职,丞相统众官群卿大夫,都如汉朝。封泥之"丞相",为菑川自置之官,故冠地名以别王朝。曰"临菑丞相"。《地理志》云:临菑属齐郡,丞相亦齐王自置之官。曰"齐御史大夫"。《公卿表》云:御史大夫,秦官,位上卿,银印青绶,掌副丞相。《悼惠王传》云:惠王得自置二千石。征此益信。曰"齐内史印"。《公卿表》云:诸侯王国有内史掌治国族。《悼惠王传》有内史士。《史记·仓公传》又有内史臣繇。曰"齐祠祀印",曰"齐大祝印"。《公卿表》云:太常属官有太祝令丞,景帝中六年更名祠祀,武帝太初元年更曰庙祀。冯氏《金石索》有"沛祠祀长"印,亦为景武之间制作。曰"齐乐府印"。《公卿表》云:少府属官有乐府令丞。太常属官有太乐令丞。乐府疑即太乐之初名。曰"齐食官丞"。《公卿表》云:太常属官,诸庙寝园食官皆有长丞。又潍县陈氏藏胶东食官令金刀、梁王食官钟、信都食官残灯，与此均可互证。曰"齐太史令"。《公卿表》云：太常属官有太史令丞。曰"齐郎中印"，曰"齐郎中丞"。《公卿表》云：郎中令，秦官，武帝太初元年更名光禄勋，有丞。属官有中郎、议郎、郎中。《史记·仓公传》有齐郎中令循。曰"齐□仆□"。仆上当为太字。《公卿表》云：太仆，秦官。则仆下当为印字，或丞字。《史记·仓公传》有齐太仆臣饶。曰"齐中厩印"。《公卿表》云：太仆属官有大厩令丞。中厩未详，盖齐国之特置。《金日䃅传》云：日䃅养马中厩。当日王朝或亦设中厩欤？曰"齐大行印"。《公卿表》云：典客，秦官，掌诸归义蛮夷，有丞。景帝中六年更名大行令。曰"载国大行"。载当为县名。《地理志》不载。封泥又有"载丞之印"。当为王子侯分封之邑，故得称国。曰"齐内官丞"。《公卿表》云：内官长丞，初属少府，中属主爵，后属宗正。曰"齐铁官印"。《公卿表》云：郡国陂池盐铁均官，均属治粟内史。以《地理志》考之，郑、夏阳、雍、弘农、宜阳、安邑、皮氏、平阳、太原、隆虑、河南、阳城、陇西、平郭、郁秩、宛、沛、武安、千乘、东平陵、历城、嬴、临淄、东牟、琅琊、下邳、盐渎、临邛、武阳、南安、夕阳、莒、鲁、彭城等郡县皆有铁官。盐铁以齐鲁为多，故封泥独伙。曰"琅琊左盐"。郡国盐官，以《地理志》考之，晋阳、巫、堂阳、章武、千乘、都昌、寿光、琅琊、曲成、东牟、㤈、昌阳、当利、海曲、计斤、长广、临邛、南安、朐忍、陇西、三水、弋居、独乐、龟兹、富昌、沃壄、成宜、楼烦、渔阳、泉州、平郭、番禺、高要，皆有盐官。此云"左盐"者，盖有左右丞也。曰"齐铁官长"，曰"齐铁官丞"，曰"临菑铁丞"。《公卿表》云：大司农（治粟内史改）属官有铁官长丞。曰"齐太仓印"。《公卿表》云：大司农属官有太仓令丞。齐太仓称长，不称令。《史记·仓公传》淳于意为太仓长是也。曰"司空之印"。《公卿表》云：少府属官有司空令丞。曰"齐大官丞"。《公卿表》云：少府属官有大官令丞，员七人。曰"齐中谒者"。《公卿表》云：少府属官有中书谒者令丞，成帝建始四年更名中谒者。据封泥，景武间已有此称。曰"齐御府印"。《公卿表》云：少府属官有御府令丞。《史记·仓公传》云：齐中御府长信病。御府上冠以中字，与中厩、中匠一例。曰"齐御府丞"。封泥凡称某官之印，皆为令长,观御府两印可知其例矣。曰"齐宦者丞"。《公卿表》云:少府属官有宦者令丞。曰"永巷令丞"。《公卿表》云:少府属官有永巷令丞,员八人。曰"齐中左尉"。《公卿表》云:中尉,秦官,武帝更名执金吾。《悼惠王传》云:中尉魏勃。《史记·仓公传》云:齐中尉潘满如病少腹痛。中尉分左右,疑菑川王时制度。曰"齐武库丞"。《公卿表》云:中尉属官有武库令丞。曰"齐大匠丞"。《公卿表》云:将作大匠,秩二千石。丞一人,秩六百石。曰"齐中匠印"。《公卿表》有大匠,无中匠。予疑王国景帝中五年后不能用大字,改作中字。例如封泥易大匠为中匠,易大厩为中厩,大长秋则削大字,皆可考见,汉制也。曰"齐长秋印"。《公卿表》云:詹事属官有大长秋及中长秋。曰"率更之印"。《公卿表》云:詹事属官有太子率更令丞。曰"齐都水印"。《公卿表》云:水衡都尉属官有都水令丞,员三人。曰"临菑司马"。司马为汉代属官之称,如别部司马、假司马是也。郡县设司马,当类于丞尉。曰"齐宫司空",曰"齐宫司丞"。《史记·仓公传》云:北宫司空命妇病,当即齐之宫司空,他无所见。曰"齐长工印",曰"齐中传印",曰"齐昌守丞",曰"齐中左马",曰"齐中右马"。均未详。

梁楚官凡九枚。曰"梁丞相"。《公卿表》云:诸王国有丞相,统众官群卿大夫,都如汉朝。景帝中五年改丞相曰相。封泥中称丞相者,景帝以前物。称相者,中五年以后物。《史记·梁孝王世家》云:孝文二年,以胜为梁王。封泥当为胜之丞相所用。曰"楚永巷印"。《史记·楚元王世家》云:元王交以高祖六年即位,二十三年卒,子夷王郢立。文字当在景、武之间。曰"长沙内史",曰"长沙都水"。《史记·汉兴以来诸侯王年表》云:长沙王吴芮五年薨。六年子成王立。曰"代相之印"。《史记·梁孝王世家》云:孝文二年,以孝王武为代王。封泥当在其时。若云文帝封代王,则当称丞相。若云代郡,则当称太守矣。曰"淮阳相印"。《史记》梁孝王武以孝文二年立为代王,二岁徙为淮阳王。《地理志》云:淮阳国,高帝十一年置。曰"泗水相印"。《史记·汉兴以来诸侯王年表》云:常山宪王子商以元鼎四年封泗水王。曰"胶东相印"。《史记·汉兴以来诸侯王年表》云:胶东王雄渠以文帝十六年封,齐悼惠王子也。曰"高密相印"。《地理志》云：高密国，故齐，宣帝本始元年更名为高密国。

太守郡尉凡二十七枚。曰"太原守印"。《公卿表》云：郡守，秦官，景帝中二年改为太守。封泥称守者，为景帝以前物。称太守者，中二年以后物。《地理志》云：太原郡，秦置。曰"临菑守印"。《地理志》云：临菑属齐郡。分郡未详在何时，疑为齐王自置之郡。曰"南郡守印"。《地理志》云：南郡，秦置。高帝元年改为临江郡，景帝中二年复。曰"济北守印"。汉郡无名济北者，《悼惠王传》云：肥子志为济北王。济北为悼惠王属邑，得以分郡，封泥即在其时。封子以后，则当称济北相矣。曰"清河太守"。《地理志》云：清河郡，高帝置。曰"河间太守"。《地理志》云：河间，故赵，文帝二年别为国。分郡虽未详何时，当在文帝以前。曰"即墨太守"。《地理志》云：即墨县属胶东国。当亦齐王自置之郡。曰"南阳太守"。《地理志》云：南阳郡，秦置。曰"五原太守"。《地理志》注云：五原，为秦九原郡。武帝元朔二年更名。曰"代郡太守"。《地理志》云：代郡，秦置。曰"辽东太守"。《地理志》云：辽东郡，秦置。曰"辽西太守"。《地理志》云：辽西郡，秦置。曰"庐江太守"。《地理志》云：庐江郡，故淮南，文帝十六年别为国。曰"常山太守"。《地理志》云：常山郡，高帝置。曰"泰山太守"。《地理志》云：泰山郡，高帝置。曰"武都太守"。《地理志》云：武都郡，武帝元鼎六年置。曰"天水太守"。《地理志》云：天水郡，武帝元鼎三年置。曰"巴郡太守"。《地理志》云：巴郡，秦置。曰"犍为太守"。《地理志》云：犍为郡，武帝建元六年开。曰"越巂太守"。《地理志》云：越巂郡，武帝元鼎六年开。曰"蜀郡太守"。《地理志》云：蜀郡，秦置。曰"沂郡太守"。未详。曰"无盐太守"。《地理志》云：无盐属东平国。注故梁国。此当为梁孝王自置之郡。曰"城阳郡尉"。《悼惠王传》云：内史士曰，今王有七十余城，而公主乃食数城，王诚以一郡上太后为公主汤沐邑，太后必喜，王无患矣。于是齐王献城阳郡以尊公主为王太后。据此城阳为悼惠王自置之郡无疑。《公卿表》云：郡尉，秦官，典武职，秩比二千石，有丞。景帝中二年更名都尉。曰"蜀郡都尉"，曰"琅琊都尉"，曰"广汉都尉"。皆景帝中二年以后制作。

侯相令长丞尉凡百三十四枚。曰"辟阳侯相",曰"南宫侯相"。均属信都国(以下省书《地理志》)。《公卿表》云:列侯所食国令长名相。《高惠功臣表》云:辟阳侯审食其以舍人初起侍吕后、孝惠王。二岁十月,吕后入楚,食其侍从一岁,侯。元康四年,食其曾孙复家。曰"平昌侯相"。属平原郡。琅琊郡亦有平昌。曰"平原相印"。属平原郡。《王子侯表》云:宜成康侯偃,菑川懿王子。注云:属平原郡。侯相,盖宜成侯之相也。曰"安国侯相"。属中山国。《高惠功臣表》云:安国侯王陵,高祖二年八月封。曰"营侯相印"。属济南郡。《王子侯表》云:营侯罢军,齐悼惠王子,孝文四年五月封。曰"徐令之印"。属临淮郡。《公卿表》云:县令、长皆秦官,万户以上为令,减万户为长,皆有丞、尉。曰"燕令之印"。燕,《地理志》失载。《徐乐传》云:燕郡无终人也。当为汉初之郡县。曰"蓟令之印"。属广阳国。曰"新都令印"。属南阳郡。曰"西成令印"。属汉中郡。曰"牛鞞长印"。属犍为郡。曰"襄阳长印"。属南郡。曰"灊街长印"。属越巂郡。曰"汁邡长印"。属广汉郡。曰"严道长印"。属蜀郡。曰"长安丞印",曰"新丰丞印"。均属京兆尹。曰"临晋丞印"。属左冯翊。曰"槐里丞印",曰"虢丞之印"。均属右扶风。曰"新安丞印"。属弘农郡。曰"安邑丞印",曰"蒲反丞印"。均属河东郡。曰"阳翟之印"。属颍川郡。曰"平阳丞印"。属魏郡。曰"洛阳丞印",曰"卷丞之印"。均属河南郡。曰"蕲丞之印"。属沛郡。曰"灵寿丞印",曰"九门丞印"。均属常山郡。曰"高阳丞印"。属涿郡。曰"高唐丞印",曰"乐陵丞印",曰"平原丞印"。均属平原郡。曰"屯留丞印"。属上党郡。曰"千乘丞印",曰"狄丞之印",曰"乐安丞印",曰"博昌丞印"。均属千乘郡。曰"临菑丞印",曰"西安平丞",曰"临朐丞印"。均属齐郡。曰"都昌丞印",曰"平寿丞印",曰"营陵丞印",曰"淳于丞印"。均属北海郡。曰"东牟丞印",曰"夜丞之印",曰"牟丞之印",曰"睡丞之印",曰"黄丞之印"。均属东莱郡。曰"东平陵丞",曰"于陵丞印",曰"般阳丞印",曰"骀丞之印"。均属济南郡。曰"磨城丞印"。磨城,《地理志》失载。《史记·高惠功臣侯表》有磨侯程黑。《汉书》作歷侯。予疑磨城即歷城,属济南郡。曰"东武丞印",曰"姑幕丞印",曰"朱虚丞印",曰"郑丞之印",曰"诸郭丞印"("诸郭"疑即诸城),曰"茀其丞印"("茀其"疑为不其)。均属琅琊郡。曰"东阿丞印"。属东郡。曰"下邳丞印",曰"即丘丞印",曰"兰陵丞印",曰"承丞之印"。均属东海郡。曰"文安丞印",曰"重平丞印"。均属渤海郡。曰"彭城丞印"。属彭城郡。曰"广昌丞印"。属代郡。曰"宛丞之印"。属南阳郡。曰"武进丞印"。属定襄郡。曰"成都丞印"。属蜀郡。曰"宕渠丞印"。属巴郡。曰"下密丞印",曰"即墨丞印",曰"观阳丞印"。均属胶东国。曰"无盐丞印"。属东平国。曰"东安平丞",曰"剧丞之印"。均属菑川国。曰"梁驺丞印",曰"鲁丞之印",曰"蕃丞之印",曰"文阳(当即汶阳)丞印"。均属鲁国。曰"邯郸丞印"。属赵国。曰"广阳丞印"。属广阳国。曰"南宫丞印"。属信都国。曰"高密丞印"。属高密国。曰"厌次丞印"。属乐安国。曰"筥丞之印"。属成阳国。曰"杼秋丞印"。属梁国。曰"益丞之印"。属长沙国。曰"载丞之印",曰"靖郭丞印"。均未详。曰"梁邹尉印"。属济南郡。曰"兰陵尉印"。属东海郡。曰"梧邑尉印"。属彭城国。曰"临菑左尉"。属齐郡。《后汉书·百官志》云:大县有尉二人。前汉当亦同例。曰"邹之左尉"。属济南郡。曰"郿右尉印"。属右扶风。曰"雒左尉印"。属梓潼郡。曰"遂久右尉"。属越巂郡。曰"汁邡右尉"。属广汉郡。曰"僰道右尉"。属犍为郡。曰"青衣邑令"。属蜀郡。《公卿表》云:汉县公主所食汤沐称邑,与蛮夷杂处称道。曰"阳陵邑丞",曰"辟阳邑丞"。均属左冯翊。曰"魏其邑丞",曰"诸郭邑丞",曰"琅琊邑丞"。均属琅琊郡。曰"阜陵邑丞"。属九江郡。曰"定陵邑丞"。属颍川郡。曰"铚邑之印"。属沛郡。曰"武城邑丞"。属定襄郡。曰"营侯邑丞",曰"都昌邑丞",曰"淳于邑丞"。均属北海郡。曰"博阳邑丞"。属汝南郡。曰"俊靡邑丞"。属右北平郡。曰"广侯邑丞"。属齐郡。曰"曲周邑丞"。属广平国。曰"乐成邑丞"。属河间国。曰"赤泉邑丞"。赤泉,《地理志》失载。《高惠功臣表》云:赤泉侯杨喜。盖秦末汉初之县。曰"临袁邑丞"。临袁,《地理志》失载。《高惠功臣表》云:临辕侯戚鳃。袁当即辕省文。曰"绛陵邑丞"。绛陵,《地理志》失载。《高惠功臣表》云：终陵侯华毋害。《史记》作"绛阳侯"。予疑即绛陵侯，两书互勘，与封泥极合。曰"德侯邑丞"。德，《地理志》失载。罗泌《路史》云：属济南郡。曰"彭侯邑丞"。彭，《地理志》失载。《王子侯表》有"彭侯疆"。《路史》云：属东海郡。曰"宁侯邑丞"。《路史》云：当即济南宁阳。曰"台侯邑丞"。台，《地理志》失载。《高惠功臣表》云"台侯戴野"。《路史》云：台属临菑台乡。曰"吕成邑丞"。吕成，《地理志》失载。《外戚恩泽侯表》云：吕成侯吕忿。曰"疆侯邑丞"。未详。

乡侯杂官凡六十九枚。曰"剧里乡印"。属北海郡。《公卿表》云：十里一亭，亭有长。十亭一乡，乡有三老、啬夫、游徼。封泥乡上皆署县名，当与国邑道相仿，非乡三老之印也。曰"安平乡印"。属豫章郡。曰"新息乡印"。属汝南郡。曰"朝阳乡印"。属济南郡。曰"安国乡印"。属中山国。曰"广陵乡印"。属广陵国。曰"大安府印"，曰"菑川府丞"。属菑川国。乡府皆当作县解。居摄时，祝其、上谷皆称府，其明证也。曰"城阳候印"。城阳，为悼惠王自置之郡。《公卿表》云：西城都护属官有司马、候各二人。近出汉竹简有候长等官。《萧望之传》云：初为小苑东门候。是候官汉时不独边徼置也。曰"武都候印"。属武都郡。曰"延乡候印"。延乡，《地理志》失载。《高惠功臣表》云：延乡候李谭。曰"乐成""博昌""即墨""平寿""朱虚""来无""高密""新昌""槐里"，郡属已见前。封泥仅书县名，亦当为县令所用。曰"东乡"，曰"祈乡"。均属沛郡。曰"西乡"。属涿郡。曰"南乡"。《地理志》失载。《孝宣功臣表》云：南乡侯陈崇。曰"北乡"，曰"台乡"。均属齐郡。曰"中乡"。属山阳郡。曰"都乡"。属常山郡。曰"安乡"。属钜鹿郡。曰"建乡"。属东海郡。曰"成乡"。属北海郡，又高密国。曰"高乡"，曰"武乡"。均属琅琊郡。曰"蓝田"。属京兆尹。曰"梓桐"。疑即梓潼，属广汉郡。曰"吕乡"。《地理志》失载。《王子侯表》云：吕乡侯尚。楚思王子也。曰"正乡""左乡""右乡""画乡""昭乡""路乡""昌乡""端乡""定乡"，均未详。曰"市府"，曰"西市"，曰"左市"，曰"右市"，曰"定阳市丞"（属上郡），曰"临菑市丞"。《食货志》云：洛阳、成都、邯郸、临菑、宛，皆有市长，莽更名曰五均，余四都各以东西南北为称。封泥中有左右市,稍异。市官盖皆市卖盐铁者。《史记》自序云:昌生无泽,无泽为汉市长。是其确证也。曰"安成陶丞"。盖主掌陶冶事,他无所见。曰"琅琊水丞"。《后汉书·百官志》云:郡县有水池及渔利多者,置水官。与封泥正合。曰"严道橘丞",曰"严道橘园",曰"橘监之印"。《地理志》蜀郡严道县注有木官,当即橘官之误。前贤已详言之。曰"杅关尉印"。杅疑朸字,属平原郡。《公卿表》云:关都尉,秦官。曰"定襄千人"。《公卿表》云:西域都护属官有司马、候、千人各二人。曰"庙守室印"。曰"库印",曰"仓印",曰"厩印",曰"乐府",曰"使马"(疑即洗马),曰"门□",曰"传舍",曰"祠官",曰"冶府",曰"发弩"。皆为卑官掾史之称。

新莽凡十九枚。曰"秩睦子印章""盈睦子印章""进睦子印章""相安子印章"。《汉书·王莽传》云:封王氏齐缞之属为侯,大功为伯,小功为子,缌麻为男,男以睦、女以隆为号。《金石索》载有"多睦子家丞印",当亦莽制。后人解作晋印,误矣。曰:恩泽里附城。《王莽传》云:附城,大者食邑九里。共封附城千五百一十一人,当与附庸相同。曰"绰衡里附城""仁虔里附城""善昌里附城""尊宠里附城""心云里附城""尽节里附城""盛帜里附城""原利里附城""张宣里附城""壹阳里附城""福千里附城",皆疑非里名,取丰盛之义。曰"泰山大尹章"。《王莽传》云:莽改郡守曰大尹,都尉曰大尉。曰"雁郡大尉章"。杭州邹氏藏"天凤鄣郡都尉钱君砖",仍书都尉不书大尉,足证莽制繁更,民不悉记,多从旧名也。曰"同心国丞"。《王莽传》云:居摄元年封王舜子匡为同心侯。歙县黄氏藏"立解国丞印",篆法相同,亦当为莽物也。

汉晋少数民族所用印文通考

我国为多民族的国家,汉晋时民族的名称尤为复杂。东北则有乌桓、鲜卑,西南则有冉驼、邛筰,北则有匈奴,西北则有西羌,东南则有百粤。汉晋朝廷,有时为防御战争,有时为侵掠战争,有时称曰归义,有时名曰保塞。西汉主要在匈奴,东汉主要在羌族。两《汉书》及《三国志》《晋书》,屡记载有给予某国或某族王侯君邑长之印绶。例如滇王之印,已经发掘出土,足证文献之可信。其他传世之印文尤多,皆用方印驼钮,或黄金,或涂金,或铜质。各印谱皆从旧史家之观点,附在每卷之末,忽不重视,此正是我们现今讲古代民族史重要材料。因广事收集,删去重复,剔除伪品,共得一百二十余方,并略加考证。旧谱中以瞿木夫先生集古官印考证,比较精核。本文所考,以瞿书为底本,当然有订正者,有补充者,有完全自出新义者,分类排次,国族并举。关于瞿氏旧说,每条之下,不再逐一征引瞿名,以节繁琐,在此特为说明,当亦治民族史者所乐闻也。

一、匈 奴

匈奴相邦　拓本

按:此印玉质,四十年前出于西安汉城遗址内,辗转至沪,为扬州张丹斧所得,当时以印本寄余兄弟属为考证。余与家邦福兄皆以为是匈奴相国之印。西汉因避高祖讳,改秦代相邦为相国,匈奴无须避汉讳,故仍称相邦。后见王国维先生亦同此说。近读《史记·匈奴传》有云:"而左右贤王、左右谷蠡王最为大国。左右骨都侯、辅政诸二十四长,亦各自置千长、百长、什长。裨小王、相封、都尉、当户、且渠之属。"余谓本文之相封,即相邦,太史公亦因避汉讳而改(裴骃《集解》引徐广曰"封一作将"。盖徐广因未见有相封之官名,故据他本有一作"相将"之说。《汉书·匈奴传》,用《史记》此文,作"裨小王、相、都尉、当户、且渠之属"。相下独删去封字,亦因邦字避汉讳也。此义为历来治史汉者所未道及)。《论语·季氏篇》"且在邦域之中矣",陆氏《经典释文》,邦一作封。汉人以封字代替邦字,取其形声均相近,尤为明证。据此匈奴相邦,其职位尚在裨小王之下,与汉廷相国之总领万机,职权有所不同。《汉书·景武昭宣功臣表》,翕侯赵信,襄城侯桀龙,皆以匈奴相国降汉封侯。印文盖为匈奴相邦在国内所用,归汉后仍随身携带,或生前遗失,或死后殉葬者。史称匈奴无文字,指未建立国书而言,并非连汉文而不用也。又印文匈字作兇,与凶通,亦不见于其他古籍。

右贤王印　《十钟山房印举》(以下简称《印举》)举二、六十五页

　　按:《汉书·匈奴传》云:"置左右贤王、左右谷蠡王、左右大将、左右大都尉、左右大当户、左右骨都侯。"盖左右贤王为匈奴亲王之称号,此印亦为匈奴右贤王在国内所用,后携至中土者。

汉匈奴恶适尸逐王　《汉印文字徵》(以下简称《汉徵》)第二、十一页

　　按:《后汉书·南匈奴传》云:"南部单于汗立二年薨,单于比之子适立,醢僮尸逐侯鞮单于适,永平二年立。"印文之恶适,即单于比之子适之繁称。适初封尸逐侯,又加封尸逐王,此应为汉廷给与匈奴王适未立为单于时之印。又《南匈奴传》叙其大臣贵者,有四角王,六角王,皆单于子弟次第当为单于者。又叙异姓大臣,有左右骨都侯,次左右尸逐骨都侯,其余日逐、且渠、当户诸官号,各以权力优劣,部众多少,为高下次第。然如本印单于比之子适立为匈奴王,其初亦封尸逐侯,与本文异姓大臣封尸逐骨都侯者,同在一传之中,两说不同。

班固《燕然山铭》云"斩温禺以衅鼓,血尸逐以染锷",则谓尸逐骨都侯也。

汉匈奴恶适姑夕且渠　《汉徵》第七、七页

按:恶适为匈奴单于比之子,已译上文。《后汉书·南匈奴传》,日逐、且渠、当户等,皆为异姓大臣之官号。印文姑夕为匈奴王号(见《汉书·匈奴传》),且渠为官号,表示为匈奴恶适王之姑夕小王,兼作异姓大臣也。

汉匈奴姑涂□台耆　《汉徵》第八、十七页

按:《汉书·匈奴传》云:"单于姓挛鞮氏,其国号称之曰撑犁孤涂单于。匈奴谓天为撑犁,谓子为孤涂,单于者广大之貌也,言其象天单于然也。"本印之姑涂,即孤涂之同音异字。孤涂之义既为子,当为匈奴王子归附汉廷时所用之印,□台耆则为王子之名。

汉匈奴为鞮台耆且渠　拓本

按:此印解放前在榆林出土,现原物已失。戴生应新赠我此拓本。为鞮疑即匈奴传卑鞮侯之转音。台耆已见上印文,据本印知台耆为卑鞮侯之后也。

汉匈奴左夫除渠日逐　印本

按:此为呼和浩特某农民家所藏。

汉匈奴破醯虏长　《汉徵》第九、六页

按:《后汉书·南匈奴传》云:"南匈奴醯落尸逐鞮单于比者,呼韩邪单于之孙,乌珠留若鞮单于之子也。"本印之醯(此字各收藏家皆误释误摹为谥字),即为南匈奴醯落尸逐之简称,此东汉时给北匈奴之印也。终东汉之世,南匈奴虽归附汉廷,北匈奴亦有暂行归附之时。《南匈奴传》所称"(建初)八年北匈奴三木楼訾大人稽留斯等,率三万八千人,马二万匹,牛羊十余万,入五原塞降"是也。印文盖亦有破南匈奴醯落尸逐鞮单于比后王之功,故称为破醯虏长也。又汉廷称匈奴为虏,《南匈奴传》所称"时北虏衰耗,党众离畔",汉镜铭所称"胡虏殄灭天下复"皆是也。

汉匈奴呼律居訾成群　《汉徵》第三、五页

按：《汉书·匈奴传》云："莽封（蘭）苞为宣威公，拜为虎牙将军，封（戴）政为扬威公，拜为虎贲将军。单于闻之怒曰，先单于受汉宣帝恩，不可负也。今天子非宣帝子孙，何以得立。遣左骨都侯右伊秩訾王呼卢訾，及左贤王乐，将兵入云中益寿塞，是岁建国三年也。"本印之呼律居訾，疑即《匈奴传》所称之呼卢訾，呼律与呼，音有轻重，居訾与卢訾，音有转变耳，成群应为呼律居訾王之名也。

四角王印　《集古官印考证》（以下简称《集古》）卷九、六页

按：《后汉书·南匈奴传》云："其大臣贵者左贤王，次左谷蠡王，次右贤王，次右谷蠡王，谓之四角。次左右日逐王，次左右温禺鞮王，次左右渐将王，是为六角，皆单于子弟次第当为单于者也。"汉印中四角王印最多，不见有六角之印。又有四角胡王、四角羌王等印，知当时胡羌各民族，其官名亦与匈奴相似。又《汉书·武帝纪》："元狩二年秋，匈奴昆邪王杀休屠王，并将其众四万余人来降，置五属国以处之。"颜师古注："凡言属国者，存其国号而属汉朝，故曰属国。"如四角王印等，皆疑为在属国都尉区域内，其王仍存旧号所用之印。又《古镜图录》卷中、三页，有角王巨虚镜，首二句铭文云："角王巨虚辟不祥，仓龙白虎神而明。"角王应为四角王之简称，巨虚疑为角王之名，为归附汉土后所铸之镜，其信仰阴阳五行之学说，已同于汉化。

汉匈奴守善长　《汉徵》第三、十页

按：《后汉书·西南夷传》云："武帝末珠崖太守孙幸，调广幅布献之，蛮不堪役，遂攻郡杀幸，幸子豹，合率善人还复破之。"据此率善之名，起于西汉中期，魏晋时印文称率善者最多。本印文独称守善，于两《汉书》无考，当与率善相近，在汉印中亦仅此一见。原印篆文精劲，并无误字。

汉匈奴破虏长　《汉徵》第七、八页

按：汉廷皆称各少数民族为虏，尤其胡虏二字连文。此给予匈奴

君长有讨破其他民族之功,所佩之印文。

汉保塞近群邑长　《汉徵》第二、十五页

按:《汉书·匈奴传》载文帝诏书有云:"今右贤王离其国,将众居河南地,非常故,往来入塞,捕杀吏卒,驱侵上郡保塞蛮夷,令不得居其故。"此保塞二字之始见。颜师古注:"保塞蛮夷,谓本来属汉,而居边塞自保守。"此注文解释保塞,极为明确。又按:《续汉书·百官志》大鸿胪一人,中二千石。本注曰:"掌诸侯及四方归义蛮夷。又四夷国王率众王,归义侯,邑君,邑长,皆有丞比郡县。"又《后汉书·西南夷传》云:"西南夷者,南蜀郡徼外有夜郎国,东接交趾,西有滇国,北有邛都国,各立君长。"综合上文,邑君邑长,为归义汉廷后之官,君长为在国内之官。但邑长邑丞,所居之地有范围,所治之民为同族,不等于某县之县令长丞。本印疑即匈奴邑长所用之物。

新成顺得单右集之印　《汉徵》第八页

按:单疑单于省文,盖为王莽时给予单于归义君长之印。

魏匈奴率善佰长　《善斋吉金录·玺印中》(以下简称《善斋》)第二十一页

按:《史记·匈奴传》云:"诸二十四长,亦各置千长百长什长。"此少数民族官名中千长百长之始见。《汉书·西域传》云:"最凡国五十,自译长、城长、君监吏、大碌、百长、千长、都尉、且渠、当户、将相至侯王,皆佩汉印绶,凡三百七十六人。"印文则多作阡长、佰长,见于魏晋时率善各印尤多。就中当分为三种性质,有在国内之阡佰长,有常居塞上保塞之阡佰长,有率众来归徙居内郡之阡佰长(在汉时包括属国都尉范围内居住之各民族官长)。本印应属第三种类型。

晋匈奴率善邑长　晋匈奴率善佰长　均见《集古》卷十二、四页

按:此为晋代给予匈奴民族归附后之印文,其身份王侯之下有君长、邑长,次则有仟长、佰长之名。

晋上郡率善佰长　《集古》卷十二、四页

按:《汉书·地理志》云:"上郡秦置,高帝元年更名翟国,七月复故。"又云:"匈归都尉,治塞外匈归障,属并州。"颜师古注云:"匈归者

言匈奴归附。"本印应为匈奴人归附居住上郡者所用之物。

二、越

越贸阳君　《集古》卷九、二页

　　按：《史记·越王勾践世家》云："王之侯卒，子王无疆立，王无疆时，越兴师北伐齐，西伐楚，与中国争疆。"又云："楚威王兴兵而伐之，大败越，杀王无疆，尽取吴地至浙江，北破齐徐州，而越以此散。诸族子争立，或为王，或为君，滨于江南海上，服朝于楚。后七世至闽君摇佐诸侯平秦，汉高帝复以摇为越王，以奉越后，东越闽君皆其后也。"又《史记·东越传》云："闽越王无诸，及越东海王摇者，其先皆越王勾践之后也，姓驺氏（徐广云：一作骆。其说是也，驺字当为传写之误字）。秦已并天下，皆废为君长，以其地为闽中郡。及诸侯畔秦，无诸、摇率越归鄱阳令吴芮，其谓鄱君者也，从诸侯灭秦。当是之时，项籍立命弗王，以故不附楚。汉击项羽，无诸、摇率越人佐汉。汉五年复立无诸为闽越王，王闽中故地，都东冶。孝惠三年举高帝时越功，曰闽君摇功多，其民便附，乃立摇为东海王，都东瓯，世俗号为东瓯王。"又略云："至建元三年闽越发兵围东瓯，东瓯食尽困且降，汉遂发兵浮海救东瓯，未至，闽越引兵而去，东瓯请举国徙中国，乃悉举众来处江淮之间（《集解》引徐广曰：年表曰东瓯王广武侯望，率其众四万余人来降，家庐江郡。其说是也。汉代楼船官设在庐江，盖利用东瓯人教练也）。至建元六年，闽越击南越，南越守天子约，不敢擅发兵击，而以闻，上遣大行王恢出豫章，大农韩安国出会稽，皆为将军，兵未逾岭，闽越王郢发兵距险，其弟余善从杀王，汉立无诸孙繇君丑为越繇王，余善自立为王，汉称为东越王，与繇王并处。至元鼎五年，南越反，六年余善亦反。元封元年繇王居股杀余善，以其众降汉。封居股为东成侯万户，时东越狭多阻，闽越悍，数反覆，诏军吏皆将其民徙处江淮间，东越地遂虚。"综上所记东越事，可分四个时期：第一为闽越王无诸及越东海王摇（又称东瓯王）并封时期。第二为闽越、东海互讧，东海内徙江淮时期。第三为闽越王、越繇王并立时期。第四为汉灭闽越，繇王内附，东越地虚时期。又《汉书·高祖纪》十一年五月诏曰："粤人之俗，好相攻击，前时秦徙中县之民南方三郡，使与百粤杂处。会天下诛秦，南海尉它，居南方县治之，甚有文理（文理作条理解，亦见《成帝纪》河平四年诏书，盖西汉人公牍中之习俗语）。中县人以故不耗减，粤人相攻击之俗盖止，俱赖其力。今立它为南越王，使陆贾即授玺绶，它稽首称臣。"据此越有百种，西汉人每以胡越联称，故越印之名称独多。本印之贸阳君，疑贸为鄮字省文，《地理志》鄮县属会稽郡，与东海王闽君摇所都之东瓯相近，或为闽君摇所属君长所用之印也。

贸阳左尉　《集古》卷九、二页

按：此为贸阳君之左尉。《续汉书·百官志》云："大鸿胪一人，中二千石。本注曰，掌诸侯及四方归义蛮夷。又四夷国王率众王，归义侯、邑君、邑长，皆有丞比郡县。"贸阳君当为贸阳君长之省文，邑丞之下，照汉郡县之例，必有邑尉如县尉，大县分左右尉二人，小县一人，本印文贸阳左尉，亦同此例。但为贸阳君长之左右尉，并不等于贸阳县令所属之左右尉。贸阳君之左尉，所治当为越族人民；贸阳令之左右尉，所治当为汉族人民。此西汉开边时郡县之制度如此，为《汉书·百官表》及《汉旧仪》等书所未言及。

越青邑君　《集古》卷九、三页

按：《汉书·邹阳谏吴王书》云："胡马遂进窥于邯郸，越水长沙还舟青阳。"张晏注云："青阳，地名。"越水指越巂之水。本印之青邑君，疑即青阳君之省文，盖为西汉初之物。

新越余坛君　《集古》卷九、三页

按：此为王莽时印，古坛字或写作埮，或省作单。《汉书·东越传》，无诸之后闽越王郢，为其弟余善所杀，乃立无诸之孙丑为越繇王，汉又立郢之弟余善为东越王，与越繇王丑并处。余坛与余埤相通,余埔与余善声相近。王莽所封越余坛君,疑即余善之后。

新越三阳君 《集古》卷九、三页

按:此亦王莽时印,三阳之名不可考,贸阳疑为三阳之一。

越归汉蜻蛉长 《集古》卷九、四页

按:《汉书·地理志》越巂郡有青蛉县。注:武帝元鼎六年开。应劭曰:"故邛都国也,有巂水,言越此水,以章休盛也。"又《西南夷传》云:"自滇以北,君长以十数,邛都最大。""自巂以东北,君长以十数,徙、筰最大。"又云:"蜀人司马相如言,西夷邛筰可置郡,使相如以郎中将往谕,皆如南夷,为置一都尉,十余县属蜀。"又云:"南越破后,及汉诛且兰、邛君,并杀筰侯,冉駹皆震恐,请臣置吏,以邛都为越巂郡。"本印文称越归汉蜻蛉长,盖明在平东越之后,其时越人散处之地甚广,故有百越之称。并知越巂之巂,以水得名,其地号为邛都国,盖亦越人散处之所,故云越巂。应劭谓越此水以章休盛误也。盖蜻蛉乃越部落之名,其时汉虽设蜻蛉县,而其部仍自有邑君邑长之号也。又按:蜻蛉当以其地出蜻蜓得名,与堂狼县为螗螂之假借字正同,与巴郡朐䏰县,出朐䏰虫得名亦同。汉阳嘉四年洗作青蛉,与《汉书·地理志》同,皆用省文也(洗文见阮氏《积古斋钟鼎款识》卷九、十七页。原误释作朔令,兹从陆增祥之说订正)。以上百越各印,皆西汉物,印文篆法,亦与东汉不同。

三、滇

滇王之印 《云南晋宁石寨山古墓群清理初记》,《文物参考资料》一九五七年第四期第五十七页

按:《汉书·西南夷传》云:"南夷君长以十数,夜郎最大。其西靡莫之属以十数,滇最大。自滇以北,君长以十数,邛都最大。"又云:"元封二年,天子发巴蜀兵,击灭劳深靡莫,以兵临滇,滇王始首善,以故弗诛。滇王离西夷,滇举国降,请置吏入朝,于是以为益州郡,赐滇

王王印,复长其民。西南夷君长以百数,独夜郎、滇受王印。滇小邑也,最宠焉。"《后汉书·西南夷传》云:"滇王者,庄跻之后也,元封二年武帝平之,以其地为益州郡。割牂柯、越巂各数县配之,后数年复并昆明地皆以属之。此郡有池,周回二百余里,水源深广,而末更浅狭,有似倒流,故谓之滇池。"范书所记滇国之范围,比《汉书》叙述较详。一九五六年,云南晋宁县石寨山发现滇王墓,除殉葬器外,得此金印,以文字观之,似为武帝时物也。

四、乌 丸

汉保塞乌丸率众长　《汉徵》第四、九页

按:《史记·匈奴传》云:"燕北有东胡山戎,各分散居溪谷,自有君长,往往而聚者百有余戎。"《索隐》引服虔注云:"东胡乌桓之先,后为鲜卑,在匈奴东,故曰东胡。"《汉书·赵充国传》云:"间者匈奴困于西方,闻乌桓来保塞。"《后汉书·乌桓传》略云:"乌桓者本东胡也,汉初匈奴冒顿灭其国,余类保乌桓山,因以为号焉。……及武帝遣骠骑将军霍去病,击破匈奴左地,因徙乌桓于上谷、渔阳、右北平、辽西、辽东五郡塞外,为汉侦察匈奴动静。其大人岁朝见,于是始置护乌桓校尉,秩二千石,拥节监领之,使不得与匈奴交通。昭帝时乌桓渐强,乃发匈奴单于冢墓,以报冒顿之怨。匈奴大怒,乃东击破乌桓,大将军霍光闻之,乃遣度辽将军范明友将二万骑出辽东邀匈奴,而虏已引去。明友乘乌桓新败,遂进击之,斩首六千余级,获其三王首而还。由是乌桓复寇幽州,明友辄破之,宣帝时乃稍保塞降附。及王莽篡位,欲击匈奴,兴十二部军,使东域将严尤,领乌桓丁令兵屯代郡,皆质其妻子于郡县。乌桓不便水土,惧久屯不休,数求谒去,莽不肯遣,遂皆亡畔。"又略云:"光武初乌桓与匈奴连兵为寇,代郡以东,尤被其害。建武二十一年,遣伏波将军马援将三千骑出五阮关掩击之。二十二年匈奴国乱,乌桓乘弱击破之,匈奴转北徙数千里,漠南

地空,帝乃以币帛赂乌桓。"又云:"建安十二年曹操自征乌桓,大破蹋顿于柳城,斩之首虏二十余万人。"又云:"其余众万余落,悉徙居中国云。"此乌桓在两汉之始末情形。又《乌桓传》略云:"建武二十五年,辽西乌桓大人赦旦等九百二十二人,率众向化,诣阙朝贡。"又《鲜卑传》云:"乌桓校尉耿晔,发缘边诸郡兵,及乌桓率众王出塞击之。乌桓豪人扶漱官勇健,每与鲜卑战,辄陷敌,诏赐号率众君,永宁元年辽西鲜卑大人乌伦,其至鞬率众诣邓遵降,奉贡献。诏封乌伦为率众王,其至鞬为率众侯。阳嘉元年冬,耿晔遣乌桓亲汉都尉戎朱廆,率众王侯咄归等出塞抄击鲜卑,大斩获而还,赐咄归等以下为率众王侯长。"此乌桓在两汉受封为率众王侯长之事迹,本印文称率众长,其身份在率众王及率众侯之下也。又《汉书·赵充国传》"封若零、弟译二人为帅众王",是西汉时率众亦写作帅众。

新保塞渔阳右小长 《集古》卷九、十四页

按:《后汉书·乌桓传》云:"武帝遣骠骑将军霍去病击破匈奴左地,因徙乌桓于上谷、渔阳、右北平、辽西、辽东五郡塞外,为汉侦察匈奴动静。"本印当为王莽时乌桓徙居渔阳保塞部分小长所用之物。《史记·大宛传》叙大夏"往往城邑置小长",王莽盖用其名,其身份在君长之下。

魏乌丸率善邑长 《集古》卷十、十一页　**魏乌丸率善仟长** 《集古》卷十、十二页　**魏乌丸率善佰长** 《汉徵》第四、九页

按:《三国志·魏书·武纪》建安十年袁熙大将焦触、张南等,叛攻熙、尚、熙、尚奔三郡乌丸。又十一年三部乌丸承天下乱,破幽州,又大破之。十二年易水代郡乌丸,上郡乌丸,将其名王来贺。建安二十一年代郡乌丸行单于普富卢,与其侯王来朝。据此汉武帝时,乌丸内徙者,居于上谷、渔阳、右北平、辽西、辽东五郡,至东汉末期,又遍衍于代郡、上郡,其保塞之范围,更形扩大。又乌丸,《汉书》《后汉书》及李刚石室画像题字,皆作乌桓;《三国志》、毋丘俭征高勾骊刻石、魏张普先君墓砖,则皆作乌丸。证之汉保塞乌丸率众长印,已作乌丸,

其余各印皆同,知乌桓作乌丸,当开始于两汉时矣。又毋丘俭征高勾骊刻石,有讨寇将军魏乌丸单于□□题名,则为乌丸单于仕魏之官也。

晋乌丸归义侯 《集古》卷十二、二页　**晋乌丸率善邑长　晋乌丸率善仟长　晋乌丸率善佰长** 均见《集古》卷十二、三页

按:一九二〇年洛阳出土隋北地太守陈思道墓志云:"七世祖为教,拓跋魏乌丸善千长(原文善上当脱写率字),迁蕲州刺史。"可证北魏亦有率善仟长百长之制度,特未见有印文出土耳。陈思道其先世亦应为乌丸人,故得官率善仟长。

五、鲜　卑

鲜卑王章 《集古》卷九、七页

按:《楚辞·大招》云:"小腰秀颈,似鲜卑只。"此鲜卑二字之始见,当开始于战国末期。《汉书·匈奴传》云:"黄金犀毗一。"张晏注:"鲜卑郭落带,瑞兽名也,东胡人好服之。"颜师古注:"犀毗胡带之钩也,亦曰鲜卑,亦谓师比,总一物也,语有轻重耳。"此犀毗、师比,皆鲜卑之转音。《后汉书·鲜卑传》云:"鲜卑者亦东胡之支也,别依鲜卑山,故因号焉。"又云:"汉初亦为冒顿所破,远窜辽东塞外,与乌桓相接,未尝通中国焉。光武初匈奴强盛,率鲜卑与乌桓寇抄北边,无有宁岁。"又云:"(延熹九年)于是复遣张奂击之,乃出塞去。朝廷积患之而不能制,遂遣使持印绶,封檀石槐为王,欲与和亲,檀石槐不肯受,而寇抄滋甚。"此汉廷给予鲜卑王印之记载。

晋鲜卑率善邑长　晋鲜卑率善仟长　晋鲜卑率善佰长 均见《集古》卷十二、三页　**晋鲜卑归义侯　晋鲜卑率善中郎将** 均见《内蒙古出土文物选集》图版五十七页

按:邑长、仟长、佰长,已详上文。

六、胡

四角胡王　《金石索·金索》（以下简称《金索》）玺印之属、九十三页

按：《汉书·匈奴传》云："晋北有林胡楼烦之戎，燕北有东胡山戎，各分散溪谷，自有君长，往往而聚者，百有余戎。"盖匈奴之类，总谓之北狄，居于长水者，则称为长水胡，居于卢水者，则谓之卢水胡。惟东胡则加东字以别之。汉镜铭云："胡虏殄灭天下复。"汉瓦之"乐栽破胡"，东汉谚语之"丈夫何在西击胡"，皆泛指匈奴之胡而言。印文称为胡不称为匈奴者，表示与匈奴有别。

汉归义胡长　《集古》卷九、十二页　**汉归义胡仟长**　《金索》九十六页　**汉归义胡佰长**　《汉徵》第四、十一页

按：归义胡长，身份当在仟长之上，与邑长相似。

得降却胡侯　《印举》举二、六十五页

按：此为用归附胡人为防御胡人之官长，盖其所用之印。

汉卢水仟长　**汉卢水佰长**　均见《印举》举二、六十五页

按：《汉书·地理志》中山国卢奴县，应劭注云："卢水出右北平，东入河。"北平县注曰："又有卢水，亦至高阳入河。"又《后汉书·西羌传》云："时烧何豪有妇人比铜钳者，年百余岁，多智算，为种人所信向，皆从取计策。时为卢水胡所击，此铜钳乃将其众来依郡县。"又《西南夷·冉駹夷传》云："北有黄石、北地、卢水胡，悉与相应。"《晋书·惠帝纪》："永平元年冯翊、北地、马兰羌、卢水胡反。"卢水胡事略，见于史传如此。

汉屠各率众长　《金索》玺印之属、九十五页　**汉休著胡佰长**　《汉徵》第五、三页

按：《后汉书·乌桓传》："永寿中朔方乌桓，与休著屠各并畔。"又《鲜卑传》："熹平三年冬入北地，太守夏育率休著屠各追击破之。"据此，休著、屠各分明为胡二部落之名，与印文亦极相吻合。钱

大昕以休著、屠各之著字为衍文,因定休屠各为一胡部落之名,说恐非是。

新前胡小长　《汉徵》第二、一页

按:小长之名,起于汉代,为君长之小者。见于《史记·大宛传》,及《后汉书·西南夷传》。传世亦有"张掖属国左卢小长"印文。王莽则多采用小长制,例如"新保塞渔阳左小长""新西国安千制外羌佰右小长""金国辛千夷槐佰右小长"等印是也。

魏屠各率善仟长　《集古》卷十、十一页　**魏屠各率善佰长**　《集古》卷十、十二页

按:两印亦仅称屠各,不称休屠各,确可证明休著与屠各为二部落之称。

魏率善胡仟长　**魏率善胡佰长**　均见《集古》卷十、十一页　**亲晋胡王**　**晋归义胡王**　均见《集古》卷十二、一页　**晋归义胡侯**　《集古》卷十二、二页　**晋卢水率善佰长**　**晋率胡邑长**　**晋率善胡仟长**　**晋率善胡佰长**　均见《集古》卷十二、五页

按:仟长、佰长等已详上文。

晋屠各率善仟长　**晋屠各率善佰长**　均见《集古》卷十二、四页

按:魏晋邑长、仟长、佰长等名,皆仿汉制。又传世晋代各印皆西晋物。

七、夷

汉夷邑长　《金索》玺印之属、九十五页　**汉归义夷千长**　《汉徵》第二、十页

按:《后汉书·南蛮传》云:"有邑君长,皆赐印绶。"《西南夷传》云:"西南夷者,南蜀郡徼外有夜郎国,东接交阯,西有滇国,北有邛都国,各立君长。永元九年,徼外蛮夷,及掸国王雍由调,遣重译奉国珍宝,和帝赐金印紫绶,小君长皆加印绶钱帛。十二年徼外白狼接薄,蛮夷王唐缯等,率种人十七万口归义内属,诏赐金印紫绶。"以上皆汉

代给予夷王印绶之史料。夷种最多,夷名亦最杂,汉人所称,大率指西南夷及东夷而言。

蛮夷邑侯　《金索》玺印之属、九十四页　**蛮夷邑长**　《集古》卷九、九页　**蛮夷率善邑长**　《集古》卷九、十五页

按:《隶续》卷十六,有《汉繁长张禅题名碑》,有夷侯李伯宣、杨伯宰、牟建明、杜臣伟、杜永严、屈伯迁、资伟山、茛竟舒、养达伯等九人题名。又有邑君兰世兴、宋□二人题名,邑长爰文山等四人题名。又有夷民李伯仁、爰□世六人题名。以夷侯李伯宣等九人及夷民李伯仁姓名观之,已完全与汉人相同。夷侯、邑长等名称,亦与印文相合。并知皆由少数民族人充任,姓名纯为汉化,与西汉归义人名全用译音者,已有所不同。后世史家不能以《张禅碑》中夷侯邑长等姓名,类于汉姓,即误认为由汉族人担任也。

魏蛮夷率善邑长　**魏蛮夷率善仟长**　均见《集古》卷十、十二页　**晋归义夷王**　**晋归义夷仟长**　均见《集古》卷十二、二页　**晋蛮夷归义侯**　**晋蛮夷率善邑君**　**晋蛮夷率善邑长**　**晋蛮夷率善仟长**　均见《集古》卷十二、三页

按:归义、率善、邑君、邑长、仟长等,已详上文。

八、秽

汉归义秽佰长　《集古》卷九、十五页

按:《后汉书·东夷传》云:"濊北与高勾骊、沃沮,南与辰韩接。东穷大海,西至乐浪。"又云:"元朔元年濊君南间等畔右渠,率二十八万口,诣辽东内属,武帝以其地为沧海郡,数年乃罢。"《小校经阁金文》卷十四、九十一至九十二页,有古斗薉王,及坐须薉国王二虎符。古斗、坐须,盖皆秽部落之王,于史无考。

九、貊

晋率善貊佰长　《集古》卷十二、六页

　　按:《汉书·匈奴传》云:"武帝元封三年灭朝鲜置玄菟郡,以高勾骊为县使属之。"又云:"王莽时发勾骊兵以伐匈奴,其人不欲行,皆亡出塞为盗。王莽更名高勾骊王为下勾骊侯,于是貊人寇边愈甚。"又《后汉书·光武纪》:"辽东徼外貊人,寇右北平、渔阳、上谷、太原,辽东太守祭肜招降之。"章怀注:"貊人,秽貊国也。"又《后汉书·东夷传》云:"勾骊一名貊耳,有别种依小水为居,因名曰小水貊,出好弓所谓貊弓是也。"又按:《魏志》延康之年,濊貊、扶余、单于焉耆、阗王,皆各遣使奉献。正始七年二月,幽州刺史毋丘俭讨高勾骊,五月讨濊貊皆破之,韩那奚等数十国,各率种落降。景元二年乐浪外夷韩濊貊,各率其属来朝贡。

十、哀牢

哀牢玉章　《集古》卷九、八页

　　按:《后汉书·西南夷传》叙哀牢王贤栗,建武二十七年,率种人诣越巂太守郑鸿降求内属,光武封贤栗等为君长,自是岁来朝贡。永平十二年,哀牢王柳貌遣子率种人内属,其称邑王者七十七人。显宗以其地置哀牢、博南二县,割益州郡西部都尉所领六县,合为永昌郡。又章怀注引《哀牢传》,叙哀牢王自九隆代代相传,名号不可得而数,至于禁高乃可记知,以下叙自禁高至扈栗八代世系甚分明。本印当为东汉时物,不能定为给哀牢八代中之某一王也。又西汉朝廷给少数民族之印文皆称印,东汉则改称章,此亦不同之点。

十一、白　虎

白虎邑长　《集古》卷九、九页

按：《隶续》卷十六《汉繁长张禅题名碑》，有白虎夷王谢节、白虎夷王资伟二人题名，与本印文正合。白虎盖为西南夷部落之一种，疑即《后汉书·南蛮传》所谓廪君死，魂魄世为白虎巴氏是也。

十二、叟

归义叟侯　《集古》卷九、十页

按：顾氏《集古印谱》云："《尚书·牧誓》注有蜀叟。孔颖达曰，叟长蜀夷之别名。汉兴平元年，马腾、刘范谋诛李傕，益州牧刘焉，遣叟兵五千助之。"顾说是也。又按：《后汉书·西南夷·哀牢夷传》云："……太守巴郡张翕，政化清平，得夷人和，在郡十七年卒，夷人爱慕，如丧父母，苏祁叟二百余人，赍牛羊送丧至翕本县安汉。"苏祁县东汉属越巂郡，盖叟族居住苏祁县者，故称为苏祁叟也。叟为搜字省文，即《禹贡》所谓析支渠搜，西戎即叙也。《汉书·地理志》序引《禹贡》文，正作渠叟。

汉叟邑长　《汉徵》第三、十六页　**汉叟仟长**　《集古》卷九、十二页

按：邑长、仟长，已详上文。

叟陷阵司马　《集古》卷九、十六页

按：顾氏《印谱》有陷阵司马印，顾氏考此印云："汉安帝元初中，任尚募陷阵士击羌零（见《后汉书·西羌传》），建安间乐进、于禁，皆常为陷阵都尉，则此即陷阵都尉之司马也。"本印为叟种人在汉廷官陷阵司马所用之物

魏率善叟仟长　《集古》卷十一、十一页

按：仟长已详上文。

晋归义叟王 《集古》卷十二、二页　　**晋归义叟侯** 《汉徵》第三、十六页　　**晋率善叟仟长** 《汉徵》第三、十六页

按：归义王、侯、仟长，已详上文。

十三、𠊪

魏率善𠊪邑长 《汉徵》第八、三页　　**晋率善𠊪佰长** 拓本

按：钱大昕云："《后汉书·板楯蛮传》：'杀人者得以𠊪钱赎之。'章怀注引何承天纂文云：'𠊪，蛮夷赎罪货也。'予谓钱已是货，何必更言𠊪。据下文云：'七姓不输租赋，余户岁入賨钱，口四十。'则賨与𠊪皆蛮夷部落之号，征賨钱以代租赋，征𠊪钱以赎罪，其义一也。章怀以𠊪为赎货之名，盖失其旨，得此印证之，盖明白矣。"钱说是也。𠊪百长印为歙县黄宾虹先生所藏，文字尤精。

十四、賨

汉归义賨邑侯 拓本　　**汉賨邑长** 拓本

按：邑侯印，四川新出土者；邑长印为汾阳赵海峰所藏，亡友王献唐先生寄赠拓本。賨为两汉西南夷部落之名，《后汉书·西南夷·板楯蛮传》云："伤人者论，杀人得以𠊪钱赎死。"又云："高祖为汉王，发夷人还伐三秦，秦地既定，乃遣还巴中，复其渠帅罗扑督鄂度夕龚七姓，不输租赋，余户乃岁入賨钱，口四十。"又扬雄《蜀都赋》云："东有巴賨，绵亘百濮。"（见严可均《全汉文》卷五十一）又《华阳国志·巴志》云："汉高帝灭秦为汉王，王巴蜀，阆中人范目，有恩信方略，知帝必定天下，说为募发賨民，更与共定秦。秦地既定，封目为长安建章乡侯。帝将讨关东，賨民皆思归。"据此賨种亦为西南夷著名之部落也。

十五、羌

四角羌王　《印举》举二、六十五页

　　按：匈奴有四角王、六角王之名，已详上文。印文中有四角羌王及四角胡王印，羌胡二族，盖亦仿匈奴官制。两汉羌族，部落既繁，分布亦广。《后汉书·西羌传》所谓"其后子孙分别，各自为种，任随所之，或为牦牛种，越巂羌是也。或为白马种，广汉羌是也。或为参狼种，武都羌是也"。又云："汉兴，匈奴冒顿兵强，破东胡，走月氏，威震百蛮，臣服诸羌。景帝时研种留何率种人求守陇西塞。于是徙留何等于狄边，安故，至临洮、氐道、羌道县。及武帝征伐四夷，开地广境，北却匈奴，西逐诸羌。及渡河湟，筑令居塞，初开河西，列置四郡，通道玉门，隔绝羌胡，使南北不得交关。于是障塞亭隧，出长城外数千里。时先零羌与封养牢姐种，解仇结盟，与匈奴通，合兵十余万，共攻令居，安故，逐围枹罕。汉遣将军李息、郎中令徐自为将兵十万人击平之，始置护羌校尉持节统领焉。"《汉书·赵充国传》所防御之羌，为先零、罕开二种族，敦煌、居延两处之屯戍，任务亦重在防羌兼防匈奴，整个地区，在河西各郡也。

撑地羌长　《印举》举二、六十五页

　　按：第一字未详，似为羌种族之名。

汉破羌虏长　《汉徵》第九、一页

　　按：与"汉匈奴破虏长"印文同例。

汉青羌邑长　《印举》举二、六十五页

　　按：青羌即青氏之类，《后汉书·光武纪》云："建武十三年七月，广汉徼外白马羌，举种人内属。"章怀注："羌有百五十四种，在广汉西北者为白马羌。"又《和帝纪》云："永初二年七月，蜀郡徼外羌举土内属。"章怀注引《东观记》曰："徼外羌薄申等举众降。"青羌盖其中之一种。

汉归义羌仟长　汉归义羌佰长　均见《集古》卷九、十三页　**汉率善羌长**　《集古》卷九、十五页

按:《汉书·百官公卿表》:"典客,秦官,掌诸归义蛮夷,武帝太初元年更名大鸿胪。"此归义二字之始见。又按:《流沙坠简考释·杂事》第四十五简文云:"降归义乌孙女子复裙,献驴一匹,(驿)牡两拱,齿(二)岁,封颈以敦煌王都尉章。"称归义为降,归义,仍含有侮辱之义。

新西国安千制外羌佰右小长　《汉徵》第四、七页

按:首字称新,为王莽时物。西国即西羌之国,安千疑安迁之简字,谓羌族既安于内迁,可以制外。小长其身份在千长百长之下,本印更分为左右,皆王莽时制度,与"新保塞渔阳左小长"文例正同。

魏率善羌邑长　魏率善羌仟长　均见《集古》卷十、十页　**魏率善羌佰长**　《集古》卷十、十一页

按:邑君、邑长,不等于县令长。《后汉书·西南夷传》:"安帝时有青衣道夷邑长令田举土内属,帝增令田爵号奉通邑君。"又按:上文有越归汉蜻蛉长印,蜻蛉乃百越部落之名,其时汉虽设立蜻蛉县,而其部落仍保存有邑君、邑长之名,知当时开边建立郡县之制度如此。

亲晋羌王　晋归义羌王　均见《集古》卷十二、二页

按:《太平寰宇记》,滑国,车师之别种也,后汉顺帝永建元年,八滑从班勇击虏有功,汉以八滑为亲汉侯,据此则印文亲魏亲晋之名,亦皆本于汉也。

晋率善羌邑长　晋率善羌仟长　晋率善羌佰长　均见《集古》卷十二、五页

按:《晋书·江统传》徙戎论略云:"建武中以马援领陇西太守讨叛羌,徙其余种于关中,居冯翊、河东空地,而与华人杂处。"又云:"徙冯翊、北地、新平、安定界内诸羌,著先零、罕开、析支之地,徙扶风、始平、京兆之氐,出还陇右,著阴平、武都之界。"又云:"且关中之人百万余口,率其少多,戎狄居半处之。"可证当西晋时,三辅一带,因羌氐二族人民内居之众,故传世晋代邑长、仟长、佰长之印文,亦比汉魏数量特多。

十六、髳

髳长 拓本

按:《尚书·牧誓》及庸蜀羌髳微庐彭濮人。《伪孔传》曰:"八国皆羌夷戎狄,羌在西蜀,髳微在巴蜀,庐彭在西北,庸濮在江汉之南。"《史记·周本纪》正义:"姚府以南,古髳国之地。"《后汉书·西羌传》云:"及武王伐商,羌髳率师,令于牧野。"又《西南夷·板楯蛮传》云:"高祖为汉王,发夷人还伐三秦。"髳人当亦在内。本印长方式白阑,为西汉初制作,不称髳邑长,而称髳长,知非归义之长,而为髳人在汉领兵之长,与"新难兜骑"文例相同。

十七、氐

汉归义氐司马 《汉徵》第十二、十六页

按:《史记·匈奴传》云:"右方王将居西方,直上郡以西,接月氏,氐羌。"《索隐》云:"《风俗通》云氐本西南夷种。"《地理志》:"武都有白马氐。"又鱼豢《魏略》云:"汉置武都郡,排其种人,分窜山谷,或号青氐,或称白氐。"又《后汉书·西南夷传》略云:"白马氐者,武帝元鼎六年开,分广汉西部合以为武都,氐人勇戆抵冒,贪货死利,居于河池,一名仇池,数为边寇,郡县讨之,则依固自守。元封三年氐人反叛,遣兵破之,分徙酒泉郡,昭帝元凤元年复叛,讨平之。及王莽篡乱,氐人亦叛。建武初悉附陇蜀,及隗嚣灭其酋豪,乃背公孙述降汉,陇西太守马援,上复其王侯君长,赐以印绶。"本印归义氐司马,为归义之后,汉廷给予之物。司马当与军司马、假司马相等。

汉氐千长 《印举》举二、六十五页　　**氐佰长印** 《集古》卷九、九页　　**汉率善氐佰长** 《集古》卷九、十页

按:氐佰长上无汉字,应为其国内自置之官。

魏率善氐邑君　《集古》卷十、九页　　**魏率善氐邑长**　《汉徵》第十二、十六页

魏率善氐仟长　《集古》卷十、十页　　**魏率善氐百长**　《汉徵》第十二、十六页

按：《魏志》建安十八年，马超在汉阳氐因羌胡为害，氐王千方叛应超，屯兴国，使夏侯渊讨之。二十年曹操西征张鲁至陈仓，将自武都入氐，氐人尽遁，乃自陈仓以出散关。氐王窦戎众万余人，恃险不服，操攻屠之。元康元年七月，武都氐王扬仆率种人内附，居汉阳郡。太和三年十二月，氐王波调遣使奉献，以调为亲魏大月氏王。本印之邑君长、千百长，盖皆其部落也。

亲晋氐王　《集古》卷十二、一页　　**晋归义氐王**　《集古》卷十二、二页　　**晋率善氐仟长**　**晋率善氐邑长**　**晋率善氐佰长**　均见《集古》卷十二、五页

按：亲晋氐王与亲晋羌王同例。

十八、难　兜

新难兜骑　《集古》卷九、十六页

按：《汉书·西域传》云："难兜国王治去长安万一百五十里，户五千，口三万一千，胜兵八千人。东北至都护治所二千八百五十里，西至无雷，三百四十里，西南至罽宾三百三十里，南与婼羌，北与休循，西与大月氏接。种五谷、蒲陶诸果，有银、铜、铁作兵，与诸国同属罽宾。"本印为难兜国人当王莽时在京师充当骑兵所用。汉廷之长水、越骑二校尉，所领为胡骑，难兜当亦同此例。

十九、金

金国辛千夷槐佰右小长　《汉徵》第十四、十五页

按：金国未详其地，文例与"新西国安千制外羌佰右小长"相同，当亦为王莽时印。

二十、左　卢

张掖属国左卢小长　《集古》卷三、十四页

按：《汉书·武帝纪》："元狩二年秋，匈奴昆邪王杀休屠王，并将其众四万余人来降，置五属国以处之，以其地为武威、酒泉郡。"颜师古注："凡言属国者，存其国号而属汉朝，故曰属国。"本印左卢当为匈奴部落之名，居于张掖属国，故仍得存其国名，与颜注正合。小长其身份在君长、邑长之下，见于《史记·大宛传》，已详上文。余昔考两汉属国都尉制度，都尉、司马、千人等官，则汉族人任之，君长、邑长、小长等官，则少数民族人任之。

二十一、总　称

部落王章　《金索》玺印之属、九十三页　　**汉率众长**　**汉仟长印**　均见同书九十四页

按：以上三印，皆汉廷给与少数民族官吏所用，但皆不著国名及种族名称。疑为汉代将领出征时，有某族归义者，不及请于朝廷，即权宜给予此印，类于后代军中之保奖游扎。

集降尹中后候　《汉徵》第四、八页

按：以尹名官，当为王莽时管理归义人民所置之官。

归赵侯印　《集古》卷十二、八页

按：此当为前后赵时少数民族归附时所用之印。

小　结

综上各印，分为二十个国族，按明原印文字，书国者仍称国，书族者仍称族，其所用印文，可分五类性质：有用于国内之印，携带至中土者，如匈

奴相邦及右贤王印是也；有率众归义为汉廷给予之印，如汉归义夷千长是也；有各民族在汉廷充任军职之印，如新难兜骑是也；有在属国区域内所用之印，如张掖属国左卢小长是也；有为管理各民族之官，而由汉人担任者，如集降尹中后候是也。在各印中以第二类型最为普遍，率众归义保塞之三种民族，安居既久，有些姓氏，完全汉化，在农业、手工业、文艺、音乐、建筑各方面，起了互相交流，互相促进的作用。在属国都尉范围内，是否与汉族人民共同生产，现今尚未能了解其情况。观于当时各民族，有在京师担任宿卫者，如长水、越骑之兵；有在郡内担任护卫者，如乌桓之骑兵；有保塞之功绩者，如乌桓、鲜卑，代汉廷窥伺匈奴动静。对于统治阶级的贡献很大。又观于《隶续》所载《蜀中繁长张禅残碑》，有夷邑君、夷邑长、邑民、白虎夷王等人题名，与汉族人名，并肩写刻。四川出土铜镜，亦有"多贺国家夷民息"之铭文，足证汉族人民与各族人民一直是友好的，不独在印文上表现出内附之诚意也。

记西安传世两汉名人之遗物及海城于氏藏印

余客西安二十年,所见两汉名人之遗物,略记于下:

①"淮阴侯印"封泥,怀宁柯莘农翁所藏,柯卒后,此物不知流散于何处。②"淮南邸印"封泥,余与柯翁各藏一品,同为一印所打成,余所藏者,现捐赠于西北大学历史系文物陈列室。③"宫"瓦,汉城出土,文字极精,为余所得,盖梁孝王在京师离宫之物。一九四九年寄存于重庆亲戚家,途经沙坪坝,覆车被毁,现仅存拓本两纸,曾缩印于拙著《秦汉瓦当概述》一文中(见《文物》一九六三年第一期)。④"萧将军府"板瓦,汉城章门内出土,四字古隶书,系排打方印式,现存两印半。《汉书·萧望之传》,宣帝末官前将军光禄勋,瓦盖为其邸第之物,现存余处。⑤张骞"博望家造"陶印模,是一九四二年西北联大历史系教师,在城固修理张骞墓时,取出此物及墓砖五方,原存西大文物陈列室,现已调至北京中国历史博物馆。⑥昭阳宫铜镜,汉城出土,文八字:"昭阳镜成,宜佳人兮。"阳、成二字为韵,佳、兮二字为韵,在八字中,篆隶各半,尤为创见。镜背满面涂金,光彩夺目,纵不能定为赵飞燕所用,亦当为昭阳舍中宫女之遗物,余斋存有拓本。⑦赵充国带钩。初为陕估李道生所得,后售于罗振玉,现藏沈阳辽宁省博物馆,钩形既小,又不涂金,可以见营平侯之朴素。⑧韩五孙子母印。汉城刘家寨出土,塗金伏羆纽,初在夏侨生九鼎斋,余代吴兴沈次量翁购致。子印锈结甚牢固,后托陈炳昆取出,为"曹承谊"三字,疑为韩嫣夫妇之合印。子母印两人合用,在汉印中仅此一见,余斋尚存有印模一纸。⑨岑彭

印,龟纽,面积不大,岑彭征公孙述时,秦陇为必经之地,故有遗印之可能,此印亦为次量翁所藏,次翁卒后,所藏之物,殆星散矣。一九六四年六月来客长春,拉杂书此,以识多闻。

海城于省吾先生为余老友,所著《周易》《尚书》诸子新证等,颇多创见,近年执教于吉林大学,推为祭酒。今年5月,余应东北文史研究所讲学之招,旅客长春,与省翁过从尤密。间出示所藏汉晋印七枚,皆铭心绝品,友朋中尚少见知者,爰记其目如次。

①"纳功旁校丞"印,阴文有界格,纳功二字在一格。观其文字,应为秦楚之际作品,官名独无考。②"苍梧候印",阴文有界格,候为掌管边郡烽遂之候官,在敦煌、居延两木简中称为候官,或简称为候,《汉书·董贤传》所谓其父恭为云中候是也。以上两印皆蛇纽,尤为创见。③"张猛"印,鸟篆书,猛为张骞之孙,汉元帝时人。④"张德"印,上面及两侧画四灵形。张德见《汉书·咸宣传》云"乃使光禄大夫范昆,诸部都尉及故九卿张德等,衣绣衣持节,虎符发兵以兴击"是也。⑤"吕越人"印,⑥"相如"印,两印为同时出土,皆白文,相如印为半通式,中有界阑。《史记·西南夷列传》云:"于是天子乃令王然于、柏始昌、吕越人等,使间出西夷。"又云:"蜀人司马相如亦言西夷邛筰可置郡,使相如以郎中将往喻。"盖两人先后皆使西南夷,故两印当时遗失在一处。司马相如印,高凤翰及友人段绍嘉所藏,皆属伪品,此独千真万确,故为可贵。⑦抱朴子四面印,正面"父子侍臣",背面"梁伯之裔",右侧"抱朴子",左侧"肃函",共十三字。《抱朴子》自序:"其先葛天氏,盖古之有天下也,后降为列国,因以为姓焉。"《潜夫论·志氏姓》:"梁葛江黄,皆皋陶之后。"盖梁与葛姓氏同出一源也。又《抱朴子》自叙,洪父仕吴为五官郎中、中正、中书郎、廷尉平等职。《晋书》本传,叙洪晋元帝为丞相时辟为掾,故本印称为父子侍臣也。以上各印,据云皆为陶北溟旧藏之物,屡次寓目,辄爱不释手。

广州汉墓群西汉前期陶器文字汇考

广州市文物保管委员会自一九五三年起,至一九六〇年止,在广州四郊,发掘两汉墓葬四〇七座。其中属于西汉前期的,共一八二座,所出各种陶器有文字者,尤为重要。因加以研究,定为南越王赵佗,或南越文王赵胡时物。可以考见南越国当时之官制,兹将各器文字分述如下:

一、常御陶瓮　常御第十三双耳陶罐
　　常御第廿双耳陶罐　常御三千陶壶

按:常御当与长御相通,应为南越王国后宫婢女之称号,与妃嫔身份尚有区别。故汉宫十四位后妃名称,长御不在其内。证之《汉书·元后传》云"久之宣帝闻太子恨过诸娣妾,欲顺适其意,乃令皇后择后宫家人子可以虞侍太子者,政君与在其中。及太子朝皇后,乃见政君等五人,微令旁长御问知太子所欲,太子殊无意于五人者,不得已于皇后强应曰,此中一人可。是时政君坐近太子,又独衣绛缘诸于,长御即以为(是)"云云,长御在《汉书》中,仅此一见,亦不见于两汉其他古籍。与广州西汉前期出土各常御陶文,正相吻合。所谓常御第十三及常御第廿者,为人名之次第,或陶器之编号,均未可知。至于常御三千者,疑为南越国常御之总人数。西汉各官署,官婢至多,《汉旧仪》记少府所属太官令、汤官令两官署中,各有奴婢三千人。以此例之,南越国之常御,仅与九卿所属一官署中之人数相等。墓主人似即为常御身份,故刻题字于殉葬器上。

二、居室陶罐

按:《汉书·百官公卿表》叙少府属官有居室令,武帝太初元年改名保宫。又有甘泉居室令,为甘泉宫内之官署。《汉旧仪》云:"居室令主鞠治二千石狱。"故《汉书·灌夫传》所谓"有诏劾灌夫骂坐不敬,系居室"是也。余昔考西汉少府所属居室令,与宗正所属都司空令,虽皆主管诏狱,其中奴隶人数极多,兼主造一部分陶瓦。西安汉城遗址中,所出居室令板瓦,余所见有七八片,字大如胡桃,皆同文同范。陕西历史博物馆藏有"无极"瓦,筒上有"居"字印记,亦当为居室令所造。至于都司空署,所造瓦文则更多。例如"都司空瓦当""都建平三年""居摄二年都司空""始建国四年保城都司空""始建国天凤四年保城都司空"各瓦片,皆为都司空令各官署所造(以上各瓦,均见拙著《关中秦汉陶录》卷二,原稿本现存中国科学院考古研究所)。本陶器则为南越国少府居室令所造之物,与汉廷少府居室令主造部分陶瓦情况,亦完全符合。

三、食官第一陶鼎

按:《汉书·百官表》叙太常所管诸庙寝园有食官长丞。詹事属官,亦有食官长丞。本陶器不称为某庙某园之食官,仅单称为食官,知为南越国詹事所属之食官。詹事所掌为皇后太子家事,成帝鸿嘉三年省詹事官,并属于大长秋。西汉王国百官制度,皆如汉朝。传世之西汉铜器,如《小校经阁金文》卷十三、六一页有胶东令食官金刀。又卷十一、九一页有信都食官镫,建始二年六月造。卷十二、十四页有梁王食官钟。《十钟山房印举》举二,有"东平飤官长"印。《汉印文字徵》第五、十一页有"杜陵飤官口丞"印。吴兴沈氏藏有"北海飤官长"印。一九六一年,太原东太堡亦发现有代食官糟钟。汉人自食称为食,食人称为飤,詹事所属食官令,当为飤官之省文。故汉器食官，或又写作飤官也。《汉书·龚胜传》云："食从者及马。"颜师古注："食读曰飤。"是其明证。本陶器应为南越国詹事食官令官署中之用器，第一为其编号，死后取以殉葬者，墓主人之身份，当与食官令有关系。

四、大厨陶瓮　大厨陶罐

按：《汉书·百官表》，京兆尹属官，有市厨两令丞，右扶风属官，亦有雍厨长丞，皆不称为大厨。又按：建昭雁足镫（见阮氏《积古斋钟鼎款识》卷九、二十五页），后段有刻文云："胡家，后大厨，今阳平家画一至三，阳朔元年赐。"此为阳平侯王凤受赐后补刻之文字，表示雁足镫为阳平侯家后大厨所用之物。大厨二字，与本陶文适合，亦指南越国王之大厨而言。

五、众鱼陶罐

按：众鱼二字，盖取义于《诗》之"众为鱼矣"，实为丰年。应为吉祥语而非官名，与大吉、千仓陶罐题字文例相似。

结　论

《汉书·百官表》云："诸侯王高帝初置，金玺盭绶，掌治其国。有太傅辅王，内史治国民，中尉掌武职，丞相统众官，群卿大夫，都官如汉朝。"现从文献与古物资料相结合，以高祖庶子齐悼惠王之齐国百官，见于《史记·仓公传》及临淄所出齐封泥，显示最为具体。上述各陶器，知赵佗南越国所设百官，少府有居室令，詹事有食官令，婢女称常御，膳食称大厨，可见百官制度，完全与汉初相同，且相当齐备。《史记》《汉书》两《南越传》，皆不涉及赵佗之政治制度，此次陶文之发掘，实为重要之贡献。赵佗以秦末官龙川令，守南海尉，至武帝建元四年病卒。阅七十余年，佗之寿当及百岁。佗孙赵胡继立为南越王十余年卒。嗣后赵婴齐、赵兴皆称王不久，吕嘉擅权，南越之政体，极为紊乱，典章制度，不复为早期之严密。故推测各陶器之时代，应属于赵佗或赵胡时期之制作居多。且各器印文，有用一印并肩打在一器之上者，有用一印遍打于陶器肩腹各部者，尤可证明为西汉前期打印陶文手法之特征也。

汉张叔敬朱书陶瓶与张角黄巾教的关系

　　东汉末期,盛行朱书陶瓶,扬州张丹斧在凤翔曾得熹平二年两陶瓶,印入《广仓学宭》艺术类征中,是为朱书陶著录之始。其年代就出土的而言,最先为桓帝永寿二年,见《书道》卷三,最后为献帝初平四年,西安所见,流风衍及晋代(见中村不折《禹域墨宝书法源流考》卷上),最后至北魏神龟元年。西安所见,陶瓶白粉书,其流行的范围,以洛阳、西安为最盛地区,山西也有发现,最远的及于甘肃(见《考古通讯》创刊号,《敦煌漫记》一)。其字体多用草隶,颜色皆朱书,所说皆为阴阳五行家语,最特别者初平二年陶瓶末尾有符文一道(原物现藏西大文物陈列室),也是汉府留存最古的。总之,朱书陶瓶,主要的在东汉末期,以我所见,有永寿、延熹、建宁(洛阳出土)、熹平、中平、初平等年号,在此阶段四十年中,尚未发现过永康、光和、兴平三年号,在此以后,也未见过建安的年号。朱书陶瓶大率文字模糊难读,只有一九三五年春间,晋省修筑同蒲路工程中,掘得熹平二年张叔敬陶缶,朱书二十三行,共二百一十九字,不但文字最多,书法最精,且每字皆清朗,不啻一块汉碑石刻,可谓朱书陶瓶中之王。曾见马镜清著有《汉张叔敬墓避央瓦盆文》附考释一卷,此书外间流传不多,照录原文原行于后,并节抄马氏考释以资参考。

汉张叔敬朱书陶缶原文:

熹平二年十二月乙巳朔十六日　　主死人录召魂召魄主死人
庚申天帝使者告张氏之　　　　　籍生人筑高台死人归

众三丘五墓＝左墓右中央　　深自埋眉须以落下为
墓主塚丞塚令主塚司　　　　土灰念故进上复除之药
命魂门亭长塚中游　　　　　欲令后世无有死者上党
徼等敢告移丘丞墓　　　　　人参九枚欲持代生人铅人
柏地下二千石东塚侯　　　　持代死人黄豆瓜子死人持
西塚伯地下击犆卿耗　　　　给地下赋立制牡厉辟
里伍长等今日吉良非　　　　涂各欲令祸央不行亟
用佗故但以死人张叔敬　　　到约令地吏勿复烦扰张
薄命蚤死当来下归　　　　　氏之众急＝如律令
丘墓黄神生五岳

马镜清氏考释略云，熹平二年十二月乙巳朔，与陈垣《二十史朔闰表》正合。其曰丞、曰令、曰亭长、曰游徼、曰二千石、曰侯、曰伯、曰卿、曰伍长者，皆以汉官职衔署神鬼名号也。《续汉书·百官志》有门亭长，掌郡正门，此文魂门亭长云者，盖指魂门之亭长而言。《百官志》每乡设一游徼秩百石，掌禁止奸盗，里有里魁，什主十家，伍主五家，伍长盖主五家者。其曰司命，亦汉代之恒言，《风俗通》言郡国多祀司命。特作犆古文也，蒿作耗借文也，击犆义同椎牛。其曰黄神生五岳，主死人录，召魂召魄，主死人籍者，黄为中央土色坤道载物，后土之隆称也。黄巾张角兄弟，起义于中平元年，史言角初自称大贤良师，遣其弟子八人，使于四方，转相诳惑，十余年间，百姓信向，自青徐幽冀荆扬兖豫八州之人，莫不毕应，讹言苍天已死，黄天当立。计张叔敬死葬之岁，正张角传教之时，此瓦盆丹书，其为信奉角教者欤？黄神生云云，即黄天当立之说也。其曰今上复除之药者，汉人以免丁口钱及捐去力役为复除。上党人参九枚，持代生人，铅人持代死人，黄豆瓜子，死人持给地下赋，人参九枚，所谓药也。急急如律令，汉代官文书尾通用语，张道陵倡五斗米教，符摄妖鬼，必书此语，前辈乐考据者已言之。

案：马氏考张叔敬为张角黄巾教徒，说颇可信，因朱书陶瓶，皆在东汉末期，由永寿二年到初平四年，共三十八年，大致包括张角传教、起义及失败三个时期,到献帝初,张角已平,所以不见建安年号,从出土地区、出土数量来看,可以想见当时教徒传播的广泛,足以作为《后汉书》所谓"三十六方,同日并起"的注解。

汉初平四年王氏朱书陶瓶考释

此瓶于一九五七年八月,在西安市和平门外四号汉墓出土。全文朱书十八行,每行三字至十一字不等,共一百三十八字,皆书在陶瓶腹部至腹下部周围,语句完整,笔画清晰,原器现藏陕西省考古研究所。死者为决曹尚书令王氏之妻,母家则为黄姓,观全文之语气,则为其子所书。朱书陶瓶,文字大率模糊难读,只有一九三五年春间,山西在修筑同蒲路工程中,掘出熹平二年张叔敬陶缶,朱书二十三行,共二百一十九字,不但文字最多,书法最精,且每字皆清朗,不啻一块汉碑石刻。曾见三原马镜清氏摹有原文,原器今不知流落何所。此次陶瓶之发现,文字精美,与张叔敬陶缶相等。能参考东汉末期之社会风俗习惯,极有崇高之价值,兹诠释原文,逐段考证如下:

初平四年十二月己卯朔十八日丙申,直危。

按:初平为东汉献帝刘协纪年,据陈垣《二十史朔闰表》,初平四年十二月确为己卯朔,与陶文相合。直危者谓是日值建除日中之危日,与王莽嘉量文之戊辰直定,体例正同。又晋徐美人墓石文云:"以(元康)八年岁在丙午,四月丁酉朔,廿有四日丙□直平,戌时丧殒。"盖至晋代犹沿用建除之值日也。

天帝使者,谨为王氏之冢,后死黄母,当归旧阆。

按:天帝使者,为两汉方士所用之术语。《十钟山房印举》举二、六十三页,有天帝使者印二方。南陵徐氏藏有天帝使者带钩。《封泥考略》卷七,有"天帝之印"封泥。江苏高邮邵家沟汉墓,亦出土有天地使者封泥(见《考古》一九六〇年第十期)。又永寿二年朱书陶瓶起数句文云"永寿二年二月己未朔,廿七日乙酉,天帝使者,告丘丞墓柏地下二千石"云云(见《书道》卷三、四至五页)。张叔敬陶缶文云:"天帝使者,告张氏之众。"与本陶文相合。又按:旧阅谓墓门之阀阅也,与《汉书·广陵厉王歌》"蒿里召兮郭门阅"同义。

慈告丘丞墓柏地下二千石,蒿里君墓。

按:汉人在一区冢墓范围之内,假设各官吏之名与生人官衔相类。例如张叔敬陶瓶文云:"三丘五墓,墓左墓右,中央墓主,塚丞塚令,主塚司命,魂门亭长,塚中游徼等。敢告移丘丞墓柏地下二千石,东塚侯,西塚伯,地下击犆卿,秏(蒿)里伍长等。"所说最为具体。又永寿二年陶瓶,初平二年陶瓶(现藏西北大学文物陈列室),望都二号墓所出中山刘公买地券,亦皆有丘丞墓柏地下二千石等语,与本陶文均合。又按:崔豹《古今注》云:"《薤露》《蒿里》,并哀歌也,本出田横门人,横自杀,门人伤之,为作悲歌。"蒿里后渐演变为墓田之代表名词,在古籍始见于《汉书·广陵厉王歌》,云:"蒿里召兮郭门阅。"在石刻始见于《汉夏承碑》,云:"痛沉蒿里。"在朱书陶瓶,则见于本陶瓶及张叔敬陶瓶。

黄墓主墓,故夫人决曹尚书令王氏冢中。

按:《续汉书·百官志》叙太尉公府属,有决曹主罪法事。又叙郡太守属吏,诸曹略如公府曹。据此决曹掾史,上自三公下至郡县属吏皆有之,尚书令属少府,秩千石,自西汉末期,即为中朝重官,至东汉职权则尤居显要。若以郡县决曹掾史之卑位,不能骤行内调。王君则当先官三公府之决曹,后迁至尚书令也。

先人无惊无恐,安隐如故。

按:安隐即安稳之假借字,在汉时尚未有稳字。《汉书·贾山传》至言云:"隐以金椎。"周寿昌《汉书补注》谓隐当读如稳,其说是也。《金石萃编》卷五《开通褒斜道石刻文》云:"益州东至京师,去就安隐。"皆其证。

今后曾财益口，千秋万岁，无有央咎。

　　按：曾财即增财省文，此两句不见于其他各朱书陶瓶。

谨奉黄金千斤两，用填冢门。

　　按：黄金千斤两，谓黄金千斤，或黄金千两，仅是象征性的约略言之，故不用确实数字，填为镇字之假借。

地下死籍削除，文他央咎，转要道中人。

　　按：削除死籍，意谓登于仙籍。文读如文过之文，谓掩藏免除其央咎，转移于道途之人。

和以五石之精，安冢墓，利子孙，故以神瓶震郭门，如律令。

　　按：五石之精，应指铜而言。《太平御览》八百十三，引《抱朴子》引《金简记》一云："以五月丙子日中时铸五石下其铜五石。"《浙江出土铜镜选录》三十七龙虎镜有云："练五斛之菁华。"《说文》："斛，十斗也。"与五石之义相同。但陶瓶出土时，瓶内仅装有汉白玉石一小块，可能尚有铜片等物，在工人掘出时遗失。震为镇字之同音假借字，郭门指墓椁之门而言。如律令或繁称为急急如律令，本为两汉公牍语，后渐演变为道士符咒之术语。

东汉以来，盛行用朱书陶瓶作随葬品，一九一六年，扬州张丹斧在凤翔曾得熹平二年两陶瓶，印入《艺术丛编》之《艺术类征》中，为朱书陶瓶著录之始。其年代就现在已出土者而言，最早为东汉和帝永元十六年（西安出土，现藏陕西省历史博物馆），最后者为东汉献帝初平四年，前后包括九十年之久（初平四年者即本陶瓶，为东汉最后之一器，尤为可贵）。流风衍及晋代（见中村不折《禹域墨宝书法源流考》卷上）。最晚者延至北魏神龟元年（西安所见，陶瓶白粉书），其流行范围，以西安、洛阳最为昌盛地区，山西、山东亦有出土，最远者及于江苏高邮（见《考古》一九六〇年第十期）、甘肃敦煌（见《考古通讯》创刊号，《敦煌漫记》一）。字体多用草隶书，颜色多用朱书，间或用白粉书。器形多为长瓶形式，或半截式，所记皆为阴阳五行家之语，所用词汇，以高邮、敦煌所出最为特殊，与中原地区不同。至如初平二年陶瓶(西北大学文物陈列室所藏),文后有符箓一道,为传世最古之符文(在古籍中,符文始见于《抱朴子》),在陶瓶中仅此一见。综合言之,各陶瓶之纪年,主要在东汉末期,以余所见闻,有永元、永和、永寿、延熹、建宁、熹平、光和、中平、初平等年号。永元只一见,永和、永寿则两见,绝大部分,皆在建宁元年之后,至初平四年止,独不见献帝兴平、建安两年号。马镜清氏谓朱书陶瓶与当时黄巾传教有直接关系,然永元、永和、永寿诸纪年,皆先于张角起义四五十年,知马说之不然。大致与当时甘始、左慈之徒,盛行方术,是有相当之影响。

汉人亲笔所书,今日能见到者,除敦煌、居延两木简之外,则首推朱书陶瓶。其字体多由草隶向草书,由隶书向楷书过程蜕变者。而本陶瓶尤有一特点,凡有相同之字,结构仪态,必不相重复。例如全文中,四莫字、三冢字、三千字、三黄字、三无字、三人字、两十字、两谨字、两王字、两氏字、两之字、两后字、两死字、两地下字、两石字、两故字、两安字、两令字、两央咎字、两门字,其结体无一相雷同者。昔人谓王右军书《兰亭序》,字同而字形不同,唐睿宗书景龙钟,亦用其法。今观本陶瓶在东汉时已开此先例,似非右军所特创,则本陶瓶在书法艺术上之价值,位置应超出木简之上。

洛阳汉墓群陶器文字通释

一九五三年洛阳区考古发掘队在洛阳烧沟地方发掘汉代墓葬二百二十五座。一九五七年河南文物工作队又在洛阳金谷园村地方发掘汉代墓葬三十余座。两处所出陶器,至为丰富,在仓、壶、鼎、敦、瓮、罐不同的陶器上,还多有用朱、墨、粉三色所写的文字。前者见《洛阳烧沟汉墓》一书(科学出版社一九五九年出版,第一五四至一五九页);后者见黄士斌《洛阳金谷园村汉墓中出土有文字的陶器》(《考古通讯》一九五八年第一期,第三六至四一页)。黄氏的论文与《洛阳烧沟汉墓》专著,对于陶器文字皆有些误解误释。现综合两地所出有文字的陶器,分类整理,以文字类从。有不需要解释的,即不再加按语,原释摹文有不清晰者,亦不强释,并加以删汰。这或者对两汉河南地区社会风俗的研究,有所帮助。

一、谷 类

禾(仓) 粟(仓) 粟万石(仓) 稻万石(仓) 稻米万石(仓) 稻黍(敦) 白米(仓) 白米万石(仓) 大麦(仓) 麦万石(仓) 大麦万石(仓) 大麦屑万石(仓) 大麦第百一十五(罐) 小麦(仓) 小麦万石(仓) 黍万石(仓) 黍粟万石(仓) 黍米万石(仓) 粱米(仓) 粱米万石(仓) 糜万石(仓) 房万石(仓) 术万石(壶) 糯万冀(仓) 更万石(壶) 糒万石(壶) 涼万石(鼎) 夶□(壶) 白饭一盍(盒) (泂

西出土)

粟　西安汉墓中曾出方仓,朱书大"粟"字,不云"粟万石",与此同例。原器现藏西北大学历史系文物陈列室。

大麦屑万石　《说文》:"麸,小麦屑皮也。"据本题字,大麦麸亦可称为大麦屑。

粱米万石　粱米见《本草》卷二五,称为青粱米。

穈万石　《集韵》:"穈,音门,赤苗嘉谷也。"《居延汉简考释·释文之部》三三八页有"入穈小石十四石五斗"之简文,《流沙坠简考释·戍役类》第三十一简(此简为魏晋时物)略云:"下穈九十亩。"又省写为床。

房万石　当为稖万石之假借字。《广雅·释草》:"稖程,穄也。"《居延汉简考释·释文之部》三三八页有"稖程六斗"之记载。黄氏原注云仓内所贮似谷粒,是也。

术万石　术为秫之假借字。《尔雅·释草》:"众秫。"邢疏云:"众一名秫,谓粘粟也,北人用之酿酒,其茎秆似禾而粗大。"

糈万晶　糈字不见于字书,当为精字异文。《说文》:"精,择也。"谓择米使纯洁也。精字通晶。《荀子·解蔽篇》云:"用精惑也。"杨倞注:"精,目之明也。"本题字从晶,取其声相近;变晶为晶,取其义相通。万下当为"晶"字,晶与箕通。《说文》:"箕,簸也。"拣择精米,必须用箕。本题字全文大义谓有精米万簸箕也。

更万石　更为粳字省文,汉人书作秔字,即今日之普通食米。《玉篇》:"粳,稻不粘者。"黄氏解为更即"羹"之同音字,恐非是。

糒万石　《广韵》:"糒,糗也。"《史记·大宛传》:"载糒给贰师。"

涼万石　涼为"醇"字之假借。《说文》:"醇,杂味也。"《周礼·天官·浆人》:"水浆醴涼医酏。"郑注:"今寒粥若糗饭杂水也。"本题字作涼,用《周礼》之本字。即今日以水煮宿饭,俗名烫饭也。黄氏原释误为"淙万石"。

麦□　麦为麰字省文。《说文》:"麰,麦甘粥也。"《急就篇》:"白麮殊美奏诸君。"皆与本题字相合。

白饭一盉　《说文》:"盉,覆也。"俗字作盒。此器为盒形,正合古训。

二、豆麻类

豆万石(仓)　大豆万石(仓)　小豆万石(仓)　金豆一锺(壶)　麻万石(仓)

大豆万石　《广雅·释草》:"大豆,菽也;小豆,荅也。"《本草》卷二五:大豆,包括黑、白、黄三种,汉代人民所食,多为黑大豆。黄豆发芽入药,则称为大豆黄卷。

小豆万石　《说文》:"荅,小菽也。"汉人称小豆为荅,亦见《九章算术》。小豆包括赤小豆、绿小豆两种,汉人所食,则以赤小豆为主。兼入药味,见《本草》卷二五。金豆之名未详。

麻万石　麻谓胡麻,即今日之芝麻。《本草》卷二五谓由张骞始传入中国。

三、肉食类

炮豚一锺(壶)　腺万石(壶)　羹万石(壶)　始鸡□(鼎)　始鸡间(鼎)　犕月万斤(鼎)　初祭肉(鼎)　緌脯万斤(敦)

炮豚一锺　《说文》:"炮,毛炙肉也。"《广韵》:"炮与炰同。"《左传·襄二十九年》杜注:"六斛四斗曰锺。"汉人名壶为锺,本题字称一锺者,文字必写在壶上。

腺万石　腺为𤜜字之假借。《说文》:"𤜜,牤牛也。"谓牛肉万石也。从牛改作从肉,犹牝羱陶范(西北大学历史系文物陈列室藏)题字,写作"牝"也。

原万石　原为獂字省文。《说文》:"獂,豕属也。"(《六书故》引唐本)亦借为豵,豵为野豕,谓野猪肉万石也。

始鸡间　即始鸡吕之假借字,吕即脀字。《博雅》:"脀,肉也。"谓初祭用鸡肉也。

雊月万斤　第一字为鸡字变体,月即肉字。黄氏误释为日字,便不可通。

糇脯万斤　糇为餱字之假借。《说文》:"餱,干食也。"《诗》:"乃裹餱粮。"是也。本题字则谓干肉脯。

四、酒　类

㔾酒(壶)　酒万石(壶)　大郭酒三石(瓮)　大章之久也善(瓮)　郭郎久三石千万千万千万千万(瓮)　麴万石(仓)　大麦麴万石(仓)　小麦麴万石(仓)　蘖万石(仓)　酃渌(瓮)

大郭酒三石　"大郭"即郭大,为汉人之俗称。潍县陈氏藏"大郭"刀圭,与此同例。

大章之久也善　"大章"当为人名,久为酒字同音之简写。西安汉城曾出土有"槐里市久"陶壶、"咸阳亭久"陶瓮,皆与此同例。

郭郎久三石千万千万千万千万　两边所刻皆"千万"二字连文。先秦两汉人指三九每为虚数,说见汪中《释三九》。

大麦麴万石　《说文》:"麴,酒母也,或从麦,鞠省声。"汉代皆通用麴字。

蘖万石　《玉篇》:"蘖,麴也。"今俗谓之酒丸。

酃渌　酃为醽字别体。《广韵》:"醽渌,美酒。"《集韵》:"醽,湘东美酒。"盖此酒出于湖南衡阳县之醽湖,因醽湖水绿,故名醽绿,加酉则变为醽渌。《抱朴子·嘉遁篇》:"寒泉旨于醽渌。"《文选》潘岳《笙赋》:"倾缥瓷以酌醽。"据文献晋人始注重此酒,据本题字则醽渌之酒,在汉时中原各郡已盛行。原作者释为"酵酥",非是。

五、调料类

将(壶)　盐万石(仓)　盐一锺(壶)　豉(罐)　豉一锺(壶)　盐豉万石(壶)　䜈万石(壶)　醯万石(壶)　饮(壶)　飤(敦)　水(罐)

将　当即酱字省文。

盐豉万石　豉当为豉字异体。盐豉二字连文,因豉为食品,故易从豆为从食。犹居延木简饵字,因为肉饵,改写作𩜾字,在汉代草隶中此例最多。《说文》:"豉,配盐幽菽也。"《史记·货殖传》:"盐豉千合。"足证汉人好食豉。原作者误释为"豉"字,便不可通。

䜈万石　䜈即犹字,与由字相通。本题字谓油万石也。

醯万石　《说文》:"醯,酸也。"《史记·货殖传》:"醯酱千缸。"是也。

飤　《说文》:"飤,粮也。"汉人称食己曰食,食他人曰飤。《汉书·龚胜传》:"食从者及马。"颜师古注:"食读曰飤。"是也。《汉印文字徵》第五〇页有"北海飤长""杜陵飤官□丞""东平飤官丞"三印,皆读食如飤。本题字在敦上,敦为祭器,亦属于食人类型,与古训正合。

六、容量类

大石二十□郭始二石八斗(瓮)

大石二十　汉代有大石小石之别,小石一石,为大石六斗。见《居延汉简考释·释文之部》三三八页,与本题字正同。

七、官名人名类

大尹（瓮） 三令肖君（瓮） 大吴子（瓮） 大赵（瓮） 郭郭房郭功千万（瓮） 郭氏（瓮） 尹合（瓮） 师（罐）

　　大尹　《汉书·王莽传》："改郡太守曰大尹，都尉曰太尉。"此器当为王莽时物。

　　郭郭房郭功千万　"郭房"，犹《元和姓纂》《唐书·宰相世系表》之称某某大房、某某二房。"郭功"则房中之人物也。

八、吉语类

侯富大万长宜酒汉（瓮） 就年（瓮） 日利（瓮） 侯千万（瓮）

　　侯富大万长宜酒汉　首七字读为一句，后加汉字，一则表示朝代，二则取其与大万合韵。

　　就年　《广韵》："就，成也。"成年即丰年之义。

九、杂　类

黄金（壶） 黄金□□（壶） 德里（瓮） 大中（瓮） 大中小（瓮） 算审（瓮）

　　黄金　汉代壶钫上吉语多为"万金""巨万"等字，直称为"黄金"者，尚属创见。

韩城汉扶荔宫遗址新出砖瓦考释

陕西省文物管理委员会在韩城芝川镇汉扶荔宫遗址内采集有砖瓦多种,砖文部分,有文字者共八方,皆已残损,拼凑全文,为"夏阳扶荔宫令壁与天地无极"十二字。令壁有作灵壁者,又有仅作夏阳宫三字者。扶荔宫见于《三辅黄图》"在上林苑中,(汉武帝)元鼎六年破南越,起扶荔宫,以植所得奇草异木,荔支自交趾移百余株,无一株生者,连年移植不息"云云。《太平御览·宫室部》引潘岳《关中记》:"扶荔宫在冯翊。"亦未明言在冯翊某县,盖在魏晋时已不知宫址确实所在地。现今韩城,为西汉夏阳县,不在上林苑范围之内。《黄图》之说当有所本,可能属于水衡都尉上林令兼管之一部分。另一残砖仅作"夏阳宫"者,则为夏阳扶荔宫之省称,非扶荔宫之外另有一夏阳宫也。砖字在文献中始见于《荀子·正论篇》云:"是犹以塼塗塞江海也。"次见于《世本》云:"乌曹作塼。"《说文》云:"專。一曰纺塼也。"又称为令辟,见于《汉书·尹赏传》。《司马相如传》则作瓴甓。在金石刻辞中,当西汉时期,皆称为令辟,无作砖者。除本砖外,《隶续》卷二十,有"尉府灵壁阳朔四年正朔始造"砖,令壁称为灵壁,与本砖亦同。至东汉《韩勑修孔庙碑》,始见有"砖造石坛"字句(见《隶释》卷一)。与天无极,与地无极,皆为汉瓦名词,本砖连称为与天地无极,盖需要五字,以足成十二字也。西汉十二字砖,传世有"海内皆臣"及"单于和亲"两种,时代比本砖略早。

瓦当部分,有"宫"字半瓦及圆瓦,"与天无极"八乳式瓦,尤以"船室"

瓦为未见之品,船字作舩,《汉书》船字亦多写作舩,《杨仆传》为楼舩将军是也。汉人船写作舩,犹铅之作铅,沿之作沿也。《隶续》卷十六《繁长张禅碑》,有"县舩例掾"题名,及居延汉简中两见舩字,皆写作舩,与本瓦均相同。《汉书·百官表》,水衡都尉属官有辑濯令。如淳注:"辑濯,船官也。"颜师古注:"辑与楫同,濯与櫂同,皆所以行船也。"瓦文之船室,盖用以藏楫櫂等行船工具之室,《三辅黄图》既云扶荔宫在上林苑中(疑为上林令兼管部分,说已见上),水衡都尉主管上林苑全部分,各官署皆设在上林苑内,则瓦文之船室,为辑濯令所管之室无疑。

陕西兴平县茂陵镇霍去病墓新出土左司空石刻题字考释

茂陵霍去病墓，原存有汉立体雕刻九件，最著名的有"马踏匈奴""卧牛""奔马""石虎"等。一九五七年十一月，陕西省文管会在墓顶及墓址四周访查钻探，又发现八石，现暂陈列在墓前广场上。西边有石象一，不知名石兽一，石鱼二，明代万历时人题名一。共五石。东边有石蛙一；石兽一，边刻"左司空"题字；大石块一，右下边有"平原乐陵"等题名八字。共三石。兹将重要各石考释如下：

东边石兽，右上侧刻有"左司空"三大字，是表示此石的雕刻出于左司空官署工人之手。以此类推，其他各雕刻，也必多为左司空所刻。按《汉书·百官公卿表》，少府属官有左右司空令丞。司空为司工的假借字，汉瓦中有"右空"瓦当及"右空"瓦片（见拙著《关中秦汉陶录》卷二下），为右司空的简称。秦代少府属官，也有左司空令丞，秦始皇陵上曾出"土左司空"瓦片（见《陶录》续录）及"左司显瓦""左司高瓦"两砖（均见《陶录》卷三）。左司当为左司空的简称，秦代的左司空主要是造砖瓦，西汉时又兼制石刻。又《汉书·百官表》，宗正属官，有都司空令丞，出土瓦片有都建平三年瓦片、都元寿二年瓦片、居摄二年瓦片，王莽改都司空令为保城都司空（见《陶录》卷二下）。综合推断，少府之左右司空，宗正之都司空，都主要是造陶瓦，并兼刻石等工艺。因三司空职掌相同，所以在分工上并没有严格的区别。至于汉铜器、兵器，则由考工令、尚方令主造，木器则由东园主章长丞主造,金银漆器则由各郡国工官主造,分工情形大致如此。

东边大块长形花冈石,正面右下侧刻有"平原乐陵□伯□造"一行八字,当为工人题名,第七字似耳字,但尚未能确定。《汉书·地理志》,平原郡有乐陵县,完全与题字相合。按两周所铸彝器,皆曰作,不曰造。造之名始见于东周兵器,如羊子之造戈,秦相邦魏冉之造戟等。石刻题某人造,在东汉时颇盛行,在西汉当以此题字为开始。左司空题字以雄健胜,尚属于篆书范畴;此题字以谨严胜,则属于八分书,惟不带挑法。西汉石刻传世极少,计有群臣上寿、北陛、甘泉山、五凤四年、麃孝禹、茶子侯、祝其卿、上谷府八种,现又发现二种,非常可贵(杨量买地券尚有疑义,西汉降命石刻及孟璇碑,皆疑为东汉物)。

西边石象雕刻作卧伏形,长鼻垂在前左足上,虽寥寥数刀,而神态生动。按《汉书·武帝纪》:"元狩二年夏南越献驯象。"应邵注:"驯者教能拜起周章从人意也。"霍去病以元狩六年卒,此象已来三年,可证石刻就是按照《汉书》所载豢养在上林苑的驯象雕刻的,故能比例匀称,姿态如生。现存的两汉雕刻,多为东汉作品,属于西汉公元前者只有霍去病墓及昆明池织女二种。霍去病墓石刻类型既多,又洗练精美,尤其可贵。

关于汉幽州书佐秦君石柱题字的补充意见

一九六四年六月,北京西郊石景山上庄村发现汉代石刻一批,简报见一九六四年第十一期《文物》。邵茗生同志对于石柱题字撰有释文。我尚有点看法,补充如下:

石柱正面题字

永元十七年四月,板令改为元兴元年,其十月鲁工石巨宜造。

四月下二字,邵茗生同志释为卯令,我看当为板令二字,板令即诏书之板令,亦即诏令之解释。《独断》云:"天子命令之别名,一曰命,二曰令,三曰政。"注:"奉而行之名曰令。"《史记》秦始皇二十六年纪云:"命为制,令为诏。"《后汉书·应劭传》云:"辄撰具律本章句,尚书旧事,廷尉板令,决事比例,司徒都目,五曹诏书,及春秋断狱,凡二百五十篇。"应劭所称之廷尉板令,为廷尉转下汉廷之诏令(与《汉书·张汤传》之廷尉絜令,尚有区别),此板令二字之始见。又《居延汉简释文》三五页,有简文云:"版诏令男子狗大勿论,毋辄上廷尉以为常。"此又板令或可称为版诏令之一例。皆汉代公牍中之制度,与本文完全吻合,大意是永元十七年四月以诏书改为元兴元年。

神道阙题字

汉故幽州书佐秦君之神道。

《史记·秦始皇本纪》："闭中羡。"正义谓冢中神道。《汉书·霍光传》云："太夫人……改光时所自造茔制,而侈大之,起三出阙,筑神道。"此神道二字之始见。东汉以来,在石表上盛行神道题字,现存沈府君、冯使君两神道阙,其最著者。又《隶释》卷十三,有汉上庸长(现仍存此三字残石)司马孟台神道、绵竹令王君神道。似乎在东汉时县令长之墓道,即可以树立神道石阙,秦君以幽州之书佐,亦用神道之名,则为创见。《续汉书·百官志》叙郡吏诸曹,各有书佐、干,主文书。所述甚简,书佐之身份,仅知在诸曹之下。按:《隶释》卷二《樊毅复华下民租口筭碑》,后署掾臣条,属臣淮,书佐臣谋。《居延汉简释文》六八页,十一月丙戌张掖太守苞下属吏简,末署掾习,属沈,书佐横、实,均。一〇七页,永光四年少府下中常方简,末署掾未央,属顺,书佐临(以上仅举两例)。知书佐确系主办文书,其身份在掾与属之下,且皆与掾隶连署。证之《曹全》《景君》两碑,书佐之题名,在一般郡县吏之后,仅在干之上。但书佐多工于书写,《西岳华山庙碑》,遣书佐郭香察书是也。又《居延汉简》记载张掖太守属吏之俸钱,佐吏每月九百(见《居延汉简释文》三〇五页),斗食吏每月九百(见《释文》三一五页),啬夫每月七百二十(见《释文》三四四页),惟书佐每月仅三百六十(见《释文》二四八页),可证书佐在州郡县属吏中为最卑微之小吏,其身份尚不及有秩、卒史、斗食等吏。秦君任幽州书佐,在当时立双石阙,已为僭越。故对于筑坟,不能不遵守"士四尺"之规定,因此在石柱文中,表明并非爱惜财力,实迫于制度之不得已也。

另一点必须指出,东汉石刻画像工费极大。证之武氏石阙铭,有造石阙直钱十五万,作师子直四万之记载。秦君后人所刻之石柱表神道阙等,估计当时费用,亦至少在二十万以上,即等于后代之二百千文。以秦君之小吏,每月俸钱三百六十计之,要折合五十余年之月俸,每月不用一钱,始能储积此数。秦君生前,必为贪污之吏无疑,可见在东汉中期,官吏之贪赃枉法,已相习成风,此尤为研究两汉史之重要新史料。

汉芗他君石祠堂题字通考

一、石刻原文

东郡厥县东阿,西乡常吉里,芗他君石祠堂(以上十七字类似碑额)。

永兴二年七月戊辰朔,廿七日甲午,孤子芗无患弟奉宗顿首。家父主吏,年九十,岁时加寅,五月中卒得病,饭食衰少,遂至掩忽不起。母八十六,岁移在卯,九月十九日被病,卜问奏解,不为有差,其月二十一日况忽不愈。旬年二亲,蚕去明世,弃离子孙,往而不返。帝王有终,不可追还。内外子孙,且至百人,抢持啼呼,不可奈何。唯主吏夙性忠孝,少失父母,丧服如礼。修身仕宦,县诸曹、市掾、主簿、廷掾、功曹召府。更离元二,廱养孤寡,皆得相振。独教儿子书计,以次仕学。大字伯南,结僮在郡,五为功曹书佐,毂在门阁上计,守临邑尉,监补案狱贼决史,迁县廷掾、功曹、主簿,为郡县所归。坐席未竟,年卅二,不幸早终,不卒子道,呜呼悲哉。主吏早失贤子,无患、奉宗,克念父母之恩,思念忉怛悲楚之情。兄弟暴露在冢,不辟晨夜,负土成墓,列植松柏,起立石祠堂。冀二亲魂零,有所依止。岁腾拜贺,子孙欢喜。堂虽小,径日甚久,取石南山,更逾二年,迄今成已。使师操蒙。山阳瑕丘荣保,画师高平代盛、邵强生等十余人,叚钱二万五千,朝莫侍师,不敢失欢心,天恩不谢,父母恩不报。兄弟共处,甚于亲在,财立小堂,示有子道,差于路食。唯观者诸君,愿勿败伤,寿得万年,家富昌。此上人马，皆食太仓。

二、石刻通考

芗他君。

芗姓不见于《元和姓纂》，以搜罗姓氏最广博的《姓氏急就篇》而论，亦无此姓。芗字与香通，《史记·滑稽·淳于髡传》之"微闻芗泽"是也。《十六金符斋续百家姓谱》，有"香□"印，与本石刻之芗，当为一姓。芗他为人名，君者为其子芗无患等尊父之称。两汉时佗、他、沱、池、陁、它六字，在人名上可以通用，芗他应读作芗佗，与平皋侯项佗、南越王赵佗为一例，似不应连称为芗他君。

家父主吏，年九十。

《汉书·高祖纪》云"秦二世元年九月，沛令欲以沛应之，掾、主吏萧何、曹参曰，君为秦吏，今欲背之"云云。颜师古注："曹参为掾，萧何为主吏。"《萧何传》则云："以文毋害为沛主吏掾。"《史记·萧相国世家》，《索隐》谓主吏为功曹。窃以为主吏当作郡县属吏中之主要职位而言，不专指一吏之名。证之《隶释》卷一《成阳灵台碑》阴，有"主吏仲浮、主吏仲均、主吏仲耽"等二十六人题名，名次在督邮之下。又《隶释》卷十一《严华碑》阴，有"向主吏讳旻字孝圣，赵主吏讳齐字伯盛"等五人题名。《居延汉简释文》三十三页，有主吏十人之记载。上述各碑刻，主吏最多者有二十六人，其非专指功曹掾及功曹而言可知。但主吏总数之中，亦包括功曹掾史在内。《书道》卷三、一一五页，楼兰故址发现古文书，有"元龟子白主吏赵君，即日平安"等语。足证西晋时尚沿此称。

修身仕宦，县诸曹、市掾、主簿、廷掾、功曹召府。

诸曹指功曹、贼曹、户曹等曹而言。市掾一见于《后汉书·费长房传》，二见于《曹全碑》阴题名，三见于武梁祠后石室题字，盖为管理市政之吏。廷掾之名，起于战国初期，《史记·滑稽传》，褚先生补西门豹河伯娶妇事云:"欲复使廷掾与豪长者一人入趣之。"《续汉书·百官志》叙,郡县吏五官为廷掾,监乡五部。汉嵩山少室石阙铭,及开母庙石阙铭,皆有廷掾赵穆之题名。《专门名家》卷二,有葛廷掾砖。《晋书·职官志》叙,县吏亦有廷掾。惟廷掾之名,不见于《汉书》各纪传中。功曹掾史为县吏之最尊者,《汉官仪》云"督邮功曹,郡之极位"是也。此段总叙芗他之官职,是由小到大。召府者为太守所召见者也。《汉书·薛宣传》云"池阳令举廉吏狱掾王立府未及召"云云。召府二字,盖为当时公牍之习俗语。

更离元二,廱养孤寡。

廱即雍字,为饔字省文。《汉书·百官公卿表》雍太祝令正写作廱。又《石门颂》中有遭元二之句,前人考为指安帝永初元年、二年万民饥馑西羌起兵之事。然王充《论衡》云:"今上嗣位,元二之间,嘉德流洽。"王充在章帝时已有此语,似不论休咎,记连涉及元年、二年之事者,则皆可称为元二。本石刻则亦指安帝永初元、二年之事,罗福颐之说是也。

独教儿子书计,以次仕学。大字伯南,结僅在郡。

《汉书·东方朔传》云:"因留第中教书计。"居延汉简名籍,亦有能书治会计之文,为两汉人之习俗语。僅为徝字省写,《说文》:"徝,相迹也。"朱氏《说文通训定声》云与踵略通。结僅应为接踵之假借字。

五为功曹书佐,轂在门阁上计,守临邑尉,监补案狱贼决史,迁县廷掾、功曹、主簿,为郡县所归。

功曹书佐为功曹史之书佐,罗氏误分为二吏之名。书佐以居延木简考之,在郡县吏中,职位最卑,尚在有秩、斗食之下。上计为上计吏之简称。监补案狱贼决史者,贼为贼曹史,决为决曹史。监补之责,属于贼曹,案狱之责,属于决曹。芗伯南盖曾兼两曹史之职。监补罗氏原误释作监偪,今订正。

兄弟暴露在冢，不辟晨夜。

晨夜罗氏误释作晨夏，今订正。

径日甚久。

径为经字假借。《汉书·高祖纪》："高祖被酒，夜径泽中。"《史记索隐》："径旧音经。"《太平御览》四百九十七，引《汉书》正作"夜经泽中"。《隶释》卷十五《秦氏纪产碑》云："雒直径营。"雒直人名，径营即经管二字之假借，与本石刻相同。可证在东汉时，径经二字，本相通用。

使师操蓻，山阳瑕丘荣保，画师高平代盛、邵强生等十余人。

蓻疑为篆字异文，为艺字之假借，谓请石匠画师操作技艺也。罗氏误以操蓻为工师之名。因此句文例，本为统叙性质。果如为人名，其上必加以郡名或县名。又瑕丘、高平二县，均属山阳郡，本石刻仅叙山阳，联系贯上下文。

叚钱二万五千。

叚为假字之省文，谓造石祠堂之费，假贷于人，方能完成。

财立小堂，示有子道。

《汉书》文帝二年纪云："太仆见马遗财足。"颜师古注："财与才通。"《晁错传》对策末尾句云："唯陛下财择。"与裁择相同，本石刻即才立小堂之义。

唯观者诸君，愿勿败伤。

败伤与莱子侯刻石"后子孙毋败坏"句意相似。罗氏释仆败伤，为攀伤之假借，极为牵强。

西汉铸钱铜材和钱范的发现

一、西汉铸钱铜材最新的发现

一九五五年十一月,西安汉城青门外约二百步地方,发现西汉铸钱的铜材原料一批,共有十大块,现归陕西文物管理会保管。铜材系长方形,中有孔穴。每块上面都有凿刻的字,大率记重量记号码。最突出的一块,右边刻有"汝南富波宛里田戎卖"九字,字大如胡桃。正面刻有"二十五"三字。上横头面刻有"百二十囗"四字。模糊不清的字,以其他铜材来证明,当是"斤"字。字体在由篆变隶之间,不带挑法。每块重量刻字,均在一百二十斤左右。用今秤来比重,约六十斤有零。铜质已经过化验,红铜的含量占百分之九十九。案:《汉书·地理志》,汝南郡有富波县,王莽改汝南郡为汝汾,富波县名未改。由汝南郡的名称及题字的字体来论断,当为武帝末期到宣帝末期的遗物,与王莽时代无涉。从这次发现的十块铜材来研究,可以看出下列四个问题:(一)是西汉时代铸钱,需要大量红铜来做原料。除《汉书·贡禹传》所说由官家采矿之外,兼收买私人的旧铜来补充。(二)是汉代长安、汝南皆不产铜,还是由丹阳郡一带运来,田戎所卖虽是私有,却不是自己采集。官家刻字在铜材上,深恐质料低劣,是要他负责的。十块铜材,可能都是田戎一批出售的。(三)是铜材出土的地方,可能是上林三官中辨铜令的铜库。对于藏铜的铜库,铸钱的作所,刻正面范刻背面范的作所,就现在所发现的,共分为四处,分工非常精细。(四)是汉代的权衡,每一斤当于今秤的重量,言人人殊,未有定论。一般的研究秦汉权衡,多是根据半两钱五铢钱及铜器铭文来揣测;但钱文用五铢来比较,因他的本身且大小轻重不同,铜器上所刻的斤两铭文,有的属于官造的,有的属于王侯的家量,皆不是划一的。现出铜材是纯由官造,当是标准分量,每一斤约折合今市秤半斤有零。这是比较正确的。至于半斤以下折合的小数,尚待陕文管会的报告再来确定。我觉得此次铜材的发现,在研究西汉官府铸钱手工业上,作用非常重要。

二、石渠阁遗址出土的王莽钱背面范

一九五四年三月十三日,我与西大历史系教师及一年级同学到未央乡作考古实习,先到未央宫前殿遗址,后到天禄阁遗址,最后到石渠阁遗址。天禄、石渠两阁相距约半华里,都在未央宫前殿正北。在石渠阁遗址,最初发现阴文钱幕砖范两块。后来略拨四周地面,累累皆是,计得阴文钱幕砖范三十二块,五铢钱文瓦片三块,带回存文物陈列室。所得钱范,经详细研究,可定为王莽时大泉五十背面范。天禄、石渠两阁,在西汉虽同为藏秘书地方,今以钱范出在石渠来推断,知道王莽时天禄尚存(见《汉书·扬雄传》),而石渠则已改变为铸造钱范的作所。关于这一点,史传从未提及,可以说是重要的发现,欲研究王莽时钱范,须先谈秦汉钱范。

(一)战国至秦汉范质的变迁

战国时代币范,罗振玉《古器物范图录》中收集了有方足布的铜范、尖足布的铁范、空首布的石膏范、齐刀的铜范母及齐刀的沙范,又有益六化、四化铜范母及益六化的石膏范。秦代的范用石范,长安马仲良藏有重一两十二铢的青色残范,我在《关中秦汉陶录》卷四中已著录。汉代半两钱范则兼用铜、石、石膏三种。铜范自四个钱至五十八个钱,石范、石膏范,两种流传亦多,五铢钱范是陶、铜两种,陶之中又分土与石膏两类型,石范仅一见(吴兴沈氏藏)。王莽钱范也是陶、铜两种,石范仅一见(马仲良藏次布九百范)。王莽各泉布的铜钱范最多十六个钱,小泉直小的铜范却在例外,而五铢及王莽各陶钱范最多有五十八个钱(刘军山藏有五铢,马仲良藏有大泉五十整个陶钱范)。

(二)陶范的始发现

五铢陶钱范,最初著录于清道光末年李佐贤的《古泉汇》中,范分两种,刻阳文者谓之范祖,刻阴文者谓之范母,由范祖印成范母,有范母始可以铸钱,也有直接刻成范母的。另有一种陶范,阳文是从陶范中印出来的,可以减省一次刻工,但还要再印成阴文陶范,此类比较少见。现出土各陶范大多是阳文范祖,很少的阴文范母,或有大批阴文范母,尚未发现,汉代的陶范既行,铜范用途,比较减少。

(三)五铢陶钱范出土的地点

五铢陶钱范出土地点,在西安未央乡,未央大殿遗址直北约八里的相家巷,我曾亲至其地考察,可定为汉代钟官署遗址。其他如西安西门外老君殿旁枣园村,也出零星的五铢陶范,但不是大批的。《汉书·食货志》曾记载:"自元狩五年,初铸五铢钱,至平帝元始中,铸成二百八十亿万。"以现在出土陶钱范纪年题字来证明,最早的是昭帝元凤四年,最晚的是成帝永始三年,其中尤以宣帝一代为最多,哀、平时范则未曾发现(宣帝七个年号,独缺黄龙,或因黄龙仅一年之故)。

(四)王莽陶钱范出土地点

王莽陶钱范出土地点在西安三桥镇北五里好汉庙。其地是汉代的章城门口,十余年前出土一大坑,占地三四亩,出范以千数,种类以大泉五十为最多,小泉直一次之,另有壮泉四十(现藏董策三处)、小布一百、中布六百(现藏刘军山处)、次布九百(旧存白祚处)等范。其中有题字的,仅有"始建国"三字的残范一块(现存白祚处),又有五铢一泉范,与小泉直一大小相同,可定为居摄时所造,足以补《汉书·食货志》所未及。

(五)此次石渠阁遗址砖范的发现情况

上述五铢、大泉五十等陶泉范,都是用土做成后,再入窑烧的,烧后因在窑中氧化过程不同而呈红色或青色,石渠阁遗址发现的范则完全刻在砖上,与先刻后烧是不相同的。这种范在遗址的四周及高顶上遍地皆有发现,纯是背范,无一块正面范,同时出土的有瓦片三块,每块上皆印有五铢钱纹,想系陶工戏以钱印瓦上。范背的大小,与宣帝时五铢及王莽时大泉五十一样,惟钱边稍宽,与大泉五十相同,故定其地为王莽时代大泉五十刻范的作所,但钱与钱之间,未曾刻流。另有一块用墨笔画流柱,并未用刀刻。又有一块,中刻"二十"二字。又有一块边刻"甲亻"二字,亻疑为货字简笔,是谓甲等之货。好汉庙所出"左作货泉"陶片,货字有作化者,与齐刀写法相同,此更从化字简省。汉代简字,有专用的,如漆器上,陶器上,刚卯上,在原物上尚可以意会,离了上下文义,便不可捉摸,化字作亻,就是其中的一个例子。

(六)石渠阁的考证

《汉书·刘向传》:"初立《谷梁春秋》,讲论《五经》于石渠。"颜师古注引《三辅旧事》:"石渠阁在未央大殿北以藏秘书。"《宣帝纪》:"甘露三年诏诸儒讲《五经》同异,太傅萧望之等平其议。"又《儒林·施仇传》:"甘露中与《五经》诸儒,杂论同异于石渠阁。"又《儒林·梁丘贺传》《欧阳和伯传》《周堪传》《张山拊传》《戴圣传》《瑕丘江公传》等,皆言在石渠论经事。综合观之,石渠论经,是在宣帝甘露三年,石渠阁在宣帝时为群儒舌战之场,绝不可能在此刻钱范,上述出土瓦片虽为宣帝时五铢钱,必然是阁上的建筑物倾毁后,与钱范同压在一处,不可混为一谈。大泉五十背范既大抵出于石渠遗址,可以推定王莽时天禄阁照常藏书,而石渠阁已改为造范作所,此可以补《汉书》的记载。王廉生先生藏有"石渠千秋"瓦当,文字极精,但未经著录。此瓦是王在光绪丙戌年所得,据闻原物现存天津博物院,其价值与天禄阁瓦相等。此瓦是由孙某售与王的,出土地址即在石渠阁附近。现天禄阁小学存有石渠二具,一完全,一损缺,形制古朴,据小学某教师说,是从石渠阁遗址移来保存的。

(七)钱范的制作和工艺

各范色质,分为两种,一种是青砖,形式扁薄,质坚而细腻,地面尚有许多砖材,未曾刻画;另一种是红砖,比青砖较厚,破损处所见的红砂土中,杂有石灰粒或砂粒,表面另敷一层细泥,大概是因为红砂太粗,上面不能刻字的缘故。现时因敷上的一层细泥经时过久,与红砂土不能黏结,往往土皮脱落或裂痕极多。

范的刻技,十分准确,各范中间有一小孔(其他铜范、陶范亦然),系当日用规画成,取其圆形准确,可见我国劳动人民的手工艺术,在二千年前已经达到高度的水平。三桥好汉庙所出的王莽大泉五十范,都是正面范,因而疑为分工合作的,一部分技术工人,专刻正面,另一部分则专刻背面。以意揣测,分工的程序,是先刻正面,后刻背面,俟正背齐全后,再汇合交铸工,如果将遗址稍加发掘,我想必有其他发现,收获当不止此。

三、王莽左作货泉陶片的本末

西安三桥镇好汉庙在二十年前曾出王莽钱范一大坑,其中另出有"左作货泉"陶片百余枚。土人以其形似鞋底,因呼为鞋底片,计有"左作货泉"及"左作"隶书、篆书,共二种,皆系范款,盖造货泉时各作坊之标帜(大部分皆王莽天凤元年以后之物,然也有一部分天凤以前的),类于现代各机关办公室门口的悬牌,不过一置室内,一悬门口的不同。其余各陶片尽皆凿款,随用随凿,有系记铜的斤数的,有系记铸泉年月的,有系记某一种泉别的,有系记钱范属于某种质料的,类于现代司事务者所用之便条,或记事的水牌。范款文字,规矩雄浑,凿款文字则有草篆草隶,千变万化,殊形诡态,至难解释,只能会心于触类旁通,不能拘定于字形点画。出土多年,外间仍少知者,由于好古者喜秘藏,又不善于著录或宣传,而商人志在图利,若陶器运带至远方,一则价贱质重,二则易于损毁,以故泯然无闻,良深浩叹。京沪收藏家,最多只见到"左作货泉"一种,纵能见到,亦不详其来历。我昔年曾辑有《新莽左作集拓》一卷,搜罗大略完备,陶片出土之后,大批尽为白祚所得。白居西安化觉巷,年几八十,犹时时鬻古物以自给,惟索价奇昂,嗜古者每向其析购一二,历年既多,存者不及半数,所以我的集拓,更觉可贵,兹依集拓的次序,写成目录于后(拙著《关中秦汉陶录》卷四亦有左作陶片,与此次序不同)。

一至九,"左作货泉"。《汉书·王莽传》天凤元年罢大小钱,改作货布同时铸货泉,货布一枚值货泉二十五。陶片为天凤元年之物无疑。北大历史系又藏有"左作泉"三字一种,是其中特异之品。十至二十二,"左作",系篆书陶片,大率同文不同范。二十三至二十八,"左作",系隶书陶片,同文且多同范。二十九,"天作五作",当解作天凤造货泉的第五作所。三十,"天冈五午",第二字为凤字省文,第四字为年字省文,当解作"天凤五年"。三十一,"从作",作字反文。三十二,"作三泉",当为造中泉三十室中所用。三十三,"四泉",当为造壮泉四十室中所用。三十四,"匋",是表示室中为陶钱范贮藏的地方。三十五,"同八三",同为铜字省文,谓造钱之铜有八十三斤。三十六,"九卅千",九系作数,卅千系钱数。三十七,"造九",当为造次布九百室中所用。三十八,"造九",九字作𠈮,用筹码形式,与次布九字正同。三十九,"𤯔𠦑",第一字为造么二字合文,第二字为布字,全文为"造么布"三字。四十,"𡳞𠦑",疑为造黄二字最简的省文,造大布黄千室中所用。四十一,"𡴎",为"造七"二字简单的合文,是造壮布七百室中所用,决非光字。四十二,"乙贯贝",是表示一贯货贝的结存数。四十三,"中泉",字作竹叶篆,当为造中泉三十室中所用。四十四,"五二三",为五月二十三,或五百二十三的省文。四十五,"奕",下一字已模糊不可识。四十六,"一万久千同",久字作九,是记铜结存的数量。四十七,二奇字不可识。四十八,"□化𠦑",疑为货黄二字省文,为造货布及大布黄千室中所用。四十九,"二万斤同",是记铜结存的数量。五十,"王石",疑为人名。五十一,"𠀎吉",第一字疑为"一平"二字连文,第二字疑为造字简文,全文为"一平造"三字,即造一刀平五千室中所用。五十二,"□禾",禾为年字省文,与居摄年瓦片作禾正同。从王莽室作货泉陶片中,能研究出下列各问题来。(一)刻字的时代有先后,中泉、四泉等在先,货泉在后。(二)货泉的数量铸造特多,以今日出土的莽泉而论,也是以大泉五十、货布、货泉三种为多。(三)王莽币制虽乱,莽钱制作特精。(四)一般地说,王莽时泉字中画两断,形成白水二字,但陶片上的泉字,中画有断有连。(五)盛行劳动人民的简字体,如同即铜字,万即萬字之类。(六)莽布六七八九四字,作丅π𠫒𠫓,是象征筹码的。上代表五,下代表一,陶片九字作𠫓,也是同一作风。(七)有美术书体。四泉二字是芝英体,中泉二字是竹叶体。(八)当时最通俗的是草隶书与草篆书,和竹简的草隶书尚微有不同。(九)王莽改水衡为共工的意义,是表示共同集体的劳动,在同坑所出的王莽各种钱范,及石渠阁遗址所出的大泉五十钱背范皆能看出当时分工的细密。(十)从乙贯贝陶片看来,足证王莽时确有贝货,特未曾发现。(十一)从二万斤铜陶片看来,知黄铜红铜皆直称为铜,并不称为黄金,《汉书》中所说的黄金,并不能指为就是当时的黄铜。

四、西汉陶钱范纪年著录表

年号	范文	质色	钱别	出土地址	著录书名	附注
昭帝元凤	元凤四年造	石膏青绿	五铢	长安未央乡刘家寨正北八里向家巷	陈直《关中秦汉陶录》	范县刘军山藏
	元凤四(下缺)	石膏青绿	五铢	又	又	西北大学文物陈列室藏,与第一品同范
	元凤六年九月戊寅造	陶	五铢		《窓斋砖瓦录》	
	元凤六年九月戊寅造	陶	五铢		罗振玉《古器物范图录》	
	元凤六年造	陶	五铢		未著录	
	(上缺)凤六年造	陶	五铢		未著录	
宣帝本始	本始元年二月	陶	五铢		李佐贤《古泉汇》	
	本始元年五月壬子	陶	五铢		又	
	本始元年	陶	五铢		又	
	本始三年九月甲子造	红陶	五铢	向家巷	《关中秦汉陶录》	长安马仲良旧藏
	本始三年九月甲子造申工长寿	陶	五铢		《陶斋藏石记》	夏侨生曾售出一范与此同文

续表

年号	范文	质色	钱别	出土地址	著录书名	附注
	本始三年（下缺）	青陶	五铢	向家巷	《关中秦汉陶录》	长安白祚藏
	本始四年四月乙酉造	陶	五铢		《古器物范图录》	蒋伯斧旧藏
	本始四年十月丁（下缺）	陶	五铢		鲍康《续古泉汇》	
	本始四年	陶	五铢	向家巷	未著录	长安李道生旧藏
	本始四年	陶	五铢	向家巷	未著录	长安李道生旧藏
宣帝地节	地节二年十月□□造	陶	五铢		《续古泉汇》	
	地节四年十月戊（下缺）	陶	五铢		《续古泉汇》	
宣帝元康	元康二年八月乙未造	青陶	五铢	向家巷	《关中秦汉陶录》	范县刘军山藏
	元康三年三造二月丙子□	陶	五铢		《续古泉汇》	第一行原文恐有脱字
	元康三年二月乙亥造五月丙申就成	陶	五铢		《古泉汇》	
宣帝神爵	神爵元年闰月造	红陶	五铢		《关中秦汉陶录》	长安马仲良旧藏
	神爵元年闰月戊午造	陶	五铢	向家巷	未著录	长安李道生旧藏
	神爵元年闰月（下缺）	红陶	五铢	向家巷	《关中秦汉陶录》	吴兴沈次量藏
	神爵二年四月壬午造九月乙酉筑	陶	五铢		《古泉汇》	
	神爵二年四月壬午造九月丁巳筑	陶	五铢		《续古泉汇》	
	神爵二年四月筑	红陶	五铢	向家巷	《关中秦汉陶录》	西北大学文物陈列室藏
	神爵四年二月丙辰造三月癸巳筑	陶	五铢		《续古泉汇》	
	神爵四年五月辛丑造	陶	五铢		《陶斋藏石记》	
	神爵四年五月辛丑（下缺）	红陶	五铢	向家巷	未著录	长安孙某藏
	神爵四年五月（下缺）	陶	五铢	向家巷	未著录	长安李道生旧藏
	神爵四年	陶	五铢		《陶斋藏石记》	
宣帝五凤	五凤元年八月甲寅造	陶	五铢	向家巷	《关中秦汉陶录》	长安白集五旧藏
	五凤三年八月甲寅造	陶	五铢	向家巷	未著录	长安李道生旧藏

续表

年号	范文	质色	钱别	出土地址	著录书名	附注
宣帝甘露	甘露元年五月乙丑	陶	五铢		《古器物范图录》	蒋伯斧旧藏
	甘露元年五月	青陶	五铢	向家巷	《关中秦汉陶录》	刘军山藏
元帝永光	永光五年九月壬□(下缺)	青陶	五铢	向家巷	《关中秦汉陶录》	陕西历史博物馆藏
	永光五年九(下缺)	陶	五铢		《陶斋藏石记》	
元帝建昭	建昭五年三月乙酉	陶	五铢		《古器物范图录》	蒋伯斧旧藏
	建昭五(下缺)	陶	五铢		《古器物范图录》	蒋伯斧旧藏
成帝永始	永始三年五月甲子造	陶	五铢		《陶斋藏石记》	以下年号残缺
	(上缺)乙酉造	青陶	五铢	向家巷	《关中秦汉陶录》	长安薛定夫藏,疑为本始四年
	九月丁巳筑	陶	五铢		《续古泉汇》	当为神爵二年
	(上缺)年八月甲寅造	陶	五铢		《续古泉汇》	当为五凤元年
	九月壬午造	陶	五铢	向家巷	未著录	李道生旧藏,疑为永光五年
	二月戊申筑	陶	五铢		《续古泉汇》	
	二月戊申筑	青陶	五铢	向家巷	《关中秦汉陶录》	薛定夫藏
	二月戊申筑	青陶	五铢	向家巷	《关中秦汉陶录》	长安白祚藏
	工乘山	陶	五铢		《续古泉汇》	以下仅有人名及号码题字
	工乘山	石膏青绿	五铢	向家巷	《关中秦汉陶录》	三范烧毁连合为一,尚见本始四年十月等字
	申工长寿	青陶	五铢	向家巷	《关中秦汉陶录》	马仲良藏
	工	青陶	五铢	向家巷	《关中秦汉陶录》	白祚藏
	巧一	青陶	五铢	向家巷	《关中秦汉陶录》	陕西历史博物馆藏
	巧二	青陶	五铢	向家巷	《关中秦汉陶录》	
	第一可	红陶	五铢	向家巷	《关中秦汉陶录》	
	第二	红陶	五铢	向家巷	《关中秦汉陶录》	
	第三	红陶	五铢	向家巷	《关中秦汉陶录》	

续表

年号	范文	质色	钱别	出土地址	著录书名	附注
	第三	红陶	五铢	向家巷	《关中秦汉陶录》	白祚藏
	第三遂	青陶	五铢	向家巷	《关中秦汉陶录》	刘军山藏
	第四遂	红陶	五铢	向家巷	《关中秦汉陶录》	
	第四遂	青陶	五铢	向家巷	《关中秦汉陶录》	白祚藏
	遂	青陶	五铢	向家巷	《关中秦汉陶录》	白祚藏
	官一	青陶	五铢	向家巷	《关中秦汉陶录》	白祚藏
	官二	青陶	五铢	向家巷	《关中秦汉陶录》	
	官三	青陶	五铢	向家巷	《关中秦汉陶录》	西北大学文物陈列室藏
王莽始建国	始建国(下缺)	青陶	未详	长安三桥镇西北五里好汉庙	《关中秦汉陶录》	白祚藏
	日利千万	青陶	大泉五十	好汉庙	《关中秦汉陶录》	
	日利千万	红陶	大泉五十	好汉庙	《关中秦汉陶录》	
	甲亻(疑化字省文)	红陶	大泉五十背范	长安未央乡石渠阁遗址	《考古通讯》第二期陈直《石渠阁遗址王莽钱背范》	西北大学文物陈列室藏
	二十	红陶	大泉五十背范	石渠阁遗址	又	西北大学文物陈列室藏

汉中私官铜锤考释

此锤一九五三年在兴平县茂陵附近出土,现藏陕西省历史博物馆。文云:"中私官铜锤,容十升,重卅八斤,太初二年造,第九十一。"凿款在项下周围。另有"中私"二字,连文反书阳识,在锤内底,共计二十三字。考中私官名称,不见于《汉书·百官公卿表》,当即詹事属官之私府,其沿革程序推测如下:

最初名中私府。

《陶斋吉金录》卷六,著录有中私府锤。文云:"中私府铜锤,容一石,重卌六斤四两,十年正月甲寅造。"又有"五十"二字(阳文当在底)。又刻"中宫赐今平昌家第十九"。共计三十三字。西汉纪年,有十年者,仅高祖与文、景二帝,以锤文字体定之,当为文、景帝时物。又《汉书·外戚恩泽侯表》:"平昌侯王无故,宣帝地节四年以帝舅关内侯改封,九年薨。"铜锤项下铭文一段,系平昌侯受赐后所刻记。又按:《汉印文字徵》卷七、五页,有"中私府长李封字君游"印。又同卷十四页,有"河间私长朱宏"印。足证中私府长,又可简称为私长,朱宏当为河间献王的私长。在西汉全期,王国设官,皆如汉朝。

或称私官。

潍县郭氏所藏封泥(现藏北京大学历史系),有"私官丞印"封泥。余所藏有"长信私官"陶瓷残片。盖私官长丞,在文、景时,属长信少府,不属詹事。

或称中私官。

潍县郭氏所藏封泥,又有"中私官丞"封泥,与本铜锺称中私官正合,知为武帝太初时制度。

最后称私府。

《汉书·百官公卿表》,詹事属官,有中长秋、私府、永巷、仓厩、祠祀、食官令六长丞。班固撰表时系根据哀、平时之官制。

詹事主管太后或太子家事,中私官系中私府之变称,最后则去中字,称为私府,陶斋所藏铜锺,既为太后服用之器,故又可称为中宫。陶斋所藏之锺与本锺,皆为中私府先后所造之器无疑。

四种铜镜图录释文的校订

自一九五七年古典艺术出版社印行王士伦同志所编《浙江出土铜镜选集》以后,一九五九年四月起,至一九六〇年十月期间,文物出版社又印行陕西、湖南、洛阳、四川四省市出土铜镜图录四种。各书对于时代的分期,花纹的演变,皆有综合性的说明,大部分是正确的。对于各镜铭文,皆作了释文,就释文而论,与个人的看法,颇有不同的地方,甚或有明显的错误。现分别加以订正(洛阳铜镜阐述过于简单且无释文,只好存而不论)。《洛阳烧沟汉墓发掘报告》内,亦有论及铜镜部分,也略有一些意见,一并附录于后。

一、陕西省出土铜镜

七、见日之光镜　铭文左旋:"见日之光,□□□伤。"

　　按:末尾为何伤二字,何字笔画很显明,何伤与毋伤,皆两汉人之习俗语,沿用自先秦者。

九、内向连弧纹缘草叶纹镜　铭文右旋:"久不见,侍前希,君行卒,予志悲。"

　　按:应读为"君行卒,予志悲,久不见,侍前希"。予昔考为西汉时戍卒远征,妻子想念之辞。《北江诗话》又载有作"君行卒,予志悲,秋风起,侍前希"铭文者,显然当以君行卒为起句。《小校经阁金文》卷

十五、九十八页,有"昔同起,予志悲,道路远,侍前希"之镜铭,亦与此相似,"予志悲"在第二句,与本镜皆可互证。

十、内向连弧纹缘草叶纹残镜　铭文左旋:"□辰好,千秋万岁,□。"

按:辰好当为所好之误释,《小校经阁金文》卷十五、一页,载有三四面,全文云:"大乐富贵得所好,千秋万岁,延年益寿。"可以互证。

二十三、重圈昭明镜　内圈铭文略云:"然□塞而不泄。"外圈铭文略云:"挟□都而承闲……得并执而不衰。"

按:内铭当释"然雍塞而不泄",即雍字异体,为壅字省文。外铭当释"挟佳都而承间……得并势而不衰"。此镜西安曾出过两三面,余考有全文,惜稿已佚去。《小校经阁金文》著录亦有三五面,铭词尚不够具体。至于佳都之佳字,在本镜铭上亦甚清晰。

三十一、清白镜　铭文略云:"志疏而日忘。"

按:当释为"恐疏而日忘"。他镜铭文清晰者,皆作"恐疏远而日忘"。本镜疏字下,原脱远字。

三十三、清白镜　铭文略云:"恐□而日忘美。"

按:"恐疏远而日忘"为一句,本镜铭恐下原脱一字,逗号应在忘字,美字应属于下句。

四十七、规矩镜　铭文略云:"青如金石之天□□。"

按:"青如金石",当为"寿如金石"之误释。

四十九、规矩镜　铭文残云:"胡虏殄残天下复。"

按:"胡虏殄残"为"胡虏殄灭"之误释,灭为灭字减体,本镜铭又有"多贺新家人民息"之句,确为王莽时所铸。

七十四、尚方四兽镜　方格铭文略云:"尚方明镜,服老富昌,长宜□王,其师命长。"

按:第二句当释作"服者富昌",与其他镜铭"服者君卿""用者君卿"文例相同。第三句当释作"长宜侯王",侯字在原镜亦甚清朗。

八十、玉面方窥四兽镜　铭文略云:"徐稚经磨,孙承晋赋。"

按:徐稚即徐穉,此句用徐孺子因欲吊郭林宗母丧,缺乏旅资,携磨镜工具,沿途自给事。又"孙承晋赋"句,似应释作孙丞,丞字原镜已经模糊,《晋书》孙统从弟孙盛字安国,初官秘书丞,故可称为孙丞。孙盛有镜赋,见《北堂书钞》卷一百三十六,本镜当即用此事,又孙统字承公,似不能割裂称为孙承也。

八十二、昭仁镜　铭文略云:"窥庄起态,辨皂增妍。"

　　按:辨皂为辨兒之误释,兒即古貌字。

八十四、晓月镜　铭文略云:"王台希世,红庄应图。"

　　按:王台当作玉台,玉字很明朗,用温峤玉镜台故事也。

一〇〇、仙人累莹镜　铭文右旋:"羡哉圆鉴,览物称奇,雕镌□□,容光应现,仙人累莹,玉女时窥,恒□是□,服御□□。"

　　按:全铭用支韵,"容光应现"句,现字不入韵,似为规字之误释。

一一七、荣启奇三乐镜　荣启期铭文作启奇,想是传写之误。

　　按:荣启期始见于《列子·天瑞篇》(原文未引篇名)以及《淮南子·齐俗训》《说苑·杂言篇》等。《汉书·古今人表》又作荣声期,本镜作荣启奇,皆声音之通转,非传写之误字,这一点编者已加注语订正,是也。

二、四川省出土铜镜

九、西汉与天毋极镜　铭文:"与天毋极,与□(地)相长,驿(怡)乐如言,长毋相忘。"

　　按:"驿乐如言",当为"驩乐如言"之误释,驩字用减笔,"欢乐如言"者,谓如上两句"与天毋极,与地相长"之言也。地字很分明,无须加□号,驿字又加怡字括弧,更似可不必。

三十一、东汉青盖镜　铭文略云:"青盖作镜四夷服,多贺国家人民息。"

　　按:第二句应释作"多贺国家人夷息",夷字极清楚。此镜铭一般确是"多贺国家人民息",但蜀中在汉时与少数民族杂居者甚多,《汉书·地理志》,各县,名道者皆是。此镜作人夷息,正表示其地方之特殊性。

三十四、东汉昭明镜

按：全镜铭中包含十四个而字，释文未指出。"内青日以昭明"，似即清质或清白之最减笔字。

三、浙江出土铜镜选集

序言五页："月有惠，日有富，乐无事，常得意，美人会羊。"

按："月有惠"，当释作"月有憙"。"美人会"应断为句，羊为祥字省文，当另为一句。

序言六页："驾文龙，乘浮雪，君宜官，秩保子。"

按："驾文龙"，当释作"驾交龙"。"君宜官秩保子孙"为一句，原镜铭因孙字不能容故减去，不能分读"君宜官，秩保子"为二句。又分图说明第四品，亦误释作"驾文龙"。

序言八页："照日菱花出，临池满月生，官看巾帽整，妾映美妆成。"

按：第四句当释作"妾映点妆成"。

序言九页："据日本人梅原末治编的《汉三国六朝纪年镜图说》，所录有'黄武五年二月午未朔六日庚巳扬州会稽山阴安□里思子丁'的半圆方格神兽镜。"

按：吴国最初用乾象历，黄武五年二月为辛未朔，十日为庚辰，镜铭原文为"黄武五年二月辛未朔十日庚辰"，此沿梅原之误而未加以更正者。

九、吴王伍子胥画像镜 "玉女二人"。

按："玉女二人"，原镜文为"王女二人"，指越王之二女而言。本书第十，亦有吴王伍子胥画像镜，题越王二女可证。

二十七、神兽带镜"另柏师作"，应该是作镜者姓名。

按：本镜与吴向里柏氏镜，同为一家私人作坊所造，柏是姓，师是工师身份，不作人名解。

三十五、阶段式半圆方枚神兽镜 镜边内铭文略云:"吾作明镜,幽炼三商,规矩无祀,周刻万京。"

按:第四句当释作"周刻无疆",见《小校经阁金文》卷十五、十页,元兴元年镜。或作"州刻无亟",见同书同卷二页,熹平元年镜。

三十七、龙虎镜 镜边内有铭文,是"遗杜氏造珍奇镜兮,世出眇微,名工所刻划兮,练五解之英华,圉而无极兮,辟邪配天禄,奇守并未出兮,三乌……得所欲,吏人服之曾祇禄,大吉利"。

按:首句应释作"上虞杜氏造珍奇镜兮"。上字略有铜溢痕,虞字则用减笔,原释作"遗杜氏"便无法理解。"五解之英华",应释作"五斛之英华"。《说文》:"斛,十斗也",谓练五石铜也。"吏人服之曾祇禄",应释作"吏人服之曾秩禄",曾为增字省文。"奇守并未出兮"一句,误字不易看出,尚未有正确之诠释。此镜文字奇古,且未有同样出土者。

四十三、四兽镜 铭文略云:"玉台肴世,红妆应图。"

按:当作"玉台希世",他镜铭皆如此。

四、湖南出土铜镜

五十三、银光镜 铭云:"清冶铜以为镜,照察衣服观容貌,丝维组□以为信,清光宜佳人。"

按:第三句应为"丝组杂遝以为信"之误释,不但他镜铭皆如此,本镜铭亦清晰可辨。

七十六、杜氏作镜 铭文:"杜氏作竟大毋伤,亲有善铜出丹羊,涷冶银锡清如明,左龙右虎辟不阳,长富乐未央。"

按:亲为新字减体,应在释文中加新字括弧,以免读者与"长保二亲得天力"之亲字相混淆。"新有善铜出丹阳"为王莽时最普遍之铭文。

八十五、神兽镜　铭文："明镜吾作,三阳山湅,周刻列记,恚象万毋,帛□作昌,众神见容,天守四首,东王父西王母仙人,三月三日,三公九卿,延年益寿,异师命长。"

　　按:此为方印格式镜铭,第一、二两格,皆误由左读,应释作"吾作明镜,幽湅三阳"。山字为幽字之误释,三阳即三商之转音,"异师命长",当释作"其师命长"。其他各句,亦多有误释,未见原镜,尚未能作确切之更正。

八十九、四神镜　铭文略云:"临池似月,觐皃娇来"。

　　按:觐皃为觐兒之误释,兒为古貌字。

附六、草叶纹镜　铭文略云:"丝组□逻兮以为信,精光兮宜□。"

　　按:本镜丝组下杂字,宜下佳人二字,均很清晰,宜下仅空一格亦误。

附九、长宜子孙镜　铭文:"长宜子孙,古市刘氏作镜。"

　　按:此镜释文标点有误,"长宜子孙古市"应读为一句,"刘氏作镜"又为一句,古市为贾市之减体字,他镜多有宜古市或古市利之铭文。原书误解古市为里市之名,变成刘氏作坊所在地矣。

二十、龙纹镜　铭文略云:"官看巾帽憗,妾映点妆成。"

　　按:憗,即整字之异体,隋《陈诩墓志》云"风仪峻憗"与此相同。袁寒云藏魏曹整印,亦作曹憗。

五、洛阳烧沟汉墓铜镜部分

一六二页　第三式连弧文镜　铭文二十一字:"日有熹,月有富,乐毋(原缺一字)常得意,美人会,竽瑟侍,贾市(原缺一字)程万物。"

　　按:铭文第七句,当为"贾市利",利字原文有些铜溢,故误释为程字,非程字上原缺一字也。贾市利为汉印及汉镜习见之词句,至于万物二字,似为复丁之误释,老复丁为西汉人之吉祥语,贾市利句下,有脱一老字之可能。

一六八页 福禄镜铭云："福禄进兮日以前,天道得物自然,参驾蚩龙乘浮云。白虎失,上大山,凤鸟下,见神人。"

按:第二句当释作"天道汤汤物自然",得字为汤字之误释,汤下作重文,尚略见痕迹,汤汤即荡荡之省文。首三句用七言,后四句用三言,章法亦比较严整,此镜铭词创见,尚未见有同样者。

综上所述,各书释文,有些是可以商榷的,各编者对于从前传世镜著录之图谱,似未多加注意。例如冯氏《金石索》《浣花拜石轩镜铭》及《簠斋藏镜》《小校经阁金文》《小檀欒室镜影》等书,皆有参考比较之价值。浙江铜镜引用《岩窟镜录》两则,方法是对的。但王士伦同志所引古籍材料,尚多错误之点,因不关于释文之范围,故不再具论。

一九六二年四月二十日于西大新村

福建崇安城村汉城遗址时代的推测

福建省文管会,于一九五九年十一月,在崇安县南郊城村,调查出汉城遗址,并加以初步发掘。出土有陶器、铜器、铁器等多件,陶器中尤以板瓦、筒瓦残片最多,计有三万六千余片。板瓦里面有印字,筒瓦表面有印字,以及有云纹的与常乐万岁完整的瓦当等,情况详见《考古》一九六〇年第十期。个人据报告推测,这座古城遗址包括宫殿在内,时代可能分为两个阶段。第一阶段在西汉武帝时期,第二阶段在西汉末王莽时期。中间经过百余年之久。板瓦、筒瓦打印的文字,属于第一阶段,常乐万岁瓦当及河内工官所造弩机属于第二阶段。板瓦、筒瓦打印文字的字体雄伟,比西安所出筒瓦上的字,则有过之无不及。常乐瓦当字体秀美,也符合于王莽时代的作品。在西汉时期,关于东越的史料,非常贫乏。唯一可靠的是《史记·东越传》。《汉书》照录《史记》原文,对于武帝以后东越的事迹并未叙述。一般的来说,武帝灭东越以后,迁徙民众至江淮之间,其地遂成废墟,得了一个神龙见首不见尾的结论。武帝对东越地区,却是不设郡县,也不设盐铁官,始终附属于会稽郡管理,东汉情形,也是如此。因此方志地理诸书,如《元和郡县志》《括地志》《太平寰宇记》《读史方舆纪要》《嘉庆一统志》及《福建省志》等书,对于福建省在两汉时的沿革,非常模糊。大概都说福建全省范围,两汉属于会稽郡,东汉分隶于会稽南部都尉治。对于文化等等,更无法了解。但以常理推测,武帝虽徙其民众到江淮之间,不可能悉数北迁,必然有一部分居留人民和统治的官吏。现从汉印中觅得一些王莽时代的线索。与出土的常乐万岁瓦当，文字恰相符合。也可以补充《汉书》及方志记载的不足，并可证明福建地区在西汉时已有高度文化的发展，不是从前人所想像东越的社会经济是停滞不前的。我觉得此次汉城之发现，在意义上非常重要。兹将个人意见，概述如下：

筒瓦上所印文字有十一种，板瓦上所印文字有四种。考筒瓦上印文字，始于战国时期，易县燕下都遗址在一九二〇年未发掘以前，曾出燕宫画瓦，瓦筒上印有"右宫驹"三字，为杭州邹氏所藏。又范县刘军山在凤翔大郑宫遗址，采集有秦代双獾画瓦，瓦筒上印有"瓦"字，此风在西汉初中期尤为盛行。长陵镇出土有"西神"筒瓦题字，字大如胡桃，为瓦筒上文字最大的一种。西安汉城遗址附近，所出有"左宫""右宫""大癸"等种类（以上各瓦筒题字，皆见拙著《关中秦汉陶录》卷二，燕宫画瓦未收入），《金泥石屑》卷下又著录有"太乙"一种。上述各瓦筒的瓦当，皆为葵纹或云纹，其原因陶工以正面无文字，同时官府所烧各瓦，难以区分，故加左右宫殿名称，或支干数目，便于识别。在西汉中期以后，此等作风渐已消失。其他也有文字瓦当，瓦筒上再印有小戳记者，如陕西省历史博物馆所藏"无极"瓦筒上印有一"居"字。居为宗正属官居室令之省文，《汉书·百官表》，居室令武帝太初二年改为保宫，此亦为武帝以前之作品。至于板瓦上印有文字者，西汉初中期，印字多在里面，后期皆在外面，余旧藏有"居室"瓦、"更"字瓦、"右空"瓦、"杨"字瓦、"朔"字瓦。余所见有"延和元年"瓦，印字皆在里面。他如萧望之的"萧将军府"瓦，为元帝时物。建平三年瓦、居摄二年都司空瓦、始建国四年保城都司空瓦、始建国天凤四年保城都司空瓦等，无不打印在正面绳纹上（以上均见《关中秦汉陶录》卷二）。此次崇安汉城遗址所出筒瓦的印字，及板瓦在里面印字，皆合于西汉初中期的作风。案：《史记·东越传》记载："闽越王无诸及越东海王摇者，其先皆越王勾践之后也。……秦并天下，皆废为君长，以其地为闽中郡。及诸侯畔秦，……无诸、摇率越人助汉。汉五年，复立无诸为闽越王，王闽中故地，都东冶。孝惠三年，……立摇为东海王，都东瓯（徐广注，东瓯今之永宁）。……建元三年，……东瓯请举国徙中国，乃悉举众来处江淮之间。"无诸之后闽越王郢,为汉所杀,乃立无诸之孙丑为越繇王,汉又立郢之弟余善为东越王,与越繇王丑并处。后繇王居股以元封元年归汉,武帝以"东越狭多阻,闽越悍数反复,诏军吏皆将其民徙处江淮间,东越地遂虚"(《史记·东越传》)。闽越史料大概如此。其余散见在《汉书·武帝纪》,杨仆、朱买臣、严助等传,以及《景武昭宣功臣表》中。东海王都东瓯,在今浙江永嘉县境,又最先降汉,与崇安汉城遗址,应无关涉。现在认为无诸之后越繇王丑,或东越王余善之宫殿建筑,尚不能确定属于谁者,但以筒瓦、板瓦之字体及作风来审定,皆为西汉中期之物。

瓦当中文字可辨者,仅有"常乐万岁"一种。按长乐万岁瓦,西安地区出土甚少,钱坫《秦汉瓦当文字》著录一品,日照丁氏亦藏一品(文作长乐),洛阳东汉城遗址出过二品(文作长乐),与本瓦当作常乐者不同。《汉书·王莽传》,改长安为常安。余如长生、长乐等字,亦无不改作常字。余所见有"常安鹿氏"瓦及"常生无极"瓦,皆为王莽时物。其长乐改作常乐者,见于苏联南西伯利亚巴坎城附近所出"天子千秋万岁,常乐未央"瓦当,二见于地皇二年常乐卫士饭帻(见《簠斋吉金录》),三见于始建国元年常乐大官漆盘(见《汉代漆器纪年铭文图说》图版四十),四见于西安好汉庙出土王莽各钱范伴出之"常乐"圆石刻字(现存西北大学文物陈列室)。本瓦当正作常乐万岁,亦可证明为王莽时代作品。且乐字篆形作𣦵,与通常作𣡌字者不同。《居延汉简释文》一九〇页有"第六队长常𣦵诣官"、三九六页有"□史长𣦵长𣦵输将军弩出入二月□"两简文。乐字皆写作𣦵,与瓦当之作常𣦵相同。居延木简绝大部分是西汉晚期之物,与王莽时代比较接近,因此乐字作𣦵,亦与本瓦当有相同之点。又按王莽在居摄时期,对于少数民族,招抚劳倈,夸张威德,东越当亦不在例外。此事独不见于汉史,证之《十钟山房印举》举二、六十页,著录有"新越余坛君"印。西安汉城遗址附近,曾同时联出"越贸阳君""越青邑君""新越三阳君"三汉印。可以证明王莽在东越曾一度建立四个小君长。与本瓦当之用常乐万岁正相符合。在废城故墟上,重行建筑或修葺宫殿,实属可能之事,但不能断定属于四国中之某一君长所修建。又按《汉书》邹阳谏吴王书云:

"胡马逐进窥于邯郸,越水长沙,还舟青阳。"张晏注曰:"青阳地名,言胡为赵难,越为吴难,不可胜也。"邹阳此数句文,本极难通,张晏在曹魏时,仅注青阳为地名,亦不云青阳在某地,总是与越地相毗连的,王莽印之"越青邑君",可能即邹阳所称之青阳也。"越贸阳君",疑即鄮县之省文。惟余坛君疑即余埻君,与余善声相近,疑即为武帝时东越王余善之后。

再此次所出河内工官弩机残件,文为"河内工官三十斤百五十□"十一字,三十斤为重量,百五十□为号码,亦有研究之价值。《汉书·地理志》,河内郡怀县有工官,怀县为河内郡治,故总称为河内工官。河内工官主要在造兵器。疑有一部分设在野王县,制造漆器(见《太平御览》所引《盐铁论·散不足篇》之野王纻器)。《簠斋吉金录》弩机类第十四,有河内工官弩机,第十五、第十六,有河内工官弩机零件,字细如蚁脚,文为凿刻,与本弩机形式完全相同。现传世弩机,多为东汉纪年,与王莽时代比较联接,此物亦当为西汉后期之物,与常乐富贵瓦当,有密切关系。

至于板瓦的文字,一似狼字。二为结字,不见于字书。三上截已残,只存下半贝字。四应为圜字省文,与齐刀"齐之夻化"极相近。筒瓦上的文字,一为裹字,二为莫字,三为横字,四为疗字,五为龙字,六为居字,七为会字,八为马□二字,九为光字,十为气结二字,当为人名,气姓不见于姓书,与板瓦结字,当为一人。十一为胡字。上引两瓦文字,共十五片。有陶工姓名,有单姓,有单名,或更有一部分地名,夹杂其中,今不可考。陶器上打字之印模,秦代用铜印,汉代用陶印,印形为橛钮,周季木氏藏有汉"咸里屈骄"陶印模是也。用陶印打成者,笔画多粗肥,本瓦片亦系均用陶模所打印。秦代在陶器上打字,多用一印,分打双行。汉代中期,则偶用密排行打印,全瓦皆满,西安所出朔字瓦片如此,与空心砖打花纹手法相同,现崇安所出板瓦,亦有同此类型者。至于云纹瓦当图案,以镞形夹在云纹之中,及阴文云纹两种,在其他地区,尚未有发现。

长沙马王堆一号汉墓的若干问题考述

长沙马王堆一号汉墓,从器物上的题字"轪侯家",封泥"轪侯家丞"及竹简文字来观察,属于西汉初期,应为长沙相轪侯利仓妻子之墓葬,实为非常重要之发现。兹根据发掘简报,对一些有关问题略加考证和论述,至于竹简三百余支,将来再作进一步研究,暂不论及。

一、轪侯世系、墓主人姓名的推测 及汉代保存尸体的记载

《史记·惠景间侯者年表》记:轪侯利仓,以长沙相侯七百户,惠帝二年四月封,以吕后二年卒,受封共计八年。索隐:《汉书》作轪侯朱仓。今本《汉书》作黎朱仓,司马贞在唐时所见,尚不称为黎朱仓,或系别本。予疑朱为利字偏旁相似之脱文,黎字隶书或写作梨,上半从利。今以《史》《汉》两本及司马贞所见《汉书》别本稽合考之,利仓或作黎仓,朱字则为衍文。太史公与惠帝时代相近,当以《史记》作利仓为是。利姓在汉代极少见,与利几皆为西汉初期之列侯(利几见《史记》高祖五年纪)。利仓当为长沙王吴臣及吴回之相(长沙王吴芮都临湘,即今长沙市),因身任要职,故不就封轪国,家属死亡,即在长沙埋葬。但嗣侯利豨等,可能至轪县食邑居住。观于《汉书》侯表,记宣帝元康四年利仓玄孙之子竟陵簪袅汉再绍封侯国,知利仓子孙由轪县迁至竟陵占籍。本墓中所出竹简,其字体

虽用草隶书,其假借字,仍多沿用战国楚书诡异之古文,正属于西汉初期作品,因此认为轪侯利仓妻子之墓,比较合理。

墓主人的姓名,是考证中首要问题。据简报出有印章一件,阴文篆书"妾辛□"。盝顶,穿孔,系丝带,出土时软如泥,质地不明。如整理工作人员审视无误,则墓主人当为辛姓,妾为自谦之辞,吴兴沈氏藏有"妾费沙印",亦同此例。又据耳杯有"君幸食""君幸酒"两题字,予疑君幸即墓主人之名,汉人以幸为名者极多,如"周幸""袁幸""王幸置""王赐幸"等是也(见《汉印文字徵》第十)。汇合推断,墓主人姓名,应为"辛君幸"三字。至于耳杯上题字称名,似出于轪侯本人之口气,则墓主人之死亡,当在轪侯之先,其年代则在惠帝二年以后,吕后二年以前,倘死在侯之后,由嗣侯利豨题字,必加太夫人之尊称(太夫人之称见《汉书·苏武传》),不能直称其名矣。

先秦两汉人之尸体,保存完整,见于古籍记载者,例如《西京杂记》卷六(《西京杂记》成书在东汉末,所记各事,皆他书所不载),记广川王去疾,在国内发掘古冢,略云:魏王子且渠冢甚浅狭,无棺柩,但有石床,广六尺,长一丈,石屏风,床下悉是云母。床上两尸,一男一女,皆年二十许,俱东首裸卧,无衣衾,肌肤颜色如生人,鬓发齿爪亦如生人(又有晋灵公冢,尸犹不坏一条,晋冢似不得在广川,恐有误文,故不引)。魏王子且渠,应为魏哀王之子,距广川王发掘时约有二百余年。又,《后汉书·刘盆子传》略云:"乃复还发掘诸陵,取其宝货,……所发,有玉匣殓者,率皆如生。"吕后等陵墓,距刘盆子发掘时,有二百年左右。又,《水经·湘水注》略云:"县北有吴芮冢,广逾六十八丈。郭颁《世语》云:魏黄初末,吴人发芮冢,取木于县,立孙坚庙,见芮尸容貌衣服并如故。"长沙王吴芮墓,距曹魏黄初末年发掘时,有四百余年(刘敬叔《异苑》亦有古尸保存之记载,恐不可据,现不引用)。综合论之,古籍所记尸体保藏不坏者,最多三四百年不等,未有如今日发掘轪侯妻之尸体衣服,经过二千一百余年之久,仍完整如新者。予疑利仓为长沙王丞相,其保藏尸体之方法,可能受吴芮家传之影响。古代传说玉能寒尸,但满城中山靖王刘胜夫妇墓,皆用金缕玉衣与玉匣相似，尸体朽败无存，知传说之不可信也。

二、棺椁制度和衣衾帛画名称

《礼记·檀弓上》曰："天子之棺四重。"郑注："尚深邃也，诸公三重，诸侯再重，大夫一重，士不重。"《荀子·礼论篇》云："故天子棺椁七重（原作十重，据王念孙校改），诸侯五重，大夫三重，士再重。"两书所记完全不同。长沙砂子塘所出西汉墓葬，用两棺两椁（见《文物》一九六三年第二期），亦为西汉列侯之墓，证以《檀弓》，则用周代天子之礼也。本墓用二棺四椁，证以《荀子》，则居于七重、五重之间，亦诸侯最高之礼。予疑此西汉初期制度，不受周代礼制之限制，并且法律随时有变更。棺的内部髹朱漆，外棺黑漆地，上绘云气纹，云气间缀以狩猎怪兽等纹。据《礼记·丧大记》，与君里棺用朱色相同，惟不用绿色。但西汉帝王朱沙画棺之定式，见于《汉书·董贤传》："乃复以沙画棺，四时之色，左苍龙，右白虎，上著金银日月，玉衣珠璧以棺，至尊无以加。"本墓仅画龙虎相斗搏图案，不画苍龙白虎，可能是由于礼制所限，也可能和时代有关系，也许在西汉初年四神还不流行的缘故。又内棺四壁板和盖板上贴铺绒及羽毛贴花绢，作菱形纹，系在绢上贴金黄色、黑色等彩的羽毛而成。《礼记·丧大记》云："画翣二，皆戴绥。"郑注："盖五采羽注于翣首。"翣类于后代的棺罩，不过周代是用五采的羽注于翣，本墓则用五采羽贴于棺内四周板上及盖板上耳。王符《潜夫论·浮侈篇》云："计一棺之成，功将千万夫，既其终用，重且万斤，非大众不能举，非大车不能挽，东至乐浪，西至敦煌，万里之中，相竞用之。"王符所说，虽为东汉厚葬风气，证之先秦西汉，无不皆然。

本墓尸体，包裹各式衣着，约二十层，然后自头至脚横系丝带九道，再在其上覆盖泥银黄纱丝绵袍一件，绣花丝绵袍一件。《礼记·檀弓》云："制绞衾。"《士丧礼》云："绞横三、缩一。"郑注："所以收束衣服为坚急者也，以布为之。"现知本墓包裹者即为衾，扎带者即为绞，惟周身九道，用丝带不用麻布，此汉制不同于周制之点。又《礼记·丧大记》云："君锦衾，大夫缟衾,士缁衾,皆一,衣十有九称。"上衣下裳为一称,本墓衾用丝质,衣约二十层,与《丧大记》数字相近。衣多至二十层,以禅衣为主,裹丝绵者占少数,当亦沿用周制也。《丧大记》又记"上大夫陈衣于序东五十称",盖在大殓之先陈列室中以示亲友者,本墓出有整幅或不成幅丝帛约五十余件,当是为死者所备的衣料,其数相当于《礼记》所述陈衣五十称之比也。

《礼记·丧大记》云:"饰棺,君龙帷三池,振容,黼荒,火三列。"郑注云:"饰棺者以华道路及圹中,不欲众恶其亲也。荒蒙也,在旁曰帷,在上曰荒,皆所以衣柳也。"又云:"黼荒缘边为黼文,画荒缘边为云气。"又云:"大夫以上有褚以衬覆棺乃加帷荒于其上。"郑注指出覆棺,不云覆椁,盖先用以华道路,后乃取纳于圹中。本墓所出覆棺之帛画与上述《礼记》相合,应当名为荒,上有云气纹,应当名为画荒。《盐铁论·散不足篇》云:"贫者画荒衣袍,缯囊缇橐。"其名正作画荒。因画荒本为贵族丧仪,当昭帝时,贫士亦仿效用之,故贤良文学提出讥议。荒字训大训广,故本帛画包括天地人三段。但帛画下面不用褚衬,是汉仪不是周仪。又甘肃武威磨嘴子汉墓所出有幢幡一件,丝织,红紫色,上有"姑臧西乡阉道里壶子梁之"(里字原误释作罨,今订正)墨书,共十一字。两旁还有绘画,最上端两角画为圆券,券内隐约有动物形。下部接续画虎,再下全为云气纹。下端已残缺一部分,现存长二〇六、宽四十五厘米,置于四号墓棺顶上(见《文物参考资料》一九五八年第十一期)。武威帛画,与本墓所出,画分三段,置放棺上,为相同之处;但其中书一行死者籍贯姓名(壶子梁为人名,西汉有壶遂,见《史记》自序,有壶充国,见《汉书·百官表》),为相异之处。予谓武威墓葬中的帛画,是合铭旌、画荒为一体。据《仪礼·士丧礼》所记铭旌形式,仅幅广三寸,书铭于末。办护丧事者,因铭旌太狭,故将两种体制混合为一种产物。又《礼记·丧服小记》云:"复与书铭,……男子称名,妇人书姓与伯仲。"本墓帛画,既不书姓,又不书伯仲,因此不能指为即是铭旌。总而言之,本墓葬棺椁衣衾帛画之制度,不纯同于经传所记,盖在西汉初期,杂采周秦,参加汉制。叔孙通著有《礼器制度》,意或即是所定汉初贵族凶丧礼节。现在此书久佚,仅存夷槃数条。加以汉廷法令,屡有变革,因此与《续汉书·礼仪志》所载,出入很大。郑康成为东汉大儒,所注三礼,皆传自杜郑贾马诸大师之遗说,据以考证本墓葬,反有互相稽合之作用。又《西京杂记》记元帝时画工杜陵毛延寿善画人物。安陵陈敞、新丰刘白、龚宽善画牛马飞鸟。下杜阳望、樊育亦善布色。本帛画山水、鸟兽、人物、云气等象,分段悉备,是一人画笔,即兼元帝时众画工之长,在我国艺术史上,涌现出绚烂光辉的一页。

东周以来,纺织工业技术精巧,故齐有冠带衣履天下之号,李斯亦称阿缟之衣。秦汉时再从原有基础上加以发展,丝织品的花纹,以《急就篇》最为具体,丝织品的种类、颜色,以《说文》所记最为完善。近百年出土的如"韩仁"锦、"新神灵广成寿万年"锦等等,数量品种,远不如本墓之多。其价值见于文献记载者,《御览》八百十五引范子《计然书》:"能绣细文出齐,上价匹二万,中万,下五千也。"《御览》八百十四引《计然书》:"白素出三辅,匹八百。"见于出土古物者,有任城亢父缣一匹,直六百十八。有黄縠系一斤,直三百五十。绡丝二斤,直四百三十四(见《居延汉简释文》卷二,五十一页、六十页),以上仅各举一例。汉代缯帛四丈为一匹(约合今二丈四尺),幅广二尺二寸(约合今一尺三寸余),似仅够做成人衣服一件。以齐国细文上价匹二万计之,则二十件葬衣,即须四十万钱。轪侯利仓之骄奢淫佚,对封户残酷的剥削可以想见。

三、列侯食邑制度和家丞掌管封泥

《汉书·诸侯王表》序云:"诸侯惟得衣食税租,不与政事。"但食租与食税为二事,租为田租,税为赋税。西汉之初食税,西汉中期以后则改食租。证之《史记·货殖传》云:"封者食租税,岁率户二百,千户之君则二十万,朝觐聘享出其中。"此西汉初期列侯封邑食税之证。又《汉书·沟洫志》云:"是时武安侯田蚡为丞相,其奉邑食鄃,鄃居河北,河决而南,则鄃无水灾,邑收入多。"《匡衡传》云:"郡即复以四百顷付乐安国,衡遣从史之僮，收取所还田租谷千余石入衡家。"此西汉中期以后列侯封邑食租之证。钱大昕在《廿二史考异》中，曾论匡衡食租有云："以此推之，列侯封户虽有定数，要以封界之广狭，定租入之多寡，不专以户数为定。"此论极确。对于列侯食税，并未论及。太史公接近汉初，尚能以素封之收入，比拟列侯之食税。轪侯利仓封于惠帝初年，其时当亦为食税制度。被划出之封户，所应出之二百钱，系在算赋内扣算，抑系额外负担，史无明文可考。轪侯封邑为七百户，每年收入为一百四十千钱，匡衡封邑为六百四十七户，三年中即浮收租谷千余石。轪侯税收并不丰，而其妻厚葬奢靡如是，必如匡衡之巧取豪夺，不专以户数为限度。又必以长沙丞相的身份，征发民工，服役墓地，有如周亚夫子"取庸苦之不予钱"等情事（见《史记·绛侯世家》），此汉初人民血泪史之一斑。又按：列侯食县曰国，其令长改称侯相，县丞曰国丞，县尉曰国尉。《十钟山房印举》举二、五页，有绥仁、金乡、石山、征羌四国丞印。歙县黄氏藏有同心国丞、主解国丞两印。瞿氏《集古官印考》，有抑裴国尉、蔡阳国尉诸印是也。侯所食邑，亦置丞收税，于邑上加侯字以别之。如《临淄封泥文字目录》七页，有祁侯邑丞、广侯邑丞诸封泥是也（昔与亡友王献唐论及侯国另置邑丞收税一节，他无所见，或系汉初齐国之特例）。本墓所出有"右尉"封泥，当即轪国之右尉。汉制大县始分左右尉，则轪县当亦为万户以上之大县也。

列侯属官今可考者，据《汉书·百官公卿表》云：彻侯金印紫绶，避武帝讳曰通侯，或曰列侯，改所食国令长名相。又有家丞、门大夫、庶子。家丞掌杂务，门大夫掌警卫，庶子掌文书。《续汉书·百官志》云："（列侯）其家臣，置家丞、庶子各一人。……列侯旧有行人、洗马、门大夫凡五官。中兴以来，食邑千户以上，置家丞、庶子各一人，不满千户，不置家丞。又悉省行人、洗马、门大夫。"据此，西汉列侯属官有家臣等五员，所记较汉表为详。此外又有舍人，见《史记·淮阴侯传》（李斯为文信侯吕不韦舍人）。汉初设舍人，沿用秦制。有大行，见潍县郭氏所藏"载国大行"封泥（载国即戴国）。大行令属大鸿胪，与此无涉，应即《续汉书·百官志》所记行人之变名，所掌当为应对宾客之事。以上所述，列侯属官常置者有家丞等五员，不常置者有舍人一员。在五员之中，以家丞、庶子为要职。降至曹魏时，曹操以武平二万户列侯身份，开府自辟僚属，尚有"庶子春华，家丞秋实"之语。在西汉初中期，列侯之家丞威权尤重，掌管封泥签署，催收租税（见《匡衡传》），是其专职。本墓所出各陶器上，故皆打印有"轪侯家丞"封泥（长沙砂子塘汉墓所出封泥匣，有"家吏"印文，则是列侯属官之总称）。证之《史记·魏其武安侯传》云："书奏上，而案尚书大行无遗诏，诏书独藏魏其家，家丞封。"可见列侯家丞也职掌封泥，文献与古物互证，是相符合的。

四、遣策在汉代与器疏名称相近和葬品中缺少铜器问题

《仪礼·既夕礼》云："凡将礼必请而后拜送，兄弟赗奠可也，所知则赗而不奠。知死者赠，知生者赗，书赗于方，若九若七若五，书遣于策。"郑注："方，板也，书赗奠赗赠之人名与其物于板，每板若九行，若七行，若五行。"又云："策，简也。遣，犹送也。谓所当藏物茵以下。"以今语译之，写于方者，为丧礼之登记簿，写于策者，为随葬品之清单。郑注训遣为送，不作亲友赠送礼物解，当作送葬杂物清单解。送葬者即随葬也。郑注训策为简，亦与训方为板各有区别。一九五三年，长沙仰天湖楚墓出土竹简四十三支，其最著者第一简文云："新智绖，楚智绖，皆有蔓足绖，新绖句。"另一简文云："市君之一促衣，缋纯阿缟之绪，句"。两简皆注有王后所赠人名，是遣策兼用方板形式。本墓所出三百余支，所记皆随葬品，则纯为遣策性质。遣策之名系周制，在汉代是否仍用此名，则不可考。郑康成注三礼，每以汉制况周制，对于遣策，独未以汉制相比拟。予疑遣策之名在汉代与器疏名称相近，《居延汉简释文》三九二页有器疏，计开列有缓耳一，更于一，弓二，笥一，铫一，至称平各一，共计有四十二件什物。器疏虽为生人所用，古人事死如事生，器疏之名，当亦可用。证之《汉书·原涉传》，记涉为友人家办护丧事，"涉乃侧席而坐，削椠为疏，具记衣被棺木，下至

饭含之物",曰疏,曰具记衣被棺木,当亦指器疏而言,非指购物单也。

本墓随葬品中,只有铜镜一件,并无大件铜器,为值得注意的一点(不用金银器,恐还有其他原因)。《汉书·诸侯王表》序云:"天子自有三河、东郡、颍川、南阳,自江陵以西至巴蜀,北自云中至陇西,与京师内史,凡十五郡。公主列侯颇邑其中。"据此,汉初郡国虽星罗棋布,而汉廷所掌握者,只有十五郡,彼时主要产铜之地,为蜀郡盐道及章郡丹阳,盐道铜山在高惠时已否开采,尚未敢定,丹阳铜山则在吴王濞国内(汉镜铭有"汉有嘉铜出丹阳"及"新有嘉铜出丹阳"二语,在西汉至王莽时期,丹阳始终为产铜旺盛之区,东汉则转移至朱提堂狼矣)。《史记·吴王濞传》:"吴有豫章郡铜山,濞则招致天下亡命者,盗铸钱,煮海水为盐,以故无赋。"(韦昭注以为豫字衍文,当即秦章郡,其说是也,丹阳在宣城,秦时章郡包括宣城在内)汉廷在高祖时,既无铜矿区,不得不改铸荚钱,形小质薄。《汉书·食货志》所谓"汉兴,以为秦钱重难用,更令民铸荚钱,……米至石万钱"是也。盖秦钱重须要改革,非出于人民之要求,实由于缺铜之现状。因此大量铜器,更不可能铸造。现今能确指出高惠时所造的铜器,除废丘鼎外,尚不多见(汉器中有列侯所造镫锭,类皆嗣侯所造)。又《食货志》记贾谊谏铸钱疏,述铜归于上有七福,其第五项云:"以作兵器,以假贵臣,多少有制,用别贵贱。"可证在文帝以前,贵臣需要铜器,贵臣手中并不蓄积铜材。因此本墓中并无铜器用以随葬,而代之以大量漆器。漆器之价,高于铜器十倍(见《盐铁论·散不足篇》),知轪侯当日并非省费,很可能由于当地漆器工艺发达,轪侯家中纵有少数铜器,用以随葬,显示寒俭,故不若完全用华美的漆器代替。至于本墓葬出有铜镜者,因铜镜为照面用具,汉初虽在铜料艰窘时,仍得部分铸造。犹如唐初禁造铜佛像,代之以范泥,北宋时铜钱之外参用铁钱,而铸造铜镜并未废止也。

五、随葬器物杂考

《礼记·丧大记》郑注记天子之棺用梓。《汉书·霍光传》载以梓木为棺,柏木黄杨为题凑,枞木为外椁,兼采用三种木材。《续汉书·礼仪志》记东汉王公则以樟木为棺椁。本墓据传闻棺椁质料类似樟木,则已启东汉之风。

死者在包裹衣衾上覆盖有泥银彩绘黄纱丝绵袍、绣花绢丝绵袍各一件,殓衣有泥金银彩绘罗纱丝绵袍、泥银黄地纱袍各一件。《周礼·天官·内司服》云:"掌王后之六服。"首曰袆衣。郑注引郑司农云:"袆衣,画衣也。"画衣情况,郑注亦未详。本墓所出盖亦袆衣之类,但用泥金银彩绘,在汉代古籍,尚无记载。陆游诗:"佳人袍画金泥凤。"至宋代尚沿用泥金画衣之法。

丝织品中,有绣花手套、素罗手套、朱罗手套各一付。古有面衣,见《西京杂记》,耳衣见李廓《边塞曲》,胫衣为绔,见于《说文》,足衣为袜,见于《释名》。手套独不见于古籍之记载。《陶斋藏石记》卷十三有北齐高侨为妻王江妃造木板,背面胪列衣物单,有"故锦手衣一具",手衣即手套,知在西汉初期,即有此物。

帛画中段,有老妇女拄杖出行图,当即为墓主人。《礼记·王制》云:"五十杖于家。"虽指男子而言,倘女子亦通用此例,则墓主人年岁当在五十以上,这和湖南医学院对尸体研究时所估计的年龄颇相吻合。

漆器仅有"轪侯家"及"君幸酒"等简单题字,尚不用金银扣饰,亦不刻铸造年月和工人名的题字(乐浪耳杯题名始于昭帝始元二年,见《汉代纪年铭漆器图说》六页),与长沙楚墓所出耳杯相似,此为西汉初期制作之特征。又漆器之价,贵于铜器,《盐铁论·散不足篇》云:"夫一文杯得铜杯十,价贱而用不殊。"又云:"一杯棬用百人之力,一屏风就万人之功。"本墓所出漆器如漆壶、漆奁等,彩绘极精,所费当又在百人以上之手工。

漆器中有漆匜一件,在两周时,匜为盥洗器,至汉初匜之形式即已改变。一九五七年西安白家口汉墓中,出有"西共窦氏银匜"(现藏陕西省博物馆)。其规格与本墓所出完全相同。其一端可以为流,可以为柄,不仅用以盥洗,兼可贮藏杂物。

漆奁盒内藏有假发,假发在古代名髢。《庄子·天地篇》:"秃而施髢。"《说文》髢本字作鬄。又盒内藏梳篦各一件，按：梳篦有各自为物者，如本墓所出及敦煌木简遗址、长沙黄泥坑汉墓所出是也（《文物》一九五六年第十一期）。有梳篦合二件为一物者，如《汉书·匈奴传》之"比梳一"及《居延汉简释文》三七二页之"疏比一具"是也。

本墓出木俑大小共一百六十二件，在长沙楚墓中亦曾出有木偶人。《汉书·武五子传》云："江充遂至太子宫掘蛊，得桐木人。"《盐铁论·散不足篇》云："匹夫无完领，桐人衣纨绨。"木俑应用桐木刻成，并穿有衣裳。此墓所出木俑，其衣确有长罗袍、绣花袍及泥银彩绘袍者，与《盐铁论》所言正合。

供祭品水果有梨、枣、杨梅、瓜等物。谢惠连《祭古冢文》云："水中有甘蔗节及梅李核瓜瓣。"惠连所祭，亦当是汉墓，与本墓以水果充供正同。又各果及苋菜，俱为初夏产品，本墓埋葬，应亦在其时。

随葬器物有竽瑟各一件，《史记·苏秦传》载苏秦说齐宣王曰："其民无不吹竽鼓瑟，弹琴击筑。"汉镜铭云："竽瑟侍兮心志事。"是以竽瑟为随葬品。竹器中有薰笼一件，《太平御览》七百十一，引《方言》云："南楚江沔之间笼谓之篓，或谓之筱，陈楚宋魏之间谓之庸，若今薰笼是也。"又引刘向《别录》云："淮南王有《薰笼赋》。"现淮南王存有《屏风赋》，《薰笼赋》已佚，知薰笼之创作，在西汉初期

又有大小竹扇二件。《小尔雅·广服》："大扇谓之翣。"《礼记·少仪》："手无容不翣也。"郑注："扇也。"《淮南子·说林训》："披裘而以翣翼。"高诱注："扇也，楚人谓之翣也。"现出土之扇，形如厨刀，盖扇初作时，取象形于门扇。《文选·班倢伃怨歌行》云："裁为合欢扇，团团似明月。"据此竹扇之形式，当在西汉中晚期（或疑班倢伃诗为后人所拟，其说非是。江文通《拟古》三十首，第一首即《拟班倢伃咏扇》，亦云纨扇如圆月）。

又有莞席四件。《说文》："莞，草也，可以作席。"《御览》七百九引《计然万物录》云："六尺蔺席出河东，上价七十。蒲席出三辅，上价百。"（河东席为蔺草所编成）《居延汉简释文》三九一页："三尺五寸蒲复席青布缘二，直三百。"则席每件在西汉时平均约值百钱。汉宫所用，则为青蒲席也

（见《汉书·师丹传》）。

在竹篓、竹笥中，以及东边箱、南边箱底，出有大量泥"半两"和"郢称"两种钱币。汉代瘗钱之风气，有用实物者，见于《汉书·张汤传》。有用泥制者，长沙出泥半两，面呈藤黄色（见《长沙古物闻见记》）。洛阳出大泉五十，面涂银朱。本墓所出泥半两，有大小两种，大者如秦半两，小者如荚钱。《汉书·食货志》有"汉兴，以为秦钱重难用，更令民铸荚钱，……米至石万钱"云云。惠帝时未铸钱，当仍沿用荚钱，至吕后时始改铸八铢钱，文帝另铸四铢钱（文皆为半两）。现出泥钱，无八铢模型，是本墓葬在惠帝时代又一旁证。至于郢爰、郢称，本为楚国金货，在汉初楚地，可能属于通行货币之一种，故泥币亦取其象征性也（楚金货有郢、颖、陈、专四种爰金，数量最多者为郢爰，郢称又郢爰之别种）。

墓葬有应出而未见者，头饰如钗簪之类（仅见耳环），而被帐（仅见帷幄）、碗、针、剪之类，皆未出土。又侯夫人有印，传世有广阿侯夫人印（见《金石索·金索》），盖嗣侯用以传家，故不入墓葬。

这座汉墓女尸体保存完好达两千余年之久，尚属初次发现。随葬品有千余件之多，丝织品、漆器更是丰富多彩，对于研究西汉初手工业的发展，尤有重要之价值。我们伟大领袖毛主席指出："只有农民和手工业工人是创造财富和创造文化的基本的阶级。"上述珍贵遗物，出自汉初人民的精心创造，是当时劳动人民的智慧和血汗的结晶。

长沙发掘报告的几点补正

本报告共分战国、西汉前期、西汉后期、东汉四个时期墓葬发掘情况而写成。附录有木车模型、木船模型两篇考证，叙次很为分明；但在发掘以前，长沙地区出现的古物，用来比较参考的地方太少。对于考释文字方面，也有许多可以商榷的，兹就个人意见，分列如下：

八十页泥质冥钱原文略云：

(1) 郢版　一式格内阳文，纵写郢秭二字。二式阳文横印郢吊二字。三式阳文横印郢程二字。

(2) 两版　一式陶文印两字。

(3) 泥半两钱　大小大约合于汉代的一寸，和文帝半两差不多。

(4) 泥饼金　模金一面凸起，另面平，凸起的一面有花纹。

按郢版一式格内所写，当为郢称二字简体。二式格内所写，可能为郢寽二字异文。三式格内当为郢称二字，本文误释作郢程。称即后代之秤字，汉代尚未有此字。郢中之称，可能与其他地区有所不同，故特标以地名。两版为半两之省文。泥半两《古泉汇》已著录，为洛阳出土，论其形式文字，皆与汉武帝所铸半两相似，与四铢半两尚有不同。泥饼金似仍依《梦溪笔谈》称为麟趾金为宜。

八十三页蟠螭纹镜原文略云：

纽座边两弦纹之间，有铭文一周，文曰，愁思悲，愿君忠君不说,相思愿毋绝。

按:愿君忠当断为一句,君不说又为一句。不说与不悦相同。第一句悲字不入韵,说绝两字为韵。相思愿毋绝,亦见《汉铙歌十八曲·上邪篇》,为秦汉人之习俗语。此等镜铭,与"君行卒,予志悲,秋风起,侍前希"相类似,余昔考证皆为妻赠夫之辞。

一〇七页陶器原文略云:

陶器上文字,有一类有些像人名,如翁中、翁小、黄大等。

按:翁中翁小,当读为中瓮小瓮。非指人名而言。《说文》瓮,罂也,读若翁。《说文》有读如读若之例,读如者是比拟其音,读若者是兼通其义。准此例翁与瓮字义相通,本陶器翁字,为瓮字之假借无疑。

一〇七页陶器原文略云:

陶器上文字一类是容量,有容五斗和容一石等字。

按西汉陶器上刻数字者,有两种规律。一种是用器,墓主人生前所用,死后即取以随葬。一种是殉葬器,仅象征浮夸的数字而已。本陶文两种是实用器,与西安汉城所出"安国十斗、谢民十一斗"陶瓮文字相似,其作用可以代替升斗,等于王侯自制之家量;象征性所刻文字如洛阳烧沟汉墓群所出陶仓朱书某某万石,西安汉城所出之一小酒罂上刻"汋一二石"是也。

一一〇页铜鍪原文略云:

在口沿外侧有铭文廿三字云:时文仲铜鍪一,容二斗,重六斤三两,黄龙元年十月甲辰治。

按十月甲辰为七月甲辰之误释。以长术考之,宣帝黄龙元年七月为辛丑朔,本铭文七月甲辰,则为七月四日。是年十月为己巳朔,不得有甲辰(邹汉勋、汪日桢、陈垣三家所推并同)。西汉人写七字中画微短,与十字区别往往不显著。如南越甫木题字,端方及建德周氏所藏两玉日晷,七字皆中画微短,而居延全部木简,除建武桼年一简写作桼字外,其余七字,皆与十字形极相近。

一一六页Ⅳ式铜镜原文略云:

昭明镜内圈铭文是,内清质以昭明光而日月心忽乎雍塞而不泄。外圈铭文是,絜清白事君志骊之合明假玄锡之泽恐日忘美之窠□之□愿毋绝。

昭明镜传世之器已多,余曾缀合全文,共为十二句,每句六字。各镜铭有增减,有脱落。有因镜圈内无余地突然中断者,各种情况不同。本文光而日月,应为光象日月之误释。窠字为窓字之误释,即愡字异体。《小校经阁金文》卷十七、九十二页,金代仿汉华亭县官镜,及同书卷十六、三十三页精白镜等皆可证明(仅举两例)。

一一六页 V 式铜镜原文略云:

其外一圈铭文,是涑汨铜华清而明;以之为镜宜文章……

按:涑汨当作涑冶,恐被读者误为铝字。

一一九页银印原文略云:

银印章文字系刘骄二字,刘字系阳文,骄字系阴文。

按西汉长沙王名称应分为两个阶级。西汉初期,长沙王为吴芮、吴臣父子等。景帝以后至西汉末期,则为景帝子长沙定王发之一支,本报告西汉出土遗物,多属于长沙定王发枝叶范围以内。《汉书·王子侯表》,长沙定王有十五子,长沙顷王有四子,长沙孝王、长沙剌王各有二子,皆无刘骄之名。肯定骄为某长沙王之子而未封侯者,其墓与长沙王后墓相近,当系子从母葬也。

一二〇页漆盘原文略云:

漆盘书杨主家般四个字,四〇一号墓主人系刘骄,墓西边不远的长沙王后冢,亦曾出土有杨主家般字样的漆盘,推测长沙王后姓杨,与刘骄有一定的关系。

按:《汉书·匈奴传》上云:"乃使刘敬奉宗室女翁主为单于阏氏。"颜师古注:"诸王之女曰翁主。"《金石索》玺印之属,有"王翁主尉"印,本文之杨主家盘,当作杨翁主家之盘解释。杨主者称从夫之姓,与王翁主尉印正同例。杨氏当为长沙王女从夫之姓,而非长沙王后之姓。此盘可能平时存于母家,故长沙王后葬时,亲族取以随葬。

一二四页木札原文略云：

　　木札长方形扁平，上端削去两角，稍低处两侧各有一个三角形凹缺，正面光滑，有墨书"被绛函"三个字，推测系在凹处缚绳，并悬挂在箱函之上。

按木札墨书，应释为"被绔函"三字，本文误释为"被绛函。"被绛二字，义无所取，若指为绛色之被，似亦少见之倒置文例。当日木札，既悬挂在箱笼之上，其内必藏有被绔等衣物随葬品。用衣被等实物殉葬，等于后代之焚冥衣。《说文》："绔，胫衣也，字亦作袴。"裤则为后起之字，《居延汉简释文》三六七页，有"绔一两"之记载共有两处，皆作绔，不作袴，与《说文》正体相同。夸字或写作夻，本题字又变作夽，末笔向内转弯，正与绛字表示有区别。

望都汉墓壁画题字通释

自望都一号、二号汉墓清理以后,已出版者,有《望都汉墓壁画》《望都二号汉墓》两报告,又有安志敏、林树中、何直刚三同志的论文,先后在《考古》一九五七年至一九五九年发表。林树中同志推断一号墓主人应为汉浮阳侯孙程,时代约在东汉阳嘉元年之后。何直刚同志则定为东汉初期浮阳侯刘歆墓葬,时代在永平之际。然与二号太原太守刘公墓墓形结构、随葬器物无不相同,故一般人士对何说颇有讨论之必要。我以为墓主应为由河南尹内调三公,或相当于公位。孙程官历爵位,只有浮阳侯相合,其他皆不合;至孙程之养子孙寿,仅嗣浮阳侯爵,亦未见其有其他官职;若指为刘歆之墓,恐距事实更远。现以门下功曹、门下游徼、门下贼曹三吏相联之名称,及"人马皆食太仓""戒火"等题字而论,完全与东汉石刻相同,属于东汉后期作品,则毫无疑义。观其题字,用笔俊逸,与孔宙、礼器等碑极相似,而与东汉初期《三老讳字忌日记》等隶法不同。现对全部画像题字有关官名制度等通考于后。

一、人物画像题字

门亭长、寺门卒。

《续汉书·百官志》,司隶校尉属吏有门亭长,主州正门。又太守属吏,正门有亭长一人。即本壁画题字之门亭长。寺门卒即府门卒,始见于《汉书·韩延寿传》。又传世有"乐安太守麃君亭长"及"府门之卒"两石人题字,为太守府门前之侍卫,与本题字完全符合。两汉官署之名,或称府,或称寺,性质相同,有时并无严格之区别。如丞相及三公均称府,御史大夫称寺(见《汉旧仪》),三辅、太守、都尉、诸侯相皆称府,县令长称寺,此其大略也。

门下功曹、门下游徼、门下贼曹。

两汉州郡县属吏有门下之名,开始于西汉中期。门下掾始见于《汉书·韩延寿传》,门下督始见于《汉书·游侠·万章传》。门下之名虽建立,而门下之职守未确定。至东汉初期,始有门下五吏之名。《续汉书·舆服志》:"公卿以下至县三百石长,导从置门下五吏,贼曹、督盗贼、功曹,皆带剑三车导;主簿、主记,两车为从。"林树中引用这条材料时,在断句上略有错误,何直刚则误指门下五吏为"贼曹、功曹、三车、主簿、主记"五种名称,其实"督盗贼"为一吏之名,《考古》编辑所加按语,我很同意。关于东汉公卿令长之属吏,冠之门下之名,与不冠以门下之名者,自来注解两《汉书》者,多未注意及之。门下五吏,在属吏中应成为另一系统之政权组织,出则导车从,入则参机要,为最亲信之僚属。《舆服志》所举五吏之名,贼曹与督盗贼皆主搜捕奸宄,功曹主考核吏绩,主簿主文书,主记史主录记书,催期会。每吏只一人。例如门下功曹为一人,而普通功曹掾、功曹史以及功曹书佐等,成为一曹,则必有多人。《汉官仪》云:"督邮、功曹,郡之极位。"《后汉书·党锢传》序云:"汝南太守范孟博,南阳宗资主画诺。"盖指范滂为本郡之功曹而言。可见功曹之职位,在州郡县吏中已极尊荣,门下功曹则更超越一等。又《汉书·韩延寿传》记延寿为东郡太守,秋试时,功曹引车。《王尊传》记尊为东郡太守,河决时,惟主簿相从勿去。功曹与主簿,本为太守最亲信之吏,在西汉时,虽无门下之名,已有门下之实。东汉时,门下等于吏属中之内廷,诸曹等于吏属中之外廷。但《续汉书·舆服志》所记门下五吏之名,应为东汉初期或中期制度,到后期则变化很大。主要为门下功曹、门下游徼、门下贼曹三吏,次序排列,有条不紊。其他配以主簿,或门下史、主记史,成为五吏或六吏。此处随事需要,更可以增加门下某吏之名。上述情况,在东汉各碑阴题中,特别显著。本画像题字亦不例外。如《仓颉庙碑》有"衙门下功曹、衙门下游徼、衙门下贼曹"三题名;《武梁祠堂画像》有"主簿、门下功曹、门下游徼、门下贼曹"及"游徼车、贼曹车、功曹车、主簿车、主记车"等题榜;《费凤碑》(见《隶释》卷九)有"门下功曹、门下史、主记史"三题名。上述东汉石刻门下五吏之题名,与《续汉志》所记相较,门下督盗贼变为门下游徼,而前三吏之门下功曹、门下游徼、门下贼曹之次序,尤多谨严不乱。本画像题字,主要亦为门下功曹、门下游徼、门下贼曹、门下史、主簿、主记史六吏名称,与东汉各刻相合,尤为壁画属于东汉后期作品之确证(本段题字在西壁上部,应从右至左读,《望部汉墓壁画》由追鼓掾自左向右读,门下功曹成为最末之一人,实误)。又《仓颉庙碑》有"故督盗贼"题名,《景君碑》阴有"门下督盗贼"题名,是在东汉后期,五吏中门下督盗贼之名称,在州郡县吏中,尚偶有存者。其余因事需要,扩大门下之组织者,如《西狭颂》有"门下掾"题名,《曹全碑》有"门下祭酒、门下议曹"等题名,《韩敕修孔庙碑》(见《隶续》卷十二)有"鲁相门下干"题名,《景君碑》阴有"门下议史、门下书佐"等题名。是掾、史之外,可以兼及书佐、干等小吏,在各郡县中随时增减,制度未必统一。

门下史。

《费凤碑》(见《隶释》卷九)、《校官潘乾碑》皆有"门下史"之题名,与本壁画正合。

追鼓掾。

"追鼓"当为"擿鼓"省文,此吏名不见于《续汉书》及《晋书》《宋书》各百官志。《居延汉简甲编》八十五页有"鼓下卒十人"之记载,盖当属于追鼓掾者。西汉时,京兆府中设鼓,发读诏书皆击鼓,见《汉书·酷吏·田延年传》。寺门外有鼓,见《汉书·何并传》。《后汉书·文苑·祢衡传》之鼓史,《世说新语》则作鼓吏,是宴会宾客时奏乐之吏,与此尚微有区别。

北□□下□□皆食太仓。

全文大义是此下人马,皆食太仓。太仓为汉代太仓令,藏粟最多之处,比拟死者禄食不尽之意。在东汉石刻壁画中共五见:一见于本壁画题字,二见于望都二号墓壁画题字,三见于安丘汉画像石题字,四见于芗他君石祠堂题字(故宫博物院藏石),五见于河南白沙闵子惢等汉画像石题字(见《石交录》卷一)。惟白沙石刻作"此上人马,皆食太仓,急如律令",比上述四种,末尾增多一句。望都二号墓时代在光和五年,芗他石祠堂题字在永兴二年。则写此两句者,皆为东汉后期之作风,以此推断,本壁画亦当属于东汉后期之又一确证。

仁恕掾。

《汉官》(平津馆辑本)云:"河南尹属吏有案狱仁恕三人。"《后汉书·鲁恭传》:"河南尹袁安闻之,疑其不实,使仁恕掾肥亲往廉之。"李贤注:"仁恕掾主狱,属河南尹,见《汉官仪》。"是案狱仁恕掾可以简称为仁恕掾,本壁画亦用简称,与《鲁恭传》合。此官惟河南尹有之,《汉官》及《汉官仪》皆有确切之记载,可以推断本墓主是由河南拜三公,或相当于三公职位者。何直刚以为东汉三公之掾属,有数十名称,安知无仁恕掾之名,恐失之于想象。

贼曹。

两汉州郡县吏中,主管诸曹之吏,有掾有史,往往设史者不设掾,以身份论,掾在史之上。本壁画泛言贼曹,是包括全曹而言,只画贼曹史一人为代表也。

辟车伍佰八人。

《续汉书·舆服志》记载辟车前五百公八人,中二千石、二千石以下至二百石,递减至二人。又云"黄绶武官伍佰(指二百石之武职吏),文官辟车铃下侍阁……皆有程品"云云。依据《续汉志》理解,武官之侍卫名伍佰,文官则名辟车。《汉官仪》太常属吏有辟车、骑吏、五百等员,分为二名。本壁画题字则为"辟车伍佰"四字联文,盖繁称为辟车伍佰,简称为伍佰,故又有用简称题"伍佰"者二榜。《舆服志》以文武官分伍佰、辟车为二名,其记载尚有问题。至于辟车伍佰之名,各注家尚有未详尽者。《汉书·晁错传》募民实塞下疏云:"使五家为伍,伍有长,十长一里,里有假士,四里一连,连有假五百。"服虔注:"五百,帅名也。"此"五百"二字之始见。《后汉书·曹节传》李贤注引韦昭《辨释名》云:"五百字本为伍。伍,当也,伯,道也,使之导引当道陌中以驱除也。案今俗呼行杖人为五百也。"是由五百之帅名,演变为驱除走卒之名。盖最初以管理士卒五百人而得名,犹汉官校尉以下有千人之名也。又《周礼》条狼氏"掌执鞭以趋辟"。郑注:"趋而辟行人,若今卒辟车之为也。"是辟车为避车之省文,行人看见辟车,即当趋而避路,更有八人扬威于车前。

门下小吏。

《郑季宣碑》阴《君车汉石画像》均有"门下小史"题名,与本壁画正合。

主薄、主记史。

汉人书"主簿"皆作"主薄"。主簿、主记史,虽在门下五吏之列,却不冠以"门下"字样。此二吏在长官出行时为从车,主簿名次在前,主记史在后,与壁画均合。《舆服志》仅称"主簿、主记",不称为"主记史"。汉碑中如《费凤碑》《中部残碑》皆称为"主记史",亦与壁画相合。但主记有时设主记掾,见《隶释》卷五《张纳碑》阴题名。

白事吏。

此吏名不见于《续汉书·百官志》等,"白事"二字联文,多见于魏、晋时六面印。

侍阁。

《汉官仪》:"太常驾四马,主簿前车八乘,有铃下、侍阁、辟车、骑吏、五百等员。"《续汉书·舆服志》:"文官有辟车、铃下、侍阁,门兰部署,街里走卒,皆有程品。"侍阁之吏名,与本壁画题字正合。两汉人书"阁"字皆作"阁",《汉书》中原有阁字,如公孙宏开东阁之类,皆被后人改作"阁"字。汉城天禄阁遗址所出"天禄阁"三字瓦当,亦正作"阁"。

小史、勉劳谢史。

《景君碑》阴有"小史"题名。两汉自丞相至县令长官署,皆有小史。"勉劳谢史"非吏名,系描写当时民众向小史致谢勉励慰劳之情况。"劳"字《望都汉墓壁画》未释,字形作"劳",实勞字草隶书也。

二、墓主铭赞

嗟彼浮阳。

目下一般人士,因铭赞中有"浮阳"字样,大致定为孙程墓葬。然按《后汉书·孙程传》,安帝时为中黄门,给事长乐宫。顺帝初为骑都尉,封浮阳侯。阳嘉元年拜奉车都尉,特进。卒赠车骑将军。养子寿为浮阳侯。中黄门与县令相等,骑都尉、奉车都尉,皆不置属吏。特进始于西汉晚期,沿至魏、晋、隋、唐,等于加官,皆不开府置僚属。本壁画的情况,是由河南尹入为三公,所画属吏,多为外官典制。若指为孙程之墓葬,只有浮阳侯一点相合,其余皆不合。若指为孙程养子孙寿之墓,孙寿亦未尝作过三公。所以墓主人姓名,仍暂以缺疑为是。

何亿掩忽。

《孔宙碑》云:"意载扬声。"省"亿"为"意"。本壁画以"意"作"亿",则为假借字。

弟子一人。

依汉碑阴例,弟子下当为人名,此独作一人,殊为少见之例。

三、鸟兽画题字

鹜、鸡,鸡候夜不失其信也。

《楚辞·卜居》:"宁与鸡鹜争食乎?"与本壁画鸡鹜联画之义相

合。候夜不失其信，见《韩诗外传》，谓鸡有五德，"守夜不失时，信也"。

麛子。

《太平御览》卷九〇七引《瑞应图》曰："宋文帝元嘉二十五年，华林园养麛，生二百子。"本壁画称"麛子"，盖乳麛之义。

羊酒。

汉代羊酒二字连文。《史记·卢绾传》"高祖、卢绾同日生，里中持羊酒贺两家"是也。

戒火。

汉代陶井阑常有"东井""戒火"题字。本壁画描绘戒火，画一瓦盆，上有花叶六茎，红花绿叶，与井阑刻画不同。《本草》载景天，一名戒火，一名火母，主明目轻身。据此，则瓦盆所画为景天，因又名戒火，取绘其象征性也。

四、工匠游戏书字

作事甚快与众异。

此工匠游戏所写，兼仿《急就章》句法。

主人大贤贺□日千。

"贺"下应为"客"字或"者"字。

酒肉日有师不爱手。

此二句大义谓主人如日有酒肉相款待，工师即竭力操作也。两汉工匠自称为师，此例多见于铜镜铭文、弩机题字及碑刻中。

急就奇觚与众异。

汉人书《急就篇》，每喜书第一章开首数句，杭州邹氏所藏《急就章》草隶砖及敦煌、居延两地木简皆是也。

以上通考，不过就个人所见，加以诠释，错误自属难免，尚希读者加以指教和讨论。

至于林树中同志之论文，大体完善，惟引用史料，偶有误断句读，致生误解之处。如论一号墓第三项引《后汉书·孙程传》云："永建元年，程与张贤孟叔马国等为司隶校尉。查原文为："永建元年，程与张贤、孟叔、马国等为司隶校尉虞诩讼罪，怀表上殿，呵叱左右，帝怒，遂免程官。"传文叙述孙程与张贤等四宦官联名上表，讼司隶校尉虞诩之罪，咆哮殿廷，孙程因此免官。这段文字本甚分明，林氏断句不妥，因而误解为孙程等四人先后皆为司隶校尉。固属宦官不能为司隶，即便在例外官司隶，势亦不能鱼贯相联，同任此官。又引《续汉书·舆服志》："侍阁门阑部署，街里走卒，皆有程品。"原文所举文官之辟车、铃下、侍阁为三吏之名，"侍阁"二字，应属上文。

何直刚同志之论文，除阐述新义外，兼驳林氏之说。何氏据《后汉书·刘植传》，植从兄歆，光武时以功封浮阳侯，假定望都一号墓时代为明帝永平五年至十二年，早于孙程一百余年。然刘歆为巨鹿昌城人，二号墓太原太守刘公买地券明云为中山蒲阴人。二刘籍贯且非一地。不仅墓室结构、随葬器物，都属东汉后期风格也。

二号墓刘公买地券文"光和五年二月"下空三字，当为"戊子朔"三字，周萼生同志已经指出，是正确的。乃何氏释为"二月六日若二十八日乙卯"，在汉代碑刻及地券中，记载朔日干支，从无此文例。又第三行"□(似墓字)中游徼、佰门卒史"，"佰门"即"柏门"，谓守墓柏之鬼卒史，为地券中习见之术语。《望都二号汉墓》原释文本不误，何氏释"卒史"二字为"本其"，便不可通。

和林格尔东汉大墓壁画题字考释

一、人马皆食太仓题字

本画像前室下层题字,有"上郡属国都尉西河长史吏人马皆食太仓"及"繁阳县吏人马皆食太仓"二榜题字。按:太仓为汉代太仓令藏粟最多之处,比譬死者食禄不尽,为东汉石刻画像中之习俗语。以余所知,共有五见,一见于芗他君石祠堂题字,二见于白沙所出丁兰、邢渠等画像题字,三见于望都壁画一号墓题字,四见于望都壁画二号墓题字,五见于安丘汉画像石题字。合本墓题字,共有六见。大率皆作"此上人马皆食太仓"。惟望都一号墓则作"此下囚囧皆食太仓"。白沙石刻在"此上人马皆食太仓"下,又增加"急如律令"一句。本墓题字则无"此上"二字,皆属大同小异。在六刻之中,有纪年可考者,则芗他君石祠堂题字,刻于桓帝永兴二年,望都壁画二号墓绘于桓帝光和五年,盖当时一种流行术语,时代属于东汉后期,本墓壁画亦可证明为东汉后期之作品无疑。

二、属吏题字

本壁画前室下层,画属吏府舍,有功曹、尉曹、金曹、左仓曹、右仓曹、阁曹、塞曹、辞曹(原报告误释作觪曹,今订正)等。属吏题字,除习见史传不再考证外,按:《续汉书·百官志》,叙三公所属诸曹掾史,有辞曹主辞讼事,尉曹主卒徒转运事。又叙太守都尉皆置诸曹掾史,本注曰,诸曹略如公府曹,无东西曹。本题字仓曹分为左右曹,亦为《续汉志》所未详。塞曹之名独不见于《续汉志》,《曹全碑》阴有塞曹史杜苗、吴产二人题名。《居延汉简释文》二七页,有简文略云"元始三年八月甲辰朔,丁巳,累虏候长祥,塞曹史并拜,再拜言肩水"云云(肩水下当为都尉府三字,今已残缺)。塞曹史当为管理边塞屯戍之事,惟曹全官郃阳令,在中原地区,不知何以设有塞曹之职。又洪氏《三国职官表》云:"郡当戍边者置塞曹掾,今可考者有带方张政。"带方县属辽东郡,曹魏之设塞曹掾,盖沿用两汉制度。

三、二桃杀三士等历史故事题字

本墓壁画中室除东壁外,其余三面上部,均绘有封建统治阶级宣扬提倡所谓圣贤义士孝子贤妻良母等历史故事,共有八十余则,皆为经传习见之人名。惟"孝孙父"三字,未题姓名。按:所画当为东汉原谷事。武梁祠画像,亦有"孝孙""孝孙父""孝孙祖父"题字三榜,亦未题人名。先伯父星南先生著《武梁祠画像题字考》(一九四七年家印本),据《太平御览》卷五百十九引《孝子传》云:"原谷者不知何许人,祖年老,父母厌患之,意欲弃之。谷年十五,涕泣苦谏,父母不从,乃作舆舁弃之。谷乃随收舆归,父谓之曰,尔焉用凶具,谷乃曰,恐后父老不能更作得,是以取之耳。父感悟愧惧,乃载祖归侍养,克己自责,更成纯孝,谷为纯孙。"余按:白沙汉石画像,亦有"原谷亲父""孝孙原谷""原谷泰父"题字三榜,足证先伯父之说,极为正确。本题字次于"休屠胡"之后,休屠胡为金日䃅事。武梁祠画像则与"赵睹"题字相联次。赵睹事迹见徐坚《初学记》卷十七及《御览》卷四百十四,均引师觉受《孝子传》,惟赵睹作赵徇,汉安帝时官至侍中,原谷既次于赵睹之后,当亦为东汉中期人士,并可证明本壁画为东汉末期之作品。

四、□□少授诸先时舍题字

由中室西壁中部,一直连到北壁中部偏左,绘墓主人夫妇燕居图。在燕居图右上方,画出一座院落,类似学府,有"□□少授诸先时舍"题字一榜。按:此为墓主人未出仕之先,私学传经之图象。后室大庄园图,则为致仕之后,描写大地主、大官僚奢侈生活之一种象征。诸先当作诸位先生解,两汉人对先生二字,或简称为先,或单称为生。《史记·晁错传》云:"学申商刑名于轵张恢先所。"(《集解》引徐广曰:"先即先生。")《汉书·梅福传》云:"叔孙先非不忠也。"《京房传》亦引秦代有正先人名。不过两汉称先,不如称生比例之普遍。本题字诸先,即指墓主人之弟子而言。(《汉旧仪》谓汉代博士称先生,本题字只用此名,不拘此例)。东汉时私人讲学风气最盛,如马融、贾逵、边韶、郑玄等人,其最著者。以此推断,墓主人年少时,亦以私学传经为职业。东汉所谓"士大夫"阶层,大率先以传经相号召,沽名钓誉,然后博得举孝廉,即进入仕途。现以熟在人口两汉碑证之,《孔宙碑》云:"治《严氏春秋》,举孝廉,除郎中,都昌长。"《樊敏碑》云:"治《春秋严氏经》,察孝除郎,永昌长史,迁宕渠令。"本墓主人亦由举孝廉,拜郎中,迁西河长史,再迁繁阳令,其升转官位,几与樊敏完全相同。东汉举孝廉之例,在二十万人中始选出一人,由太守或州牧察举,三年一举,每次总额,约百人左近,班固《西都赋》所谓"举百郡之廉孝"是也。定襄郡全郡人口,仅一万三千余人,似不应选出孝廉一人,意人口稀少之郡,或不拘此成例,被选举者,大率豪强大族之子弟,墓主人之经历,当不例外。

五、繁阳令官寺题字

中室绘繁阳县官寺图。两汉官署,《汉官仪》记"丞相名府,御史大夫名寺"。外官太守都尉则称府,县令长则称寺。乐安太守麃君府门之卒石刻像，《曹全碑》所记之开寺门，与两《汉书》普遍所载，无一不合。予昔考望都壁画门前画像，称寺门卒，不称府门卒，但墓主人相当于三公职位，府寺二名，亦可通称，并无严格之限制。繁阳县属魏郡，东汉时任县令者，有陈球，见《后汉书》本传。有杨寻，见《熹平三年繁阳令杨君碑》（《杨君碑》为潼关四杨碑之一，其名久佚，兹具《通志·金石略》，称为杨寻），合本墓主人则有三人。以一县令身份，竟蒙玺书褒嘉，在两汉则为仅见之事。

本段画像，又有"使君从繁阳迁度关时"及"使君□□从骑""夫人骈车从骑""辇车"各题字。按：武威张君墓出土铜马，有"冀张君夫人辇车马，将车奴一人，从婢一人"之刻字。《说文》："辇，大车驾马也。"盖男女通乘之大车。又《释名·释车》云："骈车，骈屏也，四面屏蔽，妇人所乘。"与本题字"夫人骈车从骑"正合。

结　语

本墓在一九七二年秋间初发现时，友人吴荣曾即以壁画情形相告，并以"中渭桥""七女为父报仇"两题字事迹见询，细检古籍，皆不见有此记载。或云为墓主人之本事固未敢定，又有考墓主人应为公箕稠者，亦未敢确定。现从人马皆食太仓等题榜观之，则属于东汉桓灵时期墓葬，可以得出相对年代。

一九七四年于西大新村

晋徐美人墓石考释

晋徐美人墓石,于一九五五年洛阳发掘晋代墓葬群时出土。原拓本刊载在《考古学报》一九五七年第一期。全文长达千言,完整无缺,与传世荀岳墓碣,堪称双璧。美人之事迹,不但与《晋书》有异同,且与贾充妻宜城君郭槐墓石及贾充婿韩寿神道阙有联系,其中保存西晋之宝贵史料不少。刻石中别体字及脱落字亦不少,兹逐段考释如次。

晋贾皇后乳母美人徐氏之铭。

美人讳义,城阳东武人也。其祖称九族,出自海滨之寓。昔以乡里荒乱,父母兄弟终亡,遂流离迸窜司川(州)河内之土,娉处(处下应脱写士字)太原人徐氏为妇。美人姿德迈纵文母,立身清絜,还矣(俟)伯姬,温雅闲闲,容容如也。居家里,治模范,过于仁夫,不下堂而睹四方。扶育群子,勋导孔明,教化猛于严父,恩覆诞于春阳。机神聪鉴,闻于远近,接恤施惠,称于四邻,人咸宣歌,邑室是遵。

《晋书·地理志》,东武属城阳郡,河内郡属司州部,皆与墓石相合。

还矣伯姬,矣应为拟字别体。

《汉书·外戚传》,叙后妃名号十有四位。良人视八百石,美人视二千石,才人则为倢伃以下之总称。《汉书·艺文志》诗歌类,有《诏赐中山靖王子哙及孺子妾冰未央材人歌诗》四篇是也。《晋书》对于后宫妇官,略而未叙。沈约《宋书·后妃传》序云:"晋武帝采汉、魏之制,置贵嫔、夫人、贵人,是为三夫人,位视三公。淑妃、淑媛、淑仪、修华、修容、修仪、婕妤、容华、充华,是为九嫔,位视九卿。其余有美人、才人、中才人,爵视千石以下。"徐义由中才人升为良人,由良人进号为美人,官阶与《宋书》叙述相合。但妇官有两种性质,一为属于妃嫔类型,一为属于保傅类型,徐义之身份则属于保傅之范畴。

> 晋故侍中行太子太保太宰鲁武公贾公,平阳人也,公家门姓族,鲜于子孙。夫人宜城君郭,每产辄不全育。美人有精诚笃爽之志,规立福祚,不顾尊贵之门。以甘露三年岁在戊寅永保乳晋皇后,及故骠骑将军南阳韩公夫人。美人乳侍在于婴孩,抱撮养情若慈母,恩爱深重过其亲。推燥居湿,不择冰霜,贡美吐飡是将,寝不安枕,爱至贯肠。勋语未及,导示毗匡,不出闺阁,戏处庭堂,声不外闻,颜不外彰。皇后天姿挺茂,英德休康。年十三,世祖武皇帝以贾公翼赞万机,辅弼皇家。泰始六年,岁在庚寅,正月遣宗正卿泗浍子陈惶,聘为东宫皇太子妃。

徐义所哺乳者,一为贾充之长女贾皇后,二为贾充之次女韩寿之妻,即贾后之妹。《晋书·贾充传》略云:"充字公闾,平阳襄陵人,魏豫州刺史逵之子。官至太保太宰,封鲁公谥曰武公。"又云:"充妇广城君郭槐性妒忌。"郭槐先封广城君,后改封宜城君,墓石称宜城君,盖用改封之号。

又按:洛阳出土晋宜城宣君郭槐墓石,元康六年立。叙述槐字媛韶,为城阳太守郭配之女。但《世说新语·贤媛篇》作郭槐字玉璜,盖一人兼有二字。

《三国志·魏书·韩暨传》裴注引《楚国先贤传》云:"韩暨次子繇,高阳太守,繇子洪,侍御史,洪子寿字德贞。"又引《晋诸公赞》曰:"寿能敦尚家风,性尤忠厚。早历清职,惠帝践阼,为散骑常侍,迁河南尹。病卒,赠骠骑将军。寿妻贾充女,充无后,以寿子谧为嗣。"《晋书·贾充附贾谧传》,谓寿以元康初卒,而《贾后传》谓寿为赵王伦所诛,恐非是。

又按:《八琼室金石补正》卷九、十四页,有韩寿神道题字,文为"□故散骑常侍骠骑将军南阳堵阳韩府君墓神道"等二十字。寿之历官,与《三国志》裴注、《晋书·贾谧传》，及本墓石，无不相合。

墓石文叙贾后年十三，以泰始六年岁在庚寅正月，册立为皇太子妃。《晋书·贾皇后传》作年十五，泰始八年二月辛卯，册立为太子妃。两处不同，当以墓石文为正。或贾后以泰始六年先入宫教养，至八年始正式册为太子妃，亦未可知。

《贾后传》又云，贾后妹午，年十二，少太子一岁，犹不能胜衣，武帝因更聘贾后为太子妃，据此徐义所哺乳贾充之次女名午，即韩寿之妻也。

宗正卿陈惶《晋书》无考。宗正卿自两汉以来，皆由皇家宗室之人充任，曹魏时亦仅用曹氏族人，惟郑袤曾一度兼摄此官，陈惶恐亦同此例。

本文"推燥居湿"以下，至"英德休康"十二句，皆用韵语。吐飡下似脱写二字。勋语疑薰语之假借，谓薰陶匡辅之语。与上文勋导孔明词句相似。

　　妃以妙年，托在妾庶之尊。美人随侍东宫，官给衣裳，服窥，
　御者，见会处上，待礼若宾。有所论道，非美人不说。寝食非美
　（美下当脱人字）匪卧匪食。游观非美人匪涉不行。技乐嘉音，
　非美人匪睹不看。润洽之至，若父如亲。

窥字当为窥字别体，已开六朝人从宀之字与从穴之字互相混淆之弊。《字汇》："窥音晚，引也。"此字在古籍中未见，服窥当作服引解，谓服食导引之方也。

　　太康三年五月廿四日，武皇帝发诏拜为中才人，息烈司徒署
　军谋掾。太熙元年四月廿二日，武皇帝薨。皇帝陛下践阼，美人
　侍西官（当为宫字误写），转为良人。

《宋书·后妃传》序云："泰始元年省淑妃、昭华、中才人、充衣，复置修华、修仪、修容、才人、良人。"据此中才人省废以后，始置良人之名，与墓石所述次序正相符合。

息烈者，徐义之子名烈也。汉晋以来，多称子为息，《汉孟璇碑》云："武阳令之少息。"李密《陈情表》云："晚有儿息。"皆是也。

军谋掾之名，不见于《晋书·职官志》，三公之属吏。《魏书·孙礼

传》，署军谋掾，与墓石正合。盖西晋初年三公府属，多沿用曹魏之名称。

《晋书·武帝纪》，以太熙元年四月己酉卒，据《二十史朔闰表》，太熙元年四月为庚寅朔，己酉为四月二十日，墓石误书为四月二十二日。

> 永平元年三月九日，故逆臣太傅杨骏，委以内援，举兵图危社稷。杨太后呼贾皇后在侧，视望隽候，阴为不轨。于时宫人实怀汤火，惧不免豺狼之口，倾覆之祸，在于斯须。美人设作虚辞，皇后得弃离元恶，骏伏罪诛。

《晋书·惠帝纪》，永平元年三月辛卯，诛太傅杨骏，是年三月为甲申朔，九日为辛卯，与墓石正合。杨骏本传云：骏字文长，弘农华阴人，武帝以骏为太尉、太子太傅。武帝临薨，受寄托之重。贾后诬以谋反诛之。《贾后传》叙杀害杨骏时，有董猛参与密谋，未涉及徐义事。

隽为携字异文，谓携贰之人，伺候图谋也。

> 圣上嘉感功勋，元康元年拜为美人，赏绢千匹，赐御者廿人，奉秩丰重，赠赐隆溢。皇后委以庶绩之事，托以亲尼（昵），宰膳同于细御，宠遇殊持（特）。元康五年二月，皇帝陛下中诏，以美人息烈为太子千人督，抽擢荣覆，积累过分，实受大晋魏魏（巍巍）之恩。

《晋书·职官志》，太子官属，仅记文吏，不记武吏，故无千人督之名，晋代三公及将军府属，有门下督、帐下督等官名，亦无千人督之名。《善斋吉金录·玺印录》卷中、二十二页，有千人督印亦确为魏晋时物。《（北）魏书·官氏志》第六品中，有千人督，为元魏早期官制，盖因袭魏晋之制度。

> 美人以元康七年岁在丁巳七月寝疾，出还家宅自疗治。皇帝陛下，皇后慈仁矜愍，使黄门旦夕问诛（讯），遣殿中太医奉车都尉关中侯程据、刘璇等，就家瞻视，供给御药，饮食众属。皇后所啖珍奇异物，美人悉蒙（蒙下似脱赐字或赏字）之。疾病弥年，增笃不损，厥华七十八，以八年岁在戊午，四月丁酉朔，廿有四日丙□，直平戊时丧殒。

《贾后传》云："后遂荒淫放恣，与太医令程据等乱彰内外。"又《御览》六百九十四引《咸宁起居注》："大司马（当为太医司马之误文，歙县黄氏藏有"太医司马"印）程据上雉裘，武帝于前殿焚之。"程据事实可考如此。

元康八年四月为丁酉朔，二十日当为丙辰，墓石误书为二十四日丙□。直平者，谓建除日期中所值之平日也。与王莽量文戊辰直定，同一句例。

> 皇后追念号咷，不自堪胜，赐秘器衣服，使宫人女监宋端，临亲送殡，赐钱五百万，绢布五百匹，供备丧事。皇帝陛下遣使者郎中赵旋，奉三牲（牲）祠。皇后遣兼私府丞、谒者、黄门中郎将成公苞，奉少牢祠于冢（冢）堂墓次。九年二月五日祖载安措永即窈冥，子孙攀慕断绝，永无瞻奉。呜呼哀哉，遂作颂曰：

> 穆穆美人，迈德娥英，齐纵姜姒，登于紫庭。涉历阙闼，二宫是经，侍侧皇家，扶奬（将）顺声。启悟谶（纤）微，国政修明。虑制严威，美人惟听。遐迹慕赖，宣歌驰名。当享无穷，永寿青青，昊天不吊，奄弃厥龄，神爽飞散，长幽冥冥。悠悠痛哉，千秋岂生。号咷割剥，崩碎五情。谨赞斯颂，终始索铭。

《汉书·百官公卿表》，私府长丞，属于詹事，为皇后官属。成公苞人名无考，成公为复姓，籍贯应为东郡白马人，见《晋书·文苑·成公绥传》，及隋成公夫人墓志。

扶奬疑为扶将之别体字，谶微应为纤微之误书，虑制严威者，谓贾后受制于杨太后之前，徐义深为忧虑，因以虚辞脱贾后于难也。

东晋王兴之墓志跋兼论及《兰亭序》问题

一、关于东晋王兴之墓志的补充

墓志起数句云："君讳兴之，字稚陋，琅玡临沂都乡南仁里。"《新唐书·宰相世系表》琅玡王氏云"王离二子元、威，元避秦乱，迁于琅玡，后徙临沂，四世孙吉字子阳，汉谏大夫，始家皋虞，后徙临沂都乡南仁里"云云。北魏《王诵妻元贵妃墓志》首行云："魏徐州琅玡郡临沂县都乡南仁里，通直散骑常侍王诵妻元氏志铭。"又北魏《王绍墓志》亦云："徐州琅玡郡临沂县都乡南仁里人也。"三处所书琅玡王氏居临沂县乡里之名称，皆与《王兴之墓志》相合。《新唐书·宰相世系表》虽多舛错，此条确属可信。东晋初南迁，过江各门阀，往往怀念故土，因此多仍书老籍贯以寄意。亦有新老两籍贯并书者，例如刘宋《谢涛墓志》云："宋故散骑常侍扬州丹杨郡秣陵县西乡显安里，领豫州陈郡阳夏县都乡吉迁里谢涛字明远。"（见《知不足斋丛书》刻本陶宗仪《古刻丛钞》卅页）北魏《李彰墓志》亦云："司州河南郡洛阳县澄风乡显德里，领秦州陇西郡狄道县都乡和风里。"两志皆先书现住新籍贯，以领字代表原住老籍贯，当时南北风气，是一致的。本墓志仅书老籍贯，不书丹阳郡秣陵县乌衣里或马粪里的新籍贯，是在二种形式中采取一种。

王兴之官征西大将军行参军、赣令，与王羲之为从兄弟。现传世羲之各帖中,有一札云"九月廿八日羲之顿首,昨者书想至,参军近有慰阮光禄信,在耳?许中郎家"云云。又有一札云"近书至也,得十八日为慰,币蒸比各可不(否),参军转差也"云云(见严可均《全晋文》卷二十三)。羲之各书札中弟兄皆用官名相称,如司州、建安、鄱阳之类,当是晋人习惯。上引两札中之参军,很可能即指王兴之的行参军。其他有一札涉及参军者,则系以姓。

墓志又云:"次子嗣之,出养第二伯。"南京文管会意见,据《晋书》,王彬长子名彭之,三子名彪之。另据《世说》,王彬有一子名翘之。据本墓志有兴之,则王彬有四子,翘之或为第二子,或另有一子无后而以嗣之继承者。郭沫若氏直断为王彬有四子,翘之为第二子。按:《南史·王准之传》云:"王素字休业,王彬五世孙,高祖翘之,晋光禄大夫,曾祖望之,祖泰之,并不仕。"据此王翘之既有子名望之,有孙名泰之,则无需再抚养王嗣之为子,知郭说之非是,则志文之第二伯今已佚名,而非翘之,并且可知王彬共有五子(长彭之、二佚名、三彪之、四兴之、五翘之)。

墓志背面所刻兴之妻宋氏和之志文,称"命妇西河界休都乡吉千里"。父名宋哲,弟名宋延之,《晋书》俱无传。《新唐书·宰相世系表》:"宋义生昌,汉中尉,始居西河介休。"《后魏书·宋隐传》云:"西河介休人。"与本志文籍贯均相合,知西河介休,为宋氏世族聚居之地。

二、关于《兰亭序》真伪问题的商榷

欲论《兰亭序》真伪问题,当先论书体之变迁。鄙意自小篆以后,从西汉初起,即分两个系统演变。一个系统由篆书变古隶书,再变成隶书、楷隶书,再变成纯楷书。另一个系统,由隶书变为草隶书,在西汉木简可以看出蜕化痕迹。由草隶书变为草书行书。今姑假定第一个系统属于官府书体,取其庄严,用于写经籍及金石刻文等。第二个系统,属于民间书体,取其急就,用于公牍及往来书札等。到王羲之集民间书体之大成,虽已草书成熟,当时仍沿旧称为擅长草隶。然楷书从两晋至南北朝,亦有两种规格。由南京近出各晋代石刻,以及《爨子碑》、传世各晋砖文,到刘宋《爨龙颜碑》《刘怀民墓志》,皆用方笔,略带隶意。而羲之于草书之外,亦兼长楷书,其所书《黄庭经》《乐毅论》,献之所书《洛神赋》,皆丰神俊逸,"如三河少年,风流自赏"。犹可诿为出于后代之复刻。但现存晋升平二年《曹娥碑》墨迹,"虽非羲献父子所书,出自晋人之手,当无疑义"。及南齐《吕超墓志》,与《黄庭经》《乐毅论》,皆有共同之面貌。与《爨龙颜碑》等,虽属同时,完全两派。足证在楷书方面,当时亦有两种不同之风度。在两晋时,禁碑之例甚严,又从无以草书写碑志的。因此现存晋代碑志,皆是采用官府书式,由楷隶变纯楷书阶段,与羲之用民间书体,两相比较,笔法迥然不同,自易启人疑窦。羲之既不曾留下一块石刻,仅凭墨迹钩模,刻来刻去,必然有失真之处,变谨严为潇洒之姿态,《兰亭序》当亦不能例外。若因此即疑及《兰亭序》之根本伪造,似难成定谳。

《兰亭序》在《世说新语》刘孝标注即已引出,称为《临河序》,文既节括,末段与今本又复不同。鄙意孝标所据,疑采用流传之《王羲之集》,原本仍在王氏子孙手中保存,孝标未必见到,故两文有分歧之处。倘若后人作伪,仅就刘注所引,已足成文,何必再增加一段,多费一番笔墨周折。

《兰亭序》现可见者有隋开皇十三年高颎监刻本,及开皇十八年两钩刻本。朱竹垞跋引周公谨《云烟过眼录》云,"炀帝时有大业石本禊帖之流传(见吴云《二百兰亭斋金石记》)。开皇两模本,虽不尽可靠,然《兰亭考》卷六,引钱塘吴说语,有隋僧智永亦临写石刻间以章草之记载。知《兰亭序》在陈末隋初即已盛行,亦系事实"。

《兰亭序》文中,有涂改字,有添注字,独于癸丑二字,结构极扁,似原写时仅预留一字之空格,作伪者设想不能如此之故作疑阵。后之揽者,及每揽昔人兴感之由两"览"字,皆以观览之"览",改作延揽之"揽"。"从手从木之字,在六朝人书写确属不分,但无以本字另加从手或从木之字者,皆不属于假借及碑别字之范围。"盖羲之写稿时,因避其曾祖王览之讳而改。羲之各书札中,凡"正"字皆以端正之"正",改作政治之"政",亦因避祖父王正之讳而改,两例正相符合,作伪者构思不能如此之精密。

郭氏肯定《兰亭序》文与书写,皆出于智永禅师所伪托。智永现存之草书,《如淳化阁帖》中所刻及《千字文》等,传刻当有失真,不能与《兰亭序》检相同之字,作出比较。但我曾在长春友人处,见有敦煌所出智永禅师手写佛经残叶,通篇皆带章草意味,末行有题字云:"太建十一年比丘智永初写一本。"又一行残存"智永"二字,为李木斋旧藏,确属真本,其"永""年""初"三字,与"永和九年""暮春之初"两句相较,书体、气韵、结构,皆迥然不同。智永去唐初甚近,果如出于智永之伪托,唐初诸人,不能宝此燕石。知郭氏之说,恐有未然。特提出个人之见解,还须专家作字迹之鉴定。总之,晋人真迹,传至唐时者,有真有伪,双钩填廓者亦复不少,必致有化古质为妩媚之流弊,并非出于完全之向壁虚造。诚如陶宏景与梁武帝论书,仅云钟书难得,王书多出于识道人、任埩所临摹,不云临摹并无所本,《兰亭序》亦其一例也。

对《洛阳晋墓的发掘》与《南京近郊六朝墓的清理》两文的意见

《考古学报》一九五七年第一期中《洛阳晋墓的发掘》(一七五页),图六标题为"孙世兰女墓志",当有错误,应标为"晋士孙松墓志"。晋墓志原文略云:

> 晋前尚书郎北地傅宣故命妇,秦国士孙松字世兰,翊军府君之女……

按:《晋书》卷四十七《傅玄传》内附传傅祗云:祗二子宣字世弘,赵王伦以为相国掾尚书郎,太子中舍人,迁司徒西曹掾,去职,惠帝至长安,以宣为左丞,不就,迁黄门郎,怀帝即位,又为御史中丞,卒年四十九,无子以畅子冲为嗣。墓志所称傅宣前官尚书郎,完全与《晋书》相合。

士孙为复姓。《后汉书》卷六十四《梁冀传》注引挚虞《三辅决录》注曰:"士孙奋,字景卿,少为郡五官掾,起家得钱货至一亿七千万,富闻京师而性俭吝。"从子瑞辟梁冀掾,奋送绢五匹。《后汉书》一〇二《董卓传》说"王允与士孙瑞谋诛卓"。注引《三辅决录》云:瑞字君荣,扶风人,博达无不通,天子都许,追论瑞功,封子萌津亭侯,萌字文始,有才学,与王粲善,粲作诗赠萌。又按:王粲赠士孙文始的四言诗,现载在《文选》卷二十三。

根据以上各史料,士孙为扶风大姓,毫无疑问,与志文所称"秦国"二字正合。报告文中以"秦国士"三字联为一气,便不可通。

又按:《晋书》卷三十八扶风为司马骏的封国。《晋书》卷十四《地理志》云：惠帝即位，改扶风为秦国。故墓志不称为扶风士孙松，而改称为秦国士孙松，与《晋书》亦完全相合。

关于《南京近郊六朝墓的清理》(一八八页)文化遗物。青瓷虎子器身右侧书，"赤乌十四年，会稽上虞阝秦宜作"，上虞下两字不能辨，想是制作者题名云。

按：所谓不能辨的二字，是"师袁"二字，在原器上看得很清楚，师就是工人，汉代工人有自称为师者，多见于私人作坊所造的铜器及铜镜，官工多称为工，似乎师的身份比工为高。到了三国吴时，出土的会稽师鲍作明镜，及大师陈世严作明镜，皆自称为师（见日人驹井和爱《中国古镜之研究》）。此青瓷虎子亦自称为师，不称为工，当是吴时风气如此。

又《南京近郊六朝墓的清理》（一八九页），江宁丁甲山第一号墓出土的铅质地券。正面刻书："太康六年六月廿四日，吴故左郎中立节校尉，丹阳江宁，曹翊字永翔，年卅三亡……"按：《三国志·吴书》，无《曹翊传》，校尉的官职，从汉武帝至魏晋皆置诸校尉，杜氏《通典》及《历代职官表》等书，不见有立节校尉官职，由此可见金石刻文，足补史志之缺。

按：三国时官制，将军以下有校尉，有都尉，皆比二千石。吴有立信校尉庄祐，见《晋书·武帝纪》。又有立信校尉杜契，见《茅山志》（以上均见洪贻孙《三国职官表》所引）。立信官号，已与立节官号类型相似。又按：苻秦《广武将军碑》碑阴有立节将军题名。《后魏书·官氏志》：立节将军在从第三品下。立节校尉，当属于立节将军，立节将军的官号，虽不见于《三国志·吴书》，但是在十六国后魏时尚沿用不废。据此铅券为吴人创始的官号无疑。不是如报告中所云，立节校尉的官职，属于无考的范围。

以上各点，是我不成熟的意见，是否确当，还希望考古家多多加以研究。

对于南京西善桥南朝墓砖刻竹林七贤图的管见

一、七贤名次排列的先后

魏晋之际，竹林七贤姓名排列的先后，现知有三种不同的情况。一见于《世说新语·任诞篇》云："陈留阮籍，谯国嵇康，河内山涛三人年皆相比，康年少亚之。预此契者，沛国刘伶，陈留阮咸，河内向秀，琅琊王戎七人，常集于竹林之下，肆意酣畅，故此谓竹林七贤。"《晋书·嵇康传》即用此文，删去"三人年皆相比，康年少亚之"两句。陶渊明《圣贤群辅录》，叙述竹林七贤，名次完全与《世说·任诞篇》相同。后附按语云："魏嘉平中，居河内山阳，共为竹林之游。见《晋书》《魏书》，袁宏、戴逵为传，孙统又为赞。"（袁宏《七贤序》《文选·五君咏》李善注，及《御览》卷四百四十七，尚存有残文，仅见阮山刘三人之事迹。戴逵《竹林七贤论》，多散见于《世说》刘孝标注中）二见于《晋书·嵇康传》云："所与神交者，惟陈留阮籍，河内山涛。豫其流者，河内向秀，沛国刘伶，籍兄子咸，琅琊王戎，遂为竹林之游，世所谓竹林七贤也。"其事既详载于《嵇康传》，虽未明言七贤以谁为首，实际确是以嵇康为首。向秀又列在刘伶之前，与第一类型大同小异。三见于此次南朝墓所出之砖刻竹林七贤图，其名次首嵇康，次阮籍、山涛、王戎、向秀、刘伶、阮咸六人，与上述两类型，异同很大。以陶渊明之按语观之,引自两史书,两传赞,与《世说》名次皆相同,可以推知在魏晋之间,多数依此排列。《世说》之名次,似以年岁相比分先后,本画砖之名次,似以声望高下分先后。又《文选》颜延之《五君咏》,首阮籍,次嵇康,次刘伶,次阮咸,次向秀。删除山王二人,其名次又与上述三者不同。南京博物院本墓报告中,认为七贤以卒年分先后,与我之意见尚有不同。

二、嵇、阮、山、王四人的年岁有两说不同

《晋书》列传记嵇康以魏景元三年死,年四十岁。阮籍以魏景元四年死,年五十四岁。山涛以晋太康四年死,年七十九岁。王戎以晋永兴二年死,年七十二岁。上推嵇康当生于魏黄初四年,阮籍生于汉建安十五年,山涛生于汉建安十年,王戎生于魏青龙二年。山涛比嵇康长十八岁,比阮籍长五岁(建安二十五年与黄初元年同为一年),阮籍比嵇康长十三岁,阮籍比王戎长二十五岁,山涛比王戎长三十岁。此皆唐修《晋书》之记载。但《世说·任诞篇》则云:"阮籍、嵇康、山涛三人年皆相比,康年少亚之。"所谓年皆相比,所谓年少亚之者,三人至多相差两三岁,与《晋书》所记,悬殊很大,故《晋书·嵇康传》,叙述竹林七贤,蓝本于此,特将此二句删去,以免自相矛盾,实则两说之中,现尚不能定其孰是。

三、向、刘、阮咸三人卒年皆在西晋初中期的考查

本报告有云:"向秀刘伶阮咸三人之卒年,看来也不会相去太远,最迟当在东晋初。"这数语实有商榷之必要。向刘阮三人,虽无正式的卒年,应当皆在西晋武帝时期,至迟到惠帝初年。王戎在七贤中,年纪最少,年寿又高,故卒年属于最后。《圣贤群辅录》记七贤竹林之游,在魏嘉平中。嘉平共六年,假若从嘉平三年起算,至东晋元帝建武元年,已六十七年,三人参加游宴时,至少二十余岁,则三人寿必至九十以上,知其说不然矣。向秀之年,证之《世说·文学篇》云"初注《庄子》者数十家,莫能究其旨要。

向秀于旧注外为解义,妙析奇致,大畅玄风。唯《秋水》《至乐》二篇,未竟而秀卒,秀子幼,义遂零落,然犹有别本。郭象者为人薄行有隽才,见秀义不传于世,遂窃以为己有"云云。《晋书》郭象本传云:"永嘉末病卒。"以郭象窃庄之人,且卒于西晋之末,距秀之卒,当有一段时期。又《世说·赏誉篇》云:"向秀子纯、悌,并令淑有清流。"刘孝标注引《竹林七贤论》云:"向纯字长悌,位至侍中,向悌字叔逊,位至御史中丞,洛阳败,纯、悌出奔,为贼所害。"向秀卒时,其子方幼,现已宦成名立,死于洛阳之难,则稽考向秀之死当在武帝之时。

刘伶之死,据《世说·任诞篇》刘孝标注引《竹林七贤论》云:"阮籍与刘伶,共饮步兵厨中,并醉而死。"刘注驳云:"此好事者为之言,籍景中元卒,而刘伶泰始中犹在。"《晋书》本传亦言:"泰始中对策,盛言无为之化,竟以寿终。"是刘伶之卒,应在武帝泰始之后也。

阮咸之死,《晋书》本传叙"咸晓音律,以忤荀勖,左迁为始平太守"。《世说·术解篇》略云:"荀勖善解音声,时论谓之暗解,遂调律吕,正雅乐。阮咸妙赏,时谓神解。荀勖忌之,遂出阮为始平太守。后有田父耕于野,得周时玉尺,荀试以校己所治钟鼓金石丝竹,皆觉短一黍,于是服阮神识。"刘孝标注云:"阮咸因事左迁始平太守而病卒。后得地中古铜尺,荀勖校今尺短四分,方明咸果解音。"《晋书·律历志》亦云:"会咸病卒,武帝以勖律与周汉器合,故施用之。"据刘注及晋志,阮咸官始平太守,不久即病卒,卒后方得周代铜尺,荀勖此事在太康时,则阮咸之卒,在晋武帝太康时期可知。综上论述,本画砖七贤之次序,不是以卒年先后而排列。

四、画砖的艺术及其他问题

竹林之游,其地在河内山阳县。倘欲图绘七贤,在一般画家,势必琅玕围绕,苍翠成阴。乃本画砖以垂柳、长松、银杏等为主要题材。最后仅画阔叶竹两株,用画龙点睛之法,实高出寻常画手想象之外。所画皆为曹魏嘉平时情况。如嵇康之琴,阮咸之阮,向秀之端坐沉思,皆表现出个人之特性。阮、王、山、刘四人，则主要在饮酒。画山涛、王戎，体现其潇洒出尘之想，削弱其富贵利达之态。盖其时颜延年《五君咏》尚未出现，故对山、王二人，尚有相当之尊重。

画砖画王戎手执如意，据裴启《语林》（马氏《玉函山房辑佚书》本）云："王戎以如意指林公云：何柱，汝忆摇橹时否？何柱，林公小字也。"林公为支道林。又《世说》记："谢仁祖能作异舞，王公熟视谓客曰，使人思安丰。"因王戎封安丰侯也。本画砖所画王戎之手持如意，隐寓有指支道林之形势。

本画砖题字，刘伶作刘灵。据《文选·五君咏》李善注引袁宏《竹林名士传》作刘灵，为建威参军。又《文选》向秀《思旧赋》，李善注引臧荣绪《晋书》，亦作向秀刘灵之徒。但刘伶字伯伦，命名取义于黄帝时作乐之伶伦。古人名字多相适应，则作刘伶为正字，作刘灵者为假借字。

五、魏晋人对荣启期之崇拜

荣启期始见于《列子·天瑞篇》《淮南子·齐俗训》及《说苑·杂言篇》。《汉书·古今人表》又作荣声期。魏晋以来人士，对荣启期尤极推崇。《文选》嵇康《琴赋》云："于是遁世之士，荣期绮季之畴。"康著《高士传》，今已不传，马氏《玉函山房辑佚书》及严可均《全晋文》，皆有辑本。根据《御览》五〇九卷所引，荣启期之名，列在《高士传》内。现存之皇甫谧《高士传》，荣启期与黔娄之名相联次，盖亦仿嵇传之例。除此次报告中指出顾画陶诗之外，如孙登有《荣启期赞》，见《艺文类聚》卷三十六。陆云有《荣启期赞》，见《全晋文》一〇四卷。又裴启字荣期，见裴氏《语林》辑本。范启字荣期，见《世说·排调篇》。两晋时人命名，多取义于荣启期。综合上述，在绘画文艺作品方面，用荣启期作题材者，在两晋时最为盛行。本画像砖取以配合七贤，亦同此例。南北朝以来，此风渐减。至隋唐时尚铸有"荣启奇问，答曰孔夫子"之九字铭文铜镜，则是企羡最后之尾声。见《金石索·金索》镜类，西安汉城在二十年前亦出一面，完全与《金石索》著录者相同。至于本画砖时代之推测,应为东晋末期作品。不但荣启期在东晋以后即少绘画,即以题字而论,是由隶书向楷书过渡。"向上行第三十一"砖刻文字,用笔流丽,宛转如游丝,极似二王风格。与刘宋《爨龙颜碑》《刘怀民墓志》,纯用方笔者不同。薄字及沙奸二砖,当为陶工姓名,沙奸当读如沙干,不当读为忠奸之奸。《汉书·刘泽传》,田生以画奸营陵侯泽,《史记》作干是也。

一九六一年二月五日于西北大学新村

敦煌石室中魏仓慈手写《佛说五王》经卷的发现

曹魏敦煌太守仓慈手写《佛说五王经》残卷经文，存六十四行，自"是为八苦也"句起，至经文结束"日日不倦"句止，每行存十七字至十九字不等。卷尾有题记三行，文云："景初二年岁戊午九月十六日敦煌太守仓慈为众生供养，熏沐写已。"连上经文，共六十七行。此经卷纯楷书，硬黄纸，有直阑，出于敦煌石室，诸家皆未著录，初为江西李木斋所藏，现归于友人项城张伯驹先生处。至今春游长春，见于伯驹寓斋，惊为秘笈。现刻《大藏经》中有此经文，与《孝子经》《五母子经》相联次。此卷前段所缺，约为七百字左近，兹分校勘及考证各项试述如下：

一、经传所写与传世经文的互校

第九行"头可向产门"，今本作"头可下向产门"，文理较胜。第二十行"何谓四大，地水火风"，今本作"地大水大，火大风大"。"一大不调百病生"，今本作"百一病生"。第二十一行"病同时作"，今本作"四百四病，同时共作"。第二十八行"行人死之时，诸病俱作"，今本作"人死之时四百四病，同时俱作"。第四十行"勤苦求之不止，会遇得之"，今本作"勤苦求之不止，求之不止，会遇得之"，多重文一句。第四十三行"忧苦无量"，今本下有"不知死活何日"一句。第四十五行"遂成大怨，狭道相逢，两刀相向,当尔之时",今本作"遂成大怨,各自相避,隐匿无处,各磨刀错箭,弩弓持杖,恐忽相见会遇,狭道相逢,张弓注箭,两刀相向,不知胜负是谁,当尔之时……"较此卷多九句。第四十六行"实大苦",今本作"实是大苦",是字疑仓慈漏写。第四十七行"短命者胎伤,百岁者夜消其半",今本作"短命者,胞胎伤堕,长命者,与斯百岁"。第四十八行"余五十年",今本作"余有五十年"。第五十一行"多诸愁忧",今本作"多有诸愁忧"。又"天下欲乱时愁",今本作"天下欲乱时亦愁"。第五十二行至五十三行"天水亦愁,大霜亦愁,大热亦愁,多诸病痛亦愁,治生恐失亦愁,官调未输亦愁",今本作"天下大水亦愁,天下大霜亦愁,天下大热亦愁,室家内外多诸病痛亦愁,持家财物治生恐失亦愁,官家百(应为户字误文)调未输亦愁,家人遭县官事……"第五十六行"无有殡葬亦愁",今本作"无有财物殡葬亦愁"。第五十九行至六十三行云"尔五王真是大权菩萨,得闻化导,皆有善相,善哉善哉,时五王及诸群臣会中数千万人,闻佛所说诸苦谛,心开意悟,即得须陀洹道,皆大欢喜,作礼而退,修诸功德,日日不倦",今本作"尔时五王及诸群臣会中数千万人,闻佛说苦谛,心开意悟,即得须陀洹道,皆大欢喜,作礼而去,四王俱白普安王,言大王真是大权菩萨,化导我等,令得道迹,大王之恩,我本观诸宫殿,心情爱著,不能远离,今睹宫殿,如视秽厕,无可乐者,即舍王位付弟,出家为道,修诸功德,日日无倦"。此卷所写本段,较今本异同很大。大抵写本文字尚简,今本从繁,仅凭写本,文理亦自条畅。疑当时本有原译本及修改译本两种,并非古今本之殊异。现存六朝石经,以阳曲风峪所刻《莲华经》为例,与今本异同之字绝少,因此可证仓慈所写为两种译本之一本。

二、仓慈事迹之考索

《三国志·魏书》列传十六有《仓慈传》,略云:慈字仁孝,淮南人也。太和中迁敦煌太守。郡在西陲,无太守二十年。又云:数年卒官,吏民悲感,如丧亲戚。传中又叙在敦煌时,有劝农、理讼、用过所送西域胡贾至洛阳等事。魏明帝太和计六年，经过青龙四年至写经文之景初二年，虽有十二年，然自太和中叶至景初二年，距离约有八九年之久，与本文数年卒官之记载正合。

三、经文多用当时之制度及口头语

经文有云"官调未输亦愁"，今本作"官家百（当作户字）调未输亦愁"。按：《晋书·食货志》叙曹操初平袁绍以定邺都，令收田租亩粟四升，户绢二匹，绵二斤。又叙晋武帝平吴以后，制户调之式，丁男之户，岁输绢三匹，绵三斤，女及次丁男为户者半输，其边郡或三分之二，远者三分之一。据晋志，户调之名萌芽于曹魏时，正式于晋武帝时，据经文户调之名称在曹魏时确已成立，是极为最重要之史料，此经文关于制度方面者也。经文又云："家人遭县官事（此句据今本，写本无），闭击在狱。"两汉人用县官词汇有三解，一指汉代帝王，二指汉代中央政府，三指县令长，本经文则指县令长而言。《齐民要术·种枣第三十二》，引《杂五行书》曰"舍南种枣九株，辟县官，宜蚕桑"，所指亦为县令长。此经文关于当时口头语方面者也（《佛说五母子经》云："死当入泰山地狱中。"汉代以泰山神主死人箓，亦系用当时之口头语）。经文又云："会遇得之而作边境令长。"此为边郡人译出之口气。又云："至春时耕作无有犁牛亦愁。"《晋书·食货志》记皇甫隆为敦煌太守，敦煌俗不作耧犁，不知用水，人牛功力既费，而收谷更少，此又合于敦煌无犁牛之纪实。

四、译经时代之推测

现存《大藏经》，此经前后之编次为《孝子经》，注失译人名。《佛说五王经》，注失译人名，今附东晋录。《五母子经》，注吴月氏国居士支谦译。《分别经》，注西晋三藏法师竺法护译。《佛说越难经》，注西晋清信士聂承远译。《佛说罗云忍辱经》，注西晋沙门释法炬译。《大藏经》虽以《佛说五王经》附在东晋录,然编列在吴时支谦所译《五母子经》之前,似又疑为三国时译品。今据此卷,可推知翻译在曹魏时,且疑为曹魏时敦煌人士所译,或径由仓慈之自译及修润亦未可知。

五、经文之意译

上述全篇经文,多用当时之口头语,显系意译,而非就梵文翻译。《孝子经》《五母子经》,亦同此类型。经文多用四字为句,与东汉末至三国时期,文章气息亦相似。其叙怨憎一段,完全摹写当时游侠情形,尤经文之变体也。

六、我国楷书及传世写经当以此经为最古

我国楷书,向推重钟繇《荐季直表》为最古,观真赏斋法帖所摹,应非真本,然表文词句古质,非后人所能伪为,真迹似亦有所据。发掘之物,则首推魏甘露元年所写《譬喻经》(见《书道》卷三,《书道》另印东汉残佛经,则应为西晋之物)。尚迟此二十年,其笔法正由隶变楷,有时尚带隶笔,且出仓慈名人之手,尤为可宝。无论从楷书开始来讲,佛经之最古写本来讲,在文化上皆极有崇高之价值。

一九六四年十月秒于西大新村

西安出土隋唐泥佛像通考

佛像用泥制,现所存者,始于北魏时。《尊古斋陶佛留真》(卷上、第一页,以下简称《陶佛留真》)著录有孝昌元年造万佛塔像,形式正方,范坐龛佛一尊。西安单滩亦曾出北魏佛像百余品,系立体式,制作不甚精致。次则,如西魏大统八年扈郑兴所造泥佛像,正面绘三佛像,亦用坐龛式(同上书,第二页)。一九五四年咸阳张底湾,发掘北周独孤信墓,出有平面泥佛像一品,其作风完全与唐代善业泥相似。隋代虽偶有摹仿,传世作品并不多见。至唐初,因缺乏铜材,主要用以铸钱,次要用以铸镜;其他一切什器,能避免用铜者即不用铜。因此,佛教造像,除石刻外,多为泥造。亦为时代特殊之工艺品。其法先用净水澄泥,再以细绢过滤,调匀颜色,和以胶水,铸铜为范,由范成像(刘汉基曾获有苏常侍像铜范)。加以火候之锻炼适宜,其精美往往优于石刻,论其时代多属于初唐;绘画书法,皆出于名手。其精者与褚遂良、薛稷二家最相近。余旅客西安,历二十余年,友人中如柯莘农、刘军山、薛定夫、沈次量、陈尧廷诸家,皆各有收藏,缤纷璎珞,蔚为大观。从前考古书中所记载,及外地学者所见闻,纵述鳞爪,颇不具体。兹择自隋代迄唐中叶,有文字题记者,汇列八种,并略加考证,可以备系统研究隋唐泥像者之参考。

一、隋仁寿二年兴福寺泥佛像

隋兴福寺泥佛像，余所见共三品，皆同文同范。①北京某氏藏；②浙江余杭褚德彝旧藏；③黄伯川旧藏，在《陶佛留真》（卷上，第四页）已著录。文三行，每行六字，除去空格共十六字。文云：

　　仁寿二年兴福
　　寺造少陵原下
　　眇行者□

眇行者下模糊之字，似为娄字。出土之地，应在西安少陵原，但何时出土，尚不可考。现出西安南郊，中有一条大道，车马往来，其右为神禾原，左为少陵原，双峰夹峙，连绵十余里不断。少陵当作小陵解，在杜陵之旁，为汉宣帝王后之陵，少陵原亦因此得名，宋敏求《长安志》（卷一○）记修德坊西北隅有兴福寺，注云："本右领大将军彭国公王君廓宅，贞观八年为文穆皇后追福，立为宏福寺，神龙中改为兴福寺。"本佛像造于隋时，已有兴福寺之名。实则宋氏所记，当为唐代城内之寺，本像所记，当为隋代城外之寺，名同实异，非一事也。

二、唐永徽比丘法津泥佛像

唐比丘法津泥佛像，泥色纯青，清代道光末年，即有出土者。曾见叶东卿藏有一品，锦匣上有叶氏题记。一九二〇年左右出土一大批，出土地点在西安城南约五十华里之白塔寺后院废墟中，即隋唐时至相寺旧址。俗称为多宝佛像，正面有三层佛塔，上二层各坐一佛，下层则坐二佛，左右两行各七佛。背面题记七行，每行七字，内有空格一字，共四十八字，出土共约百余品，嗣后尚有陆续零星发现者，正面尚有施彩色者，背面亦有无题记者。文云：

　　大唐国至相寺比

> 丘法津从永徽元
> 年已来为　国及
> 师僧父母法界苍
> 生敬造多宝佛塔
> 八万四千部流通
> 供养永为铭记矣

（图见《文物》一九五九年第八期第四十九页）。本像《陶佛留真》著录四品，罗振玉《金泥石屑》著录一品，《善斋吉金录·造像类》著录一品，《国粹学报》（一九一一年五月、九月号）著录一品，阖公藏一品（曾见柯莘农氏藏拓中有此纸，边角钤阖公印记，不知姓），沈次量、吕勉复各藏一品，余亦藏残缺者一品，又陕西省历史博物馆所藏一品，则为一九五四年所续出，非大批同时所出。字体分两种，一瘦劲似《李文墓志》，一峭厉似《孟法师碑》。各像文字，皆有些模糊，最精者当数阖公藏品为第一。《长安志》仅记隋唐长安城内之寺，不记城外之寺。《陕西通志》及咸宁、长安两《县志》，皆不载唐代至相寺之名。按：陆增祥《金石续编》卷三，有王摩侯《舍利塔记》云："大隋大业五年岁次己巳，正月己巳朔二十日，京兆郡大兴县御肃乡（即御宿之同音字）便子谷（即楩梓谷之俗写）至相道场（《隋书·百官志》炀帝时改佛寺为道场，道观为玄坛），建立舍利佛塔，弟子王摩侯供养。"原名今仍在白塔寺中。陆氏跋云："按隋至相道场，亦名至相寺，即唐白塔寺也，在今长安城南五十里，唐为信行禅师塔院，大历中建白塔寺。"陆说是正确的。又按：王昶《金石萃编》卷六二《唐梁师亮墓志》云："即以万岁通天二年三月六日，葬雍州城南终南山至相寺楩梓谷，信行禅师塔院之东。"《王居士砖塔铭》亦云，葬于终南山楩梓谷，当亦距至相寺不远。据上所述至相寺之名称，与本佛像完全符合。独法津之名，不见于记载，必为当时之高僧，且必与信行禅师有相当之关系。

三、唐永徽比丘法律泥佛像

唐比丘法律泥佛像,与上述比丘法津泥佛像,同出在白塔寺后院之中。本像正面画佛,完全与比丘法津相同。背面文六行,每行六字,除第六行短少一字外,实共三十五字。文云:

  大堂国永徽年
  五月至相寺比
  丘法律为师僧
  父母造多保佛
  一部供养及法
  界众生铭记

本像出土数量较少,《陶佛留真》著录有四品,李道生旧藏一品,字体略兼隶法,唐字作堂,亦同音之俗字。永徽年五月者,亦当为永徽元年与法津泥佛像同时所作。在汉代陶工记年号,对于前此未有之纪年,可以只简称一字。昔时得"永三年"瓦片,知为元帝永光三年之物。又得有唐代筒瓦,仅"春廿九三月"五字,知为开元二十九年春明门之瓦(春下有一点,廿九下又有一点)。本像永徽年亦为永徽元年之省文,与上述两类型,有相似之处。至于法津与法律,分明为二僧之名,应为师兄弟。友人中或疑律为津字之误写,余未敢同意此说,观于题记与书法均不相似也。此外背面无题记之像,在正面佛座下,往往有细密小字,分两种词句,有约十二行者,每行二字。文云:

  大唐至相寺□□□永徽已来造多宝
  佛像八万四千□□□

又有约十六行者,每行二字。文云:

  □□□已□□□□□□国师僧父母
  十万本至相寺僧□师造多宝佛塔□万□

上述塔下题字,极模糊难辨,集合多种,始能粗定释文,大义与两背面题记语气相似,不知属于法津或法律所造。两泥像既造有八万四千品之多,目下所出,仅及百分之一,倘在寺院周围,稍事发掘,收获必多也。

四、唐苏常侍造印度泥佛像

唐苏常侍泥佛像,颜色分纯青纯红两种,形式分上圆下方及长方两种,文字分"苏常侍普同等共作"及"苏常侍等共作"两种。前者面积为大,泥色限于青色;后者大小不一,泥色则兼青红。正面佛像,变化多端,背面文字,极为工整。亦有无文字者,但从泥色及图像作风推断,亦应为苏常侍所造。出土地点,多在西安南郊慈恩寺一带。近年在这一带的建筑工程中,亦有出土。兹将十四字者一种,文分两行,每行七字;十二字者一种,文分两行,每行六字;及十二字者一种(图见《文物》一九五九年第八期第五十页)。原文排列如下:

　　印度佛像大唐苏
　　常侍普同等共作
(以上十四字)
　　印度佛像大唐
　　苏常侍等共作
(以上十二字)
　　大唐印度佛像
　　苏常侍等共作
(以上十二字)

正面佛像下或有小字十行,每行二字,文云"诸法从缘生,如来说是因,诸法从缘灭,大沙门所说"。此《法身偈》,原文在各像中,多属模糊,现参照各像,始写定全文如上。十四字者有两范,皆正面有一坐佛二菩萨立像。十二字者,所见不同之形式有六范,正面皆一佛二夹侍菩萨。另有一种为多宝佛像,分三层,上层一佛二菩萨坐像,中层三坐佛二夹侍立像,下层四佛。题记字体,分扁方及圆笔两种,《陶佛留真》著录十四字者三品,李道生旧藏一品,西北大学文物室藏一品,比较稀少。十二字者《陶佛留真》著录十五品,陕西省历史博物馆藏八品,陈尧廷藏四品,沈次量藏二品,薛定夫藏一品,后归于余,现存西北大学文物室。又济南李植荃亦藏一品,系圆笔,亦极少见。惟十二字变文者,只出一品,旧为马仲良所藏,今不知流落何处。印度佛像之要点,可见深受玄奘、不空诸大师之影响。

苏常侍泥佛像之发现,约始于清代光绪初年,吴清卿与陈簠斋尺牍中,已言及杨实斋为代购唐印度佛像及汉"永三年"瓦。昔年在陈簠斋所藏丛拓中,亦曾见过一品。

苏常侍为何人,以前尚无考证。以余推断,当为杨思勖。《新唐书·宦者杨思勖传》云:罗州石城人,本苏氏,冒所养姓,少给事内侍省,玄宗讨内难,擢左监门卫将军云云。仅泛言给事内侍省,未言其官常侍。《旧唐书》本传云:本姓苏,罗州石城人,为内宫杨氏所养,以阉从事内侍省,预讨李多祚功,超拜银青光禄大夫,行内常侍,开元十二年加骠骑大将军,封虢国公,开元二十八年卒,年八十余(以上略节括原文)。又按:《旧唐书·中宗纪》"神龙三年七月皇太子重俊,与羽林将军李多祚等率羽林千骑兵三百余人,诛武三思、武崇训,遂引兵自肃章门斩关而入,帝惶惧登玄武楼"云云。杨思勖因神龙三年有讨李多祚之功,始由内侍省散官,超拜银青光禄大夫内常侍。本像题字称苏常侍,在中宗神龙三年以后之一二年间所造无疑。盖不久,杨思勖又擢迁为左监门卫将军,其官内常侍之时间甚短,其考定造像之时间愈易。本传《旧唐书》纪事,较《新唐书》为详,《通鉴》对于记李重俊讨武三思事,与《旧唐书》相同,是正确的。又一九五八年夏间,西安东郊出土杨思勖墓志,为开元二十八年所刻(此石现存中国科学院考古研究所西安考古研究室)。志文略云:"公讳思勖字祐之,罗州石城人,其先扶风苏氏。……中宗朝自七品拜银青光禄大夫,加内常侍。"其余历官,与本传大致相同,据此志文,与《旧唐书》更相符合。又按《金石萃编》卷七五,有"唐虢国公杨花台铭",申屠液撰文,开元十二年十月八日刻。此石旧在西安书院门街花塔寺内,现已不存,杨思勖之奉佛,又可以得一旁证。至于思勖在中宗初拜银青光禄大夫加内常侍,光禄大夫为文散官,内常侍为实授官,故本像仅称常侍之官。在造像时仍用苏姓,思勖改姓为杨,又当在中宗以后矣。

五、唐善业泥佛像

唐善业泥造像,形式长方,上端略带圭首,泥色有纯青纯红两种(纯红系在窑内火候之变化,与苏常侍泥像在造时加调颜料者不同)。出土地点,仅在西安大慈恩寺内及寺门前两沟道中,或在慈恩寺周围一华里以内。最初发现者为诸城刘燕庭,时在道光十九年秋间,在寺内最大者一品。鲍昌熙摹入《金石屑》卷三,为善业泥著录之始。《陶佛留真》(卷上、第四十三页)有吴清卿题跋云:"唐善业泥造像,出长安城南雁塔下,寺僧耕地,往往得之。刘燕庭方伯游雁塔时,拾得完者十余种,残者十余种,为前人所未见,曾作诗纪其事。余视学关中,亦得完像二,残字八,此其一也。塔下有褚河南《圣教序碑》,疑此像亦唐太宗所造。"余昔年在慈恩寺僧能仁处,见两残块,系寺内前院出土,与刘吴两家之说皆合。本像背面题记三行,每行四字,共十二字(图见《文物》一九五九年第九期第五十一页),文云:

大唐善
泥压得真
如妙色身

正面佛像形状不一,背面文字全同(只有一种压字改作修字),但形式有大小,笔画有粗细,显然画像书法,不出于一人之手,时代亦略有先后,唐代僧人圆寂后火葬,以骨灰和泥,范成佛像,藏于塔内,谓之"善业泥"。以字体论,多属初唐时期,原文当作两句读,第一句五字,第二句七字。有误读作三句者,以"压得真"断为一句,便不可通。出土数量,较苏常侍为少,而伪品特多。此像初发现时,收藏家及古物商人,多指为褚遂良书,以自夸身价,实则并无根据。以致《金石屑》除收善业泥像之外,另列有贞观二年褚遂良所书之善业泥砖,则纯为伪作。又小雁塔市文物保管处存有残善业泥一枚,比一般文末尾多"禅法可视"四字。当时造像时,书者误划成十六格,故增加四字以补白,制法既不精,书法亦劣,盖或常例也。

六、唐清明寺泥佛像

唐清明寺泥佛像,西安出土之地址未详,亦属于善业泥像类型。文四行,每行四字,共十六字,文云:

大唐善业

清明寺主

比丘八正

一切众生

此像为沈子培先生所藏,正面佛像,背面题字均极精。余在西安柯莘农处,曾见过朱拓本。归沈氏后曾印于《国粹学报》,拓纸上有武曾任题跋。善业者为善业泥之简文,八正为清明寺僧之名,造此像以度一切众生也。从前人皆以此像文字不全,实则因限于字数,故艰质难通,乃完全无缺之品。清明寺不见于《长安志》。唐代各僧尼寺,有时改名,不见于记载者甚多,不独此寺为然也。

七、唐元和台州令泥佛像

唐元和台州令泥佛像,在西安出土之地址未详。文共两行,第一行五字,第二行四字,共九字,文云:

元和十年台

州令造像

按:《新唐书·地理志》云:"台州临海郡,上,本海州。武德四年以永嘉郡之临海置。"属县有临海、唐兴、黄岩、乐安、宁海五县。台州在唐时并非县名,大义谓台州某县令所造,且可定为台州令使人在京师长安所造。西安出土唐泥小佛像,有仅长至市尺一寸五六分者,每出一批,多至百余品,背面有文字绝少,与本像形式相合,可以证明最小之泥像,为唐代中期之物。

八、唐大中泥佛像

唐大中二年泥佛像,西安南郊出土,旧为李道生所藏。文四行。每行二字,共八字,文云:

　　大唐大中二年作像

像为圆体,在唐泥各像中亦极少见。昔年见沈次量氏藏有大中二年瓷佛像,系立体式,与此为一人所书,盖同年所造,具有多种式样也。

上列八种隋唐泥像,皆可以确定时代,眇行者为隋仁寿二年,比丘法津、法律为唐永徽元年,苏常侍为中宗神龙时,善业泥、清明寺,皆在高宗左右,均属于初唐、盛唐时物。元和、大中两像,均属于中唐时物。其画像、书法、塑型技艺,皆与时代相适合。到了晚唐,文化艺术,迥不如初唐中唐时期,此时所造泥像亦随之而衰落。河北所出咸通泥像,是其明证。至于无字之佛像,有与苏常侍画佛形式、大小相侔者,亦为苏常侍所造,极小之品,则为中唐时造,久居秦中者自能辨之。此外,沈次量氏藏有百佛像,背有梵文经一卷,可谓精湛绝伦。马仲良氏藏有无字苏常侍泥像,背有一鸽形,亦极佳妙。夏侨生氏藏有红泥苏常侍长方式像,赤如丹砂,衣裳面貌,纤悉毕见,若论泥像,此为首选,所惜背面无题记,此像由侨生转让于关某,仅匆匆一见而已。

　　　　　　　　　　　　　　一九六二年写于西北大学新村

古器物文字丛考

一、西安高窑村出土西汉铜器铭考释

一九六一年十二月西安西郊高窑村发现西汉铜器群,计出土有铭文的铜鉴十件、铜鼎五件(内三件带盖)、铜锺四件、铜钫和铜铙各一件,共二十一器。另有无铭铜锺一件,合共二十二件。案其铭文,皆西汉上林苑中之遗物。在坑中各器排列整齐,疑为王莽兵败时为上林令所埋藏。各器纪年,开始于武帝天汉四年,迄至成帝鸿嘉三年,前后连绵八十年之久。铜鉴为西汉宫廷夏季冷藏食物之用,此次大批发现,尚属创见,兹将诸器铭文考释如下:

(一)铜鉴十件

鉴,《说文》金部云:鉴,大盆也。又缶部云:缶,小口罂也。《方言》:甀罂也。《急就篇》云:缶甄盆盎甕蓉壶。据此则鉴与甄器形最相似。又《周礼·天官·凌人》云:春始治鉴。郑注:鉴如甄大口以盛冰,置食物于中以御温气。孙诒让氏《正义》云:据《说文》甄为小口罂,则鉴为大口罂矣。又云:鉴俗作甇,《广韵》去声五十九陷云,甇,大瓮似盆是也。春夏之时,食物得温气则易败,故用鉴盛冰,置食物于冰上以寒之也。《玉烛宝典》引干宝注云,鉴,金器,盛饮食物以置冰室,使不茹馁也。综上所述,与现今出土铜鉴之情形,无一不合,知为汉上林苑冷藏食物之用器。西汉时水衡都尉治上林苑中，属官有御羞、禁圃两令丞，与少府之汤官、大官令等，同主皇家之饎膳事宜，故上林亦需备有冷藏之器。十器之中，记载铸造月份可考者，四月有两器、五月有三器、六月有两器、九月有一器，铸造于九月份者在数量中比例最少，尤为因适应时令需要而鼓铸之一证。《西清古鉴》著录有周代冰鉴四器，形式方圆不等，圆者已与汉器相接近。山西出土之攻吴王夫差鉴，亦为大型冷藏之用器，旧说谓大可容人疑为浴器，恐非是。

九号鉴铭中有豫章观，《三辅黄图》云：豫章观，武帝造，在昆明池中，亦曰昆明观。《太平御览》一百七十九引《汉宫殿名》曰：长安有豫章观、昆明观。分豫章、昆明为二观之名，与《黄图》之说不同。又张衡《西京赋》云："豫章珍馆，揭焉中峙。"薛综注：豫章木名。是豫章观又可称为豫章馆矣。铭谓初元三年受东郡者，谓铜器自东郡贡献，由上林苑接受使用也。现出各器中，称受东郡者二、受东郡白马宣房观者一、受东郡东阿宫者一。《小校经阁金文拓本》卷十一有上林共府鼎文云："上林共府，初元三年受琅玡，容一升，重斤二两，工师骏（工师骏疑即李骏）造。"据此则元帝在初元三年同时向东郡及琅玡郡征调了一大批铜器，放在上林苑中使用。第四百九十五者，当为上林苑之编号。

三号鉴为阳朔四年五月工李骏造。《小校经阁金文拓本》卷十一有上林鼎文云："上林铜鼎容二斗，并重十六斤六两，阳朔二年三月，工李骏造五百，合第二百九十八。"上林鼎铸于阳朔二年，较三号鉴早二年，同为李骏之作品。李骏当为上林苑中铸造铜器之名工。

又一号、二号、四号、五号、六号诸鉴铭之工人题名中，杨政与杨放、左谭与左恽、周霸与周博，皆疑为兄弟同时在官府作工师者，其身份则为自由民。

（二）铜鼎五件

十一号鼎铭有："昆阳乘舆铜锡一。"按：此鼎为昆阳县所出铜材，由阳翟令铸造而贡献于汉廷者。《汉书·地理志》，昆阳、阳翟二县皆属于颍川郡。鼎字繁文作"锡"，亦见汉汝阴侯鼎（见《陶斋吉金录》卷五）。汉代帝王服用之器皆称以乘舆字样，南陵锺亦称大泉乘舆御水铜锺（见《陶斋吉金录》卷六)。见于漆器题字尤多。阳翟县在西汉武帝以后,有时称邑,盖为太后及公主之临时封邑(《敦煌汉简校文》七四页云:戍卒颍川郡阳翟邑步利里公乘成贵年卅六。又一八三页:阳翟邑东平里史明)。有时称长,盖因户口有所减,汉时仍少(《居延汉简释文》八七页云:阳翟长猛)。东汉时仍称为阳翟令,见《后汉书·耿国传》。本器之称阳翟令,疑为武帝末期之物。汉官皆试守一岁,然后真除(见《汉书》尹翁归等传)。佐为佐史,工为工师之称。《地理志》颍川郡注,阳翟有工官,故昆阳令请阳翟令代为鼓铸。三年之上不记年号,应属于武帝末期之纪年。桂宫行镫题二年少府造(见《小校经阁金文拓本》卷十一),与此体例正同。《三辅黄图》记桂宫武帝太初四年秋造,从前对汉器不记年号者,皆指为武帝未有纪年以前之物,据此可以知其不然。在本器铸造时,阳翟虽未有工官之名,但已有工官之实,阳翟之工官长丞,由阳翟令丞兼理,其下仅有佐工二名称而已。

十二号鼎铭:"泰山宫鼎。"按:泰山宫,《汉书·地理志》在泰山郡下漏注,当为武帝封泰山时所建筑。以地名宫,与东阿宫同,皆不见于《地理志》注文。

又十四号鼎铭中白马宣房观等三十五字先刻,上林宣曲宫及上林第九等十六字则为后刻。该鼎原为东郡白马县宣房观所用,铸于宣帝神爵三年,至元帝初元三年调至上林宣曲宫应用,相距已十四年。《三辅黄图》云:宣曲宫在昆明池西,孝宣帝晓音律,常于此度曲,因以为名。《小校经阁金文拓本》卷十一有汉宣曲宫鼎,与此皆符合。又按:《汉书·沟洫志》云:于是卒塞瓠子,筑宫其上,名曰宣防(《石庆传》亦称宣房宫)。《武帝纪》云:元封二年四月,还祠泰山,至瓠子临决河。服虔注云:瓠子,堤名也,在东郡白马。但苏林注云在鄄城以南,濮阳以北,广百步,深五丈。宣房宫在东郡白马县,与服虔注正合,知苏林注不确,惟此鼎称为宣房观稍有不同。汉人隶书房、防二字,形最相近。《汉书》作宣防用本字,此鼎作宣房,系用假借字。卒史为汉代百石少吏之称,舍人当为人名,《居延汉简释文》四〇〇页,有□卒淮阳郡长平北庄里丁舍人三石弩一之简文。又如《汉书·东方朔传》之郭舍人,舍人乃其名而非官名,其官为公车待诏。十三号鼎铭有"五十合第十一"。按：汉铜器铭文称合者，谓统合计算，本器与阳朔二年鼎五百合第二百九十八之文同例。

十五号鼎铭中之工左恽，亦见鸿嘉二年上林鼎（见《贞松堂集古遗文》卷十三），与本器为同年所造，左恽当为上林苑中铸铜之名工。

（三）铜锺四件

十七号锺铭之"南宫"，不见于《三辅黄图》及《汉书》，汉人俗称未央为东宫，长乐为西宫（见《田蚡传》及孟康注），正式之名，则有北宫，与桂宫毗连（见《黄图》卷二），未见南宫之称（《汉书·儒林传》云：高祖见申公于南宫，此为鲁国之南宫，与本器无涉）。又《博物志》卷八云：汉西都时，南宫寝殿内，有醇儒王史威长死，葬铭曰，明明哲士，知存知亡，云云。《十钟山房印举》举二有"南宫尚浴"印，白文交错有边阑，文字极古，皆与本器相符合。知西汉本有南宫之名，为《黄图》所失载。南宫既有尚浴府，即《汉旧仪》所称五尚之一，现传世亦有温卧内者未央尚浴府行镫（见《积古斋钟鼎款识》卷九）。则南宫之规模，亦相当宏大。南宫所在地，以今日出土遗址推测之，似亦在上林苑中。

十八号及十九号两锺皆铭"九江共"三字，系阳文铸款，另又有"上林"二字，则后来所补刻。《汉书·地理志》云：九江郡，秦置，高帝四年更名为淮南国，武帝元狩元年复故。两锺最早为武帝中晚期之物。

（四）铜钫一件

钫铭中之上林共府，亦见初元三年上林鼎，盖为供给宫廷服用器物之府库。本器与十四号鼎铸造年月吏工题名均同。

（五）铜锔一件

锔铭中云："上林昭台厨铜锔。"按：《三辅黄图》云：昭台宫在上林苑中，《汉书·外戚传》云宣帝霍皇后废处昭台宫。《小校经阁金文拓本》卷十三，有元康三年造昭台宫铜扁壶，皆与本器相合。

综上所述各器，可以说明以下问题：（一）鉴镜二物，在汉代有严格之区分。说文训鉴为大盆，是解释鉴之本义，又训鉴诸可以取明水于月，是解释鉴另为一义。二者名同实异。后人因习见《考工记》鉴燧之剂之文，将鉴与镜混为一物。汉代镜铭,皆云某氏作镜,不云某氏作鉴,汉人自称本有显著之区别。(二)汉代盐铁置官,始于西汉初期,工官、服官等,在《汉书》未详其开始年代。据三年造之昆阳乘舆铜鼎铭,知当时阳翟工官尚未正式成立,可定郡国工官之设最早在武帝末期。(三)汉代郡国贡献方物,不限于土产。此次发现九江共两锺,当为九江太守所上供。西汉铜矿,主要在丹阳,次在盐道。九江地区并不出铜料,势必采购自其他郡国。形成《食货志》所谓:诸官各自市相争物以故腾跃,而天下赋输,或不偿其僦费。又汉律载会稽郡献薐一斗及献鲐酱三斗(见《说文》草、鱼二部),此固定贡献之方物。《礼记·射义》郑注:岁尽献国事之书及计偕物也,《正义》:汉时谓郡国送文书之使为计吏,其贡献之物,与计吏俱来,故谓之计偕物。现知九江太守之所供,虽不限于土产,但属于计偕物范围之内。(四)汉代宫廷常征调郡国及郡国离宫别馆之服用器具。例如豫章观铜鉴、武政铜鉴调自东郡,上林供府初元三年铜钫调自东郡东阿宫,上林宣曲宫鼎调自东郡白马宣房观,泰山宫鼎调自泰山郡泰山宫,传世之上林供府鼎调自琅玡郡。以元帝初元三年一次所调为最多。调入之地皆为上林苑,被调之郡皆为中原地区,此点亦为《汉旧仪》《汉官仪》《独断》诸书所未详。(五)此次铜鉴所记铸造数字如杨放、周霸所造各三百器,李骏、左谭所造各二百四十器,黄通、周博所造各八十四器,杨政所造十器,统计共达一千二百五十八器。冷藏之铜器,为用器之一部分,数字已相当庞大,鼎、锺之类,亦必相称。可见汉代统治阶级之穷侈极欲。

二、"寺工""无任"两词释义

(一)"寺工"释义

一九五九年长沙左家塘秦代木椁墓中,发现"四年相邦吕不□""寺工詟丞□"的残戈,与传世"六年相邦吕不韦戈"凿款文字相似。夏作铭同志根据《陶斋吉金录》著录"二年寺工龙(当为詟)"金角残戈,考与吕戈为同一时期、同一工人所造,是正确的。兹对于寺工问题,提出不成熟意见于下：

《敦煌汉简校文》八页有简文云："□刀一完,鼻缘刃丽,丽不砭砭,神爵四年缮。盾一完,神爵元年寺工造。"《小校经阁金文拓本》卷十一池阳宫镫,有"上林寺工重三斤十□两"（上字刘书未释,在原拓本上很分明）之铭文。同书同卷永光镫有"永光四年寺工弘"之题名。又《十钟山房印举》举二有"寺工"阳文半通式印。寺工应系官工,诸汉器皆为上林寺工所造。据《汉书·百官公卿表》,上林令属于水衡都尉,水衡之官,设于武帝元鼎二年。上林苑令已见于《张释之传》,时在西汉文景时,应先属于少府。上林苑兴建于秦时,吕不韦戈之寺工,是否属于上林之寺工,抑相国府中专职之寺工,现在尚不能肯定。又戈上方有"可"字,当为编次之号码,汉五铢钱范题字,有"第一可"及"第四遂"字样,此戈用"可"字编号,与钱范题字正同。至于工之题名在丞之上,与汉代漆器题字亦完全相同。

(二)"无任"释义

一九五八年河南省文化局文物工作队在洛阳汉魏故城区调查,搜集了东汉刑徒墓砖（见黄士斌《汉魏洛阳城刑徒坟场调查记》）。以前所出刑徒砖,以端方《陶斋藏砖记》著录最多,罗振玉《恒农砖录》次之。在砖铭中往往在罪犯姓名之上加"无任"二字。据《陶斋藏砖记》考证谓：无任二字,《宋书·庾登之传》,谢晦为抚军将军荆州刺史,请为南郡太守,晦拒王师,欲使登之留守,登之不许,晦败,登之以无任免罪,是则无任者,免罪之词耳云云。以无任为免罪,不确。

按《太平御览》卷六百四十二引《锺离意别传》云：司徒侯霸,辟意署议曹掾,以诏书送无任徒三百余人到河北。《后汉书·侯霸传》以建武十三年官司徒,当为东汉初年时事。又陶宗仪《古刻丛钞》（《知不足斋丛书》本）四十五页,记有钟繇帖,中有：戎路兼行履险冒寒,臣以无任,不获扈从,企伫悬情,无有宁舍云云。钟繇字迹,纵为摹本,表文则辞句古茂,决非伪托。《三国志·魏书·钟繇传》云：数年坐西曹掾魏讽谋反,策罢就第。事在建安末年,表文所云臣以无任,不获扈从,当在此时。盖无任当作因罪免官,无官可任解,在墓砖上表示为官犯,与民犯有所区别。但无任一名词,其中尚包含两种性质,一种轻者为禁锢家中,钟繇与庾登之是也。一种重者更应调服役,锺离意所送河北刑徒及洛阳刑徒是也。《锺离意别传》又说以诏书送往河北,更可证无任为官犯。合前后出土各刑徒墓砖观之,其年号开始于永平五年,迄于建宁三年,中间经过一百零九年之久,可见征调罪人服役,是东汉长期存在之事。近人有谓此次调查所发现,起于元初二年,专为造太学劳役而死者,似不确切。又各刑徒无复作一岁刑者,起于司空二年刑,至髡钳五年刑,四年以上者最多,可证征调者皆是刑期较长的官犯与民犯。又《庾登之传》以无任免罪,大义谓不加以极刑,但罢废而已,若依照《陶斋藏砖记》把无任单纯解为免罪,而各墓砖上仍列钳及完城旦等刑名,足证并未免罪,可见无任与刑名是两件事。

三、于豪亮先生《居延汉简甲编补释》的商榷

读于豪亮先生《居延汉简甲编补释》(见《考古》一九六一年第八期),见萃马、肠辟、枀戟等条,为我所未详,立说很为精确,但其他各简,尚有可商榷者,略述如下:

稯　西汉布称稯者,有七稯布,见于《史记·孝景本纪》及《居延汉简释文》三七二页,《居延汉简甲编》二二八三简。有八稯布,见《释文》五六一页。有九稯布,见于《释文》六九页。有十稯布,见于《汉书·王莽传下》。由七至十,品类衔接。无七稯以下及十稯以上之数字。于氏以为《王莽传》之十稯布为七稯之误字,余与之意见尚有不同。因在西汉时,七、十二字,字形相似。东汉初期建武十七年铜锺及建武十七年五铢铜范,尚用此种写法,东汉碑刻,则均写作柒字,或作七字,与今体相同。班固成书已在章帝时,是否在汉书简上,写十稯布与七字字形相似,现尚未敢定。

此腹支满　此腹四节不幸　于氏释此腹为胣腹省文,余则释此腹为呲腹省文,作腹懑解。四节不幸,当释为四节不举。《居延汉简释文》五页及二四二页皆有此文。原简上举字亦甚明显。又《流沙坠简·戍役类》第

四简文云："戍卒杜充病头痛，四节不与（与为举字省文），不能。"可证四节不举为当时之口头语，四节指四肢而言。

蔺席　按：《计然万物录》云：六尺蔺席（原文误为蘭字）出河东，上价七十；蒲席出三辅，上价百（见茆氏《十种古逸书》本）。此西汉时蔺席产地及价值可考者，可补于说。

解何　于氏认为解何即解除其任之意，非是。按解何二字，始见于《汉书·匡衡传》，有"案故图乐安乡南，以平陵佰为界，不足，故而以闽佰为界，解何？"之语，颜师古注云：解何者以分解此时意犹今言分疏也。以今语译之，就是"作如何解释"。盖西汉公牍中之习俗语。居延汉简中有解何字样者计八见，今举四简如下："□□通府去除房燧百率九里，留行一时六分，定行五时，留迟三时日分，解何？"（见《居延汉简释文》一二三页）。"栈候正月尽六月折伤兵簿，出六石弩弓廿四付库，库受啬夫久廿三石，空出一弓，解何？"（见《释文》一八二页）。"虚积八日，解何？甚毋状，檄到□。"（见《释文》四五页）。"直少十，解何？"（见《释文》二六七页）。简中"解何"一词皆为长官用公牍责问属吏之辞，与《匡衡传》相符。

臧官物　对该简全文，应句读为"二月戊寅，张掖太守福，库丞承憙，兼行丞事，敢告张掖署都尉，护田校尉府卒人。谓县律曰：臧官物非录者，以十月平贾。计案戍田卒受官袍衣物，贪利贵贾，贳乃贫困民，吏不禁止，浧益多，又不以时验问"。此张掖太守禁止戍卒贳卖官物衣袍之教令也。县律应为县官律之简称，但县律之名，今已无考。吏民盗买官物，即犯赃罪，等于毁伤县官财物，与本简所云臧官物非录者亦合。县官泛指朝廷之称，见《汉书》霍光、田延年等传。于氏以贫困民吏为一句，与汉人习俗语不同，当时吏民二字连称，并无颠倒称为民吏者。又"卒人"当为"卒人"之误释。《论衡·谢短篇》云：两郡移书曰敢告卒人，两县不言何解？其中卒人谓府门卒之人。在居延简中之敢告卒人，《居延汉简甲编》多误为卒人，非是。又《流沙坠简考释》烽燧类第四十四简，有"敢告卒人"，与本简符合。

绝费　于氏说四〇四简"第七燧五石具弩一，绝费"。费从弗得声，当是弼字,为彇之本字,指弓檠而言。此简是说五石具弩的檠已折断。按:绝费盖西汉人之习俗语,谓极损坏也,《后汉书·吴良传》李贤注云绝犹极也。《广雅·释言》:费,耗也、损也。皆可参证。于说固可通,但转失之迂曲。

出土文物丛考

建国以来,文物考古工作取得了巨大成绩。看了一些文物和有关报道,十分兴奋。仅就前凉金错泥筩题字和武威东汉张君墓出土铜马题字略加考证,以就正于诸同志。

一

前凉金错泥筩系陕西省博物馆一九六六年在西安收集到的①。筩上题字原文如下:

灵华紫阁服乘金错泥筩

升平十三年十月凉中作部造

平章墼帅臣范晃督

臣綦毋务舍人臣史

融错匠邢苟铸匠王房②

按:《急就篇》云:"芬薰脂粉膏泽筩。"颜师古注:"筩者本用竹筩,其后转用金玉杂物。"颜氏解释筩字最为明确。泥筩即盛紫泥之筩,《汉官仪》所谓天子玺书,用武都紫泥封。现筩内尚存有紫泥残余痕迹。

---

① 器物图片见《文物》一九七二年第六期《前凉金错泥筩》第三十七页"图一"。
② 铭文摹本见《文物》一九七二年第六期第三十七页"图二"。

《太平御览》卷一百七十五引《晋书》："张骏霸西河,于姑臧起谦光殿,画以五色,饰以金玉,穷尽珍巧。四面各起一殿,东方曰宜阳青殿,南方曰朱阳赤殿,西方曰政德白殿,北方曰玄武黑殿,各同方色,各以时居之。"本题字之灵华紫阁,虽不见于史籍,但以四字命名,第三字用颜色字,与张骏所造四殿之名,完全相似。服谓服用,乘谓乘舆。乘舆见于《汉书·东方朔传》,汉代漆器,有乘舆题字者尤多。张天锡当时虽奉东晋正朔,在其统治区域内其典章仍用帝王仪式。

中作部在汉晋官制无考,王莽有"左作货泉"陶片,西汉又有"右作"封泥,中作当亦职守相同,或属于中尚方令之属官。中尚方在汉魏时主要造兵器,有时兼造一部分服用器。

平章殿名,《太平御览》卷一百二十四引《十六国春秋》"前凉录"说,张重华"七年……十一月薨于平章殿,年二十七",与本题字正合。但殿帅官名,于史籍无考。

题名有綦毋务,綦毋复姓。王应麟氏《急就篇》,十六国时前赵有綦毋达,燕有綦毋滕,务独无考。

十六国流传之铜器,极为稀见,故本泥笥甚可贵。

二

铜马[①]系一九六九年出土于甘肃省武威县雷台东汉张君墓[②]。铜马题字均在颈上,为阴刻。现分别考证如下:

冀张君骑一匹,牵马奴一人。

冀张君小车马御奴一人。

冀张君夫人輂车马,将车奴一人,从婢一人[③]。

　　按:冀为张君之原籍。冀县始置于秦代,在西汉时属天水郡(见

---

　　① 见《文物》一九七二年第二期彩色图版。
　　② 见《文物》一九七二年第二期《甘肃武威雷台东汉墓清理简报》第十六页。
　　③ 见《文物》一九七二年第二期第十七页"第三组"。

《续汉书·地理志》),在东汉时属汉阳郡(见《续汉书·郡国志》)。废于晋代。《元和郡县图志》云:"天水郡上邽县城,本秦冀县,隗嚣称西伯都此。"张君即今天水市人也。

守张掖长张君郎君阿郚骑马一匹,牵马奴一人。

守张掖长张君前夫人辇车马,将车奴一人,从婢一人。

守张掖长张君后夫人辇车马,将车奴一人,从婢二人①。

  按:《汉官仪》云:"汉官皆试守一岁为真。"本文守字,当作署官解。《续汉书·地理志》:"张掖县属武威郡。"张君盖以冀县人暂署张掖县长者。据《嘉庆一统志》:汉张掖县废城,在今武威县南。张君所官为张掖县长,与张掖郡无涉。

守左骑千人,张掖长张君骑马一匹,牵马奴一人。

守左骑千人,张掖长张君小车马,御奴一人②。

  按:《续汉书·郡国志》:武威郡,本注有左骑千人官。又张掖属国,本注有左骑千人(左骑与千人分离,成为二官名,当系后来刻本之误),司马官,千人官。此左骑千人官名,在郡属仅武威郡有之,在属国仅张掖属国有之,皆不见于其他文献。《汉印文字徵》第十、二页,有"骑千人印",当即此官之初名,后来又分为左右也。张君所官,应为武威郡之左骑千人,盖由武威郡张掖长升任者,当非张掖属国之左骑千人也。

  又按:千人官名,始于西汉初期。《汉书·灌夫传》:"夫以千人与父俱也。"《汉官仪》叙边郡太守,属官有司马、千人。《汉书·百官表》叙西域都护属官有司马、候、千人。居延都尉属官,亦有千人及千人丞(见《居延汉简释文》二五页及九一页)。晋时改为千人督(见晋徐美人墓石)。张君所任之左骑千人,其掌管则为骑兵也。

综合论断,张君为汉阳冀县人,官武威郡张掖县长,升任武威郡左骑

---

① 见《文物》一九七二年第二期第十七页"第一组"。
② 见《文物》一九七二年第二期第十七页"第二组"。

千人官，很为明显。余昔考汉代官职上加守字之制度，署理有至三四年不转正者，未必拘于一年之说。今观张君前后两官，皆加守字，所守似亦不止一年。

至于墓葬中出土龟钮四银印，文字虽模糊，每方皆有将军二字，甚为清晰。值得研究者注意，计有以下三点：（一）两汉公卿将军所用印章，名为金印、银印，实则皆为涂金涂银，用纯金银者极为少见。此印皆为纯银质，且有四方之多，尤属少见。（二）两汉以来一般不用真官印随葬。亡友王献唐昔寄余汉"合浦太守章"印本，系石质正刻。降至隋唐，改用陶质正刻，字亦放大。（三）两汉制度，县令长不能带将军名号，与墓主人张君之身份不合。至六朝时官制渐滥，县令长始均加有将军名号，例如北齐冈山摩崖，有冠军将军父令王子椿题记是也。张君随葬四将军之银印，或为其先世之官职。又据《简报》，墓葬中出土铜钱，有四出五铢钱六枚，此钱铸于东汉灵帝中平三年，则墓葬相对年代，当在献帝时期。

出土文物丛考（续）

一九六八年七月至九月，我国文物考古工作者发掘了河北满城西汉中山靖王刘胜及其妻子窦绾两座大崖墓，出土随葬的金、玉、铜、漆等器物有二千八百多件，这是过去从未有过的。关于发掘经过和器物介绍，已有专文报导①。我对其中几种文物有一些见解，试分述如下。

一、酒令铜器（原称为铜骰）

过去发现的酒令铜器，以我所知所见，共有五处。例如《陶斋吉金录》卷七、十一页，有弹丸文云："骄麸。一、二、三、四、五、六、七、八、九、十、十一、十二、十三、十四、十五、十六。麸、九、十、十一、十二。"共二十二面。又《奇觚室金文述》卷十一、二十八页，《小校经阁金文》卷十三、七十七页，《汉金文录》卷四、二十五页，皆著录与此器大同小异的共有三种。彼时不知为酒令，故或称为弹丸，或称为汉鞠，或称为博局。陶斋所藏一品为二十二面，最多二十四面。其中有二面，面积比较大。在一九四八年，西安汉城内，又出一品，亦二十二面。面积较大的二面，一面是"骄麸"二字，一面是"自饮"二字，始恍然为汉代贵族宴饮时所用行酒的酒令②。现

---

① 《考古》一九七二年第一期。
② 《两汉经济史料论丛》第一三九页。

窦绾墓中所出的酒令铜器,与我上述所知所见情形,完全相同,可算是第六次发现。在十八面中,一面刻"酒来"二字,对称的一面刻"骄"字,与我从前所见的刻"自饮"与"骄"字,大体相似,益可证明为酒令用具无疑。骄字甛字,数见不鲜,令又出于窦绾墓中,又似乎为妇女专用的酒令。

至于窦绾墓中所出的一套数字铜钱,一套韵语铜钱,试作分析如下:传世的数字铜钱,就已发现的而论,由第一至第廿九。我从前疑为文帝时所铸的法钱,用以权衡一般钱的轻重,现仍保留此说。自来多以为是秦钱,我独定为汉钱,因皆出于汉城周围,不出于咸阳,文字与秦半两亦不相似[①]。此钱文有三种形式,一是第几,二是第几重几两,三是第几重几铢。属于第一类的,有第一、第四、第七、第九、第十、第十一、第十三、第十六、第十七、第十八、第十九、第廿三、第廿八、第廿九,共十四品。现窦绾墓中出土的一套数字铜钱,由第一至第廿,与上述传世的各钱情况亦完全相同。疑为在景、武帝时,法钱已废而不用,因利用旧钱,改为酒令算筹。酒令铜器与数目字铜钱,当然有不可分割的关系,但酒令铜器,最多二十四面,而历来传世的铜钱,有二十八的,有二十九的,数字在酒令上既不适用,显然有废物利用的可能。

用酒令铜器的方法,今已失传。或坐客每人执一钱,掷酒令者看掷出的数字,与钱相符,即须饮酒。但汉城所出我亲见的酒令,"自饮"及"骄"字两面均较宽广,曾在桌上试掷数下,所出的皆是"自饮"与"骄"字居多,掷酒令的人亦不能时时取义于罚酒。事隔二千余年,我们所猜,亦等于射覆而已。

又韵语二十个铜钱,或用钱胚未刻之钱,或补铸之钱。忆定海方氏所藏第十钱,背有阴文"逢贤"二字,疑当日亦为四字韵语,分刻于两钱的。至本韵语铜钱,有"起行酒""自饮止"等句,确与数字钱及酒令铜器有连带关系。然酒令最多十八面,而两种铜钱,由第一至第二十为止,数目亦不相符合,如何联系,则又很难以常理推测。

---

① 《两汉经济史料论丛》第一二五页。

又韵语最后两句,为"田田妻鄙,寿夫王母"。韵语全文,应为中山王刘胜所自撰。妻鄙言妻子鄙陋,系自谦之辞,并以西王母比窦太后。刘胜有《闻乐对》,全篇皆用韵语。刘胜长于文词,是其明证。《艺文志》诗赋家,有诏赐中山王子哙及孺子妾冰未央材人诗歌四篇,知刘胜家属中,亦多解文字。

二、中山内府铜锅

文云:"中山内府铜锅一,容三斗,重七斤五两,第卅五。卅四年四月郎中定市河东,贾八百卌。"共三十三字。西汉王国纪年,有仅用本国者,如赵廿二年上酬刻石。有兼用汉廷者,如五凤二年,鲁卅四年泮池刻石。本器亦只用中山王国纪年。西汉初中期,王国百官皆如汉朝。据《汉书·百官表》,郎中比三百石,无定员。《封泥考略》有"吴郎中印"封泥,正与此相同。我从前据东汉延光四年壶,推断汉代铜价每斤合六十钱。本器按六十钱一斤计数,则原料约占四百五十钱,余为制造手工费,大致仍是相近。又《小校经阁金文》卷十一、五十六页,有汤官鼎,为元康元年河东所造。又有河东铜官所造的四石弩机,"河东李从""河东冯久"所造的弩机。盖河东有铜官(为《汉书·地理志》所漏注),铸造技术精巧,故刘胜派人前往购买。

又本器刻号系第四十五,假定一批所购铜锅以五十具计之,则需价四万二千,即四十二千。汉代米价通常每石百钱,即折合四百二十石米价。刘胜骄奢淫佚,仅在铜锅一种方面,即可见到一斑。

三、中山祠祀封泥

据《汉书·百官表》,太常属官有太祝令,景帝中六年更名祠祀,武帝太初二年更曰庙祀。本封泥即景帝中六年至武帝太初二年经过共四十一年之物。《齐鲁封泥集存》有"齐祠祀印"。《汉印文字徵》卷一、四页,有

"沛祠祀长"印,皆与此相同。

四、"窦绾"两面印

穿带印一面为"窦绾"二字,一面为"窦君须"三字。《汉书·外戚传》:"史皇孙王夫人,宣帝母也,名翁须。"《汉印文字徵》第九、四页,有"时翁须印"。第十二、十三页,有"范翁媭印"。本印君须当为君媭省文,楚人谓姊曰媭。

五、御褚饭盘

漆盘凡二器。其一云:"御褚饭盘,卅七年赵献。"其二云:"御褚靜中杯一,卅七年赵献。"按《左传·襄三十年传》:"取我衣冠而褚之。"杜注:"褚,畜也。"《一切经音义》"褚"作"贮",盖褚贮二字,古本通用。《汉书·南粤传》云:"上褚五十衣,中褚三十衣,下褚二十衣遗王。"颜师古注:"以绵装衣曰褚。"装与贮义亦相近。本题字御褚饭盘,谓御用贮饭之盘也。第二器御褚靜中杯,疑静中之异文。《汉官仪》云:"静室令秦官也",又作静宫令,此官不见于《汉书·百官表》,本题字之静中,疑指饭盘存放在静室令官署之中。汉初王国百官皆如汉朝,故中山国亦得设静室令。

六、陶缸朱书题字

陶缸部分题字有云"黍上尊酒十五石""甘醪十五石""黍酒十一石""稻酒十一石""甘醪十石"等。汉代帝王赐上尊酒于大臣,有两种作用:一是养老尊贤,见于《汉书·平当传》;二是赐死之表示,见于《翟方进传》云:"使尚书令赐君上尊酒十石,养牛一,君审处焉。方进即日自杀。"如淳引《汉仪注》"有天地大变,天下大过,皇帝使侍中持节,赐上尊酒十斛,牛一头"云云。本陶文之上尊酒,则属于刘胜自饮之美酒。

古物三考

一、西安西郊出土西汉铜鉴等二十二器通考

一九六一年十二月西安西郊阿房村，距昆明池遗址百步，发现西汉铜器群，经西安市文化局派人前往清理，出土者有铜鉴十件，铜鼎五件，铜鼎盖一件，铜锺五件，铜钫、铜销各一件，共计二十三件。有文字者计二十二件，按其铭文，皆上林苑中之用器。在土坑中排列整齐，疑王莽兵败时，为上林令所埋藏。各器纪年，开始于武帝天汉四年，迄至成帝鸿嘉三年，前后连绵八十年之久。铜鉴为西汉宫廷冷藏食物之用，此次发现，尚属创见，兹分别汇考如下：

（一）铜鉴十件

1. 上林豫章观铜鉴，容五石，重九十九斤，初元三年受东郡。第四百九十五。（原编十二号）

按：《说文》金部云："鉴，大盆也。"又缶部云："瓮，小口罂也。"《方言》："甄，罂也。"《急就篇》云："缶甄盆盎瓮罃壶。"据此则鉴与甄形最相似。又《周礼·天官·凌人》云："春始治鉴。"郑注云："鉴如甄大口以盛冰，置食物于中以御温气。"孙诒让氏《正义》云："据《说文》甄为小口罂，则鉴为大口罂矣。"又云："鉴俗作鑑，《广韵》去声五十九陷云，大瓮似盆是也。春夏之时，食物得温气则易败，故用鉴盛

冰,置食物于冰上以寒之也。"又云:"《玉烛宝典》引干宝注云:鉴金器,盛饮食物以置冰室使不茹馁也。"综上所述,与现今出土之铜鉴情形,无一不合,知为西汉上林苑冷藏食物之用器无疑。西汉水衡都尉治上林苑中,属官有御羞、禁圃两令丞,与少府之汤官、太官,同为主管皇室饎膳事宜,故上林亦需用冷藏之器具。十器之中,记载铸造之月份,可考者四月有两器,五月有三器,六月有两器,九月有一器(九月铸造者,仅有十枚,数量比例最少),尤为适应时令需要鼓铸之一证。《西清古鉴》著录有周代冰鉴四(《历代著录吉金目》有两器标题为汉代,恐误),形式方圆不等,圆者已与汉器相接近。山西出土之攻吴王夫差铜鉴,当为大型冷藏之用器,旧说指为浴器恐非是。

又按:《三辅黄图》云:"豫章观武帝造,在昆明池中,亦曰昆明观。"《御览》一百七十九引《汉宫殿名》曰:"长安有豫章观、昆明观。"分豫章、昆明为二观之名,与《黄图》之说不同。张衡《西京赋》云:"豫章珍馆,揭焉中峙。"是豫章观又可称为豫章馆。初元三年受东郡者,谓铜器自东郡贡献,由上林苑接受备用也。现出各器中,称受东郡者二,受东郡白马宣房观者一,受东郡东阿宫者一。《小校经阁金文》卷十一、五五页,有上林共府鼎云:"上林共府,初元三年受琅玡,容一升,重斤二两,工师骏造。"(工师骏疑即李骏)据此元帝初元三年同时向东郡及琅玡郡征调一大批铜器,存放上林苑使用。第四百九十五者,为上林苑之编号。

2. **五石,重九十斤,初元三年受东郡。第六百六十。武政。**(原编十四号)

按:疑武字,武政似为点收人名。

3. **上林铜鉴,容五石,重百卅斤,阳朔元年九月工杨政造十枚,第十。**(原编二〇号)

4. **上林铜鉴,容五石,重百廿一斤,阳朔四年五月工左谭造二百卅枚,第百六。**(原编二一号)

5. **上林铜鉴,容五石,重百卅四斤,阳朔四年五月工李骏造二百卅枚,第廿四。**(原编十六号)

按：《小校经阁金文》卷十一、六十二页，有上林鼎文云："上林铜鼎容二斗，并重十六斤六两，阳朔二年三月工李骏造五百，合第二百九十八。"上林鼎铸于阳朔二年，较本器则早二年，同为李骏之作品，李骏盖为上林苑中铸造铜器之名工（上林苑有寺工及供府，皆当属于水衡都尉上林令之范围）。

6. 上林铜鉴，容五石，重百廿五斤，阳朔四年五月工周博造二百卅枚，第八十二（原编十七号）

7. 上林铜鉴，容六石，重百卅三斤，鸿嘉二年六月工杨放造三百枚，第百卅一。（原编十八号）

8. 上林铜鉴，容六石，重百卅二斤，鸿嘉二年六月工周霸造三百枚，第百五十八。（原编十九号）

9. 上林铜鉴，容五石，重百卅二斤，鸿嘉三年四月工黄通造八十四枚，第卅三。（原编十三号）

10. 上林铜鉴，容五石，重百五斤，鸿嘉三年四月工周博造八十四枚，第十四。（原编十五号）

　　按：工人题名中，杨政与杨放，左谭与左恽，周霸与周博，皆疑为兄弟同时在官府作工师者，其身份皆为自由民。

（二）铜鼎五件

11. 昆阳乘舆铜鏽一，有盖，容十斗，并重六十六斤。三年阳翟守令当时，守丞千秋、佐乐，工国造。（原编一号）

　　按：此鼎为昆阳县所出铜材，托由阳翟令铸造贡献于汉廷者。《汉书·地理志》，昆阳、阳翟二县，皆属颍川郡。鼎字繁文作鏽，亦见汉汝阴侯鼎（见《陶斋吉金录》卷五、二十页）。汉代帝王服用之器，皆称以乘舆字样，南陵锺亦称南陵大泉乘舆御水铜锺（见《陶斋吉金录》卷六、四至五页）。见于漆器题字尤多。与《独断》及《东方朔传》所称之乘舆均相符合。阳翟县在西汉武帝以后，有时称邑，盖为太后公主之临时封邑（《敦煌汉简校文》七四页云：戍卒颍川郡阳翟邑步利公乘成贵年卅六。一八三页云：阳翟邑东平里史明）。有时称长，盖因户口有所减少(见《居延汉简释文》八七页云:阳翟长猛)。东汉时仍称为阳翟令(见《后汉书·耿国传》)。本器之称阳翟令,疑为武帝末期之物。阳翟守令、守丞,皆暂署之官。汉官皆试守一岁,然后真除,见《汉书·尹翁归传》。佐为佐史,工为工师之称。《地理志》颍川郡注阳翟有工官,故昆阳令请阳翟令代为铸造。三年之上,不纪年号,应属于武帝末期之纪年。桂宫行镫,题二年少府造(见《小校经阁金文》卷十一、八十七页),与此体例相同。《三辅黄图》记桂宫武帝未有纪年以前之物。据此知其不然。又按:乐浪所出漆器,主管工官文官吏,有护工卒史,工官长丞、掾、令史、佐、啬夫等题字(乐浪漆器纪年,开始于昭帝始元二年)。在本器铸造时,阳翟虽未有工官之名,但已有工官之实,阳翟之工官长丞,由阳翟令丞兼理,仅有佐工二名称,组织极为简单。

12. **泰山宫鼎,容一石,具盖并重六十二斤二两,甘露三年工王意造,第百一十六。**(原编五号)

按:泰山宫,《汉书·地理志》于泰山郡漏注,当为武帝封泰山时所建筑,以地名宫,与东阿宫、弘农宫相似。铜鼎黄县丁氏藏,未著录。

13. **上林宣曲宫初元三年受东郡。白马宣房观鼎,容五斗,重十九斤六两,神爵三年卒史舍人,工光造第十五,第五百一十一。上林第九。(文在盖)**(原编三号)

按:此鼎原为东郡白马县宣房观所用,铸于宣帝神爵三年。至元帝初元三年调至上林宣曲宫应用,相距有十四年。白马宣房观以下三十五字先刻。上林宣曲以下十二字,及鼎盖上林第九四字,均为后刻。《三辅黄图》云:"宣曲宫在昆明池西,孝宣帝晓音律,常于此度曲,因以为名。"《小校经阁金文》卷十一、四二页,有汉宣曲鼎,当为宣曲宫所造,与本器均合。

又按:《汉书·沟洫志》云:"于是卒塞瓠子,筑宫其上,名曰宣防。"(《石庆传》孟康注亦称宣房宫)《武帝纪》云:"元封二年四月还祠泰山,至瓠子临决河。"服虔注云:"瓠子,堤名也,在东郡白马。"苏林注云:"在鄄城以南,濮阳以北,广百步,深五丈。"宣房宫在东郡白马县,本器与服虔注正合,知苏林注亦确。惟称为宣房观稍有不同。《汉书》作宣防,本器作宣房,汉人隶书,防房二字,形最相近(房字作防,见《仙人唐公房碑》),《汉书》用本字,本器则用假借字。卒史为汉代百石少吏之名,舍人当为人名。《居延汉简释文》四页,有"□卒淮阳郡长平北庄里丁舍人三石弩一"之简史。余昔年考定《东方朔传》之郭舍人,非官名(郭舍人本官为公车待诏),今征于汉简及本器而益可信(汉代铜器、漆器题名,官名下例著人名,从无两官名连称之下,不著人名之例)。

14. 上林铜鼎,容一石,并重六十斤,鸿嘉二年六月工李音造五十,合第十一。(原编二号)

按:汉铜器称合者,谓统合计算。本器与阳朔二年上林鼎五百合第二百九十八之文同例(见上文五号)。

15. 上林铜鼎,容三斗,并重廿四斤,鸿嘉二年六月工左恽造二百,合第五。上林第百七十二。(原编四号)

按:左恽人名,亦见于鸿嘉二年上林鼎(见《贞松堂集古遗文》卷十三、十三页)。与本器为同年所造,左恽与李骏,当皆为上林苑中铸铜之名工。

(三)铜锺四件

16. 南宫锺,容十斗,重五十一斤,天汉四年造。(原编七号)

按:南宫之名,不见于《三辅黄图》《汉书》等书,汉人俗称未央为西宫,长乐为东宫(见《田蚡传》及孟康注)。固定之名,则有北宫,与桂宫毗连(见《黄图》卷二),未见南宫之名(《汉书·儒林传》记高祖见申公于南宫,此为鲁国之南宫,与本器无涉)。又按:《博物志》卷七云"汉西都时南宫寝殿,内有醇儒王史威长死,葬铭曰,明明哲士,知存知亡"云云。《十钟山房印举》举二、四十五页,有"南宫尚浴"印,白文有边阑,文字极古,它属于西汉早期文字,皆与本器相合。知西汉本有南宫之名,为《黄图》所失载,南宫既有尚浴府,当与《汉官仪》所称五尚相似。现传世有温卧内者未央尚浴府行镫(见阮氏《积古斋钟鼎款识》卷九、二十九页),则南宫之规模,亦相当阔大。南宫所在地,以今日出土地址推测之,似亦在上林苑中。

17. **上林**。(原编六号)
18. **九江共**。**上林**。(原编十号)
19. **九江共**。**上林**。(原编十一号)

  按:两锺九江共三字,皆阳文铸款。上林二字,则后来所补刻。《汉书·地理志》:"九江郡秦置,高帝四年更名为淮南国,武帝元狩元年复故。"两锺最早为武帝中期之物。

  (四)铜钫一件

20. **上林共府,初元三年受东郡。东阿宫钫,容四斗,重廿一斤,神爵三年卒史舍人,工光造第一**。(原编八号)

  按:上林共府,亦见初元三年上林鼎(见上文一号)。盖为供给宫廷服用器物之府库。本器与十三号铜鼎,铸造年代吏工题名均相同。

  (五)铜锅一件

21. **上林昭台厨铜锅,容一石,重廿斤,宫。第七百廿六**。(原编九号)

  按:《三辅黄图》云:"昭台在上林苑中,孝宣霍皇后立五年,废处昭台宫。"《小校经阁金文》卷十三、五十五页,有昭台铜扁(扁下原刻应脱壶字),元康三年造,与本器相合。

  (六)铜鼎盖一件

22. **第廿六**。(原编号同)

  按:此朱沙题字在鼎盖上,合无字铜锺一件,统共二十三件。

  综上所述各器,可以解决汉史上及考古方面几个问题。(一)鉴、镜二物,在汉代有严格之区分,《说文》训鉴为大盆,是解释鉴之本义。又训鉴诸可以取明水于月(《周礼·秋官·司烜氏》),以鉴取明水于月。郑注云:鉴镜属于水者,世谓之方诸)。是解释鉴别为一义,二者名同实异。后人因习熟考工鉴燧之剂一语,将鉴与镜混为一物。汉代镜铭,皆云某氏作镜,不云某氏作鉴,观于汉人自称,本有显著之区别。再加以出土者多照面之镜,少藏冰之鉴,尤令人概念易于模糊。今铜鉴既发现有十件之多,使学者了然于鉴镜之各别。(二)汉代盐铁置官,始于西汉初期,铁官则因秦制,工官、服官等,在《汉书》未详其开始年代。现据三年造之昆国乘舆铜鼎,彼时阳翟工官,尚未正式成立,可定郡国工官之设,最早应在武帝末期。(三)西汉贡献方物,不限于土产。此次发现九江共铜锺二器,当为九江太守所供。西汉铜矿,主要在丹阳,次在盐道,九江并不出铜料,势必采购自其他地区,故形成《食货志》所记,"诸官各自市相争物以故腾跃,而天下赋输,或不偿其费也"。又汉律载会稽郡献蔾一斗,及献鲐酱三斗(见《说文》草部、鱼部)。此固定贡献之方物。《礼记·射义》郑注:"岁尽献国事之书及计偕物也。"《正义》:"汉时谓郡国送文书之使为计吏,其贡献之物,与计吏俱来,故谓之计偕物。"现知九江太守之所供,虽不限于土产,但亦属于计偕物范围之内。(四)汉代宫廷常常征调郡国及郡国离宫别馆之服用器具,例如豫章观铜鉴、武政铜鉴,则调自东郡。上林供府初元三年铜钫,则调自东郡东阿宫。上林宣曲宫鼎,则调自东郡白马宣房观。泰山宫鼎则调自泰山郡泰山宫。传世之上林供府鼎,则调自琅玡郡。以元帝初元三年一次所调为最多,调入之地,皆在上林苑,被调之郡,皆为中原地区,此点为《汉旧仪》《汉官仪》《独断》诸书所未详。(五)西汉圆壶,皆为圆底,此次九江供圆壶两件,壶底独为六角形。从前有发现此类形式者,一般考古家皆认为东汉后期之物,现知在西汉中期,已有此作风。(六)汉代统治阶级之穷奢极欲,《汉旧仪》记少府佽飞令,每年冬间,具缯缴弋射凫雁之属十万头,交付太官。又记少府属官之汤官令、太官令,各有奴婢三千人,从事烹饪工作,此次铜鉴所记铸造数字,尤为具体。杨放、周霸所造各三百器。李骏、左谭、周博所造,各二百四十器。黄通、周博所造,各八十四器。杨政十器,统计共一千四百九十八器,已发现者,仅为十器,冷藏之器具,为用器之一部分,数字已相当庞大,鼎锺之类,亦必称是,以人民之脂膏,供皇室之享受,取之尽锱铢,用之如泥沙。无怪乎成帝时引起不断的农民起义,隐伏西汉政权颠覆之危机。此次全部铜器二十三器所发现的新史料,对于研究汉史参考之价值极大。

二、北京怀柔城北东汉墓葬发现吾阳成砖文释义

北京市文物工作队,于一九六〇年在北京怀柔城北,发掘东周两汉墓葬,其中东汉时期墓葬,出土有砖刻一方,共十九字。文词古奥,试断句读如下:

  吾阳成,八千万,不为孝廉。河东,公府掾史,五曹,治

细绎其词句,似为墓志之滥觞,且语气似为自撰之文,定为东汉时桓灵时代作品。全文皆用主词,无助词。大义是"我姓阳成的,家产虽有八千万,却不做孝廉。我是河东郡人,曾做过三公府的属吏,周历过五曹,并做过州治中从事等职"。盖阳成君未曾举过孝廉,用激烈之词,揭露当时选举之政以贿成。阳成君家产未必即有八千万,贿选孝廉,未必即需要八千万,显示极端之愤慨,此为东汉后期选政贪污的重要新史料,与唐代魏邈墓志记"以贿援俱绝,故不登进士第",两语有同等价值,兹逐句试作分解如下:

吾阳成。

  按:阳城,复姓,见《广韵》。《古玺文字徵》第十三、四页,有"阳城饨"等五印,皆作阳城。而《汉印文字徵》第十四、九页,有"阳成终""阳成信""阳成齿"三印。《十六金符斋印谱》,有"阳成婴"印。在两汉时代,皆作阳成,无作阳城者,与本砖之作阳成正合。《史记·惠景间侯表》,梧侯阳成延,以建筑长安城功受封。《汉书·高惠功臣表》,则作阳城延,当为后代传抄改易之字。城成二字,古虽通用,然在阳成姓氏上,自战国到两汉,经过演变,区别则很严(或说本砖文,姓阳名成,义虽可通,与余见解不同)。

八千万。

  按:《十钟山房印举》吉语八、三十页,有"日利八千万"及"八千万"两汉印。西安汉城,又出土有"予夏八千万"印。此等印皆为橛钮

长条式。两汉时以家产有八千万（汉代十千为万），即称巨富，为当时之习俗语，与本砖文亦相符合（砖文万字刻画时略有歧笔，类似无字）。

不为孝廉。

按：东汉时举孝廉，出身最为重要，与唐代进士科相等。二十万人之中，才选举一人。许氏镜铭云："作吏高迁车生耳，郡举孝廉州博士。"（见《金石索·金索六》）盖孝廉由郡太守，博士由州刺史推选。被选者皆为士族地主，寒族因此无进身之望。现存东汉各碑刻，墓主人大半皆由孝廉出身，内拜郎中，外任县令，当时政治之制度如此。官僚互护，滥竽充数，左雄曾限以年四十岁方准举孝廉。桓灵时童谣，有"举秀才，不知书，举孝廉，父别居"之谚。《抱朴子》在父别居之下，又多"寒素清白浊如泥，高第良将怯如黾"两句。但尚未言及以重赂贿选者，本砖文正可以补史之不足。

河东。

按：河东为阳成君之籍贯。《隶续》卷十二《太尉刘宽碑》阴有蒲反阳成忠含题名。《鲁峻碑》阴有门生河东蒲反阳成□文智题名。《续汉书·郡国志》，蒲坂属河东郡，足证阳成为河东之大族无疑。《刘宽碑》阴所书为县名，本砖文则为郡名，二者实际相同。

公府掾史。

按汉代三公府之属吏，统称为公府掾、公府史。《汉书·陈遵传》云："公府掾史，率皆羸车小马，不上鲜明。"此公府掾史四字之始见（此节承友人冉昭德先生见告）。《太平御览》四百九十六引邯郸淳《笑林》说"桓帝时有人辟公府掾者，倩人作奏记文，人不能为之"。又云"府公大惊，不答而罢归"。《晋书·张协传》："协与载齐名，辟公府掾。"《文献通考》四十八引《汉书》注云："公府掾比古元士三命者也。"今本《汉书》无此文，当为张晏、晋灼等人之注，据此公府掾之名至魏晋时已成为三公府属吏之普遍名称。又《金石萃编·吴一》，《九真太守谷朗碑》云："公府君之孙，郎中君之子。"公府亦即公府掾之简称。三公府每曹有掾，掾之下有史，故公府掾史为汉代人连称之习俗语。

五曹。

按：五曹之名，始见于《汉书·艺文志》纵横家，有《五曹官制》五篇。原注，"汉制，似贾谊所条"，其内容不详，此五曹二字之始见。《晋书·职官志》云："汉代侍御史所掌凡有五曹，一曰令曹、二曰印曹、三曰供曹、四曰尉马曹、五曰乘曹。"此东汉侍御史所属之五曹也。北周甄鸾撰有《五曹算经》，一曰田曹、二曰兵曹、三曰集曹、四曰仓曹、五曰金曹（见王应麟《小学绀珠》），此南北朝时五曹之名称也。皆与本砖文之五曹不合。阳成君盖为任三公府属吏时，曾周历五曹也。《续汉书·百官志》："太尉，公一人。叙掾属有西曹主府史署用，东曹主二千石长吏迁除及军吏，户曹主民户祠祀农桑，奏曹主奏议事，辞曹主辞讼事，法曹主邮驿科程事，尉曹主卒徒转送事，贼曹主盗贼事，决曹主罪法事，兵曹主兵事，金曹主货币盐铁事，仓曹主仓谷事。"凡十二曹。又云："郡吏略如公府，无西东二曹。"但郡中有功曹（见《汉官仪》云，督邮功曹，郡之极位，仅举一例），议曹（见《汉书·龚遂传》），集曹（见《隶续》五，《巴郡太守张纳碑》阴）等掾史，皆为《续汉志》叙三公府掾属所未载。司马彪盖约略言之耳。本砖文所称之五曹，指任公府掾史时，在十二曹之中，曾经历五曹，砖文未详言五曹，现亦不能逐一区分。

治……

按：本砖文应为两方，现时只发现一方，治下疑为中从事等字。《续汉书·百官志》："州属吏有治中从事。"亦可简称为治中，此叙阳成君由公府掾改任本州治中从事之职。《后汉书·赵歧传》，临终时命刻圆石，题"汉有逸人，姓赵名嘉"等句。晋初安平王司马孚卒时亦仿其例为遗令。《西京杂记》，记杜邺作志，四字为句。《博物志》亦记汉南宫有王史威长志石，《隶释》载有范伯皮墓砖文，虽皆无墓志之名，实际已与墓志相似。本砖文皆与上述形式相同，但另一方面有关于东汉末期选举孝廉情况，则尤为可贵。

三、秦汉咸里陶器通考

由西安至咸阳一带，常出土有咸里题字陶器，出于西安地区的数量很少，绝大部分出于咸阳窑店附近。吴子苾藏有咸□沽酒瓦罂（就拓墨观之，原器应为茧形壶）及咸亭右里残陶片，余得有两旧拓本，此两器《攟古录》石文皆未著录。据此则咸里诸陶器，在清代道光末年，已有发现。一九五五年中国科学院考古所，在西安郭家滩半坡村战国墓葬中，发掘出咸里□嘉陶尊一件，据此有咸里题字的陶器，从战国末期已经开始。一九六一年，陕西省考古所，又在咸阳故城遗址内的滩毛村，发掘出有大批咸里题字的各种类型陶器。与从前传世各器，互相参证，可以分为五小类。一为咸阳，二为咸里，三为咸阳亭，四为咸亭某里，五为咸原。皆从战国末期到西汉初中期之物，西汉晚期的尚不多见。每器所打印记，地名兼有人名，表示为私人作坊所造，区别于官府手工业的作品。各器中有纪年的，只有元平元年咸里周子才陶盒一件，咸里部分所造陶器，由战国末期，至西汉昭帝元平元年，连绵约有一百五六十年之久，时间很长。作坊的主人亦不一姓，但以郲姓为最多（郲字以下皆省写作屈）。盖为楚国的没落贵族，在西汉初徙居关中以后，皆以制陶为业，这一点也是西京的掌故旧闻。兹以余所见咸里各器，通考如下：

（一）咸阳陶器题字

咸阳安钦残陶片　见《梦庵藏陶》。

咸阳巨鬲陶瓷　陕西省考古所咸阳审家沟发掘。

（二）咸里陶器题字

咸里□嘉陶尊　科学院考古所半坡村发掘。

咸里犲辰陶鼎盖　旧为余藏，现已散失，见拙著《关中秦汉陶录》卷一。

咸里蒲奇陶尊　旧藏西北大学历史系文物陈列室，现藏北京历史博物馆，见《陶录》一（余另见一陶盘，与此同文同范）。

咸里高昌陶鼎　　旧为余藏,现赠存西大文物陈列室,见《陶录》一。

咸里阎晐残陶片　　白集武旧藏,见《陶录》一。

咸里直章茧形陶壶　　旧为余藏,现已散失,见《陶录》一。

咸里郊夫陶尊　　现藏陕西省历史博物馆,见《续陶录》。

咸里沙壮井圈　　现藏陕西省历史博物馆。

元平元年咸里周子才陶盒　　李道生旧藏。又陶盖二器,一吴兴沈氏藏,二藏家未详,均见《陶录》一。

咸里屈骄陶印模　　周季木旧藏,未收入《季木藏陶》,见《续陶录》。

咸里屈埧陶印模　　高薇垣旧藏,见《续陶录》及高氏所著《印邮》。

咸里相园陶印模　　见《十钟山房印举》举二。

咸里屈夸陶盆　　陕西省考古所咸阳滩毛村发掘。

咸里屈举陶瓮　　同上。

咸里屈致陶瓮　　同上。

咸里屈专陶瓮　　同上。

咸里屈贝陶瓮　　同上。

咸里屈就陶瓮　　同上。

咸里旨缭陶瓮　　同上。

咸里屈台陶瓮　　同上。

咸里白公茧形陶壶　　同上。

咸里屈长茧形陶壶　　同上。

咸里屈富茧形陶壶　　同上。

咸里商若陶罐　　同上。

咸里阎成陶罐　　同上。

咸里桓戎陶甂　　同上。

咸里屈新陶甂　　同上。

咸里于市陶片　　同上。

咸里屈壮陶鬲　　同上。

咸里中□陶盆　　同上。

咸里屈尻陶垫　同上。

咸里屈角陶垫　同上。

咸里屈果陶垫　同上。

咸里牛□陶瓮　陕西省考古所咸阳审家沟采集。

咸□沽酒瓦罂　吴子苾旧藏,未著录。

咸屈小颍陶鬲　现藏陕西省考古所,因印文限于四字,当为咸里简称。

(三)咸阳亭陶器题字

咸阳亭久陶瓮　见《陶录》一。

(四)咸亭兼里名陶器题字

咸亭右里道器陶片　吴子苾旧藏,未著录。

咸亭完里丹器陶鼎　现藏西大文物陈列室,见《陶录》一,又见二鼎,同范,未著录。

咸亭当柳恚器陶壶盖　刘军山旧藏,见《陶录》一。

咸亭沙寿□陶井圈　陕西省考古所咸阳滩毛村发掘。

咸亭屈里□器陶盆　同上。

咸亭平汇陶鼎　白祚旧藏,见《陶录》一。

(五)咸原陶器题字

咸原少婴陶片　陕西省历史博物馆藏,见《续陶录》。

以上列举,共四十六器,重复之器,不计算在内。称咸阳者为县名,称咸里者为里名,称咸阳亭者,为县名兼亭名,称咸亭某里者为亭名兼里名,称咸原者为原名。从上述五类中,总括可分为三大类。一咸阳县名类(包括咸阳亭),二咸里里名类(包括单称咸字),三咸亭兼里名类(包括亭下当为里名,因限于六字关系,未标明里名),咸原只出一片,不再分类。在这三大类之中,分成三个系统。咸阳与咸里,开始于战国末期,是同时并有的。咸亭兼里名者,以文字及发掘地层推测之,则时代略后,开始于西汉文景时期。咸阳各器,虽起于战国末期,结束于何时,则不可知,然以咸阳亭久大陶瓮而论,则为汉器无疑。咸里各器,开始于战国,结束于西汉中期(可能更晚一些),有元平元年周子才陶盒纪年的确证。咸亭兼里名各器,兴起虽较后,结束可能亦在武昭时期。三种私人的工厂,开设地区既不同,时代又不一致,同时各自烧造,并非更相迭代。不过咸里陶厂,时间延绵最长,则是肯定的。秦代咸阳县,西汉更名渭城。余意西汉人民不甚习用所改县名,故仍循旧名,称为咸阳。而咸亭咸里等名,故皆系以咸字。《汉书·食货志》有东郭咸阳,其取名亦是从当时习惯,因此咸阳亭久陶瓮,决不能断为秦器。

咸里题字各器,经过时间很长,已如上述。凡有屈姓陶工所造各器,则皆为西汉初期之物。《汉书·娄敬传》云:"臣愿陛下徙齐诸田,楚昭、屈、景、燕、赵、韩、魏后,及豪侠名家,且实关中。上曰善,乃使刘敬徙所言关中十余万口。"《高祖本纪》:"九年十一月,徙齐楚大族昭氏、屈氏、景氏、怀氏、田氏五姓关中,与利田宅。"颜师古注《娄敬传》云:"今高陵、栎阳诸田,华阴、好畤诸景,及三辅诸屈怀尚多,皆此时所徙。"(今日关中地区,屈、景二姓,为数仍多)据此屈姓陶工题字,上限为高祖末期的作品。

咸里题字各器中,亦不少武帝时作品。如咸里直章茧形陶壶,直为人名,章为印章(余男见肥充国章陶壶题字,以章为印,与此同例)。武帝太初元年,始改为五字印章。又如咸里屈骄陶印模,其命名当取义于《谷梁·成二年传》云:"今之屈向之骄也。"《谷梁传》在武帝时始盛行,瑕丘江公以治《谷梁》为博士。至于咸亭平汇陶鼎,《汉书·平当传》云:"父以訾百万,自下邑徙平陵。"河南濬县出土《唐偃师县令蒲州刺史平真客碑》云:"韩哀侯子婼,七世孙汉中太守戩,以良家迁右扶风,戩孙当为丞相。"叙述世系比《汉书》为详,盖出于平氏家牒。关中之有平姓,亦为昭帝时事。陕西省考古所发掘又有田字陶瓮,亦当为西汉初徙关中诸田后代所造无疑。咸亭当为亭名之一,西大文物陈列室,藏有盩亭陶壶。陕西省历史博物馆藏有杜亭大陶瓮,则为盩屋、杜陵两县所造,与咸亭体例正同。又咸亭完里,咸亭沙寿里,咸里屈里,则皆以完、沙、屈三姓居此而得名。

在三大类中,陶工有姓氏者(西汉陶工,仅具姓名,不自称为工,与战国时作风不同),约为三十五器,计有安、巨、屈、彡、蒲、高、郿、沙、周、相、旨、白、商、阖、桓、于、中（读如仲）、牛、平十九姓。而屈姓所造，计有十七器，占总数百分之五十。屈字皆写作䣛，从屈加邑，犹汉代丙字或作邴。但《汉印文字徵》第八、十九页，有屈开、屈伯公、屈如意三印，皆作屈不作䣛。汉人辞赋，有涉及屈原者，亦皆作屈不作䣛。盖时代、地区写法之风气不同。屈姓先居于咸里，后乃在咸亭中自成一里，称为屈里，见于咸亭屈里陶盆，足证屈姓子孙之繁衍。在两汉古籍中，从无屈姓之事迹，楚国同时徙来之昭景二姓，亦复如此，不比田氏姓本姓，及改称之第五姓，有闻于两汉。屈姓既造陶时间很久，然在陕西考古所这次发掘之一大批各种陶器，皆属于上起秦代，下迄西汉初期之物。

　　各陶工姓氏，有极少见的，如阖姓凡二见，钐姓一见，均不见于姓书。巨姓与汉印大利巨倩相同（见《汉印文字徵》第十二、十三页。巨鬲余定为人姓名，似不应作造巨大之陶鬲解，因陶鬲在此时行将为淘汰的陶器）。郊姓《续通志》卷八十六《氏族略》云："完见《姓苑》，明代完彦文官南丰县丞。"据陶器知西汉时已有此姓，从完加邑，犹屈作䣛耳。屈小颍当为字，与其他各器称名者不同。咸原少婴，当为小罂之假借字，是表示器名，而非人名。各陶器一般所用陶印模，战国至秦时期，铜陶兼用。汉代则纯用陶质。而咸阳咸里诸器，无论在秦汉时，则皆用陶印，形式为橛钮，咸里屈骄陶印，是其明证。其他如秦瓦量一字一打者，传世则有兼字铜印，汉初如真上牢陶瓮等双印并打者，亦用铜印，仍沿秦法，比较极为少见。

　　此外在研究历史方面，解决一个争论的问题，汉沿秦制，县之下有乡，乡下有亭，亭下有里，在《汉书》《汉旧仪》《汉官仪》等书中本很明确。但汉代户籍，只写县名与里名，不写亭名，《汉书》叙高祖为沛丰邑中阳里人，叙路温舒为钜鹿东里人，也是如此，六朝墓志只写县乡里名，不写亭名。如王绍墓志称琅玡都乡南仁里，鞠彦云墓志称黄县都乡石羊里之类。实因叙列太繁，故减写亭名。因此有人创说亭在两汉县制组织中，成为另一个系统，不属于乡。现以咸亭兼称某里各陶器证之，两名联书在一器之中，分明亭与里互相联系，有不可分割之确证。并非在行政上为另一个系统，其说不攻自破矣。

一九六二年一月三十日于西大新村

考古丛录

一、汉昭阳宫铜镜

此镜一九四一年西安汉城未央宫遗址刘家寨出土,铭文八字:"昭阳镜成,宜佳人兮。"阳成二字为韵,佳兮二字为韵,书法篆隶相间,尤为特色。铜色极为精炼,盖为汉成帝时昭阳宫之遗物。昭阳宫为赵昭仪所居,在明末时,曾出"倢伃妾赵"鸟篆的玉印。明代为项墨林所藏,清初归于李竹懒,后辗转归于龚定庵,最后为潍县陈簠斋所得,确为赵飞燕所用之印。此镜仅记昭阳宫之名,为昭阳侍女所用,或赵飞燕姊妹所用,现尚未敢确定。

二、汉韩王孙子母印

此子母套印,一九四五年西安汉城永兴堡出土,母印为"韩王孙印"四字,子印为"曹承谊"三字,吴兴沈氏藏。初出土时,子印锈结牢固,不能抽出,经水渍十余日始能展开。印文伏黑纽,满身涂金,制作精美,余考为西汉武帝时倖臣韩嫣之遗物,韩嫣字王孙,为汉初韩王信之曾孙,弓高侯韩颓当之孙,官上大夫,事迹见《汉书》佞幸本传。子印曹承谊,疑为其妻之名,果如此说,则韩嫣夫妇的合印,更为可贵。依照子母印文的惯例,母印铸姓名,子印铸姓字。或不用姓,改用臣某某字样,皆是一名一字,为一人所用。惟此印系两人合用,在子母印中尚属创见之品。

三、石刻砖文中发现的汉代经学问题

(一)汉元和《公羊》草隶砖经与传连

一九二五年,西安西南乡,曾出汉代草隶砖一大批,共三十余方。有元和年号及《公羊传》文的两块,归三原于氏。第一品文云:"元和二年,七(原文脱月字)廿二日,长安男子张。"共计十三字。第二品写《公羊》隐元年传文,文分六行,文云:"元年春王正月。元年者何,君之始年也。春者何,岁之始也。王者孰胃,胃文王也。曷为先言王而后正月,王之正月也。何言乎王正月,大一统也。"本砖文所写,其特点是经传相联。砖文第一句,元年春王正月,是《春秋》经文,元年者何以下等句,是《公羊传》文。按:孔颖达《诗正义》云:"汉初为传训者,皆与经别,故蔡邕石经《公羊》残碑无经。何休解诂,亦但释传,分经附传,大抵汉后人为之。"故《汉书·艺文志》载有《春秋公羊经》,与《公羊传》有区别。清儒多谓《春秋》三传,汉以前皆经与传离,汉以后始经与传合。《左氏》经传相联,则始于杜预。《公羊》则始于东汉以后,《谷梁》则始于范宁。今以本砖文证之,分明经传相联,与石经《公羊》残碑经传相离不同。足见两种形式,在汉代皆可通用,此清儒解经所未知者。至于《公羊传》在汉时有严彭祖、颜安乐两本,本砖文所写应为严氏本,说详见《关中秦汉陶录》提要篇中,兹不再赘。

(二)汉熹平石经有《乐经》的附刻

开封关益斋氏,出示有汉熹平石经《乐经》一块残石,文字两面刻极精。石经在文献记载上,从未有《乐经》之说,或为《礼经·乐记》附刻的注解亦未可知。犹之石经《论语》残石刻有包咸章句的摘文,亦同此例,兹将原文照录如后,以广多闻。

正面八行

　　三重编　三重编　三重编　三重编钟　三重编钟　三重编

钟　三重编钟　三重编钟

背面十行

　　编钟小变徵　编钟小徵均　编钟小羽　编钟下变　相次初中　商均南吕第　均应钟第　徵均泰族第　均姑洗第　宫均

又李亮工藏石经拓本中，有"少宫、少商、少角、少变、□徵、□羽"一石，每行二字。李云："是《乐记》否？未详。"与关氏所藏同一类型。特残缺更甚耳（原拓现藏小雁塔文物管理处）。

(三)汉代太学受经的次第

《艺术丛编》专门名家卷二，著录有汉建初残墓砖两块，第一块为山东图书馆所藏，似即山东省出土。又《广仓砖录》卷一、二至三页，著录同文的三块，皆吴愙斋所藏，合计五块，同文同范，应当出于一墓，内容叙述墓主人在太学受业传经的次第，及受经的年岁，虽甚残缺，却颇关要点，原文照录如下（砖文上下文字均残损）：

　　入太学受《礼》，十六受《诗》，十七受
　　十九受《春秋》，以建初元年孟夏
　　昧爽□年六月廿六日

依据砖文，能研究出下列各问题来：①知汉代太学传授《五经》，以《礼》为最重，故列为第一。次为《诗》，再次为《易》与《书》，最后则为《春秋》。②每年受一经，五年即可完毕，与班固《汉书·艺文志》所说"古之学者耕且养，三年而通一艺，三十而《五经》立"数语，进度完全不同。③汉代博士传经，仅传一经，以砖文来看，似先必须学习普通科，然后再转入专门科。④在《汉书·儒林传》中，及汉碑文中，每云通某经或某氏章句，对于博通《五经》，则不提及，以砖文来看，由太学出身者必须博通《五经》。⑤私人授学，是否亦如太学一样，先必须讲习《五经》。⑥砖文之《春秋》，当指《春秋经》而言，不言某氏传，足证有仅习《春秋经》的。⑦此为东汉中期之太学受经次第，与东汉末期情况，是否相同，颇难定论。

四、汉代羌族文化的发现

一九五三年三月,鄠县黄堆乡出土陶器二十余件,为乡区农民零星拣得,并非出于一处,送交陕西省历史博物馆保存,内有羌字陶瓮,最显示突出的价值。陶器高市尺一尺四寸,口径四寸八分,文一字在腹部,羌字篆书甚大,经余研究结果,定为是羌族的作品,并证明羌族文化与汉族文化是完全相同的。羌族的陶器,不能运输至汉代内地销售,必然是汉人任护羌校尉的官或其属吏由羌地携回的。本器陶色纯青,胎质厚重,颈至腹部有弦纹两道,都是西汉陶器的形式。西汉陶器上文字,余昔区分为三个阶段,高祖至文景为第一个阶段,文字是用小铜印或陶印打成的,并肩打两印共三印,字体非常谨严。武帝为第二个阶段,文字宽博而丰腴,字形特大。武帝以后至王莽为第三个阶段,文字工巧而妍丽。武帝阶段中,文字有刻的,有打印的,有先刻后烧的,方式最多。本陶器是属于第三种类型。在陶器作成以后,趁泥坯未干硬之时,用刀刻画成字,因此四边笔画露出隆起的状态。羌字上半是草隶式,下半仍是篆书,不是隶体。基于上述种种推测,定为武帝时羌族人民的作品。不但文字是摹仿汉代的,形式亦与汉代无异。《后汉书·西羌传》,叙述羌的种类甚多,皆为秦厉公时无弋爰剑之后,子孙分别各自为族,有越巂、广汉、武都等名,先零羌尤著。武帝时汉遣将军李息、郎中令徐自为将兵十万人击平之。始置护羌校尉。西汉时征羌的经过,详见于赵充国、辛武贤及冯奉世等传。陶器文仅一羌字,虽不能定为何种羌名,但是在护羌校尉设官的文化交流,应无疑义。前后《汉书》对于羌族的风俗习惯,仅略为叙述,对于文字有无,更未提及。现从地下材料的发现,了解羌族在西汉中期已有如此之高度文化,真正令人赞叹。又内蒙古平地泉行政区,察右后旗塞乌拉山,二兰虎沟地方,匈奴古墓群中,发现殉葬的陶壶一具,高十九点五厘米,腹径十五厘米,形式两耳特高,与内郡不同,可能是匈奴仿汉式自造的陶器(见《文物参考资料》一九五六年第十一期《文物工作报导》)。可见汉代匈奴与羌族,皆能仿制内郡的陶器。

五、东魏北齐三陶砚

从前好古之士,往往用秦汉砖瓦雕琢为砚,号为古砚,并非原来作品。如铜雀瓦砚,香姜瓦砚,几乎无一真者。余在西安历年所见古砚,以夏侨生所收圆陶砚,最为浑朴,是秦汉以上物。次则余得有汉陶砚,四足,上方开有砚池,池中刻一鱼形,也是稀见之品。唐砚极多,皆是殉葬品,形状下有两足,前俯后仰,陶质不一致。此外最可贵者,是东魏至北齐三瓦砚。

(一)东魏武定七年砚

一九五四年西安白鹿原唐墓中出土,现存陕西省文管会。与下列天保五年砚,皆斧形字印在底面,此砚文七字分二行:"武定七年为庙造。"旁画人首鸟身的佛像。

(二)北齐天保五年砚

一九四六年西安南郊出土,为瞿姓所得,售于白集武。文八字分二行:"大齐天保五年造此。"上画宝相花纹。

(三)北齐天保八年砚

一九四五年西安南郊出土,为刘汉基所得。上刻莲花纹,下有"天保八年造"五字,与《历史参考图谱》所摹兴和砖完全相同。

上述三陶砚,皆出于西安,其原因是北齐人被北周并灭后,携带入关,死后用以殉葬的(三砚之中以天保五年砚,风字式文字最为精绝)。西安常出北齐年号的文物,皆同此例。又西安常出唐代陶铃,极为坚固精美,余所见有大小二品,文云"大唐开元丙午造"七字,两铃皆同文,大者为吴兴周梦坡氏所藏,小者为吴兴沈次量氏所藏,开元无丙午,疑为假设的干支,与汉代五月丙午所造神钩,正同一例。

六、兰州所见的隋唐敦煌写经三卷

敦煌经卷,兰州人家收藏不少,余于一九四八年在兰,山子石街周姓,秘藏晋人所写佛经有三四卷,六朝至唐有百余卷,外人知者甚少。兹将有纪年题记的三种,照录如下,以为研究敦煌学的一助。

(一)《照明经》题记

《照明经》一卷　开皇十年九月十日定州望都县刘思贵(一行)静志寺空暹初校(二行)僧德深二校(三行)僧智明三校(四行)典司功史刘威(五行)司功参军事符昊(六行)。

(二)《莲华经》题记

《妙法莲华经》一卷　大周圣历元年岁次乙未四月戊寅(一行)朔廿一日戊戌弟子薛崇徽奉为(二行)尊长敬造(三行)。

(三)《十戒经》跋语

大唐天宝十载,岁次辛卯,正月乙酉朔,廿六日庚戌,敦煌郡敦煌县神沙乡(一行)阳沙里男生,清信弟子索栖岳,载三十一岁。但为宍人无识,既受纳(二行)有形,形染六情,一染动之,弊秽或于所见,昧于所著,世务因缘,以次而(三行)发。招引罪垢,历世弥积,轮回于三界,漂泊而忘返,流转于五道,长伦(四行)而不悟。伏闻天尊大圣,演说十戒十四持身之品,依法修行,可以超升(五行)三界,位极上清。栖岳性虽愚昧,愿求奉受,谨赍法信,今诣三洞(六行)法师中岳先生马,奉受十戒十四持身之品,修行供养,永为(七行)身宝。僭盟负约,长夜地狱,不敢蒙原。(八行)

三卷之中,以《莲华经》楷法最佳,《十戒经》跋语中,宍字为肉之古写。或为惑字,伦为沦字之别字。又唐玄宗在开元时,不讳年字,到了天宝三年,不称年,改称载。《十戒经》跋语所谓清信弟子索栖岳载三十一岁,即作年三十一岁解。与敦煌所出户籍各卷册,人名下皆称"载几岁",

无不相同(《唐户籍簿丛辑》,见《食货》半月刊第四卷一至十二期)。但玄宗写年作载,只限于纪年的几年,及人名年几岁的年字,其他文辞中所用年字,并不改作载字,足证改年字为载字,是有局限性的。而肃宗至德年号亦称几载,与玄宗天宝相同,到了乾符又恢复称为几年了。

七、隋唐陶版印刷术

我国印刷术,在秦代已经萌芽,山东邹县出土的秦代瓦量,上印始皇二十六年诏书,共四十字,以每方四字的陶印,共用十方,在陶器上打印连缀成文,等于宋代毕升发明活字版的滥觞。《隋书·经籍志》经部目录,列有汉熹平一字石经,及曹魏正始三字石经,当是必系根据石刻墨拓本著录,这就是木刻印刷的先声。敦煌石室所出高昌国"延昌三十四年甲寅,家有恶狗,行人慎之"的揭帖。又有宋太平兴国五年翻雕隋本的《大隋永陀罗尼本经》,上面左有"施主李和顺"一行,右有"王文沼雕板"一行。隋代印刷原本,虽不可见,但雕板印刷术开始于隋代,是可依据的。然自石刻墨拓本之后,到木刻印刷本之前,中间必有一段演变,这是我所需要谈的陶版印刷术。

(一)符箓陶版

一九二〇年长安西北乡出土,白祚旧藏,现已亡佚。阳文正刻有"斩邪退位将军长"七字,第二行有敕令符文一道,审其笔迹,为初唐物。

(二)惟运是佳陶版

一九三〇年左右,长安南郊出土,现存西北大学历史系文物陈列室。阳文反刻"惟运是佳"四字,虽无年月,以"运是"二字,用笔均带隶法,及精细坚硬红泥的陶质而论,均合于隋末唐初的标准。

上述第一种陶版,阳文正刻,必是用于拓墨。第二种陶版,阳文反刻,必是用于印刷。盖其时石刻拓墨不普遍,木刻印刷才开始,所以陶版在演变过程中,也发生主要的作用。可以看出我国印刷术悠久的历史,及伟大劳动人民创作的成绩。符版文字粗拙,系就陶块浅雕,出自陶工之手。而惟运是佳陶版,笔姿挺秀,与隋墓志书法极相似。四边微洼,中间隆起,边角皆有花纹藻饰,文字由范成而非刀刻。意必先刻正文模范,再打印成反文陶版,因必须用反文,始可以印刷,与木刻反文一样。至于最早的符文,始见于汉朱书陶瓶(西大文物陈列室藏),是东汉末期物。其次是葛洪《抱朴子》书中所载的符文有多种,然皆是符篆式,不用敕令字样。此符版上的敕令符文,已与后代形式相近。但后代敕令符,皆是一道孤立,字体甚大,此符文隐在第二行下端,这一点微有不同。又惟运是佳四字,疑当日贴于门壁间的,其作用如宋代的春帖子,明代的春联,清代人家门口所贴的五福临门及五世其昌一样,此又从陶版中看出符文及春帖演进的情况。

八、唐代艺术家程修己墓志

西安碑林藏有唐代大艺术家程修己墓志,一般人多不注意,因志文模糊,属于晚唐时代作品,字体又不精,所以知音更少。此志出土已久,《古志石华》《金石续编》《八琼室金石补正》,皆已著录,兹特略述如下:

程修己墓志,唐咸通四年刻,乡贡进士温宪撰,修己之子程进思书,程再思篆盖。温宪是唐代诗家温庭筠之子,可算是名父之子,这篇墓志文,《全唐文》中不载,墓志中叙述程修己在艺术上成就地方,摘录出来,引起大家注意。

墓志原文云:"上(文宗)又令作竹障数十幅,既成因自为诗,命翰林学士陈夷行等和之,盛传于世。"

又云:"丞相卫国公,闻有客藏右军帖三幅,卫公购以千金,公曰:此修己给彼而为,非真也,因以水濡纸,扶起果有公之姓字。"

又云:"其为桃杏百卉,蜂蝶蝉雀,造物者不能争其妙。"又云:"公尝云,周侈伤其峻(周昉)、张□□其澹(张萱),尽之其为韩乎。"又曰:"吴玄象似幽恙,杨若痿人强起(杨庭光),许若市中鬻食(许琨)。"(按此段修己评论唐代的画家)又云:"大中初词人李商隐,每从公游,以为清言玄味,可雪缁垢。宪严君有盛名于世,亦朝夕与公申莫逆之契。"又云:"宪尝为咏蛱蝶诗,公称其句,因作竹映杏花,画三蝶相从,以写其思。"按:修己事迹,不见于张彦远《历代名画记》及《图画见闻志》各书。惟见于米景元《唐朝名画录》及夏文彦《图绘宝鉴》。《名画录》云:"周昉任越州刺史,修己师事之,凡二十年,尽得其妙。"今验志文,对周所画,颇有微词,或自夸其青出于蓝,或非其亲受业弟子。《名画录》所记修己画竹幛事,画《毛诗》草木鸟兽图事,皆与墓志相同。修己兼工写真人物、鞍马花卉、草木、鸟兽、古贤士女、真仙佛像、山水竹石,较志文为详。修己所评唐代诸画家,如周昉、张萱、韩干皆长安人。昉、萱以画人物名,韩干以画马名。吴道子善画鬼神,杨庭光与道子齐名,善写仙佛,许琨开元中以画人物名,皆见于张彦远《历代名画记》。修己评论一代画家仅推重韩干,其余皆有贬词,因修己能画的类型甚多,故能作出深刻的结论。一代艺人,湮没不彰,所以有表扬揭出之必要。又《南部新书》甲云:"太和中程修己以书进见,尝举孝廉,故文皇待之弥厚。会春暮内殿赏牡丹花,上颇为诗,因问修己曰:'今京邑人传牡丹诗,谁为首出?'对曰:'中书舍人李正封诗"天香夜染衣,国色朝酣酒"。'时杨妃侍上妆台前,饮以一紫金盏酒,则正封之诗可见矣。"亦可以备参考。

又西安碑林,在一九五二年扩充为陕西省历史博物馆,碑林原有石刻部分,仍保存不动。新发现的石刻,则陈列馆内,有许多珍贵的魏隋墓志,外省人士,多不知道。如一九五三年咸阳张底湾发掘周唐墓群,出现的有北周独孤信墓志,及北周谯国夫人步陆孤氏墓志,最为杰出。独孤信为北周的名人,而步陆孤墓志,文为庾信所撰,载《庾开府集》中,尤为可贵。一九五四年在灞桥郭家滩发掘出隋司农卿姬威墓志,姬威《隋书》无传,为元公妻姬夫人之兄,又见于王伯厚《姓氏急就篇》姬氏。此外如贺知章撰文的杨执一墓志,张说撰文的冯潘州墓志,白居易撰文的唐会王墓志,皆是有价值的。白居易、张说的文,皆各载本集,文字与石本异同很少,惟贺知章文为《全唐文》所不载,人多不注意,余便在此略附提及。

九、西北大学校园发现的唐代大量窖钱

西北大学于一九五五年三月三十日，校园西北角，因取土发现钱币一大窖。长约二米，宽高均约一米，距地面约半米。钱皆贯穿，南北向安置，穿绳淡黄色，触手即朽，无一寸完者，全部重量，约市斤一万斤左右。后送至陕西文管会保管，内中最多数是开元通宝钱，次多是乾元重宝小平钱，而汉五铢、隋五铢、王莽货泉三种，则占少数。按：《文献通考》卷八略云："唐武德四年，铸开元通宝钱，每十钱重一两，一千重六斤四两。"又云："乾封元年改铸乾封泉宝，以一当旧钱之十，逾年而旧钱多废。明年以商贾不通，米帛踊贵，复行开元通宝钱，天下皆铸之。"又云："肃宗乾元元年，户部侍郎第五琦，以国用不足，币重货轻，乃请铸乾元重宝钱，径一寸，每缗重十斤，以一当十，与开元通宝参用。及琦为相，又铸重轮乾元钱，一当五十，每缗重十二斤，与三品钱并行。"又云："代宗即位，乾元重宝钱，以一当二，重轮钱以一当三，凡三日而大小钱皆以一当一。自第五琦更铸，犯法者日数百，州县不能禁止，至是人皆便之。其后民间乾元、重轮二钱铸为器，不复出矣。"根据上述综合推断，本窖当为唐代宗时私人所埋藏的，其理由一是在代宗时开元通宝及乾元、重轮三品，皆以一当一，本窖所藏皆是各种钱，杂穿在一贯中，若是肃宗时，乾元重宝一钱，当开元通宝十钱，埋藏者则不应将开元乾元两钱，均混在一贯之内，无所区别。二是乾元重宝在代宗末年，已改铸铜器，不复出用，本窖即有大批乾元重宝，知必在代宗初年所埋藏。另外也有值得研究的两点，一是本窖中独无乾封泉宝钱，因此钱发行时以一当十，或在代宗时已完全禁用。二是本窖所出，完全是乾元重宝小品钱，不见一个乾元重轮大品钱，或者是乾元重轮钱，比乾元重宝为重，代宗时既皆同样价值，人民将重轮大品收藏不肯用，或改铸铜器的原因。又按：董方立所绘唐城图，现西北大学校址方位，相当于唐代益寿坊，是唐人的住宅区，有人疑为是唐代的铜库遗址，殊不可信。无论汉唐宋明的钱，如此大量的发现，算是第一次记录，也是可重视的。

十、《德九存陶》跋

《德九存陶》八册，不分卷，不计页。所收陶器约四百余件，正面为陶文原拓，背面版心上分四阑，为"时代""定名""释文""备考"，但皆空白不着一字。封面背面，有"唐河方氏鉴藏"六字，知德九为方姓。又有丙寅年安阳马吉樟序，知此书在一九二六年出版。我曾以方德九之名，询问关益斋氏，关知其人，不知其书，此书现藏西北大学图书馆，各考古书皆未著录，可称罕见之本。此书拓战国陶文七册，秦汉至晋代陶文一册，所藏如"陈猷立事左陶""左敀绍迁尚毕里季罷"等陶文，均属至精之品。但间有伪品夹杂其中，如"延光四年二月九日健造永铭"佛像是也。全部陶文，多有与日人《梦庵藏陶》相同的，疑方氏身后售与日人者。晋陶中有瓦片，文为"削永昌元年"五字草隶书，永昌为东晋元帝年号。河南境内，在东晋时得时失。因忆及河南曾出瓦削一大批，为关益斋氏所购，后赠与文素松，文因印成《瓦削文字谱》，与本书所录各瓦削文字，笔势完全相同，知为一时之物。文氏自题为汉代瓦削，当时即觉牵强太甚，是未能确断其年代。现从永昌元年这一瓦片看来，知为东晋物了。

考古炳烛谈

一、汉上林荣宫铜方炉考

一九六九年西安东郊延兴门村,出土汉铜方炭炉,并承灰盘一具。文云:"上林荣宫初元三年受弘农宫铜方炉。广尺,长二尺,下有承灰盘,重三十六斤。甘露二年工常绐造,守属顺临第二。"共四十二字,文分两次刻,"上林荣宫初元三年受"九字,为第二次补刻。以下三十三字,为第一次原刻。盖此器本为弘农郡弘农宫所铸造,至初元三年调至上林荣宫使用者。一九六一年十月西安高窑村出土二十二件铜鉴,亦多系初元三年,由东郡白马宣房观、东郡东阿宫调至上林苑使用者,与本炉同年调入,情况完全相同。《汉书·地理志》弘农郡下未注有弘农宫之名。忆亡友王献唐曾寄赠黄县丁氏所藏弘农宫鼎盖拓本一纸,与本器正相类合。又调入之上林荣宫,亦不见于《三辅黄图》等古籍。按:《薛氏钟鼎款识》卷二十、一页,著录有上林荣宫镫。文云:"上林荣宫铜雁足镫,下有盘,并重六斤,黄龙元年民工李常造第四,第二百卅。"与本器同为宣帝时造,同为上林荣宫所用之物。西汉上林苑范围极广,现出土在东郊延兴门村,可能为上林苑的起点。

铭文中之守属顺。守属为西汉低级官吏之名,始见于《汉书·王尊传》云:"除补书佐,署守属监狱。"汉宫皆试守一岁为真,此独不作署官解。

丁孚汉宫,仅记有属之吏名,无守属之名。实际属与守属,应分为二吏之名。《王尊传》称为署守属监狱,不称为守属监狱,果以守字作署官解,班固叙事时,加一署字反为赘文。

二、西汉平都犁斛考

此斛为传世铜器,天津文管会所藏。器外有刻铭三处,文云:"元年十月甲午,平都成丞纠、仓亥、佐葵犁斛""容三升少半少,重二斤十五两""平都"。按:此为武帝末期平都令光,在平都试验代田法成功后,令成丞纠等所造之量器。证之《汉书·食货志》云:"武帝末年,悔征伐之事,乃封丞相车千秋为富民侯。……以赵过为搜粟都尉,过能为代田,一亩三甽,岁代处。……其耕耘下种田器,皆有便巧,率十二夫为田一井一屋,故畮五顷,用耦犁二牛三人,一岁之收,常过缦田畮一斛以上,善者倍之。"又云:"故平都令光,教过以人挽犁,过奏光以为丞,教民相与庸挽犁。"本铭文犁斛二字,虽不见于汉代古籍,但在《食货志》中所云之耦犁,及常过缦田畮一斛以上,文气极为联贯,尤其与志文所云之平都令光,教过以人挽犁,无一不合。

平都令光,史佚其姓,官至搜粟都尉丞,《百官表》叙搜粟都尉,亦无丞之官名。本铭文成丞之名,亦不见于其他文献。盖赵过当时行代田法,在三辅推及边郡,所用人力,皆以成田卒为主也。

代田法之推行,《汉书·食货志》仅泛言在武帝末期,究竟开始于何年,为《汉书》所未详。据《汉书·恩泽侯表》车千秋以征和四年六月丁巳,封为富民侯。赵过能为代田法,叙述在封诏之中,其法开始于征和四年六月以前可知。《百官表》后元二年三月乙卯搜粟都尉桑弘羊为御史大夫,赵过之官搜粟都尉,在后元二年以前更可知。再考之居延汉简(见《释文》三二二页)用代田法最先一简,为征和四年十一月二十八日。由京师传其法至居延,当有一段时期,则代田法创始于征和初年,似无疑义。本铭文之元年,属于征和元年之可能性最大。

本铭文元年之上，不系以年号，在西汉中期，原有此例。桂宫行镫，题二年少府造（见《小校经阁金文》卷十一、八十七页）。《三辅黄图》记桂宫武帝太初四年造。西安高窑村所出铜鉴二十二件中之昆阳鼎云："三年阳翟守令当时，守丞千秋，佐乐，工国造。"全部铜器，皆武帝末期至成帝初期之物，与本铭文之仅称元年体例正同。从前对汉器不记年号者，皆指为武帝未有纪年以前之物，今则知其不然矣。且西汉铜器各铭文，在文景以前，只记容量重量，武帝以来，始记掾史之名，仍用秦代制度也。

三、汉雁门太守鲜于璜碑考

此碑为东汉延熹八年鲜于璜之孙鲜于鲂等所立。碑阴载鲜于璜之世系极详。今可考者，只有鲜于黼一人。证之王应麟《姓氏急就篇》，叙鲜于氏云："后汉有鲜于妄人，鲜于辅、衷、银。"今以碑互证，鲜于黼即鲜于璜之次子，黼字景公，官郡五官掾、功曹、守令（守令谓曾署县令，见《张迁碑》阴）及幽州别驾。碑文作黼，《姓氏急就篇》作辅，两字古本通用。

碑文叙鲜于璜其先祖出于箕子之苗裔，未详为何郡县人。但碑文有"升而上闻，上郡太守王府君察孝，除郡中，迁度辽右军司马"等话。东汉举孝廉，例由本郡太守推举，班固《东都赋》所谓举百郡之孝廉是也。汉许氏镜铭亦云："郡举孝廉州博士。"皆其明证。据此鲜于璜为上郡人无疑。璜次子鲜于辅官幽州别驾，疑即家于渔阳，故今日此碑出于天津地区也。

碑文又记鲜于璜为谒者君之曾孙。碑阴则记胶东相鲜于弘次子讳操字仲经，郡孝，官灌谒者。据《续汉书·百官志》光禄勋属官，有给事谒者四百石，其灌谒者，郎中比三百石。初为灌谒者，满岁为给事谒者。荀绰《晋书·百官表》注曰："汉皆用孝廉年五十威仪严格能宾者为之。"按：灌谒者西汉无此官名，当开始于东汉初年，胶东相鲜于弘应为西汉末期人，鲜于操当为东汉初期人无疑。

四、西汉宫殿名称考佚

西汉的宫殿名称，除已见《汉书》《三辅黄图》《两都赋》《两京赋》《三辅旧事》及《长安志》《雍录》以外，兹从汉铜器及瓦当中，考索佚名，汇列如下：

承安宫　承安宫铜鼎，甘露元年造，见阮氏《积古斋钟鼎款识》。

齐安宫　齐安宫薰炉，神爵四年造，见阮氏《积古斋钟鼎款识》。

苦宫　苦宫行烛锭，始元二年刻，见《奇觚室金文述》。

长安下领宫　长安下领宫高镫，神爵元年造，见《金文续编》。

临虞宫　临虞宫铜镫，元延元年造，见《愙斋集古录》。

成山宫　成山宫渠斗，神爵四年造，见《小校经阁金文》。

步高宫　步高宫高镫，见《愙斋集古录》。

荣宫　上林荣宫雁足镫，见《薛氏钟鼎款识》。

奉山宫　奉山宫行镫，见《清仪阁金石文字》。

则寺初宫　则寺初宫瓦，见《陕西金石志》，予亦藏残片，存下半初宫二字，疑为王莽时物。

梁宫　梁宫瓦为予所藏，未央乡出土。

章门观　章门观监封泥，为予旧藏。《三辅黄图》云："西出南头第一门名章门，又曰章城门。"观盖邻于章门，故有此称。

林华观　林华观行镫，五凤二年造，见《薛氏钟鼎款识》。

其在三辅境内或其他巡幸地方者：

蒲坂迎光宫　蒲坂迎光宫铜鼎盖，见《小校经阁金文》。

蒲坂首山宫　首山宫铜灯，永始四年造，见《薛氏钟鼎款识》。

辇车宫　辇车宫鼎，见《愙斋集古录》。

安邑共厨宫　共厨宫铜鼎，见《小校经阁金文》。

莲勺宫　莲勺宫鼎盘，见《薛氏钟鼎款识》。

莲西宫　莲西宫薰炉，拓本。

美阳高泉宫　高泉宫共厨铜鼎盖,见《小校经阁金文》。

荥阳宫　荥阳宫小锛,见《金文续编》。

召陵宫　召陵宫瓦,见《秦汉瓦当文字》。予昔考为王莽时物。

扶荔宫　今在韩城芝川镇。《三辅黄图》仅云在三辅境内。

秦代宫殿,汉代犹存,见诸铜器、瓦当者,则有平阳宫,见雍平阳宫鼎盖(《小校经阁金文》)。橐泉宫,见橐泉宫鼎盖,又见橐泉宫铜镫,元康二年造(同上),及橐泉宫瓦当(《秦汉瓦当文字》)。羽阳宫,见羽阳千岁瓦(同上)。棫阳宫,见棫阳宫瓦(《陕西金石志》)。兰池宫,见兰池宫瓦当(《秦汉瓦当文字》)及《汉书·杨仆传》《汉铙歌十八曲》。此皆秦宫汉葺。仍保留不废,亦《黄图》等所未详也。

编后记

《陈直著作选》分上、下两卷。上卷收录《汉书新证》与《史记新证》，下卷收录《两汉经济史料论丛》和《文史考古论丛》。可以这样说，陈先生著作的最精彩部分，基本收录于此。

陈直先生（一九〇一——一九八〇），字进宦（宜），号摹庐，中国现代著名历史学家、考古学家。生前任西北大学历史系教授，考古教研室、秦汉史研究室主任；学术兼职有西北大学学术委员会委员，中国考古学会理事，中国秦汉史研究会筹备组组长等；社会兼职有西安市文物管理委员会委员，陕西省政协委员，陕西省社科联顾问，陕西省历史学会顾问等。

陈先生治学，直接师承清代朴学传统，同时深受王国维近代考据学二重证据法的影响，既重文献资料，亦重考古资料，提出"使文献与考古合为一家""使考古为历史服务"的学术主张。先生又与时俱进，自觉以马克思主义唯物史观为指导，积极倡导"搞人民史""搞手工业史"。

陈先生虽非陕籍，但他长期生活、工作于古城西安，主要学术成果也完成于这里，是不折不扣的长安学者——而且是长安学者的领军人物。

陈先生著述宏富，早期著作主要有《史汉问答》《楚辞大义述》《楚辞拾遗》（收入大东书局印行之《楚辞四种》）《汉晋木简考略》《汉封泥考略》《列国印制》《周秦诸子述略》《摹庐金石录》等。五十岁之后著作总名曰《摹庐丛书（著）》，具体包括《汉书新证》《史记新证》《两汉经济史料论丛》《读子日札》《读金日札》《居延汉简综论》《居延汉简解要》《居延汉简纪年》《居延汉简甲编释文订误》《敦煌汉简释文平议》《关中秦汉陶录》（考证部分独立成册，题为《关中秦汉陶录提要》）《秦汉瓦当概述》《盐铁论解要》《三辅黄图校证》《古籍述闻》《颜氏家训注补正》《南北朝王谢元氏世系表》《文史考古论丛》等十八种。这些著述，深受中外学界推崇，反映了二十世纪中国史学特别是秦汉史研究所达到的上乘水平。日本著名学者大庭修教授甚至提出了应该建立"陈直学"的倡议。不过，据陈先生自述，说他早年的各种著作"不足观"，只有五十岁以后写的《摹庐丛书（著）》才可"存世"。

到一九九四年，陈先生《摹庐丛书（著）》的十七种，已分别由天津人民出版社、天津古籍出版社、齐鲁书社、陕西人民出版社出版，《读金日札》一种，部分内容由《社会科学战线》一九八〇年第一期刊出，全文经整理收入《南京博物院建院六十周年纪念文集》（一九九三年发表）。二〇〇〇年十一月，正当陈先生诞辰百周年前数月，配图本《读金日札》由西北大学出版社出版，至此，《摹庐丛书（著）》十八种，全部出齐。如果从一九五九年《汉书新证》初版面世算起，整个丛书的出版，经历了四十多年的漫长历程。自二〇〇六年开始，中华书局又将《摹庐丛书（著）》陆续重印出版。

陈先生著作选集的出现，可追溯到二〇一〇年。该年，陕西省文史馆长安学研究中心推出《长安学丛书·长安学者文集·陈直卷》。其选取陈先生最具代表性的《史记新证》《汉书新证》《两汉经济史料论丛》三种著作，整理为横排简体本，由三秦出版社、陕西师范大学出版社联合出版。二〇一二年，时值西北大学一百一十周年校庆，西北大学历史学院特将《陈直卷》所收录著作重新排序，名曰《陈直著作三种》，作为《周秦汉唐文化研究》第八辑增刊，由陕西出版集团三秦出版社出版。以上两种选集的问世，对于广泛传播陈先生著作，起到了相当大的推动作用。

为了弘扬西北大学老一辈著名学者的优良学术传统，继承、光大他们的治学精神，进一步彰显他们的学术成果，惠及学林，激励后学，学校决定出版《西北大学名师大家学术文库》系列丛书。《陈直著作选》即其中的一种。与以前出版的两种选集相比，特意增加了先生在文学、考古及古文字研究方面曾经结集的《文史考古论丛》,希望借此能够对陈先生在这些领域的卓越成就有全面的反映。

本书编辑中,承蒙陈先生后人陈治成夫妇的积极配合,特致谢忱!不幸的是,陈治成先生已于2021年初逝世,见不到此书的出版,殊为遗憾。

黄留珠
二〇二一年八月

图书在版编目(CIP)数据

陈直著作选：上、下卷／陈直著． -- 西安：西北大学出版社,2021.8
ISBN 978-7-5604-4710-0

Ⅰ．①陈… Ⅱ．①陈… Ⅲ．①考古-中国-文集②中国历史-古代史-文集 Ⅳ．①K870.4-53②K220.7-53

中国版本图书馆CIP数据核字(2021)第042618号

陈直著作选（上、下卷）

著　　者	陈　直
出版发行	西北大学出版社
地　　址	西安市太白北路229号
网　　址	http://nwupress.nwu.edu.cn
E-mail	xdpress@nwu.edu.cn
邮　　编	710069
电　　话	029-88302590
经　　销	全国新华书店
印　　装	陕西博文印务有限责任公司
开　　本	787毫米×1092毫米　1/16
印　　张	81
字　　数	1200千字
版　　次	2021年8月第1版　2021年8月第1次印刷
书　　号	ISBN 978-7-5604-4710-0
定　　价	486.00元

本版图书如有印装质量问题，请拨打电话029-88302966予以调换。